走向上的路 追求正义与智慧

——《摆脱贫困·序言》——

作者简介 | 杨代雄（1976— ）

男，湖南祁阳人，法学博士，华东政法大学教授，博士生导师。1999年7月至2009年6月在吉林大学法学院任教，2009年6月至今在华东政法大学法律学院任教。2009年6月被评为副教授，兼任中国民法学研究会理事。上海市曙光学者研究项目获得者。上海市浦东新区和杨州市经委员会秘书顾问。2011年被评为上海市"曙光学者"，2012年被评为"上海市优秀中青年法学家"。2012年8月至2013年8月在德国科隆大学做国访问学者。主持国家社科基金项目2项，省部级科研项目4项，出版专著3部，译著2部，编译著作1部。代表性论文《债权担保人对主债权行为的救济权》《德国潘德克顿学派与萨维尼》《中国民法典》等30多篇。代表性著作《借用他人名义实施法律行为的效果》《家庭农场法律问题与立法》《统种种承包经营权流转的现实诉求》《一个民法学人的激扬文字》；译著《法律行为论》（被评为2021年度"十大法治图书"），即将方向为民法基础理论、物权法、合同法、公司法。

Taschenkommentar
zum Zivilgesetzbuch

袖珍
民法典评注

杨代雄 主编

中国民主法制出版社
全国百佳图书出版单位

评注撰稿人及分工
（按条文顺序排列）

第一编 总则
第 1 条 / 杨代雄
第 2—56 条 / 杜生一（其中第 4 条与杨代雄合著）
第 61—132 条 / 潘运华（其中第 62 条、第 114—116 条与杨代雄合著）
第 133—174 条 / 杨代雄
第 140 条 / 叶锋
第 169 条 / 任我行
第 179—184 条 / 潘运华（其中第 179 条、第 183 条与杨代雄合著）
第 186 条 / 谢德良、黄禄斌
第 188—203 条 / 杜生一（其中第 188 条、第 192—193 条、第 195—196 条与杨代雄合著）

第二编 物权
第 209—234 条 / 杜生一（其中第 209 条、第 221 条、第 224 条、第 227—228 条、第 230—231 条与杨代雄合著）
第 235 条 / 杨代雄
第 236—243 条 / 杜生一
第 245—380 条 / 王锋（其中第 271 条、第 275 条、第 278 条、第 299 条、第 303 条、第 305 条、第 307—308 条、第 316 条、第 322 条、第 342 条、第 368 条与杨代雄合著）
第 311 条 / 王立栋
第 312 条、第 314 条 / 杨代雄
第 386—462 条 / 吴宏乔（其中第 388 条、第 390 条、第 392 条、第 404—405 条、第 408—409 条、第 411 条、第 419 条、第 447—449 条、第 460 条与杨代雄合著）
第 416 条 / 李运杨
第 459 条、第 461 条 / 杨代雄

第三编 合同
第 464—521 条 / 谢德良（其中第 490—491 条、第 499 条、第 510 条、第 513 条与杨代雄合著）
第 472 条 / 杨代雄
第 522—576 条 / 陈岳（其中第 523—525 条、第 533 条、第 537—539 条、第 549 条、第 551 条、第 557 条、第 562 条、第 568 条、第 570 条、第 574 条与杨代雄合著）
第 546 条 / 潘运华
第 577—601 条 / 叶锋（其中第 580 条、第 593 条与杨代雄合著）
第 585 条 / 姚明斌
第 597 条 / 杜生一
第 603—680 条 / 黄禄斌（其中第 605—606 条、第 610—611 条、第 615 条、第 617 条、第 638 条、第 643 条与杨代雄合著）
第 681—702 条 / 任我行（其中第 681 条、第 685 条、第 694—696 条、第 699 条、第 701—702 条与杨代雄合著）
第 700 条 / 杨代雄
第 708—760 条 / 王珏（其中第 718 条、第 720 条、第 723 条、第 725 条、第 735 条、第 739—741 条、第 745 条、第 758 条与杨代雄合著）
第 761—768 条 / 潘运华
第 770—884 条 / 夏平（其中第 781—782 条、第 802 条与杨代雄合著）
第 888—988 条 / 任我行（其中第 888 条、第 890 条、第 901 条、第 910 条、第 919 条、第 930 条、第 958 条、第 984 条与杨代雄合著）

第四编 人格权
第 990—1029 条 / 王珏
第 1032—1038 条 / 王苑

第五编 婚姻家庭
第 1045—1075 条 / 夏平
第 1064 条 / 缪宇
第 1076—1118 条 / 王锋

第六编 继承
第 1121—1163 条 / 陈道宽（其中第 1159 条、第 1161 条、第 1163 条与杨代雄合著）

第七编 侵权责任
第 1165—1177 条 / 黄禄斌（其中第 1167 条与杨代雄合著）
第 1179—1192 条 / 高鹏芳（其中第 1188 条与杨代雄合著）
第 1184 条 / 徐建刚
第 1195 条、第 1197 条 / 王苑
第 1198—1258 条 / 陈道宽
第 1217 条 / 高鹏芳

序　言

在大陆法系的很多国家(如德国、瑞士、意大利、葡萄牙等),民法典评注是一种极其重要的法律文献。民法典评注旨在阐释民法典条文的意义,但并非仅通过阐明法条所用词语的含义或者探究该法条与其他法条的关系来获取意义,而是在阐释的过程中旁征博引,梳理相关学说、考察代表性判例,力求展示法律共同体对该法条在理解上的共识与分歧。评注者不是自己一个人在解释法条,更多的是在陈述法律共同体如何解释法条。由于法律共同体的思想观点处于不断发展变化之中,所以民法典条文的意义也并非固定不变,而是或多或少随着时代的变迁而更新。如果说法条在民法典文本中是一堆"死"的文字,那么,它在民法典评注中就获得了"活"的生命力。民法典评注是立法、司法与学术的综合体,所以是法律共同体的共同舞台。有了民法典评注,学术观点不但可以依托传统模式通过影响立法推动法律发展,而且可以通过影响司法实践参与法律发展,因为民法典评注可作为裁判工作中的重要参考。学术与司法在民法典评注中实现良性互动、相互促进,为民法教义学的持续发展提供坚实基础。

在评注文化最为发达的德国,有诸多版本的民法典评注。大型评注如《施陶丁格民法典评注》,一套可以摆满整个书架;中型评注如《慕尼黑民法典评注》,十余卷的规模;中小型评注如《埃尔曼民法典评注》,7000多页的篇幅;小型评注如《帕兰特民法典评注》,3000多页的篇幅,还有篇幅与之相当的《PWW民法典评注》以及篇幅更小一些的《尧尔尼希民法典评注》;袖珍型评注如《学习民法典评注》(Studienkommentar BGB),1000页左右的篇幅,着眼于为法学院的学生学习民法典条文提供帮助,其特点是仅对民法典中比较重要的条文进行简要评注,其他条文虽然纳入书中,但不予评注。

就我国而言,近年来每部重要的民事法律颁行后通常皆有立法机关或者最高人民法院出版的释义书。此类释义书在体例、内容、风格方面与民法典评注有所区别。《民法典》施行前后，部分民法学者开始筹划民法典评注的编写。此项工作对于《民法典》的适用以及我国民法教义学的发展具有重要意义。目前正在筹划或者编写中的几种民法典评注定位不同、规模各异。

本书的定位是袖珍型评注，主要功能有二。一是为法学院校的学生以及法律实务工作者学习、掌握《民法典》重点条文提供指引和辅助，同时亦为法学教师的民法教学提供参考。《民法典》虽有1260条，但并非每个条文皆有同等的重要性。从法律实务的角度看，某些条文被使用的概率较低，某些条文甚至仅有宣示意义。对于此类条文，在研习《民法典》时无须投入过多精力，因此，本书对其不予评注，有时在评注其他重要条文时对其顺带提及。二是为学生、教师以及法律实务工作者乃至市民查阅《民法典》条文提供便利。本书虽然仅对重点条文展开评注，但亦将非重点条文纳入其中，所以包含了《民法典》的全部条文，在这方面与各种版本的《民法典》出版物具有相同功能。要而言之，与一般的《民法典》出版物相比，本书除了可以查阅法条本身之外，还可以了解与重点法条相关的学说、司法解释和代表性判例，部分法条评注还包括证明责任分配的论述，有助于读者全方位理解与掌握法条。与其他评注书相比，本书内容简明扼要、重点突出，在篇幅上短小精悍、便于携带，一册在手，概览全典，可谓民法典掌中之宝。

本书在编写体例上借鉴德式评注。多数条文评注均包含"规范意旨""构成要件""法律效果""证明责任"等栏目，部分条文评注根据其内容与功能在栏目设置上加以调整。每个条文评注的各段落均以边码标示，便于查阅和引用。有评注的条文，根据其重要程度确定评注内容的详略。篇幅长者三四千字，篇幅短者数百字。使用本书研习《民法典》时如需进一步了解相关学说与司法状况，可借助本书提供的线索查阅其他文献资料。

本书由各撰稿人分工完成，每个条文评注均由主编亲自审阅修订。

杨代雄

2021年初秋

于上海苏州河畔格致楼

目 录

第一编 总 则

第一章 基本规定 ………………………………………………… 1
第二章 自然人 …………………………………………………… 12
 第一节 民事权利能力和民事行为能力 ……………………… 12
 第二节 监　护 ………………………………………………… 22
 第三节 宣告失踪和宣告死亡 ………………………………… 30
 第四节 个体工商户和农村承包经营户 ……………………… 36
第三章 法人 ……………………………………………………… 37
 第一节 一般规定 ……………………………………………… 37
 第二节 营利法人 ……………………………………………… 50
 第三节 非营利法人 …………………………………………… 55
 第四节 特别法人 ……………………………………………… 58
第四章 非法人组织 ……………………………………………… 59
第五章 民事权利 ………………………………………………… 63
第六章 民事法律行为 …………………………………………… 70
 第一节 一般规定 ……………………………………………… 70
 第二节 意思表示 ……………………………………………… 78
 第三节 民事法律行为的效力 ………………………………… 91
 第四节 民事法律行为的附条件和附期限 …………………… 132
第七章 代　理 …………………………………………………… 138
 第一节 一般规定 ……………………………………………… 138
 第二节 委托代理 ……………………………………………… 140
 第三节 代理终止 ……………………………………………… 157
第八章 民事责任 ………………………………………………… 159
第九章 诉讼时效 ………………………………………………… 169
第十章 期间计算 ………………………………………………… 187

第二编 物　权

第一分编　通　则

第一章　一般规定 …………………………………………… 189
第二章　物权的设立、变更、转让和消灭 ………………… 189
　第一节　不动产登记 ……………………………………… 189
　第二节　动产交付 ………………………………………… 200
　第三节　其他规定 ………………………………………… 207
第三章　物权的保护 ………………………………………… 212

第二分编　所有权

第四章　一般规定 …………………………………………… 219
第五章　国家所有权和集体所有权、私人所有权 ………… 222
第六章　业主的建筑物区分所有权 ………………………… 225
第七章　相邻关系 …………………………………………… 233
第八章　共　有 ……………………………………………… 235
第九章　所有权取得的特别规定 …………………………… 243

第三分编　用益物权

第十章　一般规定 …………………………………………… 270
第十一章　土地承包经营权 ………………………………… 272
第十二章　建设用地使用权 ………………………………… 276
第十三章　宅基地使用权 …………………………………… 281
第十四章　居住权 …………………………………………… 282
第十五章　地役权 …………………………………………… 284

第四分编　担保物权

第十六章　一般规定 ………………………………………… 287
第十七章　抵押权 …………………………………………… 302
　第一节　一般抵押权 ……………………………………… 302
　第二节　最高额抵押权 …………………………………… 329
第十八章　质　权 …………………………………………… 332
　第一节　动产质权 ………………………………………… 332
　第二节　权利质权 ………………………………………… 338
第十九章　留置权 …………………………………………… 344

第五分编　占　有

第二十章　占　有 …………………………………………… 349

第三编 合 同

第一分编 通 则

- 第一章 一般规定 ·· 362
- 第二章 合同的订立 ·· 370
- 第三章 合同的效力 ·· 409
- 第四章 合同的履行 ·· 416
- 第五章 合同的保全 ·· 466
- 第六章 合同的变更和转让 ·· 479
- 第七章 合同的权利义务终止 ····································· 496
- 第八章 违约责任 ·· 525

第二分编 典型合同

- 第九章 买卖合同 ·· 563
- 第十章 供用电、水、气、热力合同 ························· 618
- 第十一章 赠与合同 ·· 620
- 第十二章 借款合同 ·· 632
- 第十三章 保证合同 ·· 640
  - 第一节 一般规定 ·· 640
  - 第二节 保证责任 ·· 654
- 第十四章 租赁合同 ·· 674
- 第十五章 融资租赁合同 ·· 699
- 第十六章 保理合同 ·· 717
- 第十七章 承揽合同 ·· 723
- 第十八章 建设工程合同 ·· 732
- 第十九章 运输合同 ·· 747
  - 第一节 一般规定 ·· 747
  - 第二节 客运合同 ·· 749
  - 第三节 货运合同 ·· 753
  - 第四节 多式联运合同 ··· 758
- 第二十章 技术合同 ·· 759
  - 第一节 一般规定 ·· 759
  - 第二节 技术开发合同 ··· 761
  - 第三节 技术转让合同和技术许可合同 ················· 765
  - 第四节 技术咨询合同和技术服务合同 ················· 767
- 第二十一章 保管合同 ·· 770

第二十二章 仓储合同	779
第二十三章 委托合同	783
第二十四章 物业服务合同	804
第二十五章 行纪合同	809
第二十六章 中介合同	815
第二十七章 合伙合同	819

第三分编 准合同

第二十八章 无因管理	829
第二十九章 不当得利	838

第四编 人格权

第一章 一般规定	859
第二章 生命权、身体权和健康权	876
第三章 姓名权和名称权	880
第四章 肖像权	882
第五章 名誉权和荣誉权	885
第六章 隐私权和个人信息保护	890

第五编 婚姻家庭

第一章 一般规定	900
第二章 结　婚	902
第三章 家庭关系	909
第一节 夫妻关系	909
第二节 父母子女关系和其他	929
第四章 离　婚	937
第五章 收　养	954
第一节 收养关系的成立	954
第二节 收养的效力	961
第三节 收养关系的解除	962

第六编 继　承

第一章 一般规定	966
第二章 法定继承	970
第三章 遗嘱继承和遗赠	973
第四章 遗产的处理	982

第七编　侵权责任

第一章　一般规定	990
第二章　损害赔偿	1023
第三章　责任主体的特殊规定	1042
第四章　产品责任	1060
第五章　机动车交通事故责任	1067
第六章　医疗损害责任	1074
第七章　环境污染和生态破坏责任	1080
第八章　高度危险责任	1085
第九章　饲养动物损害责任	1089
第十章　建筑物和物件损害责任	1095

附　　则

缩略表 ········· 1104

第一编

总　　则

第一章　基本规定

第一条　【立法目的和依据】为了保护民事主体的合法权益,调整民事关系,维护社会和经济秩序,适应中国特色社会主义发展要求,弘扬社会主义核心价值观,根据宪法,制定本法。

本条规定立法目的和立法依据。本法是一部权利法典,旨在保护自然人、法人、非法人组织等民事主体的合法权益。以此类权益为内容的民事法律关系是社会秩序的重要组成部分,关乎国家与社会的健康、有序发展。

本法充分体现社会主义核心价值观,自由、平等、公正、法治、诚信等核心价值在本法中都得到相应表达,如本法第4条、第5条、第6条、第7条、第8条、第10条等。

第二条　【调整范围】民法调整平等主体的自然人、法人和非法人组织之间的人身关系和财产关系。

一、平等主体之间的关系

民法调整对象说本质上是公、私法区分说的另一表述。[①] 民法以"平等关系"为调整对象,其平等非属实质平等,而是民事主体在法律地位上的平

---

① 参见朱庆育:《民法总论》(第二版),北京大学出版社2016年版,第11页。对民法调整对象学说史的详细论述参见该书第5—7页。

等,即形式平等。①

私人之间的法律关系,当然属于平等主体之间的关系。不平等主体之间的关系,存在于行使国家权力一方与不行使国家权力一方之间。国家机关或者法律授权的组织在实施行政行为、司法行为等公权行为时所发生的法律关系属之。当然,若国家机关实施的行为非属于公权行使行为,则与相对人之间属于平等主体之间的关系。②

二、人身关系与财产关系

民法所调整的平等主体间的法律关系可分为人身关系与财产关系。人身关系不直接涉及财产内容。③ 其具有以下特点:第一,非财产性。人身关系不能直接表现为财产利益,人身关系本身不以财产为客体,也不以财产为内容,但其与财产关系联系密切。第二,专属性。人身关系中所体现的利益与人身很难分离,较之财产关系更具专属性。财产关系是民事主体以财产为内容发生的社会关系。财产须具备以下条件:第一,具有经济价值;第二,不属于自然人的人格;第三,人力能够支配。④

第三条 【权益保护】民事主体的人身权利、财产权利以及其他合法权益受法律保护,任何组织或者个人不得侵犯。

第四条 【平等原则】民事主体在民事活动中的法律地位一律平等。

一、规范意旨

本条规定平等原则,该原则为民法基本原则,体现民法的根本属性。

---

① 有学者认为,民法中存在大量的"民事屈从关系",因而认为民事主体之间的关系并非都是平等关系,不应采纳平等主体的限定。参见徐国栋:《论民事屈从关系——以菲尔麦命题为中心》,载徐国栋:《民法对象研究》,法律出版社2014年版,第421页以下。这一观点本质上是对公、私法区分"隶属说"的否定。也有学者认为,"平等主体关系说"混淆了社会关系的事实状态与法律的规范状态,把本属于法律规范状态的平等瞒天过海地置换为调整对象事实层面的规定性。参见蔡立东:《"平等主体关系说"的弃与留——未来〈民法典〉调整对象条款之抉择》,载《法学论坛》2015年第2期。本书认为,民法调整对象为平等主体之间的关系应当从抽象层面予以理解,而不能具体化,作为民事主体,其相互间是否有具体的隶属关系(例如亲子关系)并非抽象的民事主体层面的考量,在抽象层面上,各民事主体之间互相独立,具有独立的人格,与他人平等交往,享有权利并承担义务,任何他人不得侵害其权利。

② 参见李宇:《民法总则要义:规范释论与判解集注》,法律出版社2017年版,第16页。

③ 关于我国民法引入"人身关系"一说的路径,参见朱庆育:《民法总论》(第二版),北京大学出版社2016年版,第7页。

④ 参见陈甦主编:《民法总则评注(上册)》,法律出版社2017年版,第16—17页(于飞执笔)。

二、平等原则的内涵

（一）人格一律平等

人格平等是指在法律上不分尊卑贵贱、财富多寡、种族差异、性别差异，人与人的抽象人格一律平等。① 更进一步，民事主体进入私法的第一道门槛，即人的权利能力，随着人的出生开始，随着人的死亡终止，一律平等且不受任何限制和剥夺。

（二）民事法律关系中的法律地位平等

尽管在现实生活中，各民事主体在经济实力、社会地位上存在差别，在行政关系上可能存在隶属关系，在亲属关系上存在长幼尊卑之分，但从民法的视角来看，不论何种主体，一旦参与民事活动，实施法律行为，在民事法律关系的产生、变更和消灭上，均应当平等协商，互相尊重，任何一方都不能将自己的意志强加于对方，各方法律地位都是平等的。②

（三）在权利救济上的平等性

任何民事主体的合法权益受到非法侵害时，都可以请求法院依法保护和救济，法律保护不应依主体不同而区分等级。③

第五条 【自愿原则】民事主体从事民事活动，应当遵循自愿原则，按照自己的意思设立、变更、终止民事法律关系。

一、私法自治原则的内涵

私法自治原则是民事主体基于自己的意思自主形成法律关系的原则。④ 我国《民法典》将私法自治原则表述为自愿原则。由各个民事主体依其意思自由地处理自己的利益，是实现各个主体差别化利益的最佳方式。它允许民事主体依其个人意思设立法律关系和追求自己的利益，并排除一切他人包括公权力机关的非法干预。⑤ 其内涵有两个方面：

（一）私法自治原则赋予民事主体广泛的行为自由

行为自由主要表现为民事主体可以通过法律行为设立、变更、终止民事法律关系。法律行为是私法自治的主要工具，民事法律关系是法律行为的结果，在法律行为的实施过程中，民事主体实现私法自治。当事人可以依自己的意思安排私人事务，且只受自己意思的约束，对自己的意思表示负责，不受

---

① 参见杨代雄：《民法总论专题》，清华大学出版社2012年版，第22—23页。
② 同上注，第23页。
③ 参见陈甦主编：《民法总则评注（上册）》，法律出版社2017年版，第29页（于飞执笔）。
④ 参见[德]维尔纳·弗卢梅：《法律行为论》，迟颖译，法律出版社2013年版，第1页。
⑤ 参见陈甦主编：《民法总则评注（上册）》，法律出版社2017年版，第33页（于飞执笔）。

不能归属于自己的他人意思或不自由、不真实的意思约束,当然,当事人的意思只能约束自己,不能约束他人。① 在法律制度上,私法自治包含行为自由与效果自主两个方面。

在行为自由方面,每个人可以基于自己的自由决定和意志,在法律上负担义务以及可以通过其以负责意识所作出的意思表示而构建其私人的法律关系。② 法律行为之实施及方式,均由当事人自由选择,且不必向任何人宣示理由。③ 契约自由是私法自治的最经典体现。它包含缔结自由、内容决定自由(第470条第1句、第543条)、相对人选择自由、缔约形式自由(第469条)、结束自由(第562条)、选择解决争议方式自由。除合同自由外,婚姻自由(第1046条、第1052—1053条、第1076条)、遗嘱自由(第1133条、第1123条、第1142条)、人格利益处分自由(第993条、第1006条、第1012条、第1013条)也是私法自治在民法中落实的重要面向。

在效果自主方面,法律行为本身即为规范,能够直接作为请求权规范基础,只要不与一般规范中的强制规范相抵触,就具有行为规范与裁判规范之效力。④ 民事法律关系(权利的取得和义务的承担)仅依私人的自由意思自律决定。⑤ 本法第119条"依法成立的合同,对当事人具有法律约束力"就是表现。但在法律关系中,如果因为自己的过失给他人造成损害,应赔偿他人的损害。⑥ 当然,自主决定才是私法自治的灵魂,居于本位的地位,自己责任是自主决定的界限和保障,处于从属地位。⑦

(二)私法自治原则界定了公权力与私域的关系

私法自治包含了他人不得非法干预、不予妨碍的意思。⑧ 原则上,国家公权力不能够介入私人领域,除非私人的行为危及公共利益,或者为了协调私域与私域之间的关系,维持良好的社会整体秩序。

---

① 参见杨代雄:《民法总论专题》,清华大学出版社2012年版,第29—30页。
② 参见[德]本德·吕特斯、阿斯特丽德·施塔德勒:《德国民法总论》(第18版),于馨淼、张妹译,法律出版社2017年版,第27页。
③ 参见朱庆育:《民法总论》(第二版),北京大学出版社2016年版,第113页。
④ 同上注,第113页。
⑤ 参见[日]近江幸治:《民法讲义Ⅰ·民法总则》(第6版补订),渠涛等译,北京大学出版社2015年版,第12页。
⑥ 参见陈荣文:《〈民法典〉"私法自治"的理念衍义与制度构建》,载《福建论坛(人文社会科学版)》2020年第9期。
⑦ 参见丁南:《略论民法的信赖保护范式——从私法自治到民法范式的二元化》,载《深圳大学学报(人文社会科学版)》2007年第4期。
⑧ 参见陈荣文:《〈民法典〉"私法自治"的理念衍义与制度构建》,载《福建论坛(人文社会科学版)》2020年第9期。

二、私法自治的限度

私法自治不是绝对的、无限制的。当法律交往(市场)的参与者之间的力量关系达到平衡时,合同自由才能实现其任务。若实际的经济实力和智力状况不平等,就必须设定强制性的、保护相对弱势或鲁莽一方的法律规范。否则,无限制的、相对强势一方的私法自治可能导致相对弱势一方法律上和经济上的不自由。① 因此,国家应当在某些民事生活领域中显然不存在实然平等时,以某种方式介入当事人之间的关系,对不均衡的关系结构予以矫正。② 现代各国普遍在民法中加强了对私法自治的限制③,这些限制不能被强势的合同当事人排除,从而给弱势一方造成不利。④ 除格式条款的规制(参见第496条评注)、租赁合同关系中对承租人的特殊保护(参见第725条评注)、情势变更原则(参见第533条评注)外,对私法自治的限制还表现为:

(一)强制缔约

一般来说,负有强制缔约义务的当事人主要是提供公共服务的具有一定垄断性的企业,比如铁路运输企业(客运业务)、公交公司、电力公司、燃气公司、自来水公司、供热企业、电信企业、医疗机构等。这些企业在某些情形中必须与他人订立包含某种内容的合同,其决定是否缔约的自由、选择与何人缔约的自由、甚至有时以何种内容缔约的自由受到很大限制。⑤ 虽然这是对企业自主决定和谁签订合同的自由的侵犯,但它为寻求建立合同的另一方当事人提供了保护,因而是合理的。⑥ 本法第494条规定了强制缔约。

(二)劳动合同法对劳动者的特殊保护

劳动者与企业在社会经济地位上差距悬殊,缺乏与企业平等对话的能力,需要国家公权力的介入,对契约自由予以必要限制。我国《劳动合同法》第14条第2款、第19条第1款的规定都是关于合同期限约定自由的限制。此外,关于劳动者最低工资标准的规定也体现了公权力对契约自由的限制。⑦

---

① 参见[德]本德·吕特斯、阿斯特丽德·施塔德勒:《德国民法总论》(第18版),于馨淼、张姝译,法律出版社2017年版,第30页。
② 参见杨代雄:《民法总论专题》,清华大学出版社2012年版,第31页。
③ 对私法自治原则与物权法定原则的正当性之间的论述,详细参见第116条评注。
④ 参见[德]汉斯·布洛克斯、沃尔夫·迪特里希·瓦尔克:《德国民法总论》(第33版),张艳译,中国人民大学出版社2012年版,第26页。
⑤ 参见杨代雄:《民法总论专题》,清华大学出版社2012年版,第32页。
⑥ 参见[德]本德·吕特斯、阿斯特丽德·施塔德勒:《德国民法总论》(第18版),于馨淼、张姝译,法律出版社2017年版,第32页。
⑦ 参见杨代雄:《民法总论专题》,清华大学出版社2012年版,第33页。

(三)强制保险制度

9 最具代表性的是机动车交通事故责任强制保险,要求任何拥有机动车的人都必须投保此险种,这是对当事人决定是否缔约之自由的限制,其目的是分散风险,确保受害人得到及时的救济。①

(四)不动产所有权人自由的限制

10 现代民法中,出于对环境与资源保护的考虑,不动产所有权人的自由受到越来越多的限制(例如土地用途管制、不动产所有权人或用益物权人的环保义务、城乡建筑规划等)。这些限制使得不动产所有权人不能在自己的不动产上为所欲为,其所有权的权能被压缩。②

11 不过,虽然私法自治在现代民法中受到诸多限制,但从总体上看,私法自治作为民法基本原则的地位并未根本动摇。

第六条 【公平原则】民事主体从事民事活动,应当遵循公平原则,合理确定各方的权利和义务。

第七条 【诚信原则】民事主体从事民事活动,应当遵循诚信原则,秉持诚实,恪守承诺。

一、诚实信用原则的含义

1 诚实信用原则在本质上是好人原则,它要求当事人在民事活动中做一个诚实善良的人,能够从公平正义、互助友爱等人类基本价值观出发,自觉地维持自己与他方当事人之间的利益均衡。③

2 从比较法上看,诚实信用原则在《德国民法典》上体现为第242条的规定,虽然该条规定在"债务关系法"中,且仅涉及履行方式问题。不过,德国司法和学界发展出了一般性法律思想:其不仅适用于债务人,也适用于债权人,并且支配了全部债务关系。另外,该条也可以准用于《德国民法典》其他部分(物权法、亲属法、继承法)以及法律体系的其他部分。④ 概言之,行使权利受诚实信用原则的限制。

3 诚实信用原则是一般条款,诚实信用是一个需要价值填补的概念。根据诚实信用原则行使权利意味着,权利人在行使权利时必须考虑另一方参与人的合法利益。不过,从一般条款中并不能清楚推知,个案中权利在何种情况

---

① 参见杨代雄:《民法总论专题》,清华大学出版社2012年版,第34页。
② 同上注,第34—35页。
③ 同上注,第42页。
④ 参见[德]迪尔克·罗歇尔德斯:《德国债法总论》(第7版),沈小军、张金海译,中国人民大学出版社2014年版,第28页。

下以违反诚实信用原则的方式被行使。权利行使是否符合诚实信用原则,需要法官在个案中进行利益评价。从比较法看,在德国法上,衡量利益的法律标准产生于在法律中被明确规定的利益评价、基本法的价值决定以及对交易习惯的遵守。当然,德国司法和学界做了一些分类以便于对反复出现的同类利益进行评价。比如,若权利人的行为与其之前的行为相矛盾,则权利行使不被允许(禁止反言)。但这仅是利益评价的一个依据,在个案中可能还要考虑其他价值。[①]

诚实信用原则具有保障社会伦理评价与公平考量对于法律适用必要的影响的功能。具体表现在:第一,补充功能。在契约约定之外,诚实信用原则可以进一步明确契约的履行方式,并且能够为当事人补充契约从给付义务与附随义务,如告知义务、协助义务、保护义务等。第二,限制功能。以诚实信用原则作为权利的内在界限,以控制权利的行使。第三,调整功能。法官有权依诚实信用原则调整既定法律关系,由此产生情势变更原则。第四,接引功能。诚实信用原则是基本法的价值秩序进入私法的通道,为宪法基本权的间接第三方效力提供支持。[②]

二、诚实信用原则在民法制度中的体现

诚实信用原则在合同法中体现得最为典型,简述如下:

(一)合同关系中的附随义务

一般认为,附随义务是主给付义务、从给付义务以外的义务,双方当事人订立合同时虽无明确约定,但其乃基于诚实信用原则在债之关系发展过程中所发生的义务,目的在于增进给付义务或保护相对人的人身、财产利益(本法第509条第2款)。

(二)先合同义务

本着诚实信用原则,缔约当事人在订立合同的过程中负有必要的通知、告知、协助、保护、保密等义务。如果因一方当事人不谨慎或者其他可归咎于其的原因而造成他方损失,应当赔偿他方当事人因此遭受的损失(本法第500条、第501条)。

(三)后合同义务

合同关系消灭后,当事人依照诚实信用原则应负有某种作为或者不作为义务,如通知、协助、保密等义务,此即后合同义务(本法第558条)。如劳动

---

① 参见[德]汉斯·布洛克斯、沃尔夫·迪特里希·瓦尔克:《德国民法总论》(第33版),张艳译,中国人民大学出版社2012年版,第407—408页。
② 参见朱庆育:《民法总论》(第二版),北京大学出版社2016年版,第524页。

合同结束后,雇主提供工作经历证明书的义务;治疗完毕后,医院提供病历的义务等。①

(四)减损义务

依本法第591条之规定,在债务人违约的情况下,债权人应当及时采取适当的措施防止损失的扩大,否则债务人对扩大的损失不承担责任,此即减损规则。

(五)部分履行与提前履行规则

按照本法第530条、第531条的规定,债务人应该按照合同约定的数额和时间履行债务,既不能只履行部分给付,也不能提前履行,否则债权人有权拒绝,但如果部分履行或者提前履行不损害债权人的利益,债权人不得拒绝。②

第八条 【公序良俗原则】民事主体从事民事活动,不得违反法律,不得违背公序良俗。

第九条 【绿色原则】民事主体从事民事活动,应当有利于节约资源、保护生态环境。

第十条 【法律适用】处理民事纠纷,应当依照法律;法律没有规定的,可以适用习惯,但是不得违背公序良俗。

一、民法的法源

本条是关于民法法源的规定。其本质是指示裁判者应当在何处寻找裁判依据,在内容上包含了可为裁判依据的民法法源有哪些与各种法源之间的适用次序如何。其存在意义是将民事裁判者能够据以裁判的所有依据进行通盘整理,并将整理得出的框架在立法上确认,以指引裁判者的找法过程。③

民法法源可以分为两种:一是作为裁判依据的法源,即规范法源,包括法律、立法解释、司法解释、行政法规、地方性法规、自治条例及单行条例;二是作为裁判理由的法源,即根据审理案件的需要,经审查认定为合法有效的规范性文件,主要包括部门规章、地方政府规章及其他政府规定等。后者可称为"准规范法源":具有规范性,但对于法院无拘束力,法官可以自由裁量选择适用。④

---

① 参见王洪亮:《债法总论》,北京大学出版社2016年版,第27页。
② 参见杨代雄:《民法总论专题》,清华大学出版社2012年版,第43页。
③ 参见于飞:《民法总则法源条款的缺失与补充》,载《法学研究》2018年第1期。
④ 参见朱庆育:《民法总论》(第二版),北京大学出版社2016年版,第36页。

二、"法律—习惯"二位阶法源体系

本条在文义上确立了我国民法"法律—习惯"二位阶法源体系。首先是法律即制定法,其次是习惯,通说指习惯法。制定法属于形式意义上的法源,其效力只有在违反法的实质正义要求时,才被质疑,此即"恶法亦法"或"恶法非法"的问题。当然,不论制定法抑或习惯法,皆应符合正义之要求。①

(一)法律

本条将"法律"作为第一位阶的法源。应对该"法律"做广义理解。《裁判文书引用规范性法律文件的规定》第4条规定:"民事裁判文书应当引用法律、法律解释或者司法解释。对于应当适用的行政法规、地方性法规或者自治条例和单行条例,可以直接引用。"从司法实践的角度看,上述规定所列的规范性文件均是个案中民事法官的裁判依据。因此,本条中的"法律"应理解为对个案法官有直接拘束力的规范性文件的统称,狭义上的法律、立法解释、司法解释②、行政法规、地方性法规、自治条例和单行条例都属之。

有疑问的是,宪法是否属于本条中"法律"的范畴? 自2001年"齐玉苓案"以来,司法实践亦有反复。③ 不过,2016年最高人民法院在《民事裁判文书制作规范》的"三、正文(七)裁判依据"部分强调:"裁判文书不得引用宪法和各级人民法院关于审判工作的指导性文件、会议纪要、各审判业务庭的答复意见以及人民法院与有关部门联合下发的文件作为裁判依据,但其体现的原则和精神可以在说理部分予以阐述。"由此明确了民事判决中不得直接援引宪法条文作为裁判依据,④但仍可将宪法规范作为裁判理由,其以"间接效力说"的方式,通过民法方法论中的"合宪性解释"的法律解释方法,对现行规范的适用产生影响,一定程度上成为实质理由的一种。可以说,宪法是准

---

① 参见黄茂荣:《法学方法与现代民法》(第五版),法律出版社2007年版,第6页。
② 2015年修正的《立法法》附则章第104条规定了最高人民法院与最高人民检察院的司法解释权,正式将司法解释纳入《立法法》的规制范围。考虑我国当下司法实践的实情,应当肯认司法解释的法源地位,其应当属于广义"法律"的一部分。但对于最高人民法院的指导性案例则不能作为裁判依据引用,只能作为裁判理由引述,可归为准规范法源。
③ 最高人民法院针对"齐玉苓案"作出的《最高人民法院关于以侵犯姓名权的手段侵犯宪法保护的公民受教育的基本权利是否应承担民事责任的批复》(法释〔2001〕25号)被《最高人民法院关于废止2007年底以前发布的有关司法解释(第七批)的决定》(法释〔2008〕15号)所废止,宪法司法化的实践停下脚步。
④ 也有学者认为,宪法基本权利价值体系发生私法影响,须在"间接效力说"的支配下,透过民法上的概括条款如公序良俗原则来发生影响。但作为民法裁判依据或"三段论"大前提的并不是宪法条款,而是民法上的概括条款,宪法条款只是民法上概括条款的解释依据。宪法条款不能直接成为民事案件的裁判依据,故不是民法法源。参见陈甦:《民法总则评注(上册)》,法律出版社2017年版,第73页(于飞执笔)。

规范法源。①

(二)习惯

本条规定习惯为民法法源,不过,习惯并非仅指事实上的惯行,因为某些习惯本身可能是陈规陋习,尚不足以成为法源,因而本书认同通说即习惯系指习惯法。习惯法是通过法律共同体成员在对法律共同体中占主导地位的法律信念的实际贯彻中而形成的。② 例如我国台湾地区"民法"第1条所规定之习惯,通说认为是指习惯法。《瑞士民法典》第1条则明确使用了"习惯法"的表述。习惯法的构成要件有:其一,须有事实上之惯行;其二,生活(交易)圈内的人对该惯行有法的确信;其三,须属于法律所未规定之事项;其四,须不悖于公序良俗;其五,须经国家(法院)明示或默示承认。③ 其中,事实上惯行之存在为一种"事实","法的确信"是该惯行流行之生活(交易)圈中人之主观上的态度,"不悖于公序良俗"则为从社会生活的角度对于惯行之"实质"内容的监控。当事实上之惯行满足前述要件,该惯行即转变为"习惯法",成为法源之一。④

三、关于"法理"

从比较法上看,在法律和习惯之外,还存在第三种法源。《德国民法典第一草案》第1条规定:"法律无规定之事项,准用关于类似事项之规定。无类似事项之规定时,适用由法规精神所得之原则。"我国台湾地区"民法"第1条也在法律、习惯之外认可法理作为第三种法源。

有学者认为,我国民法仅认可法律和习惯两种法源,并未给法官依学理造法预留空间。有学者则认为,本法第一章基本规定中规定了大量的民法基本原则,在无法律和习惯时,可以以基本原则为基础寻找补充性法源,因其源自法律,因此法律应仅指制定法具体规范。从而,要求运用民法典之外的法源——基本原则来予以填补,属于真正的法官法领域。⑤ 但民法基本原则是否足以堪当第三种法源值得怀疑。本书认为,法理是法律共同体成员一般法律信念与法律认识的规范化表现形式,又是形成制定法、判例法、习惯法的基础。"法理"系构成法之基石,其理应作为民法之法源。民法的原则应属法

---

① 参见汪洋:《私法多元法源的观念、历史与中国实践——〈民法总则〉第10条的理论构造及司法适用》,载《中外法学》2018年第1期。

② 参见[德]卡尔·拉伦茨:《德国民法通论(上册)》,王晓晔、邵建东等译,法律出版社2003年版,第11页。

③ 参见梁慧星:《民法总论》(第五版),法律出版社2017年版,第28页。

④ 参见黄茂荣:《法学方法与现代民法》(第五版),法律出版社2007年版,第12页。

⑤ 参见刘亚东:《〈民法典〉法源类型的二元化思考——以"规则—原则"的区分为中心》,载《北方法学》2020年第6期。

律法源之范畴,而非属法理法源。在司法实践中,对于法律没有规定,又无习惯可循时,基于法官不得拒绝裁判之诫命和正义的要求,应当允许法官通过法学研究或从裁判案例中去发现、归纳、提炼出民法原则进行适用,以弥补"法理"法源规则之缺失。①

第十一条 【特别法优先】其他法律对民事关系有特别规定的,依照其规定。

一、特别法优于一般法

《立法法》第 92 条之规定是理解本条的出发点。只有处于同一位阶的规范性文件之间才存在一般法与特别法、新法与旧法的关系。如果是不同位阶的规范性文件,则必须优先适用"上位法优于下位法"的规则,否则下位法就可以利用其"特别法"地位任意修改上位法,有损于统一的法秩序。②

具体而言,特别法为其他法律中关于民事关系的特别规定。一般法是关于一般民事关系的规定。特别法优于一般法适用,实际上是要求从具体到抽象、从特殊到一般来考虑法律适用问题。③ 所谓"特别规定",应当理解为在同一事项上出现了与一般法不一样的法律规则。当然,如果其他法律与一般法出现了相同的规则,但更加具体化,也应当视为特殊规则而优先适用。④

二、特别法的形态

本法之外的特别法主要有二:

其一,鉴于我国实行民商合一的立法模式,在本法之外不可能再另行制定商法典,当本法与商事法律对同一法律关系都有规定时,应优先适用商事特别法。商事组织的法律,例如《公司法》《合伙企业法》《个人独资企业法》及其他各种企业法,以及关于商行为的法律,例如《票据法》《证券法》《保险法》《商业银行法》《证券投资基金法》《海商法》等都可能作为对民事法律关系的特别法而优先适用。⑤

其二,本法不能包容所有的民事法律关系,在本法之外也会存在一些处理特殊民事法律关系的特别法。例如,《劳动合同法》具有公、私法混合的性质,其中有欺诈、胁迫、乘人之危情况下订立合同无效的规定(第 26 条第 1 款

---

① 参见杨群、施建辉:《〈民法总则〉"法理"法源规则缺失与实践重建》,载《南京大学学报(哲学·人文科学·社会科学)》2019 年第 3 期。
② 参见陈甦主编:《民法总则评注(上册)》,法律出版社 2017 年版,第 80 页(于飞执笔)。
③ 同上注,第 79 页(于飞执笔)。
④ 参见龙卫球、刘保玉主编:《中华人民共和国民法总则释义与适用指导》,中国法制出版社 2017 年版,第 43—44 页(龙卫球执笔)。
⑤ 参见李宇:《民法总则要义:规范释论与判解集注》,法律出版社 2017 年版,第 77 页。

第 1 项之规定），这与本法规定欺诈、胁迫、乘人之危的法律行为效果为可撤销不同，原则上应优先适用《劳动合同法》的特别规定。经济法、环境法亦具有混合法的性质，其中包含有关债权、合同、民事责任等的民事法律规范。如《反垄断法》及其司法解释关于垄断协议无效的规定、垄断行为侵权责任的规定。又如，《税收征收管理法》关于税收债权的规定。此皆属于本法之外的特殊民事法律关系的特别法，应当优先适用。[①]

第十二条 【效力范围】中华人民共和国领域内的民事活动，适用中华人民共和国法律。法律另有规定的，依照其规定。

第二章 自然人

第一节 民事权利能力和民事行为能力

第十三条 【自然人民事权利能力的起止】自然人从出生时起到死亡时止，具有民事权利能力，依法享有民事权利，承担民事义务。

一、权利能力的开始：出生之完成

1　权利能力是成为权利和义务载体的能力[②]或资格[③]。尚未出生或者已经死亡的人不属于法律上的人。法律只涉及现实生活中自然人的属性问题。只有介于出生和死亡这两个时点之间的、有生命的自然人才享有权利能力。[④]

2　出生是一个过程，但民法需要一个节点以确定权利能力的起点。民法上的出生为分娩完成之时，[⑤]即必须具备全部与母体分离和分离之际保有生命这两项要件。

3　要求全部与母体分离，缘由为分离之前为胎儿，是为母体之一部分，在法

[①] 参见李宇：《民法总则要义：规范释论与判解集注》，法律出版社 2017 年版，第 77—78 页。
[②] 参见[德]卡尔·拉伦茨：《德国民法通论（上册）》，王晓晔、邵建东等译，法律出版社 2003 年版，第 119—120 页。
[③] 参见梁慧星：《民法总论》（第五版），法律出版社 2017 年版，第 65 页。
[④] 参见[德]汉斯·哈藤鲍尔：《民法上的人》，孙宪忠译，载《环球法律评论》2001 年冬季号。
[⑤] 分娩不仅指自然分娩，还包括人工分娩（剖宫产）。Vgl. MünchKomm/Schmittt (2006), §1 Rn. 15.

律上难以成为独立的"人",法律人格只能以存在于子宫外的独立个体为载体。① 要求与母体分离之际保有生命,是因为自然人人格的基础在于能够存活的人,死于胎内或者出生过程中即已经死亡的,就没有法律上的人格可言。但出生后保有生命之久暂或是否有生存能力则在所不问,出生后即便只有一瞬间生存,在民法上也与死产完全不同。

关于保有生命的认定标准,随着现代医学的发展,呼吸已经不再是婴儿生命的唯一表征,心跳、脉跳、呼吸功能和脑电波都可以作为婴儿具有生命的迹象。如果只以独立呼吸为判断标准会显得狭隘且失之偏颇,因而应以"全部露出并具有生命"为断,至于胎儿与母体分离时,脐带是否剪断、胎盘是否去除,无关紧要。②

二、权利能力的终止:自然死亡

权利能力不被剥夺,只以自然死亡为自然人权利能力消灭的唯一原因。③ 不过,随着现代医疗技术的进步,生与死之间的界限变得模糊,死亡不再被认为是一个"点"事件,而被认为是一个过程的终点。因而确定自然人死亡不应只遵循单一标准。具体而言,除器官移植情形外,④应以心脏停止(呼吸断绝)为自然人死亡的判断标准,因为一般情形下很难以脑死亡判断自然人已死亡(脑死亡:不能发现脑电波),且于继承之问题上亦无迫切之必要。在器官移植手术中,亦并非必须采脑死亡标准,对某些器官的移植(如心脏),若非以脑死亡为标准无法完成或会损及被移植脏器功能时,应采脑死亡标准,这样做也能够避免在尚未死亡之人身上移除脏器从而涉嫌构成犯罪;但若采心脏停止说并不妨碍某些器官的移植,例如胃、肝、肾、胰腺等,则仍应以心脏停止跳动为死亡标准。

---

① Vgl. MünchKomm/Schmitt(2006),§1 Rn. 2.
② Vgl. Erman/Saenger(2017),§1 Rn. 1;MünchKomm/Schmitt(2006),§1 Rn. 15. 也有学者认为,仅仅要求胎儿和子宫分离是不够的,必须是完全的分离,也就是说不能有脐带的连接。Vgl. StaudingerKomm/Bernd Kannowski(2013),§1 Rn. 5.
③ 权利能力的终止不包括死亡宣告这一原因,如果被宣告死亡之人生存于其他地方,其权利能力不因被原住所地法院宣告死亡而受影响。参见梁慧星:《民法总论》(第五版),法律出版社 2017 年版,第 89 页。
④ 我国《人体器官移植条例》第 20 条第 1 句、第 2 句规定:"摘取尸体器官,应当在依法判定尸体器官捐献人死亡后进行。从事人体器官移植的医务人员不得参与捐献人的死亡判定。"该条并未规定应依何种标准对捐献人予以死亡判定。目前,我国医学界开始接受脑死亡说为判定标准,《中国成人脑死亡判定标准与操作规范》(第二版)也对脑死亡的判定标准进行了详细的规定。

第十四条 【自然人民事权利能力平等】自然人的民事权利能力一律平等。

第十五条 【自然人出生和死亡的时间】自然人的出生时间和死亡时间,以出生证明、死亡证明记载的时间为准;没有出生证明、死亡证明的,以户籍登记或者其他有效身份登记记载的时间为准。有其他证据足以推翻以上记载时间的,以该证据证明的时间为准。

一、以出生证明、死亡证明记载的时间为准

1 一般情况下,出生时间和死亡时间的证明,以出生证明、死亡证明为基本证据,出生证明、死亡证明记载的时间被推定为出生时间和死亡时间。

2 出生证明是记载新生儿出生时间的原始凭证。它是医院按照规定的条件向自然人父母开具的由国家卫生与计划生育委员会统一印制,以省、自治区、直辖市为单位统一编号的证明自然人出生状况的证书。出生证明通常记载婴儿的姓名、出生时间、身长、体重、出生地等信息。①

3 死亡证明是记载自然人死亡时间的原始凭证。自然人死亡后,须根据死亡的不同情形由不同单位开具死亡证明。自然人在家中自然死亡的,由死者家属携带死者身份证、户口本原件到当地居民委员会或者村民委员会开具死亡证明;在医疗机构正常死亡的,由死者家属携带死者身份证、户口本原件到医疗机构开具死亡证明;非正常死亡或者卫生部门不能确定是否属于正常死亡的,有待公安机关调查死亡原因的,死亡证明由区、县以上公安机关、司法部门开具死亡证明。②

二、以户籍登记或者其他有效身份登记记载的时间为准

4 现实中,存在一些自然人因为各种各样的原因(例如违法超生或者偷生、农村地区在家自然分娩、买卖儿童或者出生证明毁损灭失等)没有出生证明或者农村地区的自然人死亡时没有形成死亡证明的情形。这些情况下,没有出生、死亡证明的,应以户籍登记或者其他有效身份登记记载的时间为准。③

5 户籍登记是公安机关按照户籍管理法律法规,对公民的身份信息进行登记记载的制度。对出生登记,须由户主、亲属等持新生儿的出生医学证明向公安机关(婴儿常住地户籍登记机关)申报出生登记后,公安机关依据出生

---

① 参见陈甦主编:《民法总则评注(上册)》,法律出版社2017年版,第98页(朱广新执笔)。
② 同上注。
③ 同上注,第98—99页(朱广新执笔)。

医学证明记载的婴儿的姓名、出生时间等信息,进行户籍登记。公民个人收养的婴儿未办理出生登记的,由收养人持民政部门出具的收养登记证向收养人常住户口所在地的公安派出所申报出生登记。① 遗婴的姓名、民族和出生日期均根据收养人或者育婴机关的意见确定,并以其申报出生登记的地方为出生地。对于死亡登记,根据《户口登记条例》第8条规定,②若自然人死亡没有死亡证明,户籍登记记载的死亡时间就具有较强的法律效力。

户籍登记以外的其他有效身份登记,包括我国公民居住证、③港澳同胞回乡证、我国台湾地区居民的有效旅行证件、④外国人居留证⑤及护照等。⑥

三、以其他证据证明的时间为准

出生证明、死亡证明以及户籍登记簿等记载的出生时间、死亡时间并不具有绝对的、不可推翻的证明力,其作为证据的效力只是推定性的。⑦ 因为出生与死亡毕竟是一个事实问题,如果出生证明、死亡证明以及户籍登记或者其他有效身份登记记载的时间与自然人出生或者死亡的真实时间有出入,理当以自然人真实的出生、死亡时间为准。⑧ 本条所指其他证据,既可以是书证也可以是证人证言,例如可证明出生证书、死亡证明、户籍登记簿、居民身份证存在错误记载的证明书、证言。⑨

---

① 参见李适时主编:《中华人民共和国民法总则释义》,法律出版社2017年版,第44—45页。

② 《户口登记条例》第8条第1款规定:"公民死亡,城市在葬前,农村在一个月以内,由户主、亲属、抚养人或者邻居向户口登记机关申报死亡登记,注销户口。公民如果在暂住地死亡,由暂住地户口登记机关通知常住地户口登记机关注销户口。"

③ 居住证记载的内容包括了自然人的出生日期。其中,居住证记载的关于个人身份的基本内容都来源于居民身份证和居民户口簿。因此,居住证记载的居民出生日期与户籍登记、身份证记载的出生日期应当是一致的。

④ 港澳同胞回乡证、我国台湾地区居民的有效旅行证件、外国人居留证及护照等身份证件是我国公安机关或者国家主管机关遵循法定程序签发或者认可的,可以作为判断自然人出生时间的重要依据。

⑤ 外国人居留证件是我国公安机关出入境管理机构依照法定程序签发的,《出境入境管理法》第33条规定了外国人居留证件的登记项目须包含证件持有人的出生日期。其记载的外国人出生时间可以作为判断该外国人出生时间的重要依据。

⑥ 参见李适时主编:《中华人民共和国民法总则释义》,法律出版社2017年版,第45—46页。

⑦ 参见李宇:《民法总则要义:规范释论与判解集注》,法律出版社2017年版,第86页。

⑧ 参见王利明主编:《中华人民共和国民法总则详解(上册)》,中国法制出版社2017年版,第76页(王叶刚执笔)。

⑨ 参见陈甦主编:《民法总则评注(上册)》,法律出版社2017年版,第99页(朱广新执笔)。

第十六条 【胎儿利益的特殊保护】涉及遗产继承、接受赠与等胎儿利益保护的,胎儿视为具有民事权利能力。但是,胎儿娩出时为死体的,其民事权利能力自始不存在。

一、胎儿的拟制民事权利能力

1　胎儿在母体中处于一个自然孕育的过程,如果没有外界的干预,胎儿的孕育过程是不可逆的,胎儿在母体内孕育成熟后必然存在一个出生的过程(无论是畸形胎儿还是早产儿)。但胎儿在出生前为母体之一部分,其不能够作为独立的主体而存在。

2　民法的绝大部分规则基于自然人出生后能够独立参与法律关系的前提而展开,并无必要在胎儿尚处母体之内期间就开始形成法律关系。这一模式可总结为:自然人出生→享有权利能力→以独立的主体资格参与法律交往取得权利与承担义务。不过,在部分领域,民法有必要对胎儿的利益予以保护。因此,本条规定在部分领域"胎儿视为具有民事权利能力",此为拟制的民事权利能力。有学者称之为"胎儿的限制权利能力"。[1]

二、胎儿具体利益的保护

3　本条明确列举了遗产继承、接受赠与情况下,拟制胎儿有权利能力,但未明确其他涉及胎儿利益的保护范围,而以"等"字作了概括性规定。从比较法看,在德国民法中,胎儿在保佐和辅佐、成为第三人利益合同的"第三人"、请求父亲支付抚养费、抚养赔偿请求权以及健康受侵害时享有损害赔偿请求权等方面都能够受到保护。[2]

4　本书认为,是否应当扩大胎儿利益的保护范围应当具体分析,民法并不能将所有的胎儿利益保护都包含在内,不应当指望对胎儿利益的保护完全由民法完成。胎儿需要借助母体孕育,其呼吸、吸收营养都需要通过母体完成,不能脱离母体而存在,如果对胎儿利益予以过多保护,可能会产生母体与胎儿利益之间的激烈冲突。因而对胎儿进行保护,应当以这些利益如果不提前保护则会失去或者对胎儿产生不公平为限。假若胎儿在出生后亦能以独立的主体资格进行主张,便没有对胎儿利益进行提前保护的必要。

---

[1]　参见杨代雄:《出生前生命体的民法保护——以"限制权利能力"为基点》,载《东方法学》2013年第3期。
[2]　参见杨代雄:《民法总论专题》,清华大学出版社2012年版,第54—55页。

第十七条 【成年人与未成年人】十八周岁以上的自然人为成年人。不满十八周岁的自然人为未成年人。

第十八条 【完全民事行为能力人】成年人为完全民事行为能力人,可以独立实施民事法律行为。

十六周岁以上的未成年人,以自己的劳动收入为主要生活来源的,视为完全民事行为能力人。

第十九条 【限制民事行为能力的未成年人】八周岁以上的未成年人为限制民事行为能力人,实施民事法律行为由其法定代理人代理或者经其法定代理人同意、追认;但是,可以独立实施纯获利益的民事法律行为或者与其年龄、智力相适应的民事法律行为。

一、八周岁为未成年人限制民事行为能力的起点

将八周岁作为未成年人限制行为能力起点的意义要远小于其作为无民事行为能力之年龄上限的意义。因为无行为能力是一项极为僵硬的制度,若未成年人没有达到规定的年龄,不论其意思能力或智力状况如何,一律没有独立实施民事法律行为的能力。由此,界定无民事行为能力的年龄上限就显得极为重要。如果年龄上限定得太高,必然会发生具有意思能力或智力状况优异的未成年人因为年龄而被归入无民事行为能力人之列,其行为自由会被完全剥夺。①

限制行为能力是一项极富弹性的制度,限制民事行为能力人一方面能就某些法律行为独立作出具有法律约束力的意思表示,另一方面,他们参与法律交往时仍然需要一定程度的保护。② 对未成年限制行为能力人的保护绝对优先于对法律交往信赖利益的保护,以至于即使交易相对人比如因为未成年人成熟的外表而无法辨别这种行为能力上的限制,相关保护规则仍然适用。③

二、限制民事行为能力人实施法律行为的效力

限制民事行为能力人独立实施的纯获利益的民事法律行为以及与其年龄、智力相适应的民事法律行为有效。实施其他民事法律行为由其法定代理人代理。经其法定代理人同意后实施的或者实施后经其法定代理人追认的,

---

① 参见陈甦主编:《民法总则评注(上册)》,法律出版社2017年版,第131—132页(朱广新执笔)。
② Vgl. MünchKomm/J. Schmitt(2006), §106 Rn. 1.
③ 参见[德]本德·吕特斯、阿斯特丽德·施塔德勒:《德国民法总论》(第18版),于馨淼、张姝译,法律出版社2017年版,第307页。

有效。具体参见本法第 145 条评注。

第二十条 【无民事行为能力的未成年人】不满八周岁的未成年人为无民事行为能力人,由其法定代理人代理实施民事法律行为。

第二十一条 【无民事行为能力的成年人】不能辨认自己行为的成年人为无民事行为能力人,由其法定代理人代理实施民事法律行为。

八周岁以上的未成年人不能辨认自己行为的,适用前款规定。

一、成年人之无民事行为能力

1　民事行为能力的实质构成为意思能力(又称辨认能力),它是一种事实(自然)能力,是个人意志之表示行为的主观要件,是产生意志的心理基础。除未满八周岁的未成年人外,无行为能力也可能产生于由疾病引起的长期智力损伤(因智力障碍、精神障碍或其他障碍不具有辨认能力)的成年人群体,他们原则上处于一种自由意思形成被持久地排除的状态。①

2　不过,随着医疗水平的提高,人口老龄化日趋严重,老龄人意思能力的丧失并非瞬间完成,而是一个渐进的过程。② 有学说认为,目前已经不可能再以一个特定的时点判定老龄人意思能力的全有或者全无,因此将行为能力简单地划分为无/限制/有行为能力,正当性和合理性都值得商榷。③

二、无民事行为能力之成年人实施法律行为的效力

3　民事行为能力的有或无直接影响法律行为的效力,它决定了一个人参与社会的交往程度,即无行为能力人不能以任何方式参与法律交往行为,其意思表示均无效。无民事行为能力人必须借助法定代理人才能实施相关法律行为,这是典型的替代做决定的制度。

4　20 世纪中叶后,社会经济发生了巨大变化,随着人权观念的进步和人口高龄化日趋严重,促使人们利用公法中的比例原则反思民法监护制度,真正

---

① 参见[德]本德·吕特斯、阿斯特丽德·施塔德勒:《德国民法总论》(第 18 版),于馨淼、张姝译,法律出版社 2017 年版,第 304 页。值得注意的是,在德国民法中,成年人并没有无/限制行为能力的划分,成年人只有无行为能力的情形,但无行为能力区分为全无或者部分无之情形,这种区分似与我国划分无/限制行为能力相同,但实质上差异较大,由于无行为能力产生的法律效果为无效,因而德国民法对无行为能力的判断相当具体,但我国对限制行为能力并不具体进行判断,这就导致限制行为能力人仅能独立实施一些简单的法律行为。

② 参见朱广新:《民事行为能力制度的立法完善——以〈中华人民共和国民法总则(草案)〉为分析对象》,载《当代法学》2016 年第 6 期。

③ 参见满洪杰:《关于〈民法总则(草案)〉成年监护制度三个基本问题》,载《法学论坛》2017 年第 1 期。

将本人作为自我决定的中心写入成年人保护制度的理念内,改变了民法积极否认意思能力不足之人的行为能力的做法,转而从程序上协助本人行使权利,这使整个成年监护制度开始向协助本人做决定的方向转变。①

三、证明责任

发生争讼时,对有无辨认能力的判断,法院应斟酌有效的鉴定意见进行认定。主张(自己或者对方)无辨认能力的一方当事人,对此负有证明责任,应由其提出鉴定申请。

第二十二条 【限制民事行为能力的成年人】不能完全辨认自己行为的成年人为限制民事行为能力人,实施民事法律行为由其法定代理人代理或者经其法定代理人同意、追认;但是,可以独立实施纯获利益的民事法律行为或者与其智力、精神健康状况相适应的民事法律行为。

一般而言,十八周岁以上的成年人皆有完全民事行为能力,但因部分成年人智力发育迟缓或精神障碍等原因可能影响其实施某些法律行为时的辨识能力,为了保护其人身及财产免受侵害,法律对其独立实施某些法律行为的能力进行限制。

不过,成年人参与法律交往虽有一定的认知障碍,但障碍程度并没有严重到使其处于毫无意思能力的状态。因而对性质不复杂、比较简单的符合其智力、精神健康状况的交易可以作出正确的判断,法律允许其独立实施,但对于超出其智力、精神健康状况的内容复杂、性质重大的行为则仍然须借助其法定代理人实施。② 关于限制民事行为能力的成年人实施法律行为的效力,参见本法第 145 条评注。

第二十三条 【法定代理人】无民事行为能力人、限制民事行为能力人的监护人是其法定代理人。

第二十四条 【无民事行为能力人或限制民事行为能力人的认定与恢复】不能辨认或者不能完全辨认自己行为的成年人,其利害关系人或者有关组织,可以向人民法院申请认定该成年人为无民事行为能力人或者限制民事行为能力人。

被人民法院认定为无民事行为能力人或者限制民事行为能力人的,经本

---

① 参见杜生一:《成年人保护制度私法变迁论》,载易继明主编:《私法》(第 16 辑),华中科技大学出版社 2019 年版,第 77 页。

② 参见李永军主编:《中华人民共和国民法总则精释与适用》,中国民主法制出版社 2017 年版,第 35 页。

人、利害关系人或者有关组织申请,人民法院可以根据其智力、精神健康恢复的状况,认定该成年人恢复为限制民事行为能力人或者完全民事行为能力人。

本条规定的有关组织包括:居民委员会、村民委员会、学校、医疗机构、妇女联合会、残疾人联合会、依法设立的老年人组织、民政部门等。

一、对无民事行为能力人或者限制民事行为能力人的司法认定

成年人的利害关系人或有关组织可以根据保护成年人的实际需要或者维护交易安全的现实需要,决定是否向人民法院提出无民事行为能力或者限制民事行为能力的认定申请。利害关系人是指与成年人本人之间具有法律上权利义务关系的人,包括成年人的父母、成年子女等近亲属以及成年人的债权人、债务人等。

根据《民事诉讼法》第194条之规定,利害关系人或有关组织应以申请书的方式向成年人住所地的基层人民法院提出认定申请。民事行为能力的认定乃专属于法院的权限,[①]但法院并不能主动认定某一成年人民事行为能力的欠缺,法院处于"不告不理"的被动地位。法院受理申请后,应依照《民事诉讼法》规定的特别程序,必要时应当对被请求认定为无民事行为能力或者限制民事行为能力的成年人的精神及智力状况进行鉴定。申请人已提供鉴定意见的,应当对鉴定意见进行审查,经审查后,认为申请有事实根据的,判决被申请人为无民事行为能力或者限制民事行为能力人,反之,应判决驳回。[②]

二、民事行为能力的恢复

被认定为无行为能力的成年人恢复部分辨识能力后,经本人、利害关系人或有关组织申请,法院可以认定其恢复为限制民事行为能力人。被认定为限制行为能力的成年人完全消除不能辨识自己行为的智力、精神健康状态后,经本人、利害关系人或有关组织申请,法院可以认定该成年人恢复为完全民事行为能力人。[③]

第二十五条 【自然人的住所】 自然人以户籍登记或者其他有效身份登记记载的居所为住所;经常居所与住所不一致的,经常居所视为住所。

---

① 参见李宇:《民法总则要义:规范释论与判解集注》,法律出版社2017年版,第94页。
② 参见陈甦主编:《民法总则评注(上册)》,法律出版社2017年版,第162—163页(朱广新执笔)。
③ 同上注,第164页(朱广新执笔)。

一、法定住所

住所是自然人生活和民事活动的中心场所。[①] 自然人享有民事权利和承担民事义务大多以住所为中心区域发生。住所是决定监护，决定宣告失踪、宣告死亡，决定债务履行地，决定诉讼管辖地、登记主管地，决定涉外法律适用之准据法的重要因素。此外，住所就公司法、国际法、选举法、税法等而言，都有重要意义。[②]

《民法典》对住所概念采客观主义的界定方式，[③]住所界定为户籍登记或者其他有效身份登记记载的居所或者拟制经常居所为住所。概言之，我国一直采以法定住所为原则、以拟制住所为例外的住所法定主义原则。[④]

法定住所是指不管自然人是否常住于某地而法律直接将该地设为自然人的住所。即便自然人在户籍所在地可能有多个居住地，但根据《户口登记条例》第6条的规定自然人能够登记的居所是唯一的。其他有效身份登记记载的居所是指诸如居民身份证、军人身份证件（中国人民解放军军人）、武装警察身份证件（中国人民武装警察）、港澳居民往来内地通行证、我国台湾地区居民来往大陆通行证或其他有效旅行证件（我国台湾居民）、护照（外国公民）等记载的居所。[⑤]

二、拟制住所

若自然人因迁徙而事实上不再将登记的居所作为其民事关系中心的处所，并在其他经常居住之处所（经常居所）生活时，住所对于确定私法关系空间已无实际意义。为了解决法定住所与经常居住之地不一致的矛盾，法律根据经常居所与登记居所之间的类似性，而非依自然人对住所的自主意思，以拟制的立法技术强制性赋予经常居所以住所的效力。[⑥]

经常居所是指以长期居住为目的，连续居住一年以上的地方。另外，自然人由其户籍所在地迁出后至迁入另一地之前，无经常居所的，仍以其原户

[①] 参见朱庆育：《民法总论》（第二版），北京大学出版社2016年版，第413页。
[②] 参见梁慧星：《民法总论》（第五版），法律出版社2017年版，第116页；朱庆育：《民法总论》（第二版），北京大学出版社2016年版，第413页。
[③] 对于住所的概念，存在主观主义、客观主义以及折中主义之分。详细论述参见陈甦主编：《民法总则评注（上册）》，法律出版社2017年版，第171页（朱广新执笔）。
[④] 参见陈甦主编：《民法总则评注（上册）》，法律出版社2017年版，第171页（朱广新执笔）。德国民法中对住所的规定与我国完全不同，其采自由设定住所（任意住所）为原则、法律规定住所（法定住所）为例外的立法模式。
[⑤] 参见陈甦主编：《民法总则评注（上册）》，法律出版社2017年版，第171—172页（朱广新执笔）。
[⑥] 同上注，第173—174页（朱广新执笔）。

籍所在地为住所。①

三、证明责任

主张某居所为某人之住所的人,应当对该居所为该人登记的居所进行证明。主张某居所为某人经常居住地的,应对该居所为该人连续居住一年以上之地方进行证明。②

第二节 监 护

第二十六条 【父母子女关系】父母对未成年子女负有抚养、教育和保护的义务。

成年子女对父母负有赡养、扶助和保护的义务。

第二十七条 【未成年人的监护人】父母是未成年子女的监护人。

未成年人的父母已经死亡或者没有监护能力的,由下列有监护能力的人按顺序担任监护人:

(一)祖父母、外祖父母;

(二)兄、姐;

(三)其他愿意担任监护人的个人或者组织,但是须经未成年人住所地的居民委员会、村民委员会或者民政部门同意。

第二十八条 【成年人的监护人】无民事行为能力或者限制民事行为能力的成年人,由下列有监护能力的人按顺序担任监护人:

(一)配偶;

(二)父母、子女;

(三)其他近亲属;

(四)其他愿意担任监护人的个人或者组织,但是须经被监护人住所地的居民委员会、村民委员会或者民政部门同意。

第二十九条 【遗嘱指定监护人】被监护人的父母担任监护人的,可以通过遗嘱指定监护人。

第三十条 【协议确定监护人】依法具有监护资格的人之间可以协议确定监护人。协议确定监护人应当尊重被监护人的真实意愿。

第三十一条 【监护争议解决程序】对监护人的确定有争议的,由被监

---

① 参见朱庆育:《民法总论》(第二版),北京大学出版社2016年版,第413页。
② 参见陈甦主编:《民法总则评注(上册)》,法律出版社2017年版,第174页(朱广新执笔)。

护人住所地的居民委员会、村民委员会或者民政部门指定监护人,有关当事人对指定不服的,可以向人民法院申请指定监护人;有关当事人也可以直接向人民法院申请指定监护人。

居民委员会、村民委员会、民政部门或者人民法院应当尊重被监护人的真实意愿,按照最有利于被监护人的原则在依法具有监护资格的人中指定监护人。

依据本条第一款规定指定监护人前,被监护人的人身权利、财产权利以及其他合法权益处于无人保护状态的,由被监护人住所地的居民委员会、村民委员会、法律规定的有关组织或者民政部门担任临时监护人。

监护人被指定后,不得擅自变更;擅自变更的,不免除被指定的监护人的责任。

一、指定监护人

具有监护资格的人对监护人的选任结果存在争议时,可向有关单位申请以指定方式确定监护人。争议主要表现为:其一,数个适格监护人争当监护人,引发积极冲突。其二,适格监护人之间互相推诿监护职责,引发消极冲突。[1]

被监护人所在地的居民委员会、村民委员会或者民政部门、法院可接受相关当事人的指定监护申请,当事人可以在上述单位中自由选择申请对象,并无顺序要求。若当事人先向居民委员会、村民委员会或者民政部门申请指定监护人但对结果不服,可在法定期限内向法院提起诉讼,要求法院撤销指定并重新指定监护人。

如果多个争议当事人分别向不同的单位提出申请,应根据具体情况确定监护人:其一,若有当事人向人民法院提出申请,应以法院作出的指定结果为准;其二,如果各个当事人分别向居民委员会、村民委员会和民政部门提出申请,应以先作出的指定为准,如果对指定存在争议,且后被指定者已经实际履行监护职责,可认定后者监护关系成立。[2]

二、指定监护的原则与法律效果

本条第2款将尊重被监护人意愿提升为强制要求,强化了对被监护人意志的尊重。[3] 在指定监护中,若被监护人能够自主作出对选任监护人的意愿

---

[1] 参见陈甦主编:《民法总则评注(上册)》,法律出版社2017年版,第224页(刘明执笔)。

[2] 同上注,第224—225页(刘明执笔)。

[3] 参见李宇:《民法总则要义:规范释论与判解集注》,法律出版社2017年版,第101页。

5　当被监护人未明确表达选任监护人的意愿时,相关单位应根据最有利于被监护人的原则,综合考量被监护人的身心障碍程度、生活习惯、财产状况以及监护人的职业、品性、文化水平、与被监护人的关系、对被监护人的照管经验等多方面因素指定监护人,不应将法定监护顺序作为主要判断标准。①

6　监护人一旦被指定,被指定的监护人就必须履行监护职责,非经法定程序不得擅自变更。监护人与他人擅自达成的变更监护协议,不产生监护责任变更的法律效果。

三、临时监护人

7　临时监护适用于监护原因发生后到确定监护人前的时间段。它是相关单位依职权应主动承担的法定职责,无须以当事人的申请为前提条件。

第三十二条　【组织监护人】没有依法具有监护资格的人的,监护人由民政部门担任,也可以由具备履行监护职责条件的被监护人住所地的居民委员会、村民委员会担任。

第三十三条　【意定监护】具有完全民事行为能力的成年人,可以与其近亲属、其他愿意担任监护人的个人或者组织事先协商,以书面形式确定自己的监护人,在自己丧失或者部分丧失民事行为能力时,由该监护人履行监护职责。

一、意定监护合同

1　意定监护合同属于无名合同,其在意定监护的具体规范体系上始终处于核心地位。② 与财产性的普通民商事协议有着本质区别的是,它不是以报酬、对价为目的的协议,本质上是一种家事关系的再分配。③ 其内容贯穿监护人选任、监护事项分配、监护责任的承担以及监护关系的终止等各环节,对监护双方权利义务关系的确定起着至关重要的基础性作用。④

---

① 参见陈甦主编:《民法总则评注(上册)》,法律出版社2017年版,第225页(刘明执笔)。
② 参见李霞:《意定监护制度论纲》,载《法学》2011年第4期。
③ 参见中国审判理论研究会民商事专业委员会编著:《〈民法总则〉条文理解与司法适用》,法律出版社2017年版,第73页。
④ 参见陈甦主编:《民法总则评注(上册)》,法律出版社2017年版,第237页(刘明执笔)。

意定监护合同的成立要件如下:其一,在主体资格及选任范围方面,委托人与受托人①订立意定监护合同时都应为具有完全民事行为能力的成年人。其二,在形式要件方面,意定监护合同应以书面形式订立,因为合同所约定之事项对当事人将来会产生重大影响,书面形式有利于确保合同的真实性、准确性与严肃性。在意定监护合同的生效要件上,须以委托人丧失或部分丧失民事行为能力为生效起点。

二、意定监护合同的程序保障

本条除规定意定监护合同须以书面形式订立外,并无其他程序性规定。本书认为,为使得他人根据公权的权威而信赖当事人间订立意定监护合同之真意,还须公权继续为其"加持",也即对意定监护合同进行登记以公示双方当事人的合意。

三、意定监护之监督体系

本条并未规定对意定监护人的监督机制,虽然意定监护作为法定监护之补充,可以准用法定监护的监督机制,即本法第 36 条之规定,但该条之规定显得粗糙且可能与意定监护的适用不相匹配。本书认为,应采法院选任私人直接监督与公权间接监督相结合的监督模式。公权间接监督之形式可以为定期报告事务处理制度、财产托管制度、重大医疗行为批准等。②

第三十四条　【监护人的职责与权利及临时生活照料措施】监护人的职责是代理被监护人实施民事法律行为,保护被监护人的人身权利、财产权利以及其他合法权益等。

监护人依法履行监护职责产生的权利,受法律保护。

监护人不履行监护职责或者侵害被监护人合法权益的,应当承担法律责任。

因发生突发事件等紧急情况,监护人暂时无法履行监护职责,被监护人的生活处于无人照料状态的,被监护人住所地的居民委员会、村民委员会或者民政部门应当为被监护人安排必要的临时生活照料措施。

一、监护人职责

监护人的职责主要包括代理被监护人实施法律行为和保护被监护人的合法权益两项。其中前者为积极保护,旨在使被监护人可以有效参与社会交

---

① 意定监护合同在生效之前,监护尚未生效,因而称为监护人与被监护人有所不妥,且其以委托合同为准用规则,因而在意定监护合同生效前称委托人与受托人较为妥当。
② 对意定监护监督模式的论述,参见王玮玲:《英美持续性代理权制度中的监督模式比较》,载《山东社会科学》2016 年第 1 期。

往活动;后者为消极保护,旨在防止被监护人的合法权益遭受损害。

2　　监护人作为被监护人的法定代理人,有权代理被监护人实施各类与财产有关的民事法律行为,对限制行为能力的被监护人实施的法律行为有同意权和追认权。特定情况下,监护人还可以代理实施与被监护人身份有关的法律行为。

3　　监护人的职责主要有:1. 保护被监护人的身体健康;2. 照顾被监护人的生活;3. 管理和保护被监护人的财产;4. 代理被监护人实施民事法律行为;5. 对被监护人进行管理和教育;6. 在被监护人合法权益受到侵害或者与人发生争议时,代理其进行诉讼。①

二、监护人利益的保护

4　　监护人履行监护职责具有不可侵犯并排除他人干涉的效力,任何个人或组织无法定理由,均不得妨碍监护人正常履行监护职责。第三人对监护权的行使造成阻碍时,监护人可根据《民法典》侵权责任编的相关规定进行救济。

5　　监护人依法履行监护职责产生的权利主要包括:第一,监护人行使监护权的自主权利;第二,监护人的名誉权,能否妥善行使监护权,在某些情况下也可能对监护人的名誉产生影响,而恢复监护职责的行使则是其名誉得到恢复的主要方式;第三,在有偿的意定监护中,监护人因履行监护职责而获得报酬的权利也受法律保护。②

三、监护人的法律责任

6　　监护人对被监护人应进行合理的约束,以防止其实施侵害他人合法权益的行为,如果未尽到监护职责,导致被监护人实施了此类行为,监护人应依照本法第1188条承担侵权责任。

7　　监护人侵害被监护人的合法权益主要表现为:第一,怠于履行监护职责,将被监护人置于无人照管的状态,放任其人身财产权益遭受损害;第二,滥用监护权侵害被监护人的合法权益。监护人须承担的责任主要有:第一,通过追究监护人的侵权责任,对被监护人遭受的损失进行救济;第二,若监护人的行为符合监护资格的撤销条件,人民法院还可以根据相关当事人的申请,撤销监护人的监护资格,并另外指定新的监护人;第三,当监护人的行为构成对行政法规或刑事法律规范的违反时,执法机关应依职权主动介入,追究监护

---

① 参见张新宝:《〈中华人民共和国民法总则〉释义》,中国人民大学出版社2017年版,第166页。

② 参见陈甦主编:《民法总则评注(上册)》,法律出版社2017年版,第248页(刘明执笔)。

人的相关法律责任。①

第三十五条　【监护人履行职责的原则与要求】监护人应当按照最有利于被监护人的原则履行监护职责。监护人除为维护被监护人利益外,不得处分被监护人的财产。

未成年人的监护人履行监护职责,在作出与被监护人利益有关的决定时,应当根据被监护人的年龄和智力状况,尊重被监护人的真实意愿。

成年人的监护人履行监护职责,应当最大程度地尊重被监护人的真实意愿,保障并协助被监护人实施与其智力、精神健康状况相适应的民事法律行为。对被监护人有能力独立处理的事务,监护人不得干涉。

一、最有利于被监护人原则

最有利于被监护人的原则是民法监护制度的核心原则,如果监护人的监护行为违背该原则,则不发生法律效力。② 对这一原则应适用一般人的理性标准来判断,即如果社会上的一般人均认为监护人的监护行为最有利于被监护人,是被监护人利益的最大化选择,那么这一监护行为就是合理的,反之则证明监护行为不具有合理性。当然,监护利益的最大化并非仅从个别行为判断而应从整体上进行判断,例如,将被监护人的财产用于教育,从整体上看有利于被监护人,故应当是符合该原则的。③

当被监护人有一定的财产时,监护人履行监护职责涉及财产处分的,只能基于被监护人的利益维护之目的,否则不得处分被监护人的财产。

二、尊重被监护人自主意愿原则

为了切实保护身心障碍者的利益,国际社会近年来开始倡导"尊重自我决定权""维持生活正常化"的保护新理念。目的是充分利用和尊重身心障碍者的认知判断能力,允许其对与自身生活密切相关的事项"自治",即允许其在一定的范围内进行民事行为,以最大程度地尊重其作为一个"人"的基本权利。④

反映在监护制度上,因被监护人(无论是未成年人还是成年人)可能是

---

① 参见陈甦主编:《民法总则评注(上册)》,法律出版社2017年版,第249—250页(刘明执笔)。
② 参见王利明主编:《中华人民共和国民法总则详解(上册)》,中国法制出版社2017年版,第162页(孟强执笔)。
③ 参见李永军主编:《中华人民共和国民法总则精释与适用》,中国民主法制出版社2017年版,第48页。
④ 参见李适时主编:《中华人民共和国民法总则释义》,法律出版社2017年版,第104页。

无民事行为能力人,也可能是限制民事行为能力人。根据年龄、智力以及精神健康等情况的不同,限制行为能力人具备一定的意思能力和表达能力,监护人在履行监护职责时,应征求被监护人的意见,尊重被监护人的真实意愿。①

第三十六条 【撤销监护人资格】监护人有下列情形之一的,人民法院根据有关个人或者组织的申请,撤销其监护人资格,安排必要的临时监护措施,并按照最有利于被监护人的原则依法指定监护人:

(一)实施严重损害被监护人身心健康的行为;

(二)怠于履行监护职责,或者无法履行监护职责且拒绝将监护职责部分或者全部委托给他人,导致被监护人处于危困状态;

(三)实施严重侵害被监护人合法权益的其他行为。

本条规定的有关个人、组织包括:其他依法具有监护资格的人,居民委员会、村民委员会、学校、医疗机构、妇女联合会、残疾人联合会、未成年人保护组织、依法设立的老年人组织、民政部门等。

前款规定的个人和民政部门以外的组织未及时向人民法院申请撤销监护人资格的,民政部门应当向人民法院申请。

一、申请撤销监护人资格的主体范围

1　根据遭受监护人侵害的被监护人自身情况的不同,本条第2款规定了10类可以向人民法院提出撤销监护人资格的申请主体,以使被监护人能得到更为及时和有效的保护。任何一方有资格的申请主体发现监护人存在撤销监护资格的法定事由后,均有权直接向法院提起诉讼,如果没有任何一方及时提起诉讼,为保证被监护人能够及时得到保护,民政部门作为兜底保护的部门有义务依职权向人民法院提出申请。② 人民法院必须在有充分证据的前提下,始得撤销监护人的监护权。③

二、撤销监护人资格的法定事由

2　第一,监护人实施严重损害被监护人身心健康利益的行为(例如对被监护人暴力伤害、虐待、性侵,出卖,教唆或利用其实施犯罪等违法犯罪行为),

---

① 参见王利明主编:《中华人民共和国民法总则详解(上册)》,中国法制出版社2017年版,第162—163页(孟强执笔)。

② 参见陈甦主编:《民法总则评注(上册)》,法律出版社2017年版,第267页(刘明执笔)。

③ 参见李永军主编:《中华人民共和国民法总则精释与适用》,中国民主法制出版社2017年版,第51页。

即可导致监护资格的撤销。监护人的行为是否达到严重损害被监护人身心健康的程度,需要从行为的性质、情节以及权威机构鉴定的损害后果等方面进行综合判断。①

第二,监护人怠于履行监护职责。表现为监护人遗弃被监护人,拒绝为被监护人提供必要的生活、教育或医疗条件,将被监护人置于无人照管状态,利用被监护人进行乞讨等。监护人无法履行监护职责大多并非出于监护人的本意,而是客观原因造成的,例如被处以刑罚或因吸毒、赌博、酗酒等生活恶习而丧失履行监护职责的能力。但如果其拒绝转托他人,则将转化为故意不履行监护责任,一旦造成法定后果,将可能丧失监护人资格。②

第三,将"实施严重侵害被监护人合法权益的其他行为"作为兜底条款,例如监护人存在滥用监护权利,挥霍或侵占被监护人的财产,且无力偿还或不能提供充分担保的情形等。③

第三十七条 【监护人资格撤销不影响义务承担】依法负担被监护人抚养费、赡养费、扶养费的父母、子女、配偶等,被人民法院撤销监护人资格后,应当继续履行负担的义务。

第三十八条 【恢复监护人资格】被监护人的父母或者子女被人民法院撤销监护人资格后,除对被监护人实施故意犯罪的外,确有悔改表现的,经其申请,人民法院可以在尊重被监护人真实意愿的前提下,视情况恢复其监护人资格,人民法院指定的监护人与被监护人的监护关系同时终止。

一、申请恢复监护人资格的主体范围

该制度适用于父母对子女的监护关系,以及成年子女对父母的监护关系。④ 其他监护人只要被撤销了监护人资格就不能再要求恢复。主要原因在于亲子之间较为特殊的血缘和伦理关系以及这种关系的效果假定与再行出现撤销事由风险之间的权衡考量。⑤

---

① 参见王利明主编:《中华人民共和国民法总则详解(上册)》,中国法制出版社2017年版,第168页(孟强执笔)。
② 参见陈甦主编:《民法总则评注(上册)》,法律出版社2017年版,第269页(刘明执笔)。
③ 同上注,第270页(刘明执笔)。
④ 参见王利明主编:《中华人民共和国民法总则详解(上册)》,中国法制出版社2017年版,第175页(孟强执笔)。
⑤ 参见陈甦主编:《民法总则评注(上册)》,法律出版社2017年版,第283—284页(刘明执笔);王利明主编:《中华人民共和国民法总则详解(上册)》,中国法制出版社2017年版,第175页(孟强执笔)。

二、监护人资格恢复的判断标准

第一,申请人确有悔改表现。即申请人在主观上具有恢复监护人资格的意愿且申请人在客观上恢复了履行监护职责的能力。[1]

第二,被监护人同意。在被监护人能够准确表达自己意思的情况下,其对监护人资格恢复申请的态度,将对法院作出最终判断产生决定性作用。

第三,凡曾对被监护人实施故意犯罪(例如遗弃、虐待、性侵、出卖、故意伤害、强迫儿童卖淫)的监护人,均不得恢复其监护资格,不论罪名为何及刑罚轻重,即使监护人犯罪情节轻微而被判决免于刑事处罚,也不得再申请恢复监护资格,因为故意犯罪的情形表明监护人的主观恶性较大,社会危害性较大,难以轻易改正。[2]

在实践中,人民法院还应根据案件实际情况综合考量各方面因素,例如申请人与被监护人之间是否存在利益冲突,对恢复申请人的监护人资格是否符合最有利于被监护人原则等作出判断。

三、监护关系恢复的法律后果

人民法院判决恢复申请人的监护人资格,将产生新监护关系设立和原监护关系终止的法律效果,监护人资格撤销时指定的监护人与被监护人之间的监护关系随着申请人与被监护人监护关系的恢复而终止。

第三十九条 【监护关系终止】 有下列情形之一的,监护关系终止:

(一)被监护人取得或者恢复完全民事行为能力;

(二)监护人丧失监护能力;

(三)被监护人或者监护人死亡;

(四)人民法院认定监护关系终止的其他情形。

监护关系终止后,被监护人仍然需要监护的,应当依法另行确定监护人。

第三节 宣告失踪和宣告死亡

第四十条 【宣告失踪的条件】 自然人下落不明满二年的,利害关系人可以向人民法院申请宣告该自然人为失踪人。

第四十一条 【下落不明的时间计算】 自然人下落不明的时间自其失去音讯之日起计算。战争期间下落不明的,下落不明的时间自战争结束之日或

---

[1] 参见最高人民法院、最高人民检察院、公安部、民政部:法发〔2014〕24 号《关于依法处理监护人侵害未成年人权益行为若干问题的意见》第 39 条第 2 款。

[2] 参见陈甦主编:《民法总则评注(上册)》,法律出版社 2017 年版,第 285 页(刘明执笔)。

者有关机关确定的下落不明之日起计算。

一、规范意旨

本法第40条、第41条规定了宣告失踪的要件。

二、宣告失踪的法定要件

第一,自然人下落不明满二年。下落不明是指自然人离开居住地后没有音讯的状况。二年期限是连续期限,从确定自然人下落不明的状态时开始计算,起算点为自然人失去音讯之日。

第二,下落不明的自然人没有法定代理人或财产管理人。失踪宣告制度的目的主要在于保护失踪人的财产,而下落不明的自然人如果属于无/限制民事行为能力人,其本来就有法定代理人为其管理财产,若无不利于失踪人的特别情况,即无宣告失踪的必要。下落不明的自然人虽属于完全民事行为能力人,但已经为自己设定了财产管理人的,若无不利于失踪人的特别情况,也无宣告失踪的必要。①

第三,经利害关系人向人民法院提出申请。利害关系人包括被申请宣告失踪人的配偶、父母、子女、兄弟姐妹、祖父母、外祖父母、孙子女、外孙子女以及其他与被申请人有民事权利义务关系的人(主要指失踪人的债权人、债务人、财产共有人等)。宣告失踪案件由被宣告失踪人住所地的基层人民法院管辖。住所地与居住地不一致的,由最后居住地的基层人民法院管辖。为了减少无谓宣告,并防止利害关系人恶意申请,法院在受理宣告申请后,必须公告寻找下落不明人,公告期为三个月。②

三、宣告失踪期间的起算点

第一,一般情况下的下落不明(通常是某人离开居住地,杳无音讯),起算点是自然人失去音讯之日,即最后一次获取其讯息的第二日。

第二,战争情况下的下落不明。由于战争持续时间可能较长,其间通信困难,甚至无法通信,不能判断其是否下落不明,故应从战争结束之日开始计算。

第四十二条 【财产代管人】失踪人的财产由其配偶、成年子女、父母或者其他愿意担任财产代管人的人代管。

代管有争议,没有前款规定的人,或者前款规定的人无代管能力的,由人民法院指定的人代管。

---

① 参见陈甦主编:《民法总则评注(上册)》,法律出版社2017年版,第285页(窦海阳执笔)。
② 参见朱庆育:《民法总论》(第二版),北京大学出版社2016年版,第415页。

第四十三条 【财产代管人的职责】财产代管人应当妥善管理失踪人的财产,维护其财产权益。

失踪人所欠税款、债务和应付的其他费用,由财产代管人从失踪人的财产中支付。

财产代管人因故意或者重大过失造成失踪人财产损失的,应当承担赔偿责任。

一、财产代管人的职责

1　财产代管人除了维持失踪人财产的现有正常状态之外,在法律以及法院授权的范围内,有权代理失踪人实施一定的法律行为。例如,以失踪人的财产代其清偿债务。

2　代管人只是代为管理失踪人的财产,一般情况下,没有义务以自己的财产为失踪人承担责任,失踪人所欠税款、债务和应付的赡养费、抚养费和因代管财产所需的管理费等必要费用应由代管人从失踪人的财产中支付。另外,代管只是对失踪人的财产进行管理,不能管理与失踪人人身相关的事务,如代为收养行为。①

二、财产代管人的责任

3　财产代管人无论对失踪人财产实施何种代管行为,法律均要求代管人尽善良管理人的注意义务,即诚实、谨慎而富有经验的管理人应负的注意义务。由于失踪人的代管人从事的仍然是一种无偿的代管行为,所以财产代管人仅因自己的故意或重大过失造成失踪人的财产损害时,才应当承担赔偿责任。②

三、证明责任

4　请求财产代管人承担损害赔偿责任的人应当证明财产代管人对失踪人的财产损失存在故意或者重大过失。

第四十四条 【财产代管人的变更】财产代管人不履行代管职责、侵害失踪人财产权益或者丧失代管能力的,失踪人的利害关系人可以向人民法院申请变更财产代管人。

财产代管人有正当理由的,可以向人民法院申请变更财产代管人。

人民法院变更财产代管人的,变更后的财产代管人有权请求原财产代管人及时移交有关财产并报告财产代管情况。

---

① 参见陈甦主编:《民法总则评注(上册)》,法律出版社2017年版,第315页(窦海阳执笔)。

② 同上注,第316页(窦海阳执笔)。

第四十五条 【失踪宣告的撤销】失踪人重新出现,经本人或者利害关系人申请,人民法院应当撤销失踪宣告。

失踪人重新出现,有权请求财产代管人及时移交有关财产并报告财产代管情况。

第四十六条 【宣告死亡的条件】自然人有下列情形之一的,利害关系人可以向人民法院申请宣告该自然人死亡:

(一)下落不明满四年;

(二)因意外事件,下落不明满二年。

因意外事件下落不明,经有关机关证明该自然人不可能生存的,申请宣告死亡不受二年时间的限制。

一、宣告死亡的普通期间

一般情况下,自然人下落不明应当满四年,利害关系人才能申请宣告死亡。起算时间点为自然人失去音讯之日。

二、宣告死亡的特别期间

自然人因意外事故(如地震、海啸、海难、空难、洪灾、火灾等危及生命的重大灾害事故)下落不明满两年的,利害关系人可申请宣告死亡。两年的起算点为意外事故发生之日。

因意外事件下落不明的,如果经有关机关证明该自然人不可能生存,那么申请宣告死亡不受两年时间的限制,利害关系人可以立即申请宣告自然人死亡,无须等待下落不明满两年。如果有关机关出具的文件不能证明自然人不可能生存,仅给出了失踪状态,那么仍然适用两年期间。

三、申请宣告死亡的主体

宣告死亡的申请必须由下落不明的自然人的利害关系人向人民法院提出,人民法院不得依职权主动宣告自然人死亡。利害关系人必须与被申请宣告死亡人存在法律关系,可以是亲属关系,比如父母子女、兄弟姐妹等,也可以是财产共有关系、债权债务关系。

第四十七条 【宣告死亡的优先适用】对同一自然人,有的利害关系人申请宣告死亡,有的利害关系人申请宣告失踪,符合本法规定的宣告死亡条件的,人民法院应当宣告死亡。

第四十八条 【被宣告死亡的人死亡日期的确定】被宣告死亡的人,人民法院宣告死亡的判决作出之日视为其死亡的日期;因意外事件下落不明宣告死亡的,意外事件发生之日视为其死亡的日期。

第四十九条 【被宣告死亡期间的民事法律行为效力】自然人被宣告死亡但是并未死亡的,不影响该自然人在被宣告死亡期间实施的民事法律行为的效力。

死亡宣告只是对自然人死亡的推定,它针对的是婚姻关系和财产关系的了结问题,目的是保护与被宣告死亡人存在利害关系的主体,其并不具有消灭被宣告死亡人民事权利能力的效力。[①] 现实中,被宣告死亡人完全可能在原生活地之外的某地实际生存。在这种情况下,被宣告死亡人仍因其为具有生命的自然人而为具有权利能力的民事主体,不能因为其在原生活地被宣告死亡而影响到实际生存地的行为效力。该行为不限于法律行为,准法律行为、事实行为等其他行为的效果同样不受死亡宣告之影响。

第五十条 【死亡宣告的撤销】被宣告死亡的人重新出现,经本人或者利害关系人申请,人民法院应当撤销死亡宣告。

第五十一条 【宣告死亡、撤销死亡宣告对婚姻关系的影响】被宣告死亡的人的婚姻关系,自死亡宣告之日起消除。死亡宣告被撤销的,婚姻关系自撤销死亡宣告之日起自行恢复。但是,其配偶再婚或者向婚姻登记机关书面声明不愿意恢复的除外。

一、宣告死亡对婚姻关系的影响

已婚自然人被宣告死亡,被宣告死亡人的婚姻关系,自死亡宣告时起消灭。此种消灭仅对被宣告死亡之人的配偶发生效力,其配偶可以另缔结婚姻关系。倘若被宣告死亡之人另行与他人结婚,仍应构成重婚。[②]

二、撤销死亡宣告对婚姻关系的影响

配偶没有再婚的情况下,原则上婚姻关系从撤销死亡宣告之日起自行恢复,其婚姻关系视为自始未消灭,双方当事人无须履行任何婚姻登记手续。

因一方长期下落不明,未能履行夫妻和家庭关系上的义务,即使未被宣告死亡,其婚姻关系也仅具有形式上的意义。失踪人重新出现导致死亡宣告被撤销,若因其配偶未再婚而一律自行恢复婚姻关系未免有片面保护失踪人利益之嫌,因此为尊重配偶的自由意思,若配偶不愿意恢复的,婚姻关系不能自动恢复,但为了公示效果,配偶需向婚姻登记机关书面声明不愿意恢复婚

[①] 参见王利明主编:《中华人民共和国民法总则详解(上册)》,中国法制出版社2017年版,第175页(王雷执笔)。

[②] 同上注,第224页(王雷执笔)。

姻关系。①

如果被宣告死亡人的配偶在宣告死亡判决生效后已经再婚,则其与被宣告死亡人原来的婚姻关系,不因死亡宣告撤销而恢复,其配偶与他人缔结的婚姻关系受法律保护。即使其配偶与他人结婚后又离婚或者结婚后对方死亡,其与被宣告死亡人原来的婚姻关系也不能自行恢复。若配偶愿意与被宣告死亡人恢复夫妻关系,双方必须另行办理结婚登记。

第五十二条 【撤销死亡宣告对收养关系的影响】被宣告死亡的人在被宣告死亡期间,其子女被他人依法收养的,在死亡宣告被撤销后,不得以未经本人同意为由主张收养行为无效。

第五十三条 【死亡宣告撤销后的财产返还】被撤销死亡宣告的人有权请求依照本法第六编取得其财产的民事主体返还财产;无法返还的,应当给予适当补偿。

利害关系人隐瞒真实情况,致使他人被宣告死亡而取得其财产的,除应当返还财产外,还应当对由此造成的损失承担赔偿责任。

一、继承人的返还和适当补偿义务

宣告死亡撤销后,被宣告死亡人的权利能力视为自始没有丧失,其对自己所有财产的权利应当恢复。但如果无条件地恢复宣告死亡前的财产关系,则可能破坏已经形成的法律秩序,损及利害关系人和善意第三人的合法权益。因此有必要对死亡宣告撤销后相关财产关系的恢复进行规定。

下落不明的自然人被宣告死亡后,其财产通常被继承人继承或者按照继承法的规定转归有权接受遗产的组织所有。死亡宣告被撤销后,基于遗产继承、受遗赠或接受无人继承又无人受遗赠的遗产而取得被宣告死亡人的财产的个人或组织,应当返还财产。返还原则为:财产存在的,应按照财产的现状予以返还;如果财产不存在的,应予以补偿。补偿不同于赔偿,它不需要完全按照财产的价值进行赔偿,如果财产被卖出,应返还价款,如果价款已经部分或全部用于家庭消费,应根据实际情况酌情补偿。②

二、利害关系人的赔偿责任

利害关系人明知自然人并未死亡,但隐瞒事实,致使自然人被错误地宣告死亡,并由此取得自然人的财产,除应当返还基于死亡宣告所取得的全部

---

① 参见陈甦主编:《民法总则评注(上册)》,法律出版社2017年版,第360页(窦海阳执笔)。

② 同上注,第368页(窦海阳执笔)。

财产外,还应当对被宣告人因被宣告死亡而遭受的损失承担赔偿责任。财产存在的,应当返还财产;财产消耗或者毁损的,应当赔偿损失;财产有孳息的,还应当在返还财产的同时返还孳息。①

三、证明责任

被撤销死亡宣告的人请求利害关系人赔偿损失的,应证明存在财产损失以及利害关系人隐瞒真实情况。

第四节 个体工商户和农村承包经营户

第五十四条 【个体工商户】自然人从事工商业经营,经依法登记,为个体工商户。个体工商户可以起字号。

第五十五条 【农村承包经营户】农村集体经济组织的成员,依法取得农村土地承包经营权,从事家庭承包经营的,为农村承包经营户。

第五十六条 【"两户"债务的责任承担】个体工商户的债务,个人经营的,以个人财产承担;家庭经营的,以家庭财产承担;无法区分的,以家庭财产承担。

农村承包经营户的债务,以从事农村土地承包经营的农户财产承担;事实上由农户部分成员经营的,以该部分成员的财产承担。

一、个体工商户债务的责任承担

个体工商户债务的责任承担分为三种情形:其一,个人经营时,因经营所产生的财产增益由个人享有,因而产生的债务,也应由个人财产作为责任财产来清偿,这是一种无限清偿责任。当然,在夫妻关系存续期间,夫妻一方从事"个人经营"的,其收入为夫妻共有财产,债务也应以夫妻共有财产清偿。② 但若夫妻通过约定采取分别财产制,且债权人知道的,则另当别论。其二,家庭经营时,应以家庭财产承担个体工商户的债务,这体现了利益与风险负担相一致的原则。其三,如果个体工商户的个人与家庭财产发生混同,难以证明是个人经营时,其债务需要由家庭财产共同承担。③ 此处所谓家庭财产应作广义解释,不仅指家庭共有财产,也包括家庭成员的个人财产。若个体工

---

① 参见陈甦主编:《民法总则评注(上册)》,法律出版社2017年版,第368—369页(窦海阳执笔)。

② 参见黄薇主编:《中华人民共和国民法典总则编解读》,中国法制出版社2020年版,第162页。

③ 参见陈甦主编:《民法总则评注(上册)》,法律出版社2017年版,第386页(刘承韪执笔);王利明主编:《中华人民共和国民法总则详解(上册)》,中国法制出版社2017年版,第238—239页(周友军执笔)。

商户的债务仅以家庭共有财产为限承担责任,则等于承认以家庭共有财产为基础的个体工商户是一个如同有限责任公司那样的法人。这显然不符合立法目的。

二、农村承包经营户债务的责任承担

农村承包经营户以"户"经营为原型,故应以"户"之财产负担债务。所谓"户"之财产,应与个体工商户的家庭财产作相同解释(边码1)。如果该农村承包经营户事实上由农户部分成员经营,应以该部分成员的财产来承担责任。因为由农户部分成员经营的情形,如仍一律由全体成员负担债务,则有悖于自己责任原则。

三、证明责任

债权人请求个体工商户以家庭财产清偿债务的,个体工商户经营者应证明系个人经营。债权人请求农户全体成员共同清偿债务的,被告如不能证明事实上仅由该户部分成员经营,则仍应由农户全体成员对债务负责。①

第三章 法 人

第一节 一般规定

第五十七条 【法人的定义】 法人是具有民事权利能力和民事行为能力,依法独立享有民事权利和承担民事义务的组织。

第五十八条 【法人成立的条件】 法人应当依法成立。

法人应当有自己的名称、组织机构、住所、财产或者经费。法人成立的具体条件和程序,依照法律、行政法规的规定。

设立法人,法律、行政法规规定须经有关机关批准的,依照其规定。

第五十九条 【法人民事权利能力和民事行为能力的起止】 法人的民事权利能力和民事行为能力,从法人成立时产生,到法人终止时消灭。

第六十条 【法人民事责任承担】 法人以其全部财产独立承担民事责任。

第六十一条 【法定代表人的定义及行为的法律后果】 依照法律或者法人章程的规定,代表法人从事民事活动的负责人,为法人的法定代表人。

---

① 参见李宇:《民法总则要义:规范释论与判解集注》,法律出版社2017年版,第131页。

法定代表人以法人名义从事的民事活动,其法律后果由法人承受。

法人章程或者法人权力机构对法定代表人代表权的限制,不得对抗善意相对人。

一、规范意旨

本条规范的是法定代表人的代表行为,既包括法定代表人在代表权限内实施的法律行为,也包括法定代表人超越代表权限实施的法律行为。法定代表人拥有广泛的代表权,根据代表理论,代表人和法人被认为是同一主体、具有同一人格,代表人的行为被认为就是法人的行为,①法律效果由法人承受。我国法人的法定代表人采用独任代表制,仅由一人代表法人对外实施民事法律行为,而有些国家的法定代表人采取数人代表制,一个法人可以有多个法定代表人。② 法定代表人原则上有权代表法人实施一切民事法律行为。本条规范旨在界定法定代表人的范围及其从事代表行为的法律后果。

二、法定代表人的主体范围与代表行为

(一)法定代表人的主体范围

法定代表人是指依照法律或者法人章程的规定,代表法人从事民事活动的负责人。根据本法第81条、第91条和第93条规定,营利法人由董事长、执行董事或者经理按照法人章程的规定担任法定代表人,未设董事会或者执行董事的,由法人章程规定的主要负责人担任法定代表人;社会团体法人由理事长或者会长等负责人按照法人章程的规定担任法定代表人;捐助法人由理事长等负责人按照法人章程的规定担任法定代表人。

(二)法定代表人的代表行为及责任承担

法定代表人与法人为同一主体,一般情形下法定代表人之代表行为的法律后果理应由法人承受。不过,法定代表人本身有其自然人的身份属性,除在实施代表行为时与法人具有同一人格之外,还具有其独立的人格。在判断法定代表人的哪些行为应当由法人承受其后果时,原则上应当以"是否以法人的名义"从事民事活动为标准,用以区分其个人行为及个人责任与代表行为及法人责任。同时,由于法定代表人的代表行为往往会受到意定或者法定的限制,法定代表人即便以法人的名义从事民事活动,也并非一概由法人承担责任。法定代表人应当在法律规定或章程规定的权限范围内以法人名义从事民事活动,超过该权限范围的越权代表行为,则需要结合相对人的主观

---

① 参见殷秋实:《法定代表人的内涵界定与制度定位》,载《法学》2017年第2期。

② 参见梁慧星:《〈民法总则〉重要条文的理解与适用》,载《四川大学学报(哲学社会科学版)》2017年第4期。

状态来判断法人应否承担民事责任。①

三、法定代表人的越权代表行为

针对法定代表人越权代表行为的效力,学界有"相对人善意有效、恶意效力待定模式"以及"相对人善意有效、恶意无效模式"之争议。② 根据《民法典担保制度解释》第 7 条以及《九民纪要》第 17 条的规定,我国采取的是"相对人善意有效、恶意无效模式"。当法定代表人实施越权代表行为时,根据相对人的主观状态判断越权代表行为的效力。若相对人为善意,即相对人不知道且不应当知道法定代表人超越代表权与之实施代表行为时,法人应当为法定代表人的越权代表行为承担后果,且根据法定代表人与法人的同一性原理,越权代表行为构成法人自己的行为,在结果上如同权限范围内的代表行为。③ 反之,若相对人为恶意的,即相对人知道或者应当知道法定代表人超越代表权与之实施代表行为时,该行为对法人不发生效力。如在典型的越权代表案例"越权对外担保"中,在法定代表人越权对外担保时,此类担保行为如果不构成表见代表,则对法人不发生效力。④

四、证明责任

本条第 3 款规定的"相对人之善意"是指相对人不知道且不应当知道法定代表人超越权限与其实施代表行为。以公司法定代表人越权担保为例,根据《民法典担保制度解释》第 7 条的规定,善意是指相对人在订立担保合同时不知道且不应当知道法定代表人超越权限。相对人有证据证明已对公司决议进行了合理审查⑤,人民法院应当认定其构成善意,但是公司有证据证明相对人知道或者应当知道决议系伪造、变造的除外。⑥ 依循该规定之法理,若法律规定法定代表人的行为需要由法人决议的,即代表权存在法定限制的情况下,相对人应就其对法人决议已进行合理审查承担证明责任,否则,人民法院应认定其恶意。不过,此时即便相对人能够证明自己已对法人决议

---

① 参见高圣平、范佳慧:《公司法定代表人越权担保效力判断的解释基础——基于最高人民法院裁判分歧的分析和展开》,载《比较法研究》2019 年第 1 期。
② 参见朱广新:《法定代表人的越权代表行为》,载《中外法学》2012 年第 3 期。
③ 参见杨代雄:《越权代表中的法人责任》,载《比较法研究》2020 年第 4 期。
④ 参见山东兴康医疗器械有限公司与薛某某、陈某某等民间借贷纠纷案,最高人民法院民事判决书(2012)民申字第 208 号。
⑤ 在此需要强调的是,该解释第 7 条第 3 款规定的"合理审查"标准相比较《九民纪要》第 18 条第 2 款规定的"形式审查"标准而言,前者更为严格,提高了相对人的注意义务。
⑥ 关于公司提供担保的法律效力之深入分析,请参见杨代雄:《公司为他人担保的效力》,载《吉林大学社会科学学报》2018 年第 1 期。

进行合理审查,但如果法人能够证明相对人知道或者应当知道法人决议系伪造等情形的,则依然认定相对人为恶意。反之,如果只是法人章程规定或者之前的法人决议规定法定代表人的行为需要由法人决议的,即代表权存在意定限制的情况下,由于该意定限制完全源自法人的内部规定,相对人无须对法人决议尽合理审查义务。此时直接推定相对人为善意。实际上,在代表权存在法定限制的情况下,也是推定相对人为善意。上述司法解释要求相对人证明已对公司决议进行了合理审查仅仅意味着相对人需要证明实施法律行为时存在代表权之表象(公司决议),在认定存在该表象的前提下,推定相对人为善意,公司须举证证明相对人非为善意。

第六十二条 【法定代表人职务致害行为】法定代表人因执行职务造成他人损害的,由法人承担民事责任。

法人承担民事责任后,依照法律或者法人章程的规定,可以向有过错的法定代表人追偿。

一、规范意旨

1　　本条规范的是法定代表人的职务致害行为。法定代表人因执行职务造成他人损害的,由法人承担民事责任。法人对法定代表人职务致害行为承担责任的理论基础在于法人具有过错能力。根据法人实在说,法人是具备一定组织结构的现实存在的独立主体,法人具备行为能力,可以通过法定代表人做出意思表示,法定代表人的行为就是法人的行为。① 尽管法人依其目的只能实施合法行为,但有时也会像自然人那样实施违法行为,这主要表现为法定代表人在执行职务过程中因侵权或者缔约过失导致他人遭受损害。② 此类行为构成法人的侵权行为或者缔约过失行为,应由法人承担民事责任。本条第1款并非请求权规范,毋宁仅为辅助规范。要求法人为其法定代表人致害行为承担责任的请求权基础是本法第1165条、第500条等条款。

二、法定代表人职务致害行为的构成要件

(一)行为人具有法定代表人身份

2　　在实践中,法人对职务致害行为承担责任表现为两种情形:一是法定代表人的职务侵权行为,二是法人的其他工作人员在执行职务的过程中实施的侵权行为。两者的理论基础不一样,前者的理论依据在于法定代表人的职务致害行为即为法人的致害行为,此时法人为自己的行为承担责任。就后者的

---

① 参见杨代雄:《越权代表中的法人责任》,载《比较法研究》2020年第4期。
② 参见杨代雄:《民法总论专题》,清华大学出版社2012年版,第120页。

理论依据而言,如果不允许法人通过证明自己不存在选任与监督上的过错而免责,则法人是为他人过错(事务辅助人或者履行辅助人的过错)承担责任。这是基于"由受益者负担风险"原则的替代责任①。该种区分是代表制度在侵权等违法行为领域适用的结果,即区分了法人承担的是自己责任还是替代责任。② 据此,欲满足本条规定的职务致害行为,要求行为人具有法定代表人的身份。

(二)法定代表人实施了职务致害行为

职务致害行为可能是侵权行为,也可能是缔约过失行为,即法定代表人在缔约过程中因过错违反由法人负担的先合同义务导致相对人遭受损害。法定代表人在其权限范围内实施行为致人损害,构成法人侵权行为或者其他违法行为,通常没有太大疑问。争议较大的是法定代表人在其权限范围外实施行为致人损害是否构成法人侵权行为或者其他违法行为。该种权限外的侵权行为及其他违法行为之法律后果应否由法人承担,并非取决于私法自治,因为不涉及行为的意定效果,而是仅涉及行为的法定效果。基于此,不能简单根据法定代表人的权限范围划定法人违法行为的界限。在私法自治框架内,法人可以依其意愿决定哪些法律行为属于自己的法律行为,代表权范围体现了法人的此种意愿。反之,在私法自治框架外,法人不能依其意愿决定哪些违法行为属于自己的违法行为。即便法人有意通过划定法定代表人的权限范围控制责任风险,在结果上也未必如其所愿。原因有二:一方面,法人是否仅在一定范围内承担责任,不仅涉及法人利益,还涉及受害人利益,当然不能仅由法人单方决定。另一方面,权限范围对法定代表人之致害行为的控制效果比较有限。且不说权限范围可能模糊不清,即便不存在此种界定瑕疵,法定代表人凭借对法人的高度掌控力实施越权致害行为,也并非难事。一旦越权风险变成损害事实,则不能一刀切地使受害人独自承受损害结果,而应该细致地分析权限外违法行为的表现形态,考察其与法定代表人之身份、地位及所掌握法人资源之关联性,据此决定该违法行为应否构成法人行为。③

本条第 1 款规定的"因执行职务"不应解释为"在权限范围内"。此项立法表述旨在区分法定代表人为法人实施的行为与其为自己实施的行为,前者为法人行为,后者为个人行为。其重心在于强调损害与执行职务的关联性,

---

① 参见梁慧星:《〈民法总则〉重要条文的理解与适用》,载《四川大学学报(哲学社会科学版)》2017 年第 4 期。
② 参见殷秋实:《法定代表人的内涵界定与制度定位》,载《法学》2017 年第 2 期。
③ 参见杨代雄:《越权代表中的法人责任》,载《比较法研究》2020 年第 4 期。

不在于区分权限范围内与权限范围外。① 这里应适用"外观主义"理论加强对相对人利益的保护,只要法人工作人员的行为与其职权有紧密的客观联系,令第三人有理由信赖其在执行法人职务即可。②

三、法人的追偿权

5 　　法人对法定代表人的职务致害行为享有追偿权的前提之一在于法律或法人章程的明确规定。法律规定如《公司法》第 149 条、《保险法》第 83 条。这两个条文规定的"董监高"对公司的损害赔偿责任应当解释为包括担任法定代表人的"董监高"的职务致害行为给公司造成的损失,即公司因赔偿他人而蒙受的损失。法人对法定代表人的追偿权不同于法人对其一般工作人员的追偿权。根据本法第 1191 条的规定,无论如何,法人在承担民事责任之后都可以向有故意或者重大过失的一般工作人员追偿。然而,法人对其法定代表人的追偿则需要在法律或者法人章程有规定的情况下才享有。否则,法人不享有该内部求偿权。③

6 　　法人对法定代表人的职务致害行为享有追偿权的前提之二在于法定代表人具有过错。即其在执行职务过程中对他人的损害具有故意或者过失,否则,法人不得追偿。

四、证明责任

7 　　主张由法人承担民事责任的受害人须证明致害行为由法定代表人实施,法人须证明该行为与法定代表人的职务欠缺关联性。

第六十三条 【法人的住所】法人以其主要办事机构所在地为住所。依法需要办理法人登记的,应当将主要办事机构所在地登记为住所。

一、住所的意义

1 　　不但自然人有住所,法人也有住所。关于住所的法律意义,参见本法第 25 条评注边码 1。

二、法人住所的确定

2 　　根据该条规定,法人以其主要办事机构所在地为住所,依法需要办理法人登记的,应当将主要办事机构所在地登记为住所。在实践中,即便法人将非主要办事机构所在地登记为住所,导致登记的住所与事实上的主要办事机构所在地不一致的,也应依然以事实上的主要办事机构所在地为住所。不

---

① 参见杨代雄:《越权代表中的法人责任》,载《比较法研究》2020 年第 4 期。
② 参见赵旭东:《公司法学》(第四版),高等教育出版社 2015 年版,第 154 页。
③ 参见黄薇主编:《中华人民共和国民法典总则编解读》,中国法制出版社 2020 年版,第 186 页。

过,根据本法第 65 条的规定,法人的实际情况与登记的事项不一致的,不得对抗善意相对人。据此可知,为了保护善意相对人的信赖,善意相对人能将登记的住所视为法人的主要办事机构。

第六十四条　【法人变更登记】法人存续期间登记事项发生变化的,应当依法向登记机关申请变更登记。

第六十五条　【法人登记的对抗力】法人的实际情况与登记的事项不一致的,不得对抗善意相对人。

一、法人登记的定性

法人登记是指法人在设立、变更、终止时,由申请人依法向登记机关提出法定事项登记申请,经审查核准并记载于登记簿上的法律行为。① 法人登记必须按照法定的要求和程序进行,其意义在于法人主体资格和能力发生的变化可以被社会公众所知悉,有助于社会公众了解法人的状况,保护交易安全与相对人的利益。

二、法人登记公示效力的体现

法人的实际情况与登记的事项不一致的,构成登记错误,其可能发生在设立登记、变更登记以及注销登记等情形下。当相对人对登记错误不知情或者不应知情的,法律应保护其对登记事项的信赖。此为私法上信赖保护的一种情形,与不动产登记的公信力类似。

第六十六条　【登记机关公示义务】登记机关应当依法及时公示法人登记的有关信息。

第六十七条　【法人合并、分立时的权利义务概括继受】法人合并的,其权利和义务由合并后的法人享有和承担。

法人分立的,其权利和义务由分立后的法人享有连带债权,承担连带债务,但是债权人和债务人另有约定的除外。

一、法人合并时的权利义务概括继受

依据法人合并的法律效果可以将法人合并分为吸收合并与新设合并。吸收合并亦称兼并,是指两个以上法人合并,其中一个法人吸收其余法人,其余法人归于消灭,如甲公司吸收乙公司,乙公司消灭,甲公司继续存在。新设合并是指两个以上法人合并后组成一个新法人,原法人均归于消灭,如甲公司与乙公司合并成立丙公司,甲、乙两公司消灭。法人合并的,因合并而消灭

---

① 参见李建伟:《公司法学》(第四版),中国人民大学出版社 2018 年版,第 95 页。

的法人的权利与义务由合并后的法人承受,无须经过清算程序。① 此为权利义务的法定概括继受,与继承类似。

二、法人分立时的权利义务概括继受

法人分立指一个法人分立为若干法人,根据法人分立的法律效果可以将其分为派生分立与新设分立。派生分立是指从原法人中分立出若干新法人且原法人与新法人并存。新设分立是指从原法人中分立出为若干新法人且原法人归于消灭。法人分立后的权利义务归属有两种形式,一是按照约定处理,即在法人分立前债权人与债务人就债权债务达成协议的,该协议对分立后的法人也具有约束力,按协议处理债权债务;二是按照法律规定处理,即当事人未约定时,法人分立前的权利义务由分立后的法人概括继受。由于分立后的法人有数个,所以本条第2款规定其享有连带债权,承担连带债务。

第六十八条 【法人终止】有下列原因之一并依法完成清算、注销登记的,法人终止:

(一)法人解散;

(二)法人被宣告破产;

(三)法律规定的其他原因。

法人终止,法律、行政法规规定须经有关机关批准的,依照其规定。

一、法人终止的事由

法人终止,是指法人丧失民事主体资格,其民事权利能力和民事行为能力终止,又称法人的消灭。② 法人终止的原因包括如下几种:1. 法人解散。解散的具体事由包括章程规定的存续期间届满或其他解散事由出现、法人权力机构决议解散、法人合并或者分立需要解散、法人被吊销营业执照或登记证书、法人被责令关闭或被撤销等。2. 法人被宣告破产。3. 法律规定的其他原因。

二、法人终止的有关程序

法人终止的,与其相关的一切法律关系也将随之消灭,涉及第三人信赖利益保护的问题,因此必须严格按照法定要求进行,③即在完成清算和注销登记等法定程序时才归于终止。若法律、行政法规规定法人终止须经有关机

---

① 参见范健:《商法》(第四版),高等教育出版社、北京大学出版社2011年版,第213页。

② 参见魏振瀛主编:《民法》(第七版),北京大学出版社、高等教育出版社2017年版,第96页。

③ 参见马骏驹:《法人制度的基本理论和立法问题之探讨(下)》,载《法学评论》2004年第6期。

关批准的,则有关机关的批准将成为法人终止的额外要件。

第六十九条 【法人解散】有下列情形之一的,法人解散:
(一)法人章程规定的存续期间届满或者法人章程规定的其他解散事由出现;
(二)法人的权力机构决议解散;
(三)因法人合并或者分立需要解散;
(四)法人依法被吊销营业执照、登记证书,被责令关闭或者被撤销;
(五)法律规定的其他情形。

第七十条 【清算义务人及其责任】法人解散的,除合并或者分立的情形外,清算义务人应当及时组成清算组进行清算。

法人的董事、理事等执行机构或者决策机构的成员为清算义务人。法律、行政法规另有规定的,依照其规定。

清算义务人未及时履行清算义务,造成损害的,应当承担民事责任;主管机关或者利害关系人可以申请人民法院指定有关人员组成清算组进行清算。

一、清算人与清算义务人的区分

清算人是指具体执行法人清算事务的人,即本条所规定的清算组,负责具体的清算工作。清算人(组)不同于清算义务人。后者是指有义务启动法人清算程序的人,启动清算程序包括成立清算组,确定哪些人成为清算人。①

二、清算义务人的范围

根据本条第2款规定,清算义务人的范围是:法人的董事、理事等执行机构或者决策机构的成员,法律、行政法规另有规定②的除外。《公司法》第183条规定,有限责任公司的清算组由股东组成,股份有限公司的清算组由董事或者股东大会确定的人员组成。该条是关于公司清算人(组)的规定,未明确规定何人为公司的清算义务人。对此,《公司法解释(二)》第18条规定,有限责任公司的股东、股份有限公司的董事和控股股东是清算义务人,有义务在法定期限内成立清算组进行清算。据此规定可知,股东既可能是清算组的成员,也可能是清算义务人。不过学界对股东能否成为公司的清算义务人存有争议。一种观点认为,虽然股东会称为"权力机构",但并不能否认股东会在公司的经营方针与投资计划、董事选举、公司合并分立等重大事项上

---

① 参见李建伟:《公司清算义务人基本问题研究》,载《北方法学》2010年第2期。
② 如《商业银行法》第70条、《保险法》第149条、《证券公司风险处置条例》第21条、《民办教育促进法》第58条等规定,商业银行、保险公司、证券公司、民办学校被行政机关撤销的,由该行政机关组织清算。此即所谓行政清算。

的决策功能,因此将股东会表述为本条第 2 款规定的"决策机构"未尝不可,据此,股东能够成为清算义务人。①另一种观点认为,从公司治理的角度来看,股东并不直接参与公司的经营管理,股东除了缴纳出资外,对公司和债权人不承担其他任何责任。与之相反,董事的天职就是管理公司,对公司信息的掌握较为全面、深入,知道公司现状与所处的环境,能够对公司是否应该启动清算程序做出较为妥当的判断,且制定公司解散方案是董事的主要职权之一,故由董事作为清算义务人更为合理。②

三、清算义务人的义务及责任

3　　清算义务人的义务是及时启动清算程序并组成清算组。该清算义务与人身密切相关,若清算义务人不履行清算义务,一般无法强制其履行,从而转向清算赔偿责任。按照《公司法解释(二)》第 18 条的规定,有限责任公司的股东、股份有限公司的董事和控股股东未在法定期限内成立清算组开始清算,导致公司财产贬值、流失、毁损或者灭失,债权人有权请求其在造成损失范围内对公司债务承担赔偿责任;有限责任公司的股东、股份有限公司的董事和控股股东因怠于履行义务,导致公司主要财产、账册、重要文件等灭失,无法进行清算,债权人有权请求其对公司债务承担连带清偿责任。最高人民法院司法解释释义书认为,第二种情形中的清算义务人责任发生于清算组成立之后,责任基础是法人人格否认制度。③

四、清算方式

4　　从清算方式来看,有两种清算方式。一是自行清算,即清算义务人自行组建清算组开始清算。清算组成员可以包括清算义务人自己,也可以包括其他人。二是强制清算,即清算义务人未及时履行清算义务的,由人民法院根据主管机关或者利害关系人的申请组建清算组进行清算。以《慈善法》第 18 条的规定为例,慈善组织终止后,慈善组织的决策机构应当成立清算组进行清算,不成立清算组或者清算组不履行职责,民政部门可以申请人民法院指定有关人员组成清算组进行清算。此处的民政部门为本条第 3 款规定的主管机关。再以《公司法解释(二)》第 7 条的规定为例,公司清算组违法清算严重损害债权人利益的,债权人有权启动强制清算程序。此处的债权人为本条第 3 款规定的利害关系人。此外,人民法院指定清算组成员,应当不受

---

① 参见赵吟:《公司清算义务人侵权责任的体系解构——兼论〈民法典〉第 70 条与〈公司法司法解释二〉相关规定的适用关系》,载《法治研究》2020 年第 6 期。
② 参见梁上上:《有限公司股东清算义务人地位质疑》,载《中国法学》2019 年第 2 期。
③ 参见最高人民法院民事审判第二庭编著:《最高人民法院关于公司法司法解释(一)、(二)理解与适用》,人民法院出版社 2015 年版,第 400 页。

本条第 2 款规定的清算义务人范围的限制,人民法院有权指定第 2 款规定清算义务人范围之外的有关人员组成清算组。①

第七十一条　【法人清算法律适用】法人的清算程序和清算组职权,依照有关法律的规定;没有规定的,参照适用公司法律的有关规定。

第七十二条　【法人清算的法律效果】清算期间法人存续,但是不得从事与清算无关的活动。

法人清算后的剩余财产,按照法人章程的规定或者法人权力机构的决议处理。法律另有规定的,依照其规定。

清算结束并完成法人注销登记时,法人终止;依法不需要办理法人登记的,清算结束时,法人终止。

一、清算中法人的法律地位

根据本条规定,清算中的法人与原法人互为一体,保持人格同一,②具有一定的民事权利能力和民事行为能力,其法人资格仍然存在,只是清算中法人的民事权利能力和民事行为能力受到一定的限制,只能从事与清算相关的活动。

二、法人清算后剩余财产的处理

法人清算旨在清理法人的各种财产关系,当法人在支付清算费用、职工工资、社会保险费用、缴纳税款、清偿各种债务之后尚有剩余财产的,应当按照法人章程的规定或者法人权力机构的决议处理;法律另有规定的,从其规定。

三、法人终止

以登记为成立要件的法人在清算结束后还需完成注销登记,其法人人格才归于消灭。不以登记为成立要件的法人一经清算即告终止。

第七十三条　【法人破产】法人被宣告破产的,依法进行破产清算并完成法人注销登记时,法人终止。

第七十四条　【法人的分支机构】法人可以依法设立分支机构。法律、行政法规规定分支机构应当登记的,依照其规定。

分支机构以自己的名义从事民事活动,产生的民事责任由法人承担;也可以先以该分支机构管理的财产承担,不足以承担的,由法人承担。

---

①　参见梁慧星:《〈民法总则〉重要条文的理解与适用》,载《四川大学学报(哲学社会科学版)》2017 年第 4 期。

②　参见李建伟:《公司法学》(第四版),中国人民大学出版社 2018 年版,第 142 页。

一、法人分支机构的法律地位

法人分支机构是法人在其住所以外依法设立的组织机构,属于法人的组成部分,不具备独立的法人地位。法律、行政法规规定分支机构应当登记的,依照其规定予以登记。依据《民事诉讼法解释》第52条的规定,依法设立并领取营业执照的法人分支机构、依法成立的社会团体分支机构具有诉讼当事人能力,可以作为原告或者被告参加诉讼。

二、法人分支机构的责任承担

法人分支机构虽然能以自己的名义从事民事活动,广泛参与民事交易,但是其没有自己独立的财产,仅是对法人的财产享有管理权,法人分支机构以管理的财产来承担民事责任并不意味着其能独立承担民事责任,而依然是以法人的财产对外承担民事责任。应当注意的是,本条第2款第2分句规定"可以"先以该分支机构管理的财产承担责任,不是"必须"先以该分支机构管理的财产承担责任。

第七十五条【设立人从事民事活动的法律后果】设立人为设立法人从事的民事活动,其法律后果由法人承受;法人未成立的,其法律后果由设立人承受,设立人为二人以上的,享有连带债权,承担连带债务。

设立人为设立法人以自己的名义从事民事活动产生的民事责任,第三人有权选择请求法人或者设立人承担。

一、规范意旨

本条规范设立人的设立行为的法律后果。设立人在设立法人的过程中,存在着一个独立于设立人的法律实体,[1]学理将该法律实体称为"设立中法人",其最基本的两个特征是目的性和过渡性,[2]即为依法成立法人而实施一系列设立行为的过渡性组织体。该规范的目的是保护法人设立过程中相关债权人的利益,遏制设立人逃避应当承担的设立责任。

二、设立中法人的法律地位

设立中法人指的是一个过渡性的、以一定的外在标志为起始点的、以完成"取得法人资格"为目的的并终止于设立目的的完成或不能完成时的组织体。[3] 设立中法人的概念由大陆法系提出,开始从团体角度看待设立中法

---

[1] 参见郑景元:《公司设立中的法律风险控制》,载《求索》2009年第12期。
[2] 参见马骏驹:《法人制度的基本理论和立法问题之探讨(下)》,载《法学评论》2004年第6期。
[3] 参见茅院生:《论设立中公司的独立性》,载《中国法学》2006年第3期。

人,先提出了"合伙说"①与"无权利能力社团说"②两种学说,后鉴于这两种学说的缺陷,又提出了"独立组织说"。③ 合伙说缺乏设立中法人体现的组织性与阶段性,"无权利能力社团说"虽然体现了组织性,但在阶段性与成立法人的目的性上仍有欠缺,且在法律适用上仍接近于合伙。而"独立组织说",既体现了设立中法人作为独立法律实体的组织性、团体性特征,又认可了设立中法人到法人成立的过渡性与目的性。在比较这些相关学说之后,有学者进一步提出了"非法人团体说",认为设立中法人是为了某种合法目的而联合为一体的,非按法人的立法规则设立的人之集合体,它可以享有一定的权利和承担一定的义务,其财产受法律保护。④ 从这些学说来看,应该说"非法人团体说"更具有合理性,其体现了设立中法人所具备的相对有限的法律人格,又兼顾了设立中法人的承接性与目的性,还认可了设立中法人的责任能力。

三、设立人及设立行为

设立人是指以设立法人为目的从事一定民事活动的主体。设立人作为设立中法人的执行机关,对此主要有三种立法模式:实质主义、形式主义和折中主义。实质主义认为只有参与公司设立的策划才能为设立人;形式主义认为只要在法人章程上签名的即为设立人;折中主义认为设立人不仅要在法人章程上签名,还要实际参与了法人设立行为,我国采用形式主义。⑤ 就我国《公司法》的相关规定来看,公司的设立人是指有限责任公司设立时的股东以及股份有限公司的发起人。

设立行为是指以设立法人为目的从事的相关行为,学理上可分为内部行为与外部行为。设立中法人的内部行为主要包括订立发起人协议、订立章程、选举管理机构、申请设立登记、募集股份、召开股东会、申请成立登记等。设立中法人的外部行为是指与第三人之间因交易等而发生的相关行为。⑥ 一般说来,设立法人的设立行为应当限于以设立法人为目的之必要行为。从我国《公司法》立法实践来看,公司的设立除涉及内部行为外,还涉及"营业场所"等要求,即涉及设立人与第三人的外部行为。不过,无论如何也不能将法人的营业行为纳入法人的设立行为之中。因此对该条规定的"为设立

---

① Vgl. Gottschling, GmbHR, 1953, S. 152, zitiert nach MünchKomm/Reuter (2006), §§21,22 Rn. 86.
② Vgl. Larenz/Wolf, Allgemeiner Teil des bürgerlichen Rechts,9. Aufl. ,2004,S. 176.
③ 参见徐晓胜:《简论设立中的公司内外关系的处理》,载《法学杂志》2010 年第 5 期。
④ 参见茅景生:《论设立中公司的独立性》,载《中国法学》2006 年第 3 期。
⑤ 参见郑景元:《公司设立中的法律风险控制》,载《求索》2009 年第 12 期。
⑥ 参见徐晓胜:《设立中的法人制度的功能及缺陷——兼评〈民法总则〉第 75 条》,载《法学杂志》2017 年第 4 期。

法人从事的民事活动"进行判断时,应当限缩解释为以设立法人为目的必要行为,而对设立行为的相关外部行为则要加以严格的限制,以为设立法人而存在的价值与意义来判断。①

四、设立行为的法律后果

设立行为虽然实际上由设立人实施,但并非一概由设立人承担法律后果。否则,将会阻碍设立人设立法人的积极性,设立中的法人与成立后的法人之间具有过渡性,成立后的法人应当承继一定的设立行为之法律后果。设立人以设立法人为目的从事一定的民事活动,若法人成立的,法律后果由法人承受。若法人未成立的,则法律后果的承继者不存在,此时应当由设立人对设立期间产生的债权债务享有连带债权和承担连带债务。

当设立人为设立法人以自己的名义与第三人从事民事活动,赋予第三人选择权,可以选择由法人或者设立人承担相应的民事责任,更好地保护了第三人的利益与交易安全。第三人选择由法人承担责任的合理性在于,设立人实施的民事活动在于促成法人之设立,成功设立的法人是实际权利义务的承受者,由法人承担责任符合法人的意图;第三人选择由设立人承担责任的合理性在于,当设立人以自己的名义与第三人从事民事活动,基于合同的相对性原理以及对第三人信赖的保护。

第二节 营利法人

第七十六条　【营利法人】以取得利润并分配给股东等出资人为目的成立的法人,为营利法人。

营利法人包括有限责任公司、股份有限公司和其他企业法人等。

第七十七条　【营利法人的成立】营利法人经依法登记成立。

第七十八条　【营利法人的营业执照】依法设立的营利法人,由登记机关发给营利法人营业执照。营业执照签发日期为营利法人的成立日期。

第七十九条　【营利法人的章程】设立营利法人应当依法制定法人章程。

第八十条　【营利法人的权力机构】营利法人应当设权力机构。

权力机构行使修改法人章程,选举或者更换执行机构、监督机构成员,以及法人章程规定的其他职权。

---

① 参见徐强胜:《设立中的法人制度的功能及缺陷——兼评〈民法总则〉第75条》,载《法学杂志》2017年第4期。

第八十一条 【营利法人的执行机构】营利法人应当设执行机构。

执行机构行使召集权力机构会议,决定法人的经营计划和投资方案,决定法人内部管理机构的设置,以及法人章程规定的其他职权。

执行机构为董事会或者执行董事的,董事长、执行董事或者经理按照法人章程的规定担任法定代表人;未设董事会或者执行董事的,法人章程规定的主要负责人为其执行机构和法定代表人。

第八十二条 【营利法人的监督机构】营利法人设监事会或者监事等监督机构的,监督机构依法行使检查法人财务,监督执行机构成员、高级管理人员执行法人职务的行为,以及法人章程规定的其他职权。

第八十三条 【出资人滥用权利的责任承担】营利法人的出资人不得滥用出资人权利损害法人或者其他出资人的利益;滥用出资人权利造成法人或者其他出资人损失的,应当依法承担民事责任。

营利法人的出资人不得滥用法人独立地位和出资人有限责任损害法人债权人的利益;滥用法人独立地位和出资人有限责任,逃避债务,严重损害法人债权人的利益的,应当对法人债务承担连带责任。

一、规范意旨

本条规范的是营利法人出资人滥用出资人权利的行为,包括出资人滥用权利损害法人或者其他出资人的利益,以及出资人滥用权利损害法人债权人的利益。本条仅适用于营利法人,不适用于非营利法人。

营利法人作为具有谋求利润目的的组织体,各方利益交织,内部存在出资人与法人或其他出资人的固有矛盾。[1] 尤其是能够对法人实施控制的出资人,极易滥用权利损害法人或者其他出资人的利益。本条第1款的规范目的在于防范法人内部利益失衡,保护法人及出资人的利益。

有限责任是法人制度的基石,法人应当具有独立的意思与独立的财产,并因此独立承担民事责任。出资人无须承担出资额之外的债务责任,是法人人格独立的必然结果。[2] 由于法人本身并不能实施行为,必须通过法人机关与相对人交易。[3] 一旦出资人通过法人机关控制法人的意思,法人的独立性则名存实亡,法人将完全被出资人掌控,甚至沦落为出资人滥用权利的工具。[4] 此时,受损害的债权人可以向法院请求否认法人的独立人格,从而请

---

[1] 参见赵旭东:《公司治理中的控股股东及其法律规制》,载《法学研究》2020年第4期。
[2] 参见施天涛:《商法学》(第六版),法律出版社2020年版,第106页。
[3] Vgl. Brox/Walker, Allgemeiner Teil des BGB,36. Aufl. ,2012,S. 311.
[4] 参见施天涛:《商法学》(第六版),法律出版社2020年版,第109页。

求滥用权利的出资人对其债务与法人一并承担连带责任。本条第2款的规范目的在于例外地否认出资人的有限责任,矫正在特定情形下由出资人承担有限责任对债权人的保护失衡现象。

二、出资人滥用权利损害赔偿责任的构成要件

4　　损害赔偿责任的第一个要件是出资人滥用权利。出资人行使权利应当遵循法定程序,应当履行法定或者法人章程规定的义务,不得损害法人或其他出资人的利益。出资人滥用权利主要表现为未履行法定程序处置公司财产、违反强制性规定分配公司红利①、大股东操纵股东会无正当理由拒绝分配利润、大股东滥用对股东会的控制权作出显然不利于公司或者小股东的决议等情形。

5　　损害赔偿责任的第二个要件是法人或者其他出资人因此遭受损失,例如法人财产被侵占、盈利机会被剥夺等情形。

三、法人人格否认的构成要件

(一)主体要件

6　　首先,营利法人处于存续期间。在法人未成立或者终止后,无法适用人格否认制度。例如设立中的法人,由设立人对设立法人过程中产生的债务承担责任。②

7　　其次,承担责任的主体是滥用权利的出资人。本条并未限制"出资人"的范围,存在实际出资人与名义出资人不符时,往往是实际出资人在滥用法人人格,要求实际出资人承担责任,更符合人格否认制度的规范目的。③ 不过,如果实际出资人与名义出资人难以区分的,或者由名义出资人承担责任更有利于债权人的,名义出资人仍然应当承担责任。④

8　　最后,请求人应当为法人的债权人,法人的出资人、执行机构人员、监督机构人员及高级管理人员,即使享有债权,也不得提出人格否认。⑤

(二)行为要件

9　　出资人实施了滥用法人独立地位的行为。其在实践中主要表现为三种情形:一是过度控制,即出资人完全操纵法人意思,法人彻底沦为相关出资

---

① 参见谢某、刘某某与安徽某某化工有限责任公司公司决议效力确认纠纷案,安徽省合肥市中级人民法院民事判决书(2014)合民二终字第00036号。
② 参见徐强胜:《设立中的法人制度的功能及缺陷——兼评〈民法总则〉第75条》,载《法学杂志》2017年第4期。
③ 参见雷金牛:《刺破隐名投资人的双重面纱》,载《法学杂志》2014年第3期。
④ 参见黄来纪等主编:《完善公司人格否认制度研究》,中国民主法制出版社2012年版,第27页。
⑤ 参见石少侠:《公司人格否认制度的司法适用》,载《当代法学》2006年第5期。

的工具或者躯壳,出资人通过滥用控制权进行利益输送或者财产转移等行为来逃避债务。二是人格混同,即出资人与法人的财产或者人员等无法区分,在债权人看来,无论是从组织形式上,还是从交易手续上,都无法分辨交易相对人。三是资本不足,即认缴资本显著低于应对一般运营风险所需的资本额。这里不采用实收资本标准,因为认缴后还未届缴纳期限的待缴资本,构成法人享有的债权,也属于法人资本。[1] 出资人不履行出资义务时,债权人可以主张出资人在未缴出资范围内对法人债务承担连带责任。

(三)目的要件

出资人为了逃避现实的或者潜在的债务,而故意滥用法人人格独立地位和出资人有限责任。例如出资人设立空壳公司进行交易,以达逃避债务之目的。

(四)损害后果要件

债权人利益必须受损,且达到严重损害的程度。"严重损害"是指法人没有足够的财产清偿债务,债权人的债权无法实现。总体而言,法人以其全部财产对外独立承担责任,即使法人的注册资本过低或者存在其他情形,但法人通过其他方式募集了足够财产,此时法人的责任财产充足,能以自身财产完全偿付债务,就不应适用人格否认。就个别债权而言,如果债权上存在担保物权,即使法人责任财产有些许减少,但不足以危害债权实现的,也无须进行人格否认。[2]

(五)因果关系要件

法人债权人的利益严重损害与出资人的滥用行为之间必须存在相当因果关系。出资人滥用行为通常会严重损害债权人利益的,应认定成立因果关系。[3]

四、法律后果

出资人滥用权利的行,应当就滥用行为向利益受损的法人或者其他出资人承担损害赔偿责任。符合法人人格否认构成要件的,由滥用有限责任的出资人与法人共同对法人债权人承担无限连带责任。[4] 这一效果限于提出法

---

[1] 参见胡改蓉:《"资本显著不足"情形下公司法人格否认制度的适用》,载《法学评论》2015年第3期。
[2] 参见海南碧桂园房地产开发有限公司与三亚凯利投资有限公司、张某某等确认合同效力纠纷案,最高人民法院民事判决书(2019)最高法民终960号。
[3] 参见赵旭东:《法人人格否认的构成要件分析》,载《人民司法》2011年第17期。
[4] 参见黄来纪等主编:《完善公司人格否认制度研究》,中国民主法制出版社2012年版,第30页。

人人格否认之诉的各方当事人,不当然适用于该法人的其他出资人及其他债权人,且并非对法人人格的永久否认。

五、证明责任

出资人滥用权利损害法人或者其他出资人利益,应当由利益受损的法人或者出资人就责任构成要件承担证明责任。提起法人人格否认诉讼的原告(债权人)应当就法人人格否认的主体要件、行为要件和损害后果要件承担证明责任,目的要件和因果关系要件宜采用推定原则。在一人有限公司场合下,则由出资人证明不存在财产混同。

第八十四条　【滥用关联关系】营利法人的控股出资人、实际控制人、董事、监事、高级管理人员不得利用其关联关系损害法人的利益;利用关联关系造成法人损失的,应当承担赔偿责任。

第八十五条　【出资人对营利法人决议的撤销权】营利法人的权力机构、执行机构作出决议的会议召集程序、表决方式违反法律、行政法规、法人章程,或者决议内容违反法人章程的,营利法人的出资人可以请求人民法院撤销该决议。但是,营利法人依据该决议与善意相对人形成的民事法律关系不受影响。

一、规范意旨

本条规范的是营利法人的权力机构、执行机构作出的有瑕疵的决议,包括程序瑕疵和内容瑕疵。出资人可以依法通过提起撤销之诉的方式行使撤销权,从而保护自身以及法人的利益,是赋予法人出资人的一种权利救济方式。[①]

二、撤销权的构成要件

对营利法人决议享有撤销权的主体是出资人,本条规定对出资人没有限制,任何出资人均可行使撤销权。

对营利法人决议的撤销权必须以程序瑕疵或内容瑕疵为前提。程序瑕疵是指权力机构、执行机构作出决议的会议召集程序或表决方式违反法律、行政法规、法人章程。内容瑕疵是指决议的内容违反法人章程的规定。

三、法律效果

出资人享有撤销权的,需要通过提起决议撤销之诉的形式向人民法院申请撤销有瑕疵的决议。

[①] 参见丁勇:《组织法的诉讼构造:公司决议纠纷诉讼规则重构》,载《中国法学》2019年第5期。

根据本法第 155 条的规定,被撤销的民事法律行为产生自始无效的法律后果,即营利法人的权力机构、执行机构作出的决议被撤销后,自始没有法律约束力。然而,法人的决议毕竟涉及与外部相对人之间的民事法律关系,为保护交易安全和善意相对人的合理信赖,法人决议被撤销之后,其与善意相对人形成的民事法律关系不受影响。实践中,如果法人决议具有特别授权的效力,则法定代表人基于法人决议的特别授权与善意相对人缔结的法律行为在决议被撤销后构成表见代表(本法第 504 条)。

第八十六条 【营利法人社会责任】营利法人从事经营活动,应当遵守商业道德,维护交易安全,接受政府和社会的监督,承担社会责任。

第三节 非营利法人

第八十七条 【非营利法人】为公益目的或者其他非营利目的成立,不向出资人、设立人或者会员分配所得利润的法人,为非营利法人。

非营利法人包括事业单位、社会团体、基金会、社会服务机构等。

一、非营利法人的内涵

非营利法人是指以公益或者其他非营利为目的成立的,从事民事活动所得利益仅用于法人自身发展,不向其出资人、设立人或者成员分配利润的法人。[①] 非营利法人的"非营利"并非不允许该法人从事营利活动,而是指其成立的宗旨并不是为了获取利润来谋求自身的壮大或者向其成员进行利润分配。[②]

二、非营利法人的分类

非营利法人在学理上包括以增进社会不特定多数人利益为目的的公益法人和以增进特定多数人利益为目的的中间法人。根据本条第 2 款的规定,非营利法人在立法上一般包括事业单位、社会团体、基金会和社会服务机构(如民办非营利医院、民办养老院)等。

第八十八条 【事业单位法人】具备法人条件,为适应经济社会发展需要,提供公益服务设立的事业单位,经依法登记成立,取得事业单位法人资格;依法不需要办理法人登记的,从成立之日起,具有事业单位法人资格。

第八十九条 【事业单位法人机构】事业单位法人设理事会的,除法律

---

① 参见梁慧星:《民法总论》(第五版),法律出版社 2017 年版,第 124 页。
② 参见金锦萍:《论非营利法人从事商事活动的现实及其特殊规则》,载《法律科学(西北政法学院学报)》2007 年第 5 期。

另有规定外,理事会为其决策机构。事业单位法人的法定代表人依照法律、行政法规或者法人章程的规定产生。

第九十条 【社会团体法人】具备法人条件,基于会员共同意愿,为公益目的或者会员共同利益等非营利目的设立的社会团体,经依法登记成立,取得社会团体法人资格;依法不需要办理法人登记的,从成立之日起,具有社会团体法人资格。

第九十一条 【社会团体法人的章程与机构】设立社会团体法人应当依法制定法人章程。

社会团体法人应当设会员大会或者会员代表大会等权力机构。

社会团体法人应当设理事会等执行机构。理事长或者会长等负责人按照法人章程的规定担任法定代表人。

第九十二条 【捐助法人资格的取得】具备法人条件,为公益目的以捐助财产设立的基金会、社会服务机构等,经依法登记成立,取得捐助法人资格。

依法设立的宗教活动场所,具备法人条件的,可以申请法人登记,取得捐助法人资格。法律、行政法规对宗教活动场所有规定的,依照其规定。

一、规范意旨

本条规范的是捐助法人的界定标准以及捐助法人资格的取得。捐助法人相当于民法理论上的财团法人。[①] 本条强调捐助法人的设立目的与设立基础:一是以公益为目的,二是以捐助财产为设立基础。捐助法人的具体组织形式,可以是基金会、社会服务机构等,依法设立的宗教活动场所也可以登记为捐助法人。但是,捐助法人不包括中间目的和以特定私人利益为目的的财团法人。[②]

二、规范含义

首先,捐助法人必须以公益为目的,从事公益事业和公益活动。根据《公益事业捐赠法》第 3 条的规定,公益事业是指教育、科学、文化、卫生、体育、促进社会发展和进步等其他社会公共和福利事业。根据《慈善法》第 3 条的规定,公益活动主要是指扶贫、济困、扶老、救孤、恤病、助残、优抚、救助自然灾害等符合法律规定的其他公益活动。

其次,捐助法人以捐助财产为成立基础。捐助法人是财产的集合,而非

---

① 参见梁慧星:《民法总论》(第五版),法律出版社 2017 年版,第 122 页。
② 参见罗昆:《捐助法人组织架构的制度缺陷及完善进路》,载《法学》2017 年第 10 期。

人的集合。

最后,必须经由登记才能取得捐助法人资格。关于捐助法人成立原则,主要有两种:一是许可主义,即设立捐助法人必须事先得到主管机关的许可;二是准则主义,即无须主管机关许可,符合一定条件就可以登记设立。尽管本条规定经依法登记即成立法人,但并不意味着捐助法人的成立一律采准则主义。例如申请设立基金会,登记时必须要提交业务主管单位同意设立的文件。①

第九十三条　【捐助法人的章程与机构】设立捐助法人应当依法制定法人章程。

捐助法人应当设理事会、民主管理组织等决策机构,并设执行机构。理事长等负责人按照法人章程的规定担任法定代表人。

捐助法人应当设监事会等监督机构。

第九十四条　【捐助人的监督权与对捐助法人决定的撤销】捐助人有权向捐助法人查询捐助财产的使用、管理情况,并提出意见和建议,捐助法人应当及时、如实答复。

捐助法人的决策机构、执行机构或者法定代表人作出决定的程序违反法律、行政法规、法人章程,或者决定内容违反法人章程的,捐助人等利害关系人或者主管机关可以请求人民法院撤销该决定。但是,捐助法人依据该决定与善意相对人形成的民事法律关系不受影响。

一、捐助人对捐助法人的监督权

捐助人将其财产捐助给法人之后,捐助人对捐助财产不享有对应的财产性权利,而只能对捐助法人的财产享有监督权,具体包括查询权和建议权两种。前者指捐助人能够查询捐助财产的使用、管理情况,是否符合捐助目的;后者指捐助人对捐助财产的使用、管理情况提出符合捐助目的的意见和建议。同时,捐助法人对捐助人的监督应当及时、如实予以答复。

二、对捐助法人决定的撤销

对捐助法人决定享有撤销权的主体是捐助人等利害关系人或者主管机关。

对捐助法人决定予以撤销的事由同营利法人决议的撤销事由类似,包括程序瑕疵和内容瑕疵。程序瑕疵是指捐助法人的决策机构、执行机构或者法

---

① 《基金会管理条例》第9条规定:"申请设立基金会,申请人应当向登记管理机关提交下列文件:……(五)业务主管单位同意设立的文件。"

定代表人作出决定的程序违反法律、行政法规、法人章程;内容瑕疵是指决定的内容违反法人章程的规定。

捐助人等利害关系人或者主管机关需要通过提起决定撤销之诉的形式向人民法院申请撤销有瑕疵的决定。

在撤销权行使后的法律效果上,对内溯及既往,自决定成立之时无法律约束力;对外应保护善意相对人的合理信赖利益,不影响依据该决议与善意相对人形成的民事法律关系,其效力应结合本法关于民事法律行为效力的相关规定来具体判断。①

第九十五条 【非营利法人终止时剩余财产的处置】 为公益目的成立的非营利法人终止时,不得向出资人、设立人或者会员分配剩余财产。剩余财产应当按照法人章程的规定或者权力机构的决议用于公益目的;无法按照法人章程的规定或者权力机构的决议处理的,由主管机关主持转给宗旨相同或者相近的法人,并向社会公告。

第四节 特别法人

第九十六条 【特别法人的类型】 本节规定的机关法人、农村集体经济组织法人、城镇农村的合作经济组织法人、基层群众性自治组织法人,为特别法人。

一、特别法人的类型

"特别法人"不是一个内涵清晰和外延确定的法律概念,②本法并未从概念上对特别法人予以界定,而是通过类型化的方式来辨识哪些类型的法人属于特别法人。根据本条规定,机关法人、农村集体经济组织法人、城镇农村的合作经济组织法人和基层群众性自治组织法人为特别法人,而且是封闭性地列举了该四种类型。

二、特别法人存在的价值

营利法人与非营利法人并不能涵盖所有的法人类型,实践中存在着一定类型的法人,在设立、变更、终止等方面具有特殊性,难以纳入营利法人与非营利法人的范围,在这两种法人基本类型之外,单设一类"特别法人",可以弥补法人类型上非此即彼的逻辑错误。

---

① 参见李建伟:《公司法学》(第四版),中国人民大学出版社2018年版,第315页。
② 参见谭启平、应建均:《"特别法人"问题追问——以〈民法总则(草案)〉(三次审议稿)为研究对象》,载《社会科学》2017年第3期。

第九十七条 【机关法人】有独立经费的机关和承担行政职能的法定机构从成立之日起,具有机关法人资格,可以从事为履行职能所需要的民事活动。

第九十八条 【机关法人终止后权利义务的享有和承担】机关法人被撤销的,法人终止,其民事权利和义务由继任的机关法人享有和承担;没有继任的机关法人的,由作出撤销决定的机关法人享有和承担。

第九十九条 【农村集体经济组织法人】农村集体经济组织依法取得法人资格。

法律、行政法规对农村集体经济组织有规定的,依照其规定。

第一百条 【城镇农村的合作经济组织法人】城镇农村的合作经济组织依法取得法人资格。

法律、行政法规对城镇农村的合作经济组织有规定的,依照其规定。

第一百零一条 【基层群众性自治组织法人】居民委员会、村民委员会具有基层群众性自治组织法人资格,可以从事为履行职能所需要的民事活动。

未设立村集体经济组织的,村民委员会可以依法代行村集体经济组织的职能。

第四章 非法人组织

第一百零二条 【非法人组织】非法人组织是不具有法人资格,但是能够依法以自己的名义从事民事活动的组织。

非法人组织包括个人独资企业、合伙企业、不具有法人资格的专业服务机构等。

一、规范意旨

本条赋予非法人组织民事主体的地位。民事主体的类型在我国有其发展的过程。原《民法通则》只规定了公民(自然人)和法人两类主体。然而,在自然人和法人之外存在着第三类民事活动参与者,其既非自然人又不具备法人资格,法律地位尴尬。原《合同法》第 2 条规定合同主体包括自然人、法人和其他组织。《民法典》将第三类主体称为"非法人组织",赋予其民事主体地位,给第三类主体留下了广阔的发展空间,同时又无须重构现行法人制度。①

二、非法人组织的内涵

(一)不具有法人资格

根据《民法典》对法人的相关规定,法人是具有民事权利能力和民事行为能力,依法独立享有民事权利和承担民事义务的组织,法人以其全部财产独立承担民事责任。非法人组织也可以享有民事权利和承担民事义务,但与法人最大的不同是非法人组织并不能完全独立地为其债务承担责任。实际上,非法人组织的民事权利能力仅仅意味着非法人组织可以成为民事权利义务的归属载体而已,其形式意义大于实质意义。作为权利义务归属载体,非法人组织可以名正言顺地以自己的名义缔结合同、取得权利、承担义务并参与诉讼。

(二)以自己的名义从事民事活动

非法人组织作为独立的民事主体,应以自己的名义从事民事活动。非法人组织具有自己的名称,其债务首先以非法人组织自己的财产进行清偿,无法清偿的,由出资人或者设立人承担无限责任。与此不同,不具备民事主体资格的组织,不能以组织的名义从事民事活动,即使以组织的名义从事了民事活动,所产生的债务也应当由组织成员直接承担。②

(三)组织性

非法人组织具有组织性,形成的组织体不是临时的和松散的,非法人组织必须具有相对独立的财产或者经费。非法人组织可以确定一人或者数人作为代表人,代表该组织参加民事活动。当然,这里的组织性并不需要达到法人组织程度的同一水平,毕竟法律对于不同类型的非法人组织也有不同要求。③

三、非法人组织的类型

个人独资企业,是指依照《个人独资企业法》在中国境内设立,由一个自然人投资,投资人以其个人财产对企业债务承担无限责任的经营实体。

合伙企业,是指自然人、法人和其他组织依照本法在中国境内设立的普通合伙企业和有限合伙企业。与普通民事合伙相比,合伙企业具有更高的组织化程度。对于合伙企业,我国专门制定了《合伙企业法》予以规范。设立

---

① 参见谭启平:《中国民法典法人分类和非法人组织的立法构建》,载《现代法学》2017年第1期。
② 参见张鸣起:《〈中华人民共和国民法总则〉的制定》,载《中国法学》2017年第2期。
③ 参见张新宝、汪榆淼:《〈民法总则〉规定的"非法人组织"基本问题研讨》,载《比较法研究》2018年第3期。

合伙企业需要办理登记,而普通民事合伙的成立只要订立合伙合同即可,无须登记。合伙企业的重心在于组织,而普通民事合伙的重心在于合同。

不具有法人资格的专业服务机构,是指各种律师事务所、会计师事务所、审计师事务所等。此外,采用合伙制的资产评估机构也是不具有法人资格的专业服务机构①。

不具有法人资格的其他组织,指上述三种以外的其他以自己名义参加民事活动的不具备法人资格的组织。

第一百零三条 【非法人组织的设立程序】非法人组织应当依照法律的规定登记。

设立非法人组织,法律、行政法规规定须经有关机关批准的,依照其规定。

第一百零四条 【非法人组织债务的清偿责任】非法人组织的财产不足以清偿债务的,其出资人或者设立人承担无限责任。法律另有规定的,依照其规定。

一、非法人组织债务的清偿责任顺位

非法人组织的债务首先以非法人组织自己的财产来清偿,只有当其财产不足以清偿全部债务的,才能由其出资人或设立人继续清偿债务。这表明,非法人组织自己的财产是其债务的第一顺位责任财产,其设立人或者成员的财产是其债务的第二顺位责任财产,仅当第一顺位责任财产不足以清偿债务时,才能以第二顺位责任财产清偿债务。

二、非法人组织的清偿责任能力

非法人组织作为民事主体之一,具备民事权利能力和民事行为能力,可以自己的名义从事民事活动。不过,非法人组织在清偿责任(债务一般担保意义上的责任)能力上有其不完全性,其清偿责任的能力是相对独立的,需要非法人组织的出资人和设立人来补足,这也是非法人组织与法人的重大区别之所在。② 法人具有完全的清偿责任能力,法人以其财产对其债务独立承担责任,法人的设立人或社员无须对此承担个人责任。

第一百零五条 【非法人组织的代表人】非法人组织可以确定一人或者数人代表该组织从事民事活动。

---

① 参见黄薇主编:《中华人民共和国民法典总则编解读》,中国法制出版社2020年版,第326页。
② 参见梁慧星:《民法总论》(第五版),法律出版社2017年版,第150页。

一、非法人组织的代表人

非法人组织的代表人,是由非法人组织的出资人或者设立人推举产生的对外代表非法人组织的利益,对内组织经营管理的出资人或者设立人。① 非法人组织的代表人可以由一人或者数人担任。

二、非法人组织的代表人与事务执行人的区分

非法人组织的代表人与事务执行人是两个不同的概念。事务执行是对内的,代表是对外的;事务执行涉及的行为不限于民事法律行为,也可能是组织生产、制订经营计划、编制企业账册之类的事实行为,而代表行为则是民事法律行为。例如,合伙人订立一份买卖合同,从内部关系视角看,是其在执行合伙事务,履行对合伙企业的职责;从外部关系视角看,是其在行使代表权,代表合伙企业对外实施民事法律行为,与第三人缔结法律关系。

第一百零六条 【非法人组织解散】有下列情形之一的,非法人组织解散:

(一) 章程规定的存续期间届满或者章程规定的其他解散事由出现;

(二) 出资人或者设立人决定解散;

(三) 法律规定的其他情形。

第一百零七条 【非法人组织清算】非法人组织解散的,应当依法进行清算。

第一百零八条 【参照适用法人的一般规定】非法人组织除适用本章规定外,参照适用本编第三章第一节的有关规定。

一、规范目的

本条规定的是非法人组织对于法人一般规定的参照适用(准用)。本法将非法人组织作为自然人与法人之外的第三类民事主体单独成章,突破了"自然人——法人"二分的传统民事主体制度。非法人组织与法人存在相似之处,参照适用可以起到简化条文、避免重复立法的作用,增强了本法的科学性和体系性。

二、规范内容

参照适用并非完全适用,只有本章对于非法人组织没有作出规定的事项,才可以寻求参照适用的法律规范。

---

① 参见杨立新:《〈民法总则〉规定的非法人组织的主体地位与规则》,载《求是学刊》2017年第3期。

被调整的事实与被参照适用规范调整的事实相似才可以参照。① 例如,非法人组织的实际情况与登记事项不一致时,本章对此没有规定,则可以准用法人的实际情况与登记事项不一致的规定,保护善意相对人对登记的合理信赖。

被准用的法条应当尽可能明确、具体,准用性法条的设置固然可以避免重复立法,但也可能使法律规则的适用变得过于复杂,②对此更应精准把控。

第五章 民事权利

第一百零九条 【人身自由、人格尊严受法律保护】自然人的人身自由、人格尊严受法律保护。

第一百一十条 【民事主体的人格权】自然人享有生命权、身体权、健康权、姓名权、肖像权、名誉权、荣誉权、隐私权、婚姻自主权等权利。

法人、非法人组织享有名称权、名誉权和荣誉权。

第一百一十一条 【个人信息受法律保护】自然人的个人信息受法律保护。任何组织或者个人需要获取他人个人信息的,应当依法取得并确保信息安全,不得非法收集、使用、加工、传输他人个人信息,不得非法买卖、提供或者公开他人个人信息。

第一百一十二条 【因婚姻、家庭关系等产生的人身权利受保护】自然人因婚姻家庭关系等产生的人身权利受法律保护。

第一百一十三条 【财产权利平等保护】民事主体的财产权利受法律平等保护。

第一百一十四条 【物权的定义及类型】民事主体依法享有物权。

物权是权利人依法对特定的物享有直接支配和排他的权利,包括所有权、用益物权和担保物权。

第一百一十五条 【物权客体】物包括不动产和动产。法律规定权利作为物权客体的,依照其规定。

一、规范意旨

权利必有主体和客体,本条是对物权的客体进行规定。

---

① 关于"参照适用"的详细分析参见张弓长:《〈民法典〉中的"参照适用"》,载《清华法学》2020年第4期。
② 参见刘风景:《准用性法条设置的理据与方法》,载《法商研究》2015年第5期。

二、规范含义

物权的客体原则上是有体物。有体物的特征表现为四个方面:一是人体之外,人的身体及其组成部分不能成为物权客体;二是占据一定空间、有一定的形体;三是独立为一体且能满足人的需要,一滴油、一粒米非法律上之物,物的重要成分(如一面墙、汽车的方向盘)也不能成为物权客体;四是能被人所支配,不能为人支配的日、月、星辰不能成为物权客体。①

有体物可以分为不动产和动产,该分类的标准为物是否能够移动并且是否因移动而损害其价值。不动产包括土地及其附着物、定着物。② 例如《不动产登记暂行条例》第2条第2款规定:"本条例所称不动产,是指土地、海域以及房屋、林木等定着物。"土地及其附着物、定着物之外的有体物,均为动产。

权利是无体物,只有在法律特别规定下才可以作为物权客体。例如,根据本法第440条的规定,可以针对股权和应收账款债权设定权利质权。

第一百一十六条 【物权法定原则】物权的种类和内容,由法律规定。

一、规范意旨

本条规定的是物权法定原则。物权是权利人依法对特定的物享有直接支配和排他的权利,具有对世效力,动辄涉及第三人利益。据此,为了防止当事人随意创设物权而过度影响第三人的利益,应该由法律规定物权的种类和内容,而不允许当事人自由创设物权。③ 通过法律规定"标准化"的物权,可以起到提高资源利用效率、降低交易成本、实现公平的分配等作用。④ 并且,物权法定原则也能担当起区分物权债权、维持物债二分体系的重任。⑤

二、物权法定的含义

(一)类型法定

物权的类型必须由法律规定。根据《民法典》的相关规定,物权包括所有权、用益物权、担保物权三个大类。所有权根据主体不同而分为国家所有权、集体所有权和私人所有权。用益物权分为土地承包经营权、土地经营权、建设用地使用权、宅基地使用权、居住权和地役权。担保物权分为抵押权、质

---

① 参见王泽鉴:《民法总则》(增订版),中国政法大学出版社2001年版,第207—208页。
② 参见刘家安:《物权法论》(第二版),中国政法大学出版社2015年版,第21页。
③ 参见王泽鉴:《民法物权1:通则·所有权》,中国政法大学出版社2001年版,第45页。
④ 参见苏永钦:《法定物权的社会成本——两岸立法政策的比较与建议》,载《中国社会科学》2005年第6期。
⑤ 参见张鹏:《物债二分体系下的物权法定》,载《中国法学》2013年第6期。

权、留置权和优先权(船舶优先权、建设工程优先权)。

（二）内容法定

根据本法第 240 条的规定,所有权的内容包括占有、使用、收益和处分的权利。根据本法第 323 条的规定,用益物权的内容包括占有、使用和收益的权利。根据本法第 386 条的规定,担保物权是指债权到期时债权人就担保物享有优先受偿的权利,其体现的是担保物权人可以支配担保物的交换价值。

三、法律后果

物权法定原则属于法律强制性规定,当事人只能接受而不能通过约定任意取舍。民事主体通过合同约定创设不同于法定类型之物权的,不能被认可为物权。此外,即便类型符合法律规定,但是内容不符合法律规定的,也不能发生物权效力。比如设立居住权时约定居住权可以被转让和继承。当事人设立物权违反物权法定原则时,虽然不发生物权效力,但是并不意味着不发生任何效力。相关合同不违反其他法律强制性规定、不违背公序良俗的,应为有效,发生债权债务关系。

四、物权法定原则的缓和

物权法定原则对当事人在创设物权方面的意思自治进行严格限制,不利于鼓励当事人自主设定各种新的物权类型或者对既有物权类型予以改造,妨碍市场创新和经济发展。因此,在当代民法学中,物权法定原则日益受到质疑。学者多认为应当缓和物权法定原则,甚至有学者主张废弃物权法定原则,改采物权自由创设原则,以物权公示来区分物权和债权①。在现代物权法定原则的发源地德国,司法实践突破物权法定原则,认可了动产让与担保等法律未规定的担保物权。鉴于此,我国本法第 388 条规定了"其他具有担保功能的合同",为承认我国民事交易实践创设的新类型担保物权预留了足够的空间,②巧妙地缓和了严格的物权法定原则。③ 此外,《民法典担保制度解释》第 68 条规定了让与担保的担保物权效力,以司法解释的形式对让与担保的物权效力予以普遍承认,体现了我国司法实践对物权法定原则的突破。

第一百一十七条　【征收和征用】为了公共利益的需要,依照法律规定的权限和程序征收、征用不动产或者动产的,应当给予公平、合理的补偿。

---

① 参见杨代雄:《物权法定原则批判——兼评〈中华人民共和国物权法〉第五条》,载《法制与社会发展》2007 年第 4 期。

② 本法第 10 条中的"习惯"从解释论上能够包含我国法律实践中的民事交易习惯。

③ 参见王利明:《担保制度的现代化:对〈民法典〉第 388 条第 1 款的评析》,载《法学家》2021 年第 1 期。

一、征收和征用的要件

本条是关于征收、征用的原则性规定。具体规定参见本法第243条、第245条。征收是国家强制取得私人所有的不动产或者动产。征用是国家强制使用私人的不动产或者动产，与征收的区别在于不动产或者动产的所有权未发生移转，使用完毕之后，不动产或者动产应返还被征用人。征收、征用应符合以下条件：一是出于公共利益目的；二是征收征用主体具有法定权限；三是按照法定程序进行。运行良好的征收、征用制度既可以维护社会公共利益，也可以保护个人的合法财产权益。

二、征收和征用的补偿

征收、征用之后，应当给予当事人公平、合理的补偿。征收补偿不得低于财产的市场价格，没有市场价格的参照类似财产的市场价格，或者由第三方机构进行价格评估。征用也应参照市场租金水平确定补偿。征用导致不动产或者动产毁损的，应参照市场价格予以相应补偿。

第一百一十八条　【债权的定义】民事主体依法享有债权。

债权是因合同、侵权行为、无因管理、不当得利以及法律的其他规定，权利人请求特定义务人为或者不为一定行为的权利。

一、规范目的

本条的目的在于界定债权的概念，其将合同、侵权行为、无因管理、不当得利等民事法律事实产生的请求权归入债权这一概念之下，明确这些权利的共同特征，有助于民事法律规范的正确理解与适用。

二、规范内容

债权是权利人请求特定义务人为或者不为一定行为的权利。债权是一项请求性权利，不是对债务人人身的支配，也不是对债务人给付行为的支配，①债权人只能向债务人请求履行债务，债权实现需借助于债务人提供给付。所谓"为或者不为一定行为"，是指给付形式上包括作为与不作为。

债权具有相对性和平等性。所谓相对性，是指债权的义务人是特定的，一般情形下债权人并不能向第三人主张权利。所谓平等性，是指同一给付上可以成立数个债权，且债权之间平等受偿。

本条第2款规定了债的发生原因，包括合同、侵权行为、无因管理、不当得利以及法律规定。尽管本条未明确规定单方允诺可以发生债务，但这并不意味着单方允诺不能成为债的发生原因。旨在设立捐助法人（本法第92

---

① 参见王泽鉴：《债法原理（第一册）》，中国政法大学出版社2001版，第8页。

条)的捐助行为是单方法律行为,可以发生债务,在捐助法人成立后,捐助人有义务向法人移转捐助的财产。①

第一百一十九条 【合同的约束力】依法成立的合同,对当事人具有法律约束力。

第一百二十条 【侵权责任的承担】民事权益受到侵害的,被侵权人有权请求侵权人承担侵权责任。

第一百二十一条 【无因管理】没有法定的或者约定的义务,为避免他人利益受损失而进行管理的人,有权请求受益人偿还由此支出的必要费用。

第一百二十二条 【不当得利】因他人没有法律根据,取得不当利益,受损失的人有权请求其返还不当利益。

第一百二十三条 【知识产权及其客体】民事主体依法享有知识产权。
知识产权是权利人依法就下列客体享有的专有的权利:
(一)作品;
(二)发明、实用新型、外观设计;
(三)商标;
(四)地理标志;
(五)商业秘密;
(六)集成电路布图设计;
(七)植物新品种;
(八)法律规定的其他客体。

第一百二十四条 【继承权】自然人依法享有继承权。
自然人合法的私有财产,可以依法继承。

第一百二十五条 【投资性权利】民事主体依法享有股权和其他投资性权利。

第一百二十六条 【其他民事权益】民事主体享有法律规定的其他民事权利和利益。

第一百二十七条 【数据、网络虚拟财产的保护】法律对数据、网络虚拟财产的保护有规定的,依照其规定。

---

① 参见[德]卡尔·拉伦茨:《德国民法通论(上册)》,王晓晔、邵建东等译,法律出版社2003年,第250页。

第一百二十八条 【弱势群体的特别保护】法律对未成年人、老年人、残疾人、妇女、消费者等的民事权利保护有特别规定的,依照其规定。

第一百二十九条 【民事权利的取得方式】民事权利可以依据民事法律行为、事实行为、法律规定的事件或者法律规定的其他方式取得。

一、依据民事法律行为取得权利

民事法律行为,是指民事主体通过意思表示设立、变更、终止民事法律关系的行为。民法强调意思自治,以意思表示为要素的民事法律行为是取得民事权利的最主要方式。

二、依据事实行为取得权利

事实行为,是指不以意思表示为要素,因法律规定而引起一定法律效果的行为。事实行为一旦实施,不问行为人内心意思如何,直接发生法律规定的法律效果。[1] 有关意思表示及行为能力的规定不能适用于事实行为。[2] 典型的事实行为是加工、先占。

三、依据法律规定的事件取得权利

事件,是指与人的主观意志无关的客观现象,并非所有事件均能产生民事权利,只有法律规定的事件方能产生民事权利,并发生法律规定的效果。例如,苹果从果树上掉落,此为事件,导致苹果与果树分离成为孳息,由果树所有权人取得其所有权。

四、依据法律规定的其他方式取得权利

其他方式属于兜底项,为其他取得权利的方式预留了适用空间。其他方式包括依法律的特别规定而直接取得权利,如留置权、建设工程价款优先权。

第一百三十条 【权利人自由】民事主体按照自己的意愿依法行使民事权利,不受干涉。

第一百三十一条 【权利义务一致】民事主体行使权利时,应当履行法律规定的和当事人约定的义务。

第一百三十二条 【禁止民事权利滥用】民事主体不得滥用民事权利损害国家利益、社会公共利益或者他人合法权益。

一、规范意旨

本条确立了禁止权利滥用原则,亦称权利不得滥用原则。权利系享受特

---

[1] 参见朱庆育:《民法总论》(第二版),北京大学出版社2016年版,第83页。
[2] 参见梁慧星:《民法总论》(第五版),法律出版社2017年版,第64页。

定利益的法律之力。① 一项法定的或者约定的权利,本身就意味着法律或者当事人事先对于相关利益的分配。在权利人据此行使权利的情形下,第三人的利益可能因此而受到损害,但这在原则上是被允许的。② 不过,权利人可能滥用权利,从而使得国家利益、社会公共利益或者他人合法权益遭受预期之外的损害。鉴于此,通过禁止权利滥用原则可以划定权利的界限,防止权利滥用并保护民事主体的合法权益。

二、权利滥用的构成

权利滥用的前提是民事主体享有合法权利。行使权利的行为既可能是法律行为,也可能是事实行为。前者如处分权利,后者如在宅基地上建造房屋。如果相关行为根本没有权利基础,则可能直接构成侵权行为甚至是刑事犯罪而非权利滥用。③

依照私法自治原则,民事主体可以按照自己的意思行使民事权利。然而,权利行使应受相关原则的约束。禁止权利滥用通常被认为是诚实信用原则的具体表现之一。④ 实际上,诚实信用原则的内涵要比禁止权利滥用的内涵丰富得多,在最广义的权利滥用禁止层面上,可以借助诚实信用原则确定权利的界限。⑤ 权利滥用不仅超出了权利界限,而且往往会损害他人利益。这种损害既包括现实的损害,也包括潜在的损害。⑥ 可见,权利滥用意味着两点,一是权利行使超出合理限度,二是对国家利益、社会公共利益和他人利益造成不当损害。

具体表现为以下几个方面:一是行使权利专以损害他人为目的。例如《德国民法典》第226条规定,专门以损害他人为目的而行使权利属于权利滥用。二是行使权利前后矛盾。例如某人明知邻居越界建造房屋却不及时提出异议,待房屋竣工时才行使排除妨害请求权。三是权利行使的利益与对他人的损害显然不成比例,权利人行使权利没有获得利益反而使他人遭受不利益,或者自己获得的利益远小于给他人带来的不利益。

三、法律后果

滥用权利行为的多样态决定了法律后果的多样性,具体表现为停止侵

---

① 参见梁慧星:《民法总论》(第五版),法律出版社2017年版,第71页。
② Vgl. Brox/Walker, Allgemeiner Teil des BGB, 36. Aufl., 2012, S. 292.
③ 参见彭诚信:《论禁止权利滥用原则的法律适用》,载《中国法学》2018年第3期。
④ 参见徐国栋:《民法总论》(第二版),高等教育出版社2019年版,第65页。
⑤ 关于权利行使限制的规范体系,参见王泽鉴:《诚实信用与权利滥用——我国台湾地区"最高法院"九一年台上字第七五四号判决评析》,载《北方法学》2013年第6期。
⑥ 参见彭诚信:《论禁止权利滥用原则的法律适用》,载《中国法学》2018年第3期。

害、排除妨害、消除危险和赔偿损失等情形。此外,在滥用权利时也可能出现对权利行使自由的限制,该情形往往是因为法律要求权利人积极行使权利而权利人却怠于行使,例如专利权的强制许可制度。① 如果专利权人自专利权被授予之日起满三年,且自提出专利申请之日起满四年,无正当理由未实施或者未充分实施其专利,具备实施条件的单位或个人可以申请该专利的强制许可,此时专利权人被强制要求行使权利。

第六章　民事法律行为

第一节　一般规定

第一百三十三条 【民事法律行为的定义】民事法律行为是民事主体通过意思表示设立、变更、终止民事法律关系的行为。

一、民事法律行为的定义

1　　民事法律行为是民法上行为的一种类型,与事实行为并列。本条中的民事法律行为定义强调法律效果与意思的关联性。民事法律行为的根本特征就在于:法律效果由意思表示的内容决定。从这个意义上说,民事法律行为是私法自治的工具。当事人通过意思表示创设规则,此项规则决定了权利义务关系的内容及其变动,在当事人之间如同法律规则那样发生效力。

2　　原《民法通则》第 54 条给民事法律行为下定义时强调民事法律行为是合法行为,在第 58 条使用"无效民事行为"之表述,创造了"民事行为"这一新概念。与此不同,本条并未规定民事法律行为是合法行为,第 153 条以下诸条文使用"无效民事法律行为"之表述。这一立法上关于民事法律行为概念的立场变化是近年来我国法学界关于民事法律行为"合法性"问题争论的结果②。

二、民事法律行为与其他部门法上行为的关系

3　　民事法律行为区别于其他部门法上的行为。刑法上的犯罪行为、行政法上应受处罚的违法行为、经济法上的垄断等行为,要么与意思表示毫无关系,要么虽涉及意思表示(如合同中涉及垄断的条款),但行为的法律效果不受意思表示决定。

4　　如果将所谓行政合同定性为行政行为,则该行政行为与民法上的民事法

---

① 参见钱玉林:《禁止权利滥用的法理分析》,载《现代法学》2002 年第 1 期。
② 关于民事法律行为"合法性"问题学术争论的详细介绍参见朱庆育:《民法总论》(第二版),北京大学出版社 2016 年版,第 90—102 页。

律行为存在诸多共性。区别在于,行政合同涉及公共利益,当事人至少有一方是公法主体,民事合同通常不涉及公共利益,当事人是私法主体。就法律效果与双方当事人表示内容的关联性而论,行政合同与民事合同并无区别。因此,若不存在关于行政合同的特别规定,可以将民事法律行为规则准用于行政合同。

与民事法律行为相关的还有国际条约。国际条约在本质上是国家与国家之间订立的合同,只不过在缔约主体、所涉利益、争议解决等方面与民事合同存在差异而已。条约的法律效果与缔约方表示内容之间亦存在关联性,作为意定的规则创设行为,其亦具备民事法律行为的部分属性。

三、民事法律行为与一般社会交往行为的关系

民事法律行为只是人与人社会交往行为的一种特殊类型。从概念上看,民事法律行为与一般社会交往行为的根本区别在于,民事法律行为以意思表示为要素,一般社会交往行为则欠缺意思表示。

(一)民事法律行为与情谊行为

1. 情谊行为的概念

情谊行为,也称好意施惠[①],有广义与狭义之分。狭义情谊行为仅指无偿向他人提供好处且不构成民事法律行为的行为。广义情谊行为泛指一切无偿向他人提供好处的行为,既包括狭义情谊行为,也包括构成民事法律行为的情谊合同(Gefälligkeitsvertrag)。情谊合同即赠与合同、无偿委托合同、无偿保管合同等无偿合同。[②] 有学说将狭义情谊行为进一步划分为纯粹情谊行为和附保护义务情谊行为。纯粹情谊行为既不产生给付义务,也不产生保护义务;情谊合同既产生给付义务,也产生保护义务;附保护义务情谊行为的地位居中,虽不产生给付义务,但施惠者对受惠者负担保护义务。[③]

2. 情谊行为的法律效果

狭义情谊行为虽不产生给付义务,但一方基于情谊行为得到利益却不构成不当得利,因为情谊行为构成保有给付的合法原因[④]。此外,情谊行为还阻却无因管理的成立,情谊行为不构成无因管理[⑤]。如果情谊行为产生保护义务,则在施惠者违反保护义务的情况下,须向遭受损害的受惠者承担债务不履行损害赔偿责任。如果情谊行为不产生保护义务,受惠者因情谊行为遭

---

① 参见王泽鉴:《债法原理》(第二版),北京大学出版社2013年版,第209页。
② Vgl. MünchKomm/Kramer(2007),Einleitung zum Buch 2,Rn. 32.
③ Vgl. Dennnis Spallino,Haftungsmaßstab bei Gefälligkeit,2016,S. 8 – 11.
④ Vgl. Staudinger/Cornelia Feldmann/Manfred Löwisch(2012),§311 Rn. 14.
⑤ Vgl. Palandt/Christian Grüneberg(2020),Einf. v § 677 Rn. 2.

受损害的,只能适用侵权责任。

3. 情谊行为与民事法律行为的辨析

狭义情谊行为与民事法律行为的根本区别在于:前者不具备约束意义(意思),后者具备。对此,应依表示受领人视角判定。在个案情形需要考虑的相关因素包括:恩惠的种类、其动机或目的、其对于受领人的经济和法律意义、该意义得以体现的情境、双方当事人的利益状况、所托付物品的价值、受益人对给付产生的信赖、责任风险等①。

学理上一般认为构成情谊行为的是:邀请参加宴会、好意同乘、火车过站叫醒、②在邻居外出度假期间照看其房子、为邻居照管小孩、③在他人汽车电瓶出现故障时无偿为其提供启动辅助、为他人免费提供食宿等④。此外,为问路者指路、为亲友高考填志愿提供咨询、⑤私人之间无偿帮忙干活等也应认定为情谊行为。反之,通常构成情谊合同的是:运输企业之间借用卡车司机、医生提供免费诊疗、亲属之间达成的贵重物品保管约定⑥。

(二) 民事法律行为与无约束力的交易约定

1. 民事法律行为与君子协议

君子协议是指当事人虽然就某项给付达成约定,但欠缺法律上的约束意思,所以不发生法律约束力。君子协议不构成民法上的合同。之所以达成君子协议,通常是因为当事人知道法律不会承认其约定的效力,比如约定的内容违反禁止性法律规定,也可能是因为当事人相信无约束力的允诺也会被遵守,所以法律约束是不必要的,⑦或者当事人根本不愿意让法律介入,有意识地将协议的执行力限制在道德层面上⑧。

2. 民事法律行为与交易意向书

当事人经过磋商之后达成初步共识时订立的交易意向书可能不具备法律约束力,也可能构成预约,甚至个别情况下还可能构成本约。⑨ 如果意向

---

① Vgl. MünchKomm/Kramer(2007), Einleitung zum Buch 2, Rn. 32;王洪亮:《债法总论》,北京大学出版社2016年版,第16页。
② 参见王泽鉴:《债法原理》(第二版),北京大学出版社2013年版,第209页。
③ 参见谢鸿飞:《论创设法律关系的意图:法律介入社会生活的限度》,载《环球法律评论》2012年第3期。
④ Vgl. MünchKomm/Kramer(2007), Einleitung zum Buch 2, Rn. 33.
⑤ 参见王雷:《论情谊行为与民事法律行为的区分》,载《清华法学》2013年第6期。
⑥ Vgl. MünchKomm/Kramer(2007), Einleitung zum Buch 2, Rn. 82.
⑦ Vgl. Staudinger/Reinhard Bork(2003), Vor §§145 – 156 Rn. 3.
⑧ 参见朱广新:《合同法总则》(第二版),中国人民大学出版社2012年版,第158页。
⑨ 参见崔建远主编:《合同法》(第六版),法律出版社2016年版,第26页。

书中包含了"本意向书不具有法律约束力"之类的效力排除条款,则其当然不具备法律约束力①。如果意向书中未包含此类条款,但约定了下一步缔约过程中各方当事人的某些义务,则至少可以认定其构成具有约束力的预备协议。如果意向书未包含此类约定,则需要通过解释确定其应否发生预约的效力。② 个别情形中,双方当事人达成的书面合意尽管名为"意向书",但包含了交易主要事项的明确约定,且约定"本协议自签订之日起生效",此意向书应认定为合同。③

3. 民事法律行为与备忘录或草约

备忘录是指双方当事人对于在合同谈判过程中就合同要点达成的共识所作的记录。依《买卖合同解释》第2条规定,备忘录可能构成预约。在实践中,备忘录有多种类型。有些备忘录纯粹为了记录谈判的阶段性成果,作为下一步谈判的基础,因此没有法律约束力;有些备忘录构成预约,具有法律约束力;有些备忘录内容完备且包含约束意义,构成本约。

4. 民事法律行为与"安慰函"

安慰函,也称保护人声明(Patronatserklärung),是指对于债权人与债务人之间的交易具有利益关系的第三人为促成或者维持该交易向债权人表示将对债务的履行提供必要支持。④ 该第三人即为保护人,可能是政府,但更常见的是债务人的母公司或者关联企业。安慰函究竟是否构成民事法律行为,须通过解释予以判定。⑤ 德国民法理论区分了"刚性"保护人声明与"柔性"保护人声明。前者构成民事法律行为,后者不构成民事法律行为。辨别"柔性"保护人声明与"刚性"保护人声明须综合考虑文件的名称、措辞和背景。如果措辞比较委婉、含糊,则应当认定为"柔性"保护人声明。

四、民事法律行为与意思表示的关系

(一)意思表示与民事法律行为的概念区分

意思表示不等同于民事法律行为。单方民事法律行为仅由一个意思表示构成,意思表示与民事法律行为看似没有实质区别,但仍应区分。多方民

---

① 参见谢鸿飞:《论创设法律关系的意图:法律介入社会生活的限度》,载《环球法律评论》2012年第3期;陆青:《〈买卖合同司法解释〉第2条评析》,载《法学家》2013年第3期。

② 参见上海市第二中级人民法院对"仲某某诉上海市金轩大邸房地产项目开发有限公司合同纠纷案"作出的民事判决书(《最高人民法院公报》2008年第4期)。

③ 参见何某某诉厦门名龙企业有限公司、谢某某研究成果权属、返还侵占财物纠纷案,福建省高级人民法院民事判决书(1997)闽知终字第01号。

④ Vgl. MünchKomm/Kramer(2007), Einleitung zum Buch 2, Rn. 87;[德]迪特尔·梅迪库斯:《德国债法分论》,杜景林、卢谌译,法律出版社2007年版,第429页。

⑤ 参见杨良宜:《合约的解释:规则与应用》,法律出版社2015年版,第70页。

事法律行为由数个意思表示构成,是数个达成一致的意思表示的结合体,意思表示与民事法律行为的区别比较明显。某些多方民事法律行为的构成要件不限于数个意思表示,毋宁还包括事实行为或者官方行为。例如,结婚行为,不仅需要双方当事人达成结婚合意,还需要在婚姻登记机关进行登记。

(二)意思表示与民事法律行为的效力区分

16 意思表示与民事法律行为的区分也体现在法律效力层面上。意思表示的效力包括两个方面。一是形式效力,即所谓的意思表示形式约(拘)束力,据此,意思表示一旦生效,表意人就不得任意撤回、撤销或变更。二是实质效力,也可称之为意思表示的形成力,即意思表示生效后,可以与内容一致的其他意思表示共同形成一项民事法律行为。意思表示不发生效力的,民事法律行为因欠缺构成要素而不成立。意思表示发生效力的,并不意味着民事法律行为必然发生效力。就单方民事法律行为而论,一个意思表示生效即导致民事法律行为成立。就多方民事法律行为而论,须多个意思表示皆生效且达成一致,民事法律行为才成立。至于成立后的民事法律行为是否生效,则是另一个问题,需要依据民事法律行为本身的生效要件予以判断。

第一百三十四条 【民事法律行为的成立】民事法律行为可以基于双方或者多方的意思表示一致成立,也可以基于单方的意思表示成立。

法人、非法人组织依照法律或者章程规定的议事方式和表决程序作出决议的,该决议行为成立。

一、单方法律行为与多方法律行为

1 本条依据法律行为当事人的数量及其意思表示的相互关系,将民事法律行为分为单方法律行为、合同与决议。单方法律行为是指仅依一方当事人的意思表示即可发生特定效果的法律行为,如遗嘱、所有权抛弃、捐助行为。合同与决议统称为多方法律行为[1]。合同有时也被称为契约、协议[2],此类用语的含义并无本质区别。民法文献中经常把合同称为双方法律行为[3]。大多数

---

[1] Vgl. Helmut Köhler, BGB Allgemeiner Teil, 44. Aufl., 2020, S. 39(§5 Rn. 9);[德]卡尔·拉伦茨:《德国民法通论(上册)》,王晓晔、邵建东等译,法律出版社2013年版,第432—433页。

[2] 有学者曾经区分了合同与协议(Vereinbarung),后者指设立社团的合意。冯·图尔与弗卢梅对此提出批评。Vgl. Andreas von Tuhr, Der Allgemeine Teil des Deutschen Bürgerlichen Rechts, zweiter Band, erste Hälfte, 1914, S. 237;[德]维尔纳·弗卢梅:《法律行为论》,迟颖译,法律出版社2013年版,第721页。

[3] 参见朱庆育:《民法总论》(第二版),北京大学出版社2016年版,第137页。

情况下,这种说法没什么问题。当然,合同并非一概只有双方当事人。有些合同存在三个以上当事人,如三个以上当事人订立的合伙合同、公司设立合同①、公司增资合同等。此类合同并非双方法律行为,而是多方法律行为②。

决议在性质上既非单方法律行为,亦非合同,毋宁是一种独立类型的法律行为。本条第 2 款规定决议是一种法律行为,与第 1 款规定的单方法律行为、合同并列。与合同相比,决议的特殊之处在于采用多数决原则,不需要全部意思表示达成一致,仅需多数意思表示达成一致即可;决议一旦生效,对于投反对票的成员以及未参与表决的成员也有约束力。③ 决议多见于公司法及其他社团法人制度,如公司股东(大)会决议、董事会决议、社会团体法人成员大会决议。除此之外,合伙、集体经济组织、建筑物区分所有权人大会、破产债权人会议甚至共有人等共同体也以决议方式决定共同事务④。

二、关于决议的性质

对于决议的法律行为属性,学界一直存在反对说,认为决议并不直接设立、变更或消灭法律关系,所以并非法律行为。反对说至少可以追溯至奥托·冯·基尔克的理论。⑤ 肯定说的倡导者是冯·图尔。⑥ 在目前德国法学界,认为决议属于法律行为的观点已经成为通说⑦。我国学者也大多认为决

---

① Vgl. Reinhard Bork, Allgemeiner Teil des Bürgerlichen Gesetzbuchs, 4. Aufl. ,2016, S. 172(Rn. 434).

② 我国民法文献中有一种观点,是将多方法律行为理解为由内容相同且平行(同向)的数个意思表示构成的法律行为,如签订合伙协议、社团设立等行为。与之相对的是双方法律行为,即合同(契约),由两个相对(对向)的意思表示构成。是否有必要作此区分,有待推敲。实际上,我国《民法典》已经把合伙合同规定在合同编中。此外,原《中外合资经营企业法》(2020 年 1 月 1 日被《外商投资法》取代)第 2 条、第 3 条等也把旨在设立中外合资经营企业的合意称为合同。上述观点参见王利明:《民法总则研究》(第三版),中国人民大学出版社 2018 年版,第 493—494 页;梁慧星:《民法总论》(第五版),法律出版社 2017 年版,第 165—166 页。

③ 参见[德]汉斯·布洛克斯、沃尔夫·迪特里希·瓦尔克:《德国民法总论》(第 41 版),张艳译,中国人民大学出版社 2019 年版,第 53 页;Astrid Stadler, Allgemeiner Teil des BGB, 19Aufl. , 2017, S. 116.

④ 本法 301 条中的"应当经占份额三分之二以上的按份共有人或者全体共同共有人同意"虽未使用"决议"一词,但其"同意"在本质上亦为决议。同理,本法第 278 条、第 280 条中的"业主大会或者业主委员会的决定"亦为决议。

⑤ Vgl. Otto von Gierke, Deutsches Privatrecht, Bd. 1,1895, S. 283.

⑥ Vgl. Andreas von Tuhr, Der Allgemeine Teil des Deutschen Bürgerlichen Rechts, zweiter Band, erste Hälfte,1914, S. 234 –236.

⑦ Vgl. Karsten Schmidt, Gesellschaftsrecht, 2002, S.436.

议是一种法律行为①。

4　决议参与者通过投票表达了一项意思,要么同意决议事项,要么不同意决议事项。就此而论,决议就是通过投票形成共同意思。社员大会对社团重大事项予以决定的共同意思(决议)可以发生社员所欲的法律效果。此种法律效果是组织法上的效果。社团成立之后,设立人之间的法律关系在很大程度上转化为组织法上的关系,即社团内部关系。社团内部关系通常并非社员个人之间直接以经济利益为内容的实体权利义务关系,毋宁表现为社员身处其中的社团各机关之间的关系、机关成员之间的关系、机关成员与机关之间的关系、机关与社团法人之间的关系以及社员与社团法人之间的关系。除了社员与社团法人之间的关系可以表述为权利义务关系(如分红请求权、出资缴纳义务)之外,社团内部关系表现为职权关系,以权力与职责为内容。职权关系也是广义法律关系的一种,与狭义法律关系的区别在于,狭义法律关系表现为一个主体与其他主体之间的权利义务关系,而职权关系则是作为一个主体的团体内部各组成部分之间的关系。社团内部关系变动是私法上的效果,因此,发生此类效果的决议在性质上也是法律行为。

三、决议的成立与生效

5　决议以投票的方式形成。通说认为,投票是一项需受领的意思表示。②有学说认为,出席会议但投弃权票的,弃权票不应计入总票数,因为这符合投弃权票社员的本意,其应与未出席的社员同样对待③。有学说认为,弃权票应按照赞成票处理,因为投弃权票意味着社员不想反对决议事项④。第一种学说更为可取。投弃权票意味着放弃通过投票参与形成共同意思的机会。如果将弃权票计入总票数,则其实际上发挥了反对票的作用,加大了决议通过的难度,结果是弃权者也参与形成共同意思,违背其本意。

6　决议通常在会议上作出,但法律上也允许不经过会议即形成决议。例如,按照我国《公司法》第 37 条的规定,股东对于决议事项以书面形式一致表示同意的,可以不召开股东会会议,直接作出决定,并由全体股东在决定文

---

① 参见朱庆育:《民法总论》(第二版),北京大学出版社 2016 年版,第 137 页;王利明:《民法总则研究》(第三版),中国人民大学出版社 2018 年版,第 495 页;梁慧星:《民法总论》(第五版),法律出版社 2017 年版,第 166 页。

② Vgl. Reinhard Bork, Allgemeiner Teil des Bürgerlichen Gesetzbuchs, 4. Aufl. , 2016, S. 173(Rn. 437).

③ 参见[德]汉斯·布洛克斯、沃尔夫·迪特里希·瓦尔克:《德国民法总论》(第 41 版),张艳译,中国人民大学出版社 2019 年版,第 325 页。

④ 参见[德]迪特尔·梅迪库斯:《德国民法总论》,邵建东译,法律出版社 2013 年版,第 843 页。

件上签名、盖章。这就是学理上所谓的书面表决①。

决议可能存在瑕疵,包括内容瑕疵与程序瑕疵。内容瑕疵即决议内容违反禁止性法律规定、公序良俗或者章程规定。程序瑕疵(形式瑕疵)即决议的召集、表决程序违反法律或章程规定。按照本法第85条及《公司法》第22条的规定,程序瑕疵导致决议可撤销,但按照《公司法解释(四)》第4条的规定,仅存在对决议未产生实质影响的轻微程序瑕疵,决议并非可撤销。内容瑕疵的决议如果违反禁止性法律规定或者公序良俗,无效;如果违反法人章程规定,可撤销。《公司法解释(四)》第5条还规定若干情形中决议不成立,例如,出席会议人数或表决权数不符合要求、表决结果未达到规定比例。决议成立且不存在无效事由的,决议自成立时生效②。

与决议瑕疵不尽相同的是投票瑕疵。决议是法律行为,投票则是构成该法律行为的意思表示。投票意思表示如果存在欠缺行为能力、错误、欺诈、胁迫等无效或可撤销事由,依据意思表示的一般原理,投票应为无效或可撤销。无效或被撤销的投票等同于没有投票,不应计入赞成票、反对票和总票数。如果去除该票,表决结果仍然达到规定通过比例,则决议效力不受影响③。否则,决议效力受影响。我国民法未规定意思表示无效、可撤销,实践中可以考虑将法律行为无效、可撤销规则类推适用于投票瑕疵。

第一百三十五条 【民事法律行为的形式】民事法律行为可以采用书面形式、口头形式或者其他形式;法律、行政法规规定或者当事人约定采用特定形式的,应当采用特定形式。

第一百三十六条 【民事法律行为的生效时间】民事法律行为自成立时生效,但是法律另有规定或者当事人另有约定的除外。

行为人非依法律规定或者未经对方同意,不得擅自变更或者解除民事法律行为。

一、民事法律行为的生效时间

原则上,民事法律行为自成立时发生效力。法律另有规定或者当事人另

---

① 参见[德]卡尔·拉伦茨:《德国民法通论(上册)》,王晓晔、邵建东等译,法律出版社2013年版,第210页。
② 参见浏阳市某学校与张某某侵权责任纠纷案,最高人民法院民事判决书(2019)最高法民再399号。
③ 参见[德]迪特尔·梅迪库斯:《德国民法总论》,邵建东译,法律出版社2013年版,第843页;[德]格茨·怀克、克里斯蒂娜·温德比西勒:《德国公司法》,殷盛译,法律出版社2010年版,第180页。

有约定的,民事法律行为自成立后的某个时点发生效力。法律另有规定如本法第502条规定,合同的订立、变更、转让、解除等应当办理批准手续的,此类民事法律行为自获得批准时生效。当事人另有约定如当事人约定民事法律行为附生效(停止)条件或者附始期。

二、民事法律行为的形式约束力

本条第2款规定了民事法律行为的约束力①。此处所谓约束力是指当事人不得单方面任意以撤销、撤回或解除等方式使法律行为消灭②。与之不同的是民事法律行为的效力。效力是指法律行为欲发生的具体法律效果,如债权债务关系的发生。有学者把法律行为的约束力称为形式约(拘)束力,把效力称为实质约(拘)束力。③

通常,一项存在效力障碍的民事法律行为依然具有形式约束力,但法律行为因违反禁止性法律规范或者违背公序良俗而确定无效的除外④。附停止条件法律行为、附始期法律行为在成立后虽未生效,但已产生形式约束力。⑤须经批准的法律行为在获得批准前也具有形式约束力。有些特殊法律行为不具有形式约束力或者仅具有不完全形式约束力。前者如遗嘱,遗嘱人在死亡前可以任意撤销或变更遗嘱。后者如消费者订立的远程购物合同,消费者享有七天无理由退货权,可以退货方式任意废止合同,该合同在七天内仅对经营者有约束力⑥。

第二节 意思表示

第一百三十七条 【有相对人的意思表示生效时间】以对话方式作出的意思表示,相对人知道其内容时生效。

以非对话方式作出的意思表示,到达相对人时生效。以非对话方式作出

---

① 参见李适时主编:《中华人民共和国民法总则释义》,法律出版社2017年版,第426—427页;金可可:《〈民法总则〉与法律行为成立之一般形式拘束力》,载《中外法学》2017年第3期。
② 参见[德]维尔纳·弗卢梅:《法律行为论》,迟颖译,法律出版社2013年版,第723页;王泽鉴:《债法原理》(第二版),北京大学出版社2013年版,第205页。
③ 参见金可可:《〈民法总则〉与法律行为成立之一般形式拘束力》,载《中外法学》2017年第3期。
④ 参见广东中煤地瑞丰建设集团有限公司、广东中煤地瑞丰建设集团有限公司陕西分公司与陕西宏兴投资开发有限公司建设工程施工合同纠纷案,最高人民法院民事判决书(2018)最高法民终33号。
⑤ 参见[德]维尔纳·弗卢梅:《法律行为论》,迟颖译,法律出版社2013年版,第725页。
⑥ 卡尔·拉伦茨与沃尔夫认为,消费者享有撤回权的合同在撤回权斥期间内没有约束力。Vgl. Larenz/Wolf, Allgemeiner Teil des bürgerlichen Rechts, 9. Aufl., 2004, S. 925.

的采用数据电文形式的意思表示,相对人指定特定系统接收数据电文的,该数据电文进入该特定系统时生效;未指定特定系统的,相对人知道或者应当知道该数据电文进入其系统时生效。当事人对采用数据电文形式的意思表示的生效时间另有约定的,按照其约定。

一、概念

有相对人的意思表示可以分为对话的意思表示与非对话的意思表示。对话的意思表示是指以面谈、电话、网络语音或视频通话等即时交流方式作出的意思表示。非对话意思表示是指以书面文件、信函、电子邮件、手机短信、微信留言等非即时交流方式作出的意思表示。

二、对话意思表示的生效时点

对话意思表示从意思表示的发出到了解,几乎没有中间环节,不存在运送风险。因此,主流学说对此采用了解主义,认为对话意思表示自其被相对人通过感官了解时起生效[1]。从文义上看,本条第1款对于对话意思表示采用了解主义。鉴于了解主义对表意人过于苛刻,应当将该款中的"相对人知道其内容"解释为表意人在当时情境中可以合理地相信相对人已经知道意思表示的内容。

三、非对话意思表示的生效时点

本条第2款对于非对话意思表示采用到达主义,意思表示自到达相对人时发生效力。依通说,到达是指意思表示进入相对人的支配领域,且通常可被相对人知悉。[2] 支配领域通常是空间意义上的,如相对人的住宅、经营场所、信箱等专属空间。通过现代通信手段传递意思表示的,电子邮箱、手机短信列表、语音信箱、微信账户等虚拟空间也是相对人的支配领域。支配领域也包括相对人的社会关系。有时,意思表示被传递给与相对人具有特殊关系的人,也被视为进入相对人的支配领域。所谓具有特殊关系的人是指受领代理人、受领使者等中间人,他们被视为相对人的"活信箱"[3]。

意思表示进入相对人支配领域仅使相对人获得知悉的抽象可能性,认定意思表示到达也需要在一定程度上考虑相对人的利益,因此,仅在通常可以期待相对人当时知悉意思表示的情况下,才构成到达。例如,记载意思表示的信件被扔进相对人住宅的院子里,除非相对人或其家人恰巧看到该信件,

---

[1] Vgl. Jörg Neuner, Allgemeiner Teil des Bürgerlichen Rechts, 12. Aufl., 2020, S. 381 (§33 Rn. 28).

[2] Vgl. Erman/Arnd Arnold (2017), §130 Rn. 5-8.

[3] Vgl. Brox/Walker, Allgemeiner Teil des BGB, 44. Aufl., 2020, S. 78 (§7 Rn. 16).

否则不能合理地期待相对人知道该信件已进入其住宅。因此,在该信件事实上被发现之前,意思表示并未到达。意思表示由受领使者接收的,在通常可期待受领使者将意思表示传递给相对人时,意思表示到达。例如,相对人下班回到家时,其家属通常应将意思表示传递给他。

5　本条第 2 款对于相对人是否指定接收系统予以区别对待。不过,即便相对人指定接收系统,也不应一概以数据电文进入该系统的时间作为意思表示到达时间。如果相对人是法人或非法人组织,数据电文在营业时间结束后才进入指定系统,则不能合理期待相对人知悉意思表示,应以下一个工作日为到达时间。在相对人未指定接受系统的情况下,如果相对人是法人或非法人组织,数据电文在某日营业时间内进入其接收系统的,通常应认定当天营业时间结束时意思表示到达。数据电文在营业时间结束后才进入法人的接收系统的,通常应以下一个工作日为意思表示到达时间。如果相对人是自然人,且其指定以私人电子邮箱、微信、手机短信等为接收系统,则应以意思表示进入该系统的时间为到达时间。自然人未指定接收系统的,须区别对待。使用手机短信、微信等便于随时查看的接收系统的,通常应以意思表示进入接收系统的时间为到达时间,除非此时已进入晚休时段。使用电子邮箱的,如果相对人曾经向表意人出示的名片或其他材料上印有某个电子邮箱地址,则通常应以意思表示进入该电子邮箱之日的晚休时段开始前为到达时间;如果表意人从其他渠道获知相对人的电子邮箱地址,而该电子邮箱并非相对人的常用邮箱,则通常应以相对人知道意思表示进入该电子邮箱之时为到达时间。

6　无论何种形式的非对话意思表示,如果相对人实际知悉意思表示的时间早于其通常可以知悉意思表示的时间,则应以前者为意思表示的到达时间。

第一百三十八条　【无相对人的意思表示生效时间】无相对人的意思表示,表示完成时生效。法律另有规定的,依照其规定。

第一百三十九条　【以公告方式作出的意思表示生效时间】以公告方式作出的意思表示,公告发布时生效。

1　本条规定究竟所指何意,"公告发布"是否为意思表示的发出方式,不无疑问。有学者认为符合要约构成要件因而被视为要约的商业广告、悬赏广告等属于以公告方式作出的意思表示,适用该条规定①。另有学者认为本条规

---

① 参见李宇:《民法总则要义:规范释论与判解集注》,法律出版社 2017 年版,第 466 页。

定是法律移植中的败笔,没有实质意义①。从比较法及民法原理看,本条规定确实无所依据。如果说其具有实践意义,则其意义似乎主要在于将其准用于某些准法律行为生效时点的确定,比如公司合并公告、公司分立公告、公司减资公告、公司清算时的债权申报公告等。

第一百四十条 【意思表示的形式】行为人可以明示或者默示作出意思表示。

沉默只有在有法律规定、当事人约定或者符合当事人之间的交易习惯时,才可以视为意思表示。

一、意思表示的一般方式

意思表示依其表达方式之不同,分为明示和默示意思表示。明示意思表示是指行为人以书面或口头形式对外表示其效果意思。默示意思表示是指依可推断之行为得出意思表示。凡从特定的行为(甚至不作为)中间接地推知行为人之意思的意思表示皆属默示意思表示。默示意思表示可以分为沉默的意思表示与其他可推断的意思表示。前者是消极的不作为,既不表示同意,也不表示反对,故又称不作为的默示,其是消极的可推断意思表示;后者是积极的作为、积极的可推断意思表示。②

对于明示和默示之间的范围确定,涉及两者之间的区分标准。对此,存在两种不同的评判体系。一是以表示工具本身为标准,二是以表示工具的意义是否具有明确性为标准。第一种标准是通说,依照这种标准,明示指行为人直接以书面或口头形式将效果意思表示于外,默示是指除以口头或书面话语直接表达之外,其他基于交往惯例、法定或约定的肢体动作等语言形式,间接推知意思表示。例如,某人向自动售货机投入货币的行为即可推断其作出购买物品的意思表示;某人乘坐无人售票的公交车时,其投币或刷卡的行为可视为其具有缔结运输合同的意思表示。少数学者持第二种标准,根据该标准,明示是指所选择的表示工具之意义事先已经依据交往惯例、法定或约定得到确定之表示行为;默示则需要根据具体情形作出意义推断。③ 据此,明白无歧义的口头或书面即为明示,其他被通说归置于默示的表示行为,如将硬币投入自动售货机、挥手示意出租车等,因所涉行为均是直接表达内心意思,根据该说认为这些行为均为明示的表示行为。

---

① 参见陈甦主编:《民法总则评注(下册)》,法律出版社2017年版,第1000页(朱晓喆执笔)。
② 参见杨代雄:《意思表示理论中的沉默与拟制》,载《比较法研究》2016年第6期。
③ 参见朱庆育:《民法总论》(第二版),北京大学出版社2016年版,第193页。

二、明示和默示意思表示的区分意义

3   明示意思表示和默示意思表示的表示效果,原则上不因其为明示或默示而异,即明示和默示具有同一表示价值,只有在例外的情况下表示价值才不具有同一性。

4   由于明示行为具有澄清事实和警示的作用,所以法律在一些特殊情形下明确规定,有些行为必须以明示方式作出。在立法规范表达上存在直接规定和间接规定两种模式。如本法第274条规定:"建筑区划内的道路,属于业主共有,但是属于城镇公共道路的除外。建筑区划内的绿地,属于业主共有,但是属于城镇公共绿地或者明示属于个人的除外……"本法第476条规定:"要约可以撤销,但是有下列情形之一的除外:(一)要约人以确定承诺期限或者其他形式明示要约不可撤销……"要约不可撤销必须以明示方式作出。

5   此外,法律规定在有些情形下意思表示须满足一定的形式要求,唯明示之表示才符合要式之规定。因意思表示为履行形式要求,意思表示本身虽有效存在,但该意思表示因欠缺形式,因此无效。但形式瑕疵可因履行行为得到补正,在形式瑕疵得到补正的情况下,默示意思表示也成为有效的意思表示。因此,这种形式要求上的差别,实践意义不大。

三、沉默的意思表示

6   沉默是一种纯粹的不作为,不具有被外界所识别的表示符号。因此,原则上沉默不能作为意思表示的表达工具。沉默是否具有法律上的意义以及具有何种法律意义,归根到底涉及意思自治和信赖保护之间的互动和权衡关系。赋予沉默相应的法律意义是对私法自治的权衡和限制,而要使这种权衡和限制具有合理性,则应当对法律行为交往中的沉默作不同层级的类型化处理。① 要使沉默具有表示价值,必须附加其他场景要素或者构成要件,也即"沉默+情境合理=意思表示"。情境合理的功能在于对"强表示"进行削弱的同时,保障意思自治原则不被减损。此处情境合理性主要体现在三个场景当中。

7   在有具体相对人的情形下,判断意思表示效力时,具体相对人的视角应当优先于客观第三人的视角,这也是意思表示解释中"误载无害真意"规则的意旨所在。在双方当事人之间对沉默效力有约定的情形下,相对人自然知晓沉默所表达的意思。因此,此种情形属于情境合理的类型,沉默构成意思表示。

---

① 参见石一峰:《沉默在民商事交往中的意义——私人自治的多层次平衡》,载《法学家》2017年第6期。

如果把这个场景放大,置于交易所嵌入的市场背景中,这个场域可能是较小范围内的市场背景,也可能是较大的市场背景,交易习惯赋予沉默以意思表示的表示价值。

把这个场景再放大至全国范围,立法者从经验生活中将基于大概率事件的规则上升为法律规定,在全国统一适用,此时已经对沉默效力进行立法上的评价,赋予沉默以意思表示的价值。

四、沉默的不同法律意义

我国民商事立法中以不同形式赋予沉默不同的法律意义。

(一)具有意思的表示效力

沉默有时具有意思的表示效力,在具体适用场景中,分别赋予了沉默以拒绝或同意的效力。例如,本法第1124条第2款关于对遗赠到期未表示的情形,沉默意味着拒绝;本法第638条第1款关于试用买卖期间届满对是否购买未作表示的情形,本法第734条第1款关于出租人在租赁期间届满后对承租人继续使用租赁物没有提出异议的情形,《公司法》第71条第2款第2句关于股东向股东以外的人转让股权未表示是否同意转让的情形,沉默意味着同意。

(二)具有终结某种未定法律状态的效力

沉默有时具有终结某种未定法律状态的效力。比如,本法第171条第2款关于被代理人对无权代理人订立合同未作表示的情形,视为拒绝追认。

(三)构成义务违反

沉默有时构成义务违反。比如,本法第662条第2款中赠与人对瑕疵的沉默,本法第819条、第820条中承运人对安全运输应当注意事项和不能正常运输的重要事由的沉默,本法第893条中寄存人对特殊保管措施的沉默,这些场景中的沉默并非意思表示,而是义务违反的表现。

(四)具有信赖事实的效力

在一些情形下,沉默具有信赖事实的效力。关于原《民法通则》第66条第1款第3句中被代理人对他人以自己名义实施民事行为的沉默,学说对该句沉默的法教义学归类存有争议。有学者认为,这种沉默具有默示授予代理权的意思表示效力,即此处沉默已经归属于上述"沉默具有意思的表示效力"这一类型。多数学说认为,此处沉默并非意思表示,而是沉默之外观引起第三人的信赖,构成信赖事实的基础。本法虽未设置类似规定,但实践中也应将此类情形中的沉默视为信赖基础。

第一百四十一条 【意思表示的撤回】行为人可以撤回意思表示。撤回意思表示的通知应当在意思表示到达相对人前或者与意思表示同时到达相对人。

第一百四十二条 【意思表示的解释】有相对人的意思表示的解释,应当按照所使用的词句,结合相关条款、行为的性质和目的、习惯以及诚信原则,确定意思表示的含义。

无相对人的意思表示的解释,不能完全拘泥于所使用的词句,而应当结合相关条款、行为的性质和目的、习惯以及诚信原则,确定行为人的真实意思。

一、意思表示解释的概念与功能

(一)意思表示解释的概念

1　意思表示解释包括狭义意思表示解释与补充性意思表示解释。狭义意思表示解释亦称简单解释(einfache Auslegung)或者阐明性解释(erläuternde Auslegung),[1]是指通过文义解释、体系解释等方法确定表意符号的意义。补充性意思表示解释是指在意思表示存在漏洞的情况下基于法律行为目的、诚信原则等对其进行漏洞填补。

2　我国学者对于意思表示解释与合同解释的关系见解不一。有观点认为,就单方法律行为而言,意思表示解释等同于法律行为解释。就合同而言,应当区分意思表示解释与合同解释。意思表示解释在合同是否成立的判断阶段发挥作用,此时需要分别解释双方当事人的意思表示,据此判断二者是否达成一致。一旦判定合同已因合意而成立,则下一步工作就是合同解释。合同解释是对业已成立的合同确定何为其内容的一种作业。[2] 有观点认为,意思表示解释与合同解释并无本质区别。[3] 二者的概念功能相同,差异主要在于着眼点的不同。意思表示着眼于个别,而法律行为则同时着眼于抽象。[4] 另有观点认为,意思表示解释与合同解释存在区别,但区别不在于二者发挥作用的阶段不同,毋宁表现在其他方面,比如解释的对象、原则、视角与方法等有所不同。[5]

3　从逻辑上看,合同由数个意思表示构成,因此,合同解释当然离不开意思

---

[1] Vgl. Erman/Arnd Arnold (2017),§133 Rn. 14.
[2] 参见韩世远:《民事法律行为解释的立法问题》,载《法学》2003年第12期。
[3] 参见梁慧星:《民法总论》(第五版),法律出版社2017年版,第195页;张驰:《论意思表示解释》,载《东方法学》2012年第6期。
[4] 参见耿林:《中国民法典中法律行为解释规则的构建》,载《云南社会科学》2018年第1期。
[5] 参见崔建远:《合同解释辨》,载《财经法学》2018年第4期;王利明:《民法总则研究》(第三版),中国人民大学出版社2018年版,第523页。

表示解释。如果要约、承诺先后作出,则须通过解释要约和承诺确定其内容,据此判断合同是否成立。此时,合同解释无疑是意思表示解释。如果当事人采用在同一份合同书上签名、盖章的方式订立合同,则解释须围绕合同书中的条款展开。合同书中的条款既是一方当事人的意思表示,也是另一方当事人的意思表示。任何一方当事人在合同书上签名、盖章都是向对方当事人作出"同意按照上述条款订立合同"的意思表示,数项意思表示存在于同一个载体之中。对合同书中的每一个条款进行解释,都是在同时解释数个当事人的意思表示。总之,无论通过分别处于数个载体之中的意思表示订立合同,抑或通过处于同一个载体(合同书)之中的数项意思表示订立合同,合同解释在本质上都是意思表示解释。

(二)意思表示解释的功能

意思表示解释的功能不仅在于通过解释确定一项意思表示的内容,还包括通过解释判定一个符号是否构成意思表示①。本条第1款规定,有相对人意思表示的解释目标是"确定意思表示的含义"。仅从文义上看,该款所谓的意思表示解释似乎仅限于对一项已经成立的意思表示,通过解释确定其内容。不过,如果将意思表示解释的功能限定于此,显然不能满足法律实践的需要。在一个涉及法律行为的案件中,裁判者首先需要判断当事人是否作出意思表示。在认定意思表示成立之后,才能通过解释确定该意思表示的内容。在第一步中,裁判者关于意思表示是否成立的判断实际上也是一项解释工作。

通过解释判定是否存在一项意思表示,首先需要判定是否存在一项具备特定效果意义的表示。效果意义包含约束意义,即表明表意人愿意因其表示而受法律约束的意义。意思表示解释第一阶段的任务就是判断表意符号是否涉及权利义务关系以及是否存在约束意义。一项表意符号究竟是否涉及权利义务关系且包含约束意义,需要结合个案相关因素予以判断。这些因素包括表意人的措辞、作出表示的背景与目的、双方当事人的利益关系、作出表示时是否提供了某种担保手段或者允诺了某种责任、表意符号形成之后当事人的实际行动等。②

二、意思表示解释的原则

与原《合同法》第125条第1款相比,本条第1款的变化在于,将意思表

---

① Vgl. Reinhard Bork, Allgemeiner Teil des Bürgerlichen Gesetzbuchs, 4. Aufl. ,2016, S. 198.

② 参见杨代雄:《民法典第142条中意思表示解释的边界》,载《东方法学》2020年第5期。

示解释的目标设定为"确定意思表示的含义"而不是"确定该(合同)条款的真实意思"。这一变化非常重要。因为,"确定该(合同)条款的真实意思"让人顺理成章地理解为合同意思表示解释采用意思主义即主观主义。反之,"确定意思表示的含义"是一种中性的表述,并不当然指向探究表意人的真实意思。对照本条第1款与第2款,不难发现,第2款规定无相对人的意思表示解释以"确定行为人的真实意思"为目标,显然采用主观主义的解释原则。第1款一方面没有规定以"确定行为人的真实意思"为目标,另一方面规定"应当按照所使用的词句"解释意思表示,而不是像第2款那样规定解释时"不能完全拘泥于所使用的词句",这些措辞表明,就有相对人的意思表示而言,立法者采用与无相对人的意思表示不同的解释原则。至少可以说,在我国本法第142条第1款中,有相对人的意思表示并非采用主观解释一元论。

7　　有学说认为,本条第1款之规定表明,有相对人的意思表示解释时应考虑到相对人在意思表示到达时的理解可能性,以客观上的表示价值作为认定意思表示内容的准据。① 有学说以英美合同解释学上的文本主义与语境主义之对立为理论参照,认为原《民法总则》第142条第1款或者本法第142条第1款之规定倾向于文本主义解释方法,以条款词句的客观意义为准。② 此类学说属于客观解释一元论。另一种学说则认为,本条第1款之规定与原《合同法》第125条并无本质区别,其中的"意思表示的含义"指的是意思表示的真实含义。在解释有相对人的意思表示时,为确定其真实含义,既要考虑表意人的内心真实意思,也要考虑相对人的信赖利益,兼顾客观情况。③ 此为主客观解释相结合的二元论。相较之下,以主客观相结合的二元论解释本条第1款更为妥当。主观解释原则与客观解释原则共同构成该款的规范内核。

8　　在本条中,表意人视角下的表意符号主观意义至少在如下两种情形中对于意思表示解释具有决定意义。其一,无相对人的意思表示(如遗嘱、动产所有权抛弃)的解释仅以表意符号的主观意义为准,采用自然解释。④ 因为此类意思表示既无相对人,则不涉及信赖保护,当然应贯彻私法自治原则,以

---

① 参见沈德咏主编:《〈中华人民共和国民法总则〉条文理解与适用(下)》,人民法院出版社2017年版,第950页。
② 参见李宇:《民法总则要义:规范释论与判解集注》,法律出版社2017年版,第480页。
③ 参见石宏主编:《中华人民共和国民法总则:条文说明、立法理由及相关规定》,北京大学出版社2017年版,第338—339页。
④ 参见冉克平:《民法典总则意思表示瑕疵的体系构造——兼评〈民法总则〉相关规定》,载《当代法学》2017年第5期。

表意人赋予表意符号的主观意义作为意思表示的内容。其二,有相对人的意思表示的解释,尽管表意符号的客观意义与表意人所赋予的主观意义不同,但相对人也赋予该表意符号相同的意义,或者基于其他线索知道该主观意义的,也应以该主观意义作为意思表示的内容。其中,双方当事人一致赋予表意符号不同于客观意义的主观意义,在传统民法理论上被称为"误载无害真意"(falsa demonstratio non nocet)。此时,不要求表意人就该符号的特殊主观意义专门与相对人达成合意,只要双方对表意符号事实上产生相同理解即可。

在意思表示解释原则的二元结构中,客观解释仅适用于有相对人的意思表示,学理上通常将其称为规范性解释。由于规范性解释着眼于相对人对表意符号的理解,所以在民法文献中也被称为相对人视角下的解释。意思表示规范性解释中的相对人视角通常是客观相对人视角,个别情形也包括主观相对人视角,即以特定相对人对于表意符号的实然理解为准。①

客观相对人视角以对表意符号的标准理解为准。所谓标准理解,通常被描述为理性人对表意符号的理解。因此,规范性解释通常也被称为理性人视角下的解释。所谓理性人是指一个具备中等程度心智能力、知识和经验的人。最为纯粹的理性人不分国别、民族、阶层、行业、专业,高度抽象。不过,以此种意义上的理性人作为民事裁判标准显然不合适。民法上的人终究需要具备一定的具体性,否则无法对其行为作出评价。因此,"理性人"前面应当加上定语。首先,必须是某种类型的理性人,比如理性的商人、理性的消费者。各种类型的理性人具备该类型人士的中等能力与智识。其次,无论何种类型的理性人,均应被置于实施法律行为的具体情境之中。理性人对该具体情境的认知构成其理解表意符号的视域。因此,从理性人视角探究表意符号的应有意义,必须考察个案中相对人在实施法律行为时究竟处于什么样的具体情境之中。

三、意思表示解释的方法

(一)狭义意思表示解释的方法

意思表示解释的方法,是指解释意思表示所依据的具体标准或者所采用的具体手段。本法第142条中的"使用的词句""相关条款""目的""诚信原则"等用语为意思表示解释方法问题提供了立法指引。学理上需要对此予以具体化和补充。法律解释的方法包括文义解释、体系解释、历史解释、反面解释、当然解释、目的解释。与法律解释相比,反面解释与当然解释在意思表

---

① 参见杨代雄:《意思表示解释的原则》,载《法学》2020年第7期。

示解释过程中适用空间不大,以下对其不予阐述。

1. 意思表示的文义解释

12 　对于表意人使用的各种表意符号,都应首先尝试文义解释。通过文义解释能够得出确定的解释结论的,通常不需要再求助于其他解释方法。就书面或者口头意思表示而论,文义解释的标准包括一般语言用法(allgemeiner Sprachgebrauch)、特殊语言用法(spezieller Sprachgebrauch)与个别语言用法。一般语言用法是指社会公众对词语的通常理解。特殊语言用法是指特定行业、特定区域或者更小的交往圈子中的人对词语的特殊理解。个别语言用法是指表意人对词语的独特理解,此为一种纯粹个性化的理解。在解释有相对人的意思表示时,通常依据一般语言用法解释意思表示所用的词语。但如果一方当事人主张并证明双方当事人属于同一个交往圈子而且在该圈子里词语具有特殊语言用法,则应以特殊语言用法为准。解释涉及专业术语时,尤为如此,经常需要参照专业辞书、行业标准或者其他规范[1]。仅当表意人证明相对人知道个别语言用法时,才能据此解释意思表示,此为自然解释。在解释无相对人的意思表示时,依据自然解释原则,只要表意人或者利害关系人(如某个继承人)证明表意人使用的词语存在个别语言用法或者特殊语言用法,就应以此为准解释意思表示,探究表意人的真意。此时,个别语言用法优先于特殊语言用法。

2. 意思表示的体系解释

13 　意思表示通常由若干条款组成,各条款之间存在一定的逻辑关联,依据此种逻辑关联可以确定某个条款的含义。此为体系解释。有时,一项交易由数个合同组合而成,则数个合同中的条款亦构成体系,可据此进行体系解释[2]。我国本法第142条第1款与第2款均规定意思表示解释应当"结合相关条款",这是意思表示的体系解释方法在我国民法中的规范基础。

3. 意思表示的历史解释

14 　意思表示的历史解释可资参考的资料首先是指合同书的草案。企业间的重大交易往往就合同书草案中的某些条款反复磋商、修改,因此产生若干不同版本的合同书草案。在解释合同书最终版本中的有争议条款时,可以查阅合同书草案,根据条款删改演变情况查明或者推断条款的意义。此外,合同书草案之外的交易文件如谈判纪要、备忘录、交易意向书等,即便不构成合

---

[1] 参见山东港基建设集团有限公司与山东融汇建设开发有限公司建设工程施工合同纠纷案,山东省高级人民法院民事判决书(2020)鲁民终2355号。
[2] 参见中金产权交易有限公司与黑龙江东方学院合同纠纷案,最高人民法院民事判决书(2020)最高法民终368号。

同,也可以作为对合同条款进行历史解释时予以参考的资料。甚至缔约磋商过程中发生的可被证明的口头交流也可以作为意思表示历史解释的参考。①

4. 意思表示的目的解释

本条第1款与第2款均规定意思表示解释应当"结合行为的性质和目的",此为目的解释在我国民法意思表示解释规则中的体现。意思表示的目的解释包括主观目的论解释与客观目的论解释。前者是指通过考察表意人拟实现的目标确定其表示的意义,后者是指基于价值评判或者利益考量确定表示的应有意义。主观目的论解释对于无相对人的意思表示具有重要意义。对于有相对人的意思表示,主观目的论解释适用的前提是:相对人知道表意人的主观目的,或者各方当事人具有共同的主观目的。

意思表示的客观目的论解释首先是指在有若干解释可能性的情况下,选择可以同时满足各方当事人利益的解释结论。这种共赢解释是最理想的解释。在各方利益存在冲突从而不能兼顾的情况下,应当基于价值评判对各方利益予以取舍,选择合乎公平、诚信原则的解释结论。从这个意义上说,本法第142条规定的"结合诚信原则"也体现了意思表示的客观目的论解释。意思表示的客观目的论解释还包括合理解释(Vernünftige Auslegung)。在有多种解释可能性的情况下,应当选择从法秩序的视角看最为合理的解释。据此可以归结出意思表示解释的若干规则,包括合法(有效)解释规则、无矛盾解释规则、免责或弃权条款的严格解释规则等。②

(二)补充性意思表示解释的方法

本条虽然没有明确规定允许裁判者进行补充性意思表示解释,但这并不意味着裁判者无权进行补充性意思表示解释。补充性意思表示解释是广义意思表示解释的一种,应将本条中的"意思表示的解释"一语予以宽泛解释,使其指称广义意思表示解释,其中包括补充性意思表示解释。此外,本法第510条第2分句以及第511条第5项也是补充性意思表示解释权的规范基础。从这些规范的解释中可以归结出补充性意思表示解释的方法。

1. 意思表示漏洞的确定

补充性意思表示解释旨在填补意思表示的漏洞。在进行补充性意思表示解释之前,首先必须确定法律行为已经成立,其次必须确定意思表示存在漏洞。③ 意思表示漏洞是指意思表示存在违反计划的不圆满性,亦即,表意

---

① Vgl. Staudinger/Reinhard Singer (2017), §133 Rn. 49.
② Vgl. Staudinger/Reinhard Singer (2017), §133 Rn. 55.
③ Vgl. Staudinger/Herbert Roth (2015), §157 Rn. 12.

人在意思表示中对于本应规范的事项未予规范。此类事项未被规范虽不导致法律行为不成立,但导致法律行为的目的不能完全实现。如果意思表示的内容十分明确,只是有失公平,则不构成意思表示漏洞,不能通过补充性意思表示解释矫正不公平的内容。单纯的公平考量不能排除基于合同的风险分配。①

2. 基于假定的当事人意思进行漏洞填补

19 补充性意思表示解释应当以假定的当事人意思(hypothetischer Parteiwille)为基础。假定的当事人意思未必等同于真实的当事人意思。就合同而论,裁判者应当探究,假如各方当事人订约时考虑被遗漏的事项以及对该事项予以规范的必要性,则其作为正直的合同当事人在依据诚信原则合理考量双方利益的情况下将会达成何种约定。② 此种情形中假定的当事人意思显然具有规范性因素。就单方法律行为而论,裁判者应当探究,假如表意人作出意思表示时考虑到被遗漏的事项以及对该事项予以规范的必要性,其在合理考量相关利益的情况下将会如何对此予以规范。裁判者在填补合同漏洞时,为确立假定的当事人意思,首先应当从合同目的以及体现于合同条款中的当事人的基本评价出发。仅仅依据合同类型对合同目的予以一般性描述是不够的,毋宁应对系争合同本身及其背景进行具体考察。如果已经查明双方当事人关于遗漏事项具有未被表达于合同之中的一致意思,则应依据该真实意思填补合同漏洞。当然,假定的当事人意思不仅决于上述个别化因素,还取决于客观标准,即诚信原则。诚信原则要求填补合同漏洞时合理地平衡双方当事人的利益,不能仅着眼于一方当事人的利益。

20 对于某一事项,合同未明确约定,但合同条款对类似事项存在约定的,可以采用类推的方法填补合同漏洞,将类似事项的合同条款类推适用于合同遗漏事项。此时,类似事项的合同条款中蕴含了假定的当事人意思。

21 除了依据法律行为目的、诚信原则等因素确立的假定的当事人意思之外,补充性意思表示解释还可以依据交易习惯、公平原则等客观标准。③ 本条明确规定了交易习惯可以作为意思表示解释的标准,本法第510条第2分句亦然。相较之下,假定的当事人意思应被优先考虑。在无法依据法律行为目的、诚信原则等因素确立假定的当事人意思时,裁判者可以直接依据交易习惯、公平原则填补意思表示漏洞。

---

① Vgl. Staudinger/Herbert Roth(2015),§157 Rn. 19.
② 参见[德]汉斯·布洛克斯、沃尔夫·迪特里希·瓦尔克:《德国民法总论》(第41版),张艳译,中国人民大学出版社2019年版,第70页。
③ Vgl. Staudinger/Herbert Roth(2015),§157 Rn. 31.

关于补充性意思表示解释与任意性法律规范适用的顺位，通说认为，任意性法律规范的适用原则上优先于补充性意思表示解释，仅当欠缺可资适用的任意性法律规范时，才能进行补充性意思表示解释①。之所以如此，原因有二。一是优先适用任意性法律规范填补漏洞更符合当事人的本意。二是补充性意思表示解释旨在为意思表示添加合理内容，用于规范当事人之间的具体权利义务关系，任意性法律规范的功能也是为调整当事人之间的具体权利义务关系提供合理方案，二者皆由裁判者操作，但相较之下，由制定法明确规定的任意性法律规范显然更为清晰和确定，所以优先适用任意性法律规范更为稳妥。

当然，任意性法律规范适用的优先性也有例外。首先，如果当事人约定合同即便有遗漏事项，亦不适用任意性法律规范，则在合同有漏洞的情况下，应直接进行补充性意思表示解释。其次，如果相关的任意性法律规范显然背离系争合同的利益状况从而不适合用于填补该合同的漏洞，则应直接进行补充性意思表示解释。最后，如果相关的任意性法律规范显然过于陈旧，不适合用于填补系争类型合同的漏洞，则应直接进行补充性意思表示解释。②

第三节 民事法律行为的效力

第一百四十三条 【民事法律行为的一般生效要件】具备下列条件的民事法律行为有效：

（一）行为人具有相应的民事行为能力；
（二）意思表示真实；
（三）不违反法律、行政法规的强制性规定，不违背公序良俗。

本条旨在宣示民事法律行为的生效要件。不过，在本节其他条款已经明确规定民事法律行为无效、效力待定、可撤销等效力障碍的情况下，专设一个条文正面规定民事法律行为的生效要件，实际上并无必要。

民事法律行为具备本条列举的三项要件者，应认定为有效。本节其他条款所规定之情形均为欠缺本条列举的三项要件之一。

本节未专门规定真意保留，鉴于真意保留情形中民事法律行为效力的判断不仅需要考虑意思表示的真实性，还需要兼顾意思表示受领人的信赖保护，而本条规定未涉及后者，所以，实践中不宜仅依本条判定真意保留民事法

---

① Vgl. Palandt/Jürgen Ellenberger (2020), §157 Rn. 4; 崔建远:《意思表示的解释规则论》，载《法学家》2016年第5期。
② Vgl. Staudinger/Herbert Roth (2015), §157 Rn. 24–26.

律行为的效力①。真意保留的民事法律行为效力问题,应当另寻解决方法。具体而言,在相对人不知道真意保留的情况下,依规范性解释,表意符号具备效果意义,意思表示成立且因到达而生效。鉴于表意人具有高度可归责性,为保护相对人的信赖,法律行为理应有效。在解释论上,我国民法既然未明确规定真意保留的法律行为无效,则在法律行为成立的情况下,没有理由认定其无效。在相对人知道真意保留的情况下,依自然解释,表意符号欠缺效果意义,不存在作为意思表示客观要件的表示,意思表示不成立,所以法律行为也不成立,从而也不能发生效力。在解释论上,可依据本法第134条第1款认定法律行为不成立,并依据本法第136条第1款认定法律行为因不成立而不生效。

主张民事法律行为有效的当事人只须证明该民事法律行为已经成立,依据本法第136条第1款,除非法律另有规定或者当事人另有约定,该民事法律行为自成立时即发生效力。该方当事人无须证明该民事法律行为符合本条规定的三个有效要件。反之,另一方当事人须证明该民事法律行为存在无效、可撤销、效力待定事由。

第一百四十四条 【无民事行为能力人实施的民事法律行为的效力】无民事行为能力人实施的民事法律行为无效。

第一百四十五条 【限制民事行为能力人实施的民事法律行为的效力】限制民事行为能力人实施的纯获利益的民事法律行为或者与其年龄、智力、精神健康状况相适应的民事法律行为有效;实施的其他民事法律行为经法定代理人同意或者追认后有效。

相对人可以催告法定代理人自收到通知之日起三十日内予以追认。法定代理人未作表示的,视为拒绝追认。民事法律行为被追认前,善意相对人有撤销的权利。撤销应当以通知的方式作出。

一、适用范围

本条的效力待定模式应否适用于单方法律行为,尚有疑问②。如果单方法律行为有相对人,效力待定模式使相对人处于不确定的等待状态,对相对人较为不利,反之,对限制民事行为能力人有一定益处。无效模式与限制民事行为能力人之保护目的背道而驰,因此,本条将效力待定模式适用于单方

---

① 主张可以在参照法理的前提下依据本条认定真意保留法律行为效力的,参见李宇:《民法总则要义:规范释论与判解集注》,法律出版社2017年版,第522页。
② 主张采用无效模式的代表性论著如朱庆育:《民法总论》(第二版),北京大学出版社2016年版,第258页。

法律行为未尝不可。应当注意的是,本法第1143条第1款规定限制民事行为能力人所立的遗嘱无效。这是根据死因行为的特殊性所作的特别规定。

二、纯获利益的民事法律行为

此处所谓"利益"应解释为法律上的利益,不包括经济上的利益①。从经济视角看,一项民事法律行为可能对限制民事行为能力人有利,但在法律上却给其带来不利益。比如,12岁的甲以3000元低价从乙处购买一辆摩托车,随后以5000元价格转卖给丙。甲从中获取2000元利润,在经济上无疑获得了利益,但其购买摩托车的合同并非纯获利益的民事法律行为。

所谓纯获利益是指只给限制民事行为能力人带来法律上的利益,未使其承受法律上的不利益。法律上的不利益是指缩减限制民事行为能力人的权利或其他有利地位,或者使其承受义务或负担。仅当不利益是系争民事法律行为的直接后果时,才导致其成为并非使限制民事行为能力人纯获利益的民事法律行为。如果某种不利益的发生需要系争民事法律行为之外的其他因素介入,则不符合直接性要求。最典型的间接后果是赠与合同被撤销后的赠与物返还义务。

典型的使限制民事行为能力人纯获利益的民事法律行为包括:1. 以限制民事行为能力人为受赠人的单纯赠与。2. 免除限制民事行为能人的债务。3. 作为出借人的限制民事行为能力人作出终止无偿借贷或借用合同的表示。4. 向限制民事行为能力人授予代理权,因为该法律行为仅使其取得一项权限,未使其承担义务。

典型的非使限制民事行为能力人纯获利益的民事法律行为包括:1. 限制民事行为能力人负担给付义务的单务合同。2. 双务合同。3. 不完全双务合同,②例如,无偿的借用或借贷合同,即便限制民事行为能力人是借用人,可以无偿使用标的物,但仍向出借人负担返还标的物之义务,此项义务对借用人而言是法律上的不利益。③ 4. 附负担赠与,尽管作为受赠人的限制民事行为能力人负担的给付义务不构成对待给付义务,但仍属于法律上的不利益。5. 限制民事行为能力人处分其权利的行为,如债权让与。6. 限制民事行为能力人与相对人达成免除或限制后者责任的约定。

某些民事法律行为虽未使限制民事行为能力人获得利益,但也未使其遭受不利益,此即所谓中性行为。最典型的就是限制民事行为能力人实施的代

---

① 参见韩世远:《合同法总论》(第四版),法律出版社2018年版,第297页;陈甦主编:《民法总则评注(下册)》,法律出版社2017年版,第1038页(朱晓喆执笔)。
② Vgl. MünchKomm/Emmerich (2006), Vor §§320 - 327 Rn. 4.
③ Vgl. MünchKomm/Schmitt (2006), §107 Rn. 31.

理行为,①法律行为的效果归属于被代理人而不是代理人,所以既不会使限制民事行为能力人获得利益,也不会使其遭受不利益。一般认为,中性行为应比照纯获利益的法律行为,无须经过法定代理人的同意即可生效。限制民事行为能力人实施的无权处分行为也被视为中性行为,因为处分行为仅导致他人丧失所有权,未导致限制民事行为能力人本身丧失所有权②。但有学者提出反对意见,认为这样将使受让人享受行为能力规则的保护,背离了该规则的目的③。这种反对意见值得赞同。尽管无权处分行为没有导致限制民事行为能力人丧失标的物所有权,但该行为侵害他人所有权,限制民事行为能力人可能须为此承担损害赔偿义务,此为法律上的不利益。

三、与年龄、智力、精神健康状况相适应的民事法律行为

限制民事行为能力人可以独立实施与其年龄、智力、精神健康状况相适应的民事法律行为。在个案中,系争民事法律行为是否与其精神健康状态相适应,可以从行为与本人生活相关联的程度、本人的智力或精神状态能否理解其行为,并预见相应的行为后果,以及行为标的数额等方面认定。据此认定限制民事行为能力人可以独立实施的民事法律行为在学理上也被称为"日常生活必需的合同"④。具体而言,一个17岁的高中生购买一辆摩托车的民事法律行为显然超出其心智能力,必须经其法定代理人同意⑤;一个血管性痴呆症患者将不动产赠与其女儿,该民事法律行为显然超出其心智能力⑥;一个13岁的少年订立有息借款合同,该民事法律行为显然超出其心智能力⑦;一个弱智的成年人为他人债务提供担保的民事法律行为显然超出其心智能力⑧;一个因重金属锰中毒导致认知障碍的成年人将其不动产出卖给

---

① 参见苏某某与赵某某等农业承包合同纠纷案,新疆生产建设兵团第二师中级人民法院民事判决书(2016)兵02民终183号(未满16周岁的未成年人代签土地承包合同,合同效果归属于被代理人)。
② 参见朱庆育:《民法总论》(第二版),北京大学出版社2016年版,第255页。
③ 参见[德]迪特尔·梅迪库斯:《德国民法总论》,邵建东译,法律出版社2000年版,第429页。
④ 张谷:《略论合同行为的效力》,载《中外法学》2000年第2期。
⑤ 参见尚宝国与王建国、张秀红确认合同无效纠纷案,甘肃省高级人民法院民事裁定(2016)甘民申1005号以及甘肃省酒泉市中级人民法院民事判决书(2015)酒民一终字第705号。
⑥ 参见吕某某与余某某赠与合同纠纷案,江苏省南京市中级人民法院民事判决书(2016)苏01民终9799号。
⑦ 参见韩某某与王某、石某某民间借贷纠纷案,山东省淄博市中级人民法院民事判决书(2016)鲁03民终2733号。
⑧ 参见刘某某与刘某、张某某民间借贷纠纷案,山东省聊城市东昌府区人民法院民事判决书(2016)鲁1502民再1号。

他人的民事法律行为通常超出其心智能力①。

四、法定代理人的同意与追认

(一)同意

一项非使限制民事行为能力人纯获利益且超出其心智能力范围的民事法律行为只有经过法定代理人同意或追认才能发生效力。同意须在民事法律行为实施之前作出。既可以向相对人作出同意表示,也可以向限制民事行为能力人作出同意表示。同意是不要式意思表示。② 同意也可以以默示方式作出。

同意包括特别同意和概括同意。前者仅针对某一项民事法律行为,后者针对一定范围内尚未特定化的民事法律行为,比如父母允许未成年人外出旅行,则意味着概括同意未成年人在旅途中可以独立实施全部为旅行所必要的民事法律行为,无论该民事法律行为是否已经由未成年人用父母事先交给他的钱履行完毕。

一直到民事法律行为实施之前,同意均可以被撤回。撤回后,由法定代理人自己实施民事法律行为。

(二)追认

追认是法定代理人对限制民事行为能力人已经实施的民事法律行为表示同意。追认表示是不要式意思表示,可以向相对人作出③,也可以向限制民事行为能力人作出。追认可以是默示的,但必须存在积极的可推断行为,比如,甲与未成年人乙订立土地承包经营权互换协议,此后,乙的父母对交换得来的土地予以使用,该行为构成追认④。单纯的沉默不构成追认。本条第2款第2句中的"视为拒绝追认"其实是除斥期间届满的法律后果,并非沉默的追认表示⑤。

为避免民事法律行为的效力长期悬而未决,本条第2款赋予相对人一项催告权。催告必须向法定代理人作出,向限制民事行为能力人作出的催告无效。在相对人催告的情况下,追认权适用除斥期间。依本条第2款规定,相对人可以催告法定代理人自收到通知之日起30日内予以追认。此处"30

---

① 参见任某与杨某某等房屋买卖合同纠纷案,黑龙江省哈尔滨市中级人民法院民事判决书(2017)黑01民终628号。
② Vgl. MünchKomm/Schmitt (2006),§107 Rn. 11.
③ 参见何某、何某荣与周某某、陈某某、周某某彩票案,云南省玉溪市中级人民法院民事判决书(2009)玉中民一终字第465号(未成年人购买彩票中大奖,其父母获悉后到彩票销售点表示追认)。
④ 参见陈顺某土地承包经营户与陈贵某土地承包经营户土地承包经营权纠纷案,贵州省毕节市中级人民法院民事判决书(2016)黔05民终3078号。
⑤ 参见杨代雄:《意思表示理论中的沉默与拟制》,载《比较法研究》2016年第6期。

日"即为除斥期间。30日期间是法定的,无须在催告中特别指明。当然,此处所谓"法定"并非强制性的。相对人在催告中可以单方面指定长于30日的除斥期间,但不能在催告中单方面指定短于30日的除斥期间,因为这样就缩短了法定代理人作出决断的时间。①

13 限制民事行为能力人取得完全民事行为能力之后应享有追认权。法定代理人的追认权旨在弥补限制民事行为能力人意思能力的不足,在限制民事行为能力人取得完全民事行为能力后,其本身已经具备足够的意思能力,无须法定代理人的弥补。就规范基础而言,依本法第18条规定,完全民事行为能力人可以独立实施民事法律行为,追认是一项民事法律行为,已成为完全民事行为能力人的行为人当然可以实施。

五、善意相对人的撤销权

(一)撤销权的要件

1. 相对人为善意

14 本条第2款第3句规定"善意相对人"享有撤销权。在解释上,只要相对人在缔结民事法律行为时不知道对方当事人欠缺民事行为能力或者因对方当事人的不实陈述而不知道其未经法定代理人允许,即可以认定为"善意相对人",享有撤销权。

2. 法定代理人尚未追认

15 仅当法定代理人尚未追认时,善意相对人才可以行使撤销权。限制民事行为能力人实施的民事法律行为一旦经过法定代理人追认,即发生效力,自然不得再予以撤销。追认既包括向相对人作出的追认表示,也包括向限制民事行为能力人作出的追认表示②。鉴于法定代理人对于因催告而启动的除斥期间具有值得保护的信赖,应当对本条第2款第3句予以目的论限缩,在善意相对人作出催告的情况下,排除其撤销权③。

(三)撤销的方式

16 撤销是一项需受领的意思表示。此项意思表示是不要式的。有受领权限的既包括法定代理人,也包括限制民事行为能力人本身,这样便于善意相

---

① Vgl. Erman/Müller (2017), §108 Rn. 6; Palandt/Ellenberger (2020), §108 Rn. 6.
② Vgl. MünchKomm/Schmitt (2006), §109 Rn. 9.
③ 有观点认为,即便相对人未指定追认期间,如果法定代理人有理由认为相对人不会行使撤销权并且已经为履行义务作了准备工作,也不应再允许相对人行使撤销权。参见陈甦主编:《民法总则评注(下册)》,法律出版社2017年版,第1042页(朱晓喆执笔)。

对人行使撤销权①。

(四)撤销的效果

善意相对人的撤销导致民事法律行为终局性地不发生效力,效力待定状态终结,法定代理人此后不能再进行追认。

六、证明责任

关于一方当事人在实施民事法律行为时是否为限制民事行为能力人,应由主张该民事法律行为因欠缺法定代理人同意而效力待定的当事人承担证明责任。关于系争民事法律行为是否使限制民事行为能力人纯获利益,应由主张该民事法律行为发生效力的当事人承担证明责任。如果系争民事法律行为并未使限制民事行为能力人纯获利益,则主张该行为发生效力的当事人须证明法定代理人已经对该行为表示同意。② 关于追认,应由主张限制民事行为能力人实施的民事法律行为发生效力的当事人负责证明该民事法律行为已被追认。关于善意相对人撤销权的要件,应由主张相对人没有撤销权的限制民事行为能力人之法定代理人证明相对人是恶意的③。在符合撤销权要件的前提下,关于撤销意思表示的存在,应由善意相对人负担证明责任。

第一百四十六条 【通谋虚伪表示与隐藏行为】行为人与相对人以虚假的意思表示实施的民事法律行为无效。

以虚假的意思表示隐藏的民事法律行为的效力,依照有关法律规定处理。

一、适用范围

通谋虚伪表示规则仅适用于需受领意思表示(有相对人意思表示)。本条第1款中的"与相对人"表明该条规定不适用于无须受领的意思表示,因为此种意思表示不存在相对人。据此,遗嘱、动产所有权抛弃等不适用该条规定。反之,双方法律行为以及解除、撤销、追认等由需受领意思表示构成的单方法律行为可以适用该条规定。

通谋虚伪表示规则适用于财产行为,至于是否适用于身份行为,则不无疑问。在国外及我国台湾地区"民法"中,某些身份行为适用通谋虚伪表示

---

① Vgl. Staudinger/Knothe (2004), §109 Rn. 5;朱庆育:《民法总论》(第二版),北京大学出版社2016年版,第259页。

② Vgl. Staudinger/Knothe (2004), §107 Rn. 45; MünchKomm/Schmitt (2006), §107 Rn. 49.

③ Vgl. Staudinger/Knothe (2004), §109 Rn. 7.

规则。比如,在我国台湾地区"民法"中,假离婚因虚伪表示而无效①。在德国民法中,婚约可以适用通谋虚伪表示规则。② 我国本法第1051条规定的婚姻无效事由不包括假结婚。假结婚或者假离婚不应适用通谋虚伪表示规则。身份行为关乎社会基本秩序,婚姻登记是一个庄严的程序,不宜任意以意思表示瑕疵为由否定其效力。若确实存在意思表示瑕疵,可以通过离婚或复婚程序予以矫正。

二、构成要件

(一)表示内容与主观意思不一致

意思与表示不一致包括故意的不一致和无意的不一致,前者为虚伪表示,后者为错误。③ 通谋虚伪表示是虚伪表示的一种,所以,仅当表意人的主观意思与其表示内容不一致时,才可能构成通谋虚伪表示。

(二)表意人与受领人一致认为表示内容不应发生效力

所谓"通谋"是指表意人与受领人就表示内容的虚伪性达成一项合意,该合意即虚伪表示约定(Simulationsabrede)。此项合意体现了双方当事人的真实意愿,其内容是"表示无效"。虚伪性合意使通谋虚伪表示区别于真意保留。表意人故意作出与其主观意思不一致的表示,即便受领人知道不一致,也不构成通谋虚伪表示,仍为真意保留。虚伪性合意不仅要求受领人知道表意人的真实意思,而且要求其同意表意人的真实意思。

通谋虚伪表示与脱法行为使用的手段不同:通谋虚伪表示当事人采用的手段是虚构一项法律行为,通俗地说就是造假、无中生有;脱法行为当事人采用的手段是对某种合法的法律行为予以变造,如名为合伙实为企业间借贷,双方在合伙合同中把本应具有的共担风险的内容排除掉。不过,通谋虚伪表示与脱法行为存在交叉之处④。如果通谋虚伪表示及其隐藏行为旨在规避法律,则它同时也构成脱法行为,发生竞合。⑤ 例如,甲公司承包了一项房地产开发项目的建设工程,甲公司与乙公司订立建设工程分包合同,丙公司与乙公司订立该项目施工的劳务分包合同,但考虑到乙公司不具备高层建筑施工所需的资质等级,丙公司让丁公司同日与甲公司订立一份劳务分包合同,以便将工程交给丙公司施工,除了当事人之外,两份劳务分包合同的内容基

---

① 参见王泽鉴:《民法总则》,北京大学出版社2009年版,第339页。
② Vgl. MünchKomm/Kramer (2006),§117 Rn. 5-6.
③ 参见王泽鉴:《民法总则》,北京大学出版社2009年版,第333页。
④ 类似观点参见朱庆育:《民法总论》(第二版),北京大学出版社2016年版,第263页。
⑤ 参见杨代雄:《恶意串通行为的立法取舍——以恶意串通、脱法行为与通谋虚伪表示的关系为视角》,载《比较法研究》2014年第4期。

本相同。甲公司与丙公司、丁公司的真实意图是执行第一份劳务分包合同而不是第二份劳务分包合同。第二份劳务分包合同中关于当事人的约定是虚伪表示,甲公司与乙公司的分包合同以及乙公司与丙公司的分包合同则是隐藏行为,各项合同相结合旨在规避《建筑法》第 26 条关于施工资质的强制性(禁止性)规定,所以也构成脱法行为①。

当事人达成通谋虚伪表示的动机多样。除了规避禁止性法律规定之外,还包括避税,比如转让股权时为了降低纳税额在提交给工商登记机关备案的股权转让合同中约定较低的转让价款,同时另行订立一份约定较高转让价款的合同(阴阳合同)②。有时,通谋虚伪表示旨在欺骗第三人。③ 有时,达成通谋虚伪表示是为了办理某种手续的需要。④ 有时,达成通谋虚伪表示是为了方便完成其他交易。例如,甲公司为了使其子公司乙公司顺利取得丙公司享有的两块土地使用权,与丙公司的股东订立股权转让协议,受让全部股权,协议约定在土地交割完毕并完成地上物搬迁后,甲公司将全部股权返还给原股东⑤。

三、法律效果

通过通谋虚伪表示达成的民事法律行为无效。《民法典》的草案曾规定双方当事人不得以通谋虚伪表示之无效对抗善意第三人,⑥但立法机关最终删除了草案中的此项规定。删除的理由是:可否对抗第三人问题,涉及的就是物的归属,民法总则在此可以不作规定,适用物权法专门解决此问题的善

---

① 参见南充市鑫达建筑工程有限公司与重庆虎诚建筑劳务有限公司、张某、重庆金仓建筑劳务有限公司、四川川北数码港建设股份有限公司建设工程分包合同纠纷案,四川省高级人民法院民事判决书(2015)川民终字第 288 号。
② 参见四川京龙建设集团有限公司与简阳三岔湖旅游快速通道投资有限公司、刘某某、深圳市合众万家房地产投资顾问有限公司、深圳市鼎泰嘉业房地产投资管理有限公司、呼和浩特市华仁世纪房地产开发有限责任公司股权确认纠纷案,四川省高级人民法院民事判决书(2011)川民初字第 3 号。
③ 参见威海顺道和汽车销售有限公司与威海市金猴进出口贸易有限公司、王某、威海市高区金猴小额贷款有限公司买卖合同纠纷案,山东省高级人民法院民事判决书(2016)鲁民终 781 号。
④ 参见王某与刘某、庆阳市北强铝业有限公司股权转让纠纷案,甘肃省高级人民法院民事判决书(2014)甘民二终字第 144 号。
⑤ 参见石某某等人与新疆盈科投资集团有限公司、新疆盈科房地产开发有限公司股权转让纠纷案,最高人民法院民事判决书(2013)民二终字第 40 号。
⑥ 赞同此种规范模式的学说参见杨代雄:《恶意串通行为的立法取舍——以恶意串通、脱法行为与通谋虚伪表示的关系为视角》,载《比较法研究》2014 年第 4 期;王利明主编:《中华人民共和国民法总则详解(下册)》,中国法制出版社 2017 年版,第 630 页(冉克平执笔)。

意取得制度即可①。此项理由显然并不充分,通谋虚伪表示无效可否对抗善意第三人不仅涉及物的归属,还涉及债权取得以及某些情形中债权人保护之问题,物权法上的善意取得制度解决不了此类问题。因此,在解释上,通谋虚伪表示无效可否对抗善意第三人,有待于进一步探讨。实践中,已经有判例认为双方当事人以通谋虚伪表示创设债权的,不得以法律行为无效对抗善意受让债权的第三人。② 值得注意的是,依据本法第763条的规定,应收账款债权人与债务人虚构应收账款作为转让标的,与保理人订立保理合同,债务人不得以应收账款不存在为由对抗不知情的保理人。该条规定在保理合同领域明确承认了"通谋虚伪表示无效不得对抗善意第三人"规则。在其他领域,必要时可以类推适用该条规定。

8 　　如果民事法律行为仅有部分内容构成通谋虚伪表示,则应依本法第156条规定认定该民事法律行为部分无效。比如,订立买卖合同时,为了提高出卖人(上市公司)的业绩,双方在合同中约定的价格虚高,私下另行约定真实的价格,最高人民法院认为该合同仅虚增价格条款无效,其余交易条款体现双方真实意思,应为有效③。

9 　　通谋虚伪表示隐藏其他民事法律行为的,隐藏行为并非当然无效。按照本法第146条第2款之规定,隐藏行为是否有效,应当依据与之相关的法律规定处理。如果隐藏行为构成脱法行为,则变相地违反了其所欲规避的强制性(禁止性)法律规定,应依本法第153条第1款认定为无效。

四、证明责任

10 　　主张依民事法律行为的内容履行义务的当事人须就民事法律行为的缔结负担证明责任,而主张构成通谋虚伪表示的当事人须就通谋虚伪表示的构成要件负担证明责任④。该当事人既可能是系争民事法律行为的一方当事人,也可能是第三人。比如,开发商为对抗建设工程承包人的法定优先受偿

---

① 参见杜涛主编:《民法总则的诞生——民法总则重要草稿及立法过程背景介绍》,北京大学出版社2017年版,第410—411页。

② 参见中国工商银行股份有限公司乌鲁木齐城支行与中铁物资集团新疆有限公司、广州诚通金属公司合同纠纷案,最高人民法院民事判决书(2014)民二终字第271号。

③ 参见北大荒鑫亚经贸有限责任公司、北大荒青枫亚麻纺织有限公司与王某某等买卖合同纠纷案,最高人民法院民事判决书(2015)民二终字第69号。

④ 参见中国航油集团上海石油有限公司与中设国际贸易有限责任公司、河北省大港石化有限公司、北京三兴加腾石化集团有限公司买卖合同纠纷案,最高人民法院民事判决书(2014)民二终字第00056号。

权,与他人订立数份商品房销售合同,承包人为了排除优先受偿权的实现障碍,①须证明开发商与购房者订立的商品房销售合同构成通谋虚伪表示,应认定无效②。

第一百四十七条 【重大误解】基于重大误解实施的民事法律行为,行为人有权请求人民法院或者仲裁机构予以撤销。

一、重大误解(错误)的构成要件

一般认为,重大误解(错误)须符合如下构成要件:

(一)存在一项意思表示

重大误解(错误)的前提是当事人的表示构成一项意思表示。仅当意思表示已经成立时,才需要判断当事人是否发生错误并据此决定法律行为(意思表示)是否可撤销。也就是说,在处理流程上,意思表示的构成判断先于意思表示的效力判断。

(二)表示内容与表意人的意思不一致

在判定意思表示成立之后,需要通过意思表示解释确定意思表示的内容。在处理流程上,解释先于错误,只有先通过解释确定表示内容,才能据此判断是否构成错误。

(三)表意人并非故意导致表示内容与其意思不一致

如果表示内容与表意人的意思不一致是由表意人故意造成的,则不构成重大误解(错误),而构成虚伪表示。重大误解(错误)在本质上是无意的意思与表示不一致。至于意思与表示不一致究竟是表意人造成的还是受领人或第三人造成的,如果是表意人造成的,其究竟是否具有过失,对于重大误解(错误)的构成并无决定性意义。

(四)表示内容与意思的不一致是显著的

无意的意思与表示内容不一致并非一律都构成重大误解(错误)。仅当意思与表示内容不一致特别显著,以至于表意人假如当初知道真实情况就不会作出此种内容的表示时,才允许以重大误解(错误)为由撤销民事法律行为。本法第147条未要求意思与表示内容不一致给表意人造成较大损失。

----

① 依最高人民法院原《关于建设工程价款优先受偿权问题的批复》第2条之规定,消费者交付购买商品房的全部或者大部分款项后,承包人就该商品房享有的工程价款优先受偿权不得对抗买受人。

② 参见宋某与北京盛和发房地产开发有限公司、广东粤财投资控股有限公司、北京城乡建设集团有限责任公司商品房预售合同纠纷案,最高人民法院民事判决书(2011)民提字第331号。

原《民通意见(试行)》第 71 条曾要求造成较大损失才能认定为重大误解。实践中,法院在判定是否构成重大误解时通常也考虑表意人的损失是否严重①。此项要求是否妥当,不无疑问②。值得注意的是,《民法典会议纪要》第 2 条重申了原《民通意见(试行)》第 71 条的立场。

二、重大误解(错误)的类型

5　　民法理论上素有动机错误与表示错误之分,动机错误,即意思形成阶段的错误,也就是关于为什么做出这样的意思表示的理由方面的错误。

(一)动机错误可否影响意思表示(法律行为)的效力?

6　　我国学者关于应否区分动机错误与表示错误存在争论。肯定说认为,意思表示相对人通常无法知悉表意人作出意思表示的理由,所以不应该让其承担关于这些理由之错误的风险,这种错误处于表意人的风险范围之内,如果允许表意人以动机错误为由撤销意思表示,将导致法律行为几乎完全丧失确定性③。否定说认为,错误是否影响合意的效力,需要综合考虑多种因素,并非进行简单的分类就可以解决。尤其是动机错误与表示错误的区分,在逻辑上及价值上均不足以作为影响法律效果的基础。④ 错误二元论是意思主义的产物,在表示主义占主导的今天早已与现代社会格格不入。⑤ 在我国司法实践中,某些判例认为动机错误不导致民事法律行为可撤销,⑥某些判例则持肯定说,认为动机错误也可以导致民事法律行为可撤销⑦。

7　　着眼于法的确定性与正当性的平衡以及意思自治与信赖保护的平衡,仍

---

① 参见高某、陈某等与王某某、张某某股权转让纠纷案,河北省高级人民法院民事判决书(2016)冀民终 501 号;何某某、郑某某与黄某某股权转让纠纷案,新疆维吾尔自治区高级人民法院民事判决书(2014)新民二终字第 99 号。

② 肯定说参见杨代雄:《民法总论专题》,清华大学出版社 2012 年版,第 192 页;否定说参见朱庆育:《民法总论》(第二版),北京大学出版社 2016 年版,第 276 页。

③ 参见杨代雄:《民法总论专题》,清华大学出版社 2012 年版,第 191 页;朱庆育:《民法总论》(第二版),北京大学出版社 2016 年版,第 271 页;梅伟:《民法中意思表示错误的构造》,载《环球法律评论》2015 年第 3 期;潘运华、张中成:《论意思表示错误的法律行为之效力》,载《西南交通大学学报(社会科学版)》2016 年第 2 期。

④ 参见叶金强:《私法效果的弹性化机制——以不合意、错误与合同解释为例》,载《法学研究》2006 年第 1 期。

⑤ 参见龙俊:《论意思表示错误的理论构造》,载《清华法学》2016 年第 5 期。

⑥ 参见北京瑞图科技发展有限公司与宜昌博奥科工贸有限公司不当得利纠纷案,湖北省高级人民法院民事判决书(2016)鄂民终 1367 号;何某某、郑某某与黄某某股权转让纠纷案,新疆维吾尔自治区高级人民法院民事判决书(2014)新民二终字第 99 号。

⑦ 参见童某某与高某某、朱某某民间借贷纠纷案,江苏省高级人民法院民事判决书(2014)苏商再提字第 0014 号;湖北祥和建设集团有限公司诉田焕乐撤销权纠纷案,湖北省高级人民法院民事判决书(2014)鄂民监三再终字第 00027 号。

应区分动机错误与表示错误,动机错误原则上不产生撤销权。当然,某些情形中的动机错误也可以产生撤销权,对此,应该设置比较严格的条件。① 比如,交易上重要的性质错误、双方动机错误也应导致法律行为可撤销。

(二)内容错误

内容错误即表意人对其表示内容产生错误的认识,或者说,表意人赋予其所选择的表意符号与受领人的理解不相同的意义。内容错误包括标的物同一性、相对人同一性、价款、数量、重量、合同类型等因素的认识错误。交易客体是服务时,也可能发生同一性错误②。

(三)表达错误

表达错误,即表示行为上的错误,是指表意人实际使用的表意符号与其本来想使用的表意符号不一致。③ 最典型的表达错误是笔误和口误。在网络交易过程中误击鼠标也属于表达错误,比如本来想购买第二天的电影票,但却误点了当天的电影票。

(四)传达错误

有时,意思表示需要由某人或某个机构传达给受领人,在传达的过程中有可能发生错误,受领人收到了一种不同于表意人想使用的表示符号。如果是故意误传,则表示内容不能归属于表意人,无须撤销。④

(五)性质错误

所谓性质错误即关于交易上重要的人之资格或物之性质的认识错误。就其本质而论,性质错误是动机错误的一种,因为严格地说,性质错误并未导致意思与表示内容不一致,只是由于此项"意思"存在重大瑕疵,才例外地允许表意人撤销法律行为。

如下因素可以被认定为交易上重要的物之性质:1. 土地的面积、可否作为建筑用地、是否存在建筑法上的限制、可否用于工商业经营⑤、土地上的负担等。2. 探矿权、采矿权转让时,权利的行使是否受到限制,比如探矿区域

---

① 参见杨代雄:《民法总论专题》,清华大学出版社 2012 年版,第 191 页。
② 参见成都朝翔科技有限公司诉袁仁全等技术服务合同纠纷案,四川省高级人民法院民事判决书(2014)川民终字第 244 号。
③ Vgl. Werner Flume, Allgemeiner Teil des bürgerlichen Rechts, Bd. 2: Das Rechtsg-eschäft, 4. Aufl. ,1992, S.450.
④ 参见朱庆育:《民法总论》(第二版),北京大学出版社 2016 年版,第 277 页;MünchKomm/Kramer (2006),§120 Rn. 4. 相反观点参见纪海龙:《〈合同法〉第 48 条(无权代理规则)评注》,载《法学家》2017 年第 4 期。
⑤ 参见陕西正泰拍卖有限公司与马乾等拍卖合同纠纷案,陕西省高级人民法院民事判决书(2014)陕民一终字第 00023 号。

内存在国家森林公园,依法不允许开展探矿活动①。3. 艺术品是否为原件②、一辆二手车或机械的使用年数等。4. 产品的材质、机器的性能。③ 5. 作为交易客体的抵押权的顺位。6. 债权让与时,该债权的数额、利率、是否有担保、是否属于具有优先地位的破产债权、是否为金钱债权④。7. 债务承担时,该债务的数额、利率,即便只是债务的履行承担⑤,亦然。8. 合伙份额转让时,该合伙份额是否隐名合伙份额⑥。

13 以下几种因素通常不属于交易上重要的物之性质:1. 标的物的市场价值。比如,股权的价值⑦、林木采伐权转让合同中可采伐林木的估值⑧。2. 对标的物予以经济利用的可能性或者转售的可能性。3. 就企业股权转让而言,企业的部分商标因涉嫌侵权被裁断不予注册,股权受让人订立合同时不知道此种情况,通常也不得以重大误解(错误)为由撤销合同⑨。4. 关于标的物的法律或者政策在未来发生变化。

14 所谓"人之资格"主要包括人的良好信用、支付能力、是否受过刑事处罚、专业资格、性别、年龄、健康状况等。这些因素在交易上是否具有重要性,取决于法律行为的类型。对于那些具有人身因素的法律行为而言,当事人在人品上的可信度是交易上重要的人的资格,尤其是以长期给付为标的或者需要当事人长期密切协作的法律行为,比如合伙合同、劳动合同、长期租赁合同等。甲委托乙代办存款事宜时,甲以为乙是专门为银行拉存款的揽储中介,但实际上乙却经常为非法金融机构揽储,有判例认为甲可以重大误解(错

---

① 参见成都地质调查所与搏亿矿业探矿权转让合同纠纷案,四川省高级人民法院民事判决书(2015)川民终字第1137号。
② 相反观点参见朱庆育:《民法总论》(第二版),北京大学出版社2016年版,第272页。
③ Vgl. Erman/Arnold (2017), §119 Rn. 41.
④ 参见汪某某等诉王某某合同撤销权纠纷案,甘肃省高级人民法院民事裁定书(2016)甘民申1115号。
⑤ 参见朱某某等与徐某撤销权纠纷案,江苏省高级人民法院民事判决书(2016)苏民终570号。
⑥ 参见陈某某与陆某某、蔡某某合伙协议纠纷案,云南省高级人民法院民事判决书(2015)云高民二终字第324号。
⑦ 参见黄某某诉何某某等股权转让纠纷案,新疆维吾尔自治区高级人民法院民事判决书(2014)新民二终字第99号。
⑧ 参见桃源县林海木业经营部与湖南茂源林业有限责任公司买卖合同纠纷案,湖南省高级人民法院民事判决书(2014)湘高法民二终字第50号。
⑨ 认为构成重大误解(错误)的判例参见王某某等与高某某股权转让纠纷案,河北省高级人民法院民事判决书(2016)冀民终501号。

误)为由撤销委托合同①。

（六）双方动机错误

双方动机错误是指双方当事人在意思形成阶段都对某一因素发生认识错误。在德国民法上,双方动机错误被归入法律行为基础瑕疵(障碍)制度之中,即主观行为基础瑕疵(障碍)。② 我国本法第533条规定的情势变更实际上是客观行为基础瑕疵(障碍)。对于主观行为基础瑕疵即双方动机错误,在个案中可以适用本法第147条之规定,例外地判定民事法律行为可撤销。事实上,我国司法实践中不乏这样的判例③。

三、重大误解(错误)的法律后果

重大误解(错误)的法律后果是民事法律行为可撤销。依本法第147条之规定,享有撤销权的是"行为人"。此处"行为人"应解释为发生重大误解(错误)的一方当事人。如果是双方动机错误,则双方当事人都有撤销权。撤销权应以起诉或者申请仲裁的方式行使。在错误方成为被告或被申请人的诉讼程序中,错误方也可以反诉或反申请的方式请求撤销系争民事法律行为。

四、证明责任

主张发生重大误解(错误)的当事人须就重大误解的构成负担证明责任。

第一百四十八条 【欺诈】一方以欺诈手段,使对方在违背真实意思的情况下实施的民事法律行为,受欺诈方有权请求人民法院或者仲裁机构予以撤销。

一、构成要件

民法上的欺诈须符合如下要件:

(一)存在欺诈行为

依《民法典会议纪要》第3条之规定,欺诈行为包括故意告知对方虚假

---

① 参见孙某某诉章某某委托合同纠纷案,浙江省高级人民法院民事判决书(2016)浙民再9号。
② 参见杨代雄:《法律行为基础瑕疵制度——德国法的经验及其对我国民法典的借鉴意义》,载《当代法学》2006年第6期。
③ 参见单某某、冯某与周某某、周某某股权转让支付价款纠纷案,湖南省高级人民法院民事判决书(2014)湘高法民再终字第174号(订立和解协议时对基础关系认识错误);谭某与陈某某合同纠纷案,重庆市高级人民法院民事判决书(2015)渝高法民终字第00527号(订立股份互易合同时误以为一方已经完全缴纳出资);朴某某等与钟某某委托合同纠纷案,吉林省高级人民法院民事判决书(2014)吉民二终字第89号(转让不动产征收补偿权利时对补偿数额计算依据的认识错误)。

情况和故意隐瞒真实情况,要而言之,包括虚构事实与隐瞒事实。前者可称为积极欺诈,后者可称为消极欺诈或沉默欺诈。

1. 积极欺诈

就积极欺诈而言,欺诈者要么捏造根本不存在的事实,要么对客观事实进行变造。捏造事实比如:订立股权转让协议时,转让方的法定代表人谎称目标公司已经取得某一重要地块的一级土地开发权,并且谎称自己曾经担任军级干部,故而在项目审批方面拥有诸多便利①;甲乙订立合作协议,约定双方共同出资 1000 万元用于出借给丙,赚取利息,缔约时甲谎称自己在此之外已经先投入了 1000 万元资金用于出借,但其实并无此事②;甲乙订立挖掘机买卖合同中约定出售的挖掘机是"全新的",但实际上此前甲已经将该挖掘机卖给丙,丙使用 30 个小时后退还给甲,甲未告知乙此种情况。

变造的方式可能是夸大事实,也可能是淡化事实中的不利因素。夸大事实比如,甲乙订立特许经营合同时,甲方声称已经有 10 家直营店和加盟店,但实际上此前已经开设的直营店仅有 1 家③。如果只是稍微夸大或稍微淡化,通常不足以构成欺诈行为④。

2. 消极欺诈(沉默欺诈)

沉默是否构成欺诈,取决于沉默者是否有告知或提醒义务。这种义务可能是法律明确规定的,但并不多见,更常见的是基于诚实信用原则或交易习惯而认定当事人具有此种义务。沉默欺诈的典型例子如:订立汽车(新车)销售合同前,拟销售的汽车在运输过程中被划伤,4S 店对其进行钣金、喷漆、更换油箱门和车灯等零部件,签约时未告知买受人此种情况⑤;订立借款及抵押合同时,抵押人隐瞒抵押物上已经设立其他抵押权之事实⑥。

(二)欺诈行为与意思表示的作出之间存在因果关系

欺诈行为须导致表意人陷于错误、维持错误或加深错误并因此作出意思

---

① 参见北京然自中医药科技发展中心与广东黄河实业集团有限公司一般股权转让侵权纠纷案,最高人民法院民事判决书(2008)民二终字第 62 号。
② 参见谢某某、叶某某与吴某某合同纠纷案,最高人民法院民事裁定书(2014)民申字第 2001 号以及福建省高级人民法院民事判决书(2014)闽民终字第 362 号。
③ 参见王某与西安船旗餐饮管理有限公司特许经营合同纠纷案,陕西省高级人民法院民事判决书(2016)陕民终 623 号。
④ 参见王泽鉴:《民法总则》,北京大学出版社 2009 年版,第 368 页。
⑤ 参见张某与北京合力华通汽车服务有限公司买卖合同纠纷案(指导案例 17 号),北京市第二中级人民法院民事判决书(2008)二中民终字第 00453 号。
⑥ 参见上海航空进出口有限公司与上海俊丰五金有限公司、上海诚富工业有限公司、上海市金山区第一公证处无效委托代理出口协议赔偿纠纷案,上海市第一中级人民法院民事判决书(1999)沪一中经初字第 133 号。

表示。虽有欺诈行为,但表意人并未上当,没有陷于错误、维持错误或加深错误,不得以受欺诈为由撤销民事法律行为。即便表意人因欺诈行为陷于错误、维持错误或加深错误,但其并非基于该错误而作出意思表示的,亦然。此种情形中,发生错误的事项对表意人并无决定性意义。①

在因果关系方面,有疑问的是,知假买假者是否有权主张经营者构成欺诈从而依《消费者权益保护法》第 55 条之规定承担价款或费用的三倍赔偿责任? 最高人民法院指导案例 23 号②认为知假买假者有权主张《食品安全法》规定的十倍赔偿,《审理食品药品案件规定》第 3 条规定,知假买假者享有惩罚性赔偿请求权,但在 2017 年 5 月 19 日《对十二届全国人大五次会议第 5990 号建议的答复意见》中,最高人民法院认为不宜将食药纠纷的特殊政策推广适用到所有消费者保护领域,在食品、药品以外的普通消费领域,知假买假不符合《消费者权益保护法》第 55 条以及原《民通意见(试行)》第 68 条规定的欺诈要件(欠缺因果关系)。从民法上的欺诈概念看,知假买假者确实并非因欺诈行为而陷于错误、维持错误或加深错误并因此作出意思表示,欺诈行为与意思表示之间欠缺因果关系,不构成本法第 148 条意义上的欺诈,知假买假者不享有该条规定的撤销权。

(三)存在欺诈的故意

实施欺诈行为的当事人必须明知道自己的陈述不正确或者明知道自己未告知对方本应告知的事项。如果当事人因过失提供不真实信息,不构成欺诈③。本条未明确提到欺诈的恶意性,从比较法看,各国(地区)民法大都要求欺诈是恶意的。不过,德国法通说认为所谓恶意仅指故意,不要求欺诈人具有"卑劣的意图"。④ 这样,好意的欺诈,甚至纯粹为了表意人的利益而实施的欺诈,也是"恶意"的。我国民法学界有学者认为好意欺诈不产生撤销权。⑤ 从欺诈制度的规范目的看,为保护表意人的决定自由,不宜承认好意

---

① 参见侯某与合肥美的电冰箱有限公司、美的集团电子商务有限公司产品销售者责任纠纷案,江苏省高级人民法院民事裁定书(2016)苏民申 4553 号以及江苏省常州市中级人民法院民事判决书(2016)苏 04 民终 1329 号。
② 参见孙某某与南京欧尚超市有限公司江宁店买卖合同纠纷案(指导案例 23 号),江苏省南京市江宁区人民法院民事判决书(2012)江宁开民初字第 646 号。
③ 相反观点(承认"过失欺诈")参见刘勇:《缔约过失与欺诈的制度竞合——以欺诈的"故意"要件为中心》,载《法学研究》2015 年第 5 期。
④ Vgl. Erman/Arnold (2017),§123 Rn. 29.
⑤ 参见史尚宽:《民法总论》,中国政法大学出版社 2000 年版,第 425 页;刘勇:《缔约过失与欺诈的制度竞合——以欺诈的"故意"要件为中心》,载《法学研究》2015 年第 5 期。

欺诈可以排除撤销权。①

8　　在某些情形中,一方当事人虽然作了虚假陈述,但其行为却并不具有违法性,对方当事人不得以受恶意欺诈为由撤销意思表示。② 如果雇主向应聘者提出一个不合法的问题,应聘者撒了谎并且得到了工作,则雇主不得以受恶意欺诈为由行使撤销权,除非这个问题在客观上对于拟聘用职务的特性而言是必需的。③ 应当对本条规定进行目的性限缩,将不具有违法性的欺诈排除在该款的适用范围之外④。

二、法律效果

9　　欺诈导致民事法律行为可撤销,因受欺诈而作出意思表示的一方当事人享有撤销权。不过,依据本法第 1143 条第 2 款之规定,受欺诈所立的遗嘱无效;依据《劳动合同法》第 26 条第 1 款第 1 项之规定,因欺诈而订立的劳动合同无效,这是法律对欺诈法律效果作出的特别规定。按照《消费者权益保护法》第 55 条的规定,经营者提供商品或者服务有欺诈行为的,应当按照消费者的要求增加赔偿其受到的损失,增加赔偿的金额为消费者购买商品的价款或者接受服务的费用的三倍,增加赔偿的金额不足五百元的,为五百元。

三、证明责任

10　　表意人须证明相对人实施了欺诈行为,完成证明的,一方面满足欺诈的第一个构成要件,另一方面据此可以推定表意人因此陷于错误、维持错误或加深错误。此外,表意人须证明被虚构或隐瞒的事实对于此类民事法律行为而言是重要因素。完成此项证明的,即可认定表意人的错误与其作出意思表示之间存在因果关系。最后,基于证明责任规则已经认定存在欺诈行为与因果关系的,应当推定相对人实施欺诈行为时是故意的,相对人须证明其并非故意。

第一百四十九条　【第三人欺诈】第三人实施欺诈行为,使一方在违背真实意思的情况下实施的民事法律行为,对方知道或者应当知道该欺诈行为

---

　　① 类似观点参见朱广新:《欺诈在法律行为范畴中的规范意义——对〈合同法〉第 52 条、第 54 条解释之检讨》,载《学习与探索》2009 年第 2 期;郑玉波:《民法总则》,中国政法大学出版社 2003 年版,第 355 页。
　　② 参见王泽鉴:《民法总则》,北京大学出版社 2009 年版,第 368 页。
　　③ Vgl. Erman/Arnold (2017), § 123 Rn. 20; MünchKomm/Kramer (2006), § 123 Rn. 10.
　　④ 《民法总则》制定之前主张将欠缺违法性的欺诈排除在撤销权适用范围之外的观点参见朱广新:《欺诈在法律行为范畴中的规范意义——对〈合同法〉第 52 条、第 54 条解释之检讨》,载《学习与探索》2009 年第 2 期。

的,受欺诈方有权请求人民法院或者仲裁机构予以撤销。

一、构成要件

第三人欺诈也是欺诈,所以也需要符合欺诈的一般构成要件。除此之外,第三人欺诈还需要符合一个特殊构成要件:相对人知道或应当知道第三人欺诈。德国[①]以及我国台湾地区[②]"民法"理论通说认为,如果表意人的意思表示是无须受领的意思表示,则不论何人实施欺诈,意思表示均为可撤销,其撤销的条件并无差别。我国本法第149条也应解释为仅就需受领意思表示而言,才要求相对人知道或者应当知道第三人欺诈,反之,就无须受领意思表示(如放弃权利之意思表示)而言,撤销权的取得不以相对人知道或应当知道第三人欺诈为要件,实际上此时根本不存在相对人。

第三人欺诈是指由未参与交易的人实施欺诈,而且其行为不能归属于意思表示的相对人。至于欺诈人的行为究竟可否归属于相对人,则需要对个案的所有情势进行整体考量后予以判定,尤其需要考虑公平以及双方当事人的利益状况。[③] 德国判例通说认为,需要在个案中考察欺诈人与意思表示的相对人之间的关系是否足够密切——从客观视角或从受欺诈人的视角看——以至于相对人必须将该欺诈行为当作自己的行为来负责。[④] 相对人的代理人、受雇人、交易事务的辅助人(比如没有代理权但也受委托参与谈判的助手)不是第三人,[⑤]其欺诈行为归属于相对人,等同于相对人在欺诈,因为他们是相对人"阵营"中的人。[⑥] 此外,产品的广告人、代言人或扮演类似角色的人实施欺诈也应当认定为相对人本身的欺诈,因为从事此类活动的明星受商家委托以欺诈的手段进行促销,其欺诈行为理应归属于商家[⑦]。反之,主债务人欺诈保证人或者其他担保人使其与债权人订立担保合同的,应当认定为第三人欺诈。债权人不知道且不应当知道的,担保合同不可撤销[⑧]。

---

① Vgl. Erman/Arnold(2017), §123 Rn. 30.
② 参见王泽鉴:《民法总则》,北京大学出版社2009年版,第369页。
③ Vgl. Erman/Arnold(2017), §123 Rn. 33.
④ Ebenda.
⑤ 参见冉克平:《论因第三人欺诈或胁迫而订立合同的效力》,载《法学论坛》2012年第4期。
⑥ Vgl. Larenz/Wolf, Allgemeiner Teil des bürgerlichen Rechts, 9. Aufl. ,2004, S. 688; Erman/Arnold (2017), §123 Rn. 34.
⑦ 参见杨代雄:《民法总论专题》,清华大学出版社2012年版,第206页。
⑧ 参见平安银行股份有限公司北京分行与中国青旅实业发展有限责任公司金融借款合同纠纷案,最高人民法院民事判决书(2019)最高法民终784号。

二、法律效果

第三人欺诈的法律效果与相对人欺诈相同,都导致民事法律行为可撤销。需要注意的是,在第三人实施欺诈行为的情况下,如果相对人是善意的,依本条规定,表意人不得撤销法律行为。但是,如果相对人以外的其他人从该法律行为中直接取得一项权利,比如利他合同(人寿保险合同)中的受益人取得债权,而该权利取得人知道或者应当知道第三人欺诈的,则表意人虽然不得向相对人行使撤销权,但应当允许其向权利取得人行使撤销权。① 此可谓法律行为相对可撤销。撤销之后,权利取得人的权利消灭。

三、证明责任

关于欺诈一般构成要件的证明责任与相对人欺诈适用相同的规则。关于相对人是否知道或者应当知道第三人实施欺诈行为,应由主张撤销民事法律行为的表意人负担证明责任②。

第一百五十条 【胁迫】一方或者第三人以胁迫手段,使对方在违背真实意思的情况下实施的民事法律行为,受胁迫方有权请求人民法院或者仲裁机构予以撤销。

一、构成要件

(一)存在胁迫行为

胁迫行为是指表示给他人施加某种不利益,以迫使该他人作出违背真实意愿的意思表示。胁迫是心理强制,与身体强制不同。前者是外在力量作用于当事人的心理,借助于心理压力促使其作出一项表示。后者是外在力量直接作用于当事人的肢体,使之身不由己地作出貌似表示的举动,比如强行抓住当事人的手在合同书上摁手印。

按照《民法典会议纪要》第4条的规定,以给公民及其亲友的生命健康、荣誉、名誉、财产等造成损害,或者以给法人的荣誉、名誉、财产等造成损害为要挟,迫使对方作出违背真实意思表示的,可以认定为胁迫行为。据此,胁迫行为有多种表现形式。既包括表示给表意人本身施加不利益,也包括给其亲友施加不利益。既包括对人身施加不利益,也包括对财产施加不利益。既包括对自然人施加不利益,也包括对法人施加不利益,实际上还应包括对合伙等非法人团体施加不利益。

---

① Vgl. Staudinger/Singer/Finckenstein(2017),§123 Rn. 57.
② 参见风神轮胎股份有限公司与中信银行股份有限公司天津分行、河北宝硕股份有限公司借款、担保合同纠纷案,最高人民法院民事判决书(2007)民二终字第36号。

(二)胁迫行为具有违法性

大陆法系的很多国家或地区的民法都要求胁迫必须具备违法性才能导致法律行为效力瑕疵。本条虽未明确规定胁迫的违法性,也应作类似解释。实践中,胁迫是否具有违法性,需要考察胁迫的目的、手段以及二者之联系这三个因素。

1. 目的违法或不正当

如果胁迫人的目的是让被胁迫人同意实施某种违法行为,那么该胁迫显然属于违法胁迫,比如以胁迫方式订立涉及走私物品的运输合同。事实上,以这种方式达成的法律行为本身就是违反禁止性法律规定的法律行为,属于无效的法律行为。真正需要探讨的是这种情况,胁迫人所追求之目的本身并未被法律所禁止,但其在法律上也没有权利要求被胁迫人通过一个法律行为使其实现该目的。比如,甲丢了东西,被乙捡到,乙打电话要求甲支付一万元酬金(并非悬赏之酬金),否则别想找回东西,甲被迫同意支付一万元酬金。按照我国本法第317条的规定,拾得人仅有权请求失主支付保管遗失物等支出的必要费用,而在本案中,乙要求甲支付一万元酬金,显然超出了所谓的必要费用,对超出的部分本无请求权,强行索要,属于追求不正当目的,构成违法胁迫。

2. 手段违法

如果胁迫所用的手段是违法的,即便胁迫人追求的是正当目的,一般都应认定为违法胁迫。如果以违法手段追求不正当目的,则更应认定为违法胁迫。比如,甲与乙相约至某宾馆协商股权转让事宜,乙不愿意受让股权,甲不让乙离开房间,其间数次发生争吵,一直持续到凌晨7点,乙害怕继续被限制自由,不得已在甲草拟的股权转让协议上签字[1]。

一方当事人以违约相威胁,迫使另一方当事人作出一项意思表示,也应认定为违法胁迫。比如,甲公司把建设工程发包给乙公司,在工程竣工后,依照合同约定,乙公司有义务向甲公司提供建筑法规所要求的工程竣工验收材料,但乙公司以不提供材料相要挟,迫使甲公司提前与其订立工程价款结算协议,对有分歧的价款予以确定[2]。甚至以自杀相威胁也被认定为违法胁迫,因为这种手段违背了伦理秩序。[3]

---

[1] 参见刘某某与贺某某股权转让纠纷案,湖南省长沙市中级人民法院民事判决书(2009)长中民二终字第0387号。

[2] 参见北京海湾京城房地产开发有限公司与北京城建四建设工程有限责任公司建设工程承包合同纠纷案,北京市海淀区人民法院民事(2007)海民初字第24195号。

[3] Vgl. Erman/Arnold (2017),§123 Rn. 45.

3. 目的与手段之结合不正当

有时,胁迫人的目的正当,所用的手段本来也是正当的,但以这样的手段实现这样的目的却是不正当或者说不适宜的。在"程某某等与马某某抵押借款合同纠纷案"中,最高人民法院认为,无论公安机关对程某某采取强制措施是否合法,程某某在人身自由被限制的情形下作出的超出原约定债务数额的还款协议,在无其他合理解释的前提下,都不能认定程某某作出的意思表示是真实自愿的,应认定构成胁迫,近亲属在此种情况下订立的担保合同也因受胁迫而可撤销①。最高人民法院的判决在结论上是值得肯定的。公安机关为调查案件对程某某采取强制措施即便合法,但以继续采取强制措施为手段,促使程某某在非自愿状态下订立还款协议,即便协议约定的债务数额与实际数额一致,该手段与目的之结合亦欠缺正当性。公安机关的职权是刑事侦查,不应借助该职权干预当事人之间的民事法律关系,否则,其行为难谓合法。至于迫使程某某的近亲属订立担保合同,则显然是追求不正当之目的,当然也构成违法胁迫。

(三)胁迫与意思表示之间存在因果关系

胁迫与意思表示之间应该具有因果关系,即,正是因为胁迫使得表意人陷入恐惧并且在恐惧状态下作出意思表示。即便胁迫只是若干原因中的一个,也满足因果关系的要求。至于胁迫情节在客观上的严重性,并非因果关系的必备要件。表意人当时是否有机会通过公力救济避免遭受不利益,通常也不应影响胁迫之因果关系的认定,在这个问题上不应苛求表意人凡事皆求助于公力救济。因果关系的判定应该以表意人的视角为准(主观主义),只要表意人认为胁迫人欲对其施加的不利益足够严重以至于使其心生恐惧即可②。

(四)胁迫是故意的

胁迫人须故意实施胁迫行为,其必须有意识地通过表示施加不利益将表意人置于迫不得已状态,并希望表意人在这种状态下依"两害相权取其轻"的原则作出意思表示。有疑问的是,应否要求表意人实际作出的意思表示恰恰是胁迫人所追求的那个意思表示,易言之,胁迫故意之内涵是否包括胁迫之目的指向(Finalität)。德国很多民法学者认为这是必需的,因为只有在这

---

① 参见程某某等与马某某等抵押借款合同纠纷案,最高人民法院民事判决书(2013)民提字第24号。

② Vgl. MünchKomm/Kramer (2006), §123 Rn. 47; Staudinger/Singer/v. Finckenstein (2004), §123 Rn. 66.

种情况下，才能说表意人发出的表示屈从了胁迫人的意志。① 不过，这方面的要求不应过于苛刻，表意人实际作出的意思表示在内容上不需要与胁迫人所追求的意思表示完全吻合。如果甲胁迫乙将某物低价卖给他，乙在极度恐惧的状态中表示将该物赠与甲，该赠与合同也应认定为因胁迫而实施的法律行为，因为甲虽然本来只想实现低价购买之目的，但无偿取得更符合其目的，其当时接受处于恐惧状态中的乙实施的赠与就表明赠与也符合其胁迫之目的。

胁迫故意之内涵不包括胁迫人知道其胁迫行为的违法性。如果胁迫人误以为其胁迫行为不具有违法性，则其错误认识及其对于该错误的发生是否有过错不应该影响违法胁迫的成立。因为，胁迫能否导致意思表示可撤销关键不在于胁迫人是否有缺陷，而在于被胁迫人自由的意思决定受到非法干扰，胁迫规则之目的是保护被胁迫人的决定自由，而不是制裁胁迫人。② 关于违法性的错误认识如胁迫人误以为曾经被表意人诈骗，但其实不存在诈骗之事实，胁迫人以告发诈骗罪相威胁，与表意人订立赔偿协议，以此确认其想象中的请求权。这种情形构成违法胁迫，胁迫人所追求的结果是不正当的，通过胁迫行使了其本来并不享有的请求权，胁迫人的认识错误并不阻却胁迫故意的构成。

二、第三人胁迫

第三人胁迫也属于违法胁迫，导致意思表示可撤销，不论表意人的相对人即受益人是否知道该胁迫的存在。在这方面，本条规定与德国、日本以及我国台湾地区等大陆法系国家或地区的民法一致。由于第三人胁迫与相对人胁迫在法律效果上没有区别，所以在实践中辨别第三人胁迫与相对人胁迫并无实际意义。在这方面，胁迫规则与欺诈规则的适用存在重大差别。

三、法律效果

胁迫导致民事法律行为可撤销。不过，在《民法典》分则以及民事特别法上存在例外规定。例如，本法第1143条第2款规定，受胁迫所立的遗嘱无效；《劳动合同法》第26条第1款第1项规定因胁迫而订立的劳动合同无效。如果表意人因受胁迫而陷入困境并因此与胁迫人达成对价明显失衡的民事法律行为，则也符合显失公平的构成要件。此时发生撤销权竞合。

---

① Vgl. Enneccerus/Nipperdey, Allgemeiner Teil des Bürgerlichen Rechts, 15. Aufl. , 1960, S. 1062; Erman/Palm (2008), § 123 Rn. 72.

② Vgl. Staudinger/Singer/v. Finckenstein (2004), § 123 Rn. 79; Larenz/Wolf, Allgemeiner Teil des bürgerlichen Rechts, 9. Aufl. ,2004, S. 694.

四、证明责任

表意人须就如下事项负担证明责任:相对人或者第三人对其实施了胁迫行为;胁迫人所欲施加的不利益对其而言比较严重;存在导致胁迫行为具备违法性的事实。在证明上述第二个事项之后,即可认定胁迫行为与意思表示的作出之间具有因果关系。至于胁迫是否故意,应由胁迫人负责证明其欠缺胁迫之故意,因为依社会生活的一般观念,胁迫行为通常是故意实施的。

第一百五十一条 【显失公平的民事法律行为】一方利用对方处于危困状态、缺乏判断能力等情形,致使民事法律行为成立时显失公平的,受损害方有权请求人民法院或者仲裁机构予以撤销。

一、构成要件

(一)客观要件

1　显失公平民事法律行为的客观要件是双方当事人的给付对价关系明显失衡。从这个意义上说,显失公平规则仅适用于有偿法律行为,[①]不适用于诸如赠与合同之类的无偿法律行为,因为无偿法律行为本就没有对价关系,自然无所谓是否公平交换。

2　本条未明确规定给付对价关系在何种情况下可以认定为明显失衡。从比较法看,罗马法中的合同价格失衡是指约定的价格尚不足买卖物实际价值的一半[②]。在德国法上,如果合同约定的给付价值不足正常市场价的一半,则一般构成对价失衡。当然,价值比例并非唯一标准。在个案中需要综合考虑所有相关情况,包括当事人在该法律行为中的风险、拟处理事务的难度、标的物在特殊时期的稀缺性等。[③] 因此,有时即便给付与对待给付的价值比稍低于1∶2,也构成对价失衡。在住房租赁情形中,甚至当约定的租金超过市场通常租金50%时即构成对价失衡。[④] 反之,有时给付与对待给付的价值比超过1∶2,却不构成对价失衡。比如已经发行的进入二级市场中的重要比赛门票、珍贵邮票等稀缺物品。[⑤]

3　我国司法实践中有时法院参照原《合同法解释(二)》第19条,认为约定

[①] 类似观点参见贺剑:《〈合同法〉第54条第1款第2项(显失公平制度)评注》,载《法学家》2017年第1期;王利明:《合同法研究(第一卷)》(第三版),中国人民大学出版社2015年版,第708页。

[②] C.4,44,8.

[③] Vgl. Staudinger/Sack (2004), §138 Rn. 177–179.

[④] Vgl. MünchKomm/Armbrüster(2006), §138 Rn. 144–147.

[⑤] Vgl. Staudinger/Sack (2004), §138 Rn. 193; Erman/Palm (2008), §138 Rn. 118; Palandt/Ellenberger (2012), §138 Rn. 67.

的价格超出正常价格30%的,应认定为显失公平①。此种观点是否妥当,不无疑问②。原《合同法解释(二)》第19条是关于原《合同法》第74条债权人撤销权行使要件的司法解释,债务人与第三人实施的系争法律行为损害了债权人的利益,债权人并非该法律行为的当事人,未参与磋商谈判。与此不同,显失公平法律行为的撤销权人本身即为系争法律行为的当事人,参与了该法律行为的磋商谈判,因此,在对价失衡的判断标准上应当与债务人的诈害行为有所区别。

(二)主观要件

显失公平法律行为的主观要件包括两个方面:其一,一方当事人处于危困状态、缺乏判断能力等情形;其二,另一方当事人故意利用此类情形。

1. 处于危困状态

所谓危困状态是指当事人处于某种危急、困难状态,以至于迫切需要获得金钱或其他给付,如果得不到这些给付,当事人就会遭受重大不利益。大多数情况下涉及的是经济上的危困状态。例如,公司急需周转资金以避免陷于破产。有时,当事人虽无经济困难,但急需处理某一突发事件或急需完成某项重要任务,也处于危困状态。比如,开发商有义务为被拆迁的小学临时安置办学场所,场所租期届满时新校舍尚未建成,续租时出租人将年租金从100万元提高至500万元,③如果该临时校舍的年租金市场价低于250万元,且当时确实难以找到其他合适的临时校舍,续租合同可以认定为显失公平。

即便一方当事人只是误以为自己陷于危困状态,也符合显失公平民事法律行为的主观要件。④ 但对此存在反对观点。⑤

2. 缺乏判断能力

缺乏判断能力并非指当事人缺乏行为能力。行为能力涉及一般的辨识能力,而此处所谓判断能力仅指当事人针对某项具体民事法律行为进行判断的能力,即正确地对其予以利弊衡量的能力。因此,一个具备完全民事行为能力的当事人在实施某一项复杂的民事法律行为时仍有可能欠缺判断能

---

① 参见佛山市溢宏房地产有限公司与中建四局第六建筑工程有限公司建设工程合同纠纷案,广东省高级人民法院民事判决书(2015)粤高法民申字第2399号。
② 赞同此种观点的如贺剑:《〈合同法〉第54条第1款第2项(显失公平制度)评注》,载《法学家》2017年第1期。
③ 案例参见秦皇岛市海洋置业房地产开发有限公司与李某某租赁合同纠纷案,河北省高级人民法院民事判决书(2015)冀民一终字第229号。
④ Vgl. Palandt/Jürgen Ellenberger(2020), §138 Rn. 70.
⑤ Vgl. MünchKomm/Armbrüster (2006), §138 Rn. 149.

力①。缺乏与此类民事法律行为相关的信息或者没有能力利用这些信息都属于欠缺判断能力。年老、文化程度过低是欠缺判断能力的重要原因。②

3. 其他类似情形

本条中的"等情形"意味着除了危困状态、缺乏判断能力之外,其他导致当事人不能完全自由、理性地作出决断的情形也可以适用显失公平规则。原《民通意见(试行)》第 72 条规定的相关情形是:"一方当事人利用优势或者利用对方没有经验"。尽管本法第 151 条并未明确列举这两种情形,但在解释上仍应将二者纳入其中③。"利用优势"主要指利用社会关系或经济地位上的优势④,比如职场关系中的上级地位、行政关系中的掌权者地位等⑤。有时,信息明显不对称也被法院认定为一方具备优势地位⑥。"对方没有经验"是指对方欠缺社会生活经验或生意上的知识,包括欠缺一般的经验和某一具体交易领域的经验⑦。比如一个初来乍到的异乡人或外国人往往缺乏经验,一个普通人首次从事特殊领域的交易(比如古玩交易),一家化工企业首次进入采矿业收购股权而且没有委托权威机构进行考察评估⑧。

此外,一方当事人利用对方当事人严重的意志薄弱达成的对价明显失衡之法律行为也应适用显失公平规则。少年、老人、酗酒者或沉迷于玩游戏者有时处于严重的意志薄弱状态。⑨

4. 故意利用

对于一方当事人的危困状态、缺乏判断能力等状况,对方当事人在缔结民事法律行为时如果知道并据此达成对价明显失衡的民事法律行为,即为

---

① Vgl. Staudinger/Sack (2004), § 138 Rn. 209.
② Vgl. MünchKomm/Armbrüster (2006), § 138 Rn. 151.
③ 有学者认为应当以"利用依赖关系"取代"利用优势",参见武腾:《显失公平规定的解释论构造——基于相关裁判经验的实证考察》,载《法学》2018 年第 1 期。
④ 区分"结构优势"与"个体优势"并认为从"结构优势"可以推定一方"利用优势"的学说参见贺剑:《〈合同法〉第 54 条第 1 款第 2 项(显失公平制度)评注》,载《法学家》2017 年第 1 期。
⑤ 参见伊犁鑫瑞煤炭销售有限责任公司与吴某某合伙协议纠纷案,新疆维吾尔自治区高级人民法院民事判决书(2016)新民终 453 号。
⑥ 参见朴某某等与钟某某委托合同纠纷案,吉林省高级人民法院民事判决书(2014)吉民二终字第 89 号。
⑦ 王利明:《合同法研究(第一卷)》(第三版),中国人民大学出版社 2015 年版,第 708 页。
⑧ 参见梅兰化工集团有限公司与计某某股权转让合同纠纷案,河北省高级人民法院民事判决书(2015)冀民二终字第 55 号。
⑨ Vgl. Staudinger/Sack (2004), § 138 Rn. 210;武腾:《显失公平规定的解释论构造——基于相关裁判经验的实证考察》,载《法学》2018 年第 1 期。

"故意利用"①。

二、法律效果

显失公平的民事法律行为可撤销。有学者认为,某些情形中应通过部分撤销(如撤销过高的部分价款)来实现变更法律行为之目标②。依《劳动合同法》第 26 条第 1 款第 1 项之规定,因乘人之危而订立的劳动合同无效,据此,显失公平的劳动合同如果符合乘人之危的构成要件,应认定为无效。

三、证明责任

应由主张系争民事法律行为构成显失公平并行使撤销权的当事人负责证明对价明显失衡,同时证明自己在实施该民事法律行为时存在危困状态、缺乏判断能力等情形;由对方当事人负责证明自己当时不知道行使撤销权的当事人存在危困状态、缺乏判断能力等情形。例外者,如果系争民事法律行为对价失衡特别严重,则推定行使撤销权的当事人在实施民事法律行为时存在危困状态、缺乏判断能力等情形且对方当事人知道此类情形。

第一百五十二条 【撤销权的消灭】有下列情形之一的,撤销权消灭:

(一)当事人自知道或者应当知道撤销事由之日起一年内、重大误解的当事人自知道或者应当知道撤销事由之日起九十日内没有行使撤销权;

(二)当事人受胁迫,自胁迫行为终止之日起一年内没有行使撤销权;

(三)当事人知道撤销事由后明确表示或者以自己的行为表明放弃撤销权。

当事人自民事法律行为发生之日起五年内没有行使撤销权的,撤销权消灭。

一、构成要件

(一)撤销权因除斥期间届满而消灭的要件

1. 除斥期间届满

除胁迫情形之外,普通除斥期间的起算点均为"知道或者应当知道撤销事由之日"。就欺诈而言,所谓"知道"是指知道自己陷于错误并且知道该错误是因对方故意不真实陈述造成的③。"应当知道"是指考虑到个案具体情

---

① 有观点认为重大过失应等同于故意,参见贺剑:《〈合同法〉第 54 条第 1 款第 2 项(显失公平制度)评注》,载《法学家》2017 年第 1 期;王磊:《论显失公平规则的内在体系——以〈民法总则〉第 151 条的解释论为中心》,载《法律科学(西北政法大学学报)》2018 年第 2 期。

② 参见武腾:《显失公平规定的解释论构造——基于相关裁判经验的实证考察》,载《法学》2018 年第 1 期。

③ Vgl. Staudinger/Singer/Finckenstein (2004), § 124 Rn. 4.

况，按照常理，处于表意人位置的普通人能够知道自己已经被欺诈。重大误解与显失公平情形中的"知道或者应当知道"应作类似解释。在胁迫情形中，普通除斥期间的起算点是"胁迫行为终止之日"。之所以不是从"知道或者应当知道胁迫之日"起算，主要是考虑表意人都知道被胁迫，但有时胁迫造成的困境持续时间较长，表意人不敢轻易行使撤销权，如果除斥期间即刻起算，显然不利于保护被胁迫的表意人①。

2　　最长除斥期间（五年）的起算点为民事法律行为发生之日，即民事法律行为成立之日。

2. 撤销权未行使

3　　只要为了撤销而起诉或申请仲裁之日除斥期间尚未届满，撤销权就不消灭。

（二）撤销权因放弃而消灭的要件

4　　撤销权的放弃是单方法律行为，由撤销权人单方作出放弃权利的意思表示。该意思表示可以是明示的，也可以是默示的。明示的放弃意思表示为不要式意思表示，即便可撤销法律行为本身为要式法律行为，亦然。

5　　放弃意思表示须在撤销权人知道撤销事由之后作出。这一点对于默示放弃尤其重要。仅当撤销权人知道撤销事由的，才可以从其行为中推断出放弃之意思。此处之行为包括撤销权人全部或部分履行合同义务、受领对方给付、请求对方履行、转让合同权利或已经取得的标的物等，但不包括单纯的沉默。

二、法律效果

6　　撤销权消灭后，因撤销事由遭受不利益的表意人不得再撤销民事法律行为。如果撤销权系因除斥期间届满而消灭，表意人虽不得再行使撤销权，但可以向实施欺诈或胁迫的相对人主张侵权责任或缔约过失责任。

7　　除斥期间抗辩可由法官依职权适用，即便当事人未积极主张，亦然②。

三、证明责任

8　　撤销权人的相对人应当就撤销权除斥期间届满或者撤销权已被放弃负担证明责任。

第一百五十三条【违反强制性规定及违背公序良俗的民事法律行为】违反法律、行政法规的强制性规定的民事法律行为无效。但是，该强制性规

---

① 参见沈德咏主编：《〈中华人民共和国民法总则〉条文理解与适用（下）》，人民法院出版社 2017 年版，第 1011—1012 页。

② Vgl. Erman/Arnold (2017)，§ 124 Rn. 1.

定不导致该民事法律行为无效的除外。

违背公序良俗的民事法律行为无效。

一、违反强制性法律规定的民事法律行为

(一)强制性法律规定的范围

1. 概念辨析

一般而言,能够导致民事法律行为无效的是禁止性规范[①]。对于本法第153条第1款中所谓的"强制性规定",应当不拘泥于文字,将其理解为禁止性规范。

2. 应被排除于本款适用范围之外的强制性规定

(1)已经对无效后果作了明确规定的强制性规定

某些强制性规定已经对民事法律行为无效予以明确规定,比如本法第506条、第705条第1款、第850条。民事法律行为违反此类规定的,直接据此判定无效即可。

(2)关于某种民事法律行为须经准许的法律规定

关于某种法律行为须经准许的法律规范,无论是私法上的准许,还是公法上的准许(即批准)。[②] 关于公法上准许之规范即我国本法第502条第2款所提到的关于特定合同须经批准的法律与行政法规规定,如《商标法》第42条、《企业国有资产法》第53条。依原《合同法解释(一)》第9条之规定,当事人订立此类合同未经批准的,合同未生效。将来可否生效,取决于最终是否取得批准。本法第502条第2款规定,未办理批准的,合同中关于履行报批义务的约定均为有效,不履行该义务的,须承担违约责任。私法上的准许包括同意、决议等形式。比如,本法第19条、第22条规定的同意,《农村土地承包法》第34条规定的同意,《公司法》第16条第2款规定的决议。

(3)行政规章与地方性法规

依原《合同法解释(一)》第4条之规定,法院在认定合同无效时不能以行政规章与地方性法规为依据。实践中,如果某一项民事法律行为违反行政

[①] 类似观点参见朱庆育:《〈合同法〉第52条第5项评注》,载《法学家》2016年第3期;许中缘:《禁止性规范对民事法律行为效力的影响》,载《法学》2010年第5期;王轶:《民法原理与民法学方法》,法律出版社2009年版,第288页。

[②] Vgl. Erman/Palm (2011), §134 Rn. 5; MünchKomm/Armbrüster (2006), §134 Rn. 7.

规章或地方性法规,综合考虑个案相关情势,可能构成违背公序良俗①,依本法第 153 条第 2 款之规定,亦为无效。对此,《九民纪要》(2019 年)第 31 条第 1 句已有规定。

3. 关于效力性强制性规定与管理性强制性规定的区分

依原《合同法解释(二)》第 14 条之规定,原《合同法》第 52 条第 5 项中的强制性规定是指效力性强制性规定。自此之后,效力性强制性规定与管理性强制性规定之区分逐渐成为司法实践中判别违法合同是否有效的主要标准。此项区分理论的缺陷在于缺乏具体识别标准。实践中,裁判者难免先入为主地预判系争法律行为应否生效,然后根据需要给相关的强制性规定贴上管理性强制性规定或者效力性强制性规定之标签。另外,所谓管理性强制性规定并非与民事法律行为的效力毫无关系,尽管此类规定的本旨在于通过行政管理维护公共秩序,但有时民事法律行为的效力判定亦为维护公共秩序的手段之一。实际上,具有决定性意义的并非相关强制性规定的性质,毋宁是其规范目的和规范重心。对于系争民事法律行为所涉及的强制性法律规定,应着重探寻其规范目的、考察其规范重心,以确定是否据之认定民事法律行为的效力。

(二)强制性法律规定的规范目的与规范重心

最高人民法院于 2009 年 7 月发布的《审理民商事合同案件指导意见》第 15 条、第 16 条与原《合同法解释(二)》第 14 条相比,有两点变化:一是没有绝对贯彻"违反效力性强制性规范的合同无效、违反管理性强制性规范的合同有效"之原则,而是规定违反管理性强制性规范的合同也有可能无效。二是对于违反强制性规范的合同效力提出了比较具体的判定基准,比如规制对象、保护的利益、交易安全等。《九民纪要》(2019 年)第 30 条重申了《审理民商事合同案件指导意见》的立场,明确指出违反管理性强制性规范并非一律都不导致合同无效。综合考虑规范目的与规范重心,可以归结出如下几项规则:

其一,如果强制性(禁止性)法律规定针对的是民事法律行为的内容,则违反该规定的民事法律行为无效,比如委托他人进行权钱交易的合同②、人

---

① 参见重庆悦诚律师事务所诉肖某某人民调解代理合同纠纷案,最高人民法院民事裁定书(2012)民再申字第 318 号;安徽省福利彩票发行中心与北京德法利科技发展有限责任公司营销协议纠纷案,最高人民法院民事判决书(2008)民提字第 61 号。
② 参见辽阳县塔子岭乡大西沟钾长石矿与北京前程锦绣科技发展有限公司委托合同纠纷案,最高人民法院民事裁定书(2015)民申字第 2995 号。

体器官买卖合同、①建设工程违法转包或分包合同②、以《环境保护法》第46条规定的严重污染环境的设备或产品为标的物的买卖合同③等。如果民事法律行为的履行行为违反强制性(禁止性)法律规定,等同于内容违法④。比如建设单位未依《建筑法》第7条取得施工许可证,即与施工企业订立建设工程合同,该合同一旦履行,就违反《建筑法》第7条之强制性规定,所以该合同无效⑤。依据《建设工程施工合同解释(一)》第3条之规定,发包人在起诉前取得建设工程规划许可证等审批手续的,不应认定施工合同无效;发包人能够办理审批手续而未办理,并以未办理审批手续为由请求确认施工合同无效的,人民法院不予支持。

其二,如果强制性(禁止性)法律规定针对的是法律行为的某些外部条件,如行为的时间、地点等,原则上不能将法律行为认定为无效。但某些特殊类型的交易对于场所有特殊要求,违反该要求将损害特定领域的公共秩序,应导致法律行为无效,如场外期货交易行为⑥。民事法律行为缔结的方式违反强制性法律规定,是否有效,不可一概而论。如果因此导致该民事法律行为的履行可能损害社会公共利益,依规范目的,也应认定其无效⑦。《九民纪要》(2019年)第30条第2款对此已有规定。

其三,如果强制性(禁止性)法律规定针对的是一方当事人的资格,需要区分三种情况。首先,该规范涉及特定的职业资格,比如禁止没有律师资格的人提供职业性的法律服务。违反此种禁止性规范的合同原则上无效。其次,该规范涉及劳动者资格,比如禁止雇用未成年人。对此,可以认定合同无效,但该无效不具有溯及力⑧。最后,该规范涉及企业经营资格,比如我国《城市房地产管理法》第58条。对于违反此种规范的合同,可以认定合同有效。此种规范旨在维持市场秩序,立法者无意否定合同的效力。但如果该机构从事的是某种需要具备一定专业水准的营业活动从而需要特殊的职业资

---

① 参见《九民纪要》第30条第2款。
② 参见盐城市华为照明工程有限公司与江苏建兴建工集团有限公司等建设工程施工合同纠纷案,最高人民法院民事判决书(2017)最高法民再18号。
③ 参见兴义市昊威(集团)长鑫铁合金有限公司与蒋某买卖合同纠纷案,贵州省高级人民法院民事判决书(2016)黔民终298号。
④ Vgl. Staudinger/Sack (2004), §134 Rn. 1.
⑤ 参见甘肃北方电力工程有限公司等与青海中铸光伏发电有限责任公司建设工程施工合同纠纷案,最高人民法院民事判决书(2016)最高法民终522号。
⑥ 参见《九民纪要》(2019年)第30条第2款。
⑦ 参见重庆市圣奇建设(集团)有限公司与贵州山城生态移民发展有限公司建设工程施工合同纠纷案,最高人民法院民事判决书(2016)最高法民终675号。
⑧ Vgl. Staudinger/Sack (2004), §134 Rn. 256; Erman/Palm (2011), §134 Rn. 35.

格,或者该机构从事特殊领域内需要特别许可或者明显涉及公众利益保护的经营活动,则另当别论。① 比如,依据我国《商业银行法》第 11 条第 2 款之规定,未经批准,不得从事金融业务活动。据此,某公司未经批准从事放贷营业,与客户订立的借款合同应认定为无效②。不过,对于特殊领域内需要特别许可的经营活动,当事人未经特别许可即与他人订立合同,最高人民法院并未一概认定合同无效③。

10　　其四,如果强制性(禁止性)法律规定之目的在于对民事法律行为的一方当事人进行保护,不能一概判定民事法律行为无效。比如,一方当事人为骗取对方钱财与之订立合同,虽违反《刑法》第 224 条、第 266 条之规定,但不应判定合同无效,④毋宁说,该合同依本法第 148 条为可撤销合同⑤。

11　　其五,如果强制性(禁止性)法律规定之目的主要在于规制一方当事人的行为,以维护社会公共秩序,则违反该规定民事法律行为是否无效,取决于该民事法律行为如果有效是否不利于此项法律目的之实现。或者说,须考察通过行政或刑事制裁是否足以保证法律目的之实现,抑或同时需要借助于民事制裁实现该目的。

12　　司法实践中,规范目的有时与民事法律行为的履行情况相结合,据此判断该民事法律行为应否认定为无效⑥。有学者称之为"无效之必要性问题",即从合同履行情况看,实际上并未发生强制性规范所旨在干预的情事,认定合同有效并不违背该规范的目的,故无必要否定合同的效力⑦。

(三)法律效果

13　　依上述规则应当判定系争民事法律行为无效的,则该民事法律行为无

---

① Vgl. MünchKomm/Armbrüster (2006), § 134 Rn. 89; Erman/Palm (2011), § 134 Rn. 60.

② 参见日照港集团有限公司煤炭运销部与山西焦煤集团国际发展股份有限公司借款合同纠纷案,最高人民法院民事判决书(2015)民提字第 74 号;王同声与九江联达建设有限公司等企业借贷纠纷案,最高人民法院民事判决书(2014)民提字第 138 号。

③ 参见山东志诚化工有限公司与张某某买卖合同纠纷案,最高人民法院民事判决书(2013)民申字第 977 号。

④ 参见内蒙古玛拉沁医院等与周某某借款合同纠纷案,最高人民法院民事判决书(2015)民一终字第 240 号。

⑤ 参见葫芦岛宏达钼业有限公司诉中国建设银行股份有限公司鸡西分行等金融借款合同纠纷案,最高人民法院民事判决书(2016)最高法民终 655 号。

⑥ 参见罗某某等诉日本株式会社辽宁实业公司等案外人执行异议纠纷案,最高人民法院民事裁定书(2013)民申字第 2119 号。

⑦ 参见姚明斌:《"效力性"强制规范裁判之考察与检讨——以〈合同法解释二〉第 14 条的实务进展为中心》,载《中外法学》2016 年第 5 期。

效。此种无效为确定、当然无效,且任何人都可以主张无效,法官也可以依职权判定无效。如果民事法律行为只有部分条款违反强制性(禁止性)法律规定,原则上仅此部分条款无效,除非让其他条款有效违背法律目的。

(四)证明责任

关于民事法律行为是否因违反强制性(禁止性)法律规定而无效,由主张其无效的当事人负责证明存在导致违反强制性(禁止性)法律规定的事实构成。

二、违背公序良俗的民事法律行为

(一)对公序良俗的违背方式

民事法律行为违背公序良俗有两种方式。其一,内容背俗,即民事法律行为的内容违背公序良俗。其二,情势背俗(Umstandssittenwidrigkeit),即当事人实施民事法律行为的方式、目的、动机违背公序良俗。通说认为,不仅内容背俗的民事法律行为无效,情势背俗的民事法律行为也应无效。

从规范意旨看,导致民事法律行为无效的主要应该是内容背俗。情势背俗并不必然导致民事法律行为无效。有时,当事人实施民事法律行为的动机或方式违背公序良俗,但不应据此认定该民事法律行为无效。比如,一方为了谋取不正当利益,以欺诈的方式促使对方作出意思表示,达成民事法律行为,其实施民事法律行为的动机与方式违背公序良俗,但该民事法律行为却并非无效,而是可撤销。在情势背俗的情况下,应当将行为的动机、目的、方式等因素与法律行为内容结合起来予以整体考量,决定是否以违背公序良俗为由判定该法律行为无效。①

(二)关于违背公序良俗的主观要件

当前多数说认为,违背公序良俗应具备主观要件。不过,不需要当事人知道民事法律行为的背俗性,只要其知道或因重大过失不知道导致该民事法律行为背俗的事实情况即可。② 比如,在达成包养情人协议时,当事人知道金钱支付与同居义务构成交换关系的,即构成违背公序良俗的民事法律行为,至于是否知道这种交换关系不符合公序良俗,在所不问。部分学者认为,在内容背俗的情形中,根本不需要考虑主观要件,而如果因情势背俗需要对行为动机、目的、方式与内容进行整体评价时,则应考虑主观要件,仅在当事人知道或因重大过失不知道导致法律行为背俗的事实时,才能因背俗而判定

---

① Vgl. MünchKomm/Armbrüster (2006),§138 Rn. 9.
② Vgl. Staudinger/Sack (2004),§138 Rn. 61;Erman/Schmidt - Räntsch (2017),§138 Rn. 21.

该法律行为无效①。少数学者干脆采客观说,认为违背公序良俗不需要主观要件,除非个案中背俗性建立在实现某种背俗目标的基础上。②

(三)违背公序良俗的主要情形

1. 违背性道德

18　某些涉及性关系的民事法律行为未违反强行法,或者是否违反强行法尚有疑问,但违背性道德,应以违背公序良俗为由认定无效。例如,仅以维持性伴侣关系为目的给予情人一笔财产③。不过,在非婚同居关系中,一方给予另一方财产,通常不违背公序良俗,因为这是一个以长期共同生活为目的的共同体,并非单纯的性伴侣关系④。当然,如果其中一方为已婚人士,涉及家庭秩序,则另当别论。

2. 违背家庭伦理

19　与婚姻家庭的本质和一般观念相冲突的民事法律行为是背俗的,应认定无效。典型的情形如代孕合同⑤,一方面颠覆关于亲子关系的伦理观,另一方面将孕母的生殖功能商业化,有损人的基本尊严。丈夫临终前将全部财产遗赠给情人,导致妻子和子女得不到任何遗产,此项遗嘱违背公序良俗,应认定为无效。代表性案例是号称"中国公序良俗第一案"的"泸州遗赠案"⑥。

3. 违背职业道德

20　有偿为某律师介绍客户的合同违背律师职业道德,有偿为某医师介绍患者的合同违背医生职业道德。此外,律师就刑事诉讼案件、行政诉讼案件、国家赔偿案件以及群体性诉讼案件订立的风险代理合同也违背律师职业道德,应认定为违背公序良俗,无效⑦。

---

① Vgl. Larenz/Wolf, Allgemeiner Teil des bürgerlichen Rechts, 9. Aufl. , 2004, S. 737 - 739; Palandt/Ellenberger (2012), §138 Rn. 7 - 8.

② Vgl. Staudinger/Sack (2004), §138 Rn. 62 - 63.

③ Vgl. Staudinger/Sack (2004), §138 Rn. 456. 我国案例参见张某青与张某方其他民事纠纷案,浙江省杭州市中级人民法院民事判决书(2009)浙杭商终字第1138号。

④ Vgl. Staudinger/Sack (2004), §138 Rn. 456.

⑤ 相同观点参见李宇:《民法总则要义:规范释论与判解集注》,法律出版社2017年版,第680页。

⑥ 参见张某某诉蒋某某遗赠纠纷案,四川省泸州市纳溪区人民法院民事判决书(2001)纳溪民初字第561号(认定遗嘱无效!)以及四川省泸州市中级人民法院民事判决书(2001)泸民终字第621号(维持原判!)。

⑦ 参见重庆悦诚律师事务所与肖某某、田某诉讼、仲裁、人民调解代理合同纠纷案,最高人民法院民事裁定书(2012)民再申字第318号以及重庆市高级人民法院民事判决书(2012)渝高法民提字第00135号。

4. 服务于犯罪或违法行为的民事法律行为

某些民事法律行为对某种违法行为或犯罪行为起促进作用,也可能因违背公序良俗而无效。① 例如,甲在赌博现场从乙处借了五万元钱作为赌资,约定利息,该借贷合同服务于违法行为,违背公序良俗,无效②。对于此种借贷合同的效力,《民间借贷解释》第14条第4项作了明确规定。

5. 过度限制自由

民事诉讼案件风险代理合同约定,若委托人自行与被告和解、放弃诉讼或终止代理,则仍按原约定计算风险代理费。此项约定过度限制委托人在诉讼中的自由决定权,违背公序良俗。③ 丈夫临终前立遗嘱,表示由其妻子继承其全部遗产,但如果其妻子再婚,则遗产中的一处不动产改由其侄子继承④。此项遗嘱实际上是附解除条件的遗嘱,但所附的解除条件"妻子再婚"限制了继承人的婚姻自由,违背公序良俗⑤。

6. 以高度人身性给付为标的之交易

以出卖人格尊严或自由为内容的合同违背公序良俗,无效。比如,民间借贷合同约定,一方为另一方生儿子该借款就不用偿还,法院认定该约定违背公序良俗,无效,借款人应当返还借款⑥。

7. 旨在干扰公权力行使或破坏公平竞争秩序之交易

当事人订立委托合同,约定一方以重金委托另一方为其被逮捕的近亲属找关系沟通、运作,争取获得取保候审或缓刑等有利结果。该合同旨在干扰公权力行使,妨害司法秩序,违背公序良俗⑦。有偿委托他人动用人脉关系帮其子女上军校学习的合同亦违背公序良俗⑧。

---

① Vgl. Staudinger/Sack (2004), §138 Rn. 493-495.
② 参见雷某与曹某某民间借贷纠纷案,甘肃省张掖市中级人民法院民事判决书(2014)张中民终字第514号。
③ 参见河南弘创律师事务所与洛阳市西工区农村信用合作联社诉讼代理合同纠纷案,河南省高级人民法院民事判决书(2016)豫民终503号。
④ 参见张某某与蔡某某遗赠纠纷案,江苏省无锡市锡山区人民法院民事判决书(2013)锡民终字第0453号。
⑤ 参见吴某某与石某某确认合同无效纠纷、离婚后财产纠纷及变更抚养关系纠纷案,湖南省湘西土家族苗族自治州中级人民法院民事判决书(2016)湘31民终564号。
⑥ 参见雷某某与王某某民间借贷纠纷案,湖南省郴州市中级人民法院民事判决书(2016)湘10民终2173号。
⑦ 参见廖某与宋某、邱某委托合同纠纷案,广东省高级人民法院民事裁定书(2016)粤民申7562号。
⑧ 参见李某、赵某与王某某等返还原物纠纷案,山东省济南市中级人民法院民事判决书(2016)鲁01民终3039号。

8. 违背行政规章、地方性法规中蕴含的公序良俗

行政规章、地方性法规不属于本法第153条第1款中的"法律、行政法规的强制性规定"。不过,其通常是为了维护社会公共利益而制定的,民事法律行为违反其中某项规定的,须考量使之有效是否与社会公共利益相冲突。如果施加行政处罚足以维护社会公共利益,则无须认定民事法律行为无效①。反之,如果民事法律行为的生效及履行显然有损于社会公共利益,则应认定其违反公序良俗,无效。②

(四)民事法律行为违背公序良俗的法律效果

依本法第153条第2款之规定,民事法律行为违背公序良俗的,无效。民事法律行为虽因背俗而无效,为履行其所创设的债务而实施的票据行为并不必然无效。基于无因原则,该票据行为的效力不取决于原因行为。当然,如果该票据行为本身违背公序良俗,则其亦为无效。③

(五)证明责任

关于民事法律行为是否违背公序良俗,由主张其违背公序良俗的当事人负责证明存在导致背俗的事实。

第一百五十四条 【恶意串通的民事法律行为】行为人与相对人恶意串通,损害他人合法权益的民事法律行为无效。

本条规定恶意串通的民事法律行为无效。与原《民法通则》第58条第1款第4项以及原《合同法》第52条第2项相比,本法第154条的变化主要在于删除了"国家、集体"。

实际上,恶意串通规则并无独立存在的必要。恶意串通的民事法律行为可以适用欺诈、双方代理、无权处分、债权人撤销权等规则。对于这些规则无法涵盖的案型,可以适用本法第153条第2款之规定。从比较法看,在德国的判例与学说中,恶意串通损害他人利益的行为本来就是《德国民法典》第138条适用的重要领域,依该条之规定,违背善良风俗的法律行为无效。比如,第三人与债务人订立合同,刻意引诱债务人违约。④ 再如,代理人与第三人串通(Kollusion)实施对被代理人不利的法律行为,此时,关于第三人给予

---

① 参见长沙亚兴置业发展有限公司与北京师大安博教育科技有限责任公司合作合同纠纷案,最高人民法院民事判决书(2015)民二终字第117号。
② 参见安徽省福利彩票发行中心与北京德法利科技发展有限责任公司营销协议纠纷案,最高人民法院民事判决书(2008)民提字第61号。
③ Vgl. Staudinger/Sack (2004), §138 Rn. 140-144.
④ Vgl. MünchKomm/Christian Armbrüster (2006), §138 Rn. 96.

代理人某种好处的约定以及代理之法律行为本身均因违背善良风俗而无效。① 就我国民法而论,本法第 153 条第 2 款已经规定违背公序良俗的民事法律行为无效。对于实践中可能存在的其他类型恶意串通法律行为而言,完全可以适用该款规定。鉴于此,解释论上,应将本条解释为本法第 153 条第 2 款的特别规定。② 从本质上看,恶意串通法律行为就是违背公序良俗之民事法律行为的一个类型。因此,实践中适用本法第 154 条判定民事法律行为无效时,必须兼顾第 153 条第 2 款中违背公序良俗之民事法律行为的要件。

第一百五十五条 【自始无效】无效的或者被撤销的民事法律行为自始没有法律约束力。

人民法院判决或者仲裁机构裁决撤销民事法律行为的,才发生撤销之法律后果③。与此不同,民事法律行为无效是当然无效,无论是否由人民法院判决或仲裁机构裁决宣告民事法律行为无效,该民事法律行为皆为无效。④ 对于无效民事法律行为,不仅当事人可以主张其无效,任何其他人也可以主张其无效,人民法院在诉讼中发现民事法律行为无效的,应依职权认定其无效⑤。

依本条规定,民事法律行为无效是指自始无效⑥,因撤销而丧失效力亦然⑦。不过,有一种颇具影响力的学说认为,对于旨在创设继续性债务关系的民事法律行为而言,有时应当判定非溯及无效。比如违反强制性(禁止性)法律规定的劳动合同、合伙合同,已经履行的那段期间有效,双方不必依据不当得利规则返还给付,可按有效合同关系处理⑧。我国《劳动合同法》第

---

① BGH NJW 1989,26;MünchKomm/Karl-Heinz Schramm (2006),§164 Rn. 107.
② 类似观点参见李宇:《新桃换旧符:民法总则上的恶意串通行为无效规范》,载《学术月刊》2017 年第 12 期;李永军:《法律行为无效原因之规范适用》,载《华东政法大学学报》2017 年第 6 期;朱广新:《恶意串通行为无效规定的体系地位与规范构造》,载《法学》2018 年第 7 期;龙卫球、刘保玉主编:《中华人民共和国民法总则释义与适用指导》,中国法制出版社 2017 年版,第 549 页。
③ 参见日照同胜投资担保有限公司与日照真诺生物科技有限公司、张某某等追偿权纠纷案,山东省高级人民法院民事判决书(2015)鲁商终字第 53 号。
④ 参见王泽鉴:《民法总则》,北京大学出版社 2009 年版,第 459 页。
⑤ 参见凤凰县国土资源局与湖南德夯电力有限责任公司建设用地使用权出让合同纠纷案,最高人民法院民事判决书(2014)民一终字第 277 号。
⑥ 参见中利腾晖光伏科技有限公司与青海世纪能源科技发展有限公司建设工程施工合同纠纷案,最高人民法院民事判决书(2015)民一终字第 144 号。
⑦ 参见南京九竹科技实业有限公司管理人与南京厚和机电科技有限公司专利权权属纠纷、专利权转让合同纠纷案,江苏省高级人民法院民事判决书(2016)苏民终 1223 号。
⑧ Vgl. Staudinger/Sack (2004),§134 Rn. 102.

28条与《城镇房屋租赁合同解释》第4条中规定的参照相关标准支付劳动报酬或房屋占有使用费并不意味着将已经履行的那段期间的合同视为有效,就是合同无效后的不当得利返还具体方式。

3　按照本法第1054条第1句的规定,婚姻的无效或者被撤销也具有溯及力。有学者主张身份行为的撤销不应该具有溯及力,[①]立法机关相关人士则认为应坚持撤销具有溯及力之传统[②]。

4　主张民事法律行为已经因撤销而丧失法律效力的当事人须证明该民事法律行为已被撤销,即人民法院关于撤销之判决或者仲裁机构关于撤销之裁决已经生效。

第一百五十六条　【部分无效】民事法律行为部分无效,不影响其他部分效力的,其他部分仍然有效。

一、构成要件

1　适用本条规定的第一个前提是系争民事法律行为已经成立,否则就无须判断其究竟是部分无效抑或全部无效。第二个前提是系争民事法律行为部分内容存在无效事由。无效事由的具体类型如何,在所不问。第三个前提是系争民事法律行为具有可分性。所谓可分性包括客观可分性、主观可分性、量的可分性[③]。客观可分性最典型的是合同部分条款存在无效事由,比如合同中的免责条款违反本法第506条之规定。主观可分性是指民事法律行为的一方或者双方当事人有数个,无效事由涉及其中一个人。量的可分性(Quantitative Teilbarkeit)是指民事法律行为中的期限、数额、范围等超出法律允许的限度,超额部分具备无效事由。[④] 比如民间借贷合同约定的年利率超过法定最高利率,则超出部分利息与未超出部分利息是可分的。[⑤]

二、法律效果

2　民事法律行为的部分内容存在无效事由究竟导致全部无效抑或部分无效,主要取决于假定的当事人意思(Hypothetischer Parteiwille)。关键是,依诚实信用并且理性考量双方利益,当事人如果知道真实情况,将会作出什么样的决定。如果据此可以确定,除去无效部分,当事人仍然愿意缔结仅包含剩

---

① 参见李宇:《民法总则要义:规范释论与判解集注》,法律出版社2017年版,第731页。
② 参见石宏主编:《中华人民共和国民法总则:条文说明、立法理由及相关规定》,北京大学出版社2017年版,第369页。
③ Vgl. Staudinger/Roth (2004), §139 Rn. 63.
④ Vgl. Staudinger/Roth (2004), §139 Rn. 64–70.
⑤ 石宏主编:《中华人民共和国民法总则:条文说明、立法理由及相关规定》,北京大学出版社2017年版,第371页。

余部分内容的民事法律行为,则应判定该民事法律行为部分无效部分有效。① 在多数情况下,依据假定的当事人意思,民事法律行为部分无效不应影响其他部分之效力。

涉及主给付义务的合同条款无效时,合同应全部无效。比如,买卖合同中出卖人移转标的物所有权的义务违反禁止性法律规定,即便受人的价款义务不违反禁止性法律规定,其本身也不构成一项独立的合同,无从发生效力②。

三、证明责任

主张民事法律行为部分无效的当事人须就该部分存在无效事由负担证明责任。主张部分无效不影响民事法律行为其余部分之效力的当事人须证明存在相关事实,通过对该事实予以评价足以认定,即便除去无效部分,当事人仍然愿意缔结仅包含剩余部分内容的民事法律行为③。

第一百五十七条 【民事法律行为无效时的返还与赔偿义务】民事法律行为无效、被撤销或者确定不发生效力后,行为人因该行为取得的财产,应当予以返还;不能返还或者没有必要返还的,应当折价补偿。有过错的一方应当赔偿对方由此所受到的损失;各方都有过错的,应当各自承担相应的责任。法律另有规定的,依照其规定。

一、民事法律行为无效情形中的物权请求权及相关请求权

以让与物权为给付内容的民事法律行为无效的,如果物权让与行为已经实施完毕,发生何种法律后果,取决于民法上采用何种物权变动规范模式。如果民法采用物权行为无因原则,仅负担行为无效,处分行为有效,受让人取得物权,让与人只能向受让人请求返还不当得利,即请求受让人将所取得的物权依处分行为再转让给让与人。返还的客体是物权。反之,如果民法不采用物权行为无因原则,法律行为无效的,受让人未取得物权,让与人仍然是物权人。让与不动产物权的,受让人被登记为物权人,但实际上其并非物权人,构成错误登记,让与人享有更正登记请求权。受让人不仅被登记为物权人,而且已经占有不动产的,构成无权占有,仍然享有物权的让与人对受让人享有所有物返还请求权或类似的物权请求权。让与动产物权且受让人已经

---

① Vgl. Staudinger/Roth (2004), §139 Rn. 75.
② Vgl. Werner Flume, Allgemeiner Teil des bürgerlichen Rechts, Bd. 2. Das Rechtsgeschäft,4. Aufl. ,1992, S. 574.
③ Vgl. MünchKomm/Busche (2006), §139 Rn. 35; Staudinger/Roth (2004), §139 Rn. 79.

取得占有的,构成无权占有,让与人对受让人享有所有物返还请求权或类似的物权请求权。

2　　我国民法未规定物权行为无因原则,学界通说认为我国民法未采用物权行为无因原则,[1]所以,以让与物权为给付内容的民事法律行为无效的,如果已经交付标的物且该标的物依然存在[2],让与人对受让人享有的返还请求权在性质上是物权请求权[3]。让与的物权是所有权的,让与人对受让人享有所有物返还请求权。如果让与的物权是需要移转占有的他物权,则让与人对受让人享有基于他物权的占有返还请求权,比如基于建设用地使用权或质权的占有返还请求权。二者统称为物权性的返还原物请求权。

3　　民事法律行为无效情形中,"返还财产"除了包括返还标的物的占有之外,还包括返还该标的物产生的收益。此外,标的物毁损灭失导致不能返还的,还涉及损害赔偿责任,即本条第1句第2分句所谓的折价补偿。返还义务人为标的物支出费用的,还涉及费用偿还义务。以收益返还、费用偿还、损害赔偿为内容的法律关系被称为所有人—占有人关系。关于所有物返还请求权以及所有人—占有人关系中的请求权,将在本法第235条以及第459条、第460条的评注中予以阐述。

二、民事法律行为无效情形中的不当得利返还请求权

4　　在民事法律行为无效情形中,如果一方当事人已经作出的给付是提供劳务或者容忍对方当事人使用标的物,则对方当事人无法依原状返还该给付,只能返还不当得利。这也属于本法第157条第1句第2分句"不能返还或者没有必要返还"之情形[4]。如果一方当事人已经作出的给付是支付金钱,对方当事人通常也仅负担不当得利返还义务。

5　　关于不当得利返还请求权参见本法第122条与第985条之评注,此处不

---

[1] 参见梁慧星、陈华彬:《物权法》(第四版),法律出版社2007年版;王利明:《物权法研究(上卷)》(第三版)(上),中国人民大学出版社2013年版,第252页;崔建远:《物权法》,中国人民大学出版社2009年版,第49页。

[2] 有学说认为,如果标的物是种类物,交付后灭失的,受让人应当返还同等数量的同种类物。此种观点值得商榷。参见石宏主编:《中华人民共和国民法总则:条文说明、立法理由及相关规定》,北京大学出版社2017年版,第372页。

[3] 参见沈德咏主编:《〈中华人民共和国民法总则〉条文理解与适用(下)》,人民法院出版社2017年版,第1032页;李宇:《民法总则要义:规范释论与判断集注》,法律出版社2017年版,第740页;陈甦主编:《民法总则评注(下册)》,法律出版社2017年版,第1106页(朱晓喆执笔);王利明主编:《中华人民共和国民法总则详解(下册)》,中国法制出版社2017年版,第690页(冉克平执笔)。

[4] 沈德咏主编:《〈中华人民共和国民法总则〉条文理解与适用(下)》,人民法院出版社2017年版,第1033页(认为这种情形属于"没有必要返还")。

再赘述。

三、民事法律行为无效情形中的缔约过失责任

依据本法第157条第2句之规定,民事法律行为无效的,有过错的一方应当赔偿对方由此所受到的损失。此处损害赔偿责任包括缔约过失责任[①]。在缔约过程中,基于诚实信用原则,当事人负担先合同义务,因过错违反先合同义务导致对方当事人遭受损失的,须赔偿损失。该句规定与本法第500条之规定存在重叠之处。相较之下,本法第500条的适用范围更为广泛,既适用于合同无效之情形,也适用于合同不成立之情形,甚至还可以适用于合同有效之情形。本法第157条第2句仅适用于民事法律行为无效之情形。因此,就缔约过失责任而言,本法第157条第2句与本法第500条是特别法与一般法的关系[②]。

从逻辑上看,此处民事法律行为既包括合同,也包括单方法律行为。单方法律行为无效也可能造成对方当事人损失。比如,买受人享有合同解除权,向出卖人作出解除合同的意思表示。出卖人以为合同已经丧失效力,遂将标的物另行出售给第三人。如果买受人在行使解除权时发生重大误解,本欲解除合同A,但却表示解除合同B,事后将解除之意思表示撤销,并请求出卖人继续履行合同,出卖人因重新准备履行合同而发生额外费用的,有权请求买受人赔偿损失。此项损害赔偿责任并非缔约过失责任,不能为本法第500条所涵盖,只能适用本法第157条第2句之规定。

当事人因缔约过失导致合同无效的,须赔偿对方当事人因此遭受的损失。赔偿目标是使对方当事人处于假如没有缔约过失其本应具有的利益状态。一般而言,须赔偿的是消极利益损失,即因缔约过失导致对方当事人的利益减少。个别情况下,对方当事人也可以请求赔偿积极利益损失。如果赔偿内容是消极利益损失,除非有特别规定,否则赔偿数额不以积极利益(履行利益)为限。[③] 赔偿积极利益损失如:合同按照法律规定必须经过行政机关批准,一方当事人未及时准备充分的材料或者对合同内容予以修改,导致行政机关作出不予批准的决定,合同未能生效,对方当事人可以请求违反先

[①] 有学说认为该损害赔偿责任并非缔约过失责任,而是侵权责任。参见李宇:《民法总则要义:规范释论与判解集注》,法律出版社2017年版,第740页。

[②] 相同观点参见孙维飞:《〈合同法〉第42条(缔约过失责任)评注》,载《法学家》2018年第1期。

[③] Vgl. Münchkomm/Emmerich (2007), §311 Rn. 261. 相反观点参见 Staudinger/Löwisch (2004), §311 Rn. 139.

合同义务的当事人赔偿本来可以从该合同中获得的利润损失(履行利益损失)①。有学说主张,在一方当事人就标的物品质欺诈另一方当事人的情形中,受欺诈方撤销合同后可以请求欺诈方赔偿履行利益损失②。如果合同因违反禁止性法律规定或者违背公序良俗而无效,即便一方当事人知道合同违法或背俗而未告知另一方当事人,后者也只能请求赔偿消极利益损失,不能请求赔偿履行利益损失③,因为这样的合同本来就不可能生效。

9 对于合同的无效,如果相对人也有过错,按照与有过失(过失相抵)规则,相对人应分担部分损失。有学说认为,合同因违反禁止性法律规定而无效的,如果双方当事人都是故意违法,无论故意程度轻重如何,相互间均无权请求赔偿损失④。

10 关于缔约过失责任的其他具体问题,参看本法第500条的评注。

第四节 民事法律行为的附条件和附期限

第一百五十八条 【附条件的民事法律行为】民事法律行为可以附条件,但是根据其性质不得附条件的除外。附生效条件的民事法律行为,自条件成就时生效。附解除条件的民事法律行为,自条件成就时失效。

一、附条件的容许性

1 私法自治一方面意味着当事人自己决定民事法律行为的内容,另一方面也意味着自己决定民事法律行为在何种条件下发生效力。因此,附条件是当事人对民事法律行为效力进行自我控制的手段。无论负担行为抑或处分行为,⑤皆可附条件。附条件为民事法律行为的附款。

2 某些民事法律行为不得附条件,学理上称此类民事法律行为之附条件不具备容许性(Zulässigkeit)⑥。不具备容许性的原因主要有两种。其一,维护公共秩序。比如,为维护伦理秩序,结婚、离婚不得附条件。财产法上的某些

---

① Vgl. Münchkomm/Emmerich (2007), §311 Rn. 275;王文胜:《论合同生效前当事人的协作义务——以经批准或登记后生效的合同为例》,载《私法研究》2012年第1期;孙维飞:《〈合同法〉第42条(缔约过失责任)评注》,载《法学家》2018年第1期。
② 参见尚连杰:《合同撤销与履行利益赔偿》,载《法商研究》2017年第5期。
③ 参见凤县国土资源局与湖南德夯电力有限责任公司建设用地使用权出让合同纠纷案,最高人民法院民事判决书(2014)民一终字第277号。
④ 参见沈德咏主编:《〈中华人民共和国民法总则〉条文理解与适用(下)》,人民法院出版社2017年版,第1034页。
⑤ 参见邓某与海南碧桂园房地产开发有限公司合同纠纷案,最高人民法院民事判决书(2020)最高法民终207号(免责的债务承担附条件)。
⑥ Vgl. Brox/Walker, Allgemeiner Teil des BGB, 44. Aufl. ,2020, S. 224(§21 Rn. 8)。

民事法律行为也不得附条件,如不动产所有权的处分行为,为确保不动产登记簿记载的清晰度以及不动产物权关系的确定性,不允许附条件①。按照我国《票据法》第 43 条规定,汇票的承兑行为不得附条件。此外,票据背书、票据保证也不得附条件。其二,保护相对人。介入他人财产关系的单方民事法律行为通常不得附条件。此类行为主要指行使形成权的民事法律行为。②抵销权(本法第 568 条第 2 款)、解除权、追认权、买回权、优先购买权、选择权的行使等民事法律行为原则上皆不可附条件。

民事法律行为之附条件欠缺容许性的,原则上导致民事法律行为本身无效,例外情况下,民事法律行为视为未附条件而发生效力。③ 在《票据法》第 33 条第 1 款与第 48 条规定中,附条件欠缺容许性仅导致条件无效,民事法律行为本身的效力不受影响。

二、条件的构成要件

通说认为,条件须符合如下构成要件。

首先,条件是未来的不确定事实。如果当事人将达成民事法律行为时已经发生的事实或者已经确定不发生的事实作为条件,即学理上所谓既成条件,由于欠缺不确定性,所以并非真正意义上的条件④。此外,虽为未来事实,但其发生是必然的,只是发生时间或早或晚,也不构成条件。此即学理上所谓必成条件⑤。民事法律行为包含必成条件的,应解释为附始期民事法律行为。

其次,条件具有意定性。如果法律规定民事法律行为的生效以特定事实为前提,则不构成条件。此即学理上所谓的法定条件。即便当事人将法定条件当作民事法律行为的内容予以约定,依然不构成附条件民事法律行为。

再次,构成条件的事实不包括一方当事人的意思表示。将一方当事人的意思表示约定为民事法律行为之条件者,属于学理上所谓意愿条件(Wollensbedingung)。意愿条件究竟是否构成民事法律行为条件,存在争议。

---

① Vgl. Larenz/Wolf, Allgemeiner Teil des bürgerlichen Rechts, 9. Aufl. , 2004, S. 919.
② Vgl. Medicus/Petersen, Allgemeiner Teil des BGB, 11. Aufl. , 2016, S. 367.
③ Vgl. Werner Flume, Allgemeiner Teil des bürgerlichen Rechts, Bd. 2: Das Rechtsgeschäft, 4. Aufl. , 1992, S. 698.
④ 参见王泽鉴:《民法总则》,北京大学出版社 2009 年版,第 400 页。
⑤ 参见郑玉波:《民法总则》,中国政法大学出版社 2003 年版,第 382 页。

通说持否定立场,①少数学者主张意愿条件构成民事法律行为条件②。通说可资赞同。

7　　最后,条件须为民事法律行为生效与否的前提。一方面,条件所决定的是民事法律行为的效力而非民事法律行为是否成立。如果双方当事人约定"本合同自双方签字盖章时生效",则不构成附生效(停止)条件民事法律行为。因为,按照本法第490条第1款的规定,当事人采用合同书形式订立合同的,签章前合同尚未成立,不能附生效(停止)条件。③另一方面,条件影响的是民事法律行为本身的效力,这使民事法律行为的条件区别于某一项义务的履行条件。

三、条件的种类

(一)生效条件与解除条件

8　　民事法律行为之条件首先可以分为生效条件与解除条件。生效条件,亦称停止条件、延缓条件,是指使民事法律行为的生效取决于未来不确定事实之发生的条件。在该事实发生前,民事法律行为虽已成立,但尚未生效。例如,借款合同中约定,借款人或担保人涉及重大诉讼的,贷款视为提前到期。此为附生效条件的合同变更合意,借贷双方已经达成对债务履行期予以变更(提前到期)的合意,"涉及重大诉讼"这一条件成就的,该合意即发生效力④。解除条件是指使民事法律行为效力的存续取决于未来不确定事实之不发生的条件。在该事实发生前,民事法律行为已经生效,但该事实的发生导致民事法律行为丧失效力。

(二)偶成条件、任意条件与混合条件

9　　偶成条件是指其成就与否取决于当事人意思之外的偶然事实之条件。例如,出生、股价涨跌等。任意条件(Potestativbedingung)是指使民事法律行为效力取决于一方当事人之自由行为的条件。例如,所有权保留买卖中买受人的付款行为。混合条件是指使民事法律行为效力取决于一方当事人之自

---

① Vgl. Medicus/Petersen, Allgemeiner Teil des BGB, 11. Aufl. , 2016, S. 361; Larenz/Wolf, Allgemeiner Teil des bürgerlichen Rechts, 9. Aufl. , 2004, S. 917; Werner Flume, Allgemeiner Teil des bürgerlichen Rechts, Bd. 2: Das Rechtsgeschäft, 4. Aufl. , 1992, S. 680.

② Vgl. Enneccerus/Nipperdey, Allgemeiner Teil des Bürgerlichen Rechts, 15. Aufl. , 1960, S. 1190; Wolfgang Brehm, Allgemeiner Teil des BGB, 6. Aufl. , 2008, S. 228 - 229.

③ 参见北京居然之家投资控股集团有限公司与马鞍山市煜凯丰房地产开发有限公司房屋租赁合同纠纷案,最高人民法院民事裁定书(2020)最高法民申6019号。

④ 参见盛京银行股份有限公司沈阳市民主支行与天津钢管公司东油销售处、沈阳中油天宝(集团)物资装备有限公司等金融借款合同纠纷案,最高人民法院民事判决书(2016)最高法民终146号。

由意志与其他因素相结合的条件。例如,以一方当事人与第三人结婚为条件。

四、条件的成就与不成就

条件成就的法律效果在于,附生效条件民事法律行为于条件成就时发生效力,附解除条件民事法律行为于条件成就时丧失效力。条件成就没有溯及力,不能导致附生效条件民事法律行为自成立时发生效力,也不能导致附解除条件民事法律行为自始无效。对本条中的"自条件成就时生效""自条件成就时失效"等立法表述进行文义解释即可得出上述结论。当然,依私法自治原则,当事人可以达成溯及力特约,约定条件成就的效果发生于条件成就之前,既可以是民事法律行为成立之时,也可以是民事法律行为成立之后条件成就之前的某一时点。

尽管附生效条件民事法律行为自条件成就时才发生效力,但当事人的权利能力、行为能力、法定代理人的同意、善意与否以及对某一事实是否知情等影响民事法律行为成立或生效的人格因素仍以民事法律行为缔结之时而非以条件成就之时为判断时点。①

解除条件成就时,民事法律行为丧失效力。当事人之间的关系如何了断,需要区别对待。如果基于民事法律行为形成了继续性债务关系,则解除条件成就导致继续性债务关系终止。如果基于民事法律行为形成了非继续性债务关系,则解除条件成就时,债务关系消灭,同时发生清算关系。以买卖合同为例,债务已经履行的,买受人保有买卖物之占有以及所有权的合法原因不再存续,应向出卖人返还不当得利,将占有以及所有权返还出卖人。反之,出卖人保有价款的合法原因不再存续,应向买受人返还不当得利。由于条件成就的法律效果没有溯及力,所以买受人无须返还条件成就前买卖物产生的用益,出卖人也无须支付价款的利息。②

条件不成就导致附生效条件民事法律行为确定不能生效,或者导致附解除条件民事法律行为确定继续发生效力。

五、条件成否未定期间当事人的法律地位

附条件民事法律行为从成立起至条件成就或不成就时的期间被称为"条件成否未定期间"。在此期间,条件成就之法律效果虽然尚未发生,但因将来条件成就而受益的一方当事人已经获得法律保护。这种受保护的法律

---

① Vgl. Larenz/Wolf, Allgemeiner Teil des bürgerlichen Rechts, 9. Aufl., 2004, S. 921.
② Vgl. Larenz/Wolf, Allgemeiner Teil desbürgerlichen Rechts, 9. Aufl., 2004, S. 922f. S. 922 – 923.

地位意味着受益方因条件成就所能取得或者回复的权利不因对方的行为而受到阻碍或者损害。基于这种保护,受益人可以合法地期待条件成就。受益人的此种法律地位被称为"期待权"。①

15 　　条件成否未定期间的法律地位体现在两个方面。首先,受益人因条件成就所能取得或者回复的权利被相对人在条件成否未定期间之过错行为损害的,受益人在条件成就的情况下享有损害赔偿请求权。其次,附条件处分行为在条件成否未定期间,权利人的处分权受限制。附生效条件处分行为的处分人在条件成就前仍为处分客体之权利人,其将处分客体再次处分给第三人的,该处分被称为"中间处分"。如果条件成就,中间处分有害于受益人因条件成就取得之权利的,不发生效力。但第三人为善意的,中间处分有效,结果如同善意取得。附解除条件处分行为的受让人在条件成就前已经取得处分客体之权利,其与第三人所为的中间处分在条件成就的情况下同样不发生效力。

16 　　我国民法未明文规定附条件民事法律行为受益人的上述法律地位,构成法律漏洞,应当予以漏洞填补。

第一百五十九条　【条件成就和不成就的拟制】附条件的民事法律行为,当事人为自己的利益不正当地阻止条件成就的,视为条件已经成就;不正当地促成条件成就的,视为条件不成就。

一、条件的拟制成就

1 　　条件成就可以分为自然成就与拟制成就。自然成就,是指条件在当事人未加不当干预的情况下依事物的自然进程而成就。拟制成就,是指因一方当事人的不当干预导致条件未能自然成就的情况下,法律直接规定条件视为已成就。本条第1分句规定了条件的拟制成就。其中的"当事人"是指因条件成就而受不利益之当事人,其阻止条件成就之行为违背诚实信用原则的,应通过拟制成就使其承担不利后果。通说认为,拟制成就不适用于任意条件②。构成任意条件的事实是否发生本来就取决于一方当事人的自由决定,因此,该方当事人即便故意拖延、懈怠以至于该事实未能发生,也是其自由选择的结果,不违背诚实信用原则。

---

① 参见[德]维尔纳·弗卢梅:《法律行为论》,迟颖译,法律出版社2013年版,第838页。
② Vgl. Werner Flume, Allgemeiner Teil des bürgerlichen Rechts, Bd. 2: Das Rechtsgeschäft, 4. Aufl., 1992, S. 721;[德]迪特尔·梅迪库斯:《德国民法总论》,邵建东译,法律出版社2013年版,第632页。

二、条件的拟制不成就

条件的不成就也分为自然不成就与拟制不成就。拟制不成就,是指因一方当事人的不当干预导致条件成就的情况下,法律直接规定条件视为不成就。本条第2分句规定了条件的拟制不成就。其中的"当事人"是因条件成就而获益的当事人,其促成条件成就的不当干预行为违背诚实信用原则。

第一百六十条 【附期限的民事法律行为】**民事法律行为可以附期限,但是根据其性质不得附期限的除外。附生效期限的民事法律行为,自期限届至时生效。附终止期限的民事法律行为,自期限届满时失效。**

一、期限的意义与分类

附期限使法律行为效力发生或者消灭的时间取决于将来确定事实。该事实的发生是确定的,但具体何时发生可能不确定。前者如一段预定期间的经过或者某个时点的到来,可谓确定期限。后者如约定以某人死亡时为法律行为生效时点,死亡是必然的,但具体何时死亡则不确定,可谓不确定期限。

具有法律意义的期限分类是始期与终期。本条将始期称为"生效期限"。附始期法律行为于期限届至时发生效力,如约定"租赁合同自2020年6月1日生效"。附终期法律行为于期限届至时丧失效力,如约定"租赁合同(或租期)至2020年9月30日终止"。

与附条件法律行为一样,出于公共利益等因素的考虑,某些法律行为也不得附期限。例如,结婚不得附终期,不动产所有权让与不得附终期。附期限法律行为的当事人在期限届至前也有保护必要,对此,可准用附条件法律行为"预先效力"之规则。

二、期限与清偿期的区别

法律行为的期限与债务清偿期不同。附始期法律行为在期限届至前,债务尚未发生。反之,未届清偿期的债务已经发生,只是债权人无权请求履行而已。第一种情形中的债权是未来债权,第二种情形中的债权并非未来债权。二者区分的实践意义在于,债务人清偿了未届清偿期债务的,无权请求债权人返还不当得利;反之,附始期法律行为在期限届至前,"债务人"清偿了债务的,有权请求"债权人"返还不当得利[①]。

---

① Vgl. MünchKomm/Harm Peter Westermann (2006), §163 Rn. 3.

第七章 代 理

第一节 一般规定

第一百六十一条 【代理适用范围】民事主体可以通过代理人实施民事法律行为。

依照法律规定、当事人约定或者民事法律行为的性质,应当由本人亲自实施的民事法律行为,不得代理。

一、代理的概念

1　　代理是指代理人以被代理人名义作出意思表示或者受领意思表示,其法律效果直接归属于被代理人。代理中的意思表示如果是需受领意思表示,则代理涉及三方当事人:代理人、被代理人、相对人。代理人既可以是自然人,也可以是法人或者非法人组织。① 被代理人也称为本人,相对人也称为第三人。代理关系表现为三角结构,存在三组关系。一是代理人与被代理人之间的关系,即代理权关系,此为代理的内部法律关系。二是被代理人与相对人之间的关系,代理人实施的法律行为在被代理人与相对人之间发生效力,被代理人是法律行为的当事人,由此形成的权利义务关系是代理的外部法律关系。三是代理人与相对人之间的关系,在无权代理情形中,涉及代理人向相对人承担的责任。

二、代理的构成要件

(一)代理人实施法律行为

2　　代理适用于法律行为,不适用于事实行为。法律行为以意思表示为要件,所以适用代理,事实行为不以意思表示为要素,所以不适用代理。准法律行为也是表示行为,与法律行为存在类似之处,所以准用代理。代理人须独立对外实施法律行为,包括独立对外作出意思表示和独立受领意思表示。就意思表示的作出而论,所谓独立,是指代理人对于代理事项自己形成意思并将其表达于外部。代理区别于传达。传达人只是将表意人已经形成的意思表示转达于相对人,其对表示内容的形成并无决定自由。学理上甚至把传达人称为表示工具②。反之,代理人对表示内容的形成有决定自由。

---

① 参见吴某与蒲某股权转让纠纷案,最高人民法院民事判决书(2019)最高法民终1110号以及西藏自治区高级人民法院民事判决书(2017)藏民初12号。
② 参见王泽鉴:《民法总则》,北京大学出版社2009年版,第416页。

(二)代理的公开性

关于代理的公开性,详见第162条评注。

(三)代理事项的容许性

个别类型的法律行为不适用代理,只能由当事人自己为之。按照本条第2款的规定,不适用代理的情形包括法定不得代理、约定不得代理以及依行为性质不得代理。法定不得代理如按照本法第1049条的规定,结婚应由男女双方亲自到婚姻登记机关申请结婚登记,显然不适用代理。本法第1076条第1款之规定表明协议离婚也不适用代理。依行为性质不得代理的法律行为都是具有较强人身属性的法律行为,如遗嘱、收养、解除收养、成年人意定监护协议等。

第一百六十二条 【代理的效力】代理人在代理权限内,以被代理人名义实施的民事法律行为,对被代理人发生效力。

一、代理的公开(显名)性

本条规定代理的公开性及有权代理的法律效果。代理的公开性也称代理的显名性,即代理人必须以被代理人的名义实施法律行为。公开性的要求意味着只有显名代理(直接代理)的法律效果才能直接归属于被代理人,隐名代理(间接代理)的法律效果不能直接归属于被代理人。此为代理的显名原则。

"以他人名义"并不意味着代理人实施法律行为时必须明确地说出或者写出被代理人的名字(名称)。采用这种做法的是明示的显名代理。除此之外,民法也承认默示的显名代理,即行为当时的相关情事表明代理人以另一个人的名义行事,甚至不要求当时可得而知被代理人的名字,只要事后可以确定其名字即可[1]。"相关情事"包括代理人的社会地位、先前曾经以被代理人的名义作出意思表示、[2]代理所涉标的物的特殊性等。本法第925条规定的就是默示的显名代理。本法第926条规定的才是真正的隐名代理。[3]

二、代理的法律效果

某人实施的法律行为构成有权代理的,该法律行为归属于被代理人,由被代理人承担有利或者不利的法律效果。前提是系争法律行为的实施符合

---

[1] Vgl. MünchKomm/Karl Heinz Schramm (2006), § 164 Rn. 18.
[2] 参见招银金融租赁有限公司与郭某等融资租赁合同纠纷案,最高人民法院民事判决书(2017)最高法民申391号。
[3] 参见杨代雄:《〈民法总则〉中的代理制度重大争议问题》,载《学术月刊》2017年第12期。

代理的构成要件而且代理人在代理权范围内行事。否则,不发生法律行为归属。

4 　　代理人作出的意思表示是否存在错误、欺诈、胁迫等瑕疵,原则上应以代理人为准予以判定。如果意思瑕疵存在于被代理人身上,则仅在如下情形中才可能影响法律行为的效力。一是被代理人在实施授权行为时存在错误、被欺诈或者被胁迫等情况,被代理人有权撤销授权行为。[1] 撤销导致授权行为丧失效力,代理人实施的法律行为构成无权代理,效力待定。二是代理人按照被代理人的特定指示实施法律行为,就指示内容,被代理人存在意思瑕疵。此时被代理人的意思瑕疵导致法律行为效力障碍[2]。

5 　　民法上很多情形中行为的效果取决于当事人是否知道或者应当知道某种情况,如动产善意取得要求受让人不知道且不应当知道让与人没有处分权,表见代理的成立要求相对人不知道且不应当知道代理人欠缺代理权。一方当事人采用代理方式实施法律行为的,其是否"知道或者应当知道",原则上以代理人为准予以判定,此为"知情归属"(Wissenszurechnung)规则。例外是代理人按照被代理人的特定指示实施法律行为,此时,被代理人自己的知道或者应当知道影响法律行为的效果。

第一百六十三条　【代理的类型】代理包括委托代理和法定代理。

委托代理人按照被代理人的委托行使代理权。法定代理人依照法律的规定行使代理权。

第一百六十四条　【代理职责的违反】代理人不履行或者不完全履行职责,造成被代理人损害的,应当承担民事责任。

代理人和相对人恶意串通,损害被代理人合法权益的,代理人和相对人应当承担连带责任。

第二节　委托代理

第一百六十五条　【授权委托书】委托代理授权采用书面形式的,授权委托书应当载明代理人的姓名或者名称、代理事项、权限和期限,并由被代理人签名或者盖章。

一、代理权授予行为的概念与形式

1 　　本条规定代理权授予行为。代理权授予行为是单方法律行为,由被代理

---

[1] Vgl. Palandt/Jürgen Ellenberger (2020), §166 Rn. 3.
[2] Vgl. MünchKomm/Karl Heinz Schramm (2006), §166 Rn. 59.

人作出授予代理权的意思表示。代理权授予的方式包括内部授权与外部授权。内部授权即由被代理人向代理人作出授予代理权的意思表示,外部授权即由被代理人向第三人(法律行为的相对人)作出授予某人代理权的意思表示。例如,股权受让人甲向股权让与人乙出具授权委托书,载明"本人全权委托丙前来办理股权收购事宜"。① 无论内部授权抑或外部授权,授权意思表示皆为需受领的意思表示。内部授权意思表示由代理人受领,外部授权意思表示由第三人受领。因内部授权而取得的代理权在学理上被称为内部代理权,因外部授权而取得的代理权在学理上被称为外部代理权。② 授权意思表示可以是明示的,也可以是默示的,后者主要适用于内部授权。例如,把包含必要外部接触的业务经营交给某人,或者把某一项通常涉及代理权的任务交给某人③。

通说认为,代理权授予行为并无排他效力,授权后,授权人仍然可以就授权事项自己实施法律行为。④ 代理权授予行为可以附条件或者附期限⑤。

代理权授予行为通常属于非要式法律行为,被代理人可以自由决定采用书面形式、口头形式或者其他形式。本条规定授权委托书的基本内容,但"采用书面形式的"这一表述表明授权行为并非必须采用书面形式。在若干例外情形中,法律明确规定代理人必须持有授权委托书,据此,代理权授予行为属于要式法律行为。如《政府采购法》第43条第2款规定,政府采购代理机构应当提交授权委托书,《公司法》第106条规定,股东的代理人应当向公司提交授权委托书,《企业破产法》第59条第4款规定,债权人的代理人出席债权人会议时应当提交授权委托书。

二、代理权授予行为与原因行为的关系

意定代理人与被代理人之间往往存在委托、雇佣或劳动合同关系。代理权授予行为与此类合同之间在法律上究竟是什么关系,存在争议。1866年,德国法学家拉邦德认为应当区分代理权授予行为与委托合同,二者在发生、

---

① 案例参见薛某某与陆某某、江苏苏浙皖边界市场发展有限公司、江苏明恒房地产开发有限公司委托代理合同纠纷案,最高人民法院民事判决书(2013)民一终字第138号。
② Vgl. Staudinger/ Eberhard Schilken (2014),§167 Rn. 12.
③ Vgl. Staudinger/ Eberhard Schilken (2014),§167 Rn. 13.
④ Vgl. Reinhard Bork, Allgemeiner Teil des Bürgerlichen Gesetzbuchs, 4. Aufl. , 2016, S. 571.
⑤ Vgl. MünchKomm/Karl Heinz Schramm (2006),§167 Rn. 7.

权限范围及存续期间等方面不尽相同,是两个互相独立的法律行为。① 此即所谓的代理权授予行为独立性与无因性理论。该理论最终被《德国民法典》所采纳,并且对瑞士、日本、希腊、北欧诸国以及我国台湾地区等大陆法系国家或地区民法产生广泛的影响力,被誉为"法学上之发现"。②

5 本法第163条第2款"委托代理人按照被代理人的委托行使代理权"以及第169条第1款"代理人需要转委托第三人代理的"等立法表述没有严格区分委托与授权。不过,这仅表明我国民法在术语上未对委托与授权予以精确区分,不等于说未区分委托与授权这两种法律行为。从本法第165条"委托代理授权""授权委托书"等用语看,法律上已经把授权本身视为一项法律行为。该条规定授权委托书"由被代理人签名或者盖章",表明我国民法把代理权授予行为定性为单方法律行为,只需被代理人就代理权的授予作出单方意思表示即可,无须代理人在授权委托书上签名或盖章。这使得代理权授予行为区别于作为双方法律行为的委托合同,具有独立性。至于代理权授予行为是否具备无因性,我国民法没有相关规定。在学理上,有不少学者持无因说,③但也有部分学者持有因说④。

6 代理权授予行为可能是代理人与被代理之间的法律行为,也可能是被代理人与第三人之间的法律行为。属于第一种情形的是内部授权,授权意思表示中蕴含了被代理人愿意承受由代理人实施的法律行为之效果的意思表示。属于第二种情形的是外部授权,授权意思表示中蕴含了被代理人愿意承受代理行为之法律效果或者说愿意通过代理人与第三人发生法律关系的意思。外部授权行为应当具有无因性(抽象性),⑤理由如下:首先,外部授权行

---

① Vgl. Laband, Die Stellvertretung bei dem Abschluß von Rechtsgeschäften nach dem allgem. Deutsch. Handelsgesetzbuch, in: Zeitschrift für das gesammte Handelsrecht, Bd. 10, 1866, S. 203-207.

② 参见[德]汉斯·多勒:《法学上之发现》,王泽鉴译,载王泽鉴:《民法学说与判例研究(第四册)》(修订版),中国政法大学出版社2005年版,第4—6页。

③ 参见王利明:《民法总则研究》(第三版),中国人民大学出版社2018年版,第630页;陈甦主编:《民法总则评注(下册)》,法律出版社2017年版,第1239页(郝丽燕执笔);郭明瑞主编:《民法》(第二版),高等教育出版社2007年版,第133页;李建华等编著:《民法总论》,科学出版社2007年版,第192页;迟颖:《意定代理授权行为无因性解析》,载《法学》2017年第1期。

④ 参见梁慧星:《民法总论》(第五版),法律出版社2017年,第240页(该书第三版之前采用无因说);朱庆育:《民法总论》(第二版),北京大学出版社2016年版,第346页;徐国栋主编:《民法总论》,厦门大学出版社2018年版,第262页。

⑤ 相反观点参见许德风:《意思与信赖之间的代理授权行为》,载《清华法学》2020年第3期。

为未必都有原因关系。有时,被代理人与代理人之间并未事先成立委托、雇佣等合同关系,但被代理人已经向第三人作出授予该代理人一项代理权的意思表示。在这种情形中,代理权授予行为只能是无因的。其次,即便在作出外部授权意思表示之前,被代理人与代理人已经缔结委托、雇佣等合同关系,代理权授予行为的效力也不应当受这些原因关系瑕疵的影响,因为外部授权行为毕竟是被代理人与第三人之间的法律行为,而原因行为则是被代理人与代理人之间的法律行为,两种行为的当事人截然不同,其法律效力不能互相影响。

在进行外部告知的内部授权情形中,尽管被代理人只是向代理人作出授权的意思表示,但其将授权之事实以观念通知的方式告知第三人,第三人对该告知行为产生信赖。在这种情形中,对于第三人的信赖,有两种保护方式。一是依表见代理制度保护第三人的信赖,二是依无因原则保护第三人。在表见代理构成要件中"善意"是否成立的证明责任由被代理人承担的情况下,无因原则与表见代理对第三人的保护效果并无实质区别。对于未进行外部告知的内部授权行为,无因原则与表见代理制度的实效存在明显的差别。第三人从无因原则中获得的保护显然多于表见代理制度。从法价值看,在未进行外部告知的内部授权情形中,第三人通常不存在正当信赖,没必要以无因原则对其予以绝对保护,否则有失公平。

三、法律效果

代理权授予行为生效的,代理人取得代理权,此为意定代理权。

四、证明责任

代理人或者相对人主张代理人享有代理权的,须证明被代理人作出了授权意思表示且该意思表示已经到达。

第一百六十六条 【共同代理】数人为同一代理事项的代理人的,应当共同行使代理权,但是当事人另有约定的除外。

一、共同代理权与单独代理权

共同代理权亦称集体代理权(Kollektivvollmacht),是指由数个代理人共同享有并共同行使的代理权。单独代理权是指由一个代理人单独享有并单独行使的代理权。在共同代理权情形中,只有一个代理人行使代理权作出意思表示的,不足以使法律行为归属于被代理人。① 必须由数个代理人共同行

---

① 参见四川省恒基汇通融资理财信息咨询有限公司与周某某确认合同有效纠纷案,四川省高级人民法院民事裁定书(2018)川民申4611号。

使代理权,才能发生法律行为归属。如果被代理人授权数个代理人,但各代理人均有权单独实施代理行为的,则不是共同代理权,而是数个单独代理权并存,学理上将其称为集合代理①。

本条规定表明,数人为同一代理事项意定代理人的,原则上各代理人仅享有共同代理权,仅在另有约定的情况下,各代理人才享有单独代理权,构成所谓的集合代理。至于数人享有法定代理权,②如父母共同担任未成年子女的法定代理人,法律上虽未明确规定为共同代理权,但宜解释为共同代理权。

二、共同代理权的行使方式

数个共同代理人既可以同时向相对人作出内容相同的意思表示,也可以先后向相对人作出内容相同的意思表示。在第二种情形中,直到最后一个共同代理人的意思表示到达相对人时,法律行为才能成立且没有溯及力。③ 每个共同代理人作出的意思表示都必须没有效力瑕疵,欠缺任何一个共同代理人的有效参与,都会导致法律行为不能归属于被代理人。为了促进交易便捷,可以由一个共同代理人对外作出意思表示,其他共同代理人向相对人甚至向实施行为的那个共同代理人表示同意或者追认即可。就受领意思表示而论,任何一个共同代理权人都有权单独受领意思表示,意思表示到达一个共同代理权人的,即发生完全的到达效力。④

第一百六十七条　【违法代理及其法律后果】代理人知道或者应当知道代理事项违法仍然实施代理行为,或者被代理人知道或者应当知道代理人的代理行为违法未作反对表示的,被代理人和代理人应当承担连带责任。

第一百六十八条　【禁止自我代理和双方代理及例外】代理人不得以被代理人的名义与自己实施民事法律行为,但是被代理人同意或者追认的除外。

代理人不得以被代理人的名义与自己同时代理的其他人实施民事法律行为,但是被代理的双方同意或者追认的除外。

一、自己代理与双方代理之禁止

自己代理是指代理人自己与被代理人实施法律行为⑤。此时,代理人一

---

① 参见王泽鉴:《民法总则》,北京大学出版社2009年版,第425页。
② 认为共同监护人无须共同代理的判例参见寇某枝、党某国赠与合同纠纷案,广东省高级人民法院民事裁定书(2020)粤民再182号。
③ Vgl. MünchKomm/Karl Heinz Schramm (2006), § 167 Rn. 86.
④ Vgl. Medicus/Petersen, Allgemeiner Teil des BGB, 11. Aufl., 2016, S. 409.
⑤ 参见王泽鉴:《民法总则》,北京大学出版社2009年版,第440页。

方面为自己实施法律行为,另一方面为被代理人实施代理行为。双方代理是指代理人同时代理双方当事人实施法律行为。无论自己代理还是双方代理,代理人都处于"左右互搏"状态,同时代表双方当事人的利益,形成利益冲突。因此,本条原则上禁止自己代理与双方代理。

通说认为,自己代理与双方代理之禁止规则既适用于意定代理,也适用于法定代理;既适用于有权代理,也适用于无权代理;既适用于单独代理,也适用于共同代理,共同代理人之一与自己实施法律行为或者与自己代理的第三人实施法律行为,亦构成自我行为;既适用于代理,也可准用于法人机关的代表行为。①

自己代理与双方代理禁止之规则也适用于如下情形:代理人以被代理人名义与自己授权的代理人实施法律行为,此时,尽管表面上由两个人分别作出意思表示,但代理人之代理人作出的意思表示等同于代理人自己的意思表示,结果上相当于代理人一个人在操纵法律行为。如果代理人授予第三人复代理权,然后代理人以自己名义与复代理人实施法律行为,应类推自己代理禁止之规则。②

二、自己代理与双方代理禁止的例外

自己代理与双方代理禁止之规则存在例外。按照本条规定,被代理人同意或者追认的,自己代理或者双方代理有效。被代理人的同意可以包含于代理权授予行为之中,也可以在授权之后另行作出。被代理人的同意也可以是默示的。例如,两个被代理人通过同一份授权书就同一个法律行为将代理权授予同一个代理人。

本条第1款与第2款的但书未明确规定例外允许专为履行债务以自己代理或者双方代理的方式实施法律行为,也未规定纯获利益的法律行为可以进行自己代理或者双方代理。解释上宜对该条予以目的论限缩,将上述不存在利益冲突的法律行为排除于自己代理与双方代理禁止之规则适用范围之外。

三、自己代理与双方代理的法律效果

从本质上看,自己代理或者双方代理禁止之规则是对代理权的法定限

---

① Vgl. Palandt/Jürgen Ellenberger(2020),§181 Rn. 3.
② 为了规避自己代理禁止之规则,代理人以被代理人名义与相对人实施法律行为,之后又以自己名义与该相对人实施法律行为。法律行为可否归属于被代理人,不无疑问。存在两种学说,其一认为应当依据自己代理禁止之规则否定法律行为对被代理人的归属(Vgl. Erman/Maier – Reimer (2017),§181 Rn. 20.),其二认为此种情形不构成自己代理,应当依据代理权滥用规则处理(参见[德]维尔纳·弗卢梅:《法律行为论》,迟颖译,法律出版社2013年版,第978页)。相较之下,第二种学说更为可取。

制。违反此种限制的代理行为属于越权代理,应当按照无权代理规则处理。本条虽未参引第 171 条,但其中的"追认"表明违反该条规定实施自己代理或者双方代理,法律行为并非无效,而是效力待定。

第一百六十九条 【复代理】代理人需要转委托第三人代理的,应当取得被代理人的同意或者追认。

转委托代理经被代理人同意或者追认的,被代理人可以就代理事务直接指示转委托的第三人,代理人仅就第三人的选任以及对第三人的指示承担责任。

转委托代理未经被代理人同意或者追认的,代理人应当对转委托的第三人的行为承担责任;但是,在紧急情况下代理人为了维护被代理人的利益需要转委托第三人代理的除外。

一、复代理的概念

1　我国通说认为,代理人为处理其权限内事务之全部或一部,而以自己名义授权他人代理之代理,为复代理。① 然而,代理人以自己名义授予他人代理权,无法使得代理授权行为对被代理人发生效力,因此,代理人唯有以被代理人名义授予他人代理权,才能构成复代理。②

二、类似概念

(一)转委托

2　转委托为受托人与次受托人设定权利义务,始终针对的是当事人之间的基础法律关系(详见本法第 923 条评注)。而复代理却意在描述"复代理人取得对被代理人的代理权"这一代理授权关系。

(二)代委任

3　代委任,是指委托人委托受托人为自己寻觅适合之第三人为事务处理,同时,委托人亦授予受托人代理其与第三人订立委托合同之代理权。③ 代委任与复代理的相似之处在于,都存在代理人以被代理名义授予第三人代理权的情事。

4　代委任与复代理都存在代理人以被代理名义授予第三人代理权的情事,前者仅为一般代理,为何后者就成为具有特殊性的"复代理"? 原因在于,复代理虽然描述的是代理授权关系,但并非与基础法律关系无关。对此,可以通过与代委任的比较观察予以说明:第一,在代委任的场合,受托人与第三人

---

① 参见梁慧星:《民法总论》(第五版),法律出版社 2017 年版,第 227 页。
② Vgl. Brox/Walker, Allgemeiner Teil des BGB, 44 Aufl. ,§ 25 Rn. 10 ff.
③ 参见史尚宽:《债法各论》,中国政法大学出版社 2000 年版,第 394—395 页。

并未缔结委托合同,受托人一旦代理委托人与次受托人订立委托合同并授予其代理权,就完成了委托事务。由于第三人并非受托人的代理人,因此受托人不能对第三人进行指示、监督,只可能就选任的过失对委托人承担债务不履行责任。第二,在复代理的场合,代理人对复代理人的责任与本法第 923 条规定的受托人对次受托人的责任相同,这表明复代理人事实上属于代理人为履行基础法律关系中的债务而使用的第三人。本法第 2 款、第 3 款的责任并非针对代理授权关系所定的责任,而是基础法律关系层面的债务不履行责任。因为代理权和基础法律关系的分离,使得义务停留在内部关系的层面上,[1]只有基础法律关系才有可能产生义务违反的问题。在这个意义上,若以代理授权有因性为前提,则本法规定的复代理对应的基础法律关系就是转委托,从而,复代理与代委任真正的区别就表现为基础法律关系的不同。

三、复代理的容许

详见本法第 923 条评注,边码 5。 5

四、法律效果

复代理人取得对被代理人的代理权。 6

五、证明责任

代理人应对复代理的容许承担证明责任。 7

第一百七十条 【职务代理】执行法人或者非法人组织工作任务的人员,就其职权范围内的事项,以法人或者非法人组织的名义实施的民事法律行为,对法人或者非法人组织发生效力。

法人或者非法人组织对执行其工作任务的人员职权范围的限制,不得对抗善意相对人。

我国民法学上曾经有"职务代理"概念。所谓职务代理在性质上也是一种意定代理,[2]因为职员担任某种包含对外实施法律行为之权力的职务以法人或者非法人组织的任命为前提,此项任命包含了代理权授予行为。与一般的意定代理相比,职务代理的特殊之处在于,代理权在一定期间内持续存在且代理人为处理同类事务需要反复行使代理权。本条关于职务代理的规定被置于"委托代理"之下,表明立法者将职务代理定性为意定代理。 1

实践中,职员以法人名义实施的法律行为可否归属于法人,首先取决于该法律行为是否属于其职权范围内。属于职权范围内的法律行为构成有权 2

---

[1] 参见殷秋实:《论代理权授予与基础行为的联系》,载《现代法学》2016 年第 1 期。
[2] 参见王利明:《民法总则研究》(第三版),中国人民大学出版社 2018 年版,第 613 页。

代理,直接依据本条第 1 款判定法律行为对法人发生效力[①]。法人对职员的职权范围予以内部限制的,如对交易标的额进行限制,职员超出该限制实施的法律行为构成越权代理。相对人为善意的,应依本条第 2 款判定法律行为对法人发生效力。此种效果实际上也是一种表见代理,与本法第 172 条规定的表见代理并无本质区别。职员超越其职务通常包含的权限范围(不是法人内部限制划定的范围)实施的法律行为构成无权代理,[②]只能依据本法第 172 条判断是否构成表见代理。

第一百七十一条 【无权代理】行为人没有代理权、超越代理权或者代理权终止后,仍然实施代理行为,未经被代理人追认的,对被代理人不发生效力。

相对人可以催告被代理人自收到通知之日起三十日内予以追认。被代理人未作表示的,视为拒绝追认。行为人实施的行为被追认前,善意相对人有撤销的权利。撤销应当以通知的方式作出。

行为人实施的行为未被追认的,善意相对人有权请求行为人履行债务或者就其受到的损害请求行为人赔偿。但是,赔偿的范围不得超过被代理人追认时相对人所能获得的利益。

相对人知道或者应当知道行为人无权代理的,相对人和行为人按照各自的过错承担责任。

一、概要

1　本条规定狭义无权代理的法律效果。无权代理是指在欠缺代理权的情况下实施代理行为。欠缺代理权包括根本不享有代理权、超越代理权范围实施代理行为(越权代理)、代理权消灭后实施代理行为。无权代理可以分为狭义无权代理与表见代理。表见代理虽为无权代理,但基于信赖保护原则使无权代理人实施的民事法律行为归属于被代理人。不构成表见代理的无权代理即为狭义无权代理。

2　狭义无权代理的法律效果需要区分三个关系,一是被代理人与相对人之间的关系,二是代理人与相对人之间的关系,三是代理人与被代理人的关系。第一个关系涉及民事法律行为的归属以及被代理人应否向相对人承担责任的问题。第二个关系涉及无权代理人向相对人承担何种责任的问题。第三

[①] 参见韩某某与中国商标专利事务所有限公司委托合同纠纷案,最高人民法院民事判决书(2020)最高法知民终 109 号。

[②] 参见顾某某与南华期货股份有限公司桐乡营业部期货经纪合同纠纷案,最高人民法院民事裁定书(2019)最高法民申 757 号。

个关系涉及无权代理人与被代理人之间的追偿权或者损害赔偿问题,此类问题应适用无因管理、违约责任等一般规则。

狭义无权代理中的民事法律行为不能归属于被代理人,除非经过被代理人的追认。被代理人的追认权、相对人的催告权以及撤销权等与第145条关于限制民事行为能力人实施的民事法律行为类似,此处不再重复。

尽管民事法律行为不能归属于被代理人,但被代理人可能需要向相对人承担损害赔偿责任。此项损害赔偿责任通常属于缔约过失责任。被代理人向相对人承担缔约过失责任的前提是其过错地违反先合同义务,而被代理人负担先合同义务的前提则是其开启了缔约磋商、缔约准备或者交易接触[①]。为此,被代理人必须采取某种行动。例如,被代理人通知相对人其已授权某人代理缔约,被代理人将代理权凭证交给代理人使之与相对人磋商缔约,被代理人任用没有代理权的职员在经营场所参与业务接洽活动,被代理人临时任用职员以外的其他人协助缔约谈判。在上述第一、二种情形中,虽有授权通知或者代理权凭证,但实际上不存在有效的授权行为或者授权生效但代理权嗣后消灭,所以发生无权代理。被代理人的先合同义务内容主要是照顾、保护相对人,提供关于代理权之有无及其范围的真实信息,借此防止发生无权代理。

二、无权代理人的债务履行责任

(一)债务履行责任的主观要件

按照本条第3款的规定,只有善意相对人才有权请求无权代理人履行债务。有学说认为,表见代理中的相对人善意以相对人没有抽象轻过失为标准,而无权代理人责任中的相对人善意则以相对人没有重大过失为标准[②]。此项理由未必充分。着眼于本条第3款与第4款的体系关联,应将第3款中的善意相对人解释为不知道且不应当知道代理人欠缺代理权,[③]所谓"不应当知道"是指不存在轻过失[④]。如此解释并未导致该条第3款与表见代理规则功能重叠从而丧失意义,因为,该款中的善意相对人虽与表见代理中的善

[①] Vgl. Erman/Johann Kindl (2017),§311 Rn. 20-23.
[②] 参见王利明主编:《中华人民共和国民法总则详解(下册)》,中国法制出版社2017年版,第773页(朱虎执笔);方新军:《无权代理的类型区分和法律责任——〈民法总则〉第171条评析》,载《法治现代化研究》2017年第2期;迟颖:《〈民法总则〉无权代理法律责任体系研究》,载《清华法学》2017年第3期。
[③] 参见方新军:《〈民法总则〉第七章"代理"制度的成功与不足》,载《华东政法大学学报》2017年第3期。
[④] 相同观点参见夏昊晗:《无权代理中相对人善意的判断标准》,载《法学》2018年第6期。

意相对人基本相同,但却未必符合表见代理的其他要件。况且,即便构成表见代理,也不意味着无权代理人责任必定没有适用余地。

6 　　本条第3款的缺陷在于,未规定无权代理人承担履行债务之责任以其明知道欠缺代理权为前提。此种责任分配模式显然有失公平。在无权代理人的责任体系中,债务履行责任是一种最严重的责任,在结果上相当于无权代理人实施的民事法律行为对其自己发生效力。代理人既然不知道自己欠缺代理权,即便因过失而不知道,其过错程度也比较轻微,使其承担债务履行责任不合常理。理应对本条第3款予以目的论限缩,使不知道欠缺代理权的无权代理人免于承担债务履行责任。

（二）债务履行责任的客观要件

7 　　客观要件有二。一是被代理人拒绝追认无权代理行为。本条第3款虽表述为"未被追认",但应当解释为"被拒绝追认",因为无权代理行为尚未被追认但也未被拒绝追认的,最终仍有可能对被代理人发生效力,自然不应当允许善意相对人在效力待定状态下向无权代理人行使债务履行请求权。二是无权代理人实施的民事法律行为除了欠缺代理权之外不因其他事由而不生效力,因为无权代理情形中善意相对人的待遇不应当优于有权代理情形中的待遇。①

三、无权代理人对于相对人的损害赔偿责任

（一）无权代理人对于善意相对人的损害赔偿责任

8 　　善意相对人除了对无权代理人享有债务履行请求权之外,还享有损害赔偿请求权。善意相对人可以在二者中择一行使,所以,其权利在性质上属于选择之债的债权。选择权由作为债权人的善意相对人享有,这种情况属于本法第515条第1款但书中的"法律另有规定"。

9 　　关于无权代理人向善意相对人承担的损害赔偿责任,本条第3款未规定以无权代理人的过错为前提。在解释上究竟应当采用过错原则抑或无过错原则,赔偿范围仅限于消极利益抑或也包括履行利益,②不无疑问。本条第3款中的不超过"被代理人追认时相对人所能获得的利益"的损害赔偿责任存

---

① Vgl. Erman/Maier-Reimer (2017), §179 Rn. 6.
② 实践中有些判例认为依据本法第171条第3款,无权代理人须向善意相对人赔偿履行利益损失。参见裘某、金某某、衢州市柯城方文房地产置换事务所房屋买卖合同纠纷案,浙江省高级人民法院民事裁定书(2019)浙民申405号;张某某、杜某某房屋买卖合同纠纷案,天津市高级人民法院民事裁定书(2018)津民申2432号。

在两种解释的可能性①。一是解释为仅指消极利益赔偿责任且赔偿范围不超过履行利益;②二是解释为既包括消极利益赔偿责任,也包括履行利益赔偿责任,究竟赔偿什么,取决于无权代理人的主观状态③。第一种解释更为可取。在代理人明知道欠缺代理权的情况下,善意相对人有权请求其履行债务。履行利益要么因实际履行而实现,要么因债务不履行情形中的损害赔偿责任而实现。履行利益损害赔偿与实际履行之间的关系应当在债法中的给付障碍规则体系内处理,无须在无权代理规则中另起炉灶使善意相对人有权在请求履行债务与履行利益损害赔偿之间不分顺序地任选其一。善意相对人仅有权在请求履行债务与消极利益损害赔偿之间任选其一。

无权代理人向善意相对人承担消极利益损害赔偿责任不必采用过错原则。一方面,无权代理人的无过错消极利益赔偿责任在比较法上是主流模式,德国民法、瑞士民法④以及我国台湾地区"民法"⑤在解释上通说皆为如此。另一方面,从评价的角度看,给善意相对人提供一种比表见代理(积极信赖责任)稍弱一些的无过错消极信赖责任未尝不可,况且本条第3款本来也没有明确要求过错因素。就责任的客观要件而论,前述无权代理人债务履行责任的两个客观要件也适用于损害赔偿责任。⑥

(二)无权代理人对于恶意相对人的损害赔偿责任

本条第4款中的"按照各自的过错承担责任"表明,无权代理人对恶意相对人的损害赔偿责任采用过错原则且适用过错相抵,⑦在这方面,无权代理人对恶意相对人的赔偿责任与其对善意相对人的赔偿责任不同。后者不以无权代理人的过错为要件,体现了对善意相对人的优待。

---

① 有学说将本法第171条第3款规定的无权代理人损害赔偿责任解释为履行利益赔偿责任,并且将该款但书解释为对履行利益赔偿范围的限制,类似于侵权法上的合法替代行为抗辩。参见张家勇:《论无权代理人的损害赔偿责任——民法总则第171条第3、4款的解释》,载《人民法治》2017年第10期。

② 倾向于此种解释的如黄薇主编:《中华人民共和国民法典总则编解读》,中国法制出版社2020年版,第561页。

③ 参见陈甦主编:《民法总则评注(下册)》,法律出版社2017年版,第1221页(方新军执笔)。

④ Vgl. Basler Kommentar OR I/Watter/Schneller (2007), §39 Rn. 1-9.

⑤ 参见林诚二:《民法总则(下)》,法律出版社2008年版,第459页;黄立:《民法总则》,中国政法大学出版社2002年版,第419页。

⑥ Vgl. Palandt/Jürgen Ellenberger (2020), §179 Rn. 2.

⑦ 最高人民法院民法典贯彻实施工作领导小组主编:《中华人民共和国民法典总则编理解与适用(下)》,人民法院出版社2020年版,第860页。

四、无权代理人责任与表见代理的关系

在符合表见代理构成要件的情况下,相对人是否仍有权向无权代理人主张债务履行请求权,存在选择说与排他说之争①。我国学者大都采用排他说,②但也有的采用选择说③。选择说可以避免相对人在诉讼法上的部分选择风险,至少相对人在选择起诉无权代理人时无须担心裁判者以构成表见代理为由驳回其诉讼请求。因此,从相对人保护的角度看,选择说更为可取。况且,就消极利益损害赔偿责任而论,相对人确实因信赖代理人享有代理权而支付缔约或者履约费用,此项信赖也确实因代理人欠缺代理权而落空。虽然法律上为其提供通过表见代理予以积极信赖保护之机会,但一则最终可否被认定为表见代理尚不确定,二则法律上的利益本就可以自由处分,所以,允许相对人放弃主张表见代理而请求无权代理人赔偿损害,未尝不可。

五、无权代理人责任与被代理人责任的关系

无权代理人责任不能排斥被代理人的损害赔偿责任。本条第3款、第4款只字未提被代理人对于相对人应否承担责任。尽管如此,不能据此得出如下结论:无权代理情形中仅发生无权代理人责任,不发生被代理人责任。从本质上看,被代理人的损害赔偿责任并非无权代理情形中的特殊问题,无须在无权代理规则中予以特别规定,仅须适用责任法上的一般规则,如侵权责任规则、缔约过失责任规则④。《民法典担保制度解释》第7条第1款规定,公司的法定代表人越权担保时公司须依本解释第17条承担过错责任,尽管该规定系针对越权代表,但对于无权代理情形中被代理人的损害赔偿责任也有指导意义。

六、证明责任

代理人须证明其就系争事项享有代理权。未能证明的,应认定构成无权

---

① 参见[日]山本敬三:《民法讲义 I:总则》(第3版),解亘译,北京大学出版社2012年版,第356—357页;[日]近江幸治:《民法讲义 I:民法总则》(第6版补订),渠涛等译,北京大学出版社2015年版,第262页。

② 参见王利明主编:《中华人民共和国民法总则详解(下册)》,中国法制出版社2017年版,第788页(朱虎执笔);朱庆育:《民法总论》(第二版),北京大学出版社2016年版,第372页;纪海龙:《〈合同法〉第48条(无权代理规则)评注》,载《法学家》2017年第4期;王泽鉴:《债法原理》(第二版),北京大学出版社2013年版,第301页(原则上否定选择权但承认例外)。

③ 参见李宇:《民法总则要义:规范释论与判解集注》,法律出版社2017年版,第831—832页;黄立:《民法总则》,中国政法大学出版社2002年版,第412页;陈聪富:《民法总则》,元照出版有限公司2016年版,第359页。

④ 参见[德]维尔纳·弗卢梅:《法律行为论》,迟颖译,法律出版社2013年版,第964—965页。

代理。存在代理权表象的,推定相对人为善意,代理人须证明相对人非为善意。不存在代理权表象的,相对人须证明自己为善意。未能证明的,应认定相对人为恶意,适用本条第4款规定的过错责任,由相对人证明代理人存在过错。善意相对人请求代理人承担履行责任的,须证明代理人明知道自己欠缺代理权。

第一百七十二条 【表见代理】行为人没有代理权、超越代理权或者代理权终止后,仍然实施代理行为,相对人有理由相信行为人有代理权的,代理行为有效。

一、构成要件

本条规定表见代理。表见代理也是一种无权代理,所以须具备无权代理的构成要件。此外,构成表见代理还需要符合特别要件。此类特别要件使表见代理区别于狭义无权代理,至于特别构成要件包括哪些,民法学上多有分歧。

(一)表见代理构成要件的学说与判例发展

我国民法学界自20世纪80年代后期开始,关于表见代理的特别构成要件,就形成单一要件说与双重要件说之对立。单一要件说认为,表见代理的成立只要求相对人无过失地信赖代理人享有代理权,不要求被代理人有过失。双重要件说认为,表见代理有两个特别成立要件,一是被代理人的过失行为使相对人确信代理人有代理权,二是相对人不知也不应知代理人无代理权。[①] 近年来,表见代理的成立要求被代理人具有可归责性的观点在我国民法学界已经成为主流[②]。分歧仅仅在于,被代理人的可归责性应当采用何种认定标准。学界对此提出了过错说[③]、风险说[④]、代理权通知说[⑤]等不同观点。

从最高人民法院"(2000)经终字第220号"判决书看,被代理人的过错

---

① 学说争议参见杨代雄:《表见代理的特别构成要件》,载《法学》2013年第2期。
② 采用"新单一要件说"不以被代理人可归责性作为表见代理独立构成要件的观点参见冉克平:《表见代理本人归责性要件的反思与重构》,载《法律科学》2016年第1期;主张通过类型化而非通过可归责性要件来限制表见代理适用的观点参见迟颖:《〈民法总则〉表见代理的类型化分析》,载《比较法研究》2018年第2期。
③ 参见杨芳:《〈合同法〉第49条(表见代理规则)评注》,载《法学家》2017年第6期。
④ 参见杨代雄:《表见代理的特别构成要件》,载《法学》2013年第2期;朱虎:《表见代理中的被代理人可归责性》,载《法学研究》2017年第2期。
⑤ 参见王浩:《表见代理中的本人可归责性问题研究》,载《华东政法大学学报》2014年第3期。

并非表见代理的构成要件。① 最高人民法院在《审理民商事合同案件指导意见》第12—14条中强调代理权的表象以及相对人的善意且无过失,在表见代理的构成要件上基本上延续了其在"(2000)经终字第220号"判决书中的立场。不过,在最近几年的若干判例中,最高人民法院明确指出表见代理的构成要件包括被代理人的可归责性。② 此外,以被代理人的可归责性作为表见代理构成要件的立场在部分地方法院的裁判中得以体现。例如广东省高级人民法院"(2015)粤高法民申字第2724号"民事裁定书、江苏省高级人民法院"(2015)苏商终字第00275号"民事判决书。总的来看,承认被代理人的可归责性为表见代理构成要件已逐渐成为司法实践的趋势。

(二)存在代理权表象

4 表见代理是代理权表象责任,所以,其第一个特别构成要件是存在代理权表象。代理权表象是一种状态,该状态可能使相对人产生信赖,认为代理人享有代理权。代理权表象以某些事实为基础,比如代理人持有代理权证书、③公司印章④等凭证,⑤或者在被代理人为单位的情况下,代理人在其中承担某种通常包含代理权的职务。在此类情形中,即便没有授权行为、授权行为无效、授权被撤回或者代理人已被解除职务,前述事实也可能给人"代理人享有代理权"之印象。

(三)被代理人方面的要件

5 表见代理属于私法上的信赖责任的一种,应该基于信赖责任的一般原理确定其构成要件。不应采用所谓的引发原则,该原则实际上是结果责任原则的另一种表述。如果采用该原则,就等于放弃了"可归责性"这一要件,从而

---

① 参见中国银行合肥市桐城路分理处与安徽合肥东方房地产有限责任公司等借款、抵押担保合同纠纷案,最高人民法院判决书(2000)经终字第220号["法公布(2002)第30号"]。

② 参见江西某房地产开发有限责任公司与南昌县某小额贷款股份有限公司企业借贷纠纷案,最高人民法院民事判决书(2017)最高法民再209号;山东宝华耐磨钢有限公司、大方特钢科技股份有限公司买卖合同纠纷案,最高人民法院民事判决书(2018)最高法民终122号。

③ 参见孙某等与国泰租赁有限公司融资租赁合同纠纷案,最高人民法院民事判决书(2016)最高法民终789号;江苏大都建设工程有限公司、江苏大都建设工程有限公司靖江分公司建设工程施工合同纠纷案,最高人民法院民事裁定书(2019)最高法民申1614号。

④ 参见江西建工第三建筑有限责任公司与郭某某民间借贷纠纷案,最高人民法院民事裁定书(2019)最高法民申4371号。

⑤ 在冯某与江苏久隆投资置业集团有限公司房屋买卖合同纠纷案,最高人民法院民事判决(2018)最高法民申327号中,最高人民法院认为在与相对人达成解除合同之合意时,代理人持有被代理人的合同书原件以及此前曾为被代理人代领合同标的经营收益之事实构成代理权表象。

使信赖责任丧失了正当基础。另外,表见代理不必以被代理人有过错作为构成要件,只要代理权表象是由其风险范围内的因素造成的即可,即采用风险原则。

关于如何划定被代理人风险范围,应当考察信赖责任被请求人是否加大了引发另一方当事人信赖之风险或者其是否比另一方当事人更容易支配该风险,以决定其应否承担信赖责任。① 可以对此项风险原则予以具体化,考察如下因素以决定是否由被代理人承担代理权表象之风险:其一,被代理人是否制造了不必要的风险。据此,被代理人出于某种目的将公章借给他人导致该他人实施无权代理行为的,由此制造了不必要的风险,应当自己承受该风险。被代理人在空白证书上签章,也制造了证书滥用风险。其二,被代理人与相对人相比,谁更容易控制产生代理权表象之风险。据此,如果代理权表象由被代理人作出的有瑕疵的授权意思表示或者授权通知引发,则应由被代理人承受风险,因为只有他才有机会控制这种风险,预防瑕疵的产生。其三,由哪一方承担风险更符合公平原则。如果被代理人的雇员利用其特殊身份或者所掌握的某些凭证实施无权代理行为,产生代理权表象,应当由被代理人承担风险,②因为其长期以来从雇佣关系中获得利益,由其承担风险更为公平。

(四)相对人方面的要件

表见代理的第三个要件是相对人对代理权表象产生信赖且不存在过失,即相对人是善意的。有疑问的是,相对人的善意究竟要求其不具备重过失抑或轻过失。鉴于无权代理情形中的权利表象通常弱于无权处分情形中的权利表象,所以相对人的信赖需要更强的主观因素予以正当化。这决定了善意取得应该以受让人不具备重过失为主观要件,而表见代理应该以相对人不具备轻过失为主观要件。

关于相对人"善意"判定的时间标准,有两种观点。第一种观点认为,相对人一直到无权代理之法律行为实施完毕(成立)时都必须是善意的,就合同而言,即承诺到达要约人之时。③ 理由是:在法律行为实施完毕之前,相对

---

① Vgl. Claus – Wilhelm Canaris, Die Vertrauenshaftung im deutschen Privatrecht, 1971, S. 471 – 489.
② 参见中国石油天然气股份有限公司、贵州慧腾环球建设工程有限公司建设工程施工合同纠纷案,最高人民法院民事裁定书(2018)最高法民申3773号。
③ Vgl. Bamberger/Roth/Valenthin, §173 Rn. 6 – 7;PWW/Brigitte Frensch, §173 Rn. 4.

人不应该对法律行为的效力产生信赖。① 第二种观点认为,不要求相对人一直到无权代理之法律行为实施完毕时都是善意的。需要考察的是在代理人作出或者受领意思表示时,相对人是否善意,在此后成就法律行为的其他要件时相对人变成恶意并不影响代理人行为的效果归属。② 应当采用第一种观点。

二、关于容忍代理

容忍代理是指被代理人放任他人作为其代理人出现,相对人依据诚实信用可以而且事实上已经认为该他人被授予代理权,在法律上应当将该他人视为享有代理权。③ 从比较法看,通常都将容忍代理视为表见代理(代理权表象责任)的一种④。与其他类型的表见代理相比,容忍代理固然有其特殊的表现形式,但其归根到底也是对因代理权表象而引发的信赖予以保护,所以在本质上仍然属于表见代理。

原《民法通则》第 66 条第 1 款第 3 句曾规定:"本人知道他人以本人名义实施民事行为而不作否认表示的,视为同意。"本法第 171 条在规定无权代理时并未将此项规定纳入其中。实践中对于容忍代理完全可以纳入本法第 172 条关于表见代理的规范框架内予以裁断,将容忍代理视为表见代理的一种类型⑤。

容忍代理虽为表见代理,但在某些构成要件上有特殊的表现形态。比如,"存在代理权表象"这个要件表现为:被代理人知道他人正在实施无权代理行为而不表示反对。也就是说,被代理人单纯的不作为即构成代理权表象。至于是否要求无权代理行为具有长期性与反复性,在学理上存在肯定说⑥与否定说⑦。应采否定说,在容忍代理情形中,代理权表象的成立不应以无权代理行为的长期性与反复性为必要,充其量只能将其作为判定相对人是否有过失的参考因素。只要被代理人在无权代理人实施系争代理行为时容

---

① Vgl. Larenz/Wolf, Allgemeiner Teil des bürgerlichen Rechts, 9. Aufl. , 2004, S. 892.
② Vgl. MünchKomm/Karl Heinz Schramm(2006), §173 Rn. 4; Erman/Maier - Reimer(2017), §173 Rn. 7.
③ Vgl. Christoph Hirsch, Der Allgemeine Teil des BGB, 6. Aufl. , 2009, S. 318.
④ Vgl. MünchKomm/Karl Heinz Schramm(2006), §167 Rn. 50; Larenz/Wolf, Allgemeiner Teil des bürgerlichen Rechts, 9. Aufl. , 2004, S. 894.
⑤ 体现此种立场的判例参见海南陵水宝玉有限公司与李某某股权转让纠纷案,最高人民法院民事判决书(2019)最高法民终 424 号。
⑥ Vgl. MünchKomm/Karl Heinz Schramm(2006), §167 Rn. 47.
⑦ Vgl. Reinhard Bork, Allgemeiner Teil des Bürgerlichen Gesetzbuchs, 4. Aufl. , 2016, S. 607.

忍了该行为,即可认定为存在代理权表象。

三、法律效果

构成表见代理的,代理人实施的法律行为归属于被代理人,等同于被代理人自己实施法律行为。学理上有争议的是,如果因被代理人的某种明示或默示的表示行为或其他行为造成授权表象,依积极信赖保护原则认定构成表见代理后,被代理人可否主张其行为构成意思瑕疵,从而撤销该行为,借此消除表见代理的效果。对此,存在可撤销说、不可撤销说与折中说。① 应当采用不可撤销说。在代理行为已经实施的情况下,无论撤销授权表示还是撤销授权通知,对善意第三人都无意义,不影响代理权表象责任的成立。

四、证明责任

按照《审理民商事合同案件指导意见》第 13 条的规定,相对人主张构成表见代理的,不但须就代理权表象的存在承担证明责任,还必须就自己的善意承担证明责任。这种证明责任的分配值得推敲。从比较法上看,大陆法系民法上的表见代理通常要求被代理人就相对人的恶意承担证明责任②。相对人究竟为"善意"抑或"恶意",由被代理人予以证明更为容易。相对人只需要证明存在代理权之表象,一方面满足了表见代理的客观要件,另一方面也表明其当时客观上"有理由相信"代理人享有代理权,推定其当时处于善意状态。被代理人必须提出证据证明相对人实施法律行为时知道或者应当知道代理人欠缺代理权或者超越代理权之范围。实际上,在近年来的司法实践中,法院并未完全贯彻《审理民商事合同案件指导意见》第 13 条确立的证明责任分配规则。③ 关于代理权表象的可归责性,应由被代理人证明代理权表象系因其风险范围外的因素导致。

第三节 代理终止

第一百七十三条 【委托代理的终止】有下列情形之一的,委托代理终止:

(一)代理期限届满或者代理事务完成;

---

① 学说争议参见杨代雄:《法律行为制度中的积极信赖保护——兼谈我国民法典总则制定中的几个问题》,载《中外法学》2015 年第 5 期。

② Vgl. MünchKomm/Karl Heinz Schramm (2006), §173 Rn. 11; Erman/Maier-Reimer(2017), §173 Rn. 10;[日]山本敬三:《民法讲义Ⅰ:总则》(第 3 版),解亘译,北京大学出版社 2012 年版,第 326 页。

③ 参见肇庆市高要区振雄纺织有限公司、中山市颖欣化工有限公司买卖合同纠纷案,广东省高级人民法院民事裁定书(2018)粤民申 7536 号;天津浩众汽车贸易服务有限公司、祝某某买卖合同纠纷案,天津市高级人民法院民事裁定书(2018)津民申 3067 号。

(二)被代理人取消委托或者代理人辞去委托;
(三)代理人丧失民事行为能力;
(四)代理人或者被代理人死亡;
(五)作为代理人或者被代理人的法人、非法人组织终止。

第一百七十四条 【委托代理终止的例外】被代理人死亡后,有下列情形之一的,委托代理人实施的代理行为有效:
(一)代理人不知道且不应当知道被代理人死亡;
(二)被代理人的继承人予以承认;
(三)授权中明确代理权在代理事务完成时终止;
(四)被代理人死亡前已经实施,为了被代理人的继承人的利益继续代理。

作为被代理人的法人、非法人组织终止的,参照适用前款规定。

1　从民法原理看,被代理人死亡后,其法律关系(具有人身属性的除外)被继承,继承人取代被代理人生前的法律地位。① 如果代理权存在委托合同、雇佣合同等基础关系,继承人成为委托人、雇主,享有合同权利、承担合同义务。同理,代理权关系中被代理人的法律地位也因继承移转于其继承人,后者成为被代理人。此种情形中的代理权即学理上所谓的"生前死后代理权"(transmortale Vollmacht)②。继承人可以自由决定继续由代理人实施代理行为或者撤回代理权。

2　我国本法第 173 条、第 174 条并未采纳上述原理,毋宁采用如下模式:意定代理权原则上随被代理人死亡而消灭,若干例外情形中不消灭。

第一百七十五条 【法定代理的终止】有下列情形之一的,法定代理终止:
(一)被代理人取得或者恢复完全民事行为能力;
(二)代理人丧失民事行为能力;
(三)代理人或者被代理人死亡;
(四)法律规定的其他情形。

---

① Vgl. Palandt/Dietmar Weidlich (2020), §1922 Rn. 7–8.
② 与之相反的是"死后代理权"(postmortale Vollmacht),即仅在授权人死亡之后才生效的代理权。Vgl. Brox/Walker, Allgemeiner Teil des BGB, 44. Aufl., 2020, S.253(§25 Rn. 12)。

第八章　民事责任

第一百七十六条　【民事义务与责任】民事主体依照法律规定或者按照当事人约定，履行民事义务，承担民事责任。

第一百七十七条　【按份责任】二人以上依法承担按份责任，能够确定责任大小的，各自承担相应的责任；难以确定责任大小的，平均承担责任。

第一百七十八条　【连带责任】二人以上依法承担连带责任的，权利人有权请求部分或者全部连带责任人承担责任。

连带责任人的责任份额根据各自责任大小确定；难以确定责任大小的，平均承担责任。实际承担责任超过自己责任份额的连带责任人，有权向其他连带责任人追偿。

连带责任，由法律规定或者当事人约定。

第一百七十九条　【民事责任的形式】承担民事责任的方式主要有：
（一）停止侵害；
（二）排除妨碍；
（三）消除危险；
（四）返还财产；
（五）恢复原状；
（六）修理、重作、更换；
（七）继续履行；
（八）赔偿损失；
（九）支付违约金；
（十）消除影响、恢复名誉；
（十一）赔礼道歉。

法律规定惩罚性赔偿的，依照其规定。

本条规定的承担民事责任的方式，可以单独适用，也可以合并适用。

一、规范对象和内容

本条规定的是民事责任的形式。其包括停止侵害；排除妨碍；消除危险； 1
返还财产；恢复原状；修理、重作、更换；继续履行；赔偿损失；支付违约金；消除影响、恢复名誉；赔礼道歉。

应当注意的是，本条采用广义的民事责任概念，其相当于"民事权利救 2
济"。狭义的民事责任仅包括恢复原状、赔偿损失（金钱赔偿）、支付违约金、赔礼道歉等。至于停止侵害、排除妨碍、消除危险等救济手段则为物权、人格权、知识产权等绝对权效力的体现，属于此等绝对权的权能。其适用之目的在于维持绝对权效力的完满性，故不以请求权的相对人具有可归责性为要件，也不要求存在需要填补的损害。至于返还财产，既是物权请求权的给付内容，也是侵权请求权的给付内容。例如，动产所有权人对占有其动产的小偷既享有所有物返还请求权，也享有侵权请求权，可以依本条第1款第4项之规定请求返还财产。与所有物返还请求权不同的是，即便小偷不再占有动产，所有权人基于侵权请求权也有权请求小偷返还财产。关于物权请求权等绝对权请求权，参见本法第235—236条、第995条等规定。

二、惩罚性赔偿

惩罚性赔偿不同于传统的损害赔偿，突破了传统民法之填补损失的法理，其目的或者功能不是为了弥补受害人所受的损失，而是为了惩罚不法行为人与威慑潜在的不法行为人。[①] 具体而言，是在赔偿损失之外，以受害人实际损失为基础确定的额外赔偿。惩罚性赔偿需以损害具有相当程度的严重性为前提，如企业生产的食品不符合安全标准对他人造成的侵权损害。

三、民事责任形式的适用

上述民事责任形式既可以单独适用，也可以合并适用，彼此之间存在相容关系。例如恢复原状与赔偿损失（金钱赔偿）并不排斥，在无法完全恢复原状时，应对无法恢复的部分赔偿损失。返还财产与赔偿损失也可以并用。又如在"北京兰世达光电科技有限公司、黄某某诉赵某名誉权纠纷案"中，生效裁判认为"公民、法人的名誉权受到侵害，有权要求停止侵害、恢复名誉、消除影响、赔礼道歉，并可以要求赔偿损失。"[②]

第一百八十条　【不可抗力】因不可抗力不能履行民事义务的，不承担民事责任。法律另有规定的，依照其规定。

不可抗力是不能预见、不能避免且不能克服的客观情况。

第一百八十一条　【正当防卫】因正当防卫造成损害的，不承担民事责任。

正当防卫超过必要的限度，造成不应有的损害的，正当防卫人应当承担适当的民事责任。

---

① 参见朱广新：《惩罚性赔偿制度的演进与适用》，载《中国社会科学》2014年第3期。
② 北京兰世达光电科技有限公司、黄某某诉赵某名誉权纠纷案（指导案例143号），北京市第三中级人民法院民事判决书（2018）京03民终725号。

一、规范对象

本条规定的是正当防卫以及防卫过当情形下的民事责任承担。

二、正当防卫的构成要件

一是不法侵害必须现实存在；二是不法侵害必须正在进行；三是防卫人为了保护自己或他人的合法权益而实施防卫；四是防卫行为必须是针对不法侵害人本人实施；五是防卫不能超过必要限度，否则属于防卫过当。

三、法律效果

正当防卫情形下免除防卫人的民事责任，防卫过当时防卫人应该承担一定的民事责任。

第一百八十二条 【紧急避险】因紧急避险造成损害的，由引起险情发生的人承担民事责任。

危险由自然原因引起的，紧急避险人不承担民事责任，可以给予适当补偿。

紧急避险采取措施不当或者超过必要的限度，造成不应有的损害的，紧急避险人应当承担适当的民事责任。

一、规范对象

本条规定的是紧急避险及避险不当、避险过当情形下的民事责任承担。

二、紧急避险的类型

比较法上，不少国家（如德国、意大利和瑞士）将紧急避险分为防御性紧急避险和攻击性紧急避险，前者是指避险人损坏或者损毁的对象是产生危险的物，后者是指损害无辜第三人的物。①

三、紧急避险的构成要件

一是危险正在发生；二是紧急避险人是为了使本人、他人的人身权利或财产权利免受正在发生的危险；三是危险具有急迫性，从行为角度来说，就是不得已为之；四是措施适当，采取措施不当或者超过必要限度，属于避险过当。

四、法律效果

危险来源是人的，由引起险情的人承担民事责任。引起险情的人可能是任何人，包括避险人。

危险来源是自然原因的，避险人不承担民事责任，但是基于公平原则，由

---

① 参见周友军：《民法典中的违法阻却事由立法研究》，载《四川大学学报（哲学社会科学版）》2018年第5期。

于避险人往往是受益人,可以给予受损害的人适当补偿。避险人与受益人不是同一人的,我国司法实践中有裁判认为受益人可以直接给予受损害的人适当补偿。①

6　避险不当、避险过当时避险人应承担一定的民事责任。

第一百八十三条　【见义勇为】因保护他人民事权益使自己受到损害的,由侵权人承担民事责任,受益人可以给予适当补偿。没有侵权人、侵权人逃逸或者无力承担民事责任,受害人请求补偿的,受益人应当给予适当补偿。

一、规范对象与目的

1　本条规定见义勇为者享有的损害赔偿请求权和补偿请求权。保护他人民事权益自身受到损害,法律规定受益人可以或应当给予补偿,主要是为了鼓励实施保护他人民事权益的行为,实现受害人与受益人之间的利益平衡。

二、规范内容

2　依本条第 1 句规定,因保护他人民事权益使自己受到损害的,由侵权人承担民事责任,受益人可以给予适当补偿。此处"可以"意味着受益人并不承担责任,反过来说,见义勇为者对受益人并不享有请求权。究竟是否给予补偿,由受益人自由决定。

3　依本条第 2 句规定,没有侵权人、侵权人逃逸或者无力承担民事责任,受害人请求补偿的,受益人应当给予适当补偿。没有侵权人,是指不构成侵权行为的情形。如重庆市渝北区某公司发生火灾,重庆市渝北宾馆的工作人员张某在灭火过程中不慎摔伤,经鉴定为十级伤残,张某遂起诉请求渝北某公司补偿,法院认定火灾非他人行为引起,受益人渝北某公司应向张某补偿。②在侵权人逃逸或者无力承担民事责任的情况下,受益人承担的是补充性的适当补偿义务。

4　本条虽弘扬见义勇为精神,但对见义勇为者的保护力度略显不足。考虑到见义勇为通常符合无因管理的构成要件,所以实践中见义勇为者依据本法第 979 条向受益人主张权利对其反而更为有利。

第一百八十四条　【紧急救助】因自愿实施紧急救助行为造成受助人损害的,救助人不承担民事责任。

---

①　参见赵某某、淮北市杜集区矿山集街道办事处徐庄社区紧急避险损害责任纠纷案,安徽省淮北市中级人民法院民事判决书(2020)皖 06 民终 804 号。
②　参见张某某与重庆市渝北区百货有限责任公司见义勇为人受害责任纠纷案,重庆市渝北区人民法院民事判决书(2018)渝 0112 民初 5295 号。

一、规范意旨

本条是紧急救助行为人的免责条款,立法目的在于倡导紧急救助行为,以便受助人能得到及时的救助。对于一般人自愿实施地紧急救助行为,法律持鼓励支持态度。所谓自愿,是指不存在法定的或者约定的义务,一般人不救助并不需要承担法律责任。所谓紧急救助,是指受助人的人身安全或者财产安全面临急迫的现实危险,不立刻采取救助行动将会发生危险或者扩大损害。

二、法律效果

救助人在实施紧急救助行为的过程中造成受助人损害的,受助人要求救助人给予赔偿的,救助人不需要承担损害赔偿责任。

虽然本条对紧急救助人的主观层面没有明确做出规定,但并不意味着完全不考虑紧急救助人的任何过错,否则将与民法的基本原理相违背。对此,在司法实践中宜认为当紧急救助人故意导致受助人遭受不必要损害的,仍应向受助人承担民事责任。

第一百八十五条 【英烈保护】侵害英雄烈士等的姓名、肖像、名誉、荣誉,损害社会公共利益的,应当承担民事责任。

第一百八十六条 【违约与侵权的竞合】因当事人一方的违约行为,损害对方人身权益、财产权益的,受损害方有权选择请求其承担违约责任或者侵权责任。

一、规范目的

本条延续了原《合同法》第 122 条的规定,主流观点认为其规范目的在于保护债权人。① 但是,同一生活事实满足数项规范的要件进而使权利人可在其中作出选择,这一现象可谓司空见惯,本条仅将其描述出来,实难看出有何种保护债权人的实益。从这一点上讲,本条的意义或许仅在于提示法律适用者注意这一现象,至于其背后的问题应如何解决,则交由学说处理。

本条不涉及违约与侵权在构成要件、责任范围等方面的问题,换言之,本条并非请求权基础。适用本条的前提是债务人的行为已经构成违约与侵权,进而须同时承担违约与侵权责任。

在诉讼法层面,本条也不解决诸如"债权人能否就违约与侵权分别起诉"等问题。此类问题应在诉讼法的框架内,尤其是诉讼标的的理论中

---

① 参见谢鸿飞:《违约责任与侵权责任竞合理论的再构成》,载《环球法律评论》2014年第 6 期。

解决。

二、适用范围

(一)固有利益损害

4　有学者将"加害给付"视为违约与侵权竞合的前提,这一概念意指给付所含有的瑕疵不仅导致其自身价值贬损,同时也导致债权人固有利益受损的情形。①

5　然而,上述观点有失偏颇。正如本法第509条评注所述,债务关系中的义务包括给付义务与保护义务(也称"照顾义务"等),而加害给付一词仅能描述给付义务的违反。但事实上,诸如"维修工修理好梯子后,放置不当,梯子滑倒砸坏主人汽车",②也会导致固有利益损害,此类情形显然也可以同时构成违约与侵权,但其仅违反保护义务而未违反给付义务。由此可见,违约与侵权竞合的关键不在于"加害给付"等义务违反的形态,而在于义务违反导致债权人固有利益受损这一结果。

(二)请求权竞合的形态

6　广义的请求权竞合形态多样,包括累积性竞合(也称请求权聚合)、排他性竞合(也称法条竞合)、选择性竞合与真正意义上的请求权竞合。③ 若严格遵从"有权选择"的文义,则排他性竞合并不在本条的适用范围之内,因为排他性竞合中的权利人无权作出选择,而只能以特别法作为其权利基础(见边码8)。不过为使论述完整,下文也将介绍排他性竞合。

1. 累积性竞合

7　累积性竞合是指权利人享有数项内容不同的请求权,且这些请求权可以同时被满足。在违约与侵权竞合的语境下,典型的例子是,标的物有瑕疵导致债权人固有利益受损,债权人既可以请求其修理瑕疵,也可以请求其承担侵权损害赔偿。

2. 排他性竞合

8　排他性竞合是指数项规范均赋予权利人以请求权,但其中存在特别法优先于一般法的情形,以致权利人只能选择特别法。不过,在我国目前的法律体系下,某一违约责任规范具有排斥侵权责任之效力的情形,或者反过来的情形,尚属罕见。

---

① 参见李宇:《民法总则要义:规范释论与判解集注》,法律出版社2017年版,第875页。
② 叶名怡:《〈合同法〉第122条(责任竞合)评注》,载《法学家》2019年第2期。
③ Vgl. MünchKomm/Bachmann(2019), § 241 Rn. 36 ff..

3. 选择性竞合

选择性竞合是指权利人虽享有数项内容不同的请求权(甚至形成权),但不能同时行使,且若其中一项得到满足,其余均告消灭。典型的选择性竞合如修理与更换的竞合:在同时满足二者要件的情况下,债权人只能择一主张,且只要其中一种权利得到满足,另一种也归于消灭。不过,在我国目前的法律体系下,违约与侵权构成选择性竞合的情况同样罕见。

4. 真正的请求权竞合

真正的请求权竞合是指权利人享有数项内容相同的请求权,且只要其中一项得到满足,其余均告消灭。真正的请求权竞合是所有竞合形态中争议最大的一种,同时也是违约与侵权竞合的最常见情形。通常所称请求权竞合指的就是真正的请求权竞合。

三、真正的请求权竞合的两种学说

关于真正的请求权竞合,有两种基本学说,即自由竞合说与规范竞合说。自由竞合说是指,在真正的请求权竞合中,权利人享有数项独立的请求权,它们互不影响且根据各自的请求权基础进行判断。① 反之,规范竞合说则认为,权利人享有的仅仅是一项请求权,只不过该项请求权可以基于不同的请求权基础(规范)而成立。② 以边码 5 中的修理工案为例,若采自由竞合说,则车主同时享有违约损害赔偿与侵权损害赔偿两项独立的请求权。若采规范竞合说,则车主仅享有一项损害赔偿请求权,只不过该请求权既可以基于违约也可以基于侵权而主张。

(一)请求权让与

在结果上,两说的区别首先体现在请求权的让与中。根据自由竞合说,至少在初步印象下,两项独立的请求权是可以分别让与的。③ 但若根据规范竞合说,则权利人自始只有一项请求权,故不产生分别让与的问题。很显然,允许分别让与的结果是不可接受的,因为这会过分加重义务人的负担,这一点两说支持者均不持异议。诚然,即便在自由竞合说下,仍可以通过保护义务人之需要来证成对分别让与的禁止,④但规范竞合说在这一问题上无疑更加顺畅。

---

① Vgl. MünchKomm/Bachmann(2019), § 241 Rn. 41.
② 参见[德]卡尔·拉伦茨:《德国民法通论(上册)》,王晓晔等译,法律出版社 2013 年版,第 354—355 页。
③ Vgl. Wolf/Neuner, Allgemeiner Teil des bürgerlichen Rechts, 11. Aufl. 2016, § 21 Rn. 8.
④ Vgl. Bork, Allgemeiner Teil des Bürgerlichen Gesetzbuchs, 4. Aufl. 2016, Rn. 293.

(二)请求权基础相互影响

13 在数项请求权基础相互影响的问题上,两说的解释力也有所不同。这种相互影响主要体现在两个方面:诉讼时效与责任减轻。

1. 诉讼时效

14 以《海商法》第 259 条为例,该条规定有关船舶租用合同的请求权,时效期间为二年。从规范目的来看,此规定不应仅适用于因船舶租用合同违约而产生的请求权,毋宁说,若违约的同时也构成侵权,则也适用于因侵权产生的请求权。否则的话,"允许通过请求权基础的自由选择而任意绕开特别时效,该特别时效的目的即无法贯彻"。① 不过,尽管这一结论没有问题,但运用自由竞合说进行解释,难免存在不顺畅之感,毕竟该说的基本主张是存在两项相互独立、互不影响的请求权。反之,若采规范竞合说,则由于本就只有一项请求权,故时效等问题可以通过特别法优先于一般法的逻辑解决,例如在船舶租用合同的情形中,《海商法》第 259 条即构成本法第 188 条第 1 款的特别法,因而优先适用。

2. 责任减轻

15 责任减轻分为法定责任减轻与意定责任减轻。如果相应的法律规定或当事人约定没有指明其针对的是违约还是侵权,则究竟哪种责任应被减轻,取决于对法律或意思表示的解释。例如在约定减轻中,如果约定针对的行为原则上必然同时构成违约与侵权(典型如快递行业"物品丢失仅在运费×倍以内赔偿"的条款),那么在存疑时,应解释为这一约定既针对违约也针对侵权。②

16 如果在解释后不能得出既针对违约也针对侵权的结论,那么相较之下,规范竞合说更具合理性。举例而言,本法第 660 条第 2 款(赠与人赔偿责任)、第 897 条第 2 句(无偿保管人赔偿责任)与第 929 条第 1 款第 2 句(无偿受托人赔偿责任)等责任减轻规定均位于本法合同编,因此逻辑上仅能直接适用于因违约导致的损害赔偿。但是,若仅凭此就认为,债权人选择以侵权主张权利的,不受上述规定的限制,则无疑架空了这些规定优待无偿债务人的规范目的。因此,在结果上,上述规定必须一体适用于违约与侵权。对此,如果采纳自由竞合说,则只能通过类推适用的方式实现,但若采规范竞合说,则同样根据特别法优先于一般法的原理(见边码 14),即可解决。

17 综上所述,规范竞合说相较于自由竞合说有其独有的优势,更为可采。

---

① 参见李宇:《民法总则要义:规范释论与判解集注》,法律出版社 2017 年版,第 879 页。
② Vgl. MünchKomm/Bachmann(2019), § 241 Rn. 40.

不过,规范竞合说也无法一以贯之,在必要场合中仍须借助自由竞合说。例如在原物返还请求权(本法第235条)的情况下,如果权利人同时享有另一项债权性的返还请求权,则必须承认这是两项独立的请求权。理由在于,一旦权利人选择让与其请求权,则被让与的只能是债权性的请求权,物权请求权不会被一并让与,否则将违反物权法上"物权请求权不得脱离所有权而被让与"的一般原理。当然,这种情形是否构成真正的请求权竞合也是有疑问的。[1] 但不论如何,在本条违约与侵权竞合的语境下,终归难觅此类情形,故规范竞合说可以从一而终。

四、诉讼标的理论

(一)诉讼标的理论的学说

请求权竞合的诉讼解决路径与"禁止重复起诉"制度有着天然联系,进而与诉讼标的理论捆绑在一起。因此,有必要对诉讼标的理论进行探讨。对于诉讼标的理论而言,占主导地位的主要有以下两种学说:旧诉讼标的理论(旧实体法说、旧说)、新诉讼标的理论(诉讼法说、新说)。

1. 旧诉讼标的理论

此说认为,诉讼标的为实体法律关系或实体权利。[2] 据此,在违约和侵权竞合时,诉讼法上存在两个诉讼标的,原告基于违约起诉失败后可再以侵权提起后诉。该说的优点在于:诉讼标的简单明了,法官释明义务较轻。该说的缺点在于:无法一次性处理案件从而导致诉讼成本增加。有学者认为,其体现自由竞合说对诉讼标的理论的影响。[3]

2. 新诉讼标的理论

此说分为二分肢说与一分肢说。前者认为,诉讼标的是由生活事实与诉之声明两个核心要素构成的,换言之,诉讼标的指原告基于特定生活事实而主张获得特定裁判的要求。[4] 后者认为,诉讼标的仅指诉之声明。由于在许多案件中不借助生活事实难以进行诉的识别,因此,二分肢说为至今德国理论和事物的通说观点。[5] 据此,在违约和侵权竞合时,诉讼法上只存在一个诉讼标的。该说的优点在于:可以一次性解决纠纷。该说的缺点在于:法官

---

[1] 参见[德]卡尔·拉伦茨:《德国民法通论(上册)》,王晓晔等译,法律出版社2013年版,第355—356页。
[2] 参见[日]高桥宏志:《民事诉讼法——制度与理论的深层次分析》,林剑锋译,法律出版社2003年版,第23页。
[3] 参见叶名怡:《〈合同法〉第122条(责任竞合)评注》,载《法学家》2019年第2期。
[4] Vgl. MünchKommZPO/Becker-Eberhard(2020), ZPO Vor. § 253 Rn. 32.
[5] Vgl. MünchKommZPO/Becker-Eberhard(2020), ZPO Vor. § 253 Rn. 32, 33.

的释明义务较重。有学者认为,二分肢说与规范竞合说十分契合,规范竞合说秉持"一个生活事实—两个请求权基础,一个请求权—一个诉讼标的"的思路,此种思路堪称最恰当的理论。①

(二)我国审判实务中诉讼标的的认定标准

21 在司法实务中,上述两种学说都有所采纳。然而,《民事诉讼法解释》第247条所提出的当事人、诉讼标的和诉讼请求的重复起诉三要件审查标准中,最高人民法院将"诉讼标的"理解为旧诉讼标的理论下的实体权利或法律关系。② 但学者对此亦不乏异声,例如有学者认为,应通过将诉讼请求吸收进诉讼标的中从而实现纠纷的一次性解决。③ 但本书认为,新诉讼标的理论中的二分肢说,以不苛求原告的方式进行起诉不仅更符合现实要求,而且可与实体法中的规范竞合说相契合。因此,其可为今后民事诉讼理论发展的方向。

22 值得提及的是,目前司法实践中盛行择一消灭模式,即不允许受害人适用一种责任失败或者不足后,又补充适用另外一种责任。然而,此在实体法和诉讼法上均无任何法律依据。在实体法上,请求权竞合是赋予受害人选择权,而非侵害其获偿的权利。在诉讼法上,无论是旧诉讼标的理论还是新诉讼标的理论均不会得出苛待受害人的结论。④ 因此,在司法实践中,择一消灭模式应予以废除。

五、证明责任

23 当受害人以违约之诉请求加害人承担损害赔偿责任时,适用违约责任的证明责任规则(见本法第577条评注);当受害人以侵权之诉请求加害人承担损害赔偿责任时,适用侵权责任的证明责任规则(见本法第1165条评注)。

第一百八十七条 【民事责任优先】民事主体因同一行为应当承担民事责任、行政责任和刑事责任的,承担行政责任或者刑事责任不影响承担民事责任;民事主体的财产不足以支付的,优先用于承担民事责任。

---

① 参见郜伟明:《论诉讼标的与请求权规范之竞合——以旧诉讼标的理论的两岸实践为视角》,载《法商研究》2016年第3期。
② 参见万荣县农村信用合作联社与任某某、席某某、贾某某储蓄存款合同纠纷案,最高人民法院民事裁定书(2013)民申1749号。
③ 参见任重:《论我国民事诉讼标的与诉讼请求的关系》,载《中国法学》2021年第2期。
④ 参见王德新:《〈民法典〉中请求权竞合条款实施研究》,载《法学杂志》2021年第5期。

第九章 诉讼时效

时效是指一定事实状态经过一定的期间后即产生相应的法律效果的制度。它主要起到稳定法律秩序、作为证据之代用、促使权利人行使权利的功能。该制度分为取得时效和消灭时效两种。我国《民法典》未规定取得时效,只规定了诉讼时效。[①]

第一百八十八条 【普通诉讼时效、最长权利保护期间】向人民法院请求保护民事权利的诉讼时效期间为三年。法律另有规定的,依照其规定。

诉讼时效期间自权利人知道或者应当知道权利受到损害以及义务人之日起计算。法律另有规定的,依照其规定。但是,自权利受到损害之日起超过二十年的,人民法院不予保护,有特殊情况的,人民法院可以根据权利人的申请决定延长。

一、诉讼时效的适用范围

依本条第 1 款之文义,凡"民事权利"(支配权、请求权、抗辩权、形成权)均应受诉讼时效规制。但大多数学者认为,该款所规定之民事权利并不等同于总则编第五章规定的所有民事权利,依诉讼时效制度的立法目的,应解释为诉讼时效仅适用于请求权。[②] 理由为:支配权仅凭权利人意志即可实现,不存在置相对人于久悬不决境地之问题。抗辩权系针对请求权之防御权,给付请求不提起,抗辩权无从行使。给付请求提起后,相对人即面临给付或者抗辩的选择,若未作选择,可能遭到强制执行,如果请求权人未采取进一步措施以实现请求权,诉讼时效在中断后将重新起算,因而抗辩权无独立适用诉讼时效之必要。形成权因其所引起的法律关系不确定状况较之请求权更为严重,故而受效力更强的除斥期间的约束。[③] 另,对第 194 条、第 195 条、第 199 条之规定进行体系解释,也应将本款规定的民事权利限缩为请求权。

应当注意的是,某些权利在法律规范中虽然使用"请求"之表述,但在性

[①] 关于术语选择,我国民国时期学者将德国民法中的"Verjährung"译为"消灭时效",我国《民法典》中"诉讼时效"的称谓则来自苏俄民法的翻译。严格来讲,此二翻译术语均不准确,但为了兼顾立法用语与民国以来的学术传统,在论及我国大陆现行民法法律制度时使用"诉讼时效"之称谓,在阐述德国、民国以及我国台湾地区相应民事制度时,则以"消灭时效"称之。

[②] 参见梁慧星:《民法总论》(第五版),法律出版社 2017 年版,第 256 页;朱庆育:《民法总论》(第二版),北京大学出版社 2016 年版,第 536 页。

[③] 参见朱庆育:《民法总论》(第二版),北京大学出版社 2016 年版,第 536—537 页。

质上并非实体法上的请求权,不应适用诉讼时效。例如,"请求撤销婚姻"的权利、共有物分割请求权、物权确认请求权、确认或者否认亲子关系的请求权等。此类权利实际上是形成权或者确认之诉的诉权。

二、普通诉讼时效期间与特殊诉讼时效期间

3　　原《民法通则》第 135 条规定普通诉讼时效期间为二年。本条第 1 款将普通诉讼时效期间定为三年。主要原因在于,近年来司法实践表明,二年的诉讼时效期间太短,不利于保护民事权利。

4　　虽然规定合理的普通诉讼时效期间能够起到统一时效期间的任务,但由于各类请求权性质不同,简单的同等对待所有请求权未必是最好的选择。因而,在统一时效的框架下还必须考虑到一些请求权的特殊性。本条第 1 款第 2 句"法律另有规定的,依照其规定"①主要是指《民法典》及特别法上规定的最长时效期间和特殊时效期间,以区别于第 1 款第 1 句规定的三年普通时效期间。前者如本条第 2 款规定的二十年最长诉讼时效期间。后者散见于《民法典》分则和特别法的规定。如《海商法》第 257 条第 1 款第 2 分句规定,海上货物运输承运人向当事人追偿权的诉讼时效期间为九十日;《保险法》第 26 条规定,人寿保险以外的其他保险合同的保险金请求权诉讼时效期间为一年;《海商法》第 257 条第 1 款规定,海上货物运输赔偿请求权诉讼时效期间为一年;《海商法》第 260 条规定,海上拖航合同请求权诉讼时效期间为一年;《海商法》第 263 条规定,共同海损分摊请求权诉讼时效期间为一年;本法第 594 条规定,国际货物买卖合同和技术进出口合同的诉讼时效期间为四年;《保险法》第 26 条规定,人寿保险合同的保险金请求权诉讼时效期间为五年;《海商法》第 265 条第 2 分句规定,油污损害赔偿请求权的最长诉讼时效期间为六年。

三、普通诉讼时效期间的起算

5　　本条第 2 款第 1 句和第 2 句是关于诉讼时效期间起算的规定。时效是一个体系化的结构,其长短不仅取决于法律规定采用多长期间,还取决于时效期间的起算方法、时效中止和时效中断。时效期间的起算点构成了普通诉讼时效制度的关键因素。诉讼时效期间的起算,有主观标准和客观标准两种立法模式。主观标准,多从权利人得以行使其请求权时起算,其以权利人是否已经知道或应当知道为准。客观标准,多从权利客观成立时起算。②我国

---

① 此处的"法律"仅指狭义的法律,不包括行政法规及部门规章等。
② 参见朱庆育:《民法总论》(第二版),北京大学出版社 2016 年版,第 552 页。

《民法典》普通诉讼时效原则上采用主观标准,①例外情况下采用客观标准。后者如《海商法》第262条规定,海难救助费用请求权诉讼时效期间自救助作业终止之日起算;第264条规定,海上保险合同的保险金请求权诉讼时效期间自保险事故发生之日起算。

依主观标准,诉讼时效制度适用的前提是权利人知道或应当知道其享有请求权而怠于行使其权利。只有当权利人具有这种认识可能性时,才可以期待其积极行使权利。倘若权利人不知道或不应当知道其享有权利而仍开始计算时效期间,显然违背促使权利人及时行使权利的时效目的。因此,权利人知道或者应当知道权利受到损害(发生请求权)以及具体的义务人是时效期间开始的主观条件。

四、最长诉讼时效期间

在采主观标准确定诉讼时效期间起算点的情形下,权利人知道或者应当知道其权利受到侵害的时间存在极大的不确定性,时效期间可能延续数十年。同时义务人也必须在一个确定的时期内确切地知道权利人是否对其享有请求权。若时效因未能起算而无限期延续,有违时效制度之本旨。因而须在时效主观起算标准下设置一个兜底的最长时效期间以平衡利益。这一期间完全不受权利人主观状态的影响,能够矫正普通时效期间可能出现的问题。②

最长时效期间是权利人能够主张其权利的最长期间,本条第2款第3句设置了"权利受到损害之日起超过二十年的,人民法院不予保护"的最长时效规定。另外,于最长时效期间外不应再有例外规定,否则有损于最长时效期间的客观性。因此,该款第3句后半部分"有特殊情况的,人民法院可以根据权利人的申请决定延长"的规定值得商榷。对该规定,可依"禁止诉讼时效滥用的法理"予以严格解释,③以尽量减少例外情况的适用。

第一百八十九条 【分期履行债务的诉讼时效】当事人约定同一债务分期履行的,诉讼时效期间自最后一期履行期限届满之日起计算。

同一债务分期履行是指该债务在合同订立之时即已经确定,债权的内容和范围不随着时间的经过而变化,受到时间因素影响的只是履行的方式。④

---

① 参见朱晓喆:《诉讼时效制度的立法评论》,载《东方法学》2016年第5期。
② 参见高圣平:《诉讼时效立法中的几个问题》,载《法学论坛》2015年第2期。
③ 详细论述参见梁慧星:《民法总论》(第五版),法律出版社2017年版,第266页。
④ 参见最高人民法院民二庭编:《最高人民法院关于民事案件诉讼时效司法解释理解与适用》,人民法院出版社2015年版,第105页。

以约定分期偿还的借款之债、分期（批）交货的买卖之债或者侵权损害赔偿协议中约定加害人分期向受害人支付赔偿金为典型。①

2　　当事人约定同一债务分期履行的,诉讼时效期间自最后一期履行期限届满之日起计算。②对于利息、红利、租金等定期给付债务存在维护当事人之间合作关系、避免频繁主张权利、减少讼累等考虑,司法实务一般认为,也应从最后一期债务履行期限届满之日起计算诉讼时效期间。学说上对此有不同观点,有学者认为此类债务有别于同一债务,各期利息、红利、租金等均为独立债务,所对应的每期给付请求权,称为"分支债权"。各期分支债权,独立适用诉讼时效,其诉讼时效期间自每期债务履行期限届满之日起算。③

第一百九十条　【对法定代理人请求权的诉讼时效】无民事行为能力人或者限制民事行为能力人对其法定代理人的请求权的诉讼时效期间,自该法定代理终止之日起计算。

第一百九十一条　【受性侵未成年人赔偿请求权的诉讼时效】未成年人遭受性侵害的损害赔偿请求权的诉讼时效期间,自受害人年满十八周岁之日起计算。

1　　未成年人因其年龄原因欠缺独立诉诸法律救济的能力,如果依诉讼时效起算的一般规则,待未成年人成年之后再诉诸法律保护,诉讼时效往往早已届满,致其不能获得法律保护。为更好地保护未成年人,本条规定了未成年人遭受性侵害时的特别起算规则。

2　　未成年人遭受性侵害不以刑法上构成犯罪为限。凡强奸、奸淫、猥亵、性骚扰等侵害性自主决定之行为,无论受害人性别是男是女,均属于性侵害范畴。本条的特别保护主体为未成年人,范围应宽于刑法上关于猥亵儿童罪、奸淫幼女罪规定的受保护人（不满14周岁）,但不包含未成年人遭受虐待、家庭暴力等情形。④

3　　当然,本条只是推迟了诉讼时效的起算时间,如果权利人及时主张权利,当然不受诉讼时效的限制。作为诉讼时效的特别起算规则,其并不绝对排斥

---

①　参见陈甦主编:《民法总则评注（下册）》,法律出版社2017年版,第1364页（周江洪执笔）。
②　也有学说认为,应当从每一期债务履行期限届满时起算,但本条及司法解释并未采此说。详细论述参见李宇:《民法总则要义:规范释论与判解集注》,法律出版社2017年版,第899页。
③　参见李宇:《民法总则要义:规范释论与判解集注》,法律出版社2017年版,第899—900页。
④　参见李宇:《民法总则要义:规范释论与判解集注》,法律出版社2017年版,第904页。

诉讼时效一般起算规则的适用。例如未成年人成年后,尚未得知侵害人,则诉讼时效并不就此起算,而应结合本法第 188 条之规定,自权利人知道或应当知道义务人之日起计算诉讼时效。①

第一百九十二条 【诉讼时效期间届满的法律效果】诉讼时效期间届满的,义务人可以提出不履行义务的抗辩。

诉讼时效期间届满后,义务人同意履行的,不得以诉讼时效期间届满为由抗辩;义务人已经自愿履行的,不得请求返还。

一、诉讼时效届满导致抗辩权发生

原《民法通则》第 135 条没有直接规定诉讼时效届满的效力。2008 年以前我国学界通说以苏联二元诉权说②框架下的胜诉权消灭说相解释。③ 具体而言,诉讼时效届满消灭的不是程序意义上的诉权而是实体意义上的诉权。程序意义上的诉权系请求司法保护的权利(起诉权),④实体意义上的诉权是指某人有权在法院的帮助下对于从某种主体权利产生的请求权予以强制执行。诉讼时效期满后,享有主体权利的人已经不能从法院获得对自己有利的判决,法院应驳回其诉讼。⑤ 1992 年原《民事诉讼法意见》第 153 条的规定印证了这一解释:"当事人超过诉讼时效期间起诉的,人民法院应予受理。受理后查明无中止、中断、延长事由的,判决驳回其诉讼请求。"

胜诉权消灭说难以回答实体意义上的诉权与实体权利究竟是何关系。实际上,将与实体请求权无实质差异的实体诉权和起诉权这两种完全不同的权利置于统一的"诉权"概念下,胜诉权更像是程序法为完成"自给自足"而对实体请求权进行的"改头换面"。⑥ 其在程序法上并无独立存在之价值。⑦

---

① 参见李宇:《民法总则要义:规范释论与判解集注》,法律出版社 2017 年版,第 905 页。
② 二元诉权说即实质意义上的诉权与程序意义上的诉权。[苏]顾尔维奇:《诉权》,康宝田、沈其昌译,中国人民大学出版社 1958 年版,第 224 页。
③ 参见佟柔主编:《中国民法学·民法总则》,中国人民公安大学出版社 1990 年版,第 317—318 页。域外诉讼时效的效力模式还有实体权消灭模式,即诉讼时效的效力为直接消灭实体权。若债权人在不知或者明知时效期间届满仍履行的,可以要求返还,因为作为履行基础的债之关系已经消灭,债务人履行构成非清偿型不当得利。《日本民法典》第 166 条采此种模式。参见朱岩:《消灭时效制度中的基本问题》,载《中外法学》2005 年第 2 期。
④ 参见朱庆育:《民法总论》(第二版),北京大学出版社 2016 年版,第 528 页。
⑤ 参见[苏]坚金、布拉图斯:《苏维埃民法(第一册)》,中国人民大学民法教研室译,法律出版社 1956 年版,第 319 页。
⑥ 参见霍海红:《胜诉权消灭说的"名"与"实"》,载《中外法学》2012 年第 2 期。
⑦ 参见张卫平:《民事诉讼法》(第二版),法律出版社 2009 年版,第 31—32 页。

2008年《诉讼时效制度解释》第1条改采抗辩权发生说。本法第192条沿袭了这一做法。在此规则下,诉讼时效经过,不仅请求权的任何方面——无论是实体上的权利本身还是程序上的诉权——都不会消灭,而且还在当事人之间产生新的内容——相对人取得对抗请求权的抗辩权。只要相对人未在诉讼中援引时效抗辩,即使请求权罹于时效,原告亦可获得胜诉判决。① 概言之,诉讼时效届满并不消灭权利本身,也不消灭诉权,它只给予义务人一个抗辩权。②

二、诉讼时效抗辩的援引

(一)诉讼时效抗辩援引的主体

本条第1款将时效抗辩的援引主体限定为"义务人"。有学者认为,应将时效利益的援引主体扩大为"有正当利益者"。③ 本书认为,"义务人"的范围除债务人外,至少还应当包含:保证人(第701条)、抵押人、抵押物的受让人。

对本法第419条之规定应解释为抵押人可以援引主债务时效抗辩以拒绝承担担保责任。理由为:其一,现行法语境下,"人民法院不予保护"是对时效届满后果的习惯性表述。其二,在实现担保物权案件中,法院并不主动审查主债务时效期间是否届满(《民事诉讼法解释》第371条),抵押人可依据《执行异议和复议解释》第7条第2款"债权丧失强制执行效力"之事由提出执行异议。其三,主债务时效届满后,抵押人自愿与抵押权人达成实现抵押权协议的,法院通常认可其效力,此可视为抵押人放弃抗辩。④

本法第406条规定,已设定抵押的财产仍然可以转让。若因债务人不履行债务,债权人行使抵押权,将导致抵押物的受让人丧失权利,因此,应当允许其援引时效抗辩。

关于是否允许后顺位抵押权人援引时效抗辩,争议较大。有学者认为,若先顺位抵押权担保的债权因债务人或抵押人援引时效抗辩,则先顺位抵押权人不得实现其抵押权,后顺位的抵押权人因此享有顺位上升的利益,因而

---

① 参见朱庆育:《民法总论》(第二版),北京大学出版社2016年版,第528页。
② 参见[德]卡尔·拉伦茨:《德国民法通论(上册)》,王晓晔、邵建东等译,法律出版社2013年版,第334页。
③ 参见解亘:《〈民法总则(草案)〉中时效制度的不足》,载《交大法学》2016年第4期。如《法国民法典》第2253条规定,因时效完成而享有利益的人。
④ 参见杨巍:《〈民法典〉第192条、第193条(诉讼时效届满效力、职权禁用规则)评注》,载《法学家》2020年第6期。

应当允许其援引时效抗辩。① 本书认为,如果抵押权采用顺位固定主义,则后顺位抵押权人显然不能援引时效抗辩。即便采用顺位递进主义,债务人或抵押人若援引时效抗辩固然使后顺位抵押权人的受偿可能性增加,但这只不过是因抵押权顺位上升带来的反射性利益。② 不能基于该反射性利益允许后顺位抵押权人援用时效抗辩。

一般债权人只能与其他债权人平等地从债务人的财产受偿债权。既然不允许后顺位抵押权人援引时效抗辩,则当然更不应当允许一般债权人援引债务人的时效抗辩。

(二)诉讼时效抗辩援引的效力

当事人对诉讼时效抗辩的援引符合法律要求的,产生"人民法院不予保护"之效力。诉讼时效抗辩属于永久抗辩,原告的请求权被诉讼时效抗辩永久阻却,不能发挥作用,法院或者仲裁委应当驳回其诉讼请求或者仲裁请求。不过,时效届满之前产生的抵销权,于时效届满后仍可行使,抵销的效力溯及于抵销条件成就(抵销适状)之时,双方互负的债务在同等数额内消灭。③

三、义务人同意履行与自愿履行对诉讼时效抗辩的影响

(一)同意履行

依本条第2款第1分句之规定,诉讼时效期间届满后,义务人同意履行的,不得再主张诉讼时效抗辩。有疑问的是,义务人同意履行时,是否要求其知悉时效已届满? 有学说认为,时效抗辩属于需主张的抗辩,义务人作出同意履行的意思表示,其效果以知悉义务的存在为前提,其同意的是义务的履行,而非诉讼时效届满后的义务履行。若不知时效期间届满而同意履行,应解释为抗辩权未主张。④

该问题涉及义务人同意履行的定性。如果将其定性为抗辩权的放弃行为,则应要求义务人知悉时效已届满从而自己享有抗辩权。放弃抗辩权系权利处分行为,应以权利客体的确定与特定为原则。若义务人不知其享有抗辩权,自然不可能将处分表示指向该权利。为尊重私法自治,放弃时效利益应以知悉为前提,若义务人不知其享有抗辩权而作出同意的意思表示,则义务

---

① 参见陈甦主编:《民法总则评注(下册)》,法律出版社2017年版,第1383—1384页(周江洪执笔)。

② [日]山本敬三:《民法讲义Ⅰ·总则》(第三版),解亘译,北京大学出版社2012年版,第482页。

③ 参见杨巍:《〈民法典〉第192条、第193条(诉讼时效届满效力、职权禁用规则)评注》,载《法学家》2020年第6期。

④ 参见陈甦主编:《民法总则评注(下册)》,法律出版社2017年版,第1385页(周江洪执笔)。

人得以此为由行使撤销权,进而主张时效抗辩,但应赔偿对方因此所遭受的信赖利益损害。义务人明知时效经过,但放弃表示系受欺诈或胁迫所致亦同。[1] 反之,如果将义务人同意履行定性为债务承认,则不应要求其知悉时效已届满。债务承认是一项独立的法律行为,可以据此发生债权债务关系,该债权债务关系有自己的诉讼时效,不受原债务诉讼时效抗辩的约束。债务承认的标的既可以是时效已届满的债务,也可以是时效未届满的债务,所以,义务人同意履行时,究竟是否知悉债务的时效已届满,无关紧要。按照《最高人民法院关于超过诉讼时效期间借款人在催款通知单上签字或者盖章的法律效力问题的批复》的规定,债务人在催款通知单上签字或者盖章的,视为对原债务的重新确认。这表明,最高人民法院当时将义务人同意履行定性为债务承认。为此,不应要求义务人在作出同意履行表示时知悉时效已届满。应当注意的是,《诉讼时效制度解释》第19条将诉讼时效期间届满后义务人同意履行的意思表示定性为放弃诉讼时效抗辩权。与此相应,应要求义务人在作出同意履行的意思表示时知悉时效已届满。

12   诉讼时效期间届满后,义务人除了作出同意履行的意思表示之外,还可以明确作出放弃时效抗辩的意思表示。放弃抗辩是处分行为,放弃行为可以采取与权利人达成协议的形式,也允许义务人以单方法律行为方式放弃。放弃抗辩之行为无须特别形式。[2] 义务人既可就权利之全部予以放弃,亦可就部分予以放弃。义务人放弃时效抗辩的,时效期间从弃权之日起重新起算。放弃抗辩时双方约定新的还款期限的,时效期间从该还款期限届满之日重新起算。[3]

(二)自愿履行

13   义务人履行诉讼时效已届满的债务时,无论是否知悉债权罹于时效之事实,均不影响履行行为的效力。此与放弃抗辩权不同。关于义务人是否知悉,二者解释路径有所不同。若义务人明知时效已届满,可以从自愿履行中推断其放弃时效抗辩之意思,自然不得主张返还给付。[4] 若义务人不知时效已届满而履行,依然不得主张返还给付,因为诉讼时效届满,并未导致债权本身消灭,义务人之履行构成债之清偿,债权人基于债权的受领力可以合法保

---

[1] 参见朱庆育:《民法总论》(第二版),北京大学出版社2016年版,第543页。
[2] Vgl. MünchKomm/Grothe(2006), §214 Rn. 5.
[3] 参见杨巍:《〈民法典〉第192条、第193条(诉讼时效届满效力、职权禁用规则)评注》,载《法学家》2020年第6期。
[4] 参见朱庆育:《民法总论》(第二版),北京大学出版社2016年版,第544页。

有给付,不构成不当得利,义务人不可请求返还。① 如果义务人只是自愿履行部分义务且未表示同意履行其余义务,则只能推断其具有放弃部分义务的时效抗辩之意思。从债权受领力视角看,也只能认定债权人可以保有已经受领的部分给付。

四、证明责任

义务人主张诉讼时效抗辩的,须证明诉讼时效已经届满。为此,义务人须证明诉讼时效已于某个时点起算。就采用客观起算标准的诉讼时效而言,义务人仅须证明权利损害等客观事实发生的时点即可。就采用主观起算标准的诉讼时效而言,义务人除此之外还须证明请求权人何时知道或者应当知道权利损害等客观事实的发生。在诉讼时效起算点已被证明的情况下,诉讼时效何时届满只是一个时间计算问题。当然,如果请求权人主张时效中断或者中止,则须就此另行分配证明责任。

第一百九十三条 【法院不得主动适用诉讼时效】人民法院不得主动适用诉讼时效的规定。

依1992年原《民事诉讼法意见》第153条之规定,法院应当主动查明诉讼时效是否中断、中止,以确定诉讼时效是否已届满。这表明无须当事人援引时效抗辩。该项规定为法院主动干预私人之间的法律关系提供了依据。民法理论和实务逐渐认识到这种做法违背时效制度的本质,不利于私权的保护。② 因此,2008年《诉讼时效制度解释》第3条规定人民法院不得主动适用诉讼时效进行裁判。本法第193条对此予以明文规定。

2020年12月29日修订后的《诉讼时效制度解释》第2条进一步规定,当事人未提出诉讼时效抗辩,人民法院不应对诉讼时效问题进行释明。

第一百九十四条 【诉讼时效中止的情形】在诉讼时效期间的最后六个月内,因下列障碍,不能行使请求权的,诉讼时效中止:

(一)不可抗力;

(二)无民事行为能力人或者限制民事行为能力人没有法定代理人,或者法定代理人死亡、丧失民事行为能力、丧失代理权;

(三)继承开始后未确定继承人或者遗产管理人;

(四)权利人被义务人或者其他人控制;

(五)其他导致权利人不能行使请求权的障碍。

---

① Vgl. Erman/Schmidt-Räntsch(2017),§214 Rn. 7a.
② 参见梁慧星:《民法总则讲义》,法律出版社2018年版,第219—210页。

自中止时效的原因消除之日起满六个月,诉讼时效期间届满。

一、诉讼时效中止的目的与构成要件

诉讼时效进行中若因一定的法定事由发生,且该法定事由非因当事人怠于行使权利而是由于客观原因造成,以致阻碍权利人行使权利或提起诉讼,法律为保护此情形下的权利人而暂时停止时效的进行。因客观原因不能行使权利的该段时间不计入诉讼时效期间内,以保证权利人真正享有法律规定的提起诉讼的必要时间。①

诉讼时效中止应具备的构成要件有:第一,需存在法定的诉讼时效进程障碍;第二,上述障碍需发生在诉讼时效进程中的最后六个月内;第三,上述障碍需导致不能行使请求权,不限于不能通过诉讼行使其权利。②

二、诉讼时效中止的事由

第一,不可抗力。这是指不能预见、不能避免,且不能克服的客观情况。主要包括自然灾害、国家行为以及军事行动、社会异常情况等。

第二,法定代理人欠缺。法定代理人的欠缺有自始欠缺和嗣后欠缺两种。无民事行为能力人或者限制民事行为能力人因欠缺充分的意思能力,难以独立行使请求权,同时其也不具有诉讼行为能力,只能由其监护人作为法定代理人代为诉讼,因此,法定代理人欠缺构成时效进程中的障碍。③

第三,继承人或遗产管理人未定。继承开始后,若存在继承人人数、姓名不明或有无继承人不明等情形,负有通知义务的人无法通知继承开始,继承人对他人的权利(例如对侵占遗产者的返还请求权)以及他人对继承人的权利(例如被继承人的债权人请求在遗产价值范围内清偿债务),客观上均不能行使。④ 遗产管理人未确定的,遗产不能分割,将发生类似于继承人未确定情形的障碍。⑤

---

① 参见梁书文主编:《民法通则贯彻意见诠释》,中国法制出版社2001年版,第146页。
② 参见陈甦主编:《民法总则评注(下册)》,法律出版社2017年版,第1397页(周江洪执笔)。
③ 有学者认为,限制民事行为能力人进行的与其年龄、智力、精神健康状况相适应的法律行为产生的请求权不适用诉讼时效中止,参见梁展欣主编:《诉讼时效司法实务精义》,人民法院出版社2010年版,第95—96页。也有学者认为,能够从事特定的法律行为仅表明该法律行为的效力不受影响,并不代表着限制民事行为能力人有能力行使其请求权或以诉讼的方式救济其请求权,因此该请求权仍可适用诉讼时效中止。参见杨巍:《民法时效制度的理论反思与案例研究》,北京大学出版社2015年版,第352页。
④ 参见李宇:《民法总则要义:规范释论与判解集注》,法律出版社2017年版,第919页。
⑤ 参见李适时主编:《中华人民共和国民法总则释义》,法律出版社2017年版,第616页。

第四,权利人被控制。权利人被限制身体自由或精神自由以及虽然意思自由但不能行使请求权的状态,包括合法控制①和非法控制②。控制的程度,即限制自由的程度,须以致使不能行使请求权为限。③

第五,其他障碍。只要导致权利人不能行使请求权,即使障碍程度轻于不可抗力,亦属于诉讼时效的中止事由。例如因患传染病而被隔离,但一般病症,不足以妨碍权利行使,不构成诉讼时效终止事由。④

三、诉讼时效中止的法律效果

诉讼时效障碍存续期间,诉讼时效停止进行,自障碍消除之日起,经6个月,诉讼时效完成。在此6个月期间,权利人有足够的时间行使权利,以中断诉讼时效。

第一百九十五条 【诉讼时效中断的情形】有下列情形之一的,诉讼时效中断,从中断、有关程序终结时起,诉讼时效期间重新计算:

(一)权利人向义务人提出履行请求;
(二)义务人同意履行义务;
(三)权利人提起诉讼或者申请仲裁;
(四)与提起诉讼或者申请仲裁具有同等效力的其他情形。

一、诉讼时效中断的概念与效力

诉讼时效中断是指已经经过的时效期间因特定事实的发生而丧失法律意义,时效期间重新起算。在最长诉讼时效期间内,中断并无次数限制。

当诉讼时效制度上的利害关系人为复数时,其中一人的中断事由对其他人发生影响与否是对该复数个人之间结合形态作何评价的法律政策问题。《诉讼时效制度解释》第15条规定,在连带之债中,一个债权人或者债务人的中断事由对其他债权人或者债务人也发生时效中断效力。此为多数人之债中诉讼时效中断的绝对效力。

二、诉讼时效中断的事由

(一)权利人向义务人提出履行请求

该履行请求应为诉讼外请求。权利人向义务人提出履行请求,表明权利

---

① 合法控制,例如权利人因涉嫌刑事犯罪而被羁押(逮捕、拘留)、因被判决确定有罪而收监服刑、因成为刑事案件证人而被隔离询问、因涉嫌违纪而被隔离审查。
② 例如被他人绑架、非法拘禁、施加精神控制等。
③ 详细论述参见李宇:《民法总则要义:规范释论与判解集注》,法律出版社2017年版,第919—922页。
④ 同上注,第923页。

人并未怠于行使其权利。义务人的范围不应限于义务人本人,也包括法定代理人、财产代管人、清算组等。按照《诉讼时效制度解释》第 8 条第 1 款的规定,具有下列情形之一的,应当认定为本法第 195 条规定的"权利人向义务人提出履行请求",产生诉讼时效中断的效力:1. 当事人一方直接向对方当事人送交主张权利文书,对方当事人在文书上签名、盖章、按指印或者虽未签名、盖章、按指印但能够以其他方式证明该文书到达对方当事人的;2. 当事人一方以发送信件或者数据电文方式主张权利,信件或者数据电文到达或者应当到达对方当事人的;3. 当事人一方为金融机构,依照法律规定或者当事人约定从对方当事人账户中扣收欠款本息的;4. 当事人一方下落不明,对方当事人在国家级或者下落不明的当事人一方住所地的省级有影响的媒体上刊登具有主张权利内容的公告的,但法律和司法解释另有特别规定的,适用其规定。"提出履行请求"在性质上是意思通知,因此,上述司法解释实际上是关于意思通知到达的规定。

按照《诉讼时效制度解释》第 9 条的规定,权利人对同一债权中的部分债权主张权利,诉讼时效中断的效力及于剩余债权,但权利人明确表示放弃剩余债权的情形除外。

(二)义务人同意履行

义务人同意履行存在两种情形。一是权利人未请求义务人履行,义务人主动向权利人表示同意履行。二是权利人请求义务人履行,义务人收到权利人的意思通知后,表示同意履行。就第二种情形而言,权利人的意思通知到达时,诉讼时效中断。此后,义务人表示同意履行时,诉讼时效再次中断。对于"同意履行",应予以宽泛解释,既包括明示的同意履行,也包括默示的同意履行。按照《诉讼时效制度解释》第 14 条的规定,义务人作出分期履行、部分履行、提供担保、请求延期履行、制订清偿债务计划等承诺或行为的应视为债务人同意履行义务。

(三)权利人提起诉讼或申请仲裁

权利人提起诉讼或者申请仲裁是以公力救济的方式主张权利,体现了其积极行使权利的态度,所以导致诉讼时效中断。按照《诉讼时效制度解释》第 10 条的规定,向人民法院提交起诉状或者口头起诉的,诉讼时效从提交起诉状或者口头起诉之日起中断。同理,申请仲裁的,自提交仲裁申请书之日其时效中断。按照《诉讼时效制度解释》第 16 条的规定,债权人提起代位权诉讼的,应当认定对债权人的债权和债务人的债权均发生诉讼时效中断的效力。原因在于,提起代位权诉讼一方面表明债权人行使自己的债权,另一方面表明债权人代替债务人行使对次债务人的债权。

(四)与提起诉讼或者申请仲裁具有同等效力的情形

本条规定之目的在于积极扩张诉讼时效中断的适用事由。按照《诉讼时效制度解释》第 11 条的规定,申请支付令、申请破产、申报破产债权、为主张权利而申请宣告义务人失踪或死亡、申请强制执行、申请诉前财产保全和申请诉前临时禁令等诉前措施、申请追加当事人或者被通知参加诉讼、在诉讼中主张抵销均被认为与起诉具有同等效力。有学说认为,以上每种司法程序的具体实施终结的后果存在多种可能性且差异较大,并非都适合作为时效中断的事由。①

(五)司法解释规定的其他中断事由

按照《诉讼时效制度解释》第 12 条的规定,权利人向人民调解委员会以及其他依法有权解决相关民事纠纷的国家机关、事业单位、社会团体等社会组织提出保护相应民事权利的请求,诉讼时效从提出请求之日起中断。按照该司法解释第 13 条的规定,权利人向公安机关、人民检察院、人民法院报案或者控告,请求保护其民事权利的,诉讼时效从其报案或者控告之日起中断。

按照《诉讼时效制度解释》第 17 条的规定,债权转让的,应当认定诉讼时效从债权转让通知到达债务人之日起中断。债务承担情形下,构成原债务人对债务承认的,应当认定诉讼时效从债务承担意思表示到达债权人之日起中断。

三、诉讼时效中断的时点与重新起算的时点

本条规定时效中断后重新起算的时点有两种情形:第一,不涉及裁判程序的"提出履行请求"和"同意履行义务"自发生中断事由时,重新起算时效期间;第二,涉及起诉等裁判程序的,在"有关程序终结时",重新起算时效期间。

本条第 1 项中的"提出履行请求"为民法上之"催告",性质上属于意思通知。作为准法律行为,应准用法律行为规则判断其何时发生效力。本条第 2 项中的"同意履行义务",性质上也属于意思通知。准用法律行为规则中的到达主义,同意履行的表示到达对方时发生时效中断效力。② 也有观点认为,同意履行的通知到达对方后,溯及至作出同意履行通知时中断诉讼时效并重新起算诉讼时效。③

---

① 参见戴孟勇:《论因起诉及与起诉类似的事项导致诉讼时效中断的效力》,载《交大法学》2016 年第 4 期。
② 参见朱晓喆:《诉讼时效制度的价值基础与规范表达——〈民法总则〉第九章评释》,载《中外法学》2017 年第 3 期。
③ 参见梁慧欣主编:《诉讼时效司法实务精义》,人民法院出版社 2010 年版,第 120 页。

12 本条第 3 项因起诉、申请仲裁等裁判程序而中断诉讼时效如何确定诉讼时效的中断时点较为复杂。《诉讼时效制度解释》第 10 条规定,诉讼时效从提交起诉状或者口头起诉之日起中断。鉴于裁判程序是一个持续性的过程,对于该过程的进度,权利人通常无法掌控,所以,若时效中断的同时立即重新起算时效期间,显然不合理。按照本条第 3 项的规定,自裁判程序终结时起重新起算诉讼时效期间。裁判程序终结时即相关判决、裁定、裁决或调解书生效时。不过,应当注意的是,《民事诉讼法》第 246 条规定了 2 年的申请执行期间,即执行时效。从该条第 1 款以及《民事诉讼法解释》第 483 条的规定看,执行时效与诉讼时效的原理相同,都适用中断、中止规则,都仅产生需主张的抗辩①。既然规定了执行时效,则其理应取代取得执行名义后的诉讼时效,二者不可并行。当然,执行时效的 2 年期间是根据原《民法通则》规定的 2 年普通诉讼时效期间设计的,应当根据《民法典》规定的 3 年普通诉讼时效期间予以调整。在主张权利的当事人败诉的情况下,其请求权被生效的裁判文书否定,无从重新起算诉讼时效。当事人申请再审的,适用《民事诉讼法》关于再审期限的规定。在权利人撤诉或者撤回仲裁申请之情形下,诉讼时效是否中断存在争议②。如果采用肯定说,则自法院或者仲裁机构准许撤诉或者撤回仲裁申请的裁判文书生效时重新起算诉讼时效期间。

13 因申请破产导致诉讼时效中断的,法院裁定不受理破产申请或者受理后裁定驳回破产申请的,自该裁定生效时重新起算诉讼时效期间。法院裁定认可破产和解协议的,自该裁定生效时重新起算诉讼时效期间。法院宣告破产前,第三人已为债务提供足额担保的,法院作出终结破产程序的裁定,自该裁定生效时重新起算诉讼时效期间。法院作出破产宣告的,适用破产清算程序,不再重新起算诉讼时效期间。申报破产债权导致诉讼时效中断,但此后破产申请被驳回的,或者破产和解协议被法院认可的,或者因第三人提供足额担保导致法院裁定终结破产程序的,自相关裁定生效时重新起算诉讼时效期间。对诉前保全措施,法院裁定驳回申请的,从裁定生效时重新起算诉讼时效期间;裁定采取诉前保全措施的,因权利人未依法起诉或申请仲裁导致解除保全的,从解除保全的裁定生效时重新起算诉讼时效期间。申请强制执行引起时效中断的,自法院依据《民事诉讼法》第 264 条第 1 项、第 2 项或者第 5 项规定作出的终结执行裁定生效时重新起算诉讼时效期间。此外,法院

---

① 参见梁慧星:《民法总论》(第五版),法律出版社 2017 年版,第 265 页。
② 参见陈甦主编:《民法总则评注(下册)》,法律出版社 2017 年版,第 1410 页(周江洪执笔)。

裁定不予执行仲裁裁决或公证债权文书的,自该裁定生效时重新起算诉讼时效期间。在诉讼中主张抵销的情形,诉讼程序终结后,如果债权因抵销而全部消灭,则无须重新起算诉讼时效期间;如果抵销后尚有剩余部分债权,则剩余债权从判决生效时重新起算诉讼时效期间。①

权利人向公安机关、人民检察院、人民法院报案或者控告,请求保护其民事权利的,上述机关决定不立案、撤销案件、不起诉的,诉讼时效期间从权利人知道或者应当知道不立案、撤销案件或者不起诉之日起重新起算;刑事案件进入审理阶段,诉讼时效期间从刑事裁判文书生效之日起重新起算。

四、证明责任

权利人主张诉讼时效中断的,应证明存在中断事由。义务人主张诉讼时效期间重新起算且该期间已经届满的,应证明何时发生导致诉讼时效期间重新起算的法律事实。

第一百九十六条 【不适用诉讼时效的情形】下列请求权不适用诉讼时效的规定:

(一)请求停止侵害、排除妨碍、消除危险;
(二)不动产物权和登记的动产物权的权利人请求返还财产;
(三)请求支付抚养费、赡养费或者扶养费;
(四)依法不适用诉讼时效的其他请求权。

一、明确不适用诉讼时效的请求权

(一)请求停止侵害、排除妨碍、消除危险

本法第 236 条(物权编)、第 1167 条(侵权责任编)规定了排除妨害(碍)与消除危险请求权。本条第 1 项规定这些请求权不适用诉讼时效,并未明确区分物权请求权与侵权请求权。从全国人大和最高人民法院相关人士编写的释义书看,②当事人依据该两条中的任何一条主张权利的,均不适用诉讼时效。本法第 236 条未规定停止侵害请求权,第 1167 条则规定了停止侵害请求权。因此,停止侵害请求权只能被解释为侵权请求权。③

---

① 参见戴孟勇:《论因起诉及与起诉类似的事项导致诉讼时效中断的效力》,载《交大法学》2016 年第 4 期。
② 参见李适时主编:《中华人民共和国民法总则释义》,法律出版社 2017 年版,第 623 页;沈德咏主编:《〈中华人民共和国民法总则〉条文理解与适用(下)》,人民法院出版社 2017 年版,第 1296 页。
③ 参见杨巍:《论不适用诉讼时效的请求权——我国〈民法总则〉第 196 条的问题与解决》,载《政治与法律》2018 年第 2 期。

(二)不动产物权和登记的动产物权的权利人请求返还财产

2　本项规定不动产物权的返还原物请求权,无论是否已登记均不适用诉讼时效。不动产物权通常已经登记,不动产登记簿足以产生具有确定性的权利推定与证明效力,诉讼时效因而变得不必要。① 对于未登记的不动产物权,鉴于不动产物权的重要性,真实权利人之返还原物请求权也不应适用诉讼时效。

3　对于动产物权,本项规定登记的动产物权(机动车等特殊动产物权)之返还原物请求权也不适用诉讼时效。至于未经登记的动产物权之返还原物请求权是否适用诉讼时效,存有争议。肯定说认为,动产价值小、流动性、易损耗,导致举证困难,如果不适用诉讼时效会增加讼累,也不利于矛盾的及时解决。② 否定说认为,若对本项作反面解释,未登记的动产物权之返还原物请求权应适用诉讼时效,但该解释明显有悖于时效制度之立法目的及既有司法经验,应禁止作如此反面解释,未登记动产物权依其性质不适用诉讼时效。③

(三)请求支付抚养费、赡养费或者扶养费

4　抚养费请求权、赡养费请求权、扶养费请求权以身份关系为基础,具有很强的伦理性,而且涉及权利人的生存保障,所以不适用诉讼时效。

二、其他不适用诉讼时效的请求权

5　本条第4项设置了"依法不适用诉讼时效的其他请求权"的兜底性条款。按照本法第995条的规定,人格权人的消除影响、恢复名誉、赔礼道歉等请求权不适用诉讼时效。按照《诉讼时效制度解释》第1条的规定,不适用诉讼时效的请求权包括:1. 支付存款本金及利息请求权;2. 兑付国债、金融债券以及向不特定对象发行的企业债券本息请求权;3. 基于投资关系产生的缴付出资请求权。鉴于司法解释在我国具有法源地位,所以上述三种请求权属于本条第4项"依法不适用诉讼时效的其他请求权"。

6　有疑问的是,可否对本条进行反面解释,得出"除本条和其他法律规定不适用诉讼时效的请求权之外的其他请求权都适用诉讼时效"之结论? 从规范结构看,本条符合反面解释的前提条件。不过,从法价值看,反面解释的结论未必妥当。某些请求权未被本条列举,也未被其他法律规定不适用诉

---

① Vgl. Dieter Medicus, Allgemeiner Teil des BGB,10. Aufl. ,2010,Rn. 103.
② 参见李适时主编:《中华人民共和国民法总则释义》,法律出版社2017年版,第625页。
③ 参见杨巍:《论不适用诉讼时效的请求权——我国〈民法总则〉第196条的问题与解决》,载《政治与法律》2018年第2期。

时效,但如果适用诉讼时效,将产生不合理的结果。例如,公司解散情形中股东享有的公司清算请求权①,业主大会(业主共同体)对个别业主的物业维修资金缴纳请求权(本法第278条第1款第6项结合第280条第1款)②,父母请求第三人交还未成年子女的权利。此外,原《民通意见(试行)》第170条规定,未授权给公民、法人经营、管理的国家财产受到侵害产生的侵权请求权不适用诉讼时效,但《民法典》及《诉讼时效制度解释》对此未予规定。

第一百九十七条　【诉讼时效法定;时效利益预先放弃无效】诉讼时效的期间、计算方法以及中止、中断的事由由法律规定,当事人约定无效。

当事人对诉讼时效利益的预先放弃无效。

一、加长或缩短诉讼时效期间的约定无效

本条规定表明,诉讼时效具有法定性和强行性。加长诉讼时效期间,有利于权利人,缩短诉讼时效期间,有利于义务人,但因被认为有害公益,当事人不得约定变更诉讼时效期间。具体原因在于:第一,法律对于诉讼时效长短的规定可以有效督促当事人积极行使权利,促进财产效用的发挥和社会经济的正常运转;第二,权利人长期不行使权利,会导致呈现一种权利不存在的假象状态,并使不特定的第三人对这种状态产生合理的信赖,不可自由约定诉讼时效有利于保护基于此种事实基础而形成的各种新的法律关系,有助于生活秩序的稳定与交易安全;第三,诉讼时效制度有利于对具有证明价值的证据的收集和判断以及纠纷的及时解决,允许约定加长诉讼时效期间则不利于该立法目的的实现。③ 虽非直接变更诉讼时效期间,但约定变更计算方法的,也将导致诉讼时效期间的加长或缩短,亦为无效。

二、变更诉讼时效中止、中断事由的约定无效

诉讼时效可以通过中止、中断进行法定变更,但须由法律明确作出规定,当事人不可以创设法律没有规定的情形,使诉讼时效擅自变更。当事人之约定,无论系增加或减少诉讼时效中止、中断的法定事由,或者对法定事由作单纯的变更(例如约定权利人书面请求方可发生诉讼时效中断效力,口头请求

---

① 参见管某某诉张某等股东权纠纷案,北京市第一中级人民法院民事判决书(2007)一中民终字第09787号,法院认为清算请求权不适用诉讼时效。
② 参见上海市虹口区久乐大厦小区业主大会诉上海环宇实业总公司业主共有权纠纷案(指导案例65号),上海市第二中级人民法院民事判决书(2011)沪二中民二(民)终字第1908号,法院认为维修资金缴纳请求权不适用诉讼时效。
③ 参见王利明主编:《中华人民共和国民法总则详解(下册)》,中国法制出版社2017年版,第941页(高圣平执笔)。

不发生诉讼时效中断效力),使得诉讼时效失去了确定性,应属无效。[1]

三、诉讼时效利益预先放弃无效

诉讼时效利益是指诉讼时效期间届满(诉讼时效完成)后义务人可以不履行义务的利益,即诉讼时效抗辩权。放弃诉讼时效利益,无论以单方法律行为(义务人预先声明不主张诉讼时效抗辩)或双方法律行为(在合同中约定不得主张诉讼时效抗辩)为之,只要构成预先放弃,即于诉讼时效期间届满前,放弃诉讼时效利益,其行为就是无效的。[2] 其原因在于,诉讼时效期间届满前,义务人尚未取得诉讼时效利益(诉讼时效抗辩权尚未发生),如果允许当事人预先抛弃时效利益,则可能导致不公平的情形发生。例如,一方利用自己所处的优势地位,迫使另一方同意抛弃时效利益。

第一百九十八条 【仲裁时效】法律对仲裁时效有规定的,依照其规定;没有规定的,适用诉讼时效的规定。

第一百九十九条 【除斥期间】法律规定或者当事人约定的撤销权、解除权等权利的存续期间,除法律另有规定外,自权利人知道或者应当知道权利产生之日起计算,不适用有关诉讼时效中止、中断和延长的规定。存续期间届满,撤销权、解除权等权利消灭。

1 本条是除斥期间的一般规定。除斥期间是指某种权利存续的法定期间。该期间经过后该种民事权利即归于消灭,因而其要求法官主动审查并适用。除斥期间一般适用于形成权,这种权利单方而直接地对权利产生作用,[3]如撤销权、解除权。如果形成权人长期不行使权利,除斥期间经过仍可以直接改变对方的法律地位,则导致其效力远强于请求权。[4] 因此,法律以除斥期间限制形成权。

2 除法律另有规定外,除斥期间自权利人知道或者应当知道权利产生之日起计算。法律另有规定如本法第 152 条第 1 款第 2 项以及第 2 款、第 541 条第 2 句、第 564 条第 2 款后半句。

3 除斥期间经过,权利人的权利即归于消灭。原本不确定的法律关系无论

---

[1] 参见李适时主编:《中华人民共和国民法总则释义》,法律出版社 2017 年版,第 627 页。
[2] 参见李宇:《民法总则要义:规范释论与判解集注》,法律出版社 2017 年版,第 969—970 页。
[3] 参见[德]本德·吕特斯、阿斯特丽德·施塔德勒:《德国民法总论》(第 18 版),于馨淼、张姝译,法律出版社 2017 年版,第 85 页。
[4] 参见朱庆育:《民法总则》(第二版),北京大学出版社 2016 年版,第 547 页。

是明确固定或归于消灭都会引起实体法上效果的变化。所以除斥期间没有中断的可能性,也不会发生中止。①

第十章 期间计算

第二百条 【期间计算单位】民法所称的期间按照公历年、月、日、小时计算。

第二百零一条 【期间起算】按照年、月、日计算期间的,开始的当日不计入,自下一日开始计算。

按照小时计算期间的,自法律规定或者当事人约定的时间开始计算。

第二百零二条 【期间结束】按照年、月计算期间的,到期月的对应日为期间的最后一日;没有对应日的,月末日为期间的最后一日。

第二百零三条 【期间结束日顺延和末日结束点】期间的最后一日是法定休假日的,以法定休假日结束的次日为期间的最后一日。

期间的最后一日的截止时间为二十四时;有业务时间的,停止业务活动的时间为截止时间。

所有关于期间的规定或约定,起算点的确定都是其最终发生法律效果的前提条件,而从何时开始起算期间,将直接对各方当事人的权利义务产生影响。 1

第一,按照年、月、日计算期间的始期计算方法。本法第 201 条规定,按照年、月、日计算期间的,均统一以期间开始的下一日作为起算点。主要原因在于,期间开始的当日通常已经经过一段时间,如果以该日作为期间起算点,可能会使当事人的期限利益遭受损失。② 2

第二,按照小时计算期间的始期计算方法。以小时作为计算单位的期间长度往往较短,为保障计算期间的精确程度,应以法律规定或当事人约定的具体时刻作为期间的起算点,并据此推定期间的终期。③ 3

第三,按月、年计算期间的计算方法。此种情形应算至到期月的对应日 4

---

① 详细论述参见李宇:《民法总则要义:规范释论与判解集注》,法律出版社 2017 年版,第 969—970 页。

② 参见陈甦主编:《民法总则评注(下册)》,法律出版社 2017 年版,第 1446—1447 页(刘明执笔)。

③ 详细论述参见李宇:《民法总则要义:规范释论与判解集注》,法律出版社 2017 年版,第 972 页。

为止,但在没有对应日的情形下,则有必要设特别规定,即规定月末日为期间的最后一日。①

第四,法定节假日及期间最后一日的截止时间。若期间到期日的最后一天遇有法定休假日的情形,以休假日结束的次日代之,但非将原定时间延长。本法第203条第1款关于以休假日结束次日为期间末日之规定,仅适用于应为意思表示或给付的情形,不适用于期间内无须为任何意思表示或给付的情形,如年龄的计算、宣告死亡期间等,均无适用该条第1款规定的余地。期间末日以午夜24点为截止时间,有业务活动者,则以业务活动停止时间为截止时间。②

第二百零四条 【期间计算的特别规定或约定】期间的计算方法依照本法的规定,但是法律另有规定或者当事人另有约定的除外。

---

① 参见陈甦主编:《民法总则评注(下册)》,法律出版社2017年版,第1450页(刘明执笔)。
② 参见李宇:《民法总则要义:规范释论与判解集注》,法律出版社2017年版,第974页。另外,业务时间是指民事主体个别的业务活动常规时间(营业时间、办公时间等)。

第二编

物　权

第一分编　通　则

第一章　一般规定

第二百零五条　【物权编的调整范围】本编调整因物的归属和利用产生的民事关系。

第二百零六条　【社会主义基本经济制度与社会主义市场经济】国家坚持和完善公有制为主体、多种所有制经济共同发展，按劳分配为主体、多种分配方式并存，社会主义市场经济体制等社会主义基本经济制度。

国家巩固和发展公有制经济，鼓励、支持和引导非公有制经济的发展。

国家实行社会主义市场经济，保障一切市场主体的平等法律地位和发展权利。

第二百零七条　【物权平等保护原则】国家、集体、私人的物权和其他权利人的物权受法律平等保护，任何组织或者个人不得侵犯。

第二百零八条　【物权公示原则】不动产物权的设立、变更、转让和消灭，应当依照法律规定登记。动产物权的设立和转让，应当依照法律规定交付。

第二章　物权的设立、变更、转让和消灭

第一节　不动产登记

第二百零九条　【不动产物权登记的效力】不动产物权的设立、变更、转让和消灭，经依法登记，发生效力；未经登记，不发生效力，但是法律另有规定的除外。

依法属于国家所有的自然资源,所有权可以不登记。

一、不动产物权登记与物权变动的关系

对不动产物权的变动进行登记是物权公示原则的要求。① 不动产物权登记是不动产登记机构依当事人的申请据法定程序将不动产及其负载的权利等事项记载于不动产登记簿,进而产生特定法律效果的法律事实。从比较法看,关于登记在不动产物权变动中的法律意义存在三种规范模式。一是登记生效主义,二是登记对抗主义,三是折中主义,即某些不动产物权变动采用登记生效主义,某些不动产物权变动采用登记对抗主义或者其他规范模式。登记生效主义的代表是德国法。《德国民法典》第873条第1款、第875条第1款规定,不动产物权发生变动除具备当事人的意思表示外,还需登记作为不动产物权取得、变更与废止的必备要件。② 登记对抗主义的代表是日本法与法国法。

我国民法采用折中主义。本条第1款确立了登记生效主义,该款但书则允许法律规定采用其他规范模式。例如,本法第229—231条规定的物权变动不以登记为生效要件;本法第333条规定,土地承包经营权的设立不以登记为生效要件;本法第335条规定,土地承包经营权的转让、互换以登记为对抗要件;本法第341条规定,流转期限为5年以上的土地经营权设立采用登记对抗主义;本法第374条规定,地役权的设立采用登记对抗主义。此外,不动产抵押权依据本法第407条随同主债权一并移转的,不以办理抵押权移转登记为生效要件。

就基于法律行为的物权变动而论,与登记相结合的不动产物权变动的"合意"究竟为债权合意还是物权合意存在争议。物权行为肯定说认为,不动产物权的变动一方面需要当事人变动物权的法律行为(物权行为),另一方面需要对该变动进行登记,物权行为和登记双重法律事实决定了不动产物权变动的效力。③ 物权行为否定说认为,不应区分债权行为和物权行为,而应以债权合同加登记为不动产物权发生变动的要件,无须再单独作出移转不动产物权的物权行为。当然否定说并非不承认物权合意的存在,只是这一合意被债权合同吸收而不独立表现。④ 肯定说值得赞同。物权行为与债权行

---

① 以物权变动的原因为依据可将物权变动的形态分为:基于法律行为的物权变动和非基于法律行为的物权变动。
② 参见孙宪忠:《德国当代物权法》,法律出版社1997年版,第162—163页。
③ 参见田士永:《物权行为理论研究》,中国政法大学出版社2002年版,第192页。
④ 参见崔建远:《物权:规范与学说——以中国物权法的解释论为中心(上册)》,清华大学出版社2011年版,第76页。

为的区分是民法逻辑的必然要求。① 债权行为只能产生债法上的效果,发生债权债务关系。物权变动是物权法上的效果,体现为物权关系的变动,导致此项变动的不可能是债权行为,只能是物权行为。

二、不动产物权登记的效力

登记的推定力。所谓登记的推定力是指推定不动产登记簿记载的物权归属与物权内容是正确的。不动产登记机关是国家机关,其登记行为具有权威性,登记的物权状况与真实的物权状况相一致的概率很高,所以理应赋予不动产登记推定力。应当注意的是,推定力可以被推翻。推定力仅意味着登记的物权人无须提出证据证明登记的正确性,但利害关系人可以提出证据证明登记是错误的。如果证据确凿,则登记的推定力即被推翻。

登记的公信力。因信赖不动产登记的善意第三人,已依法律行为为不动产物权变动登记的,其物权变动的效力,不因原登记物权之不实而受影响。② 登记的推定力着眼于登记物权人与主张享有真实物权的当事人之关系,采用证明责任倒置的方式保护登记物权人。与此不同,登记的公信力着眼于真实物权人与第三人之关系。通过牺牲登记簿上未体现的真实物权来保护善意第三人的利益。只有承认登记具有公信力,才能保护交易安全。本条虽未提及不动产物权登记的公信力,但本法第 311 条规定不动产善意取得,体现了不动产物权登记的公信力。

三、证明责任

基于不动产物权登记的推定力,依据登记簿的记载主张享有物权的当事人或者主张物权已经变更或者消灭的当事人无须证明自己的主张,包括无须证明自己依据某个法律事实取得物权,无须证明物权因某个法律事实而变更或者消灭。对登记的物权状况提出相反主张的人须承担证明责任。

第二百一十条 【不动产登记机构和统一登记】不动产登记,由不动产所在地的登记机构办理。

国家对不动产实行统一登记制度。统一登记的范围、登记机构和登记办法,由法律、行政法规规定。

第二百一十一条 【不动产登记申请资料】当事人申请登记,应当根据不同登记事项提供权属证明和不动产界址、面积等必要材料。

第二百一十二条 【登记机构的职责】登记机构应当履行下列职责:

---

① 参见杨代雄:《负担行为与处分行为的区分》,载《燕大法学教室》创刊号。
② 参见梁慧星、陈华彬:《物权法》(第七版),法律出版社 2020 年版,第 93 页。

（一）查验申请人提供的权属证明和其他必要材料；
（二）就有关登记事项询问申请人；
（三）如实、及时登记有关事项；
（四）法律、行政法规规定的其他职责。

申请登记的不动产的有关情况需要进一步证明的，登记机构可以要求申请人补充材料，必要时可以实地查看。

第二百一十三条 【登记机构的禁止行为】登记机构不得有下列行为：
（一）要求对不动产进行评估；
（二）以年检等名义进行重复登记；
（三）超出登记职责范围的其他行为。

第二百一十四条 【不动产物权变动的生效时间】不动产物权的设立、变更、转让和消灭，依照法律规定应当登记的，自记载于不动产登记簿时发生效力。

第二百一十五条 【合同效力与物权变动的区分】当事人之间订立有关设立、变更、转让和消灭不动产物权的合同，除法律另有规定或者当事人另有约定外，自合同成立时生效；未办理物权登记的，不影响合同效力。

1　　不动产物权变动的原因行为和不动产物权变动是两个不同的法律事实，分别适用不同的法律规范。原因行为是产生债权债务关系的法律行为，其法律效力须根据本法总则编及合同编有关法律行为、合同的生效要件加以判断，是否办理不动产物权登记，不影响原因行为的效力。例如，房屋买卖虽未办理所有权移转登记，但买卖合同只要不存在无效事由，即为有效。

2　　判断原因行为是否有效时，应根据法律行为的生效要件来判断意思表示是否为法律所认可。法律没有规定或当事人没有约定的情况下，只要原因行为符合法律行为的生效要件，即自成立时发生法律效力。需要注意的是，法律规定原因行为须经批准等手续后才生效的，批准等手续是其特别生效要件，未办理批准手续的，法律行为未生效而非为无效。[1]

3　　不动产物权变动遵循本法物权编的规则。不动产所有权移转除需当事人物权合意之外，还需要将这种物权合意所达成的权利变更进行登记，二者结合才能引起不动产物权的变动。二者缺一或者二者内容不一致均不发生

---

[1] 参见孙宪忠、朱广新主编：《民法典评注：物权编1》，中国法制出版社2020年版，第101页（常鹏翱执笔）。

权利变动。①

第二百一十六条 【不动产登记簿的效力和管理】不动产登记簿是物权归属和内容的根据。

不动产登记簿由登记机构管理。

第二百一十七条 【不动产登记簿与不动产权属证书的关系】不动产权属证书是权利人享有该不动产物权的证明。不动产权属证书记载的事项,应当与不动产登记簿一致;记载不一致的,除有证据证明不动产登记簿确有错误外,以不动产登记簿为准。

第二百一十八条 【不动产登记资料的查询、复制】权利人、利害关系人可以申请查询、复制不动产登记资料,登记机构应当提供。

第二百一十九条 【不动产登记资料的合理使用】利害关系人不得公开、非法使用权利人的不动产登记资料。

第二百二十条 【更正登记与异议登记】权利人、利害关系人认为不动产登记簿记载的事项错误的,可以申请更正登记。不动产登记簿记载的权利人书面同意更正或者有证据证明登记确有错误的,登记机构应当予以更正。

不动产登记簿记载的权利人不同意更正的,利害关系人可以申请异议登记。登记机构予以异议登记,申请人自异议登记之日起十五日内不提起诉讼的,异议登记失效。异议登记不当,造成权利人损害的,权利人可以向申请人请求损害赔偿。

一、更正登记

更正登记是彻底消除登记错误的手段。更正登记使登记簿所记载的权利状况与真实的权利状况相一致,杜绝第三人依据不动产登记簿的公信力取得现时登记的物权,保护真实权利人。

(一)权利错误与标示错误

以登记簿记载的内容为准,可以把登记错误分为权利错误与标示错误。前者指登记簿中记载的不动产物权归属、内容、顺位与权利真实状况不一致。后者指登记簿记载的不动产形态、位置、面积等事实状态不符合不动产的客观真实情况。

从比较法上看,德国民法中的登记错误仅指权利错误,不包括标示错误。

---

① 参见[奥]伽布里莅·库齐奥、海尔穆特·库齐奥著:《奥地利民法概论——与德国法相比较》,张玉东译,北京大学出版社2018年版,第89页。

例如《德国民法典》第894条之规定的登记簿错误显然都是与不动产物权的归属和内容相关的错误,即权利事项错误。其原因在于,立法者建立不动产登记制度不是为了简单地记录不动产的位置、面积、数量等自然状况,而主要是通过在登记簿上记载不动产的物权状况并向外界加以公示,以达到明晰不动产上的权利状况、维护交易安全、提高交易效率的目标。

4 本条第1款第1句规定"不动产登记簿记载的事项错误"未明确是否既包含权利错误也包含标示错误。从第2句的规定看,本条仅针对权利错误,因为标示错误的更正无须真实权利人征求登记权利人的同意。登记簿上标示错误也需要更正,但登记簿上权利错误与标示错误无论是在法律后果,还是在更正程序上都有很大的差别。

5 其一,在是否对真实权利人的物权构成妨害上,二者有所不同。登记簿上发生标示错误时,由于登记簿对不动产物权归属与内容的记载是正确的,因此不会妨害或损害物权人的权利。但当登记簿上关于不动产物权归属和内容的记载有错误的话,真实权利人的物权就会因该错误而遭受妨害或损害。其二,在是否会导致第三人善意取得上,二者有所不同。不动产登记簿上权利错误会使真实权利人遭受因他人之善意取得而丧失权利或权利上被设定负担的法律风险。在登记簿上的错误与物权归属和内容无关时,由于权利外观与真实权利一致,所以不发生善意取得问题。即便第三人真的对登记簿上存在的非权利事项错误产生了某种"信赖",也不能受到不动产善意取得制度的保护。[①] 其三,更正的程序不同。若为权利错误,由于涉及不动产权属关系,因此必须严格限制登记机构依职权更正登记,原则上仅允许登记机构依据权利人的申请办理更正登记,否则就可能导致登记机构不当侵害权利人的合法权益。例外地,根据《不动产登记暂行条例实施细则》第81条的规定,不动产登记机构发现不动产登记簿记载的事项错误,应当通知当事人在30个工作日内办理更正登记,当事人逾期不办理的,不动产登记机构应当在公告15个工作日后,依法予以更正。若为标示错误,由于不动产登记簿关于不动产之事实状况的记载与不动产权属无关,因此在发生错误的情况下,既可由登记机构依职权办理更正登记,也可以由权利人申请更正登记。

(二)初始错误与嗣后错误

6 依据登记簿错误产生的时间不同可以将登记错误分为初始错误与嗣后错误。前者是在进行不动产登记时就已经存在的错误,包括初始的权利错误

[①] 参见程啸:《不动产登记簿错误之类型与更正登记》,载《法律科学(西北政法大学学报)》2011年第4期。

与初始的标示错误。后者是在登记簿记载之时虽然正确,但其后因出现了新的法律事实而使得登记簿记载的事项与真实的情况不一致。① 所谓新的法律事实即登记簿之外的物权变动,如继承、判决。

本条第 1 款并未明确规定登记错误仅限于初始错误。只要权利人、利害关系人认为不动产登记簿记载的事项是错误的,就可以申请更正登记。不论该记载事项的错误是在登记时产生的,还是在登记完成后出现的。不过,二者并非都适用更正登记。就登记簿上初始错误而言,无论是权利错误还是标示错误,适用的基本上都是更正登记(如原《房屋登记办法》第 74 条、第 75 条、第 80 条)。而对嗣后错误,则应区分不同的情形:

对嗣后的标示错误,一般都是适用变更登记,且往往可以由登记权利人单方提出申请。对嗣后的权利错误,从民法原理看,本应适用更正登记,但《不动产登记暂行条例实施细则》第 27 条则规定适用权利转移登记。例如,因人民法院、仲裁委员会的生效法律文书导致物权转移,因继承、遗赠导致物权转移,因主债权转移导致不动产抵押权转移,因需役地物权转移导致地役权转移。此外,因没收、征收导致不动产物权消灭或者因人民法院、仲裁委员会的生效法律文书导致物权消灭的,《不动产登记暂行条例实施细则》第 28 条规定适用注销登记而非更正登记。从这个角度看,我国不动产登记法上的更正登记是个狭义的概念,其部分适用范围被划归物权转移登记和物权注销登记。

(三)更正登记的要件

更正登记须由真实权利人或者利害关系人向登记机关提出申请。利害关系人如真实权利人的债权人,在真实权利人自己不申请更正登记而且陷入资力不足状态的情况下,错误登记的不动产存在被他人善意取得从而脱离责任财产的风险,应当允许其债权人申请更正登记。更正登记须经登记权利人书面同意,在未获得书面同意的情况下,申请人须提出证据证明确实存在登记错误。最强有力的证据是法院或者仲裁机构的生效裁判文书确认不动产物权归属于申请人或者认定作为不动产登记之基础的法律行为无效。

二、异议登记

异议登记是一种对利害关系人的临时性保护措施。在利害关系人未能获得登记权利人书面同意且暂时未能搜集到充分证据的情况下,可以先申请异议登记。《不动产登记暂行条例实施细则》第 82 条虽要求申请人提供证明登记错误的材料,但应解释为此类材料只要初步证明登记可能存在错误即可,否则,在证据十分确凿的情况下,申请人已经可以直接申请更正登记。

---

① 参见冉克平:《物权法总论》,法律出版社 2015 年版,第 385 页。

11 　　异议登记的客体是登记簿上可能存在的权利错误。登记簿上的标示错误,并不会引起第三人的善意取得,所以无须办理异议登记。本条第 2 款将异议登记的申请人表述为利害关系人。此处所谓利害关系人是指声称自己为真实权利人的当事人,也包括本条第 1 款中的利害关系人。两款规定中的利害关系人不尽相同。

12 　　本条第 2 款第 1 句并非为异议登记设置前提要件。如果认为异议登记以权利人不同意更正为前提,则登记机构在受理异议登记申请时,势必要求利害关系人提交登记权利人不同意更正的证明材料。如果登记权利人既不同意更正,也不出具拒绝同意更正的文件,则利害关系人既无法申请更正登记也无法申请异议登记,显然不合理。① 无论利害关系人是否尝试与登记权利人沟通以便获得其对更正登记的书面同意,利害关系人都有权申请异议登记。

13 　　异议登记不能推翻登记簿的推定力。按照《不动产登记暂行条例实施细则》第 84 条的规定,异议登记不具有限制处分的效力。异议登记的效力在于击破登记簿的公信力。具体而言,登记簿上对异议登记的记载表明登记簿的正确性受到质疑,可能存在错误,在这种情况下,受让人仍与登记权利人实施不动产处分行为,不属于善意受让人,其对登记簿的信赖不值得保护,不能善意取得不动产物权。《民法典物权编解释(一)》第 15 条第 1 款第 1 项对此已有明文规定。

14 　　本条第 2 款规定了异议登记的有效期。自异议登记之日起 15 日内,申请人不起诉的,异议登记失效。申请人起诉的,异议登记继续有效,直至法院就系争物权的归属作出生效判决。按照《不动产登记暂行条例实施细则》第 83 条的规定,申请人在 15 日内向仲裁委员会申请仲裁的,也可以使异议登记继续有效。依该条规定,异议登记失效后,利害关系人不得就同一事项以同一理由再次申请异议登记。

15 　　异议登记虽未限制登记权利人的处分权,但击破登记的公信力,事实上对不动产物权的处分造成妨害。因此,本条第 2 款规定异议登记不当,给登记权利人造成损害的,申请人须承担损害赔偿责任。

第二百二十一条　【预告登记】当事人签订买卖房屋的协议或者签订其他不动产物权的协议,为保障将来实现物权,按照约定可以向登记机构申请预告登记。预告登记后,未经预告登记的权利人同意,处分该不动产的,不发

---

① 参见程啸:《论异议登记的法律效力与构成要件》,载《法学家》2011 年第 5 期。

生物权效力。

预告登记后,债权消灭或者自能够进行不动产登记之日起九十日内未申请登记的,预告登记失效。

一、预告登记的概念与适用范围

在债权行为与物权行为相区分原则的前提下,对暂时仅有债权人地位的权利人来说,会产生特别的担保需求。因为债权人仅在登记簿中已被登记时,才能确保其权利之安全。在此之前,其债务人可能通过诸如将已出卖的权利再转让给他人的方法,使债权人享有的以物权变动为内容的请求权受挫。在这种情况下,债权人虽可主张损害赔偿请求权,但已成就之物权法律关系现状,却往往不能回转。因此,需要一项对其进行保护的临时担保手段。①

预告登记便是在当事人期待的不动产物权变动所需要的条件缺乏或者尚未成就时,即权利取得人只对未来取得物权享有请求权时,为保护该请求权而为其进行的登记。其在形式上具有保全债权请求权的功能。② 预告登记适用于所有形态的不动产物权变动,即只要是引致不动产物权变动的债权,无论其产生于民事合同还是行政合同,无论是否附条件、附期限,都在预告登记的适用范围内。

二、预告登记的效力

预告登记依附于债权,债权合法有效是预告登记的实体要件,若债权不存在,预告登记将因为错误而无效。预告登记的程序要件是当事人向不动产登记机构申请预告登记,经登记机构受理和审核记载于登记簿时产生法律效力。

从比较法看,德国民法对预告登记期间的处分行为采用相对不生效的模式。预告登记义务人所为的处分行为,对预告登记权利人没有效力,对其他人则有效力。预告登记权利人有权请求从预告登记义务人处取得权利者同意注销该权利,取得人有同意义务。③ 本条第1款第2句中的"不发生物权效力"应作何解,不无疑问。有学说认为,本条将预告登记权利人的同意作为义务人处分行为的生效要件,未经预告登记权利人同意的处分行为不仅对

---

① 参见[德]鲍尔、施蒂尔纳:《德国物权法(上册)》,张双根译,法律出版社2004年版,第415—416页。
② 参见冉克平:《物权法总论》,法律出版社2015年版,第398页。
③ 参见[德]鲍尔、施蒂尔纳:《德国物权法(上册)》,张双根译,法律出版社2004年版,第431—432页。

权利人不生效,对其他人也不生效,为绝对不生效。① 实际上,究竟采用相对不生效模式抑或采用绝对不生效模式,与本条规定处分行为需经预告登记权利人同意之间并无关联性。

5　　民法原理上认为预告登记具有破产保护效力与顺位效力。破产保护效力是指在预告登记义务人破产的情况下,预告登记权利人仍有权请求破产管理人履行移转或者设立不动产物权的义务,不必与其他债权人共同分配该不动产的价值。顺位效力是指在办理正式登记(本登记)之后,预告登记权利人取得的物权的顺位溯及于办理预告登记之时。② 我国《民法典担保制度解释》第 52 条第 2 款承认在抵押人破产的情况下抵押预告登记权利人享有优先受偿权,从结果上看等同于承认预告登记具有破产保护效力,从步骤上看则省略了由预告登记权利人请求抵押人办理抵押权登记的环节。值得注意的是,该条第 1 款规定抵押预告登记权利人可以在已经办理建筑物所有权首次登记的情况下直接就抵押财产优先受偿,法院应认定抵押权自预告登记之日起设立。此项司法解释规定显然违背物权变动的基本原理。

三、预告登记的失效

6　　预告登记保障的债权消灭或当事人自能够进行不动产登记(本登记)之日起 90 日内未申请登记的,预告登记失效。债权消灭包括债权合同被认定为无效、被撤销、被解除或预告登记的权利人放弃债权的情形。

第二百二十二条　【不动产登记错误的赔偿】当事人提供虚假材料申请登记,造成他人损害的,应当承担赔偿责任。

因登记错误,造成他人损害的,登记机构应当承担赔偿责任。登记机构赔偿后,可以向造成登记错误的人追偿。

一、登记错误之赔偿责任的性质

1　　本条第 1 款规定的当事人就登记错误承担的赔偿责任无疑是民事责任。第 2 款规定的登记机构的赔偿责任性质如何,则有疑问。申请登记虽为当事人的自治行为,登记机构的受理、审核和处理亦受申请的限制而不能超越申请的事项范围,但登记机构的审核和处理必须依法进行,这是登记机构的职权行为,它不同于缔约过程中的要约与承诺,其结果无论是否符合申请人的意愿,均对其有法律效力,这是登记机构单方面决定申请命运的公权行为。

---

①　参见孙宪忠、朱广新主编:《民法典评注:物权编 1》,中国法制出版社 2020 年版,第 133 页(常鹏翱执笔)。

②　参见[德]鲍尔、施蒂尔纳:《德国物权法(上册)》,张双根译,法律出版社 2004 年版,第 437—439 页。

因此不动产登记属于行政行为，登记机构未尽审查义务导致登记错误，给他人造成损害的，应承担行政赔偿责任（国家赔偿）。①

二、登记错误之赔偿责任的承担

登记机构的审查义务是合理注意义务，登记机构是否尽到了这种义务，是衡量登记错误是否构成侵权行为的重要标准，是判断登记机构如何承担赔偿责任的重要标准。登记机构未尽到审查义务，登记错误完全归责于它的，须承担完全的赔偿责任。② 本条第 2 款虽未提及登记机构的过错，但不应解释为登记机构承担无过错责任，否则对登记机构过于苛刻。如果登记错误是因当事人的物权变动合意无效或者被撤销所致，则令不承担实质审查义务的登记机构承担赔偿责任，显然不妥。

登记错误源于登记机构和申请人的故意行为的，例如登记机构工作人员和申请人恶意串通，故意造成登记错误来侵害他人权利，构成主观上有意思联络的共同侵权行为，由登记机构和申请人承担连带责任。③

登记错误若为申请人故意提供虚假材料申请登记的，申请人是登记错误的源头，须区分两种情况：一是如果完全因当事人提供虚假材料申请登记，且登记机构尽到了合理的审查义务，造成登记错误致使他人遭受损害时，该申请人为故意侵权，应当承担赔偿责任。二是如果登记机构未尽合理审查义务造成登记错误，虽然登记机构与申请人没有主观上的意思联络，但因登记行为与申请人故意具有关联性，且是造成同一损害的共同原因，仍属共同侵权行为，登记机构与申请人应当承担连带责任，登记机构在承担责任后，有权对申请人进行追偿。④

三、证明责任

受害人依本条第 1 款请求物权登记的当事人赔偿损失的，应证明损失的存在以及该当事人提供虚假材料申请登记。受害人依本条第 2 款请求登记机构赔偿损失的，应证明其因登记错误遭受损害，登记机构应证明自己无过错。对于过错采用证明责任倒置有利于保护受害人。

第二百二十三条　【不动产登记的费用】不动产登记费按件收取，不得

---

① 也有观点认为，登记机构的赔偿责任并非为行政赔偿责任。参见梁慧星、陈华彬：《物权法》（第七版），法律出版社 2020 年版，第 97 页。
② 参见孙宪忠、朱广新主编：《民法典评注：物权编 1》，中国法制出版社 2020 年版，第 148 页（常鹏翱执笔）。
③ 同上注，第 148 页（常鹏翱执笔）。
④ 参见冉克平：《物权法总论》，法律出版社 2015 年版，第 416—417 页；孙宪忠、朱广新主编：《民法典评注：物权编 1》，中国法制出版社 2020 年版，第 148 页（常鹏翱执笔）。不得

按照不动产的面积、体积或者价款的比例收取。

第二节 动产交付

第二百二十四条 【动产交付的效力】动产物权的设立和转让，自交付时发生效力，但是法律另有规定的除外。

一、动产物权变动的交付生效主义

1　基于法律行为的动产物权变动包括基于双方法律行为的动产物权变动与基于单方法律行为的动产物权变动。本条适用于前者，因为基于单方法律行为的动产物权变动无须交付。例如，动产所有权抛弃，仅需所有权人放弃占有，[1]无须其他人取得占有；通过遗嘱处分动产所有权，遗嘱生效直接导致动产所有权移转于继承人，无须交付。依本条规定，基于双方法律行为的动产物权变动以交付为生效要件。当然，交付实际上仅为动产物权变动的形式要件，动产物权变动还需实质要件。在负担行为与处分行为区分原则下，动产物权变动的实质要件为物权合意。物权合意需要双方当事人就动产物权的设立或转让作出意思表示且双方的意思表示达成一致。物权意思表示无须明示，从交付行为中可以推断出当事人具有设立、转让和受让物权的意思。

2　本条规定的动产物权变动包括动产物权的设立与转让。动产物权的设立是指在动产上设立他物权，如动产质权。动产物权的转让是指动产所有权转让。我国民法没有规定动产用益物权，所以不存在动产用益物权转让问题。动产担保物权的转让遵循"从随主"规则，须随同主债权一并转让，不适用本条规定。就动产质权而论，即便债权的让与人未将质物交付债权的受让人，受让人也取得质权[2]。

3　本条规定的交付应当解释为包括现实交付与观念交付。观念交付包括第226条规定的简易交付、第227条规定的指示交付和第228条规定的占有改定。以这三种观念交付的方式也符合本条规定的交付生效主义。

二、动产物权让与中的现实交付

4　现实交付的常规方式是让与人自己将动产的直接占有转让给受让人自己。其包含两个环节，一是让与人放弃动产的直接占有，二是受让人基于让与人的意思取得动产的直接占有。如果受让人未经让与人同意，擅自从让与人处取走动产，则不构成交付。此外，让与人虽放弃动产占有，但受让人并未

---

[1] 参见冉克平：《物权法总论》，法律出版社2015年版，第424—425页。
[2] 参见谢在全：《民法物权论（下）》（修订七版），新学林出版股份有限公司2020年版，第448页。

同时取得动产占有的,亦不构成交付。例如,受让人不同意在路边交付,让与人仍将动产置于路边后扬长而去,受让人亦置之不顾。

实践中更多的是以变通的方式进行现实交付。变通可以体现在交付的第一个环节,也可以体现在交付的第二个环节。前者具体包括:1.让与人的占有辅助人移转占有;2.让与人指示其占有辅助人将来遵循受让人的指示,使其成为受让人的占有辅助人;3.由让与人的占有媒介人(直接占有人)把动产的占有移转给受让人;4.某人(如小偷)既非占有辅助人,亦非占有媒介人,但事实上占有动产,依让与人的指令将物交付给受让人,此为让与人方面的指令取得;5.让与人把自己变成受让人的占有辅助人,如在让与动产所有权的同时受雇于受让人;6.让与人将其占有辅助人变成自主占有人,即让与人将动产所有权让与其占有辅助人。

现实交付第二个环节的变通方式具体包括:1.由受让人的占有辅助人为其取得占有;2.由受让人的占有媒介人取得占有,如让与人将动产交给受让人的承租人;3.受让人指示让与人,将动产交给既非其占有辅助人也非其占有媒介人的第三人,如连环买卖中第一买受人要求出卖人将货物交给第二买受人,此为受让人方面的指令取得和让与人方面的指令取得相结合,第一买受人先后作为受让人和让与人向出卖人发出交付指令。

无论在交付的哪个环节进行变通,上述情形皆有一个共性:交付过程中包含了直接占有的移转,使受让人方面的人取得直接占有。受让人方面的人包括受让人自己、受让人的占有辅助人、受让人的占有媒介人、受让人的后手等。正因为包含了直接占有的移转,所以上述变通的交付方式仍然属于现实交付。

三、动产物权变动交付生效主义的例外

基于法律行为的动产物权变动原则上以交付为生效要件,但本条后半句以"法律另有规定的除外"作了例外规定。有学者认为,动产物权变动模式应当允许当事人通过约定加以改变,法律不宜否定当事人对特定物的所有权自买卖合同生效时移转的约定,仅当无约定时才依本条之规定确定动产物权变动的时点。[①] 反对观点则认为,交付是动产物权变动的法定方式,其具有强行性,当事人只能在法律规定的范围内通过约定的方式选择具体的交付方式,除此以外,不存在其他基于法律行为而发生的动产物权变动方式。[②]

本条规定排除了当事人约定动产物权变动时点的可能性,值得肯定。首先,依据物权公示原则,任何动产物权的变动,除法律有特别规定外,都要依

---

① 参见崔建远:《再论动产物权变动的生效要件》,载《法学家》2010年第5期。
② 参见朱岩、高圣平、陈鑫:《中国物权法评注》,北京大学出版社2007年版,第153页。

循法定的公示方法进行交付①。其次，虽然民法的基础理念为私法自治，但在动产物权变动方面若完全尊重当事人的意思容易导致占有与所有权普遍错位，从而危害交易安全。因此，基于占有对动产物权的公示作用，交付生效主义之例外应当限定在尽可能小的范围之内。②

10 本条规定的"法律另有规定的除外"主要包括两种情形：第一，根据本法第403条规定，动产抵押权自抵押合同生效时设立，无须动产的交付。第二，根据本法第641条所有权保留买卖的规定，交付并不当然发生物权变动的效果，只有在当事人约定的条件成就时才发生物权变动的效果。③ 也就是说，此时买卖物所有权让与合意为附停止条件处分行为，所有权只有在付清全部价款后才移转。在此之前，尽管买卖物已经交付，但出卖人仍然是所有权人。④

第二百二十五条 【特殊动产登记的效力】船舶、航空器和机动车等的物权的设立、变更、转让和消灭，未经登记，不得对抗善意第三人。

一、规范意旨

1 本条规定船舶、航空器和机动车的物权变动，此类财产属于特殊动产，亦可称为准不动产，因为其物权变动涉及登记问题。

二、特殊动产物权的变动规则

2 船舶、航空器和机动车等因标的物的属性特点、权利保护与交易安全、公示成本以及公示对交易成本的影响等因素，相较一般动产更具特殊性，因而称为特殊动产。本书认为，对基于法律行为的特殊动产物权的移转应采用"交付生效 + 登记对抗"模式。⑤ 究其缘由，须从整个动产交付体系上厘清。

---

① 参见[德]鲍尔、施蒂尔纳：《德国物权法（下册）》，申卫星、王洪亮译，法律出版社2006年版，第391页。
② 参见高富平：《物权法原论》（第二版），法律出版社2014年版，第443页。
③ 参见孙宪忠、朱广新主编：《民法典评注：物权法1》，中国法制出版社2020年版，第159页（崔文星执笔）。
④ 参见[德]M.沃尔夫：《物权法》（第20版），吴越、李大雪译，法律出版社2004年版，第243页。
⑤ 对特殊动产的物权移转模式还有合同生效说、"交付+登记"说、"或交付或登记"说。详细梳理参见瞿灵敏：《登记与特殊动产物权变动——兼评〈物权法〉第24条与〈买卖合同司法解释〉第10条第4项》，载《重庆交通大学学报（社会科学版）》2014年第4期。另，要说明的一点是，特殊动产物权的变动存在所有权的设立与转让、设立抵押权等不同内容，针对特殊动产设立抵押权因无须交付，故而应施行"合意生效+登记对抗"主义。故而有学者认为应当对特殊动产的物权变动因不同情形采用多元模式，详细论述参见杨代雄：《准不动产的物权变动要件——〈物权法〉第24条及相关条款的解释与完善》，载《法律科学（西北政法大学学报）》2010年第1期。本书所述之路径主要以特殊动产物权所有权的设立与转让进行展开。

(一)交付生效

特殊动产本质上仍然属于动产的范畴,其并非为不能移动之物,针对其权利的变动自然也可以由移转标的物的占有予以体现,故而应遵循本法第224条关于一般动产交付生效的规则,除法律另有规定外,不宜否认特殊动产物权以交付为生效要件。① 概言之,特殊动产物权通过交付发生物权变动,其物权的存在及内容已公示。

(二)登记对抗

特殊动产因其价值及交易安全等方面的特殊性,为保护善意第三人的信赖利益,特别规定了登记作为特殊动产物权变动的另一公示方法。当然,登记之意义仅在于物权变动之后对其存在及内容做进一步公示,使其更可能被准确、全面认知,以更好地保护权利人。② 因此,登记仅为特殊动产物权变动的对抗要件,即特殊动产物权的变动未经登记不得对抗善意第三人,但其本身不能引发特殊动产物权的变动。③ 有学者认为,特殊动产物权交付后未经登记,买受人取得的物权为不完全物权,因而不能对抗善意第三人。④

三、《买卖合同解释》第 7 条与本条之关联

为解决特殊动产多重买卖中的履行顺序,确定所有权归属,《买卖合同解释》第 7 条确立了多项具体规则。其中第 4 项规定:"出卖人将标的物交付给买受人之一,又为其他买受人办理所有权转移登记,已受领交付的买受人请求将标的物所有权登记在自己名下的,人民法院应予支持。"此即所谓的"交付优先于登记"规则。鉴于本条并未规定登记为特殊动产的取得方式,《买卖合同解释》第 7 条第 4 项所谓的"交付优先于登记"规则,严格来讲,并非是对交付和登记两种物权变动公示方式进行的对比,而是未登记的物权效力与债权效力的对比。概言之,根据《买卖合同解释》第 7 条第 4 项之规定,完成受领交付的买受人已经取得了特殊动产的物权。若出让人再与其他买受人办理所有权转移登记,由于登记并非特殊动产物权变动的生效要件,单纯的登记并不能实现特殊动产所有权的变动,因此只登记而未受领交付的买

---

① 不能将本条关于特殊动产的变动规则视为本法第 224 条"法律另有规定的除外"范畴,因为本条虽然规定了特殊动产以登记为对抗要件,但并未规定其生效要件。

② 要说明的是,未办理初始登记的特殊动产物权变动在客观上并不具备办理所有权移转登记的可能,只能通过交付以对抗任何第三人,在此情况下,不应当而且也不需要适用登记对抗主义。参见杨代雄:《准不动产的物权变动要件——〈物权法〉第 24 条及相关条款的解释与完善》,载《法律科学(西北政法大学学报)》2010 年第 1 期。

③ 参见郑永宽:《论机动车等特殊动产物权的登记对抗效力》,载《法学家》2019 年第 4 期。

④ 参见冉克平:《物权法总论》,法律出版社 2015 年版,第 444 页。

受人只是一般意义上的债权人,登记并未为其创设特殊动产的所有权,只是对其依据合同享有的债权的一种重复性的宣告。①

另外,在特殊动产的多重买卖中,若买受人均未获得交付,办理了登记的买受人不能取得物权,其应和所有与出卖人订立该标的物买卖合同的买受人一样处于平等的地位。依民法原理,出卖人有选择向任何一位买受人履行交付标的物和办理所有权转移登记的自由。但根据《买卖合同解释》第7条第2项规定可知,办理登记的买受人优先于其他一般债权人,该规定背离了债权平等性原则,否定了出卖人的自主选择权。②

第二百二十六条 【简易交付】动产物权设立和转让前,权利人已经占有该动产的,物权自民事法律行为生效时发生效力。

一、简易交付的概念及构成要件

动产所有权让与中的交付除现实交付外,还存在着替代现实交付而使交易完成的变通方法或形式。本法规定的观念交付包括简易交付、指示交付、占有改定。

本条规定简易交付。受让人已占有动产的,于当事人间达成物权变动合意时,交付即得以完成,此乃简易交付。此种情形下,对物(动产)的现实支配状态并没有发生变化,受让人基于其他法律关系(如委托、保管、使用借贷、设定质权或其他关系)占有该动产,一经当事人达成物权变动合意,即可发生物权变动的效力,故而交付完全是观念性的。其构成要件有:第一,动产物权设立和转让前,受让人已经占有该动产,包括有权占有和无权占有;第二,双方实施了以物权变动为效果的法律行为,而且已经生效,因此发生物权变动的效果。③

二、简易交付的适用

通过简易交付尽管表面上没有公示,但物权的公示在事实上已经完成,公示和公信力与现实交付并无二致。

简易交付适用的情形主要是借用人、承租人等基于占有媒介关系先行占有标的物,事后与出借人、出租人达成移转所有权的合意。受让人通常为他

---

① 参见瞿灵敏:《登记与特殊动产物权变动——兼评〈物权法〉第24条与〈买卖合同司法解释〉第10条第4项》,载《重庆交通大学学报(社会科学版)》2014年第4期。
② 参见贾爱玲:《论特殊动产物权变动"内外有别"的规则——兼评〈买卖合同司法解释〉第10条》,载《河北法学》2015年第9期。
③ 参见孙宪忠、朱广新主编:《民法典评注:物权编1》,中国法制出版社2020年版,第169页(崔文星执笔)。

主占有人,其究竟为直接占有还是间接占有并无影响。当然,即使在受让人为无权占有的情况下,也可以适用简易交付。无权占有如受让人占有盗赃物、遗失物等脱手物,所有权人与其达成所有权让与合意。有学说认为,占有辅助人的占有既符合简易交付制度目的也可以适用简易交付。[①] 其实不然,此种情形中,占有辅助人并非"已经占有"动产,不符合简易交付的要件,只能进行现实交付。

三、简易交付的法律效果

简易交付满足了动产物权变动交付的要求,物权变动在当事人达成关于物权变动之物权合意时发生法律效力。

第二百二十七条 【指示交付】动产物权设立和转让前,第三人占有该动产的,负有交付义务的人可以通过转让请求第三人返还原物的权利代替交付。

一、指示交付的概念

指示交付是指出让人的动产被第三人占有时,出让人将对第三人的返还请求权让与受让人,以代替现实交付。其主要功能在于解决当事人出让动产时,作为标的物的动产仍然由第三人占有从而不能立即进行现实交付的问题。

指示交付与指令交付(Geheisserwerb)不同。后者是现实交付的一种,比如动产所有权人要求小偷将盗窃的动产交给受让人,小偷照做,交付在小偷将动产移交给受让人时完成。

二、指示交付的构成要件

指示交付的构成要件有三。其一,物权设立和转让前,动产由第三人占有。如果第三人并不占有动产,则即便出让人对第三人享有返还请求权,亦不能发生指示交付的效果。其二,出让人对第三人享有动产返还请求权。该返还请求权尽管在本条中被表述为"请求第三人返还原物的权利",但不应解释为本法第235条意义上的所有物返还请求权,应解释为债权性的返还请求权,[②]如租赁物返还请求权、保管物返还请求权。之所以如此,是因为所有物返还请求权作为物权请求权,是物权的部分权能,不得与物权本身分离而被单独转让。其三,出让人将动产返还请求权转让给受让人。此项转让在性质上属于债权转让,适用本法合同编关于债权转让的规定。

[①] 参见孙宪忠、朱广新主编:《民法典评注:物权编1》,中国法制出版社2020年版,第170—171页(崔文星执笔)。

[②] 参见庄加园:《民法典体系下的动产所有权变动:占有取得与所有权让与》,法律出版社2020年版,第146页;MünchKomm/Quack(2004),§931 Rn. 8.

三、指示交付的法律效果

4 　　指示交付满足了动产物权变动交付的要求，物权变动在当事人达成返还请求权转让合意时发生法律效力。依指示交付设立动产质权的，质权自设立质权之通知到达动产占有人时设立。

第二百二十八条　【占有改定】动产物权转让时，当事人又约定由出让人继续占有该动产的，物权自该约定生效时发生效力。

一、占有改定的概念及构成要件

1 　　占有改定是指出让人与受让人约定仍然由出让人继续占有该动产，使受让人因此取得间接占有，以代替现实交付。出让人继续占有该动产可能是为了出让人的利益，例如甲在将汽车出售给乙的同时，希望继续使用该汽车两个星期。也可能是为了受让人的利益，例如买受人将已经购买之物（比如建筑材料）存放在出卖人处，需要使用之时再去取回。①

2 　　占有改定的构成要件有二：第一，出让人与受让人达成物权变动的合意，从而使出让人由自主占有人成为他主占有人，至于出让人为直接占有还是间接占有（多级间接占有）均不影响占有改定的成立；第二，双方当事人必须达成使受让人取得间接占有的合同（如租赁、保管、借用），该合同使出让人与受让人之间形成占有媒介关系。② 应当注意的是，占有媒介关系即便无效，如租赁合同无效，亦可基于无效后的清算关系中的返还请求权使受让人成为间接占有人。就间接占有的成立与终止而言，占有媒介人"为他人占有的意思"更具决定意义。③

3 　　本条仅规定意定占有媒介关系，未规定基于法定占有媒介关系（如监护关系）完成占有改定。解释上应通过类推本条解决此类问题。例如，父母将动产赠与未成年子女后依然作为直接占有人，为子女媒介占有，应认定发生占有改定，据此移转动产所有权。④

二、占有改定的法律效果

4 　　占有改定情形下的所有权移转仅仅是通过当事人的合意在观念中形成的，无论采口头形式还是书面形式，都不具有可被察知的外观，人与物的事实

---

① 参见[德]M.沃尔夫：《物权法》（第20版），吴越、李大雪译，法律出版社2004年版，第243页。
② 参见冉克平：《物权法总论》，法律出版社2015年版，第439页。
③ 参见庄加园：《民法典体系下的动产所有权变动：占有取得与所有权让与》，法律出版社2020年版，第114页。
④ 同上注，第133页。

控制和支配关系并未发生改变,它是一种替代交付而非真正意义上的交付,欠缺公示的要素。但其仍是交付的方式之一,发生物权变动,产生物权保护和标的物毁损灭失的风险移转的效果。就物权保护而言,当出让人的债权人将该动产扣押或者出让人破产时,受让人的物权应该得到保护,就标的物毁损灭失的风险负担而言,应当由取得物权的受让人负担毁损灭失的风险。①

就物权变动发生的时间而言,无论基于意定占有媒介关系抑或基于法定占有媒介关系完成占有改定,如果此前或者与此同时达成了所有权让与合意,则自占有改定完成时动产所有权移转。不过,在预先的占有改定情形中,当事人预先达成所有权让与合意以及占有改定合意时,出让人尚未取得动产所有权,不可能移转所有权,所以,直至出让人取得动产所有权的"逻辑一秒钟"后,受让人才取得所有权。②

三、占有改定适用的限制

占有改定并非毫无限制地适用,质权设立不适用占有改定。另外,占有改定也不适用于动产善意取得。③

第三节 其他规定

第二百二十九条 【法律文书或征收决定导致的物权变动】因人民法院、仲裁机构的法律文书或者人民政府的征收决定等,导致物权设立、变更、转让或者消灭的,自法律文书或者征收决定等生效时发生效力。

一、规范意旨

任何财产利益的移转都要有法律上的原因,物权的变动也不例外。本条规定了非基于法律行为发生的物权变动,其多是在无原权利人或法律有意识排斥原权利人的意思表示的情况下发生。④

二、法律行为之外的物权变动原因

(一)人民法院、仲裁机构的法律文书

直接导致物权主体的改变、物权内容和客体的变更、物权的消灭的法律

---

① 参见孙宪忠、朱广新主编:《民法典评注:物权编1》,中国法制出版社2020年版,第181—182页(崔文星执笔)。
② Vgl. Staudinger/Wiegand(2004), §930 Rn. 33.
③ 详细论述参见孙宪忠、朱广新主编:《民法典评注:物权编1》,中国法制出版社2020年版,第182—184页(崔文星执笔)。
④ 参见孙宪忠:《不动产物权取得研究》,载梁慧星主编:《民商法论丛(第3卷)》,法律出版社1995年版。需要说明的是,非基于法律行为的物权变动还有继承、事实行为等原因,参见本法第230条、第231条评注。

文书主要包括法院的判决书、调解书、执行裁定书等以及仲裁机构的裁决书、调解书。就判决书而言,能够导致物权变动的判决仅限于形成判决,[1]确认判决、给付判决以及各种决定书、命令、通知等不能导致物权变动。[2] 就调解书而言,虽然调解书依赖于当事人的合意,但调解书的制作主体仍然是法院、仲裁机构,其具有与判决书、裁决书同等的效力,自然应当同等适用裁判导致物权变动之规则。[3] 人民法院的裁定除执行裁定外(如拍卖成交裁定、变卖成交裁定以及以物抵债裁定等),不涉及实体法问题的不能引起物权变动。同理,只有仲裁机构作出的具有形成力的裁决书与调解书才能引起物权变动。另外需要指出的是,人民法院、仲裁机构的法律文书并不能发生设立物权的效力,因为物权的设立是针对特定主体而言创设一个原来不存在的物权,其需基于特定主体之间的法律行为而设立。[4]

(二)人民政府的征收决定等引起的物权变动

为了公共利益的需要,[5]人民政府可以代表国家依照法律规定的权限和程序将集体所有的土地和单位、个人的房屋及其他不动产变为国家所有,其征收决定可以不经登记直接引起物权变动。征收的对象只能是不动产,而不能是动产。[6] 征收是一种行使公权力的行为,具有强制性,被征收人必须服从。[7] 但正因如此,征收必须严格按照法律规定的程序进行。

依据本条规定,引起物权变动的人民政府决定不限于征收决定,人民政

---

[1] 关于形成判决发生物权变动的论述,参见孙宪忠、朱广新主编:《民法典评注:物权编1》,中国法制出版社2020年版,第187—188页(崔文星执笔)。

[2] 就确认判决而言,原告的权利或法律地位是已经存在的,只是处于一种不安全的状态。法院的确认判决消除了权利人的不安全状态而并未给原告创设新权利,自然也就不存在因确认判决而导致物权的设立、转让、变更、消灭的问题。给付判决是为了实现"已经存在的法律关系或法律状态",而非改变既存的法律关系或状态,判决本身并没有引起物权的设立、转让、变更或消灭。参见孙宪忠、朱广新主编:《民法典评注:物权编1》,中国法制出版社2020年版,第187页(崔文星执笔)。

[3] 我国台湾地区司法实务和学说则认为调解书不能直接发生物权变动的效力。其理由为,依民事诉讼法成立之和解或调解,虽与确定判决有同一之效力,但就不动产物权变动事项所为和解或调解尚无与形成判决同一之形成力,仍须当事人持和解或调解笔录办理登记后,始生物权变动之效力。参见谢在全:《民法物权论(上册)》(修订五版),中国政法大学出版社2011年版,第75页。

[4] 参见屈茂辉:《民事法律行为之外的原因所致物权变动规则》,载《法学》2009年第5期。

[5] 2019年修订的《土地管理法》第45条对符合公共利益的情形采取了列举式与概括式相结合的规定。

[6] 参见屈茂辉:《民事法律行为之外的原因所致物权变动规则》,载《法学》2009年第5期。

[7] 参见赵晋山:《非基于法律行为引起的物权变动》,载《人民司法》2007年第7期。

府的没收决定、国有土地使用权收回决定①都能够引起物权变动。有学说甚至认为,人民政府对土地所有权、使用权争议的处理决定,虽然不是严格意义上的物权变动,但可能会确定原来有争议的甚至还处在他人控制之下的土地权利归属,如果土地的所有权、使用权原来登记在对方名下,那么人民政府的这种决定在客观上就产生了物权变动的效力。②

三、非基于法律行为发生物权变动的生效时间

非基于法律行为发生的物权变动不取决于当事人的意思,也不以公示为物权变动的要件,即不以不动产登记或动产交付为生效要件,其具体的生效时间因原因的不同各有差异。

(一)人民法院、仲裁机构的法律文书所致物权变动的生效时间

本条规定人民法院、仲裁机构的法律文书所致物权变动的生效时间应当是法律文书生效之时。具体而言,地方各级人民法院作出的、法律允许上诉的一审判决,当事人未在上诉期内提起上诉的,上诉期限届满,判决即发生法律效力。该类判决引起的物权变动的生效时间应为上诉期限届满之日。最高人民法院作出的一审判决、中级以上人民法院作出的二审判决和地方各级人民法院作出的不准上诉的一审判决,一经送达即生效。能够引起物权变动的执行裁定,裁定生效的时间就是物权变动的时间。例如,《执行中拍卖、变卖财产规定》第26条规定,拍卖物的所有权自拍卖成交裁定书或者(流拍后的)抵债裁定书送达买受人或者承受人时起转移。依照我国《仲裁法》第57条的规定,裁决书自作出之日起发生法律效力,因此,因仲裁裁决书引起的物权变动的时间应为该仲裁裁决书作出之日。③ 根据《民事诉讼法》第92条第3款、《仲裁法》第52条第2款的规定,调解书经双方当事人签收后,即发生法律效力,故人民法院、仲裁机构的调解书所致物权变动的生效时间应当是调解书由当事人签收之时。④

(二)人民政府的征收决定等所致物权变动的生效时间

本条规定人民政府的征收决定等引起物权变动的,自征收决定等生效时发生效力。但征收决定生效的时点为何时需要予以明确,有学者认为,征收必须满足基于公共利益需要、符合法定权限和法定程序、依法作出补偿的要

---

① 例如《中华人民共和国城市房地产管理法》第26条第2句第2分句的规定。
② 参见屈茂辉:《民事法律行为之外的原因所致物权变动规则》,载《法学》2009年第5期。
③ 参见赵晋山:《非基于法律行为引起的物权变动》,载《人民司法》2007年第7期。
④ 参见屈茂辉:《民事法律行为之外的原因所致物权变动规则》,载《法学》2009年第5期。

件才能产生效力。① 2019年《土地管理法》将补偿协议签订于征地决定批准后的规定修改为补偿协议签订于征地批准决定前,支付补偿款的时间节点可以由协议约定。这一修正表明政府与被征地农民应当就补偿问题事先达成合意,并在此基础上展开征收程序。而且依《土地管理法》第47条的规定,国家征收土地的决定是需要公告的,属于经公告才能生效的行政行为。因此,以征收方式导致物权变动的,应当自政府公告之日起生效。不过,依物权客体特定原则,若征收决定有明确具体的征收对象(即表明征收土地四至),固然自公告之日起生效,但若仅明确征收集体经济组织的土地面积,则应在实际明确征收土地的地块时生效。如果某一集体经济组织的全部土地被征收,则征收决定公告之日即为征收决定生效之日。②

人民政府征收决定之外的其他决定生效的时间问题亦须明确。人民政府的行政决定生效有即时生效、公告生效、送达生效和附条件生效四种。具体何时生效,需要就具体决定的性质而定:简易程序的没收财物的行政处罚为即时生效、普通程序的没收财物的行政处罚为送达并在确定特定没收客体时生效、人民政府以行政裁决处理关于土地所有权和使用权争议,当事人接到行政处理决定的通知30日内没有向人民法院起诉的,该行政裁决发生强制执行的法律效力。如果当事人在接到行政处理决定的通知30日内向人民法院起诉的,该行政裁决不发生强制执行的法律效力,而由人民法院做出裁决确认物权归属。③

第二百三十条 【因继承取得物权】因继承取得物权的,自继承开始时发生效力。

本法第1121条第1款规定,继承从被继承人死亡时开始。自然人死亡后,权利主体归于消灭,被继承人享有的物权由法定继承人或遗嘱继承人继受。若在因继承取得物权的情况下,仍然适用物权变动的一般规则,即物权自交付或登记时生效,则会在被继承人死亡与继承人取得物权之前产生一段间隔,遗产在此期间内则处于无主状态。因继承引起物权变动的情形,物权变动的状态已较为明确,不应再以交付或登记为生效要件。

被继承人死亡时,其继承人即取得被继承人的遗产,无论是法定继承还是遗嘱继承,继承人根据法律规定取得被继承人的遗产,无须继承人作出接

---

① 参见王利明:《物权法》,中国人民大学出版社2015年版,第64页。
② 参见屈茂辉:《民事法律行为之外的原因所致物权变动规则》,载《法学》2009年第5期。
③ 同上注。

受继承的意思表示。① 继承人在继承开始后表示放弃继承的(本法第1124条第1款),其对遗产的继承视为自始不发生,遗产自始由其他继承人取得。

应当注意的是,原《物权法》第29条规定,受遗赠人自受遗赠开始时取得物权,本条未保留此项规定。原因在于,与继承不同,遗赠不直接导致物权变动,仅发生债权债务关系。② 继承开始后,继承人取得遗产中的物权,受遗赠人接受遗赠的,取得对继承人的债权,可请求继承人向其转让物权。

第二百三十一条 【因事实行为发生物权变动】因合法建造、拆除房屋等事实行为设立或者消灭物权的,自事实行为成就时发生效力。

因合法建造、拆除房屋等事实行为发生的物权变动,事实行为成就即可发生物权变动的效果。③④ 建造房屋的事实行为须为合法行为。如果非法建造房屋(违章建筑),当然不能取得房屋所有权,但可以成立占有,亦可将该房屋视为由建筑材料组成的动产,由建造人取得动产所有权。该动产与土地的结合因未经土地物权人同意或者未经行政机关批准而为违法,所以建造人有义务将其与土地分离。我国民法并未将房屋视为土地或者土地使用权的重要成分(房屋是独立的所有权客体),所以,在未经土地物权人同意而建造房屋的情况下,不能认定房屋被土地吸收从而归属于土地物权人。

拆除房屋的行为是否合法,在所不问。即便拆除行为违法,只要房屋已被拆除,所有权即因标的物灭失而归于消灭。

除合法建造房屋、拆除房屋外,加工、先占等事实行为也可设立或消灭物权。通过事实行为发生物权变动应自事实行为完成时成就,例如先占人实际控制无主物、加工人将加工物制作完毕、建造人将建筑物建成封顶、拆除人将房屋拆除完毕等。⑤ 本法虽未专门规定先占为所有权的取得原因,但可以依据本条承认通过先占取得动产所有权。

---

① 参见孙宪忠、朱广新主编:《民法典评注:物权编1》,中国法制出版社2020年版,第193—194页(崔文星执笔)。
② 参见[德]马蒂亚斯·施默克尔:《德国继承法》(第5版),吴逸越译,中国人民大学出版社2020年版,第136页。
③ 本条规定了物权的设立和消灭两种物权变动的形态,没有规定通过事实行为移转物权的效力,因为在形式主义物权变动模式下,因事实行为导致的物权变动排除了公示的设权功能,强调公示的宣示效力,其结果就只能是导致物权的得丧,而无法产生移转的效力。
④ 详细论述参见孙宪忠、朱广新主编:《民法典评注:物权编1》,中国法制出版社2020年版,第195页(崔文星执笔)。
⑤ 参见孙宪忠、朱广新主编:《民法典评注:物权编1》,中国法制出版社2020年版,第202页(崔文星执笔)。

第二百三十二条 【处分非因民事法律行为享有的不动产物权】处分依照本节规定享有的不动产物权,依照法律规定需要办理登记的,未经登记,不发生物权效力。

1 　　本条规定了基于法律行为以外的原因致使物权变动之后发生的物权处分的登记问题。这种处分是法律上的处分,如将权利转让他人、在权利上设定抵押权等,不包括事实上的处分,如将标的物消费。

2 　　因民事法律行为之外的原因发生物权变动后,法律并不强制其登记,但新的物权人若欲处分其不动产物权,必须进行登记,否则,其物权处分不发生效力。这表明,本节中的"无须登记主义"只能适用一次,不能适用于后续处分。

第三章　物权的保护

第二百三十三条 【物权纠纷解决方式】物权受到侵害的,权利人可以通过和解、调解、仲裁、诉讼等途径解决。

第二百三十四条 【物权确认请求权】因物权的归属、内容发生争议的,利害关系人可以请求确认权利。

第二百三十五条 【返还原物请求权】无权占有不动产或者动产的,权利人可以请求返还原物。

一、概要

1 　　本条规定物权性的返还原物请求权,包括基于所有权的返还原物请求权和基于他物权(如建设用地使用权、动产质权)的返还原物请求权。前者即所有物返还请求权。以下重点阐述所有物返还请求权,相关内容通常也适用于基于他物权的返还原物请求权。

二、请求权的当事人

2 　　所有物返还请求权的请求权人是所有权人。所有权人虽已丧失物的占有,但并未丧失所有权,因此,所有权人对取得占有的相对人享有所有物返还请求权。物虽被他人占有,但已经灭失的,所有权人丧失所有权,不再享有所有物返还请求权,充其量只能享有损害赔偿请求权。所有权被他人取得的,原所有权人丧失所有物返还请求权,新所有权人同时取得所有物返还请求权。

3 　　请求权的相对人是物的现时无权占有人。占有人对物享有占有权(Recht zum Besitz)的,所有权人无权请求其返还。此项占有权构成占有人抗辩,使占有人成为有权占有人。占有权可能是物权,如土地承包经营权、居住权、动产质权,此为绝对占有权,可以对抗物上的任何一个所有权人。占有权也可能是债权,如租赁权、借用人的债权、(不动产交付后的)买受人的债权,此为相对占有权,只能对抗特定债务人(出租人、出卖人)。占有权还可能是管理权,如遗产管理人或者遗嘱执行人对遗产的占有权。[1] 占有权可以传导。承租人经出租人同意将物转租第三人的,承租人的占有权传导给第三人,第三人相对于出租人为有权占有人,享有占有人抗辩。同理,不动产交付后买受人将不动产出卖或者出租给第三人的,第三人对出卖人也享有占有人抗辩权。因占有权传导在所有权人、间接占有人(如承租人)和直接占有人(如次承租人)之间形成了占有权链条(Besitzrechtskette)。该链条可能断裂,导致直接占有人成为无权占有人。比如,租赁合同被解除导致承租人丧失占有权从而无法将占有权传导给次承租人,或者,转租合同被撤销导致承租人无法将占有权传导给次承租人。在后一种情形中,所有权人原则上仅有权请求次承租人向承租人返还占有,因为承租人仍有权继续占有租赁物。

本条所谓占有包括直接占有与间接占有。如果无权占有人将标的物出租、出借给第三人或者寄存在第三人之处、交由第三人运输,则第三人是直接占有人,无权占有人是间接占有人。所有权人对直接占有物的第三人(如承租人)当然享有所有物返还请求权,因为在第三人与所有权人之间欠缺占有权链条,间接占有人自己欠缺占有权,不可能把占有权传导给直接占有人,直接占有人成为无权占有人[2]。此时,间接占有人与直接占有人都是现时的无权占有人,都是所有物返还请求权的相对人。

如果请求权的相对人对于标的物仅享有间接占有,其应向所有权人返还直接占有抑或间接占有? 学理上有两种观点。第一种观点认为,相对人仅须向所有权人返还间接占有即可,[3]具体而言,相对人将其对于直接占有人的债权性返还请求权(如租赁物返还请求权)转让给所有权人,使所有权人取得间接占有。第二种观点则认为,所有权人享有选择权,既可以请求相对人转让间接占有,也可以请求相对人返还原物本身。[4] 相较之下,第二种观点更为可取。若依第一种观点,所有权人只能取得对直接占有人的债权性返还请求权,而其对直接占有人本就享有物权性返还请求权,多取得一项债权性

4

5

---

[1] Vgl. Palandt/Herrler (2020), §986 Rn. 6.
[2] 参见王洪亮:《原物返还请求权构成解释论》,载《华东政法大学学报》2011 年第 4 期。
[3] 参见[德]鲍尔、施蒂尔纳:《德国物权法》(上册),张双根译,法律出版社 2004 年版,第 208 页。
[4] Vgl. MünchKomm/Baldus (2009), §985 Rn. 12.

返还请求权对其并无太大意义。况且,在法院判令相对人转让间接占有之后,如果直接占有人已经将占有返还给相对人,导致相对人的间接占有消灭,则该判决的执行将遇到难题。判令相对人返还原物本身则可避免这一难题,相对人可以先从直接占有人处索回标的物后再返还给所有权人。

6   如果无权占有人已经丧失占有,就连间接占有也没有,则所有权人对其不再享有所有物返还请求权,无论其是否有可能找回或索回所有物。占有为第三人取得且第三人无占有权的,所有权人对第三人享有所有物返还请求权。当然,如果在起诉状送达之后(诉讼系属开始),相对人将标的物转让给第三人从而丧失占有,则仍然可以判令相对人返还标的物。[①] 除非第三人善意取得标的物,否则在强制执行该判决时,第三人应当协助执行,交出占有物。

三、请求权的内容

7   所有物返还请求权的内容是所有物的返还,请求权的相对人须返还物的占有。该所有物既可以是不动产[②],也可以是动产[③]。有疑问的是,如果相对人从所有权人手中取得一笔金钱,后者可否针对这笔金钱行使所有物返还请求权。首先需要强调的是,不应从所谓"金钱的占有等于所有"规则中推导出金钱占有移转后所有权即归属于占有人之结论。此项规则在教义学上难以正当化,应予摒弃。[④] 更为可取的是依动产物权变动规则处理。金钱在性质上无疑也是动产。金钱的占有一旦移转给相对人,通常即与相对人的其他金钱发生混合。混合后的金钱归谁所有,颇有争议。学说史上主要有两种解决方案。其一,由原金钱所有权人按照各自金钱数额的比例共有,就像其他同种类物之混合那样处理[⑤]。其二,金钱混合后,如果一方当事人的金钱构成主物(Hauptsache),则混合后的金钱全部归其所有,另一方当事人对其享有不当得利返还请求权;如果无法区分主物与从物,则混合后的金钱归各方当事人共有。至于一方当事人的金钱在何种情况下构成主物,则有不同见

---

①   Vgl. MünchKomm/Baldus (2009),§985 Rn. 19.

②   参见丁某某与徐某某等买卖合同纠纷案,江苏省连云港市中级人民法院民事判决书(2013)连民终字第0453号。

③   既包括普通动产,也包括国债、股票之类的有价证券。国债的案例参见中国银河投资管理有限公司与上海东方能源有限公司、上海东方绿色汽车加气设备维修有限公司委托理财合同纠纷案,上海市高级人民法院民事判决书(2011)沪高民五(商)终字第16号。

④   对"货币的占有等于所有"规则的批评参见朱晓喆:《存款货币的权利归属与返还请求权——反思民法上货币"占有即所有"法则的司法运用》,载《法学研究》2018年第2期。

⑤   Vgl. MünchKomm/Füller (2004),§948 Rn. 7;[德]鲍尔、施蒂尔纳:《德国物权法(下册)》,申卫星、王洪亮译,法律出版社2006年版,第449页。

解。有学说认为,数量占明显优势的那部分金钱构成主物①;有学说认为,金钱仅数量占优尚不足以认定为主物,可认定为主物的是数量处于不断变化中的金钱②。在发生共有的情况下,为了方便分割,菲利普·赫克主张赋予每个共有人一项单方分离权(Teilungsrecht),不必达成分割合意,即可直接按照其共有份额从混合物中取走相应数额的金钱③。后世亦有很多学者(无论采用上述第一种抑或第二种方案)采用赫克的观点④。

相较之下,上述第二种方案中的第二种学说更为合理。如果甲的100元钱混入乙的钱包(或钱箱),当事人立即发现并将该钱包固定下来,则通过清点该钱包中的金钱数额即可确定甲、乙金钱的比例,此时,无论比例如何悬殊,都应当按照共有处理。更为常见的是,甲的金钱进入乙的钱包后,乙将金钱消费掉,或者金钱遗失,或者与其拥有的其他金钱混在一起(再次混合),由于乙的金钱数额处于不断变化的状态中,随着时间的推移,很难查明当初甲的100元钱究竟与乙多少数额的金钱混合,所以无法确定各自的共有份额,依共有规则处理不具有可操作性。与其如此,不如使乙取得混合物的单独所有权,由甲对其行使不当得利返还请求权,法律关系更为清晰。个别情况下,如果支付的金钱一直处于特定化状态,比如装在一个可辨别的信封里,则所有权仍然属于让与人,相对人是这笔金钱的无权占有人,让与人对其享有所有物返还请求权⑤。

四、债法规定的准用

本条及其他条文对于所有物返还请求权行使的具体问题未作规定的,可准用合同编关于债权行使的某些规定。比如,关于履行迟延(第583条)和受领迟延(第589条)的规定、关于返还义务履行地的规定。当然,就履行地而言,应当予以必要的修正。按照本法第511条第3项的规定,交付货币之外的其他动产的,在义务人所在地履行。该项规定对于所有权人显然不利,导致所有权人必须到小偷所在地取回动产的不公平结果。因此,在确定所有物返还义务的履行地时,应当考虑无权占有人善意与否。善意的动产无权占

---

① Vgl. Staudinger/Wiegand (2004), §948 Rn. 8; Palandt/Bassenge (2012), §948 Rn. 4; Wolff/Raiser, Sachenrecht,1957, S. 267-268.
② Vgl. Erman/Ebbing (2017), §948 Rn. 9.
③ Vgl. Philipp Heck, Grundriß des Sachenrechts,1930, S. 260-261.
④ Vgl. MünchKomm/Füller (2004), §948 Rn. 7; Staudinger/Wiegand (2004), §948 Rn. 9; Palandt/Bassenge (2012), §948 Rn. 3;[德]鲍尔、施蒂尔纳:《德国物权法(下册)》,申卫星、王洪亮译,法律出版社2006年版,第449页。
⑤ 参见[德]鲍尔、施蒂尔纳:《德国物权法(上册)》,张双根译,法律出版社2004年版,第210页。

有人应当在该动产被发现时所处的地点履行返还义务,恶意的动产无权占有人应当在其变成恶意时该动产所处的地点履行返还义务,侵权占有人应当在其取得占有的地点履行返还义务。从动产实际所在地运送到履行地的费用由无权占有人承担,在履行地领取动产后发生的费用由所有权人承担。返还不动产的,不动产的清空费用由无权占有人承担。①

10 所有物返还请求权不能让与,也不能质押,所以关于债权让与和债权质押的规定没有适用余地。

五、证明责任

11 所有权人须证明自己是物的所有权人,并且证明相对人取得了占有。相对人则须证明其已在诉讼系属之前丧失对物的占有,才可以免于所有物返还义务②。

第二百三十六条 【排除妨害、消除危险请求权】妨害物权或者可能妨害物权的,权利人可以请求排除妨害或者消除危险。

一、排除妨害请求权

(一)妨害的意义及态样

1 妨害是以侵夺占有以外的方法阻碍或者侵害所有权或者其他物权的支配可能性。③ 德国学者沃尔夫认为,妨害的类型主要分为:积极性干预、④消极性干预、⑤意识性影响、⑥摄影⑦和声称权利。⑧ 我国台湾地区学者王泽鉴认为,妨害的主要情形可归为六类:对物之实体的侵害(如无权占有他人土地兴建房屋);可量物的侵入(丢弃垃圾于他人庭院);无权使用他人之物(如在他人墙壁上悬挂招牌)或为营业之目的拍摄他人之物(如特殊造型的建筑

---

① Vgl. Palandt/Herrler (2020), §985 Rn. 10.
② 参见嘉吉国际公司与福建金石制油有限公司等买卖合同纠纷案(指导案例33号),最高人民法院民事判决书(2012)民四终字第1号。
③ 参见王泽鉴:《民法物权》(第二版),北京大学出版社2010年版,第130页。
④ 是以不正当的手段对物所在的地理位置的积极性干预。
⑤ 是指某物与其周边环境的联系被中断了。
⑥ 是指第三人的行为妨害了物之使用人本来不应当被剥夺的美感或者风俗。
⑦ 如果所有权人没有对外界开放某物而且也不愿将该物公开,那么摄影和公开照片的行为也可能构成妨害。
⑧ 所有权人之外的人声称其对某物享有权利,从而妨害到所有权人。参见[德]M.沃尔夫:《物权法》(第20版),吴越、李大雪译,法律出版社2004年版,第136—140页。对上述几种类型的妨害,鲍尔与施蒂尔纳所著的《德国物权法》中皆以实例的形式进行了展现。参见[德]鲍尔、施蒂尔纳:《德国物权法(上册)》,张双根译,法律出版社2004年版,第229页。

物或室内设计);妨碍所有权的行使(停车于他人车库);否认他人对物的所有权、土地登记的错误、遗漏或不实(如冒名将他人土地登记为己有)。①

(二)妨害与损害的区别

妨害他人所有权或者其他物权的,无论有无过失,均负排除妨害的义务。侵害他人所有权或者其他物权,造成损害者,以具有故意或过失为要件,负损害赔偿责任。因此,区别"妨害"与"损害",关系当事人利益至巨。所有人可以请求排除者,为所有权妨害的"源头",由此所生的各种不利益,系属侵权行为损害赔偿的问题。② 例如,侵害人即使无过错,亦须将落入邻地之岩块取走,但若因石头飞溅,毁损房屋的屋顶或窗户玻璃时,仅侵害人有过错时,损害赔偿请求权才会被考虑。③

妨害人应负担除去妨害的费用。所有人自行除去妨害后,可依无因管理或不当得利之规定请求妨害人支付相应的费用。④

(三)妨害的适用对象与请求权的当事人

从比较法看,《德国民法典》第1004条将妨害限于对所有权的妨害,但通过其他条款将妨害扩张适用于其他物权⑤以及具有绝对权意义的其他权利⑥。我国《民法典》本条之规定将妨害的适用对象规定为物权,不限于所有权,⑦对于绝对权意义上的其他权利亦应准用之。

排除妨害请求权的相对人为任何对物权为妨害之人,可分为行为妨害人

---

① 参见王泽鉴:《民法物权》(第二版),北京大学出版社2010年版,第130页。我国大陆学者也认同此观点,参见崔建远、申卫星、王洪亮、程啸:《物权法》,清华大学出版社2008年版,第81页。
② 详细论述参见王泽鉴:《民法物权》(第二版),北京大学出版社2010年版,第130—131页。
③ 参见[德]鲍尔、施蒂尔纳:《德国物权法(上册)》,张双根译,法律出版社2004年版,第238页。
④ 参见王泽鉴:《民法物权》(第二版),北京大学出版社2010年版,第132—133页。
⑤ Vgl. Erman/Ebbing(2017), §1004 Rn. 7. 例如,《德国民法典》第1027条关于地役权被侵害的情形、第1065条关于用益权人的权利受侵害的情形、第1227条关于质权人的权利受侵害的情形;《德国地上权条例》第11条关于地上权受到妨害的情形。
⑥ Vgl. Erman/Ebbing(2017), §1004 Rn. 8. 例如,《德国民法典》第12条关于姓名权被侵害的情形、第862条关于占有被妨害的情形、第1053条关于无权使用情形下的不作为之诉、第1134条不作为之诉;《德国商法典》第37条第2款关于商号被损害的情形;《德国专利法》第139条对发明的妨害;《德国著作权法》第97条、第98条对著作权的妨害;《德国反不正当竞争法》第16条对企业名称的妨害均可以类推适用《德国民法典》第1004条。详细论述参见:马新彦、郑天娇《妨害及其救济——解析我国物权法第35条》,载《吉林大学社会科学学报》2008年第4期。
⑦ 关于排除妨害请求权的物权人范围,详细论述参见孙宪忠、朱广新:《民法典评注:物权编1》,中国法制出版社2020年版,第232—234页(章正璋执笔)。

和状态妨害人。行为妨害人是依自己行为对他人物权施加妨害之人(行为责任),如停车于他人的车位出口处。状态妨害人是指持有或经营某种妨害他人物权之物或设施之人(状态责任),不限于所有人,占有人亦包含在内。凡对造成妨害之物或设施有事实上支配力者,皆属之。①

6　妨害人为数人者,数妨害人各负除去其妨害的义务,物权人可对其中之一人、数人或全部请求排除妨害。② 在妨害持续中,物的所有权或者其他物权移转时,排除妨害请求权归属于新的物权人(权随物走)。

(四)妨害的违法性

7　妨害必须具有违法性,如果物权人有公法上或者私法上的容忍义务,则其必须接受妨害,不得行使排除妨害请求权。③ 容忍义务的发生事由有三:其一,基于法律规定,如民法关于紧急避险、正当防卫、相邻关系的规定。其二,基于用益物权,所有人对于用益物权人行使权利的行为(如地役权人的通行)有忍受的义务。其三,基于债权,所有人对于债权人行使权利的行为(如承租人使用其物)有忍受的义务。④

(五)妨害状态的持续存在

8　所有人请求排除妨害的前提是该妨害仍在持续。具体而言,首先,须有妨害之状态,其或为侵害所有权、或使所有权有负担存在、或妨碍所有权之行使。其次,妨害状态须继续存在,妨害状态短暂即逝者,虽或可构成侵权行为损害赔偿之原因,但不成立排除妨害请求权。最后,须为所有物或所有权之直接妨害。⑤

二、消除危险请求权

9　所有权有受妨害之虞者,产生消除危险请求权,受侵害人可以请求防止妨害。⑥ 请求权行使的前提如下:其一,相对人就可能发生之妨害需具有将其除去之支配力。其二,需有不法妨害之虞。当事人就是否存在潜在之危险发生争议的,应依通常人之认识标准判断,法官对此具有较大的自由裁量

---

① 参见王泽鉴:《民法物权》(第二版),北京大学出版社2010年版,第132页。
② 同上注,第132页。
③ Vgl. Erman/Ebbing(2017),§1004 Rn.12,32;[德]鲍尔、施蒂尔纳:《德国物权法(上册)》,张双根译,法律出版社2004年版,第230页。
④ 参见王泽鉴:《民法物权》(第二版),北京大学出版社2010年版,第131页。
⑤ 参见谢在全:《民法物权论(上册)》(修订五版),中国政法大学出版社2011年版,第120—121页。
⑥ 德国民法以及我国台湾地区"民法"均称之为"妨害防止请求权"。

权。① 易言之,如何构成妨害之虞,须就既存之危险状况加以判断,所有人的所有权在客观上被妨害之可能性极大,有事先防范之必要即可。②

与排除妨害请求权针对既存妨害状态不同,消除危险请求权针对未然状态之潜在可能性。如果及时采取合理措施,则危险可以避免和消除。③ 概言之,该请求权旨在阻却将来发生之妨害。④ 妨害之危险既包括初次妨害之危险,也包括已经发生妨害但将来有再次发生妨害之危险。

三、证明责任

物权人对于妨害或者妨害危险的存在,应承担证明责任。侵害人认为妨害系由于不可抗力、正当防卫、紧急避险、自助行为等原因造成而主张免责,应对此类事实之存在承担证明责任。侵害人主张物权人有容忍义务的,应对容忍义务的存在承担证明责任。⑤

第二百三十七条 【修理、重作、更换、恢复原状请求权】造成不动产或者动产毁损的,权利人可以依法请求修理、重作、更换或者恢复原状。

第二百三十八条 【物权损害赔偿请求权】侵害物权,造成权利人损害的,权利人可以依法请求损害赔偿,也可以依法请求承担其他民事责任。

第二百三十九条 【物权保护方式的单用与并用】本章规定的物权保护方式,可以单独适用,也可以根据权利被侵害的情形合并适用。

第二分编 所有权

第四章 一般规定

第二百四十条 【所有权的定义】所有权人对自己的不动产或者动产,依法享有占有、使用、收益和处分的权利。

---

① 参见孙宪忠、朱广新:《民法典评注:物权编1》,中国法制出版社2020年版,第230页(章正璋执笔)。
② 参见谢在全:《民法物权论(上册)》(修订五版),中国政法大学出版社2011年版,第122页。
③ 参见孙宪忠、朱广新:《民法典评注:物权编1》,中国法制出版社2020年版,第230页(章正璋执笔)。
④ 参见[德]鲍尔、施蒂尔纳:《德国物权法(上册)》,张双根译,法律出版社2004年版,第240—241页。
⑤ Vgl. Erman/Ebbing(2017),§1004 Rn. 37.

第二百四十一条 【所有权人设立定限物权】所有权人有权在自己的不动产或者动产上设立用益物权和担保物权。用益物权人、担保物权人行使权利,不得损害所有权人的权益。

第二百四十二条 【国家专属所有权】法律规定专属于国家所有的不动产和动产,任何组织或者个人不能取得所有权。

第二百四十三条 【征收】为了公共利益的需要,依照法律规定的权限和程序可以征收集体所有的土地和组织、个人的房屋以及其他不动产。

征收集体所有的土地,应当依法及时足额支付土地补偿费、安置补助费以及农村村民住宅、其他地上附着物和青苗等的补偿费用,并安排被征地农民的社会保障费用,保障被征地农民的生活,维护被征地农民的合法权益。

征收组织、个人的房屋以及其他不动产,应当依法给予征收补偿,维护被征收人的合法权益;征收个人住宅的,还应当保障被征收人的居住条件。

任何组织或者个人不得贪污、挪用、私分、截留、拖欠征收补偿费等费用。

一、征收的概念

1　　公共利益是政府征收行为正当性的基础,其应当具备以下特征:第一,受益人须具有不特定性;第二,公众享有利益须具有实质性和直接性。① 征收的对象有二:一是对国有土地上的房屋所有权的征收;二是对农村集体土地的所有权及其上的建筑物等不动产所有权的征收。②

二、征收的权限与程序

2　　征收的权限和程序由法律规定,征收集体土地的审批主体是国务院和省、自治区、直辖市人民政府。征收集体土地的程序主要包括农用地转为建设用地的审批程序、公告征地补偿方案程序、改进征地补偿方案程序、公告征地决定等。征收国有土地上房屋的程序主要包括公告征收补偿方案程序、改进征收补偿方案程序、征收补偿费用提前安排程序、公告征收决定程序等。③

三、征收的补偿

3　　对于征收集体土地的补偿标准,本法第117条规定征收应当给予公平、合理的补偿。2019年修改后的《土地管理法》第48条对此进行了详细的规定。对于征收房屋等不动产的补偿标准、对农村村民住宅的征收补偿,《土

---

① 参见孙宪忠、朱广新主编:《民法典评注:物权编1》,中国法制出版社2020年版,第319页(申惠文执笔)。
② 参见冉克平:《物权法总论》,法律出版社2015年版,第324页。
③ 参见孙宪忠、朱广新主编:《民法典评注:物权编1》,中国法制出版社2020年版,第320—321页(申惠文执笔)。

地管理法》第48条第4款进行了规定。对国有土地上房屋的征收补偿,《国有土地上房屋征收与补偿条例》也进行了详细的规定。

对于非法侵占征收补偿费的组织和个人,相关当事人要依法承担侵权责任、行政责任以及刑事责任。

第二百四十四条 【耕地保护】国家对耕地实行特殊保护,严格限制农用地转为建设用地,控制建设用地总量。不得违反法律规定的权限和程序征收集体所有的土地。

第二百四十五条 【征用】因抢险救灾、疫情防控等紧急需要,依照法律规定的权限和程序可以征用组织、个人的不动产或者动产。被征用的不动产或者动产使用后,应当返还被征用人。组织、个人的不动产或者动产被征用或者征用后毁损、灭失的,应当给予补偿。

一、征用的要件
(一)因抢险救灾、疫情防控等紧急需要

征用的前提是因抢险救灾、疫情防控等紧急需要。征用是对组织、个人的财产所有权的限制,并且可能给所有权人造成不利后果,因此在非紧急需要时不得采用。

(二)须依照法律规定的权限和程序

征用是国家在紧急情形下强制使用组织、个人的不动产或动产。被征用的组织和个人必须服从,因此征用必须符合特别法有关征用权限和程序的规定。

(三)紧急征用的对象为不动产或动产

与征收的对象仅限于不动产不同,征用的目的是取得使用权,其对象包括不动产和动产。

二、法律效果

征用仅使得所有权人对不动产或动产的占有和使用权能发生转移,所有权并不发生变化,因此,被征用的不动产或者动产在使用后,应当返还被征用人。征用的不动产或动产毁损、灭失的,国家应当给予补偿。即便未毁损、灭失,征用本身也会导致不动产或者动产的所有权人遭受一定期间的收益损失,依本条第3句,国家也应对此予以补偿。被征用人的补偿请求权在性质上是特别牺牲补偿请求权。

征用是行政行为,当事人对征用决定或者补偿标准有异议的,应通过提起行政复议或者行政诉讼解决。

第五章　国家所有权和集体所有权、私人所有权

第二百四十六条　【国家所有权】法律规定属于国家所有的财产,属于国家所有即全民所有。

国有财产由国务院代表国家行使所有权。法律另有规定的,依照其规定。

第二百四十七条　【矿藏、水流、海域的国家所有权】矿藏、水流、海域属于国家所有。

第二百四十八条　【无居民海岛的国家所有权】无居民海岛属于国家所有,国务院代表国家行使无居民海岛所有权。

第二百四十九条　【国家所有土地的范围】城市的土地,属于国家所有。法律规定属于国家所有的农村和城市郊区的土地,属于国家所有。

第二百五十条　【自然资源的国家所有权】森林、山岭、草原、荒地、滩涂等自然资源,属于国家所有,但是法律规定属于集体所有的除外。

第二百五十一条　【野生动植物资源的国家所有权】法律规定属于国家所有的野生动植物资源,属于国家所有。

第二百五十二条　【无线电频谱资源的国家所有权】无线电频谱资源属于国家所有。

第二百五十三条　【文物的国家所有权】法律规定属于国家所有的文物,属于国家所有。

第二百五十四条　【国防资产和基础设施的国家所有权】国防资产属于国家所有。

铁路、公路、电力设施、电信设施和油气管道等基础设施,依照法律规定为国家所有的,属于国家所有。

第二百五十五条　【国家机关的物权】国家机关对其直接支配的不动产和动产,享有占有、使用以及依照法律和国务院的有关规定处分的权利。

第二百五十六条　【国家举办的事业单位的物权】国家举办的事业单位对其直接支配的不动产和动产,享有占有、使用以及依照法律和国务院的有关规定收益、处分的权利。

第二百五十七条 【国家出资的企业出资人制度】国家出资的企业,由国务院、地方人民政府依照法律、行政法规规定分别代表国家履行出资人职责,享有出资人权益。

第二百五十八条 【国有财产的保护】国家所有的财产受法律保护,禁止任何组织或者个人侵占、哄抢、私分、截留、破坏。

第二百五十九条 【国有财产管理的法律责任】履行国有财产管理、监督职责的机构及其工作人员,应当依法加强对国有财产的管理、监督,促进国有财产保值增值,防止国有财产损失;滥用职权,玩忽职守,造成国有财产损失的,应当依法承担法律责任。

违反国有财产管理规定,在企业改制、合并分立、关联交易等过程中,低价转让、合谋私分、擅自担保或者以其他方式造成国有财产损失的,应当依法承担法律责任。

第二百六十条 【集体财产的范围】集体所有的不动产和动产包括:
(一)法律规定属于集体所有的土地和森林、山岭、草原、荒地、滩涂;
(二)集体所有的建筑物、生产设施、农田水利设施;
(三)集体所有的教育、科学、文化、卫生、体育等设施;
(四)集体所有的其他不动产和动产。

第二百六十一条 【农民集体所有财产归属及重大事项集体决定】农民集体所有的不动产和动产,属于本集体成员集体所有。

下列事项应当依照法定程序经本集体成员决定:
(一)土地承包方案以及将土地发包给本集体以外的组织或者个人承包;
(二)个别土地承包经营权人之间承包地的调整;
(三)土地补偿费等费用的使用、分配办法;
(四)集体出资的企业的所有权变动等事项;
(五)法律规定的其他事项。

一、集体所有权的主体

农村集体所有权的主体为集体,即全体成员组成的共同体。农村集体成员按照法律的规定,对依法属于集体所有的财产共同享有占有、使用、收益和处分的权利。将农村集体所有权的主体确定为集体,一方面能够加强农村集体成员对所属集体的身份认同,促使其更加关注集体财产的运行状况;另一方面能够强化对集体成员权利的保障,确保农村集体成员公平分享基于农村集体财产所产生的收益。①

集体成员资格的认定直接事关农民重要的基本民事权利,其认定标准应当法定化。当前我国对集体成员的取得和丧失缺乏全国统一、明确、权威的判断标准,并引发了实践中的混乱和大量的矛盾纠纷。② 当前各地采用的认定方式主要包括:1. 地方性法规或地方政府规章;2. 最高人民法院和省级人民法院制定的指导意见;3. 村规民约、村民自治章程以及村民会议或者村民代表会议的决定。③

二、决策事项及程序

涉及集体成员重大利益的事项,必须依照法定程序经集体成员共同决定,第 2 款明确规定了决定事项的范围。集体成员共同决定的法定程序具体规定在《村民委员会组织法》《农村土地承包法》《土地管理法》等法律中。

第二百六十二条 【集体所有的不动产所有权行使】对于集体所有的土地和森林、山岭、草原、荒地、滩涂等,依照下列规定行使所有权:

(一)属于村农民集体所有的,由村集体经济组织或者村民委员会依法代表集体行使所有权;

(二)分别属于村内两个以上农民集体所有的,由村内各该集体经济组织或者村民小组依法代表集体行使所有权;

(三)属于乡镇农民集体所有的,由乡镇集体经济组织代表集体行使所有权。

第二百六十三条 【城镇集体所有的财产权利行使】城镇集体所有的不动产和动产,依照法律、行政法规的规定由本集体享有占有、使用、收益和处分的权利。

第二百六十四条 【集体成员对集体财产的知情权】农村集体经济组织或者村民委员会、村民小组应当依照法律、行政法规以及章程、村规民约向本集体成员公布集体财产的状况。集体成员有权查阅、复制相关资料。

第二百六十五条 【集体所有财产保护及农村集体成员合法权益保护】集体所有的财产受法律保护,禁止任何组织或者个人侵占、哄抢、私分、破坏。

---

① 参见孙宪忠、朱广新主编:《民法典评注:物权编1》,中国法制出版社 2020 年版,第 449 页(高飞执笔)。

② 参见最高人民法院民法典贯彻实施工作领导小组主编:《中华人民共和国民法典物权编理解与适用(下)》,人民法院出版社 2020 年版,第 295 页。

③ 参见孙宪忠、朱广新主编:《民法典评注:物权编1》,中国法制出版社 2020 年版,第 450 页(高飞执笔)。

农村集体经济组织、村民委员会或者其负责人作出的决定侵害集体成员合法权益的,受侵害的集体成员可以请求人民法院予以撤销。

第二百六十六条 【私有财产的范围】私人对其合法的收入、房屋、生活用品、生产工具、原材料等不动产和动产享有所有权。

第二百六十七条 【私人合法财产的保护】私人的合法财产受法律保护,禁止任何组织或者个人侵占、哄抢、破坏。

第二百六十八条 【国家、集体和私人依法出资设立公司或其他企业】国家、集体和私人依法可以出资设立有限责任公司、股份有限公司或者其他企业。国家、集体和私人所有的不动产或者动产投到企业的,由出资人按照约定或者出资比例享有资产收益、重大决策以及选择经营管理者等权利并履行义务。

第二百六十九条 【法人财产权】营利法人对其不动产和动产依照法律、行政法规以及章程享有占有、使用、收益和处分的权利。

营利法人以外的法人,对其不动产和动产的权利,适用有关法律、行政法规以及章程的规定。

第二百七十条 【社会团体法人、捐助法人合法财产的保护】社会团体法人、捐助法人依法所有的不动产和动产,受法律保护。

第六章 业主的建筑物区分所有权

第二百七十一条 【建筑物区分所有权】业主对建筑物内的住宅、经营性用房等专有部分享有所有权,对专有部分以外的共有部分享有共有和共同管理的权利。

一、建筑物区分所有权性质

对建筑物区分所有权的认识,学说上主要有"一元说""二元说"和"三元说"。目前通说为"三元说"。① 本条采纳了"三元说",即建筑物区分所有权是由专有部分的专有权、共有部分的共有权以及基于共同关系所生的共同管理权(成员权)共同组成的复合所有权。

---

① 参见梁慧星、陈华彬:《物权法》(第五版),法律出版社 2010 年版,第 159—164 页;孙宪忠、朱广新主编:《民法典评注:物权编2》,中国法制出版社 2020 年版,第 5—15 页(鲁春雅执笔);最高人民法院民法典贯彻实施工作领导小组主编:《中华人民共和国民法典物权编理解与适用(下)》,人民法院出版社 2020 年版,第 332—334 页等。

二、建筑物区分所有权的主体与客体

（一）建筑物区分所有权主体

2　建筑物区分所有权主体即本条所谓的业主，《建筑物区分所有权解释》第1条第1款规定，依法登记取得或者依本法第229条至第231条规定取得建筑物专有部分所有权的人，应当认定为业主。

3　《建筑物区分所有权解释》第1条第2款规定，基于与建设单位之间的商品房买卖合同，已经合法占有建筑物专有部分，但尚未依法办理所有权登记的人，可以认定为业主。此项规定不适用于二手房买卖，未办理所有权转移登记前出卖人仍为业主。有学者认为，为避免人为地割裂法律行为的效果，应当认定《建筑物区分所有权解释》第1条第2款因与本法第214条相抵触而无效。[①]

（二）建筑物区分所有权客体

4　对于建筑物区分所有权的客体，我国采用了列举的方式，包括住宅和经营性用房。住宅是指以居住为目的的房屋，经营性用房是指以工业、商业、服务业等非居住用途为目的的房屋。住宅小区里的地下停车库如果出售给业主，也可以成为建筑物区分所有权的客体。

5　"专有部分"是指建筑物在构造上和使用上具有独立性从而能够被某个权利人独立支配的部分。按照《建筑物区分所有权解释》第2条第1款第3项规定，专有部分必须能够被登记为特定业主单独所有。就公寓式商品房而言，专有部分就是一套房屋入户门以内的部分。规划上专属于特定房屋，且建设单位销售时已经根据规划列入该特定房屋买卖合同中的露台等，亦为专有部分的组成部分。就地下停车库而言，专有部分就是一个停车位，通常以四周画线的方式予以确定。"共有部分"是指除专有部分以外其他归业主共同所有的部分。

第二百七十二条　【专有部分的专有权】业主对其建筑物专有部分享有占有、使用、收益和处分的权利。业主行使权利不得危及建筑物的安全，不得损害其他业主的合法权益。

第二百七十三条　【共有部分的共有权和义务】业主对建筑物专有部分以外的共有部分，享有权利，承担义务；不得以放弃权利为由不履行义务。

业主转让建筑物内的住宅、经营性用房，其对共有部分享有的共有和共

[①] 参见孙宪忠、朱广新主编：《民法典评注：物权编2》，中国法制出版社2020年版，第18页（鲁春雅执笔）。

同管理的权利一并转让。

第二百七十四条 【建筑区划内道路、绿地等的权利归属】建筑区划内的道路,属于业主共有,但是属于城镇公共道路的除外。建筑区划内的绿地,属于业主共有,但是属于城镇公共绿地或者明示属于个人的除外。建筑区划内的其他公共场所、公用设施和物业服务用房,属于业主共有。

一、建筑区划

本条及第275条、第276条和第285条均使用了"建筑区划",而物业服务合同一章中第937条、第941条、第942条、第949条中则使用了"物业服务区域"。用词虽不同,但建筑区划一般与物业管理区域相一致,以便于建筑物及配套设施的管理。① 为保持一致,宜在物业服务区域的意义上来理解建筑区划。② 建筑区划可以理解为以宗地红线内规划行政主管部门批准的建设工程规划总平面图为基础,充分考虑物业共用设施设备、建筑物规模、社区建设等因素构成的一个物业管理区域。③

二、权利归属

建筑区划内道路、绿地、其他公共场所、公用设施和物业服务用房原则上归业主共有,被认定为属于城镇公共道路、城镇公共绿地或者明示属于个人的绿地除外。本条规定并不涉及建设用地使用权,条文中的道路、绿地是作为土地上的附着物归业主共有。④ 建设用地使用权在《建筑物区分所有权解释》第3条第2款进行了规定。

《建筑物区分所有权解释》第3条第1款规定,建筑物的基本结构部分、公共通行部分、公共设施设备部分和公共空间等属于业主共有部分,且作出了兜底性规定。

业主共有部分可以分为法定共有部分与约定共有部分,建筑物的某个专有部分可以约定为共有部分。业主共有部分还可以分为全体业主共有部分和一部分业主共有部分。前者供所有业主使用,如道路,小区大门等。后者仅供部分业主适用,如某层的配电室、走廊等。全体业主共有部分和一部分

---

① 参见最高人民法院民法典贯彻实施工作领导小组主编:《中华人民共和国民法典物权编理解与适用(下)》,人民法院出版社2020年版,第353页。
② 参见孙宪忠、朱广新主编:《民法典评注:物权编2》,中国法制出版社2020年版,第74页(鲁春雅执笔)。
③ 参见刁其怀:《论建筑物区分所有中专有部分与共有部分的界定——兼评〈最高人民法院关于审理建筑物区分所有权纠纷案件具体应用法律若干问题的解释〉第2条与第3条》,载《中国不动产法研究》2017年第1辑。
④ 参见胡康生主编:《中华人民共和国物权法释义》,法律出版社2007年版,第173页。

业主共有部分应以实际使用情形加以认定，有异议时，宜解释为全体共有部分。①

第二百七十五条　【建筑区划内车位、车库的归属】建筑区划内，规划用于停放汽车的车位、车库的归属，由当事人通过出售、附赠或者出租等方式约定。

占用业主共有的道路或者其他场地用于停放汽车的车位，属于业主共有。

一、规划内车位、车库的归属

规划内车位、车库，是指建设单位（开发商）在开始建造前经规划部门批准，建成后可以办理产权登记的车位和车库。这种车位、车库的归属由当事人通过出售、附赠或者出租等方式约定。如果未出售或者赠与给业主，则车位、车库归建设单位所有。出租给业主的，不改变车位、车库所有权的归属。

究竟是否已经出售或者赠与给业主，须通过意思表示解释予以确定。在欠缺明确约定时，实践中多依车库、车位的建设成本是否分摊来确定。如果建设成本未分摊至业主的购房费用，权属归建设单位。反之，如果建设成本已分摊至建筑区划内众多业主的购房费用上，则车位、车库归全体业主共有。② 教义学上，可以解释为建设单位将车位、车库的建设成本分摊至购房费用表明其有意将这些车位、车库的所有权有偿转让给全体业主，使其成为全体业主共有的车位、车库。

二、非规划内车位的归属

占用业主共有的道路或者其他场地用于停放汽车的车位，属于业主共有。业主共有的其他场地包括未明确登记为独立空间并取得相应不动产权属证书的地上休闲场地、绿地、地下室、人防工程等。

第二百七十六条　【建筑区划内车位、车库的首要用途】建筑区划内，规划用于停放汽车的车位、车库应当首先满足业主的需要。

第二百七十七条　【业主大会和业主委员会的设立】业主可以设立业主大会，选举业主委员会。业主大会、业主委员会成立的具体条件和程序，依照法律、法规的规定。

地方人民政府有关部门、居民委员会应当对设立业主大会和选举业主委

---

① 参见王泽鉴：《民法物权》（第二版），北京大学出版社 2010 年版，第 175 页。
② 参见最高人民法院民法典贯彻实施工作领导小组主编：《中华人民共和国民法典物权编理解与适用（下）》，人民法院出版社 2020 年版，第 363 页。

员会给予指导和协助。

第二百七十八条 【业主共同决定事项及表决】下列事项由业主共同决定：

（一）制定和修改业主大会议事规则；

（二）制定和修改管理规约；

（三）选举业主委员会或者更换业主委员会成员；

（四）选聘和解聘物业服务企业或者其他管理人；

（五）使用建筑物及其附属设施的维修资金；

（六）筹集建筑物及其附属设施的维修资金；

（七）改建、重建建筑物及其附属设施；

（八）改变共有部分的用途或者利用共有部分从事经营活动；

（九）有关共有和共同管理权利的其他重大事项。

业主共同决定事项，应当由专有部分面积占比三分之二以上的业主且人数占比三分之二以上的业主参与表决。决定前款第六项至第八项规定的事项，应当经参与表决专有部分面积四分之三以上的业主且参与表决人数四分之三以上的业主同意。决定前款其他事项，应当经参与表决专有部分面积过半数的业主且参与表决人数过半数的业主同意。

一、业主的共同管理权

业主的共同管理权是基于业主间的共同关系而生的权利，与专有权和共有权共同构成区分所有权的完整内容。业主享有对于共有部分和共同事务参与管理的权利，此为业主作为共同体成员享有的成员权。本条第1款规定了业主共同决定的事项，皆为比较重大的事项。

二、表决程序

对于业主共同决定的重大事项，首先需要达到专有部分面积占比三分之二以上的业主且人数占比三分之二以上的业主参与表决。之所以采用面积与人数双重标准，主要是为了保护面积较小的房屋业主的权益，确保话语权的均衡分布。按照《建筑物区分所有权解释》第9条的规定，业主人数可以按照专有部分的数量计算，一个专有部分按一人计算，无论该专有部分的所有权是否数人共有。建设单位尚未出售或者虽已出售但尚未交付的部分，按一人计算；同一买受人拥有一个以上专有部分的，也按一人计算。业主参与表决有多种形式，如会议表决、书面表决、在线表决等，并且可以委托他人代理参与表决。

本条第1款第6项至第8项规定的事项尤为重大，关系到业主的切身利益,所以采用四分之三多数决。此项比例同样考虑面积与人数双重标准。对于其他事项,采用一般多数决,即经参与表决专有部分面积过半数的业主且参与表决人数过半数的业主同意即可。

三、法律效果

4　依本条第 2 款规定做出的共同决定在性质上属于决议,对全体业主有约束力。业主即便未参与表决或者投反对票,亦受共同决定约束。当然,共同决定不符合本条第 2 款规定的,对全体业主没有效力。

第二百七十九条　【业主改变住宅用途的限制条件】业主不得违反法律、法规以及管理规约,将住宅改变为经营性用房。业主将住宅改变为经营性用房的,除遵守法律、法规以及管理规约外,应当经有利害关系的业主一致同意。

一、改变住宅用途的限制条件

1　将住宅改变为经营性用房就是将住宅的性质、用途改为商用,即所谓的"住改商"。这种改变可能带来很多危害,如干扰业主的正常生活、造成小区公共设施资源的紧张、产生安全隐患、使城市规划目标难以实现等。① 因此,业主不得随意将住宅改变为经营性用房。

2　业主改变住宅为经营性用房的,须同时满足遵守法律、法规以及管理规约和有利害关系的业主一致同意两项条件,缺一不可。并且本条将原《物权法》第 77 条中的"同意"修改为"一致同意",进一步明确须经有利害关系的业主一致同意而非多数同意。

3　有利害关系的业主可以是本栋建筑物业主,也可以是小区内其他利益受到影响的业主,其范围应根据因改变住宅为经营性用房的用途不同和影响的范围、程度不同等因素予以确定。② 建筑区划外的业主,不属于有利害关系的业主,其利益受到损害的充其量只能通过侵权责任进行救济。

二、法律后果

4　未遵守法律、法规以及管理规约并经有利害关系的业主一致同意的,"住改商"行为不具有合法性,有利害关系的业主可以请求排除妨害、消除危险或者赔偿损失。

三、证明责任

5　"住改商"的业主应举证证明其行为遵守法律、法规以及管理规约,并经

---

① 参见胡康生主编:《中华人民共和国物权法释义》,法律出版社 2007 年版,第 179 页。
② 参见全国人大常委会法制工作委员会民法室编:《中华人民共和国物权法条文说明、立法理由及相关规定》,北京大学出版社 2007 年版,第 121 页。

有利害关系的业主一致同意。按照《建筑物区分所有权解释》第 11 条的规定,本栋建筑物内的其他业主应直接认定为有利害关系的业主;本栋建筑物之外的业主主张存在利害关系的,应举证证明利害关系的存在。

第二百八十条 【业主大会、业主委员会决定的效力与业主的撤销权】业主大会或者业主委员会的决定,对业主具有法律约束力。

业主大会或者业主委员会作出的决定侵害业主合法权益的,受侵害的业主可以请求人民法院予以撤销。

一、决定具有法律约束力的条件

对业主具有约束力的业主大会或者业主委员会的决定,须具备三个条件:1. 须是由依法设立的业主大会或者业主委员会做出;2. 须依据法定程序做出;3. 须符合法律、法规及规章,并且不违背公序良俗。①

二、撤销权

业主合法权益受到业主大会或者业主委员会作出的决定侵害的,有权行使撤销权。业主行使撤销权的被告理论上应当是业主大会或者是业主委员会,但我国对于业主大会和业主委员会的诉讼主体资格问题并未明确。法国、新加坡等立法中业主大会为法人,德国立法中"住宅所有权人共同体"(业主大会)可以作为法律关系的主体,并且能够参与诉讼,从各国的发展趋势看,业主管理团体向法人化方向发展,是立法与实务的潮流。② 我国多数学者肯定业主大会或业主委员会具有主体资格③,实践中法院也大多肯定了业主大会或业主委员会的诉讼主体资格④。

业主应通过诉讼方式行使撤销权。撤销权为形成权,适用除斥期间,业主应当在知道或者应当知道业主大会或者业主委员会作出决定之日起一年内行使(《建筑物区分所有权解释》第 12 条)。

第二百八十一条 【维修资金的归属和处分】建筑物及其附属设施的维修资金,属于业主共有。经业主共同决定,可以用于电梯、屋顶、外墙、无障碍设施等共有部分的维修、更新和改造。建筑物及其附属设施的维修资金的筹集、使用情况应当定期公布。

---

① 参见胡康生主编:《中华人民共和国物权法释义》,法律出版社 2007 年版,第 181 页。
② 参见梁慧星、陈华彬:《物权法》(第五版),法律出版社 2010 年版,第 192 页。
③ 参见孙宪忠、朱广新主编:《民法典评注:物权编 2》,中国法制出版社 2020 年版,第 154—158 页(鲁春雅执笔)。
④ 参见最高人民法院民法典贯彻实施工作领导小组主编:《中华人民共和国民法典物权编理解与适用(下)》,人民法院出版社 2020 年版,第 392 页。

紧急情况下需要维修建筑物及其附属设施的,业主大会或者业主委员会可以依法申请使用建筑物及其附属设施的维修资金。

第二百八十二条 【共有部分的收入分配】建设单位、物业服务企业或者其他管理人等利用业主的共有部分产生的收入,在扣除合理成本之后,属于业主共有。

一、共有部分的收入归属

1　　实践中,建设单位、物业服务企业或者其他管理人等常会利用业主的共有部分如建筑外墙、楼梯等设置广告,或将占用业主共有的道路或其他场所设置的车位进行出租等而产生收入,本条即对共有部分产生的收入的归属进行规定。

2　　本条并非强制性规定,当事人之间可以就共有部分的收入进行约定。利用共有部分从事经营活动依据第278条的规定,应当经参与表决专有部分面积四分之三以上的业主且参与表决人数四分之三以上的业主同意。如建设单位、物业服务企业或者其他管理人等已与业主大会或者业委会就共有部分的收入进行了约定,则按照约定进行分配;如果不存在约定,则适用本条的规定,在扣除合理成本之后的收入归业主所有。收益的具体用途,由业主大会决定。

3　　合理成本是指建设单位、物业服务企业或者其他管理人等为共有部分的经营而产生的必要费用。

二、证明责任

4　　主张扣除经营成本的,应对成本的支出及其合理性承担证明责任。

第二百八十三条 【费用分担和收益分配】建筑物及其附属设施的费用分摊、收益分配等事项,有约定的,按照约定;没有约定或者约定不明确的,按照业主专有部分面积所占比例确定。

第二百八十四条 【业主的管理权及其行使】业主可以自行管理建筑物及其附属设施,也可以委托物业服务企业或者其他管理人管理。

对建设单位聘请的物业服务企业或者其他管理人,业主有权依法更换。

第二百八十五条 【物业管理人的义务】物业服务企业或者其他管理人根据业主的委托,依照本法第三编有关物业服务合同的规定管理建筑区划内的建筑物及其附属设施,接受业主的监督,并及时答复业主对物业服务情况提出的询问。

物业服务企业或者其他管理人应当执行政府依法实施的应急处置措施

和其他管理措施,积极配合开展相关工作。

第二百八十六条 【业主的义务】业主应当遵守法律、法规以及管理规约,相关行为应当符合节约资源、保护生态环境的要求。对于物业服务企业或者其他管理人执行政府依法实施的应急处置措施和其他管理措施,业主应当依法予以配合。

业主大会或者业主委员会,对任意弃置垃圾、排放污染物或者噪声、违反规定饲养动物、违章搭建、侵占通道、拒付物业费等损害他人合法权益的行为,有权依照法律、法规以及管理规约,请求行为人停止侵害、排除妨碍、消除危险、恢复原状、赔偿损失。

业主或者其他行为人拒不履行相关义务的,有关当事人可以向有关行政主管部门报告或者投诉,有关行政主管部门应当依法处理。

第二百八十七条 【业主合法权益的保护】业主对建设单位、物业服务企业或者其他管理人以及其他业主侵害自己合法权益的行为,有权请求其承担民事责任。

一、业主主张权利的相对人

本条解决了业主主张权利相对人不明确的问题,业主主张权利的相对人为建设单位、物业服务企业或者其他管理人以及其他业主。① 并进一步规定了业主自己的合法权益受建设单位、物业服务企业或者其他管理人以及其他业主侵害的,有权请求其承担民事责任。

二、权利的行使方式

业主的合法权益并不限于第 286 条第 2 款的内容,业主的权益受到侵害时,可以通过和解、调解、仲裁、诉讼等途径解决,要求行为人承担侵权责任或违约责任。

第七章 相邻关系

第二百八十八条 【处理相邻关系的原则】不动产的相邻权利人应当按照有利生产、方便生活、团结互助、公平合理的原则,正确处理相邻关系。

一、不动产的相邻权利人

相邻的不动产包括土地和附着于土地的建筑物、构筑物,且不以不动产

---

① 参见孙宪忠、朱广新主编:《民法典评注:物权编2》,中国法制出版社2020年版,第236页(鲁春雅执笔)。

直接毗邻为限。相邻权利人(相邻权人)包括不动产所有权人、不动产用益物权人和不动产占有人。

二、处理相邻关系的原则

设立相邻关系的目的在于尽可能确保相邻不动产权利人之间的和睦关系,解决相邻的两个或多个不动产所有权或使用人因行使权利而发生的冲突,维护不动产相邻各方的平衡。[1] 本条规定的"有利生产、方便生活、团结互助、公平合理"是解决不动产相邻权人之间权利冲突的基本原则。四项原则是有机的统一体,具体运用时既要兼顾国家利益和社会公共利益,又要兼顾局部利益和个人利益。[2]

相邻关系的内容十分丰富,其范围不限于本章规定的类型,在法律对相邻关系的某些类型缺乏明确规定的情况下,本条可作为法官裁判的依据。

第二百八十九条 【处理相邻关系的法律依据】法律、法规对处理相邻关系有规定的,依照其规定;法律、法规没有规定的,可以按照当地习惯。

第二百九十条 【用水、排水相邻关系】不动产权利人应当为相邻权利人用水、排水提供必要的便利。

对自然流水的利用,应当在不动产的相邻权利人之间合理分配。对自然流水的排放,应当尊重自然流向。

第二百九十一条 【通行相邻关系】不动产权利人对相邻权利人因通行等必须利用其土地的,应当提供必要的便利。

第二百九十二条 【相邻土地的利用】不动产权利人因建造、修缮建筑物以及铺设电线、电缆、水管、暖气和燃气管线等必须利用相邻土地、建筑物的,该土地、建筑物的权利人应当提供必要的便利。

第二百九十三条 【相邻通风、采光和日照】建造建筑物,不得违反国家有关工程建设标准,不得妨碍相邻建筑物的通风、采光和日照。

第二百九十四条 【相邻不动产之间不可量物侵害】不动产权利人不得违反国家规定弃置固体废物,排放大气污染物、水污染物、土壤污染物、噪声、光辐射、电磁辐射等有害物质。

第二百九十五条 【维护相邻不动产安全】不动产权利人挖掘土地、建

---

[1] 参见胡康生主编:《中华人民共和国物权法释义》,法律出版社2007年版,第195页。
[2] 参见最高人民法院民法典贯彻实施工作领导小组主编:《中华人民共和国民法典物权编理解与适用(下)》,人民法院出版社2020年版,第435页。

造建筑物、铺设管线以及安装设备等,不得危及相邻不动产的安全。

第二百九十六条 【使用相邻不动产避免造成损害】不动产权利人因用水、排水、通行、铺设管线等利用相邻不动产的,应当尽量避免对相邻的不动产权利人造成损害。

第八章 共 有

第二百九十七条 【共有及其类型】不动产或者动产可以由两个以上组织、个人共有。共有包括按份共有和共同共有。

第二百九十八条 【按份共有】按份共有人对共有的不动产或者动产按照其份额享有所有权。

第二百九十九条 【共同共有】共同共有人对共有的不动产或者动产共同享有所有权。

一、共同共有的概念

共同共有是指两个或两个以上民事主体基于共有关系对共有物不分份额地共同享有所有权的现象。

共同共有以复数民事主体间的共有关系为基础,而共有关系是为了达成某一共同目的而形成的特定的稳定性关系,也就是说共同共有制度的最主要作用是维持共同关系以达到共同目的。① 共同关系既可以基于法律的规定,也可以基于当事人合同的约定。

共同共有关系存续期间,各共有人对共有财产享有平等的权利,承担平等的义务,对外承担连带责任。

二、共同共有的类型

典型的共同共有类型包括:夫妻共有财产、家庭共有财产和共同继承的财产。对于合伙财产的限制,我国学界则一直存在争议。② 从比较法上看,德国将民法上的合伙(《德国民法典》第 718 条以下)、无限责任公司及两合

---

① 参见孙宪忠、朱广新主编:《民法典评注:物权编 2》,中国法制出版社 2020 年版,第 348 页(李国强执笔)。

② 如有持共同共有观点的,参见梁慧星、陈华彬:《物权法》(第五版),法律出版社 2010 年版,第 244 页;王利明、杨立新、王轶等:《民法学》,法律出版社 2017 年版,第 402 页;持按份共有观点的,参见孙宪忠、朱广新主编:《民法典评注:物权编 2》,中国法制出版社 2020 年版,第 352 页(李国强执笔);还有持混合共有观点的,参见崔建远:《民法物权》(第四版),中国人民大学出版社 2017 年版,第 251 页。

责任公司(《德国商法典》第105条以下、第161条以下)的财产视为共同共有,我国台湾地区"民法"第668条明确规定了合伙财产为共同共有。合伙虽有份额,但份额仅意味着合伙人对合伙事业参与权以及对合伙债务承担责任的大小,其指向合伙事业整体。至于合伙中的具体财物,如不动产、动产、知识产权、债权、股权等,在性质上应为各合伙人共同共有。定性为按份共有将导致各合伙人都有权处分其对各具体财物的共有份额,显然有悖于合伙关系的本质。

第三百条 【共有物的管理】共有人按照约定管理共有的不动产或者动产;没有约定或者约定不明确的,各共有人都有管理的权利和义务。

第三百零一条 【共有物的处分、重大修缮和性质、用途变更】处分共有的不动产或者动产以及对共有的不动产或者动产作重大修缮、变更性质或者用途的,应当经占份额三分之二以上的按份共有人或者全体共同共有人同意,但是共有人之间另有约定的除外。

一、共有物的处分、重大修缮和性质、用途变更

1　共有物的处分包括事实上的处分和法律上的处分。事实上的处分,如拆除;法律上的处分,如所有权的让与。我国台湾地区"民法"第819条同时规定了共有物的"处分"和"设定负担",本条虽未规定,但共有物设定用益物权或担保物权亦应适用本条,设定用益物权或担保物权亦包括在处分行为之内[1]。

2　共有物的重大修缮是指在不改变共有物性质的前提下,提高共有物的效用或者增加共有物的价值的行为。

3　商用建设用地变为住宅建设用地、金银变为戒指或项链等均为共有物性质或者用途的变更。共有物的性质变更常涉及物的变异或毁损,为事实上的处分行为所涵盖,本条将变更与处分并列。

4　共有物的处分、重大修缮和性质、用途变更,不以对共有物全部为必要,亦包括共有物的特定部分在内[2]。

二、共有人同意的规则

5　共有物的处分、重大修缮和性质、用途变更,对共有人有重大利害关系,共有人间有约定的,应按照约定,没有约定的,共有物为按份共有的,采用多

---

[1] 参见谢在全:《民法物权(上册)》(修订五版),中国政法大学出版社2011年版,第400—401页。
[2] 参见王泽鉴:《民法物权》(第二版),北京大学出版社2010版,第226页。

数决,须经占份额三分之二以上的按份共有人同意;共有物为共同共有的,采用一致决,须经全体共同共有人同意。

共有人同意包括事前允许和事后追认,且无形式上的要求,可以是明示,也可以是默示。

第三百零二条　【共有物管理费用的分担】共有人对共有物的管理费用以及其他负担,有约定的,按照其约定;没有约定或者约定不明确的,按份共有人按照其份额负担,共同共有人共同负担。

第三百零三条　【共有物的分割】共有人约定不得分割共有的不动产或者动产,以维持共有关系的,应当按照约定,但是共有人有重大理由需要分割的,可以请求分割;没有约定或者约定不明确的,按份共有人可以随时请求分割,共同共有人在共有的基础丧失或者有重大理由需要分割时可以请求分割。因分割造成其他共有人损害的,应当给予赔偿。

一、分割请求权的性质

共有物分割请求权是指各共有人可请求其他共有人分割共有物以终止共有权利的权利。关于其性质存在形成权和请求权两种观点①,形成权说为通说②。分割请求权与共有关系相互依存,共有人可随时提出,不适用诉讼时效。

二、分割的原则

在共有人对共有物的分割有约定时,应尊重共有人的意思自治,无论是共同共有还是按份共有,当事人均应按照约定进行。即便约定不得分割,共有人有重大理由需要分割的,仍有分割请求权。重大理由如因维持日常生活、医疗、教育等需要支出费用且共有人没有其他合适的资金来源。

在共有人没有约定或者约定不明时,按份共有人可以不经过其他共有人的同意,随时请求分割;共同共有人仅在共有的基础丧失或者有重大理由需要分割时才可以请求分割。本法第1066条列举了夫妻一方请求分割夫妻共同财产的若干重大事由。

共有物的分割给其他共有人造成损害的,应当给予赔偿。此项赔偿责任应解释为仅适用于两种情形。一是约定不得分割但共有人依重大理由请求分割,二是共同共有人依重大理由请求分割。其他情形中共有人属于正常行

---

① 参见孙宪忠、朱广新主编:《民法典评注:物权编2》,中国法制出版社2020年版,第381页(李国强执笔)。

② 参见谢在全:《民法物权(上册)》(修订五版),中国政法大学出版社2011年版,第368页。

使分割请求权,无须赔偿。

第三百零四条 【共有物的分割方式】共有人可以协商确定分割方式。达不成协议,共有的不动产或者动产可以分割且不会因分割减损价值的,应当对实物予以分割;难以分割或者因分割会减损价值的,应当对折价或者拍卖、变卖取得的价款予以分割。

共有人分割所得的不动产或者动产有瑕疵的,其他共有人应当分担损失。

一、协议分割

1　共有物的分割可以通过协议的方式进行。共有物分割协议须经全体共有人同意,且同意并无形式上的要求。协议分割的方式可采用第 1 款第 2 句中实物分割、变价分割或折价分割的方式,也可以采用其他方式。

2　共有物分割协议生效后,如有共有人不履行协议,其他共有人可以诉请履行,此为给付之诉,而非分割共有物形成之诉,因为作为形成权的共有物分割请求权已因达成分割协议而被行使。①

二、裁判分割

3　不能通过达成协议分割共有物的,共有人可以诉请裁判分割。分割方式包括实物分割、变价分割与折价分割。

三、瑕疵担保责任

4　无论是协议分割还是裁判分割,共有人均应承担瑕疵担保责任,此项义务与出卖人的瑕疵担保相同。瑕疵担保责任包括权利瑕疵担保责任和物的瑕疵担保责任。

第三百零五条 【按份共有人的份额处分权和其他共有人的优先购买权】按份共有人可以转让其享有的共有的不动产或者动产份额。其他共有人在同等条件下享有优先购买的权利。

一、份额的转让

1　按份共有人可以自由转让其享有的共有物份额而脱离共有关系,不必征得其他共有人的同意,此乃按份共有的本质所在。共有人之间如有相反约定时,仅具有债权效力,对份额受让人不生效力。②

2　按份共有人转让其份额,共有物为不动产的,须经登记,始发生效力;共

---

① 参见谢在全:《民法物权(上册)》(修订五版),中国政法大学出版社 2011 年版,第 372 页。

② 参见王泽鉴:《民法物权》(第二版),北京大学出版社 2010 年版,第 219 页。

有物为动产时,须交付,由受让人与其他共有人共同占有共有物。

二、优先购买权

按份共有人对外转让其份额,其他共有人在同等条件下享有优先购买权。"转让"应指有偿转让情形,如为继承、遗赠等无偿转让的,则不适用。"同等条件"依据《民法典物权编解释(一)》第10条规定,"应当综合共有份额的转让价格、价款履行方式及期限等因素确定"。

优先购买权的立法目的在于稳定与简化共有关系,故按份共有人向其他共有人转让其份额的,不适用优先购买权。

共有人优先购买权在性质上究竟是形成权抑或请求权,存在争议。应采形成权说,共有人一旦作出以同等条件购买共有份额的表示,即在转让方与该共有人之间成立共有份额转让合同。优先购买权包括物权性优先购买权与债权性优先购买权,前者可以对抗第三人。应以优先购买权是否经公示或者是否众所周知为区分标准。据此,共有人的优先购买权应为物权性优先购买权,因为处分标的既然是共有份额,则任何人都应当知道存在其他共有人的优先购买权。物权性优先购买权对共有人的份额处分权构成限制,共有人违反该限制实施的份额处分行为应为效力待定。就此而论,《民法典物权编解释(一)》第12条第2项之规定值得商榷。

第三百零六条 【优先购买权的实现方式】按份共有人转让其享有的共有的不动产或者动产份额的,应当将转让条件及时通知其他共有人。其他共有人应当在合理期限内行使优先购买权。

两个以上其他共有人主张行使优先购买权的,协商确定各自的购买比例;协商不成的,按照转让时各自的共有份额比例行使优先购买权。

一、通知

通知的主体应为拟转让份额的共有人,通知的对象为其他共有人,通知的内容为转让条件,通知的方式条文未规定,应当包括书面或口头等能够使其他共有人知悉的方式。

按份共有人的出卖通知是为了优先购买权人能够获悉优先购买权的行使条件,以期决定是否行使优先购买权。与出卖人订立合同的第三人进行通知的,应具有相同的效力。

拟转让份额的共有人在与第三人订立合同前通知的,如该通知构成要约，优先购买权人可以进行承诺，并在双方之间成立买卖合同。①

二、权利行使期间

依据《民法典物权编解释（一）》第11条的规定，按份共有人对于行权期间有约定的，按照约定处理；没有约定或者约定不明的，以向其他按份共有人发出通知中载明的期间为准；通知中未载明或载明的期间短于十五日的，为十五日；转让人未通知的，为自其他按份共有人知道或者应当知道之日起十五日，且最长期限为共有份额权属转移之日起六个月。

三、数人行使优先购买权

两个以上其他共有人行使优先购买权的，应由当事人协商解决；协商不成的，按照转让时的份额比例行使权利。

第三百零七条 【因共同财产产生的债权债务关系的对外、对内效力】 因共有的不动产或者动产产生的债权债务，在对外关系上，共有人享有连带债权、承担连带债务，但是法律另有规定或者第三人知道共有人不具有连带债权债务关系的除外；在共有人内部关系上，除共有人另有约定外，按份共有人按照份额享有债权、承担债务，共同共有人共同享有债权、承担债务。偿还债务超过自己应当承担份额的按份共有人，有权向其他共有人追偿。

一、共有物之债的对外效力

"对外关系"是指共有人与共有人之外的第三人的关系。从民法原理上看，因共有物产生的债权债务本应为共有债权与共有债务。债权的行使与债务的履行属于共有物的管理，适用共有物管理的规则。② 例如，甲乙共有的汽车被丙撞坏，甲乙有权请求丙恢复原状，将汽车修好。此项恢复原状请求权即为甲乙共有的债权，应由甲乙共同行使，共同受领丙的给付（维修）。即便丙以支付赔偿金的方式替代恢复原状，也应由甲乙共同受领赔偿金并将其用于维修汽车。不过，本条在对外关系上将共有物之债规定为连带债权与连带债务。此种规范模式虽未必符合逻辑，但使共有物之债的实现更为简便，对负担债务或者享有债权的第三人更为有利。

在法律另有规定时，按照特别法优于一般法的原则，应适用其他规定。本条第1句中的"第三人知道共有人不具有连带债权债务关系"究竟所指何意，不无疑问。立法者的本意似乎是指第三人知道按份共有人享有按份债

---

① 参见孙宪忠、朱广新主编：《民法典评注：物权编2》，中国法制出版社2020年版，第408页（李国强执笔）。

② 参见[德]迪特尔·梅迪库斯：《德国债法总论》，邵建东译，法律出版社2004年版，第603页。

权、负担按份债务,而非享有连带债权、负担连带债务。不过,认为按份共有人仅享有按份债权、负担按份债务,显然不合理。按份共有虽存在份额,但共有物毕竟是一个整体,且每一份额的效力均及于共有物的全部,享有份额的共有人理应对外负担连带债务、享有连带债权,共有人不得通过内部约定将连带之债更改为按份之债。即便有此约定,也不得约束第三人,无论第三人是否知道该约定。因此,更为合理的解释是,共有物之债在对内关系上属于按份共有之债或者共同共有之债,债的实现依赖于共有人的共同行为(共同给付、共同受领)。此种共同行为对于第三人而言是一种不便,所以仅当第三人知道债的共有属性时,才能适用债的共有规则。

二、共有物之债的对内效力

"对内关系"是指共有人之间的关系。对内关系中,首先应看共有人之间是否存在约定,如果存在约定,则按照约定处理。不存在约定时,区分按份共有和共同共有,按照共有关系的本质确定。按份共有人按份额享有债权、承担债务,即债权债务构成按份共有。共同共有人共同享有债权、承担债务,即债权债务构成共同共有。

按份共有物产生的债务属于按份共有债务,因履行该债务产生的不利益应由各按份共有人分担,一如管理、使用共有汽车所产生的费用应由各按份共有人分担。如果某个共有人偿还的债务超过自己应分担的份额,则按份共有人有权向其他共有人追偿。

第三百零八条 【按份共有的推定】共有人对共有的不动产或者动产没有约定为按份共有或者共同共有,或者约定不明确的,除共有人具有家庭关系等外,视为按份共有。

一、共有性质约定

共有可以分为按份共有和共同共有。当事人可以约定为按份共有或共同共有。所谓约定为共同共有实际上是通过该约定在共有人之间创设了某种共同关系,因为共同共有必以共同关系为基础。

二、按份共有的推定

共同共有与按份共有在成立的原因、权利享有和义务承担、分割的限制、对共有物的管理和处分以及存续期间方面存在较大的差异。① 按份共有中,各权利人的权利义务关系清晰、明确,不易滋生纷争,可以使共有财产获得最

---

① 参见梁慧星、陈华彬:《物权法》(第五版),法律出版社 2010 年版,第 232—233 页;崔建远:《民法物权》,中国人民大学出版社 2017 年版,第 236 页。

大限度地利用和增值。因此,按照本条规定,除非共有人具有家庭关系等外,在没有约定或约定不明时,推定为按份共有。其中的"等"是指家庭关系之外的以其本质构成共同关系的关系类型,如合伙关系。

第三百零九条　【按份共有人份额的确定】按份共有人对共有的不动产或者动产享有的份额,没有约定或者约定不明确的,按照出资额确定;不能确定出资额的,视为等额享有。

1　按份共有与共同共有的重要区别在于共有人有份额之分。份额是指按份共有人可以行使权利之比例,而非指共有物之特定部分,按份共有人按其份额对于共有物的全部行使权利。① 份额是所有权在量上的分割,但分割并不导致一个所有权变成数个所有权,而是数人分享一个所有权。

2　份额的确定,应首先遵从共有人之间的约定,共有人有约定的,按照约定确定;在没有约定或者约定不明确但共有物系基于有偿行为取得时,②按照出资额确定;在不能确定出资额时,推定为等额享有。推定为等额享有不仅易于操作,并且能简化当事人之间的法律关系。所谓不能确定出资额包括共有物系基于无偿行为取得或者虽基于有偿行为取得但无法查明各共有人究竟出资多少。

第三百一十条　【用益物权、担保物权共有的参照适用】两个以上组织、个人共同享有用益物权、担保物权的,参照适用本章的有关规定。

1　准共有是指两个或两个以上民事主体按份共有或共同共有所有权以外的财产权。

2　准共有的标的为所有权以外的财产权,主要包括用益物权和担保物权。人格权、身份权因其性质不能作为准共有的标的。对于债权可否准共有,则存在不同的观点。③ 尽管本条仅规定用益物权、担保物权的准共有,但应承认债权、股权、知识产权等财产权皆可成立准共有。

3　准用按份共有还是共同共有,应当依据共有关系是属于按份共有关系还是共同共有关系而定。准共有人间存在婚姻、继承等共同关系的,准用共同

---

① 参见王泽鉴:《民法物权》(第二版),北京大学出版社 2010 年版,第 218 页。
② 参见黄薇主编:《中华人民共和国民法典物权编解读》,中国法制出版社 2020 年版,第 349 页。
③ 我国台湾地区"民法"承认债权的准共有,参见王泽鉴:《民法物权》(第二版),北京大学出版社 2010 年版,第 264 页;谢在全:《民法物权(上册)》(修订五版),中国政法大学出版社 2011 年版,第 411 页,大陆学者中有持赞成观点的,如崔建远:《物权法》(第四版),中国人民大学出版社 2017 年版,第 254 页,亦有持反对观点的,如王利明:《物权法研究(上卷)》(第四版),中国人民大学出版社 2016 年版,第 718 页。

共有的规定;不存在共同关系的,准用按份共有的规定。

第九章 所有权取得的特别规定

第三百一十一条 【无权处分与善意取得】无处分权人将不动产或者动产转让给受让人的,所有权人有权追回;除法律另有规定外,符合下列情形的,受让人取得该不动产或者动产的所有权:

(一)受让人受让该不动产或者动产时是善意;

(二)以合理的价格转让;

(三)转让的不动产或者动产依照法律规定应当登记的已经登记,不需要登记的已经交付给受让人。

受让人依据前款规定取得不动产或者动产的所有权的,原所有权人有权向无处分权人请求损害赔偿。

当事人善意取得其他物权的,参照适用前两款规定。

一、规范意旨

本条规定所有权与他物权的无权处分与善意取得。善意取得是私法上信赖保护的重要手段,以动产占有的公信力或者不动产登记的公信力为基础。本条第1款第1分句规定无权处分情形中所有权人对受让人的所有物有返还请求权(本法第235条),体现了所有权的追及力。该款第2分句规定了动产与不动产所有权的善意取得。善意取得排除了原所有权人的所有物返还请求权。本条第2款规定善意取得情形中原所有权人与无处分权人的法律关系。本条第3款规定了他物权善意取得。

二、善意取得的构成要件(第1款)

受让人善意取得所有权须满足以下要件:

(一)出让人无权处分①

出让人无权处分是善意取得的逻辑前提。在概念上应区分"出卖他人之物"和"无权处分"。出卖他人之物的买卖合同系债权行为,不会直接变动所有权,仅使出卖人负有"向买受人交付标的物……并转移标的物所有权的义务"(本法第598条),因此,处分权之有无不影响其效力(本法第597条第

---

① 最高人民法院在判决中已经逐渐采纳区分原则。参见黄泷一:《负担行为与处分行为的区分的实务继受——以最高法院的司法解释和裁判文书为分析对象》,载《河北法学》2015年第5期;黄泷一:《无权处分——理论实务总结与民法总则解读》,载《东方法学》2016年第6期。

1款)。此处的无权处分是指出让人虽无处分权但与受让人实施了直接导致所有权变动的处分行为,在解释上包括自称享有所有权或者处分权者实施的直接转让所有权的行为。冒用他人名义实施的处分行为非为此处的无权处分,可类推适用代理的相关规定。①

(二)有效的原因行为

如果认为物权行为效力受原因行为影响,在原因行为无效时,即便处分权之瑕疵可被受让人之善意补正,物权行为仍为无效。善意取得以有效的处分行为为要件,在不采用无因原则的情况下,必然需要有效的原因行为。② 依据《民法典物权编解释(一)》第20条的规定,转让合同无效或被撤销的,受让人不能根据本法第311条规定取得所有权。

(三)有效的物权行为(处分行为)

无权处分人实施的处分行为原则上效力待定。③ 有疑问的是,受让人完成善意取得之时,物权行为的效力如何。该问题的答案将影响对善意取得的定性。观点一:在解释上可认为受让人之善意补正了处分权之欠缺,处分行为因此而有效。④ 如此推论,受让人系基于有效的物权行为取得所有权,故善意取得应为继受取得。⑤ 观点二:善意取得系特殊的时效取得,是"瞬间时效"作用的结果,属于原始取得,所有权之取得非基于法律行为。⑥ 观点三:善意取得为法律的特别规定。⑦ 根据本法第313条第1句的规定,善意取得动产后该动产上的原有权利消灭,这支持"原始取得说";从体系上看,本条

---

① 参见朱庆育:《民法总论》(第二版),北京大学出版社2016年版,第363页;杨代雄:《法律行为论》,北京大学出版社2021年版,第657—658页;黄某某与武某某房屋买卖合同纠纷案,北京市朝阳区人民法院民事判决书(2016)京0105民初21924号。相反观点,参见王利明:《善意取得制度若干问题研究——从一起冒名顶替行为说起》,载《判解研究》(2009年第2辑),人民法院出版社2009年版,第86页。

② 相关理论争议,参见彭诚信、李建华:《善意取得合同效力的立法解析与逻辑证成》,载《中国法学》2009年第4期;刘家安:《善意取得情形下转让行为的效力》,载《法学》2009年第5期;娄爱华:《论善意取得制度中的转让合同效力问题——兼谈〈合同法〉第51条与〈物权法〉106条之关系》,载《法律科学(西北政法大学学报)》2011年第1期。

③ 参见朱庆育:《民法总论》(第二版),北京大学出版社2016年版,第159页。

④ 参见郑冠宇:《民法物权》(第十版),新学林出版股份有限公司2020年版,第110—111页。

⑤ 参见姚瑞光:《民法物权论》,中国政法大学2011年版,第69页。

⑥ 相关介绍参见[德]雅various布·福图纳特·施塔格尔:《动产善意取得作为"即时取得"——〈德国民法典〉第932条以下的一项新规定》,王立栋译,《中德私法研究(第10卷)》,北京大学出版社2014年版,第162页。

⑦ 参见郑玉波:《民法物权》(修订十七版),黄宗乐修订,三民书局(台湾)2011年版,第135页。

位于本法物权编第九章"所有权取得的特别规定",这支持"特别规定说"。然而,本条又反复使用"受让人"一词,意味着其权利系自无权处分人处"受让"而来,这更支持继受取得说。本书认为,尽管善意取得位于"特别规定"项下,但无权处分人与善意受让人仍须就所有权之转让实施物权行为,受让人之善意可补正处分权瑕疵,使物权行为有效。

(四)已经登记或者交付

1. 登记

不动产所有权之转让,未经登记,不发生法律效力,但法律另规定的除外(本法第209条第1款),故不动产善意取得原则上应以登记为要件。根据本条第1款第3项的规定,不动产所有权连同建设用地使用权的善意取得("地随房"),适用"应当登记的已经登记"。但是,宅基地使用权的登记确权尚不完备,本法未对其采登记生效主义,①与此相应,在农村宅基地使用权和房屋所有权的转让中,登记仅为对抗要件,故农村房屋所有权的善意取得不属于本条第1款第3项所称之"应当登记"的情况。如果承认未经登记的不动产亦可适用善意取得,则农村房屋所有权之善意取得应以交付为要件。②

2. 交付

本法物权编第二章第二节的标题为"动产交付",以五个条文涵盖了动产交付或交付替代的各种形式。从体系解释的角度来看,本条第1款第3项所称之"交付"应概括引现实交付(本法第224条)、简易交付(本法第226条)、指示交付(本法第227条)和占有改定(本法第228条)的相关规定。有争议的是,占有改定是否可适用于善意取得。《民法典物权编解释(一)》第17条在明确"善意取得中善意的判断时间"之时,分别针对现实交付、简易交付和指示交付做了规定,并未提及占有改定。③ 学理上认为,占有改定之所以不能适用于动产善意取得并非因其欠缺公示性,否则同样欠缺公示性的让

---

① 参见黄薇主编:《中华人民共和国物权编解读》,中国法制出版社2020年版,第534页;最高人民法院民法典贯彻实施工作领导小组主编:《中华人民共和国民法典物权编理解与适用(下)》,人民法院出版社2020年版,第857页。有观点认为,《民法典》已就宅基地使用权之转让采登记要件主义,参见孙宪忠、朱广新主编:《民法典评注:物权编3》,中国法制出版社2020年版,第228页(冯建生执笔)。

② 参见李某某与田某某、高某某宅基地使用权纠纷案,宁夏回族自治区中卫市中级人民法院民事判决书(2014)卫民终字第377号。

③ 该条规定承继自原《物权法解释(一)》第18条。根据最高人民法院民一庭(起草者)之解释,未将占有改定纳入第18条,仅意味对占有改定情形下善意取得判断时间存在争议,不必然排除通过占有改定善意取得,参见杜万华主编:《最高人民法院物权法司法解释(一)理解与适用》,人民法院出版社2016年版,第418页以下。

与返还请求权亦不能适用于善意取得。在善意取得中如果以让与返还请求权代替交付,无权处分人将其对直接占有的返还请求权让与善意受让人后,将彻底退出与标的物的占有关系,亦无法再请求直接占有人返还标的物。与此相反,如以占有改定代替交付,则因无权处分人仍能实际控制标的物,所有权人可基于其与无权处分人本来的法律关系(通常是合同)请求返还标的物。① 基于上述考虑,在解释上应认为占有改定不能适用于善意取得。司法实务秉持相同立场。②

另外须注意的是,针对简易交付,无论认为本条保护的是以占有为表征的权利外观,③还是无权处分人使善意受让人取得占有的能力,④均应要求受让人之占有系自无权处分人处取得。⑤

3. 本法第 225 条中的特殊动产

根据本法第 225 条的规定,船舶、航空器和机动车等特殊动产的所有权之转让,未经登记,不得对抗善意第三人。这类特殊动产的本质为动产,其所有权之变动根据本法第 224 条仍应以交付为生效要件,经登记取得对抗效力。⑥ 关于这类特殊动产的善意取得,《民法典物权编解释(一)》第 19 条和学界⑦一致认为应以交付为要件。

(五)交易行为:交易双方在经济上非为同一主体

如受让人与出让人在经济上属同一主体,则无保护之必要。⑧ 例如,甲为无民事行为能力人,乙为一人公司丙的股东。甲将一台电脑转让给乙并交付,乙随后将其转让给丙并交付。尽管乙与丙在法律上属于两个主体,但在经济上实为同一主体,丙不能自乙处善意取得。

---

① Vgl. Hager, Verkehrsschutz durch redlichen Erwerb, 1990, S. 343.
② 参见冯某某、任某与上海锋之行汽车金融信息服务有限公司等返还原物纠纷案,河南省洛阳市中级人民法院民事判决书(2019)豫 03 民终 6257 号;山东汇盈租赁有限公司与徐某某、徐某某物权保护纠纷案,山东省济南市中级人民法院民事判决书(2018)鲁 01 民终 1277 号。
③ 参见庄加园:《动产善意取得的理论基础再审视——基于权利外观学说的建构尝试》,载《中外法学》2016 年第 5 期。
④ 参见纪海龙:《解构动产公示、公信原则》,载《中外法学》2014 年第 3 期。
⑤ 参见南宁邕州饭店与班某某、舒某某、第三人陈某案外人执行异议之诉纠纷案,广西壮族自治区凭祥市人民法院民事判决书(2017)桂 1481 民初 638 号。
⑥ 参见崔建远:《中国民法典释评·物权编(上卷)》,中国人民大学出版社 2020 年版,第 137—140 页。
⑦ 参见杨代雄:《准不动产的物权变动要件——〈物权法〉第 24 条及相关条款的解释与完善》,载《法律科学(西北政法大学学报)》2010 年第 1 期。
⑧ Wieling/Finkenauer, Sachenrecht, 6. Aufl., 2020, S. 142 f.

(六)合理价格

直接变动所有权的物权行为本身并无对价,此处的"合理价格"指的是债权合同中的"价格"。赠与合同为无偿合同,故在赠与中不能善意取得。在有偿合同中,价格是否合理亦可作为判断受让人是否为善意的辅助依据之一,在价格明显偏低时可径行认定受让人为恶意,①从而阻止善意取得。因此,本条将其作为独立的要件,妥当性存疑。另外有争议的是,此处的"合理价格"是否要求已实际支付。本条的表述是"以合理价格转让",仅从该表述中无法直接得出结论,理论与实务中,肯定说②和否定说③并存。在约定的价格明显不合理时,无论是否已支付,皆可以受让人非为善意为由否定其善意取得,没有必要再要求实际支付。另外,如果要求实际支付,在动产先交付后付款的情况下,完成善意取得的时间点将会被推迟至实际支付完毕之时,不利于法律关系的明确;在标的物为不动产时,其缺陷将更为明显,如果双方先完成过户登记后付款,则在付款完毕前,受让人无法取得所有权,这会损害登记簿的正确性。因此,笔者认为,双方约定"合理价格"即可,不必实际支付。在完成登记或交付后,双方因其他事由调整价格,不影响业已完成的善意取得。有证据证明双方在交付或登记前即串通嗣后调整价格的,应认为价格不合理或受让人为恶意。

对于何为"合理价格",《民法典物权编解释(一)》第18条采客观标准,"应当根据转让标的物的性质、数量以及付款方式等具体情况,参考转让时交易地市场价格以及交易习惯等因素综合认定"。在本法施行之前的审判实务中,常常参照原《合同法解释(二)》第19条的规定,转让价格达不到交易时交易地的指导价或者市场交易价70%的,一般可以视为转让价格不

---

① 陈某某等与丁某等房屋买卖合同纠纷案,北京市高级人民法院民事裁定书(2019)京民申542号:"虽然涉案房屋已转移登记至陈子龙名下,但因转让价格不合理,陈子龙受让该房屋时并非善意,故陈子龙并不构成对涉案房屋所有权的善意取得。"
② 参见王利明:《物权法研究(上卷)》(第四版),中国人民大学出版社2016年版,第429页;天津市滨海天保疏浚工程有限公司与南方国际租赁有限公司、天津市港龙国际海运有限公司等船舶权属纠纷案,天津市高级人民法院民事判决书(2011)津高民四终字第189号。
③ 参见陈某、陈某某等与钦州市恒盛海运有限公司物权保护纠纷案,福建省高级人民法院民事判决书(2019)闽民终1800号。这与最高人民法院的立场一致,参见杜万华主编:《最高人民法院物权法司法解释(一)理解与适用》,人民法院出版社2016年版,第449—452页。

合理。①

(七)善意

12　《民法典物权编解释(一)》第 14 条第 1 款规定:"受让人受让不动产或者动产时,不知道转让人无处分权,且无重大过失的,应当认定受让人为善意。"据此,善意受让人信赖的对象是出让人的"处分权",因所有权人通常享有所处分权,故本条意义上的无权处分人在解释上应包括自称享有所有权者和自称享有处分权的非所有人。《民法典物权编解释(一)》第 14 条第 1 款对善意的界定,大体上相当于《德国民法典》第 932 条(对出让人所有权之欠缺为善意)加上《德国商法典》第 366 条(信赖对象被扩张至处分权),这符合我国民商合一的立法模式。

13　有争议的是,在善意的认定标准上是否应区分不动产与不动产。从比较法上看,有区分动产与不动产的,例如德国。针对不动产,根据《德国民法典》第 892 条第 1 款前句的规定,只有在登记簿上有异议登记或受让人明知登记错误时,方可认为受让人为恶意,因(重大)过失而不知登记错误仍为善意;②针对动产,根据《德国民法典》第 932 条第 2 款的规定,明知或因重大过失而不知出让人无处分权皆为恶意。《民法典物权编解释(一)》第 14 条第 1 款将善意统一界定为"不知道转让人无处分权,且无重大过失",在第 15 条和第 16 条分别针对不动产和动产设置了具体的认定标准。德国的土地登记簿(Grundbuch)因有严格的程序保障,其正确性极高,因此德国法可赋予登记簿以极高的公信力。③导致德国土地登记信息失实的原因(例如登记部门操作失误、非因法律行为导致的不动产物权变动、物权行为无效或未达成物权合意等④)在中国亦有可能存在,德国法上另有物权行为无因性确保债权行为效力瑕疵不会直接影响登记簿的正确性。尽管我国法律已逐步接受分离原则,但物权行为的效力仍受原因行为影响,债权合同的效力瑕疵仍会直接影响不动产登记簿的正确性。两相比较,可得出一个有待进一步验证的结论:我国不动产登记簿出错的概率略高于德国。⑤因此,将受让人"因重大过失而不知转让人无处分权"作为善意的考量因素,可能更符合我国不动产登

---

① 宋某某与梅某某、杨某房屋买卖合同纠纷案,山东省高级人民法院民事判决书(2021)鲁民再 89 号;石某某与龙某某合同纠纷案,重庆市第一中级人民法院民事判决书(2019)渝 01 民终 9204 号。
② Vgl. Prütting, Sachenrecht, 36. Aufl., 2017, S. 84.
③ 参见朱广新:《不动产适用善意取得制度的限度》,载《法学研究》2009 年第 4 期。
④ Vgl. Prütting, Sachenrecht, 36. Aufl., 2017, S. 82.
⑤ 这仅仅是一个从规则现状推测出的结论,难谓严谨。

记的实际情况。

《民法典物权编解释(一)》第 15 条第 1 款规定:"具有下列情形之一的,应当认定不动产受让人知道转让人无处分权:(一)登记簿上存在有效的异议登记;(二)预告登记有效期内,未经预告登记的权利人同意;(三)登记簿上已经记载司法机关或者行政机关依法裁定、决定查封或者以其他形式限制不动产权利的有关事项;(四)受让人知道登记簿上记载的权利主体错误;(五)受让人知道他人已经依法享有不动产物权。"在该条第 1 款第 1 项、第 4 项、第 5 项规定的情况下,认定受让人知道转让人无处分权,应属允当。有疑问的是,该条第 1 款第 2 项和第 3 项是否有现实意义。本法第 221 条第 1 款第 2 句规定:"预告登记后,未经预告登记的权利人同意,处分该不动产的,不发生物权效力。"与此相应,依据《民法典物权编解释(一)》第 4 条的规定,未经预告登记权利人之书面同意,转让不动产所有权的,不发生物权效力。这意味着,在预告登记有效期内,所有权人的处分权受限。《不动产登记暂行条例实施细则》第 85 条第 2 款规定:"预告登记生效期间,未经预告登记的权利人书面同意,处分该不动产权利申请登记的,不动产登记机构应当不予办理。"登记属于不动产所有权善意取得的之必备要件,在预告登记的效力期内,如无预告登记权利人之书面同意,在正常情下无法完成转移登记。如出让人伪造书面同意,受让人将因未请求权利人当面出具书面同意而非为善意(重大过失)。此外,已办理查封登记的不动产不得转让(《城市房地产管理法》第 38 条第 2 项),无法办理转移登记。在《民法典物权编解释(一)》第 15 条第 1 款第 2 项和第 3 项规定的情况下,除非登记机构操作失误或违法办理转移登记,不然无法完成登记;即便完成了登记,因买受人可通过查阅登记簿得知出让人处分权受限,亦不能取得所有权。就此而论,《民法典物权编解释(一)》第 15 条第 1 款第 2 项和第 3 项对于善意取得基本上没有现实意义。

根据《民法典物权编解释(一)》第 17 条的规定,受让人受让动产时,交易的对象、场所或者时机等不符合交易习惯的,应当认定受让人具有重大过失。

本条规定"受让人受让该不动产或者动产时是善意",但未说明何为"受让时"。根据《民法典物权编解释(一)》第 17 条的规定,"受让不动产时"为"依法完成不动产物权转移登记时","受让动产时"在不同情形下则分别指动产交付之时(现实交付)、转让动产的法律行为生效之时(简易交付)或让与返还请求权的协议生效之时(让与返还请求权)。在上述时间点之后即便受让人的行为构成恶意取得,亦不影响此前已经完成的善意取得。不动产善意取得之善意究竟应以登记申请时抑或以登记完成时为准,在理论上仍有商讨余地。

(八)遗失物无权处分之处理

17　　参见本法第 312 条评注。

三、原所有权人的损害赔偿请求权(第 2 款)

18　　本条第 2 款规定,受让人善意取得所有权的,原所有权人有权向无处分权人请求损害赔偿。在原所有权人基于有效合同关系将标的物交付给出让人,后者违反合同转让标的物时,原所有权人可主张违约损害赔偿(本法第 577 条)。在明知(故意)或因过失而不知道(过失)自己无处分权的情况下实施处分行为导致原所有权人丧失所有权的,原所有权人可请求无权处分人承担侵权责任(本法第 1165 条)或返还不当得利(返还所得价金或让与价金债权)(本法第 985 条)。在无权处分人既无故意亦无过失的情况下,原所有权人只能请求返还不当得利。以上各项权利根据不同情况可能存在竞合。本款仅为参引规定,并非各项权利的请求权基础。

四、他物权善意取得(第 3 款)

19　　本条第 3 款规定,他物权的善意取得应参照适用前两款的规定。"参照适用"意味着须根据他物权的具体情况对构成要件作相应变通。我国法律上他物权设立和转让的要件非常不统一,部分他物权善意取得的构成要件还存在理论争议,下面仅择其要者略做分析。

(一)用益物权

1. 创设取得

20　　本法规定的用益物权有建设用地使用权、宅基地使用权、土地承包经营权、土地经营权和地役权。土地所有权归国家或集体且不可流通,因此,在土地所有权人设立建设用地使用权、宅基地使用权、土地承包经营权("家庭承包")或土地经营权("以其他方式承包")时,通常无善意取得问题。

21　　上述宅基地使用权、土地承包经营权或土地经营权未登记或权利被违法收回时,似乎存在在同一土地上有重复设立相同权利的可能性。然而,设立宅基地使用权时须经乡(镇)人民政府审批(《土地管理法》第 62 条第 4 款),设立土地承包经营权或土地经营权须经村民会议或村民代表会议通过(《农村土地承包法》第 19 条第 3 项、第 52 条第 1 款),从权利设立的程序上看,重复设立的可能性较低。即便发生重复设立的情况,是否应适用善意取得,亦有争议。① 根据《农村土地承包解释》第 6 条的规定,因违法收回、调整承包地(家庭承包)而发生的"一地两包",另行发包的合同无效,第三人即使善意

---

① "一地两包"的情况下,支持适用善意取得的,参见孙宪忠、朱广新主编:《民法典评注·物权编 2》,中国法制出版社 2020 年版,第 465 页(汪志刚执笔)。

亦无法取得土地承包经营权。针对"以其他方式承包"而取得土地经营权时的"一地两包",根据该司法解释第 19 条的规定,应依登记、合同生效或合法占有等确定土地经营权的归属,亦无善意取得问题。

土地承包经营权人"流转"的土地经营权,不满五年的为债权,五年以上为物权。① 因此,非土地承包经营权人"流转"不满五年的土地经营权的,不适用善意取得;"流转"五年以上的土地经营权的,因登记只有对抗效力(《农村土地承包法》第 41 条),仍应以交付作为善意取得的要件为宜。非土地承包经营权人重复向他人"流转"土地经营权的,可参照适用《农村土地承包解释》第 19 条的规定。

无权处分人在他人房屋上设立居住权的,可参照适用不动产所有权善意取得的要件。居住权可为有偿或无偿(本法第 368 条),无偿或价格明显过低的,将不符合本条第 1 款第 2 项对"合理价格"的要求。面对复杂多变的现实情况,僵硬的法律逻辑有时难免捉襟见肘。本书认为,判断居住权的对价是否合理时,不应固守《民法典物权编解释(一)》第 18 条的客观标准。申言之,如果居住权明显具有帮扶社会弱势群体的属性,则不能强求弱势群体"出高价",与其经济状况相称的对价即便明显偏低亦具有实质上的"合理性"(主观标准)。在对"合理性"的把握上,针对具体情况,应综合考虑双方的经济状况,特别是在房屋所有权人经济状况良好时,可适当放宽对价的要求。此时,相对于经济状况良好的所有权人,社会弱势群体的基本生存需求更值得保护。

2. 移转取得

非权利人转让无建筑物的建设用地使用权的,可参照适用不动产所有权善意取得的规定;非权利人转让宅基地使用权、土地承包经营权、土地经营权(包括"以其他方式承包"而取得的土地经营权和通过"流转"取得的五年以上的土地经营权),由于登记仅为对抗要件,应以交付作为善意取得的要件。因居住权不得转让(本法第 369 条第 1 句),故不存在因转让而善意取得居住权的可能。

(二)担保物权

担保物权的善意取得亦可分为创设取得和移转取得。担保物权善意移

---

① 参见房绍坤:《土地经营权入典的时代价值》,载《探索与争鸣》2020 年第 5 期。

转取得的情形复杂且争议颇大,①此处仅简要讨论善意创设取得。

26 　　不动产抵押权②和动产质权的善意取得无争议。由于担保合同本身并无对价,因此,无须考虑价格是否合理,除此之外的其他要件根据抵押权或质权的情况适当变即可。权利质权的善意取得,有权利凭证的,其构成要件与动产善意取得相同;无权利凭证的,应以登记为要件。须注意的是,本法第440条规定的权利质权涉及的权利种类繁多,权利质权的设立要件除适用本法相关规定外,亦不同程度受其他部门法影响,与此相应,权利质权善意取得的各项要件具备与否,应结合其他部门法认定。

27 　　留置权之取得并非基于法律行为,而是基于法律规定,能否善意取得存在争议。为维护交易安全,允许直接③或类推④适用善意取得制度较妥。

　　五、证明责任

28 　　受让人应证明原因行为成立、已经完成登记或者交付、有合理价格;真实权利人为阻却善意取得,应证明受让人非为善意(《民法典物权编解释(一)》第14条第2款)、原因行为或者物权行为存在无效事由或者已被撤销、处分人与受让人在经济上属同一主体(法律行为欠缺交易性)。至于物权行为的成立,可以从登记或者交付行为中推断出来,无须另行证明。

第三百一十二条　【遗失物的无权处分】所有权人或者其他权利人有权追回遗失物。该遗失物通过转让被他人占有的,权利人有权向无处分权人请求损害赔偿,或者自知道或者应当知道受让人之日起二年内向受让人请求返还原物;但是,受让人通过拍卖或者向具有经营资格的经营者购得该遗失物的,权利人请求返还原物时应当支付受让人所付的费用。权利人向受让人支付所付费用后,有权向无处分权人追偿。

---

　　① 德国学者对抵押权的善意移转取得(gutgläubiger Zweiterwerb)研究较多,Vgl. Haag, Der gutgläubige Zweiterwerb im Sachenrecht, 2005, S. 127-135. 国内对该问题关注较少,参见黄家镇:《论主债权瑕疵引发的不动产抵押权善意取得》,载《法商研究》2017年第4期。

　　② 动产抵押权能否善意取得理论争议较大,参见冉克平:《抵押权善意取得争议问题研究》,载《暨南学报(哲学社会科学版)》2018年第11期。

　　③ 参见常鹏翱:《留置权善意取得的解释论》,载《法商研究》2014年第6期;盐城星宝行汽车服务有限公司与费某某返还原物纠纷案,江苏省盐城市中级人民法院民事判决书(2020)苏09民终438号。

　　④ 参见孙鹏:《完善我国留置权制度的建议》,载《现代法学》2017年第6期。

一、遗失物的概念

(一)一般意义上的遗失物

遗失物是指因占有人丧失占有而处于无人占有状态但并非无主的动产。遗失物须符合以下三项要件:1. 须为有主的动产。遗失物须为动产,不动产依其性质不可能遗失,且该动产须为有主物,无主物为先占的客体。2. 须现无人占有,即为无占有之物。动产须不为任何人占有,如现在有人占有,则非遗失物。物品被他人误取的,由误取人占有,并非遗失物。物品在所有权人自己家中或者自己占有的办公场所但暂时找不到的,亦非遗失物,因为该物并未脱离所有权人的占有。3. 须因占有人丧失占有而成为无占之物。依本法第251条之规定,法律规定属于国家所有的野生动植物资源属于国家所有。此类野生动植物未必皆由国家占有,可能属于无占有之物,但由于非因占有人丧失占有而成为无占有之物,所以并非遗失物。占有辅助人未经占有人同意抛弃占有物的,导致占有人丧失占有,该物成为遗失物。盗窃者(无权占有人)丢弃赃物的,或者占有媒介人(直接占有人)未经所有权人同意抛弃占有物的,或者无民事行为能力人未经法定代理人同意而抛弃占有物的,该物亦成为遗失物。① 占有人为所有权人时,其抛弃动产的,该动产为无主物而非遗失物。占有是否丧失,应依据交易观念就个案视原占有人有无对物行使事实上的管领力的可能性加以认定②。

(二)脱手物意义上的遗失物

一般意义上的遗失物对于本条的适用并无决定意义,与其对应的条文是本法第314—318条。这几个条文规定了拾得一般意义上的遗失物后拾得人与遗失人之间的权利义务关系。与此不同,本条关于无权处分的规定仅适用于脱手物意义上的遗失物。所谓脱手物亦称占有脱离物,是指非基于直接占有人的意思而丧失占有之物。与之相反的是占有委托物,即基于直接占有人的意思而取得占有之物,如租赁物。脱手物主要包括盗赃物、遗失物、误取物以及占有辅助人据己有之物。通说认为,因胁迫而转让占有之物以及无民事行为能力人转让占有之物也构成脱手物。③ 脱手物无权处分原则上不应适用善意取得,因为物之有意托付蕴含的无权处分风险应由所有权人承担,而物之无意脱手带来的无权处分风险不应由所有权人承担。

---

① 参见谢在全:《民法物权(上册)》(修订五版),中国政法大学出版社2011年版,第287页。
② 参见王泽鉴:《民法物权》(第二版),北京大学出版社2010版,第191页。
③ 参见[德]鲍尔、施蒂尔纳:《德国物权法(下册)》,申卫星、王洪亮译,法律出版社2006年版,第422—426页。

3　　脱手物意义上的遗失物在外延上小于一般意义上的遗失物。某些物构成一般意义上的遗失物，但不构成脱手物。① 例如，承租人等占有媒介人抛弃占有物，该物成为一般意义上的遗失物，如果被他人拾得，拾得人与遗失人之间的权利义务适用本法第314—318条。但是，该物不构成脱手物，因为其系基于直接占有人（承租人）的意思而丧失占有之物。该物被无权处分的，适用无权处分与善意取得的一般规则，所有权人将物托付占有媒介人后应承担的风险包含了占有媒介人不忠实（擅自抛弃）的风险。再如，所有权人抛弃某动产，随后又撤销了抛弃所有权之意思表示，但该动产已脱离其占有，因为放弃占有的行为不能撤销。该动产符合一般意义上的遗失物的要件（有主的无占有之物），但不符合脱手物的要件，因为动产脱离所有权人的占有系基于所有权人的意思，抛弃所有权的意思表示因撤销而视为不存在，但放弃占有的意思是自然意思，不受影响。

二、遗失物等脱手物无权处分的规范模式

4　　动产所有权善意取得的制度设计中，绝大多数国家和地区民法区分了占有委托物和脱手物。无权处分占有委托物的，可以适用善意取得，而脱手物是否适用善意取得则存在不同的规范模式。如《德国民法典》第935条第1款原则上不承认脱手物的善意取得，仅于第2款规定让与作为脱手物的金钱、无记名证券以及通过公开拍卖方式让与脱手物的，适用善意取得。《瑞士民法典》第934条、《日本民法典》第193条、我国台湾地区"民法"第949条和第950条等则规定了脱手物无权处分后，所有权人在一定期间内有权请求善意受让人返还脱手物。至于该期间届满前脱手物的所有权是否已被善意受让人取得，解释上存在争议。瑞士民法通说认为期间届满前善意受让人未取得所有权，期间届满后受让人仍为善意的，才取得所有权②。日本民法多数说认为期间届满前所有权归属于善意受让人，持相反观点的有内田贵、广中俊雄等③。我国台湾地区"民法"通说认为期间届满前所有权归属于善意受让人④。

5　　本条规定在规范结构上接近于《瑞士民法典》第934条、《日本民法典》第193条、我国台湾地区"民法"第949条和第950条，但在表述上不尽相同。

---

① 参见［德］鲍尔、施蒂尔纳：《德国物权法（下册）》，申卫星、王洪亮译，法律出版社2006年版，第514页。
② Vgl. BSK ZGB II/Stark/Ernst (2016), Art. 934 Rn. 7–17.
③ 参见［日］近江幸治：《民法讲义II：物权法》，王茵译，北京大学出版社2006年版，第121页。
④ 参见王泽鉴：《民法物权》（第二版），北京大学出版社2010版，第500页。

为了最大限度地贯彻脱手物与占有委托物区分的法理,确保评价上的无矛盾性(不同情况不同处理),在解释上可以借鉴瑞士民法通说。本条仅规定遗失物无权处分的法律效果,对于其他脱手物无权处分的法律效果问题,可以类推适用本条。

三、遗失物权利人的保护

(一)本条第1句的意义

本条第1句规定所有权人或者其他权利人有权追回遗失物。其他权利人即遗失物上的质权人以及基于租赁合同、保管合同等而占有物的遗失人。"追回"即请求遗失物的现占有人返还遗失物。遗失物所有权人或者质权人的返还请求权属于物权请求权,应适用第235条,本条规定并非该请求权的基础规范。从民法原理看,基于租赁合同、保管合同等占有物的人不享有所有物返还请求权,也不享有第462条规定的占有物返还请求权,因为拾得人并未侵夺其占有。其能享有的仅为"前占有人的请求权",因为其曾经享有占有权,且非自愿丧失占有,拾得人取得之物为脱手物,符合"前占有人的请求权"的要件[1]。鉴于我国民法未专门规定"前占有人的请求权",应以本条第1句为遗失物情形中的"前占有人的请求权"的规范基础。

遗失物返还请求权的相对人既包括遗失物拾得人,也包括通过转让行为、侵权行为或者其他行为从拾得人手中取得遗失物的人,但遗失人对遗失物善意受让人的返还请求权受本条第2句的限制。

(二)损害赔偿请求权:第2句第1分句前半句

遗失物被处分并移转占有的,权利人可以请求损害赔偿。就所有权人与质权人而论,损害赔偿请求权在性质上是侵权请求权。就因租赁合同、保管合同等占有物的人而论,其不享有侵权请求权。一方面,因为其就遗失物仅享有针对特定人的债权,该债权原则上不受侵权责任保护;另一方面,其占有因物的遗失而丧失,拾得人取得的是无占有之物,并未侵害其占有,无从发生占有之侵权责任。此类权利人依本条第2句第1分句前半句享有的损害赔偿请求权在性质上只能解释为债务不履行的损害赔偿请求权。因为,此类权利人对拾得人或者其他占有取得人享有"前占有人的请求权",拾得人或者其他占有取得人有返还义务,其无权处分遗失物之行为违反该义务,须对因此给返还请求权人造成的损害承担赔偿责任。

遗失物所有权人除了享有本条规定的损害赔偿请求权外,还可以依据本法第985条请求无权处分人返还不当得利。权利人可以不向无权处分人请

---

[1] Vgl. MünchKomm/Oechsler (2006), §965 Rn. 14.

求损害赔偿,而向受让人请求返还原物。

(三)针对善意受让人之返还请求权的期间限制:第2句第1分句后半句

10 如前所述,所有权人或者质权人对遗失物受让人享有的返还请求权属于本法第235条规定的物权请求权,请求权的具体问题应适用该条规定。基于合同占有物的遗失人基于本条第1句享有"前占有人的请求权"。本条第2句第1分句后半句的意义在于对这两种请求权的行使予以限制。依本句规定,遗失物返还请求权的行使时间为二年,自请求权人知道或者应当知道受让人之日起算。

11 应当将该句中的"受让人"限缩解释为善意受让人。恶意受让人不应受二年期间的保护,遗失人对恶意受让人的返还请求权在行使上适用一般规范。

12 如前所述,返还请求权行使期间内遗失物究竟归谁所有,学理上存在争议。我国学界多采原权利人归属说,[1]也有部分学者采受让人归属说[2]。本书认为,应借鉴瑞士民法通说,采原权利人归属说。可以从本条的规范表述及其与第311条的比较中得出此项解释结论。首先,第311条第2款规定发生善意取得后的损害赔偿责任,关于善意取得使用的表述是"取得不动产或者动产的所有权",反之,第312条第2句关于遗失物转让使用的表述是"通过转让被他人占有"。这表明立法者并未承认遗失物的善意受让人在二年内取得所有权,仅承认其占有人地位。其次,第311条第2款规定善意取得后损害赔偿请求权的主体是"原所有权人",反之,第312条第2句规定遗失物无权处分后损害赔偿请求权的主体是"权利人"。这表明立法者并不认为遗失物无权处分导致所有权人丧失所有权。最后,第312条第2句规定遗失物权利人在二年内有权"请求返还原物",其用语与第235条规定的返还原物请求权一致。

13 有疑问的是本句规定的二年期间的性质。部分学者将其定性为除斥期间,前提是将本句规定的返还请求权解释为形成权[3]。如果将遗失人的返还请求权定性为请求权而非形成权,则除斥期间说面临如下困难:除斥期间不可中断,所以即便遗失人在期间届满前积极向遗失物受让人主张返还请求权,只要受让人不予理睬,拖到二年期间届满,遗失人即不得再行使返还请求

---

[1] 参见梁慧星、陈华彬:《物权法》(第五版),法律出版社2010年版,第219—220页;崔建远:《物权法》,中国人民大学出版社2017版,第112页。

[2] 参见孙宪忠、朱广新主编:《民法典评注:物权编2》,中国法制出版社2020年版,第470页(汪志刚执笔)。

[3] 同上注,第472页(汪志刚执笔)。

权,此项结果显然不合理。从比较法看,虽然也有将除斥期间适用于请求权的立法例,如《德国民法典》第864条第1款规定,占有保护请求权适用一年除斥期间,然而,该款但书规定在一年期间届满前通过诉讼主张请求权的,请求权不因期间届满而消灭。我国本法第311条未设类似于此种但书之规定,所以,若将遗失物返还请求权二年期间定性为除斥期间,必须进行漏洞填补,对二年除斥期间的效力作出类似于《德国民法典》第864条第1款但书那样的限制。如果将二年期间解释为诉讼时效,则可体现本条对遗失物善意受让人的优待,使其享受比本法第188条规定的三年诉讼时效期间更短的时效期间之保护。部分文献将二年期间解释为既非除斥期间亦非诉讼时效的权利行使期间,①但此种期间具体效力如何,则语焉不详。此种特殊的权利行使期间要想获得独立性,必须被赋予类似于保证期间的效力。申言之,遗失物返还请求权人在二年内未向善意受让人主张返还请求权的,其请求权消灭;在二年内主张返还请求权的,从主张请求权之日起开始计算返还请求权的诉讼时效。对此,须类推适用本法第694条第2款。

(四)遗失物返还请求权人的费用偿还义务:第2句第2分句和第3句

受让人通过拍卖或者向具有经营资格的经营者购得遗失物的,遗失物权利人虽有权在二年内请求其返还遗失物,但应支付受让人为受让遗失物所付的费用。所谓费用即购买时支付的价金②。遗失物权利人向受让人支付所付费用后,就其损失有权向无处分权人进行追偿。此处所谓受让人也应解释为善意受让人,因为依法律目的,遗失物的恶意受让人不应享受费用偿还请求权之待遇。

四、证明责任

权利人请求损害赔偿或返还原物的,应当证明其为遗失物的所有权人或其他权利人。请求权的相对人为遗失物受让人且受让人主张二年期间已经届满的,鉴于"善意"采用推定原则,请求权人须证明受让人并非善意从而不适用二年期间。请求回复原物的还应当证明自知道或者应当知道受让人之日起二年内请求回复。善意受让人请求遗失物权利人偿还费用的,须证明遗失物是通过拍卖或者向具有经营资格的经营者处购得。

---

① 参见最高人民法院民法典贯彻实施工作领导小组主编:《中华人民共和国民法典物权编理解与适用》,人民法院出版社2020年版,第543页。
② 参见黄薇主编:《中华人民共和国民法典物权编解读》,中国法制出版社2020年版,第362页。

第三百一十三条 【善意取得的动产上原有权利的消灭】善意受让人取得动产后,该动产上的原有权利消灭。但是,善意受让人在受让时知道或者应当知道该权利的除外。

一、第三人权利的消灭

1　受让人从非所有权人手中善意取得动产所有权,这是法律对善意受让人信赖保护的结果。信赖保护不仅体现为善意受让人可以取得所有权,还体现为善意受让人可以无负担地取得所有权。因此,本条第 1 句规定善意取得后,动产上的原有权利消灭。此处所谓原有权利是指动产上的第三人权利,因为动产上的原所有权在善意取得效果发生时当然消灭,无须特别规定。第三人权利是指动产上的抵押权、质权、留置权等。

2　对于动产上是否存在第三人的权利,受让人必须是善意的。如果其知道物上存有负担或者因过失而不知道,则非善意。如果受让人知道第三人担保权的存在,但不知道其范围,同样不是善意。受让人事后了解或将物品转售给恶意的人,与所有权不能恢复一样,已消灭的权利也不能恢复。①

二、证明责任

3　动产上原有权利的权利人须就受让人恶意承担证明责任。

第三百一十四条 【拾得人的返还、通知与送交义务】拾得遗失物,应当返还权利人。拾得人应当及时通知权利人领取,或者送交公安等有关部门。

一、遗失物的拾得

1　拾得遗失物是指发现他人遗失物而占有的法律事实。"拾得"是"发现"和"占有"两者结合的行为,并且具有决定性意义的是"占有"。② 仅发现遗失物但未予以占有的,不构成拾得。遗失物的拾得是事实行为,无民事行为能力人和限制民事行为能力人均可为拾得人。

2　本条中的遗失物概念是指一般意义上的遗失物,与脱手物意义上的遗失物略有不同,参见第 312 条评注边码 3。

二、拾得人的返还、通知与送交义务

3　本条规定拾得人应将遗失物返还权利人。此处所谓权利人包括遗失物所有权人、质权人以及基于租赁合同、借用合同、保管合同等占有遗失物的人。是否包括无权占有人,则有疑问。因无效法律行为而取得标的物占有或

---

① Vgl. Staudinger/Wiegand (2017), § 936. Rn. 19.
② 参见[德]鲍尔、施蒂尔纳:《德国物权法(下册)》,申卫星、王洪亮译,法律出版社 2006 年版,第 515 页。

者因侵权行为而占有物的人,也可能将物丢失,成为遗失人,但其对拾得人未必皆享有返还请求权。善意的无权占有人对占有遗失物的拾得人享有"前占有人的请求权",恶意的无权占有人(如小偷)既不享有第235条规定的返还原物请求权,也不享有占有物返还请求权或者"前占有人的请求权"。仅当遗失物拾得行为符合无因管理的构成要件时,恶意的无权占有人才对作为管理人的拾得人享有返还请求权。从比较法看,依《德国民法典》第969条之规定,即便恶意的无权占有人对拾得人没有返还请求权,拾得人向其返还遗失物的,拾得人对返还请求权人的返还义务亦归于消灭。之所以如此规定,是为了保护对遗失物背后的实体法律关系无从得知的拾得人。①

拾得人可以将遗失物送交公安等有关部门。从送交完成时起,拾得人免于各项义务与责任。

第三百一十五条 【遗失物受领部门义务】有关部门收到遗失物,知道权利人的,应当及时通知其领取;不知道的,应当及时发布招领公告。

第三百一十六条 【拾得人及受领部门妥善保管遗失物义务】拾得人在遗失物送交有关部门前,有关部门在遗失物被领取前,应当妥善保管遗失物。因故意或者重大过失致使遗失物毁损、灭失的,应当承担民事责任。

一、拾得人的保管义务

遗失物拾得后,在拾得人与所有权人或者其他权利人之间,产生了一个事务管理类型的法定债务关系。此种法定债务关系类似于无因管理关系,但与无因管理不同,其不要求拾得人具有"为他人管理事务"之意思,无因管理的某些规定可以准用于此。② 当然,少数学者认为此种法定债务关系就是无因管理之债的特殊情形,如德国学者 Köbl、Wieling、Füller 等。③ 拾得人就遗失物应尽到善良管理人的注意,负保管义务。④ 保管义务自拾得人占有时产生,自将遗失物送交给拾得人或者有关部门时免除。除非完全没有价值,否则拾得人不能抛弃遗失物。⑤

保管义务涉及保存和管理义务,如拾得宠物,应进行喂食。如果拾得物易腐烂或者保管费用过巨的,拾得人有权变卖,保管其价金。

---

① Vgl. MünchKomm/Oechsler (2006), §969 Rn. 1.
② Ebenda.
③ Vgl. Staudinger/Gursky/Wiegand (2017), §965 Rn. 13.
④ 参见王泽鉴:《民法物权》(第二版),北京大学出版社2010年版,第193页。
⑤ 参见曾某某、梁某遗失物返还纠纷案,贵州省黔南布依族苗族自治州中级人民法院民事判决书(2019)黔27民终2033号。

二、拾得人的责任

第 2 句是对拾得人责任的限制,拾得人的责任限于有故意或重大过失的情况,拾得人因故意或者重大过失致使遗失物毁损、灭失的,应承担侵权责任。

第三百一十七条 【权利人在领取遗失物时应尽义务】权利人领取遗失物时,应当向拾得人或者有关部门支付保管遗失物等支出的必要费用。

权利人悬赏寻找遗失物的,领取遗失物时应当按照承诺履行义务。

拾得人侵占遗失物的,无权请求保管遗失物等支出的费用,也无权请求权利人按照承诺履行义务。

一、拾得人的权利

(一)费用偿还请求权

权利人领取遗失物时,拾得人或者有关部门如同无因管理人,可以请求权利人支付保管遗失物等支出的费用。例如,宠物的饲养费用、易腐烂物品的变卖费用等。费用支出的标准应参照无因管理的规定判断,以保管遗失物的必要支出为限。

(二)悬赏广告报酬请求权

权利人悬赏寻找遗失物的,在其领取遗失物时,拾得人享有悬赏广告报酬请求权。在没有悬赏广告的情况下,我国民法并未规定拾得人的报酬请求权。其他大陆法系国家和地区民法一般都规定拾得人享有拾得物价值相当比例的报酬请求权,如《德国民法典》第 971 条、我国台湾地区"民法"第 805 条。

二、拾得人权利的丧失

拾得人侵占遗失物的,构成侵权,其不享有费用偿还请求权和悬赏广告报酬请求权。这是不诚实的拾得人应当承受的不利后果。所谓侵占就是将遗失物据为己有,通常表现为匿而不交、使用遗失物或者对遗失物予以处分。

第三百一十八条 【无人认领遗失物的归属】遗失物自发布招领公告之日起一年内无人认领的,归国家所有。

第三百一十九条 【拾得漂流物、发现埋藏物或隐藏物】拾得漂流物、发现埋藏物或者隐藏物的,参照适用拾得遗失物的有关规定。法律另有规定的,依照其规定。

第三百二十条 【从物所有权的转移】主物转让的,从物随主物转让,但是当事人另有约定的除外。

一、成分与从物

(一)成分

成分为物的组成部分,分为重要成分和非重要成分(一般成分)。

1. 重要成分(wesentlicher Bestandteil)

重要成分是指非经毁损或显著降低效用,或非经毁损其他部分或显著降低其他部分效用,就不能与物分离的组成部分。物的重要成分不能单独为权利的客体,其与物在法律上共命运,如一幅画中颜料和画布均属于画的重要成分。法律表述中的重要成分与一般的语言用法并不相同,其并不涉及该成分对整体物发挥作用所具有的重要性①,而是仅就物的分割而言,即如果一个物的组成部分和其他部分相分离就不再具有经济价值,其即为重要成分②。如汽车的轮子和发动机对于汽车虽然非常重要,但轮子和发动机均非汽车的重要成分,因为将轮子或发动机从车拆卸下来并不会导致轮子、发动机以及汽车其他部分的毁损。

2. 非重要成分(unwesentliche Bestandteil)

不属于物的重要成分的均为非重要成分。对非重要成分进行分割不会特别影响物的使用或价值,并且很容易被代替并使物得到重新利用,如房屋里的挂式空调机、汽车的轮胎和发动机。非重要成分可以成为独立的权利客体,与物在法律上不必拥有相同的命运。

3. 关于表见成分(Scheinbestandteile)

表见成分是指仅仅为了临时目的或者在不动产上行使用益物权而附着于不动产的物。③ 临时目的系指于附着之时,预见未来其将分离,如建筑期间搭建的简易工房、围墙等。表见成分是独立的物,并非物的成分。是独立的物还是非独立的物并不能仅仅依据物的现有的外在联系来决定,而是需要进行法律上的判断。

(二)从物(Zubehör)及其构成要件

从物并非主物之成分,但对主物具有服务功能,并与主物处于特定的空间关系中。从物的要件有三:

---

① 参见[德]迪特尔·梅迪库斯:《德国民法总论》,邵建东译,法律出版社2013年版,第881页。

② 参见[德]卡尔·拉伦茨:《德国民法通论(上册)》,王晓晔等译,法律出版社2003年版,第387页。

③ 参见[德]鲍尔、施蒂尔纳:《德国物权法(上册)》,张双根译,法律出版社2004年版,第28页。

1. 从物非主物的成分

6　　从物在法律上是独立的物,其不能为主物的成分,无论是重要成分还是非重要成分,究竟是物的成分还是从物应根据交易习惯来判断。从物可以是动产,也可以是不动产。

2. 从物常助主物发挥效用

7　　从物须经常为主物的经济目的服务,并且作为主物发挥效用的辅助工具,如遥控器为电视机的从物。为了使从物能够服务于主物的经济目的,从物必须与主物保持一定的空间关系,但这绝不意味着要求两者存在物理上的联系。暂时配合使用的物,不产生从物的性质,同样,暂时与主物分离,也不会使从物的性质消灭。[1]

3. 须符合交易习惯

8　　即使满足了从物属性的所有要求,如果该物在交易习惯中不被视为从物,则该物不是从物。[2] 交易习惯在判定某物是否为从物时,具有优先性,其目的在于保护交易习惯中的信赖利益。

二、法律效果

9　　构成从物的,须遵循"从随主"规则,从物与主物在法律上共命运。该规则为任意性规定,法律推定当事人在从事法律行为时具有维持从物和主物之间的联系的意思,但当事人可以通过约定排除适用。主物所有权转让的,当事人如无约定,则从物所有权随同转让,且从物所有权的变动,不以公示为要件。但有学者认为,"主物为不动产时,不论从物为不动产或为动产,从物所有权随同主物所有权变动而变动;主物为动产时,从物所有权之变动,仍应以从物之交付为要件。"[3]

10　　依据《民法典担保制度解释》第40条的规定,从物于抵押权设立前产生的,当事人如无约定,抵押权的效力及于从物;从物于抵押权设立后产生的,抵押权的效力不及于从物,但在抵押权实现时可以一并处分。动产质权的设定须转移占有,从物未随同质物移交质权人占有的,质权的效力不及于从物,这方面与抵押权不同[4]。

---

[1] 参见[德]迪特尔·梅迪库斯:《德国民法总论》,邵建东译,法律出版社2013年版,第888页。
[2] Vgl. MünchKomm/Stresemann (2018), §97 Rn. 30.
[3] 戴永盛:《论物权公示与物权变动——兼及民法典草案物权编若干规定之改善》,载《地方立法研究》2020年第1期。
[4] 参见[德]鲍尔、施蒂尔纳:《德国物权法(下册)》,申卫星、王洪亮译,法律出版社2006年版,第549页。

三、证明责任

法律上推定从物转让从属于主物,如出卖人主张从物不随主物转让,应举证证明另有约定。主张某物为从物的,应证明其符合从物的要件。

第三百二十一条 【天然孳息和法定孳息的归属】天然孳息,由所有权人取得;既有所有权人又有用益物权人的,由用益物权人取得。当事人另有约定的,按照其约定。

法定孳息,当事人有约定的,按照约定取得;没有约定或者约定不明确的,按照交易习惯取得。

一、孳息的概念

孳息是指原物(物及权利)所产生的收益,包括天然孳息与法定孳息。从比较法看,《德国民法典》第93条以物的孳息和权利的孳息进行区分,包括:物的直接孳息、物的间接孳息(如租金)、权利的直接孳息(如股息)和权利的间接孳息(如专利许可使用费)。我国台湾地区"民法"第69条将孳息分为天然孳息和法定孳息,与《民法典》分类相同。孳息的上位概念是收益(Nutzung),收益包括孳息和使用利益。

(一)天然孳息

天然孳息是指物的出产物或者依照物的用法而获取的其他收获物。此类出产物或者收获物在分离前属于原物的重要成分,分离后成为独立的物,即孳息。

出产物(Erzeugnisse)主要是指依物的自然属性所产生的有机物。出产物的范围广泛,如动物的有机产品:动物幼崽、母鸡的蛋、母牛的牛奶、绵羊的羊毛;植物的有机产品:树木上摘下的果实。孳息的产出不能使原物发生本质上的改变,如牛肉并不是牛的出产物。

其他收获物(sonstige Ausbeute)主要是指无机物。如土地里挖出的煤、矿石、沙子。

(二)法定孳息

法定孳息是指依据法律关系而获取的收益。法律关系,系指一切法律关系,包括基于法律行为和基于法律规定发生的法律关系。[①] 利息和租金是最为常见的法定孳息,利息是权利孳息,原物是金钱债权。其他法定孳息如股票的红利,许可他人使用其商标、专利等无体财产权而获得的收益。所有权转让的对价,不属于孳息。

---

① 参见王泽鉴:《民法总则》,北京大学出版社2009年版,第215页。

二、孳息的归属

(一)天然孳息的归属

6　根据本条第 1 款第 1 句第 1 分句的规定,可知《民法典》采取的是原物主义,而非生产主义,即天然孳息与原物分离后,无论孳息由谁分离,如何分离,以及所有权人是否占有原物,均无关紧要。当事人可以对孳息的归属进行约定,在没有法律规定和当事人约定时,由原物所有权人取得孳息的所有权。《民法典》中的其他部分的规定也体现了原物主义,如依据第 573 条的规定,提存期间标的物的孳息归债权人所有;依据第 630 条的规定,标的物在交付之前产生的孳息,归出卖人所有,交付之后产生的孳息,归买受人所有;依据第 900 条的规定,保管期间产生的孳息,保管期限届满保管人应将孳息归还寄存人。

7　根据本条第 1 款第 1 句第 2 分句的规定,如果所有权人为他人设立了用益物权,孳息的所有权将由用益物权人取得。由谁进行分离,无关紧要。

(二)法定孳息归属

8　当事人可以对法定孳息的归属进行约定,在没有约定或约定不明时,按照交易习惯取得。实际上,法定孳息原则上也应归属于原物所有权人。

(三)担保物权与孳息

9　在原物上存在担保物权时,需要考虑担保物权的效力是否及于孳息。依据第 412 条的规定,抵押财产自被人民法院依法扣押之日起,抵押权人有权收取抵押财产的天然孳息或者法定孳息;依据第 430 条的规定,除非合同另有约定,质权人有权收取质押财产的孳息;依据第 452 条的规定,留置权人有权收取留置财产的孳息。尽管收取孳息不等于取得孳息所有权,但担保物权人收取的孳息充抵收取孳息的费用后的余额成为担保物权客体。

三、证明责任

10　主张依据原物取得孳息的人,只需证明其对原物享有所有权,以及系争物是从原物分离。当事人主张依据用益物权或者合同约定而取得孳息的,应证明其享有用益物权或存在有效的合同约定。

第三百二十二条　【添附取得物的归属】因加工、附合、混合而产生的物的归属,有约定的,按照约定;没有约定或者约定不明确的,依照法律规定;法律没有规定的,按照充分发挥物的效用以及保护无过错当事人的原则确定。因一方当事人的过错或者确定物的归属造成另一方当事人损害的,应当给予赔偿或者补偿。

一、调整范围、规范目的和法律性质

1　加工、附合、混合统称添附。添附包括四种具体类型:动产加工、动产与不动产附合、动产与动产附合和动产与动产混合。加工是指对动产进行加工或改造,使其成为新物而发生物权变动的法律事实。动产与不动产附合是指动产与他人的不动产相结合并成为其重要成分,因而发生动产所有权变动的法律事实。动产与不动产附合是指不同所有权人的动产相互结合,非经毁损不能分离或分离需费过巨,而发生所有权变动的法律事实。动产与动产混合是指不同所有权人的动产混合,不能识别或识别需费过巨的法律事实。[1]

添附制度的目的是在保持新创造的经济价值不变的情况下,解决由于加工、附合、混合而产生的利益冲突问题,避免产生因重新分离导致毫无经济价值的结果。本条第1句解决的是物权法上所有权的归属问题,第2句解决的是因物权变动产生的债法上的赔偿或补偿问题。

添附是所有权的取得方式之一,在性质上属于原始取得。我国台湾地区通说认为,添附物所有权既属单一化具有强制性质,但添附物所有权归一人所有或共有,与社会经济无关,应认为系任意规定。[2] 本条关于添附物的归属仅有原则性规定,所以无须探讨究竟属于强制性规定还是任意性规定,仅须辨别关于添附物归属的哪个具体问题当事人可以达成约定。

二、加工

(一)构成要件

1. 加工的标的物为动产

加工的标的物仅限于动产。对不动产施加以工作,不发生物权变动,只能适用无因管理或不当得利的规定进行处理。

加工的动产通常为他人所有。对自己所有的动产进行加工产生的新物无疑归加工人自己所有,无须特别规定。当然,也可以同时利用他人的和自己的材料进行加工,如某人部分使用他人的木材,部分使用自己的木材和螺丝钉,制作成一张桌子。此种情形中,在确定加工物归属时应当考虑加工人自己所有材料的价值。

2. 存在加工行为

加工是事实行为,不是法律行为。加工人是指依据社会观念对生产过程具有支配力并承担所加工物品的使用风险的自然人或组织。加工人是否具有民事行为能力,为善意或恶意,在所不问。无民事行为能力的小孩把一块小木板制作成一把木刀,作为玩具,也构成加工。加工必须是由人类意志支

---

[1] 参见王泽鉴:《民法物权》,北京大学出版社2009年版,第199—203页。
[2] 参见谢在全:《民法物权论(上册)》(修订五版),中国政法大学出版社2011年版,第304页。

配和控制的行为,新物完全由自然创造出来的,不属于加工。① 由于加工必须产生新物,加工包含对新物的特性产生的任何影响,因此,材料物理上、化学上或生物上的变化都是加工过程。② 如将木头制作为凳子,将铁矿石冶炼为铁,将孵化器里的鸡蛋孵化为小鸡等均属加工过程。

3. 制成新物

通过加工,必须产生新物。是否构成新物,需要依据社会一般观念来认定,同时要考虑经济因素③。新名称、新功能、新用途以及物质在本质上的变化或形状上的变化,都可能成为产生新物的标志。尤其是获得新名称,是判断产生新物的最重要的参考因素。纸张被剪成纸花、小麦被磨成面粉、牛皮被做成皮鞋、水被制成冰块、生肉被烤成肉串,均构成加工。

维护、修理、改良、治疗或修复等旨在保持物品现有的特性和功能,不会产生新物。如修理汽车、修复老照片或画、治疗宠物。对幼苗进行浇灌或者对幼畜进行饲养使之长大,也不构成加工。

(二)法律效果

加工物所有权的归属优先适用材料所有权人和加工人之间的约定,添附中的约定主要是指事后约定。在所有权保留买卖中,出卖人保留的所有权继续存在于加工物上可能与买受人约定制造新物由出卖人取得所有权(所谓"加工条款")。我国台湾地区的学说认为此种约定无效。④ 德国的学说认为出卖人完全取得加工物的所有权可能因过度担保而无效,但出卖人可以按照材料的价值与最终产品价值的比例称为加工物的共有人。⑤ 我国可借鉴德国的学说。

在承揽合同中,合同的性质和目的决定了物之归属。本法第783条规定,定作人未向承揽人支付报酬或者材料费的,承揽人对工作成果享有留置权或者有权拒绝交付。"留置权"意味着工作成果归定作人所有,"拒绝交付"意味着工作成果归承揽人所有。究竟归谁所有,取决于材料由谁提供。材料由定作人提供的,作为工作成果的加工物归定作人所有。材料由承揽人提供的(承揽供给合同),加工物归承揽人所有,但承揽人有义务向定作人转让所有权。当然,定作人与承揽人约定在这种情形中加工物仍归定作人所有的,依其约定。

---

① Vgl. Staudinger/Wiegand (2017), § 950. Rn. 8.
② Vgl. MünchKomm/Füller (2020), § 950 Rn. 33–34.
③ Vgl. Erman/Ebbing (2017), § 950 Rn. 4.
④ 参见王泽鉴:《民法物权》,北京大学出版社2009年版,第205页。
⑤ Vgl. MünchKomm/Füller (2020), § 950 Rn. 27–29.

当事人之间不存在承揽合同且没有特别约定和法律规定时,"按照充分发挥物的效用以及保护无过错当事人的原则确定"。罗马法上有两种学说:一是材料主义,材料所有人取得加工物的所有权;二是加工主义,加工人取得加工物的所有权。现代绝大多数国家或者地区采取原则加例外的模式。第一种模式是以加工主义为原则、以材料主义为例外,加工物归加工人所有,但加工增值显然少于材料价值的,加工物归材料所有权人所有,德国法采用该模式。第二种模式是以材料主义为原则、以加工主义为例外,加工物归材料所有权人所有,但加工增值显然高于材料价值的,加工物归加工人所有,日本法采用该模式。在加工增值与材料价值相差不大的情况下,两种模式产生相反的结果。欠缺承揽合同的,对他人的材料进行加工,加工人通常具有过错,材料所有权人则无过错。按照本条第 1 句第 3 分句中的"保护无过错当事人"原则,应当借鉴日本法模式,以材料主义为原则、以加工主义为例外。

加工人取得加工物所有权的,材料上的其他权利消灭。担保物权人可以依据第 390 条和《民法典担保制度解释》第 41 条第 1 款的规定,就加工人的赔偿金或者补偿金(请求权)优先受偿。材料所有权人取得加工物所有权,原材料上的其他权利及于加工物。比较法上通说认为,第三人之权利扩张到加工物的全部,但依据《民法典担保制度解释》第 41 条第 2 款和第 3 款的规定,担保物权不及于增加的价值部分。

三、动产与不动产附合

(一)构成要件

1. 须为动产与不动产附合

附合者为动产,被附合者为不动产。附合的原因既可以是人的行为,也可以是自然力,为人的行为时,有无民事行为能力,善意或恶意,在所不问。不动产与不动产能否发生附合,通说持否定意见,有学者持肯定意见①。

2. 须动产成为不动产的重要成分

动产应成为不动产的重要成分,即非经毁损或变更其性质,不能分离。与建筑物附合的砖块、楼梯、门窗等属于建筑物的重要成分。是否构成不动产的重要成分,应斟酌其固定性及继续性的程度,以社会经济观念加以认定。② 出于临时目的,在附合时打算随后分离,则不属于不动产的成分。

3. 须动产与不动产非属同一人所有

动产与不动产须非属同一人所有,如属同一人所有,则不发生附合物的

---

① 参见崔建远:《不动产附合规则之于中国民法典》,载《江汉论坛》2017 年第 6 期。
② 参见王泽鉴:《民法物权》,北京大学出版社 2009 年版,第 200 页。

归属问题。

(二)法律效果

16 动产与不动产附合的结果是不动产所有权人取得动产的所有权,动产的原所有权消灭。不动产所有权人取得动产所有权,不受当事人是否具有过错的影响,当事人也不能通过约定排除。

17 动产所有权因附合而消灭的,该动产上的其他权利(如抵押权、质押权),也归消灭,不动产上的其他权利不及于增加的价值部分。(见边码12)

四、动产与动产附合

(一)构成要件

1. 须为动产与动产附合

18 动产附合可能是人为所致,也可能是自然力所致。在人为所致动产附合情形中,需要判断究竟适用附合规则抑或加工规则。通过人的行为将两个动产结合从而产生新物的,应适用加工规则。两个动产所有权人共同享有加工物所有权或者共同享有补偿请求权。反之,通过人的行为将两个动产结合但未产生新物的,应适用附合规则。第一种情形如甲用乙的木材和丙的螺丝钉做了一个柜子。第二种情形如甲把乙的油漆刷到自己的桌子上。

2. 须动产非属同一人所有

19 附合动产须非属同一人所有,如属同一人所有,则不发生附合物归属问题。

3. 须非经毁损不能分离或分离需费过巨

20 动产与动产附合的前提是各动产由于附合而失去独立性,成为合成物的组成部分。附合的程度须达到非经毁损不能分离或分离需费过巨的程度,此应依据社会观念判断。

(二)法律效果

21 当事人对附合所成之物(附合物)的归属有约定的,从其约定。在没有约定时,原则上由各动产所有人按照动产附合时的价值共有,如果依据社会观念,附合的动产有可视为主物的,由该主物所有权人取得物的所有权。[1]由视为主物的所有权人取得附合物的所有权,乃在减少因附合后形成共有物带来的管理上的不便与分割共有物可能造成的劳费[2],符合发挥物的效用原则。

---

[1] 参见王泽鉴:《民法物权》,北京大学出版社2009年版,第202页。
[2] 参见谢在全:《民法物权论(上册)》(修订五版),中国政法大学出版社2011年版,第313页。

动产所有人取得附合物所有权或者共有权的,该动产上的其他权利仍继续存在于附合物上或者存在于附合物的共有份额上。动产所有人未取得合成物所有权或者共有权的,原动产上的担保物权及于赔偿金或者补偿金(请求权)。

五、动产与动产混合

(一)构成要件

1. 须为动产与动产混合

动产与动产混合,可为固体与固体混合、液体与液体混合、气体与气体混合,当然也包括不同形态物质间的混合,如固体溶解在液体中。金钱与金钱也可以发生混合,适用混合物归属规则,不适用所谓的"金钱的占有等于所有"规则。

2. 须动产非属同一人所有

发生混合的须非属同一人所有,如属同一人所有,则不发生附合物归属问题。

3. 须不能识别或识别需费过巨

动产混合后须达到不能识别或识别需费过巨的程度,前者如同种的液体混合在一起,无法进行识别,后者如两种不同种类的大米混在一起,虽然通过技术手段可以识别,但所需劳费巨大。

(二)法律效果

动产混合与动产附合具有很大的相似性,混合的效果准用动产附合的规则。

六、债法上的赔偿或补偿问题

对因添附物的归属而丧失权利或因付出劳动而受到损害的,应当进行补偿。本条第2句规定了赔偿请求权与补偿请求权。补偿请求权的性质应为不当得利请求权,赔偿请求权的性质应为侵权损害赔偿请求权或者违约损害赔偿请求权。

(一)不当得利请求权

1. 构成要件

(1)一方因取得添附物而受利益

在加工、附合和混合中,取得附合物所有权的一方,其获得的利益超过其劳务、原动产或不动产的价值。受有的利益,须以基于本条第1句规定的添附而产生的为限,否则不能基于本条第2句的规定请求偿还价额。例如,甲擅自将乙寄存在自己店里的油漆,出售给善意的丙,丙将其涂在自己墙上。丙取得油漆的所有权是基于善意取得,而非基于本条第1句规定的附合,乙不能基于本条第 2 句向丙请求油漆的价额。

(2)一方因添附而受到损害

29　受到损害不以丧失权利为必要,在加工中也可能因单纯付出劳动而受到损害。因添附物的共有而享有共有份额的,仅存在权利的转换,并没有权利损害。

(3)没有法律上的原因

30　一方基于添附而取得添附物的所有权是否具有法律上的原因关系到不当得利的法律适用问题。德国法通说认为《德国民法典》第 951 条第 1 款第 1 句关于不当得利请求权的规定为创设性规范,[1]一方基于添附而取得添附物的所有权并没有法律上的原因。即其并非仅适用不当得利的法律效果,还须适用不当得利的全部构成要件。[2] 少数说则主张添附一方取得新物所有权是基于法律规定,具有法律上的原因,进而否定《德国民法典》第 950 条第 1 款第 2 句属于不当得利请求权[3]。应借鉴德国法通说。

2. 不当得利的内容

31　为维持创造出来的整体价值,债权人只能请求价值补偿,不可以要求恢复原状。补偿的价值依动产所有权或加工人的劳动因添附而消灭时的客观价值加以计算。

(二)损害赔偿请求权

32　因添附而受到损害的一方,除享有不当得利请求权外,如对方或者第三方构成侵权或者违约,其还可以主张损害赔偿请求权。违约情形如材料保管人将材料加工成新物。

第三分编　用益物权

第十章　一般规定

第三百二十三条　【用益物权的定义】用益物权人对他人所有的不动产或者动产,依法享有占有、使用和收益的权利。

---

[1] Vgl. MünchKomm/Füller (2020), §951 Rn. 2.
[2] 参见[德]鲍尔、施蒂尔纳:《德国物权法(下册)》,申卫星、王洪亮译,法律出版社 2006 年版,第 468 页;王泽鉴:《民法物权》,北京大学出版社 2009 年版,第 207 页。
[3] 参见柳经纬:《论添附中的求偿关系之法律性质——兼谈非典型之债与债法总则的设立问题》,载《法学》2006 年第 12 期。

一、内涵

用益物权是指权利人对他人所有的不动产或者动产,依法享有占有、使用和收益的权利。用益物权是以权能分离的方式由所有权派生出来的,仅具有所有权的一部分权能,属于定限物权。在罗马法以及现代大陆法系多数国家民法中,用益物权的标的物既包括不动产,也包括动产。本条虽规定用益物权的标的物包括不动产与动产,但以下各章并未规定以动产为标的物的用益物权类型。

用益物权的主要功能有二。一是增进物尽其用,物的所有权人可以使他人利用该物而获取对价,用益物权人则可以在不取得物的所有权的情况下,通过支付对价而利用他人之物;二是使物的利用关系物权化,巩固当事人间的法律关系,使之得以对抗第三人。①

二、权利内容

"占有"是一种对动产或不动产的事实上的管领力,用益物权的享有和行使以占有为前提,用益物权人的占有包括直接占有和间接占有。

"使用"是依物的自然属性、法定用途或约定的方式,对物进行实际上的利用。"收益"是指获取孳息,包括天然孳息和法定孳息。

第三百二十四条 【自然资源的使用】国家所有或者国家所有由集体使用以及法律规定属于集体所有的自然资源,组织、个人依法可以占有、使用和收益。

第三百二十五条 【自然资源使用制度】国家实行自然资源有偿使用制度,但是法律另有规定的除外。

第三百二十六条 【用益物权人权利的行使】用益物权人行使权利,应当遵守法律有关保护和合理开发利用资源、保护生态环境的规定。所有权人不得干涉用益物权人行使权利。

第三百二十七条 【用益物权人因征收、征用有权获得补偿】因不动产或者动产被征收、征用致使用益物权消灭或者影响用益物权行使的,用益物权人有权依据本法第二百四十三条、第二百四十五条的规定获得相应补偿。

在征收情形下,不动产所有权人的所有权消灭,由所有权派生出的用益物权亦消灭;在征用情形下,因不动产和动产的占有和使用被转移,用益物权人的权利亦受到影响。本法第243条和第245条规定中指向对象是所有权,

---

① 参见王泽鉴:《民法物权》(第二版),北京大学出版社2010年版,第272页。

并没有涉及用益物权。① 依据本条规定用益物权人在征收或征用时,有权依据第 243 条和第 245 条规定获得赔偿。

第三百二十八条　【海域使用权的法律保护】依法取得的海域使用权受法律保护。

第三百二十九条　【准物权】依法取得的探矿权、采矿权、取水权和使用水域、滩涂从事养殖、捕捞的权利受法律保护。

一、准物权

探矿权、采矿权、取水权和从事养殖、捕捞的权利等,学说上被称为准物权,亦称特许物权。上述权利含有使用、收益的内容,符合用益物权的特征,但与典型用益物权不同,其设立须经行政机关许可。

本条并未创设新的权利,《矿产资源法》《水法》《渔业法》等单行法律已对上述权利做了较为全面的规定,但这些法律多是从行政管理角度对权利进行规范,其物权属性并不明确,且缺少对这些权利的民事救济。② 本条的立法本意是确认上述权利的用益物权属性。③

二、法律适用

在法律适用上,应优先适用《矿产资源法》《水法》《渔业法》等特别法的规定,在特别法没有规定时,适用本法的规定。

第十一章　土地承包经营权

第三百三十条　【双层经营体制与土地承包经营制度】农村集体经济组织实行家庭承包经营为基础、统分结合的双层经营体制。

农民集体所有和国家所有由农民集体使用的耕地、林地、草地以及其他用于农业的土地,依法实行土地承包经营制度。

第三百三十一条　【土地承包经营权的定义】土地承包经营权人依法对其承包经营的耕地、林地、草地等享有占有、使用和收益的权利,有权从事种植业、林业、畜牧业等农业生产。

---

① 参见最高人民法院民法典贯彻实施工作领导小组主编:《中华人民共和国民法典物权编理解与适用(下)》,人民法院出版社 2020 年版,第 621 页。
② 参见胡康生主编:《中华人民共和国物权法释义》,法律出版社 2007 年版,第 276 页。
③ 参见最高人民法院民法典贯彻实施工作领导小组主编:《中华人民共和国民法典物权编理解与适用(下)》,人民法院出版社 2020 年版,第 641 页。

第三百三十二条 【土地承包期】耕地的承包期为三十年。草地的承包期为三十年至五十年。林地的承包期为三十年至七十年。

前款规定的承包期限届满,由土地承包经营权人依照农村土地承包的法律规定继续承包。

第三百三十三条 【土地承包经营权的设立和登记】土地承包经营权自土地承包经营权合同生效时设立。

登记机构应当向土地承包经营权人发放土地承包经营权证、林权证等证书,并登记造册,确认土地承包经营权。

一、土地承包经营权的设立

依据本法第 208 条和第 209 条的规定,不动产物权原则上自登记时设立。本条则延续了原《物权法》第 127 条的规定,对土地承包经营权的设立采意思主义模式,即土地承包经营权自发包方和承包方的土地承包经营权合同生效时设立,登记并非生效要件。此外,本条亦未规定以登记为土地承包经营权设立的对抗要件。

土地承包经营权只能依家庭承包方式取得,通过招标、拍卖、公开协商等方式承包土地只能取得土地经营权(见本法第 342 条)。

二、登记

为土地承包经营权人发放土地承包经营权证、林权证等证书是登记机关的义务。登记是对土地承包经营权的确认,有利于明确权利归属,稳定土地承包关系,也有利于维护农村土地承包经营权互换、转让和土地经营权的流转的安全。①

第三百三十四条 【土地承包经营权的互换、转让】土地承包经营权人依照法律规定,有权将土地承包经营权互换、转让。未经依法批准,不得将承包地用于非农建设。

第三百三十五条 【土地承包经营权互换、转让的登记】土地承包经营权互换、转让的,当事人可以向登记机构申请登记;未经登记,不得对抗善意第三人。

一、土地承包经营权的互换和转让

土地承包经营权互换,是土地承包经营权人将自己的土地承包经营权交

---

① 参见黄薇主编:《中华人民共和国民法典物权编解读》,中国法制出版社 2020 年版,第 438 页。

给他人行使,自己行使从他人处换来的土地承包经营权。互换引起权利本身的交换,依据《农村土地承包法》第33条的规定,互换应向发包方进行备案。备案并非土地承包经营权流转的生效要件。互换只能发生在本集体经济组织内部。

2　　土地承包经营权转让,是土地承包经营权人将其拥有的未到期的土地承包经营权转移给他人的行为。转让后转让人与发包方的土地承包关系即发生终止,依据《农村土地承包法》第34条的规定,转让须经发包方的同意。未经发包方同意的,转让无效。

二、登记

3　　土地承包经营权互换、转让登记的目的在于将土地承包经营权通过互换、转让方式发生物权变动的事实予以公示,使他人知悉土地承包经营权的权利人。本条明确采取登记对抗主义。

第三百三十六条　【承包地的调整】承包期内发包人不得调整承包地。因自然灾害严重毁损承包地等特殊情形,需要适当调整承包的耕地和草地的,应当依照农村土地承包的法律规定办理。

第三百三十七条　【承包地的收回】承包期内发包人不得收回承包地。法律另有规定的,依照其规定。

第三百三十八条　【承包地的征收补偿】承包地被征收的,土地承包经营权人有权依据本法第二百四十三条的规定获得相应补偿。

第三百三十九条　【土地经营权的流转】土地承包经营权人可以自主决定依法采取出租、入股或者其他方式向他人流转土地经营权。

一、土地经营权的流转方式

1　　土地经营权有两种取得途径。一是土地承包经营权人向他人流转一定期限的土地经营权,本条对此予以规定。二是荒山、荒沟、荒丘、荒滩等农村土地("四荒"土地)通过招标、拍卖、公开协商等方式承包,由承包人取得土地经营权,《农村土地承包法》第48条、第49条予以规定。

2　　出租是指承包方将部分或全部土地承包经营权以一定期限租赁给他人从事农业生产经营。《农村土地承包法》第36条还规定了转包。转包和出租的区别在于,转包的承包人是本集体经济组织内的其他成员,出租的承租人则是本集体经济组织以外的人。

3　　入股是指土地承包经营权人以土地经营权作为出资,入股组成公司或合作社等,从事农业生产经营。

其他流转方式如信托、代耕、设立担保物权(《农村土地承包法》第47条)。

二、法律后果

土地经营权以出租、入股或者其他方式流转的,土地承包经营权的主体并不发生改变,承包方继续履行土地承包合同。

第三百四十条　【土地经营权的权能】土地经营权人有权在合同约定的期限内占有农村土地,自主开展农业生产经营并取得收益。

一、性质

土地经营权是新的物权类型,旨在落实集体土地所有权、土地承包经营权和土地经营权"三权分置"的政策。土地经营权在学理上存在物权说、债权说、总括权利说以及物权化债权说等多种学说①,本法将其归入用益物权分编,明确了土地经营权的物权属性。

二、权能

占有是一种对物的事实上的管领力,是土地经营权人进行农业生产经营的前提和基础。自主开展农业生产经营是指土地经营权人在不改变农业用途和不对农地造成永久损害的情况下,依法享有对其占有的土地进行农业生产经营活动。取得收益是指获取孳息。

第三百四十一条　【土地经营权的设立及登记】流转期限为五年以上的土地经营权,自流转合同生效时设立。当事人可以向登记机构申请土地经营权登记;未经登记,不得对抗善意第三人。

一、设立

流转期限为五年以上的土地经营权的设立采意思主义,自流转合同生效时设立,登记并非生效要件。

二、登记

不动产物权以登记生效为原则,以登记对抗为例外,本条采登记对抗模式。流转期限为五年以上的土地经营权具有登记能力,当事人可以根据自己的需求选择是否进行登记,未经登记,不能对抗善意的第三人。

第三百四十二条　【其他方式承包的土地经营权流转】通过招标、拍卖、公开协商等方式承包农村土地,经依法登记取得权属证书的,可以依法采取

---

① 参见最高人民法院民法典贯彻实施工作领导小组主编:《中华人民共和国民法典物权编理解与适用(下)》,人民法院出版社2020年版,第701—703页。

出租、入股、抵押或者其他方式流转土地经营权。

按照《农村土地承包法》第48条的规定，不宜采取家庭承包方式的荒山、荒沟、荒丘、荒滩等农村土地，通过招标、拍卖、公开协商等方式承包的，承包人取得土地经营权。承包人不限于本集体经济组织成员，但本集体经济组织成员在同等条件下享有优先承包权。此种土地经营权的取得虽不以登记为生效要件，但依本条规定，土地经营权人须经依法登记取得权属证书后才可以流转土地经营权。

与本法第339条相比，本条明确规定以其他方式取得的土地经营权的流转方式包括抵押。此外，本条虽未规定此种土地经营权可以转让，但没有理由不允许转让，应解释为转让属于"其他方式流转"。

第三百四十三条【国有农用地实行承包经营的参照适用】国家所有的农用地实行承包经营的，参照适用本编的有关规定。

第十二章　建设用地使用权

第三百四十四条【建设用地使用权的权能】建设用地使用权人依法对国家所有的土地享有占有、使用和收益的权利，有权利用该土地建造建筑物、构筑物及其附属设施。

第三百四十五条【建设用地使用权的分层设立】建设用地使用权可以在土地的地表、地上或者地下分别设立。

一、分层设立

随着科学技术的发展，土地利用不再局限于地面，而逐渐扩及地下和地上，建设用地使用权的客体不再局限于地表，也包括地上和地下。本条规定建设用地使用权可以在地表、地上或者地下分别设立，符合土地利用立体化的需求。

二、法律后果

分层设立的建设用地使用权（空间建设用地使用权）与普通的建设使用权仅存在量上的差异，不是质的不同。[1] 不同层次的建设用地使用权人是按照同样的规定取得土地使用权的，在法律上他们的权利和义务是相同的，只不过其使用权所占有的空间范围有所区别。[2]

---

[1] 参见王泽鉴：《民法物权》（第二版），北京大学出版社2010年版，第280页。
[2] 参见胡康生主编：《中华人民共和国物权法释义》，法律出版社2007年版，第310页。

不同层次设立的建设用地使用权的标的系垂直的相邻状态,但可参照适用本法第288条至第296条关于相邻关系的规定。①

第三百四十六条 【建设用地使用权的设立原则】设立建设用地使用权,应当符合节约资源、保护生态环境的要求,遵守法律、行政法规关于土地用途的规定,不得损害已经设立的用益物权。

第三百四十七条 【建设用地使用权的设立方式】设立建设用地使用权,可以采取出让或者划拨等方式。

工业、商业、旅游、娱乐和商品住宅等经营性用地以及同一土地有两个以上意向用地者的,应当采取招标、拍卖等公开竞价的方式出让。

严格限制以划拨方式设立建设用地使用权。

一、设立方式

建设用地使用权的设立主要有出让和划拨两种方式。出让是指出让人将一定期限的建设用地使用权出让给建设用地使用权人使用,建设用地使用权人向出让人支付一定的出让金。划拨是指县级以上人民政府依法批准,在建设用地使用权人缴纳补偿、安置等费用后将该幅土地交付其使用,或者将建设用地使用权无偿交付给建设用地使用权人适用的行为。

建设用地使用权的设立以出让方式为原则。

二、区别

以出让方式取得建设用地使用权,是有偿取得,且为了体现公平性和公正性,需要经过招标、拍卖等公开竞价程序。在不符合第2款规定的情形下,依特别法也可以采取协议出让的方式。以出让方式取得建设用地使用权具有明确的存续期限,并且权利人可以对其进行依法转让。

以划拨方式取得建设用地使用权是无偿的,其取得须具有公益性且须经过严格的行政审批程序,不得随意转让。

第三百四十八条 【建设用地使用权出让合同】通过招标、拍卖、协议等出让方式设立建设用地使用权的,当事人应当采用书面形式订立建设用地使用权出让合同。

建设用地使用权出让合同一般包括下列条款:

(一)当事人的名称和住所;

(二)土地界址、面积等;

---

① 参见最高人民法院民法典贯彻实施工作领导小组主编:《中华人民共和国民法典物权编理解与适用(下)》,人民法院出版社2020年版,第733页。

(三)建筑物、构筑物及其附属设施占用的空间；
(四)土地用途、规划条件；
(五)建设用地使用权期限；
(六)出让金等费用及其支付方式；
(七)解决争议的方法。

第三百四十九条 【建设用地使用权的设立要件】设立建设用地使用权的，应当向登记机构申请建设用地使用权登记。建设用地使用权自登记时设立。登记机构应当向建设用地使用权人发放权属证书。

第三百五十条 【建设用地使用权的土地用途】建设用地使用权人应当合理利用土地，不得改变土地用途；需要改变土地用途的，应当依法经有关行政主管部门批准。

第三百五十一条 【建设用地使用权人的出让金支付义务】建设用地使用权人应当依照法律规定以及合同约定支付出让金等费用。

第三百五十二条 【建设用地使用权人建造的建筑物等设施的权属】建设用地使用权人建造的建筑物、构筑物及其附属设施的所有权属于建设用地使用权人，但是有相反证据证明的除外。

一、原则

1　　土地与建筑物属于两个独立的不动产，建筑物坐落于土地，须有合法的权源，否则构成无权占有。[①] 合法的权源可以为所有权，也可以为建设用地使用权、宅基地使用权等用益物权。

2　　建设用地使用权人取得建设用地使用权的目的就是为在土地上建造建筑物等，依据本法第231条的规定，合法建造的房屋，自事实行为成就时取得房屋的所有权。我国严格遵循建设用地使用权和建筑物所有权归属的一体化原则(房地一体主义)，建设用地使用权人建造的建筑物、构筑物及其附属设施的所有权原则上属于建设用地使用权人所有。

二、例外

3　　开发商可以和有关部门约定，由开发商配套建设的一部分市政公共设施归国家所有。此外，建设用地使用权人也可以与他人合作建造房屋并约定房屋竣工后归双方共有。

第三百五十三条 【建设用地使用权的流转方式】建设用地使用权人有

---

① 参见王泽鉴:《民法物权》(第二版)，北京大学出版社2010年版，第168页。

权将建设用地使用权转让、互换、出资、赠与或者抵押,但是法律另有规定的除外。

第三百五十四条 【处分建设用地使用权的合同形式和期限】建设用地使用权转让、互换、出资、赠与或者抵押的,当事人应当采用书面形式订立相应的合同。使用期限由当事人约定,但是不得超过建设用地使用权的剩余期限。

第三百五十五条 【建设用地使用权流转后变更登记】建设用地使用权转让、互换、出资或者赠与的,应当向登记机构申请变更登记。

第三百五十六条 【建筑物等设施随建设用地使用权的流转而一并处分】建设用地使用权转让、互换、出资或者赠与的,附着于该土地上的建筑物、构筑物及其附属设施一并处分。

一、法律性质

建设用地使用权是建设用地使用权人建造和保有建筑物、构筑物及其附属设施所有权的权源。为避免因建设用地使用权和建筑物被分别让与不同的人而造成复杂的法律关系,我国实行房地一体主义。本条及第357条均为强制性规定,当事人不得通过约定排除适用。

二、"房随地走"原则

房地一体主义包括"房随地走"原则与"地随房走"原则。本条规定"房随地走"原则,即建设用地使用权处分的,土地上的建筑物、构筑物及其附属设施一并处分。

第三百五十七条 【建设用地使用权随建筑物等设施的流转而一并处分】建筑物、构筑物及其附属设施转让、互换、出资或者赠与的,该建筑物、构筑物及其附属设施占用范围内的建设用地使用权一并处分。

一、"地随房走"原则

本条是房地一并处分的另一种情形,即"地随房走"原则,土地上的建筑物、构筑物及其附属设施处分的,建设用地使用权一并处分。

二、处分方式

第356条和本条均规定了转让、互换、出资或者赠与四种方式。除此之外,对于抵押(本法第397条和第398条)以及强制执行程序中的查封和处置(《执行中查封、扣押、冻结财产规定》第21条),也应遵循一并处分原则。

第三百五十八条 【建设用地使用权提前收回及其补偿】建设用地使用权期限届满前,因公共利益需要提前收回该土地的,应当依据本法第二百四十三条的规定对该土地上的房屋以及其他不动产给予补偿,并退还相应的出让金。

一、提前收回法律性质

1　以出让方式设立的建设用地使用权是有期限的,因公共利益需要国家有权提前收回土地。关于提前收回的法律性质,则存在征收说、区分说、建设用地使用权终止说等学说,最高人民法院倾向于征收说。[1]

二、补偿

2　对于建设用地上的房屋以及其他不动产应依据本法第243条有关征收的规定进行补偿。

3　建设用地使用权本身的补偿则体现为"退还相应的出让金"。在土地升值的情况下,仅"退还相应的出让金"可能与征收的补偿标准存在较大差距,建设用地使用权会被变相地视为土地租赁权,不利于充分保护建设用地使用权人的合法权益。因此,"退还相应的出让金"可解释为任意性规范,并不排斥建设用地使用权人依据《土地管理法》《城市房地产管理法》等特别法律获得相应的补偿。[2]

第三百五十九条　【建设用地使用权的续期】住宅建设用地使用权期限届满的,自动续期。续期费用的缴纳或者减免,依照法律、行政法规的规定办理。

非住宅建设用地使用权期限届满后的续期,依照法律规定办理。该土地上的房屋以及其他不动产的归属,有约定的,按照约定;没有约定或者约定不明确的,依照法律、行政法规的规定办理。

一、住宅建设用地使用权的续期

1　住宅建设用地使用权采取自动续期模式,即住宅建设用地使用权期限届满后,权利人无须经过审批等程序,使用期限自动延长。该规定性质上属于强行性规范。

2　对于续期费用问题,需要由其他法律、法规作出明确规定。住宅建设

---

[1]　具体参见最高人民法院民法典贯彻实施工作领导小组主编:《中华人民共和国民法典物权编理解与适用(下)》,人民法院出版社2020年版,第812—813页;胡康生主编:《中华人民共和国物权法释义》,法律出版社2007年版,第331页;高飞:《建设用地使用权提前收回法律问题研究——关于〈物权法〉第148条和〈土地管理法〉第58条的修改建议》,载《广东社会科学》2019年第1期;等等。

[2]　参见最高人民法院民法典贯彻实施工作领导小组主编:《中华人民共和国民法典物权编理解与适用(下)》,人民法院出版社2020年版,第817—818页。

地使用权的自动续期是物权法上的效果，不受是否已经缴纳续期费用的影响，后者是债法上的问题。

二、非住宅建设用地使用权的续期

非住宅建设用地使用权采取申请报批模式，依据《城市房地产管理法》第22条和《土地管理法》第58条第1款第2项等法律的规定，权利人应当至迟于期限届满前1年报请原出让土地的土地管理部门批准。

权利人未申请续期或者申请续期未被批准的，建设用地使用权消灭。土地上的房屋以及其他不动产的归属，首先按照双方的约定处理，如果没有约定或者约定不明确的，则依照法律、行政法规的规定办理。

第三百六十条 【建设用地使用权注销登记】建设用地使用权消灭的，出让人应当及时办理注销登记。登记机构应当收回权属证书。

第三百六十一条 【集体所有土地作为建设用地的法律适用】集体所有的土地作为建设用地的，应当依照土地管理的法律规定办理。

第十三章　宅基地使用权

第三百六十二条 【宅基地使用权的权能】宅基地使用权人依法对集体所有的土地享有占有和使用的权利，有权依法利用该土地建造住宅及其附属设施。

第三百六十三条 【宅基地使用权的法律适用】宅基地使用权的取得、行使和转让，适用土地管理的法律和国家有关规定。

第三百六十四条 【宅基地的灭失和重新分配】宅基地因自然灾害等原因灭失的，宅基地使用权消灭。对失去宅基地的村民，应当依法重新分配宅基地。

第三百六十五条 【宅基地使用权变更和注销登记】已经登记的宅基地使用权转让或者消灭的，应当及时办理变更登记或者注销登记。

一、变动模式

我国对于不动产物权变动模式采取以登记生效主义为原则，以登记对抗主义为例外的模式，如本法第333条、第335条和第374条等均明确采纳登记对抗主义。宅基地使用权属于不动产用益物权，应当遵循不动产物权变动的规则。宅基地使用权登记问题政策性比较强，流转范围受到严格限制，立法机关考虑到广大农村的实际情况和宅基地使用权的登记现状，并未明确宅基地使用权采取登记生效主义。① 本条仅针对已经登记的宅基地使用权。

二、法律后果

本条对法律后果并未进行明确规定。对于已经登记的宅基地使用权,如果采取登记生效主义,则宅基地使用权未进行变更登记的,不发生物权效力,受让人只享有请求出让人履行变更登记的债权性请求权。未进行注销登记的,依据本法第364条的规定,可能影响其重新分配宅基地。

第十四章 居住权

第三百六十六条 【居住权的权能】居住权人有权按照合同约定,对他人的住宅享有占有、使用的用益物权,以满足生活居住的需要。

一、法律性质

居住权是指权利人享有的对他人所有的住宅之全部或部分进行使用并具有排除所有权人效力的用益物权。设定居住权的目的是为了满足特定权利人生活居住的需要,能够使居住权人长期稳定地、排他地对于他人房屋进行独占性支配。在罗马法与现代大陆法系民法中,居住权在性质上是一种人役权,专属于特定人,一如地役权专门为特定不动产服务。

二、权利主体与客体

因受居住权客体及目的的限制,居住权人只能为自然人[②]。有观点认为法人和非法人组织可以为居住权人,这并不违反"以满足生活居住的需要"的规范目的,房屋的最终使用者依然为自然人,且法人和非法人组织为居住权人更能加强对住房困难群体的救济,有利于更加充分地实现房屋的经济效用[③]。

依本条规定,居住权的客体为他人所有的住宅,所有权人不能在自己的住宅上为自己设立居住权。在转让住宅所有权时,所有权人如果想为自己保留一项居住权,教义学上有两种构造。一是例外地允许所有权人在转让所有权之前依单方法律行为为自己设立一项居住权;二是严格遵循居住权的他物权属性,仅允许住宅所有权转让后由新所有权人(受让人)依合同为原所有

---

① 参见最高人民法院民法典贯彻实施工作领导小组主编:《中华人民共和国民法典物权编理解与适用(下)》,人民法院出版社2020年版,第856—857页。

② 参见房绍坤:《论民法典中的居住权》,载《现代法学》2020年第4期;王利明:《论民法典物权编中居住权的若干问题》,载《学术月刊》2019年第7期。

③ 参见申卫星、杨旭:《中国民法典应如何规定居住权?》,载《比较法研究》2019年第6期;汪洋:《民法典意定居住权与居住权合同解释论》,载《当代法学》2020年第6期。

权人设立一项居住权。

将居住权的客体严格限制为住宅限制了其适用范围,有观点认为应将同样满足居住目的的公寓式酒店、民宿等经营性用房纳入居住权的客体范围①。但厂房、商铺等用途的房屋,不能设立居住权。

居住权的客体可以为住宅的全部,也可以为住宅的一部分。居住权被限定在住宅的一部分时,如无特别约定,居住权人有权共同使用卫生间、厨房等生活设施及其他附属设施。

第三百六十七条 【居住权合同】设立居住权,当事人应当采用书面形式订立居住权合同。

居住权合同一般包括下列条款:

(一)当事人的姓名或者名称和住所;

(二)住宅的位置;

(三)居住的条件和要求;

(四)居住权期限;

(五)解决争议的方法。

第三百六十八条 【居住权的设立】居住权无偿设立,但是当事人另有约定的除外。设立居住权的,应当向登记机构申请居住权登记。居住权自登记时设立。

一、居住权的设立方式

(一)以合同方式设立

以合同方式设立居住权的,当事人须以书面形式订立居住权合同。居住权一般无偿设立,但依本条规定,当事人也可以约定居住权的对价。实际上,有偿设立不符合居住权的本质,相当于租赁权的物权化。而且,有偿设立的居住权如果适用本法第369条第1句,将产生显然不合理的结果,权利不得转让、继承与权利取得的有偿性存在矛盾。

(二)以遗嘱方式设立

本法第371条规定了通过遗嘱方式设立居住权。当事人通过遗嘱方式设立居住权的,应以存在有效的遗嘱为前提。从本质上看,通过遗嘱设立居住权是住宅所有权人从所有权中分离出居住权,将其作为遗产由他人取得。取得方式可以是遗产继承,也可以是遗赠。

---

① 参见汪洋:《民法典意定居住权与居住权合同解释论》,载《当代法学》2020年第6期。

二、居住权的登记

3 以合同方式设立居住权的,采取登记生效主义,居住权自登记时设立;未经登记的,不具有物权效力。

4 以遗嘱方式设立居住权的,居住权自继承开始时取得(依据本法第230条);未经登记,不能对抗善意第三人①。不过,需要区分遗嘱继承与遗赠。以遗赠方式设立居住权的,由于遗赠仅产生债权效果,所以在受遗赠人被登记为居住权人时,居住权才设立。

第三百六十九条 【居住权的转让、继承和设立居住权的住宅出租】居住权不得转让、继承。设立居住权的住宅不得出租,但是当事人另有约定的除外。

一、规范性质

1 第1句为强制性规范。居住权是为了满足居住权人"生活居住的需要"而设立的,具有专属性,所以居住权不得转让、继承②。

2 第2句为任意性规范。居住权人通常仅有权占有、使用他人住宅,不得对外出租以获取受益,但当事人可以约定居住权人有权出租住宅。

二、法律后果

3 居住权人转让居住权的,转让行为无效,居住权不发生转移;居住权人死亡的,居住权消灭,继承人不能取得居住权。

4 居住权人未经所有权人同意进行出租的,所有权人可以基于居住权合同的约定解除居住权合同或请求居住权人承担违约责任;居住权合同对此未约定的,所有权人可以依法解除居住权合同(类推适用716条第2款的规定),也可以向居住权人主张违约责任。

第三百七十条 【居住权的消灭】居住权期限届满或者居住权人死亡的,居住权消灭。居住权消灭的,应当及时办理注销登记。

第三百七十一条 【以遗嘱方式设立居住权的参照适用】以遗嘱方式设立居住权的,参照适用本章的有关规定。

第十五章 地役权

第三百七十二条 【地役权的权能】地役权人有权按照合同约定,利用他人的不动产,以提高自己的不动产的效益。

---

① 参见最高人民法院民法典贯彻实施工作领导小组主编:《中华人民共和国民法典物权编理解与适用(下)》,人民法院出版社2020年版,第897页。

② 同上注,第883页。

前款所称他人的不动产为供役地,自己的不动产为需役地。

第三百七十三条 【地役权合同】设立地役权,当事人应当采用书面形式订立地役权合同。

地役权合同一般包括下列条款:

(一)当事人的姓名或者名称和住所;

(二)供役地和需役地的位置;

(三)利用目的和方法;

(四)地役权期限;

(五)费用及其支付方式;

(六)解决争议的方法。

第三百七十四条 【地役权的设立与登记】地役权自地役权合同生效时设立。当事人要求登记的,可以向登记机构申请地役权登记;未经登记,不得对抗善意第三人。

一、地役权的设立方式

当事人须以合同方式设立地役权,地役权合同须采用书面形式。地役权自地役权合同生效时设立,该合同具有物权合同的性质。依法成立的地役权合同自成立时生效,当事人约定附始期或附生效条件的,期限届至或条件成就时地役权合同生效。

二、地役权的登记

地役权采取登记对抗主义。地役权设立后,当事人可以选择是否进行登记。未经登记的,地役权不得对抗善意第三人。善意第三人主要是指供役地不动产所有权或用益物权的受让人和不动产抵押权人。

第三百七十五条 【供役地权利人的义务】供役地权利人应当按照合同约定,允许地役权人利用其不动产,不得妨害地役权人行使权利。

第三百七十六条 【地役权人的义务】地役权人应当按照合同约定的利用目的和方法利用供役地,尽量减少对供役地权利人物权的限制。

第三百七十七条 【地役权期限】地役权期限由当事人约定;但是,不得超过土地承包经营权、建设用地使用权等用益物权的剩余期限。

第三百七十八条 【用益物权人对地役权的享有与负担】土地所有权人享有地役权或者负担地役权的,设立土地承包经营权、宅基地使用权等用益物权时,该用益物权人继续享有或者负担已经设立的地役权。

一、地役权主体

地役权人和供役地权利人,可以是不动产的所有权人,也可以是不动产的用益物权人。土地的所有权人为国家或集体,国家或集体可以为其所有的土地设立地役权或者在其所有的土地上负担地役权,但受本法第379条的限制。可能性更大的是土地用益物权人为土地取得地役权或者在土地上为他人设立地役权。

相较于原《物权法》第162条的规定,本条增加了"等用益物权",拓宽了其适用范围,建设用地使用权(包括本法第361条规定的集体土地设立的建设用地使用权的情形)亦包含在内。

二、法定继受

土地所有权人享有或负担地役权的,在该土地上设立用益物权后,用益物权人继续享有或者负担已经设立的地役权。之所以如此限定,是因为地役权是土地所有权的从权利,用益物权人有权支配他人所有的土地,对于从属于该土地的地役权,当然也有权支配,地役权成为用益物权的客体。反之,土地上负担地役权的,以权能分离方式从土地所有权中派生出来的用益物权当然也继受了地役权之负担,用益物权人须容忍地役权人对土地的利用。这是地役负担的法定继受。用益物权人对地役权的享有与负担仅以其用益物权的期限为限。

第三百七十九条 【在先用益物权对地役权的限制】土地上已经设立土地承包经营权、建设用地使用权、宅基地使用权等用益物权的,未经用益物权人同意,土地所有权人不得设立地役权。

第三百八十条 【地役权的转让】地役权不得单独转让。土地承包经营权、建设用地使用权等转让的,地役权一并转让,但是合同另有约定的除外。

一、地役权的从属性

地役权虽为独立的物权,但其是为了满足需役地的利益而设立,以需役地的存在为前提,故地役权从属于需役地物权,与需役地物权同其命运[①]。地役权不得与需役地物权分离而转让。

二、违反从属性的法律后果

需役地所有权人或用益物权人,仅仅转让地役权的,转让行为无效,受让人不能取得地役权,地役权仍为需役地而存在。有学说人为,需役地所有权

---

① 参见谢在全:《民法物权论(中册)》(修订五版),中国政法大学出版社2011年版,第513—514页。

人或用益物权人将所有权或用益物权转让给他人,而自己保留地役权的,地役权消灭;需役地所有权人或用益物权人将所有权或用益物权和地役权分别转让不同人的,地役权让与行为无效,受让人不能取得地役权,地役权因无须役地而消灭①。从本条第2句的规定看,土地承包经营权、建设用地使用权等转让的,如果双方当事人同意地役权不随同转让,无论同意保留给转让方抑或同意单独转让给第三人,地役权均因"合同另有约定"而不随同转让。结果是,地役权失去服务对象,归于消灭。反之,如果双方当事人没有提到地役权是否转让,则无论地役权人打算为自己保留地役权抑或打算将其转让给第三人,地役权均依从属性规则当然随同转让给土地承包经营权或者建设用地使用权的受让人。

第三百八十一条 【地役权的抵押】地役权不得单独抵押。土地经营权、建设用地使用权等抵押的,在实现抵押权时,地役权一并转让。

第三百八十二条 【地役权对需役地及其上权利的不可分性】需役地以及需役地上的土地承包经营权、建设用地使用权等部分转让时,转让部分涉及地役权的,受让人同时享有地役权。

第三百八十三条 【地役权对供役地及其上权利的不可分性】供役地以及供役地上的土地承包经营权、建设用地使用权等部分转让时,转让部分涉及地役权的,地役权对受让人具有法律约束力。

第三百八十四条 【供役地权利人的解除权】地役权人有下列情形之一的,供役地权利人有权解除地役权合同,地役权消灭:

(一)违反法律规定或者合同约定,滥用地役权;

(二)有偿利用供役地,约定的付款期限届满后在合理期限内经两次催告未支付费用。

第三百八十五条 【地役权的变更登记与注销登记】已经登记的地役权变更、转让或者消灭的,应当及时办理变更登记或者注销登记。

第四分编 担保物权

第十六章 一般规定

第三百八十六条 【担保物权的优先受偿效力】担保物权人在债务人不

---

① 参见王泽鉴:《民法物权》(第二版),北京大学出版社2010年版,第329—330页。

履行到期债务或者发生当事人约定的实现担保物权的情形,依法享有就担保财产优先受偿的权利,但是法律另有规定的除外。

一、担保物权的概念

担保物权是指为确保债务得到清偿,在债务人或第三人所有之物或权利上设定的以变价权和优先受偿权为内容的定限物权。① 行使担保物权的条件包括:担保物权被有效设立、债务人不履行到期债务或发生当事人约定的实现担保物权的情形。债务人不履行到期债务既包括债务人主观上不愿意履行债务也包括债务人不能履行债务。

二、优先受偿效力

担保物权之优先受偿效力是指待担保财产变价后,担保物权人可优先于其他债权人就变价所得价金受偿债权。优先受偿效力还及于代位物(本法第390条),此为担保物权的物上代位性。

三、"法律另有规定"

本条但书是指在法律规定的情形下,担保物权的优先受偿效力受到限制。例如《税收征收管理法》第45条规定的税收权优先于担保物权,《企业破产法》第132条规定的特定职工债权优先于担保物权等。②

第三百八十七条 【担保物权的适用范围和反担保】债权人在借贷、买卖等民事活动中,为保障实现其债权,需要担保的,可以依照本法和其他法律的规定设立担保物权。

第三人为债务人向债权人提供担保的,可以要求债务人提供反担保。反担保适用本法和其他法律的规定。

第三百八十八条 【担保合同】设立担保物权,应当依照本法和其他法律的规定订立担保合同。担保合同包括抵押合同、质押合同和其他具有担保功能的合同。担保合同是主债权债务合同的从合同。主债权债务合同无效的,担保合同无效,但是法律另有规定的除外。

担保合同被确认无效后,债务人、担保人、债权人有过错的,应当根据其过错各自承担相应的民事责任。

一、担保合同的范围

本条所称"担保合同"仅指以特定责任财产为特定债务(或特定范围的

---

① 参见刘家安:《物权法论》,中国政法大学出版社2009年版,第180页。
② 参见最高人民法院民法典贯彻实施工作领导小组主编:《中华人民共和国民法典物权编理解与适用(下)》,人民法院出版社2020年版,第985页。

债务)的履行提供担保的合同,包括物权编规定的抵押合同、质押合同以及合同编和司法解释规定的所有权保留、租期届满后所有权归属于承租人的融资租赁、有追索权的保理、让与担保等担保合同(即"其他具有担保功能的合同"),不包括定金、保证等担保合同。

二、订立担保合同为设立担保物权的要件

设立担保物权须订立担保合同。此处所谓担保合同既包括负担合意,亦包括处分合意,二者可能存在于一份合同书中,也可能先后达成。担保人与债权人之间若无担保合意,担保物权不能成立。

某些担保物权的发生不以订立担保合同为要件。例如,留置权为法定担保物权,具备法律规定之事实者即可发生。船舶优先权、建设工程优先权亦然。

三、其他具有担保功能的合同

本条第1款第2句采功能主义立法模式,将其他具有担保功能的合同纳入担保合同范畴。学界主流观点认为,此举缓和了担保物权法定原则。[①] 在功能主义立法模式下,以特定财产的权利让与作为担保手段的非典型担保交易与设立担保物权具有高度相似性,相关担保权益在优先受偿范围规则、对担保财产之处分权限规则和优先顺位规则等方面应与担保物权等同视之。本条第1款第2句为实质担保观的确立以及对非典型担保基于实质担保观而展开解释留下空间。应注意,本条之规定不意味着非典型担保交易所产生的担保权益就是担保物权,其构造有赖于具体规则解释论的展开。

四、担保的从属性

本条第1款第3句规定,担保合同是主债权债务合同的从合同。该规则确立了担保合同的从属性,学界通常以该句作为担保从属性的实证法基础。本条第1款第4句另特别指明,主合同无效的,担保合同无效。《民法典担保制度解释》第2条第1款第1句另规定,当事人约定担保合同效力独立于主合同的,该约定无效。基于此,本条规定的担保合同从属性属强行规范。

关于担保从属性的表达,更为学界认可的是"担保权从属于主债权"。[②] 此说值得赞同。依通说,担保之从属性是指担保权在设立、内容、处分、实现、消灭上从属于主债权。《民法典》仅在第407条规定了抵押权在移转(处分)上的从属性,有必要就担保从属性的完整内涵通过规定"担保权从属于主债

---

① 参见王利明:《担保制度的现代化:对〈民法典〉第388条第1款的评析》,载《法学家》2021年第1期。

② 参见高圣平:《民法典担保从属性规则的适用及其限度》,载《法学》2020年第7期;李运杨:《担保从属性:本质、功能及发展》,载《澳门法学》2020年第2期。

权"加以总括性的规定。担保从属性的本质是在担保权与债权之间建立同步性的法定机制,①规定担保合同的从属性无非只是为了实现担保权从属于主债权的效果,不妨直接规定担保权之从属性,没有必要将担保合同牵扯其中。将担保合同规定为从合同的弊端在于,如果担保合同约定即便主债权合同无效,担保人亦对财产返还义务承担担保责任,该约定将因担保合同的从属性随同主债权合同的无效而归于无效,导致当事人的目的落空。反之,如果规定担保权的从属性,则可以避免此种结果,因为主债权合同虽无效,但合同无效后的财产返还请求权依然存在,可以作为主债权。

7 担保权在设立、内容、处分、实现、消灭上从属于主债权,亦即:1. 特定主债权存在是设立担保权之前提;② 2. 担保权所担保的范围不超过其担保的主债权及其从债权(利息、违约金、损害赔偿金等)的数额;③ 3. 担保权不能与主债权分别移转;4. 担保权之实现旨在清偿主债务;5. 担保权随主债权消灭而消灭。例外限于法律另有规定,包括金融机构开立的独立保函(《民法典担保制度解释》第 2 条第 2 款);最高额抵押、最高额质押、最高额保证。在德国法上,所有权保留、让与担保等非典型担保不具有从属性,④我国应否采取该立场,有待斟酌。另有学者提出,担保权在消灭上的从属性应依情况不同而加以区别。当主债权消灭时,担保权之功能得到实现的,担保权随之消灭;而担保权之功能未得到实现的,担保权在主债权消灭后仍得存续。典型场景如主债权合同无效、解除后,担保权所担保的义务由债务人之给付义务替代为返还义务。⑤ 主债权合同解除并未导致已经受偿的主债权消灭,仅导致债权人负担以返还给付为内容的次给付请求权,为该债权人之给付义务设置的担保权继续担保次给付义务,不消灭应无疑问。主债权合同无效后的财产返还请求权是否受担保权的担保,取决于担保合同对此是否有约定。

五、担保合同无效的责任承担

8 第三人提供的担保合同因自身效力瑕疵而无效的:1. 债权人与担保人均有过错的,担保人承担不超过债务人不能清偿部分的二分之一的赔偿责任;2. 仅担保人有过错的,担保人承担债务人不能清偿部分的赔偿责任;3. 仅债权人有过错的,担保人不承担赔偿责任。(《民法典担保制度解释》第 17 条第 1 款)

---

① 参见李运杨:《担保从属性:本质、功能及发展》,载《澳门法学》2020 年第 2 期。
② 参见程啸:《担保物权研究》,中国人民大学出版社 2017 年版,第 17 页。
③ 参见高圣平:《民法典担保从属性规则的适用及其限度》,载《法学》2020 年第 7 期。
④ 参见李运杨:《担保从属性:本质、功能及发展》,载《澳门法学》2020 年第 2 期。
⑤ 参见刘骏:《主合同无效后担保权存续论》,载《比较法研究》2021 年第 2 期。

第三人提供的担保合同因主合同无效而无效的:1. 担保人无过错的,不承担赔偿责任;2. 担保人有过错的,承担不超过债务人不能清偿部分的三分之一的赔偿责任。(《民法典担保制度解释》第 17 条第 2 款)

从上述规则可以推论,担保合同无效的,以债权人、担保人、债务人责任均分为原则,再依其各自过错程度之别,在均分责任的基础上酌情增减各自责任份额。

第三百八十九条　【担保物权的担保范围】担保物权的担保范围包括主债权及其利息、违约金、损害赔偿金、保管担保财产和实现担保物权的费用。当事人另有约定的,按照其约定。

一、法定担保范围

在当事人没有另行约定的情况下,适用法定担保范围。主债权是指担保物权所担保的原本的债权。① 主债权之利息是指依照约定产生的债权孳息,即约定利息。② 违约金是指预定的违约时应为之给付。③ 损害赔偿金是指用以承担损害赔偿责任的金钱,逾期利息亦属之。④ 保管担保财产的费用是指担保权人占有担保财产期间为妥适保管担保财产而支出的费用,⑤如保管留置物的费用。占有质物是基于合意设立动产质权的必然后果,所以质权人就占有质物本身不得向出质人主张费用。抵押财产被法院扣押(本法第 412 条)后,抵押权人就保管孳息支出的费用亦属之。实现担保物权的费用是指在担保财产变价程序中的合理支出,担保财产的保全费用亦属之。⑥

二、约定担保范围

当事人可以就担保范围予以约定,实践中较为常见的是将纠纷解决过程可能产生的费用约定为一方债务。⑦ 当事人也可能特别约定本条第 1 句所列的部分债权不受担保。值得注意的是,虽然本条允许以约定形式确定担保范围,但要对第三人发生约束效力,应当经过公示。约定的担保范围与登记

---

① 参见程啸:《担保物权研究》,中国人民大学出版社 2017 年版,第 84 页。
② 参见孙宪忠、朱广新主编:《民法典评注:物权编 4》,中国法制出版社 2020 年版,第 32 页(邹海林执笔)。
③ 参见姚明斌:《违约金论》,中国法制出版社 2018 年版,第 43 页。
④ 参见程啸:《担保物权研究》,中国人民大学出版社 2017 年版,第 86 页。
⑤ 同上注,第 88 页。
⑥ 参见高圣平、罗帅:《不动产抵押权优先受偿范围研究——基于裁判分歧的分析和展开》,载《法律科学(西北政法大学学报)》2017 年第 6 期。
⑦ 参见厦门元华资产管理有限公司与林某等民间借贷纠纷再审案,最高人民法院民事判决书(2017)最高法民再 210 号。

的担保范围不一致的,以登记的担保范围为准。(《民法典担保制度解释》第47条)

实践中可能存在担保权人客观上无法就约定担保范围加以登记的情况,司法实践采取因地制宜的办法(《九民纪要》第58条),客观登记不能的约定担保范围亦得对第三人产生约束。[1]

第三百九十条 【担保物权的物上代位性】担保期间,担保财产毁损、灭失或者被征收等,担保物权人可以就获得的保险金、赔偿金或者补偿金等优先受偿。被担保债权的履行期限未届满的,也可以提存该保险金、赔偿金或者补偿金等。

一、物上代位性的构造

关于担保物权的物上代位性,有学者认为应采担保物权延续说。[2] 本书认为,担保物权延续说最大的障碍在于,在担保财产灭失时,保险金、赔偿金等补偿物尚未特定化,不能替代原担保财产成为担保物权的客体,原客体的灭失与新客体的产生之间必然存在时间差,担保物权无从延续。相较于担保物权延续说,法定债权质说具有更强的解释力,因此本条解释宜采法定债权质说[3]。申言之,担保财产毁损、灭失或被征收后,原担保物权消灭(征收情形适用本法第229条,毁损、灭失情形参照本法第231条),同时,担保人取得给付保险金等补偿物的请求权,该请求权替代原担保财产成为担保物权的客体,由此成立一项债权质权。《民法典担保制度解释》第42条倾向于法定债权质说。

二、物上代位权的行使条件

第一,担保财产毁损、灭失或者被征收。毁损为担保财产的部分灭失。灭失为担保财产全损,包括事实上的全损和推定全损。[4] 征收导致担保人丧失担保财产所有权,并导致担保物权消灭。担保财产价值下降不是灭失。

第二,存在代位物。若无代位物存在,担保物权消灭且不产生代位权,担保物权人不得依其已消灭的担保物权就其他物优先受偿。例如,因抵押人原

---

[1] 参见中国华融资产管理股份有限公司重庆市分公司、重庆晋愉地产(集团)股份有限公司金融借款合同纠纷案,最高人民法院民事判决书(2018)最高法民终950号。

[2] 参见高圣平:《担保法论》,法律出版社2009年版,第343页;陈明添、谢黎伟:《抵押权的物上代位性》,载《华东政法学院学报》2005年第3期。

[3] 参见程啸:《担保物权人物上代位权实现程序的建构》,载《比较法研究》2015年第2期。

[4] 参见孙宪忠、朱广新主编:《民法典评注:物权编4》,中国法制出版社2020年版,第38页(邹海林执笔)。

因造成未保险的抵押财产毁损、灭失的,抵押权人仅得依本法第408条对担保利益予以补救。此处所谓代位物应理解为保险金等补偿物给付请求权。

三、物上代位权的行使方式与效果

依法定债权质说,担保物权人对保险金等补偿物给付请求权享有质权,该质权应依债权质权规则行使。本条第1句中的"担保物权人可以就获得的保险金、赔偿金或者补偿金等优先受偿"应当解释为:担保物权所担保的主债权已届期的,担保物权人有权请求保险金等补偿物给付义务人向其交付补偿物,《民法典担保制度解释》第42条已经承认担保物权人可以对给付义务人行使该请求权;补偿物为金钱的,担保物权人受领补偿物时,主债权以及补偿物给付请求权同时因受到清偿而消灭;补偿物为普通动产或者不动产的,补偿义务人给付后,担保物权人的债权质权转化为动产质权或者不动产抵押权,动产或者不动产成为债权的代位物,担保物权再次发生物上代位①。本条第1句虽未明确规定补偿物包括普通动产和不动产,但其中"等"字应解释为包含此类补偿物,而且,担保物权人的"优先受偿"主要针对的是此类补偿物。实践中有判决认为,征收补偿物为房屋者,抵押权人对补偿房屋直接享有抵押权。②

依据《民法典担保制度解释》第42条第2款的规定,除非抵押权人已要求给付义务人向其给付补偿物,否则给付义务人在向抵押人给付补偿物后,抵押权人不可请求给付义务人再次给付。此种情形中,补偿物为未特定化的金钱的,抵押人的补偿物给付请求权因受到清偿而消灭,抵押权人的债权质权因丧失客体而消灭。补偿物为特定化的金钱或者普通动产、不动产的,抵押权人的债权质权依然转化为动产质权或者不动产抵押权。此亦符合本条第1句"等优先受偿"之规定。

本条第2句规定,主债权未届期的,担保物权人可主张提存补偿物。对于提存后的补偿物,担保物权人取得质权或者抵押权。补偿物为金钱且被存入提存账户的,担保物权人对账户债权取得质权。

第三百九十一条 【未经担保人同意转移债务的法律后果】第三人提供担保,未经其书面同意,债权人允许债务人转移全部或者部分债务的,担保人不再承担相应的担保责任。

---

① 参见[德]鲍尔、施蒂尔纳:《德国物权法(下册)》,申卫星、王洪亮译,法律出版社2006年版,第744页。
② 参见青岛融资担保中心有限公司、江苏泰成企业集团有限公司追偿权纠纷案,最高人民法院民事判决书(2020)最高法民再31号。

第三百九十二条 【混合共同担保规则】被担保的债权既有物的担保又有人的担保的,债务人不履行到期债务或者发生当事人约定的实现担保物权的情形,债权人应当按照约定实现债权;没有约定或者约定不明确,债务人自己提供物的担保的,债权人应当先就该物的担保实现债权;第三人提供物的担保的,债权人可以就物的担保实现债权,也可以请求保证人承担保证责任。提供担保的第三人承担担保责任后,有权向债务人追偿。

一、规范对象

本条包括物保与人保并存时担保责任顺位规则以及承担担保责任后担保人的追偿权规则。本条所称物保与人保并存采客观说,[①]即在客观上同一债务上并存着复数的担保(既存在人的担保也存在物的担保),而无须担保人之间存在意思联络。此外,物的担保不限于典型担保物权,亦包含本法第388条所称"其他具有担保功能的合同"中债权人对物的交换价值所享有的物权性权利。

二、担保责任的顺位

(一)意定责任顺位

本条第1句第1分句"债权人应当按照约定实现债权"所称"约定"包括债权人与担保人对担保责任承担顺位的约定。[②] 在明确约定顺位的情况下,排除该句后两分句的适用,例如当事人约定先就第三人提供的物保或人保实现债权。

关于约定的明确性,最高人民法院认为,本条第1句所称"约定","既包括限制债权人选择权行使的约定,也包括确定或者赋予债权人选择权的约定",只要当事人之间的约定能够体现上述两点之一者即已满足明确约定的要求。[③] 该观点值得肯定。

如无其他无效情形,债权人与个别担保人单独约定担保责任顺位有效。例如债权人与保证人约定,债权人应先通过担保物权实现债权,保证人仅就债权人实现担保物权后仍未受偿部分承担保证责任。[④] 但基于合同相对性,

---

[①] 参见谢鸿飞:《共同担保一般规则的建构及其限度》,载《四川大学学报(哲学社会科学版)》2019年第4期。

[②] 参见邹海林:《我国〈民法典〉上的"混合担保规则"解释论》,载《比较法研究》2020年第4期。

[③] 参见中国建设银行股份有限公司榆林新建南路支行与榆林聚能物流有限责任公司等金融借款合同纠纷案,最高人民法院民事判决书(2017)最高法民终170号。

[④] 参见黄喆:《保证与物的担保并存时法律规则之探讨——以〈物权法〉第176条的规定为中心》,载《南京大学学报(哲学·人文科学·社会科学版)》2010年第3期。

该约定仅在债权人向该约定中的担保人主张权利时产生约束力,不对第三人产生效力,亦即债权人向第三人主张权利不受该约定限制,第三人亦不得援引该约定主张抗辩。① 例如,上例债权人与其他保证人约定了同一顺位承担担保责任,债权人仍然可以行使选择权,而无须先实现担保物权,其他保证人不得要求债权人先行实现担保物权后才得向其主张权利。

(二)法定责任顺位

依照本条第1句第2分句,当事人未就担保责任顺位进行约定或约定不明确,则债权人应首先就债务人提供的物保(自物担保物权)实现债权。债务人物保责任先顺位原则意味着其他担保人仅承担剩余部分的补充责任。② 其他担保人享有一种类似于先诉抗辩权的顺位利益。③ 设置该规则的主要原因是主债务人是债务的最终承担者,首先实现自物担保物权可以避免其他担保人追偿而增加的成本。④

本条第1句第2分句规定的文义范围可宽可窄。比较狭窄的文义包括债务人的物保与第三人的人保并存之情形,比较宽泛的文义也包括债务人的物保、第三人的物保以及第三人的人保并存之情形。从该分句"先就该物的担保"中的"该"字看,倾向于比较宽泛的文义。因为第3分句规定第三人的物保与第三人的人保并存时,没有使用"该"字,此时无须区分第三人的物保与债务人的物保;反之,第2分句规定债务人的物保与第三人的人保之顺位关系时,由于可能同时存在第三人的物保,所以用"该"字特指前面提到的债务人的物保。此种解释可以避免本条第1句第2分句与第3分句发生评价矛盾:依据第3分句,第三人的物保与第三人的保证处于同一责任顺位,依据第2分句,债务人的物保责任先于第三人的保证责任,两相对照,债务人的物保责任当然也须先于第三人的物保责任。⑤ 最高人民法院在某些判例中也

---

① 参见邹海林:《我国〈民法典〉上的"混合担保规则"解释论》,载《比较法研究》2020年第4期。
② 同上注。
③ 参见高圣平:《混合共同担保的法律规则:裁判分歧与制度完善》,载《清华法学》2017年第5期。此种顺序利益不宜认为是先诉抗辩权,理由参见邹海林:《我国〈民法典〉上的"混合担保规则"解释论》,载《比较法研究》2020年第4期。
④ 参见全国人大常委会法制工作委员会民法室:《中华人民共和国物权法条文说明、立法理由及相关规定》(第二版),北京大学出版社2017年版,第356页。
⑤ 参见杨代雄:《〈民法典〉共同担保人相互追偿权解释论》,载《法学》2021年第5期。

认为债务人的物保责任相对于第三人的物保责任也处于优先顺位。①

7 对于第三人的物保与人保之顺位,本条延续了原《物权法》第 176 条的立场,采取同一顺位说。② 若未明确约定责任顺位,债权人在实现债务人的物保之后,对其他担保人提供的物保和人保可以任意选择实现。

8 值得注意的是,在债权人就债务人的物保实现部分债权,但尚未达到"债务人不能履行债务"(本法第 687 条第 1 款)的程度,或未满足本法第 687 条第 2 款规定的例外情形,一般保证人享有先诉抗辩权(本法第 687 条第 2 款)。一般保证人之先诉抗辩权并非人保与物保平等说之例外。先诉抗辩权乃一般保证人相对于主债务人的责任顺位,在解释上可将其视为责任承担顺位的个别约定(参见边码 4),仅生相对约束力。因此,一般保证人虽得行使先诉抗辩权,但仍与其他担保人处于同一责任顺位。

三、担保人的追偿权

(一)向主债务人追偿

9 依据本条第 2 句,担保人承担担保责任后,得就其承担担保责任的范围内全额向主债务人追偿。物上担保人基于本法第 524 条向债权人代为清偿债务后,发生债权法定让与的效果,得就其代为清偿的范围内全额向主债务人追偿。此外,依据《民法典担保制度解释》第 18 条第 2 款的规定,因担保合同无效,对此有过错且承担相应赔偿责任的担保人,亦得就其承担赔偿责任的部分向主债务人追偿。

10 在债务人破产的情形中,担保人行使追偿权受到一定限制。其一,依据《民法典担保制度解释》第 23 条第 2 款的规定,仅当担保人清偿债权人全部债权后,才得代位债权人在破产程序中受偿。担保人仅清偿部分债权的,由债权人在破产程序中受偿全部债权,债权人在两次受偿中获得的总额超出其债权额的,担保人有权请求债权人向其返还超额部分。其二,依据《企业破产法》第 51 条第 2 款的规定,仅在债权人未全额申报债权的情况下,担保人才得预先就其追偿权申报债权。

11 债权人在债务人破产的情形中可以在申报债权与请求担保人承担担保责任之间做出选择(《民法典担保制度解释》第 23 条第 1 款)。因债权人原

---

① 参见海口明光大酒店有限公司、海口农村商业银行股份有限公司龙昆支行金融借款合同纠纷案,最高人民法院民事判决书(2017)最高法民终 230 号;延边新合作连锁超市有限公司、吉林龙井农村商业银行股份有限公司抵押合同纠纷案,最高人民法院民事判决书(2017)最高法民终 964 号。

② 参见高圣平:《混合共同担保的法律规则:裁判分歧与制度完善》,载《清华法学》2017 年第 5 期。

因致使担保人不能预先行使追偿权的,担保人可就该债权在破产程序中可能受偿的范围内免除担保责任(《民法典担保制度解释》第24条)。

(二)担保人相互追偿权

1. 立法变迁

原《担保法》第12条明确规定了无意思联络的共同保证人之间享有相互追偿权。而后,原《担保法解释》第38条第1款进一步明确规定了共同担保人之间享有平等的相互追偿权。原《物权法》第176条未明确规定共同担保人是否享有相互追偿权。至此,无意思联络的共同担保人之间是否或应否存在相互追偿权一直受到学界关注,产生了肯定说与否定说的分歧。2019年最高人民法院发布的《九民纪要》第56条持否定说立场。此后,本法第392条整体上沿袭了原《物权法》第176条的表述,且《民法典》未就混合共同担保制度增设新规则。2021年1月1日施行的《民法典担保制度解释》第13条规定,担保人之间享有相互追偿权的构成要件为约定"相互追偿"或者约定"承担连带共同担保"(第13条第1款),例外是"在同一份合同书上签字、盖章或者按指印"的担保人即便没有约定"相互追偿"或者约定"承担连带共同担保"也享有相互追偿权(第13条第2款)。第14条则规定担保人通过受让主债权方式实现相互追偿目的的,仍须满足该解释第13条规定的要件。第18条则重申了本法第392条的内容,并增加担保人承担赔偿责任后向主债务人的追偿权。

自原《物权法》颁布以来,肯定说[1]与否定说的交锋就较激烈。司法实践中支持肯定说的裁判已具备一定规模。[2]《民法典担保制度解释》仅部分采纳了肯定说,总体上看持折中立场。否定说的主要理由包括:第一,无意思联络的担保人之间没有法律关系,若相互间享有追偿权将违背担保人初衷;[3]

---

[1] 肯定论者不乏洞见,较有代表性的观点可参见杨代雄:《共同担保人的相互追偿权——兼论我国民法典分则相关规范的设计》,载《四川大学学报(哲学社会科学版)》2019年第3期;杨代雄:《〈民法典〉共同担保人相互追偿权解释论》,载《法学》2021年第5期;黄忠:《混合共同担保之内部追偿权的证立及其展开:〈物权法〉第176条的解释论》,载《中外法学》2015年第4期;贺剑:《走出共同担保人内部追偿的"公平"误区——〈物权法〉第176条的解释论》,载《法学》2017年第3期;贺剑:《担保人内部追偿权之向死而生——一个法律和经济分析》,载《中外法学》2021年第1期;程啸:《混合共同担保中担保人的追偿权与代位权——对〈物权法〉第176条的理解》,载《政治与法律》2014年第6期。

[2] 参见刘智慧:《混合担保中担保人之间的追偿权证成——〈民法典〉第392条的实证解释论》,载《贵州省党校学报》2020年第5期。

[3] 参见胡康生主编:《中华人民共和国物权法释义》,法律出版社2007年版,第381—382页。

第二,支持否定说可以避免程序不便利;①第三,无意思联络的数个担保人之间不存在与其他担保承担连带责任或向其他担保人追偿的意思,若相互间享有追偿权将违背意思自治原则;②第四,在原《物权法》时期,有学者主张原《物权法》第176条废除了原《担保法解释》第38条第1款的规则,因此共同担保人之间不享有追偿权。③

2. 相互追偿权的构成要件

(1)有特别约定的混合共同担保

14　依据《民法典担保制度解释》第13条第1款的规定,混合共同担保人须满足如下要件之一者方享有相互追偿权:第一,担保人之间既约定相互追偿,又约定分担份额;第二,担保人之间约定承担连带共同担保或仅约定相互追偿。

15　约定相互追偿及分担份额的情形中,份额约定发生在担保人之间,不对债权人产生约束。约定连带共同担保应具备连带债务关系中的同位阶性要件④。有学说认为,担保人不得在内部约定相互追偿权的同时,共同与债权人达成发生普遍效力的责任顺位约定。相互追偿权将架空关于责任顺位的约定。⑤

(2)无特别约定的混合共同担保

16　依据《民法典担保制度解释》第13条第2款的规定,未约定连带共同担保亦未约定相互追偿的数个担保人在同一份合同书上签名按印的,享有相互追偿权。按照该条第3款的规定,除此之外的其他情形中不存在相互追偿权。该司法解释的此种规定是否妥当值得探讨。在各担保人未约定相互追偿权的情况下,该司法解释以其是否存在连带责任关系作为承认或者否定相互追偿权的标准,在大方向上是正确的。然而,该条规定却将连带责任关系限缩在一个狭窄的范围内,这是不适当的。

17　从逻辑上看,就同一给付存在数个债务人的,有三种可能性。一是数个债务人就同一给付负担按份清偿义务,即按份债务。二是数个债务人就同一

---

① 参见胡康生主编:《中华人民共和国物权法释义》,法律出版社2007年版,第381—382页。
② 参见崔建远:《物权法》(第二版),中国人民大学出版社2011年版,第426页。
③ 参见江海、石冠彬:《论混合共同担保——兼评〈物权法〉第176条》,载《海南大学学报(人文社会科学版)》2012年第3期;江海、石冠彬:《论共同担保人内部追偿规则的构建——兼评〈物权法〉第176条》,载《法学评论》2013年第6期。
④ Vgl. MünchKomm/Heinemeyer (2019), § 421 Rn. 12ff.
⑤ 参见贺剑:《担保人内部追偿权之向死而生——一个法律和经济分析》,载《中外法学》2021年第1期。

给付之全部在同一位阶上负担清偿义务,即连带债务。三是数个债务人就同一给付之全部在不同位阶上负担清偿义务。同理,在共同担保情形中,数个担保人就同一债务要么负担按份责任,要么负担连带责任,要么依不同位阶负担责任。数个担保人约定承担连带共同担保的,形成意定连带责任关系,毫无问题。数个担保人在同一份合同书——无论是主债务合同书还是担保合同书——上签章,虽未明确约定形成连带责任关系,但依据共同契约行为之原理解释为连带责任关系亦无不可。[①] 既未明确约定连带责任关系也未在同一份合同书上签章的,在数个担保人约定担保责任顺位的情况下显然不构成连带责任关系,但在未约定担保责任顺位的情况下却未必不构成连带责任关系。依据本条第1句第3分句,第三人提供物保且未约定担保责任顺位与担保责任外部份额的,债权人既可以就物保实现债权,也可以请求保证人承担保证责任。物上担保人与保证人在此种情形中的关系只能定性为连带责任关系,这是逻辑上的必然结论。一方面,物上担保人与保证人不构成不同位阶责任关系;另一方面,物上担保人与保证人在外部关系上并非按照份额承担责任,显然不构成按份责任关系,只剩下一种可能性,就是连带责任关系。类似地,按照本法第699条的规定,同一债务有数个保证人且未约定保证份额的,债权人可以请求任何一个保证人承担保证责任。数个保证人之间的关系既不构成按份责任关系,也不构成不同位阶责任关系,只能定性为连带责任关系。[②]

显然,《民法典担保制度解释》第13条存在一个基本的逻辑错误,将既不构成按份责任关系也不构成不同位阶责任关系从而只能定性为连带责任关系的共同担保排除在"连带共同担保"范畴之外,据此否定担保人的相互追偿权。实际上,只要从当事人之间权利义务关系的结构看,客观上构成连带责任关系的,就无法回避本法第519条连带债务人相互追偿权规则的适用。数个担保人究竟是否约定为连带共同担保、是否在同一份合同书上签章,并非逻辑上以及评价上的关键因素。在这两种情形之外,除非明确约定为按份担保,数个担保人(自己提供物保的债务人除外)照样必须依据法律规定在同一位阶上为同一债务承担担保责任,与约定连带共同担保之情形并无本质区别。

3. 法律效果

约定相互追偿及分担份额的情形中,担保人承担了超出约定份额的担保

[①] Vgl. Erman/Böttcher (2017), § 427 Rn. 1–3.
[②] 参见杨代雄:《〈民法典〉共同担保人相互追偿权解释论》,载《法学》2021年第5期。

责任后,依据相互追偿的约定可就超出部分向其他担保人追偿。

20 若无担保人内部的份额约定,则依法定规则分担。《民法典担保制度解释》第 13 条第 1 款、第 2 款规定,未形成分担份额内部约定者,可要求其他担保人按比例分担。就民法原理而论,基于法定债权移转而生之追偿权,本身为全额追偿,产生限额追偿的效果须经其他限额规则的控制。此处的比例是指担保人应承担的份额比例,担保人就其应承担份额之外的超额承担部分,可以向其他担保人在各自应承担担保份额的范围内追偿。分担比例如何确定,存在不同学说。价值比例说主张各共同担保人在内部依担保物价值及保证债权额的比例分担担保责任,并据此确定相互追偿的范围。[①] 均担说则认为应由各共同担保人在内部按人头分担担保责任。如果有两个担保人,则按照 1∶1 的比例分担;如果有三个担保人,则按照 1∶1∶1 的比例分担。均担模式更为简便、合理。[②] 在法律适用上,关于共同担保人的分担比例与追偿范围,应类推本法第 519 条。

四、证明责任

21 主张存在意定责任顺位的当事人应证明存在关于责任顺位的约定。担保人向债务人追偿的,应证明其已经承担了担保责任。主张相互追偿权的担保人应对相互追偿权的构成要件承担证明责任。

第三百九十三条 【担保物权消灭的共同原因】有下列情形之一的,担保物权消灭:

(一)主债权消灭;
(二)担保物权实现;
(三)债权人放弃担保物权;
(四)法律规定担保物权消灭的其他情形。

一、担保物权消灭

1 担保物权的消灭是指其效力的终止。担保物权的消灭不以注销登记或返还占有为要件,待法定事由出现,即发生担保物权消灭的效果。担保物权消灭后,担保权人应履行注销登记或返还占有的义务。

二、担保物权消灭的原因

2 因担保物权从属于主债权(本法第 388 条第 1 款第 3 句),主债权消灭

[①] 参见高圣平:《混合共同担保的法律规则:裁判分歧与制度完善》,载《清华法学》2017 年第 5 期;谢鸿飞:《共同担保一般规则的建构及其限度》,载《四川大学学报(哲学社会科学版)》2019 年第 4 期。

[②] 参见杨代雄:《共同担保人的相互追偿权——兼论我国民法典分则相关规范的设计》,载《四川大学学报(哲学社会科学版)》2019 年第 3 期。

的,担保物权归于消灭,但最高额抵押、最高额质押除外;主债权部分消灭的,担保物权基于其不可分性(《民法典担保制度解释》第38条第1款)而不消灭。主债权消灭是指债权债务基于本法第557条第1款规定的原因终止。合同解除的,尚未履行的债务归于消灭,为该债务设置的担保物权亦归于消灭;债务已经履行的,债权人负担给付返还义务(次给付义务),为该债权人之原给付义务设置的担保物权转而担保该返还义务。

担保物权人就担保财产之变价所得受偿,无论债权是否完全实现,担保物权均消灭。同一担保财产上的数项担保物权仅得就该担保财产实现一次清算。 3

债权人放弃担保物权即抛弃担保物权。抛弃担保物权是担保物权人的单方法律行为,意思表示须向担保物所有权人作出或者向登记机关作出。① 有学说认为,动产质权之抛弃不以占有返还为要件。② 不动产抵押权的抛弃,抵押权人除应向登记机关或抵押人作出抛弃表示外,还应注销抵押权登记,③抛弃自注销登记时发生效力。登记生效的权利质权之抛弃,亦然。放弃担保物权不应损害第三人利益,第三人对担保物权享有权利的,担保物权人应经其同意才得放弃。④ 与德国法不同,我国民法未规定抛弃担保物权导致所有权人取得担保物权。 4

法律规定的其他情形包括:本法第457条规定的留置权因留置权人丧失对留置物之占有而消灭,因留置权人接受债务人另行提供担保而消灭;本法第419条规定,抵押权人未在主债权诉讼时效期间内行使抵押权的,法院不予保护,对此,《九民纪要》第59条第1款第2句规定,抵押人可以申请注销抵押登记,这意味着不动产抵押因诉讼时效期间届满归于消灭⑤。此外,担保财产灭失且不存在物上代位权的,担保物权消灭;存在物上代位权的,依法定债权质说,担保物权亦消灭,但同时产生债权质权。担保财产为用益物权时,用益物权因届期而消灭的,属于担保财产之灭失,担保物权消灭。⑥ 5

---

① 参见[德]鲍尔、施蒂尔纳:《德国物权法(下册)》,申卫星、王洪亮译,法律出版社2006年版,第116页。
② Vgl. Erman/Schmidt(2020),§1255 Rn. 3.
③ Vgl. Erman/Wenzel(2020),§1168 Rn. 3f.
④ 参见程啸:《担保物权研究》,中国人民大学出版社2017年版,第61页;Vgl. Erman/Schmidt(2020),§1255 Rn. 5;Erman/Wenzel(2020),§1168 Rn. 3.
⑤ 参见最高人民法院民事审判第二庭编著:《〈全国法院民商事审判工作会议纪要〉理解与适用》,人民法院出版社2019年版,第361页。
⑥ 参见晋商银行股份有限公司太原迎泽东大街支行与四子王旗佳辉硅业有限公司等金融借款合同纠纷案,最高人民法院民事判决书(2018)最高法民终292号。

三、法律后果

6 　　担保物权消灭后,担保物权人对担保财产丧失变价权与优先受偿权。担保物权人放弃债务人财产上的担保物权的,将产生使其他担保责任相应减轻的效果(本法第409条第2款、第435条)。

四、证明责任

7 　　担保物权消灭之事实的证明责任由担保人负担。

第十七章　抵押权

第一节　一般抵押权

　　第三百九十四条　【抵押权的定义】为担保债务的履行,债务人或者第三人不转移财产的占有,将该财产抵押给债权人的,债务人不履行到期债务或者发生当事人约定的实现抵押权的情形,债权人有权就该财产优先受偿。

　　前款规定的债务人或者第三人为抵押人,债权人为抵押权人,提供担保的财产为抵押财产。

　　第三百九十五条　【可抵押财产的范围】债务人或者第三人有权处分的下列财产可以抵押:

　　(一)建筑物和其他土地附着物;

　　(二)建设用地使用权;

　　(三)海域使用权;

　　(四)生产设备、原材料、半成品、产品;

　　(五)正在建造的建筑物、船舶、航空器;

　　(六)交通运输工具;

　　(七)法律、行政法规未禁止抵押的其他财产。

　　抵押人可以将前款所列财产一并抵押。

一、构成可抵押财产的条件

1 　　第一,可抵押财产不限于不动产或不动产上的用益物权,还包括动产。以权利提供担保的,除用益物权外,通常在权利上设立质权,但本条与本法第399条均未禁止设立权利抵押权。第二,可抵押的财产须债务人或第三人对其享有处分权,但抵押权人构成善意取得的,不因无权处分而不能取得抵押权。① 第三,可抵押的财产须为特定财产,但动产浮动抵押(本法第396条)不在此限。

二、本条第1款第7项之意义

第一,因本条第1款第7项的存在,该款对可抵押财产的列举不能被认为是一种穷尽列举,因而本条得以解释为通过列举加兜底的模式,一方面为实践中提供具体指引,另一方面预先为新型财产类型提供解释的空间。第二,本项将禁止抵押规范的立法权限限定在法律和行政法规范围内,因此,位阶次于行政法规的规范不应增设禁止抵押的财产类型,即便增设亦不应发生效力。

第三百九十六条 【动产浮动抵押的定义】企业、个体工商户、农业生产经营者可以将现有的以及将有的生产设备、原材料、半成品、产品抵押,债务人不履行到期债务或者发生当事人约定的实现抵押权的情形,债权人有权就抵押财产确定时的动产优先受偿。

一、设立要件

动产浮动抵押人限于商事主体(经营者)。② 有观点认为专业服务机构(如律师事务所)、社会团体等亦可设定浮动抵押。③ 但鉴于本条文义对设定主体的穷尽列举,结合对抵押标的财产类型的列举,解释上难以扩大。

动产浮动抵押标的限于生产经营过程中涉及的动产,④既包括现有的动产,也包括将来可能产生或者取得的动产。有观点认为浮动抵押之标的还可包括应收账款,⑤但考虑到本法将应收账款作为质押之客体,且应收账款质押标的包括未来可能发生的应收账款,故而在《民法典》语境下无此扩张之必要。抵押标的在合同订立时无须特定。当事人可以限定动产的范围。限定范围的方式包括依场所限定,如抵押人的某个仓库、某个分公司、某个店铺中的动产,也包括依类别限定,如约定以现有及将有的产品为抵押物。当然,约定抵押人以其全部现有及将有的各种动产为抵押物,亦无不可。

---

① 参见中国康富国际租赁股份有限公司、中国建设银行股份有限公司喀什地区分行案外人执行异议之诉纠纷案,最高人民法院民事裁定书(2019)最高法民申647号。
② 参见刘家安:《物权法论》,中国政法大学出版社2009年版,第206页。
③ 参见李敏:《论我国浮动担保制度的系统性完善——以适用实况为切入点》,载《法学》2020年第1期。
④ 参见刘家安:《物权法论》,中国政法大学出版社2009年版,第206页。
⑤ 参见谢在全:《浮动资产担保权之建立——以台湾地区"企业资产担保法草案"为中心》,载《交大法学》2017年第4期。

3　　动产浮动抵押之设立适用本法第 400 条,应订立书面合同,自合同生效时设立(本法第 403 条第 1 分句)。

二、对抗要件

4　　依照本法第 403 条第 2 分句,未经登记的动产浮动抵押不得对抗善意第三人。关于对抗效力产生的时点,学界存在登记主义(美式浮动担保)[1]与结晶主义(英式浮动担保)[2]的分歧。司法实践中采登记主义。[3]《九民纪要》第 64 条亦确定采登记主义。从本法第 416 条购置款抵押权(PMSI)制度的确立来看,体系上亦应采登记主义的理解。

三、法律效果

5　　自动产浮动抵押设立后,抵押权人对"待确定"财产享有优先受偿权。就将有动产而言,仅在抵押人取得该动产后,其才成为抵押权标的。自抵押财产确定(本法第 411 条)后,抵押权人可对确定的责任财产行使抵押权。

6　　自动产浮动抵押登记后,抵押权产生对抗效力,清偿顺位上优先于此后登记的担保物权(本法第 414 条、第 415 条)。对抗效力的例外是有效设立的购置款抵押权优先于登记在先的动产浮动抵押权实现;正常经营买受人在支付合理价款后,[4]可无负担地取得其购买的物,[5]抵押权人对该物不享有抵押权(本法第 404 条)。抵押人非经营性的处分或正常经营买受人支付非合理对价的,处分行为有效,但抵押权人可依本法第 406 条第 1 款第 3 句追及。

四、证明责任

7　　动产浮动抵押权有效设立的事实以及抵押标的范围由抵押权人承担证明责任。

第三百九十七条　【房地一体抵押】以建筑物抵押的,该建筑物占用范围内的建设用地使用权一并抵押。以建设用地使用权抵押的,该土地上的建筑物一并抵押。

抵押人未依据前款规定一并抵押的,未抵押的财产视为一并抵押。

---

[1]　参见董学立:《浮动抵押的财产变动与效力限制》,载《法学研究》2010 年第 1 期。
[2]　参见龙俊:《动产抵押对抗规则研究》,载《法学家》2016 年第 3 期。
[3]　参见湖南省现代融资担保有限公司(原湖南省安迅担保有限公司)、中信银行股份有限公司长沙分行案外人执行异议之诉纠纷案,最高人民法院民事判决书(2019)最高法民再 237 号。
[4]　正常经营买受人对其购买之物上存在浮动抵押负担的事实无须善意。参见董学立:《浮动抵押的财产变动与效力限制》,载《法学研究》2010 年第 1 期。
[5]　参见纪海龙、张玉涛:《〈民法典物权编(草案)〉中的"正常经营买受人规则"》,载《云南社会科学》2019 年第 5 期。

第三百九十八条 【乡镇、村企业之建设用地使用权、建筑物抵押】乡镇、村企业的建设用地使用权不得单独抵押。以乡镇、村企业的厂房等建筑物抵押的,其占用范围内的建设用地使用权一并抵押。

一、"一并抵押"的含义

有学者认为,第397条第1款、第398条第2句规定的"一并抵押"属任意规范,建筑物或建设用地使用权单独抵押者有效。[①] 另有学者认为"一并抵押"宜理解为"一并处分"。[②] 虽然该见解有可取之处,但本书认为无此必要。该观点所称"处分"意指在实现抵押权时房地一并处分,该规则已由本法第356条、第357条明确规定的房地一并处分(所有权移转)之规则所涵盖,若此处作"一并处分"解释,似有违背立法目的之虞。

"一并抵押"的立法目的在于避免建筑物与建设用地使用权的权属分离。不过,抵押权的设立虽属处分行为,但其本身并不能导致建筑物与建设用地使用权的权属分离。仅当实现抵押权时,在建筑物或者建设用地使用权上单独设立的抵押权才可能导致二者权属分离。此种危险通过在抵押物变价时适用本法第356条、第357条即可避免,无须在抵押权设立阶段强制建筑物与建设用地使用权一并抵押。抵押人为了控制风险可能只愿意以其中一个标的设立抵押权,另一个标的虽在实现抵押权时被一并处分,但其变价所得不能被抵押权人用于受偿债权。本法第417条之规定亦表明,"一并处分"不等于"一并优先受偿"。从这个角度看,上述第一种学说值得肯定。应允许抵押人与债权人约定仅抵押建筑物或者建设用地使用权。当然,在不动产登记制度不允许登记此种特约的情况下,此种特约不能发生物权效力,当事人仅抵押建筑物或者建设用地使用权的,只能依据第397条第2款"视为一并抵押"。此时,抵押权人就未抵押之建筑物或者建设用地使用权法定取得抵押权,此项法定抵押权无须登记即可成立。

二、"一并抵押"的法律效果

一并抵押建筑物及建设用地使用权,或就其一单独抵押,产生并存的两项抵押权。有学者将合意一并抵押视为"集合抵押",仅有一项对财产集合的抵押权。[③] 从一物一权原则看,既然我国民法已将建筑物与建设用地使

---

① 参见高圣平、严之:《房地单独抵押、房地分别抵押的效力——以〈物权法〉第182条为分析对象》,载《烟台大学学报(哲学社会科学版)》2012年第1期。
② 参见孙宪忠、朱广新主编:《民法典评注:物权编4》,中国法制出版社2020年版,第96—97页(董学立执笔)。
③ 同上注,第97页(董学立执笔)。

权视为两个标的,则理应产生两项抵押权。

4 　　在抵押建筑物后,一并抵押"占用范围内"的建设用地使用权。"占用范围内"的建设用地使用权是指不动产登记中建设用地使用权的最小单元。以建筑物整体抵押的,建筑物不动产登记上显示的建设用地使用权或份额(面积)即为"占用范围内"的建设用地使用权;以区分所有的建筑物之一部分抵押的,该部分不动产登记上显示的建设用地使用权份额(面积)为"占用范围内"的建设用地使用权。①

5 　　在实现抵押权层面,因本法第356条、第357条一并处分规则,两项抵押权的标的须一并予以变价,而且由于两项抵押权归属于同一个债权人,所以债权人可就变价所得总额优先受偿。

6 　　有学说认为,在抵押人明确将建筑物与建设用地使用权分别抵押的情形中,应采分别受偿说,即由各抵押权人分别对建筑物、建设用地使用权享有抵押权,在其中任一抵押权实现时,基于本法第356条、第357条而一并处分,各抵押权人就抵押财产份额分别优先受偿,②该说在法价值上虽有合理性,但与第397条第2款难以调和。依该款"一并抵押"规则,只能认定两个抵押权人先后"一并取得"建筑物与建设用地使用权的抵押权,依登记时间先后确定其抵押权的顺位。《民法典担保制度解释》第51条第3款对此已有明文规定。

三、集体土地的特殊规定

7 　　本法第398条规定,乡镇、村企业的建设用地使用权不得单独抵押。而依据《土地管理法》第63条第3款的规定,通过出让方式取得的集体经营性建设用地使用权可以抵押。因此,此处"建设用地使用权"应限缩为"非以出让方式取得的建设用地使用权"。③ 此为禁止性规范。

第三百九十九条　【禁止抵押的财产】下列财产不得抵押:

(一)土地所有权;

(二)宅基地、自留地、自留山等集体所有土地的使用权,但是法律规定可以抵押的除外;

(三)学校、幼儿园、医疗机构等为公益目的成立的非营利法人的教育设

---

① 参见高圣平、严之:《房地单独抵押、房地分别抵押的效力——以〈物权法〉第182条为分析对象》,载《烟台大学学报(哲学社会科学版)》2012年第1期。

② 同上注。

③ 参见孙宪忠、朱广新主编:《民法典评注:物权编4》,中国法制出版社2020年版,第105页(董学立执笔)。

施、医疗卫生设施和其他公益设施；

（四）所有权、使用权不明或者有争议的财产；

（五）依法被查封、扣押、监管的财产；

（六）法律、行政法规规定不得抵押的其他财产。

本条相较于原《物权法》第184条的主要变化是第2项删去"耕地"，以此和《农村土地承包法》第47条相协调；第3项改用"非营利法人"（本法第87条以下）的表述，概念更为抽象，避免在解释上的困难。

本条第4项仅具有宣示意义。[①] 权属未决仅能引起处分行为效力之未决，因此，以此种财产设定抵押权并非一定无效。例如，抵押人嗣后取得处分权或者被确认为所有权人的，其设定的抵押权有效。依据《民法典担保制度解释》第37条第1款的规定，权属不明或者有争议的财产抵押，经审查构成无权处分的，适用本法第311条。这表明，此类财产抵押并非一律无效。

依据《民法典担保制度解释》第37条第2款、第3款的规定，在实现抵押权之时，依法被查封、扣押、监管的抵押财产已解除相应措施的，抵押权人可以就该抵押财产实现抵押权。依据《民法典物权编解释（一）》第15条第1款第3项结合该条第2款，处分被查封、扣押的财产，按照无权处分与善意取得规则处理。这表明，此类财产的抵押等处分行为并非因违反禁止性法律规定而一律无效。

本条与本法第395条均将禁止抵押规范的立法权限限定在法律和行政法规范围内，未由法律、行政法规所禁止之财产，均得抵押。

第四百条 【抵押合同】设立抵押权，当事人应当采用书面形式订立抵押合同。

抵押合同一般包括下列条款：

（一）被担保债权的种类和数额；

（二）债务人履行债务的期限；

（三）抵押财产的名称、数量等情况；

（四）担保的范围。

第四百零一条 【流押约款禁止】抵押权人在债务履行期限届满前，与抵押人约定债务人不履行到期债务时抵押财产归债权人所有的，只能依法就抵押财产优先受偿。

[①] 参见程啸：《担保物权研究》，中国人民大学出版社2017年版，第216页。

一、流押约款禁止

1　　自原《担保法》以来,我国民法对流质(押)条款均采禁止主义,除了表述上的变化外,本条未实质变更对流押约款效力的认定。依据本条,抵押权人与抵押人在债务履行期限届满前约定的流押约款无效,不发生抵押财产所有权让与的负担或者处分效果。禁止流押约款的目的在于避免因担保人处于急迫状态而达成违背公平与公序良俗的条款。流押约款须达成于债务履行期届满之前,如果在债务履行期届满之后双方约定抵押财产所有权移转于抵押权人以抵偿债务,则属于代物清偿或者抵押权实现中的协议折价,该约定并非无效。

二、流押约款的效力

2　　流押约款无效,一如根本不存在该条款,抵押权人只能就抵押财产优先受偿。抵押合同中其他条款的效力不受影响。

3　　买卖型担保与附流押约款的抵押异曲同工,所以也适用流押禁止,《民间借贷解释》第23条对此已有规定。《民法典担保制度解释》第68条第2款亦将流押约款禁止规则适用于让与担保。

第四百零二条　【不动产抵押登记生效】以本法第三百九十五条第一款第一项至第三项规定的财产或者第五项规定的正在建造的建筑物抵押的,应当办理抵押登记。抵押权自登记时设立。

第四百零三条　【动产抵押权设立及登记效力】以动产抵押的,抵押权自抵押合同生效时设立;未经登记,不得对抗善意第三人。

一、动产抵押权的设立

1　　动产抵押权自抵押合同生效时设立,抵押合同须为书面合同(本法第400条)。动产抵押权自设立后已构成一项担保物权,登记仅为动产抵押权的对抗要件,未经登记不影响其物权性质,抵押权人可依该权利就抵押财产优先受偿。

2　　需加以说明的是,抵押权的设立须客体特定,当抵押合同生效但抵押动产尚未特定时,抵押权未设立。动产浮动抵押不在此限。本法第399条及其他法律、法规未禁止抵押的各种动产皆可抵押,无论是否属于本法第395条所列举的动产。

二、第三人的范围

3　　按照《民法典担保制度解释》第54条的规定,本条所指第三人是指动产的善意受让人、善意承租人、查封或者扣押债权人、参与分配债权人、破产债权人。① 其中不得对抗善意受让人是指抵押权人不得依本法第 406 条第 1 款之规定行使追及权。不得对抗善意承租人是指未经登记动产抵押权人不得对善意承租人主张抵押破租赁。不得对抗查封或者扣押债权人等是指不得对其主张优先受偿效力。善意是指受让人或者承租人不知道且不应当知道存在抵押合同。司法解释未要求查封或扣押债权人、参与分配债权人、破产债权人须为善意。

本条中的第三人不包括其他担保物权人,未经登记的动产抵押权人与其他担保物权人的关系适用本法第 414 条和第 415 条。

三、证明责任

推定第三人为善意,抵押权人须证明第三人非为善意。

第四百零四条 【正常经营买受人的保护】以动产抵押的,不得对抗正常经营活动中已经支付合理价款并取得抵押财产的买受人。

一、规范对象

本条规范对象是抵押动产在正常经营活动中被出卖时,动产抵押权的追及效力。若非正常经营活动中出卖抵押动产,原则上处分行为有效(本法第 406 条第 1 款),抵押权是否具备追及效力适用本法第 403 条,区分抵押权登记与否、买受人善意与否作不同处理。

所有权保留、融资租赁基于《民法典担保制度解释》第 56 条可以准用本条规定。

二、构成要件

出卖之抵押财产为动产。出卖抵押动产并符合本条构成要件的,已出卖的抵押动产不受抵押权追及。原《物权法》第 189 条第 2 款规定,正常经营买受人不受追及仅限于动产浮动抵押情形,本条将该规则适用范围扩大到动产固定抵押。抵押不动产之转让,无论是否发生在正常经营活动中,均适用本法第 406 条之规定。

抵押动产在正常经营活动中被出卖。正常经营活动是指以出售该种动产为常业的出卖人(抵押人)与买受人之间的买卖活动。② 具体而言:第一,出卖人应当以出卖抵押动产同类商品为业。因此,出卖人出售用于制造其商

---

① 参见高圣平:《民法典动产担保权登记对抗规则的解释论》,载《中外法学》2020 年第 4 期。
② 参见董学立:《论"正常经营活动中"的买受人规则》,载《法学论坛》2010 年第 4 期;纪海龙、张玉涛:《〈民法典物权编(草案)〉中的"正常经营买受人规则"》,载《云南社会科学》2019 年第 5 期。

品的生产设备当然不属于正常经营活动(《民法典担保制度解释》第56条第1款第2项)。同类商品应作广义理解,凡生产设备、工艺相近者,即便用途、造型、结构不同,亦视作同类商品。例如以生产、销售注塑眼镜为业的出卖人,在疫情期间更换模具,改为生产并销售注塑防护面罩,因其先后生产的均为注塑产品,应认为属同类商品。另据《民法典担保制度解释》第56条第2款规定,正常经营活动还应当在出卖人营业执照明确记载的经营范围内持续销售同类动产。第二,正常经营活动限于买卖活动,并且交易的主观目的限于买卖,出卖人以设立担保为目的而出卖抵押动产的不属于正常经营活动(《民法典担保制度解释》第56条第1款第3项)。第三,《民法典担保制度解释》第56条第1款还规定存在下述情形的,推定为不属于正常经营活动:1. 购买商品的数量明显超过一般买受人的(该款第1项);2. 买受人与出卖人存在直接或间接的控制关系的(该款第4项)。上述情形极易出现出卖人恶意减少抵押动产的情况,但并不意味着上述情形必然等同于出卖人恶意减少抵押动产。因此本书认为,《民法典担保制度解释》第56条第1款第1项、第4项仅为推定规则,有客观证据证明上述情形之发生存在正当理由的,应仍属正常经营活动。

5 价款数额合理。合理价款应与市场价格相近,[①]否则买受人不能因本条而免受追及。若严格依照本条文义,仅约定而未实际支付合理价款的买受人应受抵押权追及。但是,买卖合同生效后,买受人给付价款之义务已经产生,履行该义务的时点并不会对出卖人的经济状况产生重大影响。并且,比较法上亦鲜有此限制。[②] 本书认为,是否实际支付价款没有实质不同,本条的规范重点仅在于价款数额的合理,"已经支付合理价款"宜认为包括约定而未实际支付合理价款。

6 抵押动产之所有权已移转。动产所有权移转之公示手段为交付,交付可以是现实交付,也可以是观念交付。抵押动产未交付,买受人尚未取得所有权,抵押动产仍为出卖人所有,不存在抵押权追及的问题。

7 买受人对于抵押权的存在无须善意。就此而论,正常经营买受人保护规则与本法第403条中的善意第三人保护规则不同。《民法典担保制度解释》第56条第2款将本条适用范围限定于已登记的动产抵押权、所有权保留和融资租赁,并于第1款第5项规定买受人应当查询抵押登记而未查询的,不

[①] 参见李运杨:《评析〈物权法〉第189条第2款——兼及正常经营中的买受人制度》,载《甘肃理论学刊》2010年第2期。

[②] 参见纪海龙、张玉涛:《〈民法典物权编(草案)〉中的"正常经营买受人规则"》,载《云南社会科学》2019年第5期。

能享受正常经营买受人之保护。若严格执行此项解释,则正常经营买受人保护规则并无多少适用余地,因为动产担保物权既然已经登记,买受人购买动产时即应通过查询登记了解该动产上是否存在担保物权。实际上,之所以设置正常经营买受人保护规则,是为了弥补动产抵押登记对抗主义对动产买受人保护力度之不足,避免动产抵押妨碍动产的正常市场流通,毕竟普通动产抵押登记的公示作用比较有限。因此,不应要求正常经营买受人在购买动产时查询抵押登记,否则将导致正常经营买受人保护规则的适用要件比本法第403条更为严格,变得毫无意义。此外,既然已经登记的动产抵押适用正常经营买受人保护规则,则未登记的动产抵押没有理由不适用该规则,此种情形中的动产买受人更应得到保护,反之,动产抵押权人更不值得保护。本条规定与本法第403条第2分句在此种情形中发生竞合,未登记抵押物的买受人可以任选一种保护。

有学说认为,正常经营买受人对于抵押物禁止转让特约应为善意。[1] 此说值得商榷。既然已登记的动产抵押权不应对抗正常经营买受人,则附属于该动产抵押权的禁止转让特约也不应对抗正常经营买受人,无论该特约是否已被登记。皮之不存,毛将焉附,在基本效果被否定的情况下,特别效果当然无从发生。

三、法律效果

当抵押动产在正常经营活动中被出卖,且出卖人与买受人约定合理价款并已移转抵押动产之所有权,无论抵押权被登记与否,无论买受人对抵押权存在之事实善意与否,抵押权均不发生追及效力,买受人可无负担地取得抵押动产。

若抵押动产之买卖活动不属于本条规定的正常经营活动,或价款数额不合理,则检视抵押权是否登记。若抵押权经登记,则买受人取得抵押动产之所有权,抵押权发生追及效力。若抵押权未经登记,则进一步检视买受人对抵押权之存在是否为善意,若是,则买受人依本法第403条第2分句无负担地取得抵押动产之所有权;若否,则买受人取得抵押动产之所有权,抵押权发生追及效力。

此外,在动产固定抵押的情形中,正常经营的买受人无负担地取得抵押动产所有权,将导致抵押权消灭。此种情形当然符合第406条第2款规定的"抵押财产转让可能损害抵押权",抵押权人有权请求出卖人就价款提前清偿或提存。

---

[1] 参见董学立:《论"正常经营活动中"的买受人规则》,载《法学论坛》2010年第4期。

四、证明责任

主张免受抵押权追及的买受人应举证证明其在正常经营活动中以合理价款购买抵押动产,并已取得抵押动产之所有权。

第四百零五条 【抵押不破租赁】抵押权设立前,抵押财产已经出租并转移占有的,原租赁关系不受该抵押权的影响。

一、抵押不破租赁的条件

依本条文义,租赁关系生效时点或者转移占有时点中较晚者早于抵押权设立时点的,租赁关系不因抵押权的实现而终止。在抵押权设立后续租的,若续租租期在主债务履行期限届满后才届满的,且对抵押权有实质影响(例如抵押权人对抵押财产估值未考虑续租导致的价值减损),则应视抵押权设立早于租赁关系,抵押破租赁。[①] 不过,如果租赁合同约定承租人享有续租选择权,则因承租人行使该选择权而续租的,即便对抵押权有实质影响,仍适用抵押不破租赁规则,因为选择权是原租赁关系的组成部分,债权人在取得抵押权时应承受该选择权之负担。在抵押权设立后合法转租的,转租期限不超出原租赁期限的,转租行为未对抵押权产生不利影响,应以原租赁关系生效时点视为租赁关系生效时点。

不动产抵押权自登记时设立,应以登记时点为准判断抵押是否破租赁。动产抵押权虽自抵押合同生效时设立,但自登记后才发生对抗效力,所以,在动产抵押权设立后登记前成立租赁关系且转移占有的,应依本法第 403 条认定该动产抵押权不得对抗善意承租人,抵押权的实现不影响善意承租人之租赁关系的存续。

二、法律效果

抵押不破租赁的效果是,租赁关系不因抵押权的实现而终止,在抵押权实现程序中取得抵押财产所有权的人须承受租赁关系。

有疑问的是,在抵押权设立后才成立租赁关系或者才转移占有的,抵押是否破租赁。原《物权法》第 190 条第 2 句规定"先抵后租"的,租赁关系不得对抗已登记的抵押权,结果上就是抵押破租赁。本条未将该句规定纳入其中。在法律适用上应对本条予以反面解释:抵押权设立后抵押财产出租,或者抵押权设立前抵押财产出租但设立后才转移占有的,原租赁关系受该抵押权的影响。此种情形中,在为实现抵押权而拍卖、变卖抵押财产时,承租人不

---

① 参见常鹏翱:《先抵后租赁的法律规制——以〈物权法〉第 190 条第 2 句为基点的分析》,载《清华法学》2015 年第 2 期。

得依据本法第725条主张买卖不破租赁。对本法第406条第1款第3句予以当然解释,亦可得出上述情形中抵押权不受租赁关系影响之结论。值得注意的是,《城镇房屋租赁合同解释》第14条已规定"先抵后租"情形中,实现抵押权时不适用"让与不破租赁"规则。

有学说认为,在"先抵后租"情形中,实现抵押权时抵押并非当然破租赁,仅当因租赁关系存在而使抵押财产价值减损或无人应拍时,抵押权人才可主张租赁关系终止,而后再行变价。① 这意味着抵押权人有义务尝试"带租约"变价,而且在尝试失败后须表示终止租赁关系。由抵押权人承担此类程序成本,是否具有充分的正当基础,有待斟酌。毕竟在其取得抵押权时抵押财产上并未负担租赁关系,在实现抵押权时没有理由强加给其此项负担。租赁关系是否继续存在,应由承租人与抵押财产的受让人另行协商。

三、证明责任

主张抵押不破租赁的当事人承担租赁关系生效时点或者转移占有时点中较晚者早于抵押权设立时点这一事实的证明责任。

第四百零六条 【抵押财产转让规则】抵押期间,抵押人可以转让抵押财产。当事人另有约定的,按照其约定。抵押财产转让的,抵押权不受影响。

抵押人转让抵押财产的,应当及时通知抵押权人。抵押权人能够证明抵押财产转让可能损害抵押权的,可以请求抵押人将转让所得的价款向抵押权人提前清偿债务或者提存。转让的价款超过债权数额的部分归抵押人所有,不足部分由债务人清偿。

一、抵押财产转让

抵押人对抵押财产之处分权不受抵押权限制,抵押人让与抵押财产所有权无须抵押权人同意。所有权让与不限于买卖,赠与、互易等亦属之。有观点认为本条第1款不适用于动产抵押。② 尽管抵押动产出卖后,动产抵押权人无法通过抵押权实现债权的风险较不动产抵押更高,但本书认为尚无必要采取这一解释方案。理由在于,依本条文义,不能解读出动产抵押之特殊性,并且本法第404条适用范围扩张至动产固定抵押,亦暗含动产固定抵押人有权处分抵押动产之意。联系本条第2款可有事后救济的途径,为避免动产抵押权人在抵押动产转让后受偿风险的提高,在解释上可推定转让抵押动产将

---

① 参见程啸:《论抵押财产出租时抵押权与租赁权的关系——对〈物权法〉第190条第2句的理解》,载《法学家》2014年第2期。

② 参见刘家安:《〈民法典〉抵押物转让规则的体系解读——以第406条为中心》,载《山东大学学报(哲学社会科学版)》2020年第6期。

损害抵押权,[1]抵押权人证明抵押人转让抵押动产后即得依本条第2款第2句请求以价款提前清偿或提存价款。

2　抵押财产禁止转让特约仅生债法上的约束力,对受让人不生效力,受让人仍可取得抵押财产,但受抵押权追及。按照《民法典担保制度解释》第43条的规定,受让人对抵押财产禁止转让特约知情的,或者当事人已将特约登记的,抵押权人可主张抵押财产转让不发生物权效力。例外之例外为受让人代为清偿债务,抵押权消灭的,受让人可取得所有权。此项司法解释强化了抵押财产禁止转让特约的效力,是否妥当,有待斟酌。

3　本条虽规定抵押人负有通知义务,但未规定违反该义务之后果,学界主流观点认为此为倡导性规范,违反该义务不会引起转让抵押财产之行为无效。[2] 但违反通知义务应承担违约责任。

4　有观点认为,抵押权人能够证明转让抵押财产可能损害抵押权的,发生物上代位,抵押权人可就作为代位物之价金优先受偿。[3] 解释上采物上代位说虽在利益平衡上亦合理,但难与体系融洽。理由如下:在抵押财产转让后,抵押权人无权向买受人请求给付价金,此与物上代位权利不符,且行为模式有违物上代位之法定债权质权[4]的构造。故应依文义,理解为此种情形中抵押权人依法可请求提前清偿或提存。

5　抵押财产转让之价金归属于抵押人,仅抵押人有权请求受让人给付价金。

二、抵押权之追及效力

6　未经抵押权实现程序的所有权让与,原则上抵押权均有追及效力,抵押权人有权就抵押财产优先受偿。受抵押权追及之受让人可依本法第524条代为清偿,自清偿后,抵押权消灭,并发生债权法定移转效果。

7　抵押动产之正常经营买受人可无负担地取得动产所有权并阻却抵押权之追及(本法第404条)。动产抵押权未经登记,善意受让人不受追及(本法第403条)。抵押人就转让抵押财产所得价金提前清偿的,抵押权消灭,而非抵押权不追及。

---

[1] 有观点认为抵押财产转让本身就可能损害抵押权。参见孙宪忠、朱广新主编:《民法典评注:物权编4》,中国法制出版社2020年版,第172页(董学立执笔)。

[2] 参见高圣平、罗帅:《〈民法典〉不动产抵押权追及效力规则的解释论》,载《社会科学研究》2020年第5期。

[3] 同上注。

[4] 参见程啸:《担保物权人物上代位权实现程序的建构》,载《比较法研究》2015年第2期。

三、证明责任

抵押权人主张追及的,仅对抵押权已设立之事实承担证明责任,主张不得追及的抵押财产受让人应对不得追及的合法事由承担证明责任。若存在抵押财产禁止转让约定的,应推定受让人对此为善意,受让人对抵押关系中禁止转让的约定知情或应当知情之事实,由主张追及之抵押权人举证证明。抵押财产转让可能损害抵押权之事实,由抵押权人举证证明。

第四百零七条 【抵押权处分的从属性】抵押权不得与债权分离而单独转让或者作为其他债权的担保。债权转让的,担保该债权的抵押权一并转让,但是法律另有规定或者当事人另有约定的除外。

抵押权是债权的从权利,依"从随主"规则,只能随债权一并处分。单独转让抵押权者无效。明确约定仅转让债权的,抵押权不随同转让,抵押权在债权转让后消灭。[①] 最高额抵押在债权确定前,转让部分债权的,抵押权不随同转让(本法第421条)。依据本法第547条第2款的规定,随同转让之抵押权不以办理移转登记为移转要件。此亦得到司法实践支持,[②]如最高人民法院《九民纪要》第62条第2句之规定。

"作为其他债权的担保"是指以抵押权为担保财产设立担保物权。依据本条,抵押权只能随同主债权一并作为担保财产设立债权质权,担保其他债权。

第四百零八条 【抵押权人的保全权】抵押人的行为足以使抵押财产价值减少的,抵押权人有权请求抵押人停止其行为;抵押财产价值减少的,抵押权人有权请求恢复抵押财产的价值,或者提供与减少的价值相应的担保。抵押人不恢复抵押财产的价值,也不提供担保的,抵押权人有权请求债务人提前清偿债务。

一、构成要件

(一)防止抵押财产价值减少的权利

抵押人实施足以导致抵押财产价值减少之行为的,抵押权人有权请求其停止该行为。此类行为如将抵押的住房改成经营性用房、对抵押的林木进行砍伐。行为人须为抵押人。本条以及其他条文所谓抵押人通常应作广义理

[①] 参见孙宪忠、朱广新主编:《民法典评注:物权编4》,中国法制出版社2020年版,第178—179页(董学立执笔)。
[②] 参见湖南绿兴源糖业有限公司、丁兴耀等与湖南绿兴源糖业有限公司、丁兴耀等借款合同纠纷案,最高人民法院民事裁定书(2015)民申字第2040号。

解，既包括订立抵押合同设立抵押权的抵押人，也包括抵押设立后受让抵押财产的人。第三人的行为可能造成抵押财产价值减损的，抵押权人可依本法第 236 条行使物权请求权。① 无论抵押人的行为还是第三人的行为，均不以行为人具有可归责性为要件。

(二) 请求恢复抵押财产价值或者增加担保的权利

2 抵押财产价值已经减少的，抵押权人有权请求抵押人恢复价值或者另行提供与减少的价值相应的担保。抵押财产价值应已客观上实质性减损。经济形势变化或市场贬值不属于实质性减损。② 价值应有恢复可能性，若否则仅可请求增加担保或提前清偿。③

3 抵押财产价值减少可能由抵押人的行为造成，也可能由第三人行为或者自然原因造成。由第三人行为造成的，抵押权人除了可以依据本条行使保全权外，还可以依据侵权法请求第三人损害赔偿。抵押财产价值减损由抵押权人造成的，抵押权人不享有价值恢复和增加担保请求权。④ 抵押财产价值减少如果由抵押人具有可归责性的行为导致，抵押权人除了行使保全权外，还可以向抵押人主张违约责任或者侵权责任。

二、法律效果

4 本条第 1 句第 1 分句规定的"请求权"在本质上属于不作为请求权，效果上与本法 236 条规定的消除危险请求权相同。本条第 1 句第 2 分句规定的"请求权"在抵押权人与抵押人之间并不具有执行力，抵押权人不能通过诉讼强制抵押人恢复抵押财产价值或者增加担保。抵押人不满足抵押权人之请求的，其自身并不承担不利后果。依据本条第 2 句，不利后果由债务人承担，抵押权人有权请求债务人提前清偿债务。与此不同，抵押权人对抵押人的违约损害赔偿请求权或者侵权损害赔偿请求权具有执行力。

5 抵押人增加担保不以增设抵押权为限，亦可设立他种担保物权。⑤ 增加担保之价值应至少等同于抵押财产减损之价值。

三、证明责任

6 抵押权人应就抵押财产价值减损的可能性或者抵押财产价值已经减损负证明责任。

---

① Vgl. Erman/Wenzel(2020), § 1134 Rn. 6.
② Vgl. Erman/Wenzel(2020), § 1133 Rn. 3.
③ 参见谢鸿飞：《抵押物价值恢复请求权的体系化展开——兼及抵押权保全的立法论》，载《比较法研究》2018 年第 4 期。
④ 同上注。
⑤ 参见梁慧星、陈华彬：《物权法》(第六版)，法律出版社 2016 年版，第 290 页。

第四百零九条　【放弃、变更抵押权；抵押权顺位变更】抵押权人可以放弃抵押权或者抵押权的顺位。抵押权人与抵押人可以协议变更抵押权顺位以及被担保的债权数额等内容。但是，抵押权的变更未经其他抵押权人书面同意的，不得对其他抵押权人产生不利影响。

债务人以自己的财产设定抵押，抵押权人放弃该抵押权、抵押权顺位或者变更抵押权的，其他担保人在抵押权人丧失优先受偿权益的范围内免除担保责任，但是其他担保人承诺仍然提供担保的除外。

一、抵押权的放弃与变更

关于抵押权的放弃，参见第393条边码4。我国民法未规定放弃抵押权导致抵押人取得所有人担保物权，因此，先顺位抵押权人放弃抵押权，导致该抵押权消灭，结果是后顺位抵押权的顺位递进。[①] 无论如何，放弃抵押权对其他抵押权人并无不利，所以无须经其他抵押权人书面同意。[②] 不过，抵押权之放弃应经对该抵押权有利益者同意，否则无效。[③] 有利益者如该抵押权与主债权一并成为债权质权的客体，质权人对于该抵押权的存续有利害关系。 1

抵押权的变更是指对抵押权担保的债权数额等内容予以变更，也包括对抵押权的顺位予以变更。后者在下文阐述。抵押权的变更可能影响其他抵押权人的利益，未经其他抵押权人书面同意，不得对其产生不利影响。例如，经协商，先顺位抵押权担保的债权数额增加，但未经后顺位抵押权人书面同意，则该债权数额增加不得导致后顺位抵押权人本来可以分配到的担保物交换价值减少。在具体操作上，先顺位抵押权人先以变更前之数额受偿，后顺位抵押权人皆受偿后仍有余额的，依变更后的数额减去此前受偿数额之差受偿。 2

鉴于抵押动产上可能竞存其他担保物权（如质权）或非典型担保权利，本条第1款第3句所称"其他抵押权人"应作目的论扩张，未经对抵押财产有担保权利之第三人的书面同意，变更不得对该第三人产生不利后果。 3

二、抵押权顺位的放弃与变更

依民法原理，抵押权顺位具有财产价值，可被处分，处分权归属于抵押权人。顺位变更应由让与顺位利益的抵押权人与受让顺位利益的抵押权人达成变更合意。该变更合意经具有利害关系的其他抵押权人同意的，发生绝对效力。例如，享有800万元债权的第一顺位抵押权人甲与享有1000万元债 4

[①] 亦有观点提出以顺位递进为主，以约定空白担保位置为辅。参见王全弟、盛宏观：《抵押权顺位升进主义与固定主义之选择》，载《法学》2008年第4期。
[②] 参见赵秀梅：《〈物权法〉第194条的裁判分歧及立法完善》，载《法学》2019年第10期。
[③] 同上注。

权的第三顺位抵押权人丙达成顺位变更合意,经享有700万元债权的第二顺位抵押权人乙同意,则丙的抵押权变成第一顺位抵押权,担保1000万元债权,甲的抵押权变成第三顺位抵押权,担保800万元债权。在抵押物变价所得为1600万元的情况下,此项变更导致乙可以受偿的变价所得由700万元减少至600万元,乙受不利影响。反之,顺位变更合意未经乙同意的,依本条第1款第3句,不得对乙产生不利影响。易言之,该顺位变更仅在甲、丙内部发生效力①。在上例中,实现抵押权时,先按照各方固有顺位分配变价所得1600万元,甲可分得800万元,乙可分得700万元,丙可分得100万元,然后,将甲、丙可分得的数额汇总,在二者内部由丙先受偿,甲后受偿。

5　　本条第1款第3句虽仅规定"未经其他抵押权人书面同意"时发生何种效果,但对此予以反面解释可以得出如下结论:经其他抵押权人书面同意的,对其他抵押权人产生不利影响,即顺位变更发生绝对效力。此外,本条第1款第2句中的"抵押权人与抵押人"应解释为"顺位变更所涉及的数个抵押权人与抵押人"。如此,则可将让与顺位利益的抵押权人与受让顺位利益的抵押权人都纳入变更合意之中。

6　　抵押权顺位的放弃是指先顺位抵押权人为了某个后顺位抵押权人的利益,抛弃其先顺位。抛弃仅具有相对效力,抛弃后,在实现抵押权时,仍然先按照各抵押权固有顺位分配抵押财产变价所得,然后在抛弃人与受益人之间,依同一顺位再度分配二者可分得的价款总额。

三、其他担保人的保护

7　　债务人以自己财产设立抵押权的,抵押权人放弃该抵押权或其顺位的,或者减少该抵押权担保数额的,若不作特别处理,将加重其他担保人责任。故而本条第2款规定,在抵押权人放弃之优先受偿权益范围内相应免除其他担保人之责。"其他担保人承诺仍然提供担保"意味着其放弃免责利益。

8　　同一质押财产上设立的数个质权类推适用本条。

第四百一十条　【抵押权实现的条件与方式】债务人不履行到期债务或者发生当事人约定的实现抵押权的情形,抵押权人可以与抵押人协议以抵押财产折价或者以拍卖、变卖该抵押财产所得的价款优先受偿。协议损害其他债权人利益的,其他债权人可以请求人民法院撤销该协议。

抵押权人与抵押人未就抵押权实现方式达成协议的,抵押权人可以请求人民法院拍卖、变卖抵押财产。

---

① 参见崔建远:《物权编如何设计抵押权顺位规则》,载《法学杂志》2017年第10期。

抵押财产折价或者变卖的,应当参照市场价格。

一、抵押权实现的条件

抵押权实现须满足的条件包括:1. 债权届期,包括正常届期与加速到期,后者如债务人被宣告破产(《企业破产法》第46条);2. 债权人未受清偿;3. 不存在法律上的障碍,例如《企业破产法》第75条第1款规定,在重整期间担保物权暂停行使①。例外者,满足当事人约定实现抵押权之条件,无须债权届期即可实现抵押权。但是抵押人不是债务人的,债务人与抵押权人对债权实现条件作出约定的,不当然对抵押人产生约束。

二、抵押权实现的方式

满足抵押权实现条件的,抵押权人与抵押人可以协议折价、拍卖、变卖。折价是指对抵押财产进行估值,抵押权人取得其所有权或者其他权利,但应向抵押人偿还抵押财产估值与债权额的差额。协议拍卖是指自愿拍卖(私的拍卖),抵押权人与抵押人同意委托拍卖机构对抵押财产进行拍卖。协议变卖是指抵押权人与抵押人同意以一般买卖的方式对抵押财产予以变价。②折价或者变卖应当参考市场价。

抵押权人与抵押人关于抵押财产折价、拍卖、变卖的协议可能损害其他债权人的利益,例如,折价过低,协议指定了变卖的买受人且该买受人与抵押权人有利害关系以至于变卖价格过低。对此,本条第1款第2句规定,受害的其他债权人享有撤销权。其他债权人既包括对该抵押财产享有担保物权的债权人,也包括无担保债权人。该撤销权与合同编规定的债权人撤销权存在交叉之处,在除斥期间上应(类推)适用本法第541条之规定。

在债务履行期届满之前,抵押权人可与抵押人约定由抵押权人自行对抵押财产予以拍卖、变卖,因抵押人原因造成抵押权人无法自行变价的,抵押人应承担因此增加的费用(《民法典担保制度解释》第45条)。自行变价简化了抵押权实现程序,有助于提高效率,但也可能导致抵押权人滥用自行变价权,变价过低,损害其他债权人的利益。此时,对于该变价行为,可以通过对本法第539条予以目的论扩张,或者适用本法第132条,保护其他债权人。

未就抵押权实现方式达成协议且事先未约定抵押权人有自行变价权的,抵押权人可以向抵押财产所在地或抵押财产登记地基层人民法院申请实现抵押权(《民事诉讼法》第203条)。法院以拍卖、变卖的方式对抵押财产予

---

① 参见程啸:《担保物权研究》,中国人民大学出版社2017年版,第111—112页。
② 参见黄薇主编:《中华人民共和国民法典物权编解读》,中国法制出版社2020年版,第697页。

以变价。此种拍卖是司法拍卖(公的拍卖)。

三、法律效果

6　无论通过何种方式实现抵押权,抵押财产上设立的抵押权均归于消灭。各抵押权人及其他担保物权人仅对变价所得享有优先受偿权,抵押财产之受让人可无负担地取得该财产。未受偿的部分债权不消灭。

第四百一十一条　【动产浮动抵押财产确定时点】依据本法第三百九十六条规定设定抵押的,抵押财产自下列情形之一发生时确定:

(一)债务履行期限届满,债权未实现;

(二)抵押人被宣告破产或者解散;

(三)当事人约定的实现抵押权的情形;

(四)严重影响债权实现的其他情形。

1　原则上,抵押权实现条件满足之时浮动抵押财产确定。例外者,严重影响债权实现的情形发生时浮动抵押财产确定。浮动抵押财产确定后,浮动抵押变为固定抵押。① 此后新增的动产不属于抵押财产,抵押权人无权优先受偿。

2　本条第 3 项"约定的实现抵押权的情形"如约定库存抵押品低于一定数量时,抵押权人有权实现抵押权。第 4 项所称"严重影响债权实现的其他情形"如抵押人为逃避责任大批量非正常转让抵押动产,抵押权人对于被转让的动产虽有追及权,但动产既已进入流通领域,游移不定,可控性较差,实现抵押权的难度显著加大,所以应允许抵押权人主张抵押财产提前确定,以避免遭受更大损失。有观点认为"其他情形"还应包括本法第 527 条中止履行的法定情形等。②

第四百一十二条　【抵押财产的孳息】债务人不履行到期债务或者发生当事人约定的实现抵押权的情形,致使抵押财产被人民法院依法扣押的,自扣押之日起,抵押权人有权收取该抵押财产的天然孳息或者法定孳息,但是抵押权人未通知应当清偿法定孳息义务人的除外。

前款规定的孳息应当先充抵收取孳息的费用。

1　无论抵押财产被扣押与否,孳息均归属于抵押人。在抵押财产被扣押前,由抵押人收取孳息,被收取的孳息不是抵押权的客体。自抵押财产被扣

---

① 参见程啸:《担保物权研究》,中国人民大学出版社 2017 年版,第 435 页。

② 参见程啸:《担保物权研究》,中国人民大学出版社 2017 年版,第 437 页;孙宪忠、朱广新主编:《民法典评注:物权编4》,中国法制出版社 2020 年版,第 206 页(董学立执笔)。

押后,抵押权人有权收取孳息。此时,给付义务人应向抵押权人给付法定孳息,但抵押权人之法定孳息给付通知到达给付义务人前,给付义务人向抵押人给付孳息的,发生清偿效力,抵押权人不得再次请求其给付孳息。

抵押财产扣押后抵押权人收取的孳息属于抵押权的客体。依本条第 2 款规定,孳息先行抵充收取孳息的费用,有余额者再用于受偿主债权。

第四百一十三条 【抵押权实现的清算】抵押财产折价或者拍卖、变卖后,其价款超过债权数额的部分归抵押人所有,不足部分由债务人清偿。

第四百一十四条 【抵押权竞存时抵押权的顺位】同一财产向两个以上债权人抵押的,拍卖、变卖抵押财产所得的价款依照下列规定清偿:
(一)抵押权已经登记的,按照登记的时间先后确定清偿顺序;
(二)抵押权已经登记的先于未登记的受偿;
(三)抵押权未登记的,按照债权比例清偿。
其他可以登记的担保物权,清偿顺序参照适用前款规定。

不动产抵押权经登记设立,不动产抵押权按照登记的时间先后确定清偿顺位。不动产抵押未经登记的,抵押合同有效,当然仅具有相对的约束力,债权人可依其合同权利主张就合同约定的标的财产受偿债权,但该种受偿不具有优先性,不得对抗第三人。①

动产抵押权在抵押合同生效后设立,已登记的动产抵押权依登记时间先后确定清偿顺位,但依据本法第 416 条的规定,在宽限期内登记的购置款抵押权(PMSI)即便登记时点在后,亦得优先于除留置权外的其他担保物权受偿。依本条第 1 款第 2 项的规定,未经登记的动产抵押权人受偿顺位劣后于已经登记的抵押权人。② 数个未经登记的动产抵押权人,因未经登记之抵押权相互间均不产生对抗效力,故不依抵押权设立先后确定顺位,视为处于同一顺位,按照债权比例受偿。

登记之质权(权利质权)准用本条。所有权保留、融资租赁、有追索权的保理在构造上与动产抵押趋同(本法第 641 条第 2 款、第 745 条、第 768 条)③。若将所有权保留、融资租赁中的担保权益视为担保物权,可适用本

---

① 参见杨代雄:《抵押合同作为负担行为的双重效果》,载《中外法学》2019 年第 3 期。
② 有不同观点认为,若登记的抵押权设立时点晚于未登记抵押权设立时点的,登记抵押权人应为善意。参见席志国:《民法典编纂视野下的动产担保物权效力优先体系再构造——兼评〈民法典各分编(草案)〉二审稿第 205—207 条》,载《东方法学》2019 年第 5 期。
③ 参见高圣平:《民法典动产担保权优先顺位规则的解释论》,载《清华法学》2020 年第 3 期。

条;若否,亦可类推适用之。不过,有追索权的保理适用本法第768条,不适用本条。

第四百一十五条 【抵押权、质权竞存时抵押财产变价款法定清偿顺位】同一财产既设立抵押权又设立质权的,拍卖、变卖该财产所得的价款按照登记、交付的时间先后确定清偿顺序。

1 《民法典》不允许不动产上设立质权,故本条的适用客体限于动产。

2 同一财产上抵押权与质权竞存的,按照公示先后确定受偿顺位。具体而言,动产抵押权已登记的,与动产质权竞存时按公示先后确定受偿顺位;动产抵押权未登记的,无论动产质权之设立是否在先,质权均优先受偿,因为已公示的优先于未公示的。①

3 所有权保留、融资租赁等非典型担保权益与质权竞存时,类推适用本条。

第四百一十六条 【购置款抵押权】动产抵押担保的主债权是抵押物的价款,标的物交付后十日内办理抵押登记的,该抵押权人优先于抵押物买受人的其他担保物权人受偿,但是留置权人除外。

一、构成要件

1 在国际先进动产担保立法经验和国内相关担保实践的基础上,本条规定了购置融资担保交易这种特殊的交易类型,弥补了长期以来我国担保制度中购置融资担保规则的缺失,殊值肯定。关于购置融资提供者所享有的权利,我国目前术语上不统一,存在"购买价款担保权"②"价款债权抵押权"③"购买价金担保权"④"价金超级优先权"⑤"购置款抵押权"⑥等不同称谓。本书认为,术语的选择不仅要考虑比较法上的惯常称谓,亦要顾及中国法的现实。

---

① 参见高圣平:《民法典动产担保权优先顺位规则的解释论》,载《清华法学》2020年第3期。
② 参见房绍坤、柳佩莹:《论购买价款担保权的超级优先效力》,载《学习与实践》2020年第4期。
③ 参见谢鸿飞:《价款债权抵押权的运行机理与规则构造》,载《清华法学》2020年第3期。
④ 参见高圣平:《民法典动产担保权优先顺位规则的解释论》,载《清华法学》2020年第3期;在《民法典》通过之前,参见李运杨:《美国〈统一商法典〉中购买价金担保权研究》,载梁慧星主编:《民商法论丛(第47卷)》,法律出版社2010年版,第496页。
⑤ 参见王利明:《价金超级优先权探疑——以〈民法典〉第416条为中心》,载《环球法律评论》2021年第4期。
⑥ 参见孙宪忠、朱广新主编:《民法典评注:物权编4》,中国法制出版社2020年版,第232页(董学立执笔);纪海龙:《民法典动产与权利担保制度的体系展开》,载《法学家》2021年第1期。

一方面,在体系位置上,本条位于抵押权部分,所以该权利宜被称为抵押权;另一方面,该权利的称谓应体现出购置融资(Acquisition Financing)的属性,①以与国际接轨。所以将本规定的权利称为"购置款抵押权"更为科学,与此相对应,本书将所担保债权称为"购置款债权",将该抵押权的客体称为"购置物"。② 作为一种登记型担保物权,购置款抵押权要获得超级优先顺位需满足以下要件。

(一)担保物须为购置物

购置款抵押权的担保物不能是债务人的现有财产,只能是将有财产,这是购置款抵押权与普通抵押权的区别所在。同时,这也是购置款抵押权的优势所在,即债务人无须借助于其他已有的担保物即可实现购置融资的目的。由此也决定了购置款抵押权必然会与浮动抵押发生竞存,因为二者的客体都涵盖债务人的将有财产。所以,购置款抵押权的超级优先顺位主要(不是全部)体现为可以对抗在先登记的浮动抵押权。

在理论上,只要可以作为买卖合同标的物的财产都可以成为购置物,包括动产、不动产以及无形财产权。但从本条的表述来看,我国购置款抵押权的客体限于动产。对于动产的范围,一切可以买卖的动产均可作为购置款抵押权的客体。除了企业会购置原材料、半成品、产品和生产设备等非消费品外,消费者也会不断地购置价格不等的消费品,从家具、电器到高档汽车都可以发生购置融资担保交易。因此,购置款抵押权的客体范围大于浮动抵押权的范围,后者无法涵盖消费品,这也说明二者虽然有很大关联,但也不是完全对应关系。

另外,依本法第399条规定,"学校、幼儿园、医疗机构等以公益为目的成立的非营利法人的教育设施、医疗卫生设施和其他公益设施"不得作为抵押财产,但购置款抵押权发端于所有权保留买卖,在本质上仍是一个买卖交易,担保只是激励机制。③ 只要这类公益设施可以买卖,就应允许其成为购置款抵押权的客体。因此,在规定了购置款抵押权后,本法第399条中公益设施

---

① 在国际上,该权利产生于购置融资(Acquisition Financing),参见 Spiros V. Bazinas: Acquisition Financing under the UNCITRAL Legislative Guide on Secured Transactions, 16 Unif. L. Rev. 2011, 483; Alejandra M. Garro: The Creation of a Security Right and Its Extension to Acquisition Financing Devices, 15 Unif. L. Rev. 2010, 375; Umar F. Moghul: Separating the Good from the Bad: Developments in Islamic Acquisition Financing, 23 Am. U. Int1 L. Rev. 2008, 733.
② 参见李运杨:《〈民法典〉中购置款抵押权之解释论》,载《现代法学》2020年第5期。
③ 参见李运杨:《所有权保留制度的解构与重构》,载《人大法律评论》2011年总第15辑。

不得抵押的规定应做限缩解释,只适用于普通抵押权,而不包括购置款抵押权。

(二)所担保债权须为购置款债权

作为一种债权受偿特权,购置款抵押权所担保的债权类型和范围必须法定,否则将导致债权清偿秩序混乱。① 购置款抵押权所担保的债权必须是因购买担保物所产生的债权,本书称之为"购置款债权",其有两种类型。

1. 出卖人的购置款债权

在出卖人直接向买受人赊销的双方交易结构中,出卖人虽然未向买受人直接提供贷款融资,但对买受人而言,他仍负有向出卖人支付价款的义务,对出卖人而言,他享有要求买受人支付价款的债权,这与他直接向买受人提供了价款融资没有区别。另外,从经济角度观察,所谓的融物实际上是以融物的形式融资,本质上也是融资。所以,出卖人因赊销所产生的价款债权当然构成购置款债权。本条中的"价款"在解释上既包括全部价款,也包括部分价款。

2. 贷款人的购置款债权

出卖人、买受人和贷款人共同参与的三方交易结构中,出卖人不同意向买受人赊销,于是第三方贷款人贷款给买受人,使其有能力从出卖人处购置所需动产,从而产生第三方贷款人的购置款债权。该第三方贷款人既可以是个人,也可以是金融机构。

需要强调的是,不同于上述出卖人的购置款债权,贷款人的债权要想符合购置款债权的资格,必须证明所贷款项事实上用于购买担保物。因此,在签订担保合同后,贷款人一般要按照约定以转账的方式直接将款项打入出卖人的账户,或者签发收款人为出卖人的支票交给买受人。在美国法上,一旦贷款先被存入债务人的储蓄账户并与其他款项发生了混同,即使后又被取出用于购买该担保物,也可能不会认定为购置款担保权。② 可见,认定贷款人的购置款债权的关键在于购置款与担保物的获得之间具有牵连关系。

(三)担保物与所担保债权之间的内在对应关系

购置款抵押权中的担保物与所担保债权之间必须具有内在对应关系,这构成了购置款抵押权与普通抵押权的根本区别,即只有用该购置物担保因该购置物所产生的购置款债权才构成购置款抵押权。但对该要件的理解不宜

---

① 参见谢鸿飞:《价款债权抵押权的运行机理与规则构造》,载《清华法学》2020年第3期。

② 参见宰丝雨:《美国动产担保交易制度与判例——基于美国〈统一商法典〉第九编动产担保法》,法律出版社2015年版,第76页。

过严,若购置物所担保的债权除了自身的购置款债权外,还担保额外债权,或者反过来,用额外担保物担保其中一个购置物所产生的购置款债权,宜认为此时债权人的权利具有双重身份,即债权人的抵押权中有一部分构成购置款抵押权,有一部分不构成购置款抵押权。① 具体而言,抵押权人在担保物与所担保债权具有内在对应关系的范围内仍可享有购置款抵押权的身份,只是超出对应范围的部分不具有购置款抵押权身份,即使按期登记该部分也不享有超级优先顺位。

(四)按期登记

动产抵押权的顺位规则建立在登记对抗原理的基础之上,②一项动产担保物权若未按照要求产生对抗第三人效力,则将失去优先顺位。③ 作为一种动产抵押权,购置款抵押权要获得超级优先顺位,亦须满足登记要件以获得基本的对抗第三人效力。若无登记要件,当事人之间的合意即可对抗公示在先的担保物权,这无异于产生了一个具有超级优先顺位的隐形担保,显然有损交易安全,没有充分且正当的理由不应为之。

该条规定,购置款抵押权要获得超级优先顺位除了要满足登记要件外,还需满足时间要件,即须在标的物交付后的 10 天内办理登记,该 10 天的时间被称为宽限期。法律之所以为购置款抵押的登记设置一定的宽限期,而不是要求债权人在交付标的物时立刻办理登记,是基于先交付标的物后办理登记的商业实践。④ 从比较法的角度而言,我国法中的宽限期只有 10 天,相对较短,其背后体现了立法者对购置款债权人特殊待遇的限制及对其他债权人利益的保护。

在此需要注意宽限期的起算问题,比如在试用买卖中,标的物虽已事先交付,但不能作为宽限期的起算点,因为双方并未签订有效的买卖合同,没有产生价款债权,自然也就不存在担保问题,宽限期无须起算。⑤ 换言之,作为宽限期起算点的交付是买卖合同订立后作为移转标的物所有权意义上的交

---

① 这也符合比较法上的做法,修订前的 UCC 对购置物的附加和购置款的附加亦没有明文规定,所以产生了判例上的不一致。为了回应实践中的不一致,2001 年修订后的 UCC 采纳了双重身份规则。
② 参见庄加园:《动产抵押的登记对抗原理》,载《法学研究》2018 年第 5 期。
③ 参见中国人民银行研究局等:《中国动产担保物权与信贷市场发展》,中信出版社 2006 年版,第 230 页。
④ 参见李运杨:《〈民法典〉中购置款抵押权之解释论》,载《现代法学》2020 年第 5 期。
⑤ 参见 UCC § 9-324 的评注 3。

付,①既包括现实交付,也包括观念交付。置款债权人可否在宽限期起算点（交付）前就办理登记,法律没有明文规定,但在解释上应予许可,因为这样并不损及他人利益,而且还能对第三人起到提前预警作用。

二、法律效果

13 符合上述要件后的购置款抵押权将获得超级优先顺位,从而触发"登记在后,效力在先"顺位规则的适用。

（一）对抗在先登记的浮动抵押权人

14 按期登记的购置款抵押权虽然登记在后,但可以对抗登记在先的浮动抵押权。引入购置款抵押权并赋予其超级优先顺位的直接原因就是对抗买受人在交易前已为其他债权人设立并登记的浮动抵押权,破解"登记在先,效力在先"的一般顺位规则与浮动抵押中的"嗣后所得财产条款"联合给买受人所造成的再融资困境。② 所以,本条中规定的买受人的"其他担保物权人"首先是指在先登记的浮动抵押权人,这是"登记在后,效力在先"规则的固有之义。

（二）对抗宽限期内在先登记的固定抵押权人或在先设立的动产质权人

15 若买受人在购置款抵押权设立后登记前这段时间里在购置物上又为其他债权人设立了其他固定担保物权,比如宽限期内在先登记的固定抵押权或在先设立的动产质权,按期登记的购置款抵押权是否优先它们？ 有观点认为"登记在后,效力在先"特殊顺位规则应只适用于购置款抵押权与浮动抵押权之间的竞存。③ 这种理解的优势是可以促使购置款债权人及时办理登记,甚至在标的物交付之前或交付当天就应办理登记,因为只有这样才不会给其他债权人留下在先公示的机会。但这种理解会使得立法者为购置款抵押权设置的宽限期失去意义,将会使"宽限期内登记"模式异化为"即刻登记"模式。④

16 另外,这种理解忽略了赋予购置款抵押权超级优先顺位的根本原因,即购置款抵押权的前身是购置物的所有权。⑤ 出卖人的购置款抵押权可以还

---

① 参见高圣平:《民法典动产担保权优先顺位规则的解释论》,载《清华法学》2020年第3期。

② 参见董学立:《浮动抵押的财产变动与效力限制》,载《法学研究》2010年第1期;谢鸿飞:《价款债权抵押权的运行机理与规则构造》,载《清华法学》2020年第3期;李运杨:《美国〈统一商法典〉中购买价金担保权研究》,载梁慧星主编:《民商法论丛（第47卷）》,法律出版社2010年版,第499—500页。

③ 持这种观点的学者,参见王利明:《价金超级优先权探疑——以〈民法典〉第416条为中心》,载《环球法律评论》2021年第4期。

④ 关于购置款抵押权登记的时间要件,在比较法上存在两种模式,分别是"宽限期内登记"模式、"即刻登记"模式,我国未区分购置物的类型统一采"宽限期内登记"模式,参见李运杨:《〈民法典〉中购置款抵押权之解释论》,载《现代法学》2020年第5期。

⑤ 参见李运杨:《〈民法典〉中购置款抵押权之解释论》,载《现代法学》2020年第5期。

原成出卖人原本对购置物所享有的所有权,贷款人的购置款抵押权可以还原成贷款人因垫付购置款而取得的购置物所有权。购置款抵押权只不过是对形式主义思路下购置款债权人所享有的所有权进行功能化改造的产物,它本来就可以对抗所有的在购置物上设立的担保物权,因为在形式主义思路下买受人在法律上压根儿就没有获得一个可以在上面为其他债权人设立担保物权的所有权,除非其他债权人通过善意取得的方式取得担保物权。购置款抵押权之所以能够对抗登记在先的浮动抵押权在根本上亦源于此。

所以,出卖人的权利在术语上虽然转化成了购置款抵押权,但在对抗他人的效力上不应受到影响。如果说,宽限期内登记的购置款抵押权优先于交易前就已登记的浮动抵押权是"登记在后,效力在先"的固有之义,那么宽限期内登记的购置款抵押权优先于在先登记的固定抵押权则是"登记在后,效力在先"规则在设置了宽限期之后必然获得的扩展之意。另外,按期登记的购置款抵押权可得对抗宽限期内在先登记的固定抵押权人或在先设立的动产质权人还可以通过登记对抗效力的溯及性得到解释,①即登记时间虽然在后,但对抗效力的产生时点溯及至抵押权设立时。

(三)不得对抗民事留置权人

当负担了购置款抵押权的动产又被承运人、保管人、维修人等合法留置的,会发生购置款抵押权与留置权的竞存。购置款抵押权所担保的债权是担保物得以产生的前提,购置款债权人就该购置物优先受偿符合事理。但同时,留置权所担保的债权也是留置物的价值得以保全或增进的前提,留置权人就留置物优先受偿也是应有之义。面对这两种对立价值,该条规定按期登记的购置款抵押权不得对抗留置权,以保护使标的物再次增值的债权人。

需要注意的是,留置权存在民事与商事留置权之分,由于商事留置权的成立只需留置物与所担保债权之间存在营业关系意义的牵连关系即可,不要求二者之间具有直接的牵连关系,②所以商事留置权人对留置物的增值或保值往往没有贡献。因此,当商事留置权人与提供了购置融资的购置款抵押权人竞存时,购置款抵押权人应优先于商事留置权人。换言之,本法第416条中的"留置权人"应作限缩解释,仅限于具有直接牵连关系的民事留置权人。③

---

① DCFR 即采这种解释路径,参见第 IX.—3:107(2)条。
② 参见曾大鹏:《商事留置权的法律构造》,载《法学》2010 年第 2 期。
③ 其实,当商事留置权与在先设立的动产质权或在先登记的普通动产抵押权发生竞存时,一概赋予商事留置权优先顺位的做法同样面临质疑,换言之,本法第456条中的"留置权人"也应作限缩解释。

三、证明责任

20 主张超级优先顺位的购置款债权人应证明存在购置物、存在购置款债权、购置款与购置款债权之间存在内在对应关系及按期登记这四个构成要件。其中,在按期登记要件的证明上,关键是证明作为宽限期起算时点的"标的物交付"时间。由于买卖合同中约定的交付时间往往与作为宽限期起算时点的实际交付时间不同,所以当事人如何证明标的物实际交付的时间便至关重要。需要说明的,不仅主张超级优先顺位的购置款债权人需要证明标的物的交付时间,有时买受人也有动力证明标的物的交付时间,这主要发生在购置款债权人未在宽限期内办理登记,买受人需要利用标的物向其他人融资时,为了证明该标的物上今后不会出现购置款抵押权的逆袭,买受人需要向其他债权人证明标的物的实际交付时间及宽限期已经经过的事实。

第四百一十七条 【抵押权对新增建筑物的效力】建设用地使用权抵押后,该土地上新增的建筑物不属于抵押财产。该建设用地使用权实现抵押权时,应当将该土地上新增的建筑物与建设用地使用权一并处分。但是,新增建筑物所得的价款,抵押权人无权优先受偿。

第四百一十八条 【集体所有土地使用权抵押权实现的限制】以集体所有土地的使用权依法抵押的,实现抵押权后,未经法定程序,不得改变土地所有权的性质和土地用途。

第四百一十九条 【抵押权的保护期间】抵押权人应当在主债权诉讼时效期间行使抵押权;未行使的,人民法院不予保护。

1 主债权诉讼时效经过,仅使债务人获得时效抗辩权,主债权不消灭,[1]从学理上看,抵押权从属于主债权,主债权不消灭抵押权自不消灭。依大陆法系民法原理,抵押权的存续与行使不受主债权诉讼时效影响。准此,"人民法院不予保护"充其量只应解释为抵押权实现之申请将因抵押人主张抗辩而被驳回,不妨碍抵押权存续。但是,司法解释采取了与上述学理不同的理解。

2 依据《民法典担保制度解释》第44条第1款第1句的规定,主债权诉讼时效经过,抵押人可主张不承担担保责任;依据《九民纪要》第59条第1款第2句的规定,主债权诉讼时效届满,抵押人可申请涂销抵押权登记。不动产上涂销抵押权登记导致抵押权消灭,其他可登记之抵押财产涂销抵押权登记

---

[1] 参见朱庆育:《民法总论》(第二版),北京大学出版社2016年版,第542—543页。

则不影响抵押权之存续。

与之关联十分紧密的是质权、留置权与主债权诉讼时效的关系,《民法典》未设置明确规则。依据《民法典担保制度解释》第44条第2款、第3款之规定,动产质权、交付设立之权利质权、留置权的情形中,在主债权诉讼时效经过后,对于担保财产所有权人(担保人)返还担保财产之请求,法院不予支持,担保财产所有权人(担保人)仅可向人民法院申请对担保财产变价以清偿债务。这表明,此类担保物权并未因主债权诉讼时效届满而消灭。登记设立之权利质权适用抵押权的规则。

在主债权诉讼时效届满的情况下,抵押人与抵押权人为实现抵押权依然达成关于折价、拍卖、变卖之协议的,抵押权人仍可据此实现抵押权。抵押人不得再以主债权诉讼时效已经届满为由主张不承担担保责任。否则意味着抵押人享受比诉讼时效届满的主债务人更优的待遇。《民法典担保制度解释》第45条规定的担保物权人依约定享有的自行变价权不涉及请求法院保护,所以应解释为不受主债权诉讼时效影响。除非抵押人依据《九民纪要》第59条第1款第2句之规定及时涂销不动产抵押权登记,抵押权人对抵押财产所为变价有效,抵押权人对变价所得可以优先受偿。

第二节 最高额抵押权

第四百二十条 【最高额抵押权的定义】 为担保债务的履行,债务人或者第三人对一定期间内将要连续发生的债权提供担保财产的,债务人不履行到期债务或者发生当事人约定的实现抵押权的情形,抵押权人有权在最高债权额限度内就该担保财产优先受偿。

最高额抵押权设立前已经存在的债权,经当事人同意,可以转入最高额抵押担保的债权范围。

一、构成要件

最高额抵押可为固定抵押亦可为浮动抵押,可为不动产抵押亦可为动产或权利抵押。最高额抵押权之设立依其担保财产之种类而适用本法第402条或第403条。除满足抵押权设立之要件外,还应满足下述要件。

主债权发生之期间应为确定期间。[①] 未约定明确期间的,依照本法第423条之规定,自最高额抵押权设立之日起两年起,抵押人及抵押权人均得申请确定债权。

---

① 参见程啸:《担保物权研究》,中国人民大学出版社2017年版,第448页。

3 最高额抵押担保不特定的将来债权以及已发生之债权(本条第2款),债权范围应有充分的特定可能性。① 若所担保债权特定的,为一般抵押权。② 本条第1款所谓"连续发生的债权"是指预期连续发生众多债权,如果在约定期间内实际上仅发生一项债权,不影响最高额抵押权的效力。

二、法律效果

4 最高额抵押约定的金额为通过抵押财产受偿的最高限额,实际通过抵押财产受偿的数额则为约定的最高限额与实际发生债权的数额中之较小者。该数额之比较发生于债权确定之时。债权确定时点依本法第423条之规定。

5 关于最高额之约定究竟为本金最高额还是全部债权最高额,存有争议③。从比较法的角度而言,德国法上,解释论认为最高额必须包含利息及其他从属费用债权。④ 此说符合最高额抵押的风险控制目的,可资借鉴。故除非当事人对最高额的限制对象有明确特约,否则应解释为最高额既限制本金债权额,也限制利息、违约金等从债权金额。《民法典担保制度解释》第15条第1款对此已有规定。

6 最高额抵押权不具有针对个别债权的移转上的从属性(本法第421条)、消灭上的从属性(最高额抵押不适用本法第393条第1项)。

7 最高额质押准用本条。

第四百二十一条 【最高额抵押权担保的债权转让】最高额抵押担保的债权确定前,部分债权转让的,最高额抵押权不得转让,但是当事人另有约定的除外。

第四百二十二条 【最高额抵押的协议变更】最高额抵押担保的债权确定前,抵押权人与抵押人可以通过协议变更债权确定的期间、债权范围以及最高债权额。但是,变更的内容不得对其他抵押权人产生不利影响。

1 最高额抵押的变更亦适用本法第409条之规定。对债权范围、最高债权

---

① Vgl. Erman/Wenzel (2020), § 1190 Rn. 6.
② Vgl. Erman/Wenzel (2020), § 1190 Rn. 4.
③ 在三门峡市海联成品油零售有限责任公司等与中信银行股份有限公司洛阳分行等金融借款合同纠纷案[最高人民法院民事判决书(2016)最高法民终677号]中,法院认为登记的最高债权额是指全部债权额,不限于本金债权;反之,在云南腾冲云峰山居旅游酒店发展有限公司、云南腾冲农村商业银行股份有限公司金融借款合同纠纷案[最高人民法院民事判决书(2019)最高法民终878号]中,法院则认为登记的最高债权额仅指本金债权额,利息等从债权不受限制。
④ Vgl. Erman/Wenzel (2020), § 1190 Rn. 5.

额之变更发生于债权确定后的,仅适用本法第409条。① 本条为针对最高额抵押在债权确定前,对债权确定期间、债权范围、最高债权额之协议变更的特殊规定。

债权确定前作出的变更之生效,无须经公示②。因最高额抵押权亦有可能与其他担保物权或非典型担保权利并存,本条第2句"其他抵押人"应作目的论扩张解释为"对抵押财产有担保权利之第三人"。变更内容不能对此类第三人产生不利影响,但经第三人书面同意的除外。

第四百二十三条 【最高额抵押担保债权的确定】有下列情形之一的,抵押权人的债权确定:

(一)约定的债权确定期间届满;

(二)没有约定债权确定期间或者约定不明确,抵押权人或者抵押人自最高额抵押权设立之日起满二年后请求确定债权;

(三)新的债权不可能发生;

(四)抵押权人知道或者应当知道抵押财产被查封、扣押;

(五)债务人、抵押人被宣告破产或者解散;

(六)法律规定债权确定的其他情形。

一、债权确定的情形

约定的债权确定期间内发生的债权计入最高额抵押权担保范围,超出此期间发生的债权额不计入最高限额。需注意,约定的债权确定期间不是债权清偿期,亦非最高额抵押权存续期。

未约定债权确定期间或约定不明的,自最高额抵押权设立满两年后,抵押人、抵押权人均有权请求确定债权,债权自其请求时确定。依通说,两年期间为固定期间,不存在中止、中断,亦不得通过约定排除。③

债务人与债权人(抵押权人)之间交易关系结束或持续侵权行为结束,④新的债权不可能发生,债权确定。交易关系结束又可以区分为基础法律关系

---

① 参见孙宪忠、朱广新主编:《民法典评注:物权编4》,中国法制出版社2020年版,第272页(李俊执笔)。

② 参见中国工商银行股份有限公司宣城龙首支行诉宣城柏冠贸易有限公司、江苏凯盛置业有限公司等金融借款合同纠纷案(指导案例95号),安徽省高级人民法院民事判决书(2014)皖民二终字第00395号。

③ 参见崔建远:《物权法》(第二版),中国人民大学出版社2011年版,第506页。

④ 参见曹士兵、吴光荣:《中国法上的最高额担保制度》,载《山东大学法律评论》2015年卷。

消灭①以及债权人拒绝发生新的债之关系②。

4 依照《执行中查封、扣押、冻结财产规定》第25条第1款的规定,人民法院在查封、扣押最高额抵押权的抵押财产时应通知抵押权人,抵押权人收到该通知时视为"知道或应当知道",债权自收到通知时确定。依该条第2款的规定,若法院没有通知抵押权人,但有证据证明抵押权人知道或应当知道查封、扣押事实的,自抵押财产被查封、扣押之日起,债权确定。本条第4项之主旨在于防止强制执行被申请人串通最高额抵押权人转移财产。

5 若在清算程序中最高额抵押权人享有别除权的财产范围随债权增加而增加,则将损害其他债权人的利益,故而自债务人、抵押人被宣告破产或解散时债权确定。

二、债权确定的法律效果

6 自债权确定之日起,不特定债权归于特定,此后发生的债权不计入依抵押权优先受偿之列;债权之最高限额仍存续,利息、违约金、损害赔偿金等仍受最高额所限;债权总额已超过最高额的,依债务抵充规则(本法第560条)依次清偿。通说认为债权确定后,最高额抵押权与一般抵押权性质相同,③除最高限额存续外,适用一般抵押权规则。

第四百二十四条 【最高额抵押权的法律适用】最高额抵押权除适用本节规定外,适用本章第一节的有关规定。

第十八章 质　　权

第一节　动产质权

第四百二十五条 【动产质权的定义】为担保债务的履行,债务人或者第三人将其动产出质给债权人占有的,债务人不履行到期债务或者发生当事人约定的实现质权的情形,债权人有权就该动产优先受偿。

前款规定的债务人或者第三人为出质人,债权人为质权人,交付的动产为质押财产。

第四百二十六条 【禁止质押的动产】法律、行政法规禁止转让的动产

---

① 参见程啸:《担保物权研究》,中国人民大学出版社2017年版,第469页。
② 参见谢在全:《民法物权论(中册)》(修订五版),中国政法大学出版社2011年版,第883—884页。
③ 同上注,第890页。

不得出质。

第四百二十七条 【质押合同】设立质权,当事人应当采用书面形式订立质押合同。

质押合同一般包括下列条款:
(一)被担保债权的种类和数额;
(二)债务人履行债务的期限;
(三)质押财产的名称、数量等情况;
(四)担保的范围;
(五)质押财产交付的时间、方式。

第四百二十八条 【流质约款禁止】质权人在债务履行期限届满前,与出质人约定债务人不履行到期债务时质押财产归债权人所有的,只能依法就质押财产优先受偿。

本条规定禁止流质约款,参见第401条评注。 1

第四百二十九条 【质权成立时间】质权自出质人交付质押财产时设立。

交付为动产物权变动之公示。动产质权自出质人交付质押动产时成立。 1
未交付的,质权未设立。本条之交付既可为现实交付,亦可为简易交付、指示交付。依通说,不得以占有改定设立质权。①

依《民法典担保制度解释》第55条之规定,在"流动质押监管"情形中, 2
监管、控制质押货物的监管人系受债权人委托的,质权于监管人实际控制货物之日起设立;监管人系受出质人委托的,质权未设立。之所以如此规定,是因为债权人委托的监管人是债权人的占有媒介人,其取得货物占有等同于债权人取得占有,反之,出质人委托的监管人是出质人的占有媒介人,其取得货物占有仅使出质人取得间接占有,并未使债权人取得占有。

第四百三十条 【质物孳息】质权人有权收取质押财产的孳息,但是合同另有约定的除外。

前款规定的孳息应当先充抵收取孳息的费用。

第四百三十一条 【质权人擅自使用、处分质押财产的责任】质权人在质权存续期间,未经出质人同意,擅自使用、处分质押财产,造成出质人损害的,应当承担赔偿责任。

---

① 参见王泽鉴:《民法物权》(第二版),北京大学出版社2010年版,第396页。

第四百三十二条 【质权人的保管义务】质权人负有妥善保管质押财产的义务;因保管不善致使质押财产毁损、灭失的,应当承担赔偿责任。

质权人的行为可能使质押财产毁损、灭失的,出质人可以请求质权人将质押财产提存,或者请求提前清偿债务并返还质押财产。

一、质权人的保管义务

1 自质权人或其占有辅助人取得质押财产之直接单独占有起,质权人之保管义务始生效(参见本法第890条),①非直接或非单独占有的,质权人不负保管义务。② 质押财产由质权人与出质人共同委托之保管人占有的,质权人不负保管义务(《民法典担保制度解释》第55条第1款)。保管义务自实现质权后或占有返还出质人后终止。③

2 通说认为,质权人应尽善良管理人之注意义务。④ 基于保管义务,质权人不得非经同意而使用、处分、转质质押财产,违反此项义务者须承担损害赔偿责任(本法第431条)。但基于便利资金融通、促进物尽其用的考虑,本法第434条并未断然否定转质之效力,在效力判断和损害赔偿责任的承担上,应区别不同构造的责任转质区别对待(参见第434条边码3)。

3 质权人之保管义务未有特约或特别规定者,可参照适用本法第889条、第890条、第892条、第893条、第894条、第895条、第897条等保管合同规定。

4 依通说,本条采过错推定原则,过错之证明责任由质权人承担。⑤ 质权人达一般过错程度即具有可归责性(本法第897条)。质权人对质押财产之毁损、灭失具有过错的,应承担赔偿责任。

二、出质人的请求权

5 因质权人原因而致质押财产有毁损、灭失之可能的,出质人可请求质权人提存质押财产或提前清偿并返还原物,两种途径依出质人意志择一。质押

---

① Vgl. Erman/Schmidt (2020), § 1215 Rn. 3;张家口市宣化区宏达兴盛物资有限公司、陈某金融借款合同纠纷案,最高人民法院民事裁定书(2018)最高法民申2406号。

② 司法实践中有判决认为,非直接占有不完全排除质权人的注意义务。参见中国工商银行股份有限公司伊春西林支行、西林钢铁集团有限公司合同纠纷案,最高人民法院民事判决书(2018)最高法民终932号。

③ Vgl. Erman/Schmidt (2020), §1215 Rn. 4.

④ 参见程啸:《担保物权研究》,中国人民大学出版社2017年版,第514—515页。

⑤ 参见程啸:《担保物权研究》,中国人民大学出版社2017年版,第515页。但司法实践中有法院明确反对采取过错推定原则,过错之举证责任由主张损害赔偿之出质人承担。参见安徽省无为县汇通小额贷款股份有限公司、肖某某财产损害赔偿纠纷案,芜湖市中级人民法院民事判决书(2017)皖02民终2042号。

财产毁损、灭失之可能应由可归责于质权人的行为引起,其判断时点为设立质权之后,且出质人对质押财产不保留占有。

实践中有观点认为,应在债务履行期限届满前提出提存请求,①在其后提出此请求者,应先清偿债务后行使返还原物请求权。② 本书认为此观点有失偏颇,本条第2款之适用未限定在债务履行期限届满前,从条文逻辑来看,在质权人负有保管义务期间,出质人均得在质权人行为可能损害质押财产时请求其提存质押财产。

第四百三十三条 【质权人的增担保请求权】因不可归责于质权人的事由可能使质押财产毁损或者价值明显减少,足以危害质权人权利的,质权人有权请求出质人提供相应的担保;出质人不提供的,质权人可以拍卖、变卖质押财产,并与出质人协议将拍卖、变卖所得的价款提前清偿债务或者提存。

一、构成要件

质押财产有毁损或其价值有明显减损之显著可能,且该显著可能性不可归责于质权人。本条所涉可能性应具有显著性,有学者提出显著性之判断可类推30%标准。③ 依反面解释,若上述显著可能性之发生可归责于质权人,质权人不享有本条所列权利,已实际发生质押财产毁损、灭失的,出质人可依本法第432条之规定主张损害赔偿。价值减损通常是指质押财产折旧贬值或行情下跌。④

足以损害质权。若债权人仅享有质权,上述显著可能性必然会危害质权;若债权人享有足够的担保利益,上述显著可能性不一定危及质权。⑤ 故足以损害质权要件是指上述显著可能性将有害于质权人之债权实现。

二、法律效果

当质押财产有毁损或其价值有明显减损之显著可能发生后,质权人可请求出质人增设担保。增担保不以增设质权为限,亦可设立他种担保物权。⑥ 增担保之价值应至少等同于抵押财产减损之价值。

---

① 参见赵某等诉桂林正东融资性担保有限公司动产质权纠纷案,贵州省桂林市秀峰区人民法院民事判决书(2014)秀民初字第1084号。
② 参见陈某某诉李某某返还原物纠纷案,广东省佛山市高明区人民法院民事判决书(2016)粤0608民初1744号。
③ 参见孙宪忠、朱广新主编:《民法典评注:物权编4》,中国法制出版社2020年版,第332页(陈永强执笔)。
④ Vgl. Erman/Schmidt (2020), §1218 Rn. 4.
⑤ Vgl. Erman/Schmidt (2020), §1219 Rn. 4.
⑥ 参见梁慧星、陈华彬:《物权法》(第六版),法律出版社2016年版,第290页。

出质人不提供增担保的,经合理期限后,质权人可以申请法院拍卖、变卖质押财产。就出质财产变价所得,质权人可与出质人协商提前清偿或提存,协议不成或未就提前清偿达成合意的,质权人仅得申请提存。

三、证明责任

质权人应就质押财产有毁损或其价值有明显减损之可能的事实、其不具有可归责性、上述可能性之显著性、上述可能性对质权之损害负证明责任。

第四百三十四条 【转质】质权人在质权存续期间,未经出质人同意转质,造成质押财产毁损、灭失的,应当承担赔偿责任。

原《担保法解释》第94条第1款承认承诺转质有效,从法秩序的稳定角度考虑,结合本条之反面解释,承诺转质在《民法典》下应为有效。

原《担保法解释》第94条第2款否定责任转质之效力,但本条删去了该款关于无效的表述,似有不区分转质类型一并承认效力之意。解释论上较有力的责任转质效力肯定论的理由是:若否定责任转质之效力,质权人之质权人善意取得质权的,出质人清偿质权人的债权后尚需代位清偿质权人之质权人的债权才可取回质押财产,对出质人的保护反而更为不利。[①] 但本书认为,责任转质本身恐亦无法避免此种不利,尚需有法律明定的"出质人一次清偿即可取回"规则才能体现其优势,但这一规则并不存在。同时,上述讨论的基础在于责任转质之构造采质物出质说[②],质权人以质押财产出质,显然超出其处分权,且违反保管义务。故而,质物出质说构造之责任转质应为无效。责任转质的构造在法律未有明定或拟制的情况下,本质上是当事人约定的问题,采质权出质说[③]构造之责任转质基于质权从属性,实属债权质权,在《民法典》体系下并无效力障碍。综上,质物出质说构造的责任转质无效,质权出质说构造的责任转质有效。本书认为,本条未对非经出质人同意的转质之效力予以明确,而在个案应根据责任转质之构造不同,依体系解释分别予以效力判断。

本条的实质在于规范违反质权人之保管义务而设立责任转质,应承担更重的损害赔偿责任,并不涉及责任转质之效力判断。质权出质说构造之责任

---

① 参见张玉东:《承认抑或否认:解释论视角下的责任转质——以〈物权法〉第217条为中心的分析》,载《山东社会科学》2015年第5期。

② 参见郑冠宇:《民法物权》(第七版),新学林出版股份有限公司2017年版,第632—633页。

③ 参见[日]我妻荣:《新订担保物权法》,申政武、封涛、郑芙蓉译,中国法制出版社2008年版,第137—138页。

转质,原则上其设立无须移转原质押关系中质押财产之占有,设立此种责任转质不必然违反质权人之保管义务,应排除本条之适用。而质物出质说构造之责任转质以质押财产之占有移转至转质权人处为设立要件。[1] 此种转质显然违反质权人之保管义务,应承担更重的责任。[2] 故本条在解释上可参考相似立法例,应认为质物出质说构造之责任转质,质权人亦应对不可抗力导致的毁损、灭失承担赔偿责任。[3]

第四百三十五条 【质权的放弃】质权人可以放弃质权。债务人以自己的财产出质,质权人放弃该质权的,其他担保人在质权人丧失优先受偿权益的范围内免除担保责任,但是其他担保人承诺仍然提供担保的除外。

第四百三十六条 【质物返还及质权实现】债务人履行债务或者出质人提前清偿所担保的债权的,质权人应当返还质押财产。

债务人不履行到期债务或者发生当事人约定的实现质权的情形,质权人可以与出质人协议以质押财产折价,也可以就拍卖、变卖质押财产所得的价款优先受偿。

质押财产折价或者变卖的,应当参照市场价格。

第四百三十七条 【出质人请求质权人及时行使质权】出质人可以请求质权人在债务履行期限届满后及时行使质权;质权人不行使的,出质人可以请求人民法院拍卖、变卖质押财产。

出质人请求质权人及时行使质权,因质权人怠于行使权利造成出质人损害的,由质权人承担赔偿责任。

债务履行期限届满后,出质人可催告质权人及时行使质权,以避免质押财产长期被闲置。[4] 约定实现质权条件满足时,亦可适用本条。[5] 经催告后质权人在合理期间内仍不行使质权的,出质人可申请法院拍卖变卖质押财产,并可就质权人怠于行使权利造成的损害请求质权人承担赔偿责任。本条

---

[1] 参见郑冠宇:《民法物权》(第七版),新学林出版股份有限公司 2017 年版,第 632—633 页。
[2] 同上注,第 633 页。
[3] 参见王泽鉴:《民法物权》(第二版),北京大学出版社 2010 年版,第 397 页。
[4] 参见徐同远:《论出质人请求质权人及时行使质权——以〈中华人民共和国物权法〉第 220 条为中心的探讨》,载《私法研究》2011 年第 10 卷。
[5] 参见徐同远:《论出质人请求质权人及时行使质权——以〈中华人民共和国物权法〉第 220 条为中心的探讨》,载《私法研究》2011 年第 10 卷。相反观点认为此种情形争议较多,不宜适用非诉特别执行程序。参见孙宪忠、朱广新主编:《民法典评注:物权编4》,中国法制出版社 2020 年版,第 355 页(郝丽燕执笔)。

出质人之损害不限于质押财产毁损、灭失,还包括质押财产折旧贬值、行情下跌等价值减损的情形。

2　　出质人在债务履行期限届满前催告的,不适用本条。

第四百三十八条　【质押财产变价后的处理】质押财产折价或者拍卖、变卖后,其价款超过债权数额的部分归出质人所有,不足部分由债务人清偿。

第四百三十九条　【最高额质权】出质人与质权人可以协议设立最高额质权。

最高额质权除适用本节有关规定外,参照适用本编第十七章第二节的有关规定。

第二节　权利质权

第四百四十条　【可以出质的权利范围】债务人或者第三人有权处分的下列权利可以出质:

(一)汇票、本票、支票;

(二)债券、存款单;

(三)仓单、提单;

(四)可以转让的基金份额、股权;

(五)可以转让的注册商标专用权、专利权、著作权等知识产权中的财产权;

(六)现有的以及将有的应收账款;

(七)法律、行政法规规定可以出质的其他财产权利。

一、可出质的权利的一般条件

1　　可出质的权利限于财产权。通常认为非财产权不具有直接的经济价值,难以用于债务的清偿。[①] 本条列举的权利均为财产权,且本条第7项特别指出除前六项所列举权利外,法律、行政法规规定可以出质的权利亦限于财产权利。但是,此处之财产权不包括所有权。

2　　可出质的财产权应具有可让与性。财产权的可让与性是就财产权实现变价的应有之义,[②]本条在第4项、第5项明确规定"可以转让"的条件,其余列举项本身即具备可让与性。据此,不能转让的财产权不能出质,例如:

---

① 参见崔建远:《物权法》(第二版),中国人民大学出版社2011年版,第528页;谢在全:《民法物权论(下册)》(修订五版),中国政法大学出版社2011年版,第1011页。

② 参见谢在全:《民法物权论(下册)》(修订五版),中国政法大学出版社2011年版,第1012页。

1. 因性质或法律规定而不得转让的债权(本法第 545 条第 1 款第 1 项、第 3 项);2. 法律规定不得转让的财产权(例如《收费公路管理条例》第 22 条所列不得转让的公路收费权);①3. 基于特定人身关系而专属于债权人的债权(例如原《合同法解释(一)》第 12 条列举项);②4. 基于特殊信任关系而产生的债权,非经当事人同意不得转让、出质。③ 从比较法看,德国法上当事人约定禁止转让的债权不可出质。④ 在本法颁行以前,主张借鉴此种规范模式的学说在我国占主流地位。不过,本法第 545 条第 2 款规定,关于非金钱债权不得转让的约定不得对抗善意第三人;关于金钱债权不得转让的约定不得对抗第三人。据此,禁止债权转让特约不排除该债权的可让与性,此类债权可以出质。禁止扣押之债权或其他权利不具有可让与性,不得出质。⑤

可出质的财产权应适于设定质权。较为主流的观点认为不动产物权不宜设定质权,但是不动产担保物权可从属于其担保的债权出质。⑥ 以动产担保物权出质的,因担保物权处分上的从属性,仅能认为动产担保物权从属于其担保的债权设定债权质权。⑦

依本条第 7 项,可出质的财产权限于法律、行政法规规定的财产权。同时,亦存在法律、行政法规禁止出质的财产权。例如,《公司法》第 142 条第 5 款规定:"公司不得接受本公司的股票作为质押权的标的"。

二、债权质押

(一)有价证券债权质押

汇票、本票、支票统称为票据(《票据法》第 2 条第 2 款),持票人据本条第 1 项可以将票据权利作为"标的物"出质。无记名票据的质押应交付票据,其他票据的质押应背书并交付。票据权利相较于其他类型的债权,在转让规则上有其特殊性。依据《票据法》第 27 条的规定,票据上记载"不得转让"字样者,不得转让。《票据法》第 27 条"不得转让"的规则是否排除票据可让与性,学界存有争议。有学者认为,依照《审理票据案件规定》第 52 条、第 53 条之规定,出票人或背书人在票据上记载"不得转让"字样,其后手向

---

① 参见崔建远:《物权法》(第二版),中国人民大学出版社 2011 年版,第 528—529 页。
② 同上注,第 529 页。
③ 同上注,第 529 页。
④ Vgl. Erman /J. Schmidt(2020), § 1247 Rn. 7.
⑤ Vgl. Erman /J. Schmidt(2020), § 1247 Rn. 8;Erman/Martens(2020), § 400 Rn. 2f.
⑥ 参见崔建远:《物权法》(第二版),中国人民大学出版社 2011 年版,第 528 页。
⑦ 参见谢在全:《民法物权论(下册)》(修订五版),中国政法大学出版社 2011 年版,第 1012 页。

出票人、原背书人主张票据权利的,法院不予支持,故此类票据上不得设立质权。[1] 亦有学者认为,"不得转让"的字样仅使得票据不具有背书性,仍可以一般债权转让的方式进行转让,《审理票据案件规定》第52条使得记载"不得转让"字样的票据之作为质权人的持票人不能行使付款请求权与追索权,但尚能发挥留置效力,只要债权人乐于接受,并无必要因该票据权利质权难以实现而禁止质权之设立。[2] 两种观点实际上均承认一个事实:记载"不得转让"字样的票据可以背书或非背书转让,但是受让人不能行使票据权利。进一步剖析上述共识可以发现,从能否通过票据权利实现质权人之债权的效果上来看,两种观点并无不同。《审理票据案件规定》第52条、第53条无意否定处分行为之效力,而仅仅在处分效果上加以限制。若严格遵照形式逻辑,在可让与性的判断中无须考虑权利是否能够实现。此外,以处分效果替代处分行为效力的解释路径可以化解本法第545条第2款(关于金钱债权不得转让的约定不对抗第三人)与《票据法》第27条之间的矛盾。因此,票据上记载"不得转让"字样的,可以设立票据权利质权,但在效果上,质权人不能通过票据权利实现债权,仅可发挥质权之留置效力。与此不同的是,依据《支付结算办法》第27条第1款,填明"现金"字样的银行汇票、银行本票和用于支取现金的支票不得背书转让。该规则未禁止以非背书形式取得票据,亦无其他规则限制非背书处分的效果,因此此类票据的非背书取得较背书取得,仅使持票人额外负担权利取得的举证责任(《票据法》第31条第1款)。故上述票据并不因不得背书转让而丧失其可让与性,在其上设立的质权亦无行使变价权利上的限制。

6 债券可以出质。债券是指政府、金融机构或其他企业为了筹措资金而依照法定程序向社会发行的、约定在一定期限内还本付息的有价证券。[3] 债券包括政府债券(国家债券、地方政府债券)、金融债券、企业债券、公司债券等。债券是一种证券化的债权凭证,以债券出质,实质是以债券表彰的债权出质。

7 仓单可以出质。仓单是提取仓储物的权利凭证(本法第910条第1句),仓单质押属设立权利质权。仓单质押的特殊问题是质权之设立是否须经背书并经保管人签章。本法第441条关于仓单质权仅规定了交付设立的规则,而本法第910条第2句规定,仓单权利转让须经存货人或仓单持有人在仓单

---

[1] 参见崔建远:《物权法》(第二版),中国人民大学出版社2011年版,第528页。
[2] 参见程啸:《担保物权研究》,中国人民大学出版社2017年版,第535—537页。
[3] 参见崔建远:《物权法》(第二版),中国人民大学出版社2011年版,第541页。

上背书并经保管人签章。学界较为主流的观点认为,仓单质权之设立亦须经存货人或仓单持有人背书并经保管人签章。① 该观点已被司法解释吸收(《民法典担保制度解释》第 59 条第 1 款)。

提单可以出质。提单,是指用以证明海上货物运输合同和货物已经由承运人接收或者装船,以及承运人保证据以交付货物的单证(《海商法》第 71 条第 1 句)。提单分为记名提单、指示提单、不记名提单(《海商法》第 71 条第 2 句)。依据《海商法》第 79 条第 1 项的规定,记名提单不得转让,因而记名提单不得出质。

(二)存款单质押

存款单可以出质。存款单是存款的权利凭证,其表彰的权利是存款人对存款类金融机构享有的存款给付请求权。依照通说,可以出质的存款单限于各类定期存款单。存款单可以区分为大额存单(《大额存单管理暂行办法》第 2 条)、同业存单(《同业存单管理暂行办法》第 2 条)、单位定期存单(《单位定期存单质押贷款管理规定》第 3 条)、个人定期存单(《个人定期存单质押贷款办法》第 4 条)。② 大额存单、同业存单采取电子化形式发行,其上质权之设立须经银行间市场清算所股份有限公司登记(本法第 441 条第 2 分句);单位定期存单上设立质权适用《单位定期存单质押贷款管理规定》第 2 章之规定;以个人定期存单出质,出质人在向质权人交付存单前,须向存单开户行申请,存单开户行办理存单确认和登记止付手续(《个人定期存单质押贷款办法》第 17 条)。

(三)应收账款质押

《动产和权利担保统一登记办法》第 3 条第 1 款对应收账款的定义是"应收账款债权人因提供一定的货物、服务或设施而获得的要求应收账款债务人付款的权利以及依法享有的其他付款请求权,包括现有的以及将有的金钱债权,但不包括因票据或其他有价证券而产生的付款请求权"。概言之,应收账款是指现有或将有的基于合同产生的非有价证券金钱债权。存有争议的是,该条第 2 款第 3 项列举了"能源、交通运输、水利、环境保护、市政工程等基础设施和公共事业项目收益权"作为应收账款类型之一。学界有批评指出,收益权可以出质,但是收益权未遵循债的相对性,反而体现一定的对世性,不宜归入应收账款之列。③ 另有学者认为以部门规章定义"应收账款"

---

① 参见程啸:《担保物权研究》,中国人民大学出版社 2017 年版,第 554 页。
② 参见程啸:《担保物权研究》,中国人民大学出版社 2017 年版,第 549 页。
③ 参见崔建远:《关于债权质的思考》,载《法学杂志》2019 年第 7 期。

与物权法定原则相悖,至少应由司法解释予以明确概念。① 而实际上司法解释同样认可了收益权作为应收账款中的一种(《民法典担保制度解释》第61条第4款)。本书认为,收益权显然与应收账款的一般含义不符,立法应单独列举为一种可出质的权利类型。但是,从解释的角度而言,本条其余列举项更不适合将收益权纳入其中,且收益权可以出质的结论在学理上、实践中皆无异议,将收益权纳入应收账款之列尚属可接受的权宜之计。

11 本条允许以将来债权出质。依通说,将来债权分为已有基础的债权(附停止条件或附始期的债权以及继续性合同关系中的债权)和尚无基础的债权。② 后者又可分为虽无法律基础但有事实基础的将来债权和无事实基础存在的将来债权。③ 依照我国学界较为主流的观点,基础设施和公共事业项目收益权亦属将来债权。④

12 根据《民法典担保制度解释》第61条第1款的规定,在应收账款债务人向质权人"确认"应收账款真实性后,即便应收账款不存在或已消灭,质权人仍可就应收账款实现其债权。从此款规定的法律效果来看,此处的"确认"无须应收账款债务人做出真实意思表示,凡应收账款债务人客观上表示确认应收账款真实性的,即产生应收账款债务人以应收账款数额为限承担责任的效果。若未经过此款规定的确认程序,应收账款的真实性由质权人承担证明责任。但须注意,若质权人证明应收账款乃出质人与应收账款债务人通谋虚构的,应类推适用本法第763条之规定。

三、基金份额、股权质押

13 依通说,可以出质的基金份额仅指《证券投资基金法》调整的证券投资基金。⑤ 证券投资基金是指,通过发售基金份额募集资金形成独立的基金财产,由基金管理人管理、基金托管人托管,以资产组合方式进行证券投资,基金份额持有人按其所持份额享受收益和承担风险的基金。

14 股权是指股东基于股东身份和地位而享有从公司获取经济利益并参与公司经营管理的权利。⑥ 公司股权出质中较为特殊的是,就有限责任公司之出质股权实现质权时,须依《公司法》第72条之规定,满足股东优先购买权;

---

① 参见裴亚洲:《民法典应收账款质押规范的解释论》,载《法学论坛》2020年第4期。
② Vgl. Larenz, Lehrbuch des Schuldrechts, Band I, Allgemeiner Teil, 14. Aufl., 1987, S. 585f..
③ 参见谢在全:《民法物权论(下册)》(修订五版),中国政法大学出版社2011年版,第1017页。
④ 参见裴亚洲:《民法典应收账款质押规范的解释论》,载《法学论坛》2020年第4期。
⑤ 参见崔建远:《物权法》(第二版),中国人民大学出版社2011年版,第558页。
⑥ 参见施天涛:《公司法论》(第四版),法律出版社2018年版,第254页。

股份有限公司不得接受本公司的股票作为质权的标的(《公司法》第142条第5款);《公司法》第141条限制转让的股份不得出质;《证券公司股票质押贷款管理办法》第12条列举之股票不得出质。本条"股权"的含义应包含《合伙企业法》第25条所称"合伙企业中的财产份额",以合伙企业中的财产份额出质,须经其他合伙人一致同意,否则处分行为无效。

四、知识产权中的财产权质押

商标权是一种纯粹的财产权,可以出质。[1] 专利权中的专利转让权、专利实施许可权属财产权,可以转让(《专利法》第10条第1款),也可以出质。[2]《著作权法》第10条第1款第1项至第4项是对著作权人不可处分的人身权的穷尽列举(发表权、署名权、修改权、保护作品完整权),依照《著作权法》第10条第2款、第3款规定,非属此四项人身的权利,著作权人均可以行使、处分,当然可以出质。学理上将著作权中属于财产权的权利归纳为:复制权、发行权、出租权、演绎权、表演权、放映权、广播权、展览权、信心网络传播权及"应当由著作权人享有的其他权利"。[3] 著作权人可以将上述权利全部或部分转让(《著作权法》第10条第3款),也可以出质。

第四百四十一条 【有价证券质权的设立】以汇票、本票、支票、债券、存款单、仓单、提单出质的,质权自权利凭证交付质权人时设立;没有权利凭证的,质权自办理出质登记时设立。法律另有规定的,依照其规定。

第四百四十二条 【证券权利先于主债权到期】汇票、本票、支票、债券、存款单、仓单、提单的兑现日期或者提货日期先于主债权到期的,质权人可以兑现或者提货,并与出质人协议将兑现的价款或者提取的货物提前清偿债务或者提存。

除存款单外,本条列举的权利凭证一般被归纳为有价证券。[4] 有价证券兑现日期或提货日期先于主债权到期,质权人可以兑现或者提货。质权人行使有价证券之权利的,不适用本法第431条,仅应就可归责于质权人之损害承担赔偿责任;有价证券之权利在被行使后消灭。兑现或提货后,质权人应当与出质人协商提前清偿或提存,未形成提前清偿合意的,质权人仅可申请提存。

---

[1] 参见崔建远:《物权法》(第二版),中国人民大学出版社2011年版,第559页。
[2] 同上注。
[3] 参见崔国斌:《著作权法:原理与案例》,北京大学出版社2014年版,第380—381页。
[4] 参见最高人民法院民法典贯彻实施工作领导小组主编:《中华人民共和国民法典物权编理解与适用(下)》,人民法院出版社2020年版,第1255页。

2　　其他权利质权之权利实现期限先于主债权到期,可视情况类推适用本条。

第四百四十三条　【基金份额质权、股权质权的设立;处分禁止】以基金份额、股权出质的,质权自办理出质登记时设立。

基金份额、股权出质后,不得转让,但是出质人与质权人协商同意的除外。出质人转让基金份额、股权所得的价款,应当向质权人提前清偿债务或者提存。

1　　设立基金份额质权、股权质权须采书面合同(本法第427条),并经登记设立,未经登记,质权未设立。

2　　依本条第2款第1句之规定,基金份额、股权出质后,出质人转让基金份额、股权之处分行为(相对)无效,[1]但质权人同意或嗣后同意的除外。因质权设立已经公示,基金份额、股权之受让人无善意取得之余地。

3　　经质权人同意后,出质人转让基金份额、股权之处分行为有效。所得价款应向质权人提前清偿或申请提存。

第四百四十四条　【知识产权质权的设立;处分禁止】以注册商标专用权、专利权、著作权等知识产权中的财产权出质的,质权自办理出质登记时设立。

知识产权中的财产权出质后,出质人不得转让或者许可他人使用,但是出质人与质权人协商同意的除外。出质人转让或者许可他人使用出质的知识产权中的财产权所得的价款,应当向质权人提前清偿债务或者提存。

第四百四十五条　【应收账款质权的设立;处分禁止】以应收账款出质的,质权自办理出质登记时设立。

应收账款出质后,不得转让,但是出质人与质权人协商同意的除外。出质人转让应收账款所得的价款,应当向质权人提前清偿债务或者提存。

第四百四十六条　【权利质权的法律适用】权利质权除适用本节规定外,适用本章第一节的有关规定。

第十九章　留置权

第四百四十七条　【留置权的定义】债务人不履行到期债务,债权人可

---

[1]　参见刘文龙诉北京中海洋鸿润石油科技有限公司等股权转让纠纷案,北京市第二中级人民法院民事判决书(2014)二民终字第05248号。

以留置已经合法占有的债务人的动产,并有权就该动产优先受偿。

前款规定的债权人为留置权人,占有的动产为留置财产。

第四百四十八条 【牵连关系】债权人留置的动产,应当与债权属于同一法律关系,但是企业之间留置的除外。

第四百四十九条 【留置权发生之消极要件】法律规定或者当事人约定不得留置的动产,不得留置。

一、留置权的构成要件

本法第447条为留置权之定义,留置权为法定担保物权,其发生无须留置权人之意思表示。关于留置权的发生要件,本法通过第447—449条加以规定,详述如下。

(一)合法占有动产

本法第447条第1款中的"合法占有"究竟所指何意,解释上有两种观点。第一种观点认为,合法占有是指债权人的占有不得通过侵权行为取得。① 第二种观点认为,合法占有是指有权占有。② 应采用第二种观点。债权人虽非通过侵权行为取得动产占有,但基于违约行为占有债务人动产的,其占有欠缺合法依据,不构成合法占有。如承租人在租期届满后未向出租人返还租赁物,则即便承租人在此后取得对出租人的债权,承租人也不能为实现该债权留置租赁物,因为该债权届期时承租人对租赁物的占有已经变成无权占有,丧失合法性。

合法占有既包括直接占有,也包括间接占有。后者如承揽人将工作成果交由第三人保管,承揽人就报酬债权对其间接占有的工作成果享有留置权。占有辅助人并非占有人,所以对其辅助占有的动产不享有留置权。例如,甲雇用乙当司机,乙虽掌控甲的汽车,但仅为占有辅助人,即便甲拖欠乙工资,乙也不能就工资债权对其掌控的甲的汽车行使留置权。若乙为了行使留置权,将甲的汽车私自扣留,则在乙扣留汽车的那一刻,乙虽成为占有人,但仍不享有留置权。因为,本法第447条第1款中的"已经"表明,合法占有必须发生于留置动产之前,而在上例中,乙"留置"汽车的同时才取得占有,且该取得并非基于原占有人甲的意思,属于侵夺占有,不具有合法性。

留置财产限于动产。依《民法典担保制度解释》第44条第2款、第66条

---

① 参见刘家安:《物权法论》,中国政法大学出版社2009年版,第216页。
② 参见无锡市卓盛隆国际货运代理有限公司等诉无锡西姆莱斯石油专用管制造有限公司排除妨碍、返还原物纠纷案,江苏省高级人民法院民事判决书(2016)苏民终51号及最高人民法院民事裁定书(2017)最高法民申1227号。

第1款之规定,留置动产不限于债务人自己所有的动产,第三人所有之动产上亦可产生留置权。① 不过,《民法典担保制度解释》第62条第3款特别规定,商事主体占有之动产为第三人所有且没有满足牵连关系要件的,商事留置权未发生。

(二)牵连关系

本法第448条规定留置动产"应当与债权属于同一法律关系"。关于该表述的理解,学界存在争议。承揽(本法第783条、《海商法》第25条)、运输(本法第836条、《海商法》第87条)、保管(本法第903条)、行纪(本法第959条)、信托(《信托法》第57条)、船舶出租(《海商法》第141条)、拖船(《海商法》第161)关系中,法律规定了特别留置权。从上述关系中的牵连性可以归纳出"债务人所享有的动产返还请求权与债权同属于一个法律关系"②这一解释能够较为准确地描述特别留置权的牵连关系,亦能涵盖一般留置权牵连关系应有之义。

本法第448条但书规定,商事留置权无须具备牵连关系要件。商事留置权之主体依文义为企业。有学说认为,商事留置权的主体限于企业将引起不公平,同样从事经营性活动的农村承包经营户、个体工商户、营利性事业单位等各类从事经营性活动主体均应纳入本条"企业"之列。③ 关于商事留置权是否完全无须两项请求权间具有牵连关系,学界亦有争论。第一种观点认为基于商事交往所要求的便捷、安全的需要,只要商事主体债权人合法占有债务人的动产,无须牵连关系便可主张商事留置权。④ 第二种观点则认为,并非具备主体要件即可主张享有商事留置权。商事留置权发生的前提为债权形成于连续性商事活动,留置物之占有来源于连续性商事活动。⑤ 司法实践中,对于商事留置权之牵连关系要件已不乏支持第二种观点的判决。⑥ 本书认为,第二种观点更为合理。域外立法例上多有商事留置权以缓和的牵连关

---

① 《民法典担保制度解释》颁行以前,尚有判决认为债务人的财产是指债务人享有所有权的财产。参见北京职工体育服务中心工体舞美工程部与国家体育馆有限责任公司、原审第三人创梦厂(北京)文化发展有限公司、创意文化有限公司财产损害赔偿纠纷案,北京市第三中级人民法院民事判决书(2015)三中民终字第13215号。
② 刘家安:《物权法论》,中国政法大学出版社2009年版,第215页。
③ 参见孙鹏:《完善我国留置权制度的建议》,载《现代法学》2017年第6期。
④ 参见刘家安:《物权法论》,中国政法大学出版社2009年版,第216页。
⑤ 参见孙鹏:《完善我国留置权制度的建议》,载《现代法学》2017年第6期;魏冉:《我国商事留置权的制度实践与完善进路》,载《江淮论坛》2019年第3期。
⑥ 参见无锡西姆莱斯石油专用管制造有限公司与无锡市卓盛隆国际货运代理有限公司排除妨害、返还原物纠纷案,江苏省高级人民法院民事判决书(2016)苏民终51号。

系为要件,这样可以在顾及商业效率的同时亦兼顾可实现的公平原则。商事留置权的特殊性在于商事活动具备持续性特点,第二种观点之缓和方式已足以使商事主体免于举证困难。事实上,《民法典担保制度解释》第62条第2款已部分采纳第二种观点,当债权不属于企业持续经营中发生的债权时,债务人可以向债权人主张返还留置物。《民法典担保制度解释》第62条第2款未将占有之取得限制在连续性商事活动范围内,应依第二种观点予以漏洞填补。

应当注意的是,除了牵连关系要件存在特殊之处外,商事留置权仍须符合留置权的全部其他要件。

(三)债权已届清偿期且未获清偿

留置权的发生及行使,以债权已届清偿期且未获全部清偿为前提。① 债权未届期而动产返还义务已届期的,债权人不得为保证其债权在将来实现而拒绝返还动产。

(四)消极要件——没有法律禁止留置或约定禁止留置的情形

本法第449条所称法律规定或当事人约定不得留置的动产,并非对留置动产范围的限制,而是指不得留置的情形。

二、法律效果

留置权之效力包括留置效力与优先受偿效力。主债权到期而债务人未履行债务的,留置权人可以行使留置权对动产进行留置,但行使留置权之变价效力,尚须约定或法定的宽限期届满。其后,留置权人才可与债务人协议折价、拍卖、变卖,或申请法院拍卖、变卖留置动产。留置权人可就变价所得价款优先受偿。

三、证明责任

留置权人应就牵连关系、债权已届清偿期之事实承担证明责任。商事留置权人无须证明牵连关系。留置权人申请拍卖、变卖留置动产的,应证明债务人经过约定或法定的宽限期仍未履行债务的事实。债务人主张存在法律禁止、约定禁止留置情形的,应就上述事实承担证明责任。

第四百五十条 【可分留置物】留置财产为可分物的,留置财产的价值应当相当于债务的金额。

第四百五十一条 【留置权人的保管义务】留置权人负有妥善保管留置财产的义务;因保管不善致使留置财产毁损、灭失的,应当承担赔偿责任。

---

① 参见刘家安:《物权法论》,中国政法大学出版社2009年版,第216页。

第四百五十二条 【留置物的孳息】留置权人有权收取留置财产的孳息。

前款规定的孳息应当先充抵收取孳息的费用。

第四百五十三条 【留置权优先受偿效力的实现】留置权人与债务人应当约定留置财产后的债务履行期限；没有约定或者约定不明确的，留置权人应当给债务人六十日以上履行债务的期限，但是鲜活易腐等不易保管的动产除外。债务人逾期未履行的，留置权人可以与债务人协议以留置财产折价，也可以就拍卖、变卖留置财产所得的价款优先受偿。

留置财产折价或者变卖的，应当参照市场价格。

1　留置权人对动产进行留置后，应给予债务人一定的债务履行宽限期。宽限期可以通过约定予以确定，约定期限可短于60日。未约定或约定不明的，宽限期为60日以上。留置鲜活易腐等不易保管的动产，可不设宽限期。

2　宽限期自留置权人催告通知到达债务人时起算，或自约定的宽限期起算时点开始计算。若留置权人未向债务人催告，或未与债务人协商宽限期，宽限期不起算，留置权人不得就留置财产变价受偿。但因留置权人客观上不能催告或不能与债务人协商宽限期的，本书认为此情形应适用法定60日以上宽限期，宽限期自主债务履行期限届满之日起算。①

3　宽限期经过而债务人仍未履行的，留置权人可以选择与债务人协商折价，或选择自行拍卖、变卖留置财产，或选择申请法院拍卖、变卖留置财产。

4　依本法第578条之规定，当事人明示或默示不履行债务的（预期违约），债权人可在债务届期前主张违约责任。依当然解释，在预期违约情形中，只要留置权人满足除债权届期并未获偿之外的其他留置权发生要件，便发生留置权。留置权人无须待到债务届期，更无须给予宽限期，即可行使留置权之变价优先受偿权能。② 因此，预期违约亦构成本条之例外。

第四百五十四条 【债务人请求留置权人行使留置权】债务人可以请求留置权人在债务履行期限届满后行使留置权；留置权人不行使的，债务人可以请求人民法院拍卖、变卖留置财产。

第四百五十五条 【留置权的实现】留置财产折价或者拍卖、变卖后，其

---

① 参见郑冠宇：《民法物权》（第七版），新学林出版股份有限公司2017年版，第699页。
② 原《担保法解释》第112条但书规定了紧急留置权，本法未设置紧急留置权规则，目前亦尚未颁布相似解释。紧急留置权要求债务人无支付能力，相较之下预期违约含义更为宽泛。

价款超过债权数额的部分归债务人所有,不足部分由债务人清偿。

第四百五十六条 【留置权的优先性】同一动产上已经设立抵押权或者质权,该动产又被留置的,留置权人优先受偿。

同一动产上留置权与抵押权或质权竞存的,无论留置权发生之时点是否早于竞存的其他担保物权,留置权人皆优先受偿。根据本法第416条但书,留置权亦优先于价款债权抵押权(PMSI)。根据《海商法》第25条之规定,船舶优先权优先于船舶留置权受偿。 1

动产上存在其他担保物权性权利的,类推适用本本条。 2

第四百五十七条 【留置权的消灭】留置权人对留置财产丧失占有或者留置权人接受债务人另行提供担保的,留置权消灭。

留置权人对留置财产的占有丧失,留置权即告消灭。但留置权人之占有被侵夺的,留置权人可依本法第462条主张占有回复请求权。占有回复后,发生新的留置权。① 留置权人没有抛弃留置权之意思而主动将留置财产返还的,留置权消灭,但日后再次合法占有留置财产的,亦可依原债权在留置财产上再度发生留置权。② 留置权人以抛弃留置权之意思将留置财产返还的,留置权消灭,即便日后再度取得占有,亦不生留置权。③ 1

债务人另行提供担保的,留置权人表示接受的,留置权消灭,不以返还占有为必要。另行提供的担保不限于设定担保物权。④ 留置权消灭的时点为另行提供的担保物权设立时或保证合同生效时或非典型担保之权利设立时。 2

留置权亦因担保物权消灭的共同原因(参见本法第393条评注)而消灭。 3

第五分编 占 有

第二十章 占 有

第四百五十八条 【有权占有】基于合同关系等产生的占有,有关不动

---

① 参见最高人民法院民法典贯彻实施工作领导小组主编:《中华人民共和国民法典物权编理解与适用(下)》,人民法院出版社2020年版,第1319页。
② 参见史尚宽:《物权法论》,中国政法大学出版社2000年版,第520页。
③ 同上注,第520页。
④ 同上注,第518页。

产或者动产的使用、收益、违约责任等,按照合同约定;合同没有约定或者约定不明确的,依照有关法律规定。

第四百五十九条 【恶意占有人因使用占有物致损的赔偿责任】占有人因使用占有的不动产或者动产,致使该不动产或者动产受到损害的,恶意占有人应当承担赔偿责任。

一、规范意旨

本条以及本法第460条、第461条规定所有人—占有人关系中的损害赔偿、孳息返还、费用偿还等问题。不过,请求权人不应限定于所有人,还应包括享有返还原物请求权(本法第235条)的其他物权人。

二、本条与本法第461条的关系

需要探究的问题是,本条与本法第461条之间是何关系。有学说认为,本条之适用应严格限制在因恶意占有人使用而致占有物毁损、灭失之情形,①而本法第461条的适用领域更为广泛,除此之外,还适用于占有人的代位物返还义务以及恶意占有人非因使用而致占有物毁损、灭失之情形的损害赔偿责任。② 本书认为,就占有物毁损、灭失的损害赔偿责任而言,毁损、灭失究竟是因为占有人的使用行为所致抑或是因为其他原因所致,并无本质区别,比较法上未见值得借鉴的区别对待规范模式。因此,立法上没必要用两个条文分别规定两种情形中的占有人损害赔偿责任。二者可以统一适用本法第461条。

本条以及本法第460条、第461条所构成之规范体系比较接近于《瑞士民法典》第938—940条。不同之处主要在于,《瑞士民法典》第938条专门规定善意占有人无须返还占有物的收益且无须赔偿占有物毁损、灭失之损害,③第940条第1款专门规定恶意占有人(bösgläubiger Besitzer)对于占有物之损害应承担赔偿责任且应返还孳息或者赔偿未及时收取的孳息,④两个条款均涉及收益返还或赔偿问题,两个条款分工的首要标准是善意占有人与恶意占有人;反之,本条与本法第461条均规定恶意占有人的损害赔偿责任,而且两个条款均未明确提及收益返还问题,所以在本法第460条第1款专门规定孳息返还问题。如果说本条以及本法第460条、第461条所构成之规范体

---

① 参见崔建远:《物权法》(第二版),中国人民大学出版社2011年版,第153页。
② 参见孙宪忠、朱广新主编:《民法典评注:物权编4》,中国法制出版社2020年版,第521页(章正璋执笔);冉克平:《论〈物权法〉上的占有恢复关系》,载《法学》2015年第1期。
③ Vgl. BSK ZGB II/Ernst(2016), Art. 938 Rn. 1-2.
④ Vgl. BSK ZGB II/Ernst(2016), Art. 940 Rn. 1-10.

系借鉴了《瑞士民法典》第938—940条之规定,则在借鉴过程中显然有所偏差,遂导致逻辑不清。

以上分析表明,如果说本条是有意义的法律条文,则其意义只能体现在反面解释上。据此,善意占有人因使用占有的不动产或者动产,致使该不动产或者动产受到损害的,无须承担赔偿责任。至于恶意占有人对于占有物的损害赔偿责任,应适用本法第461条。

所谓善意占有人即不知道自己欠缺占有权且无重大过失的无权占有人。恶意占有人即知道或者因重大过失而不知道自己欠缺占有权的占有人。取得占有时虽为善意,但后来知道自己欠缺占有权的,自知道时起成为恶意占有人。

第四百六十条 【原物及孳息返还请求权;费用偿还请求权】不动产或者动产被占有人占有的,权利人可以请求返还原物及其孳息;但是,应当支付善意占有人因维护该不动产或者动产支出的必要费用。

一、原物及孳息返还请求权

本条第1分句之返还原物请求权与本法第235条规定的返还原物请求权一致,属于重复规定,在法律适用上应以本法第235条为请求权基础。孳息返还请求权则为所有人—占有人关系中的请求权。请求权人为所有权人或者其他享有收益权的物权人。

从比较法的角度看,关于孳息的返还,在德国法上,区分善意占有人、恶意占有人与侵权占有人。善意占有人无须返还已经收取的收益,但在无偿取得占有或者收取过度孳息的情况下,善意占有人须依不当得利规则返还收益。恶意占有人须返还全部已收取的收益[①],补偿已不存在的孳息的价值,补偿因其过错未收取的收益[②]。侵权占有人则须依侵权行为法规则负担返

---

① 在我国司法实践中,借贷合同无效的情况下,法院经常判令借款人按照中国人民银行同期贷款利率向贷款人支付资金占用期间的利息。从民法原理上看,这是不当得利返还内容中的收益返还,并非所有物返还关系中的收益返还。当然,二者大同小异。既然承认前者,就也应承认后者。相关判例参见昆山宏图实业有限公司与金谷源控股股份有限公司借款合同纠纷案,最高人民法院民事判决书(2013)民二终字第9号。

② 案例参见临沂市兰山区兰山街道大城后村民委员会与临沂市中正商贸有限公司农村土地承包合同纠纷案,山东省高级人民法院民事裁定书(2016)鲁民申1938号。在该案中,法院认定合同无效,判令中正公司返还土地使用权,由于中正公司在土地交付后并未实际使用土地,所以无须支付土地使用费。法院认为,即便中正公司是恶意占有人,未使用土地也并非因其过错导致,因为一方面使用农地建厂经营本就不被法律允许,另一方面从中正公司的企业性质以及合同目的来看,也不能强求其继续耕种该土地以获取收益。

还义务或赔偿责任①。所谓侵权占有人即有过错地通过禁止之私力(如盗抢)或者犯罪行为(如诈骗、故意购买赃物)取得占有之人。②

3　上述关于恶意占有人与侵权占有人的返还义务与责任的规则可资借鉴,而关于善意占有人无须返还已收取的收益之规则是否值得借鉴,则不无疑问。此项规则源于罗马法。罗马法之所以规定善意占有人可以取得孳息所有权,是为了补偿占有人为照管占有物以及为收取孳息所支出的费用,③但是孳息的价值很可能比这种费用高得多,如果简单地规定孳息返还义务与费用返还义务相互抵销,在某些时候会导致不公平的结果。合理的做法是承认这两项义务并存。一方面,善意占有人应当将已收取的孳息返还给所有权人。另一方面,所有权人应当向善意占有人返还其为照管占有物以及为收取孳息所支出的费用。

4　实际上,本条规定无权占有人有义务返还孳息时,并未区分善意占有人与恶意占有人。这表明,即便善意占有人也负有孳息返还义务。当然,该条规定不区分善意占有人与恶意占有人也存在弊端,两种占有人在孳息返还范围上本应区别对待。具体而言,解释上应认为,占有人已经收取孳息,但该孳息非因消费或处分而灭失的,鉴于占有人并未从中享受利益,善意占有人无须对孳息予以折价补偿,④仅恶意占有人应折价补偿。对于因未收取而丧失的孳息,善意占有人无须补偿,而有过错的恶意占有人则需补偿。

5　本条仅规定孳息返还义务,而未提及使用利益。使用利益与天然孳息、法定孳息在性质上相似,⑤统称为收益,因此,使用利益应类推适用本条第1分句。

二、费用偿还请求权

6　依本条第2分句之规定,仅善意占有人享有费用偿还请求权。依其文义,可请求偿还之费用限于必要费用。就无因管理中必要费用之概念,我国

---

①　案例参见陈某与江苏华宝建设工程有限公司德清分公司等租赁合同纠纷案,浙江省绍兴市中级人民法院民事判决书(2015)浙绍商终字第356号(法院以承租人构成诈骗罪为由认定设备租赁合同无效,并判令承租人赔偿租赁物交付后至返还前的租金损失)。
②　Vgl. Palandt/Herrler(2020), §992 Rn. 2-3.
③　参见徐国栋:《优士丁尼〈法学阶梯〉评注》,北京大学出版社2011年版,第188—189页。
④　类似观点参见席志国:《论德国民法上的所有人占有人关系——兼评我国〈民法典〉第459—461条之规定》,载《比较法研究》2020年第3期。
⑤　参见冉克平:《论〈物权法〉上的占有恢复关系》,载《法学》2015年第1期。

民法学界主流观点赞成将必要费用扩及于有益费用,①司法实践中亦有支持者。② 本条第 2 分句之必要费用可作相同理解。此种解释在比较法上亦有依据。在德国法上,善意占有人可请求偿还必要费用和有益费用。必要费用是指使占有物得以存续并保持正常功能而发生的费用,费用的必要性完全取决于客观标准;③有益费用是非必要但通过该费用使得占有物价值增加的费用,增值与否亦由客观标准判断。④

恶意占有人无权依据本条规定请求返还必要费用。当然,如果恶意占有人对占有物实施维护、修理等行为构成无因管理,或者使物权人构成不当得利,则其可依本法第 979 条或者第 985 条的规定请求偿还必要费用。

三、证明责任

物权人请求占有人返还孳息的,应证明在占有期间已经产生孳息;占有人主张孳息未收取或者虽已收取但灭失的,物权人应提出反证证明孳息已收取且未灭失,或者应证明孳息系因占有人消费或处分而灭失,或者证明孳息的灭失系因恶意占有人的过错导致,或者证明孳息未收取系因恶意占有人的过错导致。善意占有人请求物权人偿还费用的,应证明该费用已支出且为必要费用。

第四百六十一条 【占有财产毁损、灭失后保险金等的返还与损害赔偿责任】占有的不动产或者动产毁损、灭失,该不动产或者动产的权利人请求赔偿的,占有人应当将因毁损、灭失取得的保险金、赔偿金或者补偿金等返还给权利人;权利人的损害未得到足够弥补的,恶意占有人还应当赔偿损失。

一、保险金、赔偿金或者补偿金的返还

依据本条第 1 分句,占有物毁损、灭失的,无权占有人应将保险金、赔偿金或者补偿金等返还物权人。物权人的此项返还请求权性质如何,不无疑问。占有物毁损、灭失时,实际遭受损害的人是物权人,就物本身而言,无权占有人并无损失。因此,保险金、赔偿金等的给付义务人本应向物权人支付,此类权利人是真正的债权人。给付义务人向并非债权人的无权占有人支付保险金、赔偿金、补偿金的,是否发生清偿效果,不可一概而论。善意的给付

---

① 参见谢鸿飞、朱广新主编:《民法典评注:合同编·典型合同与准合同 4》,中国法制出版社 2020 年版,第 580 页(金可可执笔)。
② 参见陈某诉朱某某无因管理纠纷案,安徽省芜湖市镜湖区人民法院民事判决书(2017)皖 0202 民初 4778 号。
③ Vgl. Erman/Ebbing(2020), § 994 Rn. 12.
④ Vgl. Erman/Ebbing(2020), § 996 Rn. 5f..

义务人向动产无权占有人支付的,鉴于动产占有具有权利推定力,给付义务人可以信赖无权占有人为保险金、赔偿金、补偿金的债权人,其清偿应为有效,导致债权消灭①。此为向债权准占有人清偿的一种情形。反之,不动产占有不具有权利推定力,所以给付义务人向无权占有人支付保险金、赔偿金、补偿金的,通常不发生清偿效果。充其量只能在给付义务人善意地向未登记的不动产的无权占有人清偿时,才能发生清偿效果。

2　给付义务人向无权占有人支付保险金、赔偿金、补偿金,发生清偿效果的,无权占有人构成(无权处分型)不当得利,物权人有权请求其返还保险金、赔偿金、补偿金。不发生清偿效果的,物权人可以对无权占有人的受领行为予以追认,使其发生清偿效果,从而取得对无权占有人的不当得利返还请求权。追认既可以明示,也可以默示。就此而论,本条第1分句中的"该不动产或者动产的权利人请求赔偿"应解释为物权人默示地追认无权占有人的受领行为,所以,物权人有权请求后者返还"取得的保险金、赔偿金或者补偿金等"。

二、损害赔偿责任

3　标的物毁损、灭失的,可能发生损害赔偿责任。在民法原理上,区分善意占有人、恶意占有人与侵权占有人。善意占有人对于标的物毁损、灭失或因其他事由导致不能返还不负担损害赔偿责任,因为既然其不知道且不应知道标的物归他人所有,就不能要求其为他人利益负担注意义务。恶意占有人对于标的物毁损、灭失或因其他事由导致不能返还有过错的,向所有权人负担损害赔偿责任;在迟延履行标的物返还义务期间,恶意占有人对于标的物意外毁损、灭失也必须负担损害赔偿责任。侵权占有人的责任加重,对于标的物毁损、灭失或因其他事由导致不能返还即便没有过错,仍然需要向所有权人负担损害赔偿责任。②

4　本条规定恶意占有人应承担损害赔偿责任,未明确规定归责原则。解释上可认为,本条中的恶意占有人是广义的,包括狭义的恶意占有人和侵权占有人。对于占有物毁损、灭失,前者仅承担过错赔偿责任,③后者应承担无错赔偿责任。之所以如此规定,是因为侵权占有人通过过错侵权行为取得占有的那一刻就已经需要向物权人承担侵权责任,后来占有物毁损、灭失导致

---

① Vgl. Staudinger/Vieweg(2015), § 851 Rn. 1.
② 参见[德]鲍尔、施蒂尔纳:《德国物权法(上册)》,张双根译,法律出版社2004年版,第190页。
③ 相反观点认为,本条若采过错责任,在先存在的"保险金、赔偿金或补偿金"无从谈起,故本条应解释为严格责任。参见孙宪忠、朱广新主编:《民法典评注:物权编4》,中国法制出版社2020年版,第520页(章正璋执笔)。

不能依原状返还,当然不导致侵权责任消灭,仅导致责任形式由返还占有变成金钱损害赔偿。

占有物毁损是指物质上的损坏或者功用上的障碍,其发生原因包括不合理处置、未进行必要维修保养、正常的使用损耗等。例如,运动不充分导致赛马贬值、机器疏于保养导致生锈、对崭新物品进行使用导致贬值。标的物被设定物上负担(如担保物权)也是毁损,此即所谓法律上的毁损(rechtliche Verschlechterung)。反之,即便予以妥善照管也无法避免的标的物贬值,不构成毁损。[①] 占有物灭失是指因为被消费、被破坏导致标的物不存在或者因为附合[②]、混合、加工等原因导致标的物丧失独立性,也包括标的物严重损坏以至于从经济上看已经完全报废。

本条虽仅规定占有物毁损、灭失,但应解释为亦适用于占有物因其他事由导致不能返还,如无权占有人将占有物转让给他人[③],占有物遗失、被盗抢或被他人误取。

三、保险金等的返还义务与损害赔偿责任的关系

保险金等的返还义务人既包括恶意占有人,也包括善意占有人。反之,损害赔偿责任主体仅包括恶意占有人(含侵权占有人)。尽管本条第2分句使用了"权利人的损害未得到足够弥补"之表述,但不应解释为恶意占有人的损害赔偿责任是补充责任。易言之,请求返还保险金等并非请求支付损害赔偿金的前置程序。也就是说,物权人有权直接请求侵权占有人或者有过错的恶意占有人承担损害赔偿责任。如果此类占有人已经向物权人返还保险金等,则物权人应得的损害赔偿金需要予以扣减。在恶意占有人(不含侵权占有人)对毁损、灭失没有过错的情况下,物权人只能请求其返还保险金等。

四、请求权的权利人与义务人

本条之请求权人包括所有权人以及对占有人享有返还原物请求权(本法第235条)的其他物权人,如用益物权人。其他物权人可能需要与所有权人分享请求权。有学说认为,请求权人还包括债之关系中的占有人等有权占

---

① Vgl. Staudinger/Gursky(2006),§989 Rn. 6-8.
② 参见四川金核矿业有限公司与新疆临钢资源投资股份有限公司特殊区域合作勘查合同纠纷案,最高人民法院民事判决书(2015)民二终字第167号。
③ 参见陈某与江苏华宝建设工程有限公司德清分公司等租赁合同纠纷案,浙江省绍兴市中级人民法院民事判决书(2015)浙绍商终字第356号。

有人。① 有学说甚至认为,本条请求权人还应包含无权占有人中的善意占有人。② 本书认为,债之关系中的占有人、善意占有人等即便需要保护,也应适用本法第462条第1款的占有人保护规则,无须适用本条。本条旨在保护享有返还原物请求权的物权人。

本条第2分句之损害赔偿义务人为恶意占有人,第1分句之保险金等返还义务人为善意占有人或者恶意占有人(概念参见本法第459条评注边码5)。

五、证明责任

物权人请求占有人返还保险金等款项的,应证明占有人已经受领了此类款项。物权人请求占有人承担损害赔偿责任的,应证明占有人为侵权占有人,或者证明占有人为恶意占有人且对占有物毁损、灭失存在过错。

第四百六十二条 【占有保护请求权】占有的不动产或者动产被侵占的,占有人有权请求返还原物;对妨害占有的行为,占有人有权请求排除妨害或者消除危险;因侵占或者妨害造成损害的,占有人有权依法请求损害赔偿。

占有人返还原物的请求权,自侵占发生之日起一年内未行使的,该请求权消灭。

一、规范目的

无论占有人是否对占有物享有本权,占有状态本身都值得保护。本条目的即在于保护占有不受法律禁止之私力(verbotene Eigenmacht)的侵害。本条之内容包括占有保护请求权之类型、要件、效果以及除斥期间。

二、占有返还请求权

(一)构成要件

占有侵夺(侵占)是指以法律禁止之私力完全并持续地剥夺占有人对物或物之某一独立部分的事实管领。③ 具体如下:1. 非经法律许可,即具有客观不法性。④ 占有是法律所保护的事实,除非具有违法阻却事由,否则侵夺占有当然具有违法性。⑤ 本法中的违法阻却事由包括正当防卫(本法第181条)、紧急避险(本法第182条)、自助行为(本法第1177条)、无因管理(本法第979

---

① 参见崔建远:《物权法》(第二版),中国人民大学出版社2011年版,第150页。
② 参见孙宪忠、朱广新主编:《民法典评注:物权编4》,中国法制出版社2020年版,第527页(章正璋执笔)。
③ Vgl. Erman/Elzer(2020),§861 Rn. 4.
④ 参见吴香香:《〈物权法〉第245条评注》,载《法学家》2016年第4期。
⑤ 参见谢在全:《民法物权论(下册)》(修订五版),中国政法大学出版社2011年版,第1226页。

条以下)等。程序法上因执行公务等而强制执行、没收、收缴亦属法律许可。① 2. 非基于直接占有人意思,②即直接占有人不知占有受侵害,或直接占有人知道占有受侵害但不同意。③ 3. 剥夺占有人对物或物之某一独立部分的事实管领,亦即占有人之占有消灭。占有人为部分占有的,其部分占有被完全侵夺的亦属之。使占有人之单独占有弱化为共同占有、完全占有弱化为部分占有亦属之。④ 此要件暗含占有人对占有物应曾形成过占有,司法实践中要求请求权人对此承担证明责任。⑤ 4. 剥夺事实应当是持续的,暂时妨碍占有人实施其管领力的,不构成占有人之占有消灭。至于剥夺事实是否属于持续的,取决于具体情况和一般社会观念。⑥ 5. 剥夺行为与占有消灭间具备相当因果关系。⑦

占有返还请求权属物上请求权,其发生不以侵夺人具有过错为前提。

(二)请求权人及义务人

占有返还请求权之请求权人为曾对占有物形成占有而后被侵夺占有的占有人。直接占有人自不待言,间接占有人是否享有占有返还请求权有争议。支持者认为间接占有人适用占有返还请求权属占有保护制度的应有之义。⑧ 反对者则往往认为间接占有这一概念未得到我国民法的承认或者认为这一概念本身不成立。⑨ 目前国内学界较为有力的学说认为,在直接占有受侵夺时,若直接占有人或全部下级占有人均不能或不愿收回占有,则间接占有人可向侵夺人主张向其返还占有,除此之外,间接占有人仅得向侵夺人主张向直接占有人返还占有。⑩ 另外,存在占有媒介基础的法律关系之直接占有人与间接占有人之间,仅直接占有人有权在其占有受间接占有人侵夺时

---

① 参见章正璋:《我国民法上的占有保护——基于人民法院占有保护案例的实证分析》,载《法学研究》2014年第3期。
② Vgl. Palandt/Herrler(2020), §858 Rn. 5.
③ 参见吴香香:《〈物权法〉第245条评注》,载《法学家》2016年第4期。
④ Vgl. Erman/Elzer(2020), §861 Rn. 4.
⑤ 参见上海勤帆纺织有限公司与朱某某排除妨害纠纷案,上海市第一中级人民法院民事判决书(2009)沪一中民二(民)终字第1601号。
⑥ Vgl. Erman/Elzer(2020), §856 Rn. 5.
⑦ 参见吴香香:《〈物权法〉第245条评注》,载《法学家》2016年第4期。
⑧ 参见张双根:《间接占有制度的功能》,载《华东政法学院学报》2006年第2期。
⑨ 参见石佳友:《〈物权法〉占有制度的理解与适用》,载《政治与法律》2008年第10期;李锡鹤:《物的概念和占有的概念》,载《华东政法大学学报》2008年第4期。
⑩ 参见吴香香:《〈物权法〉第245条评注》,载《法学家》2016年第4期。

向间接占有人请求返还占有,间接占有人不享有对直接占有人的占有保护权利。①

5 　占有返还请求权之义务人为相对于请求权人的现时的瑕疵占有人。第一,义务人在被请求返还占有时对物保持占有。包括直接占有与间接占有,后者如小偷把赃物出租给第三人,占有人可请求小偷返还占有。此时,占有人既可以选择请求小偷返还物本身,也可以选择请求小偷以其转让间接占有。② 第二,义务人相对于请求权人是瑕疵占有人。瑕疵占有人既包括以禁止之私力从请求权人手中取得占有的人,也包括从该取得人那里依概括继受取得占有的人,或者依特别继受取得占有且在取得时知道该占有存在瑕疵的人。③

6 　应当注意的是,瑕疵占有人本身亦受占有保护请求权的保护。如果第三人以禁止之私力从瑕疵占有人手中侵夺占有,则瑕疵占有人对第三人享有占有返还请求权。从比较法看,在德国法上,如果瑕疵占有人取得占有后的一年内,(被侵夺的)原占有人依禁止之私力从瑕疵占有人手中夺回占有,则瑕疵占有人对原占有人无占有返还请求权。④

(三)法律效果

7 　占有返还请求权的目的在于返还占有物之占有,应在侵夺地履行,履行费用由义务人承担,履行费用不是损害赔偿或价值赔偿。⑤ 间接占有人之占有返还请求权的法律效果见本条边码4。

(四)除斥期间

8 　依通说,本条1年期间经过后发生请求权消灭的效果,此期间为除斥期间,无期间中止、中断问题。本条之除斥期间自侵夺行为结束时(占有返还请求权发生)起算,占有人知情与否在所不问。⑥ 关于除斥期间是否适用于占有妨害排除、防止请求权,学界有力说认为,占有侵夺尚且适用除斥期间,程度较弱的占有妨害自应适用,占有妨害排除、防止请求权之除斥期间自妨害发生时(占有妨害排除请求权)或客观危险产生时(占有妨害防止请求权)

---

① 参见[德]鲍尔、施蒂尔纳:《德国物权法(上册)》,张双根译,法律出版社2004年版,第164页。
② Vgl. Erman/Lorenz(2017), §861 Rn. 4.
③ Vgl. Staudinger/Gutzeit(2012), §861 Rn. 8.
④ Vgl. Palandt/Herrler(2020), §861 Rn. 9.
⑤ Vgl. Erman/Elzer(2020), §861 Rn. 5.
⑥ 参见吴香香:《〈物权法〉第245条评注》,载《法学家》2016年第4期。

起算,占有人知情与否在所不问。① 多次妨害的,分别计算除斥期间。②

三、占有妨害排除请求权、占有妨害防止请求权

(一)构成要件

占有妨害是指对占有人之事实管领通过法律禁止的私力以占有侵夺之外的方式形成侵害的行为。构成占有妨害亦应满足非经法律许可、非基于占有人意思的条件(具体见边码2)。但是,占有妨害排除请求权无须妨害具有持续性,即使妨害时间很短,强度很低也构成占有妨害。③ 占有妨害既可以是有形侵害,例如不动产上被倾倒垃圾,车辆被贴上或插上广告,阻碍通行,中断电视、互联网、无线电信号等情形;④也可以是无形侵害,⑤通常包括噪声、光源、烟雾、震动等不可量物之侵入,除非此等侵入属特定范围内通行的方法引起侵害,⑥否则占有人无须容忍。⑦

占有妨害防止请求权之发生不要求客观侵害已经发生,有发生妨害之虞即已足够,妨害之虞以一般社会观念为断。⑧

占有侵夺与占有妨害间的区分没有特别重大的意义,因为两者之法律效果均指向侵害之排除。⑨ 有学者主张两者存有疑义时,宜解释为占有妨害。⑩

瑕疵占有人的占有妨害排除请求权、占有妨害防止请求权之排除事由与占有返还请求权相同,见边码6。

(二)请求权人及义务人

占有妨害排除请求权、占有妨害防止请求权之权利人同占有返还请求权(参见边码4)。义务人为造成妨害的妨害人,包括因其行为妨害占有的行为妨害人及因其意思容许妨害持续的状态妨害人。⑪ 占有妨害防止请求权之

---

① 参见吴香香:《〈物权法〉第245条评注》,载《法学家》2016年第4期。
② 同上注。
③ Vgl. Erman/Elzer(2020), §862 Rn. 3.
④ Vgl. Erman/Elzer(2020), §862 Rn. 4.
⑤ 参见[德]鲍尔、施蒂尔纳:《德国物权法(上册)》,张双根译,法律出版社2004年版,第163页。
⑥ 同上注,第543—544页。
⑦ 参见谢在全:《民法物权论(下册)》(修订五版),中国政法大学出版社2011年版,第1228页。
⑧ Vgl. Erman/Elzer(2020), §862 Rn. 5.
⑨ 参见[德]鲍尔、施蒂尔纳:《德国物权法(上册)》,张双根译,法律出版社2004年版,第156页。
⑩ 参见吴香香:《〈物权法〉第245条评注》,载《法学家》2016年第4期。
⑪ 参见崔建远:《物权法》(第二版),中国人民大学出版社2011年版,第161页。

义务人为造成该危险状态或对该危险状态有除去之支配力的人。①

(三)法律效果

占有妨害排除请求权之效果为义务人排除已有妨害,费用由义务人承担,②占有人已承担排除费用的,可向义务人依不当得利或无因管理主张费用返还。占有妨害排除请求权不涉及损害赔偿问题,义务人不会因负有排除妨害之义务的同时当然承担损害赔偿义务。③ 占有妨害防止请求权之效果为义务人承担避免将来妨害可能之发生的不作为义务。④

四、本权抗辩

通说认为,在占有之诉中不得提起本权抗辩,但可依占有本权提起反诉,仅在就本权之反诉作出有形式既判力且在强制执行上为可得实行之判决时,才能驳回占有之诉。⑤

五、损害赔偿请求权

依国内有力说之观点,本条第1款第3分句之损害赔偿请求权实质是一项参引性规范,指示参照本法第1165条第1款之规定,而非独立的请求权基础规范。⑥ 本条损害赔偿义务之实质仍是对于本权的保护,故对于物之权利人而言,物上损害直接依侵权法规范请求;对于有权占有而言,依本条可请求赔偿之损害限于其占有本权范围内的收益权;⑦对于无权占有而言,其并不享有物之归属利益,同时负担孳息及收益之返还义务,故无权占有人没有可赔偿之损害,不享有本条之损害赔偿请求权。⑧ 无权占有人是否绝对不享有侵权损害赔偿请求权,有待斟酌。

六、证明责任

占有返还请求权之请求权人应就其对物曾形成占有之事实、存在占有侵夺事实、剥夺行为与占有消灭间具备相当因果关系、相对人为瑕疵占有人之事实承担证明责任。占有妨害排除请求权、占有妨害防止请求权之请求权人应就其为占有人之事实、存在占有妨害或发生妨害之危险的事实、相对人为妨害人或妨害

---

① 参见谢在全:《民法物权论(下册)》(修订五版),中国政法大学出版社2011年版,第1229页。
② Vgl. Erman/Elzer(2020), §862 Rn. 7.
③ Ebenda.
④ Ebenda.
⑤ 参见[德]鲍尔、施蒂尔纳:《德国物权法(上册)》,张双根译,法律出版社2004年版,第161—162页。
⑥ 参见吴香香:《〈物权法〉第245条评注》,载《法学家》2016年第4期。
⑦ 同上注。
⑧ 同上注。

危险人之事实承担证明责任。损害赔偿请求权之请求权人应就其为有权占有人、其对物享有收益权承担证明责任,并承担本法第1165条第1款之请求权人的证明责任,包括证明相对人之行为违法性、过错、损害结果、因果关系。

第三编

合　同

第一分编　通则

第一章　一般规定

第四百六十三条　【合同编的调整范围】本编调整因合同产生的民事关系。

第四百六十四条　【合同的定义；对身份关系协议的准用】合同是民事主体之间设立、变更、终止民事法律关系的协议。

婚姻、收养、监护等有关身份关系的协议，适用有关该身份关系的法律规定；没有规定的，可以根据其性质参照适用本编规定。

一、合同的定义（第1款）

1　本条第1款对合同进行了定义，合同是双方或多方参与的法律行为，此即"协议"的含义。协议并非与合同不同的另一个概念。[①]

2　从"设立、变更、终止民事法律关系的协议"的表述来看，其范围并不限于负担合同，而是一并包括处分合同。[②] 不过，诸如第四章"合同的履行"、第五章"合同的保全"、第七章"合同的权利义务终止"、第八章"违约责任"等，均不适用于处分合同。

二、身份合同（第2款）

3　婚姻、收养、监护等有关身份关系的协议（下称"身份关系协议"），同样满足合同的定义，也是合同。但是，本法合同编通则预设的调整对象是财产关系，[③]因此通则规定不能当然适用于身份关系协议，只能在欠缺特别规定

[①]　参见杨代雄：《法律行为论》，北京大学出版社2021年版，第76页。
[②]　参见韩世远：《合同法总论》（第四版），法律出版社2018年版，第5页。
[③]　参见黄薇主编：《中华人民共和国民法典合同编解读（上册）》，中国法制出版社2020年版，第14页。

时,"根据其性质参照适用"。

自概念而言,身份关系协议的界定不宜过宽,其构成至少要求对身份关系产生一定的影响,而不能仅涉及财产问题。以夫妻间赠与为例:如无其他因素介入,夫妻间赠与本质上就是赠与合同,夫妻关系的存续至多构成第533条意义上的"合同的基础条件"。① 在先前的研究中,有学者将离婚协议、夫妻财产约定(区别于夫妻间赠与)、继承协议、遗赠扶养协议、收养协议、监护协议等均纳入身份关系协议。②

不过,如何定义本条第2款意义上的身份关系协议,这一问题或许并无十分重要的意义。因为即便认定某一协议并非身份关系协议而仅为财产关系协议,方法论上,也不意味着本法合同编通则的规定可以毫无例外地适用。恰相反,当存在目的论限缩的要求时,即便是单纯的财产关系协议,也可以排斥本法合同编通则规定的适用,例如边码2中所探讨的处分合同。

第四百六十五条 【合同的相对性】依法成立的合同,受法律保护。

依法成立的合同,仅对当事人具有法律约束力,但是法律另有规定的除外。

本条第1款明确规定合同受法律保护,这仅仅是一种宣示,法律对合同的"保护"体现为合同的各种效力,如原给付请求权、损害赔偿等次给付请求权等。

本条第2款明确了(负担)合同的相对性。之所以强调负担合同,是因为对于处分合同而言,其权利变动的结果对世上所有人生效,③因此并非"仅对当事人具有法律约束力"。

不过,合同的相对性并非没有例外,但其例外必须基于法律的特别规定,例如本法第221条的预告登记制度赋予债权以对抗第三人的效力,而本法第522条的真正利他合同则使第三人取得对债务人的请求权。④

第四百六十六条 【合同的解释】当事人对合同条款的理解有争议的,应当依据本法第一百四十二条第一款的规定,确定争议条款的含义。

合同文本采用两种以上文字订立并约定具有同等效力的,对各文本使用的词句推定具有相同含义。各文本使用的词句不一致的,应当根据合同的相

---

① 参见田韶华:《夫妻间赠与的若干法律问题》,载《法学》2014年第2期。
② 参见王雷:《论身份关系协议对民法典合同编的参照适用》,载《法学家》2020年第1期。
③ 当然,某些处分行为存在"不得对抗善意第三人"的问题,如未登记的动产抵押。
④ 参见王洪亮:《债法总论》,北京大学出版社2016年版,第31页。

关条款、性质、目的以及诚信原则等予以解释。

1 本条第 1 款明确了合同解释本质上就是意思表示解释,①适用意思表示解释的一般规则。

2 本条第 2 款第 1 句是一项解释规则,其适用前提是合同采取两种以上文字订立(这决定了该句原则上仅适用于书面形式的合同),且当事人约定各种文字具有同等效力,此时依该句,推定各文本使用的词句具有相同含义。逻辑上,这一规则仅能适用于以下情形:某一词句在甲文本中能够得出确定的解释结论,在乙文本中则不能。在这种情形下,根据本条第 2 款第 1 句的规定,推定从甲文本中得出的结论亦符合乙文本。

3 如果上述条件不满足,也即没有任何一个文本能够提供确定的解释结论或者两个文本得出确定的不同解释结论,则本条第 2 款第 1 句的解释规则失去作用,矛盾的化解交由意思表示解释的一般规则处理,此即本条第 2 款第 2 句的意旨所在。

第四百六十七条 【非典型合同的法律适用;三类合同强制适用我国法律】本法或者其他法律没有明文规定的合同,适用本编通则的规定,并可以参照适用本编或者其他法律最相类似合同的规定。

在中华人民共和国境内履行的中外合资经营企业合同、中外合作经营企业合同、中外合作勘探开发自然资源合同,适用中华人民共和国法律。

一、非典型合同的法律适用

(一)规范目的与概念界定

1 本条第 1 款旨在解决非典型合同的适用问题。此类合同既为合同,当然可以适用本法合同编通则规定;作为法律行为,也可以适用法律行为的一般规定。此外,非典型合同还可以参照适用典型合同规定,这是本条第 1 款的规范重点。

2 本条第 1 款意义上的非典型合同指既未被《民法典》也未被其他法律(如《劳动合同法》)明文规定的合同。此处的"法律"应作广义解释,例如《商业特许经营管理条例》规定的特许经营合同也属于典型合同。但何谓"明文规定",则存在疑问。例如,本法第 1021 条以下对肖像许可使用合同的解释、解除等作了规定,这能否使其"升格"为典型合同? 对此,本书倾向于否定,因为本法第 1021 条以下未对其主给付义务进行界定,因此其法定定

---

① 参见杨代雄:《民法典第 142 条中意思表示解释的边界》,载《东方法学》2020 年第 5 期。

义是不明确的。当然,这一问题或许只是纯粹的概念问题,因为不论如何定性,在满足参照(类推)适用的要求时,其他典型合同的规定均可以参照适用。

非典型合同有广义与狭义之分。广义的非典型合同包括三类:合同联立(Vertragsverbindung)、混合合同、纯粹非典型合同(无名合同)。① 狭义的非典型合同仅指纯粹非典型合同(typenfremde Verträge),亦称无名合同。②

合同联立是指数项原本独立的合同以某种方式结合的情形。其法律适用相对简单,因为它们原本就是数个合同,各自适用各自的规定即可。其结合关系通过法律行为部分无效等规则予以处理。③ 实践中,双方约定商铺租赁,并约定"在国家政策允许的前提下"一方保证在五年内将房屋出卖给另一方,在该方取得产权证后终止租赁关系。法院认为,此为租赁和附条件买卖,在买卖条件未成就时,应认为系租赁合同关系,此即合同联立的法律适用范例。④

混合合同可以分为两种基本形式:类型结合(Typenkombinationsvertrag)与类型融合(Typenverschmelzungsvertrag)。类型结合是指数种合同类型的给付相互结合的合同。例如酒店提供住宿的同时供应餐食,在该合同中,酒店一方的给付义务包含租赁(提供房间)、雇佣(提供服务)与承揽(提供餐食)等因素。合同双方的给付义务分别由数种给付构成,也属于类型结合,例如一方为对方提供劳务,但对方不以支付金钱为报酬,而以提供住宿为报酬。⑤ 类型融合则并非由数种给付相"结合",而是相"融合"。其范例是混合赠与:一方提供给予财产,一部分是出于赠与的意思,另一部分则是出于出卖的意思。⑥

纯粹非典型合同是指既不属于任何典型合同,又不属于前述类型结合与类型融合的合同。法律根本未对其予以规定,是实践中由当事人"发明"出来的。

此外,根据卡尔·拉伦茨与卡纳里斯的观点,还存在"另类合同形式"

---

① 参见王泽鉴:《债法原理》,北京大学出版社2009年版,第86—88页;崔建远:《合同法》(第六版),法律出版社2016年版,第22—23页;韩世远:《合同法总论》(第四版),法律出版社2018年版,第73页。
② Vgl. Medicus/Lorenz, Schuldrecht BT., 18. Aufl., 2019, S. 386.
③ Vgl. Staudinger/Feldmann, 2018, § 311 Rn. 54.
④ 参见中国建设银行股份有限公司温州南城支行、徐某某、温州文化用品市场开发有限公司案外人执行异议之诉案,浙江省高级人民法院民事裁定书(2019)浙民再459号。
⑤ Vgl. Looschelders, Schuldrecht, BT, 15. Aufl. 2020, Einl. Rn. 12.
⑥ Ebenda, Rn. 13.

(atypische Vertragsgestaltung)这一类型,它们不属于非典型合同。其范例是企业买卖:由于企业并非买卖合同法定的标的,因此企业买卖只能是"另类买卖"。① 在我国,不乏学者将买卖合同的标的限定为"物"(动产、不动产),②在此观点下,例如债权、股权、企业转让,均可视为"另类买卖"。③ 当然,由于买卖合同的规定难以完全适用,故视它们为非典型合同从而参照适用买卖合同规定,也未尝不可。

(二)混合合同的法律适用

8　　混合合同的法律适用有两种基本方法:结合说和吸收说。按照结合说,合同各个组成部分分别适用各自的法律规定,而按照吸收说,则仅适用居于重心的合同类型的法律规定。④ 此外,国内文献还经常提及"类推适用说",即"认为法律对混合契约既未设定,故应就混合契约的各构成部分类推适用关于各典型契约所设规定"。⑤ 但就此定义而言,更像是对结合说的另一种表达。结合说与吸收说并无绝对的先后顺序,需要根据具体情况进行选择。就此而言,下文仅能为混合合同的法律适用提供一定的思维指引,无法提供精确的规则。

9　　在类型结合中,结合说原则上具有优先性,因为这是最接近既有典型合同法律规定,因而能够最大程度避免价值矛盾的方法。⑥ 实践中,双方合意解除之前的合同,并将解除后应返还的投资款转为借款,法院认为该合同应分别适用合意解除与借贷合同的规定。⑦ 再如,双方《外贸进口货物港口作业合同》及《补充协议》被法院认为"系分别含有作业合同和仓储合同的混合合同",其中的仓储部分,可以适用仓储合同规定。⑧

10　　即便对于数项给付义务呈现出明显的主从关系的合同(有时将此称作

---

① Vgl. Larenz/Canaris, Lehrbuch des Schuldrechts, Bd. I, 2. Halbbd., 13. Aufl. 1994, S. 43.
② 参见崔建远:《合同法》(第六版),法律出版社 2016 年版,第 449 页。
③ 参见汤某某诉周某某股权转让纠纷案(指导案例 67 号),最高人民法院民事裁定书(2015)民申字第 2532 号,该案虽认为买卖合同的部分规定不适用于股权转让,但仍将股权转让视为买卖。
④ Vgl. MünchKomm/Emmerich(2019), § 311 Rn. 28.
⑤ 参见王泽鉴:《债法原理》,北京大学出版社 2009 年版,第 88 页。
⑥ Vgl. Larenz/Canaris, Lehrbuch des Schuldrechts, Bd. I, 2. Halbbd., 13. Aufl. 1994, S. 44.
⑦ 参见赖某某与于都县福丰置业有限责任公司等股权转让合同纠纷案,最高人民法院民事判决书(2019)最高法民再 108 号。
⑧ 参见赖某某与于都县福丰置业有限责任公司等股权转让合同纠纷案,山东省高级人民法院民事判决书(2019)鲁民终 2585 号。

"附带他种从给付的典型合同"①，根据本书观点，原则上也适用结合说。例如，甲将其手机卖给乙，同时约定，甲为乙保管3小时（所有权在合同生效时即刻转移），3小时后，乙支付价款并领取手机。本例中，虽然保管合同的法律规定难以一概适用，但诸如本法第899条第1款"寄存人可以随时领取保管物"，则并无不适用的理由。

但通说认为，"附带他种从给付的典型合同"应适用吸收说。② 依本书见解，这实际要解决的是，当某一问题涉及整个合同关系时，应以何种合同类型的法律规定为准。举例而言，甲将其房屋卖给乙，同时约定，甲为乙寻来锁匠更换门锁。本例中，虽然存在委托的因素，但对于合同的解除，显然不能适用本法第933条"委托人或者受托人可以随时解除委托合同"，而只能按照买卖合同处理。由此可见，当涉及整个合同的效力、存续等问题时，原则上应适用吸收说而非结合说，因为当事人通常不希望仅具次要性的因素影响到整个合同关系。③ 对于管辖、准据法的确定等非实体法问题，原则上也应按照吸收说处理。④

但是，边码11中的处理方法（吸收说）在无法区分主次的合同中宣告失灵。例如，一方为对方处理事务，对方则以转让实物作为对价。本例中，双方给付义务居于等值状态，不存在一方被另一方吸收的可能，此时，诸如本法第933条"委托人或者受托人可以随时解除委托合同"等规定能否适用，便有问题。有观点认为，此类解除权可以适用，但其仅消灭所针对的给付义务，此后，该给付义务转化为金钱债务。⑤ 本书认为，这种观点仅在能够从合同中解读出实物的转让对双方有特别利益时，方可采纳，否则，解除权的行使宜消灭整个合同。不论如何，对于此类问题已无法预设一般性的规则，必须同时斟酌合同目的与法律规范的目的进行判断。⑥

类似的情况也出现在类型融合中。类型融合的复杂性决定了其法律适

---

① Vgl. BeckOK BGB/Gehrlein(2021)，§ 311 Rn. 22.
② Vgl. BeckOK BGB/Gehrlein (2021)，§ 311 Rn. 22；MünchKomm/Emmerich(2019)，§ 311 Rn. 32.
③ Vgl. Oetker/Maultzsch, Vertragliche Schuldverhältnisse, 4. Aufl. 2013, § 16 Rn. 26.
④ 还可能有另一种处理方式，即根据发生争议的部分确定管辖等问题，参见《技术合同解释》第43条第4款，实践案例参见福建铜浪建材科技有限公司与某某股权转让合同及技术合同纠纷案，福建省高级人民法院民事裁定书(2017)闽民辖12号.
⑤ Vgl. Oetker/Maultzsch, Vertragliche Schuldverhältnisse, 4. Aufl. 2013, § 16 Rn. 28.
⑥ Vgl. Staudinger/Feldmann(2018)，§ 311 Rn. 52.

用只能具体问题具体分析。以赠与人撤销权(本法第658条)适用于混合赠与为例:一方面,法律赋予赠与人撤销权的规范目的在混合赠与中也应被尊重,因此原则上应承认混合赠与人有撤销权。另一方面,撤销权的行使不能剥夺对方基于"买卖"而享有的利益,故而妥当的方案可能是,撤销权行使后,受赠人可以选择以更高的价款购买标的物(转化为买卖),但也可以放弃此权利从而使合同整体消灭。这种方案显然不是结合说或吸收说所能涵盖的。

(三)纯粹非典型合同的法律适用

上文针对混合合同提出的结合说与吸收说,均不适用于纯粹非典型合同。纯粹非典型合同原则上只适用合同编通则,例外时可以根据个案情况参照适用典型合同规定。①

二、三类合同强制适用我国法律

本条第2款解决中外合资经营企业合同、中外合作经营企业合同、中外合作勘探开发自然资源合同的准据法问题。根据该款之规定,这三种合同强制适用中华人民共和国法律。如果当事人约定适用其他法律,则该约定无效,合同其余部分的效力依本法第156条处理。

第四百六十八条 【非合同债务关系准用合同编通则】非因合同产生的债权债务关系,适用有关该债权债务关系的法律规定;没有规定的,适用本编通则的有关规定,但是根据其性质不能适用的除外。

一、规范目的

本法不设债法总则,仅有合同编通则。故此,对于非因合同产生的债务关系(下称法定债务关系②),其法律适用的需要只能通过准用合同编通则的方式解决。因此,本条在性质上属于"指示参照性法条",且并非指示参照某一或某些特定条文,而是整个合同编通则,故属于所谓的"总括参照"(Pauschalverweisung)。③ 诚然,本条在措辞上使用的是"适用",而非在本法第464条第2款等条文中使用的"参照适用",但这并不会改变上述定性。④

---

① Vgl. MünchKomm/Emmerich, 8. Aufl. 2019, § 311 Rn. 26.
② 在合同与法定债务关系之间,还可能存在第三种债务关系的类型,即基于单方法律行为而形成的债务关系,如设立财团法人(捐助法人)的捐助行为,使捐助人负担一项对社团法人的债务。
③ 参见[德]卡尔·拉伦茨:《法学方法论》(全本·第六版),黄家镇译,商务印书馆2020年版,第332页。
④ 参见翟远见:《论〈民法典〉中债总规范的识别与适用》,载《比较法研究》2020年第4期,第108页。

二、准用的前提

首先,必须存在已经成立的债务关系,换言之,本条只解决法定债务关系在法律效果层面的问题,并不涉及其构成要件层面的问题。法定债务关系的成立需要法律的特别规定,本法第 118 条第 2 款"法律的其他规定"即表明这一点。除侵权行为、无因管理与不当得利这三种常见的类型外,法定债务关系还存在其他类型,如本法第 171 条第 3 款的无权代理人责任与本法第 500 条的缔约过失责任。

其次,必须不存在法律针对法定债务关系的特别规定。这一要求在侵权责任中体现得十分明显:本法侵权责任编第二章"损害赔偿"针对侵权责任的损害赔偿问题作了诸多特别规定,在这些特别规定的适用范围内,排斥本法合同编通则第八章"违约责任"的相关规定。

最后,本法合同编通则的规定不得与法定债务关系的性质相冲突,此即本条但书所言。这一要求是本条的重心与难点,其实质乃在于强调,准用合同编通则规定,必须满足准用(类推适用)的一般原理,即"在对法律评价有决定性意义的方面,两类事实构成(此处即合同与法定债务关系)彼此相类"。①

三、准用的标准

起草本法合同编通则时,立法者尽量在债法总则性质的规定中使用诸如"债""债权""债务"等表述,而不使用"合同""合同权利""合同义务"等表述。② 这意味着,判断一项本法合同编通则规定能否准用于法定债务关系,首先可通过法条的措辞进行。但不应将此绝对化,否则违约责任的所有条文均不能准用于法定债务关系("约"="合同"),显无理由。

在本法合同编通则的八章中,第二章"合同的订立"与第三章"合同的效力"显然不能准用于法定债务关系;第一章"一般规定"中,除本法第 465 条第 2 款外的其他规定也无法准用于法定债务关系。相较之下,其余五章的规定则大多存在准用于法定债务关系的可能,申言之:

第四章"合同的履行"中,除第 510 条第 2 分句、第 511 条第 2 项、第 513

---

① 参见[德]卡尔·拉伦茨:《法学方法论》(全本·第六版),黄家镇译,商务印书馆 2020 年版,第 479 页。
② 参见黄薇主编:《中华人民共和国民法典合同编解读(上册)》,中国法制出版社 2020 年版,第 3 页。

条、第525—528条(第525条或为例外①)、第533条、第534条外的其他规定原则上都存在准用于法定债务关系的可能。

第五章"合同的保全"的所有规定原则上都存在准用于法定债务关系的可能。

第六章"合同的变更和转让"的所有规定原则上都存在准用于法定债务关系的可能。

第七章"合同的权利义务终止"中,除第557条第2款、第562—567条外的其他规定原则上都存在准用于法定债务关系的可能。

第八章"违约责任"中,除第580条第2款、第594条外的其他规定原则上都存在准用于法定债务关系的可能。

需说明的是,上文所揭示的仅仅是一种"最低的可能性",换言之,个案中能否准用、在多大程度上能够准用,仍需取决于个案情况。

第二章　合同的订立

第四百六十九条　【合同的形式】当事人订立合同,可以采用书面形式、口头形式或者其他形式。

书面形式是合同书、信件、电报、电传、传真等可以有形地表现所载内容的形式。

以电子数据交换、电子邮件等方式能够有形地表现所载内容,并可以随时调取查用的数据电文,视为书面形式。

1　　基于意思自治,当事人原则上可以自由选择合同的形式(形式自由原则)。口头合同亦为合同。

2　　书面形式是最常见的形式,包括但不限于合同书。根据本条第2款、第3款可知,其核心是"可以有形地表现所载内容",这反映了书面与口头形式的区别。书面形式的主要功能在于警示当事人以及保存证据。② 为发挥这些功能,通常要求各方以签名、盖章或其他有形方式表明身份。合同书尤为严格,第490条第1款规定,"当事人采用合同书形式订立合同的,自当事人均签名、盖章或者按指印时合同成立"。

---

① 有学者主张可从第525条中解释出所谓"留置抗辩权"(Zurückbehaltungsrecht),用以解决双务合同以外的债务关系的同时履行问题(王洪亮:《债法总论》,北京大学出版社2016年版,第111页)。若接受这一主张,则第525条也存在准用于法定债务关系的可能。

② 参见王洪亮:《债法总论》,北京大学出版社2016年版,第45页。

合同书上的签章必须覆盖合同的全部条款;如果嗣后有所补充,须重新为之。① 在空白合同书上签名并授权他人补充,并无不可,被授权者所填内容视为签名人的意思表示。② 授权他人代为签名,也无不可,因为行为人终归可授予他人代理权,故即便否认授权签名的合法性,其授权表示也可以转化为授予代理权。

数据电文满足本条第3款的要求,即可构成书面形式。数据电文不限于电子数据交换(EDI)、电子邮件,也包括网店电子订单、手机短信、微信聊天记录等。《电子签名法》对数据电文与电子签名进行了详细规定。

形式要求的效力,见第490条评注。

第四百七十条 【合同一般条款】合同的内容由当事人约定,一般包括下列条款:

(一)当事人的姓名或者名称和住所;

(二)标的;

(三)数量;

(四)质量;

(五)价款或者报酬;

(六)履行期限、地点和方式;

(七)违约责任;

(八)解决争议的方法。

当事人可以参照各类合同的示范文本订立合同。

第四百七十一条 【合同的订立方式】当事人订立合同,可以采取要约、承诺方式或者其他方式。

一、历史沿革

本条源自《合同法》第13条,不同之处在于,本条增加了"其他方式"。对此,不应认为《民法典》有意突破要约—承诺的基本原则,毋宁说"其他方式"的增加只是为了表述上更加严谨。

二、要约—承诺

要约是希望与他人订立合同的意思表示(第472条),承诺是受要约人同意要约的意思表示(第479条)。原则上,要约与承诺相互一致,合同才能

---

① 参见[德]迪特尔·梅迪库斯:《德国债法总论》,杜景林、卢谌译,法律出版社2004年版,第463页。

② 参见[德]汉斯·布洛克斯、沃尔夫·迪特里希·瓦尔克:《德国民法总论》(第33版),张艳译,中国人民大学出版社2014年版,第136页。

成立;在判断是否一致时,应对双方的表示进行解释。在受要约人对要约进行了非实质变更的情况下,合同仍可能成立,详见第489条评注。

3 要约—承诺有时以特殊形式发生,这些形式不属于"其他方式",例如意思实现(第480条第2分句)、强制缔约(第494条)等。

4 实践中,合同的订立经常以双方共同商定各项条款再一同签字的方式完成,此时区分要约、承诺可能存在困难,但仍属于要约—承诺的范畴。①

三、其他方式

5 交叉要约。交叉要约是指"当事人双方同时发出内容相同的要约"。②由于发出要约的双方均有意订立合同,因此以交叉要约的形式成立合同并未偏离双方的意思。

6 通过行使形成权订立合同。有时,法律或合同赋予某人以单方意思表示成立合同的形成权,例如优先购买权、买回权。行使此类形成权即可成立合同。

7 须警惕的是将所谓的"事实合同"纳入"其他方式"之中。事实合同是由德国学者豪普特提出但在该国已被普遍放弃的理论,取而代之的是默示意思表示说等学说。③ 原《合同法解释(二)》第2条曾规定,"……从双方从事的民事行为能够推定双方有订立合同意愿的,人民法院可以认定是以合同法第十条第一款中的'其他形式'订立的合同",对此,有学者曾撰文称其理论基础就是德国的事实合同理论。④ 然而,究其根本,该条讲的不过是以默示意思表示订立合同。⑤ 实践中也不乏裁判使用"事实合同"等表述,⑥但其所指基本也是以默示意思表示订立合同的情形。

第四百七十二条 【要约的定义及构成要件】要约是希望与他人订立合同的意思表示,该意思表示应当符合下列条件:

(一)内容具体确定;

(二)表明经受要约人承诺,要约人即受该意思表示约束。

---

① 参见杨代雄:《〈合同法〉第14条(要约的构成)评注》,载《法学家》2018年第4期。
② 参见王洪亮:《债法总论》,北京大学出版社2016年版,第53页。
③ 关于该理论,可参见王泽鉴:《事实上之契约关系》,载《民法学说与判例研究(第一册)》,北京大学出版社2009年版。
④ 参见曹守晔:《〈关于适用合同法若干问题的解释(二)〉的理解与适用》,载《人民司法》2009年第13期。
⑤ 参见朱庆育:《民法总论》(第二版),北京大学出版社2016年版,第192页。
⑥ 例如重庆钢铁股份有限公司诉重庆伟晋环保科技有限公司加工合同纠纷案,最高人民法院民事裁定书(2017)最高法民申3514号。

一、概要

本条规定了要约的概念与构成要件。要约是一种意思表示,须符合意思表示的构成要件。本条规定的要件是对意思表示构成要件的具体化。其中"内容具体确定"是指通过意思表示解释可以认定一项表示包含确定的关于合同权利义务关系的具体内容。此项内容就是效果意义,传统民法理论称之为效果意思。本条第 2 项规定的要件在传统民法理论中被称为约束意思,在客观—信赖主义下就是约束意义,其为效果意义的一部分。

除了本条规定的构成要件,我国民法学说还提出若干其他要件。有学者认为,要约须由特定人所为,因为只有如此,受要约人始能承诺并成立合同①。有学者认为,要约须向相对人发出,仅形成一项内容具体确定的意思,但未向相对人发出的,不构成要约②。有学者认为,要约原则上须向特定相对人发出③。结合现行法律规定与学说,要约的构成要件可以归结为三个:其一,要约是一项表示,这意味着要约必须外部化,不仅仅是停留在心中的想法;其二,该表示原则上须向特定人作出,例外情形中也可以向不特定多数人作出,此即所谓公众要约;其三,该表示包含特定的效果意义。本条规定仅针对第三个要件。

二、要约内容的确定性

要约必须包含拟订立合同的必备条款。本法第 470 条第 1 款列举的合同条款显然并非全是合同的必备条款。实践中,不能依据一项表示是否包含这些条款判断其是否构成要约。依原《合同法解释(二)》第 1 条第 1 款之规定,法院能够确定当事人名称或者姓名、标的和数量的,一般应当认定合同成立。这表明,当事人名称或者姓名、标的和数量是合同的必备条款。至于价款或报酬,最高人民法院并未视之为合同的必备条款。依原《合同法解释(二)》第 1 条第 2 款之规定,此类条款欠缺的,当事人达不成协议的,人民法院应当依据原《合同法》第 61 条、第 62 条、第 125 条等规定予以确定。依原《合同法》第 62 条第 2 项(本法第 511 条第 2 项)之规定,价款或者报酬不明确的,按照订立合同时履行地的市场价格履行;依法应当执行政府定价或者政府指导价的,按照规定履行。

实际上,要约内容的确定性与合同内容的完整性并非完全等价的问题。应当区分两种情况。其一,双方当事人未签订合同书,只是先后向对方作出

---

① 参见韩世远:《合同法总论》(第四版),法律出版社 2018 年版,第 118 页。
② 参见朱庆育:《民法总论》(第二版),北京大学出版社 2016 年版,第 148 页。
③ 参见崔建远:《合同法》(第六版),法律出版社 2016 年版,第 28 页;李永军:《合同法》(第四版),中国人民大学出版社 2016 年版,第 41 页。

一项表示。如果一方当事人的表示内容中未包含价格或报酬,并且交易的物品或服务不存在市场价,该表示通常不应认定为构成要约,仅构成要约邀请。① 虽存在市场价,但市场价有较大波动区间的,也不宜认定未包含价格或报酬的表示构成要约。除非可以通过规范性解释确定价格或报酬。此外,如果当事人已经实际履行,则视个案情况也可以将当事人欠缺价格或报酬条款的表示认定为要约,并参照市场价确定一个合理的价格或报酬,尤其是租赁、承揽等交易②。

5　　其二,双方当事人已经签订合同书,该合同书中未包含价格或报酬条款。此时,既然双方当事人已在合同书上进行签章,就表明双方都已经作出了终局性的决定,因此,认定合同已经成立未尝不可。即便不存在政府定价、政府指导价或统一的市场价,而且无法通过规范性解释确定价格或报酬,但涉及的是种类物买卖或者个性化特征不强的给付,裁判者也应尽量参考类似交易或考量其他相关情势确定一个合理价格或报酬。当然,如果涉及的是特定物买卖或者个性化特征较强的给付,而且双方当事人所主张的价格、报酬差距甚大,难以确定一个合理价格或报酬,则应认定合同因欠缺合意而不成立。

三、要约中的约束意义

6　　要约的表示意义必须指向法律约束力,即"表明经受要约人承诺,要约人即受该意思表示约束"。此项约束意义使得要约区别于要约邀请等民法上的其他行为。除了本法第473条列举的通常构成要约邀请的情形之外,还有如下情形需要辨别究竟构成要约抑或要约邀请。

7　　商家向潜在客户寄送商品。如果寄送的只是试用品或样品,应当解释为要约邀请。这种行为实际上是商业广告的一种特殊形式。反之,寄送未经订购的商品则是要约,因为此项表示涉及完全确定的标的物,要约人的给付能力已经确定,同时,要约人通过此项举动表明其放弃了对受领人支付能力的审查。③ 在学理上,此种要约被称为现物要约。潜在客户可以拒绝接收包含商品的邮件。

8　　商店橱窗里展示商品。如果仅在橱窗里展示商品,未标注价格,当然仅构成要约邀请,如同一般的商业广告。标注价格的,德国法通说认为不应被视为要约,因为商家仍然需要审查自己是否有可供销售的商品,同时还要避

---

① 参见王某某与陈某某合同纠纷案,西藏自治区高级人民法院民事裁定书(2015)藏法民申字第15号。
② 参见郑某某与莆田市中医院、莆田市闽中田野汽车贸易有限公司、莆田市志强汽车贸易有限公司建设用地使用权纠纷案,最高人民法院民事判决书(2014)民提字第125号。
③ Vgl. Staudinger/Reinhard Bork (2004), §145 Rn. 6.

免多个顾客就同一件商品向不同的店员作出承诺①。我国多数学者持类似观点②。但有学者认为,如果橱窗里的商品标注了价格且标明"正在出售",则可视为要约③。

网店商品信息。网店上显示的商品信息通常只是要约邀请,④因为可能有众多客户打算购买该商品,商店必须有机会审查自己的给付能力。不过,如果网店商品信息不但包含商品名称、外观、规格、型号、售价,而且还包含库存状态,比如显示"有货""剩余 30 件",则可以将其视为要约,至少视为以出售不超过库存量之商品为内容的要约。如果客户订购的数量超过库存量,网店可以拒绝收单。客户在网店系统中完成订单的提交即为承诺⑤。

超市货架上陈列商品。通说认为,此举构成要约。⑥ 货架上既然有可供销售的商品,超市当然无须审查自己的给付能力。顾客将商品放入购物车尚不构成承诺,其必须保留更改主意的可能性,此外,其也不想承担商品意外毁损时的对价风险,所以在收银台出示商品才构成承诺。⑦ 服装店、书店等商店在货架上悬挂或放置若干商品并标注价格的,也应作相同解释。

自动售货机的设置。这是向不特定人发出的要约,即所谓的公众要约,以售货机能够正常运转且存货充足为前提,否则将使售货机所有人陷入违约损害赔偿责任。此项要约只能通过投入所要求数额的货币予以承诺。⑧ 不过,有些学者认为,既然将自动售货机的设置视为要约取决于众多前提,莫不如将其视为要约邀请,将顾客投币行为视为要约,售货机的自动回应构成承诺⑨。

公共交通工具的运营。一般而言,此种行为构成要约而非要约邀请。具体言之,公交车按照既定路线行驶并且停靠于站点,车门开启即发出要约,乘客上车即作出承诺。乘坐地铁需要提前购票,究竟购票时成立运输合同还是通过检票口时成立运输合同,颇有疑问。如果乘客购买的是可多次使用的地

---

① Vgl. Larenz/Wolf, Allgemeiner Teil des bürgerlichen Rechts, 9. Aufl. , 2004, S. 553 – 555.
② 参见朱庆育:《民法总论》(第二版),北京大学出版社 2016 年版,第 149 页;朱广新:《合同法总则》(第二版),中国人民大学出版社 2012 年版,第 60 页。
③ 参见王利明:《合同法》,中国人民大学出版社 2015 年版,第 33 页。
④ Vgl. MünchKomm/Kramer (2006), §145 Rn. 10.
⑤ 参见万某诉酒仙网电子商务股份有限公司买卖合同纠纷案,江西省南昌县人民法院民事判决书(2015)南民初字第 141 号。
⑥ 参见王泽鉴:《债法原理》(第二版),北京大学出版社 2013 年版,第 175 页。
⑦ Vgl. Staudinger/Reinhard Bork (2004), §145 Rn. 7.
⑧ 参见[德]维尔纳·弗卢梅:《法律行为论》,迟颖译,法律出版社 2013 年版,第 759 页。
⑨ 参见朱广新:《合同法总则》(第二版),中国人民大学出版社 2012 年版,第 61 页。

铁充值卡(公交卡),则购卡行为仅在乘客与地铁公司之间成立一份以充值卡的使用为内容的合同,该合同显然并非运输合同。如果乘客在地铁站自动售票机上购票,虽然是只能一次性使用的地铁票,但考虑到该地铁票在一定期限内可以任意选择时段使用,购票时尚未确定具体的运输合同标的,与购买充值卡并无本质区别。地铁站自动检票机显示处于工作状态构成要约,乘客在自动检票机上刷卡(票)之行为构成承诺,此时才成立运输合同。出租车指示灯显示"空车"或"待运",学界有观点认为通常应构成要约,[1]实践中也有判例采用这种观点。[2] 当然,也可以将出租车指示灯显示"空车"或"待运"视为要约邀请,乘客扬招之行为构成要约,出租车司机停车允许乘客上车则构成承诺。司机对乘客扬招之行为视而不见的,构成拒载,违反强制缔约义务。相较之下,要约邀请说更为妥当。

13　饭店里的菜单。通说认为,摆在桌面上的菜单仅为要约邀请。店主必须有机会查看其当时是否具备给付能力,比如某一道菜的配料是否已经用完了。顾客点菜即发出要约,服务员当场予以记录构成承诺。[3]

四、证明责任

14　关于要约的成立及其内容,由主张其存在的当事人负担证明责任。该当事人需要提出证据证明存在其认为应被认定为要约的事实情况。

第四百七十三条　【要约邀请】要约邀请是希望他人向自己发出要约的表示。拍卖公告、招标公告、招股说明书、债券募集办法、基金招募说明书、商业广告和宣传、寄送的价目表等为要约邀请。

商业广告和宣传的内容符合要约条件的,构成要约。

1　要约邀请不是意思表示,甚至多数情况下不能引起特定的法律后果,故本条对其进行规范的意义仅在于使要约的界限更加清晰。相较于原《合同法》第15条将要约邀请错误地称为"意思表示",本条改称"表示",值得赞许。

2　要约的标志在于约束意思(意义),这同样是要约区别于要约邀请的根本:发出要约邀请而非要约者,即便其表示已经包含合同的大部分条款,仍可保留是否缔约的决定自由,而非受其约束。[4]

---

[1] 参见谢鸿飞:《合同法学的新发展》,中国社会科学出版社2014年版,第98页。
[2] 参见段某某诉西安天子出租汽车有限公司出租汽车运输合同纠纷案,西安市雁塔区人民法院民事判决书(2013)雁民初字第03376号。
[3] Vgl. Staudinger/Reinhard Bork (2020), §145 Rn. 11.
[4] Vgl. Staudinger/Reinhard Bork (2020), §145 Rn. 3.

在约束意思(意义)的有无的判断上,适用意思表示解释的一般规则。需注意的是,向不特定公众作出表示者,通常并无受约束的意思,这是因为,鉴于潜在相对人在数量、身份等方面的不确定性,表示者通常希望保留检查己方与对方履约能力的机会。① 这也是本条第 1 款第 2 句推定商业广告和宣传、寄送的价目表等为要约邀请的理由。

第 1 款第 2 句还规定拍卖公告、招标公告、招股说明书、债券募集办法、基金招募说明书等为要约邀请。除边码 3 中提及的考量外,此举还考虑到,拍卖、招标、发行股票等一般具有固定甚至法定的程序,因此拍卖公告、招标公告、招股说明书等难以构成要约。

本条第 2 款仅具有提示作用,实际上,任何表示只要满足要约的构成要件,都是要约,而不限于"商业广告和宣传"。关于要约的构成要件,详见第 472 条评注。

第四百七十四条 【要约的生效时间】要约生效的时间适用本法第一百三十七条的规定。

第四百七十五条 【要约的撤回】要约可以撤回。要约的撤回适用本法第一百四十一条的规定。

第四百七十六条 【要约的撤销】要约可以撤销,但是有下列情形之一的除外:

(一)要约人以确定承诺期限或者其他形式明示要约不可撤销;

(二)受要约人有理由认为要约是不可撤销的,并已经为履行合同做了合理准备工作。

要约的撤销是指要约生效后,要约人通过撤销的意思表示使其失去效力。撤销的时间要求及其与撤回的区别,见第 477 条评注。

本条表明,要约以可撤销为原则,以不可撤销为例外。由于本条借鉴自 CISG 第 16 条,为澄清本条,不可避免地须借助 CISG 第 16 条。

本条第 1 项看似规定了两种不可撤销的例外:第一,要约载明了承诺期限;第二,要约人以明示意思表示表明要约不可撤销。然而,与 CISG 第 16 条第 2 款 a 项相对照,可知这种理解有所偏差。

首先,即使要约载明承诺期限,也只是推定要约人有意使其不可撤销,此推定可以被推翻。② 其次,除设置承诺期限外,并非只能通过明示意思表示

---

① Vgl. Staudinger/Reinhard Bork (2020), §145 Rn. 4.
② Vgl. BeckOK BGB/Saenger (2020), CISG Art. 16 Rn. 3.

来表明要约不可撤销,换言之,只要通过对要约的解释可以得出要约人有意使其不可撤销,就已足够;对此,当事人先前的磋商行为、习惯等,均可作为论证不可撤销的根据。[①] 总之,本条第 1 项应解释为:通过对要约的解释可以得出要约为不可撤销的,要约不可撤销;要约载明承诺期限的,推定为不可撤销。

5 　　相较于本条第 1 项是基于要约人意思而不可撤销,第 2 项则是基于信赖保护而不可撤销;二者的界限并非泾渭分明,[②]但不会对法律适用造成根本影响。可以导致信赖产生的事由是多样的,但必须是合理信赖,在判断上,以理性第三人为视角。

6 　　依 CISG 第 16 条第 2 款第 b 项之规定,在产生合理信赖后,只要受要约人基于信赖而有所行动,就足以使要约不可撤销。然而,本条第 2 项却将其表述为"为履行合同做了合理准备工作"。应通过目的论扩张解释抵消此种限制的不良影响。例如,受要约人因合理信赖要约不可撤销而放弃了其他缔约机会,原则上就应评价为"为履行合同做了合理准备工作"。[③]

7 　　在效果方面,要约被撤销的,自始丧失效力,受要约人不能对其进行承诺。

第四百七十七条　【要约撤销的时间要求】撤销要约的意思表示以对话方式作出的,该意思表示的内容应当在受要约人作出承诺之前为受要约人所知道;撤销要约的意思表示以非对话方式作出的,应当在受要约人作出承诺之前到达受要约人。

1 　　撤销要约的意思表示,应当在要约生效后、承诺作出前,发生效力。撤销的意思表示的生效时间适用本法第 137 条以下的一般规定。本条对第 137 条进行了部分重复,即撤销要约的意思表示以对话方式作出的,自受要约人知道其内容时生效;以非对话方式作出的,自到达受要约人时生效。

2 　　"要约生效后",是撤销区别于撤回的唯一标准:一项旨在消灭要约效力的意思表示,如果在要约生效后才发生效力,则为撤销,如果在此之前,则为撤回;二者的区别纯粹是时间,至于表意人使用的措辞如何("撤销""撤回"甚至其他),均在所不问。要约生效时间的判断,适用第 137 条以下意思表示的一般规定。

[①] Vgl. Schlechtriem/Schwenzer/Schroeter/Schroeter (2019), CISG Art. 17 Rn. 28.
[②] Vgl. Schlechtriem/Schwenzer/Schroeter/Schroeter (2019), CISG Art. 17 Rn. 37.
[③] Vgl. MünchKomm/Gruber (2019), CISG Art. 16 Rn. 17.

"承诺作出前",是撤销的意思表示最晚的生效时点。承诺作为一项意思表示,其"作出"的判断时点适用意思表示的一般规则:在无相对人(无须受领)的场合(如本法480条第2分句,详见该条评注),表意人完成表示,即为作出;在有相对人的场合,若为对话方式,则向相对人完成口头表示,使其可以了解,即为作出;若为非对话方式,则使书信等进入预期可到达相对人的过程,如投入邮筒,即为作出。①

第四百七十八条 【要约的失效】有下列情形之一的,要约失效:
(一)要约被拒绝;
(二)要约被依法撤销;
(三)承诺期限届满,受要约人未作出承诺;
(四)受要约人对要约的内容作出实质性变更。

要约被受要约人拒绝的,要约失效。拒绝是以要约人为相对人的意思表示,②其生效、撤回等均适用有相对人意思表示的一般规则。

要约被撤销的,要约失效。要约的撤销,详见本法第476条、第477条评注。承诺期限届满,受要约人未承诺的,要约失效。承诺期限,详见本法第481条、第482条评注。受要约人对要约的内容作出实质变更的,要约失效。要约的实质性与非实质性变更,详见本法第488条、第489条评注。

第四百七十九条 【承诺的定义】承诺是受要约人同意要约的意思表示。

第四百八十条 【承诺的作出方式】承诺应当以通知的方式作出;但是,根据交易习惯或者要约表明可以通过行为作出承诺的除外。

承诺原则上应以"通知"作出,此"通知"指有相对人(需受领)的意思表示,既包括明示的意思表示,如将签好的合同书寄回;也包括默示的意思表示,如收到订单后,向要约人寄出其订购的商品。

例外时,也可以"通过行为作出承诺"。此"通过行为作出承诺"并非特指默示意思表示,而是指学理上所称的意思实现,即"受要约人实施某种行为,根据交易习惯或要约的要求,可因受要约人实施了该种行为而认定受要

---

① 参见王泽鉴:《民法总则》,北京大学出版社2009年版,第271—272页。
② 参见[德]迪特尔·梅迪库斯:《德国民法总论》,邵建东译,法律出版社2013年版,第277页。

约人作出了承诺"。① 意思实现的本质特征在于,它是无相对人(无须受领)的意思表示,②表示一经完成,即发生效力(第484条第2款)。

3 以意思实现作出承诺,只在以下两种情形中被允许:第一,符合交易习惯;第二,符合对要约的解释。二者界限并非泾渭分明,但这不会给法律适用造成根本障碍。

4 意思实现中的"行为"包括两类:履行行为和受领行为。履行行为,例如甲要求乙绘制油画若干,表明将于某日上门取货,此情形中,根据"某日上门取货"可认定承诺无须通知,而乙绘制油画,则构成承诺;受领行为,例如宾馆房间内的冰箱放有食品,客人可自由取用,最后统一结算,此情形中,放置食物为要约,客人取用则为承诺,且该承诺无须通知。③

第四百八十一条 【承诺的期限】承诺应当在要约确定的期限内到达要约人。

要约没有确定承诺期限的,承诺应当依照下列规定到达:

(一)要约以对话方式作出的,应当即时作出承诺;

(二)要约以非对话方式作出的,承诺应当在合理期限内到达。

1 任何要约都有承诺期限。如果无法通过对要约的解释确定承诺期限,则以对话方式作出的要约,应即时承诺;以非对话方式作出的要约或者无相对人的要约(公众要约),应在合理期限内承诺。合理期限包含要约的在途时间、受要约人的考虑时间、承诺的在途时间;一般而言,要约人选择的寄送方式(信件、传真、电邮等)也决定了承诺的寄送方式。④

2 承诺期限的确定还取决于承诺期限的起点和终点,对此,根据对要约的解释予以确定。在无法通过解释确定起点时,适用本法第482条之规定,详见该条评注。在无法通过解释确定终点时,适用本条第2款。

3 在效果方面,遵守期限的承诺为有效承诺,合同成立。迟延的承诺原则上非有效承诺,但有例外,详见第486条、第487条评注。

第四百八十二条 【承诺期限的起点】要约以信件或者电报作出的,承诺期限自信件载明的日期或者电报交发之日开始计算。信件未载明日期的,自投寄该信件的邮戳日期开始计算。要约以电话、传真、电子邮件等快速通

---

① 参见朱广新、谢鸿飞主编:《民法典评注:合同编·通则1》,中国法制出版社2020年版,第151页(王文胜执笔)。

② 参见杨代雄:《法律行为论》,北京大学出版社2021年版,第166页。

③ 参见韩世远:《合同法总论》(第四版),法律出版社2018年版,第155页。

④ Vgl. HK-BGB/Dörner (2019), §147 Rn. 8.

讯方式作出的,承诺期限自要约到达受要约人时开始计算。

承诺期限的起点根据对要约的解释确定,无法确定时,依本条确定。 1

本条第1句规定,要约以信件作出的,信件"载明的日期"为承诺期限的 2
起点,该日期指要约人在信件的落款、头部、页眉、页脚等处注明的写信日期;①注明此类日期一般可认为要约人有意将其作为起点。基于同样的考量,电报载明了此类日期的,也应以其为起点,而非以第1句规定的交发日为起点;只有电报未载明日期时,才以交发日为起点(目的论限缩)。

本条第2句规定,信件要约未载明日期的,以投寄的邮戳日期为起点。 3
不应将此绝对化,因为邮戳日期仅具有推定效力,换言之,如果确有证据证明该日期有误,则以实际的投寄日期为准。

本条第3句规定,以电话、传真、电邮等快速通讯方式作出的要约,以到 4
达时为承诺期限的起点。有观点认为,面对面交谈作出的要约,起点也应适用第3句规定的到达时。② 从法律评价统一的角度看,此观点似可赞同,因为第3句规定,通过电话作出的要约,以到达时为起点,既然如此,面对面交谈也不应有所差别。

第四百八十三条 【合同的成立时间】承诺生效时合同成立,但是法律另有规定或者当事人另有约定的除外。

第四百八十四条 【承诺的生效时间】以通知方式作出的承诺,生效的时间适用本法第一百三十七条的规定。

承诺不需要通知的,根据交易习惯或者要约的要求作出承诺的行为时生效。

本条第1款是以有相对人意思表示进行承诺,第2款则是以无相对人意 1
思表示进行承诺,即所谓的意思实现(详见本法第480条评注边码2)。因此,二者的生效时间分别适用本法137条有相对人意思表示与本法第138条无相对人意思表示的规定。尽管本条第2款并未指明适用本法第138条之规定,但前者属于后者适用的一种特殊情形。

第四百八十五条 【承诺的撤回】承诺可以撤回。承诺的撤回适用本法第一百四十一条的规定。

---

① 参见朱广新、谢鸿飞主编:《民法典评注:合同编·通则1》,中国法制出版社2020年版,第163页(王文胜执笔)。

② 同上注,第164页(王文胜执笔)。

第四百八十六条 【承诺迟延的一般情形】受要约人超过承诺期限发出承诺,或者在承诺期限内发出承诺,按照通常情形不能及时到达要约人的,为新要约;但是,要约人及时通知受要约人该承诺有效的除外。

1　本条规定了承诺迟延的一般情形,即受要约人未在承诺期限内发出承诺,或虽在承诺期限内发出承诺,但通常情形下不可能在承诺期限内到达。这样的表述造成了规范漏洞:按照通常情形,承诺不能及时到达,但因意外因素介入而确实及时到达的,显然不应按照本条文义认定为迟延。此外,由于使用了"到达"的术语,导致本条只能涵盖有相对人(须受领)的承诺,这同样是规范漏洞,因为无相对人(无须受领)的承诺(如第480条第2分句,详见该条评注)也存在迟延问题。在适用本条时应对上述规范漏洞予以填补,排除不应适用之情形,补充本应包含之情形。

2　在效果方面,本条规定的迟延承诺不是有效承诺,而是新要约;但是,如果要约人及时通知接受该承诺,则该承诺仍为有效,合同成立。有观点认为,在要约人作出通知前,迟延的承诺实为新要约,因此可被受要约人撤销。[1]对此不应赞同,否则将导致迟延承诺的受要约人,其地位反而比未迟延承诺的受要约人还要优越。

第四百八十七条 【承诺迟延的特殊情形】受要约人在承诺期限内发出承诺,按照通常情形能够及时到达要约人,但是因其他原因致使承诺到达要约人时超过承诺期限的,除要约人及时通知受要约人因承诺超过期限不接受该承诺外,该承诺有效。

1　本条规定了承诺迟延的特殊情形,即受要约人在承诺期限内发出承诺,通常情形下可期待于承诺期限内到达,却因其他原因而迟到。本条仅可适用于以非对话方式作出的承诺。[2]

2　本条第一项要件是,受要约人在承诺期限内发出承诺。承诺期限,详见本法第481条、第482条之规定。"发出"在《民法典》中多称为"作出"(如第477条),它是指"向相对人送出,并且在通常情况下能够期待到达受领人"。[3]

3　本条第二项要件是,按照通常情形,可期待承诺于承诺期限内到达。

---

[1] 参见朱广新、谢鸿飞主编:《民法典评注:合同编·通则1》,中国法制出版社2020年版,第182页(王文胜执笔)。
[2] 同上注,第184页(王文胜执笔)。
[3] 朱庆育:《民法总论》(第二版),北京大学出版社2016年版,第201页。

"通常情形"主要考察承诺的寄送方式。①

本条第三项要件是,因其他原因,承诺意外地迟到。"其他原因"指不可归因于受要约人的事由,如战争、罢工、自然灾害或纯粹邮局误送,均在其列;②受要约人是否有过错,在所不问。

在效果上,除非要约人及时通知不接受迟延的承诺,否则承诺有效,合同成立。需注意的是,本条未要求"承诺因意外迟到"必须为要约人可知,但在比较法上,如 CISG 第 21 条第 2 款、《德国民法典》第 149 条,均作了此要求。此值得借鉴,因为若要约人根本无从得知其有通知的必要,则要求其通知,不免有失公允,故应对本条进行目的论限缩,即如果要约人不知道且不应当知道承诺是因其他原因而迟到,则不适用本条。

第四百八十八条 【要约的实质性变更】承诺的内容应当与要约的内容一致。受要约人对要约的内容作出实质性变更的,为新要约。有关合同标的、数量、质量、价款或者报酬、履行期限、履行地点和方式、违约责任和解决争议方法等的变更,是对要约内容的实质性变更。

一、规范目的

合同由两项或多项一致的意思表示构成,其中第一项意思表示为要约,其后的意思表示为承诺。为保证二者的一致性,承诺原则上只能"附和"要约。此即所谓的"镜像规则"。据此,受要约人所作表示对要约内容进行了"实质"变更的,要约失效。之所以强调须为"实质",目的在于缓和过于极端的"镜像规则",以避免其发生不利交易的后果。③

本条继受自 CISG 第 19 条,在表述上,亦延续了 CISG 第 19 条第 1 款的瑕疵:根据该款第 2 句,受要约人所作表示实质变更要约内容的,构成新要约;然而,并非所有此类表示都当然地符合要约的构成要件,如果不符合,则至多发生要约失效的效果,而不会产生新要约。④ 从这一点上讲,本条的规范重心并不在于法条所表述的"新要约",而在于进一步明确,何种变更可发生要约失效的效果。

二、变更要约

受要约人对要约内容进行了变更,是适用本条的前提。如何确定是否存在变更,首要步骤是对双方当事人的表示进行解释。

---

① 参见 CISG 第 21 条第 2 款、《德国民法典》第 149 条。
② Vgl. MünchKomm/Gruber (2019), CISG Art. 21 Rn. 18.
③ 参见韩世远:《合同法总论》(第四版),法律出版社 2018 年版,第 141 页。
④ Vgl. Honsell/Dornis (2010), CISG Art. 19 Rn. 19.

4　据此,首先可以排除的是,受要约人所作表示根本不具有接受或拒绝要约之意义的情形。例如受要约人在收到要约后,就要约的不清楚之处发函询问,或者对要约条款的严厉程度表示不满,但并无拒绝的意思。

5　如果受要约人仅仅使用了不同于要约的概念、表达,或者受要约人仅仅发生了笔误等,则只要存在实际的合意,就不属于变更。① 同理,即便受要约人添加了要约文字上所不能覆盖的内容,只要该内容可以基于例如双方的磋商行为、习惯等而从对要约的解释中得出,同样不属于变更。②

6　相似地,受要约人在其表示中添加要约并未载明的纯属法律已有之规定的内容,也不应视为变更,③因为即使受要约人未作此类添加,而仅仅是回复"同意",在结果上也无不同。但需注意的是,受要约人所作添加必须是完全重现法律规定的内容,而不能是(哪怕在法律规定的框架内)进一步的细化;例如受要约人添加"乙方迟延履行主要债务,经催告后 10 日内仍未履行的,甲方有权解除合同",此添加虽可视为对第 563 条第 1 款第 3 项的细化,但很显然,已经构成对要约的变更。

7　有疑问的是,如果受要约人所作添加仅能从对要约的补充解释中得出,换言之,即便综合要约的文字、双方的磋商行为、习惯等仍无法得出,而仅能根据假定的当事人意思得出,是否属于变更。对此,有观点认为其仍可能不属于变更,④但本书并不认同,因为补充解释的结果不确定性过大,通常有多种方案,受要约人显然不能将自己选择的某种方案强加于对方。

8　此外需注意的是,受要约人所作表示与要约在内容上仅部分一致时,并不总是意味着对要约的拒绝,例如当受要约人表示欲购买的标的物数量为要约载明数量的两倍时,就要解释,此系完全拒绝要约并作出一项新要约,还是承诺要约并就数量超出部分作出新要约。当然,在存疑时,应解释为前者而非后者。⑤

三、实质变更

9　除非要约表明不接受任何变更(第 489 条),否则仅有变更,尚不足以当然发生要约失效的效果,此效果的发生仅限于实质变更。实质与非实质变更的衡量标准是,"基于中立的视角,合同的履行是否会经历如此不重要的变

---

① Vgl. Staudinger/Magnus (2018), CISG Art. 19 Rn. 9.
② Vgl. Schlechtriem/Schwenzer/Schroeter/Schroeter (2019), CISG Art. 19 Rn. 23.
③ Vgl. Staudinger/Magnus (2018), CISG Art. 19 Rn. 9.
④ Vgl. MünchKomm/Gruber (2019), CISG Art. 19 Rn. 4.
⑤ Vgl. Staudinger/Magnus (2018), CISG Art. 19 Rn. 8.

化,以至于要约人宁愿接受妥协,也不愿坚持拒绝"。① 如果结论是否定的,则为实质变更。

本条第3句对实质变更进行了列举,但一方面,该列举不是穷尽的,也即该句之外的情形也可以构成实质变更;②另一方面,该句所列情形也不是毫无例外地构成实质变更,无非仅仅是推定为实质变更,换言之,该句仅仅是一项意思表示的解释规则,也即在存疑时,推定当事人视其所列情形为实质变更。③

一般情况下,涉及违约金、担保、合同解除、合同形式、法律适用等问题的,均为实质变更。④ 实践中,要约要求房屋出卖人须承诺"唯一",出卖人对此进行变更的,为实质变更;⑤虽在合同书上签字,但添加"除房屋基本情况外的合同内容应另行约定"之记载的,也构成实质变更;⑥将付款方式由"面料到我司一周后凭增值税发票付款"改为"带款提货"的,同样构成实质变更。⑦ 非实质变更的具体情形,见第489条评注。

在法律效果方面,一旦构成实质变更,即当然发生要约失效的效果,此为第478条第4项所明定。此外,如果受要约人所作表示满足要约的构成要件(详见第472条评注),则依本条第2句之规定,构成新要约。在认定是否构成新要约时,应注意的是,如果受要约人仅就要约的部分内容进行变更,对其余部分则未发表意见,那么原则上应解释为,除所变更之部分外,其余部分均接受故而默示地成为其要约的内容。⑧

四、所谓的"格式之争"

"格式之争"是学术文献中经常讨论的话题,它是指双方当事人都曾向对方提出自己的格式条款,虽然双方针对格式条款以外的事项(通常是根本

---

① Vgl. Honsell/Dornis (2010), CISG Art. 19 Rn. 15.
② 参见朱广新、谢鸿飞主编:《民法典评注:合同编·通则1》,中国法制出版社2020年版,第190页(梅伟执笔)。
③ Vgl. Honsell/Dornis (2010), CISG Art. 19 Rn. 11;泸州川源房地产开发有限公司、合江县人民政府合同纠纷案,四川省高级人民法院民事判决书(2020)川民终220号(对"履行期限"进行变更)。
④ Vgl. Staudinger/Magnus (2018), CISG Art. 19 Rn. 19.
⑤ 参见吴某某与上海志德房地产经纪有限公司、平岛某某等房屋买卖合同纠纷案,上海市第二中级人民法院民事判决书(2020)沪02民终6225号。
⑥ 参见张某、谢某房屋买卖合同纠纷案,四川省成都市中级人民法院民事判决书(2018)川01民终9068号。
⑦ 参见上海哈勒娜纺织品有限公司与苏州市丝绸进出口有限责任公司买卖合同纠纷案,江苏省高级人民法院民事裁定书(2015)苏审二商申字第00063号。
⑧ Vgl. MünchKomm/Gruber (2019), CISG Art. 19 Rn. 5.

性的事项)达成了合意,但到底采纳哪一方的格式条款,却未达成合意。

14 如果受要约人提出的格式条款仅构成对要约所包含的格式条款的非实质变更,则按一般规则处理即可,并无特殊之处。但通常情形恰好相反:受要约人提出的格式条款往往构成对要约的实质变更,故属于新要约,此时,如果对方未作出较为明确的承诺,则合同的成立便存在问题。在这种情况下,倘若双方均已开始履行合同,则原则上应认为,双方仍就合同的成立达成了合意,故出于意思自治,应认定合同已成立。

15 但问题是,以何者的格式条款作为合同的内容。对此,看似最合逻辑的观点是,将最后提出的格式条款视为要约的内容,进而视为合同的内容,此即所谓的"最后一枪规则"(last shot rule)。① 但它的弊病在于,使合同的内容纯粹取决于谁在后提出格式条款,不仅偶然性过强,且容易被人为操纵。② 因此,更加值得肯定的观点是所谓的"相互击倒规则"(knock-out rule)。③ 根据这一观点,相互矛盾的格式条款不成为合同内容,由此产生的规范适用问题交由任意性法律规定等处理。

第四百八十九条 【要约的非实质变更】承诺对要约的内容作出非实质性变更的,除要约人及时表示反对或者要约表明承诺不得对要约的内容作出任何变更外,该承诺有效,合同的内容以承诺的内容为准。

一、非实质变更

1 本条的适用前提是受要约人对要约的内容进行了非实质变更。关于变更的含义以及非实质变更与实质变更的区分标准,详见本法第488条评注。

2 受要约人所作变更仅对要约人有利的,原则上为非实质变更。④ 在一起案件中,要约虽载明"租金每两年递增一次,每次递增6%",但未规定起算时点,对此,受要约人添加"租金每两年递增一次从租赁时间而不是交租金时间计起",仅构成非实质变更。⑤ 在另一起案件中,受要约人在"如果在规定日期内未达到使用条件,双方同意按以下方式处理……"的条款后,添加"未

---

① Vgl. MünchKomm/Gruber (2019), CISG Art. 19 Rn. 21.
② Vgl. Staudinger/Magnus, 2018, CISG Art. 19 Rn. 24.
③ 国内文献赞同这一观点的,参见朱广新:《论合同订立过程中的格式之战问题》,载《法学》2014年第7期;齐鹏、王荐举:《〈联合国国际货物销售合同公约〉中"镜像规则"之突破——兼评我国合同立法下要约与承诺的合意判定》,载《法学杂志》2017年第5期。
④ Vgl. Staudinger/Magnus, 2018, CISG Art. 19 Rn. 19.
⑤ 参见北海动岚健身有限公司与朱贵帅租赁合同纠纷案,广西壮族自治区高级人民法院民事判决书(2014)桂民提字第42号。

达到使用条件前,买受人可免交物业服务费",也仅构成非实质变更。①

本法第488条第3句所列情形仍可能仅构成非实质变更(详见第488条评注)。例如在一起案件中,要约人要求受要约人退款且须在2014年8月12日前完成,受要约人对退款表示同意,但将退款期限改为2014年8月15日至2015年4月25日前;这一变更尽管属于第488条第3句所规定之对"履行期限"的变更,却被法院认定仍属非实质变更。②

二、法律效果

如果要约表明不接受任何变更,则非实质变更也导致要约失效。但若要约欠缺此内容,则非实质变更的效果取决于要约人是否及时表示反对:若未及时表示反对,则受要约人所作表示视为有效承诺,合同按其内容成立;若及时表示反对,则合同不成立。

根据一般规则,以非对话方式作出的意思表示仅在到达相对人时生效(第137条第2款),据此,要约人的反对作为一项意思表示,似乎也应如此。然而,本条的"母法"——CISG第19条第2款却并非如此规定,而是规定,只要要约人发出(dispatch)反对的表示,就足以起到反对的效果。③

二者的实质区别在于到达的风险由哪一方承担:若采到达主义,则由要约人承担反对未能及时到达的风险;若采发出主义,则由受要约人承担此风险。考虑这一风险起源于受要约人对要约进行了变更④,且为最大限度保障要约人的意思自治,对本条的解释宜采和CISG一致的发出主义。这一解释还能起到保持国内法与CISG适用统一的效果。当然,"发出"本身也必须符合一定的要件,也即一般而言,须"向相对人送出,并且在通常情况下能够期待到达受领人"。⑤

第四百九十条 【合同书形式;形式瑕疵的补正】当事人采用合同书形式订立合同的,自当事人均签名、盖章或者按指印时合同成立。在签名、盖章或者按指印之前,当事人一方已经履行主要义务,对方接受时,该合同成立。

法律、行政法规规定或者当事人约定合同应当采用书面形式订立,当事人未采用书面形式但是一方已经履行主要义务,对方接受时,该合同成立。

---

① 参见李磊与海南名角实业开发有限公司商品房销售合同纠纷案,海南省第二中级人民法院民事判决书(2017)琼97民终1087号。
② 参见泸州川源房地产开发有限公司、合江县人民政府合同纠纷案,四川省高级人民法院民事判决书(2020)川民终220号。
③ Vgl. Kröll/Mistelis/Perales Viscasillas/Ferrari(2018), CISG Art. 19 para. 21.
④ Vgl. Schlechtriem/Schwenzer/Schroeter/Schroeter (2019), CISG Art. 19 Rn. 61.
⑤ 朱庆育:《民法总论》(第二版),北京大学出版社2016年版,第201页。

一、作为合同特别成立要件的书面形式

1　本条第1款规定了合同书形式。此项规定并不意味着当事人必须采用合同书形式,只是指当事人事实上已经采用合同书形式订立合同的,各方必须在合同书上签名、盖章或者按指印。之所以如此规定,是因为一方面,当事人既然已经选择采用合同书形式订立合同,就表明缔约过程比较正式、隆重,签章按印是一种郑重的表态方式,与合同书形式两相匹配,另一方面,合同书通常由一方当事人起草,另一方当事人只有通过签章按印才能表示同意该合同书的内容。在已经采用合同书形式订立合同的情况下,签章按印是法律附加的形式要求。

2　本条第2款规定了法定书面形式与约定书面形式。关于法定或者约定书面形式究竟是合同的特别成立要件①抑或特别生效要件②,学理上存在争议。应采特别成立要件说。本条第2款使用了"该合同成立"而不是"该合同生效"这一表述,通过反面解释只能将该条解释为书面形式是法定或约定应采书面形式的合同的特别成立要件而不是特别生效要件。此外,从本法第135条关于法律行为形式要件之规定所处的位置看,第134条规定法律行为的一般成立要件,即意思表示或意思表示的集合(合意、决议),第136条规定法律行为自成立时生效,着眼于三个条文的逻辑关系,依体系解释也可以确定第135条系关于法律行为特别成立要件之规定。③

3　本条第2款虽仅提及"书面形式",但其他形式,只要与其规范目的不冲突,亦适用相同规则。

二、形式瑕疵的补正

4　不论是约定还是法定形式,其欠缺都可以通过履行来弥补,但二者的机理不同。对于约定形式,即便当事人原本有意将其作为合同的效力前提,仍可以通过在后的合意将其废弃,典型如一方履行(不必是"主要义务"),对方接受,从中可认为当事人合意废弃了在先的形式约定。对于法定形式,其欠缺只能通过一方主要义务履行完毕、对方接受,来补正。之所以如此限定,主

---

① 参见梁慧星:《民法总论》(第五版),法律出版社2017年版,第172页;韩世远:《合同法总论》(第四版),法律出版社2018年版,第116页;张谷、王爽:《〈合同法〉:合同和合同书》,载《北京科技大学学报(社会科学版)》1999年第4期;朱广新:《论违背形式强制的法律后果》,载《华东政法大学学报》2009年第5期;朱晓喆:《论民事法律行为的形式——〈民法总则〉第135条评释》,载《法治现代化研究》2018年第2期,第155页。

② 参见最高人民法院经济庭编:《合同法释解与适用(上册)》,新华出版社1999年版,第100页;程啸、柳尧杰:《论我国合同法中合同违反法定形式之法律效果》,载《中国人民大学学报》2002年第1期。

③ 参见杨代雄:《法律行为论》,北京大学出版社2021年版,第359页。

要是因为形式要求的警示与证据功能已因主要义务的履行而丧失意义。①

只有一方当事人已经履行义务的,该义务必须是主给付义务,而且已经全部履行。双方当事人已经履行义务的,则不需要全部履行主给付义务,只需要其已经履行大部分主给付义务。比如,土地承包经营权的受让人已经支付大部分转让款,而且转让人已经交付土地,这些事实足以表明双方当事人是慎重地达成交易的,与法定形式具备类似的功能。

合同形式瑕疵因履行而补正不具有溯及力,合同只能从履行被接受时成立。如果是双方履行大部分主给付义务,合同是从后履行方的给付被对方接受时成立。因为,当事人的意思表示直至其实际履行义务或者接受对方的履行时才能被认定为慎重、认真的意思表示,从而具备法律意义。②

三、证明责任

关于约定书面形式,应由主张合同因欠缺书面形式而不成立的当事人证明存在关于书面形式的约定。关于形式瑕疵的补正,应由主张合同成立的当事人证明存在补正事由。

第四百九十一条　【确认书;电子合同的成立】当事人采用信件、数据电文等形式订立合同要求签订确认书的,签订确认书时合同成立。

当事人一方通过互联网等信息网络发布的商品或者服务信息符合要约条件的,对方选择该商品或者服务并提交订单成功时合同成立,但是当事人另有约定的除外。

本条第1款的"确认书"实际就是第490条第1款的"合同书"。③当事人约定签订确认书的,往往有意将其作为合同成立及合同内容的控制手段,故通常情况下,确认书既是合同成立的前提,也是确定合同内容的决定性依据。但不能将此绝对化。如果根据对当事人意思表示的解释可知,约定签订确认书仅仅是为了起到证据作用,则未签订也不应影响合同的成立。④第1款虽仅提及信件、数据电文等方式,但基于意思自治,以其他方式订立的合同,也可以约定签订确认书。

虽未按照要求签订确认书,但当事人一方已经履行主要义务,对方接受的,应依本法第490条形式瑕疵补正规则认定合同已经成立。

---

①　参见朱庆育:《民法总论》(第二版),北京大学出版社2016年版,第305页。
②　参见杨代雄:《法律行为论》,北京大学出版社2021年版,第362页。
③　参见韩世远:《合同法总论》(第四版),法律出版社2018年版,第111—112页。
④　参见[德]汉斯·布洛克斯·沃尔夫·迪特里希·瓦尔克:《德国民法总论》(第33版),张艳译,中国人民大学出版社2014年版,第141页。

3　本条第2款规定,以互联网等信息网络订立合同的,除非当事人另有约定,以受要约人选择商品或服务并提交订单成功为合同成立的标准。"另有约定"如互联网交易平台或者网店规定"合同自消费者收到成交确认函时成立"。此类规定不得违背格式条款规制。

第四百九十二条　【合同成立的地点】承诺生效的地点为合同成立的地点。

采用数据电文形式订立合同的,收件人的主营业地为合同成立的地点;没有主营业地的,其住所地为合同成立的地点。当事人另有约定的,按照其约定。

1　承诺生效地为合同成立的地点,这是判断合同成立地点的基本原则。

2　以数据电文形式订立的合同,收件人的主营业地为合同成立地点,若无主营业地,则为住所地;此处的"收件人"指要约人,相应地,要约人收到的数据电文也就是承诺。

3　不论是否采用数据电文形式订立合同,当事人都可以另行约定合同的成立地点。

第四百九十三条　【合同书形式合同的成立地点】当事人采用合同书形式订立合同的,最后签名、盖章或者按指印的地点为合同成立的地点,但是当事人另有约定的除外。

1　以合同书形式订立合同的,最后签名、盖章、按指印的一方为承诺方,故根据第492条"承诺生效地为合同成立地点"的原则,最后签名、盖章、按指印的地点自然就是合同成立的地点。当然,当事人可另行约定。

第四百九十四条　【国家计划与强制缔约义务】国家根据抢险救灾、疫情防控或者其他需要下达国家订货任务、指令性任务的,有关民事主体之间应当依照有关法律、行政法规规定的权利和义务订立合同。

依照法律、行政法规的规定负有发出要约义务的当事人,应当及时发出合理的要约。

依照法律、行政法规的规定负有作出承诺义务的当事人,不得拒绝对方合理的订立合同要求。

第四百九十五条　【预约】当事人约定在将来一定期限内订立合同的认购书、订购书、预订书等,构成预约合同。

当事人一方不履行预约合同约定的订立合同义务的,对方可以请求其承担预约合同的违约责任。

一、预约的成立与生效

预约是"为合同一方当事人或双方当事人设定将来订立本约义务的合同"。① 预约的对称是本约,二者的区别在于:预约的内容是订立本约,本约的内容,以买卖合同为例,是出卖人交付并转移标的物所有权、买受人支付价款。

预约与本约的区分取决于意思表示的解释;若从合同中确能解释出当事人欲在将来订立本约,则即便该合同已近乎包含本约的全部内容,也应尊重当事人意思认定其为预约。② 如果无法解读出此意思,则应认定为本约。③

本条第 1 款有两处可能引起误解,应予注意:第一,该款所列"认购书、订购书、预订书"等仅具示范意义,不论采取或不采取这些名称,均可能构成或不构成预约。第二,该款使用了"将来一定期限内"的表述,不能据此望文生义地认为,预约必须是履行期限确定的合同;并无理由禁止当事人达成未定履行期限的预约。

预约本身是合同,因此仅当双方达成约定时具备法律上的约束意思,该约定才有构成预约的可能。④ 法律上约束意思的有无,也取决于意思表示的解释,详见第 472 条评注。

作为合同,预约还须具备一定的确定性。对此,预约须满足以下要求:通过对预约的解释(包括补充性解释)以及援引任意性规定,至少能够确定本约;为达到此要求,预约需包含本约的必要之点及当事人视为不可或缺的非必要之点。⑤ 唯有如此,预约才能产生强制缔约效力(见边码 9)。

实务中,常有将各种不满足上述确定性要求的前期性协议称为预约的现象。如一起案件中,案涉《房屋买卖框架协议》未约定价款,对此,法院既认为价款是"合同基本条款",又将该框架协议定性为预约,且否认其有强制缔约效力。⑥ 鉴于本条对预约的定义并不清晰,故此类定性也难谓错误。但一方面,将各种前期性协议都称为预约,则预约恐成"大杂烩";另一方面,放弃确定性要求,则"双方欲行合作,具体事宜再作协商"这样的约定也将成为预

---

① 王洪亮:《债法总论》,北京大学出版社 2016 年版,第 62 页。
② 参见成都讯捷通讯连锁有限公司与四川蜀都实业有限责任公司、四川友利投资控股股份有限公司房屋买卖合同纠纷案(公报案例),最高人民法院民事判决书(2013)民提字第 90 号。
③ 参见崔建远:《合同法》(第三版),北京大学出版社 2016 年版,第 34—35 页。
④ Vgl. MünchKomm/Busche (2018), Vor. §145 Rn. 60.
⑤ Vgl. Staudinger/Bork (2020), Vor. §§145 – 156 Rn. 57 f.
⑥ 参见盛京银行股份有限公司沈阳市保工支行与沈阳市铁西区沈辽新华园酒店返还原物纠纷案,最高人民法院民事判决书(2019)最高法民再283号。

约,不免荒唐。所以,出于预约概念的清晰性,应当坚持根据预约必须可确定本约之原则。① 至于未满足此要求的其他协议,如被当事人赋予了约束力且包含变动民事法律关系的内容,则按照无名合同的一般规则处理,不必归入预约;非要归入,宜作出相应解释,②以免因概念界定问题而徒增疑惑。

7 　　如果本约有法定形式,且其形式要求具有保护当事人仓促行事的目的,则应延伸至预约;反之,如果本约的法定形式仅为实现证明作用,则预约不受其影响,因为本约遵守形式即足以起到此作用。③ 形式的欠缺可以通过本约的订立而被补正(第490条第2款),因为本约的订立是对预约主要义务的履行。

8 　　如果本约是批准生效的合同,则预约原则上无须批准即可生效,因为预约通常只产生订立本约并就本约积极报批的义务,而不担保本约最终获批。

二、法律效果

9 　　在效果方面,预约被称为"基于合同的强制缔约"。④ 这并非对缔约自由的侵犯,因为此强制缔约系当事人自愿创设,且本书所称预约,必须达到能够据以确定本约的程度(见边码5),因此也不存在强迫当事人接受他人为其创造之本约的顾虑。⑤

10 　　基于预约,债务人有义务订立本约。此义务可以是双方的义务也可以是一方的义务;若为前者,则属双务预约,若为后者,则属单务预约。履行订立本约义务表现为承诺债权人作出的与预约相符的本约要约,如果本约存在形式要件等进一步要求,则债务人负有协助实现此类要求的义务。⑥ 当然,当事人可就预约未尽事宜进行协商,且必要时可认为这是债务人基于预约的一项义务,⑦但即使债务人拒绝协商或协商无果,仍不影响债权人的强制缔约权利。

11 　　本条第2款未就预约的不履行提供实际规则,故应适用债务不履行的一

---

① 相似观点参见刘承韪:《预约合同层次论》,载《法学论坛》2013年第6期。
② 如声明"预约合同包括两类:一类是……;另一类是……"[参见陈某某诉江阴兰星公司房屋买卖合同纠纷案,无锡市中级人民法院民事判决书(2012)锡民终字第0024号,载《人民法院案例选》2013年第2辑]。
③ Vgl. Erman/Armbrüster (2017), Vor. §145 Rn. 48.
④ Vgl. MünchKomm/Busche (2018), Vor. §145 Rn. 65.
⑤ 认为预约确定性达到一定程度,即具有强制缔约效力的,参见刘承韪:《预约合同层次论》,载《法学论坛》2013年第6期;耿利航:《预约合同效力和违约救济的实证考察与应然路径》,载《法学研究》2016年第5期。
⑥ Vgl. Staudinger/Bork (2020), Vor. §§145–156 Rn. 64.
⑦ Vgl. MünchKomm/Busche (2018), Vor. §145 Rn. 65.

般规定,如解除、损害赔偿等。有裁判认为订立本约义务属于第580条第1款第2项的"债务的标的不适于强制履行",①此不应赞同。② 还有裁判认为本约履行不能即意味着预约也履行不能③,此亦不应赞同。④ 预约成立后,因合同基础条件发生变化导致订立本约对债务人明显不公的,可适用本法第533条的情势变更规则。债务人有权解除本约的,基于诚实信用原则,可拒绝订立本约。⑤ 由于预约的给付是订立本约,而本约订立后债权人即可享有本约的履行利益,因此,当债权人可请求预约的替代给付赔偿时,赔偿范围应等于本约的履行利益。⑥

不过,实务中对预约的法律效果认识极其不一,其中一大原因是将各种前期性协议不加区分地归入预约(见边码6)而引起的混乱。有的裁判明确肯定了履行订立本约义务⑦乃至赔偿本约履行利益⑧的诉讼请求,有的则明确否定预约有强制缔约效力,⑨"审判结果几乎无法预测"。⑩

在程序方面,债权人只能诉请债务人订立本约,而不能直接诉请债务人履行本约;但出于诉讼经济的考虑,应当允许债权人同时诉请订立与履行本约。⑪

---

① 安徽省高级人民法院参考性案例第3号"王某某诉芜湖市君泰置地投资有限公司商品房预售合同纠纷案"。
② 参见韩世远:《合同法总论》(第四版),法律出版社2018年版,第94页。
③ 参见陈某某诉江阴兰星公司房屋买卖合同纠纷案,无锡市中级人民法院民事判决书(2012)锡民终字第0024号,载《人民法院案例选》2013年第2辑。
④ Vgl. Erman/Armbrüster (2017), Vor. §145 Rn. 49.
⑤ Ebenda.
⑥ 参见陈某某诉江阴兰星公司房屋买卖合同纠纷案,无锡市中级人民法院民事判决书(2012)锡民终字第0024号,载《人民法院案例选》2013年第2辑。
⑦ 参见福建省莆田市广源饲料有限公司与陈某建设用地使用权转让合同纠纷案,最高人民法院民事裁定书(2014)民申字第935号;郭某诉厦门福达地产投资有限公司买卖合同纠纷案,厦门市思明区人民法院民事判决书(2011)思民初字第11825号,载《人民法院案例选》2013年第1辑。
⑧ 参见陈某某诉江阴兰星公司房屋买卖合同纠纷案,无锡市中级人民法院民事判决书(2012)锡民终字第0024号,载《人民法院案例选》2013年第2辑。
⑨ 参见盛京银行股份有限公司沈阳市保工支行与沈阳市铁西区沈辽新华园酒店返还原物纠纷案,最高人民法院民事判决书(2019)最高法民再283号;曹某某与广东省中山市中南物业开发有限公司商品房预约合同纠纷案,广东省中山市中级人民法院民事判决书(2008)中中法民一终字第54号判决,载《人民司法·案例》2008年第18期。
⑩ 参见耿利航:《预约合同效力和违约救济的实证考察与应然路径》,载《法学研究》2016年第5期。
⑪ 同上注。

三、证明责任

14 基于预约而请求订立本约者需证明:预约已成立且己方基于预约有请求对方订立本约的请求权、该请求权已到期、己方已向对方作出符合预约的要约。债务人就预约存在效力障碍、已作出承诺等进行证明。

第四百九十六条 【格式条款的定义;订入控制】格式条款是当事人为了重复使用而预先拟定,并在订立合同时未与对方协商的条款。

采用格式条款订立合同的,提供格式条款的一方应当遵循公平原则确定当事人之间的权利和义务,并采取合理的方式提示对方注意免除或者减轻其责任等与对方有重大利害关系的条款,按照对方的要求,对该条款予以说明。提供格式条款的一方未履行提示或者说明义务,致使对方没有注意或者理解与其有重大利害关系的条款的,对方可以主张该条款不成为合同的内容。

一、格式条款的定义

1 第1款规定了格式条款的定义,依此定义,格式条款的要件有二:第一,"为了重复使用而预先拟定";第二,"在订立合同时未与对方协商"。为行文简洁,下文简称格式条款的双方为"提供人"与"相对人"。

2 只要满足上述两项要件即构成格式条款,至于格式条款的载体(如口头表示、书面合同、店堂告示等)则在所不问。

(一)"为了重复使用而预先拟定"

1."为了重复使用"

3 "为了重复使用"饱受学理批评,被认为只是格式条款的"经济功能,而不是其法律特征"。① 本法合同编草案一度将其删除,但最终被恢复。实则,是否为了重复使用,对于相对人而言并无分别,法律凭此标准决定是否给予其保护,正当性有所不足。有鉴于此,应肯定仅为一次使用的格式条款也可以类推适用格式条款的规定。

2."预先拟定"

4 "预先拟定"的基本含义是指格式条款形成于当事人缔约之前。实践中,较具意义的问题是,政府部门或行业协会制定的各类示范合同是否构成

---

① 参见王利明:《合同法研究(第一卷)》(第三版),中国人民大学出版社2015年版,第405页。

"预先拟定"。对此,有的裁判加以肯定,①有的则加以否定。② 实则,示范合同与格式条款并不存在冲突,采用示范合同不过是拟定方式相较于一般情形有所不同罢了,并未超出"预先拟定"的范畴。③ 即便认为政府部门或行业协会的介入使得示范合同天然地具备内容上的公正性,这也只是内容控制(本法第497条)所要考虑的问题,而不是否认其为格式条款,进而连对其的订入控制(见边码6以下)也一并放弃的理由。

（二）"在订立合同时未与对方协商"

"在订立合同时未与对方协商"是指在订立合同时相对人不能对合同条款的形成施加实质影响,也即相对人只能在接受与拒绝之间作出选择。④ 需注意的是,此处的判断重心是"不能"协商,换言之,相对人有协商的可能只是主动放弃协商,或者反之,形式上给了对方表达意愿的机会却实际上不允许其修改预先拟定的条款,都属于"未与对方协商"。

二、订入控制

本条第2款是格式条款的订入控制,属于合同成立的范畴,违反订入控制的效果是格式条款不成为合同内容,这是该款与本法第497条的区别所在:本法第497条是格式条款的内容控制,违反内容控制的效果是格式条款无效。

"提供格式条款的一方应当遵循公平原则确定当事人之间的权利和义务"或成为阻碍将本条第2款定性为订入控制的因素,因为"遵循公平原则"更像是内容控制而非订入控制。对此,妥当的解释方案是,将"遵循公平原则"仅视为立法上的倡导性内容,并非订入合同的实质条件,格式条款是否公平的问题交由本法第497条处理。⑤ 如此解释的理由在于:若不如此,则格式条款是否公平的问题将面临两次评价,逻辑上难以自圆其说。

（一）提示

订入控制的第一步是提示,这要求提供人采取合理的方式提示对方注意与其有重大利害关系的格式条款。相较于说明(见边码16),提示须提供人

---

① 参见金川雪域江南农业综合开发有限公司诉刘某某等商品房预售合同纠纷案,四川省高级人民法院民事裁定书(2016)川民申1732号。
② 参见喻某某等诉武汉市江北汽车出租有限公司合同纠纷案,湖北省高级人民法院民事裁定书(2017)鄂民申2426号。
③ 参见王天凡:《〈民法典〉第496条(格式条款的定义及使用人义务)评注》,载《南京大学学报(哲学·人文科学·社会科学)》2020年第6期。
④ 参见朱广新:《合同法总则研究(上册)》,中国人民大学出版社2018年版,第141页。
⑤ 参见王天凡:《〈民法典〉第496条(格式条款的定义及使用人义务)评注》,载《南京大学学报(哲学·人文科学·社会科学)》2020年第6期。

主动进行,而不能坐待相对人要求。

1. 提示的对象

9　依原《合同法》第 40 条之规定,使用人仅须提示"免除其责任、加重对方责任、排除对方主要权利"的格式条款。由于订入控制的目的在于确保相对人的知情、同意,故此种限制常受到批评,被认为系规范漏洞。[①] 本法受此教训,将需提示的对象扩展至与相对人有重大利害关系的条款,值得肯定。

10　考虑订入控制所肩负的保障意思自治的功能,"重大利害关系"宜作宽泛解释:凡对相对人利益有所贬损的,都是有重大利害关系的条款。此结论可通过《消费者权益保护法》第 26 条得以印证:该条对"与消费者有重大利害关系的内容"的示范列举几乎涵盖了所有可能的、对消费者利益有影响的条款。

2. 提示的方式

11　本条第 2 款仅规定提供人应采取"合理的方式"提示格式条款,但何为合理方式,缺乏进一步的标准。原《合同法解释(二)》第 6 条规定,"对格式条款中免除或者限制其责任的内容,在合同订立时采用足以引起对方注意的文字、符号、字体等特别标识",法院应当认定构成合理方式。这一规定失效后,2021 年 4 月 6 日发布的《民法典会议纪要》第 7 条将其以会议纪要的方式予以延续。然而,正如边码 10 所述,本法施行之后,凡贬损相对人利益的格式条款均为须提示的对象,故此,要求一律通过文字、符号、字体等特别标识,并不现实。因此,更为合适的观点或许是:通过文字、符号、字体等特别标识固然构成合理方式,但这并不意味着,未如此标识就一概不构成。

依本书见解,本条第 2 款的"合理的方式"可作以下几个方面的解读:

12　首先,提示须以明示的方式进行,口头抑或书面在所不问,但必须能被仅具通常注意力的相对人即使在快速浏览的情况下所察觉。原则上,提供人不能仅通过主张"从其行为中可推断出格式条款的存在"来证明其完成了提示义务。[②]

比较有疑问的是,提供人能否以公告的方式进行提示。原则上,提示应个别进行,否则无法满足上述要求。但在大规模交易中这可能是不切实际的,据此,比较法上如《德国民法典》第 305 条即允许以公告(Aushang)方式提示,前提是根据缔约的形式个别提示存在显著困难。其范例是超市出售商

[①] 参见朱广新:《合同法总则研究(上册)》,中国人民大学出版社 2018 年版,第 145 页。
[②] Vgl. BeckOK BGB/Becker(2021), § 305 Rn. 46 f.

品,电影院、剧院卖票等。① 此做法可资借鉴,且能够被本条第 2 款的"合理方式"所涵盖。

其次,提示的内容必须足够清晰、无歧义,提供人不仅要提示格式条款的存在,甚至要使相对人能够认识到有哪些格式条款将被订入合同。②

再次,提示必须发生于合同订立前或订立时,如果合同已经订立,提供人才提示格式条款,则该条款不订入合同。③

最后,提供人必须为相对人创造能够以合理的成本、精力等知悉格式条款内容的机会。这一要求在比较法上如《德国民法典》第 305 条中有明确提及,在本条第 2 款中则没有明确提及,不过,"合理方式"的要求能够将其涵盖在内,因为若相对人连了解条款内容的机会都没有,则任何提示都是无价值的。一般而言,提供人向相对人递交、寄送格式条款样本、在营业场所公示格式条款或者将其样本置备于营业场所之内,均足以为相对人创造知悉的机会。④ 在内容上,格式条款必须具有可读性、能够被通常的相对人所理解,不过,考虑本条第 2 款为相对人创设了要求说明的权利,这一要求可以适当放宽。

(二)说明

与提示不同,说明是对提供人的被动性要求,也即仅在相对人提出要求时,提供人才须说明,且说明的对象也仅限于相对人要求说明的格式条款。提供人应当以"常人能够理解的方式"(《民法典会议纪要》第 7 条)进行说明,以确保相对人的疑问得到解答。

(三)违反订入控制的后果

提供人违反提示、说明要求的,并不必然导致格式条款不成为合同内容。为达到此效果,还须具备两个条件:第一,相对人因此而没有注意到或者没有理解相应的格式条款。第二,相对人提出格式条款不成为合同内容的主张,换言之,订入控制只能由相对人援引而不能由提供人或其他人援引。⑤ 此外,实践中有的裁判还强调相对人必须通过签名等方式对格式条款进行明示

---

① Vgl. HK – BGB/Schulte – Nölke(2019), § 305 Rn. 14.
② Vgl. BeckOK BGB/Becker(2021), § 305 Rn. 48.
③ 参见王天凡:《〈民法典〉第 496 条(格式条款的定义及使用人义务)评注》,载《南京大学学报(哲学·人文科学·社会科学)》2020 年第 6 期。
④ Vgl. HK – BGB/Schulte – Nölke,(2019), § 305 Rn. 15.
⑤ 参见黄薇主编:《中华人民共和国民法典合同编解读(上册)》,中国法制出版社 2020 年版,第 127 页。

的同意,否则格式条款也不成为合同内容。[1] 这样的裁判值得推敲,因为在提供人完成对格式条款的提示、说明后,相对人仍选择接受商品或服务的,原则上即可认为其默示同意格式条款,此处例外地要求明示同意,恐有矫枉过正之嫌。[2]

18 另需注意的是,提示与说明并非提供人的真正义务,而是所谓不真正义务(Obliegenheit),换言之,违反提示或说明要求的,除可能产生法定的不成为合同内容的效果外,并不直接导致损害赔偿等效果的发生。

19 格式条款不成为合同内容,可能对合同的整体效力产生影响,这本质上是法律行为部分无效的问题(本法第 156 条)。比较法上如《德国民法典》第 306 条即规定,格式条款不成为合同内容时,原则上不影响合同其他部分的效力,除非此结果对一方当事人明显不公。本法欠缺此类规定,但本条第 2 款"不成为合同的内容"的表述即潜在地表达了如下观念:格式条款不订入合同,原则上并不导致合同不成立。即便不赞同这样的解释,此问题总归可通过本法第 156 条解决。[3]

第四百九十七条 【格式条款的内容控制】有下列情形之一的,该格式条款无效:

(一)具有本法第一编第六章第三节和本法第五百零六条规定的无效情形;

(二)提供格式条款一方不合理地免除或者减轻其责任、加重对方责任、限制对方主要权利;

(三)提供格式条款一方排除对方主要权利。

一、规范目的与规范结构

1 本条是格式条款的内容控制,是格式条款规制的"最后一步":格式条款经由本法第 496 条的订入控制而成为合同内容,接着,运用意思表示解释的一般规则结合本法第 498 条格式条款的特殊解释规则对其进行解释,最后,对解释的结果进行内容上的控制。在内容控制层面被否定的格式条款,其效果是该条款无效。

---

[1] 参见北京全峰快递有限责任公司与侯某某运输合同纠纷案,北京市高级人民法院民事判决书(2016)京民再 28 号。

[2] 主张应限制认定"默示同意"的,参见王天凡:《〈民法典〉第 496 条(格式条款的定义及使用人义务)评注》,载《南京大学学报(哲学·人文科学·社会科学)》2020 年第 6 期。

[3] 实践中的范例,参见任某某等与北京泰和嘉成拍卖有限公司拍卖合同纠纷案,北京市第三中级人民法院民事判决书(2018)京 03 民终 15532 号。

本条在结构上分为3项,第1项指向了本法第一编第六章第三节("民事法律行为的效力")和本法第506条(免责条款无效)。立法者将该项置于第一位,潜在地表达了如下观念:本法第一编第六章第三节、第506条等规定,是法律行为效力的一般规定,是一切法律行为的"底线",①因此相较于格式条款内容控制而言,它们优先作出效力评价,倘若格式条款因这些规定而无效,则不会进入内容控制的审查程序。

第2—3项的划分则不具有如此明显的意义。虽然从形式上看,二者的区别似乎在于:第2项是"限制主要权利+不合理"(需要价值衡量),而第3项则仅要求"排除主要权利"(无须价值衡量)。但一方面,"限制"与"排除"之间没有清晰的界限,另一方面,"主要权利"的界定本身就是价值衡量问题(不能将"主要权利"理解为与主给付义务相对应的请求权②)。因此,在这两项中,价值衡量都是根本标准,并无差别。至于"免除或者减轻其责任、加重对方责任、限制(排除)对方主要权利"等大同小异的表述,只不过是在描述格式条款所具有的贬损相对人利益的典型特征,本身无法作为效力评价的标准。③

二、不受内容控制之审查的条款

(一)因法律行为一般效力规定而无效的条款

因法律行为一般效力规定而无效的格式条款,也即第1项规定的情形,不会进入格式条款内容控制的审查程序(见边码2)。

(二)单纯重复法律规定的条款

单纯重复法律规定的条款,即便动用内容控制否定其效力,相应的法律规定也会自动"补位",当事人间的法律状况并未发生任何变化,因此,此类条款也不会进入内容控制的审查程序。④

(三)核心给付条款

核心给付条款通常是指对双方的给付与对待给付义务进行描述的条款,⑤例如汽车买卖合同中,规定所售汽车的品牌、型号以及对方应支付之价

---

① 本法第506条虽仅适用于免责条款,但其背后的正当性基础是对公序良俗的维护,而公序良俗则是法律行为的"底线"。
② 这是因为,规定主给付义务的合同条款多为所谓的核心给付条款,而核心给付条款不受内容控制的审查(见边码6)。
③ 参见贺栩栩:《〈合同法〉第40条后段(格式条款效力审查)评注》,载《法学家》2018年第6期。
④ Vgl. BeckOK BGB/H. Schmidt(2021), § 307 Rn. 73.
⑤ 参见贺栩栩:《〈民法典〉格式条款的效力审查规范解读——以零时生效条款与等待期条款为例》,载《苏州大学学报(哲学社会科学版)》2020年第4期。

格的条款。此类条款之所以不受格式条款内容控制的审查,主要是因为,给付与对待给付的交换关系是由市场供求情况决定的,裁判者原则上不得以内心的"公平价格"去指摘当事人约定的价格。诚然,在双方的交换关系极度不平衡时,裁判者并非不得否定其效力,只不过这种否定不是基于格式条款的内容控制,而是因为其逾越了法律行为的"底线"(如违反善良风俗)。

7 不过,并非所有围绕给付与对待给付义务的条款都是核心给付条款。例如关于交付地点、履行期限、违约金、约定解除权、所有权保留等内容的格式条款,虽在一定程度上对双方的主给付义务进行了限定或修正,但仍属内容控制的审查对象。[1]

三、内容控制的评价标准

8 如边码3所述,第2—3项给定的"免除或者减轻其责任、加重对方责任、限制(排除)对方主要权利"仅描述了格式条款贬损相对人利益的特征,并不能起到评价标准的作用,尝试区分"限制"与"排除"抑或"主要"与"次要",也无多大意义。真正起决定作用的就是第2项所揭示的合理性衡量:当格式条款对相对人利益的贬损达到不合理的程度时,其效力即被否定。

(一)衡量的对象

9 衡量格式条款对相对人利益的贬损是否逾越合理界限时,不能仅孤立地观察某一项条款,而必须从合同整体的角度进行审视。这是因为,一方面,数项自身并未逾越合理界限的条款可能相互结合,从而在整体上达到不合理贬损相对人利益的结果;另一方面,某项原本逾越合理界限的条款,也可能因为另一项与之关联的、有利于相对人的条款而被"中和"。[2]

10 不过,对合同内容进行整体观察时,原则上必须将双方的主给付义务剔除,原因仍然在于核心给付条款不受内容控制的审查。据此,格式条款提供人原则上不能主张因为其所售商品价格优惠,因此合同所含的不利于相对人的格式条款就天然地具备了合理性。[3]

(二)衡量的时点

11 合理性衡量的时点应为合同订立时。[4] 换言之,如果合同订立后,因为情况的变化导致原本不合理的格式条款变得合理,仍不能治愈该条款的效力,反之亦然。

---

[1] Vgl. HK – BGB/Schulte – Nölke(2019), § 307 Rn. 8.
[2] Vgl. HK – BGB/Schulte – Nölke(2019), § 307 Rn. 13.
[3] Vgl. Jauernig/Stadler(2021), § 307 Rn. 4.
[4] Vgl. Staudinger/Wendland(2019), § 307 Rn. 100.

(三)可能的衡量标准

1. 任意性法律规定

任意性法律规定中的权利义务安排,均为立法者预先作出的价值选择,在立法者看来,其最符合所涉情形下当事人间的利益格局。有鉴于此,衡量格式条款是否合理,首要标准当属任意性法律规定。据此,当格式条款严重偏离任意性法律规定时,可以推定其构成对相对人利益的不合理贬损,此后,倘若格式条款提供人不能给出正当理由,则格式条款无效。此即任意性法律规定的"示范功能"。① 除任意性法律规定外,判例与稳妥的学说也能起到类似效果,②因为它们同样承载着法律共同体对公平正义的追求。

以实践中常见的快递保价条款(托运人不额外支付费用进行"保价",承运人即只在数倍运费的范围内赔偿货物丢失的损失)为例。此类格式条款严重偏离本法第584条所包含的全部赔偿的基本思想,实践中,相对多数的法院将其认定为无效。③ 相反,在拍卖活动中,拍卖人通过格式条款表示不就标的物承担瑕疵担保责任的,因为与《拍卖法》第61条第2款"拍卖人、委托人在拍卖前声明不能保证拍卖标的的真伪或者品质的,不承担瑕疵担保责任"的基本思想相符,因此在内容控制上不会被认定为无效。④

2. 相对人的合同目的

相对人的合同目的也能作为一种衡量标准。这是因为,合同目的是当事人缔约所追求的核心利益,损害此种利益的格式条款原则上均无法通过内容控制的审查。

以旧物买卖为例。通常情况下,买受人订立买卖合同的目的是获得无瑕疵的标的物,但在旧物买卖中,当事人的本意则可能是就物的现状进行交易,

---

① 参见贺栩栩:《〈民法典〉格式条款的效力审查规范解读——以零时生效条款与等待期条款为例》,载《苏州大学学报(哲学社会科学版)》2020年第4期。
② 参见贺栩栩:《〈合同法〉第40条后段(格式条款效力审查)评注》,载《法学家》2018年第6期。
③ 参见甘肃申通快递有限公司嘉峪关分公司与王某财产损害赔偿纠纷案,甘肃省高级人民法院民事判决书(2013)甘民三终字第37号;王某某等诉广州市冀安运输服务有限公司运输合同纠纷案,河北省高级人民法院民事裁定书(2013)冀民申字第1937号;吕某与商洛市益美羊毛衫有限公司运输合同纠纷案,河南省高级人民法院民事裁定书(2013)豫法立二民申字第02599号。但认定保价条款有效的裁判亦不罕见,参见北京达航物贸有限公司与德邦物流股份有限公司运输合同纠纷案,北京市高级人民法院民事裁定书(2016)京民申3326号;温州德邦物流有限公司柳青北路分公司与浙江奥德克电气科技有限公司运输合同纠纷案,浙江省高级人民法院民事判决书(2018)浙民再9号。
④ 参见陈某某与北京华辰拍卖有限公司拍卖合同纠纷案,北京市第三中级人民法院民事判决书(2018)京03民终2664号。

故对于此类情形而言,即便存在排除出卖人瑕疵担保责任的格式条款,也不一定会妨碍买受人合同目的的实现,因此其效力也就并不必然被否定。①

3. 其他

针对合理性衡量,还可以提出其他标准。例如"风险由最能控制风险者承担"的原理即可以解释,银行卡业务中常见的"密码交易视为本人交易"的格式条款被认定为无效的原因:"银行卡被复制、被伪卡盗刷,说明银行制作的银行卡存在安全漏洞,在防范措施方面,持卡人一般只能做到按操作程序谨慎使用,防止密码泄露,而发卡银行在主动防范方面技术更具优势,责任更大。"②

四、法律效果

在内容控制层面被否定的格式条款无效,但出于规范目的的考量,此无效不能由格式条款提供人主张,否则将自相矛盾,悖于诚信。

格式条款无效,可能对合同的整体效力产生影响,这本质上是法律行为部分无效的问题(本法第156条)。比较法上如《德国民法典》第306条即规定,格式条款无效时,原则上不影响合同其他部分的效力,除非此结果对一方当事人明显不公。本法欠缺此类规定,但这并不妨碍通过本法第156条解决该问题。③

第四百九十八条 【格式条款的解释】对格式条款的理解发生争议的,应当按照通常理解予以解释。对格式条款有两种以上解释的,应当作出不利于提供格式条款一方的解释。格式条款和非格式条款不一致的,应当采用非格式条款。

格式条款的解释与一般的意思表示解释并无本质不同,本条第1句"按照通常理解予以解释"的要求只不过在于申明:格式条款的解释应以通常的格式条款相对人为视角。这一点本身就是意思表示规范解释的应有之义。④

---

① 参见贺栩栩:《〈合同法〉第40条后段(格式条款效力审查)评注》,载《法学家》2018年第6期。
② 参见杨某某与中国工商银行股份有限公司格尔木支行银行卡纠纷案,青海省高级人民法院民事判决书(2018)青民再20号。类似案例,参见姜某某与交通银行股份有限公司武汉东湖新技术开发区支行银行卡纠纷案,湖北省高级人民法院民事判决书(2018)鄂民再223号。
③ 实践中的范例,参见任某某等与北京泰和嘉成拍卖有限公司拍卖合同纠纷案,北京市第三中级人民法院民事判决书(2018)京03民终15532号。
④ 参见杨代雄:《法律行为论》,北京大学出版社2021年版,第263页。

不过,鉴于格式条款是一方预先拟定而未与对方协商的条款,在对其的解释能够得出两种可能的结论时,应将不利于格式条款提供人的结论作为最终结论,此即本条第2句的内容。但应注意的是,并非只要某项格式条款的文义可能得出两种以上的结论,就必须在其中选择不利于提供人的结论;恰恰相反,只有在斟酌各种解释因素(文义、体系、目的等)之后,得出唯一结论仍有困难时,才能作出如此选择。这一观点的理由在于,任何意思表示的解释都是多种解释因素相互作用的结果(哪怕解释者自己未必能意识到这一点),在方法论上,不可能存在孤立的"文义解释"。

如果格式条款与非格式条款看似存在矛盾,则需要对合同进行解释,若经过解释之后矛盾仍不能调和,则非格式条款优先于格式条款,①此即第3句的意旨所在。这一规则的理由在于,非格式条款系当事人个别协商的产物,因此若其与未经个别协商的格式条款发生冲突,原则上应认为,当事人有意以非格式条款为准,其与格式条款的冲突只是无心之失。

第四百九十九条 【悬赏广告】悬赏人以公开方式声明对完成特定行为的人支付报酬的,完成该行为的人可以请求其支付。

一、悬赏广告的性质

悬赏广告的性质素有两种观点,一为单方行为说,②二为要约说(合同说)③。依单方行为说,悬赏广告是无相对人的单方法律行为,作出即发生效力,完成特定行为即可请求报酬;依要约说,悬赏广告仅为要约,须经承诺,才产生(合同)债务。要约说的弊端在于,无民事行为能力人完成特定行为的,因无承诺能力,合同不成立,故不可请求报酬;虽有民事行为能力,但不知悬赏广告存在,则不可能有承诺意思,合同同样不成立。④反之,若采单方行为说,则自始没有承诺问题,上述弊端也就不复存在。不过,本条位于合同编第二章"合同的订立"之下,表明《民法典》采要约说。

二、构成要件

依要约说,悬赏广告须满足要约的一般构成要件(第472条)。特殊的是,作为要约的悬赏广告向不特定多数人发出,属于公众要约。

三、法律效果

悬赏广告作为要约,生效之后可因他人承诺而成立合同并据此发生报酬

---

① 参见崔建远:《论格式条款的解释》,载《经贸法律评论》2019年第3期。
② 参见王洪亮:《债法总论》,北京大学出版社2016年版,第36页。
③ 参见韩世远:《合同法总论》(第四版),法律出版社2018年版,第123页。
④ 参见朱广新、谢鸿飞主编:《民法典评注:合同编·通则1》,中国法制出版社2020年版,第278页(梅伟执笔)。

债务关系。传统要约说认为,某人完成悬赏广告指定的行为,即构成对悬赏广告的承诺。此项承诺在性质上属于意思实现(意思实现说)。

4 新近出现的一种观点认为,构成对悬赏广告之承诺的并非完成指定行为,而是完成指定行为后对悬赏广告作出的承诺意思表示,该承诺表示到达悬赏人后合同才成立并生效。悬赏广告在性质上是附生效条件要约,某人完成指定行为后,悬赏广告才发生实质拘束力,行为人取得承诺资格。就承诺的构造而言,此说为"意思行为说"。此说的倡导者认为,此说可以克服要约说中的意思实现说之弊端。某人在完成指定行为时即便不知道存在悬赏广告,亦可在嗣后知道存在悬赏广告时作出承诺意思表示并取得报酬请求权。限制民事行为能力人在完成指定行为后,可由法定代理人代理其作出承诺意思表示。① 此说尚需解释如下问题:如果完成指定行为的人在很长时间之后才向悬赏人作出承诺表示,可否取得报酬请求权,易言之,如何确定悬赏广告的承诺期限?

四、证明责任

5 主张报酬请求权的当事人须证明存在悬赏广告以及自己已经完成指定行为。

第五百条 【缔约过失】当事人在订立合同过程中有下列情形之一,造成对方损失的,应当承担赔偿责任:

(一)假借订立合同,恶意进行磋商;

(二)故意隐瞒与订立合同有关的重要事实或者提供虚假情况;

(三)有其他违背诚信原则的行为。

一、责任性质

1 缔约过失是因过错违反先合同义务而产生的责任。所谓先合同义务,是指"本着诚实信用原则,缔约当事人在订立合同过程中负有必要的注意、保护等附随义务"。②

2 先合同义务是法定义务而非约定义务,故缔约过失是法定债务的不履行责任而非违约责任。不过,产生先合同义务的缔约接触(见边码8)具备准法律行为性质。因此,无民事行为能力人不负缔约过失责任,限制民事行为能力人仅在法定代理人同意其参与缔约或其本就可以单独缔结所涉合同时,才

---

① 参见姚明斌:《悬赏广告"合同说"之再构成——以〈民法典〉总分则的协调适用为中心》,载《法商研究》2021年第3期。

② 参见王洪亮:《债法总论》,北京大学出版社2016年版,第65页。

承担责任。① 以他人名义进行缔约接触者,亦可类推代理的规则确定先合同义务的主体。②

缔约过失也不是侵权责任。如此定性可将履行辅助人规则引入缔约过失,更加符合缔约过失的利益格局。③ 例如:甲受乙无偿委托,代其与丙磋商,但因隐瞒重要信息导致丙受损。本例由于不满足雇主责任(第1191—1192条)要件,故乙不承担侵权责任;但若将缔约过失视为债务不履行责任,则甲可视为乙先合同义务的履行辅助人,故乙的缔约过失仍然构成。

二、规范结构与体系关联

在规范结构上,本条分3项规定了3种缔约过失的基本形态。但由于第3项"'其他违背诚实信用原则'行为的兜底规定,因此,其第1、2项应仅为例示性的规定,并不具有限定的作用"。④ 据此,司法实践中缔约过失责任的案型早已五花八门(见边码10以下)。

体系上,本法第157条第2句与第501条均为缔约过失的特别规范。前者的适用前提是法律行为已成立,但无效、被撤销或确定不生效。后者的适用前提是违反保密义务。相较于本法第500条,本法第157条第2句(见该条评注边码6)、第501条均优先适用。

实践中,缔约过失在特定案型中经常与违约责任区分不清。首先是违反预约的责任(详见本法第495条评注),不少裁判都将违反预约定性为(至少是兼具)缔约过失。⑤ 其次是待批准合同中违反报批义务的责任(详见本法第502条评注),此前的裁判基本都将违反报批义务定性为缔约过失。⑥ 但这两种做法都不应再坚持:依本法的基本立场,预约与报批义务条款均为有效合同(条款),而在当事人已经有效缔结合同时,先合同义务已告消灭(见边码9),故不会产生缔约过失责任,因此违反预约与违反报批义务均仅产生违约责任。

三、构成要件

缔约过失的一般构成要件是:违反先合同义务、损害以及两者间的因果

---

① Vgl. MünchKomm/Emmerich(2019),§ 311 Rn. 59.
② Vgl. Staudinger/Schilken(2019), Vor. zu § 164 ff. Rn. 39.
③ 同样指出这一点,但认为实证法没有履行辅助人规则的,参见孙维飞:《〈合同法〉第42条(缔约过失责任)评注》,载《法学家》2018年第1期。
④ 参见孙维飞:《〈合同法〉第42条(缔约过失责任)评注》,载《法学家》2018年第1期。
⑤ 参见新疆北新路桥集团股份有限公司等与湖南兴振建材有限公司缔约过失责任纠纷案,最高人民法院民事裁定书(2016)最高法民申1653号。
⑥ 参见中信红河矿业有限公司与鞍山市财政局股权转让纠纷案,最高人民法院民事判决书(2016)最高法民终803号。

关系。值得一提的是,"缔约过失"一词表明其为过错责任,但因先合同义务是行为义务(尽力实施一定的行为)而非结果义务(促成结果的出现),故其违反本身就包含过错的评价,①从第 3 项的"违背诚信原则"也能推导出此结论:若无过错,原则上不会被评价为此处的"违背诚信原则"。

鉴于"违反先合同义务"要件的核心地位,下文将围绕这一要件探讨缔约过失的构成。

(一)先合同义务的产生与消灭

8   依本条文义,先合同义务产生于"订立合同过程"。据此,可作如下解释:在主观层面,应将当事人的意图限定在为了订立合同,若不满足此要件,例如小偷进入商店盗窃,则不属于"订立合同过程"。② 在客观层面,应作宽泛解释,不仅双方交流性质的磋商属于,尚未达到此程度的缔约接触,只要导致一方取得了对他方利益施加影响的可能,③也属于"订立合同过程",例如甲公司发布拟要约收购乙公司股份的公告,丙公司据此买入该公司股票并期待将来能出售给甲,即足以产生先合同义务。④

9   同样根据"订立合同过程"可知,先合同义务终于当事人有效缔结合同或不再进行缔约接触之时。不过,既已产生的缔约过失责任并不因此而被排除。⑤

(二)先合同义务的类型

10   先合同义务的抽象性决定了其类型不可能是封闭的,因此,下文仅就三种典型的先合同义务进行叙述。

1. 诚信磋商义务

11   第 1 项"假借订立合同,恶意进行磋商"即为违反诚信磋商义务的典型。不过,实践中恶意磋商的案件并不常见。违反诚信磋商义务的案件中,更具意义的是中断缔约(包括达成合意后不予配合以使合同符合法定形式要求等情形)。基于契约自由,当事人可自主决定是否缔约,因此哪怕无故中断缔约,原则上也不构成缔约过失。但若一方引起了对方"能够缔约"的合理信赖,且该方基于信赖对自己的利益进行了处置(如放弃其他缔约机会),则

---

① Vgl. Lorenz, Grundwissen – Zivilrecht:Was ist eine Pflichtverletzung(§ 280 I BGB), JuS 2007, 213(214).
② Vgl. MünchKommBG/Emmerich(2019),§ 311 Rn. 61.
③ 这一表述参照了《德国民法典》第 311 条第 2 款第 2 项。
④ 参见兴业全球基金管理有限公司与江苏熔盛重工有限公司缔约过失责任纠纷案,最高人民法院民事裁定书(2013)民申字第 1881 号。
⑤ Vgl. Palandt/Grüneberg(2020),§ 311 Rn. 25.

前者在其无正当理由中断缔约时,应负缔约过失责任。①

一方面,"能够缔约"的信赖必须是合理的。例如在一起案件中,法院根据一方多次与对方商讨合作事宜且鉴于对方经济困难而资助其生活费的事实,认定此种信赖的成立。② 另一方面,如果中断缔约确有正当理由,则也不承担责任。例如在另一起案件中,标的物的市场价格与销量在正式缔约前锐减,一方遂提出以远低于原定价格的价格订立合同,法院认为其不构成缔约过失。③ 12

2. 说明义务

原则上,了解缔约的机会与风险、查明市场环境与交易标的的一般状况,是任何参与缔约之人的分内之事。但在例外时,缔约中的一方可能对另一方负有说明义务,此种义务尤其存在于如下情形:某一事实仅由义务人所知,且义务人知道或应当知道,该事实对另一方的合同缔结而言有着举足轻重的意义。④ 本法第496条第2款的格式条款使用人说明义务与《保险法》第16条的投保人告知义务,均为说明义务的典型情形,不过,此类法定说明义务往往有着特别的规则安排,因此原则上排除本条的适用。 13

违反说明义务的缔约过失大体又可分为两种子类型。第一种是违反说明义务误导对方签订不想要的合同。例如在一起案件中,一方利用对方希望通过受让债权而取得项目公司控制权的心理,溢价将债权转让给该方,却隐瞒了受让债权根本无法使其取得公司控制权的重要事实,即构成缔约过失。⑤ 此类缔约过失案件最大的难点在于法律效果的确定,详见边码20。 14

违反说明义务的第二种类型是因说明义务的违反导致合同出现效力障碍。典型如一方知道合同可能无效,却不将此情况向不知道且不应当知道的另一方说明,误导其对自己的利益进行处置。不过,此类案件通常是本法第157条第2句所要处理的情形,此处不过多展开。 15

3. 违反狭义保护义务

"保护义务"这一概念有广义、狭义之分,此处仅指狭义的保护义务,也 16

---

① 参见王洪亮:《债法总论》,北京大学出版社2016年版,第73页。
② 参见詹某某与魏某某、九江恒泰自动控制器有限公司等缔约过失责任纠纷案,最高人民法院民事裁定书(2016)最高法民申1431号及江西省高级人民法院民事判决书(2015)赣民一终字第200号。
③ 参见陕西咸阳星云机械有限公司与彩虹集团电子股份有限公司缔约过失责任纠纷案,最高人民法院民事判决书(2008)民二终字第8号。
④ Vgl. BeckOK BGB/Sutschet(2021), § 311 Rn. 73.
⑤ 参见林某某等与陈某某等债权转让合同纠纷案,最高人民法院民事裁定书(2018)最高法民申4620号及山西省高级人民法院民事判决书(2017)晋民终682号。

即缔约双方均可能负有的保护对方人身、财产安全的义务。此种保护义务的成立要求一方处于另一方的影响范围之内,也即通常情况下,仅限于一方进入另一方的营业场所之内时。① 不过,由于我国侵权法设有广泛的安全保障义务规定(本法第 1198 条),因此,违反狭义保护义务的缔约过失通常不具有实践意义,仅在不满足侵权法上安全保障义务的构成要件时,其意义才得以凸显。此外,本法第 501 条也属于违反狭义保护义务,不过正如边码 5 所述,该条先于本条适用。

四、法律效果

17 法律对缔约过失的效果有特别规定时,遵照其规定,例如附条件法律行为中,不正当促成条件成就或不成就的,其效果为视为条件不成就/成就(本法第 159 条)。至于在这些特别效果之外,还能否适用缔约过失的一般效果,则应斟酌此类特别规定的目的确定,例如在本法第 159 条情形中,拟制条件成就/不成就后,法律行为尽管生效,但此并不足以填补一方在缔约过程中因违反狭义保护义务(见边码 16)给对方造成的损害,故本条仍有适用余地。

18 缔约过失的效果为损害赔偿,且一般被描述为信赖利益赔偿。此描述不甚严谨,例如违反狭义保护义务(见边码 16)的案件中,赔偿的不是信赖利益而是固有利益。实际上,在一项债务关系中,债权人的利益可以周延地划分为给付利益(也称履行利益)与固有利益。前者指因债务人给付义务的履行而获得的利益,后者则为债权人原本就享有的、不取决于给付义务之履行的利益,信赖利益属于固有利益的一种,只不过它是因为信赖而生罢了。

19 缔约过失的赔偿范围遵循损害赔偿的一般原理。由于先合同义务不是给付义务,因此债权人在逻辑上不可能基于缔约过失而直接请求对方赔偿给付利益,至少在结果层面,这一点已被通说所确认。② 但是,这并不妨碍缔约过失的赔偿可以涵盖甚至超过给付利益,③例如一方故意不消除本应由其消除的合同效力障碍,致使合同不能生效,此时该方就应赔偿对方因(假设)合同得到履行而可获得的利益。

20 缔约过失损害赔偿的特殊问题出现在违反说明义务误导对方签订不想要的合同(见边码 14)的情形中。根据恢复原状的损害赔偿方法,债务人负有义务将债权人恢复到损害未曾发生的状态,而在此类案件中,损害未曾发生的状态即为说明义务得到履行、对方放弃签订合同。因此,理论上出现

---

① Vgl. BeckOK BGB/Sutschet(2021), § 311 Rn. 56.
② 参见王利明:《合同法研究(第一卷)》(第三版),中国人民大学出版社 2015 年版,第 365 页。
③ 参见孙维飞:《〈合同法〉第 42 条(缔约过失责任)评注》,载《法学家》2018 年第 1 期。

"合同废止请求权"的主张,也即赋予债权人请求对方同意废除合同的请求权。① 《保险法》第16条赋予保险人在投保人违反说明义务时的解除权,即与此合同废止请求权原理相同。不过,实践中并未见到法院承认此请求权,例如在边码14所述的债权转让案中,法院仅给予受害人以金钱赔偿,而未同意其解除合同。

第五百零一条 【缔约中的保密义务】当事人在订立合同过程中知悉的商业秘密或者其他应当保密的信息,无论合同是否成立,不得泄露或者不正当地使用;泄露、不正当地使用该商业秘密或者信息,造成对方损失的,应当承担赔偿责任。

第三章 合同的效力

第五百零二条 【合同的生效;待批准合同】依法成立的合同,自成立时生效,但是法律另有规定或者当事人另有约定的除外。

依照法律、行政法规的规定,合同应当办理批准等手续的,依照其规定。未办理批准等手续影响合同生效的,不影响合同中履行报批等义务条款以及相关条款的效力。应当办理申请批准等手续的当事人未履行义务的,对方可以请求其承担违反该义务的责任。

依照法律、行政法规的规定,合同的变更、转让、解除等情形应当办理批准等手续的,适用前款规定。

一、合同的生效(第1款)

本条第1款规定,合同成立即生效,除非法律另有规定(如待批准的合同)或当事人另有约定(如附生效条件的合同)。　　1

二、待批准合同(第2—3款)

(一)第2款

出于公共利益,法律、行政法规可以规定某类合同必须经过主管机关批　　2
准才能生效。若尚未批准,则其效力处于待定状态,② 当然,若主管机关已终局地决定不予批准,则其效力为终局地不生效,典型如《企业国有资产法》第

---

① 参见王洪亮:《债法总论》,北京大学出版社2016年版,第77页。
② 参见刘贵祥:《论行政审批与合同效力——以外商投资企业股权转让为线索》,载《中国法学》2011年第2期;杨代雄:《法律行为论》,北京大学出版社2021年版,第441页。

53条第2句。① 逻辑上,此处仅指负担行为待批准的情形,如果待批准的只是履行行为,则不对负担行为的效力产生影响。② 一项创设批准要求的法律规定针对的是负担行为还是履行行为,取决于对该规定(尤其是规范目的)的解释。

3　　待批准合同在实践中的问题通常在于,如果一方在合同订立后不实施为获得批准而必要的行为,例如资产评估、提交申请等,另一方应如何获得救济。此前的司法实践走的是缔约过失的路子:在原《合同法解释(二)》第8条的指引下,大量裁判都将违反报批义务视为缔约过失,进而将原《合同法》第42条第3项视为对方的请求权基础。③

4　　然而,本条第2款并未延续上述做法,而是将报批义务视为合同义务,相应地,违反报批义务即须承担违约责任。此举的理论基础在于:合同未经批准而不生效,并不妨碍关于报批义务的约定可以独立生效,据此,相应的当事人即当然负有报批的合同义务。④

5　　在合同义务的思路下,如果义务人不实施为获得批准而必要的行为,则另一方可以(以诉讼方式)请求其继续履行,在符合条件时,还可以请求损害赔偿,包括依据本法第581条请求其承担第三人替代履行的费用。

(二)第3款

6　　本条第3款规定,合同的变更、转让、解除等应依法办理批准手续的,适用前款规定。此处的"变更、转让、解除"指基于合同的变更、转让、解除,这是因为,前款在于规范当事人基于合同而负担的报批义务,故想要适用前款,必须有合同的存在。

第五百零三条　【无权代理合同的默示追认】无权代理人以被代理人的名义订立合同,被代理人已经开始履行合同义务或者接受相对人履行的,视为对合同的追认。

---

①　参见湖南金鑫矿业有限公司与长沙绿点文化传播有限公司确认合同无效纠纷案,湖南省高级人民法院民事判决书(2015)湘高法民二终字第204号;嘉峪关市华城置业有限公司与嘉峪关市驾驶员培训中心买卖合同纠纷案,甘肃省高级人民法院民事判决书(2016)甘民终205号。不过,实践中往往不注意把握"无效"与"效力待定"或"未生效"的区别,径行将合同认定为无效。

②　参见李永军:《民法典编纂中的行政法因素》,载《行政法学研究》2019年第5期。

③　例如中信红河矿业有限公司与鞍山市财政局股权转让纠纷案,最高人民法院民事判决书(2016)最高法民终803号。

④　参见刘贵祥:《论行政审批与合同效力——以外商投资企业股权转让为线索》,载《中国法学》2011年第2期。

被代理人追认无权代理行为的,该行为生效(第171条第1款)。追认作为一项意思表示,既可以明示,也可以默示。本条规定的"被代理人已经开始履行合同义务或者接受相对人履行"就是默示追认。

第五百零四条 【表见代表】法人的法定代表人或者非法人组织的负责人超越权限订立的合同,除相对人知道或者应当知道其超越权限外,该代表行为有效,订立的合同对法人或者非法人组织发生效力。

一、规范目的与规范体系

《民法典》采取代表(本法第61条第2款)与代理(本法第161条以下)相区分的思路,因此,本法第171条第1款的表见代理难以直接适用于代表,本条的规范目的即在于实现越权代表情形下的相对人信赖保护。

严格意义上的代表仅指法人之法定代表人的行为,但本条却扩及非法人组织负责人的行为(下文视情况统称"代表人""被代表人")。这充分说明,代表与代理的划分更多的只是观念性的,在规则构建上,二者不应截然对立。① 因此,具有高度相似性的非法人组织负责人的行为,也应与代表相同处理。

本法第61条第3款与本条规范目的大体重合,但依其文义,该款仅适用于因法人章程或法人权力机构限制代表权而引发的越权代表。据此,因代表权法定限制(见边码8)而引发的越权代表,不适用本法第61条第3款而适用本条。②

二、构成要件

(一)代表人

本条处理法人之法定代表人与非法人组织负责人的行为。法定代表人根据本法第61条第1款确定。非法人组织负责人根据其业务的运作状况确定,一般而言,分公司的经理、银行分行的行长、合伙企业中执行事务的合伙人或聘任的经营管理人员(《合伙企业法》第35条)等,是负责人。

若严格按照本条文义,则法定代表人与非法人组织负责人以外的人,包括人事变更后的原法定代表人、原负责人与从未被任命为法定代表人、负责人的人,均不适用本条。从"超越权限"一词出发,也能得出相同结论:此类人员并非超越权限(越权代表),而是根本就没有权限(狭义无权代表)。然而,出于法律评价的统一,此类人员以代表人身份订立的合同也应类推适用

---

① 参见殷秋实:《法定代表人的内涵界定与制度定位》,载《法学》2017年第2期。
② 参见杨代雄:《公司为他人担保的效力》,载《吉林大学社会科学学报》2018年第1期。

本条。

(二)欠缺代表权

6　欠缺代表权既包括超越代表权,也包括压根儿没有代表权但以代表人身份行事,依边码 5 中所述,后一种情形应类推适用本条。代表权的范围根据章程、有关机关决议、聘任书等确定。对这些文件的解释遵循意思表示解释的一般规则,但应注意的是,解释章程等具有涉众性的文件时,解释的目标并非章程制定者的内心真意(偏离本法第 142 条第 2 款),而是章程的规范意思,①解释的视角以其一般受众为准。② 如果章程、聘任书等文件没有规定代表权范围,或者虽有规定但不完整,则原则上代表人有权实施被代表人为实现其业务所必要的一切行为。

7　被代表人的经营范围并不当然构成对代表权的限制,因此,超越经营范围并不必然构成越权代表。③

8　代表权还可以被法定限制。某一规范是否构成对代表权的法定限制,通过解释确定。应注意的是,代表权限制以被代表人就该行为具有权利/行为能力,或者此类行为并不被法律所禁止为前提。举例而言,《公司法》第 15 条"公司……不得成为对所投资企业的债务承担连带责任的出资人"并非代表权限制,而是对公司的权利/行为能力的限制。相较之下,《公司法》第 16 条规定,公司向其他企业投资或为他人提供担保时需经有关机关决议,此规定并未剥夺公司的投资或担保能力,仅剥夺了法定代表人对此类事务的决定权,故为代表权限制。

(三)以被代表人名义订立合同

9　与代理一样,代表也要求显名,即必须以被代表人名义行为。显名既可以明示也可以默示,前者如明示自己代表人的身份,后者则为根据个案情况,可以推知被代表人的存在。在显名的程度上,并不要求将具体的被代表人显现出来,只要行为人表明自己是以某个被代表人名义行事即可,此亦同于代理。④

10　根据文义,本条仅适用于合同,这意味着,非法律行为与单方法律行为均不适用本条。不过,单方法律行为在不能适用本法第 61 条第 3 款时(因代表

---

① 参见杨代雄:《法律行为论》,北京大学出版社 2021 年版,第 262 页。
② Vgl. HK – BGB/Dörner (2019), § 133 Rn. 10.
③ 参见朱广新、谢鸿飞主编:《民法典评注:合同编·通则 1》,中国法制出版社 2020 年版,第 331 页(耿林执笔)。
④ 参见[德]迪特尔·梅迪库斯:《德国民法总论》,邵建东译,法律出版社 2013 年版,第 699 页。

权受到法定限制而引发越权代表即不能适用该款,见边码3),可以类推适用本条。

(四)代表权外观

根据信赖责任的一般原理,信赖外观的存在是信赖责任的前提。本条虽未明确规定信赖外观(代表权外观)这一要件,但从"除相对人知道或者应当知道其超越权限外"的要求中,能够推导得出。这一要求虽旨在规定相对人的善意要件,但从中分离出代表权外观要件有助于明晰证明责任:原则上,代表权外观由相对人证明,相对人非善意则由被代表人证明。①

在不构成代表权法定限制的情况下,登记状况、公章甚至言词或书面材料均可以成为代表权外观的依据,只要从中能够产生行为人具有代表权的表象即可。② 其中,登记的效力最强,依本法第65条之规定,登记的事项与真实情况不一致的,不得对抗善意相对人。

如果代表权被法定限制,则代表权外观的产生通常有着特别要求。实践中的范例是《公司法》第16条规定的公司为他人提供担保。在该条情形中,由于法律预先限制了代表权,因此即便行为人被登记为公司的法定代表人,也不足以作为越权代表时的代表权外观,相反,还要求存在有关机关的决议。③ 针对上市公司,《民法典担保制度解释》第9条作了变通处理:根据该条规定,相对人可以信赖经披露的担保事项已经决议的信息,即便事实上不存在决议。

(五)代表权外观可归责于被代表人

仅有代表权外观尚不足够,信赖责任的原理还要求此外观必须以某种方式可归责于被代表人。不过,对于越权代表,这种可归责性几乎总能得到满足。问题只会出现在某人并无代表权却以代表人身份行事的场合。于此场合,应以"外观的产生处于谁的风险范围"(风险原则)为标准,判断代表权外观的可归责性,例如,某人被错误登记为法定代表人的,此外观通常可以归责于被代表人。④ 反之,如果某人纯凭伪造的公章对外宣称自己享有代表权,且被代表人又不存在公章管理不善等疏忽,则代表权外观不能归责于被代

---

① 《民法典担保制度解释》第7条第3款即为如此,该款规定,在因《公司法》第16条而引发的越权担保中,相对人证明其审查了公司决议(代表权外观),即推定为善意,此后由被代表人证明其非善意。
② 参见石一峰:《商事表见代表责任的类型与适用》,载《法律科学(西北政法大学学报)》2017年第6期。
③ 参见杨代雄:《公司为他人担保的效力》,载《吉林大学社会科学学报》2018年第1期。
④ 同上注。

表人。

(六)相对人善意

15 　　相对人不知道且不应当知道行为人欠缺代表权,即为善意。一般情况下,相对人不负有调查章程、决议、聘任书等文件的义务。①

16 　　但在代表权受到法定限制时,相对人的义务应被加重。同样以《公司法》第16条规定的公司为他人提供担保为例。在该条情形中,相对人应就决议等文件进行形式审查。② 为做到这一点,相对人通常需查看公司章程等文件,以判断决议机关是否合法、表决权是否足够等。③

三、法律效果

17 　　根据文义,符合本条构成要件的,"代表行为有效,订立的合同对法人或者非法人组织发生效力"。这一表述不甚严谨,因为倘若代表行为有其他效力障碍,例如需要行政部门审批,则即便相对人为善意,也不能使其有效。因此,正确的解读是:符合本条构成要件的,代表行为归属于被代表人,或者直言,该行为视为被代表人行为。

18 　　如果不符合本条构成要件,则代表行为并非"无效",而是"效力待定"。据此,被代表人可获得追认以使之生效的可能,更加符合规范的目的。④

19 　　在代表行为确定不生效时,并不妨碍代表人的行为可被评价为本法第62条第1款的"因执行职务造成他人损害",据此,被代表人可能需向相对人承担侵权或缔约过失责任。《民法典担保制度解释》第7条第1款第2项即为此原理的体现。⑤

第五百零五条　【超越经营范围订立的合同】当事人超越经营范围订立的合同的效力,应当依照本法第一编第六章第三节和本编的有关规定确定,不得仅以超越经营范围确认合同无效。

第五百零六条　【免责条款效力】合同中的下列免责条款无效:

---

① 参见祝某、吴某某与广西盛丰建设集团有限公司、广西盛丰建设集团有限公司梧州分公司民间借贷纠纷案,最高人民法院民事判决书(2020)最高法民终91号。该案中,某公司主张未授权分公司负责人对外签订合同,相对人未对此进行审查,不构成善意。法院认为,如果不能证明相对人对此知情,则其对相对人无约束力。

② 参见天津银行股份有限公司唐山高新区支行、山西同煤铁丰铁路运输有限责任公司金融借款合同纠纷案,最高人民法院民事裁定书(2020)最高法民申5144号。

③ 参见杨代雄:《公司为他人担保的效力》,载《吉林大学社会科学学报》2018年第1期。

④ 参见朱广新:《法定代表人的越权代表行为》,载《中外法学》2012年第3期。

⑤ 越权代表中的法人侵权与缔约过失责任,详见杨代雄:《越权代表中的法人责任》,载《比较法研究》2020年第4期。

(一)造成对方人身损害的;
(二)因故意或者重大过失造成对方财产损失的。

法律对免责条款施加效力控制的正当性在于维护公序良俗(第153条)。① 基于这一点,某些免责条款虽在形式上符合本条构成要件,但例外地不悖于公序良俗,则应按照目的论限缩本条的适用,使之有效(见边码3)。

适用本条的前提是当事人约定了免责条款。免责条款既可以是合同中的个别条款,也可以是独立的合同,但必须针对将来发生的损害。是否约定了免责条款及其内容,根据对当事人意思表示的解释确定。

本条第1项规定人身损害免责条款一律无效,这并不妥当。例如手术等活动,具有造成人身损害的固有风险,一律禁止免责并不合理,因此,对于此类活动固有风险造成的人身损害,应允许将责任限制在故意与重大过失范围内。② 此外,在无偿行为场合,也应允许将责任限制在故意与重大过失范围内,否则将与第1217条中的价值判断相矛盾。本条第2项规定,因故意或重大过失造成的财产损害责任,不得免除。

除需目的论限缩外,符合本条规定的免责条款无效,如果免责条款是一项合同的组成部分,则可能导致合同整体无效,这取决于本法第156条的适用(详见该条评注)。免责条款自身也存在部分无效的问题,例如甲乙约定,"甲仅就因故意或重大过失给乙造成的损害负责",该免责条款应认定为,针对人身损害无效,针对财产损害则有效。再如甲乙约定,"甲仅就因故意给乙造成的财产损害负责",该免责条款应认定为,针对重大过失的免责无效,针对一般过失(轻过失)的免责有效。

对于以格式条款达成的免责条款,其效力还特别地受到本法497条第2项、第3项的控制,详见该条评注。

第五百零七条 【争议解决条款的效力】合同不生效、无效、被撤销或者终止的,不影响合同中有关解决争议方法的条款的效力。

争议解决条款是指服务于解决将来出现之争议的条款。关于仲裁、管辖法院、适用的法律、检验或鉴定机构等事项的条款,均为争议解决条款。

应将本条理解为对当事人意思表示的解释规则,亦即,存疑时推定当事人在合同不生效、无效、被撤销或终止时,仍有意使争议解决条款独立发挥效

---

① 参见崔建远:《合同法》(第三版),北京大学出版社2016年版,第351—352页。
② 参见王利明:《合同法研究(第二卷)》(第三版),中国人民大学出版社2015年版,第551页。

力;但如果证明该推定与当事人意思不符,则争议解决条款与合同其他部分同一命运。唯有如此,才能避免不公的结果出现。例如,甲胁迫乙签订合同,该合同包含"一切争议由甲住所地法院管辖"的条款,在合同被撤销后,维系这一争议解决条款显无正当性可言(戕害乙的意思自治),因此应一并归于无效。

第五百零八条 【合同效力适用法律行为规则】本编对合同的效力没有规定的,适用本法第一编第六章的有关规定。

第四章 合同的履行

第五百零九条 【全面履行;基于诚信原则产生的义务】当事人应当按照约定全面履行自己的义务。

当事人应当遵循诚信原则,根据合同的性质、目的和交易习惯履行通知、协助、保密等义务。

当事人在履行合同过程中,应当避免浪费资源、污染环境和破坏生态。

一、全面履行(第1款)

1　根据本条第1款的规定,当事人应当按照约定全面履行自己的义务。所谓"全面",是指履行须于正确的时间、在正确的地点并以正确的方法作出。[1]"正确"的判断标准取决于对当事人意思表示的解释(包括补充解释)以及任意性法律规定。

2　根据本法第530条与第531条的规定,债务人在特定情况下有权提前履行与部分履行。此时,提前履行与部分履行均被视为全面履行(当然,部分履行仅就所涉部分视为全面履行)。

二、基于诚信原则产生的义务(第2款)

(一)规范目的

3　通说认为,本条第2款是合同履行过程中附随义务产生的规范基础。[2]欲明确这一问题,必须先界定何为附随义务。

4　我国主流学说在借鉴德国以往学说的基础上,将不可独立诉请履行作为附随义务的界定标准。[3] 据此,"如甲出卖某车给乙,交付该车并移转其所有

---

[1] 参见韩世远:《合同法总论》(第四版),法律出版社2018年版,第329页。
[2] 参见王利明:《合同法研究 第一卷》(第三版),中国人民大学出版社2015年版,第395页;崔建远:《合同法》(第三版),北京大学出版社2016年版,第72页。
[3] 参见韩世远:《合同法总论》(第四版),法律出版社2018年版,第343页。

权为甲的主给付义务,提供必要文件(如行车执照或保险契约书)为从给付义务,告知该车的特殊危险性,则为附随义务。"① 但是,这一标准经不起推敲,例如在该汽车买卖案中,若乙从他处得知其所买汽车有安全隐患,但不知隐患具体是什么,此时,强令乙坐等损害发生而不得诉请甲告知隐患的所在以预防损害发生,显无正当性可言。

目前,德国通说已转向根据义务所指向的利益来界定附随义务。据此,如果义务指向的是债权人的给付利益,则为给付义务,若指向的是固有利益,则为附随义务(也常称为"保护义务""照顾义务"等)。② 国内追随此新说的学者亦不罕见。③ 本书赞同此新说,因为相较于含混不清的"不可独立诉请履行"的标准,它更能揭示债务关系中各项义务的本质,且在逻辑上也更加周延、清晰。

不过,本条第 2 款并未将其自身限于对固有利益的维护。从其"根据合同的性质、目的"的表述来看,促成给付利益的实现也是该款的目标。从这一点上讲,本条第 2 款既可作为附随义务,也可作为从给付义务("旨在辅助并促进主给付义务的履行"的义务④)的规范基础。质言之,该款的着眼点并不在于附随抑或给付义务的区分,而在于义务的产生根据——"遵循诚信原则,根据合同的性质、目的和交易习惯"。基于诚信原则而产生,这才是该款规定之义务的共性所在。

另需注意的是,本条第 2 款只规范合同履行过程中基于诚信原则而产生的义务。先合同债务关系中的义务违反,属缔约过失,详见本法第 500 条评注;合同关系消灭后的义务违反,则属所谓"后合同义务"问题,详见本法第 558 条评注。

(二)义务类型

基于本条第 2 款而产生的义务,其形态极其多样,该款所列举的"通知、协助、保密等义务"仅具例示作用,并非穷尽列举。鉴于其高度的抽象性,下文仅就若干类型展开阐述。

---

① 参见王泽鉴:《债法原理》,北京大学出版社 2009 年版,第 31—32 页。
② Vgl. Brox/Walker, Allgemeines Schuldrecht, 44. Aufl. 2020, § 2 Rn. 5 ff.
③ 参见迟颖:《我国合同法上附随义务之正本清源——以德国法上的保护义务为参照》,载《政治与法律》2011 年第 7 期;王洪亮:《债法总论》,北京大学出版社 2016 年版,第 23—24 页。
④ 参见[德]罗歇尔德斯:《德国债法总论》(第 33 版),沈小军、张金海译,中国人民大学出版社 2016 年版,第 6 页。

1. 通知义务

通知义务是指一方将对方并不知晓但对其作出决定又具有重大影响的情况予以告知的义务。① 一方面,通知义务的认定要考察相对人的认知可能性,据此,公司注册信息等可从公开渠道获取的信息,原则上就不是通知义务的对象,②相较之下,房屋预售协议中,房屋已卖与他人的事实则属于对方无法查知的事实,可成为通知义务的对象。③ 另一方面,认定一方负有通知义务也必须考虑该方的认知可能性,在这方面,尤其应考察当事人间的交易安排。例如,在一起房地产合作开发的案件中,参与合作的一方负责交纳竞买保证金、签订土地成交确认书、设立项目公司等前期工作,在此基础上,法院认定其对政府土地挂牌出让条件的变化应高度关注并及时通知另一方。④

2. 协助义务

合同履行过程中的协助义务主要存在于如下场合:合同履行的某一障碍存在于双方当事人的领域之内,或者虽然单独或主要在其中一方,但该方克服此种障碍仰赖于另一方的配合,而这种配合对另一方而言又是可期待的。⑤ 例如建设工程合同中,发包人负有义务协助承包人完成《建设工程质量管理条例》第49条要求的竣工验收备案;⑥以房抵债的协议中,债权人负有义务提供房屋受让人信息,并协助完成登记;⑦软件开发合同中,委托人在受托人请求其确认功能需求时负有回复义务;⑧国际货物买卖合同中,即便由买受人负责办理进口通关手续,出卖人仍有义务协助;⑨营业转让合同

---

① Vgl. BeckOK BGB/Sutschet (2021), § 241 Rn. 77.
② 参见北京康正恒信担保有限公司与河北天人化工股份有限公司、北京华夏建龙矿业科技有限公司、河北省矾山磷矿有限公司股权转让合同纠纷案,最高人民法院民事判决书(2012)民二终字第44号。
③ 参见李某某、重庆葆翔房地产开发有限公司商品房预约合同纠纷案,最高人民法院民事裁定书(2021)最高法民申1544号。
④ 参见青岛新城创置房地产有限公司、济南银丰鸿福置业有限公司合同纠纷案,最高人民法院民事判决书(2019)最高法民终283号。
⑤ Vgl. MünchKomm/Bachmann (2019), § 241 Rn. 72.
⑥ 参见西安中扬电气股份有限公司与中天建设集团有限公司建设工程施工合同纠纷案,陕西省高级人民法院民事判决书(2017)陕民终1181号。
⑦ 参见丹东日月鑫置业有限公司、浙江新东阳建设集团有限公司建设工程施工合同纠纷案,最高人民法院民事判决书(2020)最高法民终903号。
⑧ 参见武汉群翔软件有限公司、上海澳培加实业有限公司技术合同纠纷案,湖北省高级人民法院民事判决书(2017)鄂民终209号。
⑨ 参见山东华瑞道路材料技术有限公司、江苏汇鸿国际集团中锦控股有限公司买卖合同纠纷案,山东省高级人民法院民事判决书(2019)鲁民终1764号。

中,出让人负有协助受让人办理营业执照的义务;①在租赁合同中,若承租人系出于经营目的而承租,则出租人也负有义务协助办理营业执照。②

3. 狭义保护义务

"保护义务"这一概念有广义、狭义之分,此处仅指狭义的保护义务,也即保护对方人身、财产安全的义务。本条第2款规定的"保密"义务即属保护义务的一种。实践中保护义务最为典型的运用场景是:顾客进入经营者的营业场所后,经营者即负有义务保护顾客的人身、财产安全。③ 一般而言,保护义务的强度与风险发生的概率与严重程度成正比,例如提供网上转账服务的商业银行应建立完善的安全防范机制,并在必要时向其顾客警示风险。④

三、第3款

在具体的合同关系中,任一方当事人均难以对抽象的"资源""环境""生态"等享有私法上的利益,因此本条第3款几乎无法对合同当事人发挥私法上的规范效力。就此而言,该款更多的是某种"倡导性规范"。⑤

第五百一十条 【通过补充协议与解释填补合同漏洞】合同生效后,当事人就质量、价款或者报酬、履行地点等内容没有约定或者约定不明确的,可以协议补充;不能达成补充协议的,按照合同相关条款或者交易习惯确定。

本条旨在处理合同漏洞的填补。所谓合同漏洞,是指"合同关于某事项应有约定而未约定的不圆满现象"。⑥ 基于意思自治,当事人可以通过协议补充合同漏洞。补充协议也是合同,其适用合同的一般规则。

若当事人未就合同漏洞达成补充协议,则其填补应诉诸任意性法律规范以及补充性合同解释。本条第2分句中的"按照合同相关条款"是指在合同就某一事项存在漏洞时类推合同相关条款,或者从合同相关条款中抽取合同目的、价值原则用于填补合同漏洞。本条第2分句中的"交易习惯"如果是某个行业或地区的普遍习惯,则其实质上扮演了任意性法律规范的角色,构

---

① 参见张某、杨某某合同纠纷案,贵州省铜仁市中级人民法院民事判决书(2021)黔06民终4号。
② 参见泰州市易达非机电制造有限公司与张某房屋租赁合同纠纷案,江苏省泰州市中级人民法院民事判决书(2020)苏12民终2784号。
③ 参见姚某某与戴某某服务合同纠纷案,浙江省嘉兴市中级人民法院民事判决书(2009)浙嘉民终字第137号。
④ 参见洪江市第一木材公司、中国建设银行股份有限公司洪江支行合同纠纷案,湖南省高级人民法院民事判决书(2018)湘民再400号。
⑤ 赞成"倡导性规范"这一概念的,参见王轶:《民法典的规范类型及其配置关系》,载《清华法学》2014年第6期。
⑥ 参见崔建远:《论合同漏洞及其补充》,载《中外法学》2018年第6期。

成本法第10条中的法源意义上的习惯,依据其填补合同漏洞属于适用任意性法律规范。① 适用本法第511条属于依任意性法律规范填补合同漏洞,但该条第5项属于补充性合同解释。

第五百一十一条 【合同漏洞的填补】当事人就有关合同内容约定不明确,依据前条规定仍不能确定的,适用下列规定:

(一)质量要求不明确的,按照强制性国家标准履行;没有强制性国家标准的,按照推荐国家标准履行;没有推荐性国家标准的,按照行业标准履行;没有国家标准、行业标准的,按照通常标准或者符合合同目的的特定标准履行。

(二)价款或者报酬不明确的,按照订立合同时履行地的市场价格履行;依法应当执行政府定价或者政府指导价的,依照规定履行。

(三)履行地点不明确,给付货币的,在接受货币一方所在地履行;交付不动产的,在不动产所在地履行;其他标的,在履行义务一方所在地履行。

(四)履行期限不明确的,债务人可以随时履行,债权人也可以随时请求履行,但是应当给对方必要的准备时间。

(五)履行方式不明确的,按照有利于实现合同目的的方式履行。

(六)履行费用的负担不明确的,由履行义务一方负担;因债权人原因增加的履行费用,由债权人负担。

一、规范目的与体系关联

本条旨在处理合同漏洞的填补。所谓合同漏洞,是指"合同关于某事项应有约定而未约定的不圆满现象"。②

本条在性质上属于意思表示的实体性解释规则,也即"规定在某些特定情形下,某种解释结果为'发生疑问时'的正确结果"的规则,③此类规则区别于本法第577条等"补充性的任意性规范"。④

上述定性的理由在于:本条的适用以"依据前条(本法第510条)规定仍不能确定"合同内容为前提,而本法第510条第2分句规定的,正是合同的补充解释,换言之,本条在合同漏洞填补的顺序上劣后于补充解释。据此,本条

---

① 参见杨代雄:《民法典第142条中意思表示解释的边界》,载《东方法学》2020年第5期。

② 参见崔建远:《论合同漏洞及其补充》,载《中外法学》2018年第6期。

③ 参见[德]卡尔·拉伦茨:《德国民法通论(下册)》,王晓晔等译,法律出版社2013年版,第474页。

④ 参见王轶:《论合同法上的任意性规范》,载《社会科学战线》2006年第5期。

即不可能是"补充性的任意性规范",因为根据通说,在填补合同漏洞时,"补充性的任意性规范"优先于意思表示的补充解释。① 故而,本条在性质上只能是解释规则,它旨在告诉裁判者,当意思表示解释(包括补充解释)不能得出唯一确定的结论时,应将何种结论视为"正确"。

二、质量要求(第1项)

根据本条第1项第1分句,在质量要求不明确时,适用强制性国家标准。这一规定多少带有误导性,因为根据《标准化法》第2条第3款"强制性标准必须执行",不论质量要求是否明确,强制性国家标准都必须适用。如果欠缺强制性国家标准,则根据本条第1项第2分句,适用推荐性国家标准。如果连推荐性国家标准也欠缺,则依本条第1项第3分句适用行业标准。

相较于国家标准和行业标准,本条第1项第4分句的"通常标准"与"符合合同目的的特定标准"在适用上显然更难把握。在二者的顺序上,虽然该分句将"通常标准"置于"特定标准"之前,但是,"符合合同目的的特定标准"是个案斟酌的产物,故相较于"通常标准",更加符合当事人的利益状态,应予优先适用。

适用"符合合同目的的特定标准"的前提有二:第一,必须能够查知"合同目的",此处意指对标的物的使用目的;第二,根据合同目的得出的质量要求必须构成对"通常标准"的偏离,此即"特定标准"的含义。需强调的是,合同目的必须是双方共同的设想,而不能是一方单独的想法。② 如果不满足上述要求,则以标的物质量的"通常标准"为准。

三、价款或报酬(第2项)

在比较法上,价款或报酬多为合同的必要之点,但在我国,即便合同欠缺价款或报酬,原则上亦不影响其成立(《民法典会议纪要》第6条)。③ 这在很大程度上得益于本条第2项的存在。

本条第2项分为两个分句,其中的第2分句仅为提示性规定,并无独立意义,是否适用政府定价或政府指导价,依照相应的法律确定。因此,本条第2项中真正有意义的是第1分句。根据该分句,价款或报酬不明确的,以订

---

① 参见杨代雄:《民法典第142条中意思表示解释的边界》,载《东方法学》2020年第5期。

② 此处参照了《德国民法典》第434条第1款第1项的理论。该项规定,当事人未对买卖合同标的物应有的性质进行约定的,标的物必须首先满足合同预定的使用目的。而根据通说,这要求双方将某一使用目的作为共同的设想。Vgl. Erman/Grunewald (2017), § 434 Rn. 17 ff.

③ 对此持批判立场的观点参见杨代雄:《〈合同法〉第14条(要约的构成)评注》,载《法学家》2018年第4期。

立合同时履行地的市场价格为准。

四、履行地点(第 3 项)

9　　理论上将与履行有关的地点分为履行行为地与履行结果地(Leistungsort u. Erfolgsort)。这种区分在送付之债(如本法第 603 条第 2 款,详见该条评注)中体现得十分明显:在送付之债中,债务人的履行行为发生在自己的所在地(交付承运人),而履行结果则发生在债权人所在地(如转移占有与所有权)。本条第 3 项的"履行地点"仅指履行行为地,[1]换言之,该项仅决定债务人应在何处实施履行行为。

10　　本条第 3 项将债的标的分为三类:给付货币、交付不动产与其他标的。依该项之规定,给付货币的债务,应在债权人所在地履行,此处的"所在地"指住所地(本法第 25 条、第 63 条);[2]交付不动产的债务,应在不动产所在地履行,此处的"所在地"指不动产实际所处的地点;其他标的,应在债务人所在地履行,此处的"所在地"也是住所地。

11　　"其他标的"属于兜底性的规定,这意味着除给付货币与交付不动产外,其他债务原则上均应于债务人所在地履行,范例是交付动产。不过,如果根据当事人约定或债务的性质能够得出不同结论,则情况自然不一样。例如,债权的转让一般随着负担合同的生效而同时发生,此时并不存在"债务人应在其所在地履行债务"的问题。又如,对于线上交付电子产品的债务,债务人需要做的只是完成相应的数据传输,至于现实世界中其行为应发生于何处,并不重要。

五、履行期限(第 4 项)

12　　依本条第 4 项之规定,履行期限不明确的,债权人可以随时请求履行,债务人也可以随时提出履行。前者意味着,期限不明的债务始终处于"到期"状态,而"到期"是许多法律规定重要的构成要件要素,例如本法第 535 条、第 568 条。后者则意味着,期限不明的债务始终处于"可履行"的状态,"可履行"虽非本法的专门术语,但仍有许多规定与之有关,例如在本法第 568 条的法定抵销中,被动债权虽不要求"到期",却要求"可履行"。[3]

13　　本条第 4 项但书要求债权人在请求履行时,或者债务人在提出履行时,必须给予对方必要的准备时间。这意味着,在必要的准备时间内,债务人不会因为不履行而陷入履行迟延,债权人也不会因为不受领而陷入受领迟延。

---

[1]　参见王洪亮:《债法总论》,北京大学出版社 2016 年版,第 106 页。
[2]　参见韩世远:《合同法总论》(第四版),法律出版社 2018 年版,第 354 页。
[3]　参见王洪亮:《债法总论》,北京大学出版社 2016 年版,第 176—177 页。

六、履行方式(第 5 项)

与履行地点、履行期限等不同,本条第 5 项的"履行方式"是兜底性的规定,其概念是开放的。"标的物的交付方法、工作成果的完成方法、运输方法、价款或酬金的支付方法等",①均可归入履行方式的范畴。

相较于其他各项,本条第 5 项的标准也是开放的,它并没有真正给出确定履行方式的标准,所谓"有利于实现合同目的的方式"不过是一种"需要填补的价值标准",②它与"债务人应当按照诚信原则履行债务"之类的表述并无本质不同。

七、履行费用(第 6 项)

"债务人负有义务履行其债务",从此类一般观念中本身就可以推导出履行费用原则上由债务人自己承担的结论。从这一点上讲,本条第 6 项第 1 分句并无实际意义。

本条第 6 项第 2 分句也不宜解释为具有实际意义,而更宜解释为,它只是一项提示性规定,真正决定债务人是否有权请求债权人承担额外费用的,是本法第 589 条第 1 款的受领迟延规则。如此解释的理由在于,倘若将本条第 6 项第 2 分句解释为具有实际意义的、独立的请求权基础,则势必与本法第 589 条第 1 款相重合,这种重合不仅没有意义,还将增加法律适用成本甚至诱发体系矛盾。

第五百一十二条　【电子合同标的交付时间】通过互联网等信息网络订立的电子合同的标的为交付商品并采用快递物流方式交付的,收货人的签收时间为交付时间。电子合同的标的为提供服务的,生成的电子凭证或者实物凭证中载明的时间为提供服务时间;前述凭证没有载明时间或者载明时间与实际提供服务时间不一致的,以实际提供服务的时间为准。

电子合同的标的物为采用在线传输方式交付的,合同标的物进入对方当事人指定的特定系统且能够检索识别的时间为交付时间。

电子合同当事人对交付商品或者提供服务的方式、时间另有约定的,按照其约定。

本条旨在明确,电子合同中负有义务交付标的物或提供服务的一方(下称"债务人"),其交付或提供服务义务的实际履行时间。这一时间对于判断

---

① 最高人民法院民法典贯彻实施工作领导小组主编:《中华人民共和国民法典合同编理解与适用(一)》,人民法院出版社 2020 年版,第 356 页。
② 参见[德]卡尔·拉伦茨:《法学方法论》(全本·第六版),黄家镇译,商务印书馆 2020 年版,第 288 页。

债务人是否已按期履行、价金风险的转移(本法第604条)等问题有重要意义。但是,本条并不决定履行地点问题,在履行地点不明时,由本法第510条、第511条确定。①

2　　第1款第1句确定的是动产交付的时间点。依该句之规定,采用快递物流方式交付的,以签收时为交付时间。对此需注意的地方有二:第一,前提必须是履行地为收货人处,唯有此时,才能将快递物流企业视为债务人的履行辅助人,故自签收时,才可视为已交付。第二,"签收"应作扩大解释,只要有占有的转移,即可认为签收;反之,如果没有占有的转移,如快递物流企业将商品投递至智能快件箱等,则只有收货人打开快件箱实际收到商品,才构成签收。②

3　　第1款第2句确定的是提供服务的时间点,依该句之规定,以相关凭证中载明的时间为提供服务时间,但这一时间仅具有推定效力,若无凭证、凭证未载明提供服务时间或者所载时间有误,均以实际提供服务时间为准。

4　　第2款确定的是数字产品的交付时间,由于此类产品并无形体,因此不能以占有的转移作为交付的判断标准。根据本款之规定,数字产品的交付需满足两项要件:第一,进入债权人指定的系统;第二,能够检索识别。就前一要件而言,如果债权人拒绝指定系统,根据诚信原则,债务人可向其任一系统发送,但应将这一事实告知对方(类推第572条)。就后一要件而言,"能够检索识别"的标准应以通常情形下的债权人所具备的能力为准。

5　　第3款表明当事人可另行约定不同于前两款的内容,此自不待言。

第五百一十三条　【价格制裁】执行政府定价或者政府指导价的,在合同约定的交付期限内政府价格调整时,按照交付时的价格计价。逾期交付标的物的,遇价格上涨时,按照原价格执行;价格下降时,按照新价格执行。逾期提取标的物或者逾期付款的,遇价格上涨时,按照新价格执行;价格下降时,按照原价格执行。

1　　本条规定了所谓的"价格制裁",指"执行政府定价或者政府指导价的合同当事人,因逾期履行合同而遇到价格调整时,在原价格与新价格中选择执行对违约方不利的价格"。③ 由于实行政府定价、指导价的商品本就有限

---

① 不同观点参见朱广新、谢鸿飞:《民法典评注:合同编·通则1》,中国法制出版社2020年版,第375页(张定军执笔)。
② 参见最高人民法院民法典贯彻实施工作领导小组主编:《中华人民共和国民法典合同编理解与适用(一)》,人民法院出版社2020年版,第360页。
③ 参见朱广新:《合同法总则研究》(下册),中国人民大学出版社2018年版,第750页。

（《价格法》第18条），而本条又要求相应事实恰好发生在其变动期间，因此实践中真正动用价格制裁作出的裁判不太常见。

本条在适用上的一大障碍是，不同于政府定价以固定价格形式出现，政府指导价只以价格范围的形式出现，例如依据《上海市律师服务收费政府指导价标准》，担任刑事案件的辩护人，一审阶段指导价为3000—30000元/件。对于此类价格范围，逻辑上只有最低值和最高值可作为价格制裁的参照标准，例如某上海律师事务所与委托人约定刑事案件一审代理费为3000元，此后委托人迟延付款，指导价的最低值在此期间上升至4000元，则可以4000元计算其报酬义务。

对债务人而言，价格制裁的前提是陷入履行迟延，①既包括交货义务人的履行迟延，也包括付款义务人的履行迟延。价格制裁是一种履行迟延责任，相应地，如果迟延具备免责事由，如不可抗力，则不承担价格制裁。

本条第3句中的"逾期提取标的物"构成受领迟延，所以价格制裁也是债权人受领迟延时应承担的不利后果。之所以逾期提取标的物应受价格制裁，主要是因为债务人储存、保管标的物需要成本，而且货物积压占用资金或者储存空间，导致债务人错过了以较低的政府定价或者指导价进货的机会，或者，在合同约定依交货时的政府对价、指导价结算的情况下，避免债权人因受领迟延而获得好处，仅需支付较低的价格。

第五百一十四条 【金钱之债给付的货币】以支付金钱为内容的债，除法律另有规定或者当事人另有约定外，债权人可以请求债务人以实际履行地的法定货币履行。

第五百一十五条 【选择之债的选择权】标的有多项而债务人只需履行其中一项的，债务人享有选择权；但是，法律另有规定、当事人另有约定或者另有交易习惯的除外。

享有选择权的当事人在约定期限内或者履行期限届满未作选择，经催告后在合理期限内仍未选择的，选择权转移至对方。

一、概念

选择之债是指债务标的虽由多项不同的给付构成，但债务人仅须根据选择而履行其中一项。给付的不同既可以表现为给付标的的不同，也可以表现为履行时间、地点等的不同。选择之债的发生可以基于当事人意思或法律规

---

① 履行迟延的构成要件，参见王洪亮：《债法总论》，北京大学出版社2016年版，第257—262页。

2　选择之债与种类之债的区别在于,前者的债务人负担的是数项不同的给付,而后者的债务人负担的则是提供一定数量同种类物的给付,这些物无论如何组合,都仅存在一项给付。② 当然,种类之债也存在选择问题,债务人可在同种类物中选择一定数量的物予以交付;若无特别约定,债务人应选择中等品质的物。③

3　选择性竞合(elektive Konkurrenz)是指债权人有数项请求权或形成权可供选择,如解除权、减价权、替代给付损害赔偿等。它与选择之债的区别在于,选择性竞合中的选择权是对多项权利的选择,而选择之债中的选择权则仅为对同一债权内部的不同给付的选择。④

4　与选择之债不同的还有任意之债,即含有替代权(Ersetzungsbefugnis)的债。它是指债务标的虽自始仅为一项给付,但债务人可以他种给付替代(替代权归债务人时),或者债权人可以请求债务人履行他种给付以替代(替代权归债权人时)。任意之债的范例是以旧换新(部分价款由旧货折抵):买受人负担的价款自始是确定的,但可以交付旧货以替代部分价款。⑤

二、选择权的归属与转移

5　依本条第1款之规定,在欠缺法律规定、交易习惯且不能通过对当事人意思表示的解释确定选择权主体时,选择权归债务人享有。总的来看,由债权人享有选择权更符合利益状况,⑥所以,在实践中应尽量依交易习惯或者意思表示解释确定选择权归属于债权人。

6　当事人未约定选择权行使期限时,根据本条第2款之规定,履行期限同时作为选择权的行使期限。行使期限经过而未选择的,非选择权人可催告选择权人行使,合理期间内仍不行使,发生选择权转移的效果。对于不定期债务,如果未约定选择权行使期限,则应认为,非选择权人可随时催告选择权人行使选择权,合理期间经过仍不行使的,同样发生选择权转移的效果。

7　当事人也可约定选择权归第三人享有,此时仍有第2款适用的余地,也即作为非选择权人的合同双方均可催告其行使。但是,因为涉及三方当事

---

① Vgl. HK‑BGB/Reiner Schulze (2019),§262 Rn. 2.
② Vgl. MünchKomm/Krüger (2019),§262 Rn. 5.
③ 参见[德]迪尔克·罗歇尔德斯:《德国债法总论》(第7版),沈小军、张金海译,中国人民大学出版社2014年版,第105页。
④ Vgl. HK‑BGB/Reiner Schulze (2019),§262 Rn. 3.
⑤ 参见王洪亮:《债法总论》,北京大学出版社2016年版,第97页。
⑥ 参见[德]迪尔克·罗歇尔德斯:《德国债法总论》(第7版),沈小军、张金海译,中国人民大学出版社2014年版,第109页。

人,故第三人在合理期间内仍不行使的,选择权无法转移至第 2 款规定的"对方",此时,可类推第 1 款,选择权归债务人。

第五百一十六条 【选择权的行使与效果;履行不能】当事人行使选择权应当及时通知对方,通知到达对方时,标的确定。标的确定后不得变更,但是经对方同意的除外。

可选择的标的发生不能履行情形的,享有选择权的当事人不得选择不能履行的标的,但是该不能履行的情形是由对方造成的除外。

一、选择权的行使与效果

选择权是形成权。本条第 1 款第 1 句表明,选择权应以有相对人意思表示的形式行使,在选择权人为第三人时,若无相关约定,宜认为第三人需向合同双方为意思表示(参照我国台湾地区"民法"第 209 条)。该意思表示生效后,债务标的确定,且此确定应溯及至债务发生时。

根据第 1 款第 2 句之规定,债务标的确定后,即不得变更,除非经对方同意。这是契约严守的应有之义。但是,在行使选择权的意思表示生效前,该意思表示可被撤回;在生效后,存在欺诈、胁迫等情况,也可撤销。[①]

二、选择之债的履行不能

第 2 款表明,如果数项给付中,有某项给付陷入履行不能,则原则上选择权限于其他可能的给付;如果可能的给付仅剩一项,则选择权消灭,债务标的自始限于该项给付。

第 2 款的"不能履行"应作广义理解,包括第 580 条第 1 款第 2 项的履行费用过高与债务标的不适于强制履行(学者称"经济上不能"与"人身上不能"[②])。但是,由于这两项给付义务排除事由的效力发生,以债务人援引为前提(抗辩权),[③]故在第 516 条第 2 款语下,也要求债务人援引这两项事由,在援引后,被排除的给付自始丧失可选性。

第 2 款但书规定,如果履行不能是由非选择权人造成的,则仍可选择已经不能的给付。由于此时债务人的给付义务视为被自始排除(第 580 条第 1 款),所以选择权人只能在仍为可能的给付与替代给付的损害赔偿之间进行选择。在选择权由第三人享有的场合,不适用第 2 款但书。

如果全部给付均陷入履行不能,则不适用第 2 款,而直接发生第 580 条

---

① Vgl. MünchKomm/Krüger (2019),§263 Rn. 4.
② 参见王洪亮:《债法总论》,北京大学出版社 2016 年版,第 214—217 页。
③ 同上注,第 217 页。

第 1 款的效果。①

第五百一十七条 【按份之债】债权人为二人以上,标的可分,按照份额各自享有债权的,为按份债权;债务人为二人以上,标的可分,按照份额各自负担债务的,为按份债务。

按份债权人或者按份债务人的份额难以确定的,视为份额相同。

一、按份之债的功能

按份之债分为按份债权与按份债务。在前者中,每一债权人均仅就其份额享有债权,在后者中,每一债务人均仅就其份额负有债务。相较于连带债务,按份债务中的债务人负担减至最轻,故按份债务具有优待债务人的功能;同理,相较于连带债权,按份债权中的债权人不必担心其他债权人将自己的那一份债权也一并受领,故其风险较小,因此,按份债权也具有优待债权人的功能。

二、按份之债的要件与效果

按份之债的第一项要件是,债权人或债务人的数量为二人以上。

按份之债的第二项要件是,数债权人或数债务人基于共同原因而享有债权或负担债务,唯有如此,才能将按份之债与数项独立的债务关系相区分。②举例而言,甲、乙二人分别以 10 元的价格向丙购买 2 斤大米,很显然,甲、乙之间不可能形成按份之债,毋宁说,二人分别与丙存在独立的债务关系;仅当甲、乙共同以 20 元的价格向丙购买 4 斤大米时,才存在成立按份之债的可能。从这一点上讲,"分割之债"的术语更具说服力:一项债权或债务在数名债权人或债务人间进行"分割"后形成的债。

按份之债的第三项要件是,标的可分。如果一项给付可以被部分地履行,而又不导致其在内容上发生根本的变化,尤其是不导致其价值贬损,则该项给付便为可分给付。在判断标准上,首先取决于当事人的约定与给付的自然属性,例如金钱债务即是可分的,反之交付存活的动物即为不可分;其次,给付的法律属性也能决定其是否可分,例如设定地役权、质权等,即为不可分给付。③

在效果上,每一按份债权人享有的债权均独立于其他债权人的债权而存在,每一按份债务人负有的债务也独立于其他债务人的债务而存在。这意味着,发生在一名债权人或债务人身上的事项,如履行、抵销、提存、混同、免除、

---

① Vgl. HK – BGB/Reiner Schulze (2019), § 265 Rn. 1.
② Vgl. Staudinger/Looschelders (2017), § 420 Rn. 2.
③ Vgl. MünchKomm/Heinemeyer (2019), § 420 Rn. 4f..

迟延、时效中断等,均仅对该名债权人或债务人发生效力。

三、份额均等推定

根据本条第2款之规定,在按份之债中,如果对份额存疑,则推定各债权人或各债务人份额均等。法律另有规定、当事人另有约定,甚至是基于债务关系的性质另有其他结论,均可导致对这一推定的偏离。例如在合租的情形中,如果数名租客就租金义务成立按份债务但未约定各自份额是多少,则原则上应按照各自承租的面积(如有)确定份额。

第五百一十八条 【连带之债】债权人为二人以上,部分或者全部债权人均可以请求债务人履行债务的,为连带债权;债务人为二人以上,债权人可以请求部分或者全部债务人履行全部债务的,为连带债务。

连带债权或者连带债务,由法律规定或者当事人约定。

一、连带之债的功能

在连带债务中,债权人不必分别请求每一位债务人履行,而可以任意选择债务人,并请求其履行全部债务。被选中的债务人尽管可依本法第519条向其他债务人追偿,但毫无疑问,这本身就是一种负担与风险。基于此,连带债务是一种牺牲债务人利益以最大化债权人利益的制度。由于这一制度与现代法中优待债权人的趋势相符,连带债务越发处于多数人之债的中心位置。

相反,在连带债权中,债务人看似取得了向任一债权人履行债务的自由,但这同样意味着,他随时可能被多名债权人提出履行全部债务的请求;对于债权人而言,连带债权的负担则更为明显,因为每一位债权人均须承担自己那部分债权被他人受领,从而须依本法第521条向其追偿的风险。① 可见,相较于连带债务,连带债权很难讲是对哪方的优待,故其虽同属连带之债,但重要性不可与连带债务同日而语。

二、连带债务

(一)连带债务限制主义批判

我国传统观点认为,连带债务的成立须基于当事人的明确约定或者法律的特别规定,否则仅成立按份债务。② 此观点的潜在逻辑是,连带债务仅为多数人债务的例外,按份债务才是原则,因此,只有存在关于连带债务的明确

---

① Vgl. Staudinger/Looschelders (2017), § 428 Rn. 9ff..
② 参见张广兴:《债法总论》,法律出版社1997年版,第147页;最高人民法院民法典贯彻实施工作领导小组主编:《中华人民共和国民法典合同编理解与适用(一)》,人民法院出版社2020年版,第388页、第392—393页。

约定或法律特别规定时,才能成立连带债务。

4　然而,这样的潜在逻辑或许是"想当然"的,一个简单的统计即能证明:在"中国裁判文书网"上以"连带债务"与"连带责任"为关键词进行检索,共检索出 11705 篇与 4791833 篇裁判文书;而以"按份债务"与"按份责任"为关键词,仅检索到 314 篇与 15060 篇裁判文书。① 孰原则孰例外,一目了然。

5　在规范层面,要求连带债务必须基于明确约定或法律的特别规定,也不甚合理。对于意定连带债务而言,这种限制多与对当事人意思表示的解释不合。例如《欧洲示范民法典草案》的官方评注在解释其以连带债务为原则的做法(第Ⅲ.-4:103 条)时,即说道:"连带债务……也许可以这么说,是对规定一项债务有复数义务人之条款的自然的解释。如果 A 与 B 表示'当 1000 欧元的债务全部到期时,我们负有义务向 X 支付 1000 欧元',那么这段话可以被合理地解读为,任一人都有义务支付全部金额。"②

6　对于法定连带债务而言,这种限制的不合理之处则在于,立法者绝无可能将法律生活中的所有可能性都考虑周全,因此,必定存在大量不应成立按份债务,但又欠缺法律明文规定的情形。例如,共同缔约过失责任、③共同违约责任④等侵权法领域外的损害赔偿责任,由于不属于侵权,故本法第 1168 条共同侵权的规定不能适用;按照法定主义的传统观点,它们只能成立按份债务。这是评价失衡的,侵权责任与合同责任的体系划分显然不应成为共同加害人责任形式的决定性因素。⑤ 可见,要求连带债务必须基于法律的特别规定,其后果必定是一系列评价矛盾。

(二)连带债务限制主义缓和

7　既然传统的连带债务限制主义难以满足实践需求,那么就必须考虑对其进行缓和。所幸的是,本法为其缓和提供了足够的基础。

1. 意定连带债务

8　强调意定连带债务须有当事人的明确约定,这在实证法上本就没有依

---

① 检索时间为北京时间 2021 年 7 月 14 日 18 时。
② Official Comment B to Art. Ⅲ.-4:103 DCFR.
③ 参见李某某、瑞华建设集团有限公司建设工程施工合同纠纷案,最高人民法院民事判决书(2019)最高法民再 231 号。该案中,借用有资质的施工企业名义与发包人订立的建设工程合同依《建设工程施工合同解释(二)》第 2 条之规定无效,法院判决名义借用人和出借人就发包人的损失承担连带责任。
④ 参见越某某、曹某某合同纠纷案,贵州省安顺市中级人民法院民事判决书(2020)黔04 民终 180 号,判决书中提道:"越某某与君悦公司共同违反与曹某某投资入股的口头协议约定,是共同违约行为,主观上有共同过错,应连带偿还曹某某 70 万元投资款。"
⑤ Vgl. MünchKomm/Heinemeyer (2019), § 421 Rn. 49.

据。在本条第 2 款"连带债务,由……当事人约定"中,立法者并未在"约定"前添加如"明确""明示"等限制语。这意味着,在我国,意定连带债务的成立本身就是一项未受干扰的、纯粹的意思表示解释工作。

基于此,本书认为,当数债务人在合同中共同负担同一债务而不作其他表示时,存疑即可推定当事人有成立连带债务的意思。这一推定的正当性在于,数债务人不作责任限制地共同向债权人承担同一债务;此共同性,足以使债权人产生各债务人均对全部债务负责的合理期待,①因此基于规范解释的视角,应当将其解释为连带债务。此正如边码 5 中案例所示。

2. 法定连带债务

与意定连带债务不同,法定连带债务无法依托意思表示的解释而成立。但本书认为,本条第 1 款第 2 分句"债务人为二人以上,债权人可以请求部分或者全部债务人履行全部债务的,为连带债务",可作为连带债务的一般构成要件,以解决法定连带债务的成立问题。②

该分句使用了"……的,为……"的表达,这种表达方式,明显具有为某一法律概念设置构成要件的目的。③ 这一点,可通过与本法其他类似条文相比较,予以彰显。例如本法第 687 条第 1 款规定:"当事人在保证合同中约定,债务人不能履行债务时,由保证人承担保证责任的,为一般保证。"从中,可以清晰地得出一般保证的构成要件:只要根据意思表示的解释,可以确定保证人仅在债务人不能履行债务时承担保证责任(根据第 686 条第 2 款之规定,存疑时推定当事人有此意思),就构成一般保证。诚然,诸如"不能履行""保证责任"等概念需要进一步的解释,但这并不妨碍此类条文成为构成要件的规定。可见,将本条第 1 款第 2 分句认定为连带债务的一般构成要件,在文义与体系上是行得通的。该分句包含的要件共有三项:

第一项要件是"债务人为二人以上"。连带债务既属多数人债务的类型,自然只有当债务人为二人以上时,才具备成立的可能。

需注意的是,这一要件暗含了一项前提,即各债务人所负担的债务应为同一债务。在判断上,"同一债务"应以给付利益(Leistungsinteresse)的同一为标准。据此,例如一人负担瑕疵标的物的修理义务,另一人负担瑕疵损害赔偿,只要它们指向对债权人同一给付利益的满足,仍构成连带债务意义上

---

① Vgl. Jürgens, Teilschuld – Gesamtschuld – Kumulation, 1988, S. 22.
② 相似见解,参见杨代雄:《〈民法典〉共同担保人相互追偿权解释论》,载《法学》2021 年第 5 期。
③ 相似见解,参见朱广新、谢鸿飞主编:《民法典评注:合同编·通则 1》,中国法制出版社 2020 年版,第 401 页(张定军执笔)。

的"同一债务"。①

14　第二项要件是"债权人可以请求部分或者全部债务人履行",这一要件的重点落在"部分或者全部"上。它意指,连带债务的成立,以债权人可以任意选择由哪一或哪些债务人履行债务为前提。②根据这一要求,足以将以下两种多数人债务类型从连带债务中排除:

15　第一,补充债务。补充债务的典型是一般保证。在一般保证中,保证人享有先诉抗辩权,原则上,只要主债务人尚未受强制执行而仍无法清偿债务,保证人就无须承担保证责任(本法第687条第2款),因此属于典型的不可被任意请求履行的债务人,故而在立法者眼中,也就不是连带债务人。

16　第二,协同债务。协同债务是指"给付必须由全体债务人共同履行,任一债务人不得单独履行该给付"③的债务。其范例是,"一个唱片公司同数个音乐人签订一个合同,约定由他们共同演奏一首交响乐"。④由于此例中,双方合意将债务标的确定为"共同演奏",故债权人自始不享有请求部分债务人履行债务的权利。所以,协同债务也不满足连带债务的要件。

17　第三项要件是"债权人可以请求……履行全部债务",这一要件的重点落在"全部"二字上,它是连带债务区别于按份债务的关键。与前两项要件不同,债务人何时负有义务履行全部债务,无法从这一要件的自身中推导出来。但这并不意味着,也无法借助其他方法确定这一要件是否满足。对此,本书认为,至少在以下两种情形中,可以认定每一债务人均负有义务履行全部债务:

18　第一,存在相应的法律规定。例如,本法第517条规定,仅当标的可分时,才成立按份债务;据此反推,如果标的不可分,则每一债务人均须履行全部债务。又如,本法第1203条第1款规定,"被侵权人可以向产品的生产者请求赔偿,也可以向产品的销售者请求赔偿",从中也可知,不论是生产者还是销售者,均负有义务赔偿被侵权人的全部损害。

19　第二,与连带债务法律规定的利益格局相符。例如,本法第1168条针对共同侵权所作的利益考量,在诸如共同缔约过失、共同违约等场合中也应适用,因此在这些共同加害行为中,每一债务人也须就全部损害负责。

---

①　参见王洪亮:《债法总论》,北京大学出版社2016年版,第493页。
②　参见黄薇主编:《中华人民共和国民法典合同编解读(上册)》,中国法制出版社2020年版,第185页。
③　参见李中原:《多数人之债的类型建构》,载《法学研究》2019年第2期。
④　参见齐云:《论协同之债》,载《法商研究》2020年第1期。

综上所述,只要满足本条第 1 款第 2 分句的三项连带债务构成要件,即可解决法定连带债务的成立问题。

三、连带债权

如边码 2 所述,连带债权对双方而言都可能是负担,因此其在多数人之债中运用得并不多。本法规定成立连带债权的只有两处,这两处均与当事人的主体身份有关,即本法第 67 条第 2 款的分立后法人连带债权与本法第 307 条的共有人连带债权。前文关于连带债务之成立的论述,也可以相应适用于连带债权:

对于意定连带债权而言,本条第 2 款"连带债权……由……当事人约定"同样没有"明确""明示"等限制语,这意味着,意定连带债权的成立在我国也是一项未受干扰的、纯粹的表示解释工作。

对于法定连带债权而言,本条第 1 款第 1 分句"债权人为二人以上,部分或者全部债权人均可以请求债务人履行债务的,为连带债权"同样可以作为连带债权的一般构成要件,从而解决法定连带债权的成立问题。

第五百一十九条　【连带债务人间的追偿】连带债务人之间的份额难以确定的,视为份额相同。

实际承担债务超过自己份额的连带债务人,有权就超出部分在其他连带债务人未履行的份额范围内向其追偿,并相应地享有债权人的权利,但是不得损害债权人的利益。其他连带债务人对债权人的抗辩,可以向该债务人主张。

被追偿的连带债务人不能履行其应分担份额的,其他连带债务人应当在相应范围内按比例分担。

一、规范目的与结构

连带债务人追偿规则的意义在于,补偿因债权人享有任意选择债务人的权利而给全体债务人带来的负担。[1] 如果没有追偿规则,则连带债务将如萨维尼所言的那样,沦为一场"赌博":[2]谁被债权人选中,谁就终局地承担债务。

本条在结构上分为 3 款,第 1 款规定了连带债务人份额均等的推定;第 2 款赋予了连带债务人两项用于追偿的权利,即独立的追偿权与法定转移的、原属债权人的债权;第 3 款则进一步强化了连带债务人的追偿权,其规定在

---

[1] Vgl. MünchKomm/Heinemeyer (2019), § 426 Rn. 1.
[2] Vgl. Savigny, Das Obligationenrecht als Theil des heutigen römischen Rechts, Bd. I, 1851, S. 229.

追偿不能时,其余债务人的份额相应加重,以共同分担追偿不能的损失。

二、份额均等推定

3　　根据本条第 1 款之规定,除法律另有规定、当事人另有约定或者根据债务关系的性质另有其他结论外,各连带债务人的份额被推定为均等。"法律另有规定"与"当事人另有约定",取决于对相应法律规定或意思表示的解释。"根据债务关系的性质另有其他结论"则须在个案中进行判断。举例而言,数名租客以连带债务人的方式合租房屋,若就各自的债务份额欠缺约定,则应按照各自承租的面积确定份额;①又如"在共同侵权情形下,依据加害人对造成损害的原因力或过错程度确定债务比例"。②

三、独立追偿权

(一)一般情形

4　　本条第 2 款"实际承担债务超过自己份额的连带债务人,有权就超出部分在其他连带债务人未履行的份额范围内向其追偿"规定了连带债务人的独立追偿权。其独立性体现在这一权利纯系根据本款而产生,且在一定程度上超然于基础债务关系(见边码6)。有学者将此种独立追偿权称为法定原始追偿权。③

5　　独立追偿权的唯一要件是"实际承担债务超过自己份额"。所谓"实际承担债务",是指债务人以履行、抵销、提存、代物清偿等方式消灭连带债务(本法第 520 条第 1 款,详见该条评注)。所谓"超过自己份额",则是指债务人所消灭的债务超出自己在连带债务人内部应承担的份额。

6　　在效果上,追偿权人被赋予的是独立的追偿权。其独立性主要体现在:不论基础债务关系中的时效如何,其都仅适用 3 年的一般时效,且根据本法第 188 条第 2 款之规定,这一时效应自追偿权人知道或应当知道享有追偿权以及追偿义务人时起算。④

7　　追偿权的范围以"其他连带债务人未履行的份额范围"为限。如果追偿义务人为二人以上,则他们原则上并不构成连带债务人,而是各自仅对其应承担的份额负责。⑤

---

① Vgl. HK – BGB/Schulze (2019), § 426 Rn. 8.
② 参见谢鸿飞:《连带债务人追偿权与法定代位权的适用关系——以民法典第 519 条为分析对象》,载《东方法学》2020 年第 4 期。
③ 参见杨代雄:《〈民法典〉共同担保人相互追偿权解释论》,载《法学》2021 年第 5 期。
④ 参见朱广新、谢鸿飞主编:《民法典评注:合同编·通则 1》,中国法制出版社 2020 年版,第 440 页(张定军执笔)。
⑤ Vgl. HK – BGB/Schulze (2019), § 426 Rn. 4.

从体系上看,本条第2款第2句的"其他连带债务人对债权人的抗辩,可以向该债务人主张"也适用于独立追偿权。这一规定或借鉴自《欧洲示范民法典草案》(DCFR)第Ⅲ.-4:112条第2款,其官方评注所举示例是,某连带债务人基于意思表示错误而承担债务,基于这一点,他可以对抗向其提出请求的追偿权人。① 除此之外,可供设想的还有时效届满、债务尚未到期等抗辩。

(二)份额加重

本条第3款规定,当追偿不能时,其他债务人的份额应按比例在追偿不能的范围内相应加重。根据这一规定,追偿权人原本享有的追偿权在特定情形下可以被扩张。

有疑问的是,扩张的条件是什么,也即本条第3款的"被追偿的连带债务人不能履行其应分担份额"应如何理解。有学者主张,只要"追偿权人采取合理措施后,依然无法从债务人处获得清偿",②即构成追偿不能。相反,德国法上则以支付不能为标准,据此,除非存在执行无果或者被追偿人下落不明等情况,否则原则上不构成追偿不能。③

相较之下,支付不能的标准更为可采。这是因为,将份额加重的要件限定在追偿权人已穷尽法律手段而仍不得受偿,能够最大限度减少循环追偿(见边码12)的出现,避免法律关系过分复杂化。

份额加重后,实际承担了加重份额的债务人可以向支付不能的债务人追偿,这一点在后者支付能力回复时具有重要意义。④ 不过,此类再追偿权欠缺法律规定,属于法律漏洞,对此,可以考虑类推本条第2款以解决其成立问题。

四、法定债权移转

本条第2款除了规定独立追偿权外,还一并规定,追偿权人相应地享有债权人的权利。此处的"享有债权人的权利",是指法定取得债权人原有的债权。当然,鉴于独立追偿权的存在,取得这一债权的意义并不在于债权本身,而在于一并取得担保等从权利。

---

① 参见[德]克里斯蒂安·冯·巴尔、[英]埃里克·克莱夫主编:《欧洲私法的原则、定义与示范规则:欧洲示范民法典草案(全译本):第一卷、第二卷、第三卷》,付俊伟等译,法律出版社2014年版,第867页。
② 参见谢鸿飞:《连带债务人追偿权与法定代位权的适用关系——以民法典第519条为分析对象》,载《东方法学》2020年第4期。
③ Vgl. MünchKomm/Heinemeyer (2019), § 426 Rn. 40.
④ Ebenda.

14　由于追偿权人取得的是债权人原有的债权,因此,该债权的时效遵循自己既有的轨道,也即不论是时效期间还是起算的时间等,均保持不变。此外,由于法定债权移转可准用债权转让的规则,因此债务人原有的抗辩也可用于对抗追偿权人(本法第548条)。不过,这一点已被本条第2款第2句所明确规定。

15　根据"相应地"一词可知,追偿权人取得的债权,其数额取决于独立追偿权的数额。从这一点上讲,前者从属于后者,或者说,是对后者的一种补强。[1]

16　根据本条第2款第1句的但书,法定债权移转不得损害债权人的利益。如果某个连带债务人仅清偿部分债务,但超过其应分担的份额,则仅部分债权法定移转于该连带债务人,剩余债权仍归属于债权人。此时,该连带债务人与债权人对债务人都享有债权。如果债务人的责任财产或者第三人的担保财产不足以清偿全部债务,则在受偿顺位上,债权人优先于该连带债务人。[2] 此即所谓"但是不得损害债权人的利益"。

第五百二十条　【连带债务的涉他效力】部分连带债务人履行、抵销债务或者提存标的物的,其他债务人对债权人的债务在相应范围内消灭;该债务人可以依据前条规定向其他债务人追偿。

部分连带债务人的债务被债权人免除的,在该连带债务人应当承担的份额范围内,其他债务人对债权人的债务消灭。

部分连带债务人的债务与债权人的债权同归于一人的,在扣除该债务人应当承担的份额后,债权人对其他连带债务人的债权继续存在。

债权人对部分连带债务人的给付受领迟延的,对其他连带债务人发生效力。

一、规范目的

1　本条规定了在连带债务中,履行、抵销、提存、免除、混同与受领迟延等事项具有涉他效力,也即部分债务人发生这些事项的,其他债务人也受到影响。

2　本条的列举暗含了"明示其一,排除其他"的意义。换言之,除上述事项外的其他事项,原则上只影响相应的债务人,而不对其他债务人发生效力,除非根据债务关系及所涉事项的性质而有不同结论。这一观点的逻辑基础在于:连带债务中,每一债务人负担的债务原则上都是独立存在的,且可以沿着

---

[1] 参见谢鸿飞:《连带债务人追偿权与法定代位权的适用关系——以民法典第519条为分析对象》,载《东方法学》2020年第4期。
[2] Vgl. Palandt/Sprau (2020), §774 Rn. 12.

不同的方向发展。①

二、履行及履行之替代(第 1 款)

本条第 1 款第 1 分句规定了履行及履行之替代(抵销、提存)具有在其范围内消灭全体债务人之债务的效力。这一点是不言自明的,因为连带债务的构成即意味着债权人仅能一次受偿,②因此,当一名债务人的履行或履行之替代导致债务消灭时,其他债务人的债务也应相应消灭。基于同样的道理,法律没有规定的代物清偿,甚至是第三人的有效清偿,③也应发生相同的效果。

不过,本条第 1 款第 1 分句意义上的消灭通常仅为"相对消灭"。这是因为,根据本法第 519 条第 2 款之规定,实际承担债务超过自己份额的债务人,除享有追偿权外,还相应地享有债权人的权利。这意味着,被债务人超额清偿之债权的命运并非终局消灭,而是在其追偿权的范围内法定转移给债务人。基于此可知,在连带债务中,履行及履行之替代并非总是终局地消灭债务。

本条第 1 款第 2 分句仅在于提示,部分债务人履行债务或以替代方式消灭债务后,可根据前条向其他债务人追偿,对此,详见本法第 519 条评注。

三、免除(第 2 款)

免除是一项法律行为,故其具有怎样的效果本该取决于对当事人意思表示的解释。如果法律规定,债权人对部分债务人的免除,必定具有消灭其他债务人之债务的效果,则不免戕害其意思自治与处分自由,难谓正当。最典型的例子是,债权人出于同情某一债务人而免除其债务且明确表示只免除该名债务人,此时,让其他债务人也能从中获益,显无理由。

为克服上述弊端,应将本条第 2 项解释为对免除意思表示的解释规则,也即存疑时推定,针对部分债务人的免除,也在其应承担的份额内免除其他债务人的债务。

上述推定可以被推翻。例如在上面所举的例子中,免除仅对债权人指定的债务人发生效力,其他债务人的债务保持不变;当然,这同时也意味着,其他债务人在清偿债务后,仍可向被免除债务的债务人追偿。反之,在数债务人中存在终局债务人,也即其内部份额为 100% 的场合中,倘若债权人知晓这一事实,仍免除该名债务人的债务时,则可以解释为其有一并免除全体债

---

① Vgl. Staudinger/Looschelders (2017), § 425 Rn. 1.
② 参见朱广新、谢鸿飞主编:《民法典评注:合同编·通则 1》,中国法制出版社 2020 年版,第 405 页(张定军执笔)。
③ Vgl. HK-BGB/Schulze, (2019), § 422 Rn. 1.

务人之债务的意思。[1]

四、混同(第3款)

本条第3款规定混同也具有一定的涉他效力,也即其他债务人的债务在发生混同的债务人应承担的份额内相应消灭。其原理与本条第1款是相似的,即债权人不得重复受偿:混同具有消灭债务的效力,因此若认为发生混同后,其他债务人的债务不受任何影响,则意味着债权人在实质意义上可重复受偿。

五、受领迟延(第4款)

本条第4款规定,债权人对部分债务人发生受领迟延的,亦对其他债务人陷入受领迟延。这一规定的基本思想在于,一名债务人的履行本应具有使全体债务人债务消灭的效果,因此,当这一效果因为源自债权人的原因而被阻却时,债权人当然应承担相应的不利益。[2]

六、其他事项

(一)时效

《诉讼时效制度解释》第15条第2款规定,连带债务人之一发生时效中断,其他连带债务人的时效亦中断。这一规定在法政策上有失允当,因为在许多连带债务类型中,数债务人并无关联甚至毫不相识(如本法第1171条),让发生在部分债务人身上的时效中断也对其他债务人生效,并不合理。[3] 但是,在《诉讼时效制度解释》第15条第2款已有明确规定的情况下,只能容忍这一结果。

不过,《诉讼时效制度解释》仅就时效中断而设有规定,时效中止、延长与完成则不受其影响,据此,部分债务人时效中止、延长与完成的,不对其他债务人的时效产生影响。

(二)特定情况下的债务不履行

原则上,每一债务人仅对自己的行为负责,因此,部分债务人不履行其债务的,至多使自己承担损害赔偿等责任,不会波及其他债务人。但在特定情况下,可以认为该名债务人构成其他债务人的履行辅助人,此时,基于"债务人对其履行辅助人行为负责"的原理,其不履行等同于其他债务人不履行。[4]

---

[1] 参见朱广新、谢鸿飞主编:《民法典评注:合同编·通则1》,中国法制出版社2020年版,第454页(张定军执笔)。

[2] Vgl. MünchKomm/Heinemeyer (2019), § 424 Rn. 1.

[3] 参见朱广新、谢鸿飞主编:《民法典评注:合同编·通则1》,中国法制出版社2020年版,第459—460页(张定军执笔)。

[4] Vgl. Staudinger/Looschelders (2017), § 425 Rn. 8.

不过,对于履行不能而言,需注意的是,只要一名债务人陷入客观履行不能,即意味着全体债务人必定也陷入客观履行不能,此时所有债务人的原给付义务均因本法第580条第1款规定而消灭。但这并不是意味着履行不能天然地具有涉他效力,相反,在主观履行不能的场合中,一名债务人的主观履行不能仅消灭自己的原给付义务,不对其他债务人产生影响。

(三)解除

债权人不能仅就某一债务人解除合同,而就其他债务人仍维持原有的合同关系,因此解除也具有涉他效力。不过,基于违约而产生的解除权通常要求债权人针对所有债务人均达到享有解除权的程度,这尤其体现在履行迟延的情况下,债权人必须催告全体债务人,期限经过无果后才能解除合同。①此外,出于对债务人知情的保障,行使解除权的意思表示宜要求须向全体债务人作出,此即比较法上如《德国民法典》第351条的做法。

第五百二十一条 【连带债权人间的追偿;准用连带债务规定】连带债权人之间的份额难以确定的,视为份额相同。

实际受领债权的连带债权人,应当按比例向其他连带债权人返还。

连带债权参照适用本章连带债务的有关规定。

一、规范目的

形式上看,本条分为两个部分,第一部分由第1—2款组成,旨在规范连带债权人间的追偿问题;第二部分为第3款,旨在申明连带债权可准用连带债务的规定。但从实际内容上看,本条欲解决的不外乎两个问题:第一,连带债权人之间如何追偿;第二,哪些事项在连带债权中发生涉他效力。

二、追偿问题

(一)份额均等推定

本条第1款规定了连带债权人份额均等的推定规则,与连带债务人份额均等的推定规则(本法第519条第1款)相对应。当事人的约定、法律的特别规定以及债务关系的性质,均可导致对此推定的偏离,详见本法第519条评注。

(二)第2款:债权人的追偿权

第2款规定了连带债权人的追偿权,与连带债务不同,该款并未规定仅当"实际受领超过自己份额"时,受领给付的债权人才负有返还义务。此前的三次草案均规定了这一要求,但被正式文本删除,有学者据此认为,这是立

---

① Vgl. MünchKomm/Heinemeyer (2019), § 425 Rn. 31.

法者刻意放弃该要件。①

4　若果真如此,则连带债权人的追偿规则将十分无效率:假设有连带债权人甲、乙、丙,三人份额均等,债权总额为 90 元,债务人为丁。某日,甲从丁处收取了 30 元,根据边码 3 中的解释,甲应立刻将此 30 元均分给乙、丙;倘若日后甲再从丁处收取债权,则须再为此操作。这样的规则安排在现实中几乎不可能运作,故应当认为,尽管法律没有明示,债权人也仅在实际受领超过自己份额时负有返还义务,除非出现边码 5 中的例外。

5　实际上,本法删除草案中的"实际受领超过自己份额"之表述,不外乎是想取得如下效果:以本条边码 4 中的案例为例,若丁首次支付 30 元后即陷入支付不能,则甲不得单独留下这 30 元,必须与乙、丙均分。这一问题的解决,本不必通过删除"实际受领超过自己份额"予以实现。从比较法看,德国法上的学说即承认,此类情形中受领给付的债权人负有返还义务,即便其所受给付没有超出自己的份额。②

6　当追偿权人为复数时,其追偿权为按份债权,也即每一追偿权人仅在其份额内对被追偿人享有权利。

三、涉他效力问题

7　本法第 520 条分 4 款规定,履行、抵销、提存、免除、混同、受领迟延等事项在连带债务中具有涉他效力。根据本条第 3 款之规定,这些规定均可准用于连带债权。

8　本法第 520 条第 1 款准用于连带债权的结果是,债务人向部分债权人履行、抵销、提存的,其他债权人的债权也在履行、抵销、提存的范围内相应消灭。

9　本法第 520 条第 2 款准用于连带债权的结果是,部分债权人免除债务人的债务的,其他债权人的债权在其份额内相应消灭。

10　本法第 520 条第 3 款准用于连带债权的结果是,部分债权人发生混同的,其他债权人的债权在其份额内相应消灭。

11　本法第 520 条第 4 款准用于连带债权的结果是,部分债权人受领迟延的,所有债权人均陷入受领迟延。

第五百二十二条　【向第三人履行的合同;利他合同】当事人约定由债务人向第三人履行债务,债务人未向第三人履行债务或者履行债务不符合约

---

①　参见朱广新、谢鸿飞主编:《民法典评注:合同编·通则 1》,中国法制出版社 2020 年版,第 466 页(张定军执笔)。

②　Vgl. Staudinger/Looschelders (2017), § 430 Rn. 9.

定的,应当向债权人承担违约责任。

法律规定或者当事人约定第三人可以直接请求债务人向其履行债务,第三人未在合理期限内明确拒绝,债务人未向第三人履行债务或者履行债务不符合约定的,第三人可以请求债务人承担违约责任;债务人对债权人的抗辩,可以向第三人主张。

一、规范对象与规范功能

本条的规范对象是利他合同。广义利他合同,即合同当事人之外的第三人享受合同利益的合同。① 广义利他合同可区分两种类型,即真正利他合同(狭义利他合同)与不真正利他合同。前者是指,第三人对债务人享有独立的履行请求权的利他合同。反之,后者情形下,第三人对债务人不享有履行请求权。本条第 2 款规定真正利他合同,第 1 款则规定不真正利他合同。不符合第 2 款规定的,属于不真正利他合同,仅依第 1 款发生效力。

根据合同相对性原理,原则上,合同仅在合同当事人间发生效力。因此,罗马法奉行"不得为他人缔约"规则,不承认利他合同。② 与此不同,现代法普遍承认利他合同。本条所规范的真正利他合同则突破了合同相对性原则。其主要功能有二:一方面,利他合同具有缩短给付的功能,进而降低三方关系中的给付成本,第三人直接受领债务人所为之给付,而无须通过受领债务人向债权人所为的给付实现自己的利益。③ 另一方面,利他合同亦可使供养第三人的法律结构成为可能,典型的如养老金保险合同中,投保人与保险人约定,由第三人(受益人)取得可请求支付保险金的权利。④

二、当事人之间的法律关系

利他合同并非一种独立的合同类型,其涉及的是债权人和债务人间的约定,依此约定债之关系得以修正从而使第三人可享受合同利益。就真正利他合同而论,当事人间存在如下法律关系:

(一)债权人与债务人之间的补偿关系(Deckungsverhältnis)

债权人亦称受诺人(Versprechensempfänger),债务人亦称允诺人(Versprechender)。二者之间的补偿关系构成了利他合同的根本基础,各参与人之间的一切法律关系均由其规范、受其影响。例如第三人是否以及何时取得履行请求权、债权人是否仍可保留债权等均取决于债权人与债务人之间

---

① 参见朱广新:《合同法总则研究(下册)》,中国人民大学出版社 2018 年版,第 422 页。
② 参见薛军:《利他合同的基本理论问题》,载《法学研究》2006 年第 4 期。
③ Vgl. Jauernig/Stadler (2021), §328 Rn. 1.
④ 参见王洪亮:《债法总论》,北京大学出版社 2016 年版,第 476 页。

的具体约定。此外,利他合同整体上的有效性亦取决于补偿关系的有效性。

(二)债权人与第三人之间的对价关系(Valutaverhältnis)

5　　债权人与第三人之间的对价关系是债权人之所以使第三人享受合同利益的法律上原因。对价关系可基于债权人与第三人间的约定(如赠与合同),也可基于法律规定(如法定抚养义务)。如果对价关系无效或被撤销,则债权人可基于不当得利法的规定请求第三人让与履行请求权或者返还所受领之给付,但对价关系的效力瑕疵并不影响债权人与债务人之间补偿关系的效力。二者原则上相互独立,除非对价关系构成利他合同的行为基础(Geschäftsgrundlage)或生效条件。[①]

(三)第三人与债务人间的执行关系(Vollzugsverhältnis)

6　　第三人与债务人之间的执行关系并非一项独立的合同关系,第三人并未成为合同当事人。但不可否认,第三人与债务人之间存在债法上的特别结合关系,第三人的债权以及双方相互保护义务皆以该特别结合关系为基础。因此,第三人与债务人之间存在类合同(vertragsähnlich)关系。[②] 有学者称之为类合同信赖关系(vertragsähnliches Vertrauensverhältnis),基于此种信赖关系第三人与债务人互负保护义务。[③]

三、构成要件

(一)债权人与债务人之间的合同有效

7　　首先,债权人与债务人之间应当存在一项有效的合同缔结。如果债权人与债务人之间的基础合同存在效力瑕疵,将直接影响利他约定效力;如果基础合同因违反法定或约定的要式要求而不成立,则利他约定亦不成立。但仍需强调的是,债权人与第三人之间的对价关系存在效力瑕疵或违反要式要求并不影响利他合同效力。

(二)向第三人履行的约定

8　　此外,有效的利他合同还要求债权人与债务人间存在"债务人应向第三人履行"的约定。[④]

9　　此处的第三人可以是任何自然人或法人,且其无须具备民事行为能力,也无须已经现实存在,第三人只要是可确定的即可,例如当事人可以约定胎

[①] Vgl. Looschelders, Schuldrecht AT,17. Aufl. , 2019, S. 423.
[②] Ebenda. S. 437.
[③] Vgl. Palandt/Grüneberg (2020), Einf v §328 Rn. 5;Jauernig/Stadler (2021), §328 Rn. 11.
[④] 参见成都市鑫地建设投资有限责任公司、钟某房屋拆迁安置补偿合同纠纷案,四川省成都市中级人民法院民事判决书(2015)成民终字第05626号。

儿或某特定不动产的未来所有权人为享受合同利益的第三人。①

(三)真正利他合同的特别要件

真正利他合同使第三人取得对债务人的独立的履行请求权。第三人对债务人是否享有独立的履行请求权首先取决于法律规定或当事人约定。如果不存在法律的特别规定或当事人之间的明确约定,则应当根据合同目的、当事人利益状况及个案的具体情况对合同进行客观解释。② 例如,在一些具有供养性质的利他合同中(如某些人寿保险合同),基于其合同目的,应认为第三人可以直接请求债务人履行。③ 反之,如果当事人约定债务人向第三人履行的目的仅在于缩短给付,则通常应认为第三人不享有独立的履行请求权。

当然,债权人与债务人可以为第三人的权利取得设置额外要件,例如为权利取得设置期限或条件,或者约定其可以保留无须第三人同意即可变更或废止第三人履行请求权的权利等,此类约定的有无及具体内容亦属合同解释问题。④

四、法律效果

(一)不真正利他合同

在不真正利他合同情形下,第三人无独立的履行请求权,其仅能被动接受债务人的履行。如果无特别约定,则应当认为,债权人可请求债务人履行,但原则上仅能请求向第三人履行。当债务人不履行或履行不符合约定时,第三人无权要求债务人承担违约责任,债务人应当向债权人承担违约责任。

(二)真正利他合同

1. 第三人的法律地位

真正利他合同和债权让与较为相似,在两种情形下,第三人均对债务人享有独立的履行请求权,但二者在第三人的权利取得上存在根本差异。⑤ 在债权让与情形下,第三人作为新债权人,其取得的是一项已经存在的属于原债权人的债权。债权让与的合同当事人为原债权人和新债权人(第三人),债务人无须参与合同。第三人取得债权后,原债权人的债权消灭。反之,在

---

① Vgl. Jauernig/Stadler (2021), §328 Rn. 13; Palandt/Grüneberg (2020), §328 Rn. 2; MünchKomm/Gottwald (2019), §328 Rn. 24.
② 参见朱广新:《合同法总则研究(下册)》,中国人民大学出版社2018年版,第428页。
③ 参见王洪亮:《债法总论》,北京大学出版社2016年版,第476页。
④ Vgl. Jauernig/Stadler (2021), §328 Rn. 13; Palandt/Grüneberg (2020), §328 Rn. 14.
⑤ 参见成都市鑫地建设投资有限责任公司、钟某房屋拆迁安置补偿合同纠纷案,成都市金牛区人民法院民事判决书(2013)金牛民初字第1434号。

真正利他合同中,第三人的债权直接产生于债权人和债务人之间的合同,第三人无须参与合同,债权人原则上仍可保留自己的债权,但其只能请求债务人向第三人履行。[①] 正是因为第三人无须参与合同,故在真正利他合同中,第三人的权利取得并不以其同意为必要。但为尊重第三人的人格,避免其被强加恩惠,本条第 2 款规定第三人可以在合理期限内表示拒绝。第三人表示拒绝的,视为自始未取得该权利。[②] 该合理期限应从第三人知道存在以其为受益人的真正利他合同时起算。就真正利他合同涉他效力的发生而言,有学说认为本条第 2 款采用"反向"效力待定模式。亦即,在第三人表示拒绝前,涉他效力已经发生,第三人已取得履行请求权,但此项效力最终是否丧失,取决于第三人是否行使拒绝权(形成权)。[③]

14 债权人与债务人可以约定第三人的权利取得时间。如无明确约定,则应当对债权人与债务人之间的合同进行解释,尤其应当考虑合同目的。如果经解释后仍有疑义,则应当认为第三人立即且终局地取得权利。[④]

15 第三人所取得的履行请求权具有一般债权应有的一切效力,如果债务人不履行或者履行不符合约定,则第三人可以请求债务人承担违约责任,如请求继续履行、损害赔偿等。[⑤] 但是需要注意的是,因为第三人毕竟不是合同当事人,因此其原则上不享有有关合同存续或者涉及合同整体的具有形成效力的权利,诸如债务人根本违约情形下的解除权、买卖合同瑕疵担保情形下的减价权、情势变更情形下的变更解除权等。[⑥]

2. 债权人的法律地位

16 第三人取得履行请求权后,债权人是否仍保留债权取决于当事人之间的约定,若无约定或约定不明,应当认定债权人仍保留债权,但原则上只能请求

[①] Vgl. Looschelders, Schuldrecht AT, 17. Aufl. ,2019, S. 427.
[②] 参见朱广新:《合同法总则研究(下册)》,中国人民大学出版社 2018 年版,第 430 页。
[③] 参见杨代雄:《法律行为论》,北京大学出版社 2021 年版,第 442—443 页。
[④] 相反,有观点认为,第三人自接受合同时才取得该履行请求权。此种观点显然是站不住脚的,因为利他合同恰恰不需要第三人参与合同,更不以第三人同意为前提。Vgl. Looschelders, Schuldrecht AT, 17. Aufl. , 2019, S. 427;MünchKomm/Gottwald (2019), §328 Rn. 34.
[⑤] 参见朱广新:《合同法总则研究(下册)》,中国人民大学出版社 2018 年版,第 432 页;王洪亮:《债法总论》,北京大学出版社 2016 年版,第 481 页。
[⑥] Vgl. Jauernig/Stadler (2021), §328 Rn. 16;Palandt/Grüneberg (2021), §328 Rn. 5; Looschelders, Schuldrecht AT, 17. Aufl. ,2019, S. 423;参见朱广新:《合同法总则研究(下册)》,中国人民大学出版社 2018 年版,第 432 页;王洪亮:《债法总论》,北京大学出版社 2016 年版,第 481 页。

债务人向第三人履行。①

此外,债权人还享有涉及合同存续或合同整体的权利(如解除权)。从比较法看,德国通说认为,如果债权人行使此类权利时涉及第三人不可剥夺的权利,则其应经第三人同意。② 对此亦存例外,即债权人因意思瑕疵主张撤销合同时无须经第三人同意,原因在于,此种情形下,债权人意思形成及意思自由的保护应当处于优先地位。③

3. 债务人的法律地位

债务人应当按照合同约定向第三人履行,如果第三人存在受领迟延或其他义务违反,则第三人的行为应当归咎于债权人,债务人可以主张其由此而产生的对债权人的权利。④

此外,债务人可以向第三人主张基于利他合同产生的一切抗辩,但其不得向第三人主张非基于利他合同产生的抗辩。⑤

第五百二十三条 【由第三人履行的合同】当事人约定由第三人向债权人履行债务,第三人不履行债务或者履行债务不符合约定的,债务人应当向债权人承担违约责任。

一、规范对象

本条的规范对象是由第三人履行的合同。该合同的当事人是债权人和债务人,合同仅在债权人与债务人之间发生效力。因第三人并未参与合同,故其有无民事行为能力对合同效力并无影响。

由第三人履行的合同区别于债务承担。债务承担导致债务移转于第三人,反之,由第三人履行的合同并未使债务移转,仍由债务人负担给付义务,只是依约定由第三人为债务人履行给付义务而已。从本质上看,"由第三人履行"是合同对债务履行方式作出的特殊约定。

二、法律效果

(一)对第三人效力

"无论何人,未得他人的承诺,不得以合同使其蒙受不利。"据此,由第三人履行的合同并非第三人负担合同,第三人不受该合同拘束,亦不会因之负

---

① Vgl. Jauernig/Stadler(2021),§328 Rn. 17;Palandt/Grüneberg(2020),§328 Rn. 6.
② Ebenda.
③ Vgl. Palandt/Grüneberg(2020),§328 Rn. 6.
④ 参见王洪亮:《债法总论》,北京大学出版社2016年版,第481页。
⑤ 参见朱广新:《合同法总则研究(下册)》,中国人民大学出版社2018年版,第430页。

担给付义务。

(二)对债务人效力

4 债务人仍负给付义务,于第三人不履行或履行不符合约定时,债务人须承担违约责任。有疑问的是,达成"由第三人履行"之约定后,债务是否只能由第三人履行。对此,须区分给付的类型,考察给付是否具有专属性[①]。如果给付与第三人的人身属性有关,则只能由第三人履行给付义务;反之,如果给付与第三人的人身属性无关,则由债务人自己履行给付义务,并无不可。前者如甲、乙约定由摄影师丙为乙拍摄艺术照;后者如买卖合同约定由第三人向买受人交付货物。

第五百二十四条 【第三人清偿】债务人不履行债务,第三人对履行该债务具有合法利益的,第三人有权向债权人代为履行;但是,根据债务性质、按照当事人约定或者依照法律规定只能由债务人履行的除外。

债权人接受第三人履行后,其对债务人的债权转让给第三人,但是债务人和第三人另有约定的除外。

一、规范对象

1 本条所规范的"第三人清偿",是指对债务履行具有合法利益的第三人代为清偿债务人的债务,从而使债权得以实现。本条赋予第三人代为清偿权,一方面,是为了保护对就债务履行具有合法利益的第三人。另一方面,对于债权人而言,其所关注的只是债权得以实现,而债务究竟由谁履行,通常对于债权人而言并不重要。

2 第三人清偿规则与第 523 条所规范的"由第三人履行的合同"不同,在后者情形下,债权人与债务人间存在一项由第三人履行的约定,反之,本条所规范之情形下,则无此类约定。

3 有疑问者,第三人对债务履行不具有合法利益的,可否进行清偿。从比较法看,在德国法上,只要给付不具有人身专属性,任何人均可以进行第三人清偿,无论其对债务履行是否具有合法利益。当然,如果债务人提出反对,则债权人有权拒绝受领第三人清偿。之所以允许无利害关系的第三人清偿,是因为此举对债务人并无不利。[②] 此种规范模式不无道理。本条虽仅明确规定对债务履行具有合法利益的第三人可以进行清偿,但不能据此认为无合法利益的第三人不得进行清偿。合理的解释是,本条规定有合法利益的第三人

[①] 参见朱广新:《合同法总则研究(下册)》,中国人民大学出版社 2018 年版,第 421 页。
[②] Vgl. Looschelders, Schuldrecht AT. ,18. Aufl. ,2020, S. 91.

享有清偿权,或称销除权(Ablösungsrecht),并且规定清偿权行使的效果。至于无合法利益的第三人可否进行清偿,本条并未正面规定。对本条第1款进行反面解释,只能得出无合法利益的第三人不享有清偿权之结论。不享有清偿权仅意味着第三人不能享有本条第2款规定的待遇,不等于禁止第三人进行清偿。无合法利益的第三人清偿可以使债权得以实现,有利于保护债权人。虽然未经债务人同意就使其债务消灭,看似未经授权处分了其法律地位,但权衡利弊,债权的保护理应优先考虑。就此而论,第三人清偿与利他合同、债务免除在利益状况上有所不同,后两种情形仅须考虑给与他人利益是否有损他人尊严,而第三人清偿则须在债务人尊严与债权人利益之间进行权衡。总之,应允许无合法利益的第三人代为清偿。事实上,此种做法在实践中十分常见,没有理由不予承认。当然,鉴于本条仅明确规定有合法利益的第三人清偿,以下评注仅针对此种情形。

二、构成要件

(一)债务人尚未履行债务

债务人不履行债务是第三人清偿的前提性要件,如果债务人已经履行债务,此时债之关系已经消灭,自无第三人清偿必要。此处债务既包括原给付义务,亦包括因原给付义务不履行而产生的次给付义务,例如瑕疵给付情形下的债务人应负的损害赔偿责任。

(二)第三人以自己之给付清偿他人之债务

首先,第三人须以自己的给付(eigene Leistung)进行清偿。基于此,履行债务的法定代理人或者履行辅助人并非本条意义上的第三人。因为在此类情形下,仅仅是债务人借助法定代理人或者履行辅助人履行自己的债务。[1]

其次,第三人清偿的必须是他人的债务。连带债务人、保证人等所清偿的仅仅是原本就属于自己的债务,故亦不构成本条所规范的第三人清偿。[2]

最后,第三人须具有代为清偿他人债务之意思(Fremdtilgungswille)。如果第三人错误地将他人债务当成自己债务而为给付,则不构成本条所规范的第三人清偿,而属非债清偿。此种情形下债权人的债权仍然存在,第三人得

---

[1] Vgl. MünchKomm/Krüger (2019), §267 Rn. 10.
[2] Vgl. Jauernig/Stadler (2021), §267 Rn. 6. 亦有诸多文献将此类情形作为"具有法律上利害关系的第三人所为的代位清偿"的典型情形予以列举,不值赞同。参见朱广新:《合同法总则研究(下册)》,中国人民大学出版社2018年版,第404页;冉克平:《民法典编纂视野中的第三人清偿制度》,载《法商研究》2015年第2期。

向债权人主张不当得利返还。[1]

(三)第三人对履行该债务具有合法利益

8 本条规定的第三人清偿以其对债务履行具有合法利益为前提。所谓第三人对债务履行具有合法利益,或称第三人具有法律上的利害关系,通常指的是,第三人因债务人不履行债务遭受法律上不利益或承受某种法律风险。[2] 典型的如本法第 719 条所规定的承租人拖欠租金情形下,合法转租的次承租人即属于对债务履行具有合法利益情形,故其有权代为清偿。担保物的所有权人、后顺位担保物权人等亦属于对债务履行具有合法利益的第三人。此外,在"先抵后租"的情形下,由于抵押权的实现导致租赁关系终止,所以承租人对于债务履行也具有合法利益。

(四)消极要件:不属于只能由债务人履行的债务

9 第三人代为履行的给付义务据其性质并非专属于债务人。例如聘请明星表演、学者演讲等合同即属于具有人身专属性的债务,不得由第三人代为履行。

10 此外,如果当事人之间约定或者法律规定债务仅能由债务人履行,则第三人亦不得代为履行。

三、法律效果

(一)债权人不得拒绝受领

11 满足上述要件的,第三人享有清偿权,即便债务人对第三人清偿提出反对,债权人亦不得拒绝受领。第三人所为之给付与债务人亲自为给付发生同样效果,因此,如果债权人无正当理由不受领给付,则构成受领迟延。[3] 享有清偿权的第三人可以通过抵销、提存为债务人履行债务。[4]

(二)法定的债权移转

12 除债务人与第三人另有约定外,原则上债权人受领第三人履行后,发生法定的债权移转,即第三人取得债权人的债权。如果债权人的债权设有担保权利等从权利,则此类权利一并移转给第三人。当然,债务人对债权人的抗辩仍可以向受让人主张。

13 本条第 2 款虽未如本法第 700 条规定债权移转"不得损害债权人的利

---

[1] Vgl. MünchKomm/Krüger (2019), §267 Rn. 11; Palandt/Grüneberg (2020), §267 Rn. 3; Jauernig/Stadler (2021), §267 Rn. 5.
[2] 参见张某某与伍某抵押合同纠纷案,江苏省苏州市中级人民法院民事判决书(2004)苏中民一终字第 568 号。
[3] 参见韩世远:《合同法总论》(第四版),法律出版社 2018 年版,第 333 页。
[4] Vgl. Looschelders, Schuldrecht AT., 18. Aufl., 2020, S. 92.

益",但理应类推适用。据此,如果第三人仅清偿部分债务,则仅部分债权移转于第三人,剩余债权仍归属于债权人。债务人的责任财产不足以清偿全部债务的,在受偿顺位上,债权人优先于第三人。债权有担保的,第三人的担保权利顺位劣后于债权人。

四、证明责任

第三人应就其对债务履行具有合法利益且已经履行债务的事实承担证明责任。债权人如果主张"该债务依其性质、当事人约定只能由债务人履行",则应对相关事实承担证明责任。

第五百二十五条 【同时履行抗辩权】当事人互负债务,没有先后履行顺序的,应当同时履行。一方在对方履行之前有权拒绝其履行请求。一方在对方履行债务不符合约定时,有权拒绝其相应的履行请求。

一、规范目的

所谓同时履行抗辩权,是指双务合同的一方当事人,在对方当事人不履行或者履行不符合约定情况下,可以拒绝履行自己债务的权利。同时履行抗辩权是以诚实信用原则为基础,其背后所依据的是双务合同中给付与对待给付在功能上的牵连性。基于此,在当事人未约定或者法律未规定履行顺序情形下,任何一方都不得强迫对方先为履行。反之,当事人原则上应同时履行。但需要注意的是,同时履行抗辩权追求的并非双方债务的"同时"履行,而是通过强调双方债务在履行顺序上的制衡关系,促使激励对方积极履行债务。①

二、构成要件

(一)当事人因双务合同互负债务

同时履行抗辩权的目的决定了其以当事人因双务合同互负债务为前提。学界通常区分完全双务合同和不完全双务合同。完全双务合同是指,当事人一方负有给付义务,对方负担对待给付义务的合同。不完全双务合同是指,虽然双方都负担义务,但双方的义务均非对待给付义务的合同。如无偿委托合同、借用合同等。② 在不完全双务合同中,不存在相互依存的给付与对待给付关系。③ 因此通说认为,此种情形下,不适用同时履行抗辩权。

---

① 参见韩世远:《合同法总论》(第四版),法律出版社2018年版,第382页。
② 参见朱广新:《合同法总则研究(下册)》,中国人民大学出版社2018年版,第565—566页。
③ 参见王洪亮:《〈合同法〉第66条(同时履行抗辩权)评注》,载《法学家》2017年第2期。

3　　有疑问的是,合伙是否属于双务合同？对此学界存在不同观点,肯定说认为,合伙人互约出资,就此而言,应认为具有对待性,故属于双务合同。① 持肯定说的学者中亦有观点认为,与买卖合同等以交换给付为主要目的的双务合同不同,合伙合同目的则在于共同经营,二者无法完全等同对待。因此同时履行抗辩权的适用应仅限于二人合伙情形,三人以上合伙不适用同时履行抗辩权。② 相反,否定说则认为,无论是二人合伙还是三人以上合伙,合伙人之间均不存在相互关系,双方的义务也并未处于依赖关系中。因此合伙合同不属于双务合同,无同时履行抗辩权之适用。③

4　　通说认为,基于双务合同的牵连性而生之同时履行抗辩权要求双方"互负的债务"之间具有对价性,因此其适用原则上应限于主给付义务。从给付义务的不履行通常不产生同时履行抗辩权。④ 例如,买受人不得以出卖人未交付产品使用说明书为由拒绝支付货款。但是,如果从给付义务对合同目的的实现具有密切联系,或者从给付义务的不履行将导致合同目的落空,此时仍可成立同时履行抗辩权。⑤ 例如,某名马出卖人未交付血统证明及获奖证书导致买受人无法转售或携马参赛,则买受人可以此为由拒绝履行。

5　　仍有疑问的是,在合同解除、被撤销或者无效情形下,当事人应互负返还义务,此时能否适用同时履行抗辩权？对此问题学界争议较大。肯定说认为,上述情形下,当事人所负返还义务虽非基于双务合同本身,但该两项对立债务实质上具有牵连性,因此为公平起见,应认为可类推适用关于同时履行抗辩权的规定。⑥ 否定说则认为,同时履行抗辩权的适用应以一项有效的双务合同为前提,于上述情形无适用余地;相反,上述情形应当适用"留置抗辩

---

① 参见崔建远:《合同法》(第三版),北京大学出版社2016年版,第143页。
② 参见韩世远:《合同法总论》(第四版),法律出版社2018年版,第386页。
③ 参见王洪亮:《〈合同法〉第66条(同时履行抗辩权)评注》,载《法学家》2017年第2期。
④ 参见某某某与某村民委员会第五村民小组财产损害赔偿纠纷案,重庆市第五中级人民法院民事判决书(2013)渝五中法民终字第00427号;北京中进物流有限公司与新疆中远国铁物流有限公司租赁合同纠纷案,新疆维吾尔自治区高级人民法院民事判决书(2013)新民二终字第127号;北京中进物流有限公司与新疆中远国铁物流有限公司租赁合同纠纷案,最高人民法院民事判决书(2014)民申字第709号。
⑤ 参见韩世远:《合同法总论》(第四版),法律出版社2018年版,第432页;崔建远:《履行抗辩权探微》,载《法学研究》2007年第3期;王洪亮:《〈合同法〉第66条(同时履行抗辩权)评注》,载《法学家》2017年第2期。
⑥ 参见朱广新:《合同法总则研究(下册)》,中国人民大学出版社2018年版,第566页;崔建远:《合同法》(第三版),北京大学出版社2016年版,第143页;张金海:《论双务合同中给付义务的牵连性》,载《法律科学(西北政法大学学报)》2013年第2期。

权"。① 事实上,否定说的观点是受德国法的影响。《德国民法典》第 320 条所规定的双务合同的履行抗辩权的确以存在一项有效的双务合同为前提,但需要注意的是,《德国民法典》第 273 条还规定了债权性留置权利(Zurückbehaltungsrecht)。在德国法框架下,合同撤销或无效后当事人的返还义务虽不能适用同时履行抗辩权,但得适用第 273 条之规定,从而达到"拒绝履行"之效果,以平衡当事人利益。合同解除后当事人所负返还义务则准用同时履行抗辩权之规定。② 而我国法上并无类似于《德国民法典》第 273 条之规定。因此,更为合理的是,在上述情形下,为平衡当事人利益,类推适用同时履行抗辩权。

(二)债务没有先后履行顺序,且已届清偿期

在现行法框架下,根据双方债务有无先后履行顺序区分适用同时履行抗辩权与先履行抗辩权。因此,同时履行抗辩权的成立以双方债务无先后履行顺序为前提。

此外,通说认为双方所负债务都须已届清偿期。③ 一方请求对方履行尚未到期债务,对方当然可以直接拒绝,根本无须行使同时履行抗辩权。合同对于双方债务履行期没有约定的,依据本法第 511 条第 4 项之规定,债权人可以随时请求履行,但依据本条规定,双方均享有同时履行抗辩权。

尚有争议的是,在异时履行情形下是否可能成立同时履行抗辩权。例如,甲乙缔结了一项设备买卖合同,约定甲应于 1 月 1 日支付货款,乙应于 1 月 15 日交付设备。1 月 16 日乙请求甲支付货款时,甲能否以乙交货义务已届清偿期但尚未履行为由主张同时履行抗辩权?有观点认为,同时履行抗辩权并非仅限于债务无先后履行顺序情形,在后履行请求先履行方履行时,先履行方可以以后履行方未履行到期债务为由,主张同时履行。④ 此种观点颇为不妥,理由有二:第一,上述情形下,先履行方已经构成给付迟延,不应使其因自己的违约反而获得同时履行抗辩权;第二,承认先履行方的履行抗辩权将使后履行方的先履行抗辩权失去意义,导致后履行方丧失履行顺序上的利益,违背合同约定先后履行顺序之初衷。因此,在异时履行中,先履行方不得以后履行方未履行到期债务为由主张同时履行抗辩权。

同样,在继续性合同中,如一方上一期给付义务未履行,对方作为后履行

---

① 参见王洪亮:《〈合同法〉第 66 条(同时履行抗辩权)评注》,载《法学家》2017 年第 2 期。
② Vgl. Palandt/Grüneberg (2020),§320 Rn. 2.
③ 参见韩世远:《合同法总论》(第四版),法律出版社 2018 年版,第 387 页。
④ 参见韩世远:《构造与出路:中国法上的同时履行抗辩权》,载《中国社会科学》2005 年第 3 期;对立观点详见:崔建远:《履行抗辩权探微》,载《法学研究》2007 年第 3 期。

方当然可主张先履行抗辩权,拒绝履行与该期相对应的对待给付义务,而先履行方则无从以同时履行抗辩权对抗。①

(三)对方未履行债务或者履行债务不符合约定

10 　　根据本条第2句和第3句之规定,同时履行抗辩权的成立还要求对方未履行债务或者履行债务不符合约定。

11 　　从本条第2句文义来看("一方在对方履行之前"),此处的"未履行债务"是指没有实际作出对待给付,单纯仅以言词方式提出给付尚不足以阻止同时履行抗辩权的发生。② 所谓实际作出对待给付(Bewirkung der Gegenleistung; Erbringung der Gegenleistung)是指对方已经实施了他这方面为履行所必要的全部行为,剩下的事情就是受领给付,不要求已经发生给付结果,否则等于强迫对方先履行。③ 如果出卖人的债务是赴偿之债,则出卖人将买卖物送至买受人住所并要求买受人付款,即属于已经实际作出对待给付,买受人虽未受领,亦不得主张同时履行抗辩权。

12 　　此外,根据本条第3句之规定,一方在对方履行债务不符合约定时,有权拒绝相应的履行请求。此处"履行不符合约定"可包含瑕疵履行、部分履行等情形,而这些情形下究竟能否适用同时履行抗辩权应当根据个案具体情况结合诚信原则加以判断。具体而言,如果当事人债务均为可分之债,则一方部分履行时,对方可拒绝履行相应部分的债务。④ 部分履行损害债权人利益的,债权人可以依据本法第531条拒绝受领并就全部对待给付主张同时履行抗辩权。可分之债部分履行,对方的债务为不可分之债的,对方可就全部对待给付主张同时履行抗辩权。就瑕疵履行而论,债权人可以拒绝受领并就全部对待给付主张同时履行抗辩权,⑤但如果仅部分标的物存在瑕疵,则债权人只能部分拒绝受领并就该部分主张同时履行抗辩权。已经受领瑕疵履行的,债权人亦可视情况就部分或者全部对待给付主张同时履行抗辩权。

13 　　在多数债权人情形下,全部对待给付尚未履行之前,债务人对于各债权人应受领的给付部分可以拒绝履行。

---

① 参见王文军:《继续性合同之同时履行抗辩权探微》,载《南京大学学报》2019年第1期。
② 相反观点参见崔建远:《合同法》(第三版),北京大学出版社2016年版,第142页。
③ Vgl. Staudinger/Schwarze (2015), §320 Rn. 33.
④ 参见朱广新:《合同法总则研究(下册)》,中国人民大学出版社2018年版,第572页。
⑤ Vgl. Palandt/Grüneberg (2020), §320 Rn. 9.

三、法律效果

（一）给付拒绝权

同时履行抗辩权使债务人可以拒绝作出对待给付。即便债务人自己的请求权已经罹于时效，其仍可就自己的给付义务主张同时履行抗辩权①。同时履行抗辩权是一种需主张的抗辩（Einrede），应由当事人自己主张，在诉讼中法院不得依职权主动审查适用。主张同时履行抗辩权可以明确表示，也可以以可推断的言行表示，如指出对方的给付义务亦未履行。债务人未主张同时履行抗辩权的，应判决债务人向债权人履行债务，债权人胜诉。从比较法的角度看，在德国法上，债务人主张同时履行抗辩权的，法院判决债务人在取得对待给付的同时履行（Zug um Zug）自己的给付义务。此种判决模式可资借鉴。

（二）阻却给付迟延的效力

此外，同时履行抗辩权具有阻却给付迟延的效力。尚存疑问的是，同时履行抗辩权是否须经行使才可阻却给付迟延。对此学界存在两种观点："存在效果说"认为，同时履行抗辩权即使未经当事人主张，其存在本身即可以排除给付迟延；②"行使效果说"则认为，同时履行抗辩权须经行使才可使当事人免于陷入迟延。③ 存在效果说值得赞同，该说在德国法上亦为通说④。

债权人欲使债务人陷于给付迟延，须提出（anbieten）对待给付，债务人仅准备受领该对待给付但却不提出自己之给付的，一方面陷于受领迟延，另一方面也陷于给付迟延。⑤

四、证明责任

在诉讼中，被告如主张同时履行抗辩权，则应就"当事人因双务合同互负债务"及"债务已届清偿期"进行举证。原告则可以通过证明被告依约负有先履行之义务或者自己已经按照合同约定作出给付行为，对抗同时履行抗辩权的行使。

第五百二十六条 【先履行抗辩权】当事人互负债务，有先后履行顺序，应当先履行债务一方未履行的，后履行一方有权拒绝其履行请求。先履行一

---

① Vgl. Staudinger/Schwarze (2015), §320 Rn. 42.
② 参见王利明：《论双务合同中的同时履行抗辩权》，载梁慧星主编：《民商法论丛》（第3卷），法律出版社1995年版，第21—22页。
③ 参见王洪亮：《〈合同法〉第66条（同时履行抗辩权）评注》，载《法学家》2017年第2期；朱广新：《合同法总则研究（下册）》，中国人民大学出版社2018年版，第573页。
④ Vgl. Staudinger/Schwarze (2015), §320 Rn. 44.
⑤ Vgl. Staudinger/Schwarze (2015), §320 Rn. 45.

方履行债务不符合约定的,后履行一方有权拒绝其相应的履行请求。

一、构成要件

1　先履行抗辩权构成要件包括:第一,当事人因双务合同互负债务;第二,双方债务均已届清偿期;第三,双方所负债务有先后履行顺序;第四,先履行一方未履行债务或者履行债务不符合约定。第一、二、四项要件应与第525条同时履行抗辩权做相同理解。以下仅就"先履行义务"进行解释。

2　先履行义务既可以基于法律规定,也可以基于当事人约定。基于法律规定的先履行义务如本法第721条,当事人无明确约定情形下出租人应先履行债务,承租人于租赁期限届满时支付租金;再如本法第782条,承揽合同无特别约定情形下承揽人的"完成工作成果"义务应当先履行,但"交付工作成果"义务应与定作人的报酬支付义务同时履行。当事人可以约定债务履行顺序,该约定可以通过明示或默示的方式作出。

二、法律效果

3　在满足本条要件前提下,后履行方可以拒绝履行债务,且不构成给付迟延。后履行方的债务履行期届满,不影响先履行抗辩权的存续,也不导致先履行方取得同时履行抗辩权(第525条边码9)。

4　先履行抗辩权亦属于需主张的抗辩。先履行方诉请后履行方履行债务,后履行方的债务届期但未主张先履行抗辩权的,应判令后履行方履行债务。后履行方主张先履行抗辩权的,应判决驳回先履行方的诉讼请求。

三、证明责任

5　在诉讼中,被告如主张先履行抗辩权,则应就"当事人因双务合同互负债务""债务已届清偿期""原告应当先为给付"进行举证。原告则可以通过证明自己已经按照合同约定履行了债务,对抗先履行抗辩权的行使。原告证明自己已经提出给付但被告不予受领的,亦可排除先履行抗辩权。被告证明其不予受领存在合法理由的,仍可行使先履行抗辩权。

第五百二十七条　【不安抗辩权】应当先履行债务的当事人,有确切证据证明对方有下列情形之一的,可以中止履行:

(一)经营状况严重恶化;

(二)转移财产、抽逃资金,以逃避债务;

(三)丧失商业信誉;

(四)有丧失或者可能丧失履行债务能力的其他情形。

当事人没有确切证据中止履行的,应当承担违约责任。

一、规范目的

1　不安抗辩权(Unsicherheitseinrede)源于大陆法系,是指在债务履行有先后顺序的双务合同中,应当先为履行的一方当事人,在对方存在丧失或者可能丧失履行债务能力的情形时,为保护自己的合法利益,可以中止或拒绝履行的权利。与同时履行抗辩权、先履行抗辩权不同,不安抗辩权的立法理由并不在于合同履行的顺序利益,其规范目的主要在于如下四点:第一,平衡当事人利益;第二,避免先履行方的履约风险;第三,防止往复给付与循环诉讼;第四,防止合同欺诈。①

二、构成要件

(一)当事人因双务合同互负债务,且债务存在先后履行顺序

不安抗辩权的成立须以当事人因双务合同互负债务,且各方债务存在先后履行顺序为前提。本条虽未如本法第525条、第526条明确规定抗辩权的成立须"当事人互负债务",但学界对不安抗辩权只能适用于双务合同已经达成了共识。② 此外,如果双方债务不存在先后履行顺序,则当事人只能援用同时履行抗辩权,不安抗辩权于此情形下无适用余地。

不安抗辩权所要解决的信用不安问题,虽然绝大多数表现为金钱债务场合丧失给付能力的情形,但此处的债务并不限于金钱债务或者与财产有直接关联的债务,例如,甲邀请歌手乙演出,约定应由甲先支付报酬,后因乙生病无法按时演出,甲自得以此为由拒付报酬。③

(二)援用不安抗辩权的当事人为先履行方

援用不安抗辩权的当事人应为先履行方。后履行方可主张先履行抗辩权,以保护自己利益,避免授信风险,故无不安抗辩权适用之必要。

(三)后履行方有丧失或者可能丧失履行债务能力的情形

不安抗辩权制度的建立是基于维护先履行方的利益,避免其因给付而蒙受对方不履行债务之风险。④ 因此,不安抗辩权的成立要求后履行方存在丧失或者可能丧失履行债务能力(Leistungsfähigkeit)的情形。对此,本条第1款规定了如下几种情形:

1. 经营状况严重恶化

"经营状况严重恶化"在具体认定时,应当以达到"丧失或者可能丧失履

---

① 参见傅鼎生:《不安抗辩适用之限定》,载《法学》2008年第8期。
② 参见谢鸿飞:《合同法学的新发展》,中国社会科学出版社2014年版,第297页;韩世远:《合同法总论》(第四版),法律出版社2018年版,第416页。
③ 参见韩世远:《合同法总论》(第四版),法律出版社2018年版,第417页。
④ 参见傅鼎生:《不安抗辩适用之限定》,载《法学》2008年第8期。

行债务能力"的程度为必要。① 例如,后履行方因严重亏损等原因导致财产明显减少,有难于对待给付之虞的,可认定为"经营状况严重恶化"。

2. 转移财产、抽逃资金,以逃避债务

7 《民法典》同时吸收大陆法系不安抗辩权制度与英美法系预约违约制度。有观点认为,后履行方"转移财产、抽逃资金,以逃避债务"这一情形与默示预期违约颇为相近,二者均指向了当事人的主观意愿。② 因此,本条之适用与本法第 578 条(预期违约)之适用可发生重叠。但仍应注意的是,"转移财产、抽逃资金,以逃避债务"与"以自己的行为表明不履行合同"在具体认定上侧重点并不完全相同,前者更侧重于后履行方的行为影响到了其履行能力。③

3. 丧失商业信誉

8 后履行方丧失商业信誉,原则上亦须达到"丧失或者可能丧失履行债务能力"的程度。④ 在后履行方是否丧失商业信誉以致丧失或可能丧失履行债务能力的具体认定上,应根据合同目的结合个案中当事人利益状况及案件具体情况综合判断。

4. 丧失或者可能丧失履行债务能力的其他情形

9 此项规定为兜底性规定,以防止出现法律漏洞。例如,提供劳务者缔约后丧失劳动能力等情形,即属于此处的"其他情形"。⑤ 进出口禁令、原料供应中断、因火灾而失去生产场所、因劳资冲突导致劳动力不足、丢失且找不到为履行债务所必需的文书等,皆可构成"丧失或者可能丧失履行债务能力的其他情形"。⑥

10 有疑问的是,上述不安情势应于何时出现?对此本条并无明确规定,学界亦存在争议。一种观点认为,不安抗辩权是建立在情势变更观念的基础上,后履行方丧失或可能丧失履行债务能力的情形应限于合同缔结后发生。

---

① 参见韩世远:《合同法总论》(第四版),法律出版社 2018 年版,第 419 页;崔建远:《合同法》(第三版),北京大学出版社 2016 年版,第 161 页;傅鼎生:《不安抗辩适用之限定》,载《法学》2008 年第 8 期。
② 参见王利明:《预期违约与不安抗辩权》,载《华东政法大学学报》2016 年第 6 期。
③ 参见叶金强:《不安抗辩中止履行后的制度安排——〈民法典〉第 528 条修正之释评》,载《法律科学(西北政法大学学报)》2020 年第 5 期。
④ 参见韩世远:《合同法总论》(第四版),法律出版社 2018 年版,第 419 页;崔建远:《合同法》(第三版),北京大学出版社 2016 年版,第 161 页;傅鼎生:《不安抗辩适用之限定》,载《法学》2008 年第 8 期。
⑤ 参见谢鸿飞:《合同法学的新发展》,中国社会科学出版社 2014 年版,第 298 页。
⑥ Vgl. Staudinger/Schwarze (2015), §321 Rn. 42.

反之,如果此类情形发生于合同缔结前,仅得依重大误解、欺诈、合同无效等规定处理,无不安抗辩权之适用。① 另一种观点则认为,如果后履行方丧失或者可能丧失履行能力的情形发生于合同缔结前,但先履行方并不知悉且对其不知无重大过失,为合理平衡双方当事人利益,应认为先履行方可以主张不安抗辩权。② 值得注意的是,德国债法改革后,《德国民法典》第321条亦将旧法不安情势"于合同成立后发生"修改为"于合同成立后可识别"。基于此,德国现行法上的不安抗辩权亦将上述情形发生时间提前至合同成立前。③ 不安抗辩权虽为法律行为基础障碍制度的缩小版,④但法律行为基础障碍并非仅包括行为基础嗣后丧失(情势变更),也包括行为基础自始欠缺。就此而论,上述第二种观点值得肯定。

三、法律效果

(一)中止履行的权利

与其他的抗辩权不同,本条并未将先履行方的不安抗辩权表述为"有权拒绝履行",而是规定先履行方可以"中止履行"。有观点认为,"中止履行"和"拒绝履行"是有区别的,后者以对方请求为前提,而前者则无须此前提,即使相对人未主动请求履行,也可以中止自己的履行。因此,我国法上的不安抗辩权的效果不仅体现为拒绝履行,也包括了对于自愿履行行为的中止。⑤

此外,有争议的是,先履行方可中止履行的是否仅限于履行行为,抑或也包含履行准备行为? 有学者参考比较法并进而认为,中止履行亦可包含中止履行准备行为。⑥ 相反观点则认为,中止履行仅指中止履行行为,而不包含中止履行准备行为。其理由在于:如果先履行方在期前中止其履行准备,即便不符合不安抗辩权的要件,也不会产生违约责任。⑦

(二)阻却违约责任

依本条第2款之规定,如果先履行方没有确切证据中止履行,则其应承

---

① 参见王利明、崔建远:《合同法新论·总则》(修订版),中国政法大学出版社2000年版,第350页。
② 参见韩世远:《合同法总论》(第四版),法律出版社2018年版,第418页。
③ Vgl. Palandt/Grüneberg (2020),§321 Rn. 4.
④ Vgl. Palandt/Grüneberg (2020),§321 Rn. 1.
⑤ 参见韩世远:《合同法总论》(第四版),法律出版社2018年版,第421页。
⑥ 参见韩世远:《合同法总论》(第四版),法律出版社2018年版,第421—422页。
⑦ 参见葛云松:《不安抗辩权的效力与适用范围》,载《法律科学(西北政法大学学报)》2003年第1期。

担迟延给付所生之违约责任。① 反之,如果有确切证据中止履行,则其不安抗辩权具有阻却违约责任的效果。

四、证明责任

14 在诉讼中,应先为履行的一方如果主张不安抗辩权,则除了就"当事人因双务合同互负债务,且各方债务存在先后履行顺序"进行举证外,还须就相对人"有丧失或者可能丧失履行债务能力的情形"提供"确切"证据予以证明。

第五百二十八条 【行使不安抗辩权】当事人依据前条规定中止履行的,应当及时通知对方。对方提供适当担保的,应当恢复履行。中止履行后,对方在合理期限内未恢复履行能力且未提供适当担保的,视为以自己的行为表明不履行主要债务,中止履行的一方可以解除合同并可以请求对方承担违约责任。

一、中止履行后的通知义务

1 先履行方行使不安抗辩权中止履行的,应当及时通知对方。此处的通知义务一方面可以避免对方因中止履行而遭受不必要的损害。另一方面,也便于另一方在获此通知之后及时提供适当的担保,以消灭先履行方的不安抗辩权从而使之恢复履行。②

二、合同解除权与违约责任

2 本条第 3 句以"未恢复履行能力"与"未提供担保"相结合来限定先履行方的合同解除权。对此仍应说明两点:第一,此处的"合理期限"为不确定概念,需留待法官结合案件的实际情况兼顾当事人利益加以确定。③ 第二,相对人提供的担保既包括物的担保,亦包括人的担保。④ 亦有观点认为,此处的担保应作广义理解,除物的担保和保证以外,甚至还可以包括其他可以消除不安情势的措施。

3 此外,与原《合同法》第 69 条相比,本条第 3 句新增"视为以自己的行为表明不履行主要债务"。有观点认为,后履行一方丧失履行能力且未能在合理期限内提供担保就相当于默示的预期违约,即以自己的行为表明不履行主

---

① 参见俞某某与福建华辰房地产有限公司、魏某某商品房买卖(预约)合同纠纷案,最高人民法院民事判决书(2010)民一终字第 13 号。
② 参见韩世远:《合同法总论》(第四版),法律出版社 2018 年版,第 422 页。
③ 参见朱广新、谢鸿飞主编:《民法典评注:合同编·通则 1》,中国法制出版社 2020 年版,第 511 页(侯国跃执笔)。
④ 参见张金海:《预期违约与不安抗辩制度的界分与衔接——以不履行的可能性程度为中心》,载《法学家》2010 年第 3 期。

要债务。① 另一种观点则指出,"履行能力的丧失"与"以行为表明"存在根本区别,前者基于客观情况,后者基于主观意愿,因此本条第3句实质上是在《民法典》体系中创设了一个新的预期违约类型,即"预期不能履行"。②

如果对方未恢复履行能力且未提供担保,中止履行一方尚可请求其承担违约责任。当然,违约责任的追究需要具备归责基础,相对人是否违约须另行判断。③

第五百二十九条　【因债权人的履行困难】债权人分立、合并或者变更住所没有通知债务人,致使履行债务发生困难的,债务人可以中止履行或者将标的物提存。

第五百三十条　【债务人提前履行债务】债权人可以拒绝债务人提前履行债务,但是提前履行不损害债权人利益的除外。

债务人提前履行债务给债权人增加的费用,由债务人负担。

一、规范目的

基于私法自治,如果合同双方对于合同履行期限已有明确约定或可经由解释确定,则债务人应于该期限内履行债务,债权人亦应受领债务人所提供之给付。在实践中,债务人可能出于某些特殊原因向债权人提出提前履行债务。债务人积极履行债务虽为可嘉,但其提前履行可能会给债权人带来不便,甚至可能损害债权人利益。本条旨在合理平衡合同双方利益。

二、提前履行的法律后果

(一)债权人拒绝权

根据本条第1款之规定,如果债务人提前履行债务,债权人原则上享有拒绝权。债权人如欲拒绝债务人的提前履行,则应在合理期限内及时通知债务人,通知在到达债务人时生效。

但是,如果提前履行并不损害债权人利益,那么基于诚信原则,债权人不得拒绝债务人的提前履行。提前履行是否损害债权人利益应当结合个案具体情况及当事人的具体利益状态综合判断,如果提前履行只是轻微地损害了

---

① 参见张海海:《预期违约与不安抗辩制度的界分与衔接——以不履行的可能性程度为中心》,载《法学家》2010年第3期。

② 参见叶金强:《不安抗辩中止履行后的制度安排——〈民法典〉第528条修正之释评》,载《法律科学(西北政法大学学报)》2020年第5期。

③ 同上注。

债权人利益,但对债务人意义重大,则债权人不得随意拒绝债务人的提前履行。[1] 此外,从本条第 2 款可以推知,如果债务人提前履行债务仅导致债权人的费用增加,则亦不属于"提前履行损害债权人利益"的情形。

(二)债权人接受提前履行后的法律效果

4   债权人接受债务人提前履行的,发生清偿之效果,债之关系消灭。

(三)提前履行的费用承担

5   为保护债权人利益,依本条第 2 款之规定,债务人提前履行债务给债权人增加的费用,由债务人负担。例如,债权人为受领债务人的提前履行所额外多支付的仓库租金。

第五百三十一条 【债务人部分履行债务】债权人可以拒绝债务人部分履行债务,但是部分履行不损害债权人利益的除外。

债务人部分履行债务给债权人增加的费用,由债务人负担。

一、规范目的

1   本法第 509 条第 1 款规定了合同的全面履行原则,即当事人应当按照约定全面履行自己的义务,债务人仅部分地履行自己的债务则显然违背了全面履行原则。但在实践中的某些情形下,根据个案具体情况,为了更合理地平衡当事人利益,债务人的部分履行亦得为法律所允许。本条所规范的部分履行制度即以诚实信用原则为基础,目的在于实现当事人间利益平衡。

二、部分履行的法律后果

(一)债权人拒绝权

2   根据本条第 1 款之规定,对于部分履行,债权人原则上享有拒绝权。债权人拒绝权的行使,是需受领的意思通知。债权人如欲拒绝债务人的部分履行,则应在合理期限内及时通知债务人,通知在到达债务人时生效。[2]

3   债权人的拒绝权并非无限制,如果债务人的部分履行不损害债权人利益,基于诚信原则,债权人不得拒绝债务人的部分履行。债务人的部分履行是否损害债权人利益应当结合个案具体情况及当事人的具体利益状态综合判断。如果部分履行只是在较小的程度上增加了债权人的不便,但却对债务人具有重大的意义,例如解决运营资金的周转困难等,则不应认为部分履行

---

[1] 参见朱广新、谢鸿飞主编:《民法典评注:合同编·通则 1》,中国法制出版社 2020 年版,第 517 页(侯国跃执笔)。

[2] 参见薛军:《部分履行的法律问题研究——〈合同法〉第 72 条的法解释论》,载《中国法学》2007 年第 2 期。

损害债权人利益。① 此外,从本条第 2 款可以推知,如果部分履行仅导致债权人的费用增加,则亦不属于"部分履行损害债权人利益"的情形。

如果债务人的部分履行不损害债权人的利益,但债权人仍然拒绝债务人的部分履行,则构成债权人受领迟延。

(二)债权人接受部分履行后的法律效果

如果债权人接受了债务人的部分履行,则将产生债的部分消灭的法律后果,剩余债务仍应由债务人在约定期限内继续履行。

(三)部分履行的费用承担

为保护债权人利益,依本条第 2 款之规定,债务人部分履行债务给债权人增加的费用,由债务人负担。所谓增加的费用,即因债务人部分履行而导致的债权人要比正常履行的情况下多支付的一部分费用。②

三、证明责任

由债务人证明部分履行客观上并不损害债权人的利益,债权人则可通过证明自己主观方面的合理利益受到损害来对抗债务人的主张。③ 债权人主张部分履行给其增加费用的,须就此承担证明责任。

第五百三十二条 【当事人变化不影响合同效力】合同生效后,当事人不得因姓名、名称的变更或者法定代表人、负责人、承办人的变动而不履行合同义务。

第五百三十三条 【情势变更】合同成立后,合同的基础条件发生了当事人在订立合同时无法预见的、不属于商业风险的重大变化,继续履行合同对于当事人一方明显不公平的,受不利影响的当事人可以与对方重新协商;在合理期限内协商不成的,当事人可以请求人民法院或者仲裁机构变更或者解除合同。

人民法院或者仲裁机构应当结合案件的实际情况,根据公平原则变更或者解除合同。

一、规范目的

原则上,有效成立的合同须由当事人严格遵守,此即"合同严守"(pacta

---

① 参见薛军:《部分履行的法律问题研究——〈合同法〉第 72 条的法解释论》,载《中国法学》2007 年第 2 期。
② 参见朱广新、谢鸿飞主编:《民法典评注:合同编·通则 1》,中国法制出版社 2020 年版,第 521 页(侯国跃执笔)。
③ 参见薛军:《部分履行的法律问题研究——〈合同法〉第 72 条的法解释论》,载《中国法学》2007 年第 2 期。

sunt servanda)。而本条所规范的情势变更原则则为"合同严守"的一项例外。所谓情势变更,是指合同有效成立后,因当事人无法预见且不可归责于当事人的事由导致合同的基础条件发生重大变化,继续维持合同原有效力对于合同一方明显不公平时,则应允许变更或者解除合同。① 情势变更原则作为诚信原则的具体表现逐渐为多国立法与判例所肯定。在我国法上,情势变更原则起初由最高人民法院以司法解释(原《合同法解释(二)》第 26 条)的形式予以确认,最终规定于本法第 533 条。本条的规范目的在于,对于当事人不可预见的风险进行合理分配,平衡合同双方利益。

应注意的是,基于情势变更原则与合同严守的紧张关系,情势变更原则具有补充性,对该规范之适用应当谨慎。如果当事人对于有关情势的发生及其处理方法作了明确的约定,则不能适用情势变更原则得出有悖当事人约定的结论。②

二、构成要件

(一)存在情势变更之事实

情势变更之事实,即作为合同基础的客观事实发生重大变化。所谓重大变化是指假如当事人知道有此变化就不会订立合同或者不会以此种内容订立合同③。主要包括两种类型:其一,等价关系障碍,例如因通货膨胀、国家法律政策调整或者不可抗力造成的给付与对待给付之间的显著不均衡。例如,政府取消新能源补贴政策导致能源供应合同对价显著失衡;新冠疫情暴发导致宾馆业务量大幅降低,使得宾馆租赁合同或者特许经营合同对价显著失衡。其二,目的障碍,即该客观情势的重大变化导致合同目的无法实现。④ 例如,租赁场地用于经营加气站,后来由于政府取消使用天然气汽车之补贴政策导致加气站业务量急剧下降,场地租赁合同目的无法实现;出口管制导致购买的旨在外销的货物无法出口。应当注意的是,在目的障碍情形中,如果符合本法第 563 条第 1 款第 1 项之要件,则当事人依该项规定享有合同解除权。

(二)情势变更发生在合同成立之后、履行完毕之前

首先,情势变更须发生在合同成立之后。如果情势变更在合同缔结前已经发生,但是当事人对该情势变化之事实并不知晓,应认为当事人存在错误

---

① 参见韩世远:《合同法总论》(第四版),法律出版社 2018 年版,第 488 页。
② 参见[德]卡斯滕·海尔斯特尔:《情事变更原则研究》,许德风译,载《中外法学》2004 年第 4 期。
③ Vgl. Palandt/Grüneberg (2020), §313 Rn. 18.
④ 参见韩世远:《合同法总论》(第四版),法律出版社 2018 年版,第 505 页。

认识,故应适用重大误解之规定,本条于此情形下无适用余地。

其次,情势变更还须发生于合同(双方债务)履行完毕前。原因在于,如果合同已经履行,则合同因履行而消灭,其后所发生的情势变化与合同无关。如果合同履行了一部分,则仅剩余部分债务适用情势变更①。

(三)情势变更的发生不可归责于当事人

此外,情势变更的发生还须不可归责于当事人,即作为合同基础的客观事实发生的重大变化不为当事人尤其是受不利益影响的当事人所能控制。如果该情势的重大变化可以受不利影响的一方当事人控制,则应由其自己承担相应的风险或者承担违约责任,故无本条之适用。②

有争议的是,如果情势变更之事实于债务人给付迟延后始发生,可否适用本条。对此,存在肯定说③与否定说④。否定说是日本民法以及我国台湾地区"民法"上的主流观点⑤。以买卖合同为例,出卖人迟延交货期间该种货物市场价格翻倍,则出卖人不得以情势变更为由主张变更价格条款或者解除合同。因为,在出卖人不迟延的情况下,其所交付的货物就不会遭遇价格飞涨,价格非正常变化的风险自然应由其承担。与此不同,在出卖人迟延交货期间,合同约定的结算货币严重贬值的,如果付款期限尚未届满,则应允许出卖人以情势变更为由主张变更价格条款。因为,即便出卖人没有迟延交货,合同的履行仍然会遭遇货币严重贬值之异常风险,此种风险自然不应由出卖人承担,出卖人仅须依一般规则承担迟延交货的违约责任。由此可见,债务人给付迟延之后发生的情势变更可否适用本条,不可一概而论,决定性因素是情势变更与给付迟延是否具有关联性。

(四)情势变更为当事人订立合同时无法预见且不属于商业风险

本条之适用还应以客观情况的重大变化为当事人在订立合同时无法预见为前提。无法预见依理性人的认识能力予以客观判断,即一个通情达理之人处于当事人一方的缔约状况能否预见到客观情况的变化。⑥

---

① Vgl. Palandt/Grüneberg (2020),§313 Rn. 24.
② 参见韩世远:《合同法总论》(第四版),法律出版社2018年版,第506页。
③ 参见彭诚信:《"情事变更原则"的探讨》,载《法学》1993年第3期。
④ 参见大宗集团有限公司、宗锡晋与淮北圣火矿业有限公司、淮北圣火地产开发有限责任公司、涡阳圣火房地产开发有限公司股权转让纠纷案,最高人民法院民事判决书(2015)民二终字第236号。
⑤ 参见韩世远:《合同法总论》(第四版),法律出版社2018年版,第506页。
⑥ 参见朱广新:《合同法总则研究(下册)》,中国人民大学出版社2018年版,第474页。

此外,本条明确要求,客观情况的重大变化须不属于"商业风险"。① 有观点认为,此处的"商业风险"应理解为"主观意义上的商业风险",是一种经过评价的并被归于某特定主体的不利益;所谓"不属于商业风险",即指相应的不利益不应归结于某特定合同主体,不应由该合同主体负担。② 此项观点,深值赞同。就货币贬值而论,通常由金钱支付请求权人承担贬值风险。例如,长期租赁合同未设定租金调整条款,在十几年期间里货币贬值了30%左右,该风险应由出租人承担,但如果贬值幅度超过60%,则已超出正常商业风险的界限,出租人有权以情势变更为由请求适当提高租金。因原材料、房租、劳动力成本等大幅度涨价导致产品制造成本上涨超过60%的,也构成情势变更。③

(五)继续履行合同对于当事人一方明显不公平

本条之适用还要求维持合同原有效力对于当事人一方明显不公平。例如,因价格的异常涨落,使一方当事人履行合同即遭受经营上"生存毁灭"的结果,而另一方当事人由此而获取巨额利益,即属于此处的"明显不公平"。④ 在目的障碍情形中,须考虑债权人可否将标的物用于其他用途以及因此遭受的损失是否巨大以至于继续履行合同显然不符合公平正义理念。

三、法律效果

(一)重新协商

根据本条第1款之规定,如果满足上述要件,则受不利影响的当事人可以与对方重新协商。有争议的是,应当如何理解此处的"重新协商"?学界主要存在三种观点:第一种观点认为,当事人负有"再交涉义务",但此项"再交涉义务"仅为"行为义务",即只要求当事人符合诚信地再交涉,并不要求当事人一定要达成新的合同。⑤ 第二种观点则认为,情势变更场合下并非使当事人负有再交涉义务,而是赋予处于不利地位的当事人享有请求对方当事

---

① 实践中,有法院将因金融危机导致的价格波动认定为商业风险,从而排除情势变更的适用。参见涉长江三角地区区域海事海商纠纷典型案例三"交银金融租赁与鄂能绿海公司船舶建造合同纠纷案",载上海海事法院:《上海海事法院服务保障长江三角洲区域一体化发展审判情况通报》,第20—22页。http://shhsfy.gov.cn/hsfyytwx/hsfyytwx/spdy1358/hsspbps1434/web/viewer.html?file=2019.pdf.
② 参见韩世远:《情事变更若干问题研究》,载《中外法学》2014年第3期。
③ Vgl. Palandt/Grüneberg (2020), §313 Rn. 27-32.
④ 参见韩世远:《合同法总论》(第四版),法律出版社2018年版,第507页。
⑤ 参见韩世远:《合同法总论》(第四版),法律出版社2018年版,第510页;崔建远:《合同法》(第三版),北京大学出版社2016年版,第126页;吕双全:《情事变更原则法律效果的教义学构造》,载《法学》2019年第11期;王利明:《情事变更制度若干问题探讨——兼评〈民法典合同编(草案)〉(二审稿)第323条》,载《法商研究》2019年第3期。

人重新协商的权利。① 第三种观点则认为,"重新协商"既非受不利影响的一方当事人的权利,亦非对方当事人应负之义务,"重新协商"的功能在于由当事人自主地对风险进行分配。② 第三种观点深值赞同,从本条基本文义出发,重新协商仅仅为单纯的法律倡导,当事人是否愿意重新协商应由其自己决定,法律不应过分干涉当事人的意思自治。

(二)变更或解除合同

依本条之规定,当事人在合理期限内协商未果,则当事人可以请求人民法院或仲裁机构变更或者解除合同。此即情势变更情形下的合同变更权、解除权,这两项权利性质上均属形成权,但需要通过诉讼形式行使。

当事人请求变更合同的,法院应当根据个案具体情况,综合考虑当事人利益状况、合同目的、交易习惯及诚信原则。变更合同可表现为增减标的数额、延期或分期履行、拒绝先为履行、变更标的物等。③ 如果变更合同无法消除显失公平结果,使当事人继续坚持合同是不可苛求的,或者合同目的难以实现,则法院应当允许当事人解除合同。

因情势变更之事实不可归责于当事人,故不存在因情势变更解除合同所生之违约责任。但是根据公平原则,当事人因合同解除所遭受的损失原则上应由双方平均分担。④

四、特殊问题:情势变更与不可抗力

关于情势变更与不可抗力之区分此前学界争议较大。与原《合同法解释(二)》第 26 条相比,本条关于情势变更之构成,最终删除了"非不可抗力造成的"这一要件。

事实上,情势变更与不可抗力虽然在规范功能上存在差异,但两项规范在适用范围上时常存在重叠,在风险分配上亦存评价上的统一性。在现行法律规范框架下,"不可抗力排除情势变更之适用"的观点不具备正当性。

五、证明责任

当事人以情势变更为由主张变更或解除合同的,应对上述构成要件承担证明责任,但情势变更的发生是否可归责于受不利影响之当事人,应由相对

---

① 参见朱广新:《合同法总则研究(下册)》,中国人民大学出版社 2018 年版,第 475 页;张素华、宁园:《论情势变更原则中的再交涉权利》,载《清华法学》2019 年第 3 期。
② 参见尚连杰:《风险分配视角下情事变更法效果的重塑——对〈民法典〉第 533 条的解读》,载《法制与社会发展》2021 年第 1 期。
③ 参见崔建远:《合同法》(第三版),北京大学出版社 2016 年版,第 126 页。
④ 参见尚连杰:《风险分配视角下情事变更法效果的重塑——对〈民法典〉第 533 条的解读》,载《法制与社会发展》2021 年第 1 期。

人承担证明责任。

第五百三十四条 【利用合同危害公共利益的处理】对当事人利用合同实施危害国家利益、社会公共利益行为的,市场监督管理和其他有关行政主管部门依照法律、行政法规的规定负责监督处理。

第五章 合同的保全

第五百三十五条 【债权人代位权】因债务人怠于行使其债权或者与该债权有关的从权利,影响债权人的到期债权实现的,债权人可以向人民法院请求以自己的名义代位行使债务人对相对人的权利,但是该权利专属于债务人自身的除外。

代位权的行使范围以债权人的到期债权为限。债权人行使代位权的必要费用,由债务人负担。

相对人对债务人的抗辩,可以向债权人主张。

一、规范意旨

1　本条的规范对象为债权人代位权。所谓债权人代位权,是指因债务人怠于行使其权利而影响债权人债权实现,债权人为保全自己的债权,可以以自己的名义行使属于债务人权利的权利。

2　通说认为,债权人代位权为债权的对外效力,是从属于债权的特别权利,亦为债权的一种法定权能。债权人代位权的行使并非"债务人权利的默示转让",而是债权人以自己的名义行使债务人的权利。债权人代位权作为债权人的固有权利,属于广义的管理权。①

3　值得注意的是,债权人代位权并非诉讼法上的权利,而是实体法上的权利。与强制执行不同的是,债权人代位权的效用仅为强制执行之准备,而强制执行则是直接就债务人的财产实现给付利益。② 当然,在不采用"入库规则"的前提下,债权人代位权的行使效果与对债务人的债权予以强制执行的效果大同小异。

4　债权人代位权制度作为债权保全方式之一,其着眼于债务人的消极行为,即债务人怠于行使自己的权利,旨在通过保全债务人的责任财产进而保

---

① 参见崔建远:《合同法》(第三版),北京大学出版社 2016 年版,第 167 页;韩世远:《合同法总论》(第四版),法律出版社 2018 年版,第 436 页。
② 参见韩世远:《合同法总论》(第四版),法律出版社 2018 年版,第 436 页。

障债权人债权的实现。

二、构成要件

债权人代位权的行使应当满足如下要件：

（一）债权人对债务人享有债权

债权人须对债务人享有债权。债权人提起代位权诉讼之时，应与债务人之间存在有效的债之关系。① 此处有效的债之关系包括但不限于合同关系、因合同无效或被撤销而生之损害赔偿之债、不当得利返还之债、侵权之债等亦属之。

（二）债务人陷入履行迟延

债权人代位权的行使应以债务人已陷入履行迟延为前提。债权虽已发生但尚未到期或债务人尚未陷入迟延的，债务人在履行期届至前尚有增加责任财产的可能，如果允许债权人行使代位权，则将损害债务人的期限利益，并且过分干预了债务人的财产管理权。②

（三）债务人怠于行使其债权或者与债权有关的从权利

依本条第1款之规定，债权人代位权的成立应以债务人怠于行使其权利为前提。所谓"怠于行使"，即债务人应当行使、能够行使而不行使。有观点认为，对于债务人"怠于行使权利"的判断应将重心放在债务人的债权是否得到清偿的结果上，而非局限于债务人主张权利的过程，故原《合同法解释（一）》第13条第1款将"怠于行使"限定为"未提起诉讼或仲裁"的做法应予否定。③

值得注意的是，原《合同法》第73条第1款规定，债权人代位权的行使应以"债务人怠于行使其到期债权"为前提，而本条第1款则将措辞改为"债务人怠于行使其债权或者与该债权有关的从权利"。从法条的字面出发，主要包含两个方面的变化：第一，新法删除"到期"二字；第二，新法将债权人代位权的客体扩大为"债权或者与债权有关的从权利"。

然而，此处应强调的是，虽然本条删除"到期"二字，但并不意味着债权人代位行使的债务人的权利不以到期为必要。如果债务人的债权未到期，此时次债务人当然可以拒绝履行，债权人自然无法代位行使债务人尚未到期的债权。基于此，新法删除"到期"二字对于债权人代位权的行使对象并无实质影响。

---

① 参见朱广新：《合同法总则研究（下册）》，中国人民大学出版社2018年版，第439页。
② 参见韩世远：《合同法总论》（第四版），法律出版社2018年版，第440页。
③ 参见崔建远：《论中国〈民法典〉上的债权人代位权》，载《社会科学》2020年第11期。

11　　新法的第二点变化则更为重要。原《合同法》第 73 条第 1 款规定债权人代位权的客体为到期债权,而原《合同法司法解释(一)》第 13 条第 1 款又进一步将其限定为"具有金钱给付内容的到期债权"。旧法对于债权人代位权客体的严格限制具有特殊历史原因,旧法设置债权人代位权制度的主要目的是为了解决"三角债"问题,即解决多个以给付金钱为内容的债之循环。[①] 然而,此种局限性规定已经难以解决当下实践中发生的诸多问题,也使得债权人代位权的制度功能难以实现,因此《民法典》编纂中立法者有意识地将债权人代位权的客体扩大为"债权或者与债权有关的从权利"。

12　　债权人可代位行使的债务人的债权可以是基于法律行为(如合同)而生之债权,也可以是法定债务关系(如无因管理、不当得利、侵权行为之债等)中的债权。此外,因原给付义务不履行而生之损害赔偿请求权,因其同属于债权,故亦可由债权人代位行使。

13　　所谓"与债权有关的从权利",典型的如担保权。抵销权、撤销权、债权人撤销权等权利虽不属于本来意义上的从权利,但此类形成权与原债权融为一体,是债务关系中的一项权利,故亦可由债权人代位行使。[②]

14　　如前所述,债权人代位权的规范目的在于保全债务人的责任财产,因此对于本条可进行目的论扩张,使构成债务人责任财产的物权请求权亦可由债权人代位行使。[③]

15　　此外,应注意的是,不得扣押的权利,因其并不构成责任财产的一部分,故不得代位行使。

(四)债权保全的必要性

16　　既然债权人代位权的规范目的在于通过保全债务人的责任财产进而保障债权人债权的实现,那么自然要求具有保全债权的必要。不同于原《合同法》第 73 条第 1 款之规定,新法不再要求债务人怠于行使到期债权须"对债权人造成损害"。债务人怠于行使其权利"影响债权人的到期债权实现的",即有债权保全之必要。

17　　所谓有债权保全之必要,是指不代位行使权利,将导致债务人的责任财产不充足。有学说认为,对于金钱债权的保全而言,债权人代位权的行使原则上应限于债务人的资力不充分,或者不行使则会使债权无法获得满足的场合。对于非金钱债权的保全则并不必须以债务人无资力为必要。此类情形

---

① 参见龙俊:《民法典中的债之保全体系》,载《比较法研究》2020 年第 4 期。
② 参见崔建远:《论中国〈民法典〉上的债权人代位权》,载《社会科学》2020 年第 11 期。
③ 参见韩世远:《债权人代位权的解释论问题》,载《法律适用》2021 年第 1 期。

下,应根据个案具体情况判断是否存在使债权人债权难以实现之危险。[1] 此说似有放宽债权人代位权行使条件之倾向。实际上,非金钱债权(如交货债权)的保全与金钱债权的保全不应有所区别,在衡量是否保全必要时,应将非金钱债权折算为相应数额的金钱债权并将该数额与债务人的责任财产数额相比较。

(五)非专属于债务人自身的债权

根据本条第 1 款之规定,专属于债务人自身的债权不得由债权人代为行使。所谓专属于自身的债权,主要是指基于扶养关系、继承关系而生之给付请求权和退休金、养老金、抚恤金、安置费、人寿保险、人身伤害赔偿请求权等权利。

三、债权人代位权的行使及其限制

根据本条第 1 款之规定,债权人应通过诉讼方式以自己的名义代位行使债务人对相对人的权利。在诉讼中,债权人是原告,相对人是被告,可以将债务人列为第三人。

债权人代位权的规范目的,在于保障债权人债权的实现,因此债权人代位权的行使应当被限制在债权保全的必要范围内。故本条第 2 款第 1 句规定"代位权的行使范围以债权人的到期债权为限"。

此外,根据本条第 2 款第 2 句之规定,债权人行使代位权的必要费用,由债务人承担。此处的必要费用主要包括债权人行使代位权所支付的诉讼费、律师代理费、差旅费、债权人对于债务人怠于行使权利的行为进行调查取证的费用等。[2]

依本条第 3 款之规定,相对人对债务人的抗辩,可以向债权人主张。如此规定的主要原因是,次债务人的法律地位不得因债权人代位权的行使而受到损害,次债务人本就可以向债务人主张的抗辩自然不能因债权人代位权的行使而被剥夺。

四、证明责任

债权人作为原告行使代位权,应对"债权人对债务人享有债权""债务人陷入履行迟延""债务人怠于行使其债权或者与债权有关的从权利影响债权人的到期债权实现"的相关事实承担证明责任。

---

[1] 参见韩世远:《债权人代位权的解释论问题》,载《法律适用》2021 年第 1 期。
[2] 参见朱广新、谢鸿飞主编:《民法典评注:合同编·通则2》,中国法制出版社 2020 年版,第 18 页(丁宇翔执笔)。

第五百三十六条 【债权到期前债权人行使代位权】债权人的债权到期前,债务人的债权或者与该债权有关的从权利存在诉讼时效期间即将届满或者未及时申报破产债权等情形,影响债权人的债权实现的,债权人可以代位向债务人的相对人请求其向债务人履行、向破产管理人申报或者作出其他必要的行为。

一、规范目的

1　　本条为新增规定,将债权人代位权行使方式从"请求履行"等实行行为扩大至保存行为。所谓保存行为,是指债权人并非直接请求相对人履行债务,而是通过中断时效、申报债权等行为防止债务人责任财产的减损。债权人实施保存行为通常不会对债务人造成不利影响,亦不会过分介入债务人的财产管理。因此,为了充分发挥代位权制度的保全功能,保护债权人的合法权益,本法特设本条规定以规范债权人代位权的期前行使。

二、构成要件

(一)债权人的债权"未到期"?

2　　本条将代位权的行使时间明确扩大至"债权人的债权到期前"。有疑问的是,债权人依据本条规定实施保存行为是否要求其债权必须尚未到期?有观点认为,此处保存行为的实施不以债权人的债权尚未到期为必要。理由在于,虽然本条明确规定"债权人的债权到期前",但举重以明轻,宜认为,债权人的债权到期前其仅能实施保存行为,而债权人的债权到期后,其可根据实际情况选择依据本法第 535 条诉请履行或者依据本条实施保存行为。[①] 此种观点值得赞同。

(二)债权保全之必要

3　　债权人提前行使代位权应以存在债权保全之必要为前提。具体而言,即债务人的债权或与之相关的从权利存在即将罹于诉讼时效或未及时申报破产债权等情形,影响债权人的债权实现。

4　　债务人的债权或与之相关的从权利"未及时申报破产债权",是指人民法院受理相对人破产申请后,债务人作为相对人的债权人未及时在人民法院确定的债权申报期限内向破产管理人申报债权。于此情形下,为了防止因债务人未参与破产分配而丧失受偿机会,应允许债权人代为申报破产债权。

5　　除上述两种情形以外的其他情形,如果影响到债权人债权实现的,债权人亦可实施相应的保存行为。例如法院受理相对人破产申请后,债务人未及

---

① 参见杨巍:《〈民法典〉债权人的代位权解释论研究》,载《江西社会科学》2020 年第 12 期。

时行使取回权、别除权、抵销权等,可能导致其丧失法律上的优势地位。

三、债权人代位权提前行使的方式

债权人实施保存行为无须采取诉讼方式。原因在于,保存行为的实施目的仅在于维持债务人的责任财产,而非旨在使相对人为清偿行为,因此只要法律设置了实施该行为的程序通道,债权人即有权实施,无须通过实体审理判断该行为的正当性。①

在债权人请求相对人履行以中断诉讼时效的情形下,债权人仅能要求相对人向债务人履行,而非向自己履行。原因在于,在债权人债权到期前,债权人无受领权能,其实施保存行为的目的仅在于保全债务人的责任财产,故其效力亦应止于此。

有学说认为,除上述中断诉讼时效和代为申报债权以外,债权人还可以实施其他形式的保存行为,例如申请强制执行以中断执行时效(《民事诉讼法》第239条)、申请诉讼财产保全等。②

第五百三十七条　【债权人代位权行使的效果】人民法院认定代位权成立的,由债务人的相对人向债权人履行义务,债权人接受履行后,债权人与债务人、债务人与相对人之间相应的权利义务终止。债务人对相对人的债权或者与该债权有关的从权利被采取保全、执行措施,或者债务人破产的,依照相关法律的规定处理。

一、理论争议

关于债权人行使代位权后相对人进行清偿的效果归属问题,学界存在两种不同观点,即"入库规则说"与"直接受偿说"。

"入库规则说"认为,因债务人的相对人清偿所取得的财产应当首先归入债务人的责任财产,然后再依据债权人与债务人之间的法律关系实现债务清偿。"入库规则说"的主要理由有二:第一,使清偿所取得之财产首先归入债务人责任财产,再依据债务人与其债权人(包括但不限于提起代位权诉讼的债权人)之间的法律关系进行清偿符合债权平等原则。第二,"入库规则说"亦符合代位权制度的规范目的,即保全债务人的责任财产,以保障债权

---

① 参见杨巍:《〈民法典〉债权人的代位权解释论研究》,载《江西社会科学》2020年第12期。
② 参见韩世远:《债权人代位权的解释论问题》,载《法律适用》2021年第1期。

人的债权得以实现。①

3　"直接受偿说"则认为,因相对人清偿所取得的财产应当直接归属于债权人。"直接受偿说"的主要理由为,使提起代位权诉讼的债权人直接受领相对人之清偿,有利于调动债权人行使债权的积极性,强化对债权实现的保护力度。②

二、规范内容

4　本条总体上延续了原《合同法解释(一)》第20条之规定,但进行了一定完善,即本条第2句增加了债务人的债权或与其相关的从权利被采取保全、执行措施,或者债务人破产等例外情形。从本条第1句基本文义("由债务人的相对人向债权人履行义务")结合相关立法资料③可知,本条倾向于采"直接受偿说"。然而,"直接受偿说"无论是在学理上还是在司法实践的具体执行中,均存在着难以克服的障碍。一方面,"直接受偿说"赋予提起代位权诉讼的债权人优先受偿的效力,显然违背了债权平等原则。另一方面,"直接受偿说"违背了代位权制度的根本目的,代位权制度的根本目的仅仅在于避免债务人责任财产减少进而保障债权人债权实现,而非在于使债权人债权实际得以实现。

5　有鉴于此,有学说认为,有必要对本条予以更为合理的解释。本条第1句规定的只是相对人履行义务方向的转变,并非债务人对相对人的债权或与之相关的从权利的移转,代位债权人不享有优先受偿权。④

6　当然,"入库规则说"虽符合代位权制度的规范目的,但依该说发生的代位权行使效果显然不如对债务人的债权予以强制执行之效果。在后者情形中,依据《民事诉讼法解释》第501条第1款之规定,执行法院应通知次债务人向申请执行的债权人履行债务,其实际效果与"直接受偿说"类似。因此,如果固守"入库规则说",则可能导致债权人代位权被束之高阁,无人问津。从这个角度看,"直接受偿说"亦有可取之处。当然,本条中的直接受偿规则存在一些值得澄清之处。如果债权是金钱债权,而次债务人对债务人负担的是交付动产或者移转不动产物权的债务,则行使代位权的债权人无法直接受

---

① 参见韩世远:《合同法总论》(第四版),法律出版社2018年版,第449页;朱广新:《合同法总则研究(下册)》,中国人民大学出版社2018年版,第446页;崔建远:《论中国〈民法典〉上的债权人代位权》,载《社会科学》2020年第11期,第99—100页。

② 参见黄薇主编:《中华人民共和国民法典合同编解读(上册)》,中国法制出版社2020年版,第261页。

③ 同上注,第256—261页。

④ 参见韩世远:《债权人代位权的解释论问题》,载《法律适用》2021年第1期。

偿,毋宁只能代为受领次债务人的给付。受领后,动产或者不动产无论由谁保管,皆为债务人责任财产的一部分,担保债务人的所有债务。对此,行使代位权的债权人只能通过申请财产保全或者强制执行,才能获得程序法上的优势地位。

依本条第2句之规定,债务人对相对人的债权或者与该债权有关的从权利被采取保全、执行措施,或者债务人破产的,依照相关法律的规定处理。此类情形中,债务人的债权在处分权能上受到限制,债权人代位权的行使当然受到影响。

第五百三十八条 【无偿处分、恶意延长履行期限时的债权人撤销权】债务人以放弃其债权、放弃债权担保、无偿转让财产等方式无偿处分财产权益,或者恶意延长其到期债权的履行期限,影响债权人的债权实现的,债权人可以请求人民法院撤销债务人的行为。

一、规范意旨

所谓债权人撤销权,是指债务人滥用其财产处分权影响债权人的债权实现,债权人可以请求法院撤销债务人行为(诈害行为)的权利。债权人撤销权与债权人代位权均属债的保全制度,二者的规范目的均在于保全债务人的责任财产,保障债权人的债权顺利实现,但二者运作上存在较大差异。债权人代位权系以债务人的现有权为范围,对于既成的社会秩序尚无破坏,制度运作上的考虑亦较为单纯;而债权人撤销权则不以债务人的现有权为限,其行使结果足以破坏既成的社会秩序,制度运作上的考虑较为复杂。①

关于债权人撤销权的性质,学界一直存在较大争议。"形成权说"认为,债权人撤销权是一种具有依债权人单方面的意思使债务人与第三人之法律行为丧失效力的形成权。"请求权说"则认为,债权人撤销权是向因债务人的行为而受利益的第三人直接请求返还的权利,此种观点基于债权人撤销权的规范功能,本质上在于取回因债务人的诈害行为而丧失的责任财产。"折中说"则认为,债权人撤销权兼具形成权与请求权的性质。债权人撤销权的行使,一方面使债务人与第三人的法律行为归于无效,另一方面又使债务人的责任财产回复至行为前的状态。晚近在德国与日本民法学界出现的"责任说"认为,撤销权行使的效果是使诈害债权的法律行为处于"责任上的无效"状态。申言之,撤销后,被转移的财产仍然属于债务人的责任财产,受益

---

① 参见崔建远:《合同法》(第三版),北京大学出版社2016年版,第180页。

人或者转得人负有强制执行容忍义务。① 我国目前通说采"折中说"。本书认为,"责任说"更为合理,对其内容略加改进后即可作为本法中的债权人撤销权制度的解释基础。

3　　如前所述,法律赋予债权人撤销权的目的在于保全债务人的责任财产,但因其对既成的社会秩序影响较大,尤其影响到第三人利益及交易安全的保护。因此,本法所规范的债权人撤销权制度区分债务人无偿处分和有偿处分两种情形,分别规定于本条和第 539 条。本条的规范对象即为债务人无偿处分和恶意延长履行期限情形下的债权人撤销权。

二、构成要件

4　　债权人依据本条行使撤销权应当满足如下要件:

(一)债权人对债务人享有债权

5　　与代位权不同,债权人行使撤销权时,不要求其债权已经到期。② 本条使用"影响债权人的债权实现的"之表述,非如本法第 535 条第 1 款使用"影响债权人的到期债权实现的"之表述。之所以如此规定,主要因为行使撤销权时通常情况紧急,如果等债权人的债权到期才行使撤销权,则被处分的财产很可能无法回复。

6　　有特别担保的债权人通常不得行使撤销权,但如果特别担保不充分,如抵押物价值低于债权数额,保证人丧失偿债能力,则债权人仍可行使撤销权。

(二)债务人无偿处分其财产权益或者恶意延长其到期债权的履行期限

7　　在债务人无偿处分其财产权益或者延长到期债权的履行期限情形下,因为不会对第三人的既有财产造成损害,而仅仅是导致第三人财产无法积极增加。因此,法律在衡量债权人与第三人之间的利益冲突时更倾向于保护债权人利益。本条在原《合同法》第 74 条基础上吸收了原《合同法解释(二)》第 18 条的规定,列举了如下几种债务人无偿处分的行为:1. 放弃到期债权;2. 放弃债权担保;3. 无偿转让财产。所谓无偿转让财产,应解释为既包括无偿转让既存的财产所有权、股权、债权等,也包括无偿为他人设定用益物权、订立无偿的知识产权许可使用合同等。

8　　当然,债务人无偿处分其财产权益并不仅限于上述三种情形。本条中的"等"字应解释为可被撤销的无偿处分行为还包括其他类型,例如债务人放弃债权、担保权利以外的其他财产权利,债务人放弃担保物权的顺位,债务人

---

① 学说梳理参见韩世远:《合同法总论》(第四版),法律出版社 2018 年版,第 455—458 页。

② 参见黄薇主编:《中华人民共和国民法典合同编解读(上册)》,中国法制出版社 2020 年版,第 267 页。

为自己所负的其他既存债务设定担保物权①。就最后一种情形而言,债务人的其他债权人本来享有的是无担保债权,因债务人的担保物权设立行为而取得额外利益且未为此付出相应对价,该行为也具有无偿性,若债务人当时已陷入资力不足,则该行为亦有害于欲行使撤销权之债权人的利益。②

此外,本条所规定的"无偿处分财产权益的行为"通常仅指法律行为,既包括单独行为,亦包括合同,但不包括债务人单纯的不作为。债务人实施财产处分之法律行为不限于使既存权利发生变动的处分行为,也包括负担行为,如订立赠与合同。某些准法律行为亦有适用债权人撤销权的余地,比如债务人无偿转让债权时所为的债权转让通知。

值得注意的是,与本条所列举的三种无偿处分行为不同,本条对债务人延长到期债权的行为增加了主观"恶意"的要求。如此规范的主要目的在于调和债权人与债务人之间的关系,避免债权人过分干涉。此处"恶意",指向的是债务人的恶意,即债务人明知其延长到期债权的行为会害及债权人的债权实现,但仍故意为之。③

最后,债务人拒绝为赠与之承诺或对第三人承担债务表示拒绝等,无本条之适用。④ 原因有二:第一,此类行为不属于"债务人无偿处分财产权益的行为";第二,债权人撤销权的目的仅在于保全债务人的责任财产,而非以增加债务人的清偿能力为目的。

(三)债务人的无偿处分或延长到期债权履行期限影响了债权人的债权实现

基于债权人撤销权的规范目的即在于保全债务人的责任财产,因此,只有当债务人所实施的无偿处分其财产权益或者延长到期债权履行期限的行为影响到债权人的债权实现时,才得成立撤销权。债务人的行为影响了债权人的债权实现,是指债务人的责任财产因其无偿处分而减少,致使债权人的债权存在全部或部分难以实现的危险。在具体判断时,有时有必要延伸至相关交易,整体审视,最后确定债务人的行为是否影响了债权人的债权实现。⑤

此外,债权人的债权陷入难以实现的危险,须发生于债务人无偿处分行

---

① 典型案例参见海外第七号基金公司与南京长恒公司等债权人撤销权纠纷案,江苏省高级人民法院民事判决书(2018)苏民终51号;周某某与胡某某等债权人撤销权纠纷案,上海市第一中级人民法院民事判决书(2020)沪01民终4075号。
② 类似观点参见韩世远:《合同法总论》(第四版),法律出版社2018年版,第466页。
③ 参见崔建远:《论债权人撤销权的构成》,载《清华法学》2020年第3期。
④ 参见韩世远:《合同法总论》(第四版),法律出版社2018年版,第463页。
⑤ 参见崔建远:《论债权人撤销权的构成》,载《清华法学》2020年第3期。

为实施之时,而且在行使撤销权时仍处于此种状态。如果债务人在实施无偿处分行为时,仍具有足够资力清偿债权,但其后因其他原因导致债务人财产减少、不能清偿债务时,则不能认为债务人的无偿处分影响了债权人的债权实现。[①] 反之,债务人在实施无偿处分行为时虽处于资力不足状态,但到债权人打算行使撤销权时,债务人的资力已经恢复,足以偿债,则债权人也不得行使撤销权,因为债权已无保全必要。易言之,债务人的财产处分行为是否有害于债权实现,应采用双重时间标准,兼顾行为实施时和撤销权行使时。

三、撤销权的行使及其效果

(一)撤销权的行使方法

依本条之规定,债权人须通过诉讼形式请求人民法院撤销债务人的行为。在撤销诉讼中,债权人为原告,债务人为被告,受益人或受让人为第三人。

(二)撤销权行使的效果

债务人的财产处分行为一旦被撤销,即自始失去法律效力(本法第542条)。就放弃权利之处分行为而言,撤销后,权利视为未被放弃,仍然归属于债务人。就恶意延长到期债务的履行期限而言,撤销后,履行期限视为未延长。就无偿负担给付义务之行为而言,债务人尚未履行给付义务的,无须再为给付;债务人已为给付的,受益人应负返还义务。受益人因该给付行为所得财产原则上应返还于债务人,如果债权人同时行使撤销权与代位权,则撤销后受益人的财产返还义务适用本法第537条(见该条评注边码6)。即便撤销后受益人未返还财产,该财产的权属亦未发生变动,仍属于债务人的责任财产。行使撤销权的债权人在符合强制执行条件的情况下,可以申请对该财产强制执行,占有该财产的受益人有容忍执行或者协助执行义务。如果债务人转让给受益人的动产、不动产等财产已被受益人转让给第三人,符合善意取得要件的,第三人取得财产权利,否则,该财产仍为债务人的责任财产,可被债权人强制执行。

四、证明责任

债权人行使撤销权的,应证明其享有债权以及债务人无偿处分其财产权益或者恶意延长其到期债权的履行期限影响其债权的实现。

第五百三十九条 【有偿处分时的债权人撤销权】债务人以明显不合理的低价转让财产、以明显不合理的高价受让他人财产或者为他人的债务提供

[①] 参见朱广新:《合同法总则研究(下册)》,中国人民大学出版社2018年版,第454页。

担保,影响债权人的债权实现,债务人的相对人知道或者应当知道该情形的,债权人可以请求人民法院撤销债务人的行为。

一、规范目的

在债务人有偿处分情形下,债权人撤销权的行使可能会影响到第三人的利益。因此,本条的规范目的在于合理协调债权人与第三人之间的利益冲突、兼顾交易安全。

二、构成要件

(一)债务人实施了有偿的财产处分行为

所谓有偿,即债务人的所为之财产处分存在对价。本条共列举了如下三种情形:

1. 债务人以明显不合理的低价转让财产

对于"明显不合理的低价"的具体认定,通说采客观标准,即以客观的市场标准或理性人标准来判断对价是否合理。① 此种客观认定标准亦体现在原《合同法解释(二)》第 19 条中。该条第 1 款规定:"……人民法院应当以交易当地一般经营者的判断,并参考交易当时交易地的物价部门指导价或者市场交易价,结合其他相关因素综合考虑予以确认。"该条第 2 款第 1 分句规定:转让价格达不到交易时交易地指导价或者市场交易价百分之七十的,一般可以视为明显不合理的低价。

本条中的"转让财产"应作广义解释,既包括转让既存的财产权利,也包括设定用益物权、订立专利权等知识产权之许可使用合同、订立租赁合同等财产处置行为,此类行为使相对人取得物权或者债权等财产权利。

2. 债务人以明显不合理的高价受让他人财产

本条吸收了原《合同法解释(二)》第 19 条第 3 款的规定,将"债务人以明显不合理的高价受让他人财产"也纳为有偿诈害行为的一种,因为债务人以不合理的高价受让他人财产同样也会造成其责任财产的减少。对于"明显不合理的高价"的具体认定亦应采客观标准进行判断。原《合同法解释(二)》第 19 条第 2 款第 2 分句规定:"对转让价格高于当地指导价或者市场交易价百分之三十的,一般可以视为明显不合理的高价。"

本条中的"受让他人财产"应作广义解释,既包括受让既存的财产权利,也包括设定用益物权、订立专利权等知识产权之许可使用合同、订立租赁合同等财产处置行为,此类行为使债务人取得物权或者债权等财产权利。因

---

① 参见崔建远:《论债权人撤销权的构成》,载《清华法学》2020 年第 3 期。

此，如果债务人以畸高的租金承租动产或者不动产，则可构成诈害行为。

3. 债务人为他人的债务提供担保

7 债务人为他人的债务提供担保，也导致其责任财产减少。担保设定之法律行为（如保证合同、抵押合同）本身为无偿行为，因为被担保之债权人并未向担保人支付对价。担保的有偿性只能存在于担保人与债务人之间，债务人可能向担保人支付了对价。① 立法上之所以把"为他人的债务提供担保"规定于本条而非规定于本法第538条之中，主要是基于利益衡量。从被担保之债权人的角度看，其虽未支付对价向担保人"购买"担保，但其与受赠人亦有所不同，因为其并非毫无付出。被担保之债权人在获得担保利益的同时，通过发生债务关系向主债务人提供了信用并为此承担了风险。如果因为担保人当时陷于资力不足状态而一概允许通过撤销否定担保行为的效力，不考虑被担保之债权人的主观状态，则对其有失公允。在被担保之债权人为善意的情况下，担保行为应当得到保护。当然，这种保护只应适用于债务人为他人新产生的债务提供担保之情形，不应适用于为他人既存债务提供担保之情形。就后者而论，债务既然已经存在，则被担保之债权人并未为了获得担保而有所付出（提供信用），所以债务人的担保设定行为更接近于无偿的财产处分行为，应适用本法第538条之规定。

（二）债务人的财产处分行为影响了债权人的债权实现

8 只有当债务人的有偿处分行为影响到债权人的债权实现时，才成立撤销权。债务人的行为影响了债权人的债权实现是指债务人的责任财产因其处分行为而减少，致使债权人的债权存在全部或部分难以实现的危险。

9 在债务人为他人债务提供担保情形下，应当结合个案具体情形加以判断。如果债务人提供的担保为物保（如抵押权），基于物权的优先效力，该担保物权将优先于债权人的债权。此时，如果担保物权人实现担保物权后，债务人的责任财产不足以清偿债权人的债权时，即可认为债务人的诈害行为影响了债权人的债权实现。如果债务人为他人债务提供保证，该保证债务先于债权人债权到期，且债务人履行保证债务后，其责任财产不足以清偿债权的，亦可认为其行为影响了债权人的债权实现。

（三）相对人知道或者应当知道该情形

10 为平衡债权人与相对人利益，调和二者间利益冲突，依本条之规定，只有相对人"知道或者应当知道该情形"时，债权人才可以行使撤销权，因为此时

---

① 参见［德］迪特尔·梅迪库斯：《德国债法分论》，杜景林、卢谌译，法律出版社2007年版，第416页。

相对人不存在值得保护之信赖。此处的"知道或应当知道该情形",指的是相对人明知或者依据一般理性人标准应当知道债务人的行为可能会影响到债权人的债权实现。

三、撤销权的行使及其效果

债权人撤销权行使方式和法律效果参见本法第538条评注边码14、15。 **11**

第五百四十条　【债权人撤销权行使的范围及费用】撤销权的行使范围以债权人的债权为限。债权人行使撤销权的必要费用,由债务人负担。

债权人撤销权的规范目的在于避免债务人责任财产的不当减少,以保障债权人债权的顺利实现。因此,债权人撤销权的行使范围自然应当被限制在保全的必要范围内,即撤销权的行使范围原则上应以债权人的债权为限。如果债务人的诈害行为的标的多于债权额,标的可分时,只能在债权额范围内请求撤销债务人的行为,标的不可分时,则可就整个诈害行为提起诉讼。① **1**

此外,根据本条第2句之规定,债权人行使撤销权的必要费用,由债务人承担。此处的必要费用主要包括债权人行使撤销权所支付的诉讼费、律师代理费、差旅费、债权人对于债务人怠于行使权利的行为进行调查取证的费用等。② **2**

第五百四十一条　【撤销权除斥期间】撤销权自债权人知道或者应当知道撤销事由之日起一年内行使。自债务人的行为发生之日起五年内没有行使撤销权的,该撤销权消灭。

第五百四十二条　【撤销权效力】债务人影响债权人的债权实现的行为被撤销的,自始没有法律约束力。

第六章　合同的变更和转让

第五百四十三条　【协议变更合同】当事人协商一致,可以变更合同。

第五百四十四条　【变更不明确推定为未变更】当事人对合同变更的内容约定不明确的,推定为未变更。

一、规范对象

本条规范对象为约定的合同变更,是指保持合同主体不变,仅对合同内 **1**

---

① 参见朱广新:《合同法总则研究(下册)》,中国人民大学出版社2018年版,第458页。
② 参见朱广新、谢鸿飞主编:《民法典评注:合同编·通则2》,中国法制出版社2020年版,第57—59页(丁宇翔执笔)。

容作出变更的法律行为,如变更合同履行条件、违约责任等。根据契约自由原则,当事人在合同成立之后通过合意修改合同内容应被允许。

二、意思表示解释

对原合同内容的变更应以原合同关系仍有效存在,且当事人就合同内容的变更达成"合意"为前提。当事人有关合同变更的约定应依据本法第466条、第142条进行解释,以确定其具体内容。如果当事人对合同变更的内容约定经解释后仍不明确,则依本条之规定,推定为未变更。

三、合同漏洞填补规则的排除适用

合同变更情形下,本法第510条、第511条无适用余地。原因在于,本法第510条、第511条为合同漏洞填补规则,其适用应以合同存在漏洞为前提。在合同变更场合下,原合同对有关事项已有明确的约定,不存在合同漏洞;当事人对合同内容的变更约定不明确的,仍应以原约定的内容为准,故排除本法第510条、第511条之适用。①

第五百四十五条 【债权转让】债权人可以将债权的全部或者部分转让给第三人,但是有下列情形之一的除外:

(一)根据债权性质不得转让;

(二)按照当事人约定不得转让;

(三)依照法律规定不得转让。

当事人约定非金钱债权不得转让的,不得对抗善意第三人。当事人约定金钱债权不得转让的,不得对抗第三人。

一、债权让与自由原则

债权转让,亦称债权让与,是指在保持债权同一性的前提下,让与人与受让人之间关于移转该债权达成合意。其性质上属于处分行为。债权作为一项财产性权利,原则上可以自由让与,此即债权让与自由原则。②

二、债权可转让性的限制

债权的可转让性并非毫无限制,鉴于债权的相对性,以及为了保护债务人的利益,本条第1款规定了如下几种除外情形:

(一)根据债权性质不得转让

根据债权性质不得转让的债权是指债权一旦转让将有可能损害债务人利益或者导致债之目的难以实现的债权。如债权人的变更将会导致给付的

---

① 参见崔建远:《合同法》(第三版),北京大学出版社2016年版,第238页。
② 参见庄加园:《〈合同法〉第79条(债权让与)评注》,载《法学家》2017年第3期。

内容完全变更(例如以提供家教为内容的合同债权)、以保障债权人生活为目的而使之享有的债权(例如退休金债权)等。①

(二)按照当事人约定不得转让

根据契约自由原则,债之关系的当事人当然可以自由约定禁止债权转让。禁止债权转让的约定属于意思表示,适用意思表示的相关规定。

为保护交易安全,本条第2款区别金钱债权与非金钱债权对当事人有关禁止债权转让的约定进行不同程度的限制。② 具体而言,如果该债权为非金钱债权,则只有当第三人为善意的情况下才能取得该债权;反之,如果涉及的是金钱债权,则无论第三人是否善意,均可通过受让取得该债权。当然,债权人违反禁止转让约定造成债务人利益损害的,原债权人应向债务人承担违约责任。所谓善意,是指第三人知道或者应当知道存在禁止债权转让特约。

(三)依照法律规定不得转让

法律规定债权不得转让的,该债权为禁止流通,让与人和受让人签订的债权转让合同无效。③

第五百四十六条 【债权转让通知】债权人转让债权,未通知债务人的,该转让对债务人不发生效力。

债权转让的通知不得撤销,但是经受让人同意的除外。

一、债权转让给受让人的要件

根据学界通说,债权转让是一种处分行为,只要让与人和受让人达成有效的让与合意,则可产生债权让与之效力,受让人即可从让与人处取得债权。④ 相反,少数说认为我国债权转让应该采取与有体物变动相同的让与模式,将整个债权转让区分为债权转让和债权转让合同两个范畴。其中,债权转让属于事实行为,债权转让合同属于法律行为。⑤ 但是对于何为事实行为,该少数说要么未加以界定,要么界定为让与通知,即让与通知就犹如有体物让与中的交付或者登记一样,是债权转让的形式要件。只有将债权让与通

---

① 参见韩世远:《合同法总论》(第四版),法律出版社2018年版,第601—602页。
② 关于禁止债权让与特约效力的规范模式,参见冯洁语:《禁止债权让与特约:比较法的经验与启示》,载《法商研究》2018年第5期。
③ 参见崔建远:《合同法》(第三版),北京大学出版社2016年版,第252页。
④ 参见王洪亮:《债法总论》,北京大学出版社2016年版,第449页;张谷:《论债让与契约与债务人保护原则》,载《中外法学》2003年第1期;徐涤宇:《债权让与制度中的利益衡量和逻辑贯彻——以双重让与为主要分析对象》,载《中外法学》2003年第3期;张广兴:《债法总论》,法律出版社1997年版,第235页。
⑤ 参见崔建远、韩海光:《债权让与的法律构成论》,载《法学》2003年第7期。

知债务人时,债权才实际移转给受让人。① 该种少数说要么无法回答事实行为之内涵,要么过于扩大解释了让与通知的功能。② 我国典型的司法实务判决采取学界通说之观点,认为未将债权让与通知债务人只是会导致受让人无法有效向债务人主张债权,但并不影响债权转让人与受让人之间债权转让的效力。即向债务人发出债权转让通知并非债权转让的生效要件,没有及时向债务人发出债权转让通知并不影响受让人取得相应债权。③

二、债权转让对债务人的效力

（一）有通知时的效力

根据本条规定,通知作为债权转让对债务人发生效力的要件,一旦向债务人发出债权转让通知,受让人即可有效地向债务人主张债权,债务人应向受让人履行债务。此时,即便受让人未向债务人主张债权,债务人亦可主动向受让人履行债务,但不能再向让与人为有效履行。

（二）未通知时的效力

根据本条规定,在未将债权转让通知债务人的情形下,债权转让固然对债务人不发生效力。但是,若债务人通过其他途径知悉债权转让之事实的,受让人可否对债务人有效主张债权？对此,应作出否定回答。因为在债权让与中,通知无疑是保护债务人的特殊手段。在债权让与通知债务人之前,债务人往往因未参与债权让与而无法确定受让人是否取得债权。此时,债务人若清偿则存在非债清偿的风险,若不清偿则存在履行迟延的风险。鉴于此,本条采"让与通知生效主义",正是为了防止债务人陷入这样的窘境,避免债务人在让与通知前已知悉债权让与情形下的法律地位出现摇摆不定的状态。此时,债务人对债权让与之事实的知悉不能代替债权转让通知,应依然认为债权转让对债务人不发生效力。④ 不过,此时对债务人不生效并不意味着不发生任何效力,即不应将"未通知债务人的,该转让对债务人不发生效力"解释为对"未通知债务人的,该转让对债务人绝对无效"。相反,应将其解释为

---

① 参见张雪忠：《通知：债权移转的生效要件——对传统立法与理论的反思》,载《法学》2005年第7期；尹飞：《论债权让与中债权移转的依据》,载《法学家》2015年第4期。

② 对此问题的详细分析请参见潘运华：《债权让与给受让人的规范模式——从罗马法中的相关制度概况说起》,载《华北电力大学学报（社会科学版）》2019年第3期。

③ 参见佛山市顺德区太保投资管理有限公司与广东中鼎集团有限公司债权转让合同纠纷案,最高人民法院民事判决书(2004)民二终字第212号；武汉宝捷投资顾问有限公司与中国农业银行安陆市支行、安陆市福兴有限公司破产清算组债务纠纷案,湖北省高级人民法院号民事判决书(2007)鄂民监一再终字第00016号。

④ 在中国农业发展银行南昌县支行、江西省万事发粮油有限公司金融借款合同纠纷案[最高人民法院民事判决书(2020)最高法民再13号]中,法院正是采此种解释论。

"未通知债务人的,该转让对债务人相对无效",据此,在债权转让通知债务人之前,受让人虽然不可以向债务人主张债权,但是债务人可以本着对自己有利的宗旨而自担风险地向受让人为有效清偿。①

三、债权转让通知的主体

根据本条规定,债权转让通知主体到底是让与人?抑或是受让人?还是让与人或者受让人皆可?显然并不够明晰。我国学界对此持有争议。② 在我国司法实务中,关于债权转让通知的主体,存在着两种截然不同的见解。一种见解认为债权转让通知既可由债权让与人直接通知债务人,也可以由受让人持其与债权让与人达成的让与协议等相关债权让与凭证进行通知,两种通知的法律效果应同等,③即让与人和受让人均可作为让与通知的主体。另一种见解认为受让人不是通知义务的主体,其不能代替让与人向债务人履行通知义务,④即只允许让与人作为让与通知的主体。两者相比较而言,第一种见解更为合理,应允许让与人和受让人作为让与通知之主体。尽管允许受让人为通知主体,可能会产生让与通知不真实的情形,从而给债务人增加了辨明其真假的负担,并可能会对让与人的债权产生不利益。但是,如果规定受让人须为让与通知时,应当提供能够足以证明其受让债权的证据,如债权凭证,否则受让人之让与通知无效,那么便可有效地避免通知不真实的情形发生。况且,如果只允许让与人为通知主体,那么让与人很可能因为某些原因而故意不通知或者迟延通知债务人,这样将给受让人行使债权造成不便,即使受让人可以诉请让与人为通知,但费时费力,会给受让人徒增烦恼,也会导致债权交易之效率低下,实不可取。而且从国际大趋势来看,也趋向于承认让与人和受让人均有让与通知资格。

四、债权转让通知的撤销

债权人转让债权的通知不得随意撤销,除非经受让人同意。因为受让人

---

① 在遵义渝禾商贸有限责任公司诉中信银行股份有限公司贵阳分行公司、简传刚、杨小平保理业务合同纠纷案[最高人民法院民事判决书(2016)最高法民申 7 号]中,法院认为"未通知债务人的,该转让对债务人绝对无效",即债务人通过其他途径知悉债权转让的情形下依然无法主动向受让人为有效清偿。本书认为该判决不太合理,过于扩大了让与通知的功能。对此更详细的分析请参见潘运华:《债权让与对债务人的法律效力——从(2016)最高法民申 7 号民事裁定书切入》,载《法学》2018 年第 5 期。
② 参见崔建远主编:《合同法》(第六版),法律出版社 2016 年版,第 178 页。
③ 参见广州市番禺区第二建筑工程公司与广州市珑斌投资咨询有限公司、广州市番禺区第二建设集团公司债权转让合同纠纷案,广东省广州市中级人民法院民事判决书(2012)穗中法民二终字第 229 号。
④ 参见青岛玉福通工贸有限公司因与山东顺达机械有限公司债权转让合同纠纷案,山东省日照市中级人民法院民事判决书(2014)日商终字第 179 号。

作为真正的债权人,如果允许让与人随意撤销让与通知,将会导致债务人很可能不再向受让人履行债务,对受让人颇为不利。除此之外,也会给债务人在清偿对象的选择上徒增风险和烦恼。

五、证明责任

6　主张债权转让已经通知债务人的当事人应对此承担证明责任。

第五百四十七条　【债权转让时从权利一并变动】债权人转让债权的,受让人取得与债权有关的从权利,但是该从权利专属于债权人自身的除外。

受让人取得从权利不因该从权利未办理转移登记手续或者未转移占有而受到影响。

一、从权利一并移转

1　原则上,主债权转让的,附属于主债权的从权利一并移转于受让人。此处的从权利主要指担保权,例如抵押权、质权、定金债权、保证债权等。

2　有疑问的是,形成权能否作为从权利一并移转于受让人?通说认为,应当区分不同情况判断。具体而言,与请求权相结合、功能在于实现债权的形成权,如选择权、催告权,应当与债权一同移转;相反,与债之关系结合,毁灭债之关系的全部或者一部分属于当事人的权利的,如解除权、撤销权等,只有在概括承受的情况下,才随主债权一并移转。①

3　从权利随主债权一并移转为原则,但亦存例外,即如果该从权利专属于债权人自身,则不随主债权一并移转。

二、担保物权作为从权利移转的特殊问题

4　有疑问的是,担保物权作为从权利随主债权一并移转时是否应以完成物权变动的公示为必要?一种观点认为,担保物权随主权利一并转让应以完成物权变动公示为前提,例如不动产抵押权应为登记、动产质权应为占有移转。② 相反观点则认为,主债权让与时,担保物权一并移转属于非基于法律行为的物权变动,转让后的担保物权始终为原先已存在的债权进行担保,不以完成物权变动公示为必要。③ 本条第 2 款为新增内容,旨在对上述争议给予回应,其采第二种观点。

---

① 参见崔建远:《合同法》(第三版),北京大学出版社 2016 年版,第 254 页。
② 参见王洪亮:《〈合同法〉第 66 条(同时履行抗辩权)评注》,载《法学家》2017 年第 2 期。
③ 参见崔建远:《合同法》(第三版),北京大学出版社 2016 年版,第 254 页;朱广新、谢鸿飞主编:《民法典评注:合同编·通则 2》,中国法制出版社 2020 年版,第 97 页(肖俊执笔)。

第五百四十八条 【债权转让时债务人抗辩权】债务人接到债权转让通知后,债务人对让与人的抗辩,可以向受让人主张。

一、规范目的

债权转让后,债务人对让与人的抗辩可以向受让人主张。主要原因在于:一方面,债权让与仅为债之主体的变更,债之内容并未改变,债的同一性不因债权让与而丧失,债权原有的瑕疵亦随之移转于受让人。① 另一方面,虽然债权原则上可以自由转让,但债权的转让不得使债务人遭受不利益,债务人的地位亦不因之而恶化。

二、规范内容

(一)抗辩事由

抗辩事由主要包括三种类型:一是债权未发生的抗辩,如主张合同无效、被撤销;二是债权消灭的抗辩,如主张债权因履行等原因而消灭;三是履行抗辩权,如同时履行抗辩权、先履行抗辩权、不安抗辩权等。②

(二)时间界限

需注意,"债务人接到债权转让通知后",指的是债务人可以主张抗辩的时点,而非对抗辩产生时点的限制。③ 根据本法第 546 条第 1 款之规定,债权让与未通知债务人的,该转让对债务人不发生效力。据此,债务人收到债权让与通知前,债权让与对其不发生效力,即对于债务人而言,债权人并未发生改变。只有在债务人接到债权让与通知后,债权让与始对债务人发生效力,此时才存在对原债权人的抗辩向受让人主张的必要。

第五百四十九条 【债权转让时债务人抵销权】有下列情形之一的,债务人可以向受让人主张抵销:

(一)债务人接到债权转让通知时,债务人对让与人享有债权,且债务人的债权先于转让的债权到期或者同时到期;

(二)债务人的债权与转让的债权是基于同一合同产生。

一、规范目的

债权人原则上可以自由转让其债权,而无须经债务人同意,但债权人自由转让债权亦不得使债务人遭受不利益。在债权转让中强调债权同一性亦是旨在保护债务人的利益。以债权同一性为基础,为了保护债务人基于抵销

---

① 参见崔建远:《合同法》(第三版),北京大学出版社 2016 年版,第 259 页。
② 参见朱广新:《合同法总则研究(下册)》,中国人民大学出版社 2018 年版,第 493 页。
③ 参见朱虎:《债权转让中对债务人的延续性保护》,载《中国法学》2020 年第 5 期。

状态所可能享有的对抵销的合理预期利益,债务人对债权人所可能享有的抵销权自应得向受让人主张。① 但是,如果过分赋予债务人抵销权,使其能够随时主张抵销,则将不可避免地危及受让人的合理信赖。因此,本条的规范目的即在于,综合个案具体情况及当事人利益状况,使债务人对原债权人的抵销权得以延续的同时,亦对其抵销权的行使进行必要限制,以实现债务人的合理期待与受让人的合理信赖间的平衡。②

二、构成要件

2　　与原《合同法》第 83 条相比,本条新增第 2 项,并区分两种情形对债权让与中的债务人抵销权予以规范。第一种情形为独立抵销,其是指无关的两个交易中产生的债权的抵销(本条第 1 项);第二种情形为非独立抵销,其是指基于同一原始合同或者同一交易所产生债权的抵销(本条第 2 项)。③ 本条对于这两种情形下,债务人抵销权的具体要件作出了不同的规定。

(一)独立抵销(本条第 1 项)

3　　依据本条第 1 项之规定,债务人接到债权转让通知时对让与人享有债权,且债务人的债权先于转让的债权到期或者同时到期的,债务人可以向受让人主张抵销。由此,独立抵销应满足如下要件:

1. 债务人接到债权转让通知时对让与人享有债权

4　　通说认为,债务人对让与人所享有的债权应于债权让与通知前已现实发生。④ 对债务人取得债权的时间进行限制,其主要目的是避免债务人在接到让与通知后与原债权人达成新的交易以紧急取得一项新的债权,人为地创造两项债权之间的相互性用以抵销,从而损害受让人利益。⑤

5　　通说的此种考量不无道理。然而有疑问的是,如果债务人对原债权人的债权直至接到让与通知后才现实发生,但其取得该债权的法律原因在接到让与通知前即已存在。⑥ 此时,债务人得否向受让人主张抵销?此种情形下为

---

① 参见朱虎:《债权转让中对债务人的延续性保护》,载《中国法学》2020 年第 5 期。
② 参见重庆关联贸易有限公司与重庆巴洲建设(集团)有限公司重庆鑫茂源公司建设工程施工合同纠纷案,重庆市第五中级人民法院民事判决书(2019)渝 05 民终 4309 号。
③ 参见朱虎:《债权转让中对债务人的延续性保护》,载《中国法学》2020 年第 5 期。
④ 参见崔建远:《合同法》(第三版),北京大学出版社 2016 年版,第 260 页;朱广新:《合同法总则研究(下册)》,中国人民大学出版社 2018 年版,第 494 页;申建平:《论债权让与中债务人之抵销权》,载《法学》2007 年第 5 期。
⑤ 参见朱虎:《债权转让中对债务人的延续性保护》,载《中国法学》2020 年第 5 期;申建平:《论债权让与中债务人之抵销权》,载《法学》2007 年第 5 期。
⑥ 例如,债务人在接到让与通知前已经与原债权人签订了附生效条件或者附期限的合同,在接到让与通知后条件成就或者期限届至。

合理平衡债务人与受让人之利益,宜肯定债务人可向受让人主张抵销。理由在于:第一,该情形下,债务人通过人为制造新债权进行抵销以损害受让人利益的风险并不存在,因为该债权的发生原因于债权让与通知前既已存在。第二,在该债权发生原因出现之时,债务人就已经产生了合理期待,债务人的利益不应因债权让与受到损害。第三,该情形下,债务人对事后发生的债权让与事实根本无法预见,且并不具有比受让人更强的风险控制能力。相反,受让人完全可以在与让与人签订转让合同前进行尽职调查和风险评估,对该风险进行管控。因此,上述通说应当加以修正:"债务人在接到让与通知前享有债权",并不要求债务人享有的债权于接到通知时现实发生,该债权的发生原因于接到让与通知前既已存在即可。①

2. 债务人的债权先于转让的债权到期或者同时到期

此外,本条第1项还要求"债务人的债权先于转让的债权到期或者同时到期"。须注意,对此要件的理解应结合本条规范目的,即保护债务人合理期待。对此应就两种情形分别判断。

第一种情形:在债务人接到债权让与通知时,债务人的债权已经到期。此时即使债务人的债权后于转让债权到期,债务人仍可向受让人主张抵销。原因在于:一方面,债务人已经具有合理的抵销信赖,其原本可以主张抵销的利益不应因债权转让而丧失;另一方面,受让人也不能享有比让与人更优越的地位。② 原因在于,债务人的债权与转让债权已经同时到期的,两项债权本就构成抵销适状;债务人的债权已经先于转让债权到期的,即便转让债权尚未到期,两项债权也构成抵销适状,因为债务人可以放弃期限利益而主张抵销③;债务人的债权与转让债权均已到期,尽管前者后于期,但是两项债权依然构成抵销适状。例如,转让债权8月1日到期,债务人的债权9月1日到期,债务人于9月15日接到债权让与通知,债务人仍可向债权人主张抵销。

第二种情形:在债务人接到债权让与通知时,债务人的债权尚未到期。该情形下,只有当债务人的债权先于转让债权到期或者同时到期时,债务人才可以主张抵销。反之,如果债务人的债权后于转让债权到期,则接到让与通知前债务人不具有合理的预期利益,不得主张抵销。④ 例如,转让债权9

---

① 参见朱虎:《债权转让中对债务人的延续性保护》,载《中国法学》2020年第5期;杨瑞贺:《论债权让与中债务人的抵销权》,载《民商法论丛》2020年第1期。
② 参见朱虎:《债权转让中对债务人的延续性保护》,载《中国法学》2020年第5期。
③ 参见韩世远:《合同法总论》(第四版),法律出版社2018年版,第704页。
④ 参见朱虎:《债权转让中对债务人的延续性保护》,载《中国法学》2020年第5期。

月 1 日到期,债务人的债权 9 月 15 日到期,债务人于 8 月 1 日接到债权让与通知,债务人不可向债权人主张抵销。

9　综上,对本条第 1 项所要求的"债务人的债权先于转让的债权到期或者同时到期"这一要件应作目的论限缩解释,该要件之适用应仅限于"接到让与通知时,债务人的债权尚未到期"这一情形。

(二)非独立抵销(本条第 2 项)

10　本条第 2 项所规定的非独立抵销则不受上述第 1 项所规定的债权产生时间及清偿期先后的限制。例如,出卖人(让与人)将其对买受人(债务人)的债权转让给第三人(受让人),但其交付的标的物存在瑕疵,买受人因该物之瑕疵对出卖人享有损害赔偿请求权。此时,无论受让人的损害赔偿请求权是否产生于让与通知前,都无须考虑其是否先于转让债权到期,买受人均可向受让人主张抵销。

三、法律效果

11　如满足上述要件,债务人可以向受让人主张抵销。抵销应当以通知的方式作出,通知自到达受让人时生效。双方债权按照抵销数额而消灭。

四、证明责任

12　债务人向受让人主张抵销权的,应证明存在本条第 1 项或者第 2 项规定的法律事实。

第五百五十条　【债权转让增加的履行费用的负担】因债权转让增加的履行费用,由让与人负担。

1　虽然债权原则上可以自由转让,但不得使债务人因债权转让而遭受不利益。因此,本条规定,因债权转让增加的履行费用,应由让与人承担。债务人向受让人履行债务后,就增加的履行费用有权向让与人追偿。

第五百五十一条　【免责的债务承担】债务人将债务的全部或者部分转移给第三人的,应当经债权人同意。

债务人或者第三人可以催告债权人在合理期限内予以同意,债权人未作表示的,视为不同意。

一、规范对象与规范目的

1　本条规范对象为免责的债务承担。债务承担是指在不失债的同一性的前提下将债务转移给第三人。传统民法根据债务承担后原债务人是否摆脱债务关系区分两种债务承担类型,即免责的债务承担与并存的债务承担。前者是指第三人取代原债务人的地位而承担债务,从而使原债务人脱离债务关系。后者是指第三人加入债务关系中,与原债务人共同承担连带债务,亦称债务加入。与原《合同法》不同的是,《民法典》明确区分免责的债务承担与并存的债务承担,分别规定于第551条和第552条。

债权的实现依赖于债务人的履行能力,而不同的债务人在履行能力上存在差异,故债务人的更换将直接影响到债权人的利益。因此,本条的规范目的在于,尊重债务人与第三人意思自治的同时保护债权人,避免债权人利益因债务承担而受到损害。[1]

此外,值得注意的是,债务承担与履行承担是两项完全不同的法律构造。履行承担情形下,债之结构并未改变,债权人无权请求第三人履行,在第三人履行不符合约定时,债权人仅能请求债务人承担违约责任。反之,债务承担情形下,债权人则有权请求第三人履行。[2]

二、债务承担的构成要件

(一)存在有效的债务

债务承担以存在有效的债务为前提。债务承担在性质上是处分行为[3],需存在处分客体。如果因债务所发生的法律行为无效或者被撤销,导致债务不发生,或者债务已经因清偿、抵销而消灭,则债务承担不发生效力。不完全债务可以成为债务承担的客体,如诉讼时效届满的债务、打赌产生的债务。

(二)债务具有可移转性

债务通常都可以作为债务承担的客体,但也存在例外。某些债务重视债务人的个性、身份、技能等,依其性质不得移转。例如歌手唱歌、画家作画。[4] 此外,当事人事先约定或者法律明确规定债务不得移转的,债务亦不具有可移转性。

(三)存在债务承担合同

1. 债务人与第三人订立债务承担合同

比较常见的方式是债务人与第三人订立债务承担合同,第三人即承担人。本条对此予以明确规定。债务承担合同为不要式合同。债务人与第三人在合同中应约定债务移转于第三人,或者约定由第三人承担债务、债务人脱离债务关系。当然,当事人的约定未必如此清晰。通常需要通过意思表示解释判断其所约定的究竟是免责的债务承担,还是并存的债务承担。解释时,应结合债权人同意表示的措辞。经解释仍存在疑义的情形下,应认定为

---

[1] 参见朱广新:《合同法总则研究(下册)》,中国人民大学出版社2018年版,第497页。
[2] 参见肖俊:《〈合同法〉第84条(债务承担规则)评注》,载《法学家》2018年第2期。
[3] Vgl. Looschelders, Schuldrecht AT., 18. Aufl., 2020, S. 467.
[4] 参见韩世远:《合同法总论》(第四版),法律出版社2018年版,第627页。

并存的债务承担。①

7 　　因为债务人的偿还能力和信用对债权人的影响重大,故本条规定,债务人与第三人达成的免责债务承担的约定须经债权人同意。

8 　　债权人的同意是需受领的意思表示,既可以向债务人作出,也可以向第三人作出。通说认为,债权人同意的意思表示既可以是明示的,也可以是默示的,即由债权人的行为推断出其表示同意。② 不过,在司法实践中,法院对债权人同意的意思表示的认定通常较为严苛,甚至诸多判决主张债权人同意应以"明确表示"为必要。③

9 　　依本条第2款之规定,债务人或者第三人可以催告债权人在合理期限内予以同意,债权人未作表示的,视为不同意。

10 　　未经债权人同意,债务人与第三人缔结的债务承担合同在性质上属于无权处分。在债权人表示同意之前,该合同效力待定。如果债权人表示同意,则该合同溯及地发生效力。如果债权人表示拒绝,或者经催告在合理期限内未作表示,则该免责的债务承担无效,但可发生履行承担之效果。④

2. 债权人与第三人之间的债务承担合同

11 　　关于债权人与第三人之间的债务承担合同,我国民法上并无明确规定。有学说认为,此种情形与利他合同法律状况近似,可以类推适用利他合同之规定(本法第522条)。⑤ 据此,债权人与第三人订立债务承担合同的,自合同生效时起债务移转于第三人,但债务人在合理期限内表示拒绝的,债务不移转。从比较法看,德国法承认债权人与第三人订立的债务承担合同可以导致债务移转,即便债务人表示拒绝,亦然,因为该合同改善了债务人的地位⑥。如果允许无合法利益的第三人代为清偿债务(第524条边码3),则也应允许第三人直接与债权人订立债务承担合同,且无须经过债务人同意。此

---

① 参见肖俊:《〈合同法〉第84条(债务承担规则)评注》,载《法学家》2018年第2期。

② 参见韩世远:《合同法总论》(第四版),法律出版社2018年版,第630页;甘中剑诉罗付科民间借贷纠纷案,重庆市第二中级人民法院民事判决书(2013)渝二中法民终字第00494号。

③ 参见远策公司诉华纪公司、赵国明合资、合作开发房地产合同纠纷案,上海市第一中级人民法院民事判决书(2010)沪一中民二(民)终字第416号;陈福民、朱瑞:《免责的债务承担应以债权人的明确同意为要件——远策公司与华纪公司、赵国明合资、合作开发房地产合同纠纷上诉案》,载《法律适用》2011年第7期。

④ Vgl. Jauernig/Stürner(2021), §§414,415 Rn. 5.

⑤ 参见王洪亮:《债法总论》,北京大学出版社2016年版,第466页;韩世远:《合同法总论》(第四版),法律出版社2018年版,第628—629页;朱广新:《合同法总则研究(下册)》,中国人民大学出版社2018年版,第498页。

⑥ Vgl. Looschelders, Schuldrecht AT., 18. Aufl., 2020, S. 467.

种做法虽未经债务人同意处分了其利益,使其免除债务,但债权人既然接受,说明更有利于保障其债权实现。至于债务人与第三人之间的利益结算,可以通过不当得利返还等方式予以解决。权衡之下,承认此种合同发生债务移转之效果,并无不可。

退一步讲,即便不承认债权人与第三人达成的债务承担合同发生免责债务承担的效果,也应赋予其债务加入的效果,使第三人与债务人向债权人连带负责。理由如下:一方面,债务加入在功能上类似于保证,第三人可以未经债务人同意即与债权人订立保证合同,因为保证的效果发生在保证人与债权人之间,同理,第三人也可以未经债务人同意加入债务。另一方面,本法第552条明确规定债务加入的第二种行为方式无须经债务人同意,债权人与第三人订立债务承担合同在表现形式上符合此项规定。

三、法律效果

免责的债务承担一旦发生效力,第三人即取代原债务人的地位成为新债务人,原债务人免于债务。如果新债务人不履行或者履行不符合约定,则债权人仅能请求新债务人承担违约责任,而无权请求原债务人承担责任。

四、证明责任

当事人主张免责的债务承担的,应当证明"债务人与第三人达成有关免责债务承担的合意"以及"免责的债务承担经债权人同意",或者证明债权人与第三人达成了免责的债务承担合同。

第五百五十二条 【债务加入】第三人与债务人约定加入债务并通知债权人,或者第三人向债权人表示愿意加入债务,债权人未在合理期限内明确拒绝的,债权人可以请求第三人在其愿意承担的债务范围内和债务人承担连带债务。

一、规范意旨

本条的规范对象为并存的债务承担。债务加入,又称并存的债务承担,是指第三人加入债之关系,和债务人一起向债权人承担同一债务。在债务加入场合下,债务人并未脱离债之关系,其仍须负担债务。第三人加入债之关系,无疑是对债权人的债权实现多提供了一份保障。因此,通说认为,债务加入的主要功能即在于担保债权实现。[①]

本条为新增规定。原《合同法》仅于第 84 条对债务移转进行了规定。

---

① 参见史尚宽:《债法总论》,中国政法大学出版社 2000 年版,第 751 页;夏昊晗:《债务加入法律适用的体系化思考》,载《法律科学(西北大学学报)》2021 年第 3 期。

学界与实践对于原《合同法》第 84 条的适用对象是否仅限于免责的债务承担,抑或也可包含并存的债务承担,一直存在较大争议。本法明确区分两种类型的债务承担,并分别规定于本法第 551 条与第 552 条,故此类争议在现行法律框架下已不复存在。事实上,免责的债务承担与并存的债务承担,在功能定位和逻辑架构上都存在根本差别。有学说认为,前者情形下,发生债务人的变更,性质上属于处分行为;后者情形下,不存在债务人变更,性质上属于负担行为。① 实践中,对于当事人约定的究竟是免责的债务承担还是并存的债务承担的相关争议并不少见。对此,应当首先对当事人的意思表示进行解释,判断债务人是否退出债之关系。如果经解释仍存在疑义,应认为是并存的债务承担,适用本条之规定。②

虽然债务加入以担保债务人的债务为目的,但其与保证仍然存在较大差异。在债务加入中,承担人之债务,为与原债务并立的自己之债务,而保证债务则是为了保证他人之债务,为附属于主债务之债务。③ 此外,在一般保证中,保证人享有先诉抗辩权。而在债务加入中,第三人(承担人)则不享有先诉抗辩权。保证权利受保证期间的限制,而债务加入不存在类似于保证期间那样的特殊期间,债权仅受诉讼时效的限制。相较之下,债务的加入人的责任重于保证人的责任,所以,在措辞模糊的情况下,不能轻易认定构成债务加入。通常而言,债务加入人对于债务的履行具有经济利益,④比如母公司加入子公司的债务。

二、构成要件

(一)第三人加入债务

第三人加入债务通常可以通过四种方式:1. 第三人、债权人、债务人三方共同约定第三人加入债务;2. 第三人与债务人约定加入债务;3. 第三人与债权人约定加入债务;4. 第三人通过单方允诺的方式加入债务。对于第一种方式而言,基于私法自治,三方约定型债务加入自应有效,债权人可以请求第三

---

① 参见夏昊晗:《债务加入法律适用的体系化思考》,载《法律科学(西北政法大学学报)》2021 年第 3 期。

② 参见肖俊:《〈合同法〉第 84 条(债务承担规则)评注》,载《法学家》2018 年第 2 期;肖俊:《债务加入的类型与结构——以〈民法典〉第 552 条为出发点》,载《东方法学》2020 年第 6 期。

③ 参见史尚宽:《债法总论》,中国政法大学出版社 2000 年版,第 751 页;中国信达资产管理公司石家庄办事处与中国-阿拉伯化肥有限公司、河北省冀州市中意玻璃钢厂保证合同纠纷案,最高人民法院民事判决书(2005)民二终字第 200 号。

④ 参见[德]迪尔克·罗歇尔德斯:《德国债法总论》(第 7 版),沈小军、张金海译,中国人民大学出版社 2014 年版,第 414 页。

人在约定承担的债务范围内与债务人承担连带债务。对于第三种方式而言，第三人与债权人约定加入债务，此时第三人加入债务并不会对债务人带来不利影响，债务人的法律地位亦未改变，故无须经债务人同意，债务人亦不享有异议权。上述第1、3种情形下，当事人的利益状况较为明朗，故本条并未对这两种情形加以特别规定，而仅规定了上述第2、4种情形。简述如下：

1. 第三人与债务人约定加入债务

第三人与债务人之间的债务加入合同在性质上属于真正利他合同。该债务承担合同首先应以存在有效的债务为前提。如果作为标的物的债务因违反强行性规定而无效，或者债务根本就不存在，那么意味着债务承担合同没有标的物，故债务承担合同无效。[①] 债务人与第三人对债务加入达成合意，无须债权人表示同意，该债务承担合同即可发生效力，因为债务加入只是使债务人增加一个，对债权人有利无害。

第三人与债务人之间的债务加入合同虽然不以债权人同意为必要，但依据本条之规定，应将债务加入的事实通知债权人。此项通知的意义在于，一方面，使债权人知悉新增了一个债务人，以便债权人可以请求新债务人履行债务；另一方面，第三人与债务人毕竟只是私下达成债务加入约定，仅当通知了债权人时，才表明当事人决定使该约定发生外部效力。

2. 第三人单方允诺加入债务

旧法之下，我国学界多数观点认为，债务加入仅能通过当事人合意成立。[②] 但亦有观点认为，第三人通过单方允诺的方式也可以成立债务加入。因为在此种情形下，既不会损害债权人的利益，也不会影响到债务人的法律地位。[③] 此种观点得到本条的采纳，即本条所规定的第二种情形"第三人向债权人表示愿意加入债务"。该情形采用"单方法律行为＋相对人形成权"的规范模式。

（二）债权人未在合理期限内表示拒绝

无论是第三人与债务人约定加入债务，还是第三人单方允诺表示愿意加入债务，均无须债权人同意。债务加入虽不以债权人同意为必要，但是债权人可以在合理期限内表示拒绝。在债权人表示拒绝前，债务加入已经发生效

[①] 参见崔建远：《合同法》（第三版），北京大学出版社2016年版，第265页。
[②] 参见崔建远：《合同法》（第三版），北京大学出版社2016年版，第271页；朱广新：《合同法总则研究（下册）》，中国人民大学出版社2018年版，第503页；韩世远：《合同法总论》（第四版），法律出版社2018年版，第634页。
[③] 参见肖俊：《债务加入的类型与结构——以〈民法典〉第552条为出发点》，载《东方法学》2020年第6期。

力,债权人的拒绝导致债务加入溯及无效。在合理期限内、债权人表示拒绝或者同意前,债务加入处于"反向"效力待定状态。①

三、法律效果

9   债务加入的法律效果是产生连带债务,即第三人在其愿意承担的债务范围内和债务人承担连带债务。因此,本法第518—520条有关连带债务的规定原则上也可适用于债务加入。② 具体而言:其一,债权人可以自由选择由债务人或第三人履行全部债务;其二,第三人向债权人履行后,可以向债务人追偿,并法定取得债权人对债务人的债权,不过,除非另有约定,债务人向债权人履行后,对第三人无追偿权;其三,第三人加入债务后所承担的债务与原债务于本法第520条列明的事项范围内互生影响。

10   第三人所承担的债务应以债务加入时的内容为限。若无特别约定,第三人仅可主张债务人于债务加入之时所享有的对债权人的抗辩,债务人在债务加入之后获得的对债权人的抗辩,第三人无权主张,除非该抗辩事由为本法第520条所规定的绝对效力事项。③

11   债务人对债权人享有债权的,第三人不得向债权人主张抵销权。原因在于,如果允许连带债务人行使其他债务人对债权人的抵销权,无异于允许其处分他人的权利,显然不妥。④

第五百五十三条 【债务转移时新债务人抗辩权】债务人转移债务的,新债务人可以主张原债务人对债权人的抗辩;原债务人对债权人享有债权的,新债务人不得向债权人主张抵销。

1   免责的债务承担是在保持债的同一性的前提下将债务移转给第三人(承担人),因此,原债务人基于债之关系对债权人享有的抗辩,新债务人自然也可以向债权人主张。抗辩包括债权消灭、诉讼时效抗辩、同时履行抗辩权等。当然,如果原债务人于债务移转前已经抛弃抗辩权,则新债务人不得向债权人主张此类抗辩权。

2   新债务人不得以属于原债务人的债权主张抵销权。原因在于:原债务人已经脱离原债之关系,如果允许新债务人以属于原债务人的债权与债权人享

---

① 参见杨代雄:《法律行为论》,北京大学出版社2021年版,第442页。
② 参见夏昊晗:《债务加入法律适用的体系化思考》,载《法律科学(西北政法大学学报)》2021年第3期。
③ 同上注。
④ 同上注。

有的债权为抵销,则无异于承认新债务人可处分原债务人的权利。①

新债务人与原债务人之原因关系上的抗辩不得向债权人主张。例如,新债务人为了履行其对原债务人之买卖价款债务而订立债务承担合同的,不得以买卖合同无效为由拒绝向债权人履行债务。反之,作为处分行为的债务承担合同本身存在效力瑕疵的,新债务人可向债权人主张该瑕疵产生的抗辩权②。

第五百五十四条 【债务转移时从债务一并转移】债务人转移债务的,新债务人应当承担与主债务有关的从债务,但是该从债务专属于原债务人自身的除外。

依本条规定,债务人转移债务的,新债务人原则上应当承担与主债务有关的从债务。本条规范目的主要有二:其一,免责的债务承担是在保持债的同一性的前提下将债务移给新债务人,因此基于债的同一性要求,从债务作为原债务的组成部分亦应随主债务一并移转。其二,为避免债权人因债务承担而遭受不利益,亦应认为,从债务应随主债务一并移转于新债务人。

上述从债务主要包括利息债务、违约金债务等。应当注意的是,已经具体发生的利息债务具有独立性,并不当然地移转。③ 已经发生的违约金,除视为因不履行而发生损害的赔偿总额外,如无相反约定,不当然移转于承担人。④

本条虽确定了债务承担中的"从随主"原则,但亦规定了例外,即"该从债务专属于原债务人自身"这一情形。所谓从属于债务人自身的债务,典型的例如:原债务人约定为债权人提供服务以抵充利息,因原债务人提供的服务具有专属性,故新债务人并不当然承担提供服务的义务。⑤

此外,第三人为担保债权的实现而向债权人提供保证或物保,因为第三人提供保证或物保是以原债务人的信用为基础,当债务移转于他人时,担保的信用基础不复存在。因此,根据本法第697条第1款及第391条之规定,第三人提供保证或物保的,债权人未经其书面同意,允许债务人转移全部或者部分债务,第三人原则上对未经其同意转移的债务不再承担担保责任。

---

① 参见崔建远:《合同法》(第三版),北京大学出版社2016年版,第269页。
② Vgl. Looschelders, Schuldrecht AT., 18. Aufl., 2020, S. 470.
③ 参见黄薇主编:《中华人民共和国民法典合同编解读(上册)》,中国法制出版社2020年版,第311页。
④ 参见韩世远:《合同法总论》(第四版),法律出版社2018年版,第631页。
⑤ 参见崔建远:《合同法》(第三版),北京大学出版社2016年版,第270页。

第五百五十五条 【合同转让】当事人一方经对方同意,可以将自己在合同中的权利和义务一并转让给第三人。

1　合同转让是指合同当事人一方将其权利义务一并转让给第三人,由该第三人取代原当事人地位。

2　合同转让是合同权利义务概括移转(合同承受)的一种。合同权利义务的概括移转依其发生原因可分为法定的概括移转和意定的概括移转。前者基于法律规定直接产生,例如本法第 67 条所规定的法人合并、分立后合同权利义务的概括移转。后者则是基于当事人的法律行为,合同转让属于后者。

3　合同转让既包含债权让与,亦包含免责的债务承担,但其在效力上并非等同于债权让与和债务承担的总和。合同转让与单个的债权让与、债务承担的区别在于:在后者场合,只能由合同当事人享有的权利,如撤销权、解除权,并不移转于受让人或承担人;而在前者场合,债权债务的承受人完全取代原当事人的法律地位,故依附于原当事人的全部权利义务(如撤销权、解除权)均移转于承受人。①

4　因为在合同转让情形下,涉及合同债务的移转,受让人的清偿能力将直接影响到另一方当事人的利益,故应经其同意。

第五百五十六条 【合同转让的法律适用】合同的权利和义务一并转让的,适用债权转让、债务转移的有关规定。

1　因为合同转让既包含债权转让,亦包含债务承担,因此债权转让和债务承担的有关规定(本法第 545 条及以下)亦相应适用于合同转让。

第七章　合同的权利义务终止

第五百五十七条 【债权债务终止情形】有下列情形之一的,债权债务终止:

(一)债务已经履行;
(二)债务相互抵销;
(三)债务人依法将标的物提存;
(四)债权人免除债务;
(五)债权债务同归于一人;
(六)法律规定或者当事人约定终止的其他情形。

---

① 参见韩世远:《合同法总论》(第四版),法律出版社 2018 年版,第 637 页。

合同解除的,该合同的权利义务关系终止。

一、债权债务终止概述

债权债务终止包含两层含义:一为基于债之关系而生之债权归于消灭,或者基于债之关系而生之债务归于消灭,但债之关系的整体(广义的债务关系)仍然存在。例如一方当事人因履行使自己的债务消灭,但其对相对人的债权仍然存在。债之关系的整体既包括主给付义务,也包括次给付义务和附随义务;既包括一方当事人的义务,也包括对方当事人的义务。二为基于债之关系的债权债务均归于消灭,债之关系的整体亦不复存在。

值得注意的是,合同中债权债务的终止与合同效力的停止不同。后者是指债务人基于抗辩权的行使,拒绝债权人的履行请求,以停止债权的行使,此时合同关系只是暂时停止,其并未消灭。①

二、债权债务终止的原因

(一)清偿

1. 清偿的概念

清偿(Tilgung)经常被称为履行(Erfüllung),是指债务人或者第三人向债权人或者有受领权限的第三人作出所负担的给付。我国有学说认为,履行是从债之关系的效力、动态方面观察的,清偿则着眼于债权债务终止的结果。②从总体上看,两个概念的含义大同小异,可以通用。

清偿有时仅要求债务人实施给付行为,有时则要求给付行为产生给付结果。前者如劳动合同、雇佣合同中受雇人的清偿,只要作出符合合同要求的劳务行为即可。后者如承揽合同中承揽人的清偿,必须完成工作成果。

2. 清偿行为的性质

关于清偿行为的性质,学理上存在争议。合同说认为,仅实际上作出给付不能发生债务消灭的效果,欲发生此效果,还需要当事人对所作出的给付发生清偿效果达成合意。这种清偿效果合意独立于债权合意与物权合意,其适用法律行为规则。据此,限制民事行为能力人仅在法定代理人同意的情况下才能清偿债务或者受领给付。该说亦被称为目的约定说(Zweckvereinbarungstheorie)。③ 反之,事实给付作出说(Theorie der realen Leistungsbewirkung)认为,清偿不需要主观要素,只要事实上引起给付后果即可发生清偿效果。④ 另外一种学说是

---

① 参见崔建远:《合同法》(第三版),北京大学出版社2016年版,第309页。
② 同上注。
③ Vgl. Fikentscher/Heinemann, Schuldrecht, 10. Aufl., 2006, S. 163 – 164.
④ Vgl. Karl Larenz, Lehrbuch des Schuldrechts, Bd. 1, 14. Aufl., 1987, S. 238f..

目的给付作出说(Theorie derfinalen Leistungsbewirkung),认为除了事实给付之外,还需要给付行为人单方面作出清偿目的指定,即表示其给付系针对哪一项债务。该说认为,清偿目的指定是准法律行为,可以部分准用法律行为规则。[①] 该说可谓对事实给付作出说的修正。对合同说的修正则是限制的合同说,其认为,在给付必须通过一项(物权)合同完成的情况下,如出卖人让与所有权,要求给付人作出清偿目的表示,受领人作出清偿目的承诺,二者构成清偿合同,该合同对债权予以处分;在给付无须实施法律行为的情况下,只需要事实上完成给付即可,如受雇人提供劳务、承揽人完成工作成果。[②] 从比较法的角度来看,事实给付作出说是目前德国的通说。[③]

6　　本书认为,虽然不需要将清偿行为定性为合同,但对其一概不适用法律行为规则却未必妥当。尤其是限制民事行为能力人清偿债务,不应完全不考虑民事行为能力对清偿效力的影响。限制民事行为能力人清偿债务,并非仅发生债务消灭这一对其有利的结果,也能发生对其不利的结果,比如诉讼时效期间届满后为清偿导致其丧失时效抗辩,享有抵销权时为清偿导致其丧失抵销机会,享有同时履行抗辩权时为清偿导致其丧失抗辩权。从这个角度看,上述目的给付作出说更为合理。

3. 清偿人与清偿受领人

7　　实施清偿行为的人通常为债务人,但债务人也可以通过履行辅助人实施清偿行为,代理人通过实施法律行为(如让与所有权)为债务人清偿债务时,亦扮演履行辅助人角色。履行辅助人的清偿行为归属于债务人。除非给付具有高度人身性,第三人亦可清偿债务(见本法第524条评注),该第三人并非履行辅助人。

8　　通常情形下,清偿受领人为债权人,但是债权人的受领权在某些场合下受限制。例如,债权人被宣告破产的,包括债权在内的一切财产均成为破产财产,债权人不得受领债务人的清偿,应由破产管理人受领。债权人死亡的,在继承过程中,由遗嘱执行人或者遗产管理人受领清偿。债权被质押的,债权人亦无(单独)受领权,由质权人受领或者由质权人与债权人共同受领。债权被强制执行的,债务人应向申请执行人清偿。在行使代位权的情况下,由代位权人受领次债务人的清偿。债权人无民事行为能力的,由法定代理人受领清偿。限制民事行为能力的债权人经法定代理人同意后可以受领清偿。

---

① Vgl. Gernhuber, Die Erfüllung und ihre Surrogate, 2. Aufl., 1994, S. 108.
② Vgl. Enneccerus/Lehmann, Recht der Schuldverhältnisse, 15. Aufl., 1958, §60 II2.
③ Vgl. Erman/Buck‑Heeb (2017), §362 Rn. 2.

债权人可以授权第三人受领清偿,此即所谓受领授权(Empfangsermächtigung)。第三人因此获得受领权限(Empfangszuständigkeit),债务人向其给付的,发生清偿效果。如果说履行辅助人的作用是帮助债务人作出给付,则被授予受领权限的第三人的作用就是帮助债权人受领给付,从这个意义上说可以称其为受领辅助人。债权人也可以授权债务人向第三人给付。此项授权对债务人具有免责效力,即债务人可以通过向第三人(而非向债权人)给付而免于债务。例如,买受人指示出卖人直接向其后手(次买受人)交货,或者银行客户向银行发出向第三人付款的指示。与受领授权有所区别的是收取授权(Einziehungsermächtigung)。就后者而论,被授权人不仅有权受领给付,还有权以自己的名义请求债务人向自己给付,甚至有权以自己的名义向法院诉请债务人履行。[1] 当然,这以诉讼法承认任意诉讼担当为前提。

向未依法或者未依授权行为取得受领权的第三人给付的,清偿效力待定。[2] 债权人事后追认的,或者第三人事后取得债权的,该给付行为发生清偿效果。否则,不发生清偿效果,第三人应向债务人返还不当得利或者返还原物。

第三人虽无受领权,但债务人作出给付时具有值得保护的、信赖的,亦可基于权利表象发生清偿效果。第一种情形是向收据(Quittung)持有人清偿,收据是债权的受领证书,用于证明债权人已经受领了给付。如果债权人在尚未受领给付的时候就提前制作了收据,则其制造了被第三人滥用的风险,依信赖保护的一般原理,除非债务人作出给付时知道持有收据的第三人并无受领权,比如事先约定以向债权人账户转账的方式清偿债务,否则债务人向该第三人作出的给付发生清偿效果。[3] 收据须为真实,至于是否以盗窃等违法行为取得,则在所不问。除此之外,债务人善意地向持有足以证明已经获得受领授权的其他凭证的第三人清偿的,亦可发生清偿效果,例如银行向持有存折、密码和存款人身份证的第三人支付存款。在此类情形中,收据持有人类似于表见代理人。第二种情形是向债权准占有人清偿。所谓债权准占有人,是指虽非债权人,但以自己为债权人而行使债权的人,一如动产占有人以所有权人自居而处分动产。债务人善意地向债权准占有人清偿的,发生清偿效果。[4] 典型的债权准占有人如债权表见让与情形中的债权受让人、债权表见继承人、无记名债权证券的持有人,此外,向动产占有人支付该动产损害赔

---

[1] Vgl. Karl Larenz, Lehrbuch des Schuldrechts, Bd.1,14. Aufl., 1987, S. 245.
[2] Vgl. Erman/Buck – Heeb (2017),§362 Rn. 14.
[3] Vgl. Medicus/Lorenz, Schuldrecht AT., 21. Aufl., 2015, S. 106.
[4] 参见史尚宽:《债法总论》,中国政法大学出版社2000年版,第773—774页。

偿金或者向不动产登记权利人清偿因该权利而发生的债务的,动产占有人与不动产登记权利人亦为债权准占有人。向债权准占有人清偿类似于第三人与无权处分人实施处分行为,在信赖保护方面类似于善意取得。

4. 清偿标的

12 为清偿债务,债务人应作出约定或者法定的给付。基于私法自治,债权人也可以受领债务人的他种给付来替代原定给付并进而使债之关系消灭,此即代物清偿(Leistung an Erfüllungs statt)。代物清偿为实践合同,即除有当事人合意外,债务人还必须向债权人作出了他种给付。[①] 给付完成的,代物清偿发生效力,债务因清偿而归于消灭。代物清偿所作出的他种给付存在物的瑕疵或者权利瑕疵的,债务人应负担瑕疵担保责任,包括补正履行、减价、损害赔偿、解除等。就解除或者替代给付之损害赔偿责任而言,学说上多认为债权人采取此类救济手段后,有权请求债务人重新设立原债务及其担保,此为回复原状之体现。[②] 不过,拉伦茨等学者基于履行合同说(Erfüllungsvertrag)认为无须重新设立原债务,毋宁说,在此种情况下债权人可以直接主张原债权,因为代物清偿并非互易合同,债权人并非以放弃原债权为对价换取他种给付。[③] 代物清偿虽为实践合同,但学说上存在代物清偿预约之概念,即双方当事人约定将来进行代物清偿,此项预约具有法律约束力。[④]

13 与代物清偿不同的是间接给付。间接给付亦称为清偿之给付(Leistung erfüllungshalber)、新债清偿,是指债务人为清偿而向债权人交付原定标的物以外的其他标的物,债权人应先尝试就该标的物实现债权。例如,金钱债务人向债权人交付一辆汽车,让债权人出售后以所得价款受偿债权,或者债务人为清偿债务而向债权人出具支票。与代物清偿不同的是,间接给付时,原债权并不消灭,仅当债权人已就其他标的物实现债权时,原债权才消灭。就出具票据而言,票据被付款人拒绝付款的,债权人既可依票据向出票人即债务人追索,也可向债务人行使原债权。在债权人就其他标的物受偿债权之前,其债权被延期。其他标的物系动产或者不动产的,债权人与该标的物具有何种关系,学理上有债权人被授予处分权或者处分代理权之说,也有债权人处于信托之受托人地位之说。[⑤]

[①] 参见朱广新:《合同法总则研究(下册)》,中国人民大学出版社2018年版,第527页。
[②] Vgl. Medicus/Lorenz, Schuldrecht AT. , 21. Aufl. , 2015, S. 117.
[③] Vgl. Karl Larenz, Lehrbuch des Schuldrechts, Bd. 1, 14. Aufl. , 1987, S. 249.
[④] 参见史尚宽:《债法总论》,中国政法大学出版社2000年版,第816页。
[⑤] Vgl. Medicus/Lorenz, Schuldrecht AT. , 21. Aufl. , 2015, S. 116.

(二)债权债务终止的其他原因

依本条规定,除了清偿之外,债权债务终止的原因还包括抵销、提存、免除、混同与解除。抵销、提存、免除、混同在学理上被称为清偿替代(Erfüllungssurrogate)。对此,参见相应条文的评注。

需要指出的是,合同解除包括合意解除(本法第562条第1款)与单方解除。合意解除中,当事人采取的是要约、承诺的方式,合同的解除取决于双方当事人就解除达成意思表示一致,而非基于当事人一方的意思表示。单方解除则仅需一方当事人作出解除合同的意思表示。单方解除以当事人享有解除权为前提。解除权既可为约定解除权(本法第562条第2款),也可为法定解除权(本法第563条)。应当注意的是,我国民法在概念上未区分合同解除(Rücktritt)与合同终止(Kündigung,适用于租赁合同等继续性合同),二者统称为解除,既适用于非继续性合同,也适用于继续性合同。

第五百五十八条 【后合同义务】债权债务终止后,当事人应当遵循诚信等原则,根据交易习惯履行通知、协助、保密、旧物回收等义务。

债权债务终止后,当事人依诚信原则和交易习惯,负有某种作为(如通知义务)或不作为义务(如保密义务),以维护给付效果,或者协助相对人处理契约终了的善后事务。[1] 此即本条所规范的后合同义务。[2] 违反后合同义务的,须承担损害赔偿责任。学理上称此种情形为后合同过错(culpa post contractum finitum)[3],与之相对的是缔约过错(culpa in contrahendo),二者是保护义务在债务关系发展不同阶段的体现[4]。

第五百五十九条 【债权的从权利消灭】债权债务终止时,债权的从权利同时消灭,但是法律另有规定或者当事人另有约定的除外。

本条体现权利的"从随主"原则,与本法第547条、第407条的原理相同。债之关系消灭的,原则上从属于主债权的从权利亦随之消灭。例如本法第393条第1项规定,主债权消灭的,担保物权亦消灭。

如果法律另有规定,则从权利并不必然因之而消灭。典型的如最高额抵

---

[1] 参见王泽鉴:《债法原理》,北京大学出版社2009年版,第35—36页。
[2] 对后合同义务提出批评的观点参见李宇:《后合同义务之检讨》,载《中外法学》2019年第5期。
[3] 有学者认为"后合同过错"这一说法不贴切,因为给付义务履行完毕之后,既然仍存保护义务,说明合同尚未终结。Vgl. Medicus/Lorenz, Schuldrecht AT., 21. Aufl., 2015, S. 4.
[4] Vgl. Looschelders, Schuldrecht AT., 18. Aufl., 2020, S. 189.

押权,根据本法第420条之规定,最高额抵押权旨在对一定期间内将要连续发生的债权提供担保。因此,在债权被确定之前,被担保的某项债权的消灭并不必然导致最高额抵押权消灭,否则将悖于最高额抵押的制度功能。

3 当然,基于私法自治,当事人亦可约定,债权债务终止时,从权利不随主债权而消灭。

第五百六十条 【债的清偿抵充】债务人对同一债权人负担的数项债务种类相同,债务人的给付不足以清偿全部债务的,除当事人另有约定外,由债务人在清偿时指定其履行的债务。

债务人未作指定的,应当优先履行已经到期的债务;数项债务均到期的,优先履行对债权人缺乏担保或者担保最少的债务;均无担保或者担保相等的,优先履行债务人负担较重的债务;负担相同的,按照债务到期的先后顺序履行;到期时间相同的,按照债务比例履行。

1 本条的规范对象为清偿抵充。所谓清偿抵充,是指债务人对同一债权人负担数项同种类债务,而债务人的给付不足以清偿全部债务时,决定该履行抵充其中某项或者某几项债务的现象。

2 根据本条之规定,清偿抵充应当满足如下要件:1. 须债务人对同一债权人负担数项债务;2. 该数项债务须种类相同,例如债务人于1月向债权人借用100万元,次月又向债权人借用了200万元。3. 须债务人的给付不足以清偿全部债务。

3 本条对清偿抵充的方法及其顺序进行了规定,即约定抵充优先于债务人指定抵充,债务人指定抵充优先于法定抵充。约定抵充,是指当事人对债务人的给付清偿的是哪一项债务事先已经作出了明确约定,此时应尊重当事人的意思自治。债务人指定抵充,是指债务人在清偿时指定其履行抵充哪一项或者哪几项债务。

4 在既无当事人约定,亦无债务人指定情形下,应当适用法定抵充规则,即应当优先履行已经到期的债务;数项债务均到期的,优先履行对债权人缺乏担保或者担保最少的债务,所谓担保最少的债务应解释为未受担保之数额最大的债务,比如第一项债务数额100万元,担保物价值80万元,第二项债务数额1000万元,担保物价值850万元,债务人支付100万元的,应当先抵充第二项债务;均无担保或者担保相等的,优先履行债务人负担较重的债务,比如利率较高的债务;负担相同的,按照债务到期的先后顺序履行;到期时间相同的,按照债务比例履行。

第五百六十一条　【费用、利息和主债务的抵充顺序】债务人在履行主债务外还应当支付利息和实现债权的有关费用,其给付不足以清偿全部债务的,除当事人另有约定外,应当按照下列顺序履行:

(一)实现债权的有关费用;

(二)利息;

(三)主债务。

本条延续原《合同法解释(二)》第21条之规定,对债务人之给付不足以清偿全部债务情形下有关清偿费用、利息及主债务的履行顺序进行了规定。

债务人之给付不足以清偿全部债务时,应当首先履行清偿费用。所谓清偿费用,即实现债权的必要费用,例如运送费、包装费等。如果法律无明文规定且当事人亦无特别约定,清偿费用原则上应由债务人承担。但因债权人变更住所等原因导致清偿费用增加的,增加的费用应由债权人负担。① 其次,债务人应当支付利息。最后,如果债务人的给付仍可以清偿部分主债务,此时构成部分履行,适用本法第531条之规定。

第五百六十二条　【合意解除与约定解除权】当事人协商一致,可以解除合同。

当事人可以约定一方解除合同的事由。解除合同的事由发生时,解除权人可以解除合同。

一、规范对象

本条规范了两种意定解除,即合意解除(第1款)与约定解除权(第2款)。

二、合意解除

合意解除,或称协议解除,是指合同双方当事人通过达成合意解除合同。其本质上是当事人之间订立的一项以使原合同的债权债务归于消灭为内容的新合同。合意解除属于一种处分行为。②

不同于行使解除权的解除方式,在合意解除中,当事人采取的是要约、承诺的方式。具体而言,一方当事人作出解除合同的要约,该要约的主要内容是消灭原合同关系,对方当事人为承诺,表示其完全同意要约内容。

三、约定解除权

约定解除权,是指合同双方约定将来合同解除的事由,该解除事由发生时,一方当事人即享有单方面解除合同的权利。

---

① 参见崔建远:《合同法》(第三版),北京大学出版社2016年版,第312页。
② 参见姚明斌:《基于合意解除合同的规范构造》,载《法学研究》2021年第1期。

5 　　约定解除权与本法第563条规定的法定解除权除了发生原因不同之外,在解除权的行使与效力方面并无不同,均适用本法第564—566条[①]。解除权的行使是单方法律行为,权利人解除合同的,应当通知对方,合同自通知到达对方时解除。

6 　　应当注意辨别约定解除权与附解除条件合同。如果合同约定出现某种事由时"本合同自动解除(终止)",则为附解除条件合同。约定事由出现即解除条件成就,合同自动丧失效力,无须由一方当事人作出解除合同的意思表示。反之,如果合同约定出现某种事由时"甲方有权解除(终止)合同",则为约定解除权,需由解除权人作出解除合同的意思表示。

第五百六十三条　【法定解除权】有下列情形之一的,当事人可以解除合同:

(一)因不可抗力致使不能实现合同目的;

(二)在履行期限届满前,当事人一方明确表示或者以自己的行为表明不履行主要债务;

(三)当事人一方迟延履行主要债务,经催告后在合理期限内仍未履行;

(四)当事人一方迟延履行债务或者有其他违约行为致使不能实现合同目的;

(五)法律规定的其他情形。

以持续履行的债务为内容的不定期合同,当事人可以随时解除合同,但是应当在合理期限之前通知对方。

一、规范意旨

1 　　基于合同严守原则,合同当事人应当按照约定履行合同债务,不得擅自变更或消解合同,除非享有解除权。解除权既可为约定,亦可为法定,本条规定法定解除权。在此意义上,本条所规范的法定解除权制度构成了对合同严守原则的突破。

2 　　法定解除权制度之所以允许当事人在特定情形下可以摆脱合同拘束,其主要出于两方面考量。一方面,基于双务合同的牵连性,给付义务和对待给付义务在存续上相互依存,法定解除权则以形成权构造体现了此种存续上的牵连性。[②] 另一方面,出于效率考量,赋予当事人解除权使其可以尽早从事

---

① 参见黄薇主编:《中华人民共和国民法典合同编解读(上册)》,中国法制出版社2020年版,第339页。

② 参见赵文杰:《〈合同法〉第94条(法定解除)评注》,载《法学家》2019年第4期。

实上已经无意义的合同关系中解脱出来,减少不必要的浪费。①

正是基于上述两方面考量,有学者主张,法定解除权的适用应以双务合同为限,对于单务合同则无适用空间。② 相反观点则认为,我国现行法律上的解除制度对于双务合同和单务合同均有其适用。③ 值得注意的是,我国现行法律上的合同解除内涵较为宽泛,还包括德国法上所说的"合同终止",基于我国法律上对于解除的宽泛理解,宜认为单务合同亦可适用解除制度。④

二、法定解除事由

法定解除权的发生既可能是出于客观原因,也可能是因一方当事人的违约行为,本条第1款规定了以下几种法定解除事由:

(一)因不可抗力致使不能实现合同目的

根据本法第180条第2款之规定,所谓不可抗力,是指不能预见、不能避免且不能克服的客观情况。

本条第1款第1项虽然明确规定,"因不可抗力"致使不能实现合同目的,但实际上该项规定并非在于强调不可抗力,而仅是以之为示例。换句话说,该项的重点并非在于规范不可抗力,而是在于强调"合同目的的不能实现"这一结果。甚至可以认为,"合同目的的不能实现"是本条整体规范的核心。因此,厘清该项的规范构成的关键则在于对"合同目的的不能实现"应如何解释。

有观点从"合同目的"的词义本身出发,将合同目的区分为"主观目的"和"客观目的"。⑤ 亦有观点进一步认为,合同目的作为一个法律概念,其基本含义是当事人在合同订立时所期望实现的目标或结果,这种目标或结果需要通过合同的履行才能实现。⑥

然而,对"合同目的的不能实现"的理解不能脱离本条语境及规范目的。本条语境下的"合同目的的不能实现",显然是以结果为视角,强调的是不可抗

---

① 参见陈自强:《违约责任与契约消解》,元照出版有限公司2016年版,第221页。
② 参见韩世远:《合同法总论》(第四版),法律出版社2018年版,第649页。
③ 参见崔建远:《合同法》(第三版),北京大学出版社2016年版,第278页;详细理由参见崔建远:《合同解除探微》,载《江淮论坛》2011年第6期。
④ 参见崔建远:《合同解除探微》,载《江淮论坛》2011年第6期;赵文杰:《〈合同法〉第94条(法定解除)评注》,载《法学家》2019年第4期。
⑤ 杨锐:《论〈民法典〉中的"不能实现合同目的"》,载《北方法学》2021年第2期,第27页。
⑥ 参见章杰超:《合同目的含义之解析》,载《政法论坛》2018年第3期。

力或一方的违约行为导致的后果的严重性。① 基于立法史并结合司法实践②中的做法,较为恰当的解释是:本条所规范的"合同目的不能实现"应解释为"严重影响守约方订立合同所期望的利益",而"合同目的"则应理解为"守约方的给付利益"。③

(二)期前拒绝履行主要债务

9 根据本条第 1 款第 2 项之规定,在履行期限届满前,当事人一方明确表示或者以自己的行为表明不履行主要债务的,对方可以解除合同。

10 本项如此规范的原因在于,债务人在履行期届满前的行为,破坏了债权人相信债务人会履行的合理期待,故应允许债权人消灭合同以摆脱合同拘束。④

11 值得注意的是,本项将债务人期前拒绝履行的行为分为两种形式,即"明确拒绝履行主要义务"和"以自己的行为表明拒绝履行主要义务"。具体而言,"明确拒绝履行"要求,在履行仍为可能的情况下,债务人无正当理由,明确、严肃、终局地表明拒绝履行合同的主给付义务;而对于"以自己的行为表明拒绝履行主要义务",即默示拒绝履行,其认定标准应予以严格把控,只有当债务人拒绝履行的意图已经十分明显时,债权人才得解除合同。⑤

12 此外,本项所表述的"预期拒绝履行"与本法第 527 条(不安抗辩权)所规定的情形在实践中常有重叠,但事实上二者的区别也较为明显。"预期拒绝履行"乃在于强调债务人拒绝履行的强烈意图,而不安抗辩情形则侧重于强调债务人的履约能力的严重不足。因此,可以认为,当出现难以履行之虞的客观情势,而债权人又难以证明债务人拒绝履行的意愿时,可以依据本法第 527 条、第 528 条之规定解除合同,当然该解除权的发生应以"催告"为前置程序。⑥

(三)迟延履行主要债务且经催告后在合理期限内仍未履行

13 根据本条第 1 款第 3 项之规定,当事人一方迟延履行主要债务,经催告后在合理期限内仍未履行的,对方可以解除合同。

---

① 参见崔建远:《论合同目的及其不能实现》,载《吉林大学社会科学学报》2015 年第 3 期。
② 参见汾州裕源土特产品有限公司与陕西天宝大豆食品技术研究所技术合同纠纷案,最高人民法院民事判决书(2016)最高法民再 251 号。
③ 参见赵文杰:《论法定解除权的内外体系——以〈民法典〉第 563 条第 1 款中"合同目的不能实现"为切入点》,载《华东政法大学学报》2020 年第 3 期。
④ 赵文杰:《〈合同法〉第 94 条(法定解除)评注》,载《法学家》2019 年第 4 期,第 183 页。
⑤ 同上注。
⑥ 同上注。

通常情况下,如果根据合同性质和当事人的意思表示,履行期限在合同的内容上并非特别重要的,即使债务人迟延履行,也不至于使合同目的落空。① 因此,债权人原则上不得仅以债务人迟延履行为由解除合同。但如果债务人在债权人催告后合理期限内仍未履行,为保护债权人利益应允许其解除合同。

所谓催告,是指以明确要求债务人在一定期限内履行为内容的非要式的单方准法律行为。催告作为单方需受领的意思通知,原则上由合同相对人(债务人)受领,其消极代理人亦可受领。②

(四)迟延履行债务或者有其他违约行为致使不能实现合同目的

根据本条第 1 款第 4 项之规定,当事人一方迟延履行债务或者有其他违约行为致使不能实现合同目的的,对方可以解除合同。

如前所述,单纯的迟延履行不构成合同解除事由,因其通常不至于使得合同目的落空。反推之,如果迟延履行致使合同目的不能实现,那么自然应当允许债权人无须催告即可解除合同。例如,某公司订购 100 盒月饼用以中秋节前发放给员工以表节日祝福,而债务人直至中秋节之后才交付月饼,此时即属于本项所规定的"迟延履行致使不能实现合同目的"之情形。

此外,债务人的其他违约行为致使合同目的不能实现的,债权人也可以解除合同。通常此类违约行为是由债务人违反主给付义务而引起的瑕疵给付。关于此类违约行为是否会导致合同目的落空应结合该违约行为的严重性程度以及能否通过补正履行消除瑕疵综合判断。当然,本条第 1 款第 4 项中的"其他违约行为"可以解释为也包括因不可抗力以外的原因导致履行不能。在此种情形中,债务人的原给付义务依本法第 580 条第 1 款之规定归于消灭,债权人既可依本法第 580 条第 2 款行使解除诉权,也可依本条第 1 款第 4 项行使法定解除权。

原则上,从给付义务的不履行或附随义务的违反通常不会产生解除权。实践中,在一些例外情形下,如因从给付义务或附随义务的违反导致合同目的不能实现时,法院亦会肯定债权人的解除权。③ 解除权的规范基础为本条第 1 款第 4 项。

---

① 参见崔建远:《合同法》(第三版),北京大学出版社 2016 年版,第 287 页。
② 参见赵文杰:《〈合同法〉第 94 条(法定解除)评注》,载《法学家》2019 年第 4 期。
③ 参见安康泽泰汇通汽车销售服务有限公司与沈某某等公司买卖合同纠纷案,湖北省十堰市中级人民法院民事判决书(2017)鄂 03 民终 1803 号;杨某某诉大同市天晟汽车贸易有限责任公司等买卖合同纠纷案,山西省大同市中级人民法院民事判决书(2016)晋 02 民终 1365 号。

(五)法律规定的其他情形

20　　除上述几种解除事由外,本法合同编分则以及特别法上亦存在诸多有关合同解除事由的规定。例如本法第787条(定作人任意解除权)、第933条(委托人和受托人的任意解除权)、第946条(业主任意解除权)、《保险法》第37条和第51条的保险人解除权等。

21　　值得注意的是,此类特殊的法定解除权均有其独立的法律适用规范,而本条第1款第5项则对此类规范的具体解释和适用上发挥着指引作用。[1]

三、不定期继续性合同的解除

22　　本条第2款之所以规定不定期继续性合同的当事人可以随时解除合同,是基于此类合同的本身特性。一方面,不定期继续性合同未与特定的给付结果相联结,故无法如一时性合同那样,基于内在因素结束;另一方面,不定期继续性合同缺乏合同双方合意以限定其效力期间,故亦无法如定期合同那样,基于事先约定的外在因素结束。[2] 合同虽未定期但不能永久存续,故应允许当事人根据需要随时终止合同。

23　　不定期继续性合同的当事人虽然可以随时解除合同,但应当在合理期限之前通知对方。理论上将这种通知对方合理期间后即解除合同的规则称为预告解除。[3] 不同于一般解除权的行使效果,不定期继续性合同的预告解除并非"自解除通知到达对方时"发生解除效力,而是在解除通知后的一段合理期间经过后才发生解除效力。如此规定的主要原因在于,不定期的继续性合同的当事人虽然没有明确的期限利益,但如果一方随时立即解除会给相对方造成突然袭击,带来不测之损害。因此,合理期间给了相对方一个缓冲的期间,以便提前安排合同的善后事宜。[4]

四、证明责任

24　　债权人主张解除合同的,应对存在法定解除事由承担证明责任,即债权人应当证明如下事实之一:因不可抗力或者债务人的违约行为导致合同目的落空、债务人期前明示或默示拒绝履行主要债务、债务人迟延履行且经催告后在合理期限内仍未履行。如果合同是不定期继续性合同,一方当事人主张

---

[1] 参见陆青:《论法定解除事由的规范体系——以一般规范与特别规范的关系为中心》,载《华东政法大学学报》2015年第1期。

[2] 参见吴奕锋:《论不定期继续性合同随时终止制度——兼评〈民法典合同编(二审稿)〉的规定》,载《中外法学》2019年第2期。

[3] 参见朱晓喆:《〈民法典〉合同法定解除权规则的体系重构》,载《财经法学》2020年第5期。

[4] 同上注。

解除的,无须承担上述证明责任。

第五百六十四条 【解除权行使期限】法律规定或者当事人约定解除权行使期限,期限届满当事人不行使的,该权利消灭。

法律没有规定或者当事人没有约定解除权行使期限,自解除权人知道或者应当知道解除事由之日起一年内不行使,或者经对方催告后在合理期限内不行使的,该权利消灭。

解除权作为形成权,具有单方形成之力。因此,为了避免法律关系一直处于不确定状态,防止对方当事人利益受到不合理的损害,本条对解除权的行使期限作出了规定。 1

首先,如果法律规定或者当事人约定了解除权行使期限,期限届满当事人未行使的,则该解除权消灭。典型的法律规定的解除权期限,如《保险法》第16条规定之情形。如果法律没有特别规定合同解除期限,但是当事人有约定的,原则上应当尊重当事人的意思自治。 2

法律没有特别规定,当事人亦没有约定解除权行使期限的,则解除权自解除权人知道或者应当知道解除事由之日起一年内不行使而消灭。如果经对方当事人催告,解除权人在合理期限内仍未行使其解除权的,即使未满足"自解除权人知道或者应当知道解除事由之日起一年内不行使"这一条件,仍应认定其解除权消灭。 3

第五百六十五条 【合同解除程序】当事人一方依法主张解除合同的,应当通知对方。合同自通知到达对方时解除;通知载明债务人在一定期限内不履行债务则合同自动解除,债务人在该期限内未履行债务的,合同自通知载明的期限届满时解除。对方对解除合同有异议的,任何一方当事人均可以请求人民法院或者仲裁机构确认解除行为的效力。

当事人一方未通知对方,直接以提起诉讼或者申请仲裁的方式依法主张解除合同,人民法院或者仲裁机构确认该主张的,合同自起诉状副本或者仲裁申请书副本送达对方时解除。

一、适用范围

本条所规定的合同解除程序仅适用于当事人行使解除权解除合同,即本法第562条第2款(约定解除权)及第563条(法定解除权)规定之情形,而本法第562条第1款所规定的合意解除不适用本条。 1

二、解除通知

依本条第1款第1句之规定,当事人一方依法主张解除合同的,应当通知对方。此处的解除通知,为有相对人的意思表示。当事人解除合同的意思 2

表示,既可以明示,也可以默示;既可以采取口头形式作出,也可以采取书面形式作出。

3 一旦解除通知到达对方当事人,即发生解除的效力。关于解除通知的到达及生效应适用本法第137条之规定。

4 解除权为形成权,赋予解除权人单方形成之力,即仅依解除权人单方面的意思即可使法律关系终止。因此,为了避免法律关系一直处于不确定状态和保护对方当事人利益,原则上解除权的行使不得附条件。但是本条第1款第2句设一例外,即如果解除通知载明债务人在一定期限内不履行债务则合同自动解除,债务人在该期限内未履行债务的,合同自通知载明的期限届满时解除。此处之所以肯认该附条件的解除通知效力,是因为该条件的成就与否纯由对方当事人决定,对方当事人于此情形下无保护之必要。

三、解除权异议

5 依本条第1款第3句之规定,对方对解除合同有异议的,任何一方当事人均可以请求人民法院或者仲裁机构确认解除行为的效力。应当注意的是,合同解除权为单纯形成权,解除权的行使不以提起诉讼为必要,自解除通知到达时,即发生解除的效力,解除的效力亦不因对方当事人提出异议而受影响。因此,解除并非于判决或者裁决生效时发生效力,该判决或者裁决只是确认解除已于通知到达时发生效力而已。

四、司法解除

6 本条第2款新增司法解除方式,即当事人可以通过提起诉讼或者申请仲裁的方式主张解除合同。当事人采用司法解除方式的,该合同自起诉状副本或者仲裁申请书副本送达对方时解除,而非自判决或者裁决生效时解除。

第五百六十六条 【合同解除的效力】合同解除后,尚未履行的,终止履行;已经履行的,根据履行情况和合同性质,当事人可以请求恢复原状或者采取其他补救措施,并有权请求赔偿损失。

合同因违约解除的,解除权人可以请求违约方承担违约责任,但是当事人另有约定的除外。

主合同解除后,担保人对债务人应当承担的民事责任仍应当承担担保责任,但是担保合同另有约定的除外。

一、规范目的

1 合同解除后,合同关系提前终止。无疑问的是,合同关系终止后,合同双方不再负给付义务。而在当事人已经全部或者部分履行情形下,合同解除对已经履行的部分效力如何,当事人间的法律关系应如何清算,这些是合同解除必须处理的核心问题。本条的规范目的即在于明确合同解除的法律效果,处理合同解除的善后事宜。

二、解除效力的理论争议

本条对合同解除后当事人给付义务的终止、已经履行部分的返还、损害赔偿以及违约方的违约责任承担等问题作出了较为详细的规定。但是,对于合同解除效力,学界一直存在很大争议,这一问题亦决定着本条的具体解释与适用。

具体而言,关于解除效力,学界目前存在如下四种观点[①]:

(一)直接效果说

"直接效果说"认为,合同解除具有溯及效力。[②] 合同尚未履行的,当事人不再负给付义务;已经履行的部分发生返还请求权。而在请求返还的具体依据这一问题上,亦存在两种不同的观点。一种观点认为,我国民法尚不承认物权行为独立性和无因性,因此合同解除后,当事人原则上可主张所有物返还请求权,例外情形下可主张不当得利返还。[③] 另一种观点则基于物权行为独立性与无因性理论认为,合同解除后,当事人可基于不当得利法的规定主张返还。

(二)间接效果说

"间接效果说"则认为,合同本身并不因解除而归于消灭,只不过是使合同的作用受到阻止,其结果对于尚未履行的债务发生拒绝履行的抗辩权;对于已经履行的债务发生新的返还债务,合同解除后当事人之间的法律关系即转化为恢复原状的债权关系。基于此,恢复原状请求权被视为一种居于物权请求权与不当得利返还请求权中间的、混合性质的特殊权利。[④]

(三)折中说(清算关系说)

"折中说"认为,合同解除后,尚未履行的债务溯及归于消灭,已经履行

[①] 对各学说的介绍参见韩世远:《合同法总论》(第四版),法律出版社2018年版,第670—671页。

[②] 司法实践中采此观点的判决例如西安蓝溪实业有限责任公司诉西安三福物业管理有限公司、西安金三福超市有限责任公司房屋租赁合同纠纷案,陕西省西安市莲湖区人民法院民事判决书(2003)莲经初字第378号。

[③] 参见崔建远:《合同法》(第三版),北京大学出版社2016年版,第300—304页;崔建远:《解除效果折中说之评论》,载《法学研究》2012年第2期。

[④] 参见水本浩:《契约法》,有斐阁1995年版,第107页。转引自韩世远:《合同法总论》(第四版),法律出版社2018年版,第670页。

的债务则并不消灭。① 当事人主张恢复原状既不是基于不当得利法规定,也不是基于原物返还请求权,而是基于合同解除后产生的新的返还债务。

(四)债务关系转换说

7　"债务关系转换说"则另辟蹊径,该说认为,合同解除后,原合同关系转换为恢复原状债权关系,原合同上的未履行债务转化为恢复原状债权关系的既履行债务而归于消灭,原合同上的既履行债务转化为原状恢复债权关系的未履行债务,经过履行后始消灭。

(五)评价

8　按照"直接效果说"的观点,解除具有溯及效力。这就意味着,即使是在因一方违约而导致合同被解除的情形下,解除权人也仅能要求信赖利益的损害赔偿,而无法要求违约方承担违约责任。原因在于,合同溯及地归于消灭,当事人应恢复至合同订立前的状态,因此赔偿范围应限于信赖利益。同理,合同溯及地归于消灭,既然合同不存在,自然无违约责任一说。很显然,"直接效果说"既不利于非违约方的保护,更与本条第2款相违背。此外,如果认为合同溯及地归于消灭,那么在担保情形下,主债务不复存在,担保债务自然也不复存在,此点显然与本条第3款规定不符。

9　"间接效果说"通过抗辩权这一法律构造达到当事人可以拒绝履行的效果。然而,按照"间接效果说"的观点,合同债务并未消灭,故当事人如果仍为履行,相对人的受领则仍属有效,显然与本条所规定的"尚未履行的,终止履行"不符。②

10　"债务关系转换说"则以债务关系转换为核心,将未履行的债务转换成所谓的既履行的返还债务,纯属人工拟制,与本条规定不符。③

11　相较于上述三种观点,"折中说"则更为可取。一方面,依"折中说"观点,尚未履行的债务归于消灭,符合本条第1款所述"终止履行"。另一方面,依"折中说",合同解除后,当事人已经履行的部分仍为有效,原合同关系尚未消灭,仅仅是合同给付义务的履行关系转换为了解除后返还和赔偿的清算关系。如此一来,本条规范的损害赔偿、违约责任以及担保的承担问题将

---

① 司法实践中,多数法院明确否定解除对于已经履行之债务的溯及效力。例如重庆医科大学附属儿童医院诉克某某等医疗服务合同纠纷案,重庆市渝中区人民法院民事判决书(2009)中区民初字第2620号;北京优朋普乐科技有限公司与广东原创动力文化传播有限公司著作权许可使用合同纠纷案,北京知识产权法院民事判决书(2017)京73民终753号。
② 参见韩世远:《合同法总论》(第四版),法律出版社2018年版,第671页。
③ 同上注。

可以得到较为合理的解释,当事人与第三人的利益也将得到合理平衡。实际上,"折中说"是"债务关系转换说"的缩小版,将其适用范围限定于已经履行的债务。

三、合同解除的法律效果

以下将以"折中说"为基础解释合同解除的法律效果:

(一)终止履行

合同解除后,尚未履行的债务消灭,当事人应终止履行。此时,如果一方当事人仍为履行,即便相对人受领该履行,仍不发生履行的效力,因为此时根本不存在可以履行的债务。

(二)恢复原状或者采取其他补救措施

根据本条第1款之规定,合同解除后,已经履行的,根据履行情况和合同性质,当事人可以请求恢复原状或者采取其他补救措施。因为当事人已为之履行仍为有效,故此处恢复原状的依据既非原物返还请求权(物权请求权),亦非不当得利返还请求权,而是基于解除后当事人之间所负的返还债务。

所谓恢复原状,即恢复至原来的状态。具体而言,当事人受领的动产或者不动产应当原物返还;不动产已经过户登记的,受领人应当将其过户登记于原登记权利人名下。当事人受领的股权、知识产权、债权等财产权利应当回转让与给原权利人。受领因提供劳务而形成的工作成果的,应折价返还。受领的标的物产生孳息的,该孳息也应返还。

当事人双方因解除产生的对待返还义务,可准用同时履行抗辩权的规定。返还义务人不履行、不完全履行和迟延履行返还义务,都准用债的履行或合同义务履行相关规则,尤其是违约责任相关规则予以救济。①

应当注意的是,如果解除的是劳动合同、雇佣合同、物业服务合同、租赁合同、仓储合同等继续性合同,则应按学理上的合同终止处理,已经受领的给付(如劳务、租赁物的使用利益)不必返还,与之相应的对待给付义务已经履行的也不必返还,尚未履行的应当继续履行。就此而论,应当对本条第1款进行漏洞填补,补充继续性合同解除(终止)的特殊规则。

(三)损害赔偿

根据本条第1款规定,当事人除了可以主张恢复原状以外,还有权请求赔偿损害。在原《合同法》第97条中,合同解除后的损害赔偿应解释为包括

---

① 参见陆青:《合同解除效果与违约责任——以请求权基础为视角之检讨》,载《北方法学》2012年第6期。

违约损害赔偿,赔偿守约方的履行利益损失。[①] 不过,考虑到本条第2款已经专门规定解除后的违约责任,所以本条第1款中的损害赔偿不应包括违约损害赔偿,应解释为标的物返还不能情形中的损害赔偿责任,如同所有人——占有人关系中的损害赔偿责任,赔偿对象是标的物的价值。此外,该损害赔偿责任还包括因标的物之收益返还不能或者未被收取而导致的损害赔偿责任。

(四)违约责任

19　根据本条第2款之规定,如果合同是因一方违约造成的,则对方当事人解除合同后可主张违约责任,如请求支付违约金或者损害赔偿金。损害赔偿的内容是赔偿守约方的履行利益损失。对此,应适用本法第584条之规定。

(五)担保

20　本条第3款吸收了原《担保法解释》第10条的规定,依该款规定,主合同解除后,除当事人另有约定外,担保人原则上对债务人应当承担的民事责任仍应当承担担保责任。为此规定的主要原因是,合同解除后,合同债务并未溯及地归于消灭,仅仅是当事人原先的履行义务转化为了返还清算债务,同时发生损害赔偿义务,故担保人仍应对此类义务承担担保责任。

第五百六十七条　【合同终止后有关结算和清理条款效力】合同的权利义务关系终止,不影响合同中结算和清理条款的效力。

1　本条明确了合同权利义务终止后,合同中的结算、清理条款的效力。此处规定的合同权利义务终止指的是本法第557条规范之情形,即履行、抵销、提存、免除、混同、解除等。不过,实践中需要适用本条的通常是因合同解除而导致权利义务终止的情形。如果当事人已经在合同中约定了结算、清理条款,那么法律自应尊重当事人意思自治,故此类条款效力不因合同关系终止而受影响。

2　所谓结算条款,是指有关结算方式方法的合同条款,[②]如约定采用汇票、支票或者银行汇兑方式进行结算的条款。所谓清理条款,则是指对债权债务进行清点、估价和处理的合同条款。[③] 例如违约金条款或者有关因违约产生

[①] 参见韩世远:《合同法总论》(第四版),法律出版社2018年版,第686—687页。
[②] 参见朱广新、谢鸿飞主编:《民法典评注:合同编·通则2》,中国法制出版社2020年版,第217页(刘承韪执笔)。
[③] 参见黄薇主编:《中华人民共和国民法典合同编解读(上册)》,中国法制出版社2020年版,第372页。

的损失赔偿额计算方法的条款即属于此处的清理条款。[1]

应当注意的是,与解决争议方法有关的仲裁、选择管辖等条款,不属于本条所称"结算、清理条款",而应当适用本法第507条之规定。[2]

第五百六十八条　【债务的法定抵销】当事人互负债务,该债务的标的物种类、品质相同的,任何一方可以将自己的债务与对方的到期债务抵销;但是,根据债务性质、按照当事人约定或者依照法律规定不得抵销的除外。

当事人主张抵销的,应当通知对方。通知自到达对方时生效。抵销不得附条件或者附期限。

一、规范意旨

本条的规范对象为法定抵销。法定抵销,是指由法律规定其构成要件,当要件满足时,依当事人一方的意思表示即可发生抵销的效力。[3] 依一方的意思表示即可发生抵销效力的权利被称为抵销权,其性质上属于形成权。

抵销制度具有如下两项功能:第一,简化债之履行功能,以抵销方式实现债权,能够减少分别履行多项债务所导致的花费或风险。[4] 第二,担保功能,在债务人偿债能力不足的情况下,债权人行使抵销权的,可以优先实现债权,相当于其对于债务人对自己的债权(被动债权)享有质权,以实现债权质权的方式受偿债权(主动债权)。在债务人破产的情况下,抵销的担保功能尤为突出(《企业破产法》第40条)。

二、构成要件

(一) 双方当事人互负债务

从债权的角度看,互负债务亦即双方互享有债权。其中,作出抵销表示的当事人享有的债权,称为主动债权(Aktivforderung)或者对待债权(Gegenforderung)。相对人享有的债权,称为被动债权或者主债权,该债权就是通过抵销被清偿的债权。[5] 主动债权原则上须为主张抵销的一方自己对被抵销的一方享有的债权。同样,被动债权也必须是被抵销一方对主张抵销

---

[1] 参见朱广新、谢鸿飞主编:《民法典评注:合同编·通则2》,中国法制出版社2020年版,第217页(刘承韪执笔)。
[2] 参见黄薇主编:《中华人民共和国民法典合同编解读(上册)》,中国法制出版社2020年版,第372页。
[3] 参见崔建远:《合同法》(第三版),北京大学出版社2016年版,第313页。
[4] 参见朱广新:《合同法总则研究(下册)》,中国人民大学出版社2018年版,第532页。
[5] 参见[德]迪尔克·罗歇尔德斯:《德国债法总论》(第7版),中国人民大学出版社2014年版,第147页。

的一方所享有的债权。①

4　如果债权附停止条件,在条件成就前,债权尚未发生效力,故不得以其为主动债权而为抵销。如果债权附解除条件,在条件成就前债权为有效存在,故得以之为主动债权而为抵销。②

5　罹于诉讼时效的债权,可以作为被动债权被抵销。因为该债权的债务人主张抵销的,可认为其抛弃了时效利益,相当于债务人自愿履行罹于诉讼时效的债务。③ 罹于诉讼时效的债权可否作为主动债权予以抵销,则不可一概而论。如果在构成抵销适状(Aufrechnungslage)的时刻,主动债权尚未罹于诉讼时效,则其债权人在诉讼时效期间届满后仍可以表示抵销。④ 因为抵销溯及于抵销适状构成的那一刻发生效力,相当于债权人在那一刻表示抵销。反之,如果在被动债权发生的时刻,主动债权已经罹于诉讼时效,则其债权人不得主张抵销。

6　附有抗辩权的债权不得作为主动债权予以抵销,否则等同于剥夺债务人的抗辩权,但是其可以作为被动债权进行抵销,此时可认为抵销人放弃了抗辩利益。⑤

(二)债务标的物种类、品质相同

7　双方债务的标的物种类、品质须相同。如果双方债务的标的物种类不同,则无论其客观价值上是否相同,均不得依本条主张抵销。之所以如此限定,主要原因在于,抵销人作为债权人只能从其债务人的财产中受取其依自己的债权而有权受取的标的物,这也是抵销之公平性的必然要求。⑥ 正是基于此要件,能够主张抵销的仅限于种类之债,典型的如金钱之债。

8　只要双方所负债务的标的物种类、品质完全相同,无论其履行地、债务数额是否相同,在满足其他要件时,均得主张抵销。标的物同种类但品质不同的两个债务是否绝对不允许抵销,存在疑问。品质等级存在确定的区分标准的,如国家标准或者行业标准,而且在交易实践中均依该标准对标的物予以标注,如果高品质标的物债权人主张抵销,则意味着其放弃品质等级利益,似乎没有理由不允许。这在债务人陷入偿债能力不足尤其是破产的情况下,对

---

① 参见朱广新:《合同法总则研究(下册)》,中国人民大学出版社2018年版,第532页。
② 参见崔建远:《合同法》(第三版),北京大学出版社2016年版,第314页。
③ 参见中国农业银行福建省分行营业部与福清华信食品有限公司侵权纠纷案,福建省福州市中级人民法院民事判决书(2007)榕民初字第575号。
④ 参见[德]迪尔克·罗歇尔德斯:《德国债法总论》(第7版),中国人民大学出版社2014年版,第147页;韩世远:《合同法总论》(第四版),法律出版社2018年版,第711页。
⑤ 参见韩世远:《合同法总论》(第四版),法律出版社2018年版,第705页。
⑥ 参见朱广新:《合同法总则研究(下册)》,中国人民大学出版社2018年版,第534页。对

于债权人具有特别重要的意义,可以使其避免陷入如下尴尬处境:如数向债务人交付低品质标的物,但却不能如数从债务人处受取高品质标的物。

(三)主动债权已届清偿期

一方当事人主张抵销还要求其享有的主动债权已届清偿期。如果允许未届清偿期的债权作为主动债权而为抵销,则不可避免地损害了相对人的期限利益,显然不合理。

与原《合同法》第 99 条不同的是,本条并不要求双方债权均已届清偿期,深值赞同。被动债权是否到期对于抵销而言并不重要。如果抵销权人自愿放弃期限利益而主张将自己已经到期的债权与对方尚未届期的债权进行抵销,自无不可。

(四)不属于不得抵销的债务

依本条第 1 款之规定,根据债务性质、按照当事人约定或者依照法律规定不得抵销的,当事人不得主张抵销。分述如下:

在某些情形下,债务依其性质不能抵销,否则将悖于债务的本质。例如,互不竞争的不作为债务、相互提供劳务的作为债务,如果不经过相互实际履行,就无法实现债权的目的,故原则上不能抵销。[①]

基于私法自治,如果当事人间存在禁止抵销的特别约定,则双方自应受该约定拘束,双方债务不得抵销。

此外,如果法律明确规定某些特定债务不得抵销的,则不能抵销。例如《企业破产法》第 40 条但书所规定之情形。

三、抵销权的行使及其限制

符合上述要件的,两项债务即构成抵销适状,债权人享有抵销权。债权人主张抵销的,应当通知对方。通知可以以口头或书面方式作出。抵销通知在性质上是一项有相对人的意思表示,其生效适用本法第 137 条之规定。

债权人主张抵销的,不得附条件或者附期限。原因在于,抵销权为形成权,抵销权权利人可以依自己单方的意思直接使法律关系消灭,如果允许其附条件或不确定的期限,将会增加法律关系的不确定性,损害相对人利益。

四、法律效果

抵销将使双方当事人互负的债务按照抵销数额归于消灭。如果双方所负债务数额相同,则双方债务均归于消灭。如果双方所负债务数额不同,则债务数额较小的一方的债务消灭,债务数额较大的债务仅于对等额度消灭,剩余部分仍为有效债务。抵销为债权的行使,因此诉讼时效开始中断,就残

---

① 参见韩世远:《合同法总论》(第四版),法律出版社 2018 年版,第 705 页。

存的债权,诉讼时效期间应重新计算。①

18　通说认为,抵销具有溯及力,双方债务溯及于抵销适状发生时归于消灭,因此,在那一刻之后发生的利息及迟延履行损害赔偿义务亦应消灭。②

五、证明责任

19　当事人主张抵销的,应当证明双方互负债务,且债务的标的物品质、种类相同,以及主动债权已届清偿期。相对人如果主张主动债权附有抗辩权或者属于其他不能抵销的情形的,应对相关事实承担证明责任。

第五百六十九条　【债务的合意抵销】当事人互负债务,标的物种类、品质不相同的,经协商一致,也可以抵销。

第五百七十条　【标的物提存的条件】有下列情形之一,难以履行债务的,债务人可以将标的物提存:

(一)债权人无正当理由拒绝受领;

(二)债权人下落不明;

(三)债权人死亡未确定继承人、遗产管理人,或者丧失民事行为能力未确定监护人;

(四)法律规定的其他情形。

标的物不适于提存或者提存费用过高的,债务人依法可以拍卖或者变卖标的物,提存所得的价款。

一、规范对象与规范目的

1　本条所规范的提存,是指债务人以清偿债务为目的,将标的物提交给有关机关保存,使债务归于消灭的行为。

2　债务的履行通常需要债权人的配合与协助。如果债权人无正当理由拒绝受领或者因特殊原因无法及时受领给付,虽然发生债权人受领迟延的法律后果,但是债务人的债务仍未消灭,显然有失公平。故本条肯定以提存方式清偿债务以使得债务人的债务归于消灭,旨在保护债务人的利益。

二、提存的原因

(一)债权人无正当理由拒绝受领

3　债权人无正当理由拒绝受领,导致债务无法得到清偿的,债务人得将标的物予以提存。构成此项提存原因要求债务人提出给付,亦即债务人做了他

---

① 参见崔建远:《合同法》(第三版),北京大学出版社2016年版,第316页。

② 参见韩世远:《合同法总论》(第四版),法律出版社2018年版,第710页;[德]迪尔克·罗歇尔德斯:《德国债法总论》(第7版),中国人民大学出版社2014年版,第150页。

这方面为清偿债务所需要的全部事情,剩下的就是由债权人受领给付。

(二)债权人下落不明

债权人下落不明导致债务人难以履行债务的,债务人得将标的物提存以消灭债务。债权人下落不明包括债权人不清、地址不详、债权人失踪又无代管人等情况。① 此处下落不明的程度,应较本法第 40 条(宣告失踪)、第 46 条(宣告死亡)中的要求更为宽松。

(三)债权人死亡未确定继承人、遗产管理人,或者丧失民事行为能力未确定监护人

债权人死亡未确定继承人、遗产管理人,或者丧失民事行为能力未确定监护人,导致债务难以履行的,债务人也可以通过提存的方式消灭债务。

(四)法律规定的其他情形

法律规定的其他情形,例如《企业破产法》第 118 条、第 119 条等规定的情形。

三、提存的当事人与标的物

提存包括三方当事人,即提存人(债务人)、提存受领人(债权人)、提存部门(机关)。关于提存中当事人之间的法律关系,学界存在争议。一种观点认为,提存是债务人与提存部门之间缔结的一种向第三人履行的保管合同,故适用保管合同的有关规定。② 另一种观点则认为,提存中当事人之间的法律关系兼具私法与公法属性。具体而言就是,提存人与提存受领人之间的法律关系是私法关系,而提存人与提存机关之间的法律关系则具公法性质。③

债务人为提存时,应当交付与合同内容相符的标的物,否则债务人将构成违约。此外,债务人提存的标的物应当以适于提存为限。依本条第 2 款之规定,标的物不适于提存或者提存费用过高的,债务人依法可以拍卖或者变卖标的物,提存所得的价款。例如生鲜食品、易燃易爆物品、药品等即属于此处标的物不适于提存或者提存费用过高的情形。

实际上,本条第 2 款"债务人依法可以拍卖或者变卖标的物"之规定赋予了债务人自助出售(Selbsthilfeverkauf)权。债务人据此出售不具备提存能力或者提存费用过高的标的物后,依"物上代位"原理,债权人的标的物交付请求权转化为请求支付出售所得的金钱支付请求权。债务人既可以通过提

---

① 参见崔建远:《合同法》(第三版),北京大学出版社 2016 年版,第 318 页。
② 参见韩世远:《合同法总论》(第四版),法律出版社 2018 年版,第 715 页。
③ 参见崔建远:《合同法》(第三版),北京大学出版社 2016 年版,第 317 页。

存该金钱来消灭债务,也可以通过向债权人支付金钱或者通过抵销消灭债务。① 本条第2款虽仅规定第一种消灭债务方式,但不等于否定第二种方式。

四、提存的效力

由本法第571条第2款结合第557条第1款第3项之规定可知,债务人将标的物提存后,即发生债务清偿的效力,债务人的债务归于消灭,除非提存物与债务的标的物不一致或者存在瑕疵②。当然,在债务人对提存物享有取回权的情况下,应否承认债务因提存而立即消灭,有待斟酌。比较法上,德国法对此采否定说,享有取回权的债务人只能对债权人行使给付拒绝权并提醒债权人就提存物受偿债权③。

提存后,债权人取得对提存部门请求领取提存物的权利,债权人可以随时领取提存物。

第五百七十一条 【提存的成立】债务人将标的物或者将标的物依法拍卖、变卖所得价款交付提存部门时,提存成立。

提存成立的,视为债务人在其提存范围内已经交付标的物。

第五百七十二条 【提存后债务人的通知义务】标的物提存后,债务人应当及时通知债权人或者债权人的继承人、遗产管理人、监护人、财产代管人。

第五百七十三条 【标的物提存后的风险负担、孳息归属、费用负担】标的物提存后,毁损、灭失的风险由债权人承担。提存期间,标的物的孳息归债权人所有。提存费用由债权人负担。

根据本条第1句之规定,标的物提存后,毁损、灭失的风险由债权人承担。此处债权人负担的是对价风险,即标的物提存后,债务人的债务因提存归于消灭,此时如果发生标的物毁损、灭失等情形,并不影响债务人的对待给付请求权。④

根据本条第2句之规定,提存期间,标的物的孳息归债权人所有。提存部门应负孳息收取义务。根据《提存公证规则》第22条第2款至第4款之规

---

① Vgl. Looschelders, Schuldrecht AT., 18. Aufl., 2020, S. 157.
② 参见黄薇主编:《中华人民共和国民法典合同编解读(上册)》,中国法制出版社2020年版,第387页。
③ Vgl. Palandt/Grüneberg (2020), §379 Rn. 1.
④ 参见韩世远:《合同法总论》(第四版),法律出版社2018年版,第727页。

定:"提存的存款单、有价证券、奖券需要领息、承兑、领奖的,公证处应当代为承兑或领取,所获得的本金和孳息在不改变用途的前提下,按不损害提存受领人利益的原则处理。无法按原用途使用的,应以货币形式存入提存账户。定期存款到期的,原则上按原来期限将本金和利息一并转存。股息红利除用于支付有关的费用外,剩余部分应当存入提存专用账户。提存的不动产或其他物品的收益,除用于维护费用外剩余部分应当存入提存账户。"

根据本条第 3 句之规定,提存费用由债权人负担。根据《提存公证规则》第 25 条之规定,提存费用包括:提存公证费、公告费、邮电费、保管费、评估鉴定费、代管费、拍卖变卖费、保险费,以及为保管、处理、运输提存标的物所支出的其他费用。提存受领人未支付提存费用前,公证处有权留置价值相当的提存标的物。

第五百七十四条 【提存物的领取与取回】债权人可以随时领取提存物。但是,债权人对债务人负有到期债务的,在债权人未履行债务或者提供担保之前,提存部门根据债务人的要求应当拒绝其领取提存物。

债权人领取提存物的权利,自提存之日起五年内不行使而消灭,提存物扣除提存费用后归国家所有。但是,债权人未履行对债务人的到期债务,或者债权人向提存部门书面表示放弃领取提存物权利的,债务人负担提存费用后有权取回提存物。

一、债权人的提存物领取请求权

根据本条第 1 款第 1 句之规定,债权人可以随时领取提存物。应注意的是,此处债权人的提存物领取请求权在性质上并非基于对提存物的所有权而生的所有物返还请求权,因为债权人尚未取得提存物的所有权。[①] 毋宁说,债权人的提存物领取请求权是一种债权请求权。在公法关系说下,其为法定债权请求权;在保管合同说下,其为利他保管合同中的第三人请求权。

根据本条第 1 款第 2 句之规定,债权人对债务人负有到期债务的,在债权人未履行债务或者提供担保之前,提存部门根据债务人的要求应当拒绝其领取提存物。债权人对债务人所负担的到期债务应解释为同一合同产生的对待给付义务。[②] 有学说认为,这是适用同时履行抗辩权和不安抗辩权的结果。[③] 不过,有疑问的是,既然提存已经导致债务人的债务消灭,则从属于该

---

① Vgl. Palandt/Grüneberg (2020), Einf v § 372 Rn. 11.
② 参见黄薇主编:《中华人民共和国民法典合同编解读(上册)》,中国法制出版社 2020 年版,第 392 页。
③ 参见朱广新:《合同法总则研究(下册)》,中国人民大学出版社 2018 年版,第 548 页。

债务的履行抗辩权亦应消灭,为何债务人依本句规定依然可以行使抗辩权。本句规定的债务人拒绝权与提存的债务消灭效果之间似乎难以调和。

3 　　此外,债权人的提存物领取请求权还受到 5 年行使期限的限制。该 5 年的行使期间在性质上属于除斥期间。依据本法第 199 条之规定,此类存续期间为不变期间,不适用诉讼时效中止、中断或延长的规定。[①] 债权人的提存物领取请求权自提存之日起 5 年内不行使而消灭,提存物扣除提存费用后归国家所有。"归国家所有"的理论基础何在,不无疑问。

4 　　根据《提存公证规则》第 28 条之规定,符合法定或当事人约定的给付条件,公证处拒绝给付的,由其主管的司法行政机关责令限期给付;给当事人造成损失的,公证处负有赔偿责任。

二、债务人的取回权

5 　　本条第 2 款第 2 句为新增规定,该款明确规定了债务人(提存人)在两种情形下的取回权。一种情形是,债权人未履行对债务人的到期债务;另一种情形是,债权人向提存部门书面表示放弃领取提存物权利。

6 　　在第一种情形下,如果认为提存已经导致债务消灭,则难以解释为何债务人享有取回权。有学说认为,债务人取回提存物就是不通过提存部门而自己行使履行抗辩权。[②] 有学说则认为,此时如为同种类之债则依抵销使双方债务同时消灭,提存人无须给付,自然可以取回提存物;如为不同种类之债则发生法定代物清偿之效力,提存人取回提存物即为受领代物清偿。[③] 然而,既然提存人的债务已因提存而消灭,则无从发生债务的抵销。至于法定代物清偿,导致提存人的债权因受清偿而消灭,但本条第 2 款并未规定提存人取回提存物后其债权消灭,所以此观点并不具有规范基础。如果既要承认提存的债务消灭效果也要承认债务人的取回权,则只能将取回权的行使解释为债务人撤销提存,导致提存的债务消灭效果未发生。法律赋予其撤销权是为了使其得以行使履行抗辩权(如不安抗辩权)。

7 　　在第二种情形下,有学说认为,债权人书面放弃领取提存物,其法律性质应解释为债权人对债务人的债务为免除的意思表示,提存之债因债权人的免

[①] 参见黄薇主编:《中华人民共和国民法典合同编解读(上册)》,中国法制出版社 2020 年版,第 394 页。

[②] 同上注。

[③] 参见朱广新、谢鸿飞主编:《民法典评注:合同编·通则 2》,中国法制出版社 2020 年版,第 270 页(申海恩执笔)。

除表示而终局消灭,债务人因自始即不负有债务而享有取回提存物的权利。① 该说的缺陷在于,免除的前提是存在一项债务,既然提存已经导致债务人的债务消灭,债权人又如何能够免除债务。更为合理的解释是,债权人放弃提存物领取请求权后,提存物不再受债权人之权利的拘束,由于债务人迄今一直未丧失提存物的所有权,所以其当然可以基于所有权取回提存物,即请求作为占有人的提存部门返还提存物。

第五百七十五条 【债务免除】债权人免除债务人部分或者全部债务的,债权债务部分或者全部终止,但是债务人在合理期限内拒绝的除外。

一、债务免除的性质

债务免除是债权债务终止的一项法定事由(本法第557条第1款第4项)。债务免除是处分行为,使一项既存的债务归于消灭,这一点没有疑问。而关于债务免除在法律性质上究竟为单独行为还是契约,学界则存在较大争议。

单方行为说认为,债务免除以债权人单方的意思表示为之,无须经债务人同意即可发生效力。其理由在于,债务人被免除债务,为债权人抛弃债权的间接结果,债务人既因此而受利益,故无必要征得其同意。②

相反,契约说则认为,债务免除在性质上属于一种以消灭债务为目的的合同。其理由在于:债之关系是债权人与债务人之间的关系,债务如果仅依债权人的单方意思即被免除,完全置债务人意思于不顾,未免欠妥;且依"恩惠不得强加于人"之原则,为尊重债务人的独立人格,债务免除应以债务人同意为必要。③

债务免除究竟定性为单方行为或是契约,在债务人对债务免除明确表示反对的情形下,具有重要意义。对此,如采契约说,免除不发生债务消灭的效果;反之,如采单方行为说,债务免除的效力不因债务人的反对而受影响。

与原《合同法》第105条不同的是,本条新增但书规定,即"但是债务人在合理期限内拒绝的除外"。此项但书兼顾债权人的处分自由与债务人的独立人格,值得肯定。当然,解释上究竟采用单方行为说抑或契约说,仍有疑问。如果采用契约说,则须将债务人"在合理期限内不拒绝"解释为以沉默

---

① 参见朱广新、谢鸿飞主编:《民法典评注:合同编·通则2》,中国法制出版社2020年版,第270页(申海恩执笔)。
② 参见崔建远:《合同法》(第三版),北京大学出版社2016年版,第321页。
③ 参见朱广新:《合同法总则研究(下册)》,中国人民大学出版社2018年版,第548—549页。

的方式同意免除债务。不过,相较之下,单方行为说更符合本条文义。从"债权人免除债务人部分或者全部债务的,债权债务部分或者全部终止"这一表述可以看出,债权人的免除表示立即发生债务消灭之法律效果,这显然符合单方法律行为的特征。特殊之处在于,此项单方法律行为的效力并非终局性的,因为依本条但书之规定,债务人在合理期限内拒绝的,债务不消灭。有学说将此种效力模式称为"反向效力待定",亦即,免除债务之单方法律行为暂时发生效力,最终是否丧失效力则处于待定状态,取决于债务人是否在合理期限内表示拒绝。一如追认权,此处拒绝权也是一种形成权。[1] 应当注意的是,虽然本条规定可以采用单方法律行为的方式免除债务,但当事人也可以通过订立合同免除债务。

二、债务免除的构成要件

债务免除是债权人处分债权的行为,因而需要债权人具有处分该债权的能力或资格。故债务免除应以债权人具备完全的民事行为能力为必要。此外,债权人如果因受破产宣告等原因而丧失处分权时,则不得为任意免除。[2] 债权被质押给第三人的,债权人也不得免除债务。作为处分行为,债务免除本身并不包含对价。如果有对价,则对价包含在原因行为中,比如基于和解协议免除一方的债务。

债务免除应由债权人向债务人作出以免除债务为内容的意思表示。该意思表示是需受领的意思表示,自到达债务人时发生效力。债务免除是不要式法律行为。债务免除可以附条件或者附期限。

债务免除反之,如果债务人在合理期限内表示拒绝的,债务免除不生效力。

三、债务免除的效力

债务免除生效后,依据其免除的是全部债务还是部分债务,发生全部或者部分债务消灭的效力。从属于主债务的从债务(如利息债务、保证债务)亦随之消灭。

如前所述,债务免除最终可能因债务人表示拒绝而丧失效力。在债务人行使拒绝权之前,债务免除暂时发生效力,但效力待定。债务人拒绝的意思表示可以以语言文字等明示的方式作出,亦可以以默示方式作出,例如,债务人在合理期限内向债权人履行债务的,即为债务人以行为表明其对债务免除表示拒绝。

---

[1] 参见杨代雄:《法律行为论》,北京大学出版社2021年版,第442页。
[2] 参见崔建远:《合同法》(第三版),北京大学出版社2016年,第322页。

四、证明责任

主张债务已被免除的当事人须证明存在免除债务的意思表示。

第五百七十六条 【债权债务混同】债权和债务同归于一人的,债权债务终止,但是损害第三人利益的除外。

债权债务混同,是指同一个债的债权与债务由于某种原因同归于一人的法律事实。通说认为,债权因混同而消灭,是因为债权的存在必须有两个主体,如果同时为债权人和债务人,则与债权观念不符。① 混同的发生通常是因为债的概括承受,例如,债权人继承债务人的财产、企业合并等。

根据本条之规定,债权债务混同原则上导致债权债务消灭,但是损害第三人利益的,债权债务不消灭。例如债权为他人质权的标的,为了保护质权人的利益,债权不因混同而消灭。

第八章 违约责任

第五百七十七条 【违约责任】当事人一方不履行合同义务或者履行合同义务不符合约定的,应当承担继续履行、采取补救措施或者赔偿损失等违约责任。

一、规范定位

(一)条文构造

本法合同编通则第八章"违约责任"以本条为中心构建一个统一的违约责任体系。本条是违约责任的一般规则,对违约责任章节的适用具有统领的作用。同时,本条也是违约责任的一般请求权基础,但在具体适用时需要配套其他辅助性规则和防御性规则。本条采取统一性违约概念,规定"当事人一方不履行合同义务或者履行合同义务不符合约定",不区分给付不能、给付迟延、不完全给付等违约形态。在构成要件方面,以合同义务是否履行,将违约类型区分为不履行合同义务和虽然履行但不符合约定两大类型,这两种类型涵盖所有给付障碍的表现形态,是给付障碍的核心要素。其中,当事人一方不履行合同义务主要包括拒绝给付(本法第578条预期违约)、迟延给付、给付不能(本法第580条)等类型;履行合同义务不符合约定是指不完全给付,包括瑕疵给付(本法第582条)和加害给付(本法第583条)等类型。在法律效果方面,违约的责任形态(本法第179条对此进行列举性规定)包

---

① 参见崔建远:《合同法》(第三版),北京大学出版社2016年,第322页。

括继续履行(本法第579条和第580条),采取补救措施比如修理、重作、更换等(本法第582条),赔偿损失(本法第584条),支付违约金(本法第585条),定金责任(本法第586条、第587条)等。

(二)体系定位

本法合同编中隐藏了债法总则体系。本法第468条使用"援引技术"(Verweisungstechnik),规定对非合同之债没有规定的,适用合同编通则的有关规定。经由这一转介适用条款,合同编通则部分规则上升为具有债法总则之地位,其中违约责任也提升为一般性的给付障碍法。[1] 本章违约责任规则对基于无权代理、无因管理、不当得利等发生的债务的不履行情况,均有适用余地,但有特殊规定或者根据性质不能适用的除外。

二、构成要件

(一)合同义务

本条"合同义务"应作广义解释,包括给付义务和附随义务。给付义务分为主给付义务(Hauptleistungspflicht)和从给付义务(Nebenleistungspflicht)。主给付义务,指债之关系固有、必备并决定债之关系类型的基本义务。[2] 在买卖合同中,出卖人的主给付义务是移转标的物的所有权和交付标的物,买受人的主给付义务是支付价款。在双务合同中,双方当事人的主给付义务具有交换关系(Austauschverhältnis)。[3] 从给付义务,是指除主给付义务之外可独立诉请的义务。[4] 从给付义务具有补助主给付义务的功能,确保债权人利益获得最大实现,但不决定债之关系的类型。[5] 从给付义务分为与主给付相关的从给付义务和其他从给付义务,与主给付相关的从给付义务如出卖人发送、保管标的物之义务。附随义务(Nebenpflicht),是为履行给付义务或保护债权人人身或财产上利益,在合同发展过程中基于诚信原则而生的义务。附随义务分为与给付利益相关的附随义务和与固有利益相关的附随义务(保护义务),前者为促进实现主给付义务(辅助功能),后者为维护人身或财产上利益(保护功能)。原则上,附随义务不属于对待给付义务,不发生同时履行抗辩权,附随义务不履行,通常不发生解除权,但可依据本条产生违约

---

[1] 参见王洪亮:《〈民法典〉中给付障碍类型的创新与评释》,载《西北师大学报(社会科学版)》2020年第6期。

[2] 参见王泽鉴:《债法原理》,北京大学出版社2009年版,第28页。

[3] Vgl. Brox/Walker, Allgemeines Schuldrecht, 33. Aufl., 2009, S. 10, Rn. 7; Dirk Looschelders, Schuldrecht Allgemeiner Teil, 6. Aufl., 2008, S. 3. Rn. 12.

[4] Vgl. Brox/Walker, Allgemeines Schuldrecht, 33. Aufl., 2009, S. 10, Rn. 8.

[5] 参见王泽鉴:《债法原理》,北京大学出版社2009年版,第29页。

责任。

(二)不履行义务

不履行义务,是指义务根本未得到履行,包括给付不能、给付迟延以及给付拒绝等类型。

给付不能,亦称履行不能,是指依社会观念,债务人不能依债之本旨提出给付而为履行。给付不能主要类型有自始不能与嗣后不能、主观不能与客观不能、永久不能与一时不能等。自始不能,是指合同成立之时即已发生给付不能的事由。比如买受之物在订立合同之前即已灭失。嗣后不能,是指合同成立后而发生给付不能。主观不能,是指只有债务人不具有给付能力,其他人对此有给付可能。比如,出卖人将已经出卖之物再行出售他人并移转所有权,就第一份买卖合同而言,出卖人陷入主观不能。客观不能,是指任何人都不能作出给付。永久不能,是指债务人在可以履行的期间内其履行为不能。一时不能,是指给付障碍仅是暂时性的。债务人所负履行只是暂时给付不能,能否与永久给付不能具有同等地位,需要看给付障碍能多久被克服。如果给付障碍消除后债权人的履行利益仍被肯定,且让债权人等待消除该给付障碍具有可期待性,则适用给付迟延规则;如果不具有可期待性,则适用给付不能的规则。①

给付迟延,系债务已届履行期,债务人能为给付,而不为给付。给付有确定期限,则债务人自期限届满时起,负迟延责任,此乃所谓"期限代人催告"规则。给付无确定期限,则债务人于债权人得请求给付时,经其催告在合理期限内而未为给付,自该期限届满时起,负迟延责任。设置合理的期限目的是为了再给债务人一次履行所负担给付的机会。期限设置必须是能够让债务人作出给付的时间。② 在此,须注意绝对定期行为(das absolute Fixgeschäft)和相对定期行为(das relative Fixgeschäft)的区分。绝对定期行为,是指履行期依当事人间的约定取得非常重要的地位,给付须在一定期日或一定期间内完成,对于履行期的不遵守将构成永久的不能。绝对定期行为,不但要求确定准确的履行期,而且要求双方就以下达成合意:即在履行期间经过之后,履行对债权人无意义。合同双方是否赋予履行期如此重大的意义,须考量所有与合同相关的情况。③ 绝对定期行为,比如中秋月饼之订购

---

① 参见[德]约哈希姆·慕斯拉克、沃夫冈·豪:《德国民法概论》(第14版),刘志阳译,中国人民大学出版社2016年版,第137页。
② 同上注,第130页。
③ Vgl. Medicus,SchuldrechtⅠAT,18. Aufl.,S. 199.

合同,葬礼用花圈的订购合同等。若给付未在约定时间为之,则构成给付不能;①迟到的给付不再构成履行。② 相对定期行为,是指合同双方对义务的履行虽定有确定的期日或者期间,但依据合同的目的,在该期日或期间经过之后的履行并不完全失去意义,迟延的履行对债权人仍有意义③。在相对定期行为情形下,债务人未在约定时间为给付,不构成给付不能,而是可以继续履行。④

7 给付拒绝,是指债务人能够给付而明确表示或者以行为表示不为给付。根据拒绝给付行为的发生时间,可以将给付拒绝分为期前拒绝给付和期后拒绝给付两种类型。对于期前拒绝给付,本法第578条规定了预期违约。

(三)履行合同义务不符合约定

8 履行合同义务不符合约定,是指不完全履行,即债务人虽以适当履行的意思进行了履行,但其履行不符合法律的规定或合同的约定。不完全履行包括瑕疵履行、加害给付、违反附随义务等类型。在瑕疵给付情形下,义务违反侵害了债权人的给付利益。比如,因买受机器存在瑕疵而不能使用该机器。在加害给付情形下,因债务人义务违反还侵害债权人的固有利益。比如,出售之物品具有瑕疵,该物导致债权人的固有利益遭受损害,即所谓的瑕疵结果损害(Mangelfolgeschaden)。⑤

三、归责原则

9 通说认为,本法中的违约责任采"严格责任为主、过错责任为辅"的二元归责原则体系。本条借鉴《联合国国际货物销售合同公约》等规定,归责原则采取严格责任,只要存在违约事实,债务人即应当承担违约责任,无须考虑债务人是否对违约事实存在过错。本条所规定的继续履行与采取补救措施本来就是原给付义务的体现,不以过错为要件,当无疑问。至于损害赔偿责任,则为因原给付义务违反而发生的次给付义务,体现了法律对于违约行为的非难,在大陆法系民法上通常采用过错推定责任原则,若解释为本条对此采用无过错责任原则,法理上欠缺足够的正当性。实际上,在我国司法实践中,法院在处理违约损害赔偿责任案件时并非一概不考虑过错因素,最高人

---

① Vgl. Hans Brox, Allgemeines Schuldrecht,26. Aufl. ,1999,S. 126.
② Vgl. Jauernig/Stadler(2009), §323, Rn. 12.
③ Vgl. Medicus,SchuldrechtI AT,18. Aufl. ,2008, S. 199
④ Vgl. Hans Brox, Allgemeines Schuldrecht,26. Aufl. ,1999,S. 126.
⑤ D. 19,1,6,4;D. 19,2,19,4 中有该种事例,转引自 Honsell, Römisches Recht, 7. Aufl. ,2010,S. 98.

民法院在某些裁判文书中将过错作为承担违约损害赔偿责任的前提。①《民法典担保制度解释》第46条第2款与第3款关于未办理抵押登记情形中抵押人违约损害赔偿责任的规定明确要求抵押人具有可归责性,体现了过错责任原则。

债务人归责范围还存在扩张类型,不仅要对自己的行为承担违约责任,还要对债务人履行辅助人的行为承担违约责任,本法第593条对此进行了规定。

在具体典型合同中规定了过错责任的归责原则。比如,本法第660条第2款规定,应当交付的赠与财产因赠与人故意或者重大过失致使毁损、灭失的,赠与人应当承担赔偿责任。本法第662条第2款规定,赠与人故意不告知瑕疵或者保证无瑕疵,造成受赠人损失的,应当承担赔偿责任。本法第832条规定,承运人对运输过程中货物的毁损、灭失承担赔偿责任,但是承运人证明货物的毁损、灭失是因不可抗力、货物本身的自然性质或者合理损耗以及托运人、收货人的过错造成的,不承担赔偿责任。

四、法律效果

债务人违约时,债权人可以请求债务人履行原给付义务或者次给付义务。原给付义务,即债之关系上原有的义务。次给付义务,系原给付义务在履行过程中因特定事由演变而生的义务。② 本条规定了违约的责任类型有继续履行、采取补救措施和赔偿损失等。其中,继续履行、采取补救措施属于原给付义务,赔偿损失属于次给付义务。

继续履行,又称强制履行,指违约方不履行合同时,由国家强制违约方继续履行合同债务的违约责任方式。继续履行必须在给付可能的情况下,方可请求;在给付不能情形下,则排除债权人继续履行请求权。本法第580条对此进行了规定。

采取补救措施,属于债权人补正履行请求权,补正履行请求权为修正原履行的请求权。补救措施主要有修理、重作、更换等。债权人可以根据标的物性质和损失大小,合理选择请求债务人修理、重作、更换。

赔偿损失,又称损害赔偿,是原给付义务演变而生的义务,虽然债之内容

---

① 代表性案例参见长春泰恒房屋开发有限公司与长春市规划和自然资源局建设用地使用权纠纷案,最高人民法院民事判决书(2019)最高法民再246号;湖南灰汤温泉华天城置业有限责任公司与台山市盛世华轩投资有限公司合同纠纷案,最高人民法院民事判决书(2020)最高法民终215号;杭州群管管网络科技有限公司与文思海辉技术有限公司计算机软件开发合同纠纷案,最高人民法院民事判决书(2020)最高法知民终1143号。

② 参见王泽鉴:《债法原理》,北京大学出版社2009年版,第10页。

有所改变,但同一性维持不变。赔偿损失既有法定损害赔偿,亦有约定违约金和约定定金等。本法第584条规定了违约损害赔偿范围。本法第592条规定,双方当事人违约时应各自承担违约责任;当事人对违约损害的发生与有过失,则可减少相应的损害赔偿。在特定情况下,因当事人的违约行为,损害了对方人格权并造成严重精神损害,可请求精神损害赔偿。参见本法第996条。

16 从文义上看,本条并未规定继续履行、采取补救措施或者赔偿损失的请求次序,似可认定债权人享有自由选择权。但从体系解释和目的性考量来看,应当限制债权人的自由选择权。债权人放弃本来的给付而主张替代给付的损害赔偿前,一般须给债务人履行尚存的所负担给付的机会。在给付迟延情形下,确定履行期限之必要性也体现出给付请求权的优先性。①

五、证明责任

17 债权人应对债务人的违约行为承担证明责任。依通说,债务人通常不得通过证明自己对违约行为不具有过错而免责。但在例外情况下,其可以证明因不可抗力等事由导致违约而免除违约责任。若债务人声称已经履行,则债务人须证明其已经履行;②但在不作为债权情形下,应由债权人承担证明责任。③

第五百七十八条 【预期违约】当事人一方明确表示或者以自己的行为表明不履行合同义务的,对方可以在履行期限届满前请求其承担违约责任。

一、规范意旨

(一)规制模式

1 违约形态以履行期是否届至,可以区分为实际违约和预期违约。预期违约是指一方当事人在合同履行期届满前,明确表示或者通过其行为表明其将不履行合同。预期违约制度起源于英国1853年的奥彻斯特诉戴纳特尔案。此后,英国法院一直遵循这一判例,并形成一套完整的预期违约制度。《美国统一商法典》和《联合国国际货物销售合同公约》对预期违约设有规定。④《德国民法典》原先并未规定给付拒绝,只设置了不安抗辩权规则,但实务和

---

① 参见[德]约哈希姆·慕斯拉克、沃夫冈·豪:《德国民法概论》(第14版),刘志阳译,中国人民大学出版社2016年版,第129页。
② Vgl. Enneccerus/Lehmann, Recht der Schuldverhältnisse,15. Aufl.,1958,S. 172.
③ Ebenda,S. 172.
④ 参见最高人民法院民法典贯彻实施工作领导小组主编:《中华人民共和国民法典合同编理解与适用(二)》,人民法院出版社2020年版,第722页。

学说长期以来认为债务人拒绝履行无论发生在履行期届满之前或其后,债权人均得不经催告即解除合同,并请求承担债务不履行的损害赔偿。2002年《债法现代化法》将此见解予以法定化,规定债务人在履行期届满前严肃认真、终局明确拒绝履行,债权人有权请求替代给付的损害赔偿或解除合同。[1] 本法延续原《合同法》的混合继受模式,在借鉴大陆法系不安抗辩权的基础上,同时引入英美法系的预期违约制度,对两者同时予以规制。

(二)规范目的

基于诚实信用原则,债务人负有顾及债权人利益和忠实协力的义务。债务人预期违约违反忠实义务,破坏当事人对合同的信赖,损害、阻碍合同目的与给付效果,使得债权人不可期待可获得给付完成后可得利益。若待履行期届满,始得请求违约责任,无异于鼓励债务人违约,扩大债权人的损害。为避免债权人遭受更大损失,赋予债权人在相对人确定发生违约时即有权在期满前主张损害赔偿或解除合同,推动法律关系加速变动。

二、构成要件

(一)存在预期违约行为

预期违约行为的表现形式主要有明确表示或者以自己的行为表明不履行合同义务。判断是否存在预期违约行为,需要从债权人的角度,推断债务人是否表示出最终不想履行合同的意思。预期违约的具体类型参见第三部分。

(二)违反合同主给付义务

有观点认为此处合同义务应作宽泛解释,既包括主给付义务,也包括从给付义务和附随义务。[2] 预期违约规则,使债务人丧失期限利益,提前承担违约责任,应作严格解释。违反合同主给付义务,通常可能使债权人的合同目的落空。如果仅违反合同从给付义务或者附随义务,一般不会对合同利益造成重大影响,而导致合同目的落空。因此,预期违约违反义务通常为主给付义务,但从给付义务或者附随义务违反导致合同目的不能实现的除外。

(三)拒绝给付无正当理由

债务人的给付拒绝没有正当理由,如果债务人出于某种法律上的原因而有权拒绝履行债务,比如同时履行之抗辩、期限之未到来、履行条件之不成就及依契约之履行拒绝权等,则其拒绝履行系正当权利之行使,不发生不履行

---

[1] 参见王泽鉴:《损害赔偿》,三民书局2017年版,第238页。
[2] 参见黄薇主编:《中华人民共和国民法典合同编释义(上册)》,法律出版社2020年版,第294页。

问题。①

三、类型结构

从本条文义来看,预期违约有两种类型,即明示预期违约和默示预期违约。但本法第528条通过"嫁接模式",创设了一项新的预期违约类型,即预期不能履行。② 于此形成了我国预期违约的类型体系,即明示预期违约、默示预期违约和预期不能履行。

明示预期违约,立法表达是"明确表示不履行合同义务",即在合同履行期限届满前,以口头或书面方式明确表示其不再履行合同义务。给付拒绝需明确、严肃、毫无挽回余地拒绝给付,使得债权人对债务人的给付不可期待。如果仅仅是争辩相应的义务,比如对买卖合同标的物瑕疵问题产生争议,则不构成拒绝履行。但债务人以各种借口不当质疑合同义务,试图免除自身义务,以达到拒绝履行合同的目的,则构成预期违约。③ 给付拒绝多为故意,因过失而不知债务存在,而误为拒绝,此种情形因并非毫无挽回余地的拒绝,不应认定为拒绝之意思。④ 给付拒绝法律性质是意思通知,可类推适用法律行为之规定。

默示预期违约,立法表达是"以自己的行为表明不履行合同义务",即在合同履行期限届满前,根据其特定行为间接推知行为人在履行期限到来时将不履行合同。比如,从债务人将作为合同标的之特定物出卖给他人的行为之中,间接推断其表示不再履行所负义务的意思。⑤

预期不能履行类型是本法第528条通过"视为以自己的行为表明不履行主要债务"规定,创设了一项新的预期违约类型。即在存在先后履行顺序的双务合同中,在先履行一方行使不安抗辩权的情况下,若对方在合理期限内未恢复履行能力并未提供适当担保,则视为预期违约。这种"嫁接模式"看似妥当处理了不安抗辩权和预期违约的衔接问题,但引发了两个问题:一是不安抗辩权情况下,债务人期前拒绝履行或丧失履行能力主观表现不明显,或者主观上愿意继续履行,但客观上缺乏履行能力,而配置强度很大的违约责任,不符合比例原则。二是若赋予先给付义务人享有违约责任请求权,实

---

① 参见史尚宽:《债法总论》,中国政法大学出版社2000年版,第411页。
② 参见叶金强:《不安抗辩中止履行后的制度安排——〈民法典〉第528条修正之释评》,载《法律科学(西北政法大学学报)》2020年第5期。
③ 参见李建星:《预期违约的制度内涵与类型扩展》,载《法治研究》2019年第5期。
④ 参见史尚宽:《债法总论》,中国政法大学出版社2000年版,第411页;郑玉波:《民法债编总论》(修订二版),中国政法大学出版社2004年版,第268页。
⑤ 参见叶金强:《不安抗辩中止履行后的制度安排——〈民法典〉第528条修正之释评》,载《法律科学(西北政法大学学报)》2020年第5期。

际上是要求相对人在期前即负有确保自己应具备足够的履行能力之义务。但在整个民法体系中,当事人一般情况下不承担如此担保义务。① 故在解释论上,应当从严解释,应认定债务人丧失履行能力高度确定,且丧失履行能力的程度严重,在合理期间内未提供担保的,方可转接适用预期违约规则。

四、法律效果

预期违约,因其主观意愿上的确定性以及违反合同的严重性,均足以正当化对方立即采取行动的权利。② 一方当事人预期违约,对方可在履行期限届满前,无须催告径行请求承担违约责任,而不必等到履行期限届满之后再行主张。当然,债权人亦可选择在履行期限届满后请求债务人承担违约责任。

若债务人在期前表示拒绝履行后,期后表示愿意履行或提出给付,如何处理? 有学者主张,给付拒绝之表示,原则上可以撤回。另有学者主张,债务人前后行为矛盾,依诚实信用原则,债权人得拒绝受领给付,请求违约责任或解除合同。

五、证明责任

债权人应当对债务人明确表示或者以自己的行为表明不履行合同义务的行为提出确切的证据,证明债务人明确、严肃、终局拒绝给付。在预期不能履行类型中,债权人需证明债务人确实丧失履行能力,且没有提供担保的事实。

第五百七十九条 【金钱债务的继续履行】当事人一方未支付价款、报酬、租金、利息,或者不履行其他金钱债务的,对方可以请求其支付。

第五百八十条 【非金钱债务的强制履行及其例外】当事人一方不履行非金钱债务或者履行非金钱债务不符合约定的,对方可以请求履行,但是有下列情形之一的除外:

(一)法律上或者事实上不能履行;

(二)债务的标的不适于强制履行或者履行费用过高;

(三)债权人在合理期限内未请求履行。

有前款规定的除外情形之一,致使不能实现合同目的的,人民法院或者仲裁机构可以根据当事人的请求终止合同权利义务关系,但是不影响违约责任的承担。

---

① 参见叶金强:《不安抗辩中止履行后的制度安排——〈民法典〉第 528 条修正之释评》,载《法律科学(西北政法大学学报)》2020 年第 5 期。

② 同上注。

一、非金钱之债的强制履行

1　本法第579条在原《合同法》第109条规定的基础上增加了"租金、利息,或者不履行其他金钱债务"之规定,由此使得该条上升为金钱之债强制履行的一般规则。债务人对金钱之债承担无限责任,无支付能力不能排除给付义务,故金钱债务不发生给付不能问题。

2　比较本法第579条和第580条两个条文的结构,可以看出立法者不同的价值预设。第579条规定"当事人一方未支付价款、报酬、租金、利息,或者不履行其他金钱债务的,对方可以请求其支付",并无但书规定。本法第580条设有但书规定,当事人一方不履行非金钱债务或者履行非金钱债务不符合约定的,对方可以请求继续履行,但存在给付不能之情形的除外。

二、非金钱之债给付义务的排除情形

3　本条规定了三种给付义务排除的情形。一是法律上或者事实上不能履行;二是债务的标的不适于强制履行或者履行费用过高;三是债权人在合理期限内未请求履行。其中前两者是关于给付不能的规定,给付义务的排除意味着由债权人承担给付风险。

4　本条规定第一种情形是,法律上或者事实上不能履行。这是真正的给付不能,是指事实上不能克服的给付障碍,债务人在尽所有可以想象的努力之后仍不能提供给付。[①] 法律上不能履行,指基于法律规定的履行不能,或者履行将违反法律或侵害他人绝对权。比如,买卖标的物为法律所禁止。事实上不能履行,是指自然法则意义上的物理给付不能。在此,须区分种类物和特定物。合同标的物是特定物,该特定物毁损或者灭失,则构成给付不能。在种类物的情形下,只有在该种类物全部损毁或者灭失后,才构成给付不能。在种类物特定化的情形下,特定化后的种类物损毁或者灭失,即构成给付不能。

5　本条规定第二种情形是,债务的标的不适于强制履行或者履行费用过高。债务的标的不适于强制履行,主要指人身性的给付不能,即依其性质必须由债务人亲自作出的给付因债务人面临特殊情况而不可合理期待。履行费用过高,即虽然事实上可以履行,但为作出该给付债务人所支出的花费或付出的其他代价与债权人所获的利益之间关系存在严重的失衡。[②] 例如,修复出租之物所支出的费用与出租之物修复后的承租效用处于严重失衡状态;

---

① 参见[德]迪尔克·罗歇尔德斯:《德国债法总论》(第7版),沈小军、张金海译,中国人民大学出版社2014年版,第165页。
② Vgl. Jauernig/Stadler(2013),§275,Rn. 24.

在海底打捞戒指等。此类情形中,给付不可合理期待。

本条规定第三种情形是,债权人在合理期限内未请求履行。立法目的是为督促债权人及时行使权利,对债务人强制履行的权利在时间上予以限制,以尽早结束责任承担方式的不确定状态。[①] 何为合理期限,首先可由合同当事人自行约定。若无约定,则根据合同种类、性质和交易习惯等综合因素进行具体判定。因该种情形导致债权人不得向债务人请求继续履行,对债权人利益影响甚大,应当从严认定。

该条只规定排除向对方请求履行的权利,但没有关于对待给付义务是否消灭的一般性规则(对待给付风险规则)。从解释上论,因给付不能债务人可免于债务履行,因双务合同中双方所负的债务之间具有牵连性,债务人的对待给付请求权亦应归于消灭。本法第604—610条中的买卖合同价金风险规则在性质上是对待给付义务消灭的特殊规则。本法第729条、第751条亦分别规定了租赁合同与融资租赁合同中的对待给付风险承担。对于法律未规定对待给付风险承担的合同类型,可依本法第646条参照适用本法第604—610条之规定,但如果这些条款显然不适合于系争合同类型,则应依公平原则、诚信原则进行漏洞填补,认定对待给付义务与给付义务因履行不能而一并消灭。

本条虽未明确规定在履行不能情形下债权人享有代偿请求权,但在实务上应当承认债权人的代偿请求权,即债务人因与发生履行不能的同一原因,取得给付标的的代偿利益(保险金、赔偿金等)时,债权人可以请求偿还代偿利益。实际上,《民法典担保制度解释》第46条第2款规定,因不可归责于抵押人的原因导致抵押物灭失或者被征收时抵押人应在其所获得的保险金、赔偿金、补偿金范围内向债权人承担赔偿责任,已经体现了代偿请求权的原理。债权人对此类代偿利益的权利并非抵押权人的物上代位权,只能是债法层面上的代偿请求权,因为未办理抵押登记的抵押合同只能产生债权请求权,不能产生作为物权的抵押权。

三、特别终止权

关于本条第2款特别终止权的规定,立法过程中争议较大。为了解决合同僵局的问题,民法典合同编草案一审稿第353条第3款规定所谓的"违约方解除权","合同不能履行致使不能实现合同目的,解除权人不解除合同对对方明显不公平的,对方可以向人民法院或者仲裁机构请求解除合同,但是不影响其承担违约责任"。这条规定源自"新宇公司诉冯玉梅商铺买卖合同

[①] 参见王洪亮:《强制履行请求权的性质及其行使》,载《法学》2012年第1期。

纠纷案"。① 民法典合同编草案二审稿将"对对方明显不公平"改为"构成滥用权利对对方显失公平",提高构成要件的门槛,突显法院或者仲裁机构的权力属性,弱化违约方解除权的属性。②《九民纪要》第 48 条规定:在一些长期性合同如房屋租赁合同履行过程中,双方形成合同僵局,一概不允许违约方通过起诉的方式解除合同,有时对双方都不利。在此前提下,符合下列条件,违约方起诉请求解除合同的,人民法院依法予以支持:(1)违约方不存在恶意违约的情形;(2)违约方继续履行合同,对其显失公平;(3)守约方拒绝解除合同,违反诚实信用原则。

10　　"违约方解除权"是个错误的概念,在新宇公司诉冯玉梅商铺买卖合同纠纷案中,其实是法院能动地解除合同,而非违约方行使解除权解除合同。在合同编通则设置"违约方解除权",将之普遍适用于所有合同类型,将严重破坏契约严守规则。合同僵局的问题,可通过因重大事由而终止继续性债之关系的制度予以解决。③

11　　由于学说争议较大,立法者最终将违约方解除权规定从上述草案第 353 条挪至本法第 580 条第 2 款作为一项特别终止权予以规定。这一体系上的变动,导致规则的变化。一是特别终止权仅适用于非金钱之债;二是删除"构成滥用权利对对方显失公平的"要件,保留不能实现合同目的的要件,扩大特别终止权的适用范围;三是不仅适用于给付不能的情形,还适用于债权人未在合理期间内请求履行的情形;四是从"终止"这一术语的使用,并结合立法目的的考量,该款应解释为仅适用于继续性合同。

12　　在继续性合同中,考虑个案情况并衡量双方之利益,继续维持合同关系对终止方而言具有不可期待性,则其可终止合同。终止方既包含守约方,也包括违约方。本条适用前提有:一是当事人由于上述三种情形而不能请求违约方继续履行合同;二是致使合同目的不能实现;三是当事人须向法院或仲裁机构请求终止合同,而不能径直终止合同。虽然守约方不能请求违约方继续履行合同,但违约方违约责任并未受到影响,守约方可请求损害赔偿等违约责任。

四、证明责任

13　　债权人请求继续(强制)履行时,债务人主张依本条规定排除原给付义务的,债务人应证明构成履行不能或者履行费用过高。债务人主张债权人未

---

① 参见《中华人民共和国最高人民法院公报》2006 年第 6 期。
② 参见韩世远:《合同法的现代化:为何及如何》,载《法治研究》2019 年第 6 期。
③ 参见韩世远:《继续性合同的解除:违约方解除抑或重大事由解除》,载《中外法学》2020 年第 1 期。

在合理期限内请求履行的,债权人应证明其已在该期限内提出履行请求。

第五百八十一条 【第三人替代履行的费用】当事人一方不履行债务或者履行债务不符合约定,根据债务的性质不得强制履行的,对方可以请求其负担由第三人替代履行的费用。

一、构成要件

(一)不履行债务或者履行债务不符合约定

与本法第577条和第578条不同,本条立法用语使用"债务",而非"合同",故本条适用于意定之债和包括侵权在内等法定之债。不履行债务和履行债务不符合约定的判定标准参见本法第577条评注。

(二)根据债务的性质不得强制履行

所谓根据债务的性质不得强制履行,应解释为债务以提供劳务为给付内容,不得强制债务人亲自为给付,但由第三人提供同类劳务亦可实现债之目的。

二、法律效果

守约方可以请求违约方负担由第三人替代履行的费用。此处第三人替代履行包括已经实际替代履行和将要替代履行。

本条规定的请求权为实体上的请求权,并未要求已经进入执行程序阶段。这与程序法上的强制执行有所区别。比如,《民事诉讼法》第259条规定:"对判决、裁定和其他法律文书指定的行为,被执行人未按执行通知履行的,人民法院可以强制执行或者委托有关单位或者其他人完成,费用由被执行人承担。"

第五百八十二条 【瑕疵履行的违约责任】履行不符合约定的,应当按照当事人的约定承担违约责任。对违约责任没有约定或者约定不明确,依据本法第五百一十条的规定仍不能确定的,受损害方根据标的的性质以及损失的大小,可以合理选择请求对方承担修理、重作、更换、退货、减少价款或者报酬等违约责任。

一、构成要件

不完全给付包括瑕疵给付和加害给付两种类型。加害给付造成履行利益以外的损害,即债权人的固有利益损失,也即瑕疵结果损害。比如,出卖人出售劣质食品,导致买受人食物中毒;出卖人出售有瑕疵车辆,导致买受人发生车祸;出售生病的动物导致其他动物被传染。关于加害给付的违约责任由第583条规制,本条主要适用于瑕疵给付情形。

本条将原《合同法》第111条规定"质量不符合约定"改为"履行不符合

约定",扩大瑕疵履行的适用范围。"履行不符合约定"适用于所有履行的瑕疵,包括标的物质量、数量、履行方法、地点、时间等事项不符合债之本旨。其中,"质量不符合约定"即质量瑕疵,这是瑕疵给付最重要的类型。质量瑕疵,是指物的实际性能与应有性能存在偏离,即物的实际性能未达到应有性能的标准。物之瑕疵有质量之瑕疵和价值之瑕疵两种类型,本法第 615 条仅规制质量瑕疵这一类型。但物的交换价值亦影响物的整体性能,在法律评价要点上应属一致,因此对交易价值之瑕疵的救济应与质量之瑕疵作同一处理,可类推适用质量之瑕疵的规定。比如,凶宅常使居住人心生嫌恶及恐惧,日有所惧、夜不能寐,造成心理、精神上不适甚至压迫。对凶宅的恐惧和避讳的心理等因素导致凶宅与同地段、同条件的房屋相较,交易价值显著降低,但房屋的使用价值并未减少,房屋的质量效用并未受到影响。此种情形即属于价值之瑕疵,可类推适用质量瑕疵规则。

3　　瑕疵给付的判断,采"主观标准为主,客观标准为辅"的标准。[①] 本条设置三个递进层次的评价体系:首先,根据当事人之间的约定加以判断;其次,没有约定或约定不明确,则根据通过补充协议予以确定,达不成补充协议,按照合同有关条款或者交易习惯确定(本法第 510 条);最后,根据上述标准仍无法确定的,则按照国家、行业标准,无国家、行业标准,按照通常标准或符合合同目的的特定标准履行。

4　　须进一步探讨此处的质量瑕疵给付与物之瑕疵担保的适用关系。对此,我国台湾地区"民法"认为瑕疵担保责任是不完全给付的特别规定,具有优先性,只有在物之瑕疵担保规则存在法律漏洞时,方可适用不完全给付一般规定。[②] 本法将违约责任与买卖物瑕疵责任进行一体化处理,本法第 617 条规定"出卖人交付的标的物不符合质量要求的,买受人可以依据本法第 582 条至第 584 条的规定请求承担违约责任",明确了物之瑕疵担保责任直接适用瑕疵给付的请求权基础。

5　　还应注意物之瑕疵担保责任有其特殊的适用前提。瑕疵担保责任成立,需以买受人通知为前提,买受人未在合理期限内通知或者自标的物收到之日起两年内未通知,视为标的物质量符合约定。瑕疵担保之通知义务规范目的在于尽早发现物之瑕疵,若买受人不及时通知出卖人,时日持久,将增加举证困难。在物具瑕疵之情况下,主张不完全给付,应否以通知为前提? 采请求

---

① 参见金晶:《〈合同法〉第 111 条(质量不符合约定之违约责任)评注》,载《法学家》2018 年第 3 期。
② 参见王泽鉴:《损害赔偿》,三民书局 2017 年版,第 249 页。

权相互影响说的学者认为,在这种情况下主张不完全给付,仍应以通知为前提,否则民法典关于物之瑕疵担保通知义务的规定将成为具文。本书认为,对于买卖合同物之瑕疵担保责任,立法者根据特殊价值判断,设置了特殊前提要件,对此应优先适用这些特殊规则。对其他领域的因物之瑕疵而请求承担违约责任,不应适用这些特殊的前提要件。

二、法律效果

(一)责任形态之间的关系

本条规定了瑕疵给付的责任承担形式有修理、重作、更换、退货、减少价款或者报酬等,并要求守约方要"合理选择"适用责任承担方式。合理选择为不确定法律概念,应该予以细化明确。如果当事人之间对修理、更换、重作、退货和减价之间的选择关系有约定,则按照约定处理。如果未约定,则依目的性考量,应当认可这些责任形式存在隐藏的梯队等级关系。修理、重作、更换是第一阶层的权利,在瑕疵轻微、能够限期补救,应优先适用。① 在买受人方面,其先接受修理或者更换,最终仍能获得无瑕疵的物品;在出卖人方面,其可以通过修理、重作、更换等补救措施保有部分利润的机会。但第一阶层权利不能弥补给付瑕疵,或者弥补给付瑕疵需要付出过大的负担的。比如,对于标的物修理、重作的费用过巨,则适用第二阶层的权利,即退货或者减价等。② 但在消费买卖合同领域,如果出现瑕疵,买受人可以直接选择在七天内退货(《消费者权益保护法》第 24 条第 1 款)。

(二)修理、重作、更换

修理、重作、更换是瑕疵给付后所采取的补救措施,属于补正履行请求权,其旨在通过消除瑕疵或另行给付,以维持原交易关系。③ 三者内容、适用范围有所不同。修理,即请求排除瑕疵,包括对产品、工作成果等标的物质量瑕疵的修补。重作,即要求重新交付无瑕疵之工作成果。比如,在承揽或者建设工程等合同中债务人交付的工作成果不合格,不能修理或者修理费用过巨,债权人请求重新制作的补救措施。更换,是指交付标的物不合格,如果修理、重作不能,或者费用过巨,债权人可以请求债务人另行交付同种类、同数

---

① 参见最高人民法院民法典贯彻实施工作领导小组主编:《中华人民共和国民法典合同编理解与适用(二)》,人民法院出版社 2020 年版,第 758 页。
② 同上注。
③ 参见金晶:《〈合同法〉第 111 条(质量不符合约定之违约责任)评注》,载《法学家》2018 年第 3 期。

量标的物的补救措施。① 在种类之债中,债权人可以请求债务人从所负担的种类物中拿到无瑕疵物来取代所提供的有瑕疵之物。关于特定之债能否要求替换的问题,应当认为债务关系仅限于这一特定标的物,如果认可替换,则相当于强迫出卖人为买受人去弄一件非为所负担的标的物,这有悖私法自治原则。

(三)退货

8　退货,是指债权人将标的物退还给债务人。如果修理、重作、更换不可能、不合理或者没有效果,债权人可以选择退货。有学说认为,退货是一种中间状态,根据具体情形,可能导致更换或者重作,也可能导致合同解除。② 另有学说认为,退货实际上是债权人行使拒绝受领权(本法第 610 条)的体现。拒绝受领后,如果债权人不愿意继续受领二次给付,则债权人应当解除合同。③ 本书认为,退货究竟是何性质,需区别对待。如果在特定物之债的给付过程中,债权人于受领前经检验判断标的物存在严重瑕疵且无法修复或者不可合理期待其等待修复,据此表示退货,则该退货构成拒绝受领。退货后,债权人有权向债务人请求替代给付的损害赔偿。如果在受领后,债权人经检验判断标的物存在严重瑕疵且无法修复或者不可合理期待其等待修复,或者在债权人给予债务人修理、重作机会后仍未获得应有的效果,则债权人据此实施的退货应解释为解除合同的意思表示。

(四)减少价款或者报酬

9　减少价款或者报酬,简称为减价。减价权赋予债权人主张减价的权利,即债权人接受债务人的履行,但主张相应减少价款或者报酬。减价之性质,学理存在"形成权说"和"请求权说"之争。本书认为,减价是单方、需受领意思表示。减价权是一种形成权,其行使不以提起诉讼为必要,其行使方式可以类推适用解除权规定。④ 买受人在减价和解除合同之间享有选择权,一旦作出减价的意思表示,解除权即被排除,反之亦然。关于减价之标准,应当按照在订立合同时无瑕疵状态的价值与有瑕疵状态的实际价值之间的比例进行价金削减。减价权不因瑕疵轻微而被排除,当事人可以根据价值比例主张相应幅度的减价。

---

① 最高人民法院民法典贯彻实施工作领导小组主编:《中华人民共和国民法典合同编理解与适用(二)》,人民法院出版社 2020 年版,第 758 页。
② 黄薇主编:《中华人民共和国民法典合同编释义(上册)》,法律出版社 2020 年版,第 304 页。
③ 参见韩世远:《合同法总论》(第四版),法律出版社 2018 年版,第 553 页。
④ 同上注,第 857 页。

三、证明责任

债权人在履行不符合约定情形下主张违约责任的,应就履行不符合约定的事实承担证明责任。

第五百八十三条 【继续履行、补正履行与损害赔偿的关系】当事人一方不履行合同义务或者履行合同义务不符合约定的,在履行义务或者采取补救措施后,对方还有其他损失的,应当赔偿损失。

一、与给付并存的损害赔偿

根据前条规定,当事人一方不履行合同义务或者履行合同义务不符合约定的,相对人可请求其继续履行合同或者采取补救措施等。但在某些情况下,违约方继续履行合同或者采取补救措施后,守约方还有其他损失,此时守约方可请求违约方承担与给付并存的损害赔偿(与之对应的概念是"替代给付的损害赔偿"),此种情况下主要存在三种违约类型。

二、迟延损害

迟延损害赔偿请求权与继续履行请求权可并行适用。给付迟延并不影响债务人继续履行尚可以作出的给付,同时债务人须赔偿债权人因迟延而遭受的损失。计算损害赔偿时,债权人应被置于债务人及时履行债务时所处的利益状态。债权人可主张不能使用债务人所提供的货物而租用其他代偿物之费用。比如,双方当事人购买车辆,但出卖人因故不能按时交付,买受人为此租赁其他车辆而支付之费用,可请求出卖人赔偿。在金钱之债情形下,债务人迟延履行,债权人除请求债务人继续支付金钱之外,还可要求债务人支付迟延利息,迟延利息即为迟延损害。在具体典型合同中法律亦设置迟延损害的特别规定,比如本法第800条。

三、瑕疵给付

在瑕疵给付情形下,虽然在采取了修理、更换等补救措施后给付达到约定或者通常的品质要求,但债权人可能仍然会遭受一定的损失,比如在补正履行完成之前,债权人因无法使用标的物遭使用利益上的损失。对于此类损失,债务人应当予以赔偿。

四、加害给付

在加害给付情形下,损害赔偿请求权可与继续履行请求权并行适用。由于违约方给付之标的物具有瑕疵而导致扩大损害,比如造成相对人的人身或者财产损害(瑕疵结果损害)。相对人除了可请求违约方对瑕疵物采取补救措施,还可请求赔偿侵害固有利益之损害。此种情形,根据本法第186条之规定,违约责任与侵权责任产生竞合,相对人可以请求加害给付方承担违约责任或者侵权责任。

第五百八十四条 【违约损害赔偿范围与可预见性原则】当事人一方不履行合同义务或者履行合同义务不符合约定,造成对方损失的,损失赔偿额应当相当于因违约所造成的损失,包括合同履行后可以获得的利益;但是,不得超过违约一方订立合同时预见到或者应当预见到的因违约可能造成的损失。

一、规范意旨

1　本条系违约损害赔偿的一般性规则,确立了违约损害赔偿"完全赔偿原则+可预见规则限制"的条文结构。同时,本条作为违约领域的损害赔偿规定,由于本法第468条之规定,而具有体系辐射效应,对无权代理等类合同行为引发的损害赔偿责任亦有适用余地。对侵权行为引发的损害赔偿责任,本法第七编设有专章规定。

2　损害有不同类型,比如财产损害和非财产损害、履行利益损害和信赖利益损害等。财产损害是指损害可以金钱加以计算,非财产损害是指精神或肉体上的痛苦。① 本条主要适用于财产损害。关于本条是否适用于非财产损害,根据本法第996条规定"因当事人一方的违约行为,损害对方人格权并造成严重精神损害,受损害方选择请求其承担违约责任的,不影响受损害方请求精神损害赔偿",应认为本条同样适用于精神损害赔偿。此外,本条所谓损失主要是履行利益损害(积极利益),而非指信赖利益损失。履行利益,是指合同一方因他方履行合同而可以得到的利益。信赖利益损失,指因信赖合同有效所遭受的损失,包括所受损失(缔约费用、准备履行所需费用)和所失利益(丧失订约机会之损害)。

二、损害赔偿范围

3　本条确立违约方完全赔偿原则,目的是填补受害人因违约行为而导致的损害赔偿。完全赔偿原则是指违约损害赔偿应赔偿至合同正常履行后对方当事人所处的利益状态。②

4　损害赔偿的范围包括所受损失和所失利益。所受损失,也称积极损害,是指因违约而导致现有利益的减少,是现实利益的损失。所失利益,又称可得利益,是指受害人在合同履行后原本可获得的利益,但因违约行为而无法获得。比如,在已签订不动产抵押合同,但未办理抵押登记的情况下,债权人

---

① 参见王泽鉴:《民法概要》,北京大学出版社2009年版,第182页。
② Vgl. Brox/Walker, Allgemeines Schuldrecht,33. Aufl. ,2009, S. 318, Rn. 8.

可以要求抵押人对债务人不能清偿的债务,以案涉房产折价或者拍卖、变卖时的价值为限承担赔偿责任。① 所失利益最典型者为利润损失,包括生产利润损失、经营利润损失、转售利润损失等类型。

此外,还涉及费用赔偿问题。费用赔偿,是债权人为合同所做的所有自愿的财产牺牲。并非所有费用均可获得赔偿,仅当费用系因信赖获得给付而为支付,且依公平观念应当支付时,方可赔偿。对此,债务人可主张,所支付费用是合同主体非理性的行为而免于赔偿。比如,在已被告知给付不再履行时所支付的费用。②

在损害赔偿计算方法上,应以客观计算方法为主、主观计算方法为辅。客观计算方法是按照社会一般情况来确定损害赔偿数额,而不考虑受害人特定情况。比如,转售标的物而可得利益(因涨价而可得利益),即使买受人事实上没有转售计划,也可依抽象方法,比较市场价格高于合同价格的差额,计算所失利益。③ 但合同标的物对受害人而言是具有特殊人身意义的特定物,在计算违约损害赔偿数额时,应考量特定物对受害人的特殊意义价值。④

三、损害赔偿范围的限定

应予以赔偿的损害需与违约行为存在因果关系。民法上的因果关系主要包括事实因果关系(自然因果关系、条件因果关系)、相当因果关系等。事实因果关系遵行"若无则不"的判断法则。具体而言,应假设若不存在违约行为,守约方是否会遭受既有财产之减少和可得利益之损失。⑤ 如果答案是否定的,则两者存在事实因果关系。相当因果关系则在此基础上把就连"最佳观察者"(optimaler Betrachter)也无法预见到的异常结果排除在因果关系之外。⑥ 相当因果关系实际上包含了"可预见性"这一因素。可预见性规则主要被英美契约法和CISG、PICC等国际规则采用。鉴于本条已经规定可预见性规则,所以违约损害赔偿中的因果关系仅需采用事实因果关系标准即可。

---

① 参见云南能投公司诉上海能源公司、大大置业公司借款合同纠纷案,最高人民法院民事判决书(2019)最高法民终2025号;杨忠雄:《抵押合同作为负担行为的双重效果》,载《中外法学》2019年第3期。
② 参见[德]约哈希姆·慕斯拉克、沃夫冈·豪:《德国民法概论》(第14版),刘志阳译,中国人民大学出版社2016年版,第130页。
③ Vgl. Fikentscher/Heinemann, Schuldrecht, 10. Auf. ,2006, S. 343ff.
④ 参见黄薇主编:《中华人民共和国民法典合同编释义(上册)》,法律出版社2020年版,第327页。
⑤ 参见姚明斌:《〈合同法〉第113条第1款(违约损害的赔偿范围)评注》,载《法学家》2020年第3期。
⑥ 参见[德]迪尔克·罗歇尔德斯:《德国债法总论》(第7版),沈小军、张金海译,中国人民大学出版社2014年版,第324页。

8 可预见性规则的适用涉及预见主体、预见时间、预见程度等具体问题。关于预见主体,原《合同法》第 113 条规定是"合同一方",本条明确限定为"违约一方"。

9 关于预见时间,学理上存有"合同缔结说"和"债务不履行说"。英美法以合同缔结时为判断时点,日本判例和通说以债务不履行为判断时间。[①] 本法采取合同缔结说,规定"订立合同时"。因为合同是当事人对风险利益进行分配的一种工具,当事人在合同订立之时对形成合同的相关情况进行综合判断,在此基础上,对合同的权利义务分配达成共识。故以合同订立之时作为可预见性规则的判断时点,是更为妥当的方案。

10 关于要预见到何种程度,存在两种理论。一是认为仅需要预见到损害的类型,无须预见到损害的程度或者数额,比如英国法、PICC;二是认为可预见的内容包括损害的类型和损害的程度,此种观点以法国法为代表。[②] 可预见性规则作为平衡合同当事人之间的利益分配的一种工具性规则,如果侧重于保护违约方的利益,则应设置更高的可预见性标准;反之,如果倾向于保护守约方的利益,则只要求较低的可预见性内容。本书认为,违约损害赔偿以完全赔偿为原则,可预见性规则已经为违约方设置了损害赔偿范围的阀门,倘若要求预见到损害的可能数额,则过于侧重保护违约方的利益,对守约方甚为不利,因此预见到损害的类型即可。

11 可预见性是一个不确定性概念,赋予法官宽松的自由裁量权。可预见性采客观判定标准,法官在判断个案中的可预见性问题时,应站在具有正常智力和知识水平的抽象理性人的立场,回溯到合同订立之时,判断违约方应否预见到因违约可能导致的损害。

四、证明责任

12 守约方应对损害数额、因果关系承担证明责任。当事人不能证明违约损害具体金额的,法官应当根据案件情况,酌情认定损害赔偿金额,但酌定金额须受实体规则、正当程序等控制。[③] 违约方主张损害不可预见的,应对不可预见性承担证明责任。

第五百八十五条 【约定违约金】当事人可以约定一方违约时应当根据违约情况向对方支付一定数额的违约金,也可以约定因违约产生的损失赔偿

---

① 参见韩世远:《合同法总论》(第三版),法律出版社 2011 年版,第 632 页。
② 参见韩世远:《合同法总论》(第三版),法律出版社 2011 年版,第 633 页。
③ 参见甘肃人寿公司诉兰东公司等房屋买卖合同纠纷案,最高人民法院民事判决书(2017)最高法民终 387 号。

约定的违约金低于造成的损失的,人民法院或者仲裁机构可以根据当事人的请求予以增加;约定的违约金过分高于造成的损失的,人民法院或者仲裁机构可以根据当事人的请求予以适当减少。

当事人就迟延履行约定违约金的,违约方支付违约金后,还应当履行债务。

一、违约金的构造与功能

(一)违约金的构造

本条是关于约定违约金的规则。根据本条第1款之规定,约定违约金在构造上具有预先约定性、违约条件性、相对确定性、事后给付性,系判断具体约定是否为违约金约定,可否适用违约金之相关规则的标准。

1. 预先约定性

本条第1款称当事人可以"约定"一方"违约时"应当给付违约金,即违约金限于在违约之前预先约定。当事人在违约之后再就违约责任的范围、承担方式等作约定安排,则不属于本条规定的违约金,而是对已经成立的法定违约责任所作的债的意定变更。若相关给付义务的内容是在违约之前确定,但并非基于约定而是基于法定,可能构成法定违约金,也不属于本条规定的违约金。①

2. 违约条件性

本条第1款称违约金为"一方违约时应当根据违约情况"负有的给付义务,则违约金给付义务的产生与违约之间存在"触发性"的条件关系。若当事人约定一方支付一定金额即可解除合同(解约金),实质上是以金额支付作为约定解除权的发生要件,"掏钱解约"属于行使约定解除权而非违约,解约方并未因违约行为而承担新生的给付义务,故不属于违约金。但若约定将违约与一定的不利益相绑定,而该不利益并非表现为承担新生的给付义务,而是丧失既有的权利(失权约款),虽非违约金,但在功能上同样具有担保履约的作用,可类推违约金的相关规则。②

3. 相对确定性

本条第1款规定当事人可以约定"支付一定数额的违约金,也可以约定

---

① 法定违约金原则上即不能适用本条第2款的司法调整规则。参见姚明斌:《违约金论》,中国法制出版社2018年版,第406—408页;黄薇主编:《中华人民共和国民法典合同编释义(上册)》,法律出版社2020年版,第288页。

② 参见姚明斌:《违约金论》,中国法制出版社2018年版,第92—94页。

因违约产生的损失赔偿额的计算方法",说明违约金给付义务在违约前就应具备相对的确定性。该相对确定性包括形式和额度两个方面。形式方面,本条第1款称"支付"意味着违约金以金钱为典型,但不妨碍当事人约定以非金钱为形式的违约金(准违约金)。额度方面,违约金可以是预先确定的一定数额,也可以预先确定计算方法。当事人即使约定的是计算方法,也无从规避违约金相关规则,尤其是司法酌减规则的适用。① 若只是预先宽泛地约定,一方违约后应承担赔偿责任,但未设置具备相对确定性的标准,仅是对法定的违约损害赔偿规则的重申,对规范适用并无影响。

4. 事后给付性

5 本条第1款称"违约时应当……支付",显然是以事后给付为违约金的典型构成。这一点不同于同样与违约挂钩但在违约前已经交付的违约定金。违约定金具有双向效力(本法第587条)。其中,收受定金一方违约后的返还义务中的一倍,在结构上类似于违约金;交付定金一方违约后定金被没收,在结构上类似于失权约款。故违约定金属于违约金和失权约款这两种单向效力条款的结合体。② 但从功能着眼,无论是违约金、失权约款还是违约定金,均有担保履约之目的和作用,在合理性控制方面,均应适用或类推适用违约金的司法酌减规则。

(二)违约金的功能

6 作为原《合同法》第114条的延续,本条同样未明确规定违约金的功能,从而不同于本法第586条第1款对违约定金担保履约功能的明确规定。在合同法时代,主流学说和裁判实践较为推崇违约金预定损害赔偿额度,节省损害举证成本的功能,并形成了"补偿为主,惩罚为辅"的大致共识。③

7 本条既然以约定违约金为规范对象,就应尊重其"约定"属性所蕴含的私法自治的价值,故在功能定位上,不能因为违约金具有预估损害、简化赔偿的效用,就无视当事人在具体约定中注入的担保履约的功能和目的。从尊重

---

① 《买卖合同解释》第18条第4款称"买卖合同没有约定逾期付款违约金或者该违约金的计算方法",表明了对二者持同一对待的立场。另可参见惠阳惠兴实业有限公司、润杨集团(深圳)有限公司与润杨集团(深圳)有限公司、惠阳松涛实业有限公司股权转让纠纷案,最高人民法院民事判决书(2015)民提字第209号。
② 参见姚明斌:《〈合同法〉第114条(约定违约金)评注》,载《法学家》2017年第5期。
③ 但是学理上以赔偿性违约金为原则的立场,与裁判实践的"补偿为主,惩罚为辅"的观念,在具体内涵上存在差异。相关整理,参见姚明斌:《〈合同法〉第114条(约定违约金)评注》,载《法学家》2017年第5期。

自治的角度而言,应承认违约金具有担保履约和简化赔偿的双重功能。① 此一定位也决定了在对违约金作司法调整时,应重视当事人对履约担保功能的追求,以实现自治与公平的平衡。

二、违约金的司法酌减

(一)司法酌减权及其行使

本条第 2 款第 2 分句规定债务人可以请求法院或仲裁机构适当减少过分高于违约损害的违约金,是约定违约金制度最具特色的司法酌减规则,系诚实信用原则的具体化。司法酌减规则确立了债务人申请酌减的司法酌减权,性质上属于形成诉权。故司法酌减须经债务人申请方可启动,而不能由法院依职权适用之。

(二)司法酌减的综合衡量

原《合同法解释(二)》第 29 条第 1 款规定了违约金司法酌减的综合衡量思路,即决定是否酌减、酌减多少"应当以实际损失为基础,兼顾合同的履行情况、当事人的过错程度以及预期利益等综合因素,根据公平原则和诚实信用原则予以衡量"。2021 年的《民法典会议纪要》第 11 条进一步明确,违约金是否过高的参照标准是本法第 584 条规定的可赔损害,故综合衡量的思路相应修正为"应当以民法典第五百八十四条规定的损失为基础,兼顾合同的履行情况、当事人的过错程度等综合因素,根据公平原则和诚信原则予以衡量"。

首先,综合衡量决定是否酌减、酌减多少的基础性标准,均为经过本法第 584 条检验的可赔损害。在此基础上,《民法典会议纪要》还延续了原《合同法解释(二)》第 29 条的 30% 规则,作为辅助性的参考比例。其次,履行情况考察的是债务人违约的客观程度,若已提供了部分履行,则应考虑相应酌减;但若部分履行对债权人意义甚微,则应依综合衡量审慎酌减,甚至不予酌减。② 再次,当事人的过错程度主要考察的是债务人违约的主观恶意程度。个案中若违约金的目的重在督促履行、担保履约,债务人过错程度的权重应有所凸显。反过来,若债权人与有过失,也是综合衡量时应考虑的因素。最后,综合衡量还须考虑公平原则与诚实信用原则,前者在消费者对经营者有违约金请求权场合具有特别意义,后者内含于违约金司法酌减规则本身。由

---

① 最高人民法院近年亦有裁判见解表达此双重功能立场。参见北京华普产业集团有限公司、北京华普投资有限责任公司股权转让纠纷案,最高人民法院民事判决书(2017)最高法民终 455 号。

② 参见彭水县茂田能源开发有限公司与重庆茧丝绸集团有限公司买卖合同纠纷案,重庆市高级人民法院民事判决书(2010)渝高法民终字第 150 号。

于《买卖合同解释》(2020年修正)第18条第2款规定"买受人以出卖人接受价款时未主张逾期付款违约金为由拒绝支付该违约金的,人民法院不予支持",故此种情形下出卖人继续主张违约金不构成违反诚信的矛盾行为。

11 衡量因素的判断时点方面,司法酌减考察的是合同履行进程的发展及相关的法律评价,故直至法庭辩论终结前的所有相关情事,均应纳入考量。

(三)司法酌减的节制适用

12 本条第2款第2分句将原《合同法》第114条第2款第2分句的"当事人可以请求人民法院或者仲裁机构予以适当减少"修订为"人民法院或者仲裁机构可以根据当事人的请求予以适当减少",意味着法院可以结合个案情况酌减很小的比例,甚至是"可以"不予酌减。① 故对于追求履约担保功能的违约金约定,本条第2款第2分句提供了节制酌减的规范依据。

三、违约金的司法增额

13 本条第2款第1分句规定了违约金的司法增额规则,与第2分句一并构成司法调整规则。这种增减并举的规范配置,在体系上会影响到违约金与法定的违约损害赔偿之间的适用关系。

14 司法增额同样须由债权人申请启动。尽管本条第2款第1分句并未如第2分句般,对司法增额的前提设置"过分"之限定,但并非所有违约金低于实际违约损害的情形均可予以增额。② 司法增额属于司法权介入调整当事人的自治安排,须约定金额低于违约损害达到一定的失衡程度方可适用。

15 增额幅度方面,《民法典会议纪要》第11条明确"当事人请求人民法院增加违约金的,增加后的违约金数额以不超过民法典第五百八十四条规定的损失为限",即违约金增额幅度的上限以法定违约损害赔偿的范围为准,包括可得利益,但须符合可预见性限制。

四、违约金与其他违约责任的适用关系

(一)违约金与强制履行

16 本条第3款规定"当事人就迟延履行约定违约金的,违约方支付违约金后,还应当履行债务",明确了在迟延履行场合,若当事人特别针对迟延履行这一违约形态约定了违约金,则该迟延违约金与强制履行(迟延场合表现为继续履行)可以并行适用。

17 在迟延履行之外,还可能存在履行不能、期前拒绝、瑕疵履行等不同的违

---

① 参见姚明斌:《〈民法典〉违约金规范的体系性发展》,载《比较法研究》2021年第1期。
② 参见黄薇主编:《中华人民共和国民法典合同编释义(上册)》,法律出版社2020年版,第290页;韩世远:《合同法总论》(第四版),法律出版社2018年版,第830页。

约形态,其中"履行不能"本身就足以排除强制履行请求权(本法第580条第1款第1项),若针对履行不能而特约违约金,就不存在违约金与强制履行是否并行的问题。所以,不能从本条第3款直接反面推论认为,针对迟延履行以外的其他违约形态所约定的违约金,就不能与强制履行并行适用;亦即本条第3款并未确立关于违约金与强制履行适用关系的基本立场,具体的适用关系还是应根据一般规范原理结合当事人的约定处理。

具体而言,针对履行不能特约违约金而实际发生履行不能者,债权人只有违约金请求权;针对期前拒绝特约违约金而实际发生期前拒绝者,债权人可以在届期前主张违约金(本法第578条),也可以在届期后选择主张违约金或继续履行;针对瑕疵履行特约违约金而实际发生瑕疵履行者,违约金和修理、更换、重作等补救措施可以并行主张。

(二)违约金与违约损害赔偿

在迟延履行场合,若迟延后履行陷于不能,债权人可并行主张迟延损害赔偿和替代履行的损害赔偿,后者是继续履行责任之替代。本条第3款规定迟延违约金和继续履行可以并行适用,则迟延违约金与迟延后履行不能的替代损害赔偿也可以并行适用。亦即,若针对迟延履行约定了违约金,无其他特别说明时,预定的仅为迟延损害赔偿的总额,而非所有违约损害的总额。此乃本条第3款的基本立场,反面推论即为,若针对其他违约形态约定了违约金,无其他特别说明时,应认为违约金预定的是全部损害赔偿之总额。

所谓"全部"损害赔偿之总额,具体而言,针对履行不能特约违约金而实际发生履行不能者,约定违约金和履行不能的损害赔偿之间是择一而非并行关系;针对期前拒绝特约违约金而实际发生期前拒绝者,约定违约金和期前拒绝的损害赔偿之间是择一而非并行关系;针对瑕疵履行特约违约金而实际发生瑕疵履行者,无论实际发生的损害是瑕疵损害还是瑕疵结果损害,相应的法定损害赔偿与约定的违约金之间都是择一而非并行关系。[①] 个案中若违约金与具体的违约损害相形过高,可适用司法酌减规则处理。

所谓全部损害赔偿之"总额",即若违约金不足以填补对应的损害,债权人无权就不足部分要求补充的法定损害赔偿。[②] 但若不足部分达到一定失

[①] 亦有观点认为,当事人缔约时不易预见瑕疵结果损害,故未作特别说明时,固有利益赔偿不宜纳入针对瑕疵履行的违约金所涵盖之范围。参见陈自强:《违约责任与契约消解》,元照出版有限公司2016年版,第207页。

[②] 违约金原则上属于总额预定,此不同于作为最低额预定的违约定金。体系解释方面的论证,可参见姚明斌:《〈民法典〉违约金规范的体系性发展》,载《比较法研究》2021年第1期。

衡的程度,可申请司法增额获得完整的赔偿。

五、证明责任

22 违约金约定系违约金请求权的基础,就违约要件所涉事实,由债权人承担证明责任。若无特别约定,损害原则上并非违约金请求权的发生要件,债务人亦无从通过证明不存在损害而豁免违约金责任。

23 申请司法酌减属于有利于债务人的主张,证明责任自应由债务人承担。对此,《民法典会议纪要》第11条提出:"当事人主张约定的违约金过高请求予以适当减少的,应当承担举证责任;相对人主张违约金约定合理的,也应提供相应的证据。"债务人应证明的,是与权衡确认违约金不合理过高有关的事实。有助于证成较高金额之衡量因素(比如损害程度特别巨大),则应由债权人提出并证明。但债权人承担的仅为行为意义上的证明责任,[①]事实真伪不明之败诉风险仍由债务人承担。反过来,若申请司法增额,应由债权人就违约金低于造成的损失承担证明责任。

第五百八十六条 【定金】当事人可以约定一方向对方给付定金作为债权的担保。定金合同自实际交付定金时成立。

定金的数额由当事人约定;但是,不得超过主合同标的额的百分之二十,超过部分不产生定金的效力。实际交付的定金数额多于或者少于约定数额的,视为变更约定的定金数额。

一、定金合同的成立要件

1 本条规定的定金是指违约定金,系当事人约定,为保证债权实现,由一方在履行前预先向对方给付的一定数量货币或者其他代替物。[②] 违约定金系以定金作为不履行合同的损害赔偿,具有损害赔偿数额预定之性质。给付定金是作为债权的担保,具有担保主债务履行的功能。定金条款既可在主合同中予以约定,也可单独订立定金合同。

2 定金合同具有从属性,主债务合同无效,类推适用担保合同从属性的规定(本法第388条第1款第4句、第682条第1款第2句),定金合同亦随之无效。

3 定金合同是要物合同,须以定金实际交付为要件。问题是定金之交付是作为定金合同成立要件还是生效要件,对此,原《担保法》第90条曾规定"定

[①] 参见郭锋、陈龙业、蒋家棣:《〈全国法院贯彻实施民法典工作会议纪要〉理解与适用》,载《人民司法》2021年第19期。

[②] 参见黄薇主编:《中华人民共和国民法典合同编释义(上册)》,法律出版社2020年版,第320页。

金合同从实际交付定金之日起生效",将定金交付作为合同生效要件。本条修改了上述规定,将定金交付作为合同成立要件,明确规定"定金合同自实际交付定金时成立"。

至于定金合同是否为要式合同,原《担保法》第90条曾规定"定金应当以书面形式约定",本条对定金合同的形式要求并未作特别规定,解释上应认为定金合同为不要式合同,无须要求以书面形式订立。此外,在司法实践中,须严格认定定金与押金、预付款、保证金等的区别。

二、定金的类型结构

定金根据其功能作用,可分为立约定金、证约定金、违约定金和解约定金。在实践中最为常见的定金类型,即为本条规定的违约定金。

立约定金,是指以定金交付作为合同订立的担保。给付定金一方拒绝订立合同的,无权要求返还定金;收受定金一方拒绝订立合同的,则应双倍返还定金。

证约定金,是指以定金之交付作为合同成立之证明,具有证明合同缔结之功能。

解约定金,是指以定金作为自由解除合同之代价,即一方保有解除权,其行使解除权的,则定金归对方所有,对方解除合同的,须双倍返还定金。[①]

当事人交付定金,欲意成立何种定金合同,应根据当事人之间约定进行判定。当事人之间没有约定,则根据合同相关条款、给付定金时间点等综合因素予以具体判断。

三、定金数额的法律效力

本条第2款系定金的限额规定。立法对当事人约定的定金数额设置上限,目的在于保护合同一方利益,避免合同相对人利用优势地位滥用定金罚则。

(一)部分无效

本条第2款第1句第2分句规定,定金的数额不得超过主合同标的额的20%,超过部分不产生定金的效力,明确了定金部分无效规则。根据本法第156条规定,民事法律行为部分无效,不影响其他部分效力的,其他部分仍然有效。即如果当事人约定定金数额超过主合同标的额20%以上,则超过20%以上的部分无效,定金数额按照主合同标的额的20%予以确定。如果当事人约定定金数额未超过20%,则按照实际约定数额确定定金范围。对于超额部分的定金应折抵债务人所负担的给付,司法实务亦采此种见解。比

---

① 参见郑玉波:《民法债编总论》(修订二版),中国政法大学出版社2004年版,第312—313页。

如最高人民法院在某金银精炼公司与农业银行个人业务部代销合同纠纷中，明确"合同约定的定金未超出合同总价款20%的部分视为合法定金，适用定金罚则，已超出合同总价款20%的部分视为预付货款。"①如果无须折抵，则应将超额部分返还给支付定金之人。应注意的是，该规则对于立约定金并不适用。因为此限额规定适用前提是合同标的额已经确定，而在立约定金中无法确定主合同的标的额，故无法适用20%的限额规定。但如果当事人给付定金过高，则可类推适用违约金酌减的规则予以处理。②

(二)变更效力

12　本条第2款第2句规定，定金实际交付之时多给少付，则视为定金数额之变更。定金合同作为要物合同，以定金实际交付作为定金合同成立要件。有观点认为，少交定金可以视为变更定金数额，但多交定金不可视为变更定金数额，对于后者除非当事人有变更定金合同之意思，否则仍按照约定的数额成立定金法律关系。③ 对此，从文义来看，本条对定金多给和少付两种情况作同一处理，并未采区分模式。从立法目的来看，也并未见差异化处理的区分理由。故解释上，应认为当事人实际支付的定金数额多于或者少于此前约定的数额，如果收受定金之人不愿意以此数额成立定金合同，应明确拒绝收受定金，否则均应视为其认可变更后的定金数额。

四、证明责任

13　主张适用定金罚则之人应对当事人之间已经成立定金合同承担证明责任。如果相对人对主张人提出定金数额有异议，比如其实际并未收受如此数额的定金，则应对此举证证明。

第五百八十七条　【定金罚则】债务人履行债务的，定金应当抵作价款或者收回。给付定金的一方不履行债务或者履行债务不符合约定，致使不能实现合同目的的，无权请求返还定金；收受定金的一方不履行债务或者履行债务不符合约定，致使不能实现合同目的的，应当双倍返还定金。

一、债务已经履行的情形

1　债务已经以符合债之本旨的方式得到履行，则不产生定金罚则的效力。于此，根据当事人的选择，可将定金抵作价款作为债之清偿，也可将定金退

---

① 参见中国农业银行、内蒙古乾坤金银精炼股份有限公司与中国农业银行个人业务部代销合同纠纷案，最高人民法院民事判决书(2006)民二终字第226号。
② 参见王洪亮：《债法总论》，北京大学出版社2016年版，第447页。
③ 参见张金海：《论〈民法典〉违约定金制度的改进》，载《四川大学学报(哲学社会科学版)》2021年第3期。

还债务人。

二、债务未履行或履行不符合约定的情形

(一)定金罚则构成要件

其一,一方不履行债务或者履行债务不符合约定(具体判断标准参见第577条评注),且定金是指向该种违约形态。

其二,致使不能实现合同目的。定金罚则较为严苛,仅当事人一方不履行债务或者履行债务不符合约定尚不足以引发定金罚则效果,还要求违约行为须达到不能实现合同目的之程度,方可适用定金罚则。

(二)定金罚则法律效果

如果给付定金一方存在违约行为,则其无权请求返还定金;如果收受定金一方存在违约行为,则其应双倍返还定金。

第五百八十八条 【违约金与定金的竞合】当事人既约定违约金,又约定定金的,一方违约时,对方可以选择适用违约金或者定金条款。

定金不足以弥补一方违约造成的损失的,对方可以请求赔偿超过定金数额的损失。

一、违约金和定金的适用关系

违约金和违约定金均为合同预先约定在一方违约的情形下向对方提供预定损害赔偿之给付,二者皆起到确保合同履行之目的。由于违约定金和违约金功能存在互通,为避免违约方因其同一违约行为而受到两种不同的不利后果,本条规定违约金和违约定金的选择性竞合关系。即守约方仅能择一适用违约金或者违约定金。守约方行使选择权后,则不得再变更其选择。①

本条并未封闭违约金和违约定金的并行适用空间,如果当事人对违约金和违约定金所指向的违约形态各不相同,则守约方可选择并用违约金和违约定金。

二、违约定金和损害赔偿的适用关系

本条第2款规定违约定金和损害赔偿可以并行适用,即违约定金不足以弥补违约造成之损失,守约方可以请求赔偿超过定金数额的损失。

与此不同,违约金不足以弥补违约造成之损失,守约方不得请求赔偿超过违约金数额的损失。

立法对违约金、违约定金和损害赔偿之间的关系作差异化处理,主要基

---

① 最高人民法院民法典贯彻实施工作领导小组主编:《中华人民共和国民法典合同编理解与适用(二)》,人民法院出版社2020年版,第805页。

于两方面考虑：一是违约定金存在限额规则，定金数额不得超过主合同标的额的20%。于此，守约方因违约方违约行为导致实际损失超过20%的情形，如果其不得请求超额的损害赔偿，则对其甚为不公。二是违约金存在酌情增加的规则（本法第585条第2款），约定的违约金低于造成之损失，可以请求予以增加，而在违约定金情形中并未设置此种规则。

第五百八十九条 【受领迟延】债务人按照约定履行债务，债权人无正当理由拒绝受领的，债务人可以请求债权人赔偿增加的费用。

在债权人受领迟延期间，债务人无须支付利息。

一、法律属性

1 本条为新增设的关于债权人迟延的规则。债权人迟延（Gläubigerverzug）或受领迟延（Annahmeverzug），是指债务人符合约定地提出给付，但债权人未为受领或者未为其他给付完成所必要协助的事实。从文义上看，本条适用的主体是债权人和债务人，与本章其他大部分条文使用"当事人"不同，可见立法者并未将债权人受领迟延之规则局限于合同领域，而是上升为一般性的给付障碍法。

2 受领义务的法律性质，通常认为是不真正义务，但法律有规定其为给付义务的，则依特别规定处理。

二、类型结构

（一）义务违反型的受领迟延

3 义务违反型的受领迟延，是指法律明定债权人有受领、协助、配合等义务，债权人违反该义务。比如，本法第778条规定，承揽合同中定作人有协助的义务。定作人不履行协助义务，承揽人可以解除合同，亦可请求损害赔偿等违约责任。[①]

（二）不真正义务违反型的受领迟延

4 通常，债权人的受领行为是一种不真正义务。债权人受领迟延，仅违反不真正义务，债务人不得请求履行，也不得请求损害赔偿，债权人仅承担权利或利益的减损或丧失等不利后果。

三、构成要件

（一）按照约定履行债务

5 债务内容的实现须以债权人受领给付或者其他协助为必要，如果债务无

[①] 参见王洪亮：《〈民法典〉中给付障碍类型的创新与评释》，载《西北师大学报（社会科学版）》2020年第6期。

须受领或者其他协助行为,比如遵守竞业禁止等不作为债务,则不发生受领迟延。①

债务人须按照约定提出给付,即完成履行所必要的一切行为,给付标的物质量、数量、履行时间、地点和方式等均符合合同之本旨,使债权人处于可受领的状态。给付提出以现实提出为原则,言辞提出为例外。现实提出,比如债务人已将标的物送至债权人住所地或者经营地,以待点收。言辞提出须满足严格要件,包括须有给付之准备、须将给付准备之情形通知债权人等。②在往取之债(Holschuld)中言辞提出即可,在赴偿之债(Bringschuld)中必须向债权人现实提出。

(二)无正当理由未予受领

债务人不能完成给付,原因在于债权人一方未予受领。若债权人给付之拒绝基于正当原因,如因未在正确地点或时间提出给付,债权人不陷入迟延。但如果债务人履行瑕疵非常轻微,拒绝受领有悖诚实信用原则的,则债权人不得拒绝受领。与此相反,若给付提出符合合同约定,尽管债权人对未能受领无过错,债权人仍陷于迟延。本法在一些情形中规定债权人有权拒绝受领债务人的给付。比如,本法第531条第1款、第610条第1句、第629条、第740条。

债权人不得以欠缺可归责性作为抗辩。③ 有受领迟延事实即生受领迟延责任,但因不可抗力导致受领不能的,不构成受领迟延。

四、法律效果

(一)本条规定法律效果

本条关于债权人受领迟延的法律效果规定较为简单,仅规定债务人费用偿还请求权和利息支付之停止两种法律效果。

债务人按照约定履行债务,债权人无正当理由拒绝受领的,债务人可以请求债权人赔偿增加的费用(第1款)。债务人提出给付,如债权人受领,则提出的费用为清偿之费用,应由债务人承担。但债权人未予受领,则不免增加提出和保管所必要之费用,这些费用因债权人受领迟延所致,债务人可向

---

① 参见韩世远:《合同法总论》(第四版),法律出版社2018年版,第567页。
② 参见郑玉波:《民法债编总论》(修订二版),中国政法大学出版社2004年版,第286页。
③ 参见[德]迪尔克·罗歇尔德斯:《德国债法总论》(第7版),沈小军、张金海译,中国人民大学出版社2014年版,第273页。

债权人请求赔偿。①

11 　在债权人受领迟延期间,债务人无须支付利息(第2款)。该规则主要针对的是债务人负有利息义务的金钱之债,因为债权人不能通过不受领债务人履行金钱之债而获益。②

(二)其他法律效果

12 　债权人受领迟延除了本条规定的费用偿还请求权和利息支付之停止的后果,还有其他法律效果。其中有些已由本法其他条款规定,有些则为学理所承认。

13 　债务人注意义务有所减轻,仅对故意或重大过失负责。

14 　孳息返还范围减少,债务人仅以已经收取的孳息为限负返还责任。

15 　债务人可以依据法定方法,自行消灭其债务。比如,本法第570条规定,债权人无正当理由拒绝受领标的物的,债务人可以将标的物提存。本法第837条规定,收货人无正当理由拒绝受领货物的,承运人依法可以提存货物。

16 　受领迟延时,对待给付风险移转于债权人。在债权人受领迟延的情形下,因不可归责于债务人的事由导致给付不能,债务人可免除给付义务,同时还可向债权人请求对待给付。对此,本法第608条已有规定。

五、证明责任

17 　债务人主张债权人受领迟延的,应证明自己已经依债的本旨按时提出给付。债权人应证明存在拒绝受领的正当理由或者证明因不可抗力导致受领不能。

第五百九十条　【因不可抗力的给付不能】当事人一方因不可抗力不能履行合同的,根据不可抗力的影响,部分或者全部免除责任,但是法律另有规定的除外。因不可抗力不能履行合同的,应当及时通知对方,以减轻可能给对方造成的损失,并应当在合理期限内提供证明。

当事人迟延履行后发生不可抗力的,不免除其违约责任。

一、构成要件

1 　本条系因发生不可抗力而免责的一般规则。在具体典型合同领域有特别规定的,应优先适用该特别规定,比如本法第832条关于货运合同的规定。

---

① 参见郑玉波:《民法债编总论》(修订二版),中国政法大学出版社2004年版,第289页。

② 参见王洪亮:《〈民法典〉中给付障碍类型的创新与评释》,载《西北师大学报(社会科学版)》2020年第6期。

(一)存在不可抗力事由

不可抗力(höhere Gewalt)是指任何人尽到交易观念上一切合理方法、一切合理注意,均无法避免或抗拒的外部事故。本法第180条第2款对不可抗力设有定义,即"不可抗力是不能预见、不能避免且不能克服的客观情况"。由此可见,本法对不可抗力的认定标准采折中说,其中"不能预见"为主观要件,"不能避免且不能克服"为客观要件。不可抗力可能是自然因素,如新冠疫情、台风、地震、泥石流、洪水、海啸等;也可能是社会异常事件,如战争、武装冲突、大范围罢工;还可能是国家行为,如国家颁布法律禁令、检疫限制、征收征用等。①

(二)不能履行合同

不可抗力是合同正常履行的一种障碍。结合本法第180条第1款规定,此处"不能履行"合同,应指不能履行合同义务。主要包括四种类型:一是合同全部不能履行;二是合同部分不能履行;三是合同一时不能履行;四是合同永久不能履行。因金钱债务不存在履行不能,故无不可抗力免责适用之余地,本条适用于非金钱债务。

(三)因果关系

不可抗力和合同不能履行之间具有因果关系。不可抗力既可能导致合同部分不能履行,也可能导致合同全部不能履行。至于是否要求不可抗力事件是合同不能履行的唯一原因,对此存在区分说和否定说两种观点。区分说认为,在不可抗力事件与债务人的过错共同构成损害发生原因的情况下,应按"部分原因应当引起部分责任"规则,当事人按其行为的过错程度及原因力大小承担部分责任。否定说认为,不可抗力事件必须是债务履行受阻的最近、唯一和关键原因。② 本书认为,在不可抗力事件与债务人过错共同存在的情形下,应当根据两种因素的原因力大小,相应免除不可抗力导致合同不能履行的部分责任,因债务人过错导致合同不能履行的部分,不得免除责任。

二、通知义务

债务人应当及时将因不可抗力导致不能履行合同的情形通知对方当事人。通知目的是让对方当事人得知不可抗力情事,以减轻可能给对方造成的损失。

债务人应在合理期限内通知,期限是否合理,应从债务人的行动自由度、通信手段及债权人能否接收到不可抗力通知等因素考虑。通知内容包括不

---

① 参见韩世远:《合同法总论》(第四版),法律出版社2018年版,第483—485页。
② 参见李昊、刘磊:《〈民法典〉中不可抗力的体系构造》,载《财经法学》2020年第5期。

可抗力发生、不可抗力致使合同不能履行等情形。

7　　通知义务性质为何,理论上存在争议,有观点认为是附随义务[①]。债务人怠于履行通知义务而使债权人遭受损失的,对于此类损失不得以不可抗力为由免责,仍应承担损害赔偿责任。另有观点认为通知义务是不真正义务。债务人未尽通知义务的,视具体情况全部或部分失去就不可抗力免责规则所享有的权益。[②] 本书认为,通知义务为不真正义务,债务人怠于履行通知义务的,不能享有不可抗力免责规则的优待。

三、法律效果

(一)部分或者全部免除责任

8　　本条通过"主文+但书"的文义结构,确立不可抗力免除违约责任的一般规则。本法第180条第1款规定:"因不可抗力不能履行民事义务的,不承担民事责任。法律另有规定的,依照其规定。"本条即为"法律另有规定",依据本条,可根据不可抗力的影响,部分或者全部免除责任。

9　　在具体个案中免除何种责任以及多大程度上免除责任,应根据不可抗力导致合同不能履行的具体后果而作分别判断。一是不可抗力事件导致合同全部履行不能,则全部免除违约责任;二是不可抗力事件导致合同部分履行不能,则部分免除相应的违约责任;三是不可抗力事件导致合同一时履行不能的,则免除合同迟延履行的相应责任,待合同可正常履行时,债务人仍应履行合同义务;四是不可抗力事件导致合同永久履行不能,则免除相应的违约责任。《新冠疫情民事案件指导意见(一)》第3条规定:"受疫情或者疫情防控措施直接影响而产生的合同纠纷案件,除当事人另有约定外,在适用法律时,应当综合考量疫情对不同地区、不同行业、不同案件的影响,准确把握疫情或者疫情防控措施与合同不能履行之间的因果关系和原因力大小,按照以下规则处理:(一)疫情或者疫情防控措施直接导致合同不能履行的,依法适用不可抗力的规定,根据疫情或者疫情防控措施的影响程度部分或者全部免除责任。当事人对于合同不能履行或者损失扩大有可归责事由的,应当依法承担相应责任……(二)疫情或者疫情防控措施仅导致合同履行困难的,当事人可以重新协商;……合同依法变更后,当事人仍然主张部分或者全部免除责任的,人民法院不予支持……"

(二)例外:不免除责任

10　　不可抗力免责规则存在例外情形,罗马法存在"债务人之迟延发生不断

---

① 参见韩世远:《合同法总论》(第四版),法律出版社2018年版,第486页。
② 参见李昊、刘磊:《〈民法典〉中不可抗力的体系构造》,载《财经法学》2020年第5期。

的债务"的原则。本法第590条第2款承继这一法律精神,规定"迟延履行后发生不可抗力的,不免除其违约责任",该款为本法第180条中的"法律另有规定"。这是对迟延履行的加重责任。此处存在一个立法隐藏的推定:如果当事人按期履行合同,则其后发生不可抗力事件也不会影响合同正常履行,故当事人应对其延迟履行带来的不能预见、不能避免且不能克服的后果承担相应的违约责任。但当事人可以举证证明即使不迟延履行,损害仍然发生的,即举证推翻损害和不可抗力之间存在因果关系,则不在此限。

四、证明责任

不可抗力免责规则是对债务人在不可抗力情形下的一种优待。债务人主张适用不可抗力部分或者全部免责,应就不可抗力导致合同部分或者全部不能履行的事实承担证明责任。

第五百九十一条 【减损义务】当事人一方违约后,对方应当采取适当措施防止损失的扩大;没有采取适当措施致使损失扩大的,不得就扩大的损失请求赔偿。

当事人因防止损失扩大而支出的合理费用,由违约方负担。

一、减损义务的法律属性

(一)减损义务的生成基础

在大陆法系,减损规则通常未被规定,而是被纳入与有过失规则中。在英美法系,减损规则是由普通法合同法发展出来的一项古老规则。[①] 本法并行规定了减损规则和与有过失规则。

减损规则是依据诚实信用原则而产生,在发生债务人违约时,守约方不能无动于衷,任凭损失继续扩大,而应采取合理、适当的措施防止损失进一步扩大。减损规则的目的是促使受害人采取合理措施减轻损失,避免社会资源的浪费。[②]

(二)减损义务的法律性质

减损义务是一种强度较低的义务,属于不真正义务。义务人违反减损义务,合同当事人不得请求义务人履行并承担违约责任,而仅仅发生权利减损或丧失的后果。本条第1款规定,没有采取适当措施致使损失扩大的,不得就扩大的损失请求赔偿。

---

① 参见韩世远:《合同法总论》(第四版),法律出版社2018年版,第810页。
② 参见黄薇主编:《中华人民共和国民法典合同编释义(上册)》,法律出版社2020年版,第329页。

二、减损规则的构成要件

4　违约方的违约行为导致损害的发生,守约方对损害的发生没有过错。如果守约方对损失的发生具有过错,则适用本法第 592 条与有过失的规定。

5　守约方未采取合理措施导致损失进一步扩大。例如,承租人拒不支付租金,且不实际占有使用租赁房屋,出租人长期不收回租赁房屋。①

6　守约方对损失的扩大具有过失,即违约行为已发生并造成损失后,守约方应在知道或者应当知道违约方违约后的合理时间内采取措施,由于守约方未采取合理适当的措施而造成损失进一步扩大。

7　扩大的损失与守约方未及时采取合理适当的措施之间存在因果关系。

三、减损义务的履行

8　减损规则的核心是衡量守约方为防止损失扩大而采取的减损措施的合理性问题。守约方所采取行为的合理及适当性可以从以下两个方面进行检验:一是行为时间的判定标准,应根据守约方行为时或应为行为时加以判断,而不应以事后的情况来衡量先前的行为是否合理;二是减损情况的判定标准,应根据行为人的主观方面而不应拘于行为的客观结果,只要守约方采取了合理的减损行为,即使未能成功减损,仍可以要求偿还因防止损失扩大而支出的合理费用。②

9　减损措施类型可分为消极不作为和积极作为两种类型。停止履行是减损措施中的消极不作为类型。停止履行是最基本的减损措施,如果当事人知晓对方当事人的对待给付确定不会作出,该当事人通常应以停止履行来避免可能的损失。替代安排和变更合同是减损措施中的积极作为类型。其中替代安排要求守约方作出适当的替代安排来避免损失,比如缔结替代合同。为避免或减少违约造成的损失,违约方提出变更,变更的程度不是特别大的,守约方通常应接受作为减轻损失措施。只有守约方接受变更之要约,变更合同才构成减轻损失的合理措施。③

四、证明责任

10　违约方对守约方未能采取适当措施防止损失的扩大以及本可以减少的损失数额承担证明责任。守约方请求违约方承担因防止损失扩大而支出的合理费用,应当对必要费用数额承担证明责任。

---

① 参见中藏宫(北京)文化传媒有限公司与上海寰宇汇商业管理有限公司房屋租赁合同纠纷案,上海市第二中级人民法院民事判决书(2020)沪 02 民终 3179 号。
② 参见韩世远:《合同法总论》(第四版),法律出版社 2018 年版,第 812 页。
③ 参见最高人民法院民法典贯彻实施工作领导小组主编:《中华人民共和国民法典合同编理解与适用(二)》,人民法院出版社 2020 年版,第 830 页。

第五百九十二条 【双方违约;与有过失】当事人都违反合同的,应当各自承担相应的责任。

当事人一方违约造成对方损失,对方对损失的发生有过错的,可以减少相应的损失赔偿额。

一、双方违约

以违约之人数作为区分标准,违约形态可分为单方违约和双方违约。合同一方当事人违约,称为单方违约;合同双方当事人均违约,则为双方违约。在双方违约情形中,双方当事人均违反各自义务,存在两个违约行为,并相互造成损害,双方应各自承担违约责任。① 例如,甲公司与乙公司订立合作协议,约定甲公司负责办理项目审批手续,乙公司负责融资,结果甲公司未在约定期限内办妥审批手续,乙公司亦未完成足够数额的融资,双方均违反各自义务。

二、与有过失

(一)构成要件

与有过失亦称过失相抵,是指当事人一方违约造成对方损失,对方对该损失的发生有过错的,可以减少相应的赔偿额。此类情形中,相对方的过错行为与违约方的违约行为,共同构成损害发生之原因。与有过失与双方违约存在差别,前者通常仅发生一个损害,只是该损害系由合同双方当事人共同所致;在双方违约情形中,双方当事人均有违约行为,并都造成对方损害。②

(二)法律效果

与有过失的法律效果有两个层次:首先,根据违约方违约行为计算损害赔偿之范围;其次,再根据相对方行为的原因力之强弱和过失程度,减少相应的损失赔偿额,从而最终确定违约方的损害赔偿额。在违约责任采用无过错责任原则的情况下,如果违约方无过错而对方有过错,则应由对方承担主要责任。有时甚至可以认定对方的损失完全由自己的过错造成,与违约行为不存在因果关系,从而违约方无须承担任何赔偿责任。

在一些典型合同中,立法者将相对人一定程度上的过错作为免责事由。比如本法第 823 条第 1 款规定,旅客因故意、重大过失造成自己伤亡的,承运人不承担责任;本法第 832 条规定,托运人、收货人的过错造成货物毁损、灭失的,承运人不承担赔偿责任。对此,应谨慎解释,如果是承运人的过错与相

---

① 参见最高人民法院民法典贯彻实施工作领导小组主编:《中华人民共和国民法典合同编理解与适用(二)》,人民法院出版社 2020 年版,第 835 页。
② 同上注,第 841 页。

对人的过错共同造成损害,则仍应适用与有过失规则。

第五百九十三条 【第三人原因违约】当事人一方因第三人的原因造成违约的,应当依法向对方承担违约责任。当事人一方和第三人之间的纠纷,依照法律规定或者按照约定处理。

一、因第三人原因违约时的责任承担

合同是以信赖为基础的法律上特别结合关系,其具有相对性,主要包括三个方面:一是主体之相对性,合同关系在特定主体之间发生,非合同当事人不享有合同上的请求权;二是内容之相对性,非合同当事人不得享有或负担基于合同产生的权利义务;三是责任之相对性,发生违约行为时仅由合同当事人承担违约责任。

本条规定,因第三人的原因造成违约,相对方不能要求该第三人承担违约责任,而只能向另一方请求承担违约责任,体现合同相对性规则中的合同责任之相对性。[1] 在本法合同编分则中存在一些具体规定,比如本法第773条关于承揽人责任的规定,本法第716条第1款关于承租人责任的规定,本法第894条关于保管人责任的规定。尤其应当注意的是,本法第791条第2款规定,第三人就其完成的工作成果与总承包人或者勘察、设计、施工承包人向发包人承担连带责任。该项特别规定排除本条的适用。

二、第三人的范围

本条中的第三人包括履行辅助人及法定代理人、其他第三人。

履行辅助人是指依债务人的意思在履行债务人所负担的义务时作为其辅助人而从事获得的人。[2] 与债务人有无合同关系,是否知悉其所从事系履行债务,在所不问。履行辅助人不以居于从属地位为必要,独立企业者(如运输公司)亦可为履行辅助人。[3] 在采用过错责任原则的情况下,履行辅助人的过错归属于债务人,等同于债务人自己的过错。在采用无过错责任原则的情况下,履行辅助人的行为导致债务人违约的,债务人不能因此免责。

法定代理人不仅代理限制民事行为能力人订立合同,还为其履行合同义务,就后者而论,法定代理人的作用类似于履行辅助人,所以适用与履行辅助人相同的规则。意定代理人如果帮被代理人履行合同义务,则属于履行辅

---

[1] 参见最高人民法院民法典贯彻实施工作领导小组主编:《中华人民共和国民法典合同编理解与适用(二)》,人民法院出版社2020年版,第843页。

[2] 参见[德]迪尔克·罗歇尔德斯:《德国债法总论》(第7版),中国人民大学出版社2014年版,第192页。

[3] 参见王泽鉴:《民法概要》,北京大学出版社2009年版,第197页。

助人。

第三人还包括一般的第三人,如对标的物实施侵权行为导致债务人不能履行的第三人。如果违约责任采用过错责任原则,则因这类第三人的原因造成违约的,债务人通常没有过错,所以无须承担违约损害赔偿责任。反之,如果采用无过错责任原则,则因这类第三人的原因造成违约的,债务人仍需承担违约损害赔偿责任。

第五百九十四条 【特殊合同诉讼时效】因国际货物买卖合同和技术进出口合同争议提起诉讼或者申请仲裁的时效期间为四年。

第二分编 典型合同

第九章 买卖合同

第五百九十五条 【买卖合同定义】买卖合同是出卖人转移标的物的所有权于买受人,买受人支付价款的合同。

第五百九十六条 【买卖合同内容】买卖合同的内容一般包括标的物的名称、数量、质量、价款、履行期限、履行地点和方式、包装方式、检验标准和方法、结算方式、合同使用的文字及其效力等条款。

第五百九十七条 【无权处分的买卖合同效力】因出卖人未取得处分权致使标的物所有权不能转移的,买受人可以解除合同并请求出卖人承担违约责任。

法律、行政法规禁止或者限制转让的标的物,依照其规定。

一、负担行为与处分行为的分离

本条之适用,应在负担行为与处分行为分离的基础之上展开。① 负担行为是指一方相对于他方负担一定给付义务的法律行为。处分行为是直接让与权利、变更权利内容、设定权利负担或废止权利之法律行为。② 该行为内部仅需处分合意即可产生权利变动的法律效果。依无因原则,只要行为本身

---

① 负担行为与处分行为的区分详见杨代雄:《负担行为与处分行为的区分》,载《燕大法学教室》创刊号。
② 典型的处分包括动产或不动产的转让、债权让与、以物或权利出质以及设定物上负担。参见[德]哈里·韦斯特曼、哈尔姆·韦斯特曼:《德国民法基本概念》(第16版),张定军等译,中国人民大学出版社2013年版,第71页。

无瑕疵,处分行为即为有效,至于权利因何种原因被处分在所不问。①

除当事人达成的处分合意(大多数情况下处分行为由合同组成,在例外情况下由单方法律行为组成)外,处分还需以其他构成要件为前提:除动产交付、不动产登记外,只有当处分人享有处分权时,处分才有效。处分权是指就某一权利所享有的权利,也即通过法律行为对这些权利予以转让、变更、消灭或设置负担的权力,原则上,权利人拥有对某一权利予以处分的权力。②当然,享有处分权的并非必须是权利人,可以是他人,其前提是法律或者法律行为赋予该他人处分权。③

二、欠缺处分权的处分行为效力

由于处分行为对权利或物的归属具有直接的影响,所以民法为其有效性设置了比对于负担行为有效性更加严厉的要求:通常只有拥有处分权的人,才能处分物或权利。④ 非权利人未经权利人同意或授权,自然欠缺处分权,其为处分行为即构成无权处分。⑤ 无权处分中处分人欠缺处分权,不能依其意思支配处分标的,本应无效,但为保护交易,法律一般规定其效力并非当然无效,而是处于一种效力待定状态,既可以转化成有效,也可以转化成无效。⑥ 如果无权处分人取得处分权前,合同已经双方协商一致而终止,那么法律交易将不复存在。⑦

无权处分可因权利人的追认而发生效力。追认弥补了行为人处分权欠缺,⑧从而使行为人所为处分的效力由不完全变为完全。⑨ 本法虽无类似于原《合同法》第51条那样的规定,但应进行漏洞填补承认无权处分时的处分行为效力待定,权利人享有追认权。对此,可类推本法第171条关于无权代理

---

① 参见杜生一:《负担行为与处分行为分离问题研究》,华东政法大学2019年博士学位论文,第75—77页。
② 参见[德]维尔纳·弗卢梅:《法律行为论》,迟颖译,法律出版社2013年版,第167页。
③ 参见[德]汉斯·布洛克斯、沃尔夫·迪特里希·瓦尔克:《德国民法总论》(第33版),张艳译,中国人民大学出版社2012年版,第79—80页。当然,标的物特定也是能够行使处分权的前提要件,如果是关于不动产物权移转的合意,还禁止当事人对该合意附条件。
④ 参见[德]本德·吕特斯、阿斯特丽德·施塔德勒:《德国民法总论》(第18版),于馨淼、张姝译,法律出版社2017年版,第144页。
⑤ 处分人须以自己的名义为处分行为,处分人以处分权人名义为处分者,适用代理制度之规定。参见田士永:《物权行为理论研究》,中国政法大学出版社2002年版,第222页。
⑥ 参见田士永:《物权行为理论研究》,中国政法大学出版社2002年版,第221页。
⑦ Vgl. Staudinger/Gursky (2014), §185 Rn. 69.
⑧ 除权利人追认外,权利人继承了处分人的遗产并对遗产债务负无限责任的情形也被认为是补全了处分人之处分权。参见[德]汉斯·布洛克斯、沃尔夫·迪特里希·瓦尔克:《德国民法总论》(第33版),张艳译,中国人民大学出版社2012年版,第304页。
⑨ 参见田士永:《物权行为理论研究》,中国政法大学出版社2002年版,第223—224页。

行为效力待定之规定。①

三、欠缺处分权的负担行为效力

与处分行为不同,负担行为不需要处分权,原因在于负担只发生对人的请求权,不直接导致权利变动。如果法律要求负担行为生效以处分权为要件,那么出卖他人之物、出租他人之物、将来物买卖等均不发生契约上的效力,这与债务契约本质有违,不符合交易需要。② 出卖他人之物的买卖合同,性质为负担行为而非处分行为,因此不属于无权处分。依本条第1款规定,出卖人欠缺处分权的,买受人有权解除合同并请求出卖人承担违约责任,这表明,买卖合同只要不存在其他无效事由,即为有效。在该有效的买卖合同中,出卖人的给付义务陷于主观给付不能,出卖人应负履行利益的赔偿责任。③

四、法律、行政法规对标的物禁止或限制转让的规定

第597条第2款规定了在我国现行法体系下,法律、行政法规对某些标的物的禁止或限制转让。民法上的物一般具有流通能力,权利人可以将物纳入交易机制,能够以自己的意志处分这些物。但是有些物依法只能由权利人占有或使用,而不能由权利人纳入市场交易或者虽可交易但交易的对象有限制。④

按照物的可流通程度和范围,物分为流通物、限制流通物以及禁止流通物三种。物的流通程度不同主要用以判断具体法律行为的效力。限制流通物是指法律对流通范围和程度有一定限制的物,如受管制物品(枪支)、黄金、白银、外汇、文物,对于限制流通物我国法律大都施行特别许可制度,未经许可,任何单位和个人不得买卖。禁止流通物是指法律禁止流通的物,如国家所有的土地、非法出版物等。以禁止流通物作为买卖标的物的,该买卖合同因违反法律、行政法规的强制性规定而无效。⑤

五、证明责任

买受人主张解除合同并请求出卖人承担违约责任的,应证明出卖人对标的物无处分权致使不能移转标的物的所有权。

第五百九十八条 【出卖人的主给付义务】出卖人应当履行向买受人交

---

① 参见杨代雄:《法律行为论》,北京大学出版社2021年版,第441页。
② 参见田士永:《物权行为理论研究》,中国政法大学出版社2002年版,第215页。
③ 参见韩世远:《合同法总论》(第三版),法律出版社2011年版,第410页。
④ 参见孙宪忠:《中国物权法总论》(第三版),法律出版社2014年版,第234页。
⑤ 参见谢鸿飞、朱广新主编:《民法典评注:合同编·典型合同与准合同1》,中国法制出版社2020年版,第17页(易军执笔)。

付标的物或者交付提取标的物的单证,并转移标的物所有权的义务。

一、双重主给付义务

1　本条是关于买卖合同出卖人主给付义务的规定。在买卖合同中,出卖人具有交付标的物和移转所有权双重的主给付义务。

2　交付义务与所有权移转义务互相独立,二者可能存在分离的情形:一是出卖人已经交付但所有权尚未发生移转,如所有权保留;二是买受人已经取得所有权但未取得占有,如房屋已经过户登记但未交房。

二、交付义务

3　交付义务系移转标的物之占有。如果标的物有从物且买卖双方没有相反约定,则出卖人也有义务移转从物的占有。

4　交付的形式有现实交付和观念交付。动产的现实交付是向买受人或者其指定的人移转标的物的管领力;建筑物的现实交付是向买受人或者其指定的人交付钥匙,如果没有钥匙,则通常由双方当事人在建筑物现场以明确的言辞进行控制权交接。观念交付包括简易交付、占有改定和指示交付。交付义务指向对象有直接交付买卖标的物或者交付提取标的物的单证。提取标的物的单证最常见的是仓单、提单等权利凭证,交付单证是指示交付中一种,将权利凭证交给买受人可起到替代现实交付的效果。[①] 观念交付可以导致动产所有权移转,除非有相反约定,否则应认定在完成观念交付时,出卖人已经完全履行本条规定的(债法上的)交付义务。

三、所有权移转义务

5　移转所有权须具备物权让与合意,并满足所有权变动的公示要件。[②] 关于不动产所有权移转,本法第 209 条规定不动产物权经依法登记发生设立和转让的效力,故在不动产买卖合同情形,出卖人负有配合买受人对不动产进行过户登记的义务。关于动产所有权移转,本法第 224 条规定动产物权的设立和转让自交付时发生效力,在动产买卖情形,出卖人在交付标的物时,通常即同时履行了交付标的物和移转所有权的两重义务。

四、证明责任

6　买受人请求交付标的物并移转所有权,应证明买卖合同已成立。对此,出卖人可以举证证明买卖合同存在效力瑕疵、请求权已消灭、存在履行抗辩

[①] 参见最高人民法院民法典贯彻实施工作领导小组主编:《中华人民共和国民法典合同编理解与适用(二)》,人民法院出版社 2020 年版,第 866 页。

[②] 参见吴香香:《〈民法典〉第 598 条(出卖人主给付义务)评注》,载《法学家》2020 年第 4 期。

权等事由予以抗辩。①

第五百九十九条　【出卖人的从给付义务】出卖人应当按照约定或者交易习惯向买受人交付提取标的物单证以外的有关单证和资料。

一、从给付义务的内容

出卖人不仅负有主给付义务,还要履行从给付义务。本法第598条规定出卖人应履行"交付提取标的物的单证"的主给付义务,本条规定出卖人应履行交付"提取标的物单证以外的有关单证和资料"的从给付义务。从给付义务虽不及主给付义务重要,但对保障合同圆满履行、实现当事人合同目的具有重大实益。

此处的"有关单证和资料"包括保险单、保修单、普通发票、增值税专用发票、产品合格证、质量保证书、质量鉴定书、品质检验证书、产品进出口检疫书、原产地证明书、使用说明书、装箱单等。②

二、从给付义务的来源

从给付义务的基础是当事人之间约定和交易习惯。当事人未约定,且无相应的交易习惯,但根据诚实信用原则可推导出存在交付提取标的物单证以外单证和资料的义务的,则出卖人仍应承担该项从给付义务。

第六百条　【买卖合同知识产权保留条款】出卖具有知识产权的标的物的,除法律另有规定或者当事人另有约定外,该标的物的知识产权不属于买受人。

第六百零一条　【约定交付期限】出卖人应当按照约定的时间交付标的物。约定交付期限的,出卖人可以在该交付期限内的任何时间交付。

一、约定交付期限的情形

本条是关于买卖合同出卖人履行时间的规定。买卖合同双方当事人对交付标的物时间有约定的,从其约定。约定具体时间的,则应在该时间内履行。约定一段履行期间的,则可在该期间内随时交付标的物,具体交付时点的选择权属于出卖人。当然,履行时点的选择应遵循诚实信用原则,如果半夜三更向买受人提出给付,则有悖诚实信用原则。

期限利益原则上属于债务人,出卖人放弃期限利益提前给付,且不损害

---

① 参见吴香香:《〈民法典〉第598条(出卖人主给付义务)评注》,载《法学家》2020年第4期。
② 参见最高人民法院民法典贯彻实施工作领导小组主编:《中华人民共和国民法典合同编理解与适用(二)》,人民法院出版社2020年版,第868页。

买受人利益时,买受人不得拒绝提前给付(本法第530条),但应给买受人一定准备期。出卖人提前交付而导致买受人增加之费用,应由出卖人承担。

二、未约定交付期限的情形

3　　当事人没有约定标的物的交付期限或者约定不明确的,当事人可以协议补充。不能达成补充协议的,则按照合同相关条款或者交易习惯确定。如此还不能确定履行时间的,则出卖人可随时履行,买受人也可随时请求履行,但应给对方必要的准备时间。

第六百零二条　【交付期限的认定】当事人没有约定标的物的交付期限或者约定不明确的,适用本法第五百一十条、第五百一十一条第四项的规定。

第六百零三条　【标的物的交付地点】出卖人应当按照约定的地点交付标的物。

当事人没有约定交付地点或者约定不明确,依据本法第五百一十条的规定仍不能确定的,适用下列规定:

(一)标的物需要运输的,出卖人应当将标的物交付给第一承运人以运交给买受人;

(二)标的物不需要运输,出卖人和买受人订立合同时知道标的物在某一地点的,出卖人应当在该地点交付标的物;不知道标的物在某一地点的,应当在出卖人订立合同时的营业地交付标的物。

一、规范意旨

1　　本条规定出卖人交付义务的履行地点。本条第1款体现意思自治原则;第2款为买卖合同中标的物交付地点的合同漏洞填补规则。本条第2款与本法第511条第3项之间的关系为特别法与一般法的关系。因此,在确定买卖合同标的物交付地点时,首先,须考察当事人有无明确约定(第1款);其次,若无明确约定,则根据本法第510条进行确定;最后,若仍无法确定,则根据本条第2款进行确定。

二、赴偿之债、往取之债及送付之债的内涵

2　　以给付行为地与结果地为标准,鲁道夫·冯·耶林首次提出赴偿之债(Bringschuld)、往取之债(Holschuld)与送付之债(Schickschuld)之分,[1]并为后世接受。在我国司法实践中,长期以来根据(卖方)送货上门、(买方)自提

---

[1] Vgl. Rudolf von Jhering, Beiträger zur Lehre von der Gefahr beim Kaufcontracte, zweiter Beitrag, in: Jahrbücher für die Dogmatik des heutigen römischen und heutigen Privatrechts, Bd. 4, 1861, S. 366ff.

货物、代办托运三种履行方式来确定合同的给付地。① 参照大陆法系的通行法理,可以认为,"送货上门"即为"赴偿之债";"自提货物"即为"往取之债";"代办托运"大体上相当于"送付之债"。

赴偿之债,指债务人须将标的物送至债权人住所地的债务。其给付行为地与结果地均在债权人处。在赴偿之债的情况下,债务人须将标的物送至债权人住所地,使其处于债权人可随时受领状态,才视为完成标的物的特定化。对此标的物,债务人可以亲自运送亦可委托他人代为运送,但其应承担运送费用。

往取之债,指债权人须在债务人处提取标的物的债务。其给付行为地与结果地均在债务人处。在往取之债的情况下,债务人只需准备给付标的,等待被取走即完成标的物特定化。

送付之债,指债务人并无运输义务,其仅需将标的物移交于第一承运人的债务。其给付行为地在债务人处,结果地在债权人处。寄送买卖即为送付之债在买卖合同中的具体体现。

值得注意的是,寄送买卖的核心并不在于"需要运输"。赴偿、往取之债同样可能需要运输。寄送买卖的特征是,出卖人仅负责发送,而无运输义务,承运人并非出卖人的履行辅助人。与之相对,赴偿买卖之承运人是出卖人的履行辅助人,往取买卖之承运人是买受人的受领辅助人。据此,是否需要运输,是否委托承运人,由谁签订运输合同,由谁承担运费等,均非区分三者的关键。判断的核心在于买卖双方内部运输义务由谁承担。②

三、约定交付地点(第1款)

此情形指当事人明确约定交付地点,体现了意思自治原则。若当事人未约定或未明确约定交付地点,并非可直接适用本条第2款的规定。根据本条第2款的反面解释,此时应适用本法第510条的规定。申言之,当事人可以协议补充约定交付地点。若当事人不能达成补充协议,则按照合同相关条款或者交易习惯确定。

四、未约定交付地点或约定不明(第2款)

(一)标的物需要运输(第1项)

标的物需要运输的,出卖人应当将标的物交付给第一承运人。然而,并非所有标的物涉及运输的买卖合同均适用本款规定。根据《买卖合同解释》第

---

① 参见朱晓喆:《寄送买卖的风险转移与损害赔偿——基于比较法的研究视角》,载《比较法研究》2015年第2期。
② 参见吴香香:《〈合同法〉第142条(交付移转风险)评注》,载《法学家》2019年第3期。

8条的规定,标的物需要运输是指标的物由出卖人负责办理托运,承运人系独立于买卖合同当事人之外的运输业者的情形(对该司法解释的批评参见本法第607条评注边码10)。在司法实践中,一般来说,在合同无特别约定由出卖人负责代办运输的情况下,办理货物运输应是买受人的事务。申言之,在本条第2款第1项所规定的情形下,出卖人本可不负担代办运输义务,但基于诚实信用和互相协助的履行规则,本条第2款规定了出卖人负有代办运输的附随义务或协助义务。应当注意的是,代办运输的义务不等于运输义务。

(二)标的物不需要运输(第2项)

1. 双方当事人订立合同时知道标的物在某一地点

9 此时的交付地点为双方所知道的标的物所在地,如存放标的物的仓库。

2. 双方当事人订立合同时不知道标的物在某一地点

10 此时的交付地点为出卖人订立合同时的营业地;若出卖人没有营业地,则应以出卖人的居住地作为交付地点。

五、证明责任

11 当事人主张存在关于交付地点之约定的,应对此承担证明责任。当事人主张对方当事人订立合同时知道标的物在某一地点的,应对此承担证明责任。

第六百零四条 【价金风险负担的一般规则】标的物毁损、灭失的风险,在标的物交付之前由出卖人承担,交付之后由买受人承担,但是法律另有规定或者当事人另有约定的除外。

一、规范意旨

1 本条旨在规范出卖人的对待给付风险,即"价金风险"。本条规范的内容为:买卖合同生效后,合同履行完毕前,因不可归责于双方当事人的事由致使标的物毁损、灭失时,价金风险由谁承担的问题。依本条,价金风险负担采取"交付主义"。申言之,标的物交付前,价金风险由出卖人承担;标的物交付后,价金风险由买受人承担。实际上,前者可通过双务合同的牵连性推导得出,后者由于突破了双务合同的牵连性原则,故而为本条规范的重心。根据本条但书规定可知,本条为任意性规范,当事人可通过约定排除本条的适用。

二、标的物毁损、灭失的风险

(一)风险的内涵

2 风险,指需终局承担因事变导致物的灭失、毁损所产生的不利益。[1] 风

---

[1] Vgl. Jauernig/Berger (2021), Vor §§ 446, 477 Rn. 1.

险分为物的风险、给付风险以及对待给付风险。本条仅规范对待给付风险,即价金风险。

物的风险,指因不幸或负有损害赔偿义务的第三人之行为所导致的标的物意外灭失的风险。① 其所处理的问题是:标的物意外毁损、灭失时,丧失所有权的不利益由谁承担。物的风险应依所有权的状况而定。申言之,所有权移转前由出卖人负担,所有权移转后由买受人承担。

给付风险,指物虽然灭失,但债务人须再为给付的风险。② 其所处理的问题是:标的物毁损、灭失时,出卖人是否仍需再为给付。给付风险负担依买卖合同标的物的性质而定。申言之,特定之债自合同生效时给付风险移转于买受人承担;种类之债自特定化时给付风险移转于买受人承担。因此,合同生效后或标的物特定化后,标的物毁损灭失的,债务人无须再为给付。

对待给付风险又称价金风险,指虽未获得给付,但仍须为对待给付的风险。③ 其所处理的问题是:标的物意外毁损、灭失时,出卖人不必再为给付,此时买受人是否仍须支付价金。由此可知,价金风险的产生以给付风险移转为前提。④ 申言之,若标的物未特定化,即使其毁损、灭失,由于出卖人负担的种类物不发生履行不能,出卖人负担的种类之债并不免除,因此,无价金风险负担的问题。

(二)风险事件的范围

风险事件,指引起标的物毁损、灭失风险的事件。风险是因不可归责于双方的事件而产生的,由此可知,风险事件的内涵与违约责任的归责原则有关。⑤ 主流观点认为,根据本法第577条的规定,我国违约责任采严格责任的立场。在此种立场下,首先,不可抗力应作为风险事件应无疑义;其次,由于违约责任受可预见性规则的限制,因此,意外事件以及当事人不能预见的第三人原因⑥亦可作为风险事件。

值得注意的是,部分风险事件亦为情事变更事由,但在适用上,风险负担规则应排除情事变更的适用。因为情事变更属于漏洞填补规则,其是借助法

---

① Vgl. Jauernig/Berger (2021), Vor § § 446, 477 Rn. 2.
② Vgl. Jauernig/Berger (2021), Vor § § 446, 477 Rn. 3.
③ Ebenda.
④ 参见朱晓喆:《寄送买卖的风险转移与损害赔偿——基于比较法的研究视角》,载《比较法研究》2015年第2期。
⑤ 参见易军:《违约责任与风险负担》,载《法律科学(西北政法学院学报)》2004年第3期。
⑥ 参见罗某与谭某买卖合同纠纷案,湖南株洲石峰区法院民事判决书(2017)湘0204民初2480号。

官自由裁量进行风险分配,而风险负担规则属于确定的权利义务规则。[1]

(三)毁损、灭失的内涵

8 灭失包括物理上灭失与法律上灭失,后者如物被扣押、被征收。[2] 毁损,指与合同约定品质不符的情形,如变质。从定义可知,毁损与瑕疵亦有一定的关联。因此,须确定毁损究竟为风险抑或瑕疵。对于标的物毁损,若出卖人有补正履行义务,则为瑕疵,若出卖人无补正履行义务,则通常涉及价金风险。

三、交付主义的正当性

9 关于买卖合同价金风险移转的时点,有合同缔结说(瑞士)、所有权移转说(英国、法国)与标的物交付说等学说。其中以标的物交付说为当今世界立法的主流。如《德国民法典》第446条、《美国统一商法典》第2—509条、《日本民法典》第567条、《联合国国际货物销售合同公约》第69条等立法皆采标的物交付说。

10 交付主义的正当性论证的论点,包括管领便利、交易安全、风险利益一致、经济利益归属、核心义务履行(以牵连性为基础)等。其中,管领便利立论可能导致悖论,因为风险以不可控为前提,风险负担又以谁更能控制标的物为标准,不免自相矛盾。交易安全仅可作为交付移转风险的辅助理由。经济利益归属与核心义务履行两论点,实质是对风险利益一致的变相论证。据此,价金风险的移转同样奉行"风险利益一致"原则。在这一点上,所有权移转说与标的物交付说并无区别,只是二者对"利益享有者"的判断不同。所有权移转说以所有权作为合同关系中利益归属的判断标准,混淆了物的风险与价金风险。[3]

11 在交付主义的立场下,风险负担的移转与所有权的移转并无必然的关联性。在保留所有权买卖中,自完成动产交付时,所有权虽未移转,但价金风险则移转于买受人。在不动产买卖中,即使尚未办理过户登记,只要完成不动产的交付,价金风险即移转于买受人。

四、交付的类型

(一)现实交付

12 现实交付可移转价金风险应无疑义。其不以移转所有权的意思为前提,仅以具有履行买卖合同交付义务的意思为已足,如所有权保留。

---

[1] 参见吴香香:《〈合同法〉第142条(交付移转风险)评注》,载《法学家》2019年第3期。

[2] 参见张某某与查某某买卖合同纠纷案,安徽枞阳县法院民事判决书(2017)皖0722民初2586号。

[3] 参见吴香香:《〈合同法〉第142条(交付移转风险)评注》,载《法学家》2019年第3期。

(二) 观念交付

1. 简易交付

合同订立前买受人已占有标的物者,除非另有约定,合同订立时即可认为标的物已交付,此即简易交付(本法第 226 条)。简易交付可替代现实交付,并据此移转价金风险,因为买受人已经取得直接占有。

2. 占有改定

占有改定可否引起价金风险移转,我国学界有不同的观点。有观点认为,交付主义之下的交付不应包含占有改定,因为此情形下,买受人并没有实际控制标的物,也无法直接利用物所产生的利益,由其承担风险是不公平的。① 还有观点认为,占有改定与现实交付时立即租回的情形并无本质区别,既然后者的风险自现实交付时移转,就没有理由否认前者的风险自占有改定时移转。② 另有观点认为,自风险利益一致的角度考量,占有改定可否移转价金风险,关键应在于买受人是否取得标的物之经济上的收益权:若是,则由买受人承受价金风险;若否,则出卖人仍应承受价金风险。③ 本书认为,除非当事人约定在占有改定之外,出卖人还须进一步履行其作为出卖人在债法上的交付义务,否则占有改定即可导致价金风险移转。是否存在此种约定,应通过意思表示解释予以确定。

3. 返还请求权让与(指示交付)

此与占有改定的情形相同,取决于出卖人在指示交付之外是否还有义务使买受人取得直接占有。

五、违约情形下的风险负担规则

(一) 给付不能

给付不能,以标的物灭失为典型。在此种情形下,一方面适用风险负担规则,另一方面当事人享有法定解除权。关于二者关系,有一元论与并存论之争。一元论者或主张合同解除排除风险负担,④或主张风险负担排除合同解除;⑤并存论则主张二者得相竞合。⑥ 本书认为,应主张风险负担排除合同解除,因为若风险移转后买受人仍享有解除权,则买受人可借此逃避价款义

---

① 参见王利明:《合同法研究(第三卷)》(第二版),中国人民大学出版社 2015 年版,第 95 页。
② 参见吴香香:《〈合同法〉第 142 条(交付移转风险)评注》,载《法学家》2019 年第 3 期。
③ 参见黄立:《民法债编各论(上)》,中国政法大学出版社 2003 年版,第 105 页。
④ 参见崔建远:《风险负担规则之完善》,载《中州学刊》2018 年第 3 期。
⑤ 参见韩世远:《合同法总论》(第四版),法律出版社 2018 年版,第 649 页;谢鸿飞:《合同法学的新发展》,中国社会科学出版社 2014 年版,第 433 页。
⑥ 参见周江洪:《风险负担规则与合同解除》,载《法学研究》2010 年第 1 期。

务,规避风险负担,此时风险负担规则将被架空。

(二)瑕疵给付

17　瑕疵给付包括两种情形。其一,若因标的物瑕疵致使不能实现合同目的,根据本法第610条的规定,买受人享有拒收权或解除权。买受人行使拒收权或解除权的,价金风险由出卖人承担。[1] 当然,若买受人放弃行使拒收权或解除权,则交付后的价金风险由买受人承担。其二,若标的物瑕疵不影响合同目的实现,则买受人不享有拒收权与解除权,价金风险随交付移转,若嗣后标的物意外毁损、灭失的,买受人仍应支付价金,但根据本法第611条的规定,因瑕疵所生的救济不受影响。

(三)给付迟延

1. 出卖人迟延

18　出卖人迟延履行交付义务的,因标的物尚未交付,价金风险当然由出卖人承担。虽迟延交付但买受人受领的,价金风险随交付移转。出卖人迟延履行移转(不动产)所有权义务的,价金风险虽随交付移转于买受人,但若出卖人的给付迟延致使不能实现合同目的,则买受人可解除合同。解除合同后,价金义务消灭,标的物返还不能的风险应由出卖人承担。

2. 买受人迟延

19　买受人迟延包括受领迟延与迟延给付价金。根据本法第605条、第608条的规定,若买受人受领迟延,价金风险自受领迟延时移转于买受人。若买受人迟延支付价款,经催告后在合理期间内仍未履行的,出卖人有权解除合同,若解除前标的物已经交付,返还不能的风险由买受人承担。[2]

六、证明责任

20　出卖人主张由买受人承担价金风险的,应证明标的物在交付后意外毁损、灭失,或者证明标的物在买受人受领迟延期间意外毁损、灭失。

第六百零五条　【因买受人原因致使未按期交付的价金风险】因买受人的原因致使标的物未按照约定的期限交付的,买受人应当自违反约定时起承担标的物毁损、灭失的风险。

一、规范意旨

1　本条是关于因买受人原因致使未按期交付的价金风险承担的规定。

---

[1]　参见建湖县城市建设投资有限公司与江苏安太电梯工程有限公司买卖合同纠纷案,江苏省盐城市中级人民法院民事判决书(2019)苏09民终3058号。
[2]　参见黄立:《民法债编各论(上)》,中国政法大学出版社2003年版,第102页。

二、适用情形

从比较法看,《德国民法典》第446条仅规定买受人受领迟延的,价金风险移转于买受人。《联合国国际货物销售合同公约》第69条与此类似,规定买受人从货物交付给其处置但其不收取货物从而违反合同时起承担风险。本条中的"因买受人的原因致使标的物未按照约定的期限交付"是否仅限于买受人受领迟延,不无疑问。解释上有观点认为,除了买受人受领迟延之外,还包括:1. 买受人负有先付款义务,但其未付款,导致出卖人未按期交付;[①] 2. 买受人实施侵权行为导致出卖人未能按期交付。[②]

就受领迟延中的风险承担而论,本法第608条已有明确规定,无须适用本条。因此,如果仅将本条适用范围限定于买受人受领迟延,则本条将沦为空文。从这个意义上说,上述观点有其可取之处。值得注意的是,就买受人实施侵权行为而论,应当区分两种情况。其一,买受人的侵权行为导致买卖标的物毁损、灭失从而不能交付的,买受人的对待给付义务(价金义务)本来就不消灭,此种不利益并非风险,因为风险是不可归责于双方当事人的原因造成的不利益。[③] 其二,买受人的侵权行为导致出卖人不能按时交付,在出卖人"迟延"期间,标的物因不可归责于双方当事人的其他原因毁损、灭失。此种情形显然只能借助本条规定解决,价金风险例外地在交付前即由买受人承担。对于第一种情形,考虑到本法并未设置类似于《德国民法典》第326条第2款第1句第1种情形(因可归责于债权人的事由导致给付不能时对待给付义务不消灭)之规定,所以适用本条规定未尝不可。

三、法律效果

在上述情形中,标的物毁损、灭失的风险由买受人承担,买受人虽不能取得标的物,但仍需支付价金。

四、证明责任

在标的物毁损、灭失的情况下,出卖人请求买受人支付价金的,应就其未能按期交付标的物是由于买受人的原因所致的事实承担证明责任。

第六百零六条 【路货买卖的价金风险】出卖人出卖交由承运人运输的在途标的物,除当事人另有约定外,毁损、灭失的风险自合同成立时起由买受

[①] 参见陈某某与施某某、徐某某买卖合同纠纷案,浙江省台州市中级人民法院民事判决书(2013)浙台商终字第512号。

[②] 参见谢鸿飞、朱广新主编:《民法典评注:合同编·典型合同与准合同1》,中国法制出版社2020年版,第43—44页(易军执笔)。

[③] 参见[德]迪特尔·梅迪库斯:《德国债法分论》,杜景林、卢谌译,法律出版社2007年版,第27页。

人承担。

一、构成要件

(一)标的物须为在途货物买卖的标的物(积极要件)

在途货物买卖又称路货买卖,指出卖人将在运输途中的货物出售给买受人的买卖。其特点在于:1.出卖人交付的时间与地点难以确定;2.买受人难以对标的物进行检验;3.当事人凭借运输单据进行交易;4.当事人往往对标的物进行投保。① 上述特点决定了路货买卖的风险负担规则不同于其他形态的货物买卖。

(二)当事人并未另有约定(消极要件)

本条为任意性规范,当事人可通过约定排除本条的适用。

二、法律效果

若满足上述构成要件,则标的物毁损、灭失的风险自合同成立时起由买受人承担。换言之,自合同成立时起,若标的物毁损、灭失,则买受人仍须负担支付价金的义务。根据《买卖合同解释》第10条规定,若出卖人在合同成立时知道或者应当知道标的物已经毁损、灭失却未告知买受人,合同成立时不发生风险移转的效果。此规定系对出卖人恶意隐瞒风险事实的规制。不过,所谓风险移转是指在特定时点之后发生标的物毁损、灭失的,价金风险由买受人承担。本条既然规定路货买卖的价金风险自合同成立时起由买受人承担,那就意味着只有在合同成立之后发生的标的物毁损、灭失风险才由买受人承担,反之,合同成立之前,标的物已经发生毁损、灭失风险的,无论出卖人是否知道或者应当知道,均由出卖人承担价金风险,买受人当然无须承担价金风险。因此,《买卖合同解释》第10条纯属多余。

三、证明责任

路货买卖的出卖人请求买受人支付价金的,应证明合同成立前标的物已经交付给承运人。买受人拒绝支付价金的,应证明标的物在合同成立前已经毁损、灭失。

第六百零七条 【寄送买卖的价金风险】出卖人按照约定将标的物运送至买受人指定地点并交付给承运人后,标的物毁损、灭失的风险由买受人承担。

当事人没有约定交付地点或者约定不明确,依据本法第六百零三条第二

---

① 最高人民法院民法典贯彻实施工作领导小组主编:《中华人民共和国民法典合同编理解与适用(二)》,人民法院出版社2020年版,第905页。

款第一项的规定标的物需要运输的,出卖人将标的物交付给第一承运人后,标的物毁损、灭失的风险由买受人承担。

一、规范意旨

本条为任意性规范,当事人可通过约定排除本条的适用。本条旨在规范寄送买卖(送付买卖)中的风险负担。寄送买卖(Versendungsverkauf),指本法第603条第2款第1项规定的"标的物需要运输"的买卖,其是与送货上门(赴偿之债)、买方自提(往取之债)相对而言的"代办托运"买卖。本条第1款规定约定交付地点的寄送买卖之风险负担规则;第2款规定未约定交付地点或约定不明的寄送买卖之风险负担规则。

值得注意的是,通过电子商务订立的商品买卖合同,若当事人未约定交付地点与交付时间,根据本法第512条及《电子商务法》第51条的规定,此买卖合同应为赴偿之债(送货上门),若当事人未约定风险负担规则,应自出卖人将标的物交付于买受人,买受人签收时风险才移转于买受人。因此,该情形不适用本条的规定。

二、约定交付地点(第1款)

(一)构成要件

1. 当事人约定交付地点

由本法第603条的规定可知,约定交付地点是指双方当事人明确约定交付地点。若当事人未约定或未明确约定交付地点,并非可直接适用本条第2款的规定。此时应先根据本法第510条考察是否可以确定交付地点,如若可以确定交付地点,则其风险负担规则仍以本条第1款的规定为准。申言之,若当事人可以通过协议补充、按照合同相关条款或者交易习惯确定交付地点,出卖人将标的物运送至该地点并交付给承运人后,标的物毁损、灭失的风险由买受人承担。

2. 标的物需要运输

本条第1款中的"交付给承运人"表明标的物需要运输(具体内容参见边码8及本法第603条评注)。如果标的物不需要运输,则仅需在约定地点将货物交付给买受人或其受领辅助人即可完成交付并于此时移转风险。此种情形无须适用本条。

3. 在指定地点货交承运人

实际上,此处存在两种不同的承运人:一是将标的物运送至买受人指定地点的承运人;二是指定地点受领货物的承运人。就出卖人而言,前者应视为出卖人的履行辅助人,无论其是否为独立的运输业者,[1]后者的主体地位虽然法律没有直接规定,但可以类推适用《买卖合同解释》第 8 条的规定,此承运人应为独立于买卖合同当事人之外的运输业者。此时其法律地位相当于第 2 款中的"第一承运人"。

(二)法律效果

6　若满足上述构成要件,标的物毁损、灭失的风险由买受人承担。换言之,自在指定地点货交承运人起,若标的物意外毁损、灭失,则买受人仍负有支付价金的义务。

三、未约定交付地点或者约定不明(第 2 款)

(一)构成要件

1. 当事人没有约定交付地点或者约定不明确

7　由于本条第 2 款参引本法第 603 条第 2 款的规定,因此,所谓"没有约定交付地点或者约定不明确",应指合同没有明确约定,也没有达成补充协议,并且不能通过有关条款或者交易习惯确定(本法第 510 条)。

2. 标的物需要运输

8　此要件应理解为只要标的物涉及运输即可,无论运输以及运输工具是由出卖人安排的,抑或由买受人安排的。[2] 然而,并非所有需要运输的情形皆适用本条的规定,因此,有必要对此进行限缩解释。原则上,寄送买卖需要作特别的约定,一般情况下,出卖人的寄送义务是买卖的组成部分。如果买卖合同并没有对寄送义务作特别约定,嗣后出卖人基于买受人的请求寄送,则依嗣后的约定也可认为存在出卖人的寄送义务。反之,若是出卖人单方面的擅自寄送,则不构成寄送买卖。[3] 在没有约定交付地点或者约定不明确的情况下,若不能依本法第 510 条确定交付地点,则本应依本法第 511 条第 3 项第 3 分句,以出卖人所在地为交付(动产)地点。此时,出卖人的债务在本质上为往取之债,出卖人应等待买受人来取货或者等待买受人提出寄送请求。出卖人收到寄送请求后,买卖合同才成为寄送买卖,适用本条第 2 款。本法第 603 条第 2 款仅提及本法第 510 条,"绕开"本法第 511 条第 3 项第 3 分句,若将其中的"标的物需要运输"解释为标的物客观上需要运输,则等同于在欠缺约定的情况下通过法定的方式将寄送义务强加给出卖人,显然对出卖人过于苛刻。而且,出卖人贸然将标的物寄送于买受人所在地未必皆符合买

---

[1] Vgl. MünchKomm/Wertenbruch (2021), CISG Art. 67 Rn. 11.
[2] 参见胡康生主编:《中华人民共和国合同法释义》,法律出版社 2013 年版,第 227 页。
[3] Vgl. Jauernig/Berger (2021), § 447 Rn. 7.

受人的需求。买受人可能打算就地将标的物转卖给第三人,亦可能打算将标的物运送至其所在地之外的其他地方。因此,应将"标的物需要运输"目的论限缩解释为"依约定或者依买受人请求,出卖人需托运标的物"。

3. 货交第一独立承运人

由于本条规定借鉴于《联合国国际货物销售合同公约》第67条第1款的规定,因此,对《联合国国际货物销售合同公约》第67条第1款的探究有助于理解本条规定。该公约第67条第1款中的第一承运人,指独立于买卖双方当事人之外的从事运输业务的第三人,换言之,其指与货物买卖合同一方当事人签订公路运输、铁路运输、空运、海运或多式联运合同的主体,[①]应排除出卖人自己作为运输人的情形。[②] 为了法解释上的统一,《买卖合同解释》第8条规定,承运人系独立于买卖合同当事人之外的运输业者。

然而,从比较法看,德国民法的通说与此相反。其认为,寄送买卖的出卖人本不负有运输义务,其只是应买受人的请求代为办理运输。若出卖人收到请求后出于好意而自己运输,则风险也应由买受人承担。于此,出卖人的法律地位不能比委托第三人运输时更低,所以风险应当转移。[③] 我国学者亦有持相同见解者。[④] 鉴于此,有学者认为,《买卖合同解释》将此争议课题形诸立法,确定了唯一出路,恐将阻塞问题的其他解决途径。[⑤]

值得注意的是,此处的"交付"第一承运人应理解为将标的物移交于第一承运人,与本法第604条的交付含义不同。后者在无特别约定的情况下,通常伴随着所有权的移转;而前者通常情况下并未使买受人取得标的物的占有及所有权。[⑥]

(二)法律效果

若满足上述构成要件,标的物毁损、灭失的风险由买受人承担。换言之,自货交第一承运人起,若标的物意外毁损、灭失,则买受人仍负有支付价金的义务。

---

① 参见张玉卿编著:《国际货物买卖统一法——联合国国际货物销售合同公约释义》,中国商务出版社2009年版,第425页。
② Vgl. MünchKomm/Wertenbruch (2021), CISG Art. 67 Rn. 8.
③ Vgl. Staudinger/Roland Michael Beckmann (2013), § 447 Rn. 5.
④ 参见余延满:《货物所有权的转移与风险负担的比较法研究》,武汉大学出版社2002年版,第352页。
⑤ 参见朱晓喆:《我国买卖合同风险负担规则的比较法困境——以〈买卖合同司法解释〉第11条、第14条为例》,载《苏州大学学报》2013年第4期。
⑥ 参见朱晓喆:《寄送买卖的风险转移与损害赔偿——基于比较法的研究视角》,载《比较法研究》2015年第2期。

四、寄送买卖风险移转后的损害赔偿

13 根据本法第 832 条的规定,若运输过程中的货物的毁损、灭失非因不可抗力、货物本身的自然性质或者合理损耗以及托运人、收货人的过错造成损害,则承运人须承担赔偿责任。然而本条仅规定了赔偿义务人,未明确赔偿权利人。由于在寄送买卖中,是由出卖人代办托运(《买卖合同解释》第 8 条),根据合同相对性原理,本应由出卖人请求承运人承担违约损害赔偿责任。然而,根据风险负担规则,此时出卖人因风险移转而有权获得价金,从而对于承运人虽有违约损害赔偿请求权但未有实际损害;相反,买受人虽未得到完好的货物,但仍须支付价金,因其并非运输合同的当事人,从而虽有实际损害但不享有对承运人的违约损害赔偿请求权。此种结果显然不符合公平正义。

14 对于此种怪诞现象,比较法上有不同的处理方法。《美国统一商法典》第 2—722 条直接规定买受人对承运人享有损害赔偿请求权。德国民法学通过"第三人损害清算"(Drittschadensliquidation)理论来解决此问题,第三人所受之损害原本应发生于合同当事人财产上,因法律的特别规定或赔偿权利人与第三人之间的特别关系,损害转移至第三人财产上,此时赋予赔偿权利人(出卖人)以向加害人主张第三人(买受人)损害的权利。[①] 此外,德国通说认为,货运合同属于真正利他合同,《德国商法典》第 421 条第 1 款第 2 句赋予第三人(收货人)一项独立的请求权。[②] 上述处理方式皆有一定的借鉴意义。

15 对此,我国学者认为,首先,在出卖人和买受人就代办运输有明确的或可解释的间接代理意思表示时,应依当事人的意思而定,申言之,出卖人(托运人)作为买受人(收货人)的间接代理人,其与承运人订立运输合同,根据本法第 926 条由买受人行使介入权,进而主张运输合同的请求权。其次,可将出卖人与承运人签订的运输合同认定为利他合同(本法第 522 条),从而赋予买受人一项独立的请求权。[③] 此观点可资赞同。

五、证明责任

16 在寄送买卖中,出卖人请求买受人支付价金的,出卖人应就买卖合同有效成立、出卖人已在指定地点货交承运人或者已货交第一承运人等事实承担证明责任。买受人拒绝支付价金的,应证明标的物在交付承运人前已经毁

---

① Vgl. Dirk Looschelders, Schuldrecht, Allgemeiner Teil, 2020, S. 390.
② Vgl. Baumbach/Hopt/Merkt (2021), HGB § 421 Rn. 2.
③ 参见朱晓喆:《寄送买卖的风险转移与损害赔偿——基于比较法的研究视角》,载《比较法研究》2015 年第 2 期。

损、灭失。

第六百零八条 【买受人受领迟延的价金风险】出卖人按照约定或者依据本法第六百零三条第二款第二项的规定将标的物置于交付地点,买受人违反约定没有收取的,标的物毁损、灭失的风险自违反约定时起由买受人承担。

一、本条与本法第 605 条的关系

从广义上说,本条中的"买受人违反约定没有收取"亦属于本法第 605 条中的"因买受人的原因致使标的物未按照约定的期限交付"。但是,由于本条专设明文,因此,本条与本法第 605 条构成特别法与一般法的关系,[1]前者优先于后者适用。

二、构成要件

(一)出卖人已将标的物置于交付地点

此包括两种情形:一为出卖人按照买卖合同约定已将标的物置于交付地点。二为买卖合同没有约定交付地点或者约定不明确,而标的物不需要运输时,若买受人在订立合同时知道标的物在某一地点,出卖人已将标的物置于该地点;若买受人不知道标的物在某一地点,出卖人已将标的物置于其订立合同时的营业地(本法第 603 条第 2 款第 2 项)。

(二)买受人未按约收取标的物

既然出卖人已提出给付,若买受人无正当理由未及时收取标的物,则构成受领迟延。在受领迟延期间,标的物的毁损、灭失风险移转于买受人,符合公平原则,此亦为比较法上较为通行的做法。

三、法律效果

若满足上述构成要件,买受人应当自违反约定时起承担标的物毁损、灭失的风险。所谓"违反约定时"即买受人本应收取标的物而未收取之时。

四、证明责任

出卖人请求买受人支付价金的,应就其已按照约定或者本法第 603 条第 2 款第 2 项的规定将标定物置于交付地点,且买受人违反约定没有收取标的物等事实承担证明责任。

第六百零九条 【未交付单证、资料不影响价金风险】出卖人按照约定未交付有关标的物的单证和资料的,不影响标的物毁损、灭失风险的转移。

第六百一十条 【根本违约时的拒绝受领权、解除权及风险负担】因标

---

[1] 参见王利明:《合同法研究(第三卷)》(第二版),中国人民大学出版社 2015 年版,第 101 页。

的物不符合质量要求,致使不能实现合同目的的,买受人可以拒绝接受标的物或者解除合同。买受人拒绝接受标的物或者解除合同的,标的物毁损、灭失的风险由出卖人承担。

一、买受人的拒绝受领权与解除权

1 依本条规定,因标的物不符合质量要求致使不能实现合同目的的,买受人享有拒绝接受权和解除权。解除权是对本法第 563 条第 1 款第 4 项的重申。拒绝接受权究竟是何种性质的权利,不无疑问。有观点认为,拒绝接受权其实就是在出卖人根本违约的情况下买受人行使解除权的表现。另有观点认为,拒绝接受权在性质上是买受人的拒绝受领权,至于其拒绝受领的目的究竟是解除合同抑或请求出卖人修理、更换标的物,则需通过探究买受人的意思予以确定。①

2 本书认为,本条中的拒绝接受权并非解除权,二者是并列关系。拒绝接受权在性质上是拒绝受领权。买受人拒绝受领后,可以解除合同,也可以不解除合同。即便不解除合同,买受人亦有权向出卖人请求替代给付的损害赔偿。此时,买受人的价款义务不受影响。之所以在质量瑕疵的情况下允许买受人拒绝受领并请求替代给付的损害赔偿或者解除合同并请求替代给付的损害赔偿,是因为瑕疵严重以至于合同目的不能实现,从而没有必要再给予出卖人补正履行(修理、更换)的机会。从这个意义上说,本条是本法第 582 条结合第 617 条的特别规定。

3 "标的物不符合质量要求"的内涵可参见本法第 615 条评注。"致使不能实现合同目的"的内涵可参见本法第 563 条评注。有观点认为,本条中"不符合质量要求"的文字仅属例示,并不周延,应以"合同目的不能实现"为根本准据划定本条的适用范围。此观点具有一定借鉴意义。但为了不突破法条的文义,可将其他致使不能实现合同目的的违约情形类推适用本条规定。②

二、风险负担

4 尽管出卖人交付的标的物不符合质量要求达到根本违约的程度,但若买受人接受标的物而要求出卖人承担违约责任,则交付后的价金风险由买受人承担。仅当买受人行使拒绝受领权或者解除权后,风险才回转至出卖人。具

---

① 参见最高人民法院民法典贯彻实施工作领导小组主编:《中华人民共和国民法典合同编理解与适用(二)》,人民法院出版社 2020 年版,第 920 页。
② 参见刘洋:《根本违约对风险负担的影响——以〈合同法〉第 148 条的解释论为中心》,载《华东政法大学学报》2016 年第 6 期。

体而言,买受人行使拒绝受领权的,出卖人未能完成交付,若标的物意外毁损、灭失,则买受人不负有支付价金的义务。此时,买受人不因拒绝受领陷入受领迟延,所以不适用受领迟延情形中的风险负担规则。买受人在受领给付之前行使解除权的,出卖人同样无法完成交付,标的物意外毁损、灭失的,出卖人当然无权请求买受人支付价金。买受人在受领标的物后才解除合同的,风险亦由出卖人承担。即便解除合同之后标的物才意外毁损、灭失,其风险也应由出卖人承担。这意味着,如果因标的物意外毁损、灭失导致买受人在解除合同后不能返还(有瑕疵的)标的物,则买受人无须依本法第566条承担价值补偿或者损害赔偿责任,而在买受人已经付款的情况下,其对出卖人的价款返还请求权不受影响。此即所谓的风险回跳(Rückspringens der Gefahr),[①]其正当基础在于做出瑕疵给付的出卖人不值得保护,其没有理由相信风险随着交付永久地移转于买受人[②]。

三、证明责任

买受人行使拒绝受领权或者解除权的,应证明标的物不符合质量要求致使不能实现合同目的。在标的物毁损、灭失的情况下出卖人请求买受人支付价金的,买受人应证明其已行使拒绝受领权或者合同解除权。受领后标的物毁损、灭失,买受人拒绝对此进行价值补偿或者损害赔偿的,应证明其行使合同解除权符合本条规定的要件。

第六百一十一条 【风险负担不影响违约责任】标的物毁损、灭失的风险由买受人承担的,不影响因出卖人履行义务不符合约定,买受人请求其承担违约责任的权利。

一、规范意旨

本条为说明性规范,并无明确的构成要件与法律效果。本条的内容为说明违约责任与风险负担之间的关系。依本条,违约责任与风险负担并无关联。

二、出卖人违约且买受人承担价金风险的具体情形

(一)出卖人给付迟延

此情形为出卖人迟延履行,但已经向买受人交付标的物(本法第604条),或者在需要运输的买卖中,已经将标的物在指定地点交付承运人或交付第一承运人(本法第607条)。价金风险因此移转于买受人,标的物意外

---

① Vgl. Looschelders, Schuldrecht AT., 18. Aufl., 2020, S. 322.
② Vgl. Palandt/Grüneberg (2020), § 346 Rn. 13a.

毁损、灭失的,买受人仍负担价款义务,但买受人有权请求出卖人就迟延履行承担违约损害赔偿责任。买受人因出卖人迟延履行而依法行使了解除权但出卖人仍将标的物交付承运人的,买受人不承担价金风险。

(二)出卖人瑕疵给付

此包括两种情形:一为标的物的瑕疵不影响合同目的实现;二为标的物的瑕疵致使合同目的不能实现,但买受人放弃行使拒绝受领权或解除权(本法第610条)。在第一种情形中,买受人无权拒绝受领。若买受人拒绝受领,即构成受领迟延,需承担受领迟延后的价金风险。若买受人受领,则受领后由其承担价金风险,但买受人有权依本法第582条请求出卖人对有瑕疵的标的物予以修理或者更换。标的物于交付后意外毁损、灭失以至于不能修理、更换的,买受人仍负担价款义务,但买受人可以依本法第582条行使减价权。

(三)出卖人违反交付义务之外的其他义务

出卖人虽然依约履行交付义务,从而移转价金风险,但出卖人违反其他义务的,仍需向买受人承担违约责任。例如,房屋买卖合同的出卖人虽然依约交付了房屋,但不履行办理房屋过户登记义务,房屋意外灭失的,买受人仍负担价款义务,但有权就出卖人违反办理过户登记义务请求其赔偿损失。

第六百一十二条 【权利瑕疵担保义务】出卖人就交付的标的物,负有保证第三人对该标的物不享有任何权利的义务,但是法律另有规定的除外。

一、规范性质及内容

本条为权利瑕疵担保的一般规定,若存在特殊规定,则应适用特殊规定,如本法第431条、第600条,本条的但书规定即表明此种立场。本条为任意性规范,通过反面解释第618条即可表明当事人可对瑕疵担保义务或责任进行约定。

本条规定了权利瑕疵担保义务。所谓权利瑕疵担保义务,指出卖人负有保证标的物权利具有完整性,第三人对标的物不享有任何权利的义务。

二、违反权利瑕疵担保义务的违约责任之构成要件

(一)买卖合同的标的物上存在权利瑕疵

权利瑕疵主要包括以下三种类型:1. 第三人对标的物享有绝对权,包括物权、知识产权及因人格权产生的不作为请求权(Unterlassungsansprüche)。[1]物权如质权、抵押权。第三人对标的物享有所有权的,是否构成权利瑕疵,存在争议。从比较法看,目前德国法通说认为不构成权利瑕疵,而是构成履行

---

[1] Vgl. Palandt/Ellenberger (2020), §435 Rn. 8.

不能。① 2. 第三人对标的物享有债权,若该债权对买受人使用或处分标的物产生影响则构成权利瑕疵,如已预告登记的"物权化"的债权、租赁权(第725条)、因侵害第三人权利而产生的不当得利返还请求权(如安装出卖人因盗窃所得之物)。② 3. 国家对标的物享有公权力,如标的物被合法查封、扣押。值得注意的是,本条所谓"第三人"亦包括出卖人。然而,其不包括买受人,因为买受人的权利不会影响自身的权利状态。③

权利瑕疵发生的时点既可以是成立合同时,亦可以是合同成立之后、履行之前。判断是否存在权利瑕疵应以标的物所有权移转时为准,④出卖人须保证向买受人移转的所有权具有完整性。

(二)买受人须为善意

善意,指买受人订立合同时不知道且不应知道标的物存在权利瑕疵。具体内容详见本法第 613 条评注。

(三)双方当事人之间未另有特约

本条属于任意性规范(参见边码1),此种义务及责任可由当事人以约定限制或免除。因此,成立违反权利瑕疵担保义务的违约责任须当事人未以特约免除出卖人的责任。但根据本法第 618 条此亦存有例外,即因出卖人故意或重大过失不告知标的物瑕疵的,即便存在特约,出卖人亦无权依该特约主张减免责任。

三、法律后果

首先,就我国法而言,通说认为,违反权利瑕疵担保义务的瑕疵担保责任属于违约责任的一种情形。⑤ 因此,其应与违反物的瑕疵担保义务相同,出卖人应当根据本法第 582—585 条的规定承担违约责任。第 583 条中的"采取补救措施"在权利瑕疵情形中是指出卖人消除权利瑕疵,如清偿主债务以消灭买卖物上的担保物权,或者与知识产权人、肖像权人订立许可使用合同。其次,本法第 614 条规定了买受人享有中止支付价款权,具体内容详见本法第 614 条评注。

四、证明责任

买受人须就标的物存在权利瑕疵承担证明责任。

---

① Vgl. Looschelders, Schuldrecht BT., 13. Aufl., 2018, S. 29.
② Vgl. Erman/Grunewald (2017), §435 Rn. 8.
③ Vgl. Erman/Grunewald (2017), §435 Rn. 10.
④ Vgl. Looschelders, Schuldrecht BT., 13. Aufl., 2018, S. 29.
⑤ 参见王利明:《合同法研究(第二卷)》(第三版),中国人民大学出版社 2015 年版,第 420—422 页;韩世远:《合同法总论》(第四版),法律出版社 2018 年版,第 555 页。

第六百一十三条 【权利瑕疵担保义务的免除】买受人订立合同时知道或者应当知道第三人对买卖的标的物享有权利的,出卖人不承担前条规定的义务。

一、规范性质

1　本条为任意性规范,即虽然买受人在买卖合同订立时明知或应知标的物存在第三人的权利,但是双方当事人约定仍由出卖人承担权利瑕疵担保义务或责任的,则依其约定。

二、权利瑕疵担保义务免除的构成要件

(一)主观要件

2　主观要件,指买受人知道或应当知道第三人对标的物享有权利。"知道"可以是因出卖人告知买受人而明知,亦可以是买受人通过其他途径了解而明知。有学说认为,买受人仅了解权利瑕疵的外部表现形式未为已足,仅当买受人了解到瑕疵将对其标的物的价值及可用性造成影响,才构成所谓的"知道"。①

3　"应当知道",指买受人若尽合理注意义务,就能知道标的物上存在其他权利,仅因买受人自身的过失而致客观上不知标的物之权利瑕疵。② 此处的过失应指重大过失,即以特别严重的方式违反了交往中的必要注意义务。③ 理由在于:权利瑕疵担保义务的核心在于保证标的物无权利瑕疵,若仅由于买受人因一般过失而未发现权利瑕疵即排除出卖人此义务,对买受人而言过于严苛。此外,若出卖人恶意不告知权利瑕疵,尽管买受人对权利瑕疵的不知存在重大过失,亦不免除出卖人的权利瑕疵担保义务。

(二)时间要件

4　买受人明知或应知第三人对标的物享有权利的时点为订立合同时。申言之,于买卖合同订立之前或订立之时,买受人就知道或应当知道标的物存在权利瑕疵。若买受人于订立买卖合同之后才知道或应当知道标的物存在权利瑕疵,则出卖人应承担权利瑕疵担保义务。例如,甲将汽车抵押给乙,未办理抵押登记,随后,甲将该车出卖给丙,订立买卖合同时丙不知道且不应当知道该车已被抵押,但交车前丙知道存在抵押权,从而抵押权可以对抗丙,丙可向甲主张权利瑕疵担保责任。

---

① Vgl. Staudinger/Annemarie Matusche‑Beckmann (2013),§442 Rn. 6.
② 参见金可可、贺馨宇:《我国买卖合同权利瑕疵担保制度研究》,载《江苏行政学院学报》2016 年第 6 期。
③ Vgl. Staudinger/Annemarie Matusche‑Beckmann (2013),§442 Rn. 25.

三、法律效果

若买受人订立合同时明知或者应知第三人对买卖的标的物享有权利,则出卖人不承担权利瑕疵担保义务。

四、证明责任

出卖人须就买受人订立合同时知道或应当知道第三人对标的物享有权利承担证明责任。

第六百一十四条　【中止支付价款权】买受人有确切证据证明第三人对标的物享有权利的,可以中止支付相应的价款,但是出卖人提供适当担保的除外。

一、中止支付价款权的构成要件

(一)买受人须有确切证据证明存在权利瑕疵

买受人不能仅凭猜疑就认为第三人对标的物享有权利,而中止支付价款。此要件中的证据包括标的物的物权凭证、租赁合同书、与知识产权侵权相关的证明等。

(二)中止支付与受影响的权利实现之间具有牵连性

此要件意味着买受人中止支付的价款为与权利瑕疵"相应"的价款。此包括两种情形:1. 若权利瑕疵仅对买受人权利的部分实现产生影响,则相应的价款指与之相对应的部分价款。2. 若权利瑕疵影响至买受人完全无法实现其权利,则相应的价款指全部价款。值得注意的是,若中止支付的价款数额超过权利瑕疵对应价款数额,则中止支付行为构成违约。

(三)出卖人未提供适当的担保

"适当"担保,指出卖人须依第三人对标的物的权利范围,按合同约定的价款比例提供担保。此与"相应"的价款的价值相同。此外,担保方式无形式上的限制,包括人的担保(保证)、物的担保。

二、法律效果

买受人有确切证据证明第三人对标的物享有权利,而出卖人又未提供适当担保的,则买受人可以中止支付相应的价款。"中止支付相应的价款"在性质上应为"延期抗辩权",[1]因此,若出卖人已提供适当担保,则买受人不得拒绝支付价款。

三、证明责任

买受人须就第三人对标的物享有权利承担证明责任。出卖人须就其已

---

[1] 参见林诚二:《民法债编各论(上)》,中国人民大学出版社2007年版,第107页。

提供适当担保承担证明责任。

第六百一十五条 【物的瑕疵担保义务】出卖人应当按照约定的质量要求交付标的物。出卖人提供有关标的物质量说明的,交付的标的物应当符合该说明的质量要求。

一、规范性质及内容

1　本条规定了物的瑕疵担保义务。与本法第612条一样,本条亦为任意性规范。

二、物的瑕疵的认定

2　所谓物的瑕疵,指出卖人交付的标的物不具有合同约定的品质,或者欠缺符合合同预定用途或者通常用途的应有品质。广义的物的瑕疵包括质量瑕疵、数量不足和交付约定标的物以外的其他物(aliud)①。本条仅规定质量瑕疵,其包括除了数量瑕疵(从第621条的表述中可知)、包装瑕疵(第619条)以外的标的物自身品质不足的各种情形。此外,与标的物有关的外部环境、标的物的来源,若对标的物的价值产生影响,亦属于物的品质范畴。②

3　值得注意的是,"凶宅""贬值的事故车"在市场上被视为有害于通常使用或交易价值,属于影响标的物交换价值的瑕疵。若当事人约定出卖房屋无非自然死亡(机动车未发生事故)情形,而房屋(机动车)现状与约定的应有状况不符,致使标的物价值减损,则构成物的瑕疵。③

4　物的瑕疵的认定标准以"主观标准为主,客观标准为辅",④本条即为主观标准,即有约定质量标准的,从其约定。本条第2句是对约定的质量标准的进一步说明,即有质量说明的,应符合质量说明。客观标准规定于本法第616条。

5　物的瑕疵的判断时点为标的物风险转移时(本法第604—608条),风险转移后才产生的瑕疵,出卖人无须负责⑤。

三、违反物的瑕疵担保义务的法律效果

6　出卖人违反物的瑕疵担保义务的,须依本法第582—585条承担违约责任。

---

① Vgl. Looschelders, Schuldrecht AT., 18. Aufl., 2020, S. 187.
② Vgl. Erman/Grunewald (2017), §434 Rn. 4,7.
③ 参见徐建刚:《论汽车贬值损失的损害赔偿》,载《清华法学》2017年第4期;尚连杰:《凶宅买卖的效果构造》,载《南京大学学报(哲学·人文科学·社会科学)》2017年第5期。
④ 参见周友军:《论出卖人的物的瑕疵担保责任》,载《法学论坛》2014年第1期。
⑤ Vgl. Looschelders, Schuldrecht BT., 13. Aufl., 2018, S. 20.

四、证明责任

买受人须就出卖人提供的标的物在风险转移时存在物的瑕疵承担证明责任。

第六百一十六条 【标的物质量要求不明时的处理】当事人对标的物的质量要求没有约定或者约定不明确,依据本法第五百一十条的规定仍不能确定的,适用本法第五百一十一条第一项的规定。

一、规范功能

本条的内容为未约定或约定不明的质量要求认定标准,此亦为合同漏洞填补规则。其与第615条第2句相辅相成,构成完整的质量要求认定规则。

二、通过补充协议与解释确定质量要求(本法第510条)

在对质量要求未约定或约定不明时,根据本法第510条,当事人可以协议补充,其体现了意思自治优先。若无法达成补充协议,则根据体系解释、目的解释、类推合同相关条款或交易习惯进行确定。

三、通过客观标准确定质量要求(本法第511条第1项)

首先,根据《标准化法》第10条至第13条的规定,客观标准分为强制性国家标准、推荐性国家标准、行业标准、地方标准、团体标准、企业标准等。本条涉及强制性国家标准、推荐性国家标准、行业标准、通常标准以及符合合同目的的特定标准。其中强制性国家标准是最低的标准,其他法定的质量标准低于此标准者无效。

其次,该规则将符合合同目的的特定标准置于其他客观标准之后,限制了合同目的解释规则的适用,不符合"主观标准优先于客观标准"的原则。因此,若存在符合合同目的的特定标准,应以该标准确定质量要求。[①]

最后,通常标准,指同种类标的物的中等质量标准,即不低于合同履行地的平均水平标准。在没有国家标准或行业标准的情况下,标的物的质量须达到平均水平。此与国际通行的做法相一致。[②]

第六百一十七条 【违反物的瑕疵担保义务的违约责任】出卖人交付的标的物不符合质量要求的,买受人可以依据本法第五百八十二条至第五百八十四条的规定请求承担违约责任。

---

① 参见谢鸿飞、朱广新主编:《民法典评注:合同编·典型合同与准合同1》,中国法制出版社2020年版,第94页(武腾执笔)。
② 最高人民法院民法典贯彻实施工作领导小组主编:《中华人民共和国民法典合同编理解与适用(二)》,人民法院出版社2020年版,第352—353页。

一、规范功能

1　本条为参引性法条,其功能为指引标的物不符合质量要求时违约责任(瑕疵担保责任)的规范基础。本条虽未提及本法第585条,但该条规定的违约金责任在物的瑕疵担保情形中亦有适用余地。

二、物的瑕疵担保责任的法定免除

2　根据《买卖合同解释》第24条的规定,若买受人在缔约时知道或者应当知道标的物质量存在瑕疵,出卖人不承担违约责任。作此规定的原因在于若买受人明知物存在瑕疵仍进行购买,其嗣后再主张出卖人应负担违约责任,违反了禁止反言原则。在解释上,应将该司法解释第24条中的"应当知道"限缩解释为因重大过失而不知道。同时,应通过目的论限缩解释将"出卖人故意或重大过失不告知瑕疵"及"出卖人担保(Garantie)标的物无瑕疵"的情形排除在适用范围之外。换言之,在这两种情形,出卖人仍然应承担违约责任。①

3　《买卖合同解释》第24条的但书规定,买受人在缔约时不知道该瑕疵会导致标的物的基本效用显著降低的,出卖人仍应承担违约责任。有观点认为,该解释第24条的但书规定是不妥当的,因为其涉及的是重大误解制度问题。② 本书认为,此种情形即使符合重大误解的构成要件,也应构成重大误解与瑕疵担保责任的竞合。

三、证明责任

4　出卖人主张法定免责的,须就买受人在缔约时知道或因重大过失不知道标的物存在瑕疵承担证明责任。

第六百一十八条　【瑕疵担保责任减免约定的效力限制】当事人约定减轻或者免除出卖人对标的物瑕疵承担的责任,因出卖人故意或者重大过失不告知买受人标的物瑕疵的,出卖人无权主张减轻或者免除责任。

一、约定瑕疵担保责任减免的理论基础及适用范围

1　瑕疵担保责任原则上是任意性的,可以扩大、限制或者完全免除。其理论基础为私法自治原则,但其亦存在些许限制。③ 本条既适用于物的瑕疵担保责任,亦适用于权利瑕疵担保责任。究竟是否存有减免责的约定,应根据本法第142条、第466条进行解释确定。

---

①　参见周友军:《论出卖人的物的瑕疵担保责任》,载《法学论坛》2014年第1期。
②　参见谢鸿飞、朱广新主编:《民法典评注:合同编·典型合同与准合同1》,中国法制出版社2020年版,第107页(武腾执笔)。
③　Vgl. Staudinger/Annemarie Matusche–Beckmann (2013), §444 Rn. 3.

二、瑕疵担保责任减免约定的效力排除

有观点认为,当出卖人故意或者因重大过失不告知瑕疵时,应赋予买受人一项抗辩权,而非认定减免特约无效。① 本书认为,应将本条解释为,在出卖人故意或者因重大过失不告知买受人标的物瑕疵的情形中,瑕疵担保责任减免约定的效力被本条排除,或者说,该约定的效力范围不包括此种情形。严格地说,这并非规定责任减免约定无效,而是确定该有效约定的效力范围。在该范围之外,出卖人的减免责抗辩权不发生。

当出卖人故意不告知瑕疵时,其违背交易诚信的行为不应得到保护,故而,在此情形下其不能从责任减免特约中取得对抗买受人瑕疵请求权的抗辩权。值得注意的是,此时买受人虽有可能根据本法第 148 条撤销买卖合同,但撤销后无法保护其履行利益。因此,在此种出卖人滥用合同自由的情况下,排除责任减免特约的效力对于保护买受人的利益而言是必要的②。

当出卖人因重大过失不告知瑕疵时,应否认可瑕疵担保责任的减免特约,存在争议。有观点认为,若此情形仅适用于消费者买卖合同似无不妥,但若普遍适用于所有类型的买卖合同,则对于出卖人过于苛刻。③ 相反观点认为,若未将重大过失纳入其中,其结果将使得出卖人在有条件的情况下怠于了解标的物的情况,最终导致交易成本的增加及诚信关系的破坏。④ 相较之下,第二种观点更为可取。

三、证明责任

买受人须就出卖人故意或重大过失不告知其标的物有瑕疵承担证明责任。

第六百一十九条 【包装方式】出卖人应当按照约定的包装方式交付标的物。对包装方式没有约定或者约定不明确,依据本法第五百一十条的规定仍不能确定的,应当按照通用的方式包装;没有通用方式的,应当采取足以保护标的物且有利于节约资源、保护生态环境的包装方式。

第六百二十条 【买受人的检验义务】买受人收到标的物时应当在约定的检验期限内检验。没有约定检验期限的,应当及时检验。

---

① 参见谢鸿飞、朱广新主编:《民法典评注:合同编·典型合同与准合同 1》,中国法制出版社 2020 年版,第 110 页(武腾执笔)。
② Vgl. Staudinger/Annemarie Matusche – Beckmann (2013),§ 444 Rn. 52.
③ 参见周友军:《论出卖人的物的瑕疵担保责任》,载《法学论坛》2014 年第 1 期。
④ 最高人民法院民法典贯彻实施工作领导小组主编:《中华人民共和国民法典合同编理解与适用(二)》,人民法院出版社 2020 年版,第 970 页。

第六百二十一条 【买受人的瑕疵通知义务】当事人约定检验期限的,买受人应当在检验期限内将标的物的数量或者质量不符合约定的情形通知出卖人。买受人怠于通知的,视为标的物的数量或者质量符合约定。

当事人没有约定检验期限的,买受人应当在发现或者应当发现标的物的数量或者质量不符合约定的合理期限内通知出卖人。买受人在合理期限内未通知或者自收到标的物之日起二年内未通知出卖人的,视为标的物的数量或者质量符合约定;但是,对标的物有质量保证期的,适用质量保证期,不适用该二年的规定。

出卖人知道或者应当知道提供的标的物不符合约定的,买受人不受前两款规定的通知时间的限制。

一、规范意旨与适用范围

1 本条规定买受人负有瑕疵通知义务,旨在保护出卖人的合理信赖,避免出卖人举证困难,促进交易效率。[1]

2 本条共3款。第1款规定约定检验期限的通知义务;第2款规定未约定检验期限的通知义务;第3款为例外情形,即买受人不负通知义务的情形。通知义务性质上为不真正义务,若买受人怠于履行,将遭受法律上的不利益,即无法主张违约救济的权利。

3 本条为任意性规范,当事人可依合意排除或限制其适用。值得注意的是,本条为抗辩规范与抗辩排除规范。申言之,第1款与第2款为抗辩规范,即若买受人因标的物数量或质量不符合约定主张违约责任,出卖人可提出抗辩权(买受人怠于通知,标的物视为符合约定)。第3款为抗辩排除规范,即若此时出卖人知道或应当知道标的物不符合约定,买受人可依该款排除出卖人的抗辩。

4 本条适用于质量瑕疵与数量瑕疵的情形,不包括权利瑕疵。司法实践不仅将本条适用于商事买卖合同,亦将其适用于民事买卖合同。[2] 此种做法对商主体以外的买受人过于苛刻。从比较法看,《德国商法典》第377条规定瑕疵通知义务仅适用于作为双方商行为的买卖合同,并且附加了比较严格的前提条件,把检查时无法辨识的瑕疵排除在外。鉴于此,在解释与适用本条

---

[1] 参见金晶:《〈合同法〉第158条评注(买受人的通知义务)》,载《法学家》2020年第1期。

[2] 参见成都泰和沥青发展有限公司诉西藏云天工程建筑有限公司买卖合同纠纷案,最高人民法院民事判决书(2016)最高法民终字第36号;张家诚诉江苏启迪科技园发展有限公司商品房预售合同纠纷案,江苏省南京市中级人民法院民事判决书(2017)苏01民终字第9480号。

时应当对商主体以外的买受人更为宽容一些,如本条第 2 款中的"应当发现""合理期限"对此类买受人的适用应当缓和。

二、违反瑕疵通知义务的积极构成要件

本条的积极构成要件为"买受人怠于通知"。其包括两种类型:一为通知不适格;二为未及时通知。符合其中之一即构成买受人怠于通知。

(一)通知不适格

通知,指买受人将标的物不符合约定的情况具体明确地告知出卖人。该通知属于观念通知,其可类推适用法律行为的规范(如本法第 137 条、第 141 条、第 142 条第 1 款等)。

通知不适格包括内容不适格与形式不适格。内容不适格,指通知未具体明确指明瑕疵,进而不能使出卖人了解瑕疵的具体情形。值得注意的是,通知内容是否适格并非绝对刚性,通知内容的解释应保持弹性,避免对买受人提出苛刻的要求。于形式不适格而言,原则上通知形式自由,故而不存在形式不适格。仅在例外情况下买受人使用的通知形式违反诚实信用原则时才构成形式不适格。[①]

(二)未及时通知

1. 约定检验期限的通知义务(第 1 款)

本条所谓的"检验期限"包括检验期间与通知期间的长度之和。申言之,若当事人约定检验期限,买受人须在此期限内完成通知义务。检验期间,指通过观察、技术检测、使用等途径发现瑕疵所需时间。通知期间,指发现瑕疵后,进行报告、咨询、评估、草拟文件等活动所需时间。[②] 此外,虽然本条中的检验期限包括检验期间与通知期间,但是区分检验期间与通知期间仍有实益。区分的意义在于第 2 款中的"合理期限"的确定。此合理期限仅指通知期间,而不包括检验期间。

值得注意的是,单纯的检验义务并无任何实益,其须与通知义务相结合才可发挥作用,因为原则上只有检验后才可通知,检验的终点通常为通知的起点,但凭经验、推测或其他信息能知晓瑕疵存在,径行通知出卖人的,应认为买受人已践行检验义务。[③] 第 620 条虽然规定买受人的检验义务,但违反该义务并不会产生不利益。只有在买受人未履行通知义务时,才对其救济权

[①] 参见金晶:《〈合同法〉第 158 条评注(买受人的通知义务)》,载《法学家》2020 年第 1 期。

[②] 参见谢鸿飞、朱广新主编:《民法典评注:合同编·典型合同与准合同 1》,中国法制出版社 2020 年版,第 125 页(武腾执笔)。

[③] 参见王洪亮:《债法总论》,北京大学出版社 2016 年版,第 292 页。

利产生影响。

10 若当事人约定检验期限,其检验的瑕疵既包括外观瑕疵,亦包括隐蔽瑕疵。① 仅当买受人在约定的检验期限难以完成全面检验时,才将该检验期限视为外观瑕疵的检验期限(第622条)。

2. 未约定检验期限的通知义务(第2款)

(1)合理期限的确定

11 合理期限的起算点为发现或者应当发现标的物存在瑕疵时,由此可知,合理期限为通知期间(边码8)。合理期限的认定应根据具体案件而断。根据《买卖合同解释》第12条第1款的规定,"合理期限"应当综合当事人之间的交易性质、交易目的、交易方式、交易习惯、标的物的种类、数量、性质、安装和使用情况、瑕疵的性质、买受人应尽的合理注意义务、检验方法和难易度、买受人或者检验人所处的具体环境、自身技能以及其他合理因素,依据诚实信用原则进行判断。例如,鲜活易腐的标的物之合理期限较短。

(2)最长二年合理期限

12 根据《买卖合同解释》第12条第2款的规定,"二年"是最长的合理期限。该期限为不变期间,不适用诉讼时效中止、中断或者延长的规定。值得注意的是,"二年"的起算点为收到标的物之日,而非发现或应当发现标的物的瑕疵之时。

(3)质量保证期

13 质量保证期,是指出卖人向买受人承诺标的物符合质量要求或使用性能的期间,即标的物的正常使用寿命,于此期间发现瑕疵,出卖人不得以交货时无瑕疵为由免责。质量保证期包括法定的质量保证期(如《建设工程质量管理条例》第40条)与约定的质量保证期。本条所谓的"质量保证期",指约定或法定的最长检验期限。其目的在于代替最长二年合理期限。②

14 值得注意的是,适用质量保证期判断是否怠于通知的前提是未约定检验期限。因此,若当事人约定检验期限,同时约定质量保证期时,检验期限经过,视为标的物交付时无瑕疵,但若买受人在使用中出现质量问题且仍在质量保证期内,则其有权请求出卖人承担违约责任(瑕疵担保责任)。③

---

① 参见江门市新会区冠华针织厂有限公司诉湖北孝棉实业集团有限责任公司买卖合同纠纷案,最高人民法院民事裁定书(2015)民申字第2183号。
② 参见淄博瑞生纤维素有限公司诉山东汉通奥特机械有限公司买卖合同纠纷案,最高人民法院民事裁定书(2016)最高法民申字第1205号。
③ 参见青海盐湖海纳化工有限公司诉江苏远方电缆厂有限公司买卖合同纠纷案,最高人民法院民事判决书(2019)最高法民终字第38号。

三、违反瑕疵通知义务的消极构成要件(第3款)

出卖人明知或应知瑕疵时,买受人不负及时通知义务。作此规定的原因是使买受人负担瑕疵通知义务的目的之一在于保护出卖人的合理信赖,而在上述情形中,出卖人并无合理信赖可言。

四、法律效果

买受人违反瑕疵通知义务之法律效果,究竟是违约救济权利未产生,抑或违约救济权利虽已产生,但又嗣后消灭,学理见解不一。持前者观点的有独立期间说[①]与或有期间说[②]。此观点从构成要件出发认为本条为辅助规范,辅助瑕疵担保责任的成立,即履行通知义务为瑕疵担保责任的构成要件。[③] 持后者观点的有除斥期间说。[④] 此观点从法律效果出发认为本条是抗辩规范。

出于证明责任以及双方利益的考虑,应将本条规范认定为抗辩规范。[⑤] 因此,买受人怠于通知的法律效果为出卖人享有抗辩权,出卖人可主张标的物无瑕疵。此时买受人无法请求出卖人承担违约责任。依《买卖合同解释》第14条第2款,出卖人虽有抗辩权,但自愿承担违约责任后又反悔的,法院不予支持。这表明,出卖人享有的抗辩权属于须主张的抗辩权(Einrede)。

五、证明责任

买受人须就已在约定的检验期限、合理期限或质量保证期内通知出卖人承担证明责任。买受人若欲免除自己的通知义务,须就出卖人知道或者应当知道提供的标的物不符合约定承担证明责任。

第六百二十二条 【检验期限或质量保证期过短的处理】当事人约定的检验期限过短,根据标的物的性质和交易习惯,买受人在检验期限内难以完成全面检验的,该期限仅视为买受人对标的物的外观瑕疵提出异议的期限。

约定的检验期限或者质量保证期短于法律、行政法规规定期限的,应当以法律、行政法规规定的期限为准。

---

① 参见崔建远:《论检验期间》,载《现代法学》2018年第4期。
② 参见王轶:《民法总则之期间立法研究》,载《法学家》2016年第5期。
③ 参见王洪亮:《债法总论》,北京大学出版社2016年版,第291—295页。
④ 参见耿林:《论民法总则的撤销期间》,载《华东政法大学学报》2018年第5期。
⑤ 参见金晶:《〈合同法〉第158条评注(买受人的通知义务)》,载《法学家》2020年第1期。

一、约定的检验期限过短(第 1 款)

(一)瑕疵的类型

质量瑕疵可分为外观瑕疵与隐蔽瑕疵。外观瑕疵,指标的物的表面性能和种类瑕疵,即产品的规格、型号、花色、品种等不符合要求。隐蔽瑕疵,指通过通常的检验手段不能发现,需要专门检验或需要安装运转才能发现的瑕疵。①

(二)检验期限过短的判断标准

实践中,并不会仅根据时间的长短来认定是否属于外观瑕疵的检验期限,而是结合交易习惯和具体案情来加以判断。②

二、约定的检验期限或质量保质期短于法定期限

法律出于社会公共利益的考虑,对于某些物品的质量检验期限采取强制性的要求,如建设工程。因此,若约定的检验期限或质量保质期短于法定期限,应以法定期限为准。然而,本款规定属于半强制性规范,若约定的检验期限或质量保质期长于法定期限,出于保护消费者的目的,应以约定为准。

三、证明责任

买受人主张检验期限过短的,其须就"约定的检验期限"及无法在检验期限内完成全面检验的"标的物的性质"或"交易习惯"承担证明责任。

第六百二十三条　【对标的物数量和外观瑕疵进行检验的推定】当事人对检验期限未作约定,买受人签收的送货单、确认单等载明标的物数量、型号、规格的,推定买受人已经对数量和外观瑕疵进行检验,但是有相关证据足以推翻的除外。

一、买受人签收的法律推定

原则上,买受人在载明标的物数量、型号、规格的送货单、确认单等上签收的,推定其对数量和外观瑕疵已经进行检验,但不包括隐蔽瑕疵。

二、法律推定的例外

(一)当事人约定检验期限

若当事人约定检验期限,买受人须在检验期限内将标的物的瑕疵(数量瑕疵与质量瑕疵,后者包括外观瑕疵与隐蔽瑕疵)通知出卖人(本法第 621 条)。故而,本条推定规则自然无适用的余地。

---

① 参见最高人民法院民事审判庭编著:《最高人民法院关于买卖合同司法解释理解与适用》(第 2 版),人民法院出版社 2016 年版,第 280 页。

② 参见青海柴达木兴华锂盐有限公司与荣成市日跃化工有限公司买卖合同纠纷案,最高人民法院民事裁定书(2020)最高法民申 527 号。

（二）有相反的证据推翻此法律推定

若买卖双方当事人间具有"先签后验"的交易习惯,签收的行为显然也不能推定为对数量及外观瑕疵的检验,如消费者网购活动。有观点认为,即使消费者与网络卖家约定先验后签,亦不能推定消费者已经对数量和外观进行检验。① 笔者以为,若有约定,则排除交易习惯的适用,此时作此法律推定并无不妥。当然,该约定须不违反格式条款规制。

即便不存在上述交易习惯,在买受人有充分证据证明签收前其并未对数量和外观瑕疵进行检验的情况下,也不能认定其已经检验。

三、证明责任

出卖人须就买受人在送货单、确认单等上签字确认承担证明责任。买受人须就存在与"推定"相反的事实承担证明责任。

第六百二十四条 【向第三人交付的检验标准】出卖人依照买受人的指示向第三人交付标的物,出卖人和买受人约定的检验标准与买受人和第三人约定的检验标准不一致的,以出卖人和买受人约定的检验标准为准。

第六百二十五条 【出卖人回收义务】依照法律、行政法规的规定或者按照当事人的约定,标的物在有效使用年限届满后应予回收,出卖人负有自行或者委托第三人对标的物予以回收的义务。

第六百二十六条 【买受人主给付义务】买受人应当按照约定的数额和支付方式支付价款。对价款的数额和支付方式没有约定或者约定不明确的,适用本法第五百一十条、第五百一十一条第二项和第五项的规定。

第六百二十七条 【价款支付地点】买受人应当按照约定的地点支付价款。对支付地点没有约定或者约定不明确,依据本法第五百一十条的规定仍不能确定的,买受人应当在出卖人的营业地支付;但是,约定支付价款以交付标的物或者交付提取标的物单证为条件的,在交付标的物或者交付提取标的物单证的所在地支付。

第六百二十八条 【价款支付时间】买受人应当按照约定的时间支付价款。对支付时间没有约定或者约定不明确,依据本法第五百一十条的规定仍不能确定的,买受人应当在收到标的物或者提取标的物单证的同时支付。

一、约定价款支付时间(第1句)

支付价款为买受人的主给付义务。若当事人约定价款支付时间,则应从

---

① 参见最高人民法院民事审判庭编著:《最高人民法院关于买卖合同司法解释理解与适用》(第2版),人民法院出版社2016年版,第293页。

其约定。如分期付款买卖中,买受人须按期支付价款。对"约定的时间"应作广义理解,使其包括未约定具体的支付时间,仅约定付款义务与出卖人给付义务履行顺序之情形,如约定"先付款后交货"。

二、价款支付时间的合同漏洞填补规则(第2句)

2　　价款支付时间未约定或约定不明时,按照以下顺序进行处理:首先,应当依据第510条的规定,即当事人可以进行协议补充;不能达成补充协议的,按照合同相关条款或交易习惯确定。其次,若仍无法确定价款支付时间,则以任意性规范补充解释,即买受人应当在收到标的物或者提取标的物单证的同时支付。

3　　"收到标的物或者提取标的物单证",指买受人受领(事实上的受领)标的物(单证),即此时买受人还未对标的物(单证)进行检验。"同时支付"是同时履行抗辩权(本法第525条)的体现。然而,与价款支付义务发生牵连关系的是标的物交付义务和所有权移转义务。因此,若标的物为不动产,"收到标的物"仅意味着出卖人履行了一项主给付义务。有观点认为,标的物为不动产的,交付和所有权移转发生分离,因此,不动产交付应与部分价金支付构成同时履行。① 此观点可资借鉴。

三、证明责任

4　　主张存在约定价款支付时间的当事人须证明存在该约定。

第六百二十九条　【多交标的物的处理】出卖人多交标的物的,买受人可以接收或者拒绝接收多交的部分。买受人接收多交部分的,按照约定的价格支付价款;买受人拒绝接收多交部分的,应当及时通知出卖人。

一、多交标的物的内涵

1　　多交标的物,指出卖人实际交付的标的物数量超过合同约定的数量。若交付的标的物数量虽然超过约定的数量,但在合理的误差范围内,则不属于多交标的物。值得注意的是,房屋面积的多交不属于多交标的物,因为房屋买卖合同的标的物为房屋,标的物数量是指房屋的栋(套)数,与房屋面积大小无关。

二、接收多交的部分

2　　接收,性质上为意思表示,即内容为同意对合同数量进行变更的默示意思表示。值得注意的是,此处的"接收"仅涉及多交部分债权债务关系的成

---

① 参见谢鸿飞、朱广新主编:《民法典评注:合同编·典型合同与准合同1》,中国法制出版社2020年版,第167—168页(张长绔执笔)。

立,并不意味着买受人已对标的物的质量进行检验。此外,若出卖人"误交"而买受人接收的,或者若买受人误以为出卖人未多交而接收的,则应依意思表示解释规则确定是否构成意思表示以及意思表示的内容。若构成重大误解,则出卖人或者买受人可依据本法第 147 条就误交部分撤销其意思表示。

三、拒绝接收多交的部分

拒绝接收,性质上为意思表示,即内容为拒绝变更合同的意思表示。拒绝接收的形式包括明示与默示(如寄回多交的标的物)。① 此外,拒绝接收的意思表示应当在合理期限内作出,合理期限应当依据个案判断。若在合理期限内买受人未将拒绝接收的意思通知出卖人,推定其接收多交的部分。

尽管买受人拒绝接收,但其应负有保管义务,虽然《买卖合同解释》第 3 条第 1 款第 1 句规定的是"可以代为保管",但仍应将其认定为一项附随义务,②其理论基础为诚实信用原则。但若在即时交易中,买受人不负此项附随义务。

多交标的物是否构成违约责任,颇有争议。若买受人接收多交的部分,不构成违约,自无疑义。若买受人拒绝接收多交部分,原则上亦不应构成违约,因保管所支出的费用(《买卖合同解释》第 3 条第 1 款第 2 句)性质上可认定为履行无偿保管义务所支出的必要费用。此外,由于保管行为属于无偿行为,因此出卖人应赔偿保管期间非因买受人故意或重大过失所遭受的损失(《买卖合同解释》第 3 条第 2 款)。

四、证明责任

出卖人须就买受人已经接收多交的标的物承担证明责任。

第六百三十条 【标的物孳息的归属】标的物在交付之前产生的孳息,归出卖人所有;交付之后产生的孳息,归买受人所有。但是,当事人另有约定的除外。

一、规范性质

本条为孳息归属的特殊规定(仅适用于买卖合同)。本法第 321 条为孳息归属的一般规定,在买卖合同中,优先适用本条。本条为任意性规范,若当事人对孳息的归属另有约定则从其约定。

---

① 参见谢鸿飞、朱广新主编:《民法典评注:合同编·典型合同与准合同 1》,中国法制出版社 2020 年版,第 170 页(张长绵执笔)。
② 参见最高人民法院民事审判第二庭编著:《最高人民法院关于买卖合同司法解释理解与适用》(第 2 版),人民法院出版社 2016 年版,第 120 页。

二、买卖合同中孳息的归属原则

在买卖合同中,孳息的归属采"交付主义"原则。学界一般将本条第1句与第604条(交付移转风险)一体考察,比较法上多将二者进行合并规定,如《德国民法典》第446条。二者合并考察的理论基础为利益与风险一致原则。[①]

(一)交付的内涵

交付包括现实交付与观念交付(简易交付、占有改定及返还请求权让与)。观念交付是否导致交付后的孳息,归属于买受人,应与价金风险移转规则保持一致,参见第604条评注边码14—15。

(二)孳息的内涵

本条中的孳息包括天然孳息与法定孳息,后者如租金。值得注意的是,物的收益(Nutzungen)包括孳息与使用利益(Gebrauchsvorteile)。使用利益指因物的占有及实际使用而产生的利益,如居住房屋、驾驶汽车。[②] 本条未规定使用利益,存有法律漏洞,可通过类推适用本条予以填补。

三、证明责任

买受人须就孳息产生于交付之后承担证明责任。

第六百三十一条 【因主物瑕疵的解除;因从物瑕疵的解除】因标的物的主物不符合约定而解除合同的,解除合同的效力及于从物。因标的物的从物不符合约定被解除的,解除的效力不及于主物。

第六百三十二条 【数物买卖合同的解除】标的物为数物,其中一物不符合约定的,买受人可以就该物解除。但是,该物与他物分离使标的物的价值显受损害的,买受人可以就数物解除合同。

一、规范性质

本条为法定解除事由的特殊规定,仅适用于数物买卖合同。本法第563条为法定解除事由的一般规定,在数物买卖合同中,优先适用本条。

二、数物买卖合同的内涵及判断标准

数物买卖合同,指以主、从物(本法第631条)以外的其他相互独立的数个物为标的物的买卖合同。例如,通过一份合同同时购买多个设备。数物买卖合同与买卖合同联立(数个买卖合同不失其个性而相结合的法律事实)的区别之一在于:是否对数物定有"总价金"。然而,即使仅单独定价,亦可能

---

① 参见吴香香:《〈合同法〉第142条(交付移转风险)评注》,载《法学家》2019年第3期。
② Vgl. Staudinger/Stieper(2017), §100 Rn. 2.

为数物买卖合同,其关键仍应在于合同解释。①

三、部分解除合同(第1句)

本条第1句只是限制解除范围,并非规定解除事由。② 故而,将"不符合约定"解释为符合本法第563条规定的事由之一即可,不应限定于瑕疵履行。此外,"一物"并非指其中一个标的物,应将其解释为部分标的物。

四、全部解除合同(第2句)

"该物与他物分离使标的物的价值显受损害"指不符合约定之物与其他物若经分离,则数物价值总和远低于数物作为整体的价值。例如,限量版的一整套收藏品中有一件存有瑕疵,然而若欠缺其中之一将使收藏品整体价值大减。③ 就此,买受人有两种选择:一为全部解除合同;二为不解除合同。

五、证明责任

若买受人主张部分解除合同,则其须就"一物不符合约定"承担证明责任。若买受人主张全部解除合同,则其还须就"标的物的价值显受损害"承担证明责任。

第六百三十三条 【分批交货合同的解除】出卖人分批交付标的物的,出卖人对其中一批标的物不交付或者交付不符合约定,致使该批标的物不能实现合同目的的,买受人可以就该批标的物解除。

出卖人不交付其中一批标的物或者交付不符合约定,致使之后其他各批标的物的交付不能实现合同目的的,买受人可以就该批以及之后其他各批标的物解除。

买受人如果就其中一批标的物解除,该批标的物与其他各批标的物相互依存的,可以就已经交付和未交付的各批标的物解除。

一、规范性质

本条为法定解除事由的特殊规定,仅适用于分批交货合同。本法第563条为法定解除事由的一般规定,在分批交货合同中,优先适用本条。

二、分批交货合同与相关概念的区别

分批交货合同,指出卖人根据约定分若干次向买受人交付标的物的买卖合同。买卖合同联立与分批交货合同的区别在于:是否仅存在一个买卖合

---

① 参见谢鸿飞、朱广新主编:《民法典评注:合同编·典型合同与准合同1》,中国法制出版社2020年版,第186页(张长绵执笔)。

② 参见王利明:《合同法研究(第三卷)》(第二版),中国人民大学出版社2015年版,第111—112页。

③ 参见吴志正:《债编各论逐条释义》(修订第6版),元照出版有限公司2019年版,第43页。

同,其判断标准为合同解释。继续性供给合同与分批交货合同的区别在于:给付总量是否自始确定,若给付总量自始确定则为分批交货合同。

三、一批标的物的解除(第1款)

3　构成要件:1. 一批标的物不交付或者交付不符合约定。本款旨在限制解除范围,并不影响解除事由的类型,因此"不交付或者交付不符合约定"的具体类型可参照本法第563条的情形予以确定。2. 该批标的物与其他各批标的物相互独立。否则,应适用第3款的规定。3. 该批标的物不交付或者交付不符合约定导致不能实现合同目的。这意味着该批标的物构成根本违约。

4　法律效果:买受人可以就该批标的物解除。解除后,根据本法第566条规定产生相应的法律效果。

四、部分标的物的解除(第2款)

5　构成要件:1. 一批标的物不交付或者交付不符合约定。2. 该批标的物与其他各批标的物相互独立。否则,应适用第3款的规定。3. 之后其他各批标的物的交付不能实现合同目的。这意味着买受人有充分理由断定出卖人此次违约行为,将导致之后其他各批标的物的交付不能实现合同目的。例如,甲超市为了中秋节与乙工厂订购月饼,合同约定分4批交付月饼,乙工厂第3次交付直至农历八月十六日才完成,此时第4次的标的物交付已不能实现合同目的。① 或者因出卖人迟延交付某一批货物导致买受人与第三人订立的分批供货合同被解除,买受人丧失转售渠道,与出卖人之间的买卖合同目的不能实现。

6　法律效果:买受人可以就该批以及之后其他各批标的物解除合同。

五、全部标的物的解除(第3款)

7　构成要件:1. 一批标的物不交付或者交付不符合约定。2. 该批标的物与其他各批标的物相互依存。判断是否相互依存,应根据该标的物的给付障碍是否导致整个合同目的无法实现。② 例如,甲向乙购买一套大型机械设备,分4批交付。交付第2批部件时不符合约定,所有部件无法正常组装,导致该套设备无法使用。

8　法律效果:买受人可解除整个合同。

---

① 最高人民法院民法典贯彻实施工作领导小组主编:《中华人民共和国民法典合同编理解与适用(二)》,人民法院出版社2020年版,第1041页。

② 参见谢鸿飞、朱广新主编:《民法典评注:合同编·典型合同与准合同1》,中国法制出版社2020年版,第197页(张长绵执笔)。

六、证明责任

买受人须就解除权的构成要件承担证明责任。

第六百三十四条 【分期付款买卖】分期付款的买受人未支付到期价款的数额达到全部价款的五分之一,经催告后在合理期限内仍未支付到期价款的,出卖人可以请求买受人支付全部价款或者解除合同。

出卖人解除合同的,可以向买受人请求支付该标的物的使用费。

一、规范意旨与适用范围

分期付款买卖的主要特点在于"标的先交付性",因此,出卖人为了保障自己的价款请求权通常会在合同中约定有利于自己的条款,因此本条第1款做出"1/5"的限制,目的在于保护买受人的利益。①

根据《买卖合同解释》第27条第2款的规定,本条属于半强制性规范,即若双方的约定损害买受人利益时,该约定无效。值得注意的是,本条亦为法定解除事由的特殊规定,仅适用于分期付款买卖。本法第563条为法定解除事由的一般规定,在分期付款买卖中,优先适用本条。

本条第1款规定分期付款买卖中的价款支付期限单方变更权(请求支付全部价款的前提)②与法定解除权,第2款规定行使解除权的法律效果。根据《买卖合同解释》第27条第1款规定,分期付款买卖,指买受人将应付的总价款在一定期限内至少分三次(标的物给付后至少剩余两期,否则可认定为支付预付款的买卖合同)向出卖人支付的特种买卖。

本条原则上适用于消费者买卖合同,③因为"1/5"迟延付款比例旨在保护分期付款买卖的消费者。

二、构成要件

(一)买受人迟延支付到期价款达到总价款的1/5

"1/5"阈值可以是多期未支付价款的总和,也可以是某一期部分未支付的价款。若约定分期付款利息的,总价款包括利息。④

(二)出卖人进行催告

催告属于意思通知,其目的在于促使买受人支付价款。有学说认为,若出

---

① 参见郝丽燕:《〈合同法〉第167条(分期付款买卖)评注》,载《法学家》2019年第5期。
② 参见谢鸿飞、朱广新主编:《民法典评注:合同编·典型合同与准合同1》,中国法制出版社2020年版,第202页(张长绵执笔)。
③ 参见汤某某诉周某某股权转让纠纷案,最高人民法院民事判决书(2015)民申字第2532号。
④ Vgl. MünchKomm/Schürnbrand/Weber (2019), §498 Rn. 14.

卖人根本无法通过催告达到支付价款的目的,则出卖人不必催告,可以直接解除合同。① 值得注意的是,催告只需内容明确即可,无须提及不利后果。

（三）买受人在合理期限内仍未支付到期价款

7　合理期限的长度应依个案而定,其须根据每期付款的间隔时间、总价款数额及买受人补正履行的难易程度等进行综合判断。若出卖人设置的期限过短,可自动延长至合理长度。

三、法律效果

8　若满足上述构成要件,根据本条第1款,出卖人可以要求支付全部价款（支付价款义务加速到期）或者解除合同,出卖人可自由选择其一行使。值得注意的是,出卖人选择请求支付全部剩余价款的,分期付款买卖转化为一般买卖合同,此后若买受人再度迟延支付剩余价款,出卖人仍可根据本法第563条第1款第3项解除合同,且无须再次催告。

9　根据本条第2款,出卖人解除合同的,可向买受人请求支付标的物的使用费。使用费数额,有约定,按约定;无约定,根据《买卖合同解释》第28条第2款,以租金为标准。不可出租或无租赁市场的,应按其通常固定折旧价格。②

10　若出卖人受有损害,可根据本法第566条向买受人主张损害赔偿,如请求支付迟延利息。

四、证明责任

11　出卖人主张支付全部价款或解除合同的,须就构成要件承担证明责任。

第六百三十五条　【凭样品买卖合同】凭样品买卖的当事人应当封存样品,并可以对样品质量予以说明。出卖人交付的标的物应当与样品及其说明的质量相同。

第六百三十六条　【凭样品买卖合同的隐蔽瑕疵处理】凭样品买卖的买受人不知道样品有隐蔽瑕疵的,即使交付的标的物与样品相同,出卖人交付的标的物的质量仍然应当符合同种物的通常标准。

一、构成要件

（一）样品存在隐蔽瑕疵

1　本条将瑕疵限定于隐蔽瑕疵,而不包括外观瑕疵。有观点认为,外观瑕疵可类推适用本条。③ 本书认为不能作此类推,理由在于外观瑕疵可通过通

---

① 参见郝丽燕：《〈合同法〉第167条（分期付款买卖）评注》,载《法学家》2019年第5期。
② 参见史尚宽：《债法各论》,中国人民大学出版社2000年版,第96页。
③ 参见谢鸿飞、朱广新主编：《民法典评注：合同编·典型合同与准合同1》,中国法制出版社2020年版,第209页（张长绵执笔）

常的检验手段知晓,买受人进而可以决定是否继续订立合同。因此,若买受人怠于检验而不知外观瑕疵,使其承受不利益并无不妥。须注意的是,隐蔽瑕疵应于样品交付时已存在,而非在封存期间其品质发生变化所致。

(二)买受人不知道样品有隐蔽瑕疵

若买受人明知样品有隐蔽瑕疵仍与出卖人达成合意,表明其对该瑕疵的接受,此时的隐蔽瑕疵应纳入样品质量合意,影响买卖物的瑕疵认定标准。

二、法律效果

若符合上述构成要件,则出卖人负担交付符合同种物通常标准的标的物之义务,样品的隐蔽瑕疵不降低买卖物的瑕疵认定标准。"同种物通常标准"并非简单指一般所公认的或普遍接受的同种物的中等水平的质量标准,而应当根据标的物的不同情况具体分析,可能是国家标准,也可能是行业标准、地方标准或企业标准。①

三、证明责任

出卖人须就买受人知道样品存在隐蔽瑕疵承担证明责任。

第六百三十七条　【试用买卖的试用期限】 试用买卖的当事人可以约定标的物的试用期限。对试用期限没有约定或者约定不明确,依据本法第五百一十条的规定仍不能确定的,由出卖人确定。

第六百三十八条　【试用买卖买受人的承认与拒绝】 试用买卖的买受人在试用期内可以购买标的物,也可以拒绝购买。试用期限届满,买受人对是否购买标的物未作表示的,视为购买。

试用买卖的买受人在试用期内已经支付部分价款或者对标的物实施出卖、出租、设立担保物权等行为的,视为同意购买。

一、试用买卖的性质

试用买卖是一种特殊的买卖。其特殊之处在于:双方当事人虽然已经就买卖合同的基本内容达成合意,但最终可否发生买卖合同的效力,取决于买受人在试用期限届满前是否对标的物表示认可。

在德国法上,试用买卖通常被定性为附停止条件法律行为。其条件就是买受人对标的物的认可(Billigung)。② 不过,这种定性未必适当。一方面,就

---

① 参见最高人民法院民事审判庭编著:《最高人民法院关于买卖合同司法解释理解与适用》(第2版),人民法院出版社2016年版,第594页。

② Vgl. Erman/Grunewald (2017), §454 Rn. 5; Palandt/Weidenkaff (2020), §454, Rn. 1;[德]扬·冯·海因、莉迪亚·贝伊:《要约通知与单纯沉默》,王蒙译,《华东政法大学学报》2016年第2期。

其本义而论,附停止条件法律行为的双方当事人已经完成了意思表示,而且双方的意思表示已经达成一致,法律行为的效力仅仅取决于意思表示之外的某个因素。试用买卖不具备这个特征,买卖合同是否生效恰恰取决于一方当事人基于自由决定的认可。另一方面,在买受人对标的物作出认可之前,出卖人承担了比较多的义务,比如容许买受人试用,甚至通常需要交付标的物,已经超出了附停止条件法律行为在条件成就前的效力范围。按照拉伦茨的见解,试用买卖合同的订立分为两步。第一步是双方确定买卖合同的内容,但这只是达成了一个意向而已。第二步是因买受人后来的认可而使在第一步中内容确定的合同生效。① 这种观点具有一定的说服力,但不够完美。

3　　更为妥当的解释是:买卖双方在第一步就已经达成一项具有约束力的合意,其效力不在于发生买卖合同本身的给付义务,而在于发生与标的物试用相关的权利义务。此项合意是预备性的,其功能是为买卖合同的生效做铺垫。买受人对试用标的物的认可是买卖合同订立过程的第二步,实际上就是关于买卖合同本身的承诺。尽管此前可能已经商定买卖合同的基本内容,出卖人已经作出了愿意出卖的意思表示,但买受人对于是否购买尚未作出终局性的决定,而这种决定恰恰是意思表示的本质属性。买受人的认可具备这种属性,是意思表示。②

二、买受人的认可

4　　买受人对标的物的认可是同意购买该标的物的意思表示。因此,意思表示规则上均适用于认可。认可包括明示认可与默示认可。默示认可亦包含单纯的沉默。

(一)单纯的沉默(第1款第2句)

5　　有观点认为,单纯的沉默(未作表示)为拟制的意思表示,其理由在于第2款"视为同意购买"不同于第1款"视为购买",其旨在强调第2款可推知当事人"同意"之意思表示。③ 另有观点认为,单纯的沉默为可推断的意思表示。④ 第二种观点更为可取。法律之所以规定买受人的沉默视为认可(购买),是因为已经赋予买受人在试用之后的自由选择权,可以选择购买,也可以选择不购买。如果买受人没有积极表示但却在试用期届满后继续占有标

---

① 参见[德]卡尔·拉伦茨:《德国民法通论》(下册),王晓晔、邵建东等译,法律出版社2003年版,第687页。
② 参见杨代雄:《意思表示理论中的沉默与拟制》,载《比较法研究》2016年第6期。
③ 参见谢鸿飞、朱广新主编:《民法典评注:合同编·典型合同与准合同1》,中国法制出版社2020年版,第221页(张长绵执笔)。
④ 参见杨代雄:《意思表示理论中的沉默与拟制》,载《比较法研究》2016年第6期。

的物,通常意味着其决定购买。也就是说,从客观的视角看,买受人的沉默具备认可(购买)表示之意义,这是依据社会一般观念推断出来的表示意义。因此,该项沉默也是可推断意思表示。与其他可推断意思表示相比,其特殊之处在于:关于沉默的可推断性是由立法者通过一项规则作出一般化的判定,而不是由法官在个案中依据具体情况作出判定。

(二)积极的可推断行为(第2款)

首先,支付价款通常为合同生效后买受人的给付义务,在试用买卖中买受人在未表示同意购买的情况下支付价款,足以推断出其具有购买的意思,应认定其同意购买。其次,试用是为了了解标的物的品质及功用,其应限制在必要的范围内。若买受人进行了诸如出卖、出租、设立担保物权等(非试用)行为,则显然其将标的物视为己物,故可推断其同意购买。买受人的此类行为构成意思实现①。

三、买受人的拒绝(第1款第1句)

买受人的拒绝为需受领的意思表示,在性质上是对出卖人要约的拒绝。其形式包括两种:明示与默示。

四、证明责任

买受人须就在试用期限届满前其已作出拒绝表示并到达出卖人承担证明责任。

第六百三十九条 【试用买卖标的物的使用费】试用买卖的当事人对标的物使用费没有约定或者约定不明确的,出卖人无权请求买受人支付。

第六百四十条 【试用买卖的风险承担】标的物在试用期内毁损、灭失的风险由出卖人承担。

第六百四十一条 【所有权保留买卖】当事人可以在买卖合同中约定买受人未履行支付价款或者其他义务的,标的物的所有权属于出卖人。

出卖人对标的物保留的所有权,未经登记,不得对抗善意第三人。

一、规范意旨

本条规定所有权保留买卖,其规范目的旨在实现担保的功能,即以保留所有权的方式担保价款债权或其他权利的实现。本条属于任意性规范,当事人可自由选择是否约定所有权保留。本条第1款规定所有权保留买卖的构成要件;第2款规定所有权保留登记的效力。

---

① 参见杨代雄:《法律行为论》,北京大学出版社2021年版,第169页。

二、所有权保留的法律构造

所有权保留的法律构造存在两种立场：一为所有权构造（形式主义），如德国法采之；二为担保权构造（功能主义），如美国法采之。在德国法上，所有权构造的特征为：所有权保留本质上是在导致所有权变动的处分行为上附加生效条件，此时出卖人享有不得处分的所有权，而买受人享有可处分的期待权①（在法国法上，买受人不享有物权性期待权，但可基于条件的溯及效力使得买受人在效力未决期间对其权利进行处分②）。在美国法上，担保权构造的特征为：出卖人保留的所有权为工具意义上的所有权，其仅是创设了一种担保利益，③而买受人有处分权。由此可知，二者皆通过限权（限制出卖人的处分权）与赋权（赋予买受人处分权）来平衡买卖双方的利益。在法律效果上，二者主要在担保物权竞存、第三人的信赖保护、取回权的性质等方面存在差异。④

在优化营商环境的立法背景下，《民法典》对于动产和权利担保制度的改造，鲜明地反映出两条核心思路：一为迈向功能主义；二为消灭隐形担保。功能主义，指针对动产与权利担保交易，法律不区分担保形式而适用统一的设立、对抗、优先顺位和执行规则。隐形担保，指经济上本质为在担保品上设定担保的交易，在法律形式上却不具有公示形式。隐形担保的泛滥会在很大程度上危害交易安全，损及不特定第三人的利益，导致社会成本过高，故而须消灭隐形担保。⑤

基于以上核心思路，在所有权保留制度上，《民法典》采用了形式主义和功能主义相结合的立法模式。从形式上看，《民法典》未明确将出卖人保留的所有权规定为担保物权而将其置入合同编，这使得所有权移转仍具有附条件的表象。从功能上看，所有权保留与担保物权十分相似。其体现在以下三个方面：第一，第388条第1款第2句中的"其他具有担保功能的合同"包括所有权保留买卖合同。第二，第414条是与第388条相配套的规则设计，第414条第2款（其他可以登记的担保物权，清偿顺序参照适用前款规定）将出卖人保留的所有权与担保物权的顺位纳入同一轨道。⑥ 第三，第642条第2

---

① Vgl. MünchKomm/Westermann (2019), §449 Rn. 25, 48.
② 参见王洪亮：《所有权保留制度定性与体系定位——以统一动产担保为背景》，载《法学杂志》2021年第4期。
③ 参见董学立：《论"担保物所有权之归属无关紧要"》，载《法治研究》2014年第1期。
④ 参见谢鸿飞：《〈民法典〉实质担保观的规则适用与冲突化解》，载《法学》2020年第9期。
⑤ 参见纪海龙：《民法典动产与权利担保制度的体系展开》，载《法学家》2021年第1期。
⑥ 参见刘保玉：《民法典担保物权制度新规释评》，载《法商研究》2020年第5期。

款(实现取回权须进行清算)与第 643 条第 2 款(剩余价值归属于买受人)表明,出卖人只享有担保权而非真正的所有权。

综上可知,所有权保留买卖功能主义远胜形式主义。形式主义仅体现在所有权移转之上,在其他方面,所有权保留主要体现担保物权的特征,故而其已从"完全所有权"功能化为"担保性所有权"。① 因此,出卖人仅享有形式意义上的所有权(担保物权),而买受人享有实质意义上的所有权。有学说认为,与担保物权(他物权)不同的是,所有权保留是出卖人以自己的动产为担保物,这是其未被重构为担保物权的体系障碍上之原因。②

三、构成要件(第 1 款)

(一)存在所有权保留约款

《民法典》承认分离原则(区分处分行为与负担行为)。理由在于:根据第 597 条第 1 款,处分权为处分行为的构成要件,而非负担行为(合同)的生效要件,在出卖人无处分权的情况下,买卖合同有效,可通过违约责任处理当事人之间的关系。因此,所有权保留买卖中,双方当事人缔结的一个买卖合同包括两项合意:一为买卖双方互负债权债务的债权合意(负担行为);二为所有权移转附生效条件的物权合意(处分行为)。由此可知,所有权保留条款本质上属于附生效条件(停止条件)的物权合意。

值得注意的是,所有权保留约款并非仅适用于买卖合同。根据第 646 条规定,若当事人在涉及动产所有权转移的其他有偿合同中,约定有所有权保留条款,此约定为有效,如投资建设合同。③

在所有权保留条款中,通常以支付价款作为所有权移转的生效条件。支付价款的方式可为分期支付④,亦可为一次性支付⑤。以履行其他义务作为条件的,在实务中极为少见,但应将其解释为与支付价款类似的给付义务,如提供劳务。⑥

---

① 参见张家勇:《体系视角下所有权担保的规范效果》,载《法学》2020 年第 8 期。
② 参见高圣平:《〈民法典〉视野下所有权保留交易的法律构成》,载《中州学刊》2020 年第 6 期。
③ 参见海南一诺房地产开发有限公司、中原银行股份有限公司驻马店分行金融借款合同纠纷案,最高人民法院民事裁定书(2019)最高法民申 2568 号。
④ 参见张某某与河南省江涛实业有限公司分期付款买卖合同纠纷案,最高人民法院民事判决书(2020)最高法民终 234 号。
⑤ 参见吕某某、骐进汽车服务有限公司追偿权纠纷案,河北省石家庄市中级人民法院民事判决书(2021)冀 01 民终 152 号。
⑥ 参见王洪亮:《所有权保留制度定性与体系定位——以统一动产担保为背景》,载《法学杂志》2021 年第 4 期。

(二)交付标的物

1. 交付的内涵

所有权保留买卖中的交付通常指现实交付与简易交付,此类交付使买受人可直接占有、使用标的物,符合买卖之目的。反之,在占有改定与返还请求权让与情况下,买受人无法占有、使用标的物,所以对于所有权保留买卖实践而言没有意义。①

2. 标的物的范围

根据《买卖合同解释》第25条的规定,所有权保留买卖的适用范围限于动产,不包括不动产。② 其目的在于确保不动产登记簿上记载的权利清晰明了。若允许对不动产移转附加条件,则查询登记簿之人仍需调查条件是否成就,登记簿的公信力将大打折扣。③

四、登记(第2款)

为了体现担保功能并消灭隐形担保,所有权保留将登记作为对抗要件。登记与否虽不影响买卖双方的权利义务关系,却会影响善意第三人的利益。④ 所有权保留经过登记后,原则上出卖人能够对抗任何人,但在买受人的正常经常活动中取得标的物的第三人除外(本法第404条及《民法典担保制度解释》第56条第2款第2句)。根据《民法典担保制度解释》第67条的规定,善意第三人的效力及范围应参照动产抵押登记中善意第三人进行理解。"第三人"包括物权人及特殊债权人,如承租人、查封扣押债权人。"善意"指第三人不知道标的物的所有权被保留且对此无重大过失。⑤

五、法律效果

(一)担保物权竞存的顺位

根据本法第414条第2款的规定,在出卖人保留的所有权与第三人的担保物权竞存情况下,可参照适用该条第1款。申言之,首先,出卖人保留的所有权及其他可登记的担保物权皆已登记的,按照登记的时间先后确定清偿顺

---

① 参见王立栋:《〈民法典〉第641条(所有权保留买卖)评注》,载《法学家》2021年第3期。

② 参见山西通盛房地产有限公司等诉山西东民集团有限公司房屋买卖合同纠纷案,最高人民法院民事判决书(2016)最高法民终715号。

③ 参见翟远见:《〈合同法〉第45条(附条件合同)评注》,载《法学家》2018年第5期。

④ 参见陕西煤业化工集团神木能源发展有限公司五洲分公司与甘肃鸿达钢结构工程有限公司、古某等案外人执行异议之诉案,甘肃省高级人民法院民事判决书(2020)甘民终501号。

⑤ 参见高圣平:《民法典动产担保权登记对抗规则的解释论》,载《中外法学》2020年第4期。

序。其次，已登记的出卖人保留的所有权优先于其他未登记的担保物权。再次，未登记的出卖人保留的所有权劣后于其他已登记的担保物权。最后，若皆未登记，则按照债权比例清偿。

(二)再处分

1. 出卖人再处分

在担保权构造模式下，出卖人仅享有形式意义上的所有权(担保物权)，一如享有动产抵押权，其欠缺处分权。因此，若出卖人对标的物进行再处分，属于无权处分，此时非经买受人追认不生处分效力。第三人善意信赖出卖人享有处分权时，会存在善意取得所有权的可能。然而，出卖人并非直接占有人，通常无法满足动产善意取得的"善意"与"交付"之要件。所以，对于买受人而言，出卖人的再处分对其通常不会产生影响。①

2. 买受人再处分

在担保权构造模式下，买受人享有实质意义上的所有权，因此，无论买受人在标的物上设定其他担保物权或转让标的物，都属于有权处分，一如动产抵押人处分抵押物。一方面，在正常经营活动中，买受人向第三人转让标的物所有权的行为属于有权处分，根据本法第404条及《民法典担保制度解释》第56条第2款第2句的规定，无论所有权保留是否登记、第三人善意与否，第三人均可取得无负担的所有权。另一方面，在正常经营活动之外转让标的物的，首先，若出卖人保留的所有权已登记，应类推适用本法第406条的规定，即出卖人保留的所有权作为担保物权不受影响，且买受人应及时通知出卖人。此外，出卖人能够证明标的物的转让损害其保留的所有权的，可以请求买受人将转让所得价款向出卖人提前清偿债务或者提存。此时，出卖人亦可根据本法第642条第1款第3项的规定取回标的物并实现担保权利。其次，若出卖人保留的所有权未登记，在第三人为善意的情况下，根据本法第641条第2款的规定，第三人取得无负担的所有权。

(三)超级优先权

本法第416条规定了价款债权抵押权的超级优先顺位规则。有观点认为，在所有权保留情况下，可以类推适用第416条的规定，即在动产交付后10日内办理登记的，出卖人对标的物保留的所有权优先于标的物上其他担保物权人，但留置权除外。②《民法典担保制度解释》第57条第2款亦采纳

---

① 参见王洪亮:《所有权保留制度定性与体系定位——以统一动产担保为背景》，载《法学杂志》2021年第4期。
② 参见高圣平:《〈民法典〉视野下所有权保留交易的法律构成》，载《中州学刊》2020年第6期；张家勇:《体系视角下所有权担保的规范效果》，载《法学》2020年第8期。

此观点。值得注意的是,若动产上既有价款债权抵押权,又保留了所有权,且二者皆在动产交付后 10 日内进行了登记,此时应根据《民法典担保制度解释》第 57 条第 3 款的规定,按照登记的时间先后确定清偿顺序。

六、证明责任

出卖人主张所有权保留的,须就所有权保留条款承担证明责任。买受人主张所有权已经移转的,须就所有权移转的条件已成就承担证明责任。第三人主张取得标的物上无负担的所有权的,出卖人须就其恶意承担证明责任。

第六百四十二条 【出卖人的取回权】当事人约定出卖人保留合同标的物的所有权,在标的物所有权转移前,买受人有下列情形之一,造成出卖人损害的,除当事人另有约定外,出卖人有权取回标的物:

(一)未按照约定支付价款,经催告后在合理期限内仍未支付;

(二)未按照约定完成特定条件;

(三)将标的物出卖、出质或者作出其他不当处分。

出卖人可以与买受人协商取回标的物;协商不成的,可以参照适用担保物权的实现程序。

一、规范意旨

本条属于任意性规范,即当事人可以约定即使符合本条第 1 款三种情形之一的出卖人亦不享有取回权。本条旨在保障价款债权或其他特定条件的实现。第 1 款规定取回权的构成要件,第 2 款规定取回权的实现程序。

二、取回权的构成要件(第 1 款)

本条第 1 款中的共同构成要件为"造成出卖人损害",然而,应将其目的论扩张解释为出卖人有损害之虞,而非需要造成现实的损害。原因在于赋予出卖人取回权是为了担保权利的实现,在权利有不能实现的危险时,出卖人可以行使取回权应无疑义。除此之外,其列举了造成此种损害之虞的三种情形。

(一)未按照约定支付价款,经催告后在合理期限内仍未支付

未支付价款需达到何种严重程度不甚明晰。有观点认为,应当借鉴本法第 563 条第 3 项的规定,未支付价款须达到根本违约的程度,如此才不会对买受人的利益造成侵害。[①] 因此,该规定在原《买卖合同解释》(法释〔2012〕8 号)第 35 条第 1 款第 1 项的基础上增加了"经催告后在合理期限内仍未支付"的限制性条件。

---

① 参见王利明:《所有权保留制度若干问题探讨——兼评〈买卖合同司法解释〉相关规定》,载《法学评论》2014 年第 1 期。

《买卖合同解释》第26条第1款规定,买受人已支付标的物总价款75%以上的,出卖人不得取回标的物。其理论基础是期待权理论。如果一以贯之地践行担保权构造说,则司法解释的该款规定并不妥当,其违反了担保物权的不可分性。反之,如果坚持适用司法解释的该款规定,则表明所有权保留仍未完全摆脱所有权构造说的影响。

(二)未按照约定完成特定条件

根据体系解释,特定条件应指本法第641条第1款中的"其他义务"(参见第641条评注)。

(三)将标的物出卖、出质或者作出其他不当处分

不当处分是上位概念,而出卖、出质是典型列举。其不仅包括设立抵押权、质权等处分行为,订立买卖合同等负担行为,亦包括损害、抛弃标的物等事实处分行为。[1] 根据《买卖合同解释》第26条第2款的规定,第三人已善意取得标的物所有权或者他物权,出卖人不得取回标的物。此规定是对该项规则的限制。

三、法律效果

满足上述构成要件,出卖人有权取回标的物。对于取回权的性质,颇有争议。有观点认为,取回权属于物上请求权。[2] 还有观点认为,取回权是一种法定的请求权,其类似于查封,而赎回类似于解除查封。[3] 就我国制度设计而言,第二种观点可资赞同。其核心内涵是:在未解除合同的情况下,出卖人可取得标的物的占有。第一种观点的障碍在于,在买卖合同未解除的情况下,对于出卖人的物权请求权,买受人可主张占有人抗辩。

值得注意的是,在担保权构造模式下,由于出卖人仅享有形式意义上的所有权(实质担保物权),因此,当买受人破产时,出卖人享有的是别除权而非取回权[4],被保留所有权的标的物应纳入破产财产。

---

[1] 参见谢鸿飞、朱广新主编:《民法典评注:合同编·典型合同与准合同1》,中国法制出版社2020年版,第243页(张长绵执笔)。

[2] 参见高圣平:《〈民法典〉视野下所有权保留交易的法律构成》,载《中州学刊》2020年第6期。

[3] 参见最高人民法院民事审判庭编著:《最高人民法院关于买卖合同司法解释理解与适用》(第2版),人民法院出版社2016年版,第539页。

[4] 此处的取回权为破产程序中的取回权,与本条规定的取回权性质并不相同。破产法上的取回权,指破产管理人占有不属于破产财产的他人财产,财产的权利人基于其所有权直接将标的物取回的权利。所有权保留买卖中的取回权指,在满足第642条第1款的条件时,出卖人为确保其债权得以实现而与买受人协商取回标的物的权利。

四、取回权的实现程序(第 2 款)

取回权的实现程序包括两种,一为约定的实现程序,即出卖人可以与买受人协商取回标的物。二为法定的实现程序,即参照抵押权的实现程序,申言之,参照适用本法第 410 条第 2 款的规定请求人民法院拍卖、变卖标的物。根据《民法典担保制度解释》第 64 条的规定,其应参照民事诉讼法"实现担保物权案件"的有关规定,拍卖、变卖标的物。综上,所谓取回权并非依出卖人单方意思回复占有之权利。

五、证明责任

出卖人主张取回权的,须就所有权保留约款及取回权的构成要件承担证明责任。

第六百四十三条　【买受人的回赎权;出卖人的变价清算】 出卖人依据前条第一款的规定取回标的物后,买受人在双方约定或者出卖人指定的合理回赎期限内,消除出卖人取回标的物的事由的,可以请求回赎标的物。

买受人在回赎期限内没有回赎标的物,出卖人可以以合理价格将标的物出卖给第三人,出卖所得价款扣除买受人未支付的价款以及必要费用后仍有剩余的,应当返还买受人;不足部分由买受人清偿。

一、规范意旨

本条属于任意性规范,当事人可通过特约排除此规定的适用。本条第 1 款规定买受人享有回赎权;第 2 款规定出卖人的变价清算。

二、买受人的回赎权(第 1 款)

(一)构成要件

1. 消除取回权的事由

根据本法第 642 条第 1 款的规定,取回权的事由包括三种:1. 未按照约定支付价款,经催告后在合理期限内仍未支付;2. 未按照约定完成特定条件;3. 将标的物出卖、出质或者作出其他不当处分。消除事由 1,则买受人须支付价款并支付迟延利息。消除事由 2,则买受人须完成所约定的特定条件。消除事由 3,则买受人须改正不当处分的行为。有观点认为,取回权能否消除,买受人能否回赎,视此等信赖关系能否因买受人的后续行为而被修复为断。[1]

---

[1] 参见谢鸿飞、朱广新主编:《民法典评注:合同编·典型合同与准合同 1》,中国法制出版社 2020 年版,第 246 页(张长绵执笔)。

2. 在回赎期限内回赎标的物

回赎期的确定方式有两种:其一,由双方约定回赎期,此为意思自治原则的体现。回赎期既可以在订立买卖合同时进行约定,亦可以在出卖人取回标的物后进行约定。其二,由出卖人指定合理的回赎期。根据本条第 2 款的规定,买受人在回赎期限内未行使回赎权的,出卖人可对标的物进行变价清算。由此可知,回赎期与出卖人的变价清算紧密相关。从比较法看,《美国统一商法典》第 9—623 条并未对回赎权规定意定回赎期,其仅要求买受人于出卖人在出卖标的物之前回赎标的物即可,但该法第 9—611 条、第 9—612 条规定出卖人变卖标的物时须在合理期间内通知买受人。因此,于功能上而言,出卖人指定合理的回赎期与《美国统一商法典》的规定并无二致。

3. 支付合理费用

虽然本条未明确规定此项要件,但买受人的回赎,相当于通过履行债务来破除担保权的执行,①因此,根据本法第 561 条的规定,买受人回赎时需支付出卖人实现债权的有关费用,但应注意的是,此处所谓回赎并非指支付标的物的全部价款将其"买回来"。从比较法看,《美国统一商法典》第 9—632 条(b)(1)规定买受人须支付第 9—615 条(a)(1)所述的合理费用和律师费,具体包括取回、持有、准备、加工和处置的合理费用,以及出卖人支出的合理的律师费和法律费用。此规定可资借鉴。

(二)法律效果

满足上述构成要件,买受人可行使回赎权,请求出卖人返还标的物。回赎权在性质上属于一种法定的请求权而非作为形成权的买回权,其在功能上类似于解除查封。

三、出卖人的变价清算(第 2 款)

(一)变价

出卖人对标的物予以变价的前提是买受人未在回赎期限内行使回赎权。具体内容参见边码 2—4。

出卖人对标的物予以变价的方式是以合理价格将标的物出卖给第三人(变卖),本条并未要求以拍卖的方式变价。

(二)清算

出卖人如同担保物权人,对于变卖标的物所得之价款须进行清算。首先,须先扣除买受人未支付的价款及必要费用,如保管费用、取回费用、中介费用等。其次,若有剩余的,须返还买受人,此为买受人的价款返还请求权;

---

① 参见纪海龙:《民法典动产与权利担保制度的体系展开》,载《法学家》2021 年第 1 期。

若不足的,买受人仍须继续清偿。

9　若出卖人怠于对取回的标的物予以变价清算,应如何救济买受人,值得探讨。从比较法看,依我国台湾地区"动产担保交易法"第 29 条规定,买受人得于出卖人取回占有标的物 10 日内以书面形式请求出卖人将标的物再行出卖,或在买受人未请求的情况下,出卖人得在取回标的物 30 日内再行出卖标的物,否则,出卖人无返还买受人已付价金的义务,且所订立的所有权保留买卖合同失去效力。然而,此项规定对买受人殊不公平。[①] 本书认为,根据本条第 2 款第 1 分句的规定,出卖标的物所得价款剩余部分由买受人所得,不足部分由买受人继续清偿,由此可知,是否及时出卖标的物对出卖人利益影响甚巨,不应由买受人负担因出卖人怠于行使变价权所造成的风险。因此,若出卖人怠于变价清算,应类推本法第 437 条,赋予买受人请求出卖人及时变价清算、请求法院拍卖、变卖标的物以及请求损害赔偿之权利。

四、证明责任

10　买受人主张回赎权的,其须就已经消除取回权事由、于回赎期限内回赎标的物等事实承担证明责任。

第六百四十四条　【招标投标买卖】招标投标买卖的当事人的权利和义务以及招标投标程序等,依照有关法律、行政法规的规定。

第六百四十五条　【拍卖】拍卖的当事人的权利和义务以及拍卖程序等,依照有关法律、行政法规的规定。

第六百四十六条　【其他有偿合同的法律适用】法律对其他有偿合同有规定的,依照其规定;没有规定的,参照适用买卖合同的有关规定。

一、规范性质

1　本条规范属于准用性法条,其并无明确的构成要件与法律效果,其只有与其他规范相结合,才可产生法律效果。准用的目的旨在填补法律漏洞以及避免法条文字过于繁复。

二、有偿合同的内涵

2　有偿合同,指双方当事人各因自己的给付而取得对待给付的合同。其本质特征在于给付义务的对价性。典型的有偿合同包括:买卖、互易、租赁、保理、承揽、行纪、运输、仓储、物业服务等。借款、委托、保管若约定了利息或报酬亦为有偿合同。有对价的股权转让合同、债权转让合同、知识产权转让合

[①] 参见谢鸿飞、朱广新主编:《民法典评注:合同编·典型合同与准合同1》,中国法制出版社 2020 年版,第 246 页(张长绵执笔)。

同显然也是有偿合同,学理上通常将其视为买卖合同(权利买卖)①。值得注意的是,互易虽亦须准用买卖合同的相关规定,但其依据为本法第647条。

三、参照适用的概念、类型及方式

准用(参照适用),指法律明文授权将法定案型之规定适用于另一案型之上,又称其为有授权式的类推适用。② 准用包括全部准用与部分准用。前者称法律原因准用,即一并准用被引用法条的构成要件与法律效果。后者又可分为构成要件准用(如本法第607条第2款)与法律效果准用(如本法第617条)。本条规范属于何种准用类型不可一概而论,应依其他有偿合同准用买卖合同的具体情形而定。

值得注意的是,准用的关键在于寻找不同案件的"类似性",影响类似性的因素有多种,但合同性质最具直观性,因此若有偿合同为一时性合同、财产性合同、移转财产所有权合同,则在适用本条时,不变通适用买卖合同规定的可能性较大。反之,则需要对被引用的法条进行调整。③

四、"买卖合同的有关规定"的理解

本条所参照的"买卖合同"并非仅指合同编第九章"买卖合同"的有关规定,还应包括司法解释在内的实质买卖合同规范。

第六百四十七条 【互易】当事人约定易货交易,转移标的物的所有权的,参照适用买卖合同的有关规定。

一、互易的概念与特征

互易(Tausch),指双方当事人约定互相转移除金钱外的特定物或者种类物所有权的合同。④

互易的特征在于双方给付的标的物须为金钱以外的特定物或种类物。若其中一方给付的是劳务或者双方约定互相以劳务进行交换,则不属于互易,而属于混合合同,采"结合说",分别适用有关有名合同的相关规定。此外,交换的标的物须不属于金钱即法定货币,如比特币在我国不属于法定货币,若以其购买其他物品,则属于互易。然而,若一方除了给付金钱之外仍提供其他给付(补足金互易),则亦有互易适用的余地,⑤其中就金钱部分,适用

---

① Vgl. Looschelders, Schuldrecht BT., 15. Aufl., 2020, S. 7.
② 参见王泽鉴:《民法学说与判例研究》(重排合订版),北京大学出版社2015年版,第82页。
③ 参见易军:《买卖合同之规定准用于其他有偿合同》,载《法学研究》2016年第1期。
④ Vgl. Palandt/Ellenberger (2020), §480 Rn. 1.
⑤ Vgl. Erman/Grunewald (2017), §480 Rn. 2.

买卖价金之规定。

二、互易与相关概念的区别

3　　双重买卖(Doppelkauf)，若双方互易的标的物标明价格，互为相抵时，该合同为互易抑或双重买卖，应依当事人的意思而定。房屋交换(Wohnungstausch)，如承租人与出租人订立新的租赁合同，非财产移转，而为占有交换，不属于互易。① 金钱兑换(Geldwechsel)的性质颇有争论，应将其认定为无名有偿合同，不属于互易，但亦可准用买卖合同的有关规定。

三、准用买卖合同的有关规定

4　　关于互易，除关于买卖价金外，参照适用(准用)买卖合同的有关规定。首先，互易为双务合同，应适用双务合同的一般原理，从而同时履行、风险负担等规定，皆应适用。其次，互易为有偿合同，若存在瑕疵担保义务时，违约责任的相关规定，亦应适用。

第十章　供用电、水、气、热力合同

第六百四十八条　【供用电合同概念及供电人强制缔约义务】供用电合同是供电人向用电人供电，用电人支付电费的合同。

向社会公众供电的供电人，不得拒绝用电人合理的订立合同要求。

一、供用电合同的概念与特征(第1款)

1　　供用电合同，指由供电人与用电人订立的，内容为供电人向用电人供电，用电人支付电费的合同。供电人，指供电企业或依法取得供电营业许可的发电企业。用电人包括自然人、法人及非法人组织。

2　　供用电合同是一种特殊的买卖合同②。其特殊性在于以下四个方面：1. 标的物为电力，电力为自然力之一种，学说上虽然多将其纳入物的范畴，③但其交付方式具有特殊性。2. 具有社会公益性。鉴于此，为避免供电人居于垄断地位，须对其进行限制，如电价实行统一定价、供电人的强制缔约义务等。3. 属于继续性供给合同。④ 4. 原则上采格式条款的方式订立。

二、供电人的强制缔约义务(第2款)

3　　供电人的强制缔约义务仅指强制承诺义务(本法第494条第3款)。此

---

① Vgl. Palandt/Ellenberger (2020), §480 Rn. 4.
② Vgl. Looschelders, Schuldrecht BT., 15. Aufl., 2020, S. 7.
③ 参见刘家安：《物权法论》(第二版)，中国政法大学出版社2015年版，第12页。
④ 参见王泽鉴：《债法原理》(第二版)，北京大学出版社2013年版，第156页。

强制缔约义务的前提是用电人合理的订立合同要求。合理性可根据供电人的服务区域、能力以及服务时间等方面综合确定。① 若双方无法就供电方案达成一致,供电人因而未进行承诺的,则不违反强制缔约义务,但法院应审查供电人所提供的用电方案的合理性。②

三、违反强制缔约义务的法律后果

一方面,用电人可请求供电人继续履行缔约义务;另一方面,若造成损失,用电人可请求供电人承担损害赔偿责任。

四、证明责任

用电人须就自己提出要约而供电人拒绝承诺承担证明责任。

第六百四十九条 【供用电合同内容】供用电合同的内容一般包括供电的方式、质量、时间,用电容量、地址、性质,计量方式,电价、电费的结算方式,供用电设施的维护责任等条款。

第六百五十条 【供用电合同履行地】供用电合同的履行地点,按照当事人约定;当事人没有约定或者约定不明确的,供电设施的产权分界处为履行地点。

第六百五十一条 【供电人的主给付义务】供电人应当按照国家规定的供电质量标准和约定安全供电。供电人未按国家规定的供电质量标准和约定安全供电,造成用电人损失的,应当承担赔偿责任。

第六百五十二条 【供电人的通知义务】供电人因供电设施计划检修、临时检修、依法限电或者用电人违法用电等原因,需要中断供电时,应当按照国家有关规定事先通知用电人;未事先通知用电人中断供电,造成用电人损失的,应当承担赔偿责任。

第六百五十三条 【供电人的抢修义务】因自然灾害等原因断电,供电人应当按照国家有关规定及时抢修;未及时抢修,造成用电人损失的,应当承担赔偿责任。

第六百五十四条 【用电人的主给付义务】用电人应当按照国家有关规定和当事人的约定及时支付电费。用电人逾期不支付电费的,应当按照约定支付违约金。经催告用电人在合理期限内仍不支付电费和违约金的,供电人

---

① 参见于文轩:《论电力法上的强制缔约制度》,载《法治社会》2018年第1期。
② 参见谢鸿飞、朱广新主编:《民法典评注:合同编·典型合同与准合同1》,中国法制出版社2020年版,第267—268页(谢鸿飞执笔)。

可以按照国家规定的程序中止供电。

供电人依据前款规定中止供电的,应当事先通知用电人。

第六百五十五条　【用电人的安全用电义务】用电人应当按照国家有关规定和当事人的约定安全、节约和计划用电。用电人未按照国家有关规定和当事人的约定用电,造成供电人损失的,应当承担赔偿责任。

第六百五十六条　【供用水、供用气、供用热力合同参照适用供用电合同】供用水、供用气、供用热力合同,参照适用供用电合同的有关规定。

第十一章　赠与合同

第六百五十七条　【赠与合同的概念】赠与合同是赠与人将自己的财产无偿给予受赠人,受赠人表示接受赠与的合同。

一、赠与合同的性质

1　　赠与是双方法律行为,须由赠与人和受赠人达成合意。无论是赠与人提出要约抑或受赠人提出要约,只要达成合意均为已足。此为赠与和遗赠、捐助行为的区别所在。

2　　赠与是移转财产利益的合同。该财产利益包括物、债权以及其他财产性权利(如公司股份)。① 无偿地在财产上给他人设立地役权、居住权等用益物权的,就负担行为而论也是赠与。② 尽管债务免除是处分行为,且依本法第575条,无须达成合意,但其原因行为也可以是赠与合同,需要债权人与债务人就"通过免除债务无偿给予债务人一项利益"达成明示或者默示的合意。欠缺此种赠与合意虽不导致债务免除无效,但可能导致债务免除的结果构成不当得利。无偿为他人提供劳务、无偿允许他人使用某物(借用)并非赠与合同③。在无偿给予是对第三人作出的情形中(如清偿相对人的债务),若给予人有无偿给予相对人利益的主观意思,相对人有作出承诺的表示,则成立赠与,此时给予人无求偿权。值得注意的是,虽然本条规定的是"自己的财产",但实践中不妨以未来之物为赠与,而未来之物可能存在暂不属于自己的情形,因此将他人的财产无偿给予受赠人的合同,亦可成为赠与合同。

3　　赠与是诺成合同。此意味着赠与合同的成立无须实际移转财产利益。

---

① Vgl. Erman/Hähnchen (2017), §516 Rn. 3.
② Vgl. Palandt/Weidenkaff (2020), §516 Rn. 5.
③ Vgl. Looschelders, Schuldrecht BT., 15. Aufl., 2020, S. 134.

学理上虽有"即时赠与"(Handschenkung)之概念,即赠与合同自成立之时已经或者同时完成财产给予行为,但这并未影响赠与合同的诺成性,财产给予行为仅是赠与合同生效后赠与人所履行的给付义务。① 在我国民法上通常情况下赠与人享有撤销权,尽管如此,赠与合同并非实践合同。因为若将赠与合同认定为实践合同,在未交付物之前,合同并未成立,根本无须撤销权之介入。由此可见,赠与合同应为诺成合同。

赠与是单务合同。尽管本法第661条规定,赠与可以附义务,但此时赠与人与受赠人的义务不具有对价意义(以主观判断为标准),故不影响赠与合同的单务性。②

赠与是无偿合同。赠与的无偿性体现于该赠与人的给予行为并非基于对待给付或者法定或者约定的义务而为。③ 是否无偿,应结合双方的主观状态进行判断。④

赠与是不要式合同。赠与合同可为书面形式、口头形式或者其他形式,无论采何种形式,皆不影响赠与合同的成立。

二、赠与合同的成立要件

赠与合同的成立采要约、承诺的形式,合同的内容为赠与人将自己的财产无偿给予受赠人,受赠人表示接受赠与。无论是赠与人主动给予财产而受赠人表示同意抑或受赠人索要财产而赠与人表示同意,皆可成立赠与。

第六百五十八条 【赠与人的任意撤销权及其限制】赠与人在赠与财产的权利转移之前可以撤销赠与。

经过公证的赠与合同或者依法不得撤销的具有救灾、扶贫、助残等公益、道德义务性质的赠与合同,不适用前款规定。

一、任意撤销权的理论基础

任意撤销权的理论基础在于赠与合同的无偿性、诺成性及非要式性。就赠与合同的成立及效力而言,各国或采取严格的形式主义,或将其定位为实践合同,或规定赠与人有任意撤销权,其目的皆在于赋予赠与人一段犹豫期,鼓励赠与人的善意,但亦不苛求其善意。⑤ 相较而言,我国将赠与合同定位为诺成合同,并辅之以任意撤销权,并非最佳的立法模式。其弊端在于:一方

---

① Vgl. MünchKomm/Koch (2019), §516 Rn. 5.
② 参见韩世远:《合同法总论》(第四版),法律出版社2018年版,第75页。
③ Vgl. Erman/Hähnchen (2017), §516 Rn. 5.
④ Vgl. Erman/Hähnchen (2017), §516 Rn. 6.
⑤ 参见谢鸿飞:《合同法学的新发展》,中国社会科学出版社2014年版,第564页。

面,其弱化赠与合同对赠与人的拘束力,这就必然造成"有约必守"原则的松弛。另一方面,其使得赠与人的赠与表示的严肃性难以认定,赠与表示和情谊行为的界限漫漶不清。① 其优势在于:与严格的形式主义相比,其更能体现意思自治原则。

二、任意撤销权的构成要件

(一)赠与合同已成立但财产权利尚未移转(积极要件)

2　若合同尚未成立,赠与人本就无须履行赠与义务,故而也就无须任意撤销权的介入。当财产权利已移转于受让人,若仍赋予赠与人任意撤销权,则有违诚实信用原则。财产权利尚未移转,即对动产而言,指尚未交付或已交付但尚未移转所有权(如约定所有权保留);对不动产而言,指尚未登记。② 在分批交付的赠与合同中,对已交付的财产部分不得行使任意撤销权,对未交付的财产部分可行使任意撤销权,二者互不影响。

(二)须不属于经过公证的赠与合同或依法不得撤销的具有公益、道德义务性质的赠与合同(消极要件)

3　本条第 2 款是任意撤销权的限制,但亦可将其对立面视为任意撤销权的消极要件。在该要件中包括两种赠与合同类型:1. 经过公证的赠与合同。2. 依法不得撤销的具有公益、道德义务性质的赠与合同。

4　经过公证的赠与合同不得任意撤销,体现了要式性对赠与合同的影响。在我国法上,赠与合同的成立无须特定形式,此与《德国民法典》第 518 条、《法国民法典》第 931 条显然不同。在这些国家的民法中,赠与需要特定形式,即公证,否则不生效力。之所以需采取公证形式,目的在于防止赠与人仓促实施赠与行为。③ 我国法虽未将公证作为赠与合同的成立要件,但不妨基于相同的价值考量,即赠与合同经过公证表明赠与人已审慎思虑,此时赠与人必须履行赠与义务,无任意撤销权。值得注意的是,《日本民法典》第 550 条规定,书面形式的赠与合同不可任意撤销。其将要式性的标准降低至书面形式,并非可采,因为赠与合同采书面形式并非即表明赠与人已深思熟虑,若规定此时赠与人无任意撤销权,则对其过分严苛。

5　在依法不得撤销的具有公益、道德义务性质的赠与合同中,须考虑三个问题:1. 何为"依法不得撤销"? 2. 何为"公益性赠与"? 3. 何为"道德义务性赠与"?

---

① 参见张谷:《民法典合同编若干问题漫谈》,载《法治研究》2019 年第 1 期。
② 参见李某某等与白某等赠与合同纠纷案,北京市高级人民法院民事裁定书(2020)京民申 1678 号。
③ Vgl. MünchKomm/Koch (2019), §518 Rn. 1.

首先,本条第2款相较于原《合同法》第186条第2款增加了"依法不得撤销"之前提性条件。《慈善法》第41条第1款规定,捐赠人通过媒体公开承诺捐赠的或者捐赠财产用于该法第3条第1项至第3项的慈善活动并签订书面捐赠协议的,捐赠人必须履行交付义务。按照全国人大常委会法工委参与民法典起草工作人士的解释,该款规定意味着此类捐赠的捐赠人无任意撤销权,而且这属于本法第658条第2款中的"依法不得撤销"的赠与合同。[①] 应当注意的是,慈善捐赠究竟是否等同于《民法典》规定的赠与合同,有待进一步探讨。如果是向慈善组织捐赠,则慈善组织并非赠与财产利益的归属主体,其仅扮演"中间人"角色。

其次,公益性赠与中的"公益性",指赠与财产的用途具有公益性质。[②]《慈善法》第3条列举了五类公益活动:包括扶贫、助老幼病残、救灾、促进教科文卫体发展、环境保护。该规定对于解释本条中的"公益性"具有指导意义。然而,《慈善法》第41条第1款第2项将排除任意撤销权的公益活动限制于前三类。有观点认为,第658条第2款公益性赠与的公益性不应当限缩解释于此,而应包括《慈善法》第3条规定的五类公益活动[③],甚至包括《公益事业捐赠法》第3条第4项规定的"其他社会公共和福利事业",[④]此观点可资借鉴。值得提及的是,《慈善法》第41条第1款第2项规定了必须"签订书面捐赠协议"。一方面,本法第685条第2款的要式性是采公证形式;另一方面,公益性特征即可作为排除赠与人任意撤销权的理由,无须附加书面形式的要件。因此,此形式要件实无必要。

最后,道德义务性赠与,指目的在于履行道德上的义务的赠与合同。道德上的义务主要以亲属关系、家庭关系或者先前给付为基础,如以酬谢(谢礼)为目的的赠与。此项义务须根据个案的具体情况而定,通常是以财产状况、生活状况以及赠与人与受赠人之间的身份关系加以确定。例如,某人虽未负担抚养义务仍对其亲属进行抚养(赠与)。另外,若受赠人因履行照顾义务而受损过巨或陷入经济困境,则该赠与即为道德义务性赠与。[⑤] 由此可知,若是单纯的婚前或婚内夫妻之间的赠与合同,而不涉及善良感情的帮扶、

---

① 参见黄薇主编:《中华人民共和国民法典合同编解读(上册)》,中国法制出版社2020年版,第672页。
② 参见四川省城乡统筹发展基金会、詹某债权转让合同纠纷,四川省高级人民法院民事判决书(2017)川民再632号。
③ 参见徐州德客城置业有限公司与江苏师范大学教育发展基金会公益事业捐赠合同纠纷案,江苏省徐州市中级人民法院民事判决书(2019)苏03民终8308号。
④ 参见罗昆:《"依法"不得撤销的公益性赠与之认定》,载《法律适用》2020年第15期。
⑤ Vgl. Staudinger/Tiziana J. Chiusi (2013), §534 Rn. 6-8.

感恩等义务,则不属于道德义务性赠与;若夫妻双方于离婚协议中约定一方赠与另一方财产,此为双方离婚时综合考虑财产利益、子女抚养、夫妻感情等诸多因素达成,并不适用于赠与合同的相关规定,不应撤销。① 此外,符合礼俗的赠与亦属于道德义务性赠与。②

三、法律后果

9 若满足任意撤销权的构成要件,则赠与人可撤销赠与合同。一经撤销,赠与合同溯及既往地消灭。此种任意撤销权与可撤销法律行为中的撤销权不同,更接近解除权,所以仅需撤销权人作出撤销的意思表示即可,无须通过诉讼或者仲裁的方式行使。尚存争议的是,撤销后,受赠人的信赖利益可否依据本法第157条得到保护。有观点认为,既然法律已规定了赠与人的任意撤销权,则受赠人就应当预见赠与人随意行使任意撤销权的可能。因此,其信赖利益一般难以获得确认并保护。③ 亦有观点认为,应保护受赠人的信赖利益,并以赠与人的过错为要件,此外,应将信赖利益的损害赔偿范围限于赠与利益。④ 本书倾向于第二种观点。当然,对于赠与人的损害赔偿责任,应当基于诚实信用原则予以从严把握。

四、证明责任

10 赠与人须就任意撤销权的积极要件承担证明责任。受赠人须就赠与合同不符合任意撤销权的消极要件承担证明责任。

第六百五十九条 【需要登记或其他手续的赠与财产】赠与的财产依法需要办理登记或者其他手续的,应当办理有关手续。

第六百六十条 【受赠人的给付请求权与赠与人的违约责任】经过公证的赠与合同或者依法不得撤销的具有救灾、扶贫、助残等公益、道德义务性质的赠与合同,赠与人不交付赠与财产的,受赠人可以请求交付。

依据前款规定应当交付的赠与财产因赠与人故意或者重大过失致使毁损、灭失的,赠与人应当承担赔偿责任。

---

① 参见冯某、李某赠与合同纠纷案,河南省濮阳市中级人民法院民事判决书(2020)豫09民终3141号。
② 参见刘某景与刘某云等赠与合同纠纷案,北京市高级人民法院民事裁定书(2020)京民申5663号。
③ 参见李永军:《"契约+非要式+任意撤销权":赠与的理论模式与规范分析》,载《中国法学》2018年第4期。
④ 参见谢鸿飞、朱广新主编:《民法典评注:合同编·典型合同与准合同1》,中国法制出版社2020年版,第328—329页(宁红丽执笔)。

一、受赠人的给付请求权(第 1 款)

根据本法第 658 条第 2 款的规定可知,经过公证的赠与合同或者依法不得撤销的具有救灾、扶贫、助残等公益、道德义务性质的赠与合同,赠与人不享有任意撤销权。本条从受赠人角度出发,赋予此类赠与合同的受赠人给付请求权。反之,此类合同以外的其他赠与合同的受赠人不享有给付请求权。经过公证的赠与合同以及依法不得撤销的具有公益、道德义务性质的赠与合同等概念参见本法第 658 条评注。

值得注意的是,此处的"交付"应予以目的论扩张,解释为不仅包括动产的交付,还包括不动产的登记。

二、赠与人的违约责任(第 2 款)

由于赠与人通常是基于利他动机在未获得对待给付的情形下给予受赠人财产,因此,相较于有偿的法律行为,本条赋予赠与人责任特权(Haftungsprivilegierungen)。[①] 即仅因其故意或者重大过失致使赠与财产毁损、灭失的,才承担赔偿责任。由于本法第 662 条规定赠与人的瑕疵担保责任,因此,瑕疵给付不为本款所规范的内容。

有观点认为,赠与人的赔偿责任应限于毁损、灭失的赠与财产的价值。[②] 本书认为,根据本法第 584 条的可预见性规则,赠与人预见到受赠人的损失通常是赠与财产毁损、灭失这一可得利益的损失,但并不能排除存在例外情况。因此,在确定违约责任范围时仍应以本法第 584 条为依据。

三、证明责任

受赠人请求赠与人交付赠与财产的,其须就赠与合同是经过公证的赠与合同或者是依法不得撤销的具有救灾、扶贫、助残等公益、道德义务性质的赠与合同的事实承担证明责任。

受赠人请求赠与人承担赔偿责任,其须就赠与合同是经过公证的赠与合同或者是依法不得撤销的具有救灾、扶贫、助残等公益、道德义务性质的赠与合同以及赠与人存在故意或者重大过失等事实承担证明责任。

第六百六十一条 【附义务赠与】赠与可以附义务。
赠与附义务的,受赠人应当按照约定履行义务。

一、附义务赠与中的义务

本条规定了赠与的一种特殊形式,即附义务赠与,亦称附负担(Auflage)

[①] Vgl. MünchKomm/Koch (2019), § 521 Rn. 1.
[②] 参见最高人民法院民法典贯彻实施工作领导小组主编:《中华人民共和国民法典合同编理解与适用(二)》,人民法院出版社 2020 年版,第 1190 页。

赠与。在该种赠与类型中,受赠人负担给付义务(作为或不作为),义务是赠与合同的组成部分而非作为独立的合同。值得注意的是,义务的履行通常是赠与的主要动机,[1]且因义务的履行而获益的可以是赠与人、受赠人或者第三人。[2] 若义务违反强制性法律规定、公序良俗或因其他原因而无效,根据本法第 156 条通常导致赠与合同无效。若符合本法第 580 条第 1 款情形之一的,受赠人可免除给付义务,此时赠与人可根据第 663 条第 1 款第 3 项撤销该赠与合同。此外,在附义务赠与中,根据当事人的主观意愿受赠人必须获利(哪怕只是略微增加),[3]若义务使受赠人的境况相较于未接受赠与前更为不利,则违背赠与的初衷。

2　　义务与希望或建议的区别在于:后者由于没有拘束力,无法请求受赠人履行且不履行没有法律后果。[4]

3　　义务与对待给付的区别在于:对待给付与给付互为对价,二者存在交换关系,而赠与所附义务与赠与人的给付义务不存在交换关系,也就是说,赠与所附义务以赠与人的财产给予为基础并且产生于该财产的价值。[5] 例如,甲赠与乙一栋房屋,约定乙须在该栋房屋为甲保留两间房屋用于甲终生居住。双方的义务显然并非交换关系。

二、附义务赠与和相关概念的区别

4　　混合赠与(gemischte Schenkung),指同时包含有偿行为的赠与,如半卖半送的廉价买卖。混合赠与和附义务赠与的区别在于:首先,混合赠与由有偿部分与无偿部分构成,附义务赠与属于无偿合同;其次,混合赠与中有偿部分存在赠与人的对待给付义务,附义务赠与中义务的履行不存在赠与人的对待给付义务。[6]

5　　目的赠与(Zweckschenkung),指赠与人基于特定目的而为的赠与。在该种赠与类型中,受赠人并未负担义务。因此,赠与人不可请求受赠人履行,其只能在目的不达时,依据不当得利之规定,请求返还赠与物。判断赠与为目的赠与抑或附义务赠与的关键在于:赠与人在义务履行后的获利程度、当事人之间的关系以及赠与物的价值。[7]

---

[1] Vgl. Erman/Hähnchen (2017), §525 Rn. 1.
[2] Vgl. Palandt/Weidenkaff (2020), §525 Rn. 2.
[3] Vgl. MünchKomm/Koch (2019), §525 Rn. 4.
[4] Vgl. Palandt/Weidenkaff (2020), §525 Rn. 6.
[5] Vgl. Palandt/Weidenkaff (2020), §525 Rn. 7.
[6] Vgl. Staudinger/Tiziana J. Chiusi (2013), §525 Rn. 42.
[7] Vgl. Staudinger/Tiziana J. Chiusi (2013), §525 Rn. 45–46.

附条件赠与和附义务赠与的区别在于:条件成就与否会影响赠与合同的效力,而义务是否履行与赠与合同效力无关。

三、义务履行请求权(第2款)

只有在赠与人履行赠与合同中的给付义务后,其才享有对受赠人的义务履行请求权。若受赠人不履行义务或者履行义务存在瑕疵,则分别适用本法第663条第1款第3项、第662条。

第六百六十二条 【赠与人的瑕疵担保责任】赠与的财产有瑕疵的,赠与人不承担责任。附义务的赠与,赠与的财产有瑕疵的,赠与人在附义务的限度内承担与出卖人相同的责任。

赠与人故意不告知瑕疵或者保证无瑕疵,造成受赠人损失的,应当承担赔偿责任。

一、规范内容

本条规定了赠与人瑕疵担保责任(瑕疵给付的违约责任)的原则与例外。原则上赠与人不承担瑕疵担保责任(本条第1款第1句)。但是,根据本条第1款第2句与第2款的规定,在两种例外情形下,赠与人应当承担瑕疵担保责任。财产所具有的瑕疵包括物的瑕疵与权利瑕疵。

二、附义务赠与中赠与人的瑕疵担保责任

在附义务赠与中,由于受赠人在接受赠与财产之外,还负担履行合同所附义务,其并非完全无偿接受赠与。因此,赠与财产有瑕疵时,赠与人应在附义务的限度内承担与出卖人相同的责任。

(一)构成要件

1. 赠与合同为附义务赠与

附义务赠与的内涵参见本法第661条评注。

2. 赠与财产存在瑕疵

瑕疵分为物的瑕疵与权利瑕疵。权利瑕疵的内涵参见本法第612条评注。物的瑕疵的内涵参见本法第615条评注。

3. 受赠人遭受损失

损害包括履行利益的损失。[1] 具体而言,是指赠与财产有瑕疵后的剩余价值与履行义务的费用之间的差额。若剩余价值多于履行义务的费用,则无损失;若剩余价值少于履行义务的费用,则其二者的差值为损失。

---

[1] 参见谢鸿飞、朱广新主编:《民法典评注:合同编·典型合同与准合同1》,中国法制出版社2020年版,第359页(宁红丽执笔)。

(二)法律效果

6　若满足上述构成要件,则赠与人在附义务的限度内承担与出卖人相同的责任。对此须理解两个方面的内容:1. 何为"附义务的限度内";2. 何为"与出卖人相同的责任"。

7　附义务的限度内,指赠与人的赔偿数额以受赠人负担的义务之价值为其最高限度。申言之,当受赠人因赠与物瑕疵而要求赠与人承担修理、重作、更换、减价或赔偿损失时,其请求的价额不得超过其义务的价值。值得注意的是,此限度仅限于履行利益的赔偿,若赠与物瑕疵致受赠人遭受固有利益损失时,则不受"附义务的限度"的限制。

8　与出卖人相同的责任,指若赠与物瑕疵致受赠人的履行利益受损,则赠与人应当根据本法第610—623条的规定承担违约责任。值得注意的是,违约责任的形式不以损害赔偿为限。

三、赠与人故意不告知瑕疵或者保证无瑕疵的瑕疵担保责任

(一)构成要件

1. 出卖人故意不告知瑕疵或保证无瑕疵

9　故意不告知瑕疵,指赠与人明知其赠与的财产有瑕疵而对受赠人故意隐瞒。保证无瑕疵,指赠与人明确担保赠与财产无瑕疵或无特定瑕疵,但事后出现该瑕疵。

2. 赠与财产存在瑕疵

10　具体内容参见边码4。

3. 受赠人遭受损失

11　对于损失的赔偿范围,学界有不同的观点。有观点认为,应仅限于赔偿消极利益(信赖利益)。[1] 此亦为德国民法的通说观点。[2] 也有观点认为,应限于赔偿固有利益与信赖利益。[3] 还有观点认为,赔偿范围应包括履行利益、信赖利益及固有利益。[4] 本书认为原则上应包括履行利益、信赖利益与固有利益。德国民法通说之所以认为固有利益不予赔偿,理由在于固有利益的赔偿(瑕疵结果损害的赔偿)已为《德国民法典》第521条所覆盖。[5] 而在

---

[1] 参见崔建远:《合同法》(第六版),法律出版社2016年版,第326页。
[2] Vgl. Staudinger/Tiziana J. Chiusi (2013), § 524 Rn. 3–4.
[3] 参见谢鸿飞、朱广新主编:《民法典评注:合同编·典型合同与准合同1》,中国法制出版社2020年版,第363页(宁红丽执笔)。
[4] 参见王利明:《合同法研究(第三卷)》(第二版),中国人民大学出版社2015年版,第212页。
[5] Vgl. MünchKomm/Koch (2019), § 524 Rn. 2.

本法中,与之相对应的本法第660条第2款仅规范给付不能的情形,因此,将固有利益的赔偿纳入本款进行保护,甚为妥适。而之所以包括赔偿履行利益,是因为履行利益虽然通常情况下仅体现为赠与财产,但在例外情况下亦包括因赠与财产而获得的收益,所以不应将其排除在外。

(二)法律效果

若满足上述构成要件,受赠人可请求赠与人承担损害赔偿责任。

四、证明责任

附义务赠与中,受赠人请求赠与人承担赔偿责任的,其须就赠与合同的性质、赠与财产存在瑕疵以及遭受的损失等事实承担证明责任。

赠与人故意不告知瑕疵或者保证无瑕疵时,受赠人请求赠与人承担赔偿责任的,其须就出卖人故意不告知瑕疵或保证无瑕疵、赠与财产存在瑕疵以及遭受损失等事实承担证明责任。

第六百六十三条 【赠与人的法定撤销权】受赠人有下列情形之一的,赠与人可以撤销赠与:

(一)严重侵害赠与人或者赠与人近亲属的合法权益;

(二)对赠与人有扶养义务而不履行;

(三)不履行赠与合同约定的义务。

赠与人的撤销权,自知道或者应当知道撤销事由之日起一年内行使。

一、规范目的

本条赋予赠与人法定撤销权,目的在于规制受赠人的"忘恩负义"行为。

二、法定撤销权的构成要件

(一)严重侵害赠与人或者赠与人近亲属的合法权益

首先,严重侵害合法权益是以结果为论断,而其行为是否构成犯罪、主观是否为故意在所不问。其次,"近亲属"不应根据本法第1045条进行确定,而应根据与赠与人实际的亲密关系而定。① 最后,严重与否的判断应于个案予以具体认定。

(二)对赠与人有扶养义务而不履行

一方面,"扶养义务"应包括(同辈间的)扶养义务、(对晚辈的)抚养义务及(对长辈的)赡养义务。另一方面,若受赠人无扶养能力,不构成此处的不履行。

---

① Vgl. Erman/Hähnchen (2017), §530 Rn. 6.

(三)不履行赠与合同约定的义务

4 首先,受赠人不履行义务的前提为:在附义务赠与中,赠与人已履行赠与义务(参见第661条边码7)。其次,"不履行"的类型可类推适用本法第563条第1款第2项至第4项的可行使法定解除权的类型规定。从比较法看,在德国法上,受赠人负担的义务陷于给付不能的,赠与人亦可请求返还赠与物用于执行该义务。① 最后,若受赠人仅履行部分义务,赠与人仍可行使法定撤销权,但仅能部分撤销。②

三、法律效果

5 若满足法定撤销权的具体事由之一,赠与人即可撤销赠与合同。此时若赠与义务未履行,可拒绝履行;若赠与义务已履行,可根据本法第665条请求返还赠与的财产。法定撤销权无须通过诉讼或者仲裁的方式行使,仅需撤销权人作出撤销赠与合同的意思表示即可。由于该法定撤销权属于形成权,故而受除斥期间的限制,该期间为1年,自赠与人知道或者应当知道撤销事由之日起计算。本法第152条第2款规定的最长除斥期间(5年)对于赠与人的法定撤销权有(类推)适用余地③。

6 法定撤销权与任意撤销权可能存在竞合。在赠与的财产权利转移之前,既符合本条构成要件也符合本法第658条构成要件的,赠与人可以任选一种撤销权行使。

四、证明责任

7 赠与人须就满足法定撤销权的具体事由之一承担证明责任。

第六百六十四条 【赠与人的继承人或者法定代理人的撤销权】因受赠人的违法行为致使赠与人死亡或者丧失民事行为能力的,赠与人的继承人或者法定代理人可以撤销赠与。

赠与人的继承人或者法定代理人的撤销权,自知道或者应当知道撤销事由之日起六个月内行使。

一、规范意义

1 赠与人的法定撤销权具有高度人身性,④仅在本条规定的特殊情形下可

---

① Vgl. Palandt/Weidenkaff (2020), §527 Rn. 4.
② 参见谢鸿飞、朱广新主编:《民法典评注:合同编·典型合同与准合同1》,中国法制出版社2020年版,第372页(宁红丽执笔)。
③ 参见黄薇主编:《中华人民共和国民法典合同编解读(上册)》,中国法制出版社2020年版,第687页。
④ Vgl. Staudinger/Tiziana J. Chiusi(2013), §530 Rn. 54.

由他人行使。

二、赠与人的继承人与法定代理人行使法定撤销权的要件

首先,受赠人的行为须具有违法性,若受赠人因正当防卫而致赠与人死亡或丧失民事行为能力,则赠与人的继承人或法定代理人不得行使法定撤销权。其次,受赠人实施违法行为时的主观状态包括故意与过失。最后,受赠人的违法行为与赠与人的死亡或丧失民事行为能力具有相当因果关系。

因受赠人的违法行为致赠与人死亡时,赠与人的继承人依据继承享有法定撤销权。[①]

因受赠人的违法行为致赠与人丧失民事行为能力时,赠与人的法定代理人可行使法定撤销权。"丧失民事行为能力",指赠与人成为无民事行为能力人,或者成为限制民事行为能力人但行使法定撤销权与其智力、精神健康状况不相适应。

赠与人的继承人与法定代理人行使法定撤销权的区别在于:继承人行使的是自己的权利,赠与合同撤销后,其利益归属于自己;法定代理人是代理赠与人行使权利,赠与合同撤销后,其利益归属于赠与人。

三、法律效果

若赠与人的继承人或法定代理人行使法定撤销权,赠与合同消灭,若赠与义务未履行,可拒绝履行;若赠与义务已履行,可根据本法第665条请求返还赠与的财产。此外,该法定撤销权的除斥期间为6个月,自知道或者应当知道撤销事由之日起计算。该期间短于赠与人法定撤销权的期间,其目的在于敦促继承人或法定代理人行使权利,维护合同关系和社会秩序的稳定。[②]

四、证明责任

赠与人的继承人须就受赠人的违法行为、赠与人的死亡及二者的因果关系承担证明责任。赠与人的法定代理人须就受赠人的违法行为、赠与人丧失民事行为能力及二者的因果关系承担证明责任。

第六百六十五条 【撤销赠与的法律后果】撤销权人撤销赠与的,可以向受赠人请求返还赠与的财产。

第六百六十六条 【穷困抗辩权】赠与人的经济状况显著恶化,严重影响其生产经营或者家庭生活的,可以不再履行赠与义务。

---

① Ebenda.
② 参见最高人民法院民法典贯彻实施工作领导小组主编:《中华人民共和国民法典合同编理解与适用(二)》,人民法院出版社2020年版,第1208页。

一、穷困抗辩权的构成要件

(一)赠与合同成立之后未履行完毕之前

若赠与合同尚未成立,赠与人本就无须履行赠与义务;若赠与合同已履行完毕,尽管赠与人陷入穷困,其亦无权请求返还赠与物。这是因为我国没有如《德国民法典》第 528 条"赠与物交付后,赠与人因穷困而请求返还"的规定,其原因在于:其一,返还难度大;其二,返还对受赠人不公;其三,返还不利于当事人之间关系的稳定。①

(二)赠与人陷于穷困

穷困,指赠与人的经济状况显著恶化并严重影响其生产或生活。首先,赠与人陷于穷困须发生于赠与合同成立之后,因为穷困抗辩权是情势变更的特殊类型,②根据本法第 533 条,经济状况的恶化(变更)须于赠与合同成立后。其次,穷困是否必须可归责于赠与人尚存争议。本书认为,即便穷困可归责于赠与人,亦不应影响其行使抗辩权。

二、法律后果

若满足穷困抗辩权的构成要件,当受赠人请求赠与人履行赠与义务时,赠与人可提出此抗辩。由于穷困抗辩权是延期抗辩权(dilatorische Einrede)③,因此当赠与人经济状况恢复后,受赠人可请求赠与人继续履行赠与义务。值得注意的是,赠与合同成立后赠与物交付之前,赠与人可能享有撤销权,因此存在两种情形:一是不得已行使抗辩权,即依法属于不能撤销的情形(本法第 658 条第 2 款);二是自愿行使抗辩权,即赠与人既可行使撤销权亦可行使穷困抗辩权的情形。

三、证明责任

赠与人须就穷困抗辩权的构成要件承担证明责任。受赠人请求赠与人继续履行的,其须就赠与人经济状况已恢复承担证明责任。

第十二章　借款合同

第六百六十七条　【借款合同的定义】借款合同是借款人向贷款人借款,到期返还借款并支付利息的合同。

---

① 参见黄薇主编:《中华人民共和国民法典合同编解读(上册)》,中国法制出版社 2020 年版,第 693 页。
② Vgl. Staudinger/Tiziana J. Chiusi (2013), §519 Rn. 3.
③ Vgl. Staudinger/Tiziana J. Chiusi (2013), §519 Rn. 8.

第六百六十八条 【借款合同的形式和内容】借款合同应当采用书面形式,但是自然人之间借款另有约定的除外。

借款合同的内容一般包括借款种类、币种、用途、数额、利率、期限和还款方式等条款。

第六百六十九条 【借款人的告知义务】订立借款合同,借款人应当按照贷款人的要求提供与借款有关的业务活动和财务状况的真实情况。

第六百七十条 【借款利息不得预先扣除】借款的利息不得预先在本金中扣除。利息预先在本金中扣除的,应当按照实际借款数额返还借款并计算利息。

一、预先扣除利息的样态

金融借款合同中,贷款人按照借款利率计算的利息事先在提供的贷款本金中加以扣除,称为贴水贷款。民间借贷合同中,预先扣除利息称为扣除头息,俗称"抽头""砍头息"。

实践中,预先扣除利息主要有两种情况:一为预先扣除借款期内所有利息;二为预先扣除第一个月的利息。值得注意的是,实践中出现"借款的次日即须付息"约定的,①可将其视为非典型的"利息预先扣除",对此应作否定性评价。

二、法律效果

首先,由于该规范属于强制性规范。若借款合同中有预先扣除利息的约定,根据本法第153条第1款的规定,该条款无效。但由于该约定具有独立性,根据本法第156条的规定,其不影响其他条款的效力。其次,借款人返还的本金数额为实际提供的借款数额。② 最后,借款人应当支付的利息按照实际借款数额计算。

三、证明责任

借款人须就借款合同中约定有"利息预先扣除"与实际的借款数额承担证明责任。

第六百七十一条 【未按约定提供贷款或收取借款的后果】贷款人未按照约定的日期、数额提供借款,造成借款人损失的,应当赔偿损失。

---

① 参见神州长城股份有限公司、渤海国际信托股份有限公司金融借款合同纠纷案,最高人民法院民事判决书(2020)最高法民终140号。

② 参见昆明成商房地产开发有限公司、王某民间借贷纠纷案,最高人民法院民事判决书(2018)最高法民终23号。

借款人未按照约定的日期、数额收取借款的,应当按照约定的日期、数额支付利息。

一、贷款人未按约定提供借款的损害赔偿责任

贷款人未按约如期足额提供贷款而造成借款人损失时,贷款人须赔偿损失。根据本法第 584 条的规定,此处的损失包括所受损害与所失利益。然而,损失赔偿范围须受到"可预见性规则"的限制,可预见性的标准原则上采理性人标准,在借款合同中可以通过借款申请资料以及贷款人对借款人的审查资料进行综合判断是否可预见。① 此外,若借款合同中对此约定有违约金条款,则根据本法第 585 条的规定,对违约金数额进行认定。

值得注意的是,在自然人之间的借款合同中,贷款人未按约如期足额提供借款造成借款人损失的,其原则上无须承担缔约过失责任,这是因为将自然人之间的借款合同定性为实践合同,是赋予贷款人合同自由,因此贷款人有权利不提供贷款从而使合同不成立。

二、借款人未按约定收取借款的支付利息义务

按期足额支付利息属于借款人的给付义务而非赔偿责任。借款人并无收取借款的义务。本条第 2 款仅是说明借款人未如期足额收款并不影响其义务的履行。

三、证明责任

若借款人请求贷款人承担损害赔偿责任,则借款人须就借款合同的成立、贷款人未按照约定的日期、数额提供借款及所遭受的损失数额承担证明责任。若贷款人请求借款人按期足额付息,贷款人只需就借款合同的成立并且其已提出给付承担证明责任。

第六百七十二条 【贷款人的检查监督权】贷款人按照约定可以检查、监督借款的使用情况。借款人应当按照约定向贷款人定期提供有关财务会计报表或者其他资料。

第六百七十三条 【借款人未按约定用途使用借款的法律效果】借款人未按照约定的借款用途使用借款的,贷款人可以停止发放借款、提前收回借款或者解除合同。

一、规范目的

本条强调借款人应当按照约定的用途使用借款,直接目的在于降低贷款

---

① 参见谢鸿飞、朱广新主编:《民法典评注:合同编·典型合同与准合同 1》,中国法制出版社 2020 年版,第 421 页(胡旭东执笔)。

人的贷款风险,使得借款人能够按期偿还借款。间接目的在于防控信贷资金风险,维护金融秩序的稳定。

二、借款人未按约定用途使用借款

(一)"借款用途"的内涵

在金融借款合同中,借款用途包括工商业贷款、农业贷款、消费者贷款、有价证券经纪人贷款等类型。在民间借贷合同中,当事人并不十分关注借款用途,大多仅要求不得用于从事法律法规禁止的事项即可,但若对借款用途有所约定,借款人亦须按照约定用途使用借款。① 其中常见约定的借款用途包括个人消费、教育、医疗、生产经营、购买住房等类型。

(二)"未按约定用途使用借款"的认定

借款人对借款用途的改变不能一概认定为"未按约定用途使用借款",若借款用途的改变显著增加了借款风险,则可认定为借款人未按约定用途使用借款,从而产生相应的法律效果。

三、法律效果

若借款人未按约定用途使用借款,贷款人享有三个救济途径:第一,停止发放借款,此即合同履行的中止。第二,提前收回借款,此即贷款人行使形成权使得合同加速到期。第三,解除合同,此即合同关系的终止,须借款人因违反借款用途而构成根本违约时才可行使该权利。值得注意的是,"提前收回借款"似为"解除合同"的应有之义,但出于贷款人选择自由以及维持合同效力的考量,保留"提前收回借款"有一定的合理性。② 此外,三项措施可同时行使,但从规范目的角度考察,贷款人宜根据用途的改变所导致借款风险增加的程度来进行选择。

四、证明责任

贷款人须就价款人未按照约定的借款用途使用借款承担证明责任。

第六百七十四条　【借款利息支付期限】借款人应当按照约定的期限支付利息。对支付利息的期限没有约定或者约定不明确,依据本法第五百一十条的规定仍不能确定,借款期间不满一年的,应当在返还借款时一并支付;借款期间一年以上的,应当在每届满一年时支付,剩余期间不满一年的,应当在返还借款时一并支付。

---

① 参见山东豪骏置业有限公司、王某某民间借贷纠纷案,最高人民法院民事判决书(2016)最高法民终731号。
② 参见黄薇主编:《中华人民共和国民法典合同编解读(上册)》,中国法制出版社2020年版,第713—714页。

一、规范目的

1　本条属于借款合同漏洞填补规则,其目的在于就未约定支付利息期限或约定不明的借款合同,通过本条规范修正其不圆满性。

二、明确约定支付利息期限

2　若借款合同明确约定了借款利息支付期限,则借款人应当按照约定的期限支付利息。支付利息期限的方式有多种,当事人既可以约定在借款期限届满时和本金一并支付,也可以约定在借款期间内分批次向贷款人支付。

三、未约定支付利息期限或约定不明

3　若当事人对支付利息期限没有约定或约定不明,则按照以下顺序进行处理:首先,应当依据本法第 510 条的规定,即当事人可以进行协议补充;不能达成补充协议的,按照合同相关条款或交易习惯确定。其次,若仍无法确定支付利息期限,则按照本条第 2 句规定的期限支付利息,即:1. 借款期间不满 1 年的,应当在返还借款时一并支付;2. 借款期间 1 年以上的,应当在每届满 1 年时支付,剩余期间不满 1 年的,应当在返还借款时一并支付。

4　值得注意的是,本条与本法第 511 条第 4 项属于特别规范与一般规范的关系。在借款合同中,若未约定支付利息期限或约定不明,则应按照本条规定的期限支付利息。

四、未按期支付利息的法律后果

5　若借款人未按约定的期限支付利息或未依据本条规定的期限支付利息,则其须承担违约责任。在金融借款合同中,违约责任体现为复利的收取。在民间借贷合同中,违约责任有约定的,按照约定进行认定;无约定的,根据本法第 577 条进行综合认定。[①]

五、证明责任

6　贷款人须就所约定的支付利息期限或借贷双方关于利息支付期限的交易习惯承担证明责任。

第六百七十五条　【还款期限】借款人应当按照约定的期限返还借款。对借款期限没有约定或者约定不明确,依据本法第五百一十条的规定仍不能确定的,借款人可以随时返还;贷款人可以催告借款人在合理期限内返还。

一、规范目的

1　本条属于借款合同漏洞填补规则,其目的在于就未约定还款期限或约定

[①] 参见谢鸿飞、朱广新主编:《民法典评注:合同编·典型合同与准合同 1》,中国法制出版社 2020 年版,第 434 页(胡旭东执笔)。

不明的借款合同,通过本条规范修正其不圆满性。

二、明确约定还款期限

若借款合同明确约定了还款期限,则借款人应当按照约定的期限返还本金。借款期限的方式有多种,在金融借款合同中,分为短期、中长期、长期三类。在民间借贷合同中,大多为短期借款。

三、未约定还款期限或约定不明

若当事人对还款期限没有约定或约定不明,则按照以下顺序进行处理:首先,应当依据本法第 510 条的规定,即当事人可以进行协议补充;不能达成补充协议的,按照合同相关条款或交易习惯确定。其次,若仍无法确定还款期限,则按照本条第 2 句规定的期限返还本金,即借款人可以随时返还;贷款人可以催告借款人在合理期限内返还。其中"合理期限"须根据借款合同目的、金额等具体情况,由双方协商确定;协商不成的,由裁判机关按照借款合同目的、金额、利率、当地习惯等情况进行综合认定。①

值得注意的是,本条与本法第 511 条第 4 项属于特别规范与一般规范的关系,申言之,本条是本法第 511 条第 4 项的具体化。在借款合同中,若未约定支付还款期限或约定不明,则应按照本条的规定返还本金。

四、未按期还款的法律后果

若借款人未按约定的期限返还本金或未依据本条规定的期限返还本金,则其须承担违约责任。具体而言,有约定的按照约定,如借款合同中约定有违约金,则贷款人有权请求借款人支付违约金。无约定的,在金融借款合同中,根据本法第 676 条及《贷款通则》第 32 条的规定,贷款人有权请求借款人支付罚息。在民间借贷合同中,根据本法第 676 条及《民间借贷解释》第 28 条的规定,贷款人有权请求借款人支付逾期利息。

五、证明责任

贷款人须就所约定的还款期限或借贷双方关于还款期限的交易习惯承担证明责任。

第六百七十六条 【还款逾期利息】借款人未按照约定的期限返还借款的,应当按照约定或者国家有关规定支付逾期利息。

第六百七十七条 【提前还款的利息计算】借款人提前返还借款的,除当事人另有约定外,应当按照实际借款的期间计算利息。

---

① 参见谢鸿飞、朱广新主编:《民法典评注:合同编・典型合同与准合同1》,中国法制出版社 2020 年版,第 439 页(胡旭东执笔)。

一、约定提前还款

1　若当事人在借款合同中对提前还款有约定的,则按照约定计算利息或补偿损失。值得注意的是,主流学说认为提前还款并非违约行为。[①] 因此,借款合同中对于提前还款利息的支付,并不属于"违约责任"约款,而是"合同变更"约款。即使其名目为"违约金",亦非属于违约责任中的违约金。[②]

二、未约定提前还款

2　根据本法第530第1款的规定可知,债务人是否可以提前履行债务,关键在于期限利益的归属。因此,在借款合同中,若未约定提前还款,则按照以下顺序进行处理：1.若期限利益归属于借款人,借款人提前还款属于放弃自己的期限利益,其并不损害贷款人利益,此时借款人可提前还款,利息的计算以实际借款期限为准。2.若期限利益归属于贷款人,提前还款损及贷款人利益,此时贷款人有权拒绝借款人提前还款。然而,若贷款人此时仍同意借款人提前还款,此即为贷款人与借款人协商变更借款合同期限,因此,应当按照变更后的期限(通常为"实际借款期限")计算利息。通常应认定期限利益归属于借款人。

三、证明责任

3　贷款人须就借款期限、合同关于提前还款的约定、借款人提前还款的事实承担证明责任。

第六百七十八条　【贷款展期】借款人可以在还款期限届满前向贷款人申请展期;贷款人同意的,可以展期。

第六百七十九条　【自然人之间借款合同的成立】自然人之间的借款合同,自贷款人提供借款时成立。

一、自然人之间借款合同的性质

1　自然人之间的借款合同是实践合同,申言之,其成立不仅需要当事人双方意思表示一致,还需要交付标的物(提供借款)。将自然人之间的借款合同定性为实践合同的理由主要在于:自然人之间的借款合同多具有无偿性,故而赋予贷款人合同自由,从而使其可以斟酌选择是否交付借款以至合同成立。

2　值得注意的是,基于合同自由原则的考量,不应禁止当事人(二者皆为

[①] 参见王利明:《合同法研究(第三卷)》(第二版),中国人民大学出版社2015年版,第268页。

[②] 参见谢鸿飞、朱广新主编:《民法典评注:合同编·典型合同与准合同1》,中国法制出版社2020年版,第450—451页(胡旭东执笔)。

自然人)约定他们之间的借款合同为诺成合同。然而,该约定必须是在双方当事人已经意识到自然人之间的借款合同本为实践合同的情况下而仍有意于约定为诺成合同,否则将违反该规范的立法目的。

二、自然人之间借款合同的成立时间

根据本条规定,自然人之间借款合同的成立时间为"贷款人提供借款时",此规定过于笼统。因此,应当根据《民间借贷解释》第9条规定予以具体化:1.以现金支付的,自借款人收到借款时;2.以银行转账、网上电子汇款等形式支付的,自资金到达借款人账户时;3.以票据交付的,自借款人依法取得票据权利时;4.出借人将特定资金账户支配权授权给借款人的,自借款人取得对该账户实际支配权时;5.出借人以与借款人约定的其他方式提供借款并实际履行完成时。

三、证明责任

贷款人须就自然人双方存在借款合意、已实际提供借款等事实承担证明责任。

第六百八十条　【借款利息规制】禁止高利放贷,借款的利率不得违反国家有关规定。

借款合同对支付利息没有约定的,视为没有利息。

借款合同对支付利息约定不明确,当事人不能达成补充协议的,按照当地或者当事人的交易方式、交易习惯、市场利率等因素确定利息;自然人之间借款的,视为没有利息。

一、高利放贷的认定及法律后果

根据本条第1款的规定可知,是否构成"高利放贷"需考察借款利率是否违反"国家有关规定"。"国家有关规定"的范畴则既包括金融主管、监管机关制定的金融政策,也包括司法机关所制定的司法解释,甚至还能被转介至部分行政法规。① 例如,根据《民间借贷解释》第25条规定,借款利率不得超过合同成立时一年期贷款市场报价利率(Loan Prime Rate;简称"LPR")的4倍,故而若超过此标准即构成所谓的高利放贷。

值得注意的是,实践中频繁出现隐蔽式的高利放贷,即以预扣利息、高额的复利标准和逾期利息、高额违约金、服务费用等形式规避利息法定限额标准。这显然与立法精神相违背,因此,无论以何种名目约定和叠加,总计都不

---

① 参见刘勇:《〈民法典〉第680条评注(借款利息规制)》,载《法学家》2021年第1期。

得超过上述的法定限额标准。①《民间借贷解释》第 26—30 条即采取此种立场。

高利放贷的法律后果有两种情形:1. 根据本法第 156 条及《民间借贷解释》第 25 条的规定,约定利率超过法定限额标准部分无效。2. 根据《民间借贷解释》第 13 条第 1 项的规定,套取金融机构资金转贷合同全部无效。

二、借款合同未约定利息

若借款合同对支付利息未作出约定的,法律拟制该借款合同不存在利息。值得注意的是,本条第 2 款属于任意性规范,其应以意思表示解释的结果为其适用前提。因此,不存在"能否反证"的问题。②

三、借款合同利息约定不明确

本条第 3 款属于本法第 510 条的特殊规范,即合同漏洞填补规则。根据该款规定,若合同对支付利息约定不明确,则应当按照以下顺序处理:1. 当事人协议补充;2. 不能达成补充协议的,按照当地或者当事人的交易方式、交易习惯、市场利率等因素确定利息。

值得注意的是,若借款合同的当事人均为自然人,且该借款合同利息约定不明,则视为没有利息。作此推定的理由在于:自然人之间的借贷道德色彩浓厚,其多存在于特定关系人之间,无息借贷有助于鼓励社会互助义行。

四、证明责任

贷款人须就借款事实以及当事人之间的利率或利息约定承担证明责任。借款人欲证明贷款人高利放贷的,其须就真实利率提供证明责任。

第十三章　保证合同

第一节　一般规定

第六百八十一条　【保证合同的概念】保证合同是为保障债权的实现,保证人和债权人约定,当债务人不履行到期债务或者发生当事人约定的情形时,保证人履行债务或者承担责任的合同。

一、保证合同的概念与性质

保证,是指债权人与第三人约定,当债务人不履行其债务或发生约定情

---

① 参见谢鸿飞、朱广新主编:《民法典评注:合同编·典型合同与准合同 1》,中国法制出版社 2020 年版,第 469—470 页(胡旭东执笔)。
② 参见刘勇:《〈民法典〉第 680 条评注(借款利息规制)》,载《法学家》2021 年第 1 期。

形时,该第三人按照约定履行债务或承担债务不履行责任的担保方式。① 简言之,保证系为确保主债务的履行为目的,由保证人与债权人缔结的合同。② 在保证合同中,债权人不向保证人支付报酬,但保证人对债权人负担保证债务。换言之,保证合同中只有保证人负担主给付义务,因此,学说上认为保证合同具有单务性、无偿性。③ 当然,保证合同的无偿性不影响保证人与债务人之关系的有偿性,二者可以约定债务人向保证人支付对价以补偿保证人提供的信用支持。

保证涉及三组法律关系:第一,债权人与债务人之间的主债权债务关系。保证债务以主债务的存在或将来可能存在为前提,随主债务的消灭而消灭。其范围和强度不得超过主债务,不得与主债务分离而为移转,④是谓保证的从属性(详见本法第682条)。第二,债权人与保证人之间的保证合同关系。第三,债务人与保证人之间的补偿关系,此涉及保证人为主债务提供保证的原因,并与保证人是否享有对债务人的追偿权有关(详见本法第700条)。值得说明的是,债务人与保证人之间的内部关系之不存在、无效、有抗辩或其他效力障碍事由都不会影响保证合同的效力。⑤

保证合同,系为保障债权的实现而设。虽然本法第682条规定,保证合同为"主债权债务合同的从合同",仅提及了为合同之债提供保证的情况。但在我国民法上,债的发生原因并不限于合同,尚包括侵权行为、无因管理、不当得利及其他法律事实。保证人为非合同之债提供保证的合理性被各国法律与司法实践普遍认可。⑥ 因此,应当承认我国民法上的非合同债务也可以成为保证的主债务,在解释本条中的"债权""债务"时不应受本法第682条的影响。

根据条文表述,保证债务表现为"履行债务"或者"承担责任"。其中,"履行债务"是指由保证人代债务人完成主债务的原定给付,仅适用于不具有人身专属性的给付义务。⑦ 解释上有人认为,所谓"承担责任",是指保证

---

① 参见崔建远主编:《合同法》(第六版),法律出版社2016年版,第139页。
② 参见黄茂荣:《债法分则之二:劳务之债》,厦门大学出版社2020年版,第444页。
③ 参见高圣平:《担保法论》,法律出版社2009年版,第87页。
④ 参见崔建远主编:《合同法》(第六版),法律出版社2016年版,第140页。
⑤ 参见黄茂荣:《债法分则之二:劳务之债》,厦门大学出版社2020年版,第444页。
⑥ 参见程啸:《保证合同研究》,法律出版社2006年版,第23页。另参见原《担保法解释》第1条。
⑦ 参见高圣平:《担保法论》,法律出版社2009年版,第84页。

人不能代替债务人履行义务时所应承担的责任,[1]具体而言,是指由原给付义务转化然而来的次给付义务(损害赔偿义务)。[2] 有学说认为,将"履行债务"与"承担责任"并列,并不符合债务与责任相区分的法理。[3] 本书认为,本条规定保证人"承担责任"实际上是指在债务人不履行到期债务从而须承担损害赔偿责任的情况下,保证人对该损害赔偿责任承担保证责任。易言之,主债务并非债务人负担的原给付义务,而是债务人可能负担的次给付义务。在具有人身专属性的给付情形,保证人只可能为债务人承担债务不履行责任。[4]

5   我国现行法上有如下保证类型:第一,按照保证方式的不同,分为一般保证(本法第687条)与连带责任保证(本法第688条);第二,按照保证的形态不同,分为普通保证与特殊保证,后者包括共同保证(本法第699条)、最高额保证(本法第690条)、反保证(本法第689条)。[5]

6   从比较法以及法律实践看,还存在一种特殊保证,即副保证(Nachbürgschaft)。副保证担保的并非主债务关系中的债务,而是保证关系中的保证义务。例如,甲对乙享有1000万元债权,丙为该债权提供保证,丁与甲也签订保证合同,约定丙不履行保证义务的,由丁为丙履行义务。结果是,在丁为丙履行保证义务后,丁取得对丙的追偿权。[6]

二、与类似概念的辨析

(一)债务加入

7   本法第552条规定了债务加入。在债务加入的场合,第三人与债务人承担连带债务,而且在内部关系中责任的最终承担主体未必是债务人,依约定第三人可能与债务人分担责任,甚至可能由第三人承担全部责任。而在保证关系中,即便是连带责任保证或抛弃先诉抗辩权的一般保证,保证人与债务人也仅形成一种不真正连带债务。[7] 依此,责任的最终承担主体应为债务人。此外,保证人受保证期间的保护,而债务加入中的第三人则不受类似期间的保护。第三人参与债务关系,究竟构成保证还是债务加入,应通过解释

---

[1] 参见最高人民法院民法典贯彻实施工作领导小组主编:《中华人民共和国民法典合同编理解与适用(二)》,人民法院出版社2020年版,第1282页。
[2] 潮見佳男『債権総論Ⅱ』(信山社、2005年)第439頁参照。
[3] 参见程啸:《保证合同研究》,法律出版社2006年版,第23页。
[4] 内田貴『民法Ⅲ債権総論・担保物権』(東京大学出版会、2005年)第348頁。
[5] 参见程啸:《保证合同研究》,法律出版社2006年版,第4页。
[6] Vgl. Medicus/Lorenz, Schuldrecht BT., 18. Aufl., 2019, S. 364.
[7] 参见黄茂荣:《债法分则之二:劳务之债》,厦门大学出版社2020年版,第453页。

当事人的意思表示加以确定。① 相较于保证,成立债务加入就第三人之法律地位更为不利,故解释存疑时,应将第三人的表示认定为保证。②

(二)第三人清偿

保证与第三人清偿的区别在于:第一,保证债务是基于保证合同而发生的,第三人清偿则具有多种原因,第三人既可能基于与债务人订立的向第三人履行的合同(本法第522条第1款)而向债权人清偿,也可能并非基于合同而清偿,如抵押人为了避免抵押物被拍卖而清偿主债务。第二,保证人在承担保证责任后对债务人享有追偿权,且依本法第700条法定取得主债权,而清偿债务的第三人则未必皆对债务人享有追偿权,也未必皆可依法取得债权人的债权。

(三)信用保险

信用保险是保险公司提供的一种财产保险,旨在为债务增信。据此,债务人到期不履行债务的,由保险公司向债权人理赔,支付债款或者赔偿金。从经济功能看,信用保险非常接近于保证。区别在于,信用保险是一种保险,须适用保险法的相关规定,仅在个别问题上才有可能类推适用保证合同法的规则。此外,信用保险通常由债权人购买,向保险公司支付对价(保险费),反之,保证如果需要支付对价,则由债务人向保证人支付。

(四)第三人的回购义务

在投融资实践中,当事人经常在股权转让合同、债权转让合同等合同中设置回购条款,约定在特定条件下,转让方或者第三人有义务以约定价格回购标的。如果回购义务人为第三人,则该回购义务具有增信作用,可以保障受让方支出的资金得以收回。第三人的回购义务并非保证义务,因为保证人为主债务承担责任后并未从债权人处取得该债务的对待给付,反之,第三人履行回购义务后从债权人处取得对待给付请求权,即股权、债权等交易标的之移转请求权。

(五)保护人声明

保护人声明(Patronatserklärung)也称安慰函(letter of comfort),是指对于债权人与债务人之间的交易具有利益关系的第三人为促成或者维持该交易向债权人表示将对债务的履行提供必要支持。该第三人即为保护人,可能是政府,但更常见的是债务人的母公司或者关联企业。安慰函究竟是否构成法

---

① 参见王利明:《我国〈民法典〉保证合同新规则释评及适用要旨》,载《政治与法律》2020年第12期;崔建远:《论保证规则的变化》,载《中州学刊》2021年第1期。

② 参见《民法典担保制度解释》第36条第3款。

律行为,不可一概而论,须通过解释予以判定。① 德国民法理论区分了"刚性"保护人声明与"柔性"保护人声明。② 前者构成法律行为,后者不构成法律行为。"刚性"保护人声明产生一项保护人对债权人的合同义务。与保证不同,保护人的义务原则上并非表现为保护人直接向债权人支付债款,而是表现为保护人为债务人提供履行债务所需资金。具体操作上,保护人可以向子公司(债务人)增资,也可以将资金借给子公司用于还债。③

第六百八十二条 【保证合同的从属性;保证合同无效后果】保证合同是主债权债务合同的从合同。主债权债务合同无效的,保证合同无效,但是法律另有规定的除外。

保证合同被确认无效后,债务人、保证人、债权人有过错的,应当根据其过错各自承担相应的民事责任。

一、保证合同的从属性

1 依民法原理,担保具有从属性(Akzessorietät),即担保义务或者担保责任从属于主债务,与其共命运。就保证而论,保证债务从属于主债务。④ 本条第1款规定了保证合同的从属性,将保证的从属性界定为"保证合同是主债权债务合同的从合同",其妥当性值得推敲。⑤ 实际上,在主债务合同无效的情况下,主债务不存在,依保证债务的从属性原理,保证债务自然不发生,无须探究保证合同的效力。本条规定保证(合同)的从属性体现在如下几个方面:

2 成立上或发生上的从属性。通常情况下,保证以主债权的存在为前提,但也可以对将来或者附条件的债权提供保证,⑥只不过此时承认担保权利的存续并无实际功用。⑦ 问题的关键在于,担保权利可得行使之时,被担保的债权必须特定,此即所谓担保债权(主债权)的特定原则。⑧

3 效力上的从属性。本条规定,在保证合同系为担保合同债权而设的情形

---

① 参见杨良宜:《合约的解释》,法律出版社2015年版,第70页。
② Vgl. Palandt/Grüneberg (2020),§311 Rn. 24.
③ 参见杨代雄:《法律行为论》,北京大学出版社2021年版,第67页。
④ Vgl. Medicus/Lorenz, Schuldrecht BT.,18. Aufl.,2019, S. 359.
⑤ 类似观点参见李运杨:《担保的移转从属性及其例外——以中德比较为视角》,载《中国海商法研究》2020年第3期;刘骏:《主合同无效后担保权存续论》,载《比较法研究》2021年第2期。
⑥ 参见崔建远主编:《合同法》(第六版),法律出版社2016年版,第140页。
⑦ 参见高圣平:《民法典担保从属性规则的适用及其限度》,载《法学》2020年第7期。
⑧ 参见王利明:《合同法研究(第四卷)》(第二版),中国人民大学出版社2017年版,第259页。

下,如果主合同无效,则保证合同亦归于无效。然而,不仅因合同而产生的债权可以成为主债权,而且因侵权行为、无因管理、不当得利或者其他法律规定而发生的债权也可以作为主债权,[①]由保证人与债权人订立保证合同予以担保。此时,保证合同显然并非从合同,因为根本不存在主合同。

范围和强度上的从属性。保证合同系为担保主债务而设,故保证债务的范围、数额或者形态(条件、期限)不得大于或者重于主债务的范围、数额或者形态。[②]但由于保证合同本身构成一个独立的债之关系,故其范围和强度可以小于主债务,如有限保证[③](详见本法第 691 条评注),[④]但不得超过主债务,[⑤]否则应缩减至主债务的限度内。[⑥]

移转上的从属性。参见本法第 696 条、第 697 条评注。

变更上的从属性。参见本法第 695 条评注。

消灭上的从属性。在主债务消灭时,保证债务也随之消灭。[⑦]值得注意的是,若主合同当事人约定"以新贷偿还旧贷",为旧贷提供担保的保证人同意继续为新贷提供保证的,其保证债务不消灭。若为新贷提供担保的保证人对以新贷偿还旧贷的事实不知道且不应当知道的,其不负担保证债务。[⑧]

抗辩上的从属性。参见本法第 701 条评注。

二、保证合同从属性的例外

本条第 1 款但书,系针对担保合同从属性之例外作出的规定。其主要涉及最高额保证(参见本法第 690 条评注)与独立保证。[⑨]

三、保证合同被确认无效后的法律效果

本条第 2 款规定了保证合同被确认无效后的法律效果。一般认为,保证合同无效后,保证人应承担缔约过失责任。[⑩]若保证人实施欺诈,则亦构成

---

① 参见高圣平:《民法典担保从属性规则的适用及其限度》,载《法学》2020 年第 7 期。
② 参见程啸:《保证合同研究》,法律出版社 2006 年版,第 214 页。
③ 内田貴『民法Ⅲ債権総論・担保物権』(東京大学出版会,2005 年)第 348 頁参照。
④ 参见崔建远主编:《合同法》(第六版),法律出版社 2016 年版,第 141 页。
⑤ 参见《民法典担保制度解释》第 3 条第 1 款。
⑥ 参见王利明:《合同法研究(第四卷)》(第二版),中国人民大学出版社 2017 年版,第 244 页。
⑦ 参见崔建远主编:《合同法》,法律出版社 2016 年版,第 140 页。
⑧ 参见《民法典担保制度解释》第 16 条。
⑨ 参见高圣平:《民法典担保从属性规则的适用及其限度》,载《法学》2020 年第 7 期。
⑩ 参见高圣平:《担保法论》,法律出版社 2009 年版,第 58 页。反对观点,参见程啸:《保证合同研究》,法律出版社 2006 年版,第 170 页;程啸:《主合同无效时保证人的责任问题——兼评最高人民法院〈担保法解释〉第 8、9 条》,载《法学论坛》2005 年第 6 期。

侵权责任。在解释上,合同不成立、被撤销也应类推适用本款规定。[1]

11　在主合同有效而保证合同无效的情形中,保证人的责任以如下方式确定:第一,债权人与保证人均有过错的,保证人承担的赔偿责任不应超过债务人不能清偿部分的二分之一;第二,担保人有过错而债权人无过错的,担保人对债务人不能清偿的部分承担赔偿责任;第三,债权人有过错而担保人无过错的,担保人不承担赔偿责任。[2]

12　在主合同无效导致保证合同无效的情形中,保证人的责任以如下方式确定:第一,保证人无过错的,不承担赔偿责任;第二,保证人有过错的,其承担的赔偿责任不应超过债务人不能清偿部分的三分之一。[3]

13　在主合同、保证合同各自无效的情形,保证人的责任以如下方式确定:第一,债权人、债务人、保证人均有过错,保证人的赔偿责任应当是债务人不能清偿的某一份额,也就是承担部分赔偿责任;第二,保证人没有过错的,不承担赔偿责任;第三,债权人无过错的,保证人对债务人不能清偿的部分承担赔偿责任。[4]

四、证明责任

14　债权人请求保证人承担保证合同无效、不成立、被撤销的损害赔偿责任的,应对保证人的过错承担证明责任。

第六百八十三条　【禁止为保证人的主体】机关法人不得为保证人,但是经国务院批准为使用外国政府或者国际经济组织贷款进行转贷的除外。

以公益为目的的非营利法人、非法人组织不得为保证人。

第六百八十四条　【保证合同内容】保证合同的内容一般包括被保证的主债权的种类、数额,债务人履行债务的期限,保证的方式、范围和期间等条款。

第六百八十五条　【保证合同形式】保证合同可以是单独订立的书面合同,也可以是主债权债务合同中的保证条款。

第三人单方以书面形式向债权人作出保证,债权人接收且未提出异议的,保证合同成立。

---

[1] 参见崔建远:《物权:规范与学说——以中国物权法的解释论为中心(下册)》,清华大学出版社 2011 年版,第 737 页。
[2] 参见《民法典担保制度解释》第 17 条第 1 款。
[3] 参见《民法典担保制度解释》第 17 条第 2 款。
[4] 参见高圣平:《担保法论》,法律出版社 2009 年版,第 62 页;曹士兵:《中国担保制度与担保方法》(第四版),中国法制出版社 2017 年版,第 102—103 页。

一、作为要式合同的保证合同

一般认为,保证合同须以书面形式订立,属于要式合同。[1] 书面形式为保证合同的成立要件,[2]除保存证据外,还有提醒保证人认识保证之风险的作用。[3]

合同的书面形式应遵循本法第469条的要求。依该条,合同的书面形式不仅包括合同书等有形地表现所载内容的形式,尚包含电子数据交换、电子邮件等数据电文。但为落实书面形式对于保证人的警示意义,应慎重考虑以电子方式作出保证表示的合理性,[4]尤其是本条第2款中的单方保证表示。

二、保证合同的不同表现形式

保证合同具有多种不同的表现形式,较为常见的有以下几种:

债权人与保证人订立书面保证合同。

主合同中的保证条款。如果保证人、债权人、债务人在该合同中共同签字或者盖章,保证合同成立。

保证人在主合同上以保证人身份签字或盖章(原《担保法解释》第22条第2款)。在司法实践中,判断第三人是否有提供保证的意思表示,需要通过解释予以确定。[5]

保证人单方以书面形式向债权人作出保证意思表示,债权人接受且未提出异议的,保证合同成立。本条第2款对此予以明确规定。"债权人接受且未提出异议"构成对保证人书面要约的默示同意,[6]这是本法第140条第2款法定沉默意思表示的一种[7]。这表明,本条第2款放宽了保证合同的书面形式要求,只要保证人的意思表示采用书面形式即可。之所以如此,是因为保证合同使债权人纯获利益,无须要求债权人通过采用书面形式来警示自己。不过,书面形式既包括经过签章的纸质担保书,也包括数据电文形式,前者显然比后者更为正式,更有助于警示保证人慎重考虑担保风险。在降低债

---

[1] 参见崔建远:《合同法》(第六版),法律出版社2016年版,第142页。
[2] 参见最高人民法院民法典贯彻实施工作领导小组主编:《中华人民共和国民法典合同编理解与适用(二)》,人民法院出版社2020年版,第1307页。
[3] 参见黄茂荣:《债法分则之二:劳务之债》,厦门大学出版社2020年版,第463页。
[4] 参见薛夷风:《我国金融借贷法律关系中的自然人保证制度——以自然人保证的书面要式规范为视角》,载《厦门大学学报:哲学社会科学版》2019年第3期。
[5] 参见曹士兵:《中国担保制度与担保方法》(第四版),中国法制出版社2017年版,第135—136页。
[6] 参见黄薇主编:《中华人民共和国民法典合同编解读(上册)》,中国法制出版社2020年版,第749页。
[7] 参见杨代雄:《法律行为论》,北京大学出版社2021年版,第159页。

权人意思表示形式要求的同时,为保护保证人,理应适当提高保证人意思表示的形式要求,因此,宜将本条第2款中的"书面形式"限缩解释为经过签章的纸质担保书。实际上,原《担保法解释》第22条第1款亦规定"书面保证要约+债权人沉默承诺"模式仅适用于保证人单方出具担保书。

7　　口头保证且形式瑕疵被补正。当事人以口头形式提供保证,不满足形式要求,保证合同不成立。但是,若保证人已经履行主要义务,且债权人接受的,当事人系通过履行行为补正了形式瑕疵(详见本法第490条第2款),保证合同成立。

8　　第三人承诺文件。[1] 司法实践中,存在第三人向债权人提供承诺文件的情况,此类承诺文件是否构成保证,系一解释问题。如果第三人向债权人提供差额补足、流动性支持等类似承诺文件作为增信措施,具有提供担保的意思表示,债权人请求第三人承担保证责任的,应当依照保证的有关规定处理。[2]

三、证明责任

9　　债权人应对保证合同的成立承担证明责任。

第六百八十六条　【保证方式】保证的方式包括一般保证和连带责任保证。

当事人在保证合同中对保证方式没有约定或者约定不明确的,按照一般保证承担保证责任。

一、保证方式

本条规定保证方式包含如下两种类型:

(一)一般保证

1　　一般保证是指,当事人在保证合同中约定,债务人不能履行债务时,由保证人承担保证责任的一种保证方式(详见本法第687条)。

(二)连带责任保证

2　　连带责任保证是指,当事人在保证合同中约定保证人和债务人对债务承担连带责任的一种保证方式。(详见本法第688条)。[3]

二、保证方式不明的解释规则

3　　一般保证具有补充性,在债务人不履行债务时,债权人首先应当向债务

---

[1] 参见曹士兵:《中国担保制度与担保方法》(第四版),中国法制出版社2017年版,第137—139页。
[2] 参见《民法典担保制度解释》第36条第1款。
[3] 参见邱聪智:《新订债法各论(下)》,元照出版有限公司2002年版,第600页。

人请求履行,只有当债务人的财产经强制执行而无效果时,保证人才履行保证债务,此即所谓先诉抗辩权(详见本法第687条)。① 连带责任保证则不具有补充性的特点,连带责任保证人不享有先诉抗辩权。相较而言,一般保证人的法律地位更为优越,故传统民法上,保证都是以一般保证为原则,我国《民法典》亦不例外。因此,本条第2款规定,当事人在保证合同中对保证方式没有约定或者约定不明确的,推定成立一般保证。

三、证明责任

债权人主张保证方式为连带责任保证的,须对此承担证明责任。

第六百八十七条 【一般保证与先诉抗辩权】当事人在保证合同中约定,债务人不能履行债务时,由保证人承担保证责任的,为一般保证。

一般保证的保证人在主合同纠纷未经审判或者仲裁,并就债务人财产依法强制执行仍不能履行债务前,有权拒绝向债权人承担保证责任,但是有下列情形之一的除外:

(一)债务人下落不明,且无财产可供执行;

(二)人民法院已经受理债务人破产案件;

(三)债权人有证据证明债务人的财产不足以履行全部债务或者丧失履行债务能力;

(四)保证人书面表示放弃本款规定的权利。

一、一般保证

有学说认为,本条第1款中所谓债务人"不能履行债务"是指,债务人的方便执行的财产经强制执行后不能履行主债务,并不是"不履行主债务"。② 就此而论,对于"不能履行债务"的判断须经过强制执行程序。此外,在司法实践中,方便执行的财产是指无须变现或容易变现的财产。③

在实践中,当事人在订立保证合同之时,可能并未明确保证方式,此时,究竟构成一般保证还是连带保证,是一解释上的问题(详见本法第686条评注,边码3)。如果当事人在保证合同中约定了保证人在债务人不能履行债务或者无力偿还债务时才承担保证责任等类似内容,具有债务人应当先承担

---

① 参见邱聪智:《新订债法各论(下)》,元照出版有限公司2002年版,第544页。
② 参见曹士兵:《中国担保制度与担保方法》(第四版),中国法制出版社2017年版,第105页;原《担保法解释》第131条。
③ 参见曹士兵:《中国担保制度与担保方法》(第四版),中国法制出版社2017年版,第105页。

责任的意思表示,则应当将其认定为一般保证。①《民法典担保制度解释》第25条第1款对此予以规定。

二、一般保证人的先诉抗辩权

(一)先诉抗辩权的概念与特点

先诉抗辩权,是指一般保证的保证人在债权人向其请求履行保证债务时,有权要求债权人先就债务人的财产诉请强制执行,在主合同债权纠纷未经审判或仲裁,并就债务人财产依法强制执行仍不能清偿前,保证人可以拒绝履行保证债务的抗辩权。② 先诉抗辩权的实质在于,赋予保证人"顺序利益"。③

先诉抗辩权具有如下特点:第一,先诉抗辩权是保证人对抗债权人的清偿要求的防御性、阻却性权利;第二,先诉抗辩权为一般保证人所享有;第三,先诉抗辩权是一时(延缓)抗辩权;第四,先诉抗辩权可以在诉讼内、诉讼外行使。④

(二)行使先诉抗辩权的法律效果

先诉抗辩权属于抗辩权的一种,与其他抗辩权行使的法律效果相似。具体而言,保证人行使先诉抗辩权将产生如下效果:第一,延缓保证债务的履行,但并不消灭债权人的权利和保证人的债务;第二,使保证人的债务履行期不届至,不发生迟延履行责任;第三,在先诉抗辩权行使后至其消灭期间,债权人不得以其对保证人的债务对保证人为抵销,此时抵销不适状;第四,债权人已经申请强制执行,人民法院作出终结本次执行程序裁定,或者依照《民事诉讼法》第264条第3项、第5项的规定作出终结执行裁定,且未能实现全部债权的,债权人可就剩余部分向保证人请求履行。⑤

(三)先诉抗辩权的排除

先诉抗辩权系为保护保证人利益而设,但亦须与债权人利益保护相得益彰。本条第2款但书,承袭大陆法系传统,明文规定了保证人不得行使先诉抗辩权的情形,具体包括:

第一,债务人下落不明,且无财产可供执行。债务人下落不明导致债权

---

① 参见华融国际信托有限责任公司、凯迪生态环境科技股份有限公司金融借款合同纠纷案,最高人民法院民事判决书(2019)最高法民终560号;中铁九局集团有限公司、中铁九局集团成都工程有限公司金融借款合同纠纷案,最高人民法院民事判决书(2019)最高法民终1487号。
② 参见高圣平:《担保法论》,法律出版社2009年版,第154—155页。
③ 参见张海燕:《民事补充责任的程序实现》,载《中国法学》2020年第6期。
④ 参见高圣平:《担保法论》,法律出版社2009年版,第154—156页。
⑤ 同上注,第157页。

人请求债务人履行债务发生重大困难,而对于重大困难的判断,应综合诉讼及执行的难易程度、债权人的财产状况等客观情况进行。①

第二,人民法院已经受理债务人破产案件。根据《企业破产法》第19条,人民法院受理债务人破产案件后,债权人已无法执行债务人的责任财产,债权人将来也极有可能无法从债务人处实现债权,故法律不允许保证人行使先诉抗辩权。② 如果该当破产债务有保证人提供担保的,债权人可以不向破产管理人申报债权,而径行请求保证人履行保证债务,也可以既申报债权,又请求保证人履行保证债务。③ 同时,为确保保证人的利益不因债务人破产而贬损,保证人可以依《企业破产法》第51条第2款,在债权人未申报债权的情况下,向破产管理人申报债权,预先行使对债务人的追偿权。

第三,债权人有证据证明债务人的财产不足以履行全部债务或者丧失履行债务能力。

第四,保证人书面表示放弃先诉抗辩权。保证人放弃先诉抗辩权之后,该权利绝对消灭,保证人无法再行主张。④ 如果一般保证的保证人在享有先诉抗辩权的情况下依然履行了保证债务,应视为默示放弃先诉抗辩权。⑤ 放弃先诉抗辩权的一般保证,法理构造与连带责任保证相同。⑥

三、证明责任

一般保证的债权人请求保证人履行保证债务,保证人主张先诉抗辩权的,债权人不仅须证明债务人不履行债务的事实,还须证明已就债务人的财产依法强制执行后仍不能完全受偿,或者证明存在本条第2款但书所列情形之一。

第六百八十八条 【连带责任保证】当事人在保证合同中约定保证人和债务人对债务承担连带责任的,为连带责任保证。

连带责任保证的债务人不履行到期债务或者发生当事人约定的情形时,债权人可以请求债务人履行债务,也可以请求保证人在其保证范围内承担保证责任。

---

① 参见黄薇主编:《中华人民共和国民法典合同编释义》,法律出版社2020年版,第493页。
② 同上注,第494页。
③ 参见《民法典担保制度解释》第23条第1款。
④ 参见高圣平:《担保法论》,法律出版社2009年版,第159页。
⑤ 同上注。
⑥ 参见黄茂荣:《债法分则之二:劳务之债》,厦门大学出版社2020年版,第453页。

一、规范内容

1　　与一般保证不同,连带责任保证的保证人并不享有先诉抗辩权,只要有债务人履行期届至不履行债务的事实或发生当事人约定的情形,债权人即可要求保证人履行保证债务。换言之,在外部关系上,债务人与保证人构成债权人的连带债务人。

2　　实践中,如果当事人在保证合同中约定了保证人在债务人不履行债务或者未偿还债务时即承担保证责任、无条件承担保证责任等类似内容,不具有债务人应当先承担责任的意思表示,则应当将其认定为连带责任保证。① 同一债务既有保证也有物保,保证合同约定保证方式为连带责任保证,如果各方当事人又约定保证人仅在物保不足以受偿全部债务的情况下才承担保证责任的,则该保证仍为连带责任保证,因为连带责任保证之"连带"着眼于保证人和债务人的责任顺位,与保证人和物上担保人的责任顺位无关。

3　　本条第2款是请求权规范,债权人对连带责任保证人的请求权以此为基础。

二、证明责任

4　　连带责任保证的债权人请求保证人履行保证债务的,只需证明有债务人届期不履行债务的事实即可。②

第六百八十九条　【反担保】保证人可以要求债务人提供反担保。

第六百九十条　【最高额保证】保证人与债权人可以协商订立最高额保证的合同,约定在最高债权额限度内就一定期间连续发生的债权提供保证。

最高额保证除适用本章规定外,参照适用本法第二编最高额抵押权的有关规定。

一、最高额保证的概念

1　　最高额保证,是指保证人与债权人约定,就债权人与债务人在一定期间内连续发生的债务预定最高限额,由保证人承担保证责任的合同。最高额保证是保证的一种形式,但不是本法第686条规定的担保方式,本法有关一般保证和连带责任保证的规范对最高额保证仍然适用。由此,按照保证方式的

---

① 参见华融国际信托有限责任公司、凯迪生态环境科技股份有限公司金融借款合同纠纷案,最高人民法院民事判决书(2019)最高法民终560号;中铁九局集团有限公司、中铁九局集团成都工程有限公司金融借款合同纠纷案,最高人民法院民事判决书(2019)最高法民终1487号;《民法典担保制度解释》第25条第2款。
② 参见高圣平:《担保法论》,法律出版社2009年版,第90页。

不同可以将最高额保证分为最高额一般保证与最高额连带责任保证。①

最高额保证与普通保证都须以主债务的存在为前提,只是最高额保证所从属者,并非一个确定的主债务,而是债权人与债务人在一定期间内连续发生的相互间具有关联性、同质性的债务,且该连续发生的债务还受约定的最高额的限制。② 就此而论,最高额保证的从属性要求得到了缓和。债权人与债务人在一定期间内连续发生的合同债务如果存在无效情形,也不会导致保证合同无效。

最高额保证与最高额抵押具有相似性,因此在相似的范围内可以参照适用本法有关最高额抵押的有关规定。③

二、最高额保证的确定

(一)"最高债权额限度"的确定

最高额保证中的"最高债权额限度"是指,最高额保证中债权发生期间终止时,通过决算所确定的债权人实际享有的债权余额的最高限额,当债权余额未超过最高限额时,保证人按照实际发生的债权余额承担保证责任;当债权余额已超过最高限额时,保证人按最高限额承担保证责任。④ 就其内容而言,"最高债权额限度"包括主债权及其利息、违约金、损害赔偿金、实现债权或者实现担保权利的费用等在内的全部债权,但是当事人另有约定的除外。⑤

(二)最高额保证担保债权的确定时间

最高额保证中债权发生期间终止之日,也就是债权人被担保的债权确定之日。⑥ 形象地讲,此时被担保债权"结晶(crystallization)"了。由于本法在最高额保证的相关规范中并未规定债权确定的规则,因此,依本条第2款,可以参照适用本法第423条有关最高额抵押的债权确定规则。⑦

三、最高额保证的保证期间

(一)最高额保证中保证期间的起算

最高额保证合同对保证期间的计算方式、起算时间等有约定的,按照其约定;没有约定或者约定不明,被担保债权的履行期限均已届满的,保证期间

---

① 参见程啸:《保证合同研究》,法律出版社2006年版,第588—589页。
② 参见高圣平:《担保法论》,法律出版社2009年版,第202—203页。
③ 参见林文学、杨永清、麻锦亮、吴光荣:《〈关于适用民法典有关担保制度的解释〉的理解与适用》,载《人民司法》2021年第4期。
④ 参见高圣平:《担保法论》,法律出版社2009年版,第203页。
⑤ 参见《民法典担保制度解释》第15条第1款。
⑥ 参见程啸:《保证合同研究》,法律出版社2006年版,第593页。
⑦ 参见《民法典担保制度解释》第30条第3款。

自债权确定之日起开始计算;尚未届满的,保证期间自最后到期债权的履行期限届满之日起开始计算。

(二)最高额保证中保证期间的确定

7　最高额保证与普通保证在保证期间问题上并无实质区别。详见本法第692条评注。

四、证明责任

8　最高额保证的债权人请求保证人履行保证债务的,应证明被担保债权已经确定,且履行保证债务的条件已经成就。

第二节　保证责任

第六百九十一条　【保证债务的范围】保证的范围包括主债权及其利息、违约金、损害赔偿金和实现债权的费用。当事人另有约定的,按照其约定。

一、保证债务的法定范围

1　本条关于保证债务范围的规定属于任意性规范,区分了约定保证范围和法定保证范围,且以约定保证范围优先。当事人可就保证范围作出约定,明确排除或者确认相关债权是否属于保证责任的范围;如当事人就此未作约定,则适用法定的保证范围。①

2　根据本条主文,保证债务的法定范围包括主债权及其利息、违约金、损害赔偿金和实现债权的费用。所谓主债权是指对原给付本身的请求权,如借贷合同中的本金返还债权。与之对应的利息债权、违约金债权、损害赔偿金债权等是从债权。不过,从担保的从属性原理看,上述债权都是保证债权的主债权。学理上存在两种意义上的主从债关系。

二、保证债务的约定范围

3　本条但书规定,保证合同的当事人可以对保证债务的范围作出约定。

4　由于保证存在范围和强度上的从属性,故保证债务的范围、数额或者形态(条件、期限)不得大于或者重于主债务的范围、数额或者形态(详见本法第682条评注,边码4),否则应缩减至主债务的限度内。② 实践中,当事人可能对保证债务约定专门的违约责任,如违约金条款,或者约定的保证债务范

---

① 参见高圣平:《民法典担保从属性规则的适用及其限度》,载《法学》2020年第7期。
② 参见王利明:《合同法研究(第四卷)》(第二版),中国人民大学出版社2017年版,第244页。

围超出债务人应当承担的责任范围。① 对此,依《民法典担保制度解释》第3条第1款规定,保证人主张仅在债务人应当承担的责任范围内承担责任的,人民法院应予支持。不过,保证债务本身可能陷入履行迟延等违约情形,从而发生违约责任,对于保证人与债权人专门就此达成的违约金条款,仅以保证债务的从属性为由否定其效力,未必妥当。

由于保证合同本身构成一个独立的债之关系,故其范围和强度可以小于主债务。② 例如,债权人与保证人有减轻保证人保证债务的以下约定,其约定应属有效:第一,约定仅担保原本债务而不担保利息等从债务;第二,约定仅担保原本债务的一部分而不担保其全部;第三,约定仅担保债务不履行的损害赔偿而不担保主债务的履行本身;第四,约定仅就债务人的故意或者重大过失所致不履行提供保证,而不及于主债务不履行的全面。③

若当事人约定保证人仅保证原本债务的一部分而不保证其全部的,构成"有限保证"。④ 例如,保证人甲为数额1000万元的主债权提供600万元的保证。但问题是,如果债务人清偿了主债权中的600万元,保证债务是归于消灭还是仍然对主债权中剩余的400万元提供保证? 对此,较为恰当的解释规则应当是推定保证人有为主债权中至多600万元的任意部分提供保证的意思,因此,保证人仍应当对剩余400万元提供保证。⑤ 担保责任的不可分性原理亦可对此提供合理解释。

三、证明责任

债权人请求保证人履行保证债务的,应证明法定范围内的各项债权存在。当事人主张存在保证范围之特约的,应对此承担证明责任。

第六百九十二条 【保证期间】保证期间是确定保证人承担保证责任的期间,不发生中止、中断和延长。

债权人与保证人可以约定保证期间,但是约定的保证期间早于主债务履行期限或者与主债务履行期限同时届满的,视为没有约定;没有约定或者约定不明确的,保证期间为主债务履行期限届满之日起六个月。

债权人与债务人对主债务履行期限没有约定或者约定不明确的,保证期间自债权人请求债务人履行债务的宽限期届满之日起计算。

---

① 参见高圣平:《民法典担保从属性规则的适用及其限度》,载《法学》2020年第7期。
② 参见崔建远:《合同法》(第六版),法律出版社2016年版,第141页。
③ 参见邱聪智:《新订债法各论(下)》,元照出版有限公司2002年版,第517页。
④ 内田貴『民法Ⅲ債権総論・担保物権』(東京大学出版会、2005年)第348頁参照。
⑤ 同上注,第348页。

一、保证期间的概念

1 保证期间,也称"保证责任的期限",是指由当事人约定或者法律规定的保证人负担保证债务的期间,在该期间内如果债权人不依法定方式行为,则保证人于该期间届满后即免除保证责任。

2 关于保证期间的性质,理论界存在争议,目前存在诉讼时效说、除斥期间说、失权期间说、或有期间说等。① 但无论采纳哪一种学说都必须认识到:第一,保证期间为不变期间,不发生中止、中断和延长;第二,保证期间是保证人能够容忍债权人不积极行使权利的最长期间;②第三,人民法院在审理保证合同纠纷案件时,应当将保证期间是否届满、债权人是否在保证期间内依法行使权利等事实作为案件基本事实予以查明。③

二、保证期间的确定

(一)保证期间的起算时点

3 保证期间的起算时点依如下方式确定:第一,当事人有约定的,依其约定;第二,当事人没有约定,或存在起算时点不明确、没有意义等无法确定起算时点的各种情形的,为主债务履行期限届满之日;第三,主债务履行期限没有约定或者约定不明确的,依本条第3款,保证期间自债权人请求债务人履行债务的宽限期届满之日起计算。

(二)约定的保证期间

4 基于意思自治原则,约定的保证期间具有优先于法定保证期间适用的效力。当事人不仅可以约定保证期间的起算时点,还可以约定保证期间的长度。基于保证期间督促债权人主张权利、限制保证人责任的立法目的,④有学说认为,约定过长保证期间的正当性值得怀疑。⑤

5 若有当事人约定的保证期间不明确,或者当事人约定的保证期间没有意义等无法确定保证期间长度的各种情形,应适用法定保证期间的相关规范。例如,本条第2款但书规定,约定的保证期间早于主债务履行期限或者与主债务履行期限同时届满的,视为没有约定,保证期间为主债务履行期限届满之日起六个月。此外,保证合同约定保证人承担保证责任直至主债务本息还

---

① 参见黄薇主编:《中华人民共和国民法典合同编释义》,法律出版社2020年版,第526页。
② 参见高圣平:《担保法论》,法律出版社2009年版,第110页。
③ 参见《民法典担保制度解释》第34条第1款。
④ 参见黄薇主编:《中华人民共和国民法典合同编释义》,法律出版社2020年版,第526页。
⑤ 参见张谷:《论约定保证期间——以〈担保法〉第25条和第26条为中心》,载《中国法学》2006年第4期。

清时为止等类似内容的,视为约定不明,保证期间为主债务履行期限届满之日起六个月。①

(三)法定的保证期间

法定的保证期间,以当事人没有约定保证人负担保证债务的期间为条件。所谓"没有约定",应包括当事人约定的保证期间不明确,或者当事人约定的保证期间没有意义等无法确定保证期间长度的各种情形。②

本条第2款第2分句规定,当事人对于保证期间没有约定或者约定不明确的,法定的保证期间为主债务履行期限届满之日起六个月。

(四)无效保证适用保证期间

保证合同无效的情况下(详见本法第682条评注),保证期间是否仍然具有法律效力,是学理与实践中争议较大的问题。有观点认为,在保证合同无效情况下债权人所获得的利益不应超过保证合同有效时可能获得的利益,保证合同有效时债权人未在保证期间内向保证人主张权利,保证人免除保证债务,则保证合同无效时也应当一样。③ 有鉴于此,《民法典担保制度解释》第33条规定:"保证合同无效,债权人未在约定或者法定的保证期间内依法行使权利,保证人主张不承担赔偿责任的,人民法院应予支持。"不过,保证合同无效情形中债权人的损害赔偿请求权与保证权利终究有所不同,使其适用专为保证权利规定的保证期间,是否妥当,有待斟酌。

三、证明责任

一方当事人主张存在保证期间特约的,须对此承担证明责任。

第六百九十三条 【保证责任免除】一般保证的债权人未在保证期间对债务人提起诉讼或者申请仲裁的,保证人不再承担保证责任。

连带责任保证的债权人未在保证期间请求保证人承担保证责任的,保证人不再承担保证责任。

一、保证期间的法律效果

保证期间就是保证责任有效存续的期间。债权人在保证期间内未依法行使权利的,保证责任消灭。依《民法典担保制度解释》第34条第2款,保证责任消灭后,债权人书面通知保证人要求承担保证责任,保证人在通知书上签字、盖章或者按指印,债权人请求保证人继续承担保证责任的,人民法院不予

---

① 参见《民法典担保制度解释》第32条。
② 参见高圣平:《担保法论》,法律出版社2009年版,第117页。
③ 参见林文学、杨永清、麻锦亮、吴光荣:《〈关于适用民法典有关担保制度的解释〉的理解与适用》,载《人民司法》2021年第4期。

支持,但是债权人有证据证明成立了新的保证合同的除外。在这方面,保证期间与诉讼时效有所不同,诉讼时效期间届满并不导致权利消灭,所以义务人同意履行后又反悔的,权利人仍有权诉请其履行(本法第192条第2款)。

二、债权人在保证期间内主张权利的方式

本条规定,在保证期间内,债权人未主张权利的,将导致保证人的保证债务被免除,具体如下:

(一)一般保证

在一般保证中,由于保证人享有先诉抗辩权,因此应先由债务人履行其债务,只有在对其财产进行强制执行而无效果时才由保证人履行保证债务。依本条第1款,债权人须在保证期间内对债务人提起诉讼或申请仲裁,要求履行债务,否则保证债务被免除。

依《民法典担保制度解释》第31条第1款规定,一般保证的债权人在保证期间内对债务人提起诉讼或者申请仲裁后,又撤回起诉或者仲裁申请,债权人在保证期间届满前未再行提起诉讼或者申请仲裁,保证人主张不再承担保证责任的,人民法院应予支持。

在一般保证中,债权人主张权利的方式并非不能变通。依《民法典担保制度解释》第27条规定,一般保证的债权人取得对债务人赋予强制执行效力的公证债权文书,且在保证期间内向人民法院申请强制执行的,保证人不得以债权人未在保证期间内对债务人提起诉讼或者申请仲裁为由主张不再负担保证债务。

(二)连带责任保证

在连带责任保证中,保证人不享有先诉抗辩权,只要有债务人履行期届满不履行债务的事实或发生当事人约定的情形,债权人即可要求保证人履行保证债务。依本条第2款规定,如果债权人在保证期间内未要求保证人履行保证债务,将导致保证债务被免除。

依《民法典担保制度解释》第31条第2款规定,连带责任保证的债权人在保证期间内对保证人提起诉讼或者申请仲裁后,又撤回起诉或者仲裁申请,起诉状副本或者仲裁申请书副本已经送达保证人的,人民法院应当认定债权人已经在保证期间内向保证人行使了权利。在这方面,与一般保证相比,连带责任保证的债权人更受优待。

三、证明责任

债权人请求保证人履行保证债务,保证人以保证期间届满为由主张免于保证责任的,保证人应证明保证期间已经届满;债权人主张其已在保证期间内对债务人起诉或者申请仲裁的,或者主张其已在保证期间内请求连带责任保证人承担保证责任的,须对此承担证明责任。

第六百九十四条 【保证债务诉讼时效】一般保证的债权人在保证期间届满前对债务人提起诉讼或者申请仲裁的,从保证人拒绝承担保证责任的权利消灭之日起,开始计算保证债务的诉讼时效。

连带责任保证的债权人在保证期间届满前请求保证人承担保证责任的,从债权人请求保证人承担保证责任之日起,开始计算保证债务的诉讼时效。

一、保证期间与保证债务诉讼时效的区别

保证期间与诉讼时效不同。保证期间是保证人能够容忍债权人不行使权利的最长期间,该期间不以法定期间为限,而且属于不变期间。保证期间经过,保证债务免除,所以其为权利存续期间。保证债务的诉讼时效,是债权人得以诉讼方式请求人民法院保护其保证债权的法定期间,该期间为可变期间。诉讼时效经过而债权人不行使权利的,债务人可行使时效抗辩权,但债权人的实体权利并不消灭。

二、保证期间与保证债务诉讼时效的衔接

保证期间与保证债务诉讼时效皆有督促债权人行使权利的功能,二者在不同阶段发挥作用,相互衔接。

(一)一般保证

对于一般保证,主债务履行期届满时债务人未履行债务,主债务诉讼时效和保证期间开始同时计算。在保证期间届满前,债权人对债务人提起诉讼或申请仲裁的,保证期间因目的(督促债权人积极行使主债权)实现而失去意义。之后,从"保证人拒绝承担保证责任的权利"即先诉抗辩权消灭之日起开始计算保证债务的诉讼时效。

若一般保证的债权人在保证期间届满前对债务人提起诉讼或者申请仲裁,判断保证债务的诉讼时效何时起算(先诉抗辩权何时消灭),依《民法典担保制度解释》第 28 条规定,应按如下标准确定:第一,人民法院作出终结本次执行程序裁定,或者依照《民事诉讼法》第 264 条第 3 项、第 5 项的规定作出终结执行裁定的,自裁定送达债权人之日起开始计算;第二,人民法院自收到申请执行书之日起一年内未作出前项裁定的,自人民法院收到申请执行书满一年之日起开始计算,但是保证人有证据证明债务人仍有财产可供执行的除外;第三,债权人举证证明存在本法第 687 条第 2 款但书规定情形的,保证债务的诉讼时效自债权人知道或者应当知道该情形之日起开始计算。

(二)连带责任保证

对于连带责任保证,主债务履行期届满时,主债务诉讼时效和保证期间开始计算。在保证期间内,债权人向保证人主张保证债权的,保证期间因目的实现而失去意义。继续督促债权人行使权利的任务交给诉讼时效,所以保证债务诉讼时效开始计算。

5　本条第 2 款的立法理由在于,在连带责任保证中,保证人不享有先诉抗辩权,主债权履行期届满,债权人即可主张其保证债权。

三、程序问题

6　先诉抗辩权在程序法上的意义如何理解,引起了学理与实践的广泛争议。对此,较为权威的观点认为,先诉抗辩权的意义主要体现在以下三个方面:一是在诉讼阶段,债权人不能单独对一般保证人提起诉讼,因此,债权人未就主合同纠纷提起诉讼或者申请仲裁,仅起诉一般保证人的,人民法院应当向债权人释明将债务人一并提起诉讼,否则人民法院应当驳回起诉;二是在执行阶段,保证人仅对债务人不能清偿部分承担保证责任,因此,在债权人一并起诉债务人和保证人的情形下,虽然人民法院可以受理,但是在作出判决时,除有本法第 687 条第 2 款但书规定的情形外,应当在判决书主文中明确,保证人仅对债务人财产依法强制执行后仍不能履行的部分承担保证责任;三是在财产保全中,如果债权人未对债务人的财产申请保全,或者保全的债务人的财产足以清偿债务,债权人申请对一般保证人的财产进行保全的,人民法院不予准许。[①]

四、证明责任

7　由于本法第 687 条中先诉抗辩权消灭的证明责任由债权人承担(该条评注边码 10),本法第 693 条中债权人须证明其已在保证期间内请求连带责任保证人承担保证责任(该条评注边码 7),因此,在这两项事实已被债权人证明的情况下,即可据此确定保证债务诉讼时效的起算点,无须另行分配证明责任。

第六百九十五条　【主合同变更对保证责任影响】债权人和债务人未经保证人书面同意,协商变更主债权债务合同内容,减轻债务的,保证人仍对变更后的债务承担保证责任;加重债务的,保证人对加重的部分不承担保证责任。

债权人和债务人变更主债权债务合同的履行期限,未经保证人书面同意的,保证期间不受影响。

---

① 参见林文学、杨永清、麻锦亮、吴光荣:《〈关于适用民法典有关担保制度的解释〉的理解与适用》,载《人民司法》2021 年第 4 期。

一、保证合同在变更上的从属性

本条针对保证合同在变更上的从属性作出了规定，即主合同变更时，保证债务一般也随之变更，但不得增加其范围和强度。①

二、主合同当事人对主合同内容的变更

在主合同当事人变更主合同的内容，减轻主债务的场合，基于从属性的要求，保证债务的内容也随之变更。保证人之所以要对变更后的债务负担保证债务，是因为主合同的变更减轻了保证人的债务，对其并无不利影响。

在主合同当事人变更主合同的内容，加重主债务的场合，保证人对加重的部分不负担保证债务。其理由在于，主合同当事人合意加重主债务将损害保证人的利益，相当于无权处分，未经保证人同意，对其不生效力。此外，理解"加重主债务"，应注意以下两点：第一，保证债务的范围是否因为主合同的变更而扩大。例如，借款合同的当事人增加了借款的总额或者提高了利率；买卖合同的当事人增加了价金或者增加了标的物的数量等。第二，保证债务的强度是否因主合同的变更而增加。例如，主合同原本约定债务人仅就重大过失承担违约责任，但是主合同变更后债务人须就轻过失承担违约责任；主合同原本附停止条件，但当事人合意将其变更为无条件合同。②

三、主合同当事人对主合同履行期限的变更

依本法第692条规定，保证期间从主债务履行期届满之日起开始起算，由此可见，主债务履行期与保证期间关系紧密。一方面，如果主合同当事人合意延长主合同履行期，从延长后的主合同履行期届满后开始计算保证期间，即意味着延长了保证期间，增加了保证人的风险。另一方面，主合同履行期的缩短对于保证人亦未必有利，如债务人置自身的履行能力和状况于不顾，盲目与债权人合意提前履行，可能导致保证人提前承担保证责任，不当加重保证人责任。③ 因此，本条第2款规定，主合同履行期限变更的，未经保证人书面同意，保证期间不受影响。所谓不受影响，是指保证期间仍从原定的主债务履行期届满之日起算，结果可能导致债权人尚未行使保证权利（因为延长后的主债务履行期尚未届满）时保证期间即已届满。

四、证明责任

主合同内容变更后，债权人请求保证人依变更后的主合同内容履行保证债务的，应证明该变更未加重保证人的责任或者已取得其书面同意；主合同

---

① 参见崔建远：《合同法》（第六版），法律出版社2016年版，第140页。
② 参见程啸：《保证合同研究》，法律出版社2006年版，第341—342页。
③ 参见高圣平：《担保法论》，法律出版社2009年版，第176页。

履行期限变更后,债权人请求保证人依变更后的主合同履行期限确定保证期间的,应证明该变更已取得债权人书面同意。

第六百九十六条　【债权转让对保证责任影响】债权人转让全部或者部分债权,未通知保证人的,该转让对保证人不发生效力。

保证人与债权人约定禁止债权转让,债权人未经保证人书面同意转让债权的,保证人对受让人不再承担保证责任。

一、债权转让与保证债权的移转

1　本条针对保证合同在移转上的从属性作出了规定,即债权人转让主债权与第三人时,从债权(保证债权)一并转让。①

主债权转让对保证人发生效力,应满足以下条件:

2　保证债权未因保证期间届满而消灭,否则,保证人无须承担责任,主债权转让自然无从对其发生效力。

3　债权转让适法,且主债权不存在依本法第 545 条但书规定的不得转让之情形,否则债权转让的法律效果无从发生,自然无从谈及保证债权移转的问题。

4　债权人应将债权转让的事实通知保证人,否则债权转让对保证人不发生效力。这意味着,在保证人未接到通知的情况下,保证人向原债权人履行保证债务的,其履行有效,保证责任消灭。

5　"保证人与债权人约定禁止债权转让"之目的并不在于杜绝债权转让,而是保证人只愿意为特定债权人的债权提供保证。应当注意的是,保证人与债权人事先关于禁止债权转让的约定仅发生保证人不再负担保证债务的效力,对债权转让的效力不发生影响。②

6　有疑问者,本法第 545 条第 2 款规定禁止债权转让特约不得对抗第三人或者善意第三人,而本条第 2 款无此规定,应否将前者类推适用于后者? 本书认为,保证人与债权人达成的禁止债权转让特约和债务人与债权人达成的禁止债权转让特约并无本质区别,两种情形中都存在第三人信赖保护的需要,所以没有理由不允许类推适用。

二、法律效果

7　债权转让对保证人发生效力的,债权受让人可以取代原债权人请求保证人履行保证债务。

---

① 参见高圣平:《担保法论》,法律出版社 2009 年版,第 170 页。
② 参见程啸:《保证合同研究》,法律出版社 2006 年版,第 357 页。

三、证明责任

债权受让人请求保证人履行保证债务的,应证明已通知保证人。在保证债务未因保证人向原债权人履行而消灭的情况下,债权受让人向保证人发出的履行请求视为债权转让通知。保证人主张其曾与债权人约定禁止债权转让,应对该约定的存在承担证明责任,债权受让人则须证明债权转让经过保证人书面同意。

第六百九十七条 【债务承担对保证责任影响】债权人未经保证人书面同意,允许债务人转移全部或者部分债务,保证人对未经其同意转移的债务不再承担保证责任,但是债权人和保证人另有约定的除外。

第三人加入债务的,保证人的保证责任不受影响。

一、债务承担与保证债务的从属性

本条针对保证合同在移转上的从属性作出了规定。与本法第696条不同,本条系针对债务承担对保证债务的影响之规定。本条第1款与第2款依本法第551条与第552条分别就免责的债务承担与债务加入(并存的债务承担)规定了不同的法律效果,两种不同的债务承担方式对保证债务的影响各不相同。

二、免责的债务承担对保证责任的影响

一方面,保证的单务性、无偿性决定了保证人负担保证债务多是基于保证人与债务人之间的特殊关系。如债务人更迭,保证人是否还信任新债务人,是否还愿意为新债务人提供担保,则取决于保证人的意愿。另一方面,债务人的改变将直接影响到债权人的债权能否实现以及安全性,进而影响到保证人在履行保证债务之后追偿权实现的可能性。[①] 由此可见,免责的债务承担对于保证人影响甚巨,债权人未经保证人同意允许债务人转移债务的,相当于无权处分,更改了保证人所担保债务的品性,不经保证人同意对其不发生效力。保证人的同意应采用书面形式。

免责的债务承担限于主债务的一部分的,只要未经保证人书面同意,即对其不发生效力,但不影响保证人仍为剩余部分的主债务提供保证。

基于私法自治原则,本条第1款但书允许债权人与保证人达成特约。比如约定发生债务承担的,保证人的保证责任不受影响。若有此特约,则免责债务承担无须保证人书面同意。

本条第1款的立法目的在于防止主债务当事人通过合意转让债务损害

---

① 参见程啸:《保证合同研究》,法律出版社2006年版,第360页。

保证人利益,因此,仅适用于意定的债务移转,不适用于法定的债务移转。债务因继承、企业合并等原因移转于他人,保证人仍应为之承担保证责任。①

三、债务加入对保证责任的影响

债务加入并不对债权的安全构成威胁或损害,反而增加了债权的信用基础,所以无须保证人同意。

四、证明责任

债权人请求保证人承担保证责任,保证人以发生了免责债务承担为由拒绝承担的,债权人应证明免责的债务承担已取得保证人的书面同意或者其与保证人达成了本条第 1 款但书中的特约。

第六百九十八条 【一般保证人保证责任免除】一般保证的保证人在主债务履行期限届满后,向债权人提供债务人可供执行财产的真实情况,债权人放弃或者怠于行使权利致使该财产不能被执行的,保证人在其提供可供执行财产的价值范围内不再承担保证责任。

一、一般保证人免责的特别规定

本条规范之解释,与先诉抗辩权的立法模式密切相关。大陆法系关于一般保证中的先诉利益,主要存在三种立法模式:第一种立法模式以债权人向债务人先行追诉作为其请求保证人履行保证债务的要件,典型如《瑞士债务法》第 495 条。第二种立法模式规定在债权人没有先向债务人进行追诉而直接请求保证人履行保证债务时,保证人享有拒绝履行请求的抗辩权,以德国、法国、意大利为代表。第三种立法模式同时规定催告抗辩权与检索抗辩权,以日本民法为代表。② 所谓催告抗辩权,是指当债权人请求保证人履行保证债务之时,保证人可以首先请求债权人先行催告债务人清偿(《日本民法典》第 452 条)。日本法上的检索抗辩权,是指在保证人能够证明主债务人有清偿资力且容易执行时,债权人应当首先就债务人的财产予以执行(《日本民法典》第 453 条)。若债权人怠于行使权利,保证人在债权人立即催告或者执行可以获得清偿的限度内,免除保证债务(《日本民法典》第 455 条)。③ 根据本法第 687 条的表述,可见我国采纳了上述第二种立法模式。④ 但本条规范的构成要件与法律效果,很明显与日本法上的检索抗辩权类似,属于法律

---

① 参见高圣平:《担保法论》,法律出版社 2009 年版,第 173 页。
② 参见程啸:《保证合同研究》,法律出版社 2006 年版,第 263—264 页。
③ 内田贵『民法Ⅲ債権総論・担保物権』(東京大学出版会、2005 年)第 353—354 页参照。
④ 参见程啸:《保证合同研究》,法律出版社 2006 年版,第 264 页。

混合继受的结果。

先诉抗辩权是纯粹防御性的,保证人只能消极地拒绝债权人的履行请求权。反之,本条规定的效果是免除保证责任,使得保证人可以更为积极地采取行动,主动追求对自己有利的结果。

适用本条规范,应注意以下几个方面:第一,本条规定的保证债务免除事由专属一般保证人享有,其理论基础在于一般保证债务的"顺序利益";①第二,保证人应在主债务履行期限届满后向债权人提供债务人的财产信息;第三,保证人不必证明债务人有完全的清偿能力,只需证明债务人有若干方便执行的财产即可。②

二、法律效果

保证人向债权人提供了债务人的财产信息,债权人放弃或者怠于行使权利致使该财产不能被执行的,保证人在其提供可供执行财产的价值范围内免除保证债务。

三、证明责任

保证人依据本条主张保证债务已被免除的,应证明已依法向债权人提供了债务人的财产信息,且债权人放弃或怠于行使权利致使该财产不能被执行。

第六百九十九条 【共同保证】同一债务有两个以上保证人的,保证人应当按照保证合同约定的保证份额,承担保证责任;没有约定保证份额的,债权人可以请求任何一个保证人在其保证范围内承担保证责任。

一、共同保证的概念与特点

本条是关于共同保证的规定。共同保证是数个保证人就同一债务提供的保证。共同保证既可以由数个保证人一同与债权人订立一个保证合同,也可以由各个保证人与债权人分别订立保证合同。数个保证人分别与债权人订立保证合同时,相互之间虽然没有任何关系以及意思联络,但只要存在数人为同一债务提供保证的事实,即构成共同保证。③

多数人之债可以分为按份之债与连带之债,同理,共同保证可以分为按

---

① 潮见佳男『債権総論Ⅱ』(信山社、2005年)第447页参照。
② 同上注。
③ 参见高圣平:《担保法论》,法律出版社2009年版,第208页。

份共同保证与连带共同保证。① 按份共同保证、连带共同保证着眼于共同保证人与债权人之间的关系,至于共同保证人、债务人与债权人之间的关系,则属于保证方式(一般保证、连带责任保证)调整的范畴。因此,在共同保证中,还应当注意识别各保证人的保证方式,据此可区分按份共同一般保证、按份共同连带责任保证、连带共同一般保证、连带共同连带责任保证。甚至还可能出现一般保证与连带责任保证的混合,如一个保证人提供一般保证,另一个保证人提供连带责任保证。保证人在保证合同中对保证方式没有约定或者约定不明确的,根据本法第 686 条第 2 款规定,成立一般保证。

二、按份共同保证中保证份额的承担

3　　本条第 1 分句规定了按份共同保证。按份共同保证的重要特征是,各保证人与债权人就保证责任的份额作出了约定。即各保证人在与债权人订立的保证合同中对于保证责任所担保的主债权进行了份额上的分割。例如,保证人甲、乙、丙分别为债权人丁针对债务人戊享有的 100 万元债权提供担保,担保的份额均为三分之一。因此,如果各保证人与债权人约定的只是担保的债权数额或者部分保证人与债权人约定了保证的份额、部分保证人与债权人约定了担保的债权数额,则不属于纯粹的按份共同保证。例如,保证人 A、B、C 分别为债权人 D 针对债务人 E 的 100 万元债权提供担保,担保的债权数额依次为 100 万元、80 万元、50 万元,那么保证人 A、B 在债权数额相同部分即 80 万元的范围内实际上属于连带共同保证,而 A、B、C 在债权数额相同部分即 50 万元的范围内成立连带共同保证。② 当然,如果 A、B、C 共同与 D 订立保证合同,约定分别担保 100 万元债务中的 30 万元、30 万元、40 万元债务,则可以解释为各方约定各保证人按照 3∶3∶4 的份额比例承担保证责任,构成按份共同保证。

4　　按份共同保证中各个保证人仅依据其与债权人的保证合同就同一债务的特定份额负担保证债务,因此各保证人履行保证债务后,只能分别向债务人追偿,而彼此并无追偿权(详见本法第 700 条评注)。

三、连带共同保证中保证份额的承担

5　　本条第 2 分句规定了连带共同保证。连带共同保证是指各保证人约定

---

① 严格意义上的共同保证(Mitbürgschaft)仅指数个保证人向债权人承担连带责任之情形,无论其是否共同与债权人订立保证合同。与之相反的是按份保证(Teilbürgschaft),即数个保证人按照确定份额对外分担保证责任之情形,本条第 1 分句规定的就是这种意义上的按份保证。鉴于我国法律(学)文献通常将共同保证理解为数人为同一债务提供保证,无论承担按份责任抑或连带责任,故而本书亦在此种意义上使用"共同保证"一词。

② 参见程啸:《保证合同研究》,法律出版社 2006 年版,第 559 页。

均对全部主债务承担连带保证债务或者保证人与债权人之间没有约定保证份额的共同保证。因各连带共同保证人所负之保证债务属于同一位阶的债务,因此他们之间成立连带债务关系。① 连带共同保证的成立不以各保证人共同与债权人订立保证合同为前提,也不以各保证人存在意思联络为前提。实践中,数个保证人对同一债务同时或先后提供保证时,只要各保证人与债权人之间没有约定保证份额,即应认定为连带共同保证。② 本条第 2 分句中"债权人可以请求任何一个保证人"完全符合本法第 518 条第 1 款第 2 分句规定的连带债务的特征,足以印证上述结论。

有疑问者,如果数人分别或同时为同一债务提供保证,但是保证方式各不相同且均未约定保证份额,是否构成连带共同保证? 对此,不能一般性地断言保证方式不同的数个保证不处于同一位阶。在债权人对主债务人执行不能的情况下或者在本法第 687 条第 2 款所列情形中,一般保证人不能再向债权人主张先诉抗辩权,债权人有权请求其立即承担保证责任。如果此时尚存在他人提供的连带责任保证,则一般保证与连带责任保证无疑处于同一位阶,两者相对于债权人构成连带债务。一般保证与连带责任保证是附条件连带债务关系:在主债务人有偿债能力的情况下,两者不处于同一位阶,连带责任保证人先承担保证责任后无权向一般保证人追偿,否则无异于强行剥夺一般保证人的先诉抗辩权;③在主债务人没有偿债能力的情况下,两者处于同一位阶,构成连带债务,无论哪个保证人承担了保证责任,都应有权向另一个保证人追偿。④

本条第 2 分句与原《担保法》第 12 条第 2 句的区别在于并未使用"连带责任"的表述指称连带共同保证人的内部关系,并且删除了原《担保法》第 12 条第 3 句有关"要求承担连带责任的其他保证人清偿其应当承担的份额"的表述。据考证,条文表述的改动与《民法典》是否承认连带共同保证人相互之间的追偿权这一问题有关⑤。但本书认为,由于各连带共同保证人所负之保证债务属于同一位阶的债务,因此不妨碍以连带债务的法理理解共同保证

---

① Vgl. Palandt/Sprau (2020), §769 Rn. 2.
② 参见最高人民法院民法典贯彻实施工作领导小组主编:《中华人民共和国民法典合同编理解与适用(二)》,人民法院出版社 2020 年版,第 1382 页。
③ 不同观点参见程啸:《保证合同研究》,法律出版社 2006 年版,第 567 页。类似观点参见刘保玉:《共同保证的结构形态与保证责任的承担》,载《中国法学》2003 年第 2 期。
④ 参见杨代雄:《〈民法典〉共同担保人相互追偿权解释论》,载《法学》2021 年第 5 期。
⑤ 参见黄薇主编:《中华人民共和国民法典合同编释义》,法律出版社 2020 年版,第 512—513 页。

人的内部关系。①

四、法律效果

8　　按份共同保证的债权人有权要求各保证人按照约定的份额履行保证债务。保证人履行保证债务后,可以向债务人追偿。

9　　连带共同保证的债权人有权要求各保证人在成立连带债务的范围内履行保证债务。债权人在此范围内享有选择权,可以任选一个保证人请求履行全部债务,也可以请求数个保证人共同履行债务。保证人履行保证债务后,可以向债务人追偿。保证人之间的追偿权,详见本法第 700 条评注。

五、证明责任

10　　保证人主张仅承担按份共同保证责任的,应证明保证人与债权人之间存在保证责任份额的约定。

第七百条　【保证人追偿权】保证人承担保证责任后,除当事人另有约定外,有权在其承担保证责任的范围内向债务人追偿,享有债权人对债务人的权利,但是不得损害债权人的利益。

一、保证人对债务人的追偿权

1　　从比较法看,本条类似于《德国民法典》第 774 条第 1 款之规定,在保证人向债权人清偿后,债权法定移转于保证人。有所不同的是,《德国民法典》第 774 条第 1 款规定的保证人追偿权仅包含债权法定移转模式,而本条规定的保证人追偿权则存在更大的解释空间,有可能解释为兼采保证人对债务人的法定原始追偿权(originäre Ausgleichsanspruch)模式与债权法定移转模式。这涉及本条与第 392 条第 2 句的关系问题,后者规定包括保证人在内的担保人对债务人享有追偿权。对此,有两种可能的解释。

2　　第一种可能的解释是,本条是对第 392 条第 2 句的重申与补强。在后者已经规定保证人对债务人享有法定原始追偿权的情况下,前者一方面重申了该法定原始追偿权,另一方面为了强化追偿权的效力,进一步规定债权人对债务人的债权法定移转于保证人。就此而论,本条中的"有权在其承担保证责任的范围内向债务人追偿"与"享有债权人对债务人的权利"这两个表述之间是并列关系,分别涉及法定原始追偿权与债权法定移转这两种追偿模式。结果是保证人本身原始取得对债务人的追偿权,同时继受取得债权人对债务人的债权,就同一给付目的存在两个请求权。

---

① 司法机关亦持相同观点,参见最高人民法院民法典贯彻实施工作领导小组主编:《中华人民共和国民法典合同编理解与适用(二)》,人民法院出版社 2020 年版,第 1380 页。

第二种可能的解释是,本条仅为对第 392 条第 2 句的补强,其本身并未涉及法定原始追偿权模式,仅包含债权法定移转模式,该追偿模式是对第 392 条第 2 句规定的保证人对债务人的法定原始追偿权的补强,使保证人额外取得债权人对债务人的权利以及作为从权利的债权人对其他担保人享有的担保权利。就此而论,本条中的"有权在其承担保证责任的范围内向债务人追偿"与"享有债权人对债务人的权利"这两个表述之间并非并列关系,或者说,后者是对前者的说明:保证人对债务人的追偿权意味着其享有债权人对债务人的权利。

本条中的债权法定移转经常被称为法定代位权①。从法律史与比较法的角度看,债权法定移转在本质上也是追偿的一种方式。② 就保证而论,从结果上看,法定移转使保证人取得债权人对债务人的债权。通过实现该债权,保证人因履行保证责任而遭受的利益减损从债务人处得以补偿,与法律直接规定保证人本身享有对债务人的追偿债权在实际效果上并无实质差别。

保证人无论行使法定原始追偿权抑或行使法定移转的债权,都仅限于其承担保证责任的范围之内。承担保证责任的数额小于主债务数额的,仅部分债权移转于保证人,剩余债权仍归属于债权人。此时,保证人与债权人对债务人都享有债权。如果债务人的责任财产不足以清偿全部债务,则在受偿顺位上,债权人优先于保证人。本条中的"但是不得损害债权人的利益"包含了此种意义。③

二、保证人对其他担保人的追偿权

从表面看,本条仅规定保证人对债务人的追偿权,未明确规定保证人对其他共同担保人的追偿权。不过,在法教义学上可以从中推导出保证人对其他共同担保人享有追偿权的结论。因为债权法定移转于保证人时,依据民法原理上的"从随主"原则,担保权利之类的从权利随同移转于保证人,结果是保证人取得债权人对其他担保人的担保权利,通过实现该担保权利,保证人因履行保证责任而遭受的利益减损得以补偿。此项结论在《民法典》中可找到规范基础。依据本法第 547 条之规定,债权转让的,从权利随同移转。依

---

① 参见程啸:《混合共同担保中担保人的追偿权与代位权——对〈物权法〉第 176 条的理解》,载《政治与法律》2014 年第 6 期;谢鸿飞:《连带债务人追偿权与法定代位权的适用关系——以民法典第 519 条为分析对象》,载《东方法学》2020 年第 4 期。
② Vgl. Staudinger/Looschelders (2017), § 426 Rn. 1; Medicus/Lorenz, Schuldrecht BT., 18. Aufl., 2019, S. 432.
③ 比较法看,《德国民法典》第 774 条第 1 款第 2 句之规定亦作此解。Vgl. Palandt/Sprau (2020), §774 Rn. 12.

据本法第468条的规定,债权法定移转可以准用本法第547条关于债权意定移转之规定。债权依据本法第700条法定移转于保证人的,债权人对其他担保人享有的担保权利依据本法第547条结合第468条随同移转于保证人。

7　　物上担保人承担了担保责任的,可以类推适用本条规定,对保证人或者其他担保人享有债权法定移转模式下的追偿权。此种追偿权最大的问题在于追偿范围。保证人向债权人清偿了全部债务的,法定取得债权人对债务人的全部债权以及对抵押人之抵押物的抵押权,保证人据此是否有权通过实现该抵押权受偿全部债权,不无疑问。本条对此并无任何规定。鉴于保证人与其他担保人在相互关系中应当处于同一责任位阶,没有任何一个担保人需要承担终局责任,所以理应由各担保人分担责任。保证人对其他担保人的追偿权应受其依据本法第519条享有的法定原始追偿权之追偿范围的限制。①

三、《民法典担保制度解释》第13—14条对本条的更改

8　　《民法典担保制度解释》第14条规定:"同一债务有两个以上第三人提供担保,担保人受让债权的,人民法院应当认定该行为系承担担保责任。受让债权的担保人作为债权人请求其他担保人承担担保责任的,人民法院不予支持;该担保人请求其他担保人分担相应份额的,依照本解释第十三条的规定处理。"该司法解释旨在防止部分担保人通过受让债权人之债权取得对其他担保人的担保权利。但其正当性存在疑问。如果只是因为担心部分担保人在通过受让债权取得对其他担保人的担保权利后不受范围限制地行使该担保权利,则完全可以采取更为合理的应对措施,如规定取得担保权利后只能在其他担保人应分担的担保责任份额限度内行使该担保权利。

9　　《民法典担保制度解释》第14条虽然仅提及部分担保人通过法律行为受让债权,但也隐含了如下意思:部分担保人在承担担保责任后,虽可能依债权法定移转规则取得债权,但不得向其他担保人行使作为从权利的担保权利。如果将此种意思作为该条司法解释的内容适用于司法实践,则等同于废除了本法第700条结合第547条之规范体系。依据该规范体系,保证人在承担保证责任后,法定取得债权人的债权,同时取得债权人对其他担保人的担保权利。发生此种效果不取决于保证人是否与其他担保人约定相互追偿权、约定连带共同担保或者在同一合同书上签章。《民法典担保制度解释》第14条第2句第2分句尽管规定承担了担保责任的担保人可以依据该解释第13条向其他担保人追偿,但未约定相互追偿权、未约定连带共同担保且未在同一合同书上签章的担保人却不能依据该解释第13条追偿。

---

① 详见杨代雄:《〈民法典〉共同担保人相互追偿权解释论》,载《法学》2021年第5期。

鉴于《民法典担保制度解释》第 14 条隐含的意思与本法第 700 条结合第 547 条之规范体系相冲突,应当忽略此项隐含的意思,使该条仅依字面意义适用于部分担保人通过法律行为受让债权之情形。反之,在部分担保人向债权人承担了担保责任之情形,仍应适用本法第 700 条结合第 547 条之规范体系,同时依本法第 519 条限制该部分担保人向其他担保人行使担保权利的范围。

无论如何,在债务人的物保与第三人的担保并存的情形中,如果第三人放弃顺位利益,向债权人承担了担保责任,则第三人依据本法第 700 条结合第 547 条取得债权人的债权及其对债务人的担保权利。

四、证明责任

保证人向债务人或者其他担保人行使追偿权的,须证明其已经承担了保证责任。

第七百零一条　【保证人抗辩权】保证人可以主张债务人对债权人的抗辩。债务人放弃抗辩的,保证人仍有权向债权人主张抗辩。

一、保证人主张债务人对债权人的抗辩

本条规定了保证在抗辩上的从属性,即基于保证债务的从属性,债务人对于债权人所享有的任何抗辩保证人均可以主张以对抗债权人的请求。[①]

本条与原《担保法》第 20 条的区别在于,不再使用"抗辩权"的概念,而以"抗辩"取代之。根据民法原理,广义上的抗辩是指诉讼过程中发生的、依据实体法针对请求权提出的各类防御性主张。其中,权利障碍(权利阻却:rechtshindende)抗辩和权利消灭抗辩因基于一定的要件事实主张对方的请求权自始不发生或归于消灭,又被称为事实抗辩。权利阻止(权利阻碍:rechtshemmende)抗辩系依据实体法所享有的阻止对方的请求权行使的权利,也被称为权利抗辩。[②] 在德国法上,事实抗辩亦被称为权利否定抗辩(rechtsverneinende Einrede)或者无须主张的抗辩(Einwendung),如合同无效、债务已因清偿而消灭等。此类抗辩不需要当事人援引,只要其事实前提被任何一方当事人提及,法官就应当依职权审查适用。反之,权利抗辩是义务人享有的给付拒绝权,义务人需要主动援引该权利以对抗请求权,所以被称为须主张的抗辩或者抗辩权(Einrede)。[③] 本条未将"抗辩"与"抗辩权"并列,

---

[①] 参见黄茂荣:《债法分则之二:劳务之债》,厦门大学出版社 2020 年版,第 472 页。

[②] 参见王泽鉴:《民法思维:请求权基础理论体系》,北京大学出版社 2009 年版,第 135 页。

[③] Vgl. Brox/Walker, Allgemeiner Teil des BGB, 44. Aufl., 2020, S. 297f.

应解释为系在广义上使用"抗辩"一词。

3 本条所谓保证人可以主张的债务人对债权人的抗辩,主要包括如下种类:1. 主债务因基础法律关系不成立、无效、被撤销而不存在;2. 主债务已因清偿、免除、混同或其他事由而消灭;3. 主债务基于双务合同而发生的,债务人享有的同时履行抗辩权、先履行抗辩权、不安抗辩权;4. 时效抗辩权等。

4 基于保证在抗辩上的从属性,债务人行使抗辩权,其效力自然及于保证人。若债务人放弃抗辩权,保证人仍有权主张之。有学说认为,其理由在于,尽管保证人行使的是债务人的抗辩权,但保证人是以自己的名义而非以债务人或债务人的代理人名义进行抗辩,因此,保证人的抗辩权属于其依法享有的抗辩权,独立于债务人的抗辩权而发生效力。[①] 实质考量是,保证人的利益相对独立于债务人的利益,应避免债务人"不负责任"地放弃抗辩从而在客观上损害保证人的利益。

5 保证人可以主张债务人与债权人之间关于主债务的抗辩,但不得向债权人主张保证人与债务人之间关于补偿关系的抗辩。[②]

6 保证人基于保证债务本身也享有法律赋予的针对债权人的各种抗辩,如先诉抗辩权。

二、法律效果

7 保证人主张债务人对债权人的抗辩,其法律效果与债务人所为之抗辩效果相同。就无须主张的抗辩(事实抗辩)而论,保证人既可以明确地主张(援引),也可以仅一般性地提及相关事实,如声明主债务合同违反禁止性法律规定、缔约时债务人无民事行为能力。在后者情形中,法官在保证人声明后应主动审查事实抗辩是否成立,当然,需要结合证明责任规则。

三、证明责任

8 保证人主张债务人对债权人的抗辩,证明责任的分配如同债务人自己主张该抗辩时的证明责任。

第七百零二条 【保证人的给付拒绝权】债务人对债权人享有抵销权或者撤销权的,保证人可以在相应范围内拒绝承担保证责任。

一、规范意旨

1 本条规定,当债务人对于债权人享有反对债权而可以进行抵销时,以及当债务人因意思表示瑕疵而享有撤销权时,保证人既可以选择在条件成就时

---

① 参见高圣平:《担保法论》,法律出版社2009年版,第151页。
② 参见黄茂荣:《债法分则之二:劳务之债》,厦门大学出版社2020年版,第475页。

履行保证债务,也可以在相应范围内拒绝履行保证债务。因此,本条赋予了保证人一项给付拒绝权,即抗辩权。

二、债务人对债权人享有抵销权的情形

债务人对债权人享有抵销权时,保证人无法直接主张抵销,只对抵销后的剩余债务负担保证债务,而只能在债务人可以行使抵销权而不行使的范围内拒绝履行保证债务。其理由在于,当债务人对债权人享有抵销权,即处于抵销适状时,债务人因此处于可随时以抵销表示消灭主债务的法律地位。基于保证债务对主债务的从属性原则,主债务消灭,作为从债务的保证债务也随之消灭;主债务有随时消灭的可能性时,作为从债务的保证债务的法律地位亦应做相应调整,方适合此时当事人之间的相互法律地位。① 另外,抵销具有担保功能,②债权人享有的抵销权类似于债权人对于与自己债务对应的那个债权(债务人的债权)享有质权。如此,则债权人既对第三人享有保证权利,也对债务人享有担保物权,依共同担保的责任顺位规则(本法第392条第1句),债权人应当先实现债务人的自物担保,即先行使抵销权。否则,保证人可在相应范围内拒绝承担保证责任。

本条虽规定"债务人对债权人享有抵销权",但应解释为"债权人对债务人享有抵销权"。尽管在大多数情况下债务人对债权人享有抵销权的同时债权人也对债务人享有抵销权,但二者未必完全重叠。例如,债务人对债权人的债权已经到期,而债权人对债务人的债权尚未到期,则仅债务人享有抵销权,债权人不享有抵销权。此时,由于债权人的债权尚未到期,所以保证人承担保证责任的条件尚未具备,根本不需要援引本条规定的给付拒绝权。反之,债权人对债务人的债权已经到期,而债务人对债权人的债权尚未到期,则仅债权人享有抵销权。此时,债务人虽不享有抵销权,但保证人也有被保护的需要。由此可见,具有决定意义的是债权人对债务人享有抵销权。从比较法看,本条规定借鉴自《德国民法典》第770条,该条恰恰规定以债权人享有抵销权为前提。德国通说认为,债务人是否享有抵销权并不重要。③

三、债务人对债权人享有撤销权的情形

债务人对债权人享有撤销权时,保证人无法直接主张撤销主合同,因为是否撤销主合同是撤销权这一制度赋予债务人的决定自由,保证人不得干

---

① 参见申海恩:《论抵销适状》,载《东南大学学报(哲学社会科学版)》2020年第4期。
② 参见最高人民法院民法典贯彻实施工作领导小组主编:《中华人民共和国民法典合同编理解与适用(二)》,人民法院出版社2020年版,第1403页。
③ Vgl. Palandt/Sprau (2020), §770 Rn. 3.

涉。① 但撤销权的形成权属性使得主合同的法律关系处于不稳定的状态,为了保护保证人的利益,避免出现保证人履行保证债务后债务人因行使撤销权而引发更多纠纷,法律允许保证人在债务人享有撤销权时拒绝履行保证债务。②

四、法律效果

5　保证人不得行使抵销权和撤销权,但可以在相应范围内拒绝履行保证债务。保证人的此项抗辩权阻却债权人的给付请求权。在撤销权情形中,债权人可以自由决定是否提示债务人行使撤销权或者放弃撤销权,以便尽早起算撤销权的除斥期间。撤销权因除斥期间届满或者债务人放弃而消灭的,保证人的抗辩权亦消灭,不得再拒绝履行保证债务。

6　在抵销权情形中,德国法通说认为,抵销权因债权人清偿其债务或者债权人将其债务与其未受保证担保的其他债权抵销而消灭的,保证人的抗辩权消灭,除非债权人仅以损害保证人为目的而实施此类行为。③ 本书认为,债权人可以通过行使抵销权实现债权的情况下仍然清偿其对债务人之债务,转而请求保证人承担保证责任,通常可以认定为恶意,应当类推本法第435条,使保证责任在相应范围内消灭。与此不同,债权人将其债务与其未受保证担保的其他债权抵销而消灭的,则是债权人自由选择将抵销权用于担保哪一项债权的实现,无可厚非,所以不导致保证责任免除,反而导致保证人的抗辩权消灭。

五、证明责任

7　保证人依据本条在相应范围内拒绝履行保证债务,应证明抵销权、撤销权已发生、可行使且未消灭。

第十四章　租赁合同

第七百零三条　【租赁合同定义】租赁合同是出租人将租赁物交付承租人使用、收益,承租人支付租金的合同。

第七百零四条　【租赁合同内容】租赁合同的内容一般包括租赁物的名称、数量、用途、租赁期限、租金及其支付期限和方式、租赁物维修等条款。

第七百零五条　【租赁期限】租赁期限不得超过二十年。超过二十年

---

① Vgl. Palandt/Sprau (2020), §770 Rn. 1.
② 参见程啸:《保证合同研究》,法律出版社2006年版,第246页。
③ Vgl. Palandt/Sprau (2020), §770 Rn. 3.

的,超过部分无效。

租赁期限届满,当事人可以续订租赁合同;但是,约定的租赁期限自续订之日起不得超过二十年。

第七百零六条 【租赁合同未登记备案不影响合同效力】当事人未依照法律、行政法规规定办理租赁合同登记备案手续的,不影响合同的效力。

第七百零七条 【租赁合同的形式】租赁期限六个月以上的,应当采用书面形式。当事人未采用书面形式,无法确定租赁期限的,视为不定期租赁。

第七百零八条 【出租人的交付义务和适租义务】出租人应当按照约定将租赁物交付承租人,并在租赁期限内保持租赁物符合约定的用途。

一、规范意旨

本条规定出租人的主给付义务,包括交付租赁物义务和适租义务。本条是请求权规范。

二、出租人的交付义务

出租人负有将租赁物按照约定交付给承租人的义务。交付需要以移转租赁物占有的方式进行。按照约定是指,出租人应当在约定的时间、地点交付租赁物,在交付租赁物时应当保证租赁物具有合同约定之品质,能发挥合同约定之用途,或使承租人能够以通常之方式使用租赁物。若合同双方对于租赁物的具体使用没有约定,则可依据本法第511条确定,不能确定的可根据通常交易观念进行判断,租赁物应具有同种类物应具有之品质,可以与同种类物为相同使用,且该品质是承租人在签订租赁合同时可以期待的。[①]

三、出租人的适租义务

出租人在租赁期限内负有维持租赁物,使其符合约定用途或者通常用途的义务。此为出租人的适租义务。该义务不仅指消极地容忍承租人使用租赁物之义务,还包括在必要时采取行动维持租赁物约定用途的积极义务,如房屋出租人应保证出租屋的水电系统在租赁期限内能够正常使用,并应在其出现问题时积极进行维修。出租人未履行此义务的,承租人可类推适用本法第614条之规定,不支付或少支付租金。[②]

四、证明责任

承租人请求出租人交付租赁物的,应证明双方的租赁合同已经生效且交

---

① Vgl. Palandt/Walter Weidenkaff (2020), § 535 Rn. 6.
② 参见谢鸿飞、朱广新主编:《民法典评注:合同编·典型合同与准合同2》,中国法制出版社2020年版,第175页(张初霞执笔)。

付义务履行期已经届满。承租人请求出租人履行适租义务的,应证明租赁物不符合约定用途或者通常用途。

第七百零九条 【承租人依约使用租赁物义务】承租人应当按照约定的方法使用租赁物。对租赁物的使用方法没有约定或者约定不明确,依据本法第五百一十条的规定仍不能确定的,应当根据租赁物的性质使用。

第七百一十条 【租赁物正常损耗不产生赔偿责任】承租人按照约定的方法或者根据租赁物的性质使用租赁物,致使租赁物受到损耗的,不承担赔偿责任。

第七百一十一条 【承租人未按约定使用租赁物的法律后果】承租人未按照约定的方法或者未根据租赁物的性质使用租赁物,致使租赁物受到损失的,出租人可以解除合同并请求赔偿损失。

一、构成要件

(一)承租人未按照约定方式或未根据租赁物性质使用租赁物

承租人应在租赁期间依照约定方式或根据租赁物性质使用租赁物,且承租人应注意尽量避免租赁物遭受损害。

(二)租赁物受到损失

仅有承租人上述违约行为的,出租人尚不能解除租赁合同。除此之外,还要求租赁物受到损失。租赁物受损应达到根本违约之程度。

(三)租赁物损失与承租人错误使用租赁物之间有因果关系

租赁物的损失应与承租人错误使用租赁物有因果关系。租赁物损失是由于承租人按照约定或根据租赁物性质使用造成的,承租人不承担责任,出租人不可解除合同。

二、法律效果

出租人享有解除权的,可以自主选择是否解除合同,并请求承租人就其给租赁物造成的损失承担损害赔偿责任。尽管本条使用了"并"字,但仍应解释为出租人可以在不解除合同的情况下请求损害赔偿。此外,在不构成根本违约的情况下,出租人虽不享有解除权,但仍可就租赁物的损失请求承租人赔偿。

就损害赔偿而言,本条是请求权规范,且是本法第577条的特别规定。

三、证明责任

出租人应对承租人未按照约定方式或未根据租赁物性质使用租赁物、租赁物受有损失承担证明责任。至于二者之间的因果关系,应采用推定规则,由承租人证明不存在因果关系。

第七百一十二条 【出租人维修义务】出租人应当履行租赁物的维修义务,但是当事人另有约定的除外。

第七百一十三条 【出租人维修义务的履行与不履行】承租人在租赁物需要维修时可以请求出租人在合理期限内维修。出租人未履行维修义务的,承租人可以自行维修,维修费用由出租人负担。因维修租赁物影响承租人使用的,应当相应减少租金或者延长租期。

因承租人的过错致使租赁物需要维修的,出租人不承担前款规定的维修义务。

一、规范内容

本法第712条规定了出租人的维修义务。本条是对维修义务履行问题的具体化。租赁物出现瑕疵的,承租人可请求出租人在合理期限内维修。出租人未履行维修义务,承租人自行维修的,其可依不当得利或者无因管理请求出租人偿还维修费用。

维修完毕之前,承租人不能正常使用租赁物的,承租人可主张减少该段期间租金或延长租期。若合同对租赁物性质没有特别担保约定,则此条文所称影响需达到致使承租人不能依照该租赁物通常性质使用之地步,仅微小瑕疵不足以减少租金或延长租期。[①]

租赁物必须是因其本身固有的瑕疵而需要维修。若租赁物是因承租人的过错需要维修的,则维修义务由承租人而非出租人承担。

二、证明责任

承租人应对租赁物需要维修承担证明责任,其请求出租人偿还维修费用的,须证明其进行了维修。承租人主张减少租金或延长租期的,应对租赁物瑕疵影响其使用承担证明责任。

出租人对承租人存在过错承担证明责任。

第七百一十四条 【承租人妥善保管租赁物义务】承租人应当妥善保管租赁物,因保管不善造成租赁物毁损、灭失的,应当承担赔偿责任。

一、承租人的保管义务

本条规定了承租人保管租赁物的义务。在租赁合同期间,租赁物应于承租人处得到妥善保管,以便其在租赁物使用完毕后将其返还给出租人。妥善保管是指承租人应尽到善良管理人之义务,有合同约定的,承租人应按照合

---

① Vgl. Studienkommentar/Florian Jacoby/Michael von Hinden (2018),§ 536 Rn. 2.

同约定之方式保管租赁物；无合同约定的，应按照租赁物之性质保管租赁物。

2 保管义务包含对租赁物按其使用状况进行正常维护之义务。在进行正常维护后，租赁物出现问题的，承租人可基于本法第713条通知出租人维修，并应及时采取相应措施以防止损害扩大。承租人未及时采取措施及未及时通知出租人致使租赁物损害情况扩大的，亦属于本条"保管不善"之范畴。

二、违反保管义务之法律效果

3 承租人违反保管义务，致租赁物毁损、灭失的，应对因其保管不善造成的损失承担损害赔偿责任。① 就损害赔偿而言，本条是请求权规范。

三、证明责任

4 出租人应对承租人保管不善及租赁物毁损、灭失承担证明责任。

第七百一十五条 【租赁物改善或者增设他物】承租人经出租人同意，可以对租赁物进行改善或者增设他物。

承租人未经出租人同意，对租赁物进行改善或者增设他物的，出租人可以请求承租人恢复原状或者赔偿损失。

一、经同意之改善或者增设他物

（一）对承租人改善、增设他物的同意

1 承租人对于租赁物，可经出租人同意对其进行改善或增设他物。出租人可于事先同意，亦可于事后追认。改善系基于承租人主观想法，不要求客观上对于租赁物有改进作用。增设他物是指在租赁物原有基础上增添新物，如在租赁车辆上配备夜间行驶系统。需要区分承租人正常使用与改善及增设他物。举例而言，承租人在墙面张贴海报、为房间购置家具等行为系属对租赁物的正常使用，而非改善或增设他物。②

（二）损害赔偿

2 经出租人同意的改善或增设他物行为也可能对租赁物造成损害，出租人同意的是改善行为本身，不包含对潜在损害的同意。此时承租人之行为满足侵权责任构成要件的，应承担侵权责任。应当注意的是，改善或增设行为通常皆会导致的租赁物状态改变，不构成此处所谓的损害。

（三）增设物之归属及承租人之请求权

3 合同终止或无效时，增设物之归属应依本法第322条之规定确定。《城

---

① 参见梁某某、吴某某等与广州亿僮贸易有限公司租赁合同纠纷案，广东省佛山市中级人民法院民事判决书(2016)粤06民终2650号。

② 参见谢鸿飞、朱广新主编：《民法典评注：合同编·典型合同与准合同2》，中国法制出版社2020年版，第224页(张初霞执笔)。

镇房屋租赁合同解释》第7条、第8条、第9条系关于装饰装修物归属之规定,可区分情况予以适用。该司法解释第10条规定,"租赁期间届满时,承租人请求出租人补偿附合装饰装修费用的,不予支持。但当事人另有约定的除外"。据此,无另外约定的,附合的装饰装修对出租人而言系强迫得利,承租人不可请求出租人补偿。

二、未经同意之改善或者增设他物

未经同意改善、增设他物,给租赁物造成损失的,承租人行为系违约行为,应承担违约责任;满足侵权责任构成要件的,也应承担侵权责任。在诉讼中,出租人可择一进行主张。

（一）构成要件

承租人未经出租人同意,擅自改善或增设物的,出租人可请求其恢复原状或赔偿损害。构成要件有三。其一为承租人未经出租人同意擅自改善、增设他物;其二为租赁物受有损失;其三为前述二者间存在因果关系。出租人主张恢复原状的,恢复原状应具可行性,达到如同承租人正常使用之状态。恢复原状费用过巨的,依诚实信用原则,承租人可拒绝恢复原状之请求,以金钱赔偿。①

（二）与本法第711条竞合之可能

本条第2款是请求权规范,其存在与本法第711条竞合之可能。承租人未经同意改善、增设他物的,属于本法第711条之"未按照约定的方法或者未根据租赁物的性质使用租赁物"。因此,在出现本条第2款之情形,同时符合本法第711条之构成要件的,出租人既可依本条主张恢复原状、赔偿损失,又可依本法第711条主张解除合同并（或）赔偿损失。

三、证明责任

承租人应对其改善、增设他物经出租人同意承担证明责任。出租人应对租赁物受有损失承担证明责任。至于改善、增设他物行为与租赁物损失之间的因果关系,应采用推定规则,由承租人证明不存在因果关系。

第七百一十六条　【承租人对租赁物转租】承租人经出租人同意,可以将租赁物转租给第三人。承租人转租的,承租人与出租人之间的租赁合同继续有效;第三人造成租赁物损失的,承租人应当赔偿损失。

承租人未经出租人同意转租的,出租人可以解除合同。

---

① 参见[德]迪尔克·罗歇尔德斯:《德国债法总论》(第7版),沈小军、张金海译,中国人民大学出版社2014年版,第343页。

一、规范目的

1　承租人的个人情况对租赁合同的订立及其条款具有特殊意义。因此,未经出租人许可,承租人不得将租赁物交由他人独立使用,①以避免出租人承担不可预见之风险。

二、第 1 款:合法转租

2　承租人得到出租人同意转租的,属合法转租。同意系需受领的意思表示,可于租赁合同签订时作出,亦可于租赁关系存续期间作出。可事先同意,亦可事后追认。租赁合同或其补充协议约定承租人有权转租的,亦属于"经出租人同意"。承租人转租的,不影响其与出租人间租赁合同之效力,承租人仍需承担租赁合同之支付租金、妥善保管租赁物等义务。除此之外,承租人应对第三人造成的租赁物损失承担责任。此处承租人自己的过错无关紧要,②但要求次承租人违反善良管理人之义务,原因在于经出租人同意转租的,第三人之责任较本法第 711 条规定之承租人责任不应更重。

3　承租人与次承租人同样成立租赁合同,承租人属转租合同之出租人,次承租人属转租合同之承租人。二者之间的权利义务关系适用本法对于租赁合同之规定。

4　出租人与次承租人之间无合同上的权利义务关系。次承租人对租赁物造成损害,符合侵权责任构成要件的,出租人可向其主张侵权损害赔偿请求权。

5　合法转租时,次承租人对租赁物之占有属有权占有(基于占有连锁),出租人行使所有物返还请求权的,次承租人可主张占有人抗辩。依据本法第 717 条,超期转租的,超过期限部分对出租人不具约束力,出租人之同意被推定为仅限于租赁合同存续期间。

三、第 2 款:非法转租

6　承租人非法转租的,出租人可解除合同。出租人行使解除权的,应通知承租人。解除权系形成权,其行使受除斥期间之限制。出租人解除其与承租人之间的合同不影响承租人与次承租人之间的合同效力。作为所有权人的出租人解除合同的,占有权链条断裂,出租人可基于所有物返还请求权请求次承租人返还租赁物。次承租人因此不能占有、使用租赁物的,可请求承租人承担违约责任。出租人未解除合同的,由于承租人仍享有占有、使用租赁

---

① Vgl. MünchKomm/Bieber (2020), § 540 Rn. 1.
② Vgl. MünchKomm/Bieber (2020), § 540 Rn. 25.

物之权利,出租人只能请求次承租人将租赁物返还于承租人。①

非法转租中,次承租人造成租赁物损害的,依本法第 593 条,承租人应对出租人承担违约责任。

四、证明责任

承租人应证明其转租经出租人同意。次承租人造成租赁物损害的,出租人应证明租赁物存在损害、次承租人违反妥善保管义务。

第七百一十七条 【转租期限】承租人经出租人同意将租赁物转租给第三人,转租期限超过承租人剩余租赁期限的,超过部分的约定对出租人不具有法律约束力,但是出租人与承租人另有约定的除外。

第七百一十八条 【出租人对转租的拟制同意】出租人知道或者应当知道承租人转租,但是在六个月内未提出异议的,视为出租人同意转租。

一、规范意旨

本法对于承租人转租采限制主义的立法模式,承租人之转租需经出租人同意。为缓和此种严格模式,敦促出租人及时行使权利,维持租赁市场的流动性,②本条对出租人同意权的行使进行了限制。

二、出租人同意的拟制

出租人对承租人之转租行为享有同意权。在承租人转租后,出租人 6 个月内未提出异议,若此后允许出租人以转租未经其同意为由请求次承租人返还租赁物,或者解除其与承租人的租赁合同,则违背诚信原则,且有害于交易安全。鉴于此,本条将出租人"六个月内未提出异议"视为出租人同意转租。

"视为出租人同意转租"是拟制的同意表示,不属于本法第 140 条第 2 款规定之沉默构成意思表示的特别情形,所以不适用意思表示规则。此外,本条规定的六个月期间并非所谓异议权的除斥期间,③因为出租人不可能同时享有异议权与同意权。同意权意味着转租未经出租人同意,不具备合法性,对出租人不发生不利影响,亦即次承租人不得对出租人主张占有人抗辩,出租人享有租赁合同解除权。作为形成权的异议权存在的前提是"被异议"的法律效果已经发生,该效果因权利人提出异议而被否定。在转租情形中,只要出租人未表示同意,转租的合法性就不成立,所以自然就不需要一项形成权来否定它。本条中的异议只不过是出租人行使同意权的一种具体方式而

---

① 参见吴志正:《债法各论逐条释义》,元照出版公司 2019 年版,第 146 页。

② 参见谢鸿飞、朱广新主编:《民法典评注:合同编·典型合同与准合同 2》,中国法制出版社 2020 年版,第 241 页(张初霞执笔)。

③ 相反观点参见上注,第 241 页(张初霞执笔)。

已,即其对于转租表示"不同意"。

三、法律效果

4　　构成拟制同意的,结果上等同于出租人同意转租,转租行为自始具有合法性。拟制同意的结果是确定的,出租人不得以意思瑕疵为由撤销同意。

四、证明责任

5　　承租人应证明出租人知道或者应当知道其转租行为。出租人应证明其在六个月内提出了异议。①

第七百一十九条　【次承租人的代为清偿权】承租人拖欠租金的,次承租人可以代承租人支付其欠付的租金和违约金,但是转租合同对出租人不具有法律约束力的除外。

次承租人代为支付的租金和违约金,可以充抵次承租人应当向承租人支付的租金;超出其应付的租金数额的,可以向承租人追偿。

一、规范意旨

1　　本条系新增规范,规定了次承租人的代为清偿权及其行使后果。次承租人的代为清偿权可以防止转租合同因承租人拖欠租金而不能正常履行。次承租人行使代为清偿权是本法第524条规定的有合法利益第三人代为清偿的特殊情形。

二、构成要件

2　　次承租人行使代为清偿权,首先,须承租人拖欠租金。承租人无正当抗辩事由未支付租金即为本条所指之"拖欠租金"。其次,须转租合同对出租人具有法律拘束力。结合本法第716—718条之规定,"转租合同对出租人不具有法律约束力"系指转租未经出租人同意。

3　　应当注意的是,不满足上述第二个要件并不意味着次承租人事实上向出租人代为支付租金和违约金不发生清偿的效果。此时,次承租人的支付属于无合法利益的第三人清偿。对此,详见本法第524条评注边码3。

三、法律效果

4　　次承租人行使代为清偿权的,出租人受领后其租金和违约金债权消灭。②

5　　依据本条第2款规定,次承租人代承租人支付其欠付的租金和违约金可

---

①　参见青海金融超市有限公司与沙某某租赁合同纠纷案,青海省西宁市中级人民法院民事判决书(2015)宁民一终字第224号。

②　参见珠海市润海投资有限责任公司与珠海市正忠投资顾问有限公司房屋租赁合同纠纷案,广东省珠海市中级人民法院民事判决书(2015)珠中法民三终字第415号。

充抵次承租人向承租人应当支付的租金。此法律效果之发生系基于抵销,次承租人对承租人享有偿还代付租金和违约金之债权,同时其对承租人负担支付转租合同租金之债务,所以次承租人有权通过抵销在相应数额内消灭其租金债务。代付数额超过次承租人应付租金数额的,超额部分的偿还债权未被抵销,次承租人仍可向承租人主张债权。

在转租合同对出租人有约束力的情况下,次承租人代为清偿租金和违约金债务的,依本法第524条第2款规定取得出租人对承租人的租金和违约金债权。该债权与次承租人在边码4中的追偿债权并存,但目的相同,不能重复实现。

四、证明责任

次承租人主张充抵其应向承租人支付的租金或者向承租人追偿的,应证明其已向出租人代为支付租金和违约金。

第七百二十条 【租赁物收益归属】在租赁期限内因占有、使用租赁物获得的收益,归承租人所有,但是当事人另有约定的除外。

一、规范意旨

本条之规定对于有出产物之租赁物较为重要。在租赁合同中,出租人为收取租金将租赁物交付承租人,承租人对其占有、使用、收益,因此,占有、使用租赁物获得的收益应归承租人所有。

二、构成要件

首先,承租人因占有、使用租赁物获得收益。本条之收益包括孳息与使用利益。孳息包括法定孳息与天然孳息,前者如房屋合法转租之租金,后者如出租奶牛期间收取的牛奶。使用利益是指承租人从租赁物的使用中直接获得的利益,如租赁的汽车给承租人带来的交通便利,租赁的机器给承租人带来的生产力。应当注意的是,很多国家的民法区分了使用租赁(Miete)与用益租赁(Pacht),如德国民法。用益租赁的承租人可以取得租赁物孳息的所有权,使用租赁的承租人不能取得孳息所有权,只能享受使用利益。[1] 我国《民法典》虽未在概念上明确区分此两种租赁,但至少就本条规定的解释而言,应当区分使用租赁与用益租赁。在使用租赁中,承租人只能取得使用利益,不能取得孳息所有权。例如,甲将一只母鹿出租给乙,用于展出和表演,在三个月的租赁期间内,母鹿产下小鹿。从缔约目的可知,该租赁合同应为使用租赁,所以,乙只能从母鹿的展出和表演中获取利益(售票),不能取

---

[1] Vgl. Medicus/Lorenz, Schuldrecht BT., 18. Aufl., 2019, S.210.

得作为孳息的小鹿的所有权,小鹿应归属于甲。反之,如果甲乙租赁合同的目的在于使乙能在较长时期(如三年)内饲养母鹿并从中获取收益,则该合同应为用益租赁,乙可以取得小鹿的所有权。

3 其次,租赁物之收益系于租赁期间产生。承租人应对租赁期间产生之孳息自行收取、占有,租赁期满时有已经形成但尚未收取之孳息的,出租人对承租人收取孳息之行为应予容忍。

4 本条系任意性规范,当事人对于收益所属另有约定的,该约定优先于本条适用。所谓"另有约定"应作广义解释,不仅指双方当事人专门约定租赁物收益的归属,还指依据合同目的确定双方当事人约定的究竟为使用租赁关系抑或用益租赁关系。如果认定双方达成了使用租赁约定,则该约定包含了"租赁物孳息不归承租人所有"之内容,构成本条中的"另有约定"。

三、法律效果

5 依据本条,除非另有约定,收益之所有权归属于承租人。出租人或者第三人替承租人收取收益,符合本法第979条及其以下条款构成要件的,属于无因管理,可适用相关规范。出租人或者第三人收取收益据为己有的,可适用本法第985条以下不当得利之规定。

四、证明责任

6 出租人应对双方另有约定承担证明责任。

第七百二十一条 【支付租金期限】承租人应当按照约定的期限支付租金。对支付租金的期限没有约定或者约定不明确,依据本法第五百一十条的规定仍不能确定,租赁期限不满一年的,应当在租赁期限届满时支付;租赁期限一年以上的,应当在每届满一年时支付,剩余期限不满一年的,应当在租赁期限届满时支付。

1 本条规定了承租人支付租金的期限。本条是本法第511条的特别规定,优先于后者适用。

2 依据本条,首先,支付租金期限应以当事人约定为准。对于当事人的约定,若有明确约定,则承租人按照该明确约定支付租金。若当事人没有约定或约定不明确,则首先应通过解释当事人之间的合同加以确定。若不能通过合同解释确定,则构成合同漏洞,应按照本法第510条确定。具体而言:当事人可通过意思表示一致补充相关内容加以确定;未通过补充协议确定的,按照合同相关条款或者交易习惯确定。

3 依合同解释仍不能确定的,适用本条之规则。对于租金支付期限,本条以租赁期限为依据进行划分。租赁期不满一年或租赁期超过一年但剩余期限不满一年的,应于租赁期限届满时支付租金;租赁期限超过一年的,每届满一年时支付一次。"届满"通常指期限的最后一天,应结合本法第202—204条确定。

若双方当事人间系不定期租赁合同,则可依据双方当事人间不定期租赁合同实际存续期限适用本条。

第七百二十二条　【承租人未按约支付租金】承租人无正当理由未支付或者迟延支付租金的,出租人可以请求承租人在合理期限内支付;承租人逾期不支付的,出租人可以解除合同。

一、规范意旨

本条规定了出租人在承租人未按约支付租金时的权利。本条是本法第563条的特别规定。

二、构成要件

首先,承租人未支付或迟延支付租金。承租人应按租赁合同明确约定、解释或协议补充之时间、数额支付租金。承租人未按约定履行支付租金之义务,即构成未支付或迟延支付租金。

其次,承租人无正当理由。正当理由包括:1. 因不可归责于承租人的事由,致使租赁物部分或者全部毁损、灭失,承租人因此不能对其进行使用和收益(本法729条);2. 因出租人未按照合同约定履行其义务,如出租人未按约交付租赁物、未履行租赁物维修义务等[①];3. 因其他不可归责于承租人的事由导致迟延支付租金,[②]这一条件是否满足应由法院依据个案情形综合判断。

最后,出租人为承租人设定合理期限而承租人于合理期限经过后仍未依约支付。合理期限首先依双方当事人约定及出租人之意思进行判断,欠缺此种意思的或出租人所定期限不合理的,应由法院综合个案情况确定合理期限。合理期限应从出租人催告之日起算。

三、法律效果

满足上述构成要件的,出租人可解除合同。

四、证明责任

出租人应证明其已经催告承租人在合理期限内支付租金。承租人应证明其已在该期限届满前按照约定或者按照出租人要求支付了租金,或者证明其未支付租金有正当理由。

---

① 参见山西省阳方口汽车运输有限责任公司宁武汽车站与陈某房屋租赁合同纠纷案,山西省忻州市中级人民法院民事判决书(2019)晋09民终1820号。
② Vgl. MünchKomm/Bieber (2020), § 543 Rn. 50.

第七百二十三条　【出租人的权利瑕疵担保责任】因第三人主张权利，致使承租人不能对租赁物使用、收益的，承租人可以请求减少租金或者不支付租金。

第三人主张权利的，承租人应当及时通知出租人。

1　本条规定了出租人的权利瑕疵担保责任。

一、构成要件

2　首先，第三人对承租人主张权利。第三人对承租人主张之权利主要包括所有权、抵押权、质权、居住权等物权。

3　其次，承租人对租赁物不能使用、收益。若第三人主张权利不影响承租人对租赁物使用、收益的，无本条之适用。例如，依《城镇房屋租赁合同解释》第5条之规定，承租人已经占有租赁物，第三人主张权利的，不影响承租人的使用及收益。再如，租赁物上有第三人抵押权的，第三人虽主张抵押权，但在租赁物被查封或者被交付给抵押物买受人之前，承租人仍可对其进行使用、收益。

二、法律效果

4　依据本条，符合上述构成要件的，承租人可减少租金或者不支付租金，原因在于租金系承租人对租赁物进行使用、收益之对价。"不支付租金"实际上是将租金减少至零，适用的情形是，权利瑕疵导致在整个租赁期间承租人不能使用租赁物。

5　应当注意的是，本条规定的"减少租金"与买卖合同法中的减价权不同。减价权是一种形成权，需要权利人作出减价的意思表示才能发生减价的效果。反之，本条中的"减少租金"是依法自动发生的，无须承租人作出减价的意思表示。[①] 之所以如此，是因为在买卖合同中，买卖物存在瑕疵的，存在通过消除瑕疵（补正履行）满足买受人履行利益的可能性，所以不能依法自动发生减价的效果。与此不同，在租赁合同中，无论权利瑕疵可否被消除，在消除之前租赁物不能正常使用的状态不可逆转，这段期间承租人的损失不可能因瑕疵消除得以弥补，所以，一如给付不能导致给付义务与对待给付义务皆归于消灭，瑕疵消除之前租赁物不能正常使用应当直接导致租金相应减少。另外，买卖物存在无法消除的瑕疵时，买受人可在减价、退货等救济手段之间进行选择，选择减价的，需要将该决定表示出来，所以减价表现为形成权的行使。反之，租赁物权利瑕疵消除之前不能正常使用的救济手段只有减少租

---

① Vgl. Medicus/Lorenz, Schuldrecht BT., 18. Aufl., 2019, S.183.

金,承租人无须通过行使形成权作出选择。

从比较法看,《德国民法典》第536b条规定承租人在订立合同或者受领租赁物时知道租赁物有瑕疵的,不得主张减少租金或者损害赔偿。我国民法典未设类似规定,可以考虑准用买卖合同规则。

三、承租人的通知义务

第三人向承租人主张权利的,承租人应当及时通知出租人,以便出租人尽快采取行动。承租人未履行通知义务的,应承担相应的不利后果,如不能享受减少租金的待遇,甚至需要为由此给出租人造成的损害或者扩大的损害程度承担赔偿责任。

四、证明责任

承租人应对第三人向其主张权利以及其因此不能对租赁物进行使用、收益承担证明责任;出租人应对承租人未履行及时通知义务承担证明责任。

第七百二十四条　【承租人解除权】有下列情形之一,非因承租人原因致使租赁物无法使用的,承租人可以解除合同:

(一)租赁物被司法机关或者行政机关依法查封、扣押;

(二)租赁物权属有争议;

(三)租赁物具有违反法律、行政法规关于使用条件的强制性规定情形。

本条规定租赁物无法使用时承租人的解除权。

一、构成要件

首先,承租人的解除权以租赁物无法使用为前提。本条规定了三种具体的租赁物无法使用的情形,分别是租赁物被司法机关或行政机关查封、扣押;租赁物权属具有争议以及租赁物有其他违反法律、行政法规关于使用条件的强制性规定。第3项之典型情形如《建筑法》第61条规定的未经竣工验收合格的建筑物。并非此三种类型但租赁物仍不可使用的,对承租人而言属合同目的不能实现,可依本法第563条解除合同。需要注意的是,租赁物权属有争议并非一律导致承租人取得解除权,仅在其确实致使租赁物无法使用的情况下,承租人才能解除合同。

其次,承租人对租赁物无法使用不具有可归责性,否则,其无权解除合同。

二、法律效果

满足上述构成要件的,承租人享有解除权。解除合同后的违约责任适用本法第723条或者第577条。

三、证明责任

承租人应对租赁物无法使用承担证明责任。出租人应对承租人具有可

第七百二十五条 【让与不破租赁】租赁物在承租人按照租赁合同占有期限内发生所有权变动的,不影响租赁合同的效力。

本条规定让与不破租赁,通常亦称买卖不破租赁。

一、理论构造

对于本条规定之理论构造,学界有不同观点,主要有"合同承受说"及"有权占有说"。在"合同承受说"视角下,租赁物所有权发生变动的,新所有权人取代原所有权人成为租赁合同的出租人。① "有权占有说"认为,通过法律规定,承租人对租赁物新所有权人之无权占有转换为有权占有,并因此得以对抗其原物返还请求权。②

本书认为"合同承受说"较为合理。首先,承租人对租赁物新所有权人是否构成有权占有不能体现让与不破租赁规则的全部内容,除此之外,该规则还须解决租赁物转让之后由谁享有出租人权利、履行出租人义务之问题。此类问题只能借助于合同承受(合同债权债务概括移转)原理才能解决。其次,依据《城镇房屋租赁合同解释》第14条规定,承租人请求受让人继续履行原租赁合同的,人民法院应予支持。这表明受让人此时系作为新出租人,概括承受原租赁合同的权利义务。此外,司法实务中通常亦采合同承受说。③

二、构成要件

本条的构成要件有二。其一,租赁物发生所有权变动,所有权变动的原因包括买卖、赠与、互易、出资、继承、遗赠等。④ 其二,所有权变动发生在租赁合同存续期间。其三,所有权变动时承租人占有租赁物,包括直接占有与间接占有。强调承租人占有租赁物是因为租赁权本为债权,具有相对性,必须以占有来强化其效力,使之"物权化"。与原《合同法》第229条相比,第三个要件是新增的。

---

① 参见周江洪:《买卖不破租赁规则的法律效果——以契约地位承受模式为前提》,载《法学研究》2014年第5期。
② 参见黄凤龙:《"买卖不破租赁"与承租人保护——以对〈合同法〉第229条的理解为中心》,载《中外法学》2013年第3期。
③ 参见刘某某与江油市精益商贸有限公司、李某某房屋租赁合同纠纷案,最高人民法院民事判决书(2016)最高法民申787号。在这一案件中,最高人民法院认为,租赁物受让人刘某某通知承租人房屋转让之事实,承租人逾期未支付租金,构成违约。
④ 参见最高人民法院民法典贯彻实施工作领导小组主编:《中华人民共和国民法典合同编理解与适用(三)》,人民法院出版社2020年版,第1551页。

三、法律效果

让与不破租赁的法律效果是,新所有权人概括承受原出租人的权利义务,成为新出租人。若出租人转让租赁物未构成违约,则承租人不得因租赁物所有权变动主张合同解除。① 未将租赁物所有权变动通知承租人的,承租人向原出租人支付租金,其租金债务消灭。② 原出租人此时对新出租人构成不当得利,负返还所受领租金之义务。

第七百二十六条 【房屋承租人优先购买权】出租人出卖租赁房屋的,应当在出卖之前的合理期限内通知承租人,承租人享有以同等条件优先购买的权利;但是,房屋按份共有人行使优先购买权或者出租人将房屋出卖给近亲属的除外。

出租人履行通知义务后,承租人在十五日内未明确表示购买的,视为承租人放弃优先购买权。

一、权利的性质

房屋承租人享有对租赁房屋的优先购买权,其规范目的在于保护承租人不因出租人出卖房屋而丧失住所。③ 对于优先购买权的性质,学界观点不同。竞争力较强的观点为强制缔约请求权说。④ 通说则采形成权说⑤或附条件形成权说。⑥ 附条件形成权说中形成权产生以出租人与第三人缔结买卖合同为条件。⑦ 本书认为,本条所指之优先购买权系形成权,而非附条件形

---

① 参见周江洪:《买卖不破租赁规则的法律效果——以契约地位承受模式为前提》,载《法学研究》2014年第5期,第118页。
② 参见黄薇主编:《中华人民共和国民法典合同编解读(下册)》,中国法制出版社2020年版,第836页。
③ Vgl. Palandt/Walter Weidenkaff (2020), § 577 Rn. 1.
④ 参见宁红丽:《论承租人的优先购买权》,载《广西社会科学》2004年第8期。
⑤ 参见[德]迪特尔·梅迪库斯:《德国债法分论》,杜景林、卢谌译,法律出版社2007年版,第128页;冉克平:《论房屋承租人的优先购买权——兼评最高人民法院〈房屋租赁合同司法解释〉第21—24条》,载《法学评论》2020年第4期。
⑥ 参见王泽鉴:《民法学说与判例研究(第一卷)》,中国政法大学出版社2003年版,第614页;朱晓喆:《论房屋承租人先买权的对抗力与损害赔偿——基于德国民法的比较视角》,载《中德私法研究》2013年总第9卷,第76—77页;李永军:《论优先购买权的性质和效力——对我国〈合同法〉第230条及最高法院关于租赁的司法解释的评述》,载《中国政法大学学报》2014年第6期;[德]迪特尔·梅迪库斯:《德国债法分论》,杜景林、卢谌译,法律出版社2007年版,第128页。
⑦ 参见李永军:《论优先购买权的性质和效力——对我国〈合同法〉第230条及最高法院关于租赁的司法解释的评述》,载《中国政法大学学报》2014年第6期。

成权。形成权的产生以法律规定的特定事实,即"形成原因"为前提,①形成原因并非所附条件,否则会出现合同解除权也是附条件形成权的结果。否定强制缔约请求权说的原因在于,若采此学说,出租人不予缔约的,承租人需请求法院判决出租人作出承诺以强制缔约;之后若出租人不履行合同义务,承租人仍需请求法院判决其承担债务不履行责任,如此构造不免失于烦琐。

2　　本条规定之优先购买权属债权性形成权。依本法第728条规定,出租人妨害承租人行使优先购买权的,其与第三人的房屋买卖合同效力不受影响。虽然该条仅规定"买卖合同的效力不受影响",但应理解为第三人基于该买卖合同及处分合意取得的房屋所有权不受影响。由此,承租人行使优先购买权仅发生债权效力,不发生物权效力。之所以如此,是因为承租人的优先购买权缺乏有效的公示手段,租赁物买受人未必知道当时存在该权利。

二、权利的行使

3　　优先购买权属形成权,须以单方需受领之意思表示行使,且不得另附条件。

4　　承租人行使优先购买权,须以出租人与第三人间成立买卖合同为前提。② 虽然本条并未明确规定该条件,但事实上,只有在存在买卖合同时,才有"优先购买"之适用空间,否则无比较对象,"优先"无从谈起。有观点认为,优先购买权的行使无须要求合同存在,只要在出租人已经就租赁物和第三人协商确定买卖交易条件后,即应将同等条件通知优先购买权人。③ 但事实上,此时出租人所通知的内容从客观第三人角度解释已经符合本法第472条规定之要约构成要件,承租人与出租人达成买卖合同并非仅因其行使优先购买权,而是依照意思表示一致方式缔结。因此,承租人行使优先购买权应以出租人与第三人间成立买卖合同为要件。

5　　承租人行使优先购买权以同等条件为前提。同等条件须综合出卖人拟定的转让价格、价款履行方式及期限等因素确定。④ 同等条件要求承租人行使优先购买权不得损害出卖人的经济利益。

---

① 参见[德]卡尔·拉伦茨:《德国民法通论(上)》,王晓晔等译,法律出版社2003年版,第294页。

② 参见冉克平:《论房屋承租人的优先购买权——兼评最高人民法院〈房屋租赁合同司法解释〉第21—24条》,载《法学评论》2020年第4期。

③ 参见张礼洪:《按份共有人优先购买权之实现〈物权法〉第101条的法解释和适用》,载《法学》2009年第5期;许尚豪、单明:《优先购买权制度研究》,中国法制出版社2006年版,第185页。

④ 《最高人民法院关于适用〈中华人民共和国民法典〉物权编的解释(一)》第10条。该条虽指向按份共有人的优先购买权,但对"同等条件"可进行一致判断。

承租人行使优先购买权还须以出租人未将房屋出卖给近亲属以及按份共有人未行使优先购买权为条件。出卖给近亲属时优先购买权之限制原因在于出租人将房屋出卖给近亲属时,其价格、支付方式等通常较为宽松,若认为此时承租人可行使优先购买权,对其有过分优待之虞。此处出租人将房屋出卖于近亲属并不要求近亲属对于房屋有需要或存在自用意向(Eigennutzungsabsicht)。①

关于按份共有人优先购买权与承租人优先购买权之关系,有观点认为承租人优先购买权针对的是房屋整体,而对于本法306条规定之共有份额并无此权利,因此按份共有人优先购买权不会与承租人之优先购买权发生冲突。② 此种观点值得赞同。按份共有人的优先购买权产生于共有人出卖房屋份额时,此时承租人不享有优先购买权。

三、通知义务

出租人负有通知义务,通知义务属附随义务,③且由于其法律性质不可诉请履行。

(一)产生时间

通知义务的产生时间有两种模式,即事前通知模式和事后通知模式。前者以《法国民法典》第815—14条为例,指出卖人在拟出卖财产时就应通知优先购买权人;后者以《德国民法典》第469条为例,指出卖人与第三人订立买卖合同后,出卖人才对优先购买权人负有通知义务。虽依本条文义,我国似采事前通知模式,但结合司法解释之规定,出租人的通知内容应包含共有份额的转让价格等同等条件④,由此可见,最高人民法院事实上采取事后通知模式。事后通知模式不足之处在于可能会存在"一物二卖"之情况,但出租人与第三人可在合同中约定以承租人不行使优先购买权为生效条件或以优先购买权之行使为解除条件,如此可避免"一物二卖"之不利后果。

(二)通知义务内容

通知内容应当包括出卖意图、出卖价格等一切承租人应当知晓的同等交易条件。出租人通知承租人后,若15日内承租人未明确表示购买,视为其放

---

① Vgl. Palandt/Walter Weidenkaff (2020), § 577 Rn. 1.
② 参见张鹏:《共有人优先购买权和房屋承租人优先购买权竞合之证伪——兼评〈房屋租赁司法解释〉第24条第1项的理解和适用》,载《法学》2014年第12期;李永军:《论优先购买权的性质和效力——对我国〈合同法〉第230条及最高法院关于租赁的司法解释的评述》,载《中国政法大学学报》2014年第6期。
③ Vgl. MünchKomm/Häublein (2020), § 577 Rn. 22.
④ 《民法典物权编解释(一)》第10条、第11条。该条虽指向按份共有人的优先购买权,但本条及该条之优先购买权性质一致,可做同类判断。

弃优先购买权。此后,承租人不能再行使优先购买权。但若出租人与第三人间买卖合同内容有变化的,应再次通知承租人。①

(三)通知形式

11 依其性质,通知属准法律行为之观念通知,准用本法第135条之形式要件。

(四)义务违反

12 依本条第2款规定,出租人未履行通知义务的,承租人优先购买权15日除斥期间不起算。依本法第728条规定,出租人未履行通知义务妨害承租人行使优先购买权的,承租人可请求出租人承担损害赔偿责任。

四、法律效果

(一)出租人未与第三人订立买卖合同

13 由于本条并未明确规定通知义务产生于出租人与第三人订立买卖合同之后,实践中可能存在出租人事先告知承租人其欲出卖房屋之情况。此时,区分出租人之意思表示是否构成要约。构成要约的,承租人若愿意购买可作出承诺,买卖合同缔结;不构成要约的,承租人表示愿意购买后,二者仍需进一步磋商以订立合同。此种情况下,由于出租人与第三人合同订立前承租人之优先购买权尚不具备行使条件,故二者间买卖合同之缔结并非承租人行使优先购买权之法律效果,而是以一般方式达成买卖合意。

14 需要注意的是,若出租人在与第三人订立合同前告知承租人,承租人拒绝购买的,在出租人与第三人签订合同后,即使交易条件与其告知承租人的一致或更高,出租人仍应履行通知义务。② 原因在于通知义务于其与第三人订立合同之后方不迟延地产生,并不因之前的表示当然消灭;承租人的优先购买权也唯此时方可行使,并于出租人履行通知义务后起算除斥期间,之前的意思并不能当然视作放弃优先购买权。

(二)出租人已与第三人订立买卖合同

15 此时,无论出租人是否履行通知义务,承租人知晓其与第三人订立房屋买卖合同的,其行使优先购买权后,出租人与承租人之间即成立以其与第三人订立合同之同等条件为内容的买卖合同。此即优先购买权形成效力之体现。

---

① 参见上海莘庄镇某水产品批发交易市场经营管理有限公司与卢某承租人优先购买权纠纷案,上海市第一中级人民法院民事判决书(2010)沪一中民二(民)终字第2654号。Vgl. auch MünchKomm/Westermann (2020), § 469 Rn. 3.

② Vgl. MünchKomm/Häublein (2020), § 577 Rn. 28.

五、证明责任

承租人行使优先购买权的,应证明出租人已与第三人订立买卖合同;承租人主张其与出租人的买卖合同已因行使优先购买权而成立的,须证明其已经行使了优先购买权。出租人应对承租人放弃优先购买权、房屋系出售给近亲属或者承租人行使优先购买权不符合"同等条件"承担证明责任。

第七百二十七条 【承租人对拍卖房屋的优先购买权】出租人委托拍卖人拍卖租赁房屋的,应当在拍卖五日前通知承租人。承租人未参加拍卖的,视为放弃优先购买权。

第七百二十八条 【出租人妨害优先购买权】出租人未通知承租人或者有其他妨害承租人行使优先购买权情形的,承租人可以请求出租人承担赔偿责任。但是,出租人与第三人订立的房屋买卖合同的效力不受影响。

本条规定了出租人妨害承租人行使优先购买权的法律后果。

一、构成要件

首先,出租人有妨害承租人行使优先购买权之行为。出租人妨害承租人优先购买权之行为可能是未履行通知义务,也可能是存在其他妨害承租人行使优先购买权的行为,如出租人对承租人实施欺诈等行为,或出租人在承租人表明其行使优先购买权后,将房屋移转登记于第三人处,使第三人取得房屋所有权。

其次,承租人受有损害。此处损害主要指期待利益之丧失,且损害应与出租人之加害行为有因果关系。

最后,出租人对于其妨害承租人行使优先购买权之行为有可归责性。

二、法律效果

依据本条,出租人妨害承租人行使优先购买权的,应承担损害赔偿责任,赔偿范围为承租人通过行使优先购买权本应获得的利益。本条但书规定出租人与第三人之间的房屋买卖合同效力不受影响。此项结果实属理所当然,买卖合同的效力本就具有相对性,出卖他人之物的合同尚且有效,则出卖自己所有但他人享有优先购买权之物当然也应有效。真正需要规定的是在妨害承租人行使优先购买权的情况下,第三人可否取得房屋所有权。

三、证明责任

承租人请求出租人承担损害赔偿责任的,出租人须证明其已履行通知义务,承租人须证明出租人有其他妨害其优先购买权行使的行为。

第七百二十九条 【租赁物毁损、灭失】因不可归责于承租人的事由,致使租赁物部分或者全部毁损、灭失的,承租人可以请求减少租金或者不支付租金;因租赁物部分或者全部毁损、灭失,致使不能实现合同目的的,承租人可以解除合同。

一、规范意旨

1　　本条规定了租赁物毁损、灭失之法律后果,其规范目的在于分配租赁物非因承租人事由导致的租赁物毁损、灭失时的风险。

二、构成要件

2　　首先,本条之适用前提是承租人对于租赁物毁损、灭失无可归责性,如租赁物之毁损、灭失系因出租人违反义务(如违反修理义务)而发生,或因不可抗力或意外事件而发生。

3　　其次,本条之适用需要租赁物使用价值受到贬损。由于租金系使用价值之对价,因此若租赁物之使用价值并未受到贬损,承租人仍可正常使用租赁物,此时没有减少、不支付租金之空间,亦无因不能实现合同目的而解除之空间。

4　　依据本条,承租人解除合同应以不能实现合同目的为前提,此系本法第563条规定之重申。租赁物全部毁损、灭失的,合同目的当然不能实现。

三、法律效果

5　　依据本条,租赁物非因可归责于承租人之事由使用价值贬损的,承租人可依据贬损之程度减少或不支付租金。此处减少租金的效果依法自动发生,无须承租人行使形成权(本法第723条边码5)。减少租金与不支付租金意味着租金义务部分或者全部消灭,因为出租人"提供适合于使用的租赁物"之给付义务陷入部分或者全部给付不能,导致该给付义务(本法第580条第1款)与对待给付义务(租金义务)同时部分或者全部消灭。在租赁合同中,对待给付风险的承担并未采用买卖法上的交付主义。[①] 租赁物毁损、灭失导致不能实现合同目的的,承租人可主张解除合同。

四、证明责任

6　　承租人应证明租赁物毁损、灭失之事实,出租人应证明承租人对此具有可归责性。

第七百三十条　【租期约定不明】当事人对租赁期限没有约定或者约定不明确,依据本法第五百一十条的规定仍不能确定的,视为不定期租赁;当事人可以随时解除合同,但是应当在合理期限之前通知对方。

---

① Vgl. Medicus/Lorenz, Schuldrecht BT., 18. Aufl., 2019, S. 173 – 174.

一、规范内容

经合同解释,当事人对租赁期限仍没有约定或约定不明的,首先应依本法第510条规定确定:当事人可通过协议补充,未达成补充协议的,依据合同相关条款即交易习惯确定。通过此方法可以确定租赁期限的,当事人间租赁合同系定期租赁合同,没有本条之适用余地。甲乙在市场铺位租赁合同中约定"租赁期限至本市场关停时为止",并非对租赁期限没有约定或者约定不明确。对此,应认定租赁期限的终点为"本市场关停时"或者20年最长租赁期限(本法第705条第1款)届满时,以二者中先届至者为准。

若通过上述途径仍不能确定租赁期限,则此时租赁合同系不定期租赁,发生不定期租赁之法律效果。

二、法律效果

不定期租赁中,承租人与出租人均享有任意解除(终止)权。行使任意解除权时,应遵守诚实信用原则,具体到本条而言,即应在合理期限前通知相对人。合理期限应在个案中综合双方当事人情事予以判断。本条第2分句但书中的"通知"是附期限的解除(终止)表示,通知到达相对人时并未立即发生解除效力,而是自合理期限届满时发生解除效力。

第七百三十一条　【承租人特别解除权】租赁物危及承租人的安全或者健康的,即使承租人订立合同时明知该租赁物质量不合格,承租人仍然可以随时解除合同。

一、规范意旨

本条规定目的在于强化对承租人生命健康权的保护,突破了瑕疵担保的一般规则。解除系瑕疵担保责任中的一种,买卖法中,通说认为,对于买受人订约时知情的瑕疵,出卖人不承担瑕疵担保责任。[①] 本法第613条对此亦有规定。租赁法中虽对出租人的瑕疵担保责任无具体规定,但依本法第646条规定,租赁法的瑕疵担保责任可参照适用买卖法。因此,若承租人于订约时明知租赁物有瑕疵,则出租人不承担瑕疵担保责任。本条规定突破了这一原则,将对承租人的生命健康权的保护置于优先地位。

本条系强行性规范,不得通过当事人约定排除其适用。

二、构成要件

本条规定的承租人解除权构成要件为:其一,租赁物于租赁期间存在质

---

① 参见[德]迪特尔·梅迪库斯:《德国债法分论》,杜景林、卢谌译,法律出版社2007年版,第54页。

量瑕疵;其二,租赁物瑕疵危及承租人的安全或健康。"危及"指租赁物瑕疵对承租人的生命及健康有现实的损害可能性,对其应结合个案事实进行判断。如果租赁物瑕疵不足以危及承租人生命及健康,则若承租人订约时知道瑕疵之存在,排除出租人瑕疵担保责任;若承租人订约时不知瑕疵之存在,应适用本法第712条之规定,请求出租人履行维修义务,无适用本条解除合同之可能。

三、法律效果

4 满足上述构成要件的,承租人享有解除权。若出租人对租赁物已进行维修且排除安全隐患,则不满足前述构成要件,承租人不得主张解除。[①] 与本法第730条不同,承租人解除合同无须提前于合理期限内通知出租人,自解除通知到达出租人时立即发生解除效力。

四、证明责任

5 承租人应对租赁物存在瑕疵且危及其生命健康承担证明责任,出租人应对其业已消除租赁物之安全隐患承担证明责任。

第七百三十二条 【共同居住(经营)人对租赁合同的承受权】承租人在房屋租赁期限内死亡的,与其生前共同居住的人或者共同经营人可以按照原租赁合同租赁该房屋。

一、构成要件

1 首先,本条规范之适用范围仅限于房屋租赁。原因在于,房屋居住人或经营人在较长时间的居住或者使用后,对该房屋的周边环境、基础设施等均较为了解,其生活、经营亦均与房屋形成联系。因此,若认为租赁关系因承租人死亡而消灭,则与承租人共同居住或共同经营的人将由于承租人死亡陷入不利的处境。本条规定旨在保护其基于房屋租赁合同而形成的特别利益。

2 其次,承租人在租赁期限内死亡。如果承租人在租赁期限届满后死亡,则租赁合同已经终止,无本条之适用空间。承租人死亡既包括自然死亡,也包括宣告死亡。

3 最后,主张按照原租赁合同租赁该房屋的人系与承租人生前共同居住或共同经营的人。"共同居住"和"共同经营"应具有一定的持续性,不包括偶尔住几天,否则与本条保护基于房屋而生的居住利益之规范目的不符。[②] 这

[①] 参见乐陵市名厨国宴大酒店与乐陵市恒发购物中心有限公司租赁合同纠纷案,山东省乐陵市人民法院民事判决书(2015)乐商初字第1186号。

[②] Vgl. MünchKomm/Häublein (2020), § 563 Rn. 1

一要件体现出我国民法采取的保护模式系"共同居住人中心主义"。① 曾经与承租人在租赁房屋内共同居住或者共同经营过一段时间但在承租人死亡前已经终止共同居住或者共同经营关系的人不享有本条规定的权利。

二、法律效果

满足上述构成要件的,共同居住人或共同经营人可选择是否按照原租赁合同租赁该房屋。从比较法看,《德国民法典》第 563 条采用"法定合同承受 + 承受人拒绝权"的规范模式。我国亦有学者采用类似观点(附解除条件的法定债权债务概括让与说)②。鉴于我国《民法典》并未规定共同居住人或者共同经营人享有拒绝权,所以,应将本条解释为共同居住人或者共同经营人享有对租赁合同的承受权。该权利为形成权,是选择权(Optionsrecht)的一种,③一旦共同居住人或者共同经营人向出租人作出合同承受的意思表示,租赁合同即在其与出租人之间溯及地继续生效。

三、证明责任

共同居住人或者共同经营人须证明其在承租人生前于租赁房屋内共同居住或者共同经营。

第七百三十三条 【承租人的返还义务】租赁期限届满,承租人应当返还租赁物。返还的租赁物应当符合按照约定或者根据租赁物的性质使用后的状态。

一、承租人的租赁物返还义务

在租赁合同中,承租人支付租金以换取租赁物的使用利益。租赁期限届满后,承租人承担返还租赁物的义务。被返还的租赁物应符合按约使用或依据租赁物性质使用后的状态。对于租赁物之状态是否符合这一要求,首先应考虑当事人之约定,其次应结合诚实信用原则,考虑租赁物按照交易习惯通常使用、收益的折旧和损耗。具体而言,承租人履行返还义务,包含如下要求:

首先,承租人于返还租赁物时应返还租赁物之直接占有于出租人。租赁期限届满后,承租人对租赁物之占有由有权占有转变为无权占有,出租人除可基于本条请求承租人返还租赁物外,亦可基于所有物返还请求权请求承租人返还租赁物。

---

① 参见张力、郑志峰:《承租人死亡时房屋租赁合同存续问题探究》,载《法学》2014 年第 5 期。
② 同上注。
③ 参见杨代雄:《法律行为论》,北京大学出版社 2021 年版,第 4 页。

3　　其次,承租人应返还的除租赁物本身外,还须返其配件。① 承租人在返还租赁物时,应除去其在租赁物上的装饰、增设物等,恢复原状,其构成添附或附合不能除去以及承租人为此支出费用的,适用《城镇房屋租赁合同解释》第 7 条至第 11 条。

4　　承租人未履行租赁物返还义务的,应对出租人承担补正履行及损害赔偿等违约责任。若出租人未提出异议,则依本法第 734 条规定,租赁合同继续有效,但租赁期限为不定期,承租人承担支付租金之义务。

二、证明责任

5　　出租人应证明租赁期限已届满。承租人应证明其已返还租赁物。出租人应对租赁物不符合按照约定或者根据租赁物的性质使用后的状态承担证明责任。

第七百三十四条　【默示续租;优先承租权】租赁期限届满,承租人继续使用租赁物,出租人没有提出异议的,原租赁合同继续有效,但是租赁期限为不定期。

租赁期限届满,房屋承租人享有以同等条件优先承租的权利。

一、默示续租

1　　本条第 1 款规定了默示续租。本法第 733 条规定了租赁合同期限届满后承租人的租赁物返还义务,本条规定了承租人不返还租赁物而继续使用且出租人未提出异议时租赁合同的默示续期。

2　　默示续租的构成要件如下:首先,承租人在租期届满后继续使用租赁物。对于"继续使用",在解释上不应过于严格。承租人没有把家具从房屋里搬走、次承租人不顾承租人反对继续使用租赁物,均可认定为承租人继续使用租赁物。②

3　　其次,出租人没有提出异议。有疑问的是,出租人在租期届满后的特定期限内表示异议的,是否阻却表示异议之前的那段期间内"原租赁合同继续有效"? 从比较法看,《德国民法典》第 545 条规定出租人或者承租人在两个星期内表示相反意思的,租赁合同不续期。至少就出租人的异议期间及其效果而言,此种规范模式在解释我国《民法典》本条规定时可资借鉴。否则,将出现如下结果:只要出租人没有于租期届满的同时提出异议,其就会被强加一段时间的不定期租赁合同关系。很显然,要求出租人的异议与租期届满

---

① Vgl. MünchKomm/Häublein (2020), § 564 Rn. 6
② Vgl. Erman/Lützenkirchen (2017), § 545 Rn. 5.

"无缝衔接",过于苛刻。如果出租人在租期届满前就已明确要求承租人应当准时返还租赁物,则此项要求可以解释为出租人提出异议,[1]从而阻却默示续租。出租人的异议也可以是默示的。

本条第1款之法律效果是,承租人与出租人之间的租赁合同继续有效,租期延长,但转变为不定期租赁,双方当事人均享有任意解除权。在不定期租赁关系存续期间,承租人未返还租赁物不构成违约,无须对出租人承担损害赔偿责任。从这个意义上说,默示续期具有阻却承租人违约责任之效果。

若承租人与出租人达成其他约定,则可排除本条第1款之适用。[2]

出租人应对其在合理期限内提出异议承担证明责任。

二、房屋承租人的优先承租权

本条第2款规定了房屋承租人之优先承租权,系债权性形成权。其行使条件为:首先,房屋租赁期限届满。在定期租赁合同中,如果租期届满前出租人依法解除租赁合同,则承租人不享有优先承租权。其次,出租人已与第三人签订房屋租赁合同。

房屋承租人行使优先承租权之法律效果为,出租人与承租人间成立同出租人与第三人间房屋租赁合同同等条件之租赁合同。

第十五章 融资租赁合同

第七百三十五条 【融资租赁合同的定义】融资租赁合同是出租人根据承租人对出卖人、租赁物的选择,向出卖人购买租赁物,提供给承租人使用,承租人支付租金的合同。

一、融资租赁合同的概念

本条规定了融资租赁合同的定义。融资租赁合同是一种特殊的租赁合同,在普通租赁合同中,出租人在与承租人订立租赁合同之前通常已经拥有租赁物所有权,但在融资租赁合同中,出租人在订立合同前无租赁物所有权,而是在订立合同之后依据承租人指示购买租赁物,并提供给承租人使用。因此,在融资租赁合同中,承租人选定出卖人及标的物,但无须自行一次性支付价款购买,而是由出租人支付价款,在经济功能上相当于出租人向承租人发放贷款,承租人以此实现融资目的。

融资租赁合同特征有四:其一,出租人对租赁物之所有权系于融资租赁

---

[1] Vgl. Palandt/Weidenkaff (2020), § 545 Rn. 8.
[2] Vgl. MünchKomm/Häublein (2020), § 545 Rn. 11.

合同签订之后取得;其二,出租人对于出卖人及租赁物的选择系基于承租人指示而为;其三,融资租赁合同具有融资功能,租期较长,累计支付的租金足以抵偿出租人向出卖人支付的价款,租期届满后承租人有可能取得租赁物所有权,类似于分期付款买卖;其四,融资租赁合同具有担保功能,当事人约定租期届满后租赁物归承租人所有的,在租期届满前,出租人享有的租赁物所有权类似于出卖人保留的买卖物所有权,可以担保融资款(垫付价款)以分期支付租金的方式收回。由于融资租赁合同具有担保功能,所以其属于本法第388条第1款第2句中的"其他具有担保功能的合同"。《民法典担保制度解释》第57条、第65条亦承认融资租赁的担保效力。

二、融资租赁合同的构成

对于融资租赁合同之构成,有观点认为融资租赁合同涉及三方当事人(出租人、承租人、出卖人)和两个合同(融资租赁合同和买卖合同)。[①] 本书认为,融资租赁合同不包括出租人与出卖人间的买卖合同关系,仅包括出租人与承租人间的法律关系。原因在于:首先,依据本条文义,融资租赁合同当事人为出租人及承租人,"向出卖人购买租赁物"仅指出租人之义务,并不产生将买卖合同也纳入融资租赁合同的效果;其次,从本法第744条、第754条、第755条的规定看,立法者把买卖合同视为融资租赁合同之外的另一个合同;最后,在司法实践中,融资租赁合同仅包括承租人与出租人间订立的合同,《融资租赁合同解释》第13条明确将承租人与出租人间合同称作"融资租赁合同",出租人与出卖人间合同称作"买卖合同",由此用语可得出这一结论。

三、融资租赁合同的标的物

对于融资租赁合同的标的物,《金融租赁公司管理办法》第4条规定,"适用于融资租赁交易的租赁物为固定资产",由此,无形资产不可作为融资租赁合同之标的物,对此,有学者持反对意见,认为软件、财产等无形资产亦可作为融资租赁合同之客体。[②] 实践中,对于不动产能否作为融资租赁合同客体存在争议,最高人民法院认为应区分不动产之性质依据个案认定,不动产为企业厂房、设备的,倾向于认定为融资租赁合同;不动产为在建住宅商品房项目的,倾向于认定不构成融资租赁合同。原因在于在后者的情况下,承租人对于商品房项目并非使用,且出租人不能取得在建商品房的所有权,不

---

① 参见全国人民代表大会常务委员会法制工作委员会编:《中华人民共和国合同法释义》(第三版),法律出版社2013年版,第384页。

② 参见曾大鹏:《融资租赁法制创新的体系化思考》,载《法学》2014年第9期。

符合融资租赁合同之特征。①

融资租赁的标的物通常由出租人向第三人购买,但也可以由承租人先将标的物出卖给出租人,然后再由出租人将标的物出租给承租人。此即所谓的"售后回租",《融资租赁合同解释》第2条承认其亦可构成融资租赁。反之,如果标的物本就归出租人所有,则出租人与承租人订立的合同并非融资租赁,而是普通租赁合同或者附所有权保留条款的分期付款买卖合同(所有权保留买卖)。尽管从比较法看,德国法承认生产者融资租赁(Herstellerleasing),②但这是因为德国法不承认租期届满后租赁物所有权可以"自动"归属于承租人,只能由出租人依约向承租人让与租赁物所有权。③与此不同,我国本法第757条规定融资租赁合同可以约定租期届满后租赁物归属于承租人,无须由出租人通过法律行为将租赁物所有权转让给承租人。因此,在我国法的此种构造模式下,出租人将其自有的物出租给承租人并约定租期届满后租赁物归承租人所有的,应认定为所有权保留买卖。

第七百三十六条 【融资租赁合同内容】融资租赁合同的内容一般包括租赁物的名称、数量、规格、技术性能、检验方法,租赁期限,租金构成及其支付期限和方式、币种,租赁期限届满租赁物的归属等条款。

融资租赁合同应当采用书面形式。

第七百三十七条 【虚构融资租赁物】当事人以虚构租赁物方式订立的融资租赁合同无效。

第七百三十八条 【未经行政许可不影响融资租赁合同效力】依照法律、行政法规的规定,对于租赁物的经营使用应当取得行政许可的,出租人未取得行政许可不影响融资租赁合同的效力。

第七百三十九条 【承租人受领标的物】出租人根据承租人对出卖人、租赁物的选择订立的买卖合同,出卖人应当按照约定向承租人交付标的物,承租人享有与受领标的物有关的买受人的权利。

依本条之规定,若出租人与承租人间订立的合同系融资租赁合同,则出卖人应按照约定向承租人交付标的物。之所以由出卖人向承租人交付,原因

---

① 参见最高人民法院民法典贯彻实施工作领导小组主编:《中华人民共和国民法典合同编理解与适用(三)》,人民法院出版社2020年版,第1624—1625页。
② Vgl. Medicus/Lorenz, Schuldrecht BT., 18. Aufl., 2019, S. 388.
③ 参见[德]鲍尔、施蒂尔纳:《德国物权法(下册)》,申卫星、王洪亮译,法律出版社2006年版,第595页。

在于：首先，出租人依承租人之选择确定出卖人及标的物，承租人较出租人而言对标的物之特性等品质更加了解，更易判断标的物是否符合约定之品质，有利于提高交易效率；其次，对于出租人而言，其购买标的物之目的并非供自己占有、使用、收益，而是提供给承租人使用，甚至最终由承租人取得所有权，因此，由出卖人交付给承租人更符合融资租赁的交易目的。

2　　现有的文献大都把本条的解释重点放在"承租人享有与受领标的物有关的买受人的权利"，认为该规定意味着承租人有权获得提取标的物单证以外的有关单证和资料，如租赁物使用说明书；出卖人交付的租赁物不符合约定的，承租人有权拒绝受领；出卖人多交标的物的，承租人有权接收或者拒绝接收多交的部分；[1]承租人享有对出卖人交付的标的物予以检验的权利[2]。至于"出卖人应当按照约定向承租人交付标的物"是否意味着承租人对出卖人享有交付请求权，则语焉不详。本书认为，受领以交付为前提，相应地，与受领有关的权利以交付请求权为前提，前者从属于后者。承租人如果不享有交付请求权，则与受领有关的权利对其并无意义，获得使用说明书、拒绝受领、检验货物等行为只是其辅助出租人实施而已，并非行使属于自己的权利。只有承认承租人对出卖人享有交付请求权，其才能享有属于自己的与受领有关的权利。本法第740条第1款第2项中的"经承租人或者出租人催告"也表明承租人对出卖人享有交付请求权，否则承租人无权催告出卖人交付。

3　　当然，承租人并非在任何情况下都享有对出卖人的交付请求权。本条中的"约定"应当解释为买卖合同约定出卖人有义务向承租人交付标的物。是否存在此项约定，应当通过意思表示解释予以确定。考虑到融资租赁交易的特殊性，在解释时不应过于严苛。不必要求买卖合同明确约定承租人对出卖人享有交付请求权，只要买卖合同约定收货人为承租人或者买卖合同声明买受人系为了履行某一份融资租赁合同而购买标的物，即应解释为承租人对出卖人享有交付请求权。此时，买卖合同构成本法第522条第2款规定的真正利他合同。反之，如果买卖合同根本没有提到承租人或者承租人与买受人所订立的融资租赁合同，则不构成真正利他合同，承租人未取得对出卖人的交付请求权。

第七百四十条　【承租人的拒绝受领权】出卖人违反向承租人交付标的

---

[1]　参见最高人民法院民法典贯彻实施工作领导小组主编：《中华人民共和国民法典合同编理解与适用（三）》，人民法院出版社2020年版，第1634页。
[2]　参见谢鸿飞、朱广新主编：《民法典评注：合同编·典型合同与准合同2》，中国法制出版社2021年版，第429页（高圣平执笔）。

物的义务,有下列情形之一的,承租人可以拒绝受领出卖人向其交付的标的物:

(一)标的物严重不符合约定;

(二)未按照约定交付标的物,经承租人或者出租人催告后在合理期限内仍未交付。

承租人拒绝受领标的物的,应当及时通知出租人。

一、承租人拒绝受领标的物

承租人行使拒绝受领权以标的物严重不符合约定或经催告出卖人在合理期限内仍未交付为前提条件。第一种情形是出卖人瑕疵履行,瑕疵须达到严重程度。若仅为轻微瑕疵,承租人无权拒绝受领,只能在受领后请求补正履行或者主张减价。之所以如此,是因为融资租赁合同中取得标的物成本较高,为维护交易稳定性,避免不必要的浪费,对承租人行使拒绝受领权的条件限制得较为严格。① 第二种情形是出卖人不履行或者迟延履行交付义务。此时,承租人可以催告出卖人在合理期限内履行交付义务,出租人也可以催告,因为出租人仍为买卖合同的债权人。

承租人享有拒绝受领权的,其拒绝受领出卖人交付的标的物的,无论相对于出卖人还是出租人而言,均不构成受领迟延。

二、承租人的通知义务

本条第2款规定了承租人的通知义务。出租人在融资租赁合同中一般并不实际参与标的物交付与受领。若承租人拒绝受领标的物后未在合理期限内通知出租人,可能使出租人未能及时向出卖人主张买卖合同项下权利并给其造成损失。因此承租人应承担通知义务。承租人未履行通知义务的,出租人可依据本法第577条、第582条、第584条等相关规定请求承租人承担损害赔偿等违约责任。《融资租赁合同解释》第3条对此予以规定。此外,承租人怠于履行通知义务后又以未在约定期限内获得租赁物为由向出租人主张违约责任的,出租人有权主张全部或者部分免责。

三、证明责任

承租人拒绝受领的,应证明符合拒绝受领权的构成要件。承租人应证明其已及时通知出租人。

第七百四十一条 【承租人的索赔权】出租人、出卖人、承租人可以约定,出卖人不履行买卖合同义务的,由承租人行使索赔的权利。承租人行使

---

① 参见最高人民法院民法典贯彻实施工作领导小组主编:《中华人民共和国民法典合同编理解与适用(三)》,人民法院出版社2020年版,第1638页。

索赔权利的,出租人应当协助。

一、规范目的

本条规定了承租人依照约定享有对出卖人的索赔权。原因在于,首先,在融资租赁合同中,由承租人受领标的物,其对于标的物是否符合合同约定最为了解;其次,融资租赁合同中承租人为标的物实际使用人,对于出卖人交付标的物不符合合同约定更容易保存证据;最后,承租人可直接向出卖人主张索赔也有利于简化诉讼。[1]《融资租赁合同解释》第13条第3款规定:"承租人基于买卖合同和融资租赁合同直接向出卖人主张受领租赁物、索赔等买卖合同权利的,人民法院应通知出租人作为第三人参加诉讼。"

二、构成要件

承租人行使索赔权的要件有二。一是出卖人不履行买卖合同义务,二是约定由承租人行使索赔权。此处所谓约定,是否需要出租人、出卖人均同意存在争议。"肯定说"认为,承租人行使索赔权以承租人、出租人、出卖人三方达成合意为要件。[2]"否定说"认为,承租人行使索赔权只需与出租人达成合意,只要通知出卖人即可对其生效。[3] 除此之外,亦有"法定债权让与说",认为承租人索赔权系法定债权让与,因此无须当事人约定。[4] 司法实践中,承租人索赔权在三方合意情况下均得到认可;[5]在承租人与出租人双方合意之情况下亦得到认可;[6]也有法院在承租人未经出租人同意时认可其索赔权。[7] "否定说"值得赞同。理由在于,承租人依约定取得索赔权实际上系债权转让,依据债权转让的一般规则,债权转让无须债务人(出卖人)同意,通知债务人即可对其生效。认为承租人索赔权需要三方合意不符合债权转让

---

[1] 参见雷继平、原爽、李志刚:《交易实践与司法回应:融资租赁合同若干法律问题——〈最高人民法院关于审理融资租赁合同纠纷案件适用法律问题的解释〉解读》,载《法律适用》2014年第4期。

[2] 参见最高人民法院民法典贯彻实施工作领导小组主编:《中华人民共和国民法典合同编理解与适用(三)》,人民法院出版社2020年版,第1642页。

[3] 参见胡晓媛:《中德融资租赁法律制度比较研究》,中国法制出版社2011年版,第119页。

[4] 参见曾大鹏:《融资租赁法制创新的体系化思考》,载《法学》2014年第9期。

[5] 参见贵州詹阳动力重工有限公司等与杨某买卖合同纠纷案,贵州省贵阳市中级人民法院民事判决书(2019)黔01民终518号。

[6] 参见江苏金融租赁股份有限公司与成都市西区医院、四川三友集团股份有限公司、苏美达国际技术贸易有限公司融资租赁合同纠纷案,江苏省南京市中级人民法院民事判决书(2018)苏01民终424号。

[7] 参见段某与中国电建集团租赁有限公司融资租赁合同纠纷案,四川省成都市中级人民法院民事裁定书(2017)川01民终2995号。

之一般原理。"法定债权让与说"则脱离了我国法律规定之文义,因此亦难谓合理。

应当注意的是,若依本法第739条认定买卖合同构成真正利他合同,则承租人直接取得对出卖人的交付请求权。出卖人不履行交付义务的,承租人有权依本法第522条第2款请求出卖人赔偿损害,无须出租人、承租人、出卖人专门约定由承租人行使索赔权。当然,如果事实上存在此项约定,则其可以佐证买卖合同构成真正利他合同。

三、法律效果

承租人索赔权的内容包括请求出卖人承担迟延履行或者瑕疵履行的损害赔偿责任,也包括请求出卖人承担替代给付的损害赔偿责任。如果买卖合同有违约金条款,则承租人有权请求出卖人支付违约金。此外,解释上多认为承租人的索赔权也包括请求补正履行(修理、更换)或者主张减价。甚至有观点认为索赔权还包括请求出卖人继续履行交付义务。[1]

承租人行使索赔权的,出租人应当协助。协助内容包括联系出卖人、提供证据以及庭审过程中的协助义务等。出租人未履行协助义务,给承租人造成损失的,应承担损害赔偿责任。

四、证明责任

承租人向出卖人行使索赔权的,须证明存在关于由其行使索赔权的约定。出卖人须证明其已向承租人交付标的物,承租人须证明出卖人的交付构成迟延履行或者瑕疵履行。

第七百四十二条 【承租人的租金支付义务】承租人对出卖人行使索赔权利,不影响其履行支付租金的义务。但是,承租人依赖出租人的技能确定租赁物或者出租人干预选择租赁物的,承租人可以请求减免相应租金。

一、承租人索赔不影响租金支付义务

融资租赁合同独立于买卖合同,所以承租人向出卖人主张索赔的,不影响其支付租金的义务。出卖人有迟延履行、瑕疵履行等未按约履行给付义务的,承租人有权行使索赔权,仍旧应当履行融资租赁合同中规定的租金支付义务,由此给承租人造成的损失应由出卖人承担。当然,在融资租赁合同中,若因出卖人根本违约,导致承租人无法对标的物进行使用,融资租赁合同目的不能实现,则承租人可基于本法第754条之规定解除融资租赁合同,以从

---

[1] 参见黄薇主编:《中华人民共和国民法典合同编解读(下册)》,中国法制出版社2020年版,第865页。

租金支付义务中解脱。

二、例外情形

承租人例外情况下可以请求减免相应租金,即承租人依赖出租人的技能确定租赁物或者出租人干预选择租赁物。具体而言,出租人对承租人选择租赁物或出卖人进行干涉,主要包括以下情形:1. 出租人在承租人选择出卖人、租赁物时,对租赁物的选定起决定作用的;2. 出租人干预或者要求承租人按照出租人意愿选择出卖人或者租赁物的;3. 出租人擅自变更承租人已经选定的出卖人或者租赁物的。①

三、证明责任

承租人应对其依赖出租人技能确定租赁物或出租人干预选择租赁物承担证明责任。

第七百四十三条 【出租人妨碍行使索赔权】出租人有下列情形之一,致使承租人对出卖人行使索赔权利失败的,承租人有权请求出租人承担相应的责任:

(一)明知租赁物有质量瑕疵而不告知承租人;

(二)承租人行使索赔权利时,未及时提供必要协助。

出租人怠于行使只能由其对出卖人行使的索赔权利,造成承租人损失的,承租人有权请求出租人承担赔偿责任。

一、出租人违反协助义务

依据本法第741条规定,出租人在承租人行使索赔权时有协助义务,协助义务属附随义务,出租人违反该义务应承担相应的义务不履行责任。本条第1款以承租人行使索赔权为前提,规定在出租人违反协助义务时应承担的责任。第1项中,告知义务系协助义务之具体体现,出租人告知的内容应当包括可能对承租人行使索赔权有重要意义的事实,明知租赁物瑕疵即为典型情形。第2项概括规定了出租人违反协助义务时的责任承担。

二、出租人怠于行使索赔权

本条第2款规定了出租人怠于行使只能由其行使之索赔权的责任。只能由出租人行使的索赔权通常约定于融资租赁合同或买卖合同中,此时承租人不享有索赔权。但由于在融资租赁合同中,出租人承担购买租赁物以供承租人使用的义务,其应积极行使仅得由其行使之索赔权,以保证承租人的合理使用。因此,若出租人怠于行使索赔权,给承租人造成损失,应当向承租人

---

① 参见《融资租赁合同解释》第8条。

承担以损害赔偿为典型的违约责任。

三、证明责任

承租人应对出租人未履行协助义务或怠于行使索赔权承担证明责任。

第七百四十四条 【限制出租人变更买卖合同】出租人根据承租人对出卖人、租赁物的选择订立的买卖合同,未经承租人同意,出租人不得变更与承租人有关的合同内容。

一、规范目的

融资租赁合同中,出租人订立买卖合同系基于承租人对出卖人、租赁物之选择,换言之,其订立买卖合同目的即在于履行融资租赁合同,因此出租人未经承租人同意变更与承租人有关的合同内容可能损害承租人利益。

二、规范内容

依据本条之规定,出租人未经承租人同意不得变更买卖合同中与承租人有关的合同内容。具体而言,与承租人有关的合同内容包括买卖合同之出卖人、买卖合同(及融资租赁合同)之标的物,以及标的物到的交付地点及交付方式。总体而言,出租人随意变更与承租人有关的合同内容给承租人造成损害的,应当承担违约责任。出租人擅自变更标的物,使标的物不符合合同约定使用的,承租人可主张解除融资租赁合同,并请求出租人承担损害赔偿责任。

第七百四十五条 【出租人所有权的登记对抗】出租人对租赁物享有的所有权,未经登记,不得对抗善意第三人。

一、规范目的

融资租赁合同中,租赁物由承租人使用,出租人虽对租赁物享有所有权但却无占有之权利外观。承租人处分租赁物时,既要保护出租人的所有权,也要保护第三人的合法利益。为此,本条规定了融资租赁的登记对抗。对融资租赁合同的出租人所有权采用登记对抗主义,类似于动产抵押权。这体现出融资租赁出租人所有权具有担保权特征。

二、规范内容

出租人所有权未经登记不得对抗善意第三人。本条中的善意第三人首先包括善意受让租赁物所有权的第三人。租期届满后租赁物所有权归属于出租人(本法第757条第2分句)的,租期届满前出租人的所有权是真正意义上的所有权,因此,承租人将租赁物转让给第三人构成无权处分,第三人可依善意取得规则取得租赁物所有权。特殊之处在于,出租人的租赁物所有权已经登记的,可以对抗第三人,第三人即便对承租人的占有产生信赖,亦不能取得所有权。与此不同,租期届满后租赁物所有权归属于承租人(本法第758—759条)的,租期届满前出租人的所有权在本质上是担保物权,承租人将租赁物转让给第三人并非无权处分,而是担保物所有权人转让担保物。受让人为善意的,出租人未经登记的担保性所有权不得对抗受让人,受让人取得无负担的所有权;受让人为恶意的,出租人的担保性所有权可以对抗受让人,受让人虽取得租赁物所有权,但出租人的担保权不消灭。

3　　租期届满后租赁物所有权归属于承租人的,未经登记的出租人所有权不得对抗的善意第三人。除了租赁物受让人之外,依据《民法典担保制度解释》第67条结合第54条,还包括善意承租人、查封或者扣押债权人、参与分配债权人、破产债权人,但不包括其他担保物权人,出租人与其他担保物权人的关系适用本法第414条和第415条。对此,参照本法第403条评注边码3、4。

第七百四十六条　【融资租赁合同租金的确定】融资租赁合同的租金,除当事人另有约定外,应当根据购买租赁物的大部分或者全部成本以及出租人的合理利润确定。

第七百四十七条　【出租人瑕疵担保责任的免除】租赁物不符合约定或者不符合使用目的的,出租人不承担责任。但是,承租人依赖出租人的技能确定租赁物或者出租人干预选择租赁物的除外。

一、规范目的

1　　融资租赁合同中,标的物由承租人使用,且承租人可享有与受领有关的买受人权利,出租人对标的物未形成占有和支配。除此之外,承租人可基于约定享有索赔权,此时由其向出卖人主张瑕疵责任更加便捷。出租人的作用主要在于为承租人提供融资,其对租赁物的状况通常并不了解。因此,出租人不承担融资租赁合同项下的瑕疵担保责任。

二、规范内容

2　　依据本条之规定,出租人免除融资租赁合同项下的瑕疵担保责任。例外情况是承租人依赖出租人技能确定租赁物或出租人干预选择租赁物。对于这一要件的认定与本法第742条认定一致,主要包括以下情形:1. 出租人在承租人选择出卖人、租赁物时,对租赁物的选定起决定作用的;2. 出租人干预或者要求承租人按照出租人意愿选择出卖人或者租赁物的;3. 出租人擅自变更承租人已经选定的出卖人或者租赁物的。① 若标的物因出租人原因存在权利瑕疵,则应依本法第748条处理。

---

① 参见《融资租赁合同解释》第8条。

三、证明责任

承租人请求出租人承担瑕疵担保责任的,应对其依赖出租人技能确定租赁物或出租人干预选择租赁物承担证明责任。

第七百四十八条 【出租人保证承租人占有和使用租赁物的义务】出租人应当保证承租人对租赁物的占有和使用。

出租人有下列情形之一的,承租人有权请求其赔偿损失:

(一)无正当理由收回租赁物;

(二)无正当理由妨碍、干扰承租人对租赁物的占有和使用;

(三)因出租人的原因致使第三人对租赁物主张权利;

(四)不当影响承租人对租赁物占有和使用的其他情形。

一、规范内容

融资租赁合同中,虽然出租人主要发挥融资作用,但承租人对于使用租赁物享有利益,因此出租人应采取必要措施保证承租人对标的物的平静占有及使用。具体而言,出租人自己不得对承租人对租赁物的占有和使用造成干扰,且其也不应使第三人对承租人占有使用之租赁物主张权利。本条第2款规定了出租人未保证承租人平静占有的典型情形。

首先,出租人无正当理由收回租赁物。依本法第752条以下之规定,若出租人有正当理由,如承租人未按约支付租金、无权处分租赁物,或二者间融资租赁合同因其他事由解除,则其可以收回租赁物。其次,出租人无正当理由妨碍、干扰承租人对租赁物的占有和使用。实践中,出租人可在标的物出租后与承租人约定对租赁物的使用和维护情况进行检查,以确保自己租金债权之实现。出租人基于此种约定对租赁物进行检查的,不属于此项规定之情形。最后,第三人因出租人原因对租赁物主张权利,如出租人在租赁物上为第三人设定担保权利,不得影响承租人对租赁物的使用。

二、责任承担

出租人违反本条所规定之义务的,应对承租人承担损害赔偿责任。此外,依据《融资租赁合同解释》第6条,因出租人原因使承租人无法占有、使用租赁物的,承租人有权解除融资租赁合同。

第七百四十九条 【租赁物致人损害的责任承担】承租人占有租赁物期间,租赁物造成第三人人身损害或者财产损失的,出租人不承担责任。

一、规范目的

租赁合同中,出租人并非租赁物的实际管理人和使用人,无法控制租赁物,租赁物的实质利益归属于承租人。因此,融资租赁合同期间,若租赁物给第三人造成损害,出租人不承担责任。

二、规范内容

租赁物造成第三人人身损害或财产损失包括三种情况。一是由于承租人使用、保管不当而造成第三人损害,二是由于租赁物本身存在瑕疵而造成第三人损害,三是租赁物由于第三人原因造成他人损害。三种情形中,出租人均可免责,但本条规定并未涉及具体责任主体。在第一种情况下,通说认为,基于承租人对租赁物的实际控制力和保管、维护、管理租赁物的义务,由承租人承担租赁物造成第三人损害的风险符合客观实际情况和当事人的共同意愿,因此应当由承租人承担损害赔偿责任。[①] 在第二种情况下,缺陷产品致人损害属于产品责任的范畴,应当适用本法第1203条及《产品质量法》的相关规定。在第三种情况下,若承租人无义务违反情形,则应当由实际加害人承担损害赔偿责任。

在租赁物为机动车的情况下,本条具有特别意义。依本法第1209条规定,租赁的机动车致人损害的,由承租人对受害人承担赔偿责任,机动车所有权人对损害的发生有过错的,承担相应的赔偿责任。而依本条,融资租赁的机动车的所有权人(出租人)无须承担任何责任。解释上应优先适用本条。

第七百五十条 【承租人的妥善保管、使用与维修义务】承租人应当妥善保管、使用租赁物。

承租人应当履行占有租赁物期间的维修义务。

一、妥善保管、使用

承租人负有妥善保管、使用租赁物之义务。妥善保管要求尽到善良管理人义务,并且承租人应当对租赁物进行合理使用,即按照租赁物之性质和通常使用方式进行使用。原因在于,承租人使用租赁物系其基于融资租赁合同享有的正当权益,也是其履行租金给付义务之对价。然而标的物之所有权人为出租人,因此为保护出租人利益,承租人应承担合理使用和妥善保管之义务。

融资租赁合同中承租人的妥善保管义务与一般租赁合同中妥善保管义务无甚区别,具体而言,承租人应使租赁物除正常损耗外处于与交付时一样的状态。除此之外,承租人还应依照租赁物性质对其进行检查及合理使用。

二、维修义务

一般租赁合同中,维修义务由出租人承担。但在融资租赁合同中,维修

[①] 参见胡晓媛:《中德融资租赁法律制度比较研究》,中国法制出版社2011年版,第102页。

义务则由承租人承担。原因在于,首先,融资租赁合同中承租人具有类似于所有权人之法律地位,享有租赁物的实质利益,因此其应当承担维修义务。其次,融资租赁合同中出租人购买租赁物往往系基于承租人之指示,承租人较出租人而言更了解租赁物之性能,由其对租赁物进行维修也更为便捷。

需要注意的是,若租赁物之瑕疵于交付时即存在,则此属瑕疵担保而非维修之范畴,依本法第741条,租赁物之瑕疵担保责任原则上由出卖人承担。

第七百五十一条 【租赁物毁损、灭失的风险负担】承租人占有租赁物期间,租赁物毁损、灭失的,出租人有权请求承租人继续支付租金,但是法律另有规定或者当事人另有约定的除外。

一、规范内容

一般租赁合同中,租赁物因不可归责于当事人的事由毁损、灭失的,风险由所有人即出租人承担,承租人可以主张减少租金或者不支付租金(本法第729条)。在融资租赁合同中,由于其特有的融资性质以及承租人类似所有人之地位,租赁物之使用利益几乎均由承租人享有。因此,已交付承租人的租赁物毁损、灭失如同抵押物之毁损灭失,不应影响承租人支付租金(返还融资款)的义务,风险由承租人承担。当然,在租期届满后租赁物所有权归属于出租人的情况下,租赁物并未扮演担保物的角色,自始至终皆归属于出租人。如果租赁物因不可归责人承租人的事由毁损、灭失,仍使不能继续使用租赁物的承租人继续支付租金,则有失公平。

二、风险负担与合同解除

根据本法第754条第2项规定,租赁物因不可归责于当事人原因毁损灭失的,出租人或承租人可请求解除融资租赁合同。根据本法第756条规定,融资租赁合同因租赁物交付承租人后意外毁损、灭失等不可归责于当事人的原因解除的,出租人可以请求承租人按照租赁物折旧情况给予补偿。因此,若融资租赁解除,则承租人承担折旧补偿义务;若融资租赁合同继续存续,则承租人仍应承担租金给付义务,二者不能并存。若租赁物折旧金额与剩余租金数额不同,则两者之间可能产生利益冲突。

对此种情况,有学说认为应按如下方式处理:首先,当事人有约定的,从其约定;其次,若当事人一方主张解除,另一方主张由承租人继续履行租金给付义务,此时从解释论角度出发,可将第754条之规定视为"法律另有规定",即认为合同解除优先于风险负担。如此处理可能有违立法作出的二元并存模式,因此为弥补二者之间的效果差别,可以以剩余租金为标准计算剩余租赁期间的返还额度,此时期限利益仍由承租人享有。①

第七百五十二条 【承租人支付租金的义务】承租人应当按照约定支付租金。承租人经催告后在合理期限内仍不支付租金的,出租人可以请求支付全部租金;也可以解除合同,收回租赁物。

一、承租人的租金支付义务

1　融资租赁合同项下承租人的主要义务为按照约定支付租金。具体而言,双方当事人之间有合同约定的,按照合同约定支付;无合同约定的,准用本法第721条第2句规定。

2　若租赁物存在瑕疵,依本法第742条之规定,承租人可以向出卖人主张瑕疵担保责任,但承租人仍然应当履行支付租金之义务。

二、出租人的救济措施

3　承租人经出租人催告仍未支付租金的,出租人可以请求承租人支付全部租金,即承租人欠付的以及融资租赁合同期满前应当支付的全部租金。此时承租人丧失其期限利益,租金义务加速到期。承租人在支付全部租金后,仍可保留租赁物,此时合同继续生效。除此之外,出租人也可解除合同并收回租赁物。依据《融资租赁合同解释》第5条第2项,合同对于欠付租金解除合同的情形没有明确约定,但承租人欠付租金达到两期以上,或者数额达到全部租金百分之十五以上,经出租人催告后在合理期限内仍不支付的,出租人可以解除融资租赁合同。

第七百五十三条 【承租人擅自处分租赁物】承租人未经出租人同意,将租赁物转让、抵押、质押、投资入股或者以其他方式处分的,出租人可以解除融资租赁合同。

一、规范目的

1　由于租赁物处于承租人实际支配下,因此存在承租人擅自处分租赁物之可能。承租人擅自处分租赁物的,其行为属于根本违约,出租人可据此解除融资租赁合同。

二、规范内容

2　所谓擅自处分,即未经出租人同意而对租赁物实施处分行为。本条规定了承租人擅自处分的典型情况,包括转让租赁物以及对其进行抵押、质押、投资入股。应当注意的是,本条仅解决承租人与出租人之间的关系,至于承租

---

① 参见周江洪:《融资租赁合同解除与风险负担规则并存模式之评析》,载《晋阳学刊》2015年第1期。

人擅自处分租赁物时,第三人可否取得权利,应适用本法第745条(参见该条评注边码2、3)。

第七百五十四条 【融资租赁合同的解除】有下列情形之一的,出租人或者承租人可以解除融资租赁合同:

(一)出租人与出卖人订立的买卖合同解除、被确认无效或者被撤销,且未能重新订立买卖合同;

(二)租赁物因不可归责于当事人的原因毁损、灭失,且不能修复或者确定替代物;

(三)因出卖人的原因致使融资租赁合同的目的不能实现。

一、规范目的

融资租赁合同不得任意解除,但在合同目的不达时仍应赋予当事人解除权。本条规定了融资租赁合同解除的特殊事由。

二、规范内容

首先,出租人与出卖人订立的买卖合同解除、被确认无效或者被撤销,且未能重新订立买卖合同时,融资租赁合同之标的物应当返还给出卖人,融资租赁合同目的不达,应予解除。这体现了融资租赁合同与买卖合同的密切关联性。

其次,租赁物因不可归责于当事人的原因毁损、灭失时,风险虽由承租人承担,但双方当事人也可选择解除融资租赁合同。

最后,因出卖人原因致使融资租赁合同目的不能实现。出卖人虽非融资租赁合同之当事人,但若基于出卖人原因出现标的物交付不能等情况,致使租赁合同目的不能实现,则出租人或者承租人也可解除租赁合同。

有观点认为此条属于强制性规范,双方当事人不得协议排除,原因在于"此时预先排除法定解除权,其实是将当事人强行且无限期地束缚在一个根本没有任何前途和未来的合同关系中,显然构成对缔约方经济自由的不合理的束缚"。[①]

第七百五十五条 【融资租赁合同因买卖合同而解除的后果】融资租赁合同因买卖合同解除、被确认无效或者被撤销而解除,出卖人、租赁物系由承租人选择的,出租人有权请求承租人赔偿相应损失;但是,因出租人原因致使买卖合同解除、被确认无效或者被撤销的除外。

出租人的损失已经在买卖合同解除、被确认无效或者被撤销时获得赔偿

---

① 参见叶名怡:《论事前弃权的效力》,载《中外法学》2018年第2期。

的,承租人不再承担相应的赔偿责任。

1　融资租赁合同因本法第 754 条第 1 项之原因解除的,承租人应否向出租人赔偿损失,应区别对待。首先,出卖人、租赁物系由承租人选择的,出租人有权请求承租人赔偿相应损失,因为承租人对于买卖合同的订立发挥主要作用,基于权责一致原则,其应承担损害赔偿责任。

2　其次,尽管出卖人、租赁物系由承租人选择,但买卖合同解除、被确认无效或者被撤销系因出租人原因造成的(如出租人拖欠买卖价款),承租人无须赔偿出租人的损失。

3　再次,尽管出卖人、租赁物系由承租人选择,且买卖合同解除、被确认无效或者被撤销系非因出租人原因造成,但出租人的损失已经在买卖合同解除、被确认无效或者被撤销时获得赔偿的,承租人不再承担相应的赔偿责任。此时,出卖人与承租人向出租人承担不真正连带债务,一方履行债务的,全体债务均归于消灭。

4　最后,出卖人、租赁物非由承租人选择的,承租人无须向出租人赔偿损失。

第七百五十六条　【因租赁物毁损、灭失而解除合同时的折旧补偿】融资租赁合同因租赁物交付承租人后意外毁损、灭失等不可归责于当事人的原因解除的,出租人可以请求承租人按照租赁物折旧情况给予补偿。

一、规范目的

1　融资租赁合同被解除的,承租人应当返还租赁物。如果当事人依本法第 754 条第 2 项解除合同,则租赁物无法返还,因此,本条规定在此种情形中承租人应当对出租人予以价值补偿。

二、规范内容

2　承租人应当按照租赁物折旧情况补偿出租人。个案中,应当按照合同解除时租赁物的折旧率、市场价格等因素计算租赁物的折旧价值。如果融资租赁合同约定租期届满后租赁物的残值归承租人所有,则承租人可以在支付的补偿金额中扣除应属于自己的残值部分。[①]

第七百五十七条　【融资租赁合同租期届满的租赁物归属】出租人和承租人可以约定租赁期限届满租赁物的归属;对租赁物的归属没有约定或者约定不明确,依据本法第五百一十条的规定仍不能确定的,租赁物的所有权归

---

① 参见最高人民法院民法典贯彻实施工作领导小组主编:《中华人民共和国民法典合同编理解与适用(三)》,人民法院出版社 2020 年版,第 1732 页。

出租人。

确定融资租赁合同租赁期限届满后租赁物的归属,首先应考察当事人的约定。通常情况下,融资租赁合同中当事人的约定较为详细。若当事人没有达成约定,且通过合同解释亦不能确定的,可由当事人协议补充。协议补充不成的,推定租赁物所有权归属于出租人,即租赁物所有权不因租赁期限届满而移转。如果对于融资租赁采用担保权构造模式,则此项推定未必妥当,相反,推定归承租人所有更符合担保权构造。因为租期届满后租赁物所有权归出租人的,租赁物难以被定性为担保物,出租人无法对自始至终皆归自己所有的租赁物享有担保权。

依本法第759条规定,当事人约定租赁期限届满,承租人仅需向出租人支付象征性价款的,视为约定的租金义务履行完毕后租赁物的所有权归承租人。此项规定重实质、轻形式,值得肯定。

第七百五十八条 【出租人的清算义务;承租人返还不能时的补偿义务】当事人约定租赁期限届满租赁物归承租人所有,承租人已经支付大部分租金,但是无力支付剩余租金,出租人因此解除合同收回租赁物,收回的租赁物的价值超过承租人欠付的租金以及其他费用的,承租人可以请求相应返还。

当事人约定租赁期限届满租赁物归出租人所有,因租赁物毁损、灭失或者附合、混合于他物致使承租人不能返还的,出租人有权请求承租人给予合理补偿。

一、出租人的清算义务

在承租人无力支付剩余租金时,出租人有权解除融资租赁合同并收回租赁物(本法第752条)。在合同约定租期届满租赁物归承租人所有的情况下,租期届满前出租人对租赁物享有的所有权仅为形式上的所有权,实际上是一项担保物权,类似于出卖人保留的所有权。因此,出租人解除合同并收回租赁物的做法在本质上是通过实现担保物权受偿租金(融资款)债权。既然是实现担保物权,那就应当遵循禁止流质规则。① 出租人有义务进行清算,如果租赁物的残值超过承租人欠付的租金和其他费用,则出租人应将超额部分返还承租人。本条第1款是承租人的请求权规范。

依本法第746条规定,融资租赁合同的租金,通常应根据购买租赁物的

---

① 参见黄薇主编:《中华人民共和国民法典合同编解读(下册)》,中国法制出版社2020年版,第897页。

大部分或者全部成本以及出租人的合理利润确定。在合同约定租期届满后租赁物归承租人所有的情况下,租金总额一般都高于出租人的购置成本(租赁物价值)。因此,如果承租人仅支付少部分租金,拖欠大部分租金,则出租人解除合同后收回的租赁物的价值通常不会超过欠付租金及其他费用,出租人自然无须返还超额价值。反之,如果承租人已支付大部分租金,则出租人收回的租赁物的价值通常会超过欠付租金及其他费用。因此,本条第1款规定"承租人已经支付大部分租金"。此项规定仅具描述功能,并未涉及清算义务的构成要件。

二、承租人返还不能时的补偿义务

3 融资租赁合同约定租期届满租赁物归出租人所有的,则承租人承担将租赁物返还给出租人的义务。就此而言,此类融资租赁合同与普通租赁合同并无本质区别,只是考虑到其融资因素,所以在权利义务的某些细节上应当予以修正。承租人不能履行租赁物返还义务的,依本条第2款之规定,应承担合理补偿义务。补偿数额应依租赁物残值并考量导致返还不能的原因以及承租人是否获益等因素予以确定。

4 出租人请求承租人补偿的,应就租赁物的残值承担证明责任。

第七百五十九条 【租赁物所有权归承租人所有的推定】当事人约定租赁期限届满,承租人仅需向出租人支付象征性价款的,视为约定的租金义务履行完毕后租赁物的所有权归承租人。

第七百六十条 【融资租赁合同无效的租赁物归属】融资租赁合同无效,当事人就该情形下租赁物的归属有约定的,按照其约定;没有约定或者约定不明确的,租赁物应当返还出租人。但是,因承租人原因致使合同无效,出租人不请求返还或者返还后会显著降低租赁物效用的,租赁物的所有权归承租人,由承租人给予出租人合理补偿。

一、规范目的

1 融资租赁合同无效时,按照民法原理,租赁物所有权应归出租人,此时,承租人应当履行返还义务,将租赁物返还给出租人。但由于融资租赁合同标的物的特殊性,返还后其效用可能会显著降低,或者出租人对其难以再行利用,此时为尽可能保存租赁物价值,促进物尽其用,规定所有权由承租人享有,承租人折价补偿出租人。

二、规范内容

2 依据本条规定,当事人对于融资租赁合同无效时租赁物归属有约定的,从其约定。依据本法第507条规定,合同不生效、无效、被撤销或者终止的,不影响合同中有关解决争议方法的条款的效力。因此,当事人对于融资租赁合同无效时租赁物所有权归属的约定有效。

当事人对于融资租赁合同无效时租赁物归属没有约定或者约定不明的,租赁物所有权归出租人。例外者,融资租赁合同系因承租人原因无效的,如果出租人不请求返还或者返还显著不经济,则租赁物所有权归承租人,由承租人对出租人进行合理补偿。

第十六章 保理合同

第七百六十一条 【保理合同的构成】保理合同是应收账款债权人将现有的或者将有的应收账款转让给保理人,保理人提供资金融通、应收账款管理或者催收、应收账款债务人付款担保等服务的合同。

一、保理合同的前提要件

应收账款债权人将现有的或者将有的应收账款转让给保理人是保理合同成立的前提条件,即必须以债权转让为基础,缺乏债权转让这一要素,则无法构成保理。

二、保理合同的其他要件

在应收账款债权人将债权转让给保理人的基础上,要想构成保理,还必须要求保理人提供融资贷款、应收账款债权管理、应收账款债权催收以及付款担保等服务中至少一项服务,但并不要求保理人同时提供其中的多种服务。即根据当事人在保理合同中的约定来决定服务的类别,充分尊重当事人的意思自治与合同自由。[①]

第七百六十二条 【保理合同内容和形式】保理合同的内容一般包括业务类型、服务范围、服务期限、基础交易合同情况、应收账款信息、保理融资款或者服务报酬及其支付方式等条款。

保理合同应当采用书面形式。

第七百六十三条 【虚构应收账款的保理】应收账款债权人与债务人虚构应收账款作为转让标的,与保理人订立保理合同的,应收账款债务人不得以应收账款不存在为由对抗保理人,但是保理人明知虚构的除外。

[①] 参见李宇:《保理合同立法论》,载《法学》2019年第12期。对此持不同意见者请参见方新军:《〈民法典〉保理合同适用范围的解释论问题》,载《法制与社会发展》2020年第4期。

一、虚构基础交易合同

1　在保理实践中,应收账款债权人与债务人故意虚构应收账款债权,然后由应收账款债权人将其转让给保理人以从保理人处骗取保理融资款业务的情形并不少见。对此,根据本法第146条第1款[①]的规定,应收账款债权人与债务人以通谋的虚伪表示而达成的应收账款基础交易合同无效。

二、保理人的特别保护

2　虚构基础交易合同的无效性是否影响保理合同最终的效力？对此,我国司法实践中有少数观点认为保理合同以基础交易合同中应收账款的真实存在为基础,在基础交易合同中虚构应收账款的情形下,保理合同无效。[②] 不过,通行的实务观点认为虚构的基础交易合同并不必然导致保理合同无效,此时应区分保理人对虚构的基础交易合同是否知情而做出不同判断。[③] 本条规定采纳了我国司法实务界通说的观点。据此可知,若保理人对虚构应收账款不知情,则应收账款债权人与债务人对保理人构成欺诈,保理人有权予以撤销,保理人未行使撤销权的,保理合同有效,保理人可以向债务人主张应收账款债权。反之,若保理人知情,则保理合同无效,应收账款债务人能以应收账款不存在为由对抗保理人。

3　本条规定的"保理人明知"不能扩张解释为包括"保理人应当知道"的情形,即保理人因过失而不知道应收账款为虚构的,应收账款债务人依然不得以应收账款不存在为由对抗保理人。因为在应收账款债权人和债务人虚构应收账款的情形中,债务人是故意而为并予以确认,受让人对债权真实性的审核义务较低,避免过分增加受让人的审核义务。[④]

三、证明责任

4　针对"保理人明知应收账款为虚构"之事实,应由应收账款债务人承担证明责任,若不能证明的,应收账款债务人应向保理人履行应收账款债务。

第七百六十四条　【应收账款转让通知的主体】保理人向应收账款债务

[①] 该款规定:"行为人与相对人以虚假的意思表示实施的民事法律行为无效。"
[②] 参见郴州市姣龙矿业有限公司与中国工商银行股份有限公司临武支行、临武县泡金山铅锌矿有限公司、邝某金融借款合同纠纷案,湖南省郴州市中级人民法院民事判决书(2019)湘10民再79号。
[③] 参见中国工商银行股份有限公司乌鲁木齐钢城支行与中铁物资集团新疆有限公司、广州诚通金属公司合同纠纷案,最高人民法院民事判决书(2014)民二终字第271号；河南奇春石油经销集团有限公司、中国工商银行股份有限公司延安分行金融借款合同纠纷案,最高人民法院民事判决书(2020)最高法民终155号。
[④] 参见朱虎:《债权转让中对债务人的延续性保护》,载《中国法学》2020年第5期。

人发出应收账款转让通知的,应当表明保理人身份并附有必要凭证。

一、保理人通知

在保理合同中,债权人将应收账款债权转让给保理人的情形下,根据本条规定,作为受让人的保理人有资格对应收账款债务人为有效通知,但保理人在通知时必须出示相关凭证表明其为债权受让人,否则通知无效。该规定能防止并非债权受让人的其他人为恶意虚假通知。

二、应收账款债权人通知

尽管本条没有规定应收账款债权人的通知资格,但其作为债权让与人,应有资格对应收账款债务人为有效通知。

本条规定的保理中的应收账款债权转让与本法第546规定的一般情形下的债权转让相比,固然有其特殊性,但是在通知主体资格上,两者毫无区别,即让与人和受让人均可作为让与通知的主体。不过,受让人(保理人)为让与通知时,应当提供能够足以证明其受让债权的必要凭证。

第七百六十五条 【基础合同的变更、终止对保理人不发生效力】应收账款债务人接到应收账款转让通知后,应收账款债权人与债务人无正当理由协商变更或者终止基础交易合同,对保理人产生不利影响的,对保理人不发生效力。

第七百六十六条 【有追索权保理】当事人约定有追索权保理的,保理人可以向应收账款债权人主张返还保理融资款本息或者回购应收账款债权,也可以向应收账款债务人主张应收账款债权。保理人向应收账款债务人主张应收账款债权,在扣除保理融资款本息和相关费用后有剩余的,剩余部分应当返还给应收账款债权人。

一、有追索权保理的法律界定

(一)法律关系界定

有追索权保理在我国保理行业颇受青睐,其既能方便中小企业获得融资,又能免除保理人承担坏账的风险,目前已发展成为我国保理业务中最重要的一种保理类型。在该种有追索权保理业务中,一项保理合同必须包含两个层面的法律关系:一是债权人将其对债务人的应收账款债权转让给保理人,即债权转让关系,二是保理人向债权人发放保理融资款,即融资贷款款项。当然,这两个法律关系并不是分裂的,而是合为一体,即债权人将其对债务人的应收账款债权转让给保理人的目的正是从保理人处获得融资。

(二)法律性质界定

基于保理架构的多层次性和交易环节的复杂性,我国学界和司法实务界对有追索权保理的法律性质及其效力均存有不同认知。归纳起来,在学理上大致出现过债权质押说、代为清偿说、间接给付说、债权让与担保说和附条件的债权让与说五种观点。① 根据本条规定,在当事人约定了追索权保理的情形下,若未对追索权的适用顺序等内容做出更进一步约定的,应将有追索权保理界定为债权让与担保。债权人将其对债务人的应收账款转让给保理人,实际上是对保理人的融资款本息债务提供另一种清偿途径,本质上为债权人对保理人偿还融资款本息债务起到担保作用。该种性质界定与我国有追索权保理的交易实践相吻合,其不仅被我国司法审判实践广泛采用,②而且被我国学界极力倡导。③

二、保理人的追偿顺序

根据本条规定,当债权人对保理人的融资款本息债权到期时,债务人未向保理人履行应收账款债务的,保理人既可以向债权人主张返还保理融资款本息或者回购先前受让的应收账款债权,也可以向债务人主张应收账款债权。对于该两种主张之间有无先后适用顺序而言,我国司法实务并非没有争议,有判例认为保理法律关系不同于一般借贷法律关系。保理融资的第一还款来源是债务人支付应收账款,而非债权人直接归还保理融资款。④ 不过,我国司法实务界的通说认为保理合同当事人对追索顺序没有特别约定的情形下,有追索权的保理人不负有先行请求应收账款债务人履行或以其他方式将应收账款予以变价的义务,债权人也无权请求保理人先行向债务人主张

---

① 参见包晓丽:《保理项下应收账款转让纠纷的裁判分歧与应然路径》,载《当代法学》2020 年第 3 期;方新军:《现代社会中的新合同研究》,中国人民大学出版社 2005 年版,第 207—214 页。

② 参见福州开发区福燃煤炭运销有限公司、中国建设银行股份有限公司福州城南支行金融借款合同纠纷案,最高人民法院民事裁定书(2017)最高法民申 3796 号;鑫晟保理有限公司、上海周贤房地产开发有限公司与中科建设开发总公司、上海和一投资发展有限公司等合同纠纷案,上海市高级人民法院民事判决书(2016)沪民终 478 号;福州开发区福燃煤炭运销有限公司、中国建设银行股份有限公司福州城南支行金融借款合同纠纷案,福建省高级人民法院民事判决书(2016)闽民终 579 号。

③ 参见李宇:《民法典中债权让与和债权质押规范的统合》,载《法学研究》2019 年第 1 期;陈本寒:《新类型担保的法律定位》,载《清华法学》2014 年第 2 期。

④ 参见天津汇融保理有限公司与天津百畅医疗器械销售有限公司合同纠纷案,天津市高级人民法院民事判决书(2014)津高民二终字第 0103 号;四川华电燃料有限公司与中国工商银行股份有限公司开县支行、重庆魁力商贸有限责任公司、张某云、张某兵合同纠纷案,重庆市第二中级人民法院民事判决书(2016)渝 02 民终 1066 号。

受偿。① 相比较而言,显然通说的观点更为可取。无论如何,根据本条的规定,也看不出这两种主张之间在适用上有明确的先后顺序之分。从《民法典担保制度解释》第 66 条第 2 款②的规定来看,也能得出同样的结论,即保理人享有任意选择向应收账款债权人或者债务人主张受偿的权利。而且,根据该第 66 条第 2 款之规定,还应允许保理人同时向债权人和债务人行使追偿权。

三、有追索权保理的法律效果

本条规定将有追索权保理界定为债权让与担保,当保理人选择向应收账款债权人主张返还保理融资款本息并得以有效清偿的,应收账款债权人对保理人的融资款本息债务消灭,根据担保的从属性规则,应收账款债权人为该保理融资款本息债务提供的债权让与担保也随之消灭,应收账款债权人先前让与给保理人的应收账款债权则应自动回归至债权人处。从比较法看,德国法认为让与担保不具有从属性,被担保的债权消灭的,作为担保物的债权不能自动回归担保人(原债权人),而是需要被担保人(新债权人)与担保人再次达成一项处分行为,将债权返还(让与)给担保人。③ 不过,按照我国《民法典担保制度解释》第 66 条第 3 款的规定,应收账款债权人向保理人返还保理融资款本息后即可请求应收账款债务人向其履行应收账款债务,这表明应收账款债权自动回归应收账款债权人(担保人),与德国法的模式不同。

当保理人选择向应收账款债务人主张应收账款债权的,若保理人从债务人处受偿的应收账款债权数额超出其向债权人发放的保理融资款本息数额时,则超额部分应当返还给应收账款债权人。对于保理人的此项清算义务,本条第 2 句予以明确规定,贯彻了禁止流质之规则。

第七百六十七条　【无追索权保理】当事人约定无追索权保理的,保理人应当向应收账款债务人主张应收账款债权,保理人取得超过保理融资款本

---

① 参见上海马洲股权投资基金管理有限公司与丰都远通航运发展有限公司合同纠纷案,重庆市高级人民法院民事判决书(2018)渝民初 94 号;平安银行股份有限公司福州分行与厦门恒兴集团有限公司、福建华晟电源实业有限公司等金融借款合同纠纷案,福建省福州市中级人民法院民事判决书(2014)榕民初字第 1514 号;中国光大银行股份有限公司无锡分行与江苏远红电缆有限公司、江苏中超投资集团有限公司等金融借款合同纠纷案,江苏省无锡市中级人民法院民事判决书(2016)苏 02 民终 4695 号。

② 该款规定:"在有追索权的保理中,保理人以应收账款债权人或者应收账款债务人为被告提起诉讼,人民法院应予受理;保理人一并起诉应收账款债权人和应收账款债务人的,人民法院可以受理。"

③ 参见[德]鲍尔、施蒂尔纳:《德国物权法(下册)》,申卫星、王洪亮译,法律出版社 2006 年版,第 645 页。

息和相关费用的部分,无需向应收账款债权人返还。

第七百六十八条 【保理中应收账款多重转让】应收账款债权人就同一应收账款订立多个保理合同,致使多个保理人主张权利的,已经登记的先于未登记的取得应收账款;均已经登记的,按照登记时间的先后顺序取得应收账款;均未登记的,由最先到达应收账款债务人的转让通知中载明的保理人取得应收账款;既未登记也未通知的,按照保理融资款或者服务报酬的比例取得应收账款。

一、规范对象和规范目的

1　在保理实务中,债权人将同一应收账款转让给不同保理人以期望获取更多的保理融资款现象可谓屡见不鲜。对此,为了确定不同保理人对同一应收账款的优先权以规范和保护不同保理人的权益,从而促进保理融资功能的实现,确实解决中小企业融资难等问题,本条对保理中应收账款多重转让的优先顺位规则做出了特别的规定。

2　本条对保理合同中应收账款多重转让优先权的特别规定并非一蹴而就,其在我国《民法典》编纂过程中经历了从《民法典》合同通则到合同编分则的转移,从而导致该条规定在合同编中的体系效应与规范目的均发生了很大变化。立法者调整"债权多重转让规则"的位置体系,认为只有在保理合同中,债权人将同一应收账款债权先后多次转让给不同保理人的,才有可能够突破一般情形下债权多重让与时的"让与在先,权利在先"的优先顺位规则。①

二、应收账款多重转让登记时的优先规则

3　在保理业务中,当同一应收账款被多重转让给不同保理人时,若既有登记又有未登记的,已经登记的先于未登记的取得应收账款,即由已经登记的保理人优先享有应收账款债权。若均已经登记的,按照登记时间的先后顺序取得应收账款,即由登记在先的保理人优先享有应收账款债权。

4　在动产多重抵押的情形下,根据本法第414条规定的"登记对抗主义模式",从体系解释的角度认定动产多重抵押权人是否善意并非作为评判不同抵押权之间优先顺位的依据,而是只需以动产多重抵押登记的先后顺序作为

---

① 当然,关于一般情形下债权多重让与中的优先顺位问题,在我国学界除了"让与在先,权利在先"这种学说之外,还有"通知在先,权利在先"和"登记在先,权利在先"两种不同的学说。相较而言,笔者更赞同"让与在先,权利在先"的顺位规则,理由在于其符合我国民法中债权转让的一般规范与法理逻辑。关于该三种学说的深入分析请参见潘运华:《债权二重让与中的权利归属》,载《法学家》2018年第5期。

不同抵押权人之间优先顺位的唯一标准即可。① 本条与本法第414条同采登记对抗主义模式,也应从体系解释的角度理解债权人将同一应收账款债权转让给多个保理人的,无论不同保理人之间是否知悉先前应收账款转让之事实,都始终由登记在先的保理人优先享有应收账款债权。

三、应收账款多重转让通知时的优先规则

在没有办理登记但已通知的情形下,本条在本法第414条针对动产多重抵押仅采"登记对抗主义"的立法模式基础上进一步规定"均未登记的,由最先到达应收账款债务人的转让通知中载明的保理人取得应收账款",体现了《民法典》对应收账款债权多重转让时不同保理人之间优先顺位规则的特殊安排。虽然转让通知的公示力度比不上登记,但也依然应该由在先通知中载明的保理人优先享有应收账款债权。

四、应收账款多重转让既未登记也未通知的优先规则

在既未办理登记也未通知债务人的情形下,本条与本法第414条的规定一脉相承,即按照保理融资款的比例取得应收账款。此时,根据不同保理合同中达成的应收账款让协议,每个保理人对同一应收账款享有同等顺位的担保权,其最终取得的应收账款份额取决于其向债权人提供的保理融资款占所有保理人提供的保理融资款总额的比例,占比越大,其取得的应收账款额度就越高。

第七百六十九条 【保理适用债权转让规则】本章没有规定的,适用本编第六章债权转让的有关规定。

第十七章　承揽合同

第七百七十条 【承揽合同定义和承揽主要类型】承揽合同是承揽人按照定作人的要求完成工作,交付工作成果,定作人支付报酬的合同。

承揽包括加工、定作、修理、复制、测试、检验等工作。

一、承揽合同的特征

完成工作为承揽之标的,亦为承揽与其他契约区别之因素。所谓工作,是指依劳务而发生一定结果。承揽合同中定作人的目的是获取一定的工作

---

① 对此更加详细的论述请参见高圣平:《民法典动产担保权优先顺位规则的解释论》,载《清华法学》2020年第3期;高圣平:《民法典动产担保登记对抗规则的解释论》,载《中外法学》2020年第4期。

成果，即使承揽人付出了劳务，如果没有完成工作成果，也不能取得报酬。

2　　承揽合同中的工作成果具有特定性。工作成果是承揽人按照定作人要求为其量身定制，区别于种类物。比如在由承揽人提供原材料的承揽供给合同中，根据承揽标的中有待制作的动产是可替代抑或不可替代，法律适用并不相同，前者适用买卖法，后者适用买卖法和承揽合同法。①

3　　承揽合同具有一定的人身属性。承揽合同中，定作人选择与某一承揽人订立合同，是基于对特定承揽人设备、技能、劳力等的信赖。如果定作人丧失了对承揽人的此种信赖，其对承揽合同享有任意解除权。

4　　承揽合同属于诺成、有偿、双务、不要式合同。

二、承揽人的主给付义务

5　　承揽人的主给付义务是按照定作人的要求完成工作。交付工作成果并非承揽合同之必需。②工作完成，既有须交付者，也有无须交付者。一般而言，工作系无形之结果者，原则上无须交付。例如，甲搬入新房前，将房屋保洁工作"发包"给乙，约定报酬为500元。乙只要按照要求将房屋打扫擦洗干净即可，不存在交付问题。反之，工作为有形结果者，原则上须交付。后者在文献中常称为工作物，以示与无形工作相区别。③本条第1款明定"交付工作成果"之法律意义，意在强调承揽人的主给付义务（完成工作）是先为给付义务。承揽人在先为给付义务后，方能向定作人主张报酬请求权。

6　　承揽人的工作具有多样性，依承揽人工作内容的不同，本条第2款列举了最为典型也最为重要的承揽类型，但承揽的类型不限于此。

三、定作人的主给付义务

7　　定作人的主给付义务是受领工作成果并支付报酬。④从立法机关工作人员对本法第780条的释义来看，该条中的定作人验收义务相当于《德国民法典》第640条规定的承揽人受领义务。⑤

第七百七十一条　【承揽合同内容】承揽合同的内容一般包括承揽的标的、数量、质量、报酬，承揽方式，材料的提供，履行期限，验收标准和方法等条款。

---

① 参见[德]迪特尔·梅迪库斯：《德国债法分论》，杜景林、卢谌译，法律出版社2007年版，第299页。
② 我国台湾地区"民法"第490条和《德国民法典》第631条均未有"交付成果"之表述。
③ 参见邱聪智：《新订债法各论（中）》，中国人民大学出版社2006年版，第42页。
④ Vgl. Studienkommentar/Florian Jacoby/Michael von Hinden (2018), §631 Rn. 3.
⑤ 参见黄薇主编：《中华人民共和国民法典释义（中）》，法律出版社2020年版，第1435页。

第七百七十二条 【承揽主要工作的完成人】承揽人应当以自己的设备、技术和劳力,完成主要工作,但是当事人另有约定的除外。

承揽人将其承揽的主要工作交由第三人完成的,应当就该第三人完成的工作成果向定作人负责;未经定作人同意的,定作人也可以解除合同。

一、承揽主要工作的完成人

承揽合同具有较强的人身属性,原则上应由承揽人以自己的设备、技术和劳力完成主要工作。但合同尊重当事人的意思自治,在当事人协商一致的情况下,不仅承揽主要的工作,而且承揽的所有工作,都可以由第三人完成。

二、责任承担

承揽人经定作人同意,将承揽工作交由第三人完成的,承揽人仍应对第三人完成的工作成果向定作人承担违约责任(参见本法第 523 条)。具体责任类型参见本法第 781 条规定。

承揽人擅自将工作交由第三人完成的,定作人可以解除合同。因解除合同给定作人造成损失的,定作人可以要求承揽人承担损害赔偿责任。①

第七百七十三条 【承揽合同辅助性工作的完成】承揽人可以将其承揽的辅助工作交由第三人完成。承揽人将其承揽的辅助工作交由第三人完成的,应当就该第三人完成的工作成果向定作人负责。

第七百七十四条 【承揽人提供材料时的义务】承揽人提供材料的,应当按照约定选用材料,并接受定作人检验。

一、承揽人按约定选用材料

"材料提供"是否由承揽人负责,可根据合同约定或者交易习惯确定。若合同无明确约定,又无法通过合同解释或者依交易习惯确定由哪一方提供材料的,应认定由定作人提供材料。②

承揽人应按照合同约定选用材料,是指承揽人有义务确保其选用的材料符合适当履行承揽合同的要求,使完成后的工作成果符合承揽合同的约定。③

合同明确约定由承揽人提供材料,但未约定材料提供的时间、数量和质量,事后又未就此达成补充协议的,承揽人应当根据承揽工作的性质和定作

---

① 参见最高人民法院民法典贯彻实施工作领导小组主编:《中华人民共和国民法典合同编理解与适用(三)》,人民法院出版社 2020 年版,第 1814 页。
② 同上注,第 1822 页。
③ 同上注,第 1823 页。

人对交付工作成果的要求,及时准备材料。数量不明确的,承揽人应当根据通常情况下完成该类成果所需的工作量,合理地确定材料的数量。质量不明确的,承揽人应当根据定作人对工作成果的质量要求,合理选用适合该工作成果的材料;定作人对质量未有特别要求的,承揽人应当根据价款数额的大小以及工作性质,合理确定质量标准,合理选用材料。根据以上条件仍不能确定材料质量的,承揽人应当按照通常标准准备材料。[1]

二、承揽人选用的材料应接受定作人的检验

本条规定的定作人对承揽人提供材料的检验权是本法第779条规定的定作人的监督检验权的具体化。[2] 材料经定作人检验是承揽人自我保护、减轻甚至免除责任的手段。[3]

第七百七十五条 【定作人提供材料】定作人提供材料的,应当按照约定提供材料。承揽人对定作人提供的材料应当及时检验,发现不符合约定时,应当及时通知定作人更换、补齐或者采取其他补救措施。

承揽人不得擅自更换定作人提供的材料,不得更换不需要修理的零部件。

第七百七十六条 【承揽人通知义务】承揽人发现定作人提供的图纸或者技术要求不合理的,应当及时通知定作人。因定作人怠于答复等原因造成承揽人损失的,应当赔偿损失。

第七百七十七条 【定作人中途变更工作要求】定作人中途变更承揽工作的要求,造成承揽人损失的,应当赔偿损失。

第七百七十八条 【定作人协助义务】承揽工作需要定作人协助的,定作人有协助的义务。定作人不履行协助义务致使承揽工作不能完成的,承揽人可以催告定作人在合理期限内履行义务,并可以顺延履行期限;定作人逾期不履行的,承揽人可以解除合同。

一、定作人的协助义务

基于诚实信用原则,合同当事人负有履行中的协助义务(本法第509条

---

[1] 参见黄薇主编:《中华人民共和国民法典释义(中)》,法律出版社2020年版,第1428页。
[2] 参见谢鸿飞、朱广新主编:《民法典评注:合同编·典型合同与准合同3》,中国法制出版社2020年版,第30页(张保红执笔)。
[3] 同上注,第32页(张保红执笔)。

第 2 款)。债权人的协助义务在学理上有附随义务说①、不真正义务说②以及从给付义务或者附随义务说③之争。

承揽工作之完成,须定作人协力,而定作人不为协力者,于债之原理上系定作人成立受领迟延,承揽人减轻其责任负担。④ 一般债权人受领迟延并不成立债务不履行责任。本条属于债权人受领迟延的特别规定,即定作人违反协助义务的,承揽人有权解除合同。其法律构成比照承揽人的给付迟延责任予以规定,以弥补一般债权人受领迟延之法律构成给承揽人造成的不利后果。我国有学者认为,在法律有特别规定的情况下或当事人有特别约定的情况下,可以承认债权人受领迟延属于违约行为。⑤

二、协助义务违反之法律后果

定作人违反协助义务的,承揽人有合同解除权。这里的解除权不同于第 563 条的法定解除权,其属于债务人的特别解除权。

考虑到定作人的协助义务并非合同的主给付义务,定作人违反协助义务尚不构成根本违约,承揽人行使解除权必须符合一定的条件。⑥ 首先,定作人违反协助义务须达到承揽人无法完成承揽工作的程度。其次,定作人怠于履行协助义务的,承揽人必须进行催告。符合上述条件的,承揽人可以解除合同。解除应通知定作人,自解除通知到达定作人时发生解除效力。

除解除权外,承揽人也可以主张顺延履行期限。顺延履行期的主张不以履行催告为前提。

本条虽未规定损害赔偿责任,但承揽人可依据本法合同编通则之规定请求之。从比较法看,我国台湾地区"民法"第 507 条、《德国民法典》第 642 条均规定了定作人的损害赔偿责任。我国司法实践亦支持承揽人的损害赔偿请求权。⑦

第七百七十九条 【定作人监督检察权】承揽人在工作期间,应当接受定作人必要的监督检验。定作人不得因监督检验妨碍承揽人的正常工作。

---

① Vgl. Studienkommentar/Florian Jacoby/Michael von Hinden (2018), §631 Rn. 3.
② 参见韩世远:《合同法总论》(第四版),法律出版社 2018 年版,第 571 页。
③ 协力义务因契约类型及内容的不同,得为附随义务或从给付义务。参见王泽鉴:《债法原理》,北京大学出版社 2013 年版,第 29 页。
④ 参见邱聪智:《新订债法各论(中)》,中国人民大学出版社 2006 年版,第 80 页。
⑤ 参见韩世远:《合同法总论》(第四版),法律出版社 2018 年版,第 572 页。
⑥ 参见最高人民法院民法典贯彻实施工作领导小组主编:《中华人民共和国民法典合同编理解与适用(三)》,人民法院出版社 2020 年版,第 1848 页。
⑦ 同上注,第 1849 页。

第七百八十条 【工作成果的交付与验收】承揽人完成工作的,应当向定作人交付工作成果,并提交必要的技术资料和有关质量证明。定作人应当验收该工作成果。

第七百八十一条 【工作成果质量瑕疵的违约责任】承揽人交付的工作成果不符合质量要求的,定作人可以合理选择请求承揽人承担修理、重作、减少报酬、赔偿损失等违约责任。

一、瑕疵担保义务的违反

1 本条规定承揽人违反质量瑕疵担保义务的责任,该责任属于违约责任。

2 本章未规定承揽人的权利瑕疵担保义务,主要是因为承揽工作成果所有权于完成时即逐步归属定作人,一般不涉及权利瑕疵担保责任。① 特殊情形下,承揽人提供材料,该材料系第三人所有,且承揽人的加工行为并未导致加工物有明显增值,依本法第322条应认定加工物归第三人所有。即便承揽人已将加工物交付给定作人,第三人亦可请求定作人返还加工物。承揽人须向定作人承担损害赔偿责任。对此,适用本法第577条即可。

3 承揽合同中的工作成果应符合质量要求,否则构成质量担保义务之违反。质量标准依合同中的约定。合同没有约定的,应当符合工作成果的通常效用。②

4 定作人验收是明确工作成果是否符合质量要求的重要环节。定作人应当按照合同的约定或者法律的规定及时进行验收(本法第780条)。

二、违约责任的方式

5 修理和重作属于本法第577条规定的违约责任之采取补救措施的组成部分。承揽合同的标的具有特定性,所以补救措施通常不包括更换。

6 减少报酬即减价,其释义参见本法第582条的评注。

7 赔偿责任之范围既包括履行利益之损失,也包括因加害给付造成的损失。具体释义参见本法第583条的评注。

三、证明责任

8 定作人应证明承揽人交付的工作成果不符合质量要求;定作人请求损害赔偿的,应证明存在损害。

第七百八十二条 【定作人支付报酬的期限】定作人应当按照约定的期

---

① 参见邱聪智:《新订债法各论(中)》,中国人民大学出版社2006年版,第54页。
② 参见最高人民法院民法典贯彻实施工作领导小组主编:《中华人民共和国民法典合同编理解与适用(三)》,人民法院出版社2020年版,第1864页。

限支付报酬。对支付报酬的期限没有约定或者约定不明确,依据本法第五百一十条的规定仍不能确定的,定作人应当在承揽人交付工作成果时支付;工作成果部分交付的,定作人应当相应支付。

一、支付报酬的期限

工作报酬系承揽人以特定工具和技能完成工作任务的对价。[1] 尽管本法第783条将报酬与材料费等分别列举,但本条规定的报酬应扩张解释为既包括承揽人的工作报酬,也包括承揽人提供材料时的材料费等其他费用。此类费用的支付时间应与工作报酬保持一致,除非当事人另有特别约定。

当事人就支付报酬的期限有约定,依约定履行。当事人没有约定或约定不明确的,也可以协议补充,按照合同相关条款或者交易习惯确定之(本法第510条)。

支付报酬的期限依上述途径仍无法确定的,定作人应当在承揽人交付工作成果时支付。此规定意在排除本法第511条的法律适用。承揽合同中承揽人之报酬采后付主义,须待承揽人完成工作,定作人始负报酬给付义务。

具体而言,根据承揽合同的性质,工作成果无须实际交付的,承揽人完成工作时即视为交付,定作人应在承揽人完成工作时支付报酬;工作成果须实际交付的,报酬应于交付时给付之。工作成果分批分期交付的,在双方无特别约定的情况下,定作人相应可分批分期支付报酬。

二、报酬风险的承担

本条未规定报酬风险的承担,对此,可依本法第646条第2分句参照适用买卖合同的对价风险承担规则(本法第604—610条)。据此,在工作成果交付定作人之前,因不可归责于双方当事人的事由导致工作成果不能完成或者导致其灭失且不能重作的,承揽人无权请求定作人支付报酬。但在定作人受领迟延期间,报酬风险移转于定作人。[2]

第七百八十三条 【承揽人的留置权和履行抗辩权】定作人未向承揽人支付报酬或者材料费等价款的,承揽人对完成的工作成果享有留置权或者有权拒绝交付,但是当事人另有约定的除外。

一、承揽人的留置权

留置权存在两种立法模式:一种是债权性留置权,另一种是物权性留置

---

[1] 参见最高人民法院民法典贯彻实施工作领导小组主编:《中华人民共和国民法典合同编理解与适用(三)》,人民法院出版社2020年版,第1869页。
[2] Vgl. Palandt/Sprau (2020), §§644, 645 Rn. 4–6.

权。法国、德国采取债权性留置权制度。比如,《德国民法典》第 273 条规定的留置权,系债权人在相对人未为给付时,于一定条件下得拒绝自己对于相对人应为之给付的拒绝履行请求权。我国民法上的留置权是物权性留置权,被规定在本法物权编第 19 章。

2   本条在原《合同法》第 264 条基础上增设"有权拒绝交付"之规定。立法理由是,在承揽人提供所有工作材料完成工作成果的情况下,很难将工作成果作为"定作人的动产"①由承揽人占有,不符合留置权的行使条件。② 为保护承揽人的合法权益,本条增设此项内容。

3   无论是留置权,还是"有权拒绝给付",承揽人的此项权利皆可依意思自治通过特别约定排除之。

4   担保物权和双务合同中的履行抗辩权均致力于债权保障,但二者性质并不相同,行使要件也不相同。

二、承揽人的履行抗辩权

5   承揽人有权拒绝交付工作成果从立法及实务解读来看,多将其视为承揽人的同时履行抗辩权。③对此,须区分承揽的不同类型。

(一)工作成果无须交付之承揽

6   承揽人有先为给付义务,所以不得以定作人尚未支付报酬或者材料费为由拒绝完成工作,亦即此时承揽人并无同时履行抗辩权(本法第 525 条)。仅当定作人有本法第 527 条规定的情形时,承揽人才可主张不安抗辩权。

(二)工作成果须交付之承揽

7   工作成果须交付者,报酬应于交付时支付(本法第 782 条)。此时,双方均享有同时履行抗辩权,亦即承揽人可以报酬未支付为由拒绝交付工作成果。

第七百八十四条 【承揽人保管义务】承揽人应当妥善保管定作人提供的材料以及完成的工作成果,因保管不善造成毁损、灭失的,应当承担赔偿责任。

1   定作人提供的材料为定作人所有,并不因交付承揽人而移转其物权。理

---

① 定作人未提供工作物所附基础,承揽人以自己材料为定作人完成工作者,通说及实务见解认为,工作物所有权归承揽人所有,然后再移转于定作人。参见邱聪智著:《新订债法各论(中)》,中国人民大学出版社 2006 年版,第 44 页。
② 参见黄薇主编:《中华人民共和国民法典释义(中)》,法律出版社 2020 年版,第 1443 页。
③ 同上注,第 1443 页;另参见最高人民法院民法典贯彻实施工作领导小组主编:《中华人民共和国民法典合同编理解与适用(三)》,人民法院出版社 2020 年版,第 1877 页。

论上,承揽人因承揽关系,对材料的保管及运用负善良管理人注意义务。材料因不可抗力而毁损、灭失的,承揽人不负其责。① 承揽人为定作人完成工作,其工作成果归定作人所有的,在工作成果交付之前,承揽人也应尽妥善保管义务。

本条所谓的妥善保管,是指承揽人在没有特别约定的情况下,须按照本行业的一般要求,根据物品的性质选择合理的场地、采用适当的保管方式加以保管,防止物品毁损和灭失。在具体的保管方式上,承揽人可以自己保管,也可以将材料或者工作成果交由第三人保管。承揽人将材料或者工作成果交由第三人保管的,不得给定作人增加不合理的费用。

承揽人未尽妥善保管义务,致使材料或者工作成果毁损、灭失的,承揽人应当承担赔偿责任。应当注意的是,承揽人对此并不承担无过错责任。材料或者工作成果意外毁损、灭失的,承揽人无须赔偿。此时,物的风险(Sachgefahr)由定作人承担。②

定作人请求承揽人赔偿损害的,应证明材料或者工作成果在承揽人保管期间内毁损、灭失,承揽人应证明自己已经尽到必要注意。

第七百八十五条 【承揽人保密义务】承揽人应当按照定作人的要求保守秘密,未经定作人许可,不得留存复制品或者技术资料。

第七百八十六条 【共同承揽】共同承揽人对定作人承担连带责任,但是当事人另有约定的除外。

第七百八十七条 【定作人的任意解除权】定作人在承揽人完成工作前可以随时解除合同,造成承揽人损失的,应当赔偿损失。

一、定作人的任意解除权

承揽合同为具有一定人身属性的合同。定作人基于对承揽人技能、经验的信赖与其订立合同,一旦信赖基础丧失,法律允许定作人行使任意解除权。只要在承揽工作完成前,定作人均可行使本条规定的任意解除权。至于究竟何为"完成工作之前",为避免定作人权利滥用,应依诚实信用原则解释,以防止定作人突然在即将完成之际终止承揽。③

解除权行使的方式和解除权行使的效果,适用本法第566条之规定。

---

① 参见邱聪智:《新订债法各论(中)》,中国人民大学出版社2006年版,第87页。
② Vgl. Palandt/Sprau (2020), §§644, 645 Rn. 4.
③ 参见邱聪智:《新订债法各论(中)》,中国人民大学出版社2006年版,第90页。

本条任意解除权之规定是法律上的强制性规范,不可通过约定排除。①

二、承揽人的损害赔偿请求权

面对定作人的任意解除权,承揽人极易遭受损害。故本条赋予承揽人损害赔偿请求权,以平衡双方之利益。

具体赔偿的范围包括承揽人为完成承揽工作而购买材料等所支付的价款、承揽人已完成工作部分所应获得的报酬以及承揽人所受的其他损失。②

第十八章 建设工程合同

第七百八十八条 【建设工程合同定义】建设工程合同是承包人进行工程建设,发包人支付价款的合同。

建设工程合同包括工程勘察、设计、施工合同。

第七百八十九条 【建设工程合同形式】建设工程合同应当采用书面形式。

第七百九十条 【建设工程的招标投标】建设工程的招标投标活动,应当依照有关法律的规定公开、公平、公正进行。

第七百九十一条 【建设工程的发包、承包、分包】发包人可以与总承包人订立建设工程合同,也可以分别与勘察人、设计人、施工人订立勘察、设计、施工承包合同。发包人不得将应当由一个承包人完成的建设工程支解成若干部分发包给数个承包人。

总承包人或者勘察、设计、施工承包人经发包人同意,可以将自己承包的部分工作交由第三人完成。第三人就其完成的工作成果与总承包人或者勘察、设计、施工承包人向发包人承担连带责任。承包人不得将其承包的全部建设工程转包给第三人或者将其承包的全部建设工程支解以后以分包的名义分别转包给第三人。

禁止承包人将工程分包给不具备相应资质条件的单位。禁止分包单位将其承包的工程再分包。建设工程主体结构的施工必须由承包人自行完成。

一、规范意旨

建设工程投资大、周期长、技术要求高,注重建筑工程质量和安全,涉及

---

① 参见最高人民法院民法典贯彻实施工作领导小组主编:《中华人民共和国民法典合同编理解与适用(三)》,人民法院出版社2020年版,第1899页。

② 同上注,第1897页。

公共利益,故本章规定有较强的国家管制色彩。本条是关于建设工程合同发包、承包和分包行为的规定。违反本条规定的合同为无效合同。

二、禁止发包人支解发包

建设工程的发包有两种方式,一是采取总承包方式;二是采取单项工程承包方式。发包人可以根据实际情况自行确定,但不得将应当由一个承包人完成的建设工程支解发包。

三、禁止承包人转包

转包是指承包单位承包建设工程后,不履行合同约定的责任和义务,将其承包的全部建设工程转给他人或将其承包的全部建设工程支解以后以分包的名义分别转给其他单位承包的行为。[1]

转包行为类似于债务移转,但免责型的债务移转需要发包人同意。在实践中,转包人与转承包人进行转包时通常会隐瞒发包人。本条第2款第3句规定禁止转包,所以转包行为是非法的。

四、禁止承包人非法分包

建设工程合同的分包,是指工程的承包方经发包人同意后,依法将其包的部分工程交给第三人完成的行为。[2] 本条第2款第1句中的"第三人"即为分包人。分包人就其完成的工作成果与承包人向发包人承担连带责任。

承包人不得将工程分包给不具备相应资质条件的单位。其将工程分包给不具备相应资质条件的单位属于非法分包。有相应资质的分包单位取得分包后不得再行分包。

建设工程主体结构的施工不得分包。所谓建设工程的主体结构,是指立于地基基础之上,接受、承担和传递建设工程所有上部荷载,维持上部结构整体性、稳定性和安全性的有机联系的结构体系。[3]

第七百九十二条 【重大建设工程合同的订立】国家重大建设工程合同,应当按照国家规定的程序和国家批准的投资计划、可行性研究报告等文件订立。

第七百九十三条 【建设工程施工合同无效的法律后果】建设工程施工合同无效,但是建设工程经验收合格的,可以参照合同关于工程价款的约定

---

[1] 参见高富平主编:《民法学》(第二版),法律出版社2009年版,第717页。
[2] 参见黄薇主编:《中华人民共和国民法典合同编解读(下册)》,中国法制出版社2020年版,第997页。
[3] 参见谢鸿飞、朱广新主编:《民法典评注:合同编·典型合同与准合同3》,中国法制出版社2020年版,第115页(冉克平执笔)。

折价补偿承包人。

建设工程施工合同无效,且建设工程经验收不合格的,按照以下情形处理:

(一)修复后的建设工程经验收合格的,发包人可以请求承包人承担修复费用;

(二)修复后的建设工程经验收不合格的,承包人无权请求参照合同关于工程价款的约定折价补偿。

发包人对因建设工程不合格造成的损失有过错的,应当承担相应的责任。

一、建设工程施工合同无效的特殊性

本法第157条规定了合同无效的一般处理规则。如何理解合同无效后的财产返还请求权的法律性质?学理上有不同的观点[1],主流观点认为,应基于不同的给付标的而区分返还的性质:对于物的给付属于返还原物请求权,理由是我国法律不承认物权行为的无因性;对于金钱和劳务则属于不当得利返还请求权。[2] 建设工程施工合同无效后构成劳务给付型不当得利[3],不涉及物权请求权问题。

在司法实务中,认定建设工程施工合同无效的最多情形是违反法律、行政法规的强制性规定。[4] 此无效类型多为不法原因给付。不法原因给付之法律效果在学理上存在很大的争议[5],在法律适用上也存在不确定性[6],《民

---

[1] 详细讨论参见傅广宇:《"中国民法典"与不当得利:回顾与前瞻》,载《华东政法大学学报》2019年第1期。

[2] 参见王家福主编:《中国民法学·民法债权》,法律出版社1991年版,第580页;王利明主编:《中华人民共和国民法总则详解(下册)》,中国法制出版社2017年版,第690、691页;陈甦主编:《民法总则评注(下册)》,法律出版社2017年版,第1106页(叶金强执笔);李宇:《民法总则要义:规范释论与判解集注》,法律出版社2017年版,第740页。

[3] 参见王夙:《合同无效或被撤销后返还财产请求权探析》,载《江西社会科学》2014年第11期。

[4] 参见冯小光:《试论施工合同法律效力的判断原则(一)》,载《建筑时报》2019年4月22日,第A03版。

[5] 合同无效符合不法原因给付构成要件的法律效果是不可请求对所获利益进行返还原物或者折价补偿,也就是剥夺受损人的返还请求权。此效果容易造成不法即合法的结果,而使当事人从合同无效中获利。对此,有学者认为,为平衡当事人之间的利益,对于不法原因给付不可请求返还之规定,应作适当必要之限制,不能因请求救济者本身不清白,即一概拒绝保护。参见王泽鉴:《不当得利》,台北,自版发行,2003年版,第140页。

[6] 从比较法上观察,不法原因给付不得返还规则在具体的适用中,法院除了判断是否具备法律规定的构成要件之外,还需要根据个案情形,权衡各种可能涉及的利益、价值、裁判结果具有一定程度的不确定性。

法典》在合同编第三分编准合同中的不当得利具体规则中对该不当得利类型并未予以规定。从本条规定看,不法原因给情形中的不当得利返还请求权并未被排除。

就建设工程施工合同无效之法律效果,立法机关工作人员给出的理由是,建设工程施工合同具有投资数额大、建设周期长、建设完工后不宜恢复原状等特点,加之特定情形下还涉及农民工等弱势群体利益保护,因而有必要结合建设工程施工合同的特点,在一般合同无效的处理规则之外,对建设工程施工合同无效时的特殊处理规则进行细化规定。①上述观点认为这里的特殊处理规则是相对于本法第157条而言,但实际上其与第157条的规定并无出入,只是明晰了折价补偿的具体计算标准,谈不上特殊处理。从该条折价补偿的计算标准来看,其在法律效果上并未起到合同无效的否定评价作用,在某种程度上也无法打击非法转包、违法分包等违法行为,但是从司法实践经验来看,其在维护实际施工人的薪资权利上确实起到了良好的社会效果。

二、折价补偿请求权

(一)折价补偿的前提

立法者在民法典编纂中将原《建设工程施工合同解释》第2条"参照合同约定支付工程价款"改成了"参照合同关于工程价款的约定折价补偿"。此文义的修改是为了明确建设工程施工合同无效应贯彻合同无效的处理原则。承包人在合同无效后主张的工程价款并非"合同无效按有效处理原则",其只是折价补偿的一种计算标准。

合同无效后,若工程质量不符合验收标准,发包人无权根据本法第781条,请求承包人承担修理、重作、减少报酬、赔偿损失等违约责任。所以,本条第2款并非说明承包人具有修复义务,而是在建设工程验收不合格时,承包人主张折价补偿的前提是建设工程须修复后达到验收合格标准。

建设工程施工合同无效后,有关施工人员的劳务及原材料均无法恢复原状,此时只能根据建设工程的现有价值折价补偿。工程质量验收不合格,不代表工程不具有任何利用价值。所以,在合同无效、工程验收不合格的情况下,不能一概而论,需视情况而定。本条第2款据此规定了两种适用情形。对于经验收不合格但是具有修复可能的建设工程,基于节约社会资源原则和维护当事人之间的公平,应当在确保工程质量安全的前提下,充分科学评估建设工程在技术上和经济上是否具有修复可能或者修复必要。如果可以通

---

① 参见黄薇主编:《中华人民共和国民法典释义(中)》,法律出版社2020年版,第1459页。

过修复使建设工程重新达到验收合格的,应当提倡进行修复,并由承包人承担修复费用,不宜一概要求恢复原状推倒重建,以免造成社会资源的浪费。如果从技术上和经济上判断确属没有修复可能或修复成本明显过高,进行修复显著不经济、不合理的,则没有必要进行修复,徒增不合理的负担和成本。①

7　　修复后的建设工程,经验收仍不合格的,工程无法交付使用。建设工程不仅丧失利用价值,甚至可能存在危害,需要拆除重建,给发包人带来损失。此时承包人丧失折价补偿请求权。

(二)折价补偿的标准

8　　按照工程造价的成本计算折价补偿,有两种标准,一种是按照建设行政主管部门发布的市场价格信息计算;另一种是建设行政主管部门以计算工程造价成本制定的定额标准作为计价标准计算。但无论哪一种都需要委托鉴定机构,势必增加当事人的诉讼成本,扩大当事人的损失,延长案件审理期限,不利于对当事人合法权益的保护,案件审判的法律效果与社会效果不能得到有机的统一。

9　　有鉴于此,折价补偿标准原则上参照合同关于工程价款的约定来折价补偿承包人,可以平衡承包人和发包人之间的利益关系,便捷、合理地解决纠纷,也有利于规范建筑市场秩序,保护建筑工人的合法权益,维护社会稳定。② 不能确定当事人对合同价款约定的真实意思表示的,可委托鉴定机构,鉴定结论应以市场价确定工程价款。③

三、损害赔偿请求权

10　　本条第3款仅规定了发包人的过错责任。值得注意的是,根据合同无效的一般处理规则(本法第157条第2句),合同无效后承包人也应承担过错损害赔偿责任。结合本条前两款的规定可知,本条的立法政策倾向于在公平原则下最大化维护承包人利益。立法者的规范意旨是,建设工程施工合同无效,建设工程验收不合格,修复后,建设工程经验收仍不合格的,承包人不能请求参照合同关于工程价款的约定补偿,但是,发包人对因建设工程不合格造成的损失也有过错的,也应根据其过错承担相应的责任。比如发包人提供

---

① 参见黄薇主编:《中华人民共和国民法典释义(中)》,法律出版社2020年版,第1460页。

② 参见最高人民法院民法典贯彻实施工作领导小组主编:《中华人民共和国民法典合同编理解与适用(三)》,人民法院出版社2020年版,第1940—1941页。

③ 参见齐河环盾钢结构有限公司与济南永君物资有限责任公司建设工程施工合同纠纷案(最高人民法院公报案例),载《最高人民法院公报》2012年第9期。

有瑕疵的设计,提供不合格的材料等。① 从列举示例来看,发包人的过错体现在不当履行,而不是导致合同无效。

第七百九十四条 【勘察、设计合同内容】勘察、设计合同的内容一般包括提交有关基础资料和概预算等文件的期限、质量要求、费用以及其他协作条件等条款。

第七百九十五条 【施工合同内容】施工合同的内容一般包括工程范围、建设工期、中间交工工程的开工和竣工时间、工程质量、工程造价、技术资料交付时间、材料和设备供应责任、拨款和结算、竣工验收、质量保修范围和质量保证期、相互协作等条款。

第七百九十六条 【建设工程监理】建设工程实行监理的,发包人应当与监理人采用书面形式订立委托监理合同。发包人与监理人的权利和义务以及法律责任,应当依照本编委托合同以及其他有关法律、行政法规的规定。

第七百九十七条 【发包人检查权】发包人在不妨碍承包人正常作业的情况下,可以随时对作业进度、质量进行检查。

第七百九十八条 【隐蔽工程】隐蔽工程在隐蔽以前,承包人应当通知发包人检查。发包人没有及时检查的,承包人可以顺延工程日期,并有权请求赔偿停工、窝工等损失。

一、发包人的检查义务

本条是在综合考虑保证建设工程质量、提高工程施工效率、避免社会资源浪费、强化监督管理以及平衡当事人双方利益保护等各种因素基础上作出的规定。②

发包人对隐蔽工程的检查在本质上属于对给付的受领。受领的法律性质有义务说和权利说之分歧。③ 本条强调的是发包人的义务,意在保证工程质量安全。

二、发包人的受领迟延责任

(一)构成要件

发包人的受领迟延责任的要件有二。其一,承包人在隐蔽工程隐蔽之

---

① 参见黄薇主编:《中华人民共和国民法典释义(中)》,法律出版社2020年版,第1462页。
② 参见黄薇主编:《中华人民共和国民法典释义(中)》,法律出版社2020年版,第1469—1470页。
③ 参见韩世远:《合同法总论》(第四版),法律出版社2018年版,第568—569页。

前,履行了通知义务。其二,发包人在接到承包人通知后,未及时检查。所谓及时,应给予发包人检查的合理时间。当事人有约定的,从其约定,没有约定的,应当结合行业习惯进行判断。

(二)法律效果

1. 免除承包人的给付迟延责任

承包人因发包人受领迟延导致的工程延误,不构成给付迟延责任。其有权在原工程日期基础上,请求进行相应的工程顺延。顺延工程的时间长度应当与发包人未及时检查隐蔽工程造成的工程延误相一致。

2. 停工、窝工损失赔偿责任

关于停工、窝工的赔偿标准,如果当事人有索赔签证的,按签证办理;如果没有索赔签证的,按合同约定办理;如果既无索赔签证,亦无合同约定,可按定额标准,根据停工、窝工的时间计算停工、窝工造成的人工费、机械费、管理费、材料费等费用。①

三、证明责任

承包人应当对其履行通知义务以及发包人未及时对隐蔽工程进行检查承担证明责任。

第七百九十九条 【竣工验收】建设工程竣工后,发包人应当根据施工图纸及说明书、国家颁发的施工验收规范和质量检验标准及时进行验收。验收合格的,发包人应当按照约定支付价款,并接收该建设工程。

建设工程竣工经验收合格后,方可交付使用;未经验收或者验收不合格的,不得交付使用。

第八百条 【勘察人、设计人对勘察、设计的责任】勘察、设计的质量不符合要求或者未按照期限提交勘察、设计文件拖延工期,造成发包人损失的,勘察人、设计人应当继续完善勘察、设计,减收或者免收勘察、设计费并赔偿损失。

一、规范意旨

本条规定了勘察人、设计人的迟延履行和瑕疵履行的违约责任。

二、勘察人、设计人的迟延履行责任

勘察人、设计人未在合同约定的期限内提交勘察报告或设计报告的,即构成给付迟延。

---

① 参见最高人民法院民法典贯彻实施工作领导小组主编:《中华人民共和国民法典合同编理解与适用(三)》,人民法院出版社 2020 年版,第 1981 页。

勘察人、设计人迟延履行提交勘察报告或者设计报告,发包人有权请求其继续履行,并赔偿发包人因此而受到的损失。实践中,发包人因勘察人、设计人迟延提交勘察报告、设计报告导致的损失主要是工期延误带来的损失。

本条虽未规定发包人的解除权,但勘察人、设计人给付迟延的,发包人可依据本法第563条的规定解除建设工程勘察、设计合同。

三、勘察人、设计人的瑕疵履行责任

勘察人、设计人有无违反质量担保义务,应当依据当事人合同约定和相关法律法规规章的规定①予以认定。

勘察人、设计人提交的勘察报告或者设计报告质量不符合要求,勘察人、设计人应承担以下三种违约责任:一是继续履行,即继续完善勘察、设计。二是减少报酬,即减收或者免收勘察、设计费。三是赔偿损失。

勘察报告或设计报告质量不符合要求且发包人、监理人、施工人未及时发现,最终导致建设工程质量不合格的,不能免除勘察人、设计人的违约责任,其仍应承担因建设工程被拆除、维修、返工等损失。②

三、证明责任

发包人应就勘察人、设计人的迟延履行及瑕疵履行承担证明责任。

第八百零一条　【施工人的质量瑕疵担保责任】因施工人的原因致使建设工程质量不符合约定的,发包人有权请求施工人在合理期限内无偿修理或者返工、改建。经过修理或者返工、改建后,造成逾期交付的,施工人应当承担违约责任。

一、施工人的质量瑕疵担保义务

本条规定的施工人应作狭义解释,仅指与发包人签订建设工程施工合同的承包人。③

向发包人交付质量合格的建设工程是承包人的主要义务。保障建设工程质量也是建筑施工企业的法定义务。建筑施工企业必须按照工程设计图纸和施工技术标准施工,不得偷工减料。④

二、违反质量瑕疵担保义务的违约责任

施工人违反质量瑕疵担保义务的,发包人有权请求施工人在合理期限内

---

① 参见《建设工程勘察设计管理条例》第26条、第27条。
② 参见最高人民法院民法典贯彻实施工作领导小组主编:《中华人民共和国民法典合同编理解与适用(三)》,人民法院出版社2020年版,第1990页。
③ 参见最高人民法院民法典贯彻实施工作领导小组主编:《中华人民共和国民法典合同编理解与适用(三)》,人民法院出版社2020年版,第1997页。
④ 参见《建筑法》第58条。

无偿修理或者返工、改建。

4　本条虽未规定发包人的减价权,但依《建设工程施工合同解释(一)》第12条的规定,施工人拒绝修理、返工或者改建的,发包人可以请求减少支付工程价款。

5　修理或者返工、改建后,造成逾期交付的,施工人应承担给付迟延的违约责任(本法第583条)。

三、证明责任

6　发包人需就建设工程存在质量瑕疵承担证明责任。

第八百零二条　【承包人的加害给付责任】因承包人的原因致使建设工程在合理使用期限内造成人身损害和财产损失的,承包人应当承担赔偿责任。

一、规范意旨

1　本条规定了承包人的加害给付责任。加害给付指债务人所为给付不仅存在瑕疵,而且该瑕疵造成了债权人其他权益的损害。

二、构成要件

(一)工程质量存在瑕疵

2　承包人完成的建设工程存在质量瑕疵。这里的承包人是广义的承包人,包括总承包人、分承包人、勘察人、设计人和施工人。

(二)有具体的损害结果

3　这里的损害指因建设工程质量瑕疵导致的人身损害和财产损失,具体范围不仅包括发包人或者发包人的工作人员的人身损害和财产损失,还包括第三人的人身损害和财产损失。发包人的财产损失包括建设工程以外的财产损失,也包括因有瑕疵部分工程损坏无瑕疵部分工程而造成的损失。

(三)损害发生在合理使用期限内

4　承包人只在合理使用期限内对建设工程质量负责。合理使用期限可以由双方当事人约定,当事人对建设工程使用的合理期限没有约定的,可以参照保修期来确定。[①]

三、法律效果

5　建设工程在合理使用期限内给发包人造成损害的,承包人应向发包人承担损害赔偿责任。此时,违约损害赔偿责任与侵权损害赔偿责任构成竞合,

---

① 参见最高人民法院民法典贯彻实施工作领导小组主编:《中华人民共和国民法典合同编理解与适用(三)》,人民法院出版社2020年版,第2012页。

发包人可以择一主张。

建设工程在合理使用期限内给第三人造成人身损害或财产损失的,发包人基于安全保障义务(本法第 1198 条第 1 款)或者基于本法第 1252 条第 1 款对第三人承担赔偿责任后,可以依据本条规定向承包人主张损害赔偿。此时,发包人向第三人支付的赔偿金构成发包人的财产损失。鉴于本条仅解决作为合同当事人的发包人与承包人之损害赔偿关系,所以第三人对承包人的损害赔偿请求权,并非以本条规定为请求权基础,而是应以本法第 1252 条第 1 款为请求权基础。 6

四、证明责任

发包人应证明人身损害或者财产损失系由建设工程质量瑕疵造成。 7

第八百零三条 【发包人违反协助义务的违约责任】发包人未按照约定的时间和要求提供原材料、设备、场地、资金、技术资料的,承包人可以顺延工程日期,并有权请求赔偿停工、窝工等损失。

一、发包人的协助义务

发包人的协助义务可与本法第 778 条定作人的协助义务作同一解释。承包人进行工程建设,需要发包人予以协助。发包人的协助义务既可能来源于双方约定,也可能来源于法律规定或者诚信原则。 1

本条列举的协助义务有四项:一是发包人应当按照约定的时间和标准提供建材、设备,当事人对建筑材料质量没有明确约定的,发包人提供的材料应当符合强制性标准①;二是发包人应当提供符合约定和施工要求的场地;三是发包人应当按照约定提供技术资料;四是当事人约定由发包人预付工程款的,发包人有先为支付报酬的义务。 2

二、违反协助义务的法律效果

发包人违反协助义务的,导致工程延期的,承包人可以顺延工期,不必承担给付迟延责任。 3

发包人违反协助义务的,承包人除有权请求赔偿停工、窝工等损失外,还可依据本法第 806 条解除合同。 4

第八百零四条 【发包人造成工程停建、缓建的责任】因发包人的原因致使工程中途停建、缓建的,发包人应当采取措施弥补或者减少损失,赔偿承包人因此造成的停工、窝工、倒运、机械设备调迁、材料和构件积压等损失和实际费用。

---

① 参见《建筑法》第 56 条。

一、发包人的减损义务

1　因发包人的原因致使建设工程停建、缓建的,发包人应采取必要措施,弥补或者减少损失,同时应当排除障碍,使承包人尽快恢复建设。

二、发包人的损害赔偿责任

2　发包人因自身原因导致工程停建、缓建的,应当承担损害赔偿责任。具体原因有:1. 发包人变更工程量;2. 发包人提供的设计文件等技术材料有误或者因发包人原因变更设计文件 3. 发包人未能按照约定及时提供材料、设备或者工程进度款;4. 发包人未能及时进行中间工程和隐蔽工程条件的验收并办理有关交工手续;5. 发包人不能按照合同的约定保障建设工作所需的工作条件致使建设工作无法正常进行。①

第八百零五条　【发包人致勘察、设计返工、停工或修改设计】因发包人变更计划,提供的资料不准确,或者未按照期限提供必需的勘察、设计工作条件而造成勘察、设计的返工、停工或者修改设计,发包人应当按照勘察人、设计人实际消耗的工作量增付费用。

第八百零六条　【合同解除及其后果】承包人将建设工程转包、违法分包的,发包人可以解除合同。

发包人提供的主要建筑材料、建筑构配件和设备不符合强制性标准或者不履行协助义务,致使承包人无法施工,经催告后在合理期限内仍未履行相应义务的,承包人可以解除合同。

合同解除后,已经完成的建设工程质量合格的,发包人应当按照约定支付相应的工程价款;已经完成的建设工程质量不合格的,参照本法第七百九十三条的规定处理。

一、解除权的主体

1　发包人的解除权。发包人可基于承包人的违法行为解除合同。具体违法行为包括转包和违法分包行为(本法第 791 条)。

2　承包人的解除权。本条第 2 款规定了承包人的两种解除情形,一是发包人提供的主要建筑材料、建筑构配件和设备不符合强制性标准;二是发包人不履行协助义务。就性质而言,第一种解除情形实际上也属于发包人不履行协助义务(本法第 803 条)。发包人违反义务导致承包人无法施工的,承包人需进行催告并给予发包人以合理期限后,方可解除合同。

---

① 参见黄薇主编:《中华人民共和国民法典释义(中)》,法律出版社 2020 年版,第 1478 页。

二、解除的效果

(一)发包人支付工程价款义务

基于建设工程合同的特殊性以及物尽其用、节约社会资源的原则和价值导向,本条第3款就合同解除后果,作出了特别规定。① 合同解除后,已经完成的建设工程质量合格的,发包人应当按照约定支付相应的工程价款;已经完成的建设工程质量不合格的,包括修复后可以达到质量合格以及修复后仍不能达到质量合格两种情况,相应地参照本法第793条的规定处理。

(二)损害赔偿责任

发包人或者承包人解除合同的,可根据本法第566条第2款主张违约责任。

第八百零七条 【建设工程价款优先受偿权】发包人未按照约定支付价款的,承包人可以催告发包人在合理期限内支付价款。发包人逾期不支付的,除根据建设工程的性质不宜折价、拍卖外,承包人可以与发包人协议将该工程折价,也可以请求人民法院将该工程依法拍卖。建设工程的价款就该工程折价或者拍卖的价款优先受偿。

一、建设工程价款优先受偿权

(一)优先受偿权的概念

本条是关于建设工程价款优先受偿权的规定。优先受偿权是法律直接赋予特定债权人的优先于其他债权人受偿的权利。该权利是对债权平等原则的突破。

(二)优先受偿权的目的

本条规定之目在于优先保障承包人的工程款债权,同时在一定程度上间接保护建筑工人的利益。鉴于各国均有建设工程优先受偿权之规定,其立法基础不仅有社会政策的考量,也有对建筑物增值有贡献的债权优先受偿的正义思想。② 建设工程合同在本质上是一种特殊的承揽合同。在承揽合同中,承揽人对工作成果享有留置权(本法第783条)。建设工程合同的工作成果是不动产,不能适用留置权,为保障承包人的工程款债权,只能由法律规定承

---

① 参见黄薇主编:《中华人民共和国民法典释义(中)》,法律出版社2020年版,第1482页。

② 参见[意]彼德罗·彭梵得:《罗马法教科书》,黄风译,中国政法大学2017年版,第283—284页;邱聪智著:《新订债法各论(中)》,姚志明校订,中国人民大学出版社2006年版,第75—76页;顾长河、张婧:《比较法视野下的建筑工程优先权的发展趋势及其完善》,载《岭南学刊》2011年第5期;孙科峰、杨遂全:《建设工程优先受偿权主体的争议与探究——〈合同法〉第286条之分析》,载《河北法学》2013年第6期。

包人对建设工程享有优先受偿权。与留置权不同,该优先受偿权不以债权人占有标的物为前提。

(三)优先受偿权的性质

3　　建设工程价款优先受偿权的性质在学理上有留置权说①、法定抵押权说②和优先权说③之争。在优先权说下亦有进一步的细分,有学者认为,建设工程优先受偿权为不动产特别优先权,属非典型担保物权。④ 有学者认为,优先权应是独立的实体性权利,是一种不同于固有权的救济性权利。⑤ 有学者认为,建设工程优先受偿权属法定优先权范畴,其是债权优先得到清偿的一种顺位权,不是所有权等实体性权利,不能阻止执行标的的转让、交付。⑥ 更有甚者,有学者认为优先权概念是法定担保一元模式下的产物,不应引入采物权—债权二分的我国法律体系中。申言之,其不是债权,也不是物权,而是一种排除债权平等原则的方法。⑦

4　　本书认为,建设工程价款优先受偿权无论是称为法定优先权,抑或法定抵押权,只是称谓不同。但就本质而言,其属于非移转占有型的法定担保。就权利顺位而言,是立法考量的问题。根据《建设工程施工合同解释(一)》第 36 条,建设工程价款优先受偿权优于抵押权和其他债权。原《建设工程价款优先受偿权批复》第 2 条曾规定:"消费者交付购买商品房的全部或者大部分款项后,承包人就该商品房享有的工程价款优先受偿权不得对抗买受人。"该批复废止后,对购买商品房的消费者的保护只能适用《执行中查封、扣押、冻结财产规定》第 15 条。

(四)优先受偿权的担保范围

5　　承包人建设工程价款优先受偿权的担保范围应依照国务院有关行政主

---

① 该学说因我国实证法层面不认可留置权的客体可以作为不动产,而日渐式微。日本是承认不动产留置权的国家,《日本民法典》第 325 条规定了有不动产先取特权的债务种类,包括不动产的保存、不动产的工事和不动产的买卖。并在第 339 条规定依不动产保存和不动产工事进行登记的先取特权,可以先于抵押而行使。

② 参见梁慧星:《是优先权还是抵押权——〈合同法〉第 286 条的权利性质及其适用》,载《中国律师》2001 年第 10 期。

③ 参见温世扬:《建筑工程优先权及其适用》,载《法制日报》2000 年 10 月 22 日。

④ 参见宿辉:《建设工程价款优先受偿权论争》,载《重庆社会科学》2017 年第 9 期。

⑤ 参见田土城、王康:《论民法典中统一优先权制度的构建》,载《河南师范大学学报》2016 年第 6 期。

⑥ 参见石佳友:《〈民法典〉建设工程合同修订的争议问题》,载《社会科学辑刊》2020年第 6 期。

⑦ 参见孙新强:《破除债权平等原则的两种立法例之辨析——兼论优先权的性质》,载《现代法学》2009 年第 6 期。

管部门关于建设工程价款的规定确定。依据《建设工程施工合同解释(一)》第40条第2款规定,承包人就逾期建设工程价款的利息、违约金、损害赔偿金等主张优先受偿的,人民法院不予支持。①

二、优先受偿权的构成要件

(一)存在合法有效的债权

建设工程价款优先受偿权应以合法有效的施工合同为前提。依据《建设工程施工合同解释(一)》第37条,所谓施工合同也包括装饰装修合同。因建设工程施工合同的特殊性,本法第793条明确规定了承包人在建设工程施工合同无效时,依然可参照合同约定的工程价款主张权利。此处的权利指合同无效时的折价补偿权,其应与合同有效情形下的工程价款请求权相区别。②

无论是实务界,还是学术界,皆有支持无效合同承包人享有工程价款优先受偿权的观点。该观点主要是从两点出发:一是如果将优先受偿权限定在有效合同的前提下,无效合同承包人的工程价款将失去有效保护;③二是合同无效不一定影响建设工程的质量。在建设工程验收合格时,无效合同承包人的劳务、材料即已物化为建设工程自身之价值,就应从此增值中优先分配。④

(二)发包人未按约定支付工程价款

所谓未按约定支付工程价款(承包款),需工程价款确定且已届清偿期。如果发包人已经支付完毕工程价款,则承包人不得主张建设工程价款优先受偿权。

(三)承包人需进行催告

承包人主张建设工程价款优先受偿权需先进行催告,并给予发包人以合理的期限去履行支付义务。

本条第2句中的"发包人逾期不支付"指发包人在承包人给予的合理期限经过之后仍未履行付款义务的,承包人可与发包人协议折价或申请法院拍卖。

---

① 参见《建设工程施工合同解释(一)》第40条。
② 针对二者的区别,有学者从文义解释出发,阐释了法律条文中"按照"与"参照"的差异性。具体参见唐倩:《实际施工人的建设工程价款优先受偿权实证研究》,载《中国政法大学学报》2019年第4期。
③ 参见陈东强:《建设工程价款优先受偿权的行使与规制》,载《山东法官培训学院学报》2018年第5期。
④ 参见孙利峰、杨遂全:《建设工程优先受偿权主体的争议与探究——〈合同法〉第286条之分析》,载《河北法学》2013年第6期。

(四)建设工程性质宜进行折价、拍卖

11 在司法实践中,建设工程价款优先受偿权的实现需具有可操作性。具体而言,依据建设工程性质,其应宜折价、拍卖。不适宜折价、拍卖的建设工程有:1. 未取得或违反工程规划许可手续;2. 质量验收不合格;3. 事业单位、社会团体以公益目的建设的公益设施;①4. 国家机关用房或军事建筑;5. 无法独立存在或者分割后影响主体建筑功能的附属工程等类型的工程。② 依据《建设工程施工合同解释(一)》第 39 条规定,未竣工的建设工程质量合格的,也可以折价或者拍卖。

三、优先受偿权的主体范围

12 建设工程价款优先受偿权突破债权平等原则的正当性基础是因为建设工程价款债权的特殊性。该特殊性指其对建设工程价值的贡献(参见边码1)。从价值贡献理论出发,勘察人、设计人、向发包人申报的分包人、无效合同中建设工程验收合格的施工人等均对工程自身价值有一定的贡献。向发包人申报的分包人或实际施工人,若并未直接与发包人签订承包合同,基于合同的相对性原则,其只可以通过代位权诉讼主张建设工程价款优先受偿权。③

四、优先受偿权的除斥期间

13 建设工程价款优先受偿权的行使将影响到抵押权人和其他债权人的利益,若优先受偿权主体长期不行使,将使大量社会关系长期处于不确定状态,危害第三人利益及交易安全。最高人民法院曾对此规定 6 个月的除斥期间,但该规定在实践中效果并不理想。④ 根据最新的司法解释《建设工程施工合同解释(一)》第 41 条,承包人应当在合理期限内行使建设工程价款优先受

---

① 因涉案工程是民生工程,具有公益性质,涉及公共利益,按照性质属于不宜折价、拍卖的工程,故对关于建设工程优先受偿权的主张,人民法院未予支持。参见海口益民惠通建设有限公司、海口市菜篮子投资发展有限公司等建设工程施工合同纠纷案,海南省高级人民法院民事判决书(2018)琼民初 46 号。

② 最高人民法院制定原《建设工程施工合同解释(二)》的过程中,曾经在面向社会的征求意见稿中从反面加以列举。但由于司法解释仅关注审判实践中最具争议、最亟待解决的问题,最终出台的司法解释未保留此条规定。

③ 《建设工程施工合同解释(一)》第 44 条规定,实际施工人依据本法第 535 条规定,以转包人或者违法分包人怠于向发包人行使到期债权或者与该债权有关的从权利,影响其到期债权实现,提起代位权诉讼的,人民法院应予支持。

④ 从建设工程竣工到验收合格再到工程价款结算都是争议较大的问题,耗费时间较长。6 个月的除斥期间在司法实践中,往往会导致该优先受偿权动辄落空的局面。参见最高人民法院民法典贯彻实施工作领导小组主编:《中华人民共和国民法典合同编理解与适用(三)》,人民法院出版社 2020 年版,第 2041 页。

偿权,但最长不得超过十八个月,自发包人应当给付建设工程款之日起算。值得注意的是,此处在权利行使的起算点上,不再延续一刀切的简单做法,而是使用了较为弹性的"合理期限"一词加以规定。

五、法律效果

建设工程的价款债权就该工程折价或者拍卖所得的价款优先受偿。其权利顺位参见边码4。 14

六、证明责任

主张建设工程价款优先受偿权的承包人须就优先受偿权的构成要件负担证明责任。 15

第八百零八条 【建设工程合同参照适用承揽合同】本章没有规定的,适用承揽合同的有关规定。

第十九章 运输合同

第一节 一般规定

第八百零九条 【运输合同定义】运输合同是承运人将旅客或者货物从起运地点运输到约定地点,旅客、托运人或者收货人支付票款或者运输费用的合同。

第八百一十条 【承运人的强制缔约义务】从事公共运输的承运人不得拒绝旅客、托运人通常、合理的运输要求。

一、规范意旨

所谓强制缔约,指个人或企业负有应相对人的请求,与其订立契约的义务。[①] 本条是本法第494条第3款参引的法律规定。 1

二、承运人负担强制缔约义务的要件

(一)从事公共运输

公共运输涉及公共安全,有关法律和行政法规对公共运输的营运人有严格的资质要求和营运准许条件,因此其具有一定的垄断性。一般民众事实上依赖此等具有垄断性的民生供应,欠缺真正缔约自由的基础,故法律特明定 2

---

① 参见王泽鉴:《债法原理》(第二版),北京大学出版社2013年版,第112页。

其负有缔约的义务。①

(二)通常、合理的要求

3 　　通常、合理的判断标准是一般旅客或者托运人的需求观念,而不是单个旅客或者托运人的要求。在具体的要求面前,还需要具备可以满足的一般客观条件或者经济上的合理性以及社会观念的可接受性。②

(三)承运人无拒绝的正当事由

4 　　法定的正当事由如根据《民事诉讼法》的有关规定,承运人有权拒绝被纳入失信被执行人名单的人的缔约要求。其他正当事由如旅客携带危险品(本法第818条第2款)、出租车临近交接班时点从而没有足够时间将乘客送往目的地等。

三、违反强制缔约义务的法律效果

(一)强制缔约责任

5 　　运输合同有继续订立可能的,旅客、托运人可直接依据本条,请求法院判令承运人与其订立运输合同。

(二)缔约过失责任

6 　　承运人违反法定缔约义务的,相对人可依据本法第500条第3项"有其他违背诚信原则的行为",主张缔约过失损害赔偿责任。

(三)侵权责任

7 　　承运人违反缔约过失义务,若侵犯了侵权责任编所保护的权益,可构成侵权责任。

第八百一十一条　【承运人按约定时间运输义务】承运人应当在约定期限或者合理期限内将旅客、货物安全运输到约定地点。

第八百一十二条　【承运人按约定路线运输义务】承运人应当按照约定的或者通常的运输路线将旅客、货物运输到约定地点。

第八百一十三条　【支付票款或者运输费用】旅客、托运人或者收货人应当支付票款或者运输费用。承运人未按照约定路线或者通常路线运输增加票款或者运输费用的,旅客、托运人或者收货人可以拒绝支付增加部分的票款或者运输费用。

1 　　运送属于承揽之一种,无论是人员的运送,还是货物的运送都以完成一

---

① 参见王泽鉴:《债法原理》(第二版),北京大学出版社2013年版,第112—113页。
② 参见最高人民法院民法典贯彻实施工作领导小组主编:《中华人民共和国民法典合同编理解与适用(四)》,人民法院出版社2020年版,第2061页。

定的工作成果为目的,即以地点变化为目的,而不是仅仅以付出劳动为目的。① 故承运人在运输合同中未按照约定路线或通常路线运输增加的劳务及费用,不在托运人的报酬范畴内。在运输合同中,承运人的主给付义务是将旅客或者货物从起运点运输到约定地点,对待给付义务是托运人支付报酬(参见本法第 809 条)。

本法第 812 条专门规定了承运人应按约定或通常的运输线路运输。运输线路在运输合同中具有重要意义,其直接影响着运输安全、运输成本、运输效率以及旅客的出行目的。承运人没有正当理由②,未按照约定或者通常的运输线路运输货物或旅客的,承运人应当承担违约责任。除此以外,承运人要求托运人支付增加的票款或运输费用的,托运人可以拒绝支付。

托运人可以和承运人约定,由收货人支付运费,但该约定属于为第三人设立负担,对收货人没有约束力。收货人可以自愿代托运人支付运费。此时,收货人与托运人之间的运费结算问题依其基础关系解决。

本条规定运输费用不限于运输报酬,具体包括运费、保管费、其他运输费用。其他运输费用可以为法定费用,也可以由当事人约定(参见本法第 836 条)。

第二节 客运合同

第八百一十四条 【客运合同成立时间】客运合同自承运人向旅客出具客票时成立,但是当事人另有约定或者另有交易习惯的除外。

一般而言,旅客取得客票时,客运合同即告成立。但基于电子商务的发展,承运人无须按照传统的购票窗口向旅客交付客票。故本条对原《合同法》第 293 条进行了细微修改,将"交付"客票,改为"出具"客票。这里的出具客票可作广义解释,如在客票实名制的运输合同中,旅客运输合同成立的时间应当以承运人发出电子客票信息为准。

当事人对客运合同成立时间另有约定的从其约定,合同成立时间不以承运人出具客票时为准。比如在航空运输中,旅客与承运人约定航空运输合同从旅客登上飞机时成立,则该航空运输合同的成立时间即为旅客登上飞机的那一刻。当然,此种约定违反格式条款规制的无效。

当事人未约定合同成立时间,但是另有交易习惯的,客运合同的成立时间依交易习惯确定。比如在公交车运输中,一般的交易习惯是乘客上车后付

---

① 参见[德]迪特尔·梅迪库斯:《德国债法分论》,杜景林、卢谌译,法律出版社 2007 年版,第 283 页、第 329 页。
② 这里的正当事由,一般指承运人的救助义务。参见本法第 822 条、《海商法》第 49 条。

费购票或者刷交通卡,乘客上车时运输合同即已成立。乘坐地铁的,地铁站自动检票机显示处于工作状态构成要约,乘客在自动检票机上刷卡(票)之行为构成承诺,此时即成立运输合同。[①]

第八百一十五条　【客票与补票】旅客应当按照有效客票记载的时间、班次和座位号乘坐。旅客无票乘坐、超程乘坐、越级乘坐或者持不符合减价条件的优惠客票乘坐的,应当补交票款,承运人可以按照规定加收票款;旅客不支付票款的,承运人可以拒绝运输。

实名制客运合同的旅客丢失客票的,可以请求承运人挂失补办,承运人不得再次收取票款和其他不合理费用。

1　以票证形式构建的客运合同,旅客在登上交通运输工具时应该出示客票,交承运人或承运人代理人查验。

2　客票仅是旅客和承运人之间成立运输合同的证明,如果旅客未能出示客票,或者客票不符合规定,或者客票遗失,并不影响运输合同的存在或者有效。旅客有其他证据证明其已支付票款的,承运人不得再次收取票款。在实名制客运合同中,旅客丢失客票的,可以凭身份证信息请求承运人挂失补办,承运人不得再次收取票款和其他不合理费用。

3　应当注意的是,非实名制客票属于无记名债权证券中的资格证券(免责证券),债权人只能依据证券行使权利,所以,旅客丢失客票的,不能向承运人行使权利。

4　旅客应当按照有效客票记载的时间、班次和座位号乘坐。此类信息界定了旅客的权利范围。鉴于实践中的"霸座"现象,严重干扰公共运输秩序,故特此明文予以规定,意在维护正常的运输秩序。

5　无票乘坐、超程乘坐、越级乘坐或者持不符合减价条件的优惠客票乘坐通常发生于承运人不得拒绝缔约的公共运输领域,在旅客同意补票的前提下,承运人不得拒绝运输。旅客同意补交票款的,承运人有权按照相关法律规定加收票款。旅客不支付票款的,承运人可以拒绝运输。此文义可解释为,双方意思表示未达成一致,运输合同不成立。承运人无义务运送旅客。

第八百一十六条　【退票与变更】旅客因自己的原因不能按照客票记载的时间乘坐的,应当在约定的期限内办理退票或者变更手续;逾期办理的,承运人可以不退票款,并不再承担运输义务。

[①] 参见杨代雄:《〈合同法〉第14条(要约的构成)评注》,载《法学家》2018年第4期。

第八百一十七条 【旅客按约定限量携带行李义务】旅客随身携带行李应当符合约定的限量和品类要求；超过限量或者违反品类要求携带行李的，应当办理托运手续。

第八百一十八条 【禁止携带违禁品或危险品】旅客不得随身携带或者在行李中夹带易燃、易爆、有毒、有腐蚀性、有放射性以及可能危及运输工具上人身和财产安全的危险物品或者违禁物品。

旅客违反前款规定的，承运人可以将危险物品或者违禁物品卸下、销毁或者送交有关部门。旅客坚持携带或者夹带危险物品或者违禁物品的，承运人应当拒绝运输。

第八百一十九条 【承运人安全运输义务与旅客协作义务】承运人应当严格履行安全运输义务，及时告知旅客安全运输应当注意的事项。旅客对承运人为安全运输所作的合理安排应当积极协助和配合。

第八百二十条 【承运人按照约定运输的义务与违约责任】承运人应当按照有效客票记载的时间、班次和座位号运输旅客。承运人迟延运输或者有其他不能正常运输情形的，应当及时告知和提醒旅客，采取必要的安置措施，并根据旅客的要求安排改乘其他班次或者退票；由此造成旅客损失的，承运人应当承担赔偿责任，但是不可归责于承运人的除外。

一、承运人按照约定运输

承运人应当按照有效客票记载的时间、班次和座位号运输旅客。此类信息界定了承运人给付义务的具体内容。 1

承运人存在不能正常运输的障碍时，负有及时告知和提醒旅客的义务。此属于承运人的附随义务。在告知和提醒义务的判定上，审判实践应着重对承运人的告知和提醒是否及时、全面作出审查。① 2

二、承运人的违约责任

承运人迟延履行的，旅客可以继续等待该班次运输，或者要求安排改乘其他班次运输。 3

承运人因迟延运输或履行不能时，应采取必要的安置措施。 4

旅客有权解除与承运人的运输合同，要求承运人退票。 5

承运人因迟延履行或履行不能给旅客造成损失的应承担损害赔偿责任。 6

---

① 参见最高人民法院民法典贯彻实施工作领导小组主编：《中华人民共和国民法典合同编理解与适用（四）》，人民法院出版社2020年版，第2108页。

第八百二十一条 【承运人擅自降低或者提高服务标准的后果】承运人擅自降低服务标准的,应当根据旅客的请求退票或者减收票款;提高服务标准的,不得加收票款。

一、承运人的瑕疵给付与超值给付

1 承运人无合理事由,擅自降低服务标准的,构成瑕疵给付。

2 何谓降低服务标准,应综合考察当事双方缔约目的和意思表示之真意,以及特定运输工具对应的一般行业标准,以"合理"为最主要的判断原则。

3 合同法律关系中,一方的行为导致对方获利的,其不得以对方因此获利为由额外向对方主张相应的对价。相反,一方的行为导致对方利益受损的,其负有补偿对方相应损失的义务。故,承运人提高服务标准的,不得加收票款。

二、瑕疵给付责任

4 本法第582条规定了一般瑕疵给付责任,本条是客运合同中瑕疵给付的具体规定。承运人擅自降低服务标准的,旅客可以退票或者主张减收票款。

第八百二十二条 【承运人救助义务】承运人在运输过程中,应当尽力救助患有急病、分娩、遇险的旅客。

第八百二十三条 【旅客人身伤亡责任】承运人应当对运输过程中旅客的伤亡承担赔偿责任;但是,伤亡是旅客自身健康原因造成的或者承运人证明伤亡是旅客故意、重大过失造成的除外。

前款规定适用于按照规定免票、持优待票或者经承运人许可搭乘的无票旅客。

一、人身伤亡赔偿责任

1 承运人未尽到对旅客的安全运输义务,造成旅客伤亡的,应当承担相应的赔偿责任。赔偿责任有侵权责任和违约责任两种。本条规定的赔偿责任属于违约责任。

2 承运人的违约损害赔偿责任,不依客运合同有偿或无偿而有所区别,充分体现了法律对旅客人身安全利益的保护。

3 承运人对旅客在运输过程中的伤亡承担无过错责任。如旅客乘车旅行,途中因其他车辆肇事导致交通事故,旅客遭受伤亡,承运人仍应承担赔偿责任。

4 法律在保护旅客利益的同时,亦考虑到了承运人的利益。承运人在以下两种情况下可以免除赔偿责任:1.旅客因自身原因造成的伤亡,如旅客在运输途中突发重病而死亡。2.旅客因故意、重大过失造成的伤亡,如旅客寻短见从火车上跳车自杀。

二、证明责任

承运人主张免责的,应就免责事由承担证明责任。如果承运人有证据证明旅客明显持有相关证据而拒不提交,则可以将相关证明责任分配给旅客。①

第八百二十四条 【旅客随身携带物品毁损、灭失的责任承担】在运输过程中旅客随身携带物品毁损、灭失,承运人有过错的,应当承担赔偿责任。

旅客托运的行李毁损、灭失的,适用货物运输的有关规定。

在客运合同中,旅客的财产有两部分。一是随身携带物品;二是托运行李。法律对二者的赔偿责任规定有所相同。

承运人对旅客随身携带物品的毁损、灭失,承担的是过错赔偿责任。立法理由是,旅客随身携带物品处于其直接控制之下,而不是处于承运人保管之下,故而,旅客应负有一定保管责任,承运人负有相对较轻的注意义务。②

承运人对旅客托运的行李毁损、灭失的,承运人承担的是无过错赔偿责任。参见本法第 832 条评注。

第三节　货运合同

第八百二十五条 【托运人告知义务】托运人办理货物运输,应当向承运人准确表明收货人的姓名、名称或者凭指示的收货人,货物的名称、性质、重量、数量,收货地点等有关货物运输的必要情况。

因托运人申报不实或者遗漏重要情况,造成承运人损失的,托运人应当承担赔偿责任。

第八百二十六条 【托运人提交文件义务】货物运输需要办理审批、检验等手续的,托运人应当将办理完有关手续的文件提交承运人。

第八百二十七条 【托运人的包装义务】托运人应当按照约定的方式包装货物。对包装方式没有约定或者约定不明确的,适用本法第六百一十九条的规定。

托运人违反前款规定的,承运人可以拒绝运输。

---

① 参见最高人民法院民法典贯彻实施工作领导小组主编:《中华人民共和国民法典合同编理解与适用(四)》,人民法院出版社 2020 年版,第 2119 页。
② 参见黄薇主编:《中华人民共和国民法典释义(中)》,法律出版社 2020 年版,第 1510 页。

第八百二十八条 【托运危险货物的特殊义务】托运人托运易燃、易爆、有毒、有腐蚀性、有放射性等危险物品的,应当按照国家有关危险物品运输的规定对危险物品妥善包装,做出危险物品标志和标签,并将有关危险物品的名称、性质和防范措施的书面材料提交承运人。

托运人违反前款规定的,承运人可以拒绝运输,也可以采取相应措施以避免损失的发生,因此产生的费用由托运人负担。

第八百二十九条 【托运人变更或者解除运输合同的权利】在承运人将货物交付收货人之前,托运人可以要求承运人中止运输、返还货物、变更到达地或者将货物交给其他收货人,但是应当赔偿承运人因此受到的损失。

一、托运人的任意变更或解除权

货运合同成立后,托运人有权任意变更或者解除合同。此权利之法理基础与承揽合同的任意解除权一致(参见本法第787条评注)。①

(一)权利主体

托运人指与承运人订立货运合同的相对人。除此以外,取得承运人签发的提单,且为提单上载明的托运人亦属于这里的权利主体。②

(二)行使条件

在货运合同成立后至交付收货人之前,托运人均可以行使其任意变更权或解除权。但托运人不得滥用权利,如果其提出变更货运合同,在客观上不可能或者经济上不合理、运输实践中不可行,承运人可以拒绝执行。③

(三)变更事项

为避免不必要的资源浪费,当托运人的需求发生变化时,其应有权变更合同。托运人可根据自身需求,从法律规定的具体变更事项中选择其变更的内容。

法律规定的变更事项有:1. 中止运输,即暂时停止货物的运输,等一定事由发生或者消除后再继续运输;2. 返还货物,即承运人将货物运回到起运地并交还托运人,这一般会导致货运合同的终止,实际上属于解除合同;

---

① 运输合同属于承揽合同之一种,参见[德]迪特尔·梅迪库斯:《德国债法分论》,杜景林、卢谌译,法律出版社2007年版,第283页、第329页。

② 也有观点认为,承运人签发了可转让运输单据的(如指示提单),单据持有人可以行使类似本条托运人的权利,但不属于本条的调整范围。参见最高人民法院民法典贯彻实施工作领导小组主编:《中华人民共和国民法典合同编理解与适用(四)》,人民法院出版社2020年版,第2145页。

③ 参见最高人民法院民法典贯彻实施工作领导小组主编:《中华人民共和国民法典合同编理解与适用(四)》,人民法院出版社2020年版,第2145—2146页。

3.变更到达地,即变更货运合同中约定的运输所要到达的地点,即变更交付货物的地点;4.变更收货人,即要求承运人将货物交付给其他收货人。

二、损害赔偿责任

托运人行使本条规定的变更或者解除合同权利,不得以损害承运人的合同权利为代价①,由此造成承运人损失的②,托运人应当赔偿其损失。

第八百三十条 【承运人的通知义务与收货人的提货义务】货物运输到达后,承运人知道收货人的,应当及时通知收货人,收货人应当及时提货。收货人逾期提货的,应当向承运人支付保管费等费用。

第八百三十一条 【收货人的检验义务】收货人提货时应当按照约定的期限检验货物。对检验货物的期限没有约定或者约定不明确,依据本法第五百一十条的规定仍不能确定的,应当在合理期限内检验货物。收货人在约定的期限或者合理期限内对货物的数量、毁损等未提出异议的,视为承运人已经按照运输单证的记载交付的初步证据。

第八百三十二条 【运输过程中货物毁损、灭失的责任承担】承运人对运输过程中货物的毁损、灭失承担赔偿责任。但是,承运人证明货物的毁损、灭失是因不可抗力、货物本身的自然性质或者合理损耗以及托运人、收货人的过错造成的,不承担赔偿责任。

一、承运人的损害赔偿责任

(一)归责原则

通说将本条第1句解释为无过错责任原则,即货物在运输过程中发生毁损、灭失,承运人应当承担赔偿责任,不能主张自己无过错而免责。③

(二)免责事由

1.不可抗力

不可抗力是不能预见、不能避免且不能克服的客观情况。有学说认为,不可将台风、地震等自然灾害直接界定为不可抗力。司法实践中,在具体客观事实面前,法院仍应考察债务人有无尽到合理注意义务及采取避免措施。④

---

① 承运人对于已经履行完毕部分的运输服务,有权按照比例收取运费。
② 承运人有权收取因此而增加的运费。
③ 参见最高人民法院民法典贯彻实施工作领导小组主编:《中华人民共和国民法典合同编理解与适用(四)》,人民法院出版社2020年版,第2156—2157页。
④ 同上注,第2158页。

2. 货物本身的自然性质或者合理损耗

货物本身的自然性质、合理损耗所造成的损失,超过了承运人正常管货义务所能避免的范围,出于平衡承运人与货主之间的利益,可以免除承运人的赔偿责任。

3. 托运人、收货人的过错

托运人、收货人制造了履行障碍,因其过错导致货物毁损、灭失的,由托运人或收货人自行承担责任。

(三)责任期间

承运人的责任期间,是指承运人对货物应负责的期间。本条规定的"运输过程中"可解释为,从承运人在起运地点接受货物起到承运人在目的地交付货物止,承运人掌管货物的全部期间。

二、证明责任

承运人若想免除赔偿责任,需举证证明货物的毁损、灭失是由上述免责事由造成的。

第八百三十三条 【货损额的确定】 货物的毁损、灭失的赔偿额,当事人有约定的,按照其约定;没有约定或者约定不明确,依据本法第五百一十条的规定仍不能确定的,按照交付或者应当交付时货物到达地的市场价格计算。法律、行政法规对赔偿额的计算方法和赔偿限额另有规定的,依照其规定。

第八百三十四条 【单式联运合同中的赔偿责任】 两个以上承运人以同一运输方式联运的,与托运人订立合同的承运人应当对全程运输承担责任;损失发生在某一运输区段的,与托运人订立合同的承运人和该区段的承运人承担连带责任。

一、单式联运合同中的赔偿责任

单式联运合同,又称相继运输或连续运输,是指多个承运人以同一种运输方式共同完成货物运输。其主要特征就是"一票到底",托运人只要与第一承运人签订运输合同,就可以享受全程所有区段的运输。[①] 单式联运中,与托运人订立货运合同的承运人,可称为订约承运人,从事具体区段运输的承运人可称为区段承运人。

根据本法第 832 条规定,在运输过程中,货物毁损、灭失的,由承运人承担赔偿责任。本条是第 832 条的细化规定。

---

① 参见胡康生主编:《中华人民共和国合同法释义》,法律出版社 2009 年版,第 522 页。

(一)责任主体

根据合同相对性原则,订约承运人应当对全程运输承担责任。法律将区段承运人纳入责任主体,是对合同相对性的突破,本旨在于保护收货方的利益。

(二)连带责任

法律规定订约承运人与区段承运人承担连带责任,有助于一次性解决纠纷,提高运输合同纠纷解决的效率。订约承运人承担赔偿责任后,可向负有责任的区段承运人进行追偿。

二、证明责任

托运人或收货人主张区段承运人承担连带责任的,应证明货损发生在相应区段。

第八百三十五条 【运费风险负担规则】货物在运输过程中因不可抗力灭失,未收取运费的,承运人不得请求支付运费;已经收取运费的,托运人可以请求返还。法律另有规定的,依照其规定。

运费风险是对价风险的一种。本法未设置对价风险负担的一般规则,仅有特别规则,即买卖合同对价风险负担规则。本条规定货运合同的运费风险负担,亦为对价风险负担的特别规则。本条规定是在参考海商法规定和借鉴我国台湾地区"民法"规定的基础上作出的。[1]

本条在适用范围上限于货物灭失,即运输合同履行不能。条文中虽仅提到不可抗力,但货物因不可抗力以外的意外因素灭失导致运输合同履行不能的,也应适用本条规定。

本条规定了在货运合同中,运费风险由承运人承担。货物在运输过程中因不可抗力灭失导致合同履行不能的,承运人不可请求支付运费。已经收取运费的,托运人可以请求返还。该返还请求权在性质上为不当得利返还请求权。

风险负担规则处理原给付义务消灭问题,不涉及次给付义务即损害赔偿问题。[2] 质言之,给付风险负担规则处理给付义务的消灭问题,对待给付风险负担规则处理对待给付义务的消灭问题。至于货物灭失的情况下承运人应否承担损害赔偿责任,则应适用本法第832条。

---

[1] 参见胡康生主编:《中华人民共和国合同法释义》,法律出版社2009年版,第1523页。
[2] 参见夏平:《对待给付风险与违约救济方式的关系》,载《甘肃政法学院学报》2020年第3期。

第八百三十六条 【运输物留置权】托运人或者收货人不支付运费、保管费或者其他费用的,承运人对相应的运输货物享有留置权,但是当事人另有约定的除外。

第八百三十七条 【运输物的提存】收货人不明或者收货人无正当理由拒绝受领货物的,承运人依法可以提存货物。

第四节 多式联运合同

第八百三十八条 【多式联运外部责任】多式联运经营人负责履行或者组织履行多式联运合同,对全程运输享有承运人的权利,承担承运人的义务。

第八百三十九条 【多式联运内部责任】多式联运经营人可以与参加多式联运的各区段承运人就多式联运合同的各区段运输约定相互之间的责任;但是,该约定不影响多式联运经营人对全程运输承担的义务。

第八百四十条 【多式联运单据】多式联运经营人收到托运人交付的货物时,应当签发多式联运单据。按照托运人的要求,多式联运单据可以是可转让单据,也可以是不可转让单据。

第八百四十一条 【托运人过错责任】因托运人托运货物时的过错造成多式联运经营人损失的,即使托运人已经转让多式联运单据,托运人仍然应当承担赔偿责任。

第八百四十二条 【多式联运经营人赔偿责任的法律适用】货物的毁损、灭失发生于多式联运的某一运输区段的,多式联运经营人的赔偿责任和责任限额,适用调整该区段运输方式的有关法律规定;货物毁损、灭失发生的运输区段不能确定的,依照本章规定承担赔偿责任。

一、规范意旨

1 多式联运由不同的运输方式所组成,完成多式联运需要经过多个运输区段,各运输区段适用不同法律制度。调整多式联运的法律制度较单式联运合同更加复杂,目前尚无一部生效的国际公约。本条就多式联运经营人的赔偿责任规定了两种规则:网状责任制和统一责任制。

二、网状责任规则

2 如果货物发生毁损、灭失的区段是确定的,多式联运经营人的赔偿责任和责任限额,适用调整该区段运输方式的有关法律的规定。

3 网状责任规则下的多式联运经营人的赔偿责任与发生损坏区段承运人的责任相同,故该规则可确保多式联运经营人对区段承运人的充分追偿。

三、统一责任规则

如果货物发生毁损、灭失的区段不能确定,多式联运经营人应当适用本章的规定承担损害赔偿责任。具体参见本法第 832 条赔偿责任原则和第 833 条完全赔偿责任及其他专门单行法。

值得注意的是,根据我国法律,如果多式联运包含国际海上货物运输,即便货损区段不能确定,多式联运经营人的赔偿责任也应适用《海商法》第 4 章的有关规定。①

货物毁损、灭失无法确定运输区段,除合同另有约定外,多式联运经营人无法向任何人追偿。如果多式联运经营人想用摆脱这种损失,可与参加多式联运的各区段承运人之间订立运输合同予以解决(参见本法第 839 条)。

第二十章　技术合同

第一节　一般规定

第八百四十三条　【技术合同的定义】技术合同是当事人就技术开发、转让、许可、咨询或者服务订立的确立相互之间权利和义务的合同。

一、规范意旨

技术合同在司法实践中被放入知识产权合同类型之下②,但却作为有名合同被保留在《民法典》中。就其本质而言,技术合同并非一种独立类型的合同。某些技术合同属于承揽合同,某些技术合同属于委托合同,某些技术合同属于知识产权转让或者许可使用合同。

二、技术合同的类型

(一)技术开发合同

所谓开发,指就新技术、新产品、新工艺、新品种或者新材料及其系统的研究开发。上述技术成果属于合同当事人在订立合同时尚未掌握的技术方案。当事人之间就具有实用价值的科技成果实施转化订立的合同,可参照适用技术开发合同之规定(具体定义参见本法第 851 条)。

(二)技术转让合同和许可合同

技术转让合同或技术许可合同中的技术成果,在合同订立时,是已经存

---

① 参见《海商法》第 106 条。
② 参见《最高人民法院民事案件案由适用要点与请求权规范指引》,人民法院出版社 2019 年版,第五部分"知识产权与竞争纠纷"中的第十三类别为"知识产权合同纠纷"。

在的专利、专利申请、技术秘密（具体定义参见本法第862条）。

（三）技术咨询合同和技术服务合同

技术咨询合同指一方运用专业知识为对方的特定技术项目①提供咨询报告和意见。技术服务合同指一方运用专业知识为对方解决特定技术问题②所订立的合同（参见本法第878条）。

三、技术合同的特征

（一）主体的特殊性

技术合同当事人，通常至少一方是能够利用自己的技术力量从事技术开发、技术转让、技术许可、技术服务或者咨询的法人、自然人、其他组织。③

（二）标的物的特殊性

技术合同的标的物是技术成果和技术秘密，是一种特殊的商品，是凝聚着人类智慧的创造性劳动成果。④此种商品的价格计算没有统一、现成的标准。⑤

（三）合同履行的特殊性

技术合同的履行因常涉及与技术有关的其他权利归属，如专利权、专利申请权、技术秘密权等，故技术合同既受债法之约束，又受知识产权制度之规范。

第八百四十四条 【技术合同订立的目的】订立技术合同，应当有利于知识产权的保护和科学技术的进步，促进科学技术成果的研发、转化、应用和推广。

第八百四十五条 【技术合同内容】技术合同的内容一般包括项目的名称，标的的内容、范围和要求，履行的计划、地点和方式，技术信息和资料的保密，技术成果的归属和收益的分配办法，验收标准和方法，名词和术语的解释等条款。

与履行合同有关的技术背景资料、可行性论证和技术评价报告、项目任务书和计划书、技术标准、技术规范、原始设计和工艺文件，以及其他技术文档，按照当事人的约定可以作为合同的组成部分。

---

① 参见《技术合同解释》第30条。
② 参见《技术合同解释》第33条。
③ 参见王利明等：《民法学》（第三版），法律出版社2011年版，第680页。
④ 同上注。
⑤ 对技术合同的价款、报酬和使用费，当事人没有约定或约定不明确的可参见《技术合同解释》第14条。

技术合同涉及专利的,应当注明发明创造的名称、专利申请人和专利权人、申请日期、申请号、专利号以及专利权的有效期限。

第八百四十六条 【技术合同价款、报酬及使用费】技术合同价款、报酬或者使用费的支付方式由当事人约定,可以采取一次总算、一次总付或者一次总算、分期支付,也可以采取提成支付或者提成支付附加预付入门费的方式。

约定提成支付的,可以按照产品价格、实施专利和使用技术秘密后新增的产值、利润或者产品销售额的一定比例提成,也可以按照约定的其他方式计算。提成支付的比例可以采取固定比例、逐年递增比例或者逐年递减比例。

约定提成支付的,当事人可以约定查阅有关会计账目的办法。

第八百四十七条 【职务技术成果】职务技术成果的使用权、转让权属于法人或者非法人组织的,法人或者非法人组织可以就该项职务技术成果订立技术合同。法人或者非法人组织订立技术合同转让职务技术成果时,职务技术成果的完成人享有以同等条件优先受让的权利。

职务技术成果是执行法人或者非法人组织的工作任务,或者主要是利用法人或者非法人组织的物质技术条件所完成的技术成果。

第八百四十八条 【非职务技术成果】非职务技术成果的使用权、转让权属于完成技术成果的个人,完成技术成果的个人可以就该项非职务技术成果订立技术合同。

第八百四十九条 【技术成果的精神归属】完成技术成果的个人享有在有关技术成果文件上写明自己是技术成果完成者的权利和取得荣誉证书、奖励的权利。

第八百五十条 【技术合同的无效事由】非法垄断技术或者侵害他人技术成果的技术合同无效。

第二节 技术开发合同

第八百五十一条 【技术开发合同定义与形式】技术开发合同是当事人之间就新技术、新产品、新工艺、新品种或者新材料及其系统的研究开发所订立的合同。

技术开发合同包括委托开发合同和合作开发合同。

技术开发合同应当采用书面形式。

当事人之间就具有实用价值的科技成果实施转化订立的合同,参照适用技术开发合同的有关规定。

第八百五十二条 【委托开发合同的委托人义务】委托开发合同的委托人应当按照约定支付研究开发经费和报酬,提供技术资料,提出研究开发要求,完成协作事项,接受研究开发成果。

一、委托开发合同的概念

1　委托开发合同是研究开发人按照委托人的研究开发要求开展研究开发工作,交付研究开发成果,委托人支付支付研究开发经费和报酬的合同。该合同在性质上属于承揽合同,所以法律就委托开发合同没有规定的,可以适用承揽合同的规定。

二、委托人的义务

2　本条规定了委托人的主给付义务、协助义务和研究开发成果的受领义务。

(一)主给付义务

3　研究开发经费,是指完成研究开发工作所需要的成本。除合同另有约定,委托人应当提供全部研究开发所需要的经费,包括购买研究必需的设备仪器、研究资料、试验材料、能源、试装、安装以及信息资料等各项费用。

4　委托人向研究开发人支付的报酬,是指研究开发成果的使用费和研究开发人员的科研补贴。在委托开发合同中,如果当事人没有单独约定报酬的,应当认定为研究开发经费中包括了报酬部分。①

(二)协助义务

5　研究开发工作的顺利完成需要委托人的协助,委托人的具体协助义务有:1. 提供技术资料;2. 提出研究开发要求;3. 完成其他协作事项。

(三)受领义务

6　委托开发合同履行后,委托人享有接受该项研究开发成果的权利,这同时也是委托人的义务。

第八百五十三条 【委托开发合同的受托人义务】委托开发合同的研究开发人应当按照约定制定和实施研究开发计划,合理使用研究开发经费,按期完成研究开发工作,交付研究开发成果,提供有关的技术资料和必要的技术指导,帮助委托人掌握研究开发成果。

---

① 参见最高人民法院民法典贯彻实施工作领导小组主编:《中华人民共和国民法典合同编理解与适用(四)》,人民法院出版社 2020 年版,第 2256 页。

第八百五十四条 【委托开发合同委托人的违约责任】委托开发合同的当事人违反约定造成研究开发工作停滞、延误或者失败的,应当承担违约责任。

第八百五十五条 【合作开发合同的履行】合作开发合同的当事人应当按照约定进行投资,包括以技术进行投资,分工参与研究开发工作,协作配合研究开发工作。

第八百五十六条 【合作开发各方的违约责任】合作开发合同的当事人违反约定造成研究开发工作停滞、延误或者失败的,应当承担违约责任。

第八百五十七条 【技术开发合同的法定解除】作为技术开发合同标的的技术已经由他人公开,致使技术开发合同的履行没有意义的,当事人可以解除合同。

第八百五十八条 【技术开发的风险】技术开发合同履行过程中,因出现无法克服的技术困难,致使研究开发失败或者部分失败的,该风险由当事人约定;没有约定或者约定不明确,依据本法第五百一十条的规定仍不能确定的,风险由当事人合理分担。

当事人一方发现前款规定的可能致使研究开发失败或者部分失败的情形时,应当及时通知另一方并采取适当措施减少损失;没有及时通知并采取适当措施,致使损失扩大的,应当就扩大的损失承担责任。

第八百五十九条 【委托开发合同的技术成果归属】委托开发完成的发明创造,除法律另有规定或者当事人另有约定外,申请专利的权利属于研究开发人。研究开发人取得专利权的,委托人可以依法实施该专利。

研究开发人转让专利申请权的,委托人享有以同等条件优先受让的权利。

一、委托开发合同的技术成果归属

委托开发合同的技术成果是发明创造。依据专利法的规定,发明创造是指发明、实用新型和外观设计。 1

委托开发合同的当事人可以在合同中约定委托开发完成的发明创造的权利归属。如果法律并无相关规定且当事人在合同中没有约定或者约定不明确,那么申请专利的权利属于研发人。 2

二、委托人对技术成果享有的权利

(一)依法实施该专利

研究开发人取得专利权的,委托人可以依法实施该项权利。所谓依法实 3

施,指委托人有权使用该技术成果,无须支付任何费用。但是,委托人无权转让其权利。① 委托人使用该项技术成果的权利不同于许可,②其不能被撤销,也不能像许可使用合同定有期限。

4　　委托人在发明创造没有获得批准前,也可以对该发明创造享有实施权,但是应该履行保密义务。③

(二)优先受让权

5　　研究开发人转让专利申请权的,委托人可以优先受让该专利申请权。优先受让是指在同等条件下,委托人比其他人可以优先获得该专利申请权。优先受让权在本质上是一种优先购买权。

第八百六十条　【合作开发合同的技术成果归属】合作开发完成的发明创造,申请专利的权利属于合作开发的当事人共有;当事人一方转让其共有的专利申请权的,其他各方享有以同等条件优先受让的权利。但是,当事人另有约定的除外。

合作开发的当事人一方声明放弃其共有的专利申请权的,除当事人另有约定外,可以由另一方单独申请或者由其他各方共同申请。申请人取得专利权的,放弃专利申请权的一方可以免费实施该专利。

合作开发的当事人一方不同意申请专利的,另一方或者其他各方不得申请专利。

1　　合作开发完成的发明创造,专利申请权原则上属于合作开发的各方当事人共有。共有人就是否申请专利需取得一致意见。

2　　依据合同自由原则,合作开发当事人可以自由约定技术成果的归属。

3　　合作开发当事人一方转让其共有的专利申请权时,其他各方在同等条件下,可以优先受让其共有的专利申请权。

4　　合作开发当事人一方放弃专利申请权的,其他共有人可以就发明创造申请专利。申请人取得专利权的,放弃申请专利权的一方可以免费实施该专利。但是,其不能转让或许可他人实施。

---

① 参见最高人民法院民法典贯彻实施工作领导小组主编:《中华人民共和国民法典合同编理解与适用(四)》,人民法院出版社2020年版,第2271页。

② 委托开发的技术成果的取得,一方面是由于委托人提供了研究开发经费和大量技术资料等物资条件,另一方面是由于研究开发人付出了大量的创造性的脑力劳动实现的。因此,委托人和研究开发人都对此作出了贡献,都应该对该成果分享权利。

③ 最高人民法院民法典贯彻实施工作领导小组主编:《中华人民共和国民法典合同编理解与适用(四)》,人民法院出版社2020年版,第2271页。

第八百六十一条 【技术秘密成果的权属】委托开发或者合作开发完成的技术秘密成果的使用权、转让权以及收益的分配办法,由当事人约定;没有约定或者约定不明确,依据本法第五百一十条的规定仍不能确定的,在没有相同技术方案被授予专利权前,当事人均有使用和转让的权利。但是,委托开发的研究开发人不得在向委托人交付研究开发成果之前,将研究开发成果转让给第三人。

第三节 技术转让合同和技术许可合同

第八百六十二条 【技术转让合同、技术许可合同的定义】技术转让合同是合法拥有技术的权利人,将现有特定的专利、专利申请、技术秘密的相关权利让与他人所订立的合同。

技术许可合同是合法拥有技术的权利人,将现有特定的专利、技术秘密的相关权利许可他人实施、使用所订立的合同。

技术转让合同和技术许可合同中关于提供实施技术的专用设备、原材料或者提供有关的技术咨询、技术服务的约定,属于合同的组成部分。

第八百六十三条 【技术转让合同和技术许可合同的类型和形式】技术转让合同包括专利权转让、专利申请权转让、技术秘密转让等合同。

技术许可合同包括专利实施许可、技术秘密使用许可等合同。

技术转让合同和技术许可合同应当采用书面形式。

第八百六十四条 【使用技术秘密的范围】技术转让合同和技术许可合同可以约定实施专利或者使用技术秘密的范围,但是不得限制技术竞争和技术发展。

第八百六十五条 【专利实施许可合同效力的限制】专利实施许可合同仅在该专利权的存续期限内有效。专利权有效期限届满或者专利权被宣告无效的,专利权人不得就该专利与他人订立专利实施许可合同。

第八百六十六条 【专利实施许可合同许可人的义务】专利实施许可合同的许可人应当按照约定许可被许可人实施专利,交付实施专利有关的技术资料,提供必要的技术指导。

第八百六十七条 【专利实施许可合同被许可人的义务】专利实施许可合同的被许可人应当按照约定实施专利,不得许可约定以外的第三人实施该专利,并按照约定支付使用费。

第八百六十八条 【技术秘密让与人与许可人的保密义务】技术秘密转

让合同的让与人和技术秘密使用许可合同的许可人应当按照约定提供技术资料,进行技术指导,保证技术的实用性、可靠性,承担保密义务。

前款规定的保密义务,不限制许可人申请专利,但是当事人另有约定的除外。

第八百六十九条 【技术秘密受让人与被许可人的费用支付义务】技术秘密转让合同的受让人和技术秘密使用许可合同的被许可人应当按照约定使用技术,支付转让费、使用费,承担保密义务。

第八百七十条 【技术权利担保与技术品质担保义务】技术转让合同的让与人和技术许可合同的许可人应当保证自己是所提供的技术的合法拥有者,并保证所提供的技术完整、无误、有效,能够达到约定的目标。

第八百七十一条 【技术转让合同受让人与被许可人的保密义务】技术转让合同的受让人和技术许可合同的被许可人应当按照约定的范围和期限,对让与人、许可人提供的技术中尚未公开的秘密部分,承担保密义务。

第八百七十二条 【技术许可人与让与人的违约责任】许可人未按照约定许可技术的,应当返还部分或者全部使用费,并应当承担违约责任;实施专利或者使用技术秘密超越约定的范围的,违反约定擅自许可第三人实施该项专利或者使用该项技术秘密的,应当停止违约行为,承担违约责任;违反约定的保密义务的,应当承担违约责任。

让与人承担违约责任,参照适用前款规定。

第八百七十三条 【技术被许可人与受让人的违约责任】被许可人未按照约定支付使用费的,应当补交使用费并按照约定支付违约金;不补交使用费或者支付违约金的,应当停止实施专利或者使用技术秘密,交还技术资料,承担违约责任;实施专利或者使用技术秘密超越约定的范围的,未经许可人同意擅自许可第三人实施该专利或者使用该技术秘密的,应当停止违约行为,承担违约责任;违反约定的保密义务的,应当承担违约责任。

受让人承担违约责任,参照适用前款规定。

第八百七十四条 【技术侵权内部责任】受让人或者被许可人按照约定实施专利、使用技术秘密侵害他人合法权益的,由让与人或者许可人承担责任,但是当事人另有约定的除外。

第八百七十五条 【后续改进技术成果的权属】当事人可以按照互利的原则,在合同中约定实施专利、使用技术秘密后续改进的技术成果的分享办法;没有约定或者约定不明确,依据本法第五百一十条的规定仍不能确定的,一方后续改进的技术成果,其他各方无权分享。

第八百七十六条 【其他知识产权转让和许可参照使用技术许可和转让】集成电路布图设计专有权、植物新品种权、计算机软件著作权等其他知识产权的转让和许可,参照适用本节的有关规定。

第八百七十七条 【技术进出口合同或者专利、专利申请合同的法律适用】法律、行政法规对技术进出口合同或者专利、专利申请合同另有规定的,依照其规定。

第四节 技术咨询合同和技术服务合同

第八百七十八条 【技术咨询合同、技术服务合同的定义】技术咨询合同是当事人一方以技术知识为对方就特定技术项目提供可行性论证、技术预测、专题技术调查、分析评价报告等所订立的合同。

技术服务合同是当事人一方以技术知识为对方解决特定技术问题所订立的合同,不包括承揽合同和建设工程合同。

第八百七十九条 【技术咨询合同的委托人义务】技术咨询合同的委托人应当按照约定阐明咨询的问题,提供技术背景材料及有关技术资料,接受受托人的工作成果,支付报酬。

第八百八十条 【技术咨询合同的受托人义务】技术咨询合同的受托人应当按照约定的期限完成咨询报告或者解答问题,提出的咨询报告应当达到约定的要求。

第八百八十一条 【技术咨询合同的违约责任】技术咨询合同的委托人未按照约定提供必要的资料,影响工作进度和质量,不接受或者逾期接受工作成果的,支付的报酬不得追回,未支付的报酬应当支付。

技术咨询合同的受托人未按期提出咨询报告或者提出的咨询报告不符合约定的,应当承担减收或者免收报酬等违约责任。

技术咨询合同的委托人按照受托人符合约定要求的咨询报告和意见作出决策所造成的损失,由委托人承担,但是当事人另有约定的除外。

一、技术咨询合同的违约责任
(一)委托人的违约责任
1. 违反协助义务的违约责任
委托人应协助受托人及时完成工作成果。因委托人原因导致工作无法开展或履行处于停滞状态的,受托人不负履行迟延责任,并有权解除合同。

受托人的解除权可类推适用本法第778条或者适用本法第563条第1款第3项。受托人行使解除权应进行催告,依据《技术合同解释》第15条规定,催告履行的合理期限为30日。

2. 受领迟延责任

当事人可以在咨询合同中约定,对咨询报告和意见的验收标准或者评价方法。合同没有约定的,按照合乎实用的一般要求组织本领域的技术专家进行鉴定。

委托人应按合同约定期限接受工作成果,不接受或逾期接受工作成果的,视同委托人接受并验收合格,委托人应履行报酬支付义务。

(二)受托人的违约责任

本条第2款规定的是受托人违反主给付义务的违约责任。基于双务合同的牵连性理论,法律相应规定了对待给付义务的减收及免收责任。除此责任外,因延期交付或瑕疵给付给委托人的特定项目造成损失的,受托人也应承担损害赔偿等违约责任。

受托人提交的咨询报告不符合合同约定,指的是受托人的服务质量不达标,构成瑕疵给付。根据受托人的瑕疵给付情形,委托人可以请求受托人承担减收报酬或免收报酬①等瑕疵给付违约责任(参见本法第582条之规定)。

二、技术咨询报告的使用风险

在技术咨询合同下,委托人对于受托人提出的咨询报告或者意见的使用存在一定的风险。该风险可由合同当事人通过合同约定进行分配。没有合同约定的,在受托人提供的咨询报告没有瑕疵的情况下,委托人应当承担该风险。

第八百八十二条 【技术服务合同的委托人义务】技术服务合同的委托人应当按照约定提供工作条件,完成配合事项,接受工作成果并支付报酬。

第八百八十三条 【技术服务合同的受托人义务】技术服务合同的受托人应当按照约定完成服务项目,解决技术问题,保证工作质量,并传授解决技术问题的知识。

第八百八十四条 【技术服务合同的违约责任】技术服务合同的委托人不履行合同义务或者履行合同义务不符合约定,影响工作进度和质量,不接

---

① 实践中,受托人提交的咨询报告缺乏专业性、水平低劣、存在明显错误,对委托人没有任何参考价值的,应当免收报酬。参见最高人民法院民法典贯彻实施工作领导小组主编:《中华人民共和国民法典合同编理解与适用(四)》,人民法院出版社2020年版,第2322页。

受或者逾期接受工作成果的,支付的报酬不得追回,未支付的报酬应当支付。

技术服务合同的受托人未按照约定完成服务工作的,应当承担免收报酬等违约责任。

一、委托人的违约责任

随着债之关系上义务群体的建立及发展,合同义务不限于给付义务,还包括附随义务和不真正义务。① 本条第1款规定之委托人的违约责任,包括所有义务类型之违反。

其中"不履行合同义务或者履行合同义务不符合约定"来自本法第557条的文字表述,其本质是通过"义务违反"概念统一债务不履行责任。② 不接受或者逾期接受工作成果则属于债权人拒绝受领或受领迟延责任。

技术服务合同属于双务合同。当委托人为债务人时,其债务不履行责任可适用合同编一般规定适用。本条规定的法律效果应特指债权人拒绝受领或受领迟延责任。对于受托人已完成的服务工作,委托人应及时受领验收。受托人的服务工作符合合同约定,委托人不得拒绝受领,其支付的报酬不得追回③,未支付的报酬应当支付。

二、受托人的违约责任

受托人未按约定完成服务项目,可以是不履行义务的违约行为,也可以是给付瑕疵违约行为。无论是不履行义务的违约责任,还是给付瑕疵违约责任,受托人均应按照合同编的一般规定承担相应违约责任。从司法实践来看,受托人免收报酬需以其服务工作未能实现合同约定之目的为前提。④

第八百八十五条 【新技术成果的权属】技术咨询合同、技术服务合同履行过程中,受托人利用委托人提供的技术资料和工作条件完成的新的技术成果,属于受托人。委托人利用受托人的工作成果完成的新的技术成果,属于委托人。当事人另有约定的,按照其约定。

---

① 参见王泽鉴:《债法原理》(第二版),北京大学出版社2013年版,第78页。
② 我国通过"不履行合同义务或者履行合同义务不符合约定"既统一了原因进路下的履行不能、履行迟延、拒绝履行等债务不履行类型,也统合了所有义务(给付义务、附随义务和不真正义务等)类型之违反。
③ 参见云南藏地天香酒业有限公司与中经汇成(北京)城乡规划设计研究院合同纠纷案,北京市第二中级人民法院民事判决书(2020)京02民终8367号。
④ 参见郑某某与福建省晋江豪山建材有限公司技术服务合同纠纷案,福建省泉州市中级人民法院民事判决书(2002)泉经终字第586号;宁夏壹可农业科技有限公司、南京九康壹可农业科技有限公司与青海金色沙漠农业开发有限公司技术服务合同纠纷案,青海省高级人民法院民事裁定书(2020)青民申402号。

第八百八十六条　【受托人开展工作的费用负担】技术咨询合同和技术服务合同对受托人正常开展工作所需费用的负担没有约定或者约定不明确的，由受托人负担。

第八百八十七条　【技术中介合同与技术培训合同的法律适用】法律、行政法规对技术中介合同、技术培训合同另有规定的，依照其规定。

第二十一章　保管合同

第八百八十八条　【保管合同的定义】保管合同是保管人保管寄存人交付的保管物，并返还该物的合同。

寄存人到保管人处从事购物、就餐、住宿等活动，将物品存放在指定场所的，视为保管，但是当事人另有约定或者另有交易习惯的除外。

一、保管合同的概念与性质

1　保管合同是保管人保管寄存人交付的保管物，并返还该物的合同。在保管合同中，寄存人免去了保管物的负担，而保管人并不取得物的使用权，因此保管合同并非租赁、借用合同。①

2　保管物仅限于动产。权利本身因无实体，不能构成保管物。② 对他人的不动产进行照管的合同为委托合同，并非保管合同。③ 本法第903条关于留置权的规定亦表明保管物不包括不动产。④ 本条第1款所谓交付，详见本法第890条评注。

3　无偿保管合同属于单务合同，只有保管人负保管义务，寄存人无给付义务。有偿的保管合同，保管人的保管义务与寄存人的报酬支付义务构成对待给付关系，故属双务合同。⑤ 值得注意的是，保管人的保管义务是其主给付义务，而在其他典型合同中，保管也有可能成为合同内容（如买受人保管出卖物、承租人保管租赁物、承揽人保管工作物等），但由于此种"保管"并非合同主给付义务，甚至多为附随义务，故不单独成立保管合同。⑥

---

① 参见[德]迪特尔·梅迪库斯：《德国债法分论》，杜景林、卢谌译，法律出版社2007年版，第363页。
② 参见邱聪智：《新订债法各论（中）》，中国人民大学出版社2006年版，第270页。
③ Vgl. Staudinger/Reuter (2015), Vor § § 688ff. Rn. 5.
④ 相反观点参见谢鸿飞、朱广新主编：《民法典评注：合同编·典型合同与准合同4》，中国法制出版社2020年版，第7页（刘道远执笔）。
⑤ 参见韩世远：《合同法学》，高等教育出版社2010年版，第541—542页。
⑥ 参见邱聪智：《新订债法各论（中）》，中国人民大学出版社2006年版，第272页。

保管合同原则上为要物合同，详见本法第 890 条评注。

保管合同为继续性合同，有情事变更原则及终止权的适用。[1]

二、推定的保管合同

学说上多认为本条第 2 款规定了法定保管合同。[2] 所谓法定保管合同，是指当事人没有成立保管合同的意思或意思不明，因其符合法律所规定的要件而成立的保管合同。[3] 只要当事人没有特别约定或存在交易习惯，视为当事人之间订立了保管合同。[4]

实际上，本条第 2 款规定的并非法定保管合同，而是推定的保管合同。亦即，消费者"将物品存放在指定场所的"这一事实被推定为消费者与经营者达成了物品保管合意。法律并非把保管合同强加给双方当事人，而是依社会一般观念认定双方当事人存在保管合意。此项推定可被推翻，如果证明存在相反的特别约定或者交易习惯，则不能认定存在保管合同。特别应当注意的是，本条第 2 款规定的保管合同绝非如同《德国民法典》第 701 条规定的旅店主对顾客携入物的安全责任，[5] 后者并未要求"将物品存放在指定场所的"，所以无从成立保管合同，只能成立基于营业风险（Betriebsgefahr）的法定特别责任[6]。

推定的保管合同的成立要件有三：其一，主观适用范围限于特定营业场所经营者。[7] 其二，顾客需要将物品存放在指定的场所。[8] 所谓客人，不要求其实际与经营者订立了购物、就餐等合同，[9] 只要某人打算实施此类消费，即

---

[1] 参见韩世远：《合同法学》，高等教育出版社 2010 年版，第 542 页。

[2] 参见谢鸿飞、朱广新主编：《民法典评注：合同编·典型合同与准合同4》，中国法制出版社 2020 年版，第 7 页（刘道远执笔）；最高人民法院民法典贯彻实施工作领导小组主编：《中华人民共和国民法典合同编理解与适用（四）》，人民法院出版社 2020 年版，第 2346 页。

[3] 参见邱聪智：《新订债法各论（中）》，中国人民大学出版社 2006 年版，第 305—306 页。

[4] 参见黄薇主编：《中华人民共和国民法典合同编释义》，法律出版社 2020 年版，第 814 页。

[5] 表现出将二者等同之倾向的观点参见最高人民法院民法典贯彻实施工作领导小组主编：《中华人民共和国民法典合同编理解与适用（四）》，人民法院出版社 2020 年版，第 2348 页；黄薇主编：《中华人民共和国民法典合同编解读（下册）》，中国法制出版社 2020 年版，第 1229 页。

[6] Vgl. Palandt/Sprau (2020), Einf v § 701 Rn. 2.

[7] 参见邱聪智：《新订债法各论（中）》，中国人民大学出版社 2006 年版，第 306 页。

[8] 参见黄薇主编：《中华人民共和国民法典合同编释义》，法律出版社 2020 年版，第 815 页。

[9] 参见最高人民法院民法典贯彻实施工作领导小组主编：《中华人民共和国民法典合同编理解与适用（四）》，人民法院出版社 2020 年版，第 2349 页。

便最终未成立消费合同,其也能与经营者成立推定的保管合同。"将物品存放在指定场所"不等于将物品交付给经营者。因为指定场所包括停车场、自助寄存柜等,顾客将汽车停入指定的停车场,锁好车后去消费,经营者并未掌握车钥匙,没有取得该车的占有。同理,顾客将物品放入自助寄存柜后锁好柜门,经营者并未掌握柜门钥匙,没有取得物品占有。此类情形中,法律考虑到经营者与消费者关系的特殊性,对消费者予以特殊关照,所以突破了保管合同的交付要件,①例外地承认在未交付标的物的情况下也能成立保管合同。这是推定的保管合同的特殊之处。其三,不存在相反的特别约定或者交易习惯。

9　　推定的保管合同成立后,其法律适用与一般的保管合同相同。

第八百八十九条　【保管费】寄存人应当按照约定向保管人支付保管费。

当事人对保管费没有约定或者约定不明确,依据本法第五百一十条的规定仍不能确定的,视为无偿保管。

一、无偿保管合同

1　　本条第1款规定,寄存人负有支付保管费(报酬)之义务以约定为前提,故保管合同原则上为无偿合同。根据本条第2款规定,当事人没有约定保管费支付义务或约定不明,通过合同解释仍然不能确定的,视为无偿保管。即便寄存人为了偿还费用(非报酬)而支付款项,该保管合同仍为无偿。②

二、有偿保管合同

2　　根据本条第1款规定,当事人约定了保管费支付义务的,成立有偿的保管合同(详见本法第902条评注)。有偿保管属于双务合同,因此,有关双务合同的一般规则亦应适用。

三、证明责任

3　　保管人请求寄存人支付保管费的,应证明存在保管费之约定。

第八百九十条　【保管合同成立时间】保管合同自保管物交付时成立,但是当事人另有约定的除外。

---

①　学理上,关于在未交付标的物的情况下可否成立保管合同,存在争议。有观点认为,在停车场停车、在自助寄存柜存放物品,由于未交付,所以仅成立租赁或者借用合同,不成立保管合同。有观点认为,此类情形虽未交付物品,但在有人照看相关场所的前提下可以成立非典型保管合同。参见[德]迪特尔·梅迪库斯:《德国债法分论》,杜景林、卢谌译,法律出版社2007年版,第363页。

②　参见韩世远:《合同法学》,高等教育出版社2010年版,第542页。

一、保管合同的成立

"保管合同自保管物交付时成立",属于法律规定的保管合同之特别成立要件。其意义在于,除当事人意思表示一致外,尚需保管物之交付,保管合同才可成立。因此,保管合同属于实践合同(要物合同)。值得注意的是,在一般保管合同中交付保管物并不导致保管物所有权的移转,与之相区别的是本法第901条规定的消费保管,详见本法第901条评注。

在比较法上,保管合同被设计为要物合同的立法例为多数。其理由在于,保管合同以无偿为原则(详见本法第889条评注),从符合社会传统和社会习惯的要求来看,应当规定保管合同为实践合同,赋予保管人在交付保管物之前毁约的机会。①

本条正文规定保管合同原则上为实践合同,但若当事人约定保管合同为诺成合同的,可以合意排除本条正文的适用。

二、交付

本条所谓"交付",包含现实交付与简易交付。简易交付如甲将汽车出租给乙,租期届满时,双方约定乙为甲保管该车,乙暂时无须向甲返还占有,仅需继续占有即可。如若甲出售A车于乙后,乙委托甲进行保管,则甲、乙虽系依占有改定完成所有权转让之交付(买卖物的占有改定),但并非依占有改定完成保管合同之交付。毋宁说,甲作为保管人,在达成保管合意之前即已占有保管物,构成保管物的简易交付。此外,不能依指示交付成立保管合同,②因为保管人通过此种方式不能掌控保管物。

三、证明责任

寄存人请求保管人履行保管合同义务的,应对保管合同的成立承担证明责任。

第八百九十一条 【保管人出具保管凭证的义务】寄存人向保管人交付保管物的,保管人应当出具保管凭证,但是另有交易习惯的除外。

第八百九十二条 【保管人妥善保管义务】保管人应当妥善保管保管物。

当事人可以约定保管场所或者方法。除紧急情况或者为维护寄存人利益外,不得擅自改变保管场所或者方法。

---

① 参见黄薇主编:《中华人民共和国民法典合同编释义》,法律出版社2020年版,第819—820页。
② 参见邱聪智:《新订债法各论(中)》,中国人民大学出版社2006年版,第270—271页。

第八百九十三条 【保管物瑕疵或者特殊属性的告知义务】寄存人交付的保管物有瑕疵或者根据保管物的性质需要采取特殊保管措施的,寄存人应当将有关情况告知保管人。寄存人未告知,致使保管物受损失的,保管人不承担赔偿责任;保管人因此受损失的,除保管人知道或者应当知道且未采取补救措施外,寄存人应当承担赔偿责任。

一、寄存人的告知义务

1　就有关保管物瑕疵或者特殊属性等重要信息,或会因此而影响保管物,或会因此而影响保管人,故寄存人应当告知保管人。本条因此规定了寄存人的告知义务。

二、法律效果

2　寄存人违反告知义务,有时只是使自己遭受不利益,有时则要对保管人承担责任。就前一效果而言,具有不真正义务的特点;就后一效果而言,可归入附随义务的范畴。

3　根据本条第2句第1分句,"寄存人未告知,致使保管物受损失的,保管人不承担赔偿责任",此告知义务属于寄存人的不真正义务,其法律效果是使寄存人对保管人的损害赔偿请求权不产生。

4　根据本条第2句第2分句,"保管人因此受损失的",原则上"寄存人应当承担赔偿责任"。此项损害赔偿责任,在性质上属于因合同义务不履行所发生的违约责任,但亦可能发生违约责任与侵权责任的竞合。作为违约损害赔偿责任,寄存人的免责事由为"保管人知道或者应当知道且未采取补救措施"。[①]

三、证明责任

5　保管人依本条第2句第2分句请求寄存人承担违约损害赔偿责任的,应对寄存人违反告知义务承担证明责任,寄存人应证明"保管人知道或者应当知道且未采取补救措施"。

第八百九十四条 【保管人亲自保管义务】保管人不得将保管物转交第三人保管,但是当事人另有约定的除外。

保管人违反前款规定,将保管物转交第三人保管,造成保管物损失的,应当承担赔偿责任。

第八百九十五条 【保管人无权使用保管物】保管人不得使用或者许可第三人使用保管物,但是当事人另有约定的除外。

[①] 参见韩世远:《合同法学》,高等教育出版社2010年版,第547页。

第八百九十六条 【保管人返还保管物及通知寄存人的义务】第三人对保管物主张权利的,除依法对保管物采取保全或者执行措施外,保管人应当履行向寄存人返还保管物的义务。

第三人对保管人提起诉讼或者对保管物申请扣押的,保管人应当及时通知寄存人。

一、保管人的返还义务

第三人对保管物主张权利的,保管人负有向寄存人返还保管物的义务。保管人不得贸然将保管物交付给第三人,因为保管物究竟归属于寄存人抑或第三人,应由寄存人与第三人解决。

二、保管人的危险通知义务

所谓保管人的危险通知义务,是指保管物可能罹于诉讼上危险时,保管人及时通知寄存人的义务。①

危险通知义务的成立,应符合以下条件:第一,第三人对保管物主张权利。所谓主张权利,不以第三人主张其为物之权利人为限,若第三人为实现其对于保管人的金钱债权,主张对保管物查封拍卖的,亦可适用。② 第二,第三人对保管人提起诉讼或者对保管物申请扣押。

三、法律效果

保管人违反上述义务的,应向寄存人承担损害赔偿责任。

四、证明责任

寄存人因保管人违反本条规定的义务请求保管人承担损害赔偿责任的,应对后者有违反义务之事实承担证明责任。

第八百九十七条 【保管物毁损、灭失时的赔偿责任】保管期内,因保管人保管不善造成保管物毁损、灭失的,保管人应当承担赔偿责任。但是,无偿保管人证明自己没有故意或者重大过失的,不承担赔偿责任。

一、保管人的损害赔偿责任

本条规定,保管期间内保管物发生毁损、灭失的,若保管人"保管不善",应承担赔偿责任。因此,这一赔偿责任为过错责任。保管物意外毁损、灭失的,保管人无须负责,由寄存人承担物的风险(Sachgefahr)。

以保管物毁损、灭失场合的赔偿责任依保管合同是否有偿来确定过错的标准。若为有偿保管,保管人应负担更高注意义务。具体而言,在有偿保管

---

① 参见邱聪智:《新订债法各论(中)》,中国人民大学出版社 2006 年版,第 284 页。
② 同上注。

的场合，要求"保管不善"，保管人应负一般过失（轻过失）责任。① 若为无偿保管，则进一步要求具备"重大过失"。此种区别的理由在于，保管人所处的利益状态不一样。②

二、证明责任

3　寄存人依本条请求保管人承担损害赔偿责任的，应证明保管物在保管期内毁损、灭失。若为有偿保管合同，保管人需证明自己没有一般过失（轻过失）；若为无偿保管合同，保管人需证明自己没有故意或者重大过失。

第八百九十八条　【寄存人的贵重物品告知义务】寄存人寄存货币、有价证券或者其他贵重物品的，应当向保管人声明，由保管人验收或者封存；寄存人未声明的，该物品毁损、灭失后，保管人可以按照一般物品予以赔偿。

一、寄存人的贵重物品告知义务

1　本条以及本法第 893 条都规定了寄存人的告知义务（详见本法第 893 条评注，边码 1）。

2　一般而言，寄存人无须告知保管人有关保管物的具体信息，保管人可能也不关心保管物的具体内容。但本条规定寄存人对货币等贵重物品的寄存负有告知义务，主要是基于以下原因：第一，对寄存贵重物品收取的保管费可能不同；第二，保管人对其承担的风险和责任有合理预期；第三，妥善保管贵重物品的实际需要。③

3　本条规定的寄存人寄存货币之情形与本法第 901 条规定的消费保管不同，详见本法第 901 条评注。

二、法律效果

4　寄存人违反本条规定的告知义务，在保管物毁损、灭失的场合，保管人根据本法第 897 条规定负有损害赔偿责任的，保管人可以按照一般物品予以赔偿。易言之，保管人享受减责待遇。

三、证明责任

5　寄存人为阻止保管人减责，应证明自己已经履行了贵重物品告知义务。

第八百九十九条　【领取保管物】寄存人可以随时领取保管物。

当事人对保管期限没有约定或者约定不明确的，保管人可以随时请求寄存人领取保管物；约定保管期限的，保管人无特别事由，不得请求寄存人提前

---

① 参见邱聪智：《新订债法各论（中）》，中国人民大学出版社 2006 年版，第 276 页。
② 参见韩世远：《合同法学》，高等教育出版社 2010 年版，第 545 页。
③ 参见黄薇主编：《中华人民共和国民法典合同编释义》，法律出版社 2020 年版，第 834—835 页。

领取保管物。

一、保管物返还义务

保管物的返还时间,因保管合同是否定有期限而不同:

(一)定期保管

保管合同定有期限的,为定期保管。在定期保管中,保管人原则上应于期限届满时返还保管物。但保管系为寄存人之利益而设,期限利益归属于寄存人,因此寄存人仍然可以随时请求返还保管物。在保管人有特别事由时,可以向寄存人提前返还保管物。所谓特别事由,指不可归责于保管人而致其无法继续保管的情事,如患病、营业结束等。①

(二)不定期保管

保管合同未定有期限或期限不明,经合同解释仍不能确定的,为不定期保管因不定期保管,保管物之返还未定有期限,寄存人可以随时请求返还保管物,保管人也可以随时返还保管物。

二、证明责任

保管人请求寄存人取回保管物的,应当证明保管合同未定有期限或期限届满或虽然期限未届满但有特别事由。

第九百条 【保管人归还原物与孳息的义务】保管期限届满或者寄存人提前领取保管物的,保管人应当将原物及其孳息归还寄存人。

第九百零一条 【消费保管合同】保管人保管货币的,可以返还相同种类、数量的货币;保管其他可替代物的,可以按照约定返还相同种类、品质、数量的物品。

一、消费保管的概念

本条是对消费保管的规定。所谓消费保管,亦称消费寄托,是指保管物为替代物,且保管物所有权移转于保管人的特殊保管合同。消费保管根据其保管物是否为金钱,可分为金钱保管与一般消费保管。

金钱保管,推定为消费保管。但本条与本法第898条不同,在第898条的场合,寄存人将金钱交由保管人保管,保管人验收后予以封存,并负返还原物的义务,由于当事人特别约定返还原物,故仅成立一般保管合同。

二、消费保管的效力

消费保管的法律适用与一般保管原则上并无差异,其特别之处有以下三

---

① 参见邱聪智:《新订债法各论(中)》,中国人民大学出版社2006年版,第285—286页。

点:第一,保管物返还义务。保管人仅需以同种类、品质、数量之物返还,不必返还原物。在一般消费保管的场合,"可以按照约定返还相同种类、品质、数量的物品";如果该种类物返还不能,可以按照返还时返还地之价格,折算成金钱给付。[①] 第二,一般保管人通常无权使用保管物(本法第 895 条),而消费保管人可以任意使用保管物,因为保管物已归其所有。第三,在一般保管合同中,物的风险由寄存人承担,而在消费保管合同中,物的风险由保管人承担,保管物交付后意外毁损、灭失的,保管人仍需返还相同种类、品质、数量的物品。

4 消费保管与消费借贷有类似之处,但也存在区别。消费借贷赋予借用人使用权,主要是为借用人的利益服务,消费保管则主要为寄存人的利益服务。[②] 从法律效果看,在合同形式、合同成立时间、是否有利息义务、可否提前请求返还等方面不尽相同。实践中,需依双方当事人的利益状况及个案其他情势,通过意思表示解释确定合同究竟是消费保管还是消费借贷。

第九百零二条 【保管费支付期限】有偿的保管合同,寄存人应当按照约定的期限向保管人支付保管费。

当事人对支付期限没有约定或者约定不明确,依据本法第五百一十条的规定仍不能确定的,应当在领取保管物的同时支付。

一、寄存人的报酬支付义务

1 当事人约定了保管费支付义务的,为有偿保管,详见本法第 889 条评注。有偿保管构成双务合同。本条第 2 款所体现的正是双务合同的同时履行原则,只不过与支付保管费构成同时履行关系的义务有所转换,由保管义务转换为返还保管物的义务。[③]

2 有偿的保管合同,寄存人应当按照约定的期限支付保管费;没有约定支付期限或约定不明,通过合同解释仍然不能确定的,根据本条第 2 款规定,应当在领取保管物的同时支付。寄存人不支付报酬的,保管人有权拒绝返还保管物。此种情形中,保管人既享有同时履行抗辩权,也享有本法第 903 条规定的留置权。

二、证明责任

3 保管人请求寄存人支付保管费的,应对当事人达成支付保管费的合意且支付期限届满承担证明责任。

---

① 参见邱聪智:《新订债法各论(中)》,中国人民大学出版社 2006 年版,第 299 页。
② Vgl. Medicus/Lorenz, Schuldrecht BT., 18. Aufl., 2019, S. 335.
③ 参见韩世远:《合同法学》,高等教育出版社 2010 年版,第 542 页。

第九百零三条 【保管人留置权】寄存人未按照约定支付保管费或者其他费用的,保管人对保管物享有留置权,但是当事人另有约定的除外。

第二十二章 仓储合同

第九百零四条 【仓储合同定义】仓储合同是保管人储存存货人交付的仓储物,存货人支付仓储费的合同。

第九百零五条 【仓储合同的成立时间】仓储合同自保管人和存货人意思表示一致时成立。

一、仓储合同的成立

仓储合同属于商事合同(保管人为商主体)的一种,为特殊的保管合同(详见本法第918条)。① 但与"保管合同自保管物交付时成立"不同,本条规定仓储合同自保管人和存货人"意思表示一致时成立",表明仓储合同为诺成合同而非实践合同。

二、证明责任

主张保管合同成立的当事人需对此承担证明责任。

第九百零六条 【危险物品和易变质物品的储存】储存易燃、易爆、有毒、有腐蚀性、有放射性等危险物品或者易变质物品的,存货人应当说明该物品的性质,提供有关资料。

存货人违反前款规定的,保管人可以拒收仓储物,也可以采取相应措施以避免损失的发生,因此产生的费用由存货人负担。

保管人储存易燃、易爆、有毒、有腐蚀性、有放射性等危险物品的,应当具备相应的保管条件。

第九百零七条 【仓储物的验收】保管人应当按照约定对入库仓储物进行验收。保管人验收时发现入库仓储物与约定不符合的,应当及时通知存货人。保管人验收后,发生仓储物的品种、数量、质量不符合约定的,保管人应当承担赔偿责任。

第九百零八条 【仓单的交付】存货人交付仓储物的,保管人应当出具仓单、入库单等凭证。

第九百零九条 【仓单的内容】保管人应当在仓单上签名或者盖章。仓

---

① 参见[德]C. W. 卡纳里斯:《德国商法》,杨继译,法律出版社2006年版,第772页。

单包括下列事项：

（一）存货人的姓名或者名称和住所；
（二）仓储物的品种、数量、质量、包装及其件数和标记；
（三）仓储物的损耗标准；
（四）储存场所；
（五）储存期限；
（六）仓储费；
（七）仓储物已经办理保险的，其保险金额、期间以及保险人的名称；
（八）填发人、填发地和填发日期。

第九百一十条　【仓单的性质和转让】 仓单是提取仓储物的凭证。存货人或者仓单持有人在仓单上背书并经保管人签名或者盖章的，可以转让提取仓储物的权利。

一、仓单的性质

本法第 908 条规定，"存货人交付仓储物的，保管人应当出具仓单、入库单等凭证"，系针对保管人签发仓单之义务而言。仓单一经签发，即由仓单表征提取货物的权利，亦即发生所谓权利证券化，同时具有高度流通性。因此，仓单之签发，是仓储合同的主要特色，也是独立列为典型合同之一种的最主要理由。①

仓单的法律性质如下：第一，仓单须记载法定事项，并经保管人签名，故为要式证券。第二，仓单原则上须记载存货人姓名，故原则上为记名证券。第三，仓单以表征仓储物之返还请求权为标的。我国学界多将提单、仓单视为物权凭证，其实不然。因为权利人虽持有提单、仓单，但若返还义务人已将货物转让且受让人已善意取得货物所有权，则依一物一权原则，提单、仓单不可能再表征货物所有权。此外，某人将他人所有的货物寄存于仓储公司，仓储公司向其签发仓单，该仓单虽有效，但不可能表征寄存人的货物所有权。将提单、仓单视为物权凭证，部分原因在于对外文术语的误解。例如，将德国法上的"Traditionspapier"误译为"物权证券"，②将"Traditionsfunktion"误译为"物权凭证作用"③。实际上，拉丁语"traditio"具有"交付"或者"让渡"之意，所以上述德文术语意指"交付（让渡）证券""交付（让渡）功能"。申言之，仓单持有人对保管人享有仓储物返还请求权，该请求权的基础关系是仓储合

---

① 参见邱聪智：《新订债法各论（中）》，中国人民大学出版社 2006 年版，第 321 页。
② 参见［德］C. W. 卡纳里斯：《德国商法》，杨继译，法律出版社 2006 年版，第 773 页。
③ 参见杜景林、卢谌译：《德国商法典》，法律出版社 2010 年版，第 263 页。

同,所以是债权请求权。仓单持有人转让仓单的,仓单表征的返还请求权随之转让,在物权法上发生指示交付的效力(本法第227条)。指示交付与现实交付具有相同的功能,可以满足所有权转让的交付要件。正是在这个意义上,仓单被称为"交付(让渡)证券"。至于是否通过此种指示交付使仓单受让人取得仓储物所有权,则取决于转让人是否享有仓储物所有权以及是否达成处分合意。

二、仓单的效力

仓单是提取仓储物的权利凭证。仓单可以背书转让。本条所谓转让"提取仓储物的权利",应指仓单持有人转让仓储物返还请求权。此项返还请求权源于仓储合同,但被记载于仓单后,成为证券化的债权,一如票据权利,获得了独立性。这对于从存货人或其后手处受让仓单的人而言尤为重要。受让人(仓单持有人)向保管人行使权利以仓单为准,不依赖于仓储合同。

本条第2句要求仓单转让经保管人签名或者盖章。保管人的签章具有对仓单权利的确认效力。为保护交易安全,解释上可将其视为保管人实施的债务承认,产生独立的效力。因此,即便转让前仓单权利因通谋虚伪表示等原因不成立,仓单受让人仍可取得仓单权利。

第九百一十一条 【保管人检查仓储物或提取样品的权利】保管人根据存货人或者仓单持有人的要求,应当同意其检查仓储物或者提取样品。

第九百一十二条 【保管人的通知义务】保管人发现入库仓储物有变质或者其他损坏的,应当及时通知存货人或者仓单持有人。

第九百一十三条 【保管人的危险催告义务和紧急处置权】保管人发现入库仓储物有变质或者其他损坏,危及其他仓储物的安全和正常保管的,应当催告存货人或者仓单持有人作出必要的处置。因情况紧急,保管人可以作出必要的处置;但是,事后应当将该情况及时通知存货人或者仓单持有人。

一、保管人的危险催告义务

在仓储业务中,某一仓库混合储存多个存货人物品的情形较为普遍,因此某一存货人的仓储物有变质或其他损坏,就极有可能危及其他仓储物的安全和正常保管。若因某一存货人的仓储物变质、损坏造成其他存货人受有损害,且保管人保管不善的,保管人应当承担损害赔偿责任。保管人为减免损害赔偿责任,应履行本条规定的催告义务或作出必要的处置。

根据本条第1句规定,保管人承担通知义务的条件是:第一,保管人发现入库仓储物有变质或者其他损坏;第二,危及其他仓储物的安全和正常保管。

二、存货人、仓单持有人的处置义务

存货人或仓单持有人在接到通知后,应当及时对仓储物进行处置,否则应当对保管人、其他存货人承担赔偿责任。

三、保管人的紧急处置权

本条第2句规定,情况紧急时,保管人可不经通知,直接作出必要的处置。只要处置是合理的,保管人不对存货人因此所受损失承担赔偿责任,但事后应当将该情况及时通知存货人或者仓单持有人。保管人因此所受损失、支出费用,可向存货人请求给付。

第九百一十四条 【储存期限不明确时仓储物的提取】当事人对储存期限没有约定或者约定不明确的,存货人或者仓单持有人可以随时提取仓储物,保管人也可以随时请求存货人或仓单持有人提取仓储物,但是应当给予必要的准备时间。

一、不定期仓储的仓储物返还义务

仓储合同未定有期限或期限不明,经合同解释仍不能确定的,为不定期仓储。不定期仓储因仓储物之返还未定有期限,存货人或仓单持有人可以随时请求返还保管物。但与本法第899条第2款第1分句(不定期保管)不同,仓储人虽可以随时返还保管物,但应当给予必要的准备时间,以便保护存货人或仓单持有人的利益。

二、证明责任

存货人或者仓单持有人请求保管人返还仓储物的,应当出示仓单或者入库单以证明其享有权利。保管人请求存货人或仓单持有人取回仓储物的,应当证明仓储合同未定期限。

第九百一十五条 【储存期限届满仓储物提取】储存期限届满,存货人或者仓单持有人应当凭仓单、入库单等提取仓储物。存货人或者仓单持有人逾期提取的,应当加收仓储费;提前提取的,不减收仓储费。

一、定期仓储的仓储物返还义务

仓储合同定有期限的,为定期仓储。定期仓储合同因期间届满而终止,存货人或仓单持有人可以请求返还仓储物,保管人也可以请求取回仓储物。与本法第899条第2款第2分句不同,即便仓储人有特别事由,亦不得于期限届满前请求取回仓储物。至于存货人或仓单持有人能否在期限届满前请求返还仓储物,则有疑问。对此,应与保管合同作相同解释,即期限利益非归属于保管人,因此存货人或仓单持有人仍然可以随时请求返还仓储物(详见本法第899条评注,边码1)。但是,提前取回仓储物的不减收仓储费。理由在于,仓储合同属于商事合同的一种,保管人为提供仓储服务亦须支付相当代价,对其履行利益有进行保护的必要。

存货人或者仓单持有人逾期提取的,应当加收仓储费。该规范之性质类似于本法第 734 条第 1 款,在解释上宜认为当事人之间成立不定期仓储合同。

二、证明责任

存货人或者仓单持有人请求保管人返还仓储物的,应当出示仓单或者入库单以证明其享有权利。保管人请求存货人取回仓储物的,应当证明仓储合同期限届满。

第九百一十六条　【保管人的催告权与提存权】储存期限届满,存货人或者仓单持有人不提取仓储物的,保管人可以催告其在合理期限内提取;逾期不提取的,保管人可以提存仓储物。

第九百一十七条　【保管人的损害赔偿责任】储存期内,因保管不善造成仓储物毁损、灭失的,保管人应当承担赔偿责任。因仓储物本身的自然性质、包装不符合约定或者超过有效储存期造成仓储物变质、损坏的,保管人不承担赔偿责任。

一、仓储物毁损、灭失的损害赔偿责任

本条规定,储存期间内保管物发生毁损、灭失的,若保管人"保管不善",应承担赔偿责任,因此,这一赔偿责任为过错责任。其性质与本法第 897 条相同。

本条第 2 句规定了保管人的免责事由。无论是仓储物本身的自然性质、包装不符合约定还是超过有效储存期造成的损害,要么属于存货人或仓单持有人承担风险的领域,要么属于不真正义务的违反,保管人不承担赔偿责任。

二、证明责任

存货人或仓单持有人依本条请求保管人承担损害赔偿责任的,应证明仓储物在储存期内毁损、灭失。存货人应证明自己没有过错或者证明存在本条第 2 句列举的免责事由。

第九百一十八条　【仓储参照适用保管】本章没有规定的,适用保管合同的有关规定。

第二十三章　委托合同

第九百一十九条　【委托合同的定义】委托合同是委托人和受托人约

定,由受托人处理委托人事务的合同。

一、委托合同的概念

本条规定了委托合同的概念,具体内容如下:

(一)事务

1　凡是与生活或者经营有关且可作为债之标的者,均可构成本条所称事务,[①]不以法律行为为限。委托他人浇灌花草、看管房子、传递文件、照管宠物、接送小孩、辅导小孩、护理老人、签收快递、买卖物品、办理托运、理财、代理记账、提供担保、参加诉讼等都可以构成委托合同。甚至保管合同在学理上也被认为是一种特殊的委托合同。[②] 此外,本法合同编第24章规定的物业服务合同也是一种特殊的委托合同。

(二)处理事务

2　处理事务,是指通过付出一定的体力或者脑力劳动解决某个(些)问题或者完成某个(些)任务。

二、委托合同的性质

3　在有偿委托中,委托人负有报酬给付义务,故为双务、有偿合同。在无偿委托中,受托人负有事务处理义务,委托人不负担报酬给付义务(详见本法第928条评注),故为单务、无偿合同。但应注意的是,即便是无偿委托,委托人也并非不负担任何义务。本法第921条规定了委托人的预付费用义务以及费用偿还义务(详见本法第921条评注)。但此等义务与受托人事务处理的义务并不居于对待给付地位,因此无偿委托又被称为不完全双务合同。[③]

4　委托事务的处理通常并非一时可以给付完成,委托合同因此通常具有继续性合同的性质(详见本法第928条、第933条评注)。[④]

三、委托合同的边界

(一)委托合同与情谊行为

5　委托合同原则上是无偿的,因此与情谊行为一样涉及无偿活动。两者的区别在于,只有前者具有法律拘束力,并且在委托人可归责时负有债务不履行责任。而依传统理论,情谊行为的当事人不负担任何义务,仅有可能在条

---

① 参见邱聪智:《新订债法各论(中)》,中国人民大学出版社2006年版,第137页。
② 参见[德]迪特尔·梅迪库斯:《德国债法分论》,杜景林、卢谌译,法律出版社2007年版,第337页。
③ 参见黄立主编:《民法债编各论(下)》,中国政法大学出版社2003年版,第503页。
④ 参见韩世远:《合同法学》,高等教育出版社2010年版,第557页。

件满足时成立侵权责任。① 不过,晚近的民法理论倾向于认为,情谊行为在一定条件下可产生保护义务。究竟构成委托合同抑或情谊行为,需依当事人的利益状况、风险分配及个案中的其他情势予以辨别。

(二)委托合同与代理权授予

委托合同通常作为代理权授予的基础法律关系。委托合同使得当事人互负给付义务,而代理权授予并不对当事人施加任何义务,而仅使得代理人取得以被代理人名义实施法律行为的权限(地位)。②

(三)委托合同与雇佣合同、承揽合同

受托人、受雇人、承揽人都需要为了处理他人事务付出劳动,所以委托合同与雇佣合同、承揽合同比较相似。从比较法看,德国法将委托合同限定为无偿合同,使之边界清晰。有偿为他人处理事务的合同则被划分为雇佣合同、承揽合同与有偿事务处理合同。承揽合同的特征是注重结果,以完成工作成果为支付报酬的条件,在罗马法中被称为劳务成果租赁。雇佣合同的特征是注重过程,不以完成工作成果为支付报酬的条件,在罗马法中被称为劳务租赁。有偿事务处理合同实际上是以涉及经济活动的独立性高级劳务为给付内容的雇佣合同或者承揽合同。此类高级事务如财产管理、代理诉讼、处理纳税事务、银行账户管理、证券服务等。有偿事务处理合同虽在本质上是雇佣合同或者承揽合同,但考虑到"事务"的特殊性,所以在某些方面适用委托合同法规则。③

我国《民法典》上的委托合同既包括无偿委托合同,也包括有偿委托合同。鉴于我国《民法典》合同编未专门规定有偿事务处理合同,也未规定雇佣合同,所以,本章中的有偿委托合同应解释为既包括有偿为他人处理涉及经济活动的"高级事务"的合同,也包括有偿为他人处理"低级事务"的合同,但构成承揽合同者除外。如此,则在一定程度上可以弥补合同编未专门规定雇佣合同所造成的缺陷。当然,本章中的某些条款从内容看侧重于规范处理涉及经济活动的"高级事务"的委托合同,所以在适用于雇佣关系时应当加以限制。

第九百二十条 【特别委托与概括委托】委托人可以特别委托受托人处

---

① 参见[德]迪特尔·梅迪库斯:《德国债法分论》,杜景林、卢谌译,法律出版社2007年版,第338页。
② 参见朱庆育:《民法总论》,北京大学出版社2016年版,第342—344页。
③ 参见[德]迪特尔·梅迪库斯:《德国债法分论》,杜景林、卢谌译,法律出版社2007年版,第349页。

理一项或者数项事务,也可以概括委托受托人处理一切事务。

第九百二十一条 【委托费用的预付和垫付】委托人应当预付处理委托事务的费用。受托人为处理委托事务垫付的必要费用,委托人应当偿还该费用并支付利息。

一、委托人的预付费用义务

1 　本条所谓"费用",是指为处理事务而发生的财产支出。为事务处理而负担债务,亦可归入费用。① 委托人应当预付处理委托事务的费用,理由在于,既然受托人是在处理委托人的事务,当然无代垫义务。② 鉴于本条未区分委托类型赋予不同效果,则解释上无论是有偿委托还是无偿委托皆有适用本条的余地。

2 　预付费用既然为委托人的义务,在委托人履行该项义务之前,受托人得拒绝处理事务,且排除迟延履行责任。但在个别情形,依委托合同的性质,此项义务被排除,如债务人请求第三人提供保证而与第三人缔结的委托合同即无此项请求权。③

二、委托人的费用偿还义务

3 　受托人仅以发生费用为由尚不足以请求委托人偿还费用。在该费用为必要时,才产生偿还请求权。④ 只要受托人在注意委托人利益方面按照谨慎的要求可得认为该费用是必要的,即使客观上非属必要,亦可要求偿还。⑤

三、证明责任

4 　受托人应对其为处理委托事务而垫付必要费用承担证明责任。

第九百二十二条 【受托人应当按照委托人的指示处理委托事务】受托人应当按照委托人的指示处理委托事务。需要变更委托人指示的,应当经委托人同意;因情况紧急,难以和委托人取得联系的,受托人应当妥善处理委托事务,但是事后应当将该情况及时报告委托人。

一、受托人的指示遵守义务

1 　受托人应当按照委托人的指示处理委托事务,系从为他人处理事务所延

---

① 参见韩世远:《合同法学》,高等教育出版社2010年版,第560页。
② 参见邱聪智:《新订债法各论(中)》,中国人民大学出版社2010年版,第175页。
③ 参见史尚宽:《债法各论》,中国政法大学出版社2000年版,第403页。
④ 参见[德]迪特尔·梅迪库斯:《德国债法分论》,杜景林、卢谌译,法律出版社2007年版,第341页。
⑤ 参见韩世远:《合同法学》,高等教育出版社2010年版,第561页。

伸出来之当为的要求。① 但受托人遵循指示义务的程度、边界与指示的性质有关：第一，对于命令性指示，受托人有绝对遵循义务；第二，对于指导性指示，受托人原则亦应遵循，不得有任意裁量权。此外，有学说认为，对于任意性指示，受托人有高度裁量权，原则上不发生违反指示的问题。②

应当注意的是，本条第 1 句应解释为：对于委托事务的处理，委托人有指示的，受托人应当遵循指示；委托人没有指示的，受托人可以根据情况自行决定如何处理，仅当出现异常情况时，受托人才有义务请示委托人作出指示。

紧急情况下，"受托人应当妥善处理委托事务"，系法律赋予其变更指示的权利。对于任意性指示，由于不发生违反指示的问题，因此亦无须变更。对于命令性指示，通说认为，受托人有绝对遵守义务，即便情况紧急亦不得变更。因此，只有指导性指示可能发生变更的问题。③ 但本书认为，若在紧急情况下，不变更命令性指示明显有损委托人利益的，出于本条规定之变更系为委托人利益而设的立法本旨，亦应认为此时受托人可以变更指示。

二、法律效果

受托人不遵循指示或者未经委托人同意擅自变更指示的，构成不完全履行，委托人可以拒绝受领并要求继续履行或者请求损害赔偿。

三、证明责任

受托人应对变更指示取得委托人同意或者因情况紧急难以和委托人取得联系承担证明责任。

第九百二十三条 【受托人亲自处理委托事务】受托人应当亲自处理委托事务。经委托人同意，受托人可以转委托。转委托经同意或者追认的，委托人可以就委托事务直接指示转委托的第三人，受托人仅就第三人的选任及其对第三人的指示承担责任。转委托未经同意或者追认的，受托人应当对转委托的第三人的行为承担责任；但是，在紧急情况下受托人为了维护委托人的利益需要转委托第三人的除外。

一、受托人的亲自处理义务

受托人原则上应亲自处理委托事务。理由在于，委托合同重视当事人之间的信任关系。④ 所谓受托人亲自处理义务，在规范上的表述应当是，受托人应亲自为债务履行。学理上，债务人履行可分为债务人自己履行以及债务

---

① 参见黄茂荣：《债法分则之二：劳务之债》，厦门大学出版社 2020 年版，第 200 页。
② 参见邱聪智：《新订债法分则(中)》，中国人民大学出版社 2006 年版，第 160 页。
③ 参见史尚宽：《债法各论》，中国政法大学出版社 2000 年版，第 393 页。
④ 参见史尚宽：《债法各论》，中国政法大学出版社 2000 年版，第 393 页。

人使用履行辅助人履行两种情况。因此,原则上,亲自处理义务并不禁止履行辅助人的使用,[1]尤其是在受托人为法人的情形。但是,若根据债务性质,受托人只能亲自履行的(一身专属给付),如著名画家承诺亲自作画一幅,受托人不得使用履行辅助人。[2]

二、转委托

作为亲自处理义务的例外,受托人可以实施转委托,具体内容如下:

(一)适法转委托

转委托经委托人同意或处于紧急情况的,构成适法转委托。此时,当事人之间的法律关系如下:第一,就次受托人与委托人的关系而言,"委托人可以就委托事务直接指示转委托的第三人",实际上将适法转委托合同变成了真正利益第三人合同的一种法定形态。[3] 第二,就次受托人与受托人的关系而言,二者成立转委托合同。第三,就受托人与委托人的关系而言,受托人仅就对次受托人的选任、指示承担责任。

此处的问题在于,次受托人究竟构成履行辅助人还是独立为债务履行的第三人(第三人清偿)? 由于次受托人一旦完成给付,将使得次受托人基于转委托合同负担的债务和受托人基于委托合同负担的债务同时归于消灭,次受托人同时具有清偿自己债务与他人债务的意思,那么,次受托人所为之给付应视为非以债务人名义提出,这也是委托人可以根据本法第 522 条第 2 款对其主张债务不履行责任的理由所在,因此,本书认为,在解释上宜将次受托人认定为第三人。

(二)违法转委托

转委托未经委托人同意的,构成违法转委托。此时,当事人之间的法律关系如下:第一,就次受托人与委托人的关系而言,本条并未规定"委托人可以就委托事务直接指示转委托的第三人",[4]但亦应认为委托人享有此项直接请求权。委托人的直接请求权乃为维护委托人利益而设,其理由在于:如果委托人需要先对受托人进行请求,再由受托人对次受托人进行请求,"辗转需时,殊鲜实益"。将适法转委托与违法转委托情形下委托人的利益状况进行比较,不难发现后种情形中委托人具有更高保护价值,为什么不能承认

---

[1] 参见邱聪智:《新订债法各论(中)》,中国人民大学出版社 2006 年版,第 163 页。
[2] 参见黄茂荣:《债法分则之二:劳务之债》,厦门大学出版社 2020 年版,第 202 页。
[3] 参见黄茂荣:《债法通则之二:债务不履行与损害赔偿》,厦门大学出版社 2014 年版,第 210 页。
[4] 参见黄薇主编:《中华人民共和国民法典合同编解读(下册)》,中国法制出版社 2020 年版,第 1323 页。

在此种情形下委托人对于次受托人仍然享有直接请求权呢？我国台湾地区"民法"第539条规定的委托人直接请求权被认为系转委托的共同效力,在解释论上更具说服力。① 第二,就次受托人与受托人的关系而言,与适法转委托相同。第三,就受托人与委托人的关系而言,受托人应当对转委托的第三人的行为承担责任。这就意味着,在此情形,受托人要对通常事变负责,系承担无过错责任。②

(三)转委托的许容

本条规定,适法转委托只有在委托人同意或紧急情况下才可成立,条件甚为严格,对于商事领域的转委托不免过于苛刻。在解释上,若合同当事人未对转委托作出约定,存在合同漏洞。就合同漏洞的填补而言,本法第510条确立的规则是:补充的合同解释优先于任意法规范的适用。③ 这就意味着,作为任意法规范本条在解释上应当让位于补充的合同解释。对于商事委托而言,通过交易习惯承认受托人转委托的权限并不困难。在国际示范法上,DCFR 第3：302条第1款亦规定,受托事务不具有人身专属性的,受托人可以不经过委托人允许转委托,可供参考。

三、证明责任

受托人应对转委托适法承担证明责任。

第九百二十四条 【受托人的报告义务】受托人应当按照委托人的要求,报告委托事务的处理情况。委托合同终止时,受托人应当报告委托事务的结果。

第九百二十五条 【默示显名代理】受托人以自己的名义,在委托人的授权范围内与第三人订立的合同,第三人在订立合同时知道受托人与委托人之间的代理关系的,该合同直接约束委托人和第三人;但是,有确切证据证明该合同只约束受托人和第三人的除外。

一、代理显名的方式

本法第162条规定了代理的显名原则。一般认为,显名的方式不以明示为限,即便代理人未明确显示代理意思,但相对人根据情况能够知悉的,亦属显名。④ 明示的显名系指代理人行为时明示代理意思。而默示的显名,在学

---

① 参见邱聪智:《新订债法各论(中)》,中国人民大学出版社2002年版,第165页。
② 反对观点,参见韩世远:《合同法学》(第四版),高等教育出版社2010年版,第559页。
③ 参见韩世远:《合同法总论》,法律出版社2018年版,第879页。
④ 参见朱庆育:《民法总论》(第二版),北京大学出版社2016年版,第335页;梁慧星:《民法总论》(第五版),法律出版社2017年版,第230—231页。

说上多被误称为"隐名代理"或"间接代理"。① 一般认为,本条就是对"隐名代理"或"间接代理"的规定。② 但是有观点认为,法律行为的相对人明知或可得推知代理意思,实际上亦为直接代理之一种。③ 就此而言,本条不应解释为"隐名代理",而应解释为"默示的显名代理"。④ 本书赞同后一种观点。

"默示的显名代理"所揭示的,其实为一项重要原则:代理人在实施代理行为时,是否有代理意思,应透过意思表示解释的方法予以探究,⑤所谓"第三人在订立合同时知道受托人与委托人之间的代理关系",实际上正是对这一规则的表述。具体而言,代理人在实施代理行为时,明示代理意思,且相对人对此予以承诺,代理人与相对人即生成"共同主观意思"——该代理行为在效果上归属被代理人。如果代理人与相对人并无上述"主观共同意思",由于显名仍为有相对人的意思表示,因此,仍应依意思表示的解释方法,结合诚信原则,斟酌交易习惯,探求相对人对代理意思的知悉可能性,即采取规范解释之方法认定是否存在代理意思的表达。⑥

二、默示显名代理的构成要件

(一)代理人以自己名义实施代理行为

本条规定的默示显名代理的第一项构成要件为代理人以自己名义实施法律行为。有观点认为,既然在显名原则之下,受托人"以被代理人名义行为"意味着发出了代理行为的效果归属于被代理人的意思表示,那么受托人

---

① 参见洪逊欣:《中国民法总则》,三民书局1989年版,第472页;王泽鉴:《民法总则》,北京大学出版社2009年版,第357页;陈聪富:《民法总则》,元照出版有限公司2016年版,第328页;李永军:《民法总论》,法律出版社2006年版,第673—678页;韩世远:《合同法学》,高等教育出版社2010年版,第564页;梁慧星:《民法总论》(第五版),法律出版社2017年版,第226页;崔建远、韩世远、申卫星等:《民法总论》(第二版),清华大学出版社2013年版,第223页。

② 关于原《合同法》第402条、第403条(本法第925条、第926条)与外贸代理的关系,参见方新军:《民法典编纂视野下合同法第402条、第403条的存废》,载《法学研究》2019年第1期。

③ 佐久間毅『民法の基礎1 総則』(有斐閣、2008年)249頁参照。参见林诚二:《论法律行为之隐名代理与代行》,载《台湾法学杂志》2008年第9期;陈自强:《显名原则之再展开》,载《月旦法学杂志》2018年第8期。

④ 参见杨代雄:《〈民法总则〉中的代理制度重大争议问题》,载《学术月刊》2017年第12期。

⑤ 参见陈自强:《显名原则之再展开》,载《月旦法学杂志》2018年第8期。

⑥ 参见杨代雄:《意思表示解释的原则》,载《法学》2020年第7期;陈自强:《显名原则之再展开》,载《月旦法学杂志》2018年第8期;孙某某、齐齐哈尔市第七粮库有限公司建设用地使用权转让合同纠纷案,最高人民法院民事判决书(2017)最高法民终180号;中国邮政集团公司长沙市分公司、湖南中南投资置业有限公司借款合同纠纷案,最高人民法院民事判决书(2018)最高法民终112号。

"以自己名义行为"就当然意味着受托人发出了法律行为的效果归属于自己的意思表示,该项构成要件根本无法与代理规则相契合。① 对此,有学者提出,所谓代理人"以自己名义行为"应仅指代理人作为名义上的缔约当事人,不含代理意思的表达。② 本书认为,后一种观点更具合理性。

(二)代理人在授权范围内实施法律行为

代理人实施的法律行为不能超越代理权的范围,否则构成无权代理。

(三)相对人知悉代理关系

多数学者认为,本条的前身原《合同法》第402条借鉴了美国法上的被代理人姓名未特定代理(unidentified principal)以及《国际货物销售合同代理公约》第12条。③ 一方面,美国法上的被代理人姓名未特定代理,是指相对人知晓被代理人之存在,但不知被代理人之姓名。美国代理法重述第三版将代理区分为三种类型:被代理人姓名公开代理(Disclosed principal)、被代理人姓名未特定代理(Unidentified principal)以及被代理人不公开代理(Undisclosed principal)。其区分标准为第三人是否知悉被代理人姓名,但是前二者发生同样的直接代理效果。④ 而在英国法上,有且只有被代理人公开代理与被代理人不公开代理两种类型,前者涵盖了美国法上的被代理人姓名公开代理与被代理人姓名未特定代理两种类型,发生直接代理的效果。英美法系上代理关系之发生,关键在于是否"为他人利益行为",区别于大陆法系的"以他人名义行为"。⑤ 即便英美法上显名之内容不同,亦要求显名,即相对人知悉代理人系"为被代理人利益行为"。⑥ 另一方面,作为调和两大法系代理制度之《国际货物销售合同代理公约》第12条并未提及代理人行为时

---

① 参见湖北金华实业有限公司与苏某某、武汉皓羽地产顾问有限公司商品房买卖合同纠纷案,最高人民法院民事判决书(2012)民抗字第24号;殷秋实:《论代理中的显名原则及其例外》,载《政治与法律》2016年第1期。
② 参见胡东海:《〈合同法〉第402条(隐名代理)评注》,载《法学家》2019年第6期;湖南省农业信贷担保有限公司与湖南兆富高新投资管理有限公司、汨罗市鑫祥碳素制品有限公司、汨罗市中小企业信用担保有限公司、黎某某、胡某某合同纠纷案,湖南省高级人民法院民事判决书(2018)湘民再557号。
③ 参见耿林、崔建远:《未来民法总则如何对待间接代理》,载《吉林大学社会科学学报》2016年第3期。
④ Bennett, Howard N., Principles of the Law of Agency, London: Hart Publishing, 2014, pp. 76-87.
⑤ Ibid, pp. 33-60.
⑥ Francis Reynolds, "Undisclosed Principal in Common Law" Agency Law in Commercial Practice Agency Law in Commercial Practice, edited by Danny Busch, Laura Macgregor, and Peter Watts, London: Oxford University Press, 2016, pp. 57-58.

须"以被代理人名义",但是,显名可以多种方式实现,通过对代理人的意思表示进行规范解释,相对人对代理意思可得推知的,亦属于显名。① 易言之,代理人行为时明示系作为被代理人之代理人实施法律行为,相对人必然知悉代理意思,在代理人未明示代理意思时,并不必然推导出"相对人不知或不可得而知代理意思"这一结论。即便代理人将自己作为缔约当事人,相对人已知悉其代理意思的,显名原则对于"相对人保护"之目的已经实现,由被代理人承受代理人实施之法律行为的效果,应无疑义。② 由此可见,本条并不是显名原则的例外,司法实务更倾向于将本条解释为显名方式的缓和。③

(四)没有证据证明合同仅约束受托人和第三人

6 如果满足本条前述三项积极要件,可以发生代理的法律效果。本条但书"但是,有确切证据证明该合同只约束受托人和第三人的除外"作为消极要件的规范意义在于,综合当事人意思④、行纪关系⑤、交易情况⑥等因素,可以通过意思表示的解释排除代理人的代理意思。⑦ 从而使得代理人缔结的法律行为只约束代理人与相对人。

三、适用范围

7 行纪合同是否具有适用本条的可能性?对此,有学者认为,相对人如果与具有营业外观的行纪人进行交易,即意味着在解释上不能认为,处于与相

---

① 参见殷秋实:《论代理中的显名原则及其例外》,载《政治与法律》2016年第1期。
② 参见朱虎:《代理公开的例外类型和效果》,载《法学研究》2019年第4期。
③ 参见马士基(中国)航运有限公司、马士基(中国)航运有限公司厦门分公司与厦门瀛海实业发展有限公司国际海上货运代理经营权纠纷案,最高人民法院民事判决书(2010)民提字第213号;大连羽田钢管有限公司与大连保税区弘丰钢铁工贸有限公司、株式会社羽田钢管制造所、大连高新技术产业园区龙王塘街道办事处物权确认纠纷案,最高人民法院民事判决书(2011)民提字第29号;北京长富投资基金与武汉中森华世纪房地产开发有限公司、中森华投资集团有限公司等合同纠纷案,最高人民法院民事判决书(2016)最高法民终124号;中国葛洲坝集团股份有限公司与海南中汇油品储运股份有限公司、海南中汇宏基实业投资有限公司合同纠纷案,最高人民法院民事判决书(2016)最高法民终470号。
④ 参见赤峰云奥有色金属有限公司与天津保利佐川国际贸易有限公司、北京铁凡华经贸有限公司买卖合同纠纷案,最高人民法院民事判决书(2015)民申字第961号。
⑤ 参见江西省亿坤房地产开发有限公司与联盛商业连锁股份有限公司、江西泽钦拍卖有限公司建设用地使用权转让合同纠纷案,江西省高级人民法院民事裁定书(2015)赣民一终字第153号;甘肃昊世新懿机电科技有限公司、神华宁夏煤业集团有限责任公司与捷马(济importantly)矿山支护设备制造有限公司行纪合同纠纷案,甘肃省高级人民法院民事判决书(2016)甘民终450号。
⑥ 参见厦门航空开发股份有限公司与北京南钢金贸易有限公司及第三人厦门市东方龙金属材料有限公司买卖合同纠纷案,最高人民法院民事判决书(2014)民申字第2225号。
⑦ 参见胡东海:《〈合同法〉第402条(隐名代理)评注》,载《法学家》2019年第6期。

对人相同地位的理性第三人能够推知代理意思。① 但本书认为,行纪合同之所以无法适用本条,根本原因在于,行纪合同与代理权基于其规范性质的不同,是互斥的。易言之,行纪合同不会伴随代理权的授予(详见本法第951条评注,边码3),因此就不可能满足本条的"代理关系"要件(详见本法第958条评注,边码3)。②

相对人与行纪人缔结法律行为,虽然无法适用本条使该法律行为在效果上归属于委托人,但若相对人对于行纪人拥有代理权产生信赖,可通过本法第172条获得救济。

四、证明责任

在成立默示显名代理时合同直接约束被代理人和第三人,主张合同权利产生者,应举证证明本条的三项积极要件;主张合同权利阻碍者,应举证证明本条的消极要件。③

第九百二十六条 【委托人的介入权和第三人的选择权】受托人以自己的名义与第三人订立合同时,第三人不知道受托人与委托人之间的代理关系的,受托人因第三人的原因对委托人不履行义务,受托人应当向委托人披露第三人,委托人因此可以行使受托人对第三人的权利。但是,第三人与受托人订立合同时如果知道该委托人就不会订立合同的除外。

受托人因委托人的原因对第三人不履行义务,受托人应当向第三人披露委托人,第三人因此可以选择受托人或者委托人作为相对人主张其权利,但是第三人不得变更选定的相对人。

委托人行使受托人对第三人的权利的,第三人可以向委托人主张其对受托人的抗辩。第三人选定委托人作为其相对人的,委托人可以向第三人主张其对受托人的抗辩以及受托人对第三人的抗辩。

一、间接代理

一般认为,本条是对间接代理的规定。所谓间接代理,在委托的语境中是指受托人以自己的名义为委托人利益而与第三人实施法律行为。间接代理并非真正的代理,在前者的场合,受托人实施的法律行为的效果归属于受

---

① 参见朱虎:《代理公开的例外类型和效果》,载《法学研究》2019年第4期;汪渊智:《代理法论》,北京大学出版社2015年版,第211—212页。
② 参见尹田:《民事代理之显名主义及其发展》,载《清华法学》2010年第4期。
③ 参见胡东海:《〈合同法〉第402条(隐名代理)评注》,载《法学家》2019年第6期。

托人自身,委托人与第三人并未产生权利义务关系;①而在后者的场合,受托人(代理人)实施的法律行为的效果归属于委托人(被代理人)。②

本条规定的间接代理,一般认为系效法英美法上的被代理人不公开的代理(Undisclosed principal)(详见本法第925条评注,边码5)以及《国际货物销售合同代理公约》)第13条。③ 值得注意的是,一方面,所谓被代理人不公开的代理,并不会产生直接代理的法律效果。④ 另一方面,《国际货物销售合同代理公约》第13条第1款规定,"代理人于其权限范围内代理本人实施行为,在下列情形,其行为只拘束代理人和第三人:(a)第三人不知道,亦无从知道代理人是以代理人身份实施行为;或者(b)代理人实施该行为只对自己发生拘束力"。在间接代理的场合,原则上代理人实施的法律行为只能约束代理人与第三人。因此,有学者提出《国际货物销售合同代理公约》第13条第1款的规定表明,该公约实际是以大陆法作为起点的,因为合同原则上只约束代理人和第三人。第13条第2款则是两大法系代理理论相互妥协的结果,只有在特定条件下委托人才能行使介入权、第三人才能行使选择权。⑤

二、法律效果

在间接代理的场合,原则上,委托人、受托人、第三人各自成立独立的合同关系。但是,受托人系为委托人的利益与第三人实施法律行为,委托人才是最终的利益归属主体,这种法律关系与经济关系的不匹配引导学术界一直在探寻如何安排当事人之间的权利义务关系,使得这种间接代理的法律效果接近直接代理。⑥ 对此,本条的态度是,在"受托人以自己的名义与第三人订立合同时,第三人不知道受托人与委托人之间的代理关系"的场合,若"受托人因第三人的原因对委托人不履行义务",委托人可以行使介入权;若"受托人因委托人的原因对第三人不履行义务",第三人可以行使选择权。但值得注意的是,本条适用的前提为受托人与委托人之间存在"代理关系",按照文

---

① 参见桐乡森茂汽车城开发有限公司与上海振华重工启东海洋工程股份有限公司、李某某企业借贷纠纷案,最高人民法院民事判决书(2014)民二终字第131号。
② 参见朱庆育:《民法总论》(第二版),北京大学出版社2016年版,第335—336页。
③ 参见耿林、崔建远:《未来民法总则如何对待间接代理》,载《吉林大学社会科学学报》2016年第3期。
④ Bennett, Howard N., Principles of the Law of Agency, London: Hart Publishing, 2014, p. 76.
⑤ 参见方新军:《民法典编纂视野下合同法第402条、第403条的存废》,载《法学研究》2019年第1期。
⑥ 参见[德]卡尔·拉伦茨:《德国民法通论(下)》,邵建东译,法律出版社2003年版,第821页。

义解释,单纯的委托关系尚不构成适用本条的基础。① 当然,如此解释妥当与否,有待探讨。

(一)委托人的介入权

本条第1款第1句有关"……受托人因第三人的原因对委托人不履行义务,受托人应当向委托人披露第三人,委托人因此可以行使受托人对第三人的权利"的表述,被认为是对间接代理中委托人的介入权的规定。② 依该条款,委托人可以行使的是"受托人对第三人的权利",并且,第三人也可以对委托人主张其"对受托人的抗辩"。由此可知,委托人行使介入权并不产生直接代理的法律效果,因为委托人在介入后行使的是受托人而不是委托人的权利。而且,委托人行使介入权也必定要通知第三人,以保障其"对受托人的抗辩"。有学说认为,委托人的介入权其实为一种形成权,在委托人与受托人之间产生债权让与的法律效果。③

本条第1款但书规定,即便委托人行使了介入权,在"第三人与受托人订立合同时如果知道该委托人就不会订立合同"的场合,也不会产生债权让与的法律效果,为介入权的消极成立要件。关于这一要件的解释,一般认为包含了如下几种情况:第一,第三人和受托人明确约定禁止他人介入;第二,第三人纯粹基于对受托人个人的信赖订立合同;第三,需要受托人亲自履行的合同;第四,第三人曾经和委托人订约而怀疑委托人的信用和履行能力等情况。④ 这与债权不能让与的情况几乎完全一致,⑤在解释上可以采纳与本法第545条相同的理论构成(详见本法第545条评注)。

(二)第三人的选择权

本条第2款规定了第三人的选择权。⑥ 在第三人选择委托人主张其权利时,委托人不仅可以向第三人主张受托人对第三人的抗辩,还可以主张自

---

① 根据笔者的考察,在司法实践中出现了以"委托关系"取代"代理关系"的倾向,参见伟航集运(深圳)有限公司、深圳市中亿货运代理有限公司海上、通海水域货运代理合同纠纷案,最高人民法院民事判决书(2017)最高法民再104号;丰宁长阁矿业有限公司、北京铁路局物权保护纠纷案,最高人民法院民事判决书(2017)最高法民终724号;中国五冶集团有限公司、新疆精诚房地产开发有限公司建设工程施工合同纠纷案,最高人民法院民事判决书(2020)最高法民终848号。
② 参见哈池曼海运公司与上海森福实业有限公司、日本德宝海运株式会社海上货物运输合同货损纠纷案,最高人民法院民事判决书(2013)民提字第7号。
③ 参见殷秋实:《论代理中的显名原则及其例外》,载《政治与法律》2016年第1期。
④ 参见王利明:《合同法新问题研究》,中国社会科学出版社2003年版,第829页。
⑤ 参见殷秋实:《论代理中的显名原则及其例外》,载《政治与法律》2016年第1期。
⑥ 参见丰宁长阁矿业有限公司、北京铁路局物权保护纠纷案,最高人民法院民事判决书(2017)最高法民终724号。

已对受托人的抗辩。有学者认为,此处抗辩之设计目的在于维护当事人之间的信赖关系,因而,选择权之机制可以视为一种"免责的债务承担",即第三人选择由委托人承担责任的,视为委托人与受托人达成了免责的债务承担协议,且第三人表示同意。①

7　在司法实践中,有部分判决误认为本条发生直接代理的法律效果,②若仔细研读本条关于介入权、选择权以及抗辩机制的设计,不难发现,其意欲解决的是受托人与相对人之间债务不履行之问题,与代理的法律效果无关。③

三、适用范围

8　本条能否适用于行纪合同,是一个具有争议的问题(详见本法第958条评注,边码3)。④诚如前述,在多数学者的论著中,本条(原《合同法》第403条)被称为"间接代理",⑤而行纪总是等同于间接代理。⑥由此,本条可以在行纪的场合得到适用似乎就是自然之理。但这种论述具有明显的逻辑缺陷:"行纪"并不等于"间接代理",而只是后者的一种情形。具体而言,间接代理始终意在描述不通过代理权的作用使得法律效果直接归属于委托人,而且是以其他方式间接使得受托人取得的利益移转于委托人的现象;而行纪则意在描述具备特定资质的营业人实施的间接代理,二者的区别在于,行纪作为间接代理的一种子类型,对于行为主体的资格提出了要求。总而言之,间接代理是较行纪在涵摄的内容上更为广泛的一个概念,而且鉴于行纪对于主体资格的要求严格,在法律适用上也应注意其特殊性。在正确区分"行纪"与"间接代理"后,我们必须注意以下两点:第一,能够适用于一般的间接代理的规则,不一定能够适用于行纪;第二,行纪合同不会伴随代理权的授予,不可能

---

①　参见殷秋实:《论代理中的显名原则及其例外》,载《政治与法律》2016年第1期。
②　参见信息产业电子第十一设计研究院科技工程股份有限公司与长治高科产业投资有限公司、南京海澜环保工程有限公司买卖合同纠纷案,最高人民法院民事裁定书(2016)最高法民申256号;巴菲特投资有限公司诉上海自来水投资建设有限公司等股权转让案,上海市高级人民法院民事判决书(2009)沪高民二(商)终字第22号。
③　参见哈池曼海运公司与上海森福实业有限公司、日本德宝海运株式会社海上货物运输合同货损纠纷案,最高人民法院民事判决书(2013)民提字第7号;赤峰云奥有色金属有限公司与天津保利佐川国际贸易有限公司、北京轶凡华经贸有限公司买卖合同纠纷案,最高人民法院民事裁定书(2015)民申字第961号。
④　参见赵某某、山西永发煤焦销售有限公司合同纠纷案,最高人民法院民事裁定书(2018)最高法民申2641号;孙某某与白山市顺通汽车销售服务有限公司、吉林市瀚翔汽车销售服务有限公司买卖合同纠纷案,吉林省高级人民法院民事判决书(2020)吉民再89号。
⑤　参见李永军:《民法总论》,法律出版社2006年版,第673页;韩世远:《合同法学》,高等教育出版社2010年版,第564页;梁慧星:《民法总论》(第五版),法律出版社2017年,第226页。
⑥　参见梁慧星:《民法总论》(第五版),法律出版社2017年,第224页。

满足本条规定的"代理关系"要件,从而无法适用该条。所以对于这一问题的结论应作如下表述:本条仅适用于不构成行纪的间接代理。①

四、证明责任

委托人行使介入权,应对其积极要件承担证明责任,第三人应对消极要件承担证明责任。第三人行使选择权,应对其成立要件承担证明责任。

第九百二十七条 【受托人移交委托事务所得利益的义务】受托人处理委托事务取得的财产,应当转交给委托人。

第九百二十八条 【委托人支付报酬】受托人完成委托事务的,委托人应当按照约定向其支付报酬。

因不可归责于受托人的事由,委托合同解除或者委托事务不能完成的,委托人应当向受托人支付相应的报酬。当事人另有约定的,按照其约定。

一、受托人的报酬请求权

依本条第1款规定,仅当事人约定支付报酬的,受托人才享有报酬请求权。至于委托人应于何时支付报酬,本条虽未对此作出规定,但不妨与第959条作同一解释,原则上采"报酬后付主义"。

受托人完成委托事务的,固然享有报酬请求权。所谓"完成委托事务",重在事务处理,不以获得预期效果为要件,如委托人不得以败诉为由而拒付律师费。②

委托合同解除或受托人不能完成委托事务的,都属于受托人未完成委托事务的情形。此时,若不可归责于受托人,受托人可以请求"相应的报酬"。理由在于,委托合同虽被解除或者事务最终不能完成,但受托人可能已经付出一定劳动、处理部分事务,不论已处理的部分事务对委托人是否有用,受托人都可以就其已处理的部分请求报酬。③ 至于因可归责于受托人的原因导致未完成委托事务的情形,受托人是否还享有报酬请求权,通说多采否定见解。④ 但亦有观点认为,即使可归责于受托人时,受托人仍可就委托人受有利益的范围内请求报酬,但应承担债务不履行责任。⑤ 本书赞同后一种观点。

二、证明责任

受托人应对当事人达成了支付报酬的合意承担证明责任。在本条第2

---

① 参见尹田:《民事代理之显名主义及其发展》,载《清华法学》2010年第4期。
② 参见邱聪智:《新订债法各论(中)》,中国人民大学出版社2006年版,第180—181页。
③ 参见黄茂荣:《债法分则之二:劳务之债》,厦门大学出版社2020年版,第213页。
④ 参见邱聪智:《新订债法各论(中)》,中国人民大学出版社2006年版,第181页。
⑤ 参见黄立主编:《民法债编各论(下)》,中国政法大学出版社2003年版

款规定的情形下,受托人应对其已给付部分劳务承担证明责任。

第九百二十九条 【受托人的赔偿责任】有偿的委托合同,因受托人的过错造成委托人损失的,委托人可以请求赔偿损失。无偿的委托合同,因受托人的故意或者重大过失造成委托人损失的,委托人可以请求赔偿损失。

受托人超越权限造成委托人损失的,应当赔偿损失。

一、受托人的损害赔偿义务

1　本条规定,受托人仅就过失的债务不履行承担赔偿责任。具体而言,在有偿委托的场合,受托人应负抽象轻过失责任。① 若为无偿委托,则进一步要求具备"重大过失"。此种区别的理由在于,受托人所处的利益状态不一样。②

2　本条第 2 款规定的受托人超越权限的赔偿责任,本质上也属于受托人债务不履行责任的一种,因此也应当满足本条第 1 款的"过错"要件。但该款系采过错推定的立法技术,应由受托人证明其无过失。③

二、证明责任

3　委托人依本条请求受托人承担损害赔偿责任的,应依委托合同是否有偿,分别证明受托人具有轻过失(一般过失)或重大过失、故意。在本条第 2 款规定的情形下,应由受托人证明其无过失。

第九百三十条 【委托人的赔偿责任】受托人处理委托事务时,因不可归责于自己的事由受到损失的,可以向委托人请求赔偿损失。

一、委托人的损害赔偿义务

1　本法第 929 条规定的受托人的损害赔偿责任为过错责任。本条规定的损害赔偿责任,于委托人则不以可归责事由为要件,属于无过失责任。④ 但损害须因事务处理而生。例如为事务处理,受托人甲无过失,于旅行中被丙驾车撞伤。至于损害是否须为委托人预见或可得预见,则在所不问。⑤ 之所以由委托人承担无过失责任,是因为事务处理的结果归属于委托人,委托人从中获取利益,自应承担与事务处理相关的风险,其中包括受托人的人身、财产受损害的风险。不过,在有偿委托合同中,委托事务如果是涉及经济活动

---

① 参见史尚宽:《债法各论》,中国政法大学出版社 2000 年版,第 401 页。
② 参见韩世远:《合同法学》,高等教育出版社 2010 年版,第 545 页。
③ 参见史尚宽:《债法各论》,中国政法大学出版社 2000 年版,第 402 页。
④ 参见韩世远:《合同法学》,高等教育出版社 2010 年版,第 561 页。
⑤ 参见史尚宽:《债法各论》,中国政法大学出版社 2000 年版,第 405 页。

的"高级事务",受托人在事务处理过程中具有较高的独立性,则受托人对于事务处理事实上具有自身经济利益,不宜一概由委托人承担无过失责任。尤其在受托人是银行、证券公司等营利组织的情况下,委托人可能反而处于弱势地位,由委托人对于受托人的损失承担无过失责任,显然有失公平。因此,对本条规定应当予以目的论限缩解释,将上述情形排除在其适用范围之外。

受托人可依本条请求委托人承担赔偿责任,若有第三责任人,亦得一并请求其赔偿损害。例如在前例,甲可请求丙与委托人乙承担赔偿责任,乙丙之间宜解释为成立不真正连带债务。①

二、证明责任

受托人应对损害与事务处理存在关联性承担证明责任。

第九百三十一条 【委托人另行委托他人处理事务】委托人经受托人同意,可以在受托人之外委托第三人处理委托事务。因此造成受托人损失的,受托人可以向委托人请求赔偿损失。

一、重复委托

针对同一事务,委托人可以同时、先后委托多人进行处理,由此产生"重复委托"的现象。根据本条规定,委托人甲在与受托人乙订立委托合同后,又与受托人丙订立委托合同时,须"经受托人同意"。此处条文表述易引发歧义。应注意如下两个问题:第一,甲丙之间订立的委托合同不因乙之不同意而存在效力瑕疵;第二,甲未经乙同意而与丙缔约的,显然破坏甲乙之间的信赖关系,乙据此可解除与甲订立的委托合同。

委托人重复委托,造成受托人损失的,应承担赔偿责任。例如,对于同一事务,当事人约定按工期收费,但委托人重复委托后导致工期缩短,即为著例。

二、证明责任

受托人应对重复委托致其损害承担证明责任。

第九百三十二条 【共同委托】两个以上的受托人共同处理委托事务的,对委托人承担连带责任。

一、共同委托

同一委托合同中存在复数受托人的,构成共同委托。此时,多个受托人之间成立连带债务。理由在于,多个受托人负担同一项给付,委托人可以依

---

① 参见邱聪智:《新订债法各论(中)》,中国人民大学出版社2006年版,第179页。

照其意思向任一受托人请求全部或部分给付,任一受托人对全部债务负有义务,在其给付的范围内使他人的债务消灭,符合连带债务的成立要件。①

二、证明责任

详见本法第518条评注。

第九百三十三条 【委托合同的任意解除】委托人或者受托人可以随时解除委托合同。因解除合同造成对方损失的,除不可归责于该当事人的事由外,无偿委托合同的解除方应当赔偿因解除时间不当造成的直接损失,有偿委托合同的解除方应当赔偿对方的直接损失和合同履行后可以获得的利益。

一、委托合同任意解除权的概念与限制

委托合同的基础是当事人之间的信任关系,一旦信任产生动摇,应允许任何一方当事人解除委托合同,②是谓委托合同的任意解除权。

本条第1句规定,"委托人或者受托人可以随时解除委托合同",看似未对任意解除权的适用范围作出限制,其实并非如此。根据本条第2句,双方当事人无须理由便可随时解除无偿委托合同,③任意解除权的行使本身不会带来任何不利后果,只有在"解除时间不当"时,才应当赔偿(直接)损失。因此,无偿委托中的任意解除权并未受到任何限制。但有偿委托不同,一方或者双方当事人在没有理由的情况下随时解除有偿委托合同的,不具有充分的正当性,应受到间接限制,即解除方原则上须赔偿对方的直接损失和可得利益损失。④

二、委托合同任意解除权的预先抛弃

委托合同的任意解除权能否预先抛弃?对此,学说与实践中存在三种观点:第一,当事人预先抛弃任意解除权无效。⑤其理由为,即便当事人事先约定抛弃任意解除权,不构成法律秩序的违反,但勉强不能信任之人维持委托

---

① 参见王洪亮:《债法总论》,北京大学出版社2016年版,第494页。
② 参见陈甦:《委托合同 行纪合同 居间合同》,法律出版社1999年版,第63页。
③ 参见[德]迪特尔·梅迪库斯:《德国债法分论》,杜景林、卢谌译,法律出版社2007年版,第344页。
④ 参见武腾:《委托合同任意解除与违约责任》,载《现代法学》2020年第2期。
⑤ 参见上海盘起贸易公司与盘起工业(大连)有限公司委托合同纠纷案,最高人民法院民事判决书(2005)民二终字第143号;上海国泰创业(集团)有限公司与潘某某确认合同有效纠纷案,江苏省高级人民法院民事判决书(2015)苏商外终字第00022号;成都中美联城房地产营销有限公司、四川省天府房地产开发有限公司与中核四川环保工程有限责任公司商品房委托代理销售合同纠纷案,四川省高级人民法院民事判决书(2016)川民终147号。

关系,实属不妥。① 第二,当事人预先抛弃任意解除权有效。② 其理由为,本条规定并非强制性规范,而属于授权性规范。依合同自由原则的本旨,应当尊重当事人的意思自治,承认当事人约定排除任意解除权的有效性。③ 第三,完全为委托人利益订立的委托合同不得预先抛弃任意解除权;若委托合同并非仅为委托人利益而订立,受托人对于事务处理亦有正当利益,且有处理完毕的必要,应例外认可此种约定的有效性。④ 这种区分处理的方法在很大程度上与民事委托、商事委托的特点不谋而合,故有学者提出:"在无偿委托的情形,解除权抛弃特约无效。而在有偿委托的情形,当事人之间除了信赖关系外,还有其他利益关系存在,为了保护这种利益关系,当事人通过合意限制任意解除权,出于尊重意思自治应认为这种限制原则上有效"。⑤ 在司法实践中,也有法院持相同观点:在有偿委托合同,特别是风险代理合同中,以约定的方式对委托人任意解除权进行适当限制,可以防范诚信危机,有效平衡委托人与受托人之间的合同利益,符合公平原则和诚实信用原则,应认定为有效民事行为。⑥

三、任意解除权的行使与损害赔偿

(一)无偿委托合同

无偿委托合同的当事人行使任意解除权不会产生任何不利后果,纵使相对人因此受有损害,原则上也不会产生赔偿责任。

但是,无偿委托合同的解除方解除时间不当的,负有赔偿责任。所谓"解除时间不当",可从委托人与受托人两个方面进行考察:第一,就委托人方面而言,解除时间不当是指委托人自己不能处理事务,且不能及时委托他

---

① 参见邱聪智:《新订债法各论(中)》,中国人民大学出版社2006年版,第183页。
② 参见广西融昌置业有限公司、广西弘毅营销顾问有限公司商品房委托代理销售合同纠纷案,最高人民法院民事判决书(2017)最高法民再50号;北京市元坤律师事务所与北京城建远东建设投资集团有限公司法律服务合同纠纷案,北京市高级人民法院民事判决书(2016)京民再11号。
③ 参见北京市元坤律师事务所与北京城建远东建设投资集团有限公司法律服务合同纠纷案,北京市高级人民法院民事判决书(2016)京民再11号。
④ 参见史尚宽:《债法各论》,中国政法大学出版社2000年版,第408页。
⑤ 崔建远、龙俊:《委托合同的任意解除权及其限制——"上海盘起诉盘起工业案"判决的评释》,载《法学研究》2008年第6期。相同观点,参见吕巧珍:《委托合同中任意解除权的限制》,载《法学》2006年第9期;叶名怡:《论事前弃权的效力》,载《中外法学》2018年第2期;仲伟珩:《有偿委托合同任意解除权的法律适用问题研究》,载《法律适用》2020年17期。
⑥ 参见北京市盈科(深圳)律师事务所、广州爱拼信息科技有限公司委托合同纠纷案,广东省深圳市中级人民法院民事判决书(2020)粤03民终13945号。

人处理而受到损害的情形。第二，就受托人方面而言，解除时间不当是指在此时解除导致受托人遭受若委托合同不解除其本可以避免的损害。[1] 总而言之，所谓解除时间不当，是指在相对人没有机会对事务或资源另作合理安排的时间解除。[2]

6   损害赔偿责任的成立，除了要求解除时间不当、损失以及两者之间的因果关系，还要求"可归责于该当事人"，即存在可归责事由。关于本条"可归责于解除方的事由"的理解，学说上存在两种观点：一种观点认为，是指解除方对于合同的解除具有过错（解除可归责）。[3] 另一种观点认为，是指解除方对于损失的发生具有过错（损害可归责）。[4] 如果采用解除可归责说，那么解释的出发点便是对解除发生的原因进行评价，这就偏离了任意解除权的本质，[5]因此在无偿委托的场合，应当对可归责事由采损害可归责说。

7   在无偿委托，义务人的赔偿范围限于因行使任意解除权造成的"直接损失"。[6] 鉴于直接损失在学说上一般是指固有利益的损失，[7]故该损害赔偿的性质既可解释为侵权责任，又可解释为债务不履行责任。[8]

（二）有偿委托合同

8   在有偿委托合同，仅一方行使了任意解除权的，该方应当赔偿对方的直接损失和合同履行后可以获得的利益，除非存在"不可归责于该当事人的事由"。

9   在有偿委托的场合，关于可归责事由的解释，应区别于无偿委托。理由在于，有偿委托合同虽然同样具有任意解除权，但该权利行使本身附带的效果，在政策上明显有别于无偿委托：前者仅需考虑当事人之间的信任关系，而后者则还存在其他利益。因此，此处的不可归责不是指对解除时间不当无过错，毋宁应采解除可归责说，解释为对解除发生的原因不应负责。[9]

10   在有偿委托，义务人的赔偿范围限于因行使任意解除权造成的"直接损

---

[1] 参见史尚宽：《债法各论》，中国政法大学出版社2000年版，第410页。
[2] 参见武腾：《委托合同任意解除与违约责任》，载《现代法学》2020年第2期。
[3] 参见江平：《中华人民共和国合同法精解》，中国政法大学出版社1999年版，第353页；马俊驹、余延满：《民法原论》（第四版），法律出版社2010年版，第730页。
[4] 参见韩世远：《合同法学》，高等教育出版社2010年版，第562页。
[5] 参见武腾：《委托合同任意解除与违约责任》，载《现代法学》2020年第2期。
[6] 参见上海盘起贸易公司与盘起工业（大连）有限公司委托合同纠纷案，最高人民法院民事判决书(2005)民二终字第143号。
[7] 参见程啸：《侵权责任法》（第二版），法律出版社2015年版，第217—218页。
[8] 参见武腾：《委托合同任意解除与违约责任》，载《现代法学》2020年第2期；周江洪：《委托合同任意解除的损害赔偿》，载《法学研究》2017年第3期。
[9] 参见武腾：《委托合同任意解除与违约责任》，载《现代法学》2020年第2期。

失和合同履行后可以获得的利益"。① 关于"合同履行后可以获得的利益",详见本法第584条评注。

关于本条规定的有偿委托的赔偿责任与委托合同部分其他条文的关系,应注意如下几个问题:第一,当事人行使任意解除权造成相对人受有损害的,多数场合可以通过本法第929条、第930条获得救济。第二,受托人为事务处理垫付的必要费用,可以通过本法第921条请求偿还。第三,委托人行使任意解除权时受托人的报酬请求权应以本法第928条作为请求权基础。② 由此可见,本条关于有偿委托的损害赔偿之规定,适用范围较为狭窄。③

四、证明责任

解除方对于自身无过错负有证明责任。④ 相对人应证明自己因合同解除遭受损失。

第九百三十四条 【委托合同的终止】委托人死亡、终止或者受托人死亡、丧失民事行为能力、终止的,委托合同终止;但是,当事人另有约定或者根据委托事务的性质不宜终止的除外。

一、死亡、丧失民事行为能力或者(法人)终止场合的委托合同终止

(一)受托人死亡、丧失民事行为能力或者终止

1. 受托人死亡、终止

原则上,在受托人死亡、终止的场合,委托合同终止。理由在于,委托关系性质上以信任关系为基础。

本条但书规定,当事人另有约定或者根据委托事务的性质,委托合同不因受托人死亡、终止而终止。例如,父子有同样技能,甲委托其父处理事务,约定父死时由其子处理,该约定自为有效。又如,属于企业事务的委托,委托人或受托人的人格仅属次要,利于委托合同继续存在,因其性质不终止。⑤

2. 受托人丧失民事行为能力

受托人丧失民事行为能力的,在委托事务为法律行为或准法律行为的场合,构成履行不能,受托人应从债务中解脱。

即便受托人事后丧失民事行为能力,亦不妨碍当事人对此先行作出委托

---

① 参见成都和信致远地产顾问有限责任公司与四川省南部县金利房地产开发有限公司委托合同纠纷案,最高人民法院民事判决书(2015)民一终字第226号。
② 参见周江洪:《委托合同任意解除的损害赔偿》,载《法学研究》2017年第3期。
③ 深入分析,详见周江洪:《委托合同任意解除的损害赔偿》,载《法学研究》2017年第3期;朱虎:《分合之间:民法典中的合同任意解除权》,载《中外法学》2020年第4期。
④ 参见韩世远:《合同法学》,高等教育出版社2010年版,第562页。
⑤ 参见史尚宽:《债法各论》,中国政法大学出版社2000年版,第412页。

合同不因此终止的约定,因为受托人的法定代理人可以代为处理。① 此外,在委托事务为事实行为的场合,可以作为根据委托事务的性质不宜终止的情形。②

(二)委托人死亡、丧失民事行为能力或者终止

原则上,委托人死亡、丧失民事行为能力或者终止的场合,委托合同也终止。但因委托人方面的原因,通常并不妨碍受托人对事物的处理。因此,将大多数情形归入"根据委托事务的性质不宜终止"之列,可避免不合理结果的发生。③

二、证明责任

在本条规定的情形主张委托合同不终止的当事人,应对当事人另有约定或者根据委托事务的性质不宜终止承担证明责任。

第九百三十五条 【委托终止后受托人继续处理委托事务的事由】因委托人死亡或者被宣告破产、解散,致使委托合同终止将损害委托人利益的,在委托人的继承人、遗产管理人或者清算人承受委托事务之前,受托人应当继续处理委托事务。

第九百三十六条 【委托终止后受托人的继承人等的义务】因受托人死亡、丧失民事行为能力或者被宣告破产、解散,致使委托合同终止的,受托人的继承人、遗产管理人、法定代理人或者清算人应当及时通知委托人。因委托合同终止将损害委托人利益的,在委托人作出善后处理之前,受托人的继承人、遗产管理人、法定代理人或者清算人应当采取必要措施。

第二十四章　物业服务合同

第九百三十七条 【物业服务合同定义】物业服务合同是物业服务人在物业服务区域内,为业主提供建筑物及其附属设施的维修养护、环境卫生和相关秩序的管理维护等物业服务,业主支付物业费的合同。

物业服务人包括物业服务企业和其他管理人。

第九百三十八条 【物业服务合同的内容和形式】物业服务合同的内容一般包括服务事项、服务质量、服务费用的标准和收取办法、维修资金的使

---

① 参见史尚宽:《债法各论》,中国政法大学出版社2000年版,第413页。
② 参见韩世远:《合同法学》,高等教育出版社2010年版,第562页。
③ 同上注,第563页。

用、服务用房的管理和使用、服务期限、服务交接等条款。

物业服务人公开作出的有利于业主的服务承诺,为物业服务合同的组成部分。

物业服务合同应当采用书面形式。

第九百三十九条 【物业服务合同的效力】建设单位依法与物业服务人订立的前期物业服务合同,以及业主委员会与业主大会依法选聘的物业服务人订立的物业服务合同,对业主具有法律约束力。

一、前期物业服务合同与物业服务合同

前期物业服务合同是指物业服务区域内的业主、业主大会选聘物业服务人之前,由房地产建设单位与物业服务人签订的合同。物业服务合同是指业主委员会根据业主大会的决议,与物业服务人签订的合同。① 两种合同的区别在于:第一,缔约主体不同。第二,合同内容不同。前期物业服务合同侧重于对建筑物建成初期的养护、安全保障等。第三,存在阶段、终止方式不同,详见本法第940条评注。

二、前期物业服务合同与物业服务合同的约束力

本条规定,前期物业服务合同以及物业服务合同对业主具有法律约束力:

(一)前期物业服务合同

前期物业服务合同之所以对业主有约束力,是因为业主与建设单位之间有关于受前期物业服务合同约束的合意。《物业管理条例》第25条规定:"建设单位与物业买受人签订的买卖合同应当包含前期物业服务合同约定的内容。"该条规范系对缔约内容的强制。有观点认为,在房屋买卖合同缔结的同时,建设单位与业主达成了前期物业服务合同权利义务概括移转的合意(详见本法第556条评注)。② 相反观点认为前期物业服务合同天然具有约束业主的效力。③

(二)物业服务合同

物业服务合同之所以对业主有约束力,是因为业主作为业主大会的成

---

① 参见最高人民法院民法典贯彻实施工作领导小组主编:《中华人民共和国民法典合同编理解与适用(四)》,人民法院出版社2020年版,第2566页。

② 参见奚晓明主编:《最高人民法院建筑物区分所有权、物业服务司法解释理解与适用》,人民法院出版社2007年版,第256页。

③ 参见杨立新:《物业服务合同:从无名合同到典型合同的蜕变》,载《现代法学》2020年第4期。

员，应当承受业主委员会依法定程序对外实施的法律行为之后果。

三、证明责任

业主主张物业服务合同对其不生效力的，应对业主委员会的缔约行为不符合法定程序承担证明责任。

第九百四十条　【前期物业服务合同的法定终止条件】建设单位依法与物业服务人订立的前期物业服务合同约定的服务期限届满前，业主委员会或者业主与新物业服务人订立的物业服务合同生效的，前期物业服务合同终止。

一、前期物业服务合同的法定终止情形

本条规定，即便前期物业服务合同约定的期限未届满，业主委员会或者业主与新物业服务人订立的物业服务合同生效的，前期物业服务合同终止。在解释上，应认为本条系针对前期物业服务合同规定了法定终止条件。

依据本法第284条规定，业主委员会决定自行管理建筑物及其附属设施的，前期物业服务合同亦应终止。对此，可类推适用本条。

二、法律效果

前期物业服务合同的终止，不产生溯及力。

三、证明责任

业主委员会或者业主主张未届期的前期物业服务合同终止的，应证明其与新物业服务人订立的物业服务合同已经生效。

第九百四十一条　【物业服务合同的转委托】物业服务人将物业服务区域内的部分专项服务事项委托给专业性服务组织或者其他第三人的，应当就该部分专项服务事项向业主负责。

物业服务人不得将其应当提供的全部物业服务转委托给第三人，或者将全部物业服务支解后分别转委托给第三人。

第九百四十二条　【物业服务人的给付义务】物业服务人应当按照约定和物业的使用性质，妥善维修、养护、清洁、绿化和经营管理物业服务区域内的业主共有部分，维护物业服务区域内的基本秩序，采取合理措施保护业主的人身、财产安全。

对物业服务区域内违反有关治安、环保、消防等法律法规的行为，物业服务人应当及时采取合理措施制止、向有关行政主管部门报告并协助处理。

一、物业服务人的主给付义务

本条第1款规定了物业服务人的管理义务。值得说明的是，"采取合理措施保护业主的人身、财产安全"是否意味着物业管理人负有本法第1198条规定的安全保障义务？鉴于物业服务人属于场所管理者，对此，在解释上采纳肯定说的观点占据主流。①

本条第2款规定了物业服务人对违法行为的制止、报告义务。在解释上可以认为属于保护他人之法律。

二、证明责任

业主因物业服务人违反本条规定的义务受到损害而请求赔偿的，应对物业服务人具有义务违反之事实承担证明责任。

第九百四十三条　【物业服务人的报告义务】物业服务人应当定期将服务的事项、负责人员、质量要求、收费项目、收费标准、履行情况，以及维修资金使用情况、业主共有部分的经营与收益情况等以合理方式向业主公开并向业主大会、业主委员会报告。

第九百四十四条　【业主的给付义务】业主应当按照约定向物业服务人支付物业费。物业服务人已经按照约定和有关规定提供服务的，业主不得以未接受或者无需接受相关物业服务为由拒绝支付物业费。

业主违反约定逾期不支付物业费的，物业服务人可以催告其在合理期限内支付；合理期限届满仍不支付的，物业服务人可以提起诉讼或者申请仲裁。

物业服务人不得采取停止供电、供水、供热、供燃气等方式催交物业费。

一、业主的主给付义务

本条第1款规定，物业服务合同中业主的主给付义务是"按照约定向物业服务人支付物业费"，与本法第942条规定的物业服务人的主给付义务形成对待给付关系。

物业服务合同生效后，双方当事人都负有给付义务，因此业主不得以未接受或者无需接受相关物业服务为由拒绝支付物业费。其理由与承租人不得以租赁合同生效后未使用租赁物为由拒绝支付租金相同。

根据本条第3款规定，即便业主不支付物业费，物业服务人也不得采取停止供电、供水、供热、供燃气等方式催交。理由在于，物业服务合同与供水、供电合同相互独立，物业服务人并非供水、供电合同的当事人。业主因此受有损害的，可依本法第1165条请求物业服务人承担侵权责任。

二、证明责任

物业服务人诉请业主支付物业费的，应对本条第2款规定的要件承担证

---

① 参见杨立新、陶盈：《物业服务企业安全保障义务的界限》，载《人大法律评论》2013年第2期；王利明：《论高楼抛物致人损害责任的完善》，载《法学杂志》2020年第1期。

明责任。

第九百四十五条 【业主的事先告知义务】业主装饰装修房屋的,应当事先告知物业服务人,遵守物业服务人提示的合理注意事项,并配合其进行必要的现场检查。

业主转让、出租物业专有部分、设立居住权或者依法改变共有部分用途的,应当及时将相关情况告知物业服务人。

第九百四十六条 【业主的任意解除权】业主依照法定程序共同决定解聘物业服务人的,可以解除物业服务合同。决定解聘的,应当提前六十日书面通知物业服务人,但是合同对通知期限另有约定的除外。

依据前款规定解除合同造成物业服务人损失的,除不可归责于业主的事由外,业主应当赔偿损失。

一、业主的任意解除权

本条规定了业主的任意解除权,更准确地讲,是"全体业主"依本法第278条规定的法定程序解除物业服务合同的权利。

二、法律效果

物业服务合同为继续性合同,鉴于我国不区分合同解除权与终止权,应认定物业服务合同解除后不产生溯及力,物业服务人可以请求业主支付服务期限内尚未支付的物业费。

本条第2款规定,业主行使任意解除权造成物业服务人损失的,除不可归责于业主的事由外,业主应当赔偿损失。理由在于,物业服务人为履行合同所做准备、投入为业主可以预见的损害。

三、证明责任

物业服务人依本条第2款请求业主赔偿损失的,应对损失可归责于业主承担证明责任。

第九百四十七条 【物业服务合同的续订】物业服务期限届满前,业主依法共同决定续聘的,应当与原物业服务人在合同期限届满前续订物业服务合同。

物业服务期限届满前,物业服务人不同意续聘的,应当在合同期限届满前九十日书面通知业主或者业主委员会,但是合同对通知期限另有约定的除外。

第九百四十八条 【不定期物业服务合同】物业服务期限届满后,业主没有依法作出续聘或者另聘物业服务人的决定,物业服务人继续提供物业服务的,原物业服务合同继续有效,但是服务期限为不定期。

当事人可以随时解除不定期物业服务合同,但是应当提前六十日书面通知对方。

本条第1款规定了不定期物业服务合同,其法律构造与不定期租赁合同相同,详见本法第734条评注。

不定期物业服务合同中,双方当事人都享有任意解除权。

第九百四十九条 【物业服务合同终止后原物业服务人的义务】物业服务合同终止的,原物业服务人应当在约定期限或者合理期限内退出物业服务区域,将物业服务用房、相关设施、物业服务所必需的相关资料等交还给业主委员会、决定自行管理的业主或者其指定的人,配合新物业服务人做好交接工作,并如实告知物业的使用和管理状况。

原物业服务人违反前款规定的,不得请求业主支付物业服务合同终止后的物业费;造成业主损失的,应当赔偿损失。

第九百五十条 【原物业服务人的继续管理】物业服务合同终止后,在业主或者业主大会选聘的新物业服务人或者决定自行管理的业主接管之前,原物业服务人应当继续处理物业服务事项,并可以请求业主支付该期间的物业费。

本条规定,物业服务合同终止后,在业主或者业主大会选聘的新物业服务人或者决定自行管理的业主接管之前,原物业服务人负有继续管理义务。法律规定的理由在于:第一,保护业主利益;第二,出于公平与效率的考虑。①

在原物业服务人履行继续管理义务期间,业主负有支付物业费的义务。

第二十五章　行纪合同

第九百五十一条 【行纪合同定义】**行纪合同是行纪人以自己的名义为委托人从事贸易活动,委托人支付报酬的合同。**

一、行纪合同的概念与性质

行纪合同是行纪人以自己的名义为委托人从事贸易活动,委托人支付报酬的合同。行纪合同是一种商事合同,行纪人须为经批准可以从事行纪营业

---

① 参见黄薇主编:《中华人民共和国民法典合同编释义》,法律出版社2020年版,第953页。

的法人或自然人。① 本条所称"贸易",应与德国法上的"营业"做同一理解。即行纪人以此为业。②

2　行纪合同中,行纪人负有以自己名义为委托人从事贸易活动的义务,委托人负有支付报酬的义务,二者互为对待给付,因此行纪合同为双务、有偿合同。

3　基于规范性质的不同,行纪合同与代理权是互斥的。理由在于,"行纪人以自己名义对外行为"是行纪合同的核心特征。一方面,不存在代理权授予时,行纪人以自己名义对外行为,应为至理。另一方面,若委托人在与行纪人订立行纪合同的同时授予代理权,也是真意保留。

二、当事人之间的法律关系

4　在行纪的场合应当区分三种法律关系:第一,行纪人与委托人订立的行纪合同;第二,行纪人与第三人缔结的法律行为(行纪实行行为)(详见本法第958条评注);第三,行纪人向委托人移转通过实行行为所获结果的行为(交接行为)。③

第九百五十二条 【行纪人承担费用的义务】行纪人处理委托事务支出的费用,由行纪人负担,但是当事人另有约定的除外。

一、行纪人的自费履行义务

1　本条规定,除非当事人另有约定,行纪人处理委托事务支出的费用,由行纪人负担。可见,我国法原则上采行纪人自费履行义务模式,与委托合同中受托人享有费用偿还请求权不同(详见本法第921条评注)。

二、证明责任

2　行纪人请求委托人偿还其为处理委托事务支出的费用,应对当事人就此达成合意承担证明责任。

第九百五十三条 【行纪人妥善保管委托物的义务】行纪人占有委托物的,应当妥善保管委托物。

第九百五十四条 【有瑕疵或易变质的委托物的处分】委托物交付给行纪人时有瑕疵或者容易腐烂、变质的,经委托人同意,行纪人可以处分该物;不能与委托人及时取得联系的,行纪人可以合理处分。

第九百五十五条 【行纪人依照委托人指定价格买卖的义务】行纪人低

---

① 参见崔建远主编:《合同法》(第六版),法律出版社2016年版,第452页。
② 参见王利明:《合同法分则研究(上卷)》,中国人民大学出版社2013年版,第665页。
③ 参见韩世远:《合同法学》,高等教育出版社2010年版,第567页。

于委托人指定的价格卖出或者高于委托人指定的价格买入的,应当经委托人同意;未经委托人同意,行纪人补偿其差额的,该买卖对委托人发生效力。

行纪人高于委托人指定的价格卖出或者低于委托人指定的价格买入的,可以按照约定增加报酬;没有约定或者约定不明确,依据本法第五百一十条的规定仍不能确定的,该利益属于委托人。

委托人对价格有特别指示的,行纪人不得违背该指示卖出或者买入。

一、行纪人的价格遵守义务

行纪人既然系为委托人的利益从事贸易活动,自然负有遵守委托人指示价格而交易的义务。行纪人违反价格遵守义务,低卖高买的,即非依债之本旨为给付,构成债务不履行(迟延给付)。① 原则上,委托人有权要求行纪人继续履行,并得主张同时履行抗辩权。若委托人同意行纪人低卖高买的,则无保护之必要,不可请求继续履行。

行纪人违反价格遵守义务且未经委托人同意的,依本条第 1 款规定,对委托人不发生效力。所谓"对委托人不发生效力",非谓不以委托人作为行纪实行行为的当事人(代理的法律效果),而是指委托人有权拒绝受领并追究行纪人的债务不履行责任。②

二、行纪人的差额补贴权

即便行纪人违反了价格遵守义务,但其愿意补贴差额利益的,对于委托人亦无不利,委托人不可请求行纪人继续履行。行纪人违反价格遵守义务,如其非即时补贴的,还可构成给付迟延,委托人可以请求就此所生的迟延赔偿。③

三、优惠交易的利益归属

行纪人以较指定价格更为优惠的价格买入或卖出的,原则上该利益归属于委托人。理由在于,行纪人系为委托人利益从事贸易活动,本来就应当为委托人谋求最大利益。

在优惠交易的场合,只有在当事人有明确约定时行纪人才可以请求增加报酬。有学说认为,由于行纪人没有增加报酬的请求权,因而增加报酬在法律上并非等价有偿的体现,宜认定该合意具有赠与的性质,可以适用赠与的相关规定。④

---

① 参见邱聪智:《新订债法各论(中)》,中国人民大学出版社 2006 年版,第 256 页。
② 参见韩世远:《合同法学》,高等教育出版社 2010 年版,第 572 页。
③ 参见邱聪智:《新订债法各论(中)》,中国人民大学出版社 2006 年版,第 255—256 页。
④ 参见韩世远:《合同法学》,高等教育出版社 2010 年版,第 573 页。

四、证明责任

行纪人应对取得本条规定的委托人同意承担证明责任。委托人应就行纪人违反注意义务的情事承担证明责任。

第九百五十六条 【行纪人的介入权】行纪人卖出或者买入具有市场定价的商品，除委托人有相反的意思表示外，行纪人自己可以作为买受人或者出卖人。

行纪人有前款规定情形的，仍然可以请求委托人支付报酬。

一、行纪人的介入权

（一）概念

行纪系受委托人委托而为交易行为，性质上为处理委托人事务。从委托意旨的角度看，行纪人本不得介入该交易行为而自为当事人，但行纪属于商事合同，委托人的利益若能获得保障则不必绝对禁止。① 因此，行纪人可以行使介入权，直接与委托人成立买卖合同。

（二）要件

其一，商品应具有市场定价。其目的在于防范不公平的交易损害委托人利益。若某特定物缺少可供参考的市场定价，不能成为此处交易的对象。

其二，委托人无相反的意思表示。此处"意思表示"的含义过于宽泛，既可能指当事人在行纪合同中达成了排除介入权的约定，也可能指行纪人与委托人缔结合同时委托人表示反对的意思。在后一种情形，无非委托人拒绝要约。此处"意思表示"应解释为仅指第一种情况。②

二、法律效果

行纪人行使介入权，即自己以买受人或出卖人的地位与委托人成立买卖合同。不能理解为行纪人既是出卖人又是买受人，与自己缔结买卖合同。③ 该买卖合同的缔结属于介入权行使的效果，因此介入权具有形成权的性质。④

行纪人行使介入权，在与委托人成立买卖合同的同时，也实施了行纪合同中的主给付义务，因此，仍然可以请求委托人支付报酬。

即便行纪人行使介入权，同样对委托人负有注意义务，在确定买卖合同

---

① 参见邱聪智：《新订债法各论（中）》，中国人民大学出版社2006年版，第262页。
② 参见韩世远：《合同法学》，高等教育出版社2010年版，第574页。
③ 参见[德]C. W. 卡纳里斯：《德国商法》，杨继译，法律出版社2006年版，第725页。
④ 参见邱聪智：《新订债法各论（中）》，中国人民大学出版社2006年版，第264页。

的条件时,必须最大限度地实现委托人的利益。①

三、证明责任

委托人应就当事人达成了排除介入权的约定承担证明责任。委托人应就行纪人违反注意义务的情事承担证明责任。

第九百五十七条 【行纪人对委托物的提存】行纪人按照约定买入委托物,委托人应当及时受领。经行纪人催告,委托人无正当理由拒绝受领的,行纪人依法可以提存委托物。

委托物不能卖出或者委托人撤回出卖,经行纪人催告,委托人不取回或者不处分该物的,行纪人依法可以提存委托物。

第九百五十八条 【行纪人的直接履行义务】行纪人与第三人订立合同的,行纪人对该合同直接享有权利、承担义务。

第三人不履行义务致使委托人受到损害的,行纪人应当承担赔偿责任,但是行纪人与委托人另有约定的除外。

一、行纪实行行为的效果归属规则

行纪人应以自己的名义对外实施法律行为(本法第951条),该法律行为又被称为行纪实行行为。行纪实行行为既然是行纪人以自己名义实施的,行纪人即为该行为的权利义务之承受者。

行纪实行行为既然与委托人无关,则该法律行为的相对人有债务不履行情事的,委托人对相对人无置喙余地;反之,行纪人于该法律行为有债务不履行情事的,相对人也只能对行纪人主张。同理,委托人对行纪人有债务不履行情事的,行纪人也不得以此对抗相对人。若相对人对行纪人有债务不履行情事,导致委托人受到损害,行纪人仍应负担基于行纪合同而生的债务不履行责任,但有特别约定的除外。

行纪合同不会伴随代理权的授予(详见本法第951条评注,边码3),不可能满足本法第925条、第926条的"代理关系"要件,从而无法适用上述条文。② 委托人若想取得行纪人对行纪实行行为的债权,须经行纪人以债权让与程序完成。③

在物权法上,行纪人通过实行行为的履行获得的财物归行纪人所有,此即所谓的行纪人"中间取得"。不过,应当对委托人予以必要保护。从比较

---

① 参见[德]C. W. 卡纳里斯:《德国商法》,杨继译,法律出版社2006年版,第725页。
② 参见尹田:《民事代理之显名主义及其发展》,载《清华法学》2010年第4期。
③ 参见邱聪智:《新订债法各论(中)》,中国人民大学出版社2006年版,第250页。

法看,德国法遵循如下原则:行纪人通过实行行为的履行而获得的财产虽然归行纪人所有,但只是名义上归其所有,在委托人与行纪人及其债权人的关系上,此类财产视为已经移转于委托人,从而,在行纪人陷于支付不能时,委托人享有取回权,在行纪人的债权人对此类财产予以强制执行时,委托人可以提起第三人异议之诉。① 我国《民法典》对此虽未明文规定,但应作类似处理。

二、证明责任

5 行纪人应对行纪合同当事人达成了本条第2款但书规定的合意承担证明责任。

第九百五十九条 【行纪人的报酬请求权及留置权】行纪人完成或者部分完成委托事务的,委托人应当向其支付相应的报酬。委托人逾期不支付报酬的,行纪人对委托物享有留置权,但是当事人另有约定的除外。

一、行纪人的报酬请求权

1 行纪合同中委托人的主给付义务是支付报酬。此项义务虽然于行纪合同生效时发生,但就其履行以"后付"为原则,这一点从本条第1句的规定即可得知。

2 从报酬后付原则出发,在行纪人完成委托事务前,委托人可以拒绝支付报酬。因此,原则上行纪报酬应当于委托事务全部完成后一次性支付。本条第1句还规定行纪人"部分完成委托事务","委托人应当向其支付相应的报酬"。这并不意味着行纪人可以随着事务处理的进度不断请求支付报酬,而是指作为事务处理的最终结果,行纪人只是完成部分委托事务。此时的报酬当然应当"相应"地依据比例减少。②

二、行纪人的留置权

本条第2句规定的行纪人之留置权,应具体分析:

3 在卖出行纪的场合,行纪人获得的只是相应的价款,不能成为留置的对象,故无留置权发挥作用的空间,但这并不妨碍行纪人主张抵销。只有在行纪人没有将委托物卖出的场合,如果当事人约定此时行纪人仍有报酬,则可就该物成立留置权。③ 在买入行纪的场合,行纪人自为法律行为的当事人,

---

① 参见[德]C. W. 卡纳里斯:《德国商法》,杨继译,法律出版社2006年版,第714—720页。
② 参见韩世远:《合同法学》,高等教育出版社2010年版,第575—576页。
③ 同上注,第576页。

在移转委托物于委托人之前,为委托物的所有人。① 所有人如何"留置"自己之物,不无疑问。

自立法论而言,有学说认为规定行纪人的留置权并无太大必要,不如直接规定行纪人对于买入物或委托物的拍卖提存权。② 从比较法看,《德国商法典》第 397 条规定行纪人对其占有的行纪财产享有法定质权(相当于我国法上的留置权)。按照该法典第 398 条的规定,即使行纪财产归行纪人所有,行纪人仍然可以依关于质权的规定由财产受偿其债权。学理上将行纪人的此种权利称为特别清偿权。③

第九百六十条　【行纪参照适用委托】本章没有规定的,参照适用委托合同的有关规定。

第二十六章　中介合同

第九百六十一条　【中介合同的定义】中介合同是中介人向委托人报告订立合同的机会或者提供订立合同的媒介服务,委托人支付报酬的合同。

一、中介合同的概念及性质

中介合同,原《合同法》称"居间合同",是中介人向委托人报告订立合同的机会或者提供订立合同的媒介服务,委托人支付报酬的合同。在学说上,"报告订立合同的机会"被称为"报告居间",中介人仅需报告缔约机会。"提供订立合同的媒介"被称为"媒介居间",此时,中介人受双方当事人委托,须介绍斡旋双方委托人订立合同。④

中介人并不负有主给付义务,因为法院无法强制中介人履行报告或媒介"义务",也难以将之转化为损害赔偿之债而间接地或变相地实现。⑤ 中介人只有在取得成果的情形下,才能请求报酬。因此,中介合同是单务、有偿合同。⑥

---

① 反对观点,参见其木提:《论行纪合同委托人的取回权》,载《环球法律评论》2005年第 1 期。
② 参见韩世远:《合同法学》,高等教育出版社 2010 年版,第 576 页。
③ 参见[德]C. W. 卡纳里斯:《德国商法》,杨继译,法律出版社 2006 年版,第 711 页。
④ 参见史尚宽:《债法各论》,中国政法大学出版社 2000 年版,第 462—463 页。
⑤ 参见韩世远:《合同法学》,高等教育出版社 2010 年版,第 579—582 页。反对观点,参见崔建远主编:《合同法》(第六版),法律出版社 2016 年版,第 462 页。
⑥ 参见[德]迪特尔·梅迪库斯:《德国债法分论》,杜景林、卢谌译,法律出版社 2007年版,第 354—355 页。

二、类似概念

(一)中介合同与委托合同

中介人向委托人报告订立合同的机会或者提供订立合同的媒介服务,在法律上,并非处理委托人的事务,故不同于委托合同。①

(二)中介合同与雇佣合同

中介人为报告或媒介,并非当然须遵循委托人的指示,与委托人并无选任监督关系存在;而且,若中介人未完成委托事务,并无报酬请求权,故不同于雇佣合同。②

(三)中介合同与行纪合同

中介人以媒介行为为限,并不参与合同订立。只有在获得特别授权时,中介人才能代理委托人与他人缔约。③

(四)中介合同与承揽合同

中介人须完成委托事务才能请求报酬,与承揽合同颇为类似。但中介人并不对报告或媒介负担给付义务(边码2),而承揽人负有完成、交付工作成果的给付义务。

第九百六十二条　【中介人的如实报告义务】中介人应当就有关订立合同的事项向委托人如实报告。

中介人故意隐瞒与订立合同有关的重要事实或者提供虚假情况,损害委托人利益的,不得请求支付报酬并应当承担赔偿责任。

第九百六十三条　【中介人报酬请求权】中介人促成合同成立的,委托人应当按照约定支付报酬。对中介人的报酬没有约定或者约定不明确,依据本法第五百一十条的规定仍不能确定的,根据中介人的劳务合理确定。因中介人提供订立合同的媒介服务而促成合同成立的,由该合同的当事人平均负担中介人的报酬。

中介人促成合同成立的,中介活动的费用,由中介人负担。

一、中介人的报酬请求权

中介合同中,中介人不负担主给付义务(详见本法第961条,边码2)。委托人的主给付义务是向中介人支付报酬,但该义务的履行附有停止条件:在报告居间的场合,为向委托人提供了缔约机会;在媒介居间的场合,为"中

---

① 参见邱聪智:《新订债法各论(中)》,中国人民大学出版社2006年版,第227页。
② 参见邱聪智:《新订债法各论(中)》,中国人民大学出版社2006年版,第227—228页。
③ 参见史尚宽:《债法各论》,中国政法大学出版社2000年版,第465页。

介人促成合同成立"。① 本条只对媒介居间作出了规定。

二、中介人的自费履行义务

本条第 2 款规定,中介活动的费用,由中介人负担。可见,与本法第 952 条相同,我国法原则上采中介人自费履行义务模式,但亦不妨碍当事人对此作出相反约定。

三、证明责任

中介人请求委托人履行报酬支付义务的,应对支付的停止条件已成就承担证明责任。

第九百六十四条 【中介人的必要费用请求权】中介人未促成合同成立的,不得请求支付报酬;但是,可以按照约定请求委托人支付从事中介活动支出的必要费用。

一、中介人的费用偿还请求权

中介人未完成委托事务,报酬请求权的停止条件不成就,当然不可请求支付报酬。至于中介人从事中介活动支出的必要费用,属于中介活动的正常风险,理应由中介人自行负担,故本条但书规定,只有在当事人对此有约定的情况下才能请求委托人偿还费用。本条实质修改了原《合同法》第 427 条的内容。

二、证明责任

中介人应对当事人达成了本条但书规定的合意承担证明责任。

第九百六十五条 【"跳单"时的报酬支付义务】委托人在接受中介人的服务后,利用中介人提供的交易机会或者媒介服务,绕开中介人直接订立合同的,应当向中介人支付报酬。

一、"跳单"

本条针对司法实践中引起广泛争议的"跳单"行为的法律后果作出了规定。所谓"跳单",又称"跳中介",是在中介人向委托人提供中介服务后,委托人利用中介人提供的服务,甩开中介人私下与相对人订立合同,或者另行委托其他中介人与相对人订立合同的现象。②

"跳单"不能脱离中介合同的类型进行考察(详见本法第 961 条评注,边

---

① 参见韩世远:《合同法学》,高等教育出版社 2010 年版,第 583 页。
② 参见黄薇主编:《中华人民共和国民法典合同编释义》,法律出版社 2020 年版,第 990 页。

码1）。① 在报告居间的场合，中介人报告缔约机会之后，报酬请求权即可行使，不存在"跳单"的问题。而在媒介居间，在中介人促成合同缔结之前都无法行使报酬请求权，此时就有可能出现"跳单"。

二、法律效果

本条规定，在"跳单"的场合，中介人享有对委托人的报酬请求权。关于这一规定的法理依据，学说上主要有"条件拟制说"②"委托人任意解除权说"③以及"相当因果关系说"④三种观点。其中，条件拟制说认为，委托人甩开中介人私下与相对人订立合同，或者另行委托其他中介人与相对人订立合同的，属于不当阻止报酬义务条件成就，视为条件已成就。⑤ 相当因果关系说认为，只有中介服务与委托人缔约之间存在因果关系的，中介人才享有报酬请求权。⑥ 但本书认为，条件拟制说与相当因果关系说并不矛盾，反而相辅相成。具体而言，在判断委托人是否为自己利益不当阻止条件成就时，须考察中介服务与缔约结果之间是否存在因果关系（缔约结果是否来自委托人接受中介服务后利用中介人提供的交易机会或者媒介服务），如果因果关系成立，则可以准用本法第159条的条件成就规则。⑦

三、证明责任

中介人应证明委托人实施了"跳单"行为。

第九百六十六条　【中介参照适用委托】本章没有规定的，参照适用委

---

① 参见汤文平：《从"跳单"违约到居间报酬———"指导案例1号"评释》，载《法学家》2012年第6期。
② 参见郑玉波：《民法债编各论（下）》，三民书局1981年版，第499页；林诚二：《民法债编各论（中）》，中国人民大学出版社2007年版，第220页；[德]迪特尔·梅迪库斯：《德国债法分论》，杜景林、卢谌译，法律出版社2007年版，第358页；我妻荣『民法講義V3債権各論（中卷二）』（有斐閣、1962年）第688页；明石三郎『不動産仲介契約の研究』（有斐閣、1987年）第111页；邓矜婷：《美国判例体系的建构经验——以居间合同为例》，载《华东政法大学学报》2014年第2期。
③ 参见隋彭生：《居间合同委托人的任意解除权及"跳单"——以最高人民法院〈指导案例1号〉为例》，载《江淮论坛》2012年第4期。
④ 参见税兵：《居间合同中的双边道德风险——以"跳单"现象为例》，载《法学》2011年第11期；汤文平：《从"跳单"违约到居间报酬———"指导案例1号"评释》，载《法学家》2012年第6期；周江洪：《"上海中原物业顾问有限公司诉陶德华居间合同纠纷案"评释》，载《浙江社会科学》2013年第1期；其木提：《居间报酬请求权的法理依据》，载《法学》2018年第7期。
⑤ 参见林诚二：《民法债编各论（中）》，中国人民大学出版社2007年版，第220页。
⑥ 参见其木提：《居间报酬请求权的法理依据》，载《法学》2018年第7期。
⑦ 参见[德]迪特尔·梅迪库斯：《德国债法分论》，杜景林、卢谌译，法律出版社2007年版，第358页。

托合同的有关规定。

第二十七章　合伙合同

第九百六十七条　【合伙合同的定义】合伙合同是两个以上合伙人为了共同的事业目的，订立的共享利益、共担风险的协议。

一、合伙合同的概念与性质

合伙合同是合伙人约定相互协力以实现共同事业目的的协议。所谓"共同的事业目的"，在解释上应注意如下两方面的问题：第一，所谓"事业目的"，学理上一般认为不限于营利事业，纵为非营利事业，如以宗教、学术、慈善等为目的，亦无不可。① 第二，所谓"共同"，是指事业对于全体合伙人而言具有利害关系，即合伙人应就该事业"共享利益、共担风险"（详见本法第972条、第973条评注）。② 对此，《合伙企业法》第33条第2款规定："合伙协议不得约定将全部利润分配给部分合伙人或者由部分合伙人承担全部亏损。"若当事人约定事业成果归由合伙人中之一人或数人享有，则其并非合伙合同，而仅为一种非典型合同。③ 值得注意的是，若当事人在形式上订立合伙合同而其实质目的并非取得合伙收益、承担合伙风险，而是实现固定回报的，则可能涉及通谋虚伪表示与隐藏行为的问题。④

合伙人订立合伙合同，因而负有出资义务（本法第968条）。由于"合伙人对合伙债务承担连带责任"（本法第973条），因此合伙出资财产的价值确定对合伙债权人并不重要，而仅在合伙人内部补充性地确定利润分配、亏损负担等权利义务时才有重要意义。⑤ 无论出资标的是否为金钱，在所不问。⑥

合伙合同是两个以上的合伙人订立的协议。合伙合同与《民法典》中的其他典型合同有两处明显差异：第一，合伙合同的当事人是两个以上的合伙人；第二，合伙合同不涉及给付义务的交换，具有非交换性特征。在典型的双务合同中，当事人之间的给付义务具有交换性，如在买卖合同中，买方支付价款是为了卖方的交付并转移所有权。在合伙合同中，合伙人是"为了共同的

---

① 参见黄立主编：《民法债编各论（下）》，中国政法大学出版社2003年版，第728页。
② 参见邱聪智：《新订债法各论（下）》，中国人民大学出版社2006年版，第12页。
③ 参见郑玉波：《民法债编各论（下）》，三民书局1978年版，第639页。
④ 参见高安市城市建设投资有限责任公司、华金证券股份有限公司确认合同无效纠纷案，最高人民法院民事判决书（2020）最高法民终682号。
⑤ 参见朱虎：《〈民法典〉合伙合同规范的体系基点》，载《法学》2020年第8期。
⑥ 参见史尚宽：《债法各论》，中国政法大学出版社2000年，第687页。

事业目的",是以为了全体合伙人的利益而统合给付为目的,不限于一次性的或者具体化的交换,而是针对一个动态程序中的共同目的。①

二、合伙合同的规范对象

4 合伙根据不同的区分标准,可以划分为不同类型:以是否存在稳定的营业为标准,合伙区分为民事合伙和商事合伙;以是否频繁发生对外交往为标准,合伙区分为内部合伙和外部合伙,后者以共同体形式对外与第三人发生法律关系;以是否最终形成组织为标准,合伙区分为未形成组织的合伙(合同型合伙)和形成组织的合伙(组织型合伙);在形成组织的合伙中,以是否登记为标准,又可以区分为登记的合伙和未登记的合伙。②

5 除了本法第967条以下有关合伙合同的规范之外,还有《合伙企业法》对合伙企业进行调整。《民法典》与《合伙企业法》有关合伙的规定植根于不同的规范对象:一方面,《合伙企业法》的规范对象是合伙企业。根据本法第102条规定,合伙企业属于不具有法人资格但能够依法以自己名义从事民事活动的"非法人组织",即商事的、外部的、组织型的、登记的合伙。另一方面,基于立法的合理性推定,《民法典》应当与《合伙企业法》有不同的规制重心。观察《民法典》合伙合同的规范,其与《合伙企业法》规范对象的最大区分是未形成组织的合伙和形成组织的合伙。③

6 《民法典》与《合伙企业法》以不同的规范对象作为规则制定的基点,前者针对的是组织性最弱的合同型合伙,后者针对的是组织性最强的组织型合伙。当事人可以根据不同的交易需要灵活运用两部法律的制度供给,形成表现形态各异的"中间型合伙"。在规范适用上,中间型合伙的组织性越强,就越有理由类推适用或者适用《合伙企业法》的规范;组织性越弱,就越有理由适用《民法典》中合伙合同的规范。④

第九百六十八条 【合伙人的出资义务】合伙人应当按照约定的出资方式、数额和缴付期限,履行出资义务。

---

① 参见朱虎:《〈民法典〉合伙合同规范的体系基点》,载《法学》2020年第8期。
② 参见肖海军、傅利:《合伙契约性与主体性的解构——基于民法典分则"合同法编"的视角》,载《当代法学》2018年第5期;朱虎:《〈民法典〉合伙合同规范的体系基点》,载《法学》2020年第8期。
③ 参见朱虎:《〈民法典〉合伙合同规范的体系基点》,载《法学》2020年第8期。
④ 有学者指出,不宜将《民法典》合伙合同的规范简单地认为是一般性规范,而将《合伙企业法》中关于合伙协议的规范认为是特别规范。参见严城:《民法典合同编(草案)合伙合同的成功与不足》,载《法治研究》2019年第1期;李宇:《民法典分则草案修改建议》,载《法治研究》2019年第4期。

第九百六十九条 【合伙财产】合伙人的出资、因合伙事务依法取得的收益和其他财产,属于合伙财产。

合伙合同终止前,合伙人不得请求分割合伙财产。

一、合伙财产的取得

合伙财产,是指为达到共同的事业目的所结合的财产总和。[①] 根据本条第1款规定,合伙财产的来源有二:一为"合伙人的出资",二为"因合伙事务依法取得的收益和其他财产"。

所谓"合伙人的出资",不仅包括已经履行的出资,还包括合伙对尚未履行出资义务之合伙人的出资请求权。[②] 而且,无论出资标的是否为金钱,在所不问(详见本法第967条评注,边码2)。以劳务出资,实际上是资本所有者给劳务出资者以"干股",因此,必须在全体合伙人合意的基础上确定其金额或比例(《合伙企业法》第16条)。[③]

所谓"因合伙事务依法取得的收益和其他财产",是指因执行合伙事务所得之财产及基于合伙财产所生之财产,后者如天然孳息、法定孳息及因合伙财产毁损灭失而对第三人享有的损害赔偿请求权。[④]

二、合伙财产的归属

本法第967条以下有关合伙合同的规范系以合同型合伙为规范对象(详见本法第967条评注,边码4、6),由于此种合伙不具有权利能力,故一般认为,合伙财产由全体合伙人共同共有,[⑤]适用本法第297条以下有关共同共有的规定。对于所有权之外的财产权,构成准共同共有。依本法第301条,对合伙财产的处分及权利之行使,原则上应当经全体共同共有人(合伙人)同意。而组织型合伙由于具有权利能力,因此,按照《合伙企业法》第20条的规定,"合伙人的出资、以合伙企业名义取得的收益和依法取得的其他财产,均为合伙企业的财产"。

[①] 参见黄立主编:《民法债编各论(下)》,中国政法大学出版社2003年版,第731页。
[②] 参见史尚宽:《债法各论》,中国政法大学出版社2000年版,第692页。
[③] 参见史际春:《企业和公司法》(第三版),中国人民大学出版社2013年版,第305页。
[④] 参见史尚宽:《债法各论》,中国政法大学出版社2000年版,第695页。
[⑤] 参见邱聪智:《新订债法各论(下)》,中国人民大学出版社2006年版,第731页;刘家安:《物权法论》,中国政法大学出版社2009年版,第143页;梁慧星、陈华彬:《物权法》(第五版),法律出版社2010年版,第244页。反对观点,参见尹田:《物权法》,北京大学出版社2013年版,第313—314页;戴孟勇:《论共同共有的类型及其纯化》,王洪亮等主编:《中德私法研究》第14卷,北京大学出版社2016年版,第49—51页;崔建远:《物权:规范与学说——以中国物权法的解释论为中心(上册)》,清华大学出版社2011年版,第479—480页。

在合同型合伙中,合伙人可以一致同意将合伙财产转变为按份共有,即便如此,依第 973 条,合伙人仍然要对合伙债务承担连带责任。因此,本条第 2 款并非强行性规范。但按照《合伙企业法》第 38 条、第 39 条的规定,合伙企业对其债务,应先以其全部财产进行清偿。合伙企业财产不足清偿到期债务的,各合伙人应当承担无限连带清偿责任。因此,按照《合伙企业法》第 21 条的规定,除非法律另有规定,合伙企业进行清算前,合伙人不可请求分割合伙企业的财产。

第九百七十条 【合伙事务的执行】合伙人就合伙事务作出决定的,除合伙合同另有约定外,应当经全体合伙人一致同意。

合伙事务由全体合伙人共同执行。按照合伙合同的约定或者全体合伙人的决定,可以委托一个或者数个合伙人执行合伙事务;其他合伙人不再执行合伙事务,但是有权监督执行情况。

合伙人分别执行合伙事务的,执行事务合伙人可以对其他合伙人执行的事务提出异议;提出异议后,其他合伙人应当暂停该项事务的执行。

一、合伙之决议

合伙人就合伙事务作出决定,依本条第 1 款,原则上应当经全体合伙人一致同意。这意味着本条第 1 款规定的默认规则是:第一,合伙人一人一票;第二,合伙决议的作出,应当经合伙人一致同意。但当事人也可以在合伙合同中就合伙之决议作出不同约定,例如约定采用多数表决权或约定以多数决的方式作出决议。

二、合伙事务的执行

(一)合伙事务执行的方法

1. 全体共同执行

本条第 2 款第 1 句规定,合伙事务由全体合伙人共同执行,即全体合伙人都有事务执行权。所谓"共同执行",是指事务执行的方法应共同决定,而事务执行本身并不需要共同为之。[1]

本条第 3 款规定,"合伙人分别执行合伙事务的,执行事务合伙人可以对其他合伙人执行的事务提出异议",赋予了执行事务合伙人以异议权。此异议权行使的效果为"其他合伙人应当暂停该项事务的执行",即受领异议表示后,其他合伙人就是否继续执行不享有裁量权。[2] 遇有异议,合伙人仍不

---

[1] 参见黄立主编:《民法债编各论(下)》,中国政法大学出版社 2003 年版,第 738 页。
[2] 同上注,第 738 页。

停止执行的,应负赔偿责任。① 合伙人之一行使了异议权但受到其他合伙人反对的,如何处理？如果因此发生争议,则按照《合伙企业法》第 29 条第 1 款第 3 句结合第 30 条的规定,由全体合伙人以表决的方式作出决定。

2. 其他执行方法

本条第 2 款第 2 句第 1 分句规定,按照合伙合同的约定或者全体合伙人的决定,可以委托一个或者数个合伙人执行合伙事务。当事人如此约定后,"其他合伙人不再执行合伙事务",即其他合伙人丧失事务执行权。

无事务执行权的合伙人"有权监督执行情况",即可以随时检查合伙事务及其财产状况,并有权查阅账簿。②

(二)合伙事务执行与外部关系

合伙事务的执行可能涉及第三人,如合伙人与第三人缔结法律行为或对第三人为准法律行为。由于合伙不具有权利能力,故合伙人依约定或决议有执行合伙事务之权限时,于该权限内代理全体合伙人。③

若其他具有事务执行权的合伙人依本条第 3 款提出异议,可能产生不同的法律效果：第一,在法律行为缔结前,"其他合伙人应当暂停该项事务的执行",即立刻中断缔约。就可能产生的缔约过失责任,鉴于执行事务的合伙人系代理全体合伙人与第三人进入先合同债务关系,因此全体合伙人应对执行事务的合伙人之缔约过失负责。第二,若当事人已经缔结预约或本约,鉴于异议应于事务结束前为之,④解释上应认为其他具有事务执行权的合伙人对于法律行为的缔结不再享有拒绝权。又因拒绝权的行使不排除合同的履行责任,因此,其他具有事务执行权的合伙人对于合同的履行亦无拒绝权。

(三)执行事务合伙人与合伙之间的关系

合伙并非法人,因此执行事务合伙人与合伙之间并不存在法律关系。然而,执行事务合伙人系在全体合伙人之同意下为事务执行,本质上是全体合伙人委托执行事务合伙人执行事务。⑤ 因此,全体合伙人与执行事务合伙人之间应适用本法有关委托合同的法律规范。

三、证明责任

合伙人主张其有多数表决权的,应负证明责任。⑥ 合伙人分别执行合伙

---

① 参见史尚宽：《债法各论》,中国政法大学出版社 2000 年版,第 712 页。
② 参见黄立主编：《民法债编各论(下)》,中国政法大学出版社 2003 年版,第 738 页。
③ 参见朱虎：《〈民法典〉合伙合同规范的体系基点》,载《法学》2020 年第 8 期。
④ 参见史尚宽：《债法各论》,中国政法大学出版社 2000 年版,第 712 页。
⑤ 参见郑玉波：《民法债编各论(下)》,三民书局 1978 年版,第 667 页。
⑥ 参见邱聪智：《新订债法各论(下)》,中国人民大学出版社 2006 年版,第 40 页。

事务的,执行事务合伙人应就异议权的行使承担证明责任。

第九百七十一条 【执行合伙事务的报酬】合伙人不得因执行合伙事务而请求支付报酬,但是合伙合同另有约定的除外。

第九百七十二条 【合伙的利润分配与亏损分担】合伙的利润分配和亏损分担,按照合伙合同的约定办理;合伙合同没有约定或者约定不明确的,由合伙人协商决定;协商不成的,由合伙人按照实缴出资比例分配、分担;无法确定出资比例的,由合伙人平均分配、分担。

一、合伙财产的损益分配

(一)损益分配的比例

1　本条规定,合伙的利润分配和亏损分担之比例,依如下标准确定:第一,以合伙合同的约定为首要标准;第二,合伙合同没有约定或者约定不明确的,通过协商确定;第三,协商不成的,按照合伙人实缴出资比例确定;第四,无法确定出资比例的,平均分配、分担。本书认为,以实缴出资比例分配利润固然有其理由(《公司法》第34条),但以之作为亏损分担的标准则可能引发道德危机:合伙人为避免分担过多亏损,极有可能不实缴或少实缴出资。如此一来,不仅不利于合伙事务的开展,还有对预先实缴出资之合伙人不公之嫌。

(二)损益分配的方法

2　原则上,损益分配的方法应以现金为之。①

二、证明责任

3　主张损益分配的合伙人应对比例确定之方法、损益分配之方法、损益分配之时间承担证明责任。

第九百七十三条 【合伙人的连带责任及追偿权】合伙人对合伙债务承担连带责任。清偿合伙债务超过自己应当承担份额的合伙人,有权向其他合伙人追偿。

一、合伙人责任

(一)概说

1　本条第1句规定,对于合同型合伙,合伙人对合伙债务承担连带责任。理由在于,此种合伙不具有权利能力,合伙本身并无任何财产,合伙财产由全体合伙人共同共有(详见本法第969条评注,边码4)。与此不同,《合伙企业法》第38条规定:"合伙企业对其债务,应先以其全部财产进行清偿。"理由

---

① 参见黄立主编:《民法债编各论(下)》,中国政法大学出版社2003年版,第736页。

在于,合伙企业为本法第 102 条规定的非法人组织,具有权利能力,非法人组织的财产不足以清偿债务的,其出资人或者设立人承担无限责任(本法第 104 条)。因此,对于组织型合伙而言,合伙人的责任具有后位补充的性质,学理上称为连带的补充责任。[1]

(二)责任主体

1. 合伙人未变更

合伙人未变更是指合伙债务发生时,合伙并未发生入伙、退伙的情事。此时,责任主体就是合伙合同的当事人。根据本条第 1 句规定,合伙人对合伙债务承担连带责任

2. 新合伙人入伙

新合伙人入伙,是否应对入伙前的合伙债务承担责任,《民法典》本身并无规定。对此,《合伙企业法》第 44 条第 2 款规定:"新合伙人对入伙前合伙企业的债务承担无限连带责任。"对于合同型合伙,应采同一解释。

3. 合伙人退伙

合伙人退伙,是否应对退伙前的合伙债务承担责任,《民法典》本身亦无规定。对此,《合伙企业法》第 53 条规定:"退伙人对基于其退伙前的原因发生的合伙企业债务,承担无限连带责任。"在合同型合伙的场合,亦为同理。理由在于,全体合伙人为合伙债务的债务人(本条第 1 句),债务人之一的合伙人依合伙人的内部关系退伙,就其与债权人的关系而言,并不免除债务,除非经债权人同意。

二、合伙人的追偿权

(一)合伙人未变更

合伙人未变更的场合,合伙人对合伙债务承担连带责任,自应适用本法有关连带责任(第 178 条)、连带债务(第 518 条)的法律规范。本条第 2 句规定,"清偿合伙债务超过自己应当承担份额的合伙人,有权向其他合伙人追偿",此为连带责任的至理。

如何确定合伙人的责任份额,解释上有两种选择:第一,依本法第 178 条第 2 款、第 519 条第 1 款,采纳平均分担原则;第二,依本法第 972 条确定责任份额。本书认为,宜采用上述第二种方法,理由在于,本法第 972 条虽以确定合伙人损益分配之依据为立法意旨,但隐含的立法政策却是合理权衡合伙人之间的共同利害关系,自然有作为责任份额确定依据的理由。

---

[1] 参见邱聪智:《新订债法各论(下)》,中国人民大学出版社 2006 年版,第 67 页。

（二）新合伙人入伙

7　新合伙人入伙，应对入伙前的合伙债务承担连带责任。追偿权的行使与一般规则无异。

（三）合伙人退伙

8　合伙人退伙，亦应对退伙前的合伙债务承担连带责任。但根据《合伙企业法》第51条规定，退伙须经结算，结算后，退伙人与合伙就不再有任何经济上、法律上的关系。在退伙人与其他合伙人的关系上，宜认为后者才是最终的责任承担主体，否则其他合伙人就有双重受益之嫌。因此，二者属于不真正连带责任的关系。①

三、证明责任

9　合伙人行使追偿权的，应对清偿合伙债务超过自己应当承担的份额承担证明责任。

第九百七十四条　【合伙人转让其份额】除合伙合同另有约定外，合伙人向合伙人以外的人转让其全部或者部分财产份额的，须经其他合伙人一致同意。

一、合伙人财产份额转让规则

1　本条所谓"财产份额"应解释为合伙人对合伙事业的参与份额（合伙份额），而非对各具体财产的共有份额，因为各具体财产由全体合伙人共同共有，并无份额之分。甚至也不能说合伙份额是合伙人对抽象的合伙"总财产"享有的份额，因为合伙份额不仅指合伙人对合伙"总财产"的参与份额，在某些合伙中仅有少量财产而且财产仅处于次要地位。实际上，合伙份额包含了共同执行合伙事务、利润分配、剩余财产分配等自益和共益的权利以及亏损分担等义务，是具有复合性的权利义务综合体，类似于公司中的股权或者股份。合伙份额作为合伙人地位或者资格的一部分，因与后者密不可分而不可单独处分。② 因此，合伙份额转让即意味着合伙人地位或者资格的变更。

（一）合伙人对外转让合伙份额

2　合伙人对外转让合伙份额，即意味着可能同时发生退伙及入伙的现象。由于合伙合同高度重视合伙人之间的信赖关系，故除非另有约定，合伙人对外转让份额，须经其他合伙人一致同意。③

---

①　参见邱聪智：《新订债法各论（下）》，中国人民大学出版社2006年版，第74页。
②　参见朱虎：《〈民法典〉合伙合同规范的体系基点》，载《法学》2020年第8期。
③　组织型合伙亦为同理，参见《合伙企业法》第23条。

《合伙企业法》第 23 条规定了合伙份额对外转让时其他合伙人的优先购买权,而《民法典》并未规定此种优先购买权。基于相同的法政策理由,有必要认可合伙人的优先购买权。① 对此,可类推适用《合伙企业法》第 23 条。

(二)合伙人对内转让财产份额

合伙人对内转让财产份额,不涉及第三人加入合伙,并无维护合伙人之间信赖关系的问题。因此,合伙人对内转让财产份额原则上并无限制。

二、证明责任

对外转让财产份额的合伙人应对按照约定或法律规定取得其他合伙人的同意承担证明责任。

第九百七十五条 【合伙人债权人代位权的限制】合伙人的债权人不得代位行使合伙人依照本章规定和合伙合同享有的权利,但是合伙人享有的利益分配请求权除外。

第九百七十六条 【合伙期限】合伙人对合伙期限没有约定或者约定不明确,依据本法第五百一十条的规定仍不能确定的,视为不定期合伙。

合伙期限届满,合伙人继续执行合伙事务,其他合伙人没有提出异议的,原合伙合同继续有效,但是合伙期限为不定期。

合伙人可以随时解除不定期合伙合同,但是应当在合理期限之前通知其他合伙人。

一、不定期合伙

不定期合伙,是指合伙人对合伙期限没有约定或者约定不明确,经合同解释仍不能确定的合伙合同。

不定期合伙中,各合伙人都享有解除权,可以随时解除合伙合同。但解除权的行使,以履行通知义务为必要。

二、合伙合同的默示续期

本条第 2 款规定了合伙合同的默示续期,其要件有三:第一,合伙合同定有期限;第二,合伙期限届满;第三,合伙人继续执行合伙事务,其他合伙人没有提出异议,前者为积极可推断的意思表示,后者为消极可推断的意思表示,即沉默意思表示(本法第 140 条第 2 款)。其中,要件三最为重要,应注意如下两个问题:第一,所谓"合伙人继续执行合伙事务",应指执行本法第 967

---

① 参见戴孟勇:《论〈民法典合同编(草案)〉中法定优先购买权的取舍》,载《东方法学》2018 年第 4 期;严城:《民法典合同编(草案)合伙合同的成功与不足》,载《法治研究》2019 年第 1 期。

条规定的"共同的事业目的"。第二,合伙人之一提出异议,宜认为对该合伙人发生退伙的效力,并无必要解释为合伙合同终止。①

4　合伙合同默示续期的法律效果为"原合伙合同继续有效,但是合伙期限为不定期",即原本的定期合伙合同并不终止,而是转变为具有同一性的不定期合伙合同(见边码2)。

5　合伙合同的默示续期与租赁合同的默示续期类似,具体问题可参照本法第734条评注。

三、证明责任

6　不定期合伙,合伙人主张合伙已经终止的,应对解除权的行使承担证明责任。定期合伙,合伙人不同意合伙合同默示续期的,应对其已经提出异议承担证明责任。

第九百七十七条　【合伙合同终止】合伙人死亡、丧失民事行为能力或者终止的,合伙合同终止;但是,合伙合同另有约定或者根据合伙事务的性质不宜终止的除外。

一、合伙合同的终止

1　在合同型合伙中,合伙人之间的信赖关系极为重要,合伙人死亡、丧失民事行为能力或者终止,往往导致共同的事业目的无法达成。因此,在发生此种情事时,原则上合伙合同终止。至于本条但书的解释,详见本法第934条评注,边码2。

2　在形成组织的合伙中,存在组织的信用,能够以组织信用吸收人的信用,组织内部的人员变动不影响组织本身的同一性。② 因此,《合伙企业法》第48条规定,合伙人死亡、丧失民事行为能力或者终止的,该合伙人退伙,合伙合同并不当然终止。

二、证明责任

3　合伙人死亡、丧失民事行为能力或者终止的场合,主张合伙合同不终止之人应对合伙合同另有约定或者根据合伙事务的性质不宜终止承担证明责任。

第九百七十八条　【合伙剩余财产分配顺序】合伙合同终止后,合伙财产在支付因终止而产生的费用以及清偿合伙债务后有剩余的,依据本法第九百七十二条的规定进行分配。

---

① 参见邱聪智:《新订债法各论(下)》,中国人民大学出版社2006年版,第80页。
② 参见朱虎:《〈民法典〉合伙合同规范的体系基点》,载《法学》2020年第8期。

一、合伙剩余财产的分配

合伙合同终止,涉及合伙财产的清算。合伙财产在支付因终止而产生的费用以及清偿合伙债务后有剩余的,首先应当返还合伙人的出资,①在此之后,若还有剩余,则依据本法第 972 条的规定进行分配。本条规定清偿合伙债务后的剩余财产直接依据本法第 972 条的利润分配规则进行分配,显然不妥,因为清偿合伙债务后的剩余财产需扣除掉合伙人出资后才构成合伙利润。就此而言,在解释上,应当对本条进行漏洞填补。至于组织型合伙,在法律上属于非法人组织的范畴,《合伙企业法》第 85 条以下设置了更为严格的规则。

二、证明责任

合伙人请求分配剩余财产,应证明:第一,合伙财产在支付因终止而产生的费用、清偿合伙债务以及返还出资后仍有剩余;第二,依本法第 972 条确定的分配之比例。

第三分编 准合同

第二十八章 无因管理

第九百七十九条 【真正无因管理】管理人没有法定的或者约定的义务,为避免他人利益受损失而管理他人事务的,可以请求受益人偿还因管理事务而支出的必要费用;管理人因管理事务受到损失的,可以请求受益人给予适当补偿。

管理事务不符合受益人真实意思的,管理人不享有前款规定的权利;但是,受益人的真实意思违反法律或者违背公序良俗的除外。

一、无因管理的类型

一般认为,无因管理,依据如下标准,可以划分为不同类型:

根据管理人是否有为他人管理事务的意思,可以划分为真正无因管理与不真正无因管理。② 本条第 1 款规定,"管理人没有法定的或者约定的义务,为避免他人利益受损失而管理他人事务",即为真正无因管理。至于不真正无因管理(unechte GoA),如其概念名称所示,并不构成规范意义上的无因管理。但在特定情形,出于法政策考量,法律将原本不构成无因管理的事实行为所创设之法律关系纳入无因管理的法律规范进行调整(详见本法第 980 条

---

① 参见黄立主编:《民法债编各论(下)》,中国政法大学出版社 2003 年版,第 757 页。
② 参见王泽鉴:《债法原理》(第二版),北京大学出版社 2013 年版,第 309—310 页。

评注)。学说上为了将这些情形统一讨论并加以区分,所以创设了"真正无因管理"与"不真正无因管理"的概念。若未特别说明,下文使用的"无因管理",均指"真正无因管理"。

2　　如果管理人有为他人管理事务的意思,则进一步根据其承担事务管理是否符合受益人的真实意思,可以划分为正当(适法)无因管理(berechtigte GoA)与不当(不适法)无因管理(unberechtigte GoA)。① 原则上,没有法定的或者约定的义务而为他人管理事务,属于介入他人社会生活领域之侵权行为。正当(适法)与否,本质上是在判断管理人的行为是否具备违法阻却事由。② 而正当(适法)的评价对象,则为管理事务的承担,而非管理事务的实施(第 981 条)。③ 本条第 1 款、第 2 款规定的正当无因管理与不当无因管理,在满足无因管理的构成要件之基础上,依据事务管理是否符合受益人的真实意思,在法律效果上作了区别对待。

二、无因管理的构成要件

(一)无因管理的一般构成要件

1. 没有法律上的义务

3　　无因管理的定语"无因",是指管理人管理他人事务"没有法定的或者约定的义务"。所谓法定的义务,如基于身份关系、公法规范产生的管理义务。所谓约定的义务,即为基于各种合同关系所生的管理义务。如果管理人是基于法律上的义务而进行事务管理,则排除无因管理的成立。应当注意的是,从比较法看,德国法原理认为无因管理是未受委托或者未获其他赋权(sonstige Berechtigung)而管理他人事务,④不仅强调管理义务,亦强调管理权利。此种无因管理的定义更为全面,可以将情谊行为之类的行为排除在无因管理范畴之外。在情谊行为中,施惠者符合"没有法定的或者约定的义务"之要件,但因其介入受益人的事务已经获得受益人的同意,所以不符合"未获其他赋权"之要件,不构成无因管理⑤。

2. 事务管理

4　　无因管理中的"事务管理"的含义,与本法第 919 条委托合同中的"事务处理"的含义大体相当(详见本法第 919 条评注,边码 1、2)。

---

① 参见王泽鉴:《债法原理》(第二版),北京大学出版社 2013 年版,第 313 页。
② 同上注,第 312 页。
③ 参见易军:《中国法上无因管理制度的基本体系结构》,载《政法论坛》2020 年第 5 期。
④ Vgl. Medicus/Lorenz, Schuldrecht BT. , 18. Aufl. ,2019, S. 401.
⑤ 参见杨代雄:《法律行为论》,北京大学出版社 2021 年版,第 52 页。

3. 事务的他人性

无因管理以管理他人事务,并知悉其为他人事物为前提。[①] 具有说明必要的有如下问题:第一,管理人不知晓他人的身份,不妨碍无因管理的成立。[②] 第二,就他人的身份,管理人发生错误的,真正的受益人因事务管理而享有权利和负担义务。[③] 第三,误认自己事务为他人事务,不满足事务的他人性要件,不构成无因管理。第四,管理事务兼为自己利益的,如乙的房屋发生火灾,邻居甲为防止自有房屋被烧毁,遂参加灭火,通说认为,为他人的意思与为自己的意思可以并存,所以该情形不妨碍无因管理的成立。[④]

4. 为他人管理事务的意思

管理人的管理意思,以将管理行为事实上所生的利益,归属于他人为已足。[⑤] 需要说明的,有如下两点:第一,若行为人误认为自己有法律上的义务而管理他人事物,但实际上并不负有此种义务(如履行一个无效的合同),不构成无因管理。理由在于,行为人通常想要履行的只是自己可能的义务,不具有为他人管理的意思。[⑥] 第二,所谓管理意思,并非法律行为中的效果意思,因此不具有行为能力之人同样可以实施无因管理行为。[⑦]

管理意思并不指向某种法律效果,因此不以表示于外为必要。[⑧] 但考虑到管理意思系无因管理的构成要件,其表示仍然具有证据的功能。[⑨] 一般认为,管理人是否具有管理意思的判断标准,依事物的性质而有别:第一,在"客观他人事务"的场合,即通过事务的客观特性就可以决定其权利归属时

---

① 参见黄立:《民法债编总论》,中国政法大学出版社2002年版,第172页。
② 原《诉讼时效制度解释》第7条第1款规定:"管理人因无因管理行为产生的给付必要管理费用、赔偿损失请求权的诉讼时效期间,从无因管理行为结束并且管理人知道或者应当知道本人之日起计算。"从该条款反推可知,无因管理不以管理人知晓他人之身份为必要。
③ 参见《德国民法典》第686条。
④ 参见王泽鉴:《债法原理》(第二版),北京大学出版社2013年版,第316页;赵某某、李某某与刘某某无因管理纠纷案,湖南省郴州市中级人民法院民事判决书(2018)湘10民终2390号;宁波市鄞州润兴服饰有限责任公司与郑某某无因管理纠纷案,浙江省宁波市中级人民法院民事判决书(2009)浙甬商终字第1054号。
⑤ 参见郑玉波:《民法债编总论》,中国政法大学出版社2004年版,第76页;赫某某等无因管理纠纷案,北京市高级人民法院民事裁定书(2017)京民申311号;聂某某、聂惠某无因管理纠纷案,天津市高级人民法院民事裁定书(2015)津高民申字第1012号。
⑥ 参见王泽鉴:《债法原理》(第二版),北京大学出版社2013年版,第318页。
⑦ 参见郑冠宇:《民法债编总论》,新学林出版股份有限公司2019年版,第449页。
⑧ 参见史尚宽:《债法总论》,中国政法大学出版社2000年版,第58页。
⑨ 参见黄茂荣:《债法通则之四:无因管理与不当得利》,厦门大学出版社2014年版,第10页。

(如地震之后修复他人房屋的承重梁),通常可以直接推定管理人存在管理意思。第二,在"客观中性事务"场合,即无法依据法律上的权利归属判断事务的所属时(如地震之后为修复他人房屋的承重梁而与第三人订立购买建筑材料的合同),管理人应对管理意思的存在承担证明责任。[①] 在后一场合,管理意思的存在会使得一项客观中性事务转化为主观他人事务,从而成立无因管理。[②]

(二)无因管理的特别构成要件

8　无因管理,并不具备统一的法律效果(见边码2)。[③] 具体个案中,究竟成立本条第1款规定的正当无因管理抑或构成本条第2款规定的不当无因管理,关键在于"管理事务是否符合受益人真实意思"。所谓受益人(本人)的意思,与管理人的管理意思相同,不属于效果意思,无须表示即可形成。[④]

9　受益人的意思,包含明示的意思以及可得推知的意思。所谓明示的意思,是指受益人事实上已表示的意思,如落水之人高呼救命。管理人是否知悉受益人所表示的意思,在所不问。[⑤] 所谓受益人可得推知的意思,是指依管理事务在客观上加以判断的受益人意思,如见邻居之瓦斯漏气,全家中毒,破门而入,从事救助,符合受益人可得推知的意思。[⑥] 受益人以管理行为不符合自己真实意思为由进行抗辩的,法院就必须审查是否存在本人真实意思。[⑦]

10　若管理符合受益人的意思,依本条第1款规定,成立正当无因管理;反之,则依本条第2款规定,成立不正当无因管理。需要注意的是,本条第2款但书规定,在"受益人的真实意思违反法律或者违背公序良俗"的场合,即便

---

① 参见[德]迪特尔·梅迪库斯:《德国债法分论》,杜景林、卢谌译,法律出版社2007年版,第501—504页。
② 参见郑玉波:《民法债编总论》,中国政法大学出版社2004年版,第75页。
③ 参见[德]迪特尔·梅迪库斯:《德国债法分论》,杜景林、卢谌译,法律出版社2007年版,第506页。
④ 参见昝强龙:《无因管理中的本人意思》,载《西南政法大学学报》2019年第3期;昝强龙:《无因管理中管理意思的认定》,载《法学》2021年第2期。
⑤ 王泽鉴:《债法原理》(第二版),北京大学出版社2013年版,第320页。
⑥ 同上注,第320页。
⑦ 参见济南旅顺旅游汽车有限公司与青州市人民政府等无因管理纠纷案,山东省济南市中级人民法院民事判决书(2017)鲁01民终4057号;张某、张某强无因管理纠纷案,河北省高级人民法院民事裁定书(2017)冀民申3910号;东丰县聚赢粮食储备有限责任公司与东丰县杨木林镇人民政府无因管理纠纷案,吉林省辽源市中级人民法院民事判决书(2017)吉04民终888号。

管理不符合受益人的意思,也成立正当无因管理,①这是出于维护法秩序与公序良俗的需要对受益人的真实意思所为之修正。

在比较法上,常与受益人的意思一并讨论的,还有"受益人的利益"。值得说明者有二:第一,一般认为,在私法自治原则下,受益人的意思相较于受益人的利益具有优越地位,即便受益人的意思有悖于其客观利益,也应获得尊重。② 第二,通说认为,"受益人的利益"并不指向事务管理的结果。易言之,管理人不担保管理的结果,而由受益人承担其危险性。③ 在这个意义上,本条并未将受益人的利益规定为正当无因管理的构成要件之一,既尊重受益人的意思决定,又避免滋生解释疑义,应值赞同。④

三、法律效果

(一)正当无因管理

1. 违法阻却

正当无因管理的成立排除管理人行为的违法性(见边码2)。例如,为救人性命,而损伤其衣服或身体,为修理他人房屋而侵害其所有权时,不成立侵权行为。⑤

2. 债的发生

依本法第118条第2款规定,无因管理这一事实行为是法定的债之发生原因,在当事人之间创设债务关系。而且,在法律实质上,正当无因管理中受益人与管理人的关系基本等同于无偿委托合同中委托人与受托人的关系。⑥因此,将二者的法律效果进行统合具有正当性。⑦

---

① 参见纪某某、杨某某等与福建省妇幼保健院无因管理纠纷案,福建省高级人民法院民事裁定书(2014)闽民申字第1019号;东莞市广华房地产开发有限公司与东莞市莞城街道办事处无因管理纠纷案,广东省东莞市中级人民法院民事裁定书(2013)东中法民一终字第1131号;昆明飞安航空训练有限公司与丁某无因管理纠纷案,云南省昆明市中级人民法院民事判决书(2014)昆民二终字第1120号;宁波市鄞州润兴服饰有限责任公司与郑某某无因管理纠纷案,浙江省宁波市中级人民法院民事判决书(2009)浙甬商终字第1054号。
② 参见[德]迪特尔·梅迪库斯:《德国债法分论》,杜景林、卢谌译,法律出版社2007年版,第506页。
③ 参见王泽鉴:《债法原理》(第二版),北京大学出版社2013年版,第326页。
④ 参见黄薇主编:《中华人民共和国民法典合同编释义》,法律出版社2020年版,第1033页。
⑤ 参见史尚宽:《债法总论》,中国政法大学出版社2000年版,第63页。
⑥ 参见[德]迪特尔·梅迪库斯:《德国债法分论》,杜景林、卢谌译,法律出版社2007年版,第508页。
⑦ 参见易军:《论中国法上"无因管理制度"与"委托合同制度"的体系关联》,载《法学评论》2020年第6期。

3. 管理人的权利——受益人的义务

（1）费用偿还请求权

详见本法第921条评注，边码3。

（2）负债清偿请求权

通说认为，管理人对受益人享有负债清偿请求权。① 但是，由于本条并未如我国台湾地区"民法"第176条、《日本民法典》第702条直接规定管理人对受益人的负债清偿请求权，在解释上就有必要将此种请求权纳入本条规定的费用偿还请求权的调整范围。例如，甲为乙管理事务，以自己名义与第三人丙缔结合同，负担债务。乙可以通过代为清偿或免责的债务承担使甲摆脱债务，②而在乙不愿实施上述行为或丙不同意免责的债务承担之场合，甲可通过负债清偿请求权（在我国则为费用偿还请求权）要求乙直接向丙为给付。

（3）损害赔偿请求权

详见本法第183条评注、第930条评注。

4. 管理人的义务——受益人的权利

（1）管理人的主给付义务

见本法第981条。管理人管理他人事务，未采取"有利于受益人的方法"的，应承担损害赔偿责任。此赔偿责任，性质上属于过错责任。就责任标准而言，通说认为管理人应负善良管理人的注意义务，即就抽象轻过失负责。③ 但考虑到正当无因管理与无偿委托合同的相似性，有必要减轻管理人的注意义务，使其仅就故意或者重大过失造成的损害负责（详见本法第929条评注）。④

（2）管理人的从给付义务

见本法第982条、第983条。

---

① 参见王利明：《债法总则研究》，中国人民大学出版社2015年版，第551页。

② 同上注。

③ 参见邱聪智：《新订民法债编通则（上）》，中国人民大学出版社2003年版，第60页；王利明：《债法总则研究》，中国人民大学出版社2015年版，第546页；吉林松元牧业有限公司、延边大学、长春科技学院、国网吉林龙井市供电公司供用电合同纠纷案，吉林省延边朝鲜族自治州中级人民法院民事判决书（2016）吉24民终1842号；四川丽景环境工程有限公司、成都石羊运业有限责任公司石羊客运站、成都石羊运业有限责任公司等追偿权纠纷案，四川省成都市中级人民法院民事判决书（2018）川01民终11100号；闫某邦、闫某柱无因管理纠纷案，河北省承德市中级人民法院民事判决书（2018）冀08民终919号。

④ 参见金可可：《〈民法典〉无因管理规定的解释论方案》，载《法学》2020年第8期。反对观点，参见易军：《论中国法上"无因管理制度"与"委托合同制度"的体系关联》，载《法学评论》2020年第6期。

(二)不当无因管理

1. 管理行为的违法性

管理行为不符合受益人的真实意思的,不具有违法阻却效力,适用侵权行为的规定。① 例如,甲嘱咐乙,在其出行期间不要过问农场一切事务,嗣后乙见农场种植蔬菜已经成熟,遂采摘售卖。乙的行为不符合甲明示的意思,构成侵权行为。

2. 不产生无因管理之债

依本条第2款规定,"管理事务不符合受益人真实意思的,管理人不享有前款规定的权利",即管理人不得"请求受益人偿还因管理事务而支出的必要费用",且管理人因管理事务受到损失的,不可请求受益人给予适当补偿。但问题是,管理人是否仍然负有本法第981条至第983条规定的义务? 在比较法上,一般认为不当无因管理并不在管理人与受益人之间创设无因管理的债关系,因此管理人不负有类似于本法第981条规定的主给付义务。② 这是因为,在不当无因管理的场合,管理人的行为不具有违法阻却效力(见边码19),属于不法介入他人事务,自然不得进行管理,在规范上排除了本法第981条以下的适用。管理人的行为,在性质上更接近于侵权行为,应当考虑以侵权行为的法律规范调整当事人之间的法律关系,③至于当事人之间产生的损益变动,依不当得利的法律规范进行处理即为已足。④ 总而言之,在解释上认为不当无因管理不产生无因管理之债是较为妥当的。⑤

四、证明责任

管理人应对无因管理的构成要件承担证明责任,但管理意思的证明责任参见边码7。

第九百八十条 【不真正无因管理】管理人管理事务不属于前条规定的情形,但是受益人享有管理利益的,受益人应当在其获得的利益范围内向管理人承担前条第一款规定的义务。

一、适用范围

鉴于本法第979条第1款、第2款分别规范了真正无因管理中的正当无

---

① 参见王泽鉴:《债法原理》(第二版),北京大学出版社2013年版,第329页。
② 参见叶知年:《无因管理制度研究》,法律出版社2015年版,第112页。
③ 参见王道发:《论侵权责任法与无因管理之债的界分与协调——兼评〈侵权责任法〉第23条》,载《法制与社会发展》2017年第2期。
④ 参见王泽鉴:《债法原理》(第二版),北京大学出版社2013年版,第328—329页。
⑤ 反对观点,参见金可可:《〈民法典〉无因管理规定的解释论方案》,载《法学》2020年第8期。不同观点的总结,参见邱聪智:《新订民法债编通则(上)》,中国人民大学出版社2003年版,第59页。

因管理与不当无因管理(详见本法第 979 条评注,边码 1、2),故"管理人管理事务不属于前条规定的情形",是指管理人非以为他人管理事务的意思而介入他人事务的情况,学说上称为不真正无因管理。① 不真正无因管理主要包含两种类型:第一,不法管理,即行为人明知系他人事务而当作自己事务进行管理。例如,甲随意采摘邻居乙种植的蔬果于市场贩卖。第二,误信管理,即行为人误将他人事务当作自己事务进行管理。例如,甲误以为乙所有的 A 车为自己继承的财产,出售予丙。

二、法律效果

不真正无因管理,并不构成规范意义上的无因管理(详见本法第 979 条评注,边码 1),不产生无因管理之债,当事人之间的法律关系,应以侵权行为、不当得利的规定进行调整。② 例如,在上述不法管理之例,乙可要求甲赔偿其丧失蔬果所有权所受之损害或要求甲返还贩卖蔬果所取得的利益。

在不真正无因管理所涉案型中,被害人可依侵权行为的规定行使权利,然而依侵权行为之规定,只能请求损害赔偿;依不当得利亦只能以所受损害为最高限度。③ 例如,甲明知市价为 100 万元的 A 车为乙所有,通过高超的营销手段,最终以 200 万元卖给丙。无论乙依侵权行为或不当得利的规定,都只能要求甲返还 100 万元。但本条规定,"受益人享有管理利益的,受益人应当在其获得的利益范围内向管理人承担前条第一款规定的义务",被认为可以发挥"弥补不当得利、侵权行为制度之不足,加强本人权利之保护,亦可获致法理之公平"的功能。④ 对此,需要说明的有如下两点:第一,在不真正无因管理的场合,受益人并非天然享有管理利益,所谓"受益人享有管理利益",实际上是法律赋予受益人在不真正无因管理的场合选择适用正当无因管理法律效果的权利。⑤ 受益人主张享有管理利益的,发生本条的法律效果;受益人不主张享有管理利益的,仍应依侵权行为、不当得利的规定进行处理。第二,受益人主张享有管理利益的,受益人应当在其获得的利益范围内偿还费用、补偿损失。在上述案例中,乙主张享有管理利益的,甲可以请求乙

---

① 参见王泽鉴:《债法原理》(第二版),北京大学出版社 2013 年版,第 310 页;易军:《无因管理制度设计中的利益平衡与价值调和》,载《清华法学》2021 年第 1 期。

② 参见王泽鉴:《债法原理》(第二版),北京大学出版社 2013 年版,第 332 页;安徽华晟建设投资有限公司、杜某追偿权纠纷案,安徽省合肥市中级人民法院民事判决书(2019)皖 01 民终 8955 号;莫某某、甘某某无因管理纠纷案,广西壮族自治区贵港市中级人民法院民事判决书(2020)桂 08 民终 892 号。

③ 参见王泽鉴:《债法原理》(第二版),北京大学出版社 2013 年版,第 332 页。

④ 参见邱聪智:《新订民法债编通则(上)》,中国人民大学出版社 2003 年版,第 66 页。

⑤ 参见金可可:《〈民法典〉无因管理规定的解释论方案》,载《法学》2020 年第 8 期。

在200万元的范围内,偿还其因管理事务而支出的必要费用。

与《德国民法典》第687条第2款、我国台湾地区"民法"第177条第2款不同,本条并未将"明知为他人事务"作为构成要件,这就意味着,无论是不法管理还是误信管理,在我国法下都有适用本条规定的余地。①

三、证明责任

受益人依本条主张享有管理利益的,应证明管理人从管理受益人的事务中获得利益。管理人请求受益人依本法第979条第1款偿还必要费用或者适当补偿损失的,应证明受益人已向其主张享有管理利益。

第九百八十一条 【管理人善良管理义务】管理人管理他人事务,应当采取有利于受益人的方法。中断管理对受益人不利的,无正当理由不得中断。

第九百八十二条 【管理人通知义务】管理人管理他人事务,能够通知受益人的,应当及时通知受益人。管理的事务不需要紧急处理的,应当等待受益人的指示。

第九百八十三条 【管理人报告和财产移交义务】管理结束后,管理人应当向受益人报告管理事务的情况。管理人管理事务取得的财产,应当及时转交给受益人。

第九百八十四条 【受益人追认的法律效果】管理人管理事务经受益人事后追认的,从管理事务开始时起,适用委托合同的有关规定,但是管理人另有意思表示的除外。

一、无因管理中受益人的追认

从比较法看,无因管理中受益人的追认有两种规范模式。一是各种类型的真正无因管理都可被追认,如《瑞士债法典》第424条、我国台湾地区"民法"第178条。② 二是只有不当无因管理才可被追认,如《德国民法典》第684条第2句。本条采用第一种规范模式,受益人追认既适用于不当无因管理,也适用于正当无因管理。③ 不真正无因管理则不属于本条的适用范围。④

---

① 反对观点,参见金可可:《〈民法典〉无因管理规定的解释论方案》,载《法学》2020年第8期。
② 参见王泽鉴:《债法原理》(第二版),北京大学出版社2013年版,第334页。
③ 参见黄薇主编:《中华人民共和国民法典合同编解读(下册)》,中国法制出版社2020年版,第1571页。
④ 参见金可可:《〈民法典〉无因管理规定的解释论方案》,载《法学》2020年第8期。

2　　受益人追认后,"适用委托合同的有关规定",并非使得管理人与受益人之间产生委托合同,因为无因管理这一事实行为无法通过受益人一方的追认(意思表示)转变为委托合同,而是将此经追认的无因管理,如同委托合同一样进行对待。在这个意义上,本条的规定仅具有拟制的效力。①

3　　应当注意的是,在事务管理涉及管理人与第三人实施法律行为的情况下,本条中受益人的追认未必等同于被代理人追认无权代理之法律行为或者所有权人追认无权处分行为。对无权代理之法律行为或者无权处分之法律行为的追认指向该法律行为的效力,使法律行为在追认人与第三人之间发生效力;对无因管理的追认则指向基础关系,使追认人与代理人或者处分人之间发生权利义务关系,如同追认人事先委托代理人或者处分人管理事务。②

二、法律效果

4　　立法机关工作人员在《民法典》释义书中认为,受益人追认后,从管理事务起,适用委托合同的有关规定。但考虑到委托合同中,受托人的注意义务要高于管理人的注意义务,受托人的损害赔偿责任要高于管理人的损害赔偿责任,按照委托合同调整管理人与受益人的关系,会让管理人处于更为不利的地位。因此,即便受益人进行追认,管理人依本条但书表示不愿意按照委托合同调整其与受益人的权利义务关系时,仍应当按照无因管理制度调整二者的关系。③

三、证明责任

5　　主张依委托合同法律规定行使权利者,应证明受益人已经追认。

第二十九章　不当得利

第九百八十五条　【不当得利返还请求权】得利人没有法律根据取得不当利益的,受损失的人可以请求得利人返还取得的利益,但是有下列情形之一的除外:

(一)为履行道德义务进行的给付;

---

① 参见王泽鉴:《债法原理》(第二版),北京大学出版社2013年版,第334页。
② 参见杨代雄:《法律行为论》,北京大学出版社2021年版,第568页。
③ 参见黄薇主编:《中华人民共和国民法典合同编释义》,法律出版社2020年版,第1044页。

(二)债务到期之前的清偿;
(三)明知无给付义务而进行的债务清偿。

一、不当得利的规范基础

(一)不当得利的类型化:统一说与非统一说

不当得利所涉各种案型是否具备统一的构成要件,尤其是如何理解"无法律上原因",理论上存在"统一说"与"非统一说"两种观点。统一说(Einheitstheorie)认为一切不当得利的基础应有其共同的概念,因而所谓无法律上的原因,亦应有其统一的意义,得对任何情形的不当得利作统一的说明。[1] 非统一说亦称区分说(Trennungstheorie),认为各种不当得利各有其基础,不能要求其统一,因而对于不当得利的成立要件亦难作统一的说明,而应就各种不当得利分别判断。[2] 简言之,两种学说在原则的层面上并无不同,皆认为无法律上原因而发生的财产利益变动应予返还,不同者为,是否应当针对造成财产利益变动的事由予以分类,给予必要的不同规定。[3] 在条文表述上,本法第122条及本条正文均对不当得利规定了统一的构成要件及法律效果,但一般认为,有必要就上述条文可能涉及的不当得利之类型建构采纳非统一说[4]的观点,区分为"给付型不当得利"(边码4以下)与"非给付型不

---

[1] 统一说在我国司法实践中的突出表现是,法院对于所有涉及不当得利的案件类型都适用统一的构成要件。参见樊某某、史某某不当得利纠纷案,最高人民法院民事判决书(2019)最高法民再34号;大连泰宸房地产开发有限责任公司与三洋电机株式会社不当得利纠纷案,辽宁省高级人民法院民事判决书(2018)辽民终582号。

[2] 参见王泽鉴:《不当得利类型论与不当得利法的发展——建构一个可操作的规范模式(上)》,载《甘肃政法学院学报》2015年第5期;黄某某与林某某不当得利纠纷案,浙江省高级人民法院民事判决书(2015)浙民提字第44号;南通宏丰发展有限责任公司、南通华亚房屋拆迁有限公司与南通万达建设工程有限公司不当得利纠纷案,江苏省高级人民法院民事判决书(2015)苏审二民申字第01971号;刘某某等与四川思创兴旺商贸有限公司、四川省永宏建筑安装工程有限责任公司等合同纠纷案,重庆市高级人民法院民事判决书(2019)渝民再157号;邓某与陈某等不当得利纠纷案,北京市高级人民法院民事裁定书(2018)京民再7号;王某某与依安县天府热力有限公司不当得利纠纷案,黑龙江省高级人民法院民事判决书(2016)黑民再106号。

[3] 参见黄茂荣:《债法通则之四:无因管理与不当得利》,厦门大学出版社2014年版,第42页。

[4] 有学者提出,按对不当得利法体系的影响程度,非统一说大致可分为:第一,无法律上原因判断脉络下的非统一说;第二,要件独立的非统一说;第三,要件效果均二分的非统一说,参见陈自强:《不当得利法体系之再构成——围绕〈民法典〉展开》,载《北方法学》2020年第5期。

当得利"(边码 16 以下)。①

(二)不当得利的法律性质

根据本法第 118 条第 2 款规定,不当得利是法律规定的债的发生原因之一。"得利人没有法律根据取得不当利益的,受损失的人可以请求得利人返还取得的利益"系关于发生于不当得利之债的不当得利请求权之表述,该请求权的发生系基于"没有法律根据取得利益,致他人受损害"的事实,该事实的产生是否基于人的行为在所不问。其产生系基于人的行为的,也不以行为能力与识别能力为必要,因此,当事人欠缺行为能力的情形亦可成立不当得利。②

(三)不当得利请求权与其他请求权的关系

不当得利请求权与其他请求权的关系如何,学理上主要存在如下两种观点:第一,辅助性请求权说,也被称为"辅助说"。③ 不当得利请求权的辅助性具有两个意义:其一,有其他请求权存在时,不当得利请求权因构成要件不具备而不发生;其二,不当得利请求权仅限于当事人不能依其他请求权得到完全满足时,始能行使。④ 第二,独立请求权说,也被称为"竞合说"。该说认为,不当得利是具有独立性的法制度,不当得利请求权与其他请求权可以自

---

① 参见陈甦主编:《民法总则评注(下册)》,法律出版社 2017 年版,第 850 页(常鹏翱执笔);李宇:《民法总则要义:规范释论与判解集注》,法律出版社 2017 年版,第 382—393 页;黄薇主编:《中华人民共和国民法典合同编释义》,法律出版社 2020 年版,第 1048 页;王轶、高圣平、石佳友、朱虎、熊丙万:《中国民法典释评合同编·典型合同(下卷)》,中国人民大学出版社 2020 年版,第 684 页;谢鸿飞、朱广新:《民法典评注:合同编·典型合同与准合同 4》,中国法制出版社 2020 年版,第 626 页(金可可执笔)。对此有学者指出,我国学界逐渐接受了德国—奥地利式的不当得利法教义学,即主要由奥地利学者维尔伯格(Wilburg)和德国学者冯·克默雷尔(von Caemmerer)提出的区分给付型不当得利与非给付型不当得利并予以类型化的非统一说,参见傅广宇:《"中国民法典"与不当得利:回顾与前瞻》,载《华东政法大学学报》2019 年第 1 期。至于解释上宜采非统一说的理由,参见王泽鉴:《不当得利类型论与不当得利法的发展——建构一个可操作的规范模式(上)》,载《甘肃政法学院学报》2015 年第 5 期。

② 参见王泽鉴:《不当得利》(第二版),北京大学出版社 2015 年版,第 4 页。

③ 参见刘春堂:《不当返还请求权与其他请求权之竞合》,载《法学丛刊》第 94 期;洪学军:《意大利法中不当得利的构成》,载《东方法学》2019 年第 2 期;刘言浩:《法国不当得利法的历史与变革》,载《东方法学》2011 年第 4 期。

④ 参见王泽鉴:《不当得利》(第二版),北京大学出版社 2015 年版,第 291—292 页。

由竞合,并非处于后位补充地位。① 我国多数学者认为应采独立请求权说。②

二、给付型不当得利

(一)规范功能与适用范围

给付型不当得利所规范者,为基于给付行为所发生的不当得利请求权,其规范功能在于使给付者可向受领者请求返还其欠缺目的而为的给付,③以便补救一个"失败的交易"。④ 例如,甲误以为对乙负债若干,还款后才发现该笔债务于一月之前已经还清,甲可向乙主张不当得利返还请求权。

给付型不当得利与物权行为理论关系密切。第一,承认物权行为无因性的立法例扩大了给付型不当得利请求权的适用范围及重要性。⑤ 例如,甲与乙订立出卖 A 车的买卖合同,约定先交车后付款,甲一周后收到购车款才发现订立买卖合同时存在意思表示错误情事,遂主张撤销其意思表示。肯定物权行为无因性,则甲乙变动 A 车所有权的处分行为之效力应作单独评价,不因作为负担行为之买卖合同的效力瑕疵而受影响。若本案甲乙的处分行为不存在效力瑕疵,则甲只能在撤销其买卖合同后依不当得利请求权要求乙返还 A 车所有权。由此可知,给付型不当得利请求权具有调节因物权行为无因性理论而生财产变动的特殊规范功能。⑥ 第二,在不承认物权行为或采物权行为有因性理论的立法例,给付型不当得利适用范围较窄。在上述案例中,甲乙之间的买卖合同因甲撤销而无效,A 车的所有权当然恢复为出卖人甲所有,无须依给付不当得利请求返还所有权,甲可依本法第 235 条要求返

---

① 参见郑玉波:《民法债编总论》,中国政法大学出版社 2004 年版,第 113 页;王泽鉴:《不当得利》(第二版),北京大学出版社 2015 年版,第 292 页。
② 参见王利明:《债法总则研究》(第二版),中国人民大学出版社 2018 年版,第 402 页;邹海林:《不当得利请求权与其他请求权的竞合》,载《法商研究》2000 年第 1 期;王洪亮:《物上请求权制度的理论继受——评〈物权法草案〉第三章》,载《中外法学》2006 年第 1 期;冉克平:《论〈物权法〉上的占有恢复关系》,载《法学》2015 年第 1 期;张家勇:《论统一民事责任制度的建构——基于责任融合的"后果模式"》,载《中国社会科学》2015 年第 8 期;崔建远:《不当得利规则的细化及其解释》,载《现代法学》2020 年第 3 期;滕佳一:《合同无效时返还规则的适用》,载《法学家》2020 年第 6 期;刘书星:《〈民法典〉不当得利请求权的定位及相关诉讼问题》,载《法律适用》2020 年第 19 期。
③ 参见王泽鉴:《不当得利》(第二版),北京大学出版社 2015 年版,第 44 页。
④ Zimmermann, "Restitutio in integrum", in: Honsell u. a. (Hrsg.), Privatrecht und Methode, Basel u. a. 2004, S. 735ff.
⑤ 参见王泽鉴:《不当得利》(第二版),北京大学出版社 2015 年版,第 45 页。
⑥ 同上注,第 48 页。

还原物。① 在此种立法例中,虽就所有物的返还无须动用不当得利请求权,但有学说认为,乙对 A 车的"占有"也可构成不当得利的客体,同样可就此主张不当得利请求权。②

(二)构成要件

一般认为,给付型不当得利具有如下三项构成要件:

1. 一方受有利益

6　　不当得利以一方当事人受有利益为要件。在给付型不当得利,其所受利益实际上是一方当事人自他方当事人所受领的给付,③如财产权的取得、占有或登记的取得、受有债务消灭的利益、取得劳务或物的使用利益等。简言之,利益的取得既可以表现为财产积极地增加,又可以表现为本应减少的财产并未减少。得利人本于得利更有所取得也属于受有利益(见边码30)。而且,一方当事人取得的利益不以具有财产价格为必要。④ 利益的取得,应通过个别的给付行为予以识别,无须就债务人的整体财产状态抽象地加以计算,⑤这与给付型不当得利以给付行为作为枢纽的思考模式有关(见边码9)。

2. 因给付而受利益:以给付关系取代因果关系

(1)给付的概念

7　　给付包含客观要素及主观要素两个方面:第一,给付的客观要素是指存在"增加他人财产的行为",学说上称为给予行为(Zuwendung)。此行为既可为事实行为(如提供劳务)亦可为法律行为(如移转所有权)。⑥ 值得注意的是,给予行为中包含的意识因素将人的行为和自然力以及其他与人的意志无

---

① 参见武汉阳光置业有限公司、武汉市库玛华中百货有限公司房地产开发经营合同纠纷案,最高人民法院民事判决书(2018)最高法民终1231号;黎某、颜某某等与广东省化州市东山街道办事处、广东省化州市人民政府房屋拆迁安置补偿合同纠纷案,广东省高级人民法院民事判决书(2015)粤高法民一提字第43号;龙某爽、龙某豪不当得利纠纷案,广东省广州市中级人民法院民事判决书(2017)粤01民终14031号。

② 近江幸治『民法講義 VI 事務管理・不当利得・不法行為』(成文堂,2018年)第60页参照。在我国的司法实践中,这种观点也得到了贯彻,参见江苏国源动力设备有限公司、南京国源机械配件有限公司与南京高速齿轮制造有限公司不当得利纠纷案,江苏省高级人民法院民事判决书(2019)苏民终1367号;深圳市天海置业有限公司、深圳市天海物业管理有限公司不当得利纠纷案,广东省高级人民法院民事判决书(2016)粤民破569号;郝某某不当得利纠纷案,河南省南阳市中级人民法院民事判决书(2019)豫13民终7295号。

③ 参见王泽鉴:《不当得利》(第二版),北京大学出版社2015年版,第51—52页。

④ Vgl. Palandt/Heinz Thomas (2020), §812 Rn. 16.

⑤ 参见王泽鉴:《不当得利》(第二版),北京大学出版社2015年版,第54页。

⑥ 同上注,第55页。

关的动作区分开,如因河流冲刷引起的土地上权益内容的变动就可以从给付中排除。① 第二,给付的主观要素是指行为人系有意愿、有目的地增加他人财产。首先,给付行为系一方当事人之"有意愿"的行为,即行为人主观上有增加他人财产的意愿,②因此,甲误以为某屋为其所有而进行的房屋修复工程不属于给付的范畴。其次,给付行为系一方当事人之"有目的"的行为,即行为人主观上是为完成一定的法律上原因而增加他人的财产(给付目的),③因此,甲明知某宅基地为邻居所有,仅为自己利用方便所为的土壤培育、秧苗种植也不属于给付的范畴。在学说上,给付的主观要素被称为给付的"双重目的性"(doppelte Finalität)。④

(2)以给付关系取代因果关系

一方当事人受有损害而他方当事人受有不当利益,并不足以产生不当得利之债,尚需得利与受损害之间具有某种关联。过去我国多数学者认为,只要一方当事人的损失是由他方当事人取得不当利益造成的,或者如果没有其不当利益的获得,他人就不会造成损失,就应当认定受益与受损之间存在因果关系。⑤ 也有学者提出,在一般情况下,取得利益与受有损失是基于同一事实发生的,但在某些情况下,尽管由两个原因事实引起受益和受损,但为保护当事人的合法权益,也应认定构成不当得利。⑥

在主流观点就不当得利采非统一说的构造之后,以给付关系取代因果关系的学说广为流行,⑦其主要理由有三:第一,维护当事人之间的信赖关系,

---

① 参见赵文杰:《给付概念和不当得利返还》,载《政治与法律》2012年第6期。
② 参见刘昭辰:《给付之概念》,载刘昭辰等著《不当得利研究》,元照出版有限公司2016年版,第8页。值得说明的是,王泽鉴教授将此处所谓之"意愿"表述为"意识"("所谓给付,指有意识的,基于一定目的而增加他人财产",王泽鉴:《不当得利》(第二版),北京大学出版社2015年版,第55页)。但同时指出,此"意识"事实上指向的是增加他人财产的意愿(Wille),因此本书认为更为准确的表述是"有意愿"。赵文杰副教授也持相似观点,其认为在判断给付行为是否存在时,必须依次衡量是否具有事实因素(客观上的权益变更)、意识因素(实质属于"给予行为"的范畴)、意愿因素和目的因素这四个因素,参见赵文杰:《给付概念和不当得利返还》,载《政治与法律》2012年第6期。
③ 参见刘昭辰:《给付之概念》,载刘昭辰等著《不当得利研究》,元照出版有限公司2016年版,第8页。
④ 同上注。
⑤ 参见佟柔主编:《中国民法》,法律出版社1990年版,第465页;魏振瀛主编:《民法》(第四版),高等教育出版社2010年版,第569页。
⑥ 参见王利明、郭明瑞、吴汉东:《民法新论(下)》,中国政法大学出版社1988年版,第424页。
⑦ 参见刘言浩:《不当得利中的因果关系》,载《东方法学》2013年第1期;杨芳贤:《民法系列:不当得利》,三民书局2009年版,第23—24页。

仅使有给付关系的当事人负担返还义务;第二,保持当事人之间的抗辩权并使有给付关系的当事人仅承担相对人破产的风险,以便合理分配风险;第三,为不当得利请求权的行使(请求权人、被请求人的确定)提供一个较为明确的判断标准。[①] 例如,甲公司先向乙银行贷款 1000 万元,之后又与丙公司订立贷款合同,约定甲公司贷予丙公司 1000 万元,嗣后甲公司指示乙银行直接向丙公司账户汇入 1000 万元借款本金。设甲乙、甲丙之间的贷款合同皆无效。本案中,乙银行系基于甲公司之指示向丙公司为给付,目的在于缩短给付过程,在"逻辑的一秒钟"实际上发生了两个给付关系:其一,乙银行向丙公司的账户汇款,以便向甲公司为给付;其二,甲公司依据与丙公司订立的贷款合同,向丙公司为给付。当事人的不当得利请求权之行使、抗辩权之主张应以给付关系为准(乙银行→甲公司;甲公司→丙公司),而且,其只需承担与其具有给付关系的对方当事人破产之风险。就乙银行与丙公司的关系而言,若采因果关系说,则乙银行似可请求丙公司返还借款本金,但丙公司与乙银行不存在合同关系,乙银行并未选择丙公司,丙公司破产的风险不能强加于乙银行。若采给付关系说,则乙银行虽受有损害,但丙公司并非基于乙银行的给付而获利益,二者不成立给付关系,不存在不当得利请求权,无须再进行因果关系判断。

3. 无法律上原因:欠缺给付目的

10   法律上原因是指变动财产利益之归属的法律上依据,[②] 对此主要存在"客观说"及"主观说"两种观点。客观说认为,一方当事人受有利益是否具有法律上原因,应以有无债之关系作为判断标准。[③] 主观说认为,应以给付目的(见边码 7)是否欠缺作为法律上原因的判断标准。[④] 客观说忽视给付的目的决定,不符合意思自治原则,对欠缺行为能力者保护不周(见边码 11)。给付型不当得利以补救"失败的交易"为目标(见边码 4),以给付目的

---

① 参见王泽鉴:《不当得利》(第二版),北京大学出版社 2015 年版,第 66 页。
② 参见黄茂荣:《债法通则之四:无因管理与不当得利》,厦门大学出版社 2014 年版,第 49 页。
③ 参见许某某不当得利纠纷案,北京市高级人民法院民事判决书(2015)高民申字第 02693 号;东莞市华宇进出口有限公司与普罗非利克德尔纳特可变资本股份公司不当得利纠纷案,广东省高级人民法院民事裁定书(2014)粤高法民申字第 1275 号;熊某某、张某与范某某、湖南隆回万和置业有限公司等不当得利纠纷案,湖南省高级人民法院民事判决书(2017)湘民终 43 号;长治八一水泥厂破产管理人与长治市瑞丰水泥有限公司不当得利纠纷案,山西省高级人民法院民事判决书(2016)晋民终 653 号。
④ 参见刘昭辰:《给付之概念》,载刘昭辰等:《不当得利研究》,元照出版有限公司 2016 年版,第 12 页。

是否欠缺作为法律上原因的判断标准,符合给付型不当得利的价值与功能,因此主观说更值采纳。①

为给付的一方当事人通过确定给付目的,将给予行为(见边码7)和特定债务关联起来,由此可见,给付目的体现当事人借助给予行为想要实现的目标,是行为人意思的载体,是其实现意思自治的工具,所以它才是赋予给予行为以意义的决定性因素。② 例如,在甲乙之间存在多笔债务时,债务人甲可以通过确定给付目的,决定到底清偿其中的哪一笔债务。又如,丙误以为对丁负债而做出给付的,其给付目的的落空,丁受有利益即不具有法律上原因。学理上,关于确定给付目的之行为,有法律行为说和准法律行为说,但无论采纳哪种学说都意味着行为能力对法律效果影响的规定、意思表示瑕疵的规定、法律行为效力控制的规定及法律行为解释的规定③能够直接适用于确定给付目的之行为。④ 至于给付目的是否需要当事人合意,存在合同说、⑤单方法律行为说⑥等观点。以给付目的是否欠缺作为法律上原因的判断标准,还具有保护欠缺行为能力者的功能。例如,甲乙缔结借款合同之后,债权人甲成为限制行为能力人,债务人乙向甲履行债务,在处分行为的层面虽使甲纯获利益,但若随即发生清偿效力则会导致甲对乙享有的债权消灭,违背保护限制行为能力人的立法目的(详见本法第19条评注)。可以采纳的做法是,要么认为给付目的的达成须当事人合意,要么认为甲不具有受领确定给付目的之意思表示(或准法律行为)的权限,甚至认为甲不具有受领清偿的权

---

① 参见王泽鉴:《不当得利》(第二版),北京大学出版社2015年版,第69页;绍兴市恒昌集团有限公司与浙江南方控股集团有限公司不当得利纠纷案,最高人民法院民事裁定书(2013)民再字第9号;某某市国土资源局与李某某、某某市人民政府、某某市友谊建筑工程有限公司不当得利纠纷案,最高人民法院民事裁定书(2013)民申字第1627号;俞某某、杨某某不当得利纠纷案,浙江省高级人民法院民事判决书(2016)浙民再236号;陈某某、李某不当得利纠纷案,四川省高级人民法院民事判决书(2017)川民申2329号。
② 赵文杰指出,给付目的主要有两类,即创设拘束原因和消灭拘束原因,前者包括目的原因、授信原因,后者包括清偿原因和赠与原因)。参见赵文杰:《给付概念和不当得利返还》,载《政治与法律》2012年第6期。
③ 给付目的既然能够适用法律行为解释的规定,就应当客观地从给付受领者的立场依诚实信用原则及交易习惯加以判断,参见王泽鉴:《不当得利类型论与不当得利法的发展——建构一个可操作的规范模式(下)》,载《甘肃政法学院学报》2015年第6期。
④ 参见赵文杰:《给付概念和不当得利返还》,载《政治与法律》2012年第6期。
⑤ 参见[德]迪尔克·罗歇尔德斯:《德国债法总论》,沈小军、张金海译,中国人民大学出版社2014年版,第141—142页。
⑥ 参见赵文杰:《给付概念和不当得利返还》,载《政治与法律》2012年第6期。

限——无论是哪种解释方案,甲的法定代理人之介入都是必要的。① 因此,债务人乙的给付目的落空,甲受有利益不具有法律上原因,乙可对甲主张不当得利返还,返还范围可能对乙有优待(详见本法第986条评注)。

给付目的欠缺具有三种表现形式,分别为自始欠缺给付目的,如非债清偿或作为给付的原因行为不成立、无效或效力待定;嗣后欠缺给付目的,如已经履行的法律行为被撤销等;给付目的不能实现,如附停止条件的法律行为之条件不成就,②或者某人为促成其儿子的婚姻,赠送其儿子的女友一条金项链,后来其儿子的女友拒绝结婚。

(三)给付型不当得利请求权的排除

即便满足本条正文规定的构成要件,本条但书也规定了不发生不当得利的例外情形,③包括:

1. 为履行道德义务进行的给付

为履行道德义务进行的给付,之所以排除不当得利,在于调和法律与道德,使法律规定符合一般道德观念。④

2. 债务到期之前的清偿

债务到期之前的清偿,之所以排除不当得利,理由在于,债务未届期不代表不存在债务,且债权人受领给付将导致债务消灭并未受有利益。⑤ 另参见本法第530条评注。

3. 明知无给付义务而进行的债务清偿

明知无给付义务而进行的债务清偿,之所以排除不当得利,在于维护诚实信用原则,禁止当事人出尔反尔。⑥

---

① 参见[德]迪尔克·罗歇尔德斯:《德国债法总论》(第7版),沈小军、张金海译,中国人民大学出版社2014年版,第138页、第141—142页。
② 参见王泽鉴:《不当得利》(第二版),北京大学出版社2015年版,第69—73页。
③ 参见陈自强:《不当得利法体系之再构成——围绕〈民法典〉展开》,载《北方法学》2020年第5期。
④ 参见王泽鉴:《不当得利》(第二版),北京大学出版社2015年版,第109页;参见农某、中建泓泰通信工程有限公司不当得利纠纷案,广西壮族自治区南宁市中级人民法院民事判决书(2016)桂01民终4538号;张某某、张某与谢某某不当得利纠纷案,江苏省连云港市中级人民法院民事判决书(2015)连民终字第01964号。
⑤ 参见王泽鉴:《不当得利》(第二版),北京大学出版社2015年版,第111页;宁波罗蒙房地产开发有限公司、中国建筑第二工程局有限公司建设工程施工合同纠纷案,浙江省高级人民法院民事判决书(2020)浙民终1102号。
⑥ 参见杨某某、夏某某不当得利纠纷案,湖北省咸宁市中级人民法院民事判决书(2016)鄂12民终938号;沧州佳安鑫盛吊装有限公司与陶某、新疆鑫凤麒能源服务有限公司不当得利纠纷案,新疆生产建设兵团第六师中级人民法院民事判决书(2017)兵06民终303号。

三、非给付型不当得利

(一) 功能与类型

非给付型不当得利,即非基于给付(如因自然事件或者法律规定)而无法律上原因取得利益的不当得利类型,①其与给付型不当得利一道,构成了现代不当得利的理论大厦。就两种不当得利的关系而言,一般认为应赋予给付型不当得利以优越地位,若就同一生活事实既有给付型不当得利又有非给付型不当得利的,优先适用前者的规则。② 非给付型不当得利的内部又可分为以下三种基本类型:第一,权益侵害型不当得利,即以侵害行为取得本应归属于他人权益内容的利益而不具保有利益的正当性,成立不当得利,③如将他人停车位挪为己用。第二,支出费用型不当得利,即非以给付的意思(欠缺给付意愿及给付目的)于他人之事务支出费用,使其受有财产利益的不当得利,④如误以他人之子为己出,抚养成年。第三,求偿型不当得利,是指受损人向第三人给付,使得利人对该第三人所负的债务消灭,因而使得利人得利。⑤

(二) 权益侵害型不当得利

一般认为,权益侵害型不当得利有以下三项构成要件:

1. 一方受有利益

该要件与给付型不当得利相同,参见边码 6。

2. 因侵害他人权益而受利益

在权益侵害型不当得利,为特定不当得利之客体以及确定不当得利债之关系的当事人,一般认为,应以行为人侵害他人权益并受利作为连接损益变动关系的要件。⑥ 具体而言,应注意如下三点:第一,侵害他人权益并获

---

① 参见刘昭辰:《非给付型不当得利》,载刘昭辰等:《不当得利研究》,元照出版有限公司 2016 年版,第 63 页。
② 同上注,第 63 页、第 195 页。
③ 参见王泽鉴:《不当得利》(第二版),北京大学出版社 2015 年版,第 139—140 页。
④ 王泽鉴教授指出,支出费用型不当得利是指非以给付的意思为他人之物支出费用的不当得利(参见王泽鉴:《不当得利》(第二版),北京大学出版社 2015 年版,第 194 页)。就此定义而言,固然可将支出费用的对象是他人之"物"的情形涵盖于内,但支出费用的对象并非他人之"物",而是作为他人"事务"的对子女之教养抚育等似乎难以覆盖。有鉴于此,本书认为更为精确的表述应当是"支出费用型不当得利是指非以给付的意思于他人之事务支出费用,使其受有财产利益的不当得利"。
⑤ 参见李宇:《民法总则要义:规范释论与判解集注》,法律出版社 2017 年版,第 385 页。
⑥ 参见王泽鉴:《不当得利》(第二版),北京大学出版社 2015 年版,第 143 页。对此,我国司法实践仍是以"因果关系"作为判断标准,参见吴某某与哈尔滨现代房地产开发有限公司不当得利纠纷案,最高人民法院民事裁定书(2016)最高法民终 149 号;大庆路通科技有限公司与大庆高新国有资产运营公司不当得利纠纷案,黑龙江省高级人民法院民事判决书(2017)黑民终 67 号。

益，须指向他人权益归属之内容。① 例如，甲擅自将乙所有的 A 车卖给丙并进行交付，导致丙善意取得 A 车所有权，甲的侵害行为侵犯了乙对 A 车所享有的处分权能，违背了权益归属秩序。反之，丁阅读戊所著《投资宝典》后深受启发，活用书中教授之各种投资战术，收获颇丰，其行为并未侵犯戊之权益归属内容。第二，侵害他人权益并获益，不以该他人实际受有损失为必要，因为不当得利的制度目的在于去除无法律上原因所获之利益，而非填补损害，此与侵权行为的功能有别（详见本法第 1179 条以下评注）。例如，甲擅自在乙屋顶放置广告牌，因使用他人之物受有利益，乙对甲主张不当得利请求权不以其有使用屋顶的计划为必要。② 第三，侵害他人权益并获益，不以得利人有过失为必要，③理由同样在于不当得利的得利去除功能。例如，甲接受乙的赠与后，不知赠与合同无效，将标的物出卖给善意第三人丙致其善意取得，甲乙之间依然成立权益侵害型不当得利。

3. 无法律上原因

无法律上原因的判断，同样须以得利人取得利益是否违反权益归属秩序为标准，④若得利人保有利益具有正当性（合同关系或法律依据）则不构成不当得利。例如，甲擅自收割乙种植的水稻，侵犯乙的权益归属内容。相反，若乙委托甲农业合作社代为收割水稻，甲实施同样的行为不构成侵犯乙的权益归属内容。值得注意的是，本法第 322 条规定的添附制度是否构成受有利益的法律上原因？例如，甲擅自将乙的油漆粉刷于其房屋墙面，根据本法第

---

① 参见王泽鉴：《不当得利》（第二版），北京大学出版社 2015 年版，第 143 页；石嘴山市玉成工程机械服务有限公司、王某某不当得利纠纷案（再审），最高人民法院民事裁定书（2017）最高法民申 1082 号；石嘴山市玉成工程机械服务有限公司与王某某不当得利纠纷案（二审），宁夏回族自治区高级人民法院民事判决书（2016）宁民终 192 号；桦甸市信隆经贸有限责任公司与李某某及苏某某不当得利纠纷案，吉林省高级人民法院民事判决书（2017）吉民终 569 号。

② 参见王泽鉴：《不当得利》（第二版），北京大学出版社 2015 年版，第 143 页。

③ 参见中国农业银行股份有限公司太原市城西支行、山西证券股份有限公司不当得利纠纷案，最高人民法院民事判决书（2019）最高法民终 450 号。

④ 学说上还存在以一方当事人获得利益的行为是否具有违法性作为无法律上原因判断标准的主张，但其不足之处在于，"虽可说明侵害他人权益行为的违法性，但未足说明侵害人不能保有利益的正当性"。参见王泽鉴：《不当得利》（第二版），北京大学出版社 2015 年版，第 141 页、第 144 页。本法第 985 条将《民法通则》第 92 条的"合法根据"修改为"法律根据"，或许也可以反映这一思想。参见傅广宇：《"中国民法典"与不当得利：回顾与前瞻》，载《华东政法大学学报》2019 年第 1 期。另请参见中原银行股份有限公司濮阳未来支行与濮阳市万盛达房地产开发有限公司、张某某不当得利纠纷案，河南省高级人民法院民事判决书（2015）豫法民一终字第 11 号；马某某与天峻县建设和交通运输局不当得利纠纷案，青海省高级人民法院民事判决书（2021）青民申 42 号。

322条规定,甲取得油漆所有权,乙是否得向甲主张不当得利返还? 通说认为,本法第322条规定的添附制度仅旨在解决所有权的归属问题,不调整由此而生的损益变动,因此本法第322条规定的添附规则不能构成甲得利的法律上原因。[①]

(三)支出费用型不当得利

一般认为,支出费用型不当得利有以下三项构成要件:

1. 一方受有利益

该要件与给付型不当得利相同,参见边码6。

2. 致他人受有损害

受损人因支出费用而受有损害。支出费用型不当得利之所以不构成给付型不当得利,根本原因在于受损人不具有给付的意思(见边码16)。

3. 无法律上原因

得利人在合同或法律上不具保有所受利益的根据。例如,甲误以邻居乙之子为己出,抚养成年,甲乙之间并无委托合同,乙受益不具有法律上原因。值得注意的是,在上述案例,甲并无为他人管理事务的意思(详见本法第980条评注,边码1),甲乙之间不成立无因管理之债,乙不得主张以无因管理之债作为受益的法律上原因。

(四)求偿型不当得利

求偿型不当得利因法律的特别规定而被排除,适用范围较为狭窄,具体说明如下:第一,若得利人与受损人之间存在合同关系或同属连带债务人,则受损人可依合同约定或法律规定追偿;第二,无利害关系的受损人非出于赠与或免予求偿的意思进行第三人清偿,若其具有为得利人管理事务的意思,则成立无因管理,若无,则成立求偿型不当得利。[②]

一般认为,求偿型不当得利有以下三项构成要件:

1. 一方受有利益

该要件与给付型不当得利相同,参见边码6。

2. 致他人受有损害

受损人因清偿他人债务或者其他行为而受有损害。

3. 无法律上原因

该要件与支出费用型不当得利相同,参见边码22。

---

① 参见陈华彬:《我国民法典物权编添附规则立法研究》,载《法学杂志》2019年第9期。
② 参见四川双杰长枫房地产开发有限公司、资阳市弘建房地产开发有限责任公司不当得利纠纷案,四川省高级人民法院民事判决书(2020)川民终1153号。

四、法律效果

不当得利的法律效果是"受损失的人可以请求得利人返还取得的利益",对此,可从负返还义务的当事人、返还客体、返还范围三个方面进行说明:

(一)负返还义务的当事人

27　负返还义务的当事人即得利人,至于第三人的返还义务,详见本法第988条评注。

(二)返还客体

1. 原物返还

28　原则上,得利人应返还其基于给付或非给付所受利益本身。例如,甲将乙的自行车出卖给丙,已经交付,此后甲、丙的买卖合同被撤销,丙取得自行车的占有构成不当得利,甲有权依本条请求丙返还自行车的占有。乙可请求甲进行返还。又如,丙公司与丁公司虚构交易关系,并向丁公司开具银行承兑汇票,丁公司取得该票据权利不具有法律上原因,丙公司可请求丁公司返还该票据或涂销其在票据上的签名。①

29　若得利人本于得利更有所取得,是否负有返还义务,值得说明:第一,得利人负有返还义务的,包括取得原物的收益(原物的孳息、使用利益)、基于权利的取得(如彩票中奖)、原物的代偿(如因不动产被征收而取得的补偿请求权)之情形。第二,得利人基于法律行为而取得的对价一般认为不属于不当得利的返还客体(见边码33)。②

2. 价额偿还

30　若所受利益本身、本于该利益更有所取得者依其性质或其他情形无法返还,得利人应偿还其价额。③例如,大富翁甲的专职司机乙被开除后,仍将豪

---

① 参见陈自强:《无因债权契约论》,中国政法大学出版社2002年版,第115页;《审理票据案件规定》第2条。票据的给付是指对票据债权这种无因债权的承认。根据《德国民法典》第812条第2款的规定,这种承认也属于给付。实际上,无因债权(债务)的共同要素,就是对债权债务关系之存在或不存在的"承认"。此"承认"同实质的法律上的原因相脱离。Vgl. Heuck/Canaris, Recht der Wertpapiere, 12. Aufl., 1986, S. 26ff.

② 参见王泽鉴:《不当得利》(第二版),北京大学出版社2015年版,第247—248页。

③ 参见王泽鉴:《不当得利》(第二版),北京大学出版社2015年版,第248页;青海省创业(集团)有限公司、深圳市通利来实业有限公司财产损害赔偿纠纷案,最高人民法院民事判决书(2018)最高法民终662号;广州市金鸿邦投资有限公司、珠海市平沙镇人民政府建设工程施工合同纠纷案,广东省高级人民法院民事判决书(2018)粤民终689号;杨某某与石某某、郑某某建设工程施工合同纠纷案,湖北省高级人民法院民事判决书(2015)鄂民监二再终字第00013号;王某某、胡某不当得利纠纷案,四川省高级人民法院民事判决书(2019)川民再180号。

车据为己有,使用时间长达两年,其使用豪车的利益在性质上无法返还,应作价额偿还。值得注意的是,支出费用型不当得利与求偿型不当得利,与一般不当得利返还责任不同,仅有金钱偿还,无所谓本于该利益更有所取得、用益返还等问题。①

应作价额偿还的利益涉及价额的计算问题。第一,就价额的计算方式而言,学说上存在客观说及主观说两种见解。客观说认为,价额应依客观交易价值确定。主观说认为,价额应就得利人的财产加以计算,其在财产总额上有所增加的,皆应当返还。② 例如,甲有市价 200 万元的设备一台,为乙所占有。1. 若乙将该设备以 250 万元处分给善意第三人丙并进行交付,使丙善意取得,依客观说乙应偿还市价 200 万元,依主观说乙应偿还卖得价款 250 万元;2. 若乙将该设备以 150 万元处分给善意第三人丙并进行交付,使丙善意取得,依客观说乙仍应偿还市价 200 万元,依主观说乙只应偿还卖得价款 150 万元。客观说更值得采纳(见边码 33)。③ 在例外情形,为避免强迫得利人得利而意外负担费用偿还责任,在利益价额的计算上,应以主观说为准。例如,修缮他人本来打算拆除的围墙,即便客观上存在利益,但主观上对得利人毫无价值。此时可采主观说,就得利人的全部财产,依据其经济上计划认定应当偿还的价额。④ 在上述案例,得利人不具有修缮计划,主观上并无获利,不承担价额偿还责任。第二,就价额的计算时点而言,以价额偿还义务成立的时间为准。

价额偿还的界限值得关注。在上述案例中,若乙向甲购买市价 200 万元的设备,以 150 万元成交后,发生事故灭失。设买卖合同无效。一般认为,即便该设备的市场交易价值为 200 万元,乙只需向甲返还 150 万元。理由在于,得利人做出的财产上决定内容只是以自己的对待给付交换相对人的给

---

① 参见陈自强:《不当得利法体系之再构成——围绕〈民法典〉展开》,载《北方法学》2020 年第 5 期。

② 参见王泽鉴:《不当得利》(第二版),北京大学出版社 2015 年版,第 249 页。

③ 赵文杰认为,涉及合同效力瑕疵的给付型不当得利中,价额计算有其特殊性:若合同无效或撤销事由影响有偿约定形成的,应以客观价值为计算基准;若合同无效或被撤销事由对有偿约定形成没有影响的,仍应受其拘束,参见赵文杰:《论不当得利与法定解除中的价值偿还——以〈合同法〉第 58 条和第 97 条后段为中心》,载《中外法学》2015 年第 5 期。另请参见王某某、胡某不当得利纠纷案,四川省高级人民法院民事判决书(2019)川民再 180 号;长沙市天心区鑫天山水洲城业主委员会、李某不当得利纠纷案,湖南省长沙市中级人民法院民事判决书(2019)湘 01 民终 5737 号。

④ 参见杨芳贤:《民法系列:不当得利》,三民书局 2009 年版,第 130 页。

付,超出自己对待给付的部分并非其愿意负担之不利,故无须另为偿还。①相反,若甲乙以 250 万元成交该设备,依上述理论,则甲应向乙返还 250 万元。值得注意的是,乙对于无法律上原因之情事是否为善意,会影响其返还义务的范围,详见本法第 986 条、第 987 条评注。

3. 获利返还责任

得利人基于法律行为而取得的对价超过所受利益本身之客观交易价值的部分,不属于不当得利的客体,受损人无法向得利人主张依不当得利要求返还(见边码 29)。② 理由在于,不当得利旨在调整欠缺法律上原因的损益变动,则当损害大于得利时,应以得利为准;当得利大于损害时,应以损害为准。③ 至于超过部分的返还责任,由本法第 980 条进行调整(详见本法第 980 条评注,边码 3)。

(三)返还范围

详见本法第 986 条、第 987 条评注。

五、证明责任

不当得利的证明责任分配在学理与实践中存在较大争议,尤其是"没有法律根据"(无法律上原因)的证明责任问题。多数观点支持在类型化的构造上探讨这一问题④:第一,在给付型不当得利,受损人应就不当得利的各项

---

① 参见赵文杰:《论不当得利与法定解除中的价值偿还——以〈合同法〉第 58 条和第 97 条后段为中心》,载《中外法学》2015 年第 5 期。

② 关于这一问题的讨论,参见朱岩:《"利润剥夺"的请求权基础——兼评〈中华人民共和国侵权责任法〉第 20 条》,载《法商研究》2011 年第 3 期;范雪飞:《差异与融合:最新三大不当得利示范法比较研究》,载《法学评论》2015 年第 2 期;许德风:《论合同违法无效后的获益返还——兼议背信行为的法律规制》,载《清华法学》2016 年第 2 期;缪宇:《获利返还论——以〈侵权责任法〉第 20 条为中心》,载《法商研究》2017 年第 4 期;岳业鹏:《论人格权财产利益的法律保护——以〈侵权责任法〉第 20 条为中心》,载《法学家》2018 年第 3 期。

③ 参见王泽鉴:《不当得利》(第二版),北京大学出版社 2015 年版,第 254 页。反对观点,参见王利明:《债法总则研究》,中国人民大学出版社 2018 年版,第 449 页。

④ 参见张江莉、亓培冰:《非给付型不当得利证明责任辨析》,载《法学杂志》2010 年第 4 期;胡晓霞、段文波:《主张证明责任视角下的民法——以不当得利为切入点》,载《暨南学报(哲学社会科学版)》2011 年第 3 期;张心恬、王文君、陈蔚如:《不当得利"没有合法根据"要件的证明责任分配》,载《政治与法律》2011 年第 6 期;娄爱华:《不当得利"没有合法根据"之概念澄清——基于"给付"概念的中国法重ググ》,载《法律科学(西北政法大学学报)》2012 年第 6 期;陈维君:《类型化基础法律关系视角下不当得利"没有法律根据"要件之证明责任分配》,载《河北法学》2019 年第 7 期;周洪波:《不当得利的构成要件及证明责任分配》,载《人民司法》2019 年第 11 期;袁琳:《不当得利"没有法律根据"要件的证明》,载《国家检察官学院学报》2020 年第 3 期。

构成要件承担证明责任,①不过,得利人仍须对于用以支持其法律根据之事实提出主张,以界定给付者应举证其不存在之事实或法律关系的内容或范围。② 第二,在权益侵害型不当得利,得利人的得利系基于侵害事实而来,因此只要有侵害事实存在,该侵害行为即为"没有法律根据",受损人不必再就此承担证明责任,若得利人主张其得利有法律上原因,应由其承担证明责任;③受损人应就其余构成要件承担证明责任。第三,在支出费用型不当得利,"没有法律根据"意味着受损人欠缺给付目的、得利人不具有保有利益的正当理由,应由受损人就不当得利的构成要件承担证明责任。④ 第四,在求偿型不当得利,"没有法律根据"意味着受损人的给付目的在于创设拘束关系、得利人不具有保有利益的正当理由,应由受损人就不当得利的构成要件承担证明责任。⑤

第九百八十六条 【善意得利人返还义务的免除】得利人不知道且不应当知道取得的利益没有法律根据,取得的利益已经不存在的,不承担返还该利益的义务。

一、善意得利人的返还义务

(一)规范目的

得利人取得利益没有法律根据,应返还其利益,所以其取得之利益为决定其返还义务之内容及范围的出发点:一方面,取得利益固然应当返还,但也以此为限。⑥ 另一方面,得利人为善意时,仅负返还现存利益的义务,如果该利益已不存在,则不必返还原物或偿还价额。之所以如此,是因为法律使善意得利人的财产状态不致因发生不当得利而受不利影响。这里的"善意",

---

① 参见王泽鉴:《不当得利》(第二版),北京大学出版社2015年版,第144页;江苏国源动力设备有限公司、南京国源机械配件有限公司不当得利纠纷案,最高人民法院民事裁定书(2020)最高法民申2890号。

② 黄茂荣:《债法通则之四:无因管理与不当得利》,厦门大学出版社2014年版,第259页;乐融致新电子科技(天津)有限公司、仁宝信息技术(昆山)有限公司不当得利纠纷案,最高人民法院民事判决书(2018)最高法民终314号。

③ 参见王泽鉴:《不当得利》(第二版),北京大学出版社2015年版,第144页;黄国昌:《民事诉讼理论之新展开》,北京大学出版社2008年版,第162页。

④ 参见张心恬、王文君、陈蔚如:《不当得利"没有合法根据"要件的证明责任分配》,载《政治与法律》2011年第6期。

⑤ 参见张心恬、王文君、陈蔚如:《不当得利"没有合法根据"要件的证明责任分配》,载《政治与法律》2011年第6期。

⑥ 参见黄茂荣:《债法通则之四:无因管理与不当得利》,厦门大学出版社2014年版,第165页。

是指得利人非因过失不知(且不应知)没有法律根据。[1]

(二)"取得的利益"之判断标准

2　一般认为,本条规定的"取得的利益"不同于本法第985条规定的"取得的利益",即非以因不当得利过程所取得的个别、具体的利益作为判断标准,而是以得利人的整体财产为对象,认定其应返还的现存利益。[2] 例如,乙银行受第三人欺诈与甲公司订立贷款合同后主张撤销其意思表示,对此不知情的甲公司以贷款本金1000万元用以还债后,不得主张取得的利益已经不存在,不承担返还该利益的义务。就不当得利的个别判断标准而言,甲公司取得的利益是乙银行给付的1000万元借款本金,现借款本金因归还债务已经不存在。但就甲公司的整体财产而言却并非如此:甲公司的资产负债表记载的内容是"资产 = 负债(负1000万元) + 所有者权益",甲公司还债后"负债"从"负1000万元"变为"0元",就其财产总额而言,获得了免受减少财产的利益,应当认为取得的利益依然存在。

(三)取得的利益已经不存在

3　得利的内容,见本法第985条评注,边码6、30。就典型案例说明如下:第一,所受利益由有体物构成者,消费或灭失使其本体不复存在,若得利人因此有费用节省或取得原物的代偿,则所受利益在所节省的费用、取得之代偿的限度内继续存在,[3]反之,善意得利人不负返还义务。[4] 例如,A车虽因车祸毁损无法返还,但得利人应返还取得的保险金请求权、损害赔偿请求权。又如,甲养老院擅自收割农民乙种植的水稻并使用,应返还就此节省的费用。第二,得利人就所受利益为法律行为上的交易,若第三人善意取得,得利人的返还义务之内容,见本法第985条评注,边码34。第三,所受利益为金钱时,因金钱具有高度可替代性及普遍使用性,只要移入得利人的财产即难以识别,原则上无法判定其不存在。[5]

4　在不当得利,取得的利益可能减损,但限于在不当得利事件发生后与所受利益有因果关系的减损始得扣除,扣除减损后之余额即成为所受利益的现

---

[1] 参见黄薇主编:《中华人民共和国民法典合同编释义》,法律出版社2020年版,第1056页。

[2] 王泽鉴:《不当得利》(第二版),北京大学出版社2015年版,第258—259页;黄薇主编:《中华人民共和国民法典合同编释义》,法律出版社2020年版,第1056页。

[3] 参见黄茂荣:《债法通则之四:无因管理与不当得利》,厦门大学出版社2014年版,第175页。

[4] 这就意味着,在善意受领阶段,受损人负担得利丧失的风险,但双务合同的场合较为特殊,详见下文边码5。

[5] 参见王泽鉴:《不当得利》(第二版),北京大学出版社2015年版,第261页。

存价值。① 例如,德国甲公司与中国乙公司以贸易术语 FOB 为条件成交一批货物,当事人约定以德国法作为准据法。买受人甲公司为此支付进口税 10 万元,若该买卖合同无效,乙公司依《德国民法典》第 812 条要求甲公司返还不当得利时,甲公司可主张在 10 万元的范围内扣减返还义务。一般认为,善意得利人就其财产上损失得主张扣除的,包括因取得该利益所支出的费用、为标的物本身支出的必要费用及有益费用。② 较为特殊的是,得利人因得利可导致其原有权利贬损。例如,经济拮据的甲对乙负担 10 万元债务,甲的结拜兄弟丙知情后铤而走险,私底下胁迫本地富翁丁替甲还债。东窗事发后,丁主张其给付目的有瑕疵,要求乙返还不当得利。嗣后乙向甲主张债权时,甲提出该债权已罹于时效。上述案例中,善意得利人乙于得利后所受损失为对甲的债权罹于时效,其主张扣除该损失的方法为保留所受领给付的同时,将对甲的债权让与丁。③

在双务合同,关于现存利益的计算有来自对待给付之考虑的特殊问题。④ 例如,甲以 100 万元向乙购买 A 车,钱货两清。设该买卖合同无效,则甲对乙、乙对甲各享有一项不当得利请求权。关于这一问题,说明如下:第一,两项不当得利请求权的牵连关系不因合同无效而受影响,双方皆可依本法第 525 条主张同时履行抗辩权。⑤ 第二,若 A 车毁损灭失,依本法第 985 条,甲应偿还 A 车的价额,但善意的甲能否以取得的利益已经不存在作为抗辩,不负返还义务? 1. 若不能返还原物是由得利人的行为引起的,应以其处置受领标的物的决定是否有瑕疵为准。若有瑕疵(若非受到不当干扰,不会做出相应处置决定的),得利人不承担相应的不利后果,可主张得利丧失抗辩。如故意隐瞒标的物瑕疵致本不会加工的取得人做出加工决定,最后使受领之物彻底毁损的,得利人可主张得利丧失抗辩,免负价值偿还义务。反之,处置受领标的之决定无瑕疵的,得利人仍应承担相应的不利后果,不可主张得利丧失抗辩。如故意不实陈述行车里程致买受人撤销合同,买受人在知悉撤销事由前因驾驶不慎引起汽车损毁的,因其不慎驾驶行为这一处置标的物的决定未受到欺诈的影响,故无瑕疵,该处置标的物的决定后果应由其自己

---

① 参见黄茂荣:《债法通则之四:无因管理与不当得利》,厦门大学出版社 2014 年版,第 174 页。
② 参见王泽鉴:《不当得利》(第二版),北京大学出版社 2015 年版,第 262 页。
③ 同上注,第 262 页。
④ 参见黄茂荣:《债法通则之四:无因管理与不当得利》,厦门大学出版社 2014 年版,第 177 页。
⑤ 参见王泽鉴:《不当得利》(第二版),北京大学出版社 2015 年版,第 267 页。

承担,而不得通过主张得利丧失转嫁给恶意欺诈的出卖人。[①] 2. 若不能返还原物是由意外事件引起的,由于与得利人的处置行为无关,相关不利的分配不适用得利人处置行为规则,而应适用风险负担规则,即交付移转风险的一般规则(详见本法第 604 条评注),标的物意外毁损灭失的风险原则上应由得利人承担,[②]其不可主张得利丧失抗辩。第三,善意得利人为无行为能力人或限制行为能力人的,以及标的物的毁损灭失是由本身的瑕疵所引发的,不适用上述第二点的风险分配原则,[③]仍然由受损人承担由此而生的不利益。前者理由在于贯彻保护欠缺行为能力人的立法意旨,后者理由在于与本法第 610 条第 2 句的法理融贯。

6　　取得利益不存在的判断时点如何确定?在解释上,应与本法第 987 条相同,皆为"得利人知道或者应当知道取得的利益没有法律根据"之时。若得利人为善意,则受损人提出返还请求时,得利人即知道或者应当知道取得的利益没有法律根据,此时的现存利益应当予以返还。

二、证明责任

7　　得利人应就其系善意得利人的要件、所受利益已不存在承担证明责任。[④]

第九百八十七条　【恶意得利人返还义务】得利人知道或者应当知道取得的利益没有法律根据的,受损失的人可以请求得利人返还其取得的利益并依法赔偿损失。

一、恶意得利人的返还义务

(一)规范目的

1　　得利人知道或者应当知道取得的利益没有法律根据的,为恶意得利人,负担本条规定的"加重返还义务"。

(二)要件

2　　得利人知道或者应当知道取得的利益没有法律根据,包括取得利益时即知晓(自始恶意)以及嗣后知晓(嗣后恶意)两种情况。通过第三人参与交易的,依代理人或代表人的主观状态判断得利人是否为恶意。

[①] 参见赵文杰:《论不当得利与法定解除中的价值偿还——以〈合同法〉第 58 条和第 97 条后段为中心》,载《中外法学》2015 年第 5 期。
[②] 同上注。
[③] 参见王泽鉴:《不当得利》(第二版),北京大学出版社 2015 年版,第 268 页。
[④] 参见黄茂荣:《债法通则之四:无因管理与不当得利》,厦门大学出版社 2014 年版,第 259 页。

(三)法律效果

1. 自始恶意

自始恶意得利人返还义务的范围包括:第一,返还所受利益(详见本法第985条评注,边码6)。与善意得利人不同,恶意得利人不得主张取得的利益已经不存在。例如,甲盗窃乙的名贵字画一幅,即便该字画嗣后又为神偷丙所盗,甲亦应对乙偿还该字画的客观交易价值(前提是承认占有构成得利客体)。第二,受领的利益为金钱时应附加利息。① 理由在于,得利人既然知道或者应当知道取得的利益没有法律根据,就应当立刻返还所受利益,否则即构成给付迟延,应负迟延责任(详见本法第577条、第584条评注)。第三,赔偿损失。恶意得利人返还所受利益若仍不足以弥补受损人的损失,就不足部分,应另行赔偿,包括积极损害和消极损害。例如明知没有法律根据而受领某屋,将之出售后,房价大涨,偿还客观价额仍不足以弥补受损人的损失,应另作出损害赔偿。②

2. 嗣后恶意

嗣后恶意得利人的返还义务以其知道或者应当知道取得的利益没有法律根据为准据时点,适用不同规则:第一,上述准据时点之前,适用本法第986条规定的返还规则。第二,在上述准据时点之后,适用本条规定的返还规则(见边码3)。例如,甲将两台电视机赠与乙,设该赠与合同无效。在乙知道赠与合同无效前,其中一台电视机被盗,乙可主张取得的利益已不存在,不承担返还该利益的义务;在乙知道赠与合同无效后,若另一台电视机因使用不当发生爆炸,乙应偿还其价额。

二、证明责任

得利人主张仅就其知道或者应当知道没有法律根据时现存的利益负返还义务,就其至知道没有法律根据时为止,所受利益中已有一部分不存在之事实承担证明责任。相反,受损人应就得利人何时知道或应当知道没有法律根据,以及其受有何种损失,承担证明责任。③

第九百八十八条 【第三人的返还义务】得利人已经将取得的利益无偿转让给第三人的,受损失的人可以请求第三人在相应范围内承担返还义务。

---

① 参见王泽鉴:《不当得利》(第二版),北京大学出版社2015年版,第271页。
② 这一损害赔偿责任的性质为何,在理论上仍有研究余地。参见王泽鉴:《不当得利》(第二版),北京大学出版社2015年版,第272页。
③ 参见黄茂荣:《债法通则之四:无因管理与不当得利》,厦门大学出版社2014年版,第259—260页。

一、第三人的返还义务

1　　本条规定意在区分两个法律关系：第一，在受损人和得利人之间，所受利益不存在，受领人不再负不当得利返还的义务。得利人已经将取得的利益无偿转让给第三人，只有在其为善意时，才可主张取得的利益已不存在，不承担返还该利益的义务。因此，"受损失的人可以请求第三人在相应范围内承担返还义务"必定以适用本法第986条规定的善意得利人返还规则为前提。第二，在无偿受让利益的第三人与受损人之间成立不当得利返还关系，受损人系债权人，该第三人是债务人，第三人仅在受益范围内承担返还义务。①

2　　在我国采物权行为有因性、善意取得以"以合理的价格转让"为要件的理论背景下，本条适用范围极为狭窄。例如，甲将A车赠与乙后，乙将A车赠与丙。设甲乙之间的赠与合同无效，则A车并未发生所有权变动，乙对A车为无权处分，由于丙系无偿取得，不满足本法第311条第1款第2项的规定，丙无法善意取得A车所有权。此时，第三人丙受有对"A车占有"的利益，即便承认占有可成为得利客体，从而甲可依本条要求丙返还占有，但甲亦可依本法第235条要求丙返还原物，故适用本条在上述情形实益不大（详见本法第985条评注，边码5）。应与之区别的是如下案型：甲将A车赠与乙后，乙以合理价格将A车卖给善意的丙。设甲乙之间的赠与合同无效，则丙依本法第311条善意取得A车所有权。此时当事人之间的法律关系如下：第一，乙从丙处获得的买卖价款是A车所有权的对价，属于甲的权益归属内容，甲乙之间成立权益侵害型不当得利（详见本法第985条评注，边码18）。第二，丙善意取得A车所有权，且具有法律上原因，甲丙之间不成立不当得利。

二、证明责任

3　　得利人以其无偿向第三人转让所受利益为理由，主张其所受利益已不存在，因此免负返还义务的，应就上述事实承担证明责任。②

---

① 参见［德］迪特尔·梅迪库斯：《德国债法分论》，杜景林、卢谌译，法律出版社2007年版，第558—559页。
② 黄茂荣：《债法通则之四：无因管理与不当得利》，厦门大学出版社2014年版，第260页。

第四编

人格权

第一章 一般规定

第九百八十九条 【人格权编的调整范围】本编调整因人格权的享有和保护产生的民事关系。

第九百九十条 【人格权的内容】人格权是民事主体享有的生命权、身体权、健康权、姓名权、名称权、肖像权、名誉权、荣誉权、隐私权等权利。

除前款规定的人格权外，自然人享有基于人身自由、人格尊严产生的其他人格权益。

一、规范意旨

本条系关于人格权类型的规定。人格权是人格尊严的价值体现，以人格利益受到尊重和保护并排除他人干涉为内容，以实现人格的全面发展为目的。[1] 基于对人格利益的保护需求，本法专设一编规定人格权的相关内容。这被认为是我国民法典的一大特色。应当注意的是，对人格的保护包括两个层面。一是对主体意义上的人格进行保护，即承认自然人、法人和非法人组织具有民事主体资格，赋予其民法上的人格，将其视为民法上的人。二是对客体意义上的人格进行保护，即保护民事主体的各种人格利益，规定其享有各种人格权。[2] 第一个层面的保护体现于本法总则编民事主体制度，第二个层面的保护体现于本法人格权编。

二、具体人格权

本条第1款规定了具体人格权（特殊人格权）。具体人格权通常明确规

---

[1] 参见王利明：《论人格权的定义》，载《华中科技大学学报（社会科学版）》2020年第1期。

[2] 参见杨代雄：《主体意义上的人格与客体意义上的人格》，载《环球法律评论》2008年第4期。

定于法律中,即具体人格权的权利类型、权利内容等往往是确定的,取决于制定法的规范。

3 具体人格权首先包括物质性人格权,即生命权、身体权和健康权,具体规定于本法第 1003 条至第 1011 条。自然人享有生命权,有权维护自己的生命安全及生命尊严,生命权体现为"生命安全维护权"。① 身体权指维护身体完整和行动自由的权利,健康权指自然人的身心健康受法律保护的权利,包括身体健康及心理健康。

4 具体人格权还包括精神性人格权。姓名权和名称权具体规定于本法第 1012 条至第 1017 条,其保护对象不仅包括本名,还包括若被他人使用即足以造成公众混淆的笔名、艺名、网名、译名、字号、姓名和名称的简称。肖像权具体规定于本法第 1018 条至第 1023 条,肖像权人有权依法制作、使用、公开或者许可他人使用自己的肖像。名誉权和荣誉权具体规定于本法第 1024 条至第 1031 条,具体体现为消极防御权能。隐私权和个人信息保护具体规定于本法第 1032 条至第 1039 条,侵犯他人隐私权之行为规定于本法第 1033 条。

三、一般人格权

(一)历史沿革

5 一般人格权滥觞于德国法律实践。在将一般人格权纳入《德国民法典》第 823 条第 1 款②规定之"其他权利"前,德国法对一般人格权的保护主要通过法院判决实现。典型受保护的范围包括名誉、保密领域以及信息自由。③第二次世界大战给德国人民的精神和心理都留下了严重创伤,战后,为弥合社会需求与立法滞后之间的鸿沟,德国联邦最高法院基于《德国基本法》第 1 条、第 2 条规定之精神,结合法律实践创设了一般人格权,并将其纳入《德国民法典》第 823 条第 1 款的保护范围内。④

6 《德国民法典》第 823 条第 1 款中"其他权利"属于"半空白条款",⑤基于立法者对于法律明确性的需求,为避免使《德国民法典》第 823 条第 1 款沦为大的概括性一般条款,德国民法理论认为该款中的"其他权利"应当具备

---

① 参见温世扬:《民法典人格权编草案评议》,载《政治与法律》2019 年第 3 期。

② 《德国民法典》第 823 条第 1 款规定,"故意或过失地不法侵害他人的生命、身体、健康、自由、所有权或其他权利的人,负有向他人赔偿因此而发生的损害的义务"。

③ 参见[德]霍尔斯特·埃曼:《德国法中一般人格权的概念和内涵》,杨阳译,载《南京大学法律评论》2000 年春季号。

④ 参见方金华:《一般人格权理论分析及我国的立法选择》,载《法律科学》2015 年第 4 期。

⑤ Vgl. MünchKomm/Wagner (2020), § 823 Rn. 301.

绝对权的特征，即每个人都有义务尊重并不得侵犯此种权利之权利人的法律地位。① 典型的"其他权利"包括定限物权、②所有权保留买卖中买受人期待权③、占有④等。

一般人格权作为框架性权利，对于侵犯一般人格权的行为之违法性判断不采取"结果违法"的认定方法，而采取"积极确定违法性"的认定方法，具体而言，要确定侵害一般人格权的行为是否具有违法性，必须进行法益衡量，即需要考虑个案具体情况来确定在该案中一般人格权相应的保护范围。⑤ 只有当保护权利人的利益超过加害人值得保护的利益时，行为方才违法。⑥ 此时存在的问题是，对于一般人格权采取的不同于典型绝对权的违法性判断方式事实上说明了其不同于典型绝对权的特征，将其纳入《德国民法典》第823条第1款之"其他权利"更多系基于实践中的保护需求。

本条第2款专门规定一般人格权。对于人格权保护在我国的发展具有重要意义。

（二）权益内容

基于上述分析不难发现，一般人格权与典型绝对权本质上存在差异，事实上是一种"以不同强度给予保护的利益综合体"，⑦是概括人格尊严、人格自由以及人格平等的完整内容的一般人格权益。⑧ 一般人格权所包含的人格利益不仅为民法所保护，亦为宪法所保护。但基于宪法与民法的不同，宪法人格权不是对民法人格权的升华，民法人格权亦非对宪法人格权的具体化。⑨ 本条第2款的用语为"人格权益"，体现出其区分于具体人格权的不同特征。依据该款之规定，一般人格权的法律主体为自然人，一般人格权基于人身自由及人格尊严而生。

其一，人身自由。自由型人格权规定于宪法中，包括言论、出版、集会、结社、游行、示威的自由；宗教信仰自由；人身自由；通信自由；科学研究、文艺创

---

① Vgl. MünchKomm/Wagner (2020), § 823 Rn. 304.
② Vgl. MünchKomm/Wagner (2020), § 823 Rn. 306ff.
③ Vgl. MünchKomm/Wagner (2020), § 823 Rn. 312ff.
④ Vgl. MünchKomm/Wagner (2020), § 823 Rn. 323ff.
⑤ 参见[德]迪特尔·梅迪库斯：《德国民法总论》，邵建东译，法律出版社2000年版，第807—808页。
⑥ Vgl. MünchKomm/Wagner (2020), § 823 Rn. 417.
⑦ [德]迪特尔·施瓦布：《民法导论》，郑冲译，法律出版社2006年版，第250页。
⑧ 参见王利明：《人格权法研究》，中国人民大学出版社2005年版，第160页。
⑨ 参见张善斌：《民法人格权和宪法人格权的独立与互动》，载《法学评论》2016年第6期。

作和其他文化活动的自由。① 人身自由从通常法律意义出发指身体活动自由，本法第 1011 条将行动自由（身体活动自由）作为具体人格权加以规定。从比较法看，《德国民法典》第 823 条第 1 款规定之自由限定于身体活动自由，不包括为《德国基本法》所保护的意志与行为自由，②系具体人格权的一种。就此而论，本条第 2 款中作为一般人格权客体的人身自由不应解释为身体活动自由，而应解释为意志与行为自由，或者说人格的自由发展。

11　　其二，人格尊严。"人之内在规定性本身要求给予现实世界中的个体以充分尊重和保护，"③受到他人尊重作为基本的需求，系一般人格权的另一渊源。人格尊严在宪法中同样加以规定并予以保护，但宪法中规定之人格尊严所对应的主体为国家公权力机关，其意在防止来自公权机关权力的侵害。本条之"人格尊严"并非具体人格权的抽象描述，侵犯人格尊严的表现可能与侵犯名誉权等具体人格权类似，但侵犯人格尊严的行为不一定侵害名誉权，④如通过我国法院在实践中确认的干扰他人殡葬现场⑤的行为，该行为系典型的侵犯人格尊严之行为，但其中难谓有具体人格权之受损，体现出人格尊严作为一般人格权的特性。

四、法人、非法人组织的人格权

12　　法人、非法人组织不享有本条第 2 款规定之一般人格权，但享有名称权、名誉权及荣誉权等具体人格权。

第九百九十一条　【人格权益受法律保护】民事主体的人格权受法律保护，任何组织或者个人不得侵害。

第九百九十二条　【人格权不得处分与继承】人格权不得放弃、转让或者继承。

一、规范目的

1　　人格权区别于财产权，只为特定权利人享有，难以用金钱客观评估其价值大小，主要体现为心理价值和精神价值。自然人平等地享有人格权，若丧

---

① 参见曹相见：《人格权法定的宪法之维与民法典编纂》，载《浙江社会科学》2020 年第 2 期。
② Vgl. MünchKomm/Wagner (2020)，§ 823 Rn. 239.
③ 朱晓峰：《作为一般人格权的人格尊严权——以德国侵权法中的一般人格权为参照》，载《清华法学》2014 年第 1 期。
④ 参见上官丕亮，薛洁：《宪法上人格尊严与民法上人格尊严的相异与交互》，载《湘潭大学学报》2019 年第 6 期。
⑤ 参见周某与俞甲一般人格权纠纷案，浙江省舟山市中级人民法院民事判决书（2011）浙舟民终字第 86 号。

失人格权,则人不能在社会中生活。① 基于人格权的此种不同于财产权的特征,其具有专属性,与权利主体不可分离,即不得放弃、转让或继承。

二、规范内容

人格权不得放弃。财产权,如物权、债权均可放弃,这是权利主体处分自由的体现。在某些国家,自然人的人格权不得放弃的立场在逐渐松动,典型情况为选择安乐死的病人,其事实上放弃了自己的生命权。本法对于人格权的放弃采取较为严格的态度,规定人格权均不得放弃。

人格权不得转让。不过,具体人格权益可以许可他人使用,本法第993条之规定体现出一定的人格权益商业化利用可能。作为例外情形,法人的名称权可进行转让。

人格权不得继承。基于人格权的专属性,人格权在权利人死后不得被继承。有学说认为,自然人死亡后,其生前的人格要素并未随之全部消灭。身体(死后为遗体)、姓名、肖像、声音、个人信息资料等仍然存在于社会生活之中,即所谓人格遗存。权利人死亡后,具有财产内容的人格权,如姓名权、肖像权、声音权等可能被继承。继承人所继承的并非仅仅是人格权原本具有的财产利益,而是以不违背死者生前明知或可推知的意思及善良风俗原则为前提,在一定期间内自主地支配该人格要素的主观权利。② 上述情形究竟是人格权继承还是人格利益的延伸保护,有待斟酌。

第九百九十三条 【人格标识许可使用】民事主体可以将自己的姓名、名称、肖像等许可他人使用,但是依照法律规定或者根据其性质不得许可的除外。

一、规范目的

人格权虽然区别于财产权,但随着社会、媒体和娱乐业的广泛发展,一些人格要素可以具有一定财产价值,如姓名、名称、肖像等。对于这些具有财产价值的人格要素,应当认为权利人可以自由利用其商业价值,既符合经济发展趋势,也可为未经许可使用他人人格标识特征时的得利返还提供法定请求权基础,防止他人不当得利。③

二、规范内容

本条规定了人格权许可他人使用的情况。依据本条之规定,民事主体可

---

① 参见王利明:《人格权法研究》,中国人民大学出版社2005年版,第17页。
② 参见韩强:《人格权确认与构造的法律依据》,载《中国法学》2015年第3期。
③ 参见王泽鉴:《人格权法(法释义学、比较法、案例研究)》,北京大学出版社2013年版,第263页。

许可他人使用的权益包括自己的姓名、名称、肖像等权利。姓名和名称具有区分民事主体身份的功能，因此一般情况下使用他人的姓名或名称不属于侵权，本条所指系商业性使用的许可。除本名外，自然人对与其自身存在稳定对应关系的艺名、笔名等名称亦享有姓名权，同样可以许可他人使用。① 肖像同样可使特定自然人被他人识别，也具有财产价值，也可由权利主体许可他人使用。

并非所有人格权益均可以许可他人在任意情形下使用。法律禁止特定的人格权使用行为，如《广告法》第 21 条第 2 项禁止利用科研单位、学术机构、技术推广机构、行业协会或者专业人士、用户的名义或者形象对农药、兽药、饲料和饲料添加剂作推荐、证明；该法第 24 条、第 25 条、第 27 条亦有类似规定。除法律禁止的行为外，部分人格权依其性质不宜对外许可使用，对此种情况应结合公序良俗在个案中具体判断。

需要注意的是，本条并未将许可使用权利限制于自然人，法人等民事主体同样可享有本条规定之权利。

第九百九十四条　【死者人格利益保护】死者的姓名、肖像、名誉、荣誉、隐私、遗体等受到侵害的，其配偶、子女、父母有权依法请求行为人承担民事责任；死者没有配偶、子女且父母已经死亡的，其他近亲属有权依法请求行为人承担民事责任。

一、规范意旨

死者人格利益是指自然人死亡后，其姓名、肖像、名誉、隐私等利益。② 自然人死亡后，其生前人格利益中所包含的财产利益仍然客观存在。例如，死者姓名、肖像等，客观上仍然具有一定的经济利用价值，可以成为经济利用的对象。③ 人格利益既可能涉及死者近亲属等主体的利益，也可能涉及社会公共利益。近年来涉及死者利益保护的案件④频发，本条目的即在于为死者人格利益的保护提供法律规范。

---

① 参见最高人民法院民法典贯彻实施工作领导小组主编：《中华人民共和国民法典人格权编理解与适用》，人民法院出版社 2020 年版，第 56 页。
② 参见王利明：《人格权重大疑难问题研究》，法律出版社 2019 年版，第 262 页。
③ 参见王叶刚：《论侵害死者人格利益的请求权主体——兼评〈民法典〉第 994 条》，载《清华法学》2021 年第 1 期。
④ 典型案件如潘某某与冯某某、刘某某等名誉权纠纷案，北京市朝阳区人民法院民事裁定书(2016)京 0105 民初字第 65889 号；叶某光、叶某鹰等与西安摩摩信息技术有限公司名誉权纠纷案，西安市雁塔区人民法院民事判决书(2018)陕 0113 民初字第 8937 号等。

二、规范内容

死者人格利益保护存在不同保护模式,分为直接保护模式和间接保护模式。直接保护模式是指为死者作为人格权主体可享有人格权,死者人格利益遭受侵害时,有权提出请求的系死者本人,死者的近亲属等主体此时属于死者保护人。① 间接保护模式视角下,自然人死亡后即丧失民事主体资格,不享有人格权益,此时死者的近亲属等主体即有权提出请求的人。本法采取的系间接保护模式,请求权人为死者的配偶、子女、父母等近亲属。

自然人死亡后,死者人格利益中的精神利益与财产价值发生分离,其中精神利益主要通过保护死者近亲属的人格利益得到保护,财产利益仍客观存在,可以成为继承的对象,②因此对于死者人格利益中的财产利益应当适用本法继承编的相关规则,精神利益受损则应由近亲属提出。

需要注意的是,本条在用语上未区分精神利益与财产利益,统一规定近亲属为请求权人,并且将近亲属排序,第一顺序是配偶、子女、父母,第二顺序是其他近亲属。在死者人格利益受到侵害时,首先应由第一顺序的近亲属提出请求,在没有第一顺序的近亲属时,第二顺序近亲属才能提出请求。有学者认为,本条仅针对死者人格利益中精神利益的保护,涉及财产利益时,应适用本法继承编的相关规定,本条规定之顺序并不适用。③

第九百九十五条 【人格权请求权】人格权受到侵害的,受害人有权依照本法和其他法律的规定请求行为人承担民事责任。受害人的停止侵害、排除妨碍、消除危险、消除影响、恢复名誉、赔礼道歉请求权,不适用诉讼时效的规定。

一、规范内容

人格权请求权内容包括停止侵害、排除妨碍、消除危险、消除影响、恢复名誉、赔礼道歉。消除影响、恢复名誉、赔礼道歉为人格权请求权的特有内容。行为人因侵害人格权承担消除影响、恢复名誉、赔礼道歉等义务的,应当采取积极行动以满足该要求,如采取发布公告等行动以消除对受害人造成的不良影响。并且,其履行义务的行动应与加害行为的具体方式和造成的影响范围相当。

---

① 参见刘召成:《论死者人格的立法保护》,载《首都师范大学学报(社会科学版)》2013年第5期。
② 参见张红:《死者生前人格上财产利益之保护》,载《法学研究》2011年第2期。
③ 参见王叶刚:《论侵害死者人格利益的请求权主体——兼评〈民法典〉第994条》,载《清华法学》2021年第1期。

2　　人格权请求权行使不以行为人过错为构成要件，但仍需行为具有违法性，[①]其目的在于维持权利人对权利的完满支配，行为人不当妨害人格权时权利人即可基于本条请求消除妨害以恢复其对权利的圆满支配状态。此外，本条内容不包括损害赔偿，损害赔偿系侵权请求权之内容，需满足侵权责任之构成要件。

3　　本条不适用诉讼时效，人格权请求权依附于人格权而生，人格权具有人身性，因此不受诉讼时效限制。

二、证明责任

4　　权利人应当证明人格权益遭受侵害，行为人应当证明其行为不具有违法性。

第九百九十六条　【违约精神损害赔偿】因当事人一方的违约行为，损害对方人格权并造成严重精神损害，受损害方选择请求其承担违约责任的，不影响受损害方请求精神损害赔偿。

一、规范意旨

1　　据损害是否可以金钱衡量，可以将损害分为财产损害和非财产损害。非财产损害是指赔偿权利人在财产之外遭受的损害，典型情况有基于身体受伤而产生的身体痛苦以及因侮辱而产生的精神痛苦。[②] 非财产损害在英美法系国家一般用"non-pecuniary loss"一词表示，德国则使用"immaterieller Schäden"一词。[③] 我国民法存在违约损害赔偿与侵权损害赔偿的双重救济体系，在符合侵权构成要件时，精神损害可以获得赔偿。然而，从实践中看，长期以来在合同领域，精神损害的违约救济并未得到广泛支持。本条为违约精神损害赔偿提供了新思路。

二、违约精神损害赔偿之合理性

（一）否定说及其理由评析

2　　关于违约精神损害赔偿，学界存在否定观点，主要基于以下理由：1. 可预见规则的限制。有学者主张，由于当事人在订约时难以预料到精神损害的

[①] 参见王泽鉴：《人格权法（法释义学、比较法、案例研究）》，北京大学出版社2013年版，第387页。

[②] Vgl. Looschelders, Schuldrecht AT. ,18. Aufl. , 2020, § 44 Rn. 4.

[③] 精神损害是非财产损害的典型情形，与非财产损害的内涵外延并不完全相同，但在我国民法语境下，"非财产损害"一词多与"精神损害"混用，对此二者也多做相同处理，因此本书也使用精神损害进行探讨。

发生,因此在违约责任中适用精神损害赔偿会给当事人带来极大的风险,①受害人也不能基于合同之诉获得精神损害赔偿。2. 精神损害的举证以及赔偿金额计算本身存在障碍,除此之外,若允许违约精神损害赔偿,由于其本身的主观性,会出现许多虚假的、微不足道的违约精神损害赔偿案件,使法院面临"诉讼爆炸"的困境,从而导致司法资源被浪费的不良后果。②

随着理论的完善和民法典的出台,应当认为否定说业已过时。首先,违约精神损害并非全然不能预见,相反,在旨在满足精神利益的合同,如婚礼合同中,因违约而造成的精神损害是很可能发生,也很容易被预见的。其次,举证及赔偿金额计算障碍并非仅存在于违约精神损害领域。难以用金钱衡量是基于精神损害主观性而产生的弊端,在侵权领域同样存在这个问题,但基于侵权而主张精神损害赔偿毋庸置疑,因此这一论断在精神损害赔偿领域并不具有绝对说服力,自然也不能作为否定违约精神损害赔偿的关键论点。此外,认可违约精神损害赔偿并不会浪费司法资源,也不会增加诉讼成本。违约精神损害赔偿的前提条件是违约,违约产生的损害很少只存在于精神领域,受害人是在提起违约诉讼的同时主张精神损害,并不是只主张精神损害赔偿。法院此时要处理的是增加了一个诉讼请求的同一个案件,并非增加的另外一个案件,因此不会导致浪费司法资源的结果。

否定性学理都有一定合理性,但其站不住脚的根本原因在于将承认违约精神损害赔偿简单地等同于所有的违约精神损害都要赔偿,这显然并非如此。受害人在主张违约精神损害赔偿时,主张自己受有精神损害只是第一步,此后还需满足其他要件,如果果关系、可归责性等,其损害才能得到赔偿。可预见性规则、质证障碍等理论完全可以在检验其他构成要件时发挥作用,这与认可违约精神损害赔偿并不矛盾。

(二)损害赔偿的功能

从损害赔偿功能看,违约精神损害具有合理性。损害赔偿的首要功能是补偿功能。对于损害赔偿适用全部赔偿原则,根据此原则,加害人应当赔偿受害人所有以可归责于其的方式所造成的损害。本法第584条第1分句体

---

① 参见余延满、冉克平:《违约行为引起的非财产损害赔偿问题研究》,载《法学论坛》2005年第1期。
② 参见李永军:《非财产性损害的契约性救济及其正当性——违约责任与侵权责任的二元制体系下的边际案例救济》,载《比较法研究》2003年第6期。

现了此原则,只要是因违约方的违约行为造成的损害,原则上应予全部赔偿。① 因此,受害人遭受精神上的痛苦或肉体上的疼痛已经达到精神损害的程度,且满足其他损害赔偿构成要件时,基于完全赔偿原则,应当对该部分损害予以赔偿,否则将不当纵容加害人。除补偿功能外,损害赔偿还有预防功能,用以警示潜在加害者,督促其不为加害行为。若否定违约精神损害赔偿,那么因违约而使他人承受非财产损害的代价是很低的,只有在权利人能够得到充分的保护时,才会使法律主体在为行为时同样考虑到他人的利益,减少给他人造成精神损害的可能性。除此之外,精神损害赔偿金(慰抚金)还具有一个独有的功能,即抚慰功能。② 受害人在受有精神损害时,承受了身体上的不便、心理上的不适乃至于精神上的痛苦,此时,抚慰金具有使受害人获得满足的心理感受的作用。抚慰功能可作为衡量违约精神损害赔偿的价额的重要因素,加害人的主观恶意程度及其财产状况等均应纳入判断精神损害赔偿价额考虑范围。

(三)合同责任与侵权责任的区别

6 在归责原则、证明责任、诉讼管辖方面,侵权责任之诉与违约责任之诉存在系统差别。在医疗服务合同、美容服务合同中,若不选择违约责任的框架,而采侵权损害赔偿的路径,虽然理论上来讲可以获得精神损害赔偿,但这势必会使存在合同关系的当事人,不得不忽视合同关系,被迫放弃因合同给受害者维护权益可能带来的便利条件。③

(四)先行行为理论

7 因违约行为损害对方人格权,造成严重精神损害,受害人在主张违约之诉的同时,可以主张侵权之诉请求精神损害赔偿,此时的违约行为即为先前行为,也可作为违约精神损害赔偿在侵权责任领域获得救济的理论基础。④

三、规范内容及其不足

(一)规范内容

8 本法中关于精神损害赔偿的规定有两条,分别位于人格权编及侵权责任

---

① 有学者认为,本法第584条后半句的可预见性规则对损害赔偿的范围进行了限制,因此我国适用的为限制赔偿原则而非完全赔偿原则。本书认为这有讨论余地,原因在于,在受害人的损害不能被预见的情况下,很难认为这个损害可归责于加害人,因为此时因果关系与损害结果并不具有相当性。因此,通过可预见性规则对损害赔偿范围进行限制与完全赔偿原则并不矛盾。

② Vgl. Looschelders, Schuldrecht AT., 18. Aufl., 2020, § 48 Rn. 7.

③ 参见薛军:《〈民法典〉对精神损害赔偿制度的发展》,载《厦门大学学报(哲学社会科学版)》2021年第3期。

④ 参见刘小璇:《论违约精神损害赔偿》,载《法学杂志》2021年第6期。

编。本条位于人格权编,第1183条位于侵权责任编,由此两条可以得出,在自然人人格权受到侵犯的情况下,若与侵权构成竞合,那么债权人除依据侵权主张精神损害赔偿外,也可依据违约行为主张精神损害赔偿;但是若未与侵权行为构成竞合,则不能单独依据违约提出非财产损害赔偿。也就是说,此条违约精神损害赔偿以存在侵犯人格权的侵权行为并造成严重精神损害为前提条件。有学者认为,此条完全不与侵权行为发生竞合,只保护履行利益为精神利益的合同的"增量人格利益"。[1] 本书认为此种观点失之偏颇。本条用词为"损害对方人格权",且之后表述为"受损害方选择请求其承担违约责任",从"选择"一词可以看出,此时必然存在违约行为与侵权行为的竞合。认为此条只规定以精神利益为履行利益的合同的违约责任而完全排除与侵权行为竞合的理论忽视了法条用语,超越了法条原本文义,难谓合理。

(二)不足之处

本法有限地承认了违约精神损害赔偿,与过往相比取得了长足的进步。但本书认为,这种承认难以直接满足违约精神损害赔偿的需求。首先,违约精神损害赔偿并非一定因侵犯具体人格权而产生。在出现侵权所不能覆盖的单纯因违约所生的精神损害时,更需要通过违约责任来对精神损害进行救济。在我国的司法实践中,因他人的不法行为导致的精神痛苦,并不限于人格权受侵害的场合;使不法行为人承担精神损害赔偿责任,也不以原告的人格权受侵害为条件。实践中,许多得到法院支持的违约精神损害赔偿案件,也不都属于人格权受到侵害的情形。例如,在"戴某琴、戴某国、戴爱某、戴西某诉延安市殡仪馆殡葬服务合同纠纷案"中,被告延安市殡仪馆未尽遗体保管义务,致原告父亲遗体腐烂,法院支持了原告的精神损害赔偿请求。该案难谓存在原告人格权受侵害的情形,但法院认为被告未履行合同义务"给他人造成精神损害的,应当承担精神损害赔偿责任"。[2]

此外,旅游合同违约精神损害赔偿在域外立法司法实践中广泛获得认可。从比较法看,《德国民法典》第651f条第2款[3]单独对此进行了规定,认为旅行被破坏的旅客可以主张精神损害赔偿。英国的判例也认可了此种精

---

[1] 参见杨立新、郭明瑞主编:《〈中华人民共和国民法典·人格权编〉释义》,人民出版社2020年版,第27页。

[2] 参见戴某琴、戴某国、戴爱某、戴西某与延安市殡仪馆殡葬服务合同纠纷案,陕西省延安市宝塔区人民法院民事判决书(2014)宝民初字第01841号。

[3] 《德国民法典》第651f条第2款规定:"旅行遭到破坏或显著受到侵害的,旅客也可以因徒然花费休假时间而请求适当的金钱赔偿。"

神损害赔偿,贾维斯诉天鹅旅游公司案①即为其一。在此案中,法院认为,由于旅行公司对旅行的描述构成保证,因此原告有权因假期不如广告及其预期的那样愉快而获得损害赔偿。事实上,旅游合同系以精神利益为履行利益之合同,典型情形还有美容服务合同、婚庆服务合同等,此时经营者提供的服务同样具有满足消费者精神利益的特点,消费者订立合同不是为了获得财产利益,而是为了获得精神利益,经营者违反合同同样会给消费者造成直接的精神利益损失。② 但在本法的立法语境下,此类合同的违约精神损害救济可能尚存一定障碍。综上,由于本条规定之不足,应当对其予以解释,以完善其适用范围。

四、解释路径

(一)扩张解释

11　此条中值得特别注意的是"损害对方人格权",对此条进行解释需要探寻人格权的内涵及外延。一般来讲,人格权指具体的人格权利,如生命权、身体权、健康权等,本法第 990 条第 2 款规定:"除前款规定的人格权外,自然人享有基于人身自由、人格尊严产生的其他人身权益。"对本法第 996 条之"人格权"进行扩张解释,可以得出这样一个结论:因违约行为,损害除具体人格权及基于人身自由、人格尊严而生的其他人身权益,损害他人人格利益并造成严重精神损害的,受损害方可以主张违约非财产损害赔偿。如此,可以将本法第 996 条之人格权保护范围扩大至一般人格权。

(二)类推适用

12　仅基于违约而生的非财产损害可通过类推的方式适用本法第 996 条。类推的前提是两者具有实质上的一致性,并应作相同的评价,③基于违反上述与人格利益高度相关的合同而生的精神损害赔偿符合类推的要求。以旅游合同为例,旅游合同本就是旨在提供精神满足的合同,在游客因对方违约而丧失原本应基于合同履行而获得的精神利益时,必然会感到没有得到合同相对人应有的尊重,此种精神利益的丧失是十分恶劣和痛苦的,在此情况下,虽难谓侵权,但其人格尊严遭到贬损,人格权益受损,也可通过类推依据此条获得损害赔偿。

13　以实务案件为例。在"阜新市细河区荣月美食城与朱某宾、耿某维庆典

---

① Jarvis v Swans Tours Ltd,[1973] QB 233.
② 参见柳经纬:《违约精神损害赔偿立法问题探讨——以〈民法典各分编(草案)〉第七百七十九条为对象》,载《暨南学报(哲学社会科学版)》,2019 年第 7 期。
③ 参见[德]卡尔·拉伦茨:《法学方法论》,陈爱娥译,商务印书馆 2003 年版,第 258 页。

服务合同纠纷案"①中,法院认可了被告提出的因婚礼推迟而主张的精神损害赔偿:"本案朱某宾、耿某维支付婚礼庆典服务费,而荣月美食城未按约定时间提供婚礼庆典服务,使二被告的婚礼举办时间与当地风俗习惯不一致,荣月美食城应承担相应的精神损害赔偿责任。"这一判决可兹肯定,但由于没有明确的法律依据,审判人员在判决书中不得不使用"承担相应的精神损害赔偿责任"此类模糊的用语,这不利于我国民事审判活动的明确和科学发展。通过对本法第 996 条的扩张解释及类推适用有助于法官厘清法律关系,确定法律依据,推动我国民事法律实践发展的完善。

五、证明责任

此处主要考虑"造成严重精神损害"的证明责任。这一证明责任应由受害人承担,对于严重精神损害的判断,应遵循"抚慰为主、补偿为辅"的基本理念。由于这一要件难以证明,实践中,司法认知规则能够有效弥补当事人举证能力的欠缺。此外,经验法则在法院事实认定过程中也具有不可替代的作用。值得注意的是,经验法则是对证据与争议事实之间关系的盖然性说明,就这种说明而得出的结论是一种假定,对方当事人可以通过反例来推翻。因此,为了强化这种假定结论的真实可靠性,法院应当允许被告进行反驳,提出反证,以便能够从正反两个方面来论证和确认推定结果的真实可靠程度。②

第九百九十七条 【人格权保护禁令】民事主体有证据证明行为人正在实施或者即将实施侵害其人格权的违法行为,不及时制止将使其合法权益受到难以弥补的损害,有权依法向人民法院申请采取责令行为人停止有关行为的措施。

第九百九十八条 【认定人格侵权责任应考虑的主要因素】认定行为人承担侵害除生命权、身体权和健康权外的人格权的民事责任,应当考虑行为人和受害人的职业、影响范围、过错程度,以及行为的目的、方式、后果等因素。

本条规定了侵害不同人格权的不同判断因素。生命权、身体权和健康权系与人格联系最紧密的人格权,其受保护力度较大,且本法在第 1179 条对于侵害他人造成人身损害的损害赔偿责任范围进行了具体规定,无须再通过本

---

① 参见阜新市细河区荣月美食城与朱某宾、耿某维庆典服务合同纠纷案,辽宁省阜新市细河区人民法院民事判决书(2020)辽 0911 民初 129 号。
② 参见肖建国、丁金钰:《程序法视域下民法典违约精神损害赔偿制度的解释论》,载《苏州大学学报(哲学社会科学版)》,2020 年第 4 期。

2　　具体而言，本条规定的考虑因素首先包括行为人和受害人职业以及影响范围。这两个因素事实上系对受害人所受损害范围的判断，就职业而言，特定人侵害他人人格权造成的影响可能较一般人侵害他人人格权而言更大，遭受损害更大，加害人应承担更大的损害赔偿责任；同样的判断亦适用于侵害特定人人格权的情形。除此之外，仍需考虑加害人的其他因素，其中包括过错程度、行为的目的、方式、后果等。

3　　本条系利益衡量在人格权保护中的体现，在判断行为人是否侵权以及具体承担的侵权责任的范围时，应当综合考虑多种因素，以实现人格权保护与社会公共利益之间的平衡。

第九百九十九条　【人格权的合理使用】为公共利益实施新闻报道、舆论监督等行为的，可以合理使用民事主体的姓名、名称、肖像、个人信息等；使用不合理侵害民事主体人格权的，应当依法承担民事责任。

一、规范目的

1　　本条系关于新闻报道、舆论监督等行为合理使用民事主体信息的规定，体现了言论自由保护与人格权保护的制度平衡。新闻自由系言论自由在新闻领域的体现，新闻自由在现代社会中发挥着不可替代的作用。新闻自由不仅是新闻媒体和新闻工作者的权利，同时也旨在满足公民的表达权和知情权。人格权则是宪法中确立的人权的一部分，在民法中对人格权给予全面保护。事实上，当对发生在他人身上的事进行报道，或者对他人的言行进行批评时，无不涉及他人的隐私、名誉；当使用他人肖像作为新闻图片，则会涉及他人的肖像权等权利。个人利益与公众利益在此时会出现冲突，[①]因此要在具体案件中借助利益衡量的方法予以考量。

二、合理使用

2　　依据本条规定，合理使用民事主体姓名、名称、肖像、个人信息等人格权权益的，不属于侵权，不承担损害赔偿责任。此时民事主体在行使其人格权时，将其中部分让渡，以实现公共利益。

3　　对于合理使用的具体判断标准，有学者认为新闻侵权之抗辩事由可分为完全抗辩和不完全抗辩两种类型，前者是指能够完全对抗原告的新闻侵权请求权，免除自己新闻侵权责任的新闻侵权抗辩事由，包含 1. 事实基本真实；2. 权威消息来源；3. 连续报道；4. 报道特许发言；5. 公正评论；6. 满足公众

---

① 参见杨杉：《新闻侵权责任研究》，吉林大学 2013 年博士学位论文，第 28 页。

知情权；7. 公众人物；8. 批评公权力机关；9. 公共利益目的；10. 新闻性；11. 受害人承诺；12. 为本人利益或者第三人利益；13. "对号入座"；14. 报道、批评的对象不特定；15. 配图与内容无关和配图与内容有关的十五种情形。后者是指须具备特别理由，或者具体条件才能成立并能够完全对抗新闻侵权请求权，或者仅能对抗部分新闻侵权请求权以减轻被告侵权责任的新闻侵权抗辩事由。包含16. 已尽审查义务；17. 已经更正、道歉；18. 如实报道；19. 转载；20. 推测事实与传闻；21. 读者来信、来电和直播；22. 文责自负的七种情形，总计二十二种情形。① 本书认为如此区分详细具体，值得借鉴，但略显冗余。以此为参考，合理使用可从以下几个方面进行判断：

(一)实施舆论监督行为，报道事实真实

实施舆论监督行为是本条明确规定的合理使用情形。我国《宪法》第41条第1款规定："中华人民共和国公民对于任何国家机关和国家工作人员，有提出批评和建议的权利；对于任何国家机关和国家工作人员的违法失职行为，有向国家机关提出申诉、控告或者检举的权利，但是不得捏造或者歪曲事实进行诬告陷害。"舆论监督是提出批评和建议的重要表现形式，为进行舆论监督而进行使用属于合理使用。

报道事实真实属于新闻报道合理使用的另一要件，针对真实事件进行报道属于舆论监督行为的应有之义。因此，被告(新闻媒体)举证自己是在履行舆论监督职责之时，需要附带提出自己所报道的事实系真实情况。

(二)公众人物报道

对公众人物进行报道，除非行为人具有实际恶意，否则属于本条规定的合理使用范畴。从比较法视角来看，美国最高法院在沙利文诉纽约时报案中认为，在公众人物起诉新闻媒体进行诽谤性和歪曲的报道的案件中，除非证明媒体有"实际恶意"，否则不能构成侵权，其中"实际恶意"是指行为人明知其评论内容是虚假的，或对于其真实性漠不关心。② 这一规则可供参考。公众人物享受作为公众人物所带来的利益，也必然要承担与其身份相符的责任，应当接受新闻舆论的监督。并且，公众人物自我救济能力较一般人而言通常更强，其掌握丰富的舆论及宣传资源，要求其证明"实际恶意"并不会失之过苛。"实际恶意"原则也可为新闻媒体创造更大的言论空间，便于其发挥舆论监督作用。

---

① 参见杨立新：《论中国新闻侵权抗辩及体系与具体规则》，载《河南省政法管理干部学院学报》2008年第5期。
② New York Times Co. v. Sullivan, 376 U. S. 254 84, S. Ct. 710, p. 726.

(三)受害人同意

7 　　受害人承诺的属于合理使用。具体而言,首先,有效的受害人承诺须权利人有处分其人格权的能力,无行为能力人或者限制行为能力人处分自己的权利须经监护人同意。其次,承诺应满足意思表示的成立及生效要件,承诺应采用明示方式,权利人仅明知或预见其权利受损之可能,无明示承诺允许加害人侵害自己权利的,不属于此处之承诺。除此之外,承诺应于事前作出。[1]

(四)合理使用的其他情形

8 　　除上述情形外,在具体案件中也可参照本法规定其余"合理使用"的情形。如本法第1020条肖像权合理使用之规定,典型行为包括教学科研活动以及具有公益性质的社会管理活动等行为。

三、侵权行为的构成要件

9 　　首先,存在加害行为。对个人信息的不合理使用会侵害民事主体的人格权,造成损害结果。在判断加害行为时,要求侵权行为必须以公开方式进行了传播,如新闻报道已经公开发表,舆论监督已经构成公开评论等。[2]

10 　　其次,存在损害结果。新闻侵权中,受侵害的典型人格权益包括名誉权、姓名权或名称权、肖像权以及隐私权和个人信息权等,这些权益侵害可导致损害结果。在判断具体侵权事实时,侵权的使用行为必须有明确能辨别的对象,且侵权的使用行为必须导致被侵权人在现实生活确实受到了困扰,从而引发了相关精神上或物质上的损害。[3]

11 　　再次,加害行为与损害结果间存在因果关系。若损害在通常情况下是由侵权行为造成,且无其他介入因素,二者之间即存在因果关系。

12 　　最后,需要行为人存在过错。新闻侵权行为与新闻自由和人格权的保护的平衡相关,既关系到广泛的社会公共利益,也关系到个人的利益。因此加害人必须存在过错,否则可能对新闻自由造成不当限制。新闻媒体和新闻作者在相关新闻作品发表之前应当尽到谨慎的注意义务,避免过失侵害他人权益。

四、法律效果

13 　　合理使用民事主体的姓名、名称、肖像、个人信息等,不属于侵权行为,不

---

[1] 参见杨立新:《论中国新闻侵权抗辩及体系与具体规则》,载《河南省政法管理干部学院学报》2008年第5期。

[2] 参见最高人民法院民法典贯彻实施工作领导小组主编:《中华人民共和国民法典人格权编理解与适用》,人民法院出版社2020年版,第110页。

[3] 参见杨杉:《新闻侵权责任研究》,吉林大学2013年博士学位论文,第53页。

承担损害赔偿责任。使用不合理侵犯他人人格权的,应当承担侵权损害赔偿责任。

五、证明责任

受害人应证明存在加害行为、损害结果、因果关系及加害人的过错,加害人应承担其行为系合理使用的证明责任。

第一千条 【消除影响、恢复名誉、赔礼道歉等民事责任的承担】行为人因侵害人格权承担消除影响、恢复名誉、赔礼道歉等民事责任的,应当与行为的具体方式和造成的影响范围相当。

行为人拒不承担前款规定的民事责任的,人民法院可以采取在报刊、网络等媒体上发布公告或者公布生效裁判文书等方式执行,产生的费用由行为人负担。

一、规范意旨

本条对人格权请求权的特别内容即消除影响、恢复名誉和赔礼道歉进行了规定。依据本条之规定,行为人因侵害人格权承担消除影响、恢复名誉、赔礼道歉等义务的,应当采取积极行动以满足该要求,如采取发布公告等行动以消除对受害人造成的不良影响。并且,其承担责任的行动应与加害行为的具体方式和造成的影响范围相当。

二、规范内容

原《民法通则》第120条将本条责任承担限制于名誉权、肖像权、姓名权和荣誉权受侵害的情形。本条则将该条责任承担扩张至所有无形人格利益受损的情况。

消除影响、恢复名誉事实上属于同一种责任。具体而言,恢复名誉系在名誉权受损时消除影响的具体方式,[1]消除影响属于恢复原状原则在人格权受损时的特别表现。[2] 赔礼道歉也可起到消除影响的作用,其目的在于抚慰受害人。

加害人承担责任应当与其加害行为的具体方式和造成的影响相当。举例而言,行为人以口头方式侵害他人人格权的,也应采取口头方式消除影响;行为人以书面方式侵害他人人格权的,也应采取书面方式消除影响。这一考虑也适用于消除影响的范围。

---

[1] 参见最高人民法院民法典贯彻实施工作领导小组主编:《中华人民共和国民法典人格权编理解与适用》,人民法院出版社2020年版,第115页。

[2] 参见王泽鉴:《人格权法(法释义学、比较法、案例研究)》,北京大学出版社2013年版,第430页。

5　本条第 2 款规定了在行为人不承担第 1 款规定之民事责任时的处理情况,此时人民法院可自行发布公告或公布生效裁判文书。但侵害人格权情形较为复杂,在媒体上发布公告或公布生效裁判文书可能造成影响进一步扩大的结果,因此人民法院在实践中应依据案件具体情况酌定适用本款。

第一千零一条 【身份权的法律适用】对自然人因婚姻家庭关系等产生的身份权利的保护,适用本法第一编、第五编和其他法律的相关规定;没有规定的,可以根据其性质参照适用本编人格权保护的有关规定。

一、原则规定:不适用本编

1　身份权是基于民事主体在特定社会关系中具有的地位所享有的权利,[①]如配偶权、亲权(监护权)等。身份权与人格权存在差异,就产生而言,人格权系自然人与生俱来的权利,身份权的产生则有赖于特定的民事法律关系。依据本条,身份权利原则上不适用本编的规定。

二、例外:参照适用

2　身份权的客体是身份利益,身份利益是人身利益的一种,对身份利益的保护与对人格利益的保护存在相似之处。因此,依据本条,若相关法律规范对身份权保护没有规定,则可根据其性质参照适用本编人格权保护的有关规定。

第二章　生命权、身体权和健康权

第一千零二条 【生命权】自然人享有生命权。自然人的生命安全和生命尊严受法律保护。任何组织或者个人不得侵害他人的生命权。

第一千零三条 【身体权内容】自然人享有身体权。自然人的身体完整和行动自由受法律保护。任何组织或者个人不得侵害他人的身体权。

一、规范意旨

1　本条规定了身体权的内容,以确定身体权的范围和边界,禁止他人对身体权的侵害。

二、规范内容

2　身体权的内容首先包括维持身体完整和安全的权利,即权利人在身体的

[①] 参见最高人民法院民法典贯彻实施工作领导小组主编:《中华人民共和国民法典人格权编理解与适用》,人民法院出版社 2020 年版,第 121 页。

完整和安全受到侵害时有权采取一定措施排除该种侵害。① 除此之外,身体权还包含一定的处分和支配权能,如权利人有权决定切除阑尾或进行整容,以及进行器官捐献等。② 但需要注意的是,权利人对自己身体的处分和支配应当符合公序良俗的要求。

除维持身体完整和安全的权利以及一定的处分和支配权能外,本条将行动自由作为身体权的另外一项内容,即自然人有权支配和自主决定其身体的行动自由。本法第 1011 条规定,以非法拘禁等方式剥夺、限制他人的行动自由,或者非法搜查他人身体的,受害人有权依法请求行为人承担民事责任。

侵害他人身体权可能造成健康权受损的结果,但侵害身体权不以给权利人造成身体上的物理受损即损害权利人健康为要件。未经权利人同意修剪其毛发系侵害其身体权之行为,但并不会对其健康造成影响。

对于与身体分离的部分是否属于身体的判断主要考虑当事人意志。典型案例有德国"冷冻精子案",法院认为对冷冻精子的侵害属于对寄存人身体的侵害。③ 有学说认为,只要权利人无明确抛弃、捐献的意思表示,则与身体分离之部分仍旧具有人格利益,受身体权保护。④

三、法律效果

身体权被侵害的,权利人有权请求加害人停止侵害、排除妨碍、消除危险,亦可主张包括精神损害赔偿在内的侵权损害赔偿。

第一千零四条 【健康权】自然人享有健康权。自然人的身心健康受法律保护。任何组织或者个人不得侵害他人的健康权。

第一千零五条 【物质性人格权受侵害时的法定救助义务】自然人的生命权、身体权、健康权受到侵害或者处于其他危难情形的,负有法定救助义务的组织或者个人应当及时施救。

第一千零六条 【人体捐献】完全民事行为能力人有权依法自主决定无偿捐献其人体细胞、人体组织、人体器官、遗体。任何组织或者个人不得强迫、欺骗、利诱其捐献。

完全民事行为能力人依据前款规定同意捐献的,应当采用书面形式,也

---

① 参见王利明:《人格权法研究》,中国人民大学出版社 2005 年版,第 350 页。
② 同上注,第 351 页。
③ 参见王泽鉴:《人格权法(法释义学、比较法、案例研究)》,北京大学出版社 2013 年版,第 103 页。
④ 参见房绍坤、曹相见:《〈民法典人格权编(草案)〉的贡献与使命》,载《山东大学学报》2019 年第 6 期。

可以订立遗嘱。

自然人生前未表示不同意捐献的,该自然人死亡后,其配偶、成年子女、父母可以共同决定捐献,决定捐献应当采用书面形式。

一、规范意旨

1　　人体细胞、人体组织、人体器官捐献往往是健康人做出以损害身体完整权为代价来拯救另一个生命的法律行为。其既要突出对捐献人和接受人合法权益的保障,又要兼顾行为主体的家庭伦理因素和医疗技术在活体器官移植过程中的诉求。① 行政法规《人体器官移植条例》以及《关于规范活体器官移植的若干规定》对此类行为进行了规定,本条规范作为民事法律的新增规范,目的在于保护器官捐赠人与受赠人的合法权益,规范器官捐献行为。

二、构成要件

2　　本条系对自然人器官捐献的规定。依据本条,自然人可以自主决定是否捐献人体细胞、人体组织、人体器官和遗体。其构成要件为:

3　　首先,捐赠者为完全民事行为能力人。未成年人身体、心智未发育完全,允许其捐献器官可能会影响其身体健康及人格健康发展。《人体器官移植条例》第8条同样将捐献人体器官的公民限制为完全民事行为能力人。

4　　其次,捐赠者是自愿捐赠,捐献人可以依据自己的意志来决定是否捐献。对于自愿原则,应认为本条的自愿要求捐献人已经知晓器官捐献的性质、手术过程及可能的后果等医学信息,即属于"知情自愿"。《人体器官移植条例》第19条第1项要求医疗机构及医务人员向活体器官捐献人说明器官摘取手术的风险、术后注意事项、可能发生的并发症及其预防措施等,并与活体器官捐献人签署知情同意书。此外,为维护捐献人的利益,《人体器官移植条例》第8条第1款规定,其捐献之意思表示可以自由撤销。另外,《人体器官移植条例》第17条规定其同意应当经伦理委员会审查。

5　　再次,捐赠的意思表示以书面形式或遗嘱方式作出。器官捐献涉及自然人重大人格利益,因此其捐赠之意思表示应以书面形式作出,以遗嘱方式作出的,应满足生效遗嘱之要件。

6　　最后,器官捐赠应为无偿捐赠,即器官捐赠人与受赠人行为无对价关系。若认为器官可进行有偿转让,将器官视为可以被交换的商品,则无异于将人格与金钱画等号,属于对人格尊严的严重贬损,也有违公序良俗原则。

---

① 参见荣振华、唐义红:《自愿、自治与人权——以活体器官移植原则为分析对象》,载《西南政法大学学报》2018年第3期。

三、遗体捐献

本条第3款规定了自然人死亡后的遗体捐献。依据该款,自然人生前未表示不同意捐献的,其配偶、成年子女、父母可以共同决定捐献。该款体现了尊重死者遗愿和缓解当前器官移植供需矛盾的利益平衡。①

第一千零七条　【禁止人体买卖】禁止以任何形式买卖人体细胞、人体组织、人体器官、遗体。

违反前款规定的买卖行为无效。

第一千零八条　【人体试验】为研制新药、医疗器械或者发展新的预防和治疗方法,需要进行临床试验的,应当依法经相关主管部门批准并经伦理委员会审查同意,向受试者或者受试者的监护人告知试验目的、用途和可能产生的风险等详细情况,并经其书面同意。

进行临床试验的,不得向受试者收取试验费用。

第一千零九条　【人体科研】从事与人体基因、人体胚胎等有关的医学和科研活动,应当遵守法律、行政法规和国家有关规定,不得危害人体健康,不得违背伦理道德,不得损害公共利益。

第一千零一十条　【禁止性骚扰】违背他人意愿,以言语、文字、图像、肢体行为等方式对他人实施性骚扰的,受害人有权依法请求行为人承担民事责任。

机关、企业、学校等单位应当采取合理的预防、受理投诉、调查处置等措施,防止和制止利用职权、从属关系等实施性骚扰。

本条规范旨在禁止性骚扰行为。性骚扰的基本特征是该行为违背相对人之意愿,属于侵犯他人人格尊严(部分情况下也侵犯了身体权)的侵权行为。就其构成而言,主要有以下几点应予注意:其一,性骚扰不限于异性之间,同性之间也可能产生性骚扰行为;其二,性骚扰系与性相关的行为,不限于暴力强迫,亦包括言语、文字骚扰的情形;其三,性骚扰的关键判断特点是行为是否违背相对人意愿。

对于禁止性骚扰在国际上有两种不同的立法模式:"反性别歧视模式"以及"公民人格尊严"模式。前者认为性骚扰系基于对性别的歧视而产生,且仅限于职场环境;后者则认为性骚扰行为系对被骚扰人人格权益的侵害,

---

① 参见陈甦、谢鸿飞主编:《民法典评注:人格权编》,中国法制出版社2020年版,第136页(曹相见执笔)。

不限于职场环境。采前者立法模式的主要有美国法,采后者立法模式的主要有欧盟法。① 本法明确将禁止性骚扰规定于人格权编,且不限于职场,属于公民人格尊严模式的立法。

3　　本条第2款赋以机关、企业、学校等单位采取合理措施防止和制止性骚扰的义务。具体而言,在没有产生性骚扰行为时,单位应采取宣传预防等措施防止性骚扰行为的产生;在产生性骚扰行为时,单位应及时制止并进行相应的调查等措施。对于工作单位违反此义务的责任本条未明确规定,有学者认为,用人单位只对发生在雇佣范围内、从事雇佣活动过程中的雇员的性骚扰行为承担替代责任;②若性骚扰行为实质上造成有敌意、侵犯性的工作环境,从而使受害人在该工作场所遭受与性相关的不愉悦,此时雇主应当承担连带责任。③

第一千零一十一条　【人身自由】以非法拘禁等方式剥夺、限制他人的行动自由,或者非法搜查他人身体的,受害人有权依法请求行为人承担民事责任。

第三章　姓名权和名称权

第一千零一十二条　【姓名权】自然人享有姓名权,有权依法决定、使用、变更或者许可他人使用自己的姓名,但是不得违背公序良俗。

第一千零一十三条　【名称权】法人、非法人组织享有名称权,有权依法决定、使用、变更、转让或者许可他人使用自己的名称。

第一千零一十四条　【姓名权或名称权不得被非法侵害】任何组织或者个人不得以干涉、盗用、假冒等方式侵害他人的姓名权或者名称权。

一、规范意旨

1　　姓名可将人个别化,以确定其人的同一性。姓名可体现社会公众对姓名权人的认知及联想,知名人士的姓名常具有一定经济价值,有被盗用、冒用之可能。本条规定目的在于保护权利人使用其姓名的权利,防止他人对姓名产

---

① 参见靳文静:《性骚扰法律概念的比较探析》,载《比较法研究》2008年第1期。
② 参见曹艳春、刘秀芬:《职场性骚扰的共同侵权责任形态研究》,载《政治与法律》2010年第1期。
③ 同上注。

生同一性混淆,属于人格权保护的重要课题。①

二、规范内容

本条对侵害姓名权及名称权的典型情况进行了规定,法人、非法人组织之姓名权或名称权也属于此条之规范范畴。首先,不得干涉他人行使姓名权。干涉是指妨碍权利人决定、变更或使用其姓名,如在权利人创作的作品上署他人姓名。登记机关无合理理由拒绝姓名变更登记也属干涉他人行使姓名权的行为。②

其次,不得盗用他人姓名或名称。盗用是指未经本人同意借用权利人姓名,使他人误以为行为人与权利人存在特定联系,如误以为行为人系权利人之代理人的情形。举例而言,盗用明星名义对某产品进行推广宣传即属于以盗用方式侵害姓名权的体现。③

最后,不得假冒他人姓名或名称。假冒即以他人姓名冒称自己,使他人误行为人为权利人,造成同一性混淆。④ 对于冒用他人姓名为法律行为的(冒名行为),行为效果应当区分不同情况予以考虑。若相对人只愿意与名义载体缔结法律行为,且名义载体事后对该法律行为进行追认,此时应认为该法律行为在名义载体与相对人之间成立并生效。若名义载体未予以追认,则区分相对人是否善意。相对人无过错且善意的,法律行为在名义载体与相对人之间成立并生效;相对人非善意的,法律行为不成立。相对人应对其善意与否承担证明责任。⑤ 若相对人不在乎与何人缔结法律行为,则法律行为在行为人与相对人间成立并生效。⑥

本条列举的情况不足以涵盖侵害他人姓名权的全部行为,其他侵害他人姓名权的行为包括影响姓名、名称与权利人间特定联系的行为,如非经许可将权利人名称做商业使用等。

第一千零一十五条 【姓氏选取】自然人应当随父姓或者母姓,但是有

---

① 参见王泽鉴:《人格权法(法释义学、比较法、案例研究)》,北京大学出版社2013年版,第116页。
② 参见陈甦、谢鸿飞主编:《民法典评注:人格权编》,中国法制出版社2020年版,第203页(刘文杰执笔)。
③ 参见陈甦、谢鸿飞主编:《民法典评注:人格权编》,中国法制出版社2020年版,第204页(刘文杰执笔)。
④ 参见王泽鉴:《人格权法(法释义学、比较法、案例研究)》,北京大学出版社2013年版,第120页。
⑤ 参见杨代雄:《使用他人名义实施法律行为的效果——法律行为主体的"名"与"实"》,载《中国法学》2010年第4期。
⑥ 同上注。

下列情形之一的,可以在父姓和母姓之外选取姓氏:

(一)选取其他直系长辈血亲的姓氏;

(二)因由法定扶养人以外的人扶养而选取扶养人姓氏;

(三)有不违背公序良俗的其他正当理由。

少数民族自然人的姓氏可以遵从本民族的文化传统和风俗习惯。

第一千零一十六条 【姓名与名称的登记】自然人决定、变更姓名,或者法人、非法人组织决定、变更、转让名称的,应当依法向有关机关办理登记手续,但是法律另有规定的除外。

民事主体变更姓名、名称的,变更前实施的民事法律行为对其具有法律约束力。

第一千零一十七条 【笔名、艺名等的保护】具有一定社会知名度,被他人使用足以造成公众混淆的笔名、艺名、网名、译名、字号、姓名和名称的简称等,参照适用姓名权和名称权保护的有关规定。

1　依据本条,具有一定知名度的笔名、艺名等同样受到姓名权保护。笔名、艺名、网名、译名、字号、姓名和名称的简称等经过持续使用并产生一定的社会知名度后,也可产生与本名相同的标识特定主体的作用,因此这些名称同样应获得与姓名权相同的保护。此类名称获得保护的前提是具有一定社会知名度,即被公众广泛认知为特定主体的身份标识,对其进行不当使用足以造成公众混淆。有观点主张,不具备一定社会知名度的假名也可在一定范围内与本人产生稳定联系,应当对本条进行扩张解释,将此类假名也纳入保护范围。[①]

2　满足本条构成要件的,也可能满足《反不正当竞争法》第6条的相关规定。此时构成不正当竞争行为,应当依该法予以处理。[②] 不构成不正当竞争的,依本法相关规定予以处理。

第四章　肖像权

第一千零一十八条 【肖像权】自然人享有肖像权,有权依法制作、使

---

① 参见陈甦、谢鸿飞主编:《民法典评注:人格权编》,中国法制出版社2020年版,第220页(刘文杰执笔)。

② 参见西门子股份公司、西门子(中国)有限公司等与江西建秋西门子电梯有限公司侵害企业名称(商号)权纠纷、商业贿赂不正当竞争纠纷案,江西省南昌经济技术开发区人民法院民事判决书(2016)赣0192民初447号。

用、公开或者许可他人使用自己的肖像。

肖像是通过影像、雕塑、绘画等方式在一定载体上所反映的特定自然人可以被识别的外部形象。

一、规范意旨

肖像作为个人的外部形象再现,可通过多种艺术手法加以表现,并与本人产生联系,彰显个人特征,与人格尊严密切相关。实践中,肖像常与个人隐私、名誉发生紧密联系,是法律保护的重要法益。① 本章对肖像权保护进行了较为具体的规定,本条着眼于肖像权的内容,体现出肖像权的时代发展。

二、规范内容

依据本条之规定,肖像权权利人为自然人,法人、非法人组织不享有肖像权。自然人有权使用其肖像,使用方法包括依法制作、使用、公开及许可他人使用。自然人使用自己肖像可以具有商业目的,也可以不具有商业目的。

本条第 2 款对肖像进行定义。依据该款,肖像具有以下特征:1. 肖像通过一定载体予以反映;2. 肖像属于特定自然人,且与其发生联系;3. 通过肖像应当可对肖像权人予以识别;4. 肖像是外部形象。就第 3 个特征而言,若通过图案不足以使人识别特定自然人,则不属于肖像,不受本条保护。② 就第 4 个特征而言,肖像不局限于面部形象,凡足以呈现个人外部形象的,均属于肖像。③

第一千零一十九条 【肖像权的侵害方式】任何组织或者个人不得以丑化、污损,或者利用信息技术手段伪造等方式侵害他人的肖像权。未经肖像权人同意,不得制作、使用、公开肖像权人的肖像,但是法律另有规定的除外。

未经肖像权人同意,肖像作品权利人不得以发表、复制、发行、出租、展览等方式使用或者公开肖像权人的肖像。

本条规定系为明确典型的肖像权侵权行为。首先,不得以丑化、污损的方式侵害他人肖像权。对于此种侵权行为侵害对象是否系肖像权存在疑问,原因在于丑化、污损他人肖像并未破坏肖像与本人的稳定联系,而更多的是

---

① 参见王利明:《人格权法研究》,中国人民大学出版社 2005 年版,第 448 页。
② 最典型的案件为美国 NBA 球星迈克尔·乔丹诉乔丹公司案,参见最高人民法院行政判决书(2018)最高法行再 32 号。
③ 参见王泽鉴:《人格权法(法释义学、比较法、案例研究)》,北京大学出版社 2013 年版,第 141 页。

侵害了他人的自尊等一般人格法益。① 其次，不得利用信息技术手段伪造等方式侵害他人肖像权。随着科学技术的发展，视频换脸等技术得到推广和应用，此时若行为破坏了肖像与本人的同一性，即属于侵害肖像权的行为。最后，未经肖像人同意，不得制作、使用、公开肖像权人的肖像，除非存在本法第1020条规定之情形。

2　　本条第2款体现了肖像作品权利人著作权与肖像权人肖像权的权利冲突。若肖像作品著作权不属于肖像权人，此时肖像权作为人格权应当居于优先保护的地位，著作权的行使应尊重作为基本人格权的肖像权。② 著作权人与肖像权人有约定的，应遵守其约定；无约定的，则著作权人可将该作品为艺术上之使用，包括发表和展览，但不得进行复制、发行等营利性使用。就模特而言，其收取的报酬为劳务费而非肖像许可使用费，著作权人为营利而使用不能牺牲和无偿利用他人肖像，必须经过肖像权人的另行许可，并支付相应费用。③

　　第一千零二十条　【肖像权的合理使用】合理实施下列行为的，可以不经肖像权人同意：
　　（一）为个人学习、艺术欣赏、课堂教学或者科学研究，在必要范围内使用肖像权人已经公开的肖像；
　　（二）为实施新闻报道，不可避免地制作、使用、公开肖像权人的肖像；
　　（三）为依法履行职责，国家机关在必要范围内制作、使用、公开肖像权人的肖像；
　　（四）为展示特定公共环境，不可避免地制作、使用、公开肖像权人的肖像；
　　（五）为维护公共利益或者肖像权人合法权益，制作、使用、公开肖像权人的肖像的其他行为。

1　　本条借鉴《著作权法》第22条，对肖像权的合理使用作出规定。本条规定了五种合理使用的情形。其一，为个人学习、艺术欣赏、课堂教学或者科学研究，在必要范围内可使用肖像权人已经公开的肖像，肖像权人未公开的肖像不得使用。其二，为实施新闻报道，不可避免时可制作、使用、公开肖像权人的肖像，这体现了新闻媒体的舆论监督权以及对公众知情权的保护。其

---

① 参见陈甦、谢鸿飞主编：《民法典评注：人格权编》，中国法制出版社2020年版，第233页（曹相见执笔）。
② 参见张红：《民法典之肖像权立法论》，载《学术研究》2019年第9期。
③ 参见张红：《肖像权保护中的利益平衡》，载《中国法学》2014年第1期。

三,国家机关为依法履行职责,可在必要范围内制作、使用、公开肖像权人的肖像。其四,为展示特定公共环境,不可避免地制作、使用、公开肖像权人的肖像,典型情况为游客在旅行途中拍摄不以特定人为对象的风景照时,不侵犯不可避免的入境的游客的肖像权。其五,为维护公共利益或肖像权人合法权益,可以不经肖像权人同意制作、使用、公开肖像权人的肖像,典型情况为刊登寻人启事的情形。基于公共利益具有一定的模糊性,本项具有兜底作用,艺术馆为陈列、保存包含他人肖像艺术作品即属于第五项规定之"维护公共利益"的情形。

在使用他人肖像时,还应当遵循比例原则,不应因制作、使用、公开他人肖像给其造成过度的负面影响。

第一千零二十一条 【肖像许可使用合同的解释】当事人对肖像许可使用合同中关于肖像使用条款的理解有争议的,应当作出有利于肖像权人的解释。

第一千零二十二条 【肖像许可使用合同的解除】当事人对肖像许可使用期限没有约定或者约定不明确的,任何一方当事人可以随时解除肖像许可使用合同,但是应当在合理期限之前通知对方。

当事人对肖像许可使用期限有明确约定,肖像权人有正当理由的,可以解除肖像许可使用合同,但是应当在合理期限之前通知对方。因解除合同造成对方损失的,除不可归责于肖像权人的事由外,应当赔偿损失。

第一千零二十三条 【其他标表性人格要素的许可使用参照肖像权】对姓名等的许可使用,参照适用肖像许可使用的有关规定。

对自然人声音的保护,参照适用肖像权保护的有关规定。

第五章 名誉权和荣誉权

第一千零二十四条 【名誉权】民事主体享有名誉权。任何组织或者个人不得以侮辱、诽谤等方式侵害他人的名誉权。

名誉是对民事主体的品德、声望、才能、信用等的社会评价。

一、规范意旨

名誉作为对民事主体品德、声望、才能、信用等的客观、公开且普遍的社会评价,是人格尊严的重要体现。名誉权作为典型的人格权,原《民法通则》已有法律规范对其予以规制。本条第1款第1句系宣示性条款,目的在于明确民事主体享有名誉权,为其保护提供法律依据。

二、规范内容

民事主体,包括自然人、法人和非法人组织均享有名誉权。名誉权的客体是名誉,而不包含名誉感。名誉感是权利主体对其名声的自我评价,是主体内心的情感。损毁他人名誉感不一定会导致毁损其名誉权,如侮辱他人会损害其名誉感,但若没有导致其社会评价降低,则不会损害其名誉权。同样,侵害他人名誉权也不一定会损害权利人名誉感。①

名誉权的权利内容包括对名誉的享有和维护以及排除他人对其名誉的侵害。前者指权利人有权享有、维护其名誉,要求他人作出对其公正的评价;后者指在侵害发生时,权利人有权请求加害人停止侵害、排除妨碍、消除危险、消除影响、恢复名誉、赔礼道歉,受有损害的,还可请求加害人承担损害赔偿责任。依本条第1款第2句,侵害名誉权的典型行为是侮辱、诽谤。此外还存在其他侵害他人名誉权的行为,如本法第1025条规定的情形:媒体未尽合理注意义务即进行新闻报道的,可能侵害他人名誉权。

第一千零二十五条 【名誉权的限制】行为人为公共利益实施新闻报道、舆论监督等行为,影响他人名誉的,不承担民事责任,但是有下列情形之一的除外:

(一)捏造、歪曲事实;

(二)对他人提供的严重失实内容未尽到合理核实义务;

(三)使用侮辱性言辞等贬损他人名誉。

一、规范意旨

本条是本法第999条在名誉权领域的具体规定。依据本条,为公共利益实施新闻报道、舆论监督等行为,除不当行为外,不侵害他人名誉权,体现了言论自由保护与名誉权保护的制度平衡。

二、规范内容

需要注意,新闻侵权中加害人既包括新闻作者,也包括新闻公开人,如新闻出版单位。行为人为公共利益实施新闻报道、舆论监督等行为的内涵和外延应当与本法第999条相一致。本条还规定了新闻报道、舆论监督侵犯名誉权的情形。第一,行为人捏造、歪曲事实。捏造、歪曲事实是诽谤的基本形式之一,属于侵犯他人名誉权的行为。第二,对他人提供的严重失实内容未尽到合理核实义务,则构成不作为侵权。行为人是否尽到合理核实义务,应当

---

① 参见王利明:《人格权法研究》,中国人民大学出版社2005年版,第480—481页。

依本法第1026条之规定予以判断。第三,使用侮辱性言辞等贬损他人名誉。新闻报道、舆论监督应当客观真实,不应在意见表达中使用侮辱性言辞侵害他人名誉权。

前两点属于新闻报道、舆论监督中的事实陈述部分,[①]简言之,在为事实陈述时,行为人应尽到合理核实义务,尽可能保证事实的真实性。第三点属于意见表达部分,应限制在合理范围内,不应存在侮辱性言辞。

第一千零二十六条 【合理核实义务的认定因素】认定行为人是否尽到前条第二项规定的合理核实义务,应当考虑下列因素:
(一)内容来源的可信度;
(二)对明显可能引发争议的内容是否进行了必要的调查;
(三)内容的时限性;
(四)内容与公序良俗的关联性;
(五)受害人名誉受贬损的可能性;
(六)核实能力和核实成本。

一、规范内容

本条规定了行为人实施舆论监督、新闻报道时对他人提供的内容进行合理核实义务的判断标准。

第一,是内容来源的可信度。权威消息来源应包含以下几个方面:1. 法律、行政法规和规章认定的事实;2. 人民法院的终审裁判文书认定的事实;3. 合法的仲裁机构认定的事实;4. 行政机关在正式文件和正式行政程序中认定的事实;5. 执政党的正式文件、出版物认定的事实和执政党正式向社会公布的事实;6. 国家立法、行政、司法、监察机关在其新闻发布会、记者招待会、白皮书、蓝皮书等上发布的事实;7. 国家立法、行政、司法机关在其正式出版物(如国务院公报、最高人民法院公报)上发布或者认定的事实;8. 公民、法人关于自身活动以书面(如广告宣传材料)或口头方式(如答记者问)公布的有关材料。[②] 第二,对明显可能引发争议的内容是否进行了必要的调查。在审查事实时,若该事实明显可能引发争议,行为人应采取必要的行动,对该事实展开调查,以确认其真实性。第三,考察内容的时限性。若一个事实发生时间较久,其真实性更难判断,此时行为人具有更高的审查义务。第四,内容与公序良俗的关联性。与公序良俗相关的,行为人具有更高的审查

---

① 参见王泽鉴:《人格权法(法释义学、比较法、案例研究)》,北京大学出版社2013年版,第156页。
② 参见张红:《人格权各论》,高等教育出版社2015年版,第318页。

义务。第五,受害人名誉受贬损的可能性。若基于事实产生的评论可能对权利人的名誉产生较为严重的侵害,则行为人应具有更高程度的审查义务。第六,核实能力和核实成本。若核实成本明显过大,超过了有关行为人应有核实程度的合理成本,此时强求行为人对此核实,付出高昂的成本,是不合理的。若该事实所要求的核实能力高于行为人客观能力,此时应要求行为人尽其所能进行审查。①

二、证明责任

由于核实系行为人之义务,相关资料由行为人掌握,因此应由行为人承担其是否尽到合理核实义务的证明责任。

第一千零二十七条 【作品侵害名誉权】行为人发表的文学、艺术作品以真人真事或者特定人为描述对象,含有侮辱、诽谤内容,侵害他人名誉权的,受害人有权依法请求该行为人承担民事责任。

行为人发表的文学、艺术作品不以特定人为描述对象,仅其中的情节与该特定人的情况相似的,不承担民事责任。

一、规范意旨

文学艺术作品是指文学和艺术领域内具有独创性并能以某种有形形式复制的智力成果。文学艺术作品创作是重要的社会活动,文艺创作自由属于《宪法》规定的自由型人格权,系公民的基本权利。文学艺术作品作为现实生活的反映,在创作时可能涉及现实人物,有侵害他人名誉权之虞。本条对文学艺术作品侵害他人荣誉权作出了规定。

二、规范内容

文学艺术作品侵害他人名誉权的构成要件为:首先,加害人与新闻侵权中加害人一致,既包括文学艺术作品的作者,也包括该作品的公开人,如出版社。若创作作品系职务行为,则只有单位可作为被告。② 其次,存在加害行为。文学艺术作品侵害他人名誉权的加害行为要求以真人真事或者特定人为描述对象,以真人真事为描述对象的文学艺术作品主要指纪实文学,以特定人为描述对象指的是,他人可将该文艺作品中的某一角色与现实中特定人相联系。对于以特定人为描述对象的作品,若作品中的人物与现实中特定人的居住环境等信息基本一致,或读者能够在欣赏作品后毫无悬念地联想到现实中的特定人,若此时作者对该角色使用了侮辱、诽谤性的语言,使其社会评

---

① 参见张红:《〈民法典各分编(草案)〉人格权编评析》,载《法学评论》2019年第1期。
② 参见冯某某、黑龙江电影电视剧制作中心名誉权纠纷案,黑龙江省哈尔滨市中级人民法院民事判决书(2017)黑01民再2号。

价较之前明显降低,则作者构成名誉权侵权。① 此外,文学艺术作品侵害他人名誉权与一般侵权行为相同,以因果关系、受有损害及行为人过错为构成要件。

本条第2款规定了文学艺术作品侵权的免责事由。文学艺术作品与社会生活紧密相连,作品中人物的经历、性格、事件等难免与现实生活中的特定人有类似之处。若均将其作为侵犯名誉权的行为,会对公民的创作自由产生不合理的限制。

三、证明责任

权利人应当证明存在侵权责任之构成要件事实,行为人应当对本条第2款规定之免责事由承担证明责任。

第一千零二十八条 【名誉权消极防御请求权】民事主体有证据证明报刊、网络等媒体报道的内容失实,侵害其名誉权的,有权请求该媒体及时采取更正或者删除等必要措施。

第一千零二十九条 【信用评价】民事主体可以依法查询自己的信用评价;发现信用评价不当的,有权提出异议并请求采取更正、删除等必要措施。信用评价人应当及时核查,经核查属实的,应当及时采取必要措施。

一、规范意旨

随着社会经济的发展,信用经济在现代经济中扮演了日益重要的角色。在信用经济中,个人信用评价起着重要作用。本条第1句规定了民事主体可以依法查询信用评价,并对其提出异议和请求采取必要措施予以更正、删除的权利。本条第2句规定了信用评价人的及时核查和采取必要措施的义务。信用评价会对评价人的名誉产生影响,错误的信用评价可能会损害权利人名誉权。本条规定即系为防止此种情况的发生。

二、规范内容

首先,民事主体有权依法查询自己的信用评价。本条信用评价不涉及道德评价,主要是从经济活动角度对民事主体进行的评价。② 个人征信行为会对信息主体造成必然的侵犯,只要掌握大量的个人信息,均存在滥用或侵犯个人权利的可能。③ 此时,权利主体的知情权尤为重要。本法虽未单独规定信息权,而是将其保护纳入名誉权的保护范围,但知情权仍必不可少,民事主

---

① 参见张红:《民法典之名誉权立法论》,载《东方法学》2020年第1期。
② 参见王利明:《人格权法研究》,中国人民大学出版社2005年版,第538页。
③ 参见翟相娟:《个人征信行为中信息主体的知情权研究》,载《河北法学》2013年第1期。

体查询信用评价的权利是实现其知情权的重要措施。目前对于征信的法律规范主要是《征信业管理条例》。该条例第17条规定:"信息主体可以向征信机构查询自身信息。个人信息主体有权每年两次免费获取本人的信用报告。"

其次,民事主体发现信用评价不当的,有权提出异议并请求采取更正、删除等必要措施。依据本条,民事主体认为信息评价不当,而非错误,即可提出异议。对于民事主体提出的异议,信用评价人应当及时核查,经核查属实的,应当及时采取必要措施。对于"及时",《征信管理条例》25条第2款规定:"征信机构或者信息提供者收到异议,应当按照国务院征信业监督管理部门的规定对相关信息作出存在异议的标注,自收到异议之日起20日内进行核查和处理,并将结果书面答复异议人。"信用评价人核实发现异议成立的,应当予以更正或删除。①

第一千零三十条 【民事主体与信用信息处理者关系准用个人信息保护】民事主体与征信机构等信用信息处理者之间的关系,适用本编有关个人信息保护的规定和其他法律、行政法规的有关规定。

第一千零三十一条 【荣誉权】民事主体享有荣誉权。任何组织或者个人不得非法剥夺他人的荣誉称号,不得诋毁、贬损他人的荣誉。

获得的荣誉称号应当记载而没有记载的,民事主体可以请求记载;获得的荣誉称号记载错误的,民事主体可以请求更正。

第六章 隐私权和个人信息保护

第一千零三十二条 【隐私权】自然人享有隐私权。任何组织或者个人不得以刺探、侵扰、泄露、公开等方式侵害他人的隐私权。

隐私是自然人的私人生活安宁和不愿为他人知晓的私密空间、私密活动、私密信息。

一、隐私权的主体

隐私权的主体仅限于自然人。法人及非法人组织不享有隐私权。对法人、非法人组织的商业秘密可以通过反不正当竞争法等知识产权法律制度来加以保护。

---

① 参见中国东方资产管理股份有限公司山东省分公司、唐某名誉权纠纷案,山东省聊城市中级人民法院民事判决书(2017)鲁15民终1135号。

二、隐私权的内容

隐私权的客体是隐私,隐私包括生活安宁和生活秘密:

(一)生活安宁

该权利是隐私权的重要组成部分,虽然个人安宁利益与其他的隐私利益之间存在区别,且其客体具有一定的特殊性,但该权利不宜作为一项单独的权利而存在,其和隐私一样均可以统摄在私生活的范围之内,故将其视为特殊隐私权,在本法人格权编中予以规定。①

私人生活安宁是尊重人格尊严的体现,本条规定的私人生活安宁是狭义概念,侵犯私人生活安宁的行为主要是本法第1033条所规定的"以电话、短信、即时通讯工具、电子邮件、传单等方式侵扰他人的生活安宁"的行为。广义的生活安宁还包括了跟踪、偷窥等。

(二)生活秘密

生活秘密类型的隐私,主要强调的是私密性,与生活安宁类型的隐私有所不同。私密性一直以来都是隐私权最重要的属性。所谓生活秘密,是指不愿为他人知晓的私密空间、私密活动、私密信息。

1. 私密空间

私密空间是指个人的隐秘范围,包括个人的居所、私家车、日记、邮箱、衣服口袋、身体私密部位及宾馆客房等。英美法谚认为"一个人的家就是他的城堡"(a man's home is his castle)②,总体而言,私密空间是对"家"的概念的引申和发展。

2. 私密活动

私密活动是指自然人所进行的与公共利益无关的个人活动,包括日常生活、家庭生活、婚姻活动及性生活等。

3. 私密信息

私密信息是指通过特定形式体现出来的有关自然人的病历、财产状况、身体缺陷、生物识别信息、行踪信息等个人信息。对于私密信息的确定,实践中一般结合三个方面的因素来确定:一是私人性;二是主客观结合性;三是发展性。判断私密信息适用规则一般结合本法中的个人信息条款来共同确定。

三、侵害隐私权的方式

侵害隐私权的具体方式包括刺探、侵扰、泄露、公开他人的生活秘密或者生活安宁。

---

① 参见王利明:《生活安宁权:一种特殊的隐私权》,载《中州学刊》2019年第7期。
② Semaynes's Case, 77 Eng. Rep. 194 [KB 1604]。

四、隐私权的发展历史

9　　隐私权概念的起源可追溯至 1890 年发表于《哈佛法律评论》的《论隐私权》一文，作者为美国人沃伦和布兰代斯。此后，隐私权在美国及全世界各地蓬勃发展，成为 20 世纪发展最为迅速的一项权利。《美国侵权法第二次重述》中，吸收了著名学者威廉·普罗塞（William Prosser）对隐私侵权行为的类型化，将侵害隐私归纳为：侵入私人空间、利用他人姓名或形象、公开他人私生活和公开他人的不实形象。①

10　　我国民法规范隐私权问题经历了一个过程，1986 年的原《民法通则》未明确规定隐私，隐私被纳入名誉权中进行保护，1988 年原《民通意见（试行）》中，首次提出了"以书面、口头等形式宣扬他人的隐私，或者捏造事实公然丑化他人人格，以及用侮辱、诽谤等方式损害他人名誉，造成一定影响的，应当认定为侵害公民名誉权的行为"。2005 年修改《妇女权益保障法》时，第一次使用了隐私权的用语。2009 年的原《侵权责任法》将隐私明确作为一项受保护的民事权益固定在第 2 条第 2 款，隐私权的地位才在民事基本法中得以确认。②

五、隐私权的商业化利用

11　　主流观点对此持否定态度，隐私权与肖像权、姓名权等标表型人格权不同，具有相当的伦理性和情感性，不宜鼓励自然人将自己的隐私用于商业目的。③

第一千零三十三条　【侵害隐私权的行为】除法律另有规定或者权利人明确同意外，任何组织或者个人不得实施下列行为：

（一）以电话、短信、即时通讯工具、电子邮件、传单等方式侵扰他人的私人生活安宁；

（二）进入、拍摄、窥视他人的住宅、宾馆房间等私密空间；

（三）拍摄、窥视、窃听、公开他人的私密活动；

（四）拍摄、窥视他人身体的私密部位；

（五）处理他人的私密信息；

（六）以其他方式侵害他人的隐私权。

---

①　William L. Prosser, Privacy, California Law Review 48, no. 3 (Aug. 1960): 383 - 423.

②　参见黄薇主编：《中华人民共和国民法典人格权编解读》，中国法制出版社 2020 年版，第 193 页。

③　参见王利明、程啸、朱虎：《中华人民共和国民法典人格权编释义》，中国法制出版社 2020 年版，第 355 页。

一、侵害隐私权的行为方式

本条是关于侵害他人隐私权的主要行为的规定。在隐私权基本规范的基础上,通过行为列举的方式,明确了不得实施的六类行为。其中最后一项为兜底条款,涵盖上文所列举无法包含的生活中侵犯隐私权的情形。

(一)侵扰私人生活安宁

通说将私生活安宁分为三种类型:其一,日常生活安宁;其二,住宅安宁;其三,通信安宁。① 前两者是传统意义上的生活安宁,包括禁止跟踪骚扰等行为,以及不得无故在他人门外喧哗、吵闹等行为。

本条第1项所强调的"电话、短信、即时通讯工具、电子邮件、传单等方式",主要针对的是通信安宁的情形,这是现代信息社会现代人所面临的最为严重的侵扰行为。比如,通过电话不断骚扰并推销汽车保险的行为;②网络购物节期间大量的垃圾短信、垃圾邮件等推销行为。

(二)侵害私密空间

私密空间是与公共空间相对应的概念,其范围包括自然人居住的住宅等居所,还包括自然人使用的特定空间,如办公室、研究室、宾馆房间、学生宿舍等。也可以拓展延伸至自然人所有或短时占有的车辆、餐厅包间等。

本条第2项强调"进入、拍摄、窥视他人的住宅、宾馆房间等"私密空间构成侵犯他人隐私权,并不意味着公共空间中就没有隐私的存在,如情侣在公共广场、民用航空器等公共场合有举止过密的行为,若有人利用私人摄像头记录并传播,依然构成对自然人隐私的侵犯。

(三)侵害私密活动

私密活动是指自然人不愿为人所知的活动,如夫妻生活、家庭日常生活、朋友聚会、亲朋好友之间的私密对话等。无论基于何种目的,只要"拍摄、窥视、窃听、公开"私密活动的行为未经法律法规授权或权利人的同意,就构成对隐私权的侵害。

实践中典型的行为是在离婚诉讼中,一方当事人雇用私家侦探偷拍、窃听另一方的日常活动和日常对话,并作为婚姻关系存续期间违反夫妻忠实义务的证据呈交法庭,在该情形下,法庭是否应该采信该证据?被偷拍和窃听的一方当事人是否可以以侵犯隐私权起诉另一方?对此,首先,偷拍和窃听确实侵犯了隐私权。但侵犯隐私权的证据是否应该一概排除?2001年最高

---

① 参见王利明:《人格权法研究》(第三版),中国人民大学出版社2018年版,第591页。
② 参见罗某诉保险公司隐私权纠纷案(侵害公民个人信息的赔偿责任),湖南省郴州市北湖区人民法院民事判决书(2014)郴北民二初字第947号,载《人民司法·案例》2016年第29期。

人民法院颁布的《民事诉讼证据解释》认为,以侵害他人合法权益或者违反法律禁止性规定的方法取得的证据,不得作为认定案件事实的依据。该规定过于严苛。事实上,在实践中,法院并不会动辄以侵害他人权益为由否定以违法方式取得的证据能力,①而是会根据双方当事人的身份、职业、该证据对认定案件事实的重要性等综合予以考量,并视证据之取得是否符合比例原则加以确定。

（四）侵害身体私密部位

8　　自然人的身体的私密部位,属于自然人的身体隐私,尤其是性器官。"拍摄、窥视他人身体的私密部位",无论是在私密空间还是公共空间,也无论是否涉及自然人的私密活动,均构成侵犯隐私。

9　　比如加拿大法院曾经有过判例,某教师在所用钢笔上安装摄像头,专门用以拍摄女学生的胸部和脸部特写。一审、二审法院均认为被告无罪,因为学生对在公开场合的行为并无合理隐私期待,学校本身也安装了安全录像设备。但是加拿大最高法院认为虽然教室属于公共空间,但学生有理由期待胸部和脸部这些私密部位不被这种形式所记录,观察和记录这些部位都可能构成侵犯隐私。②

（五）处理私密信息

10　　私密信息是现代社会侵害隐私权最为重要的一种方式,私密信息的范围极为广泛,只要是自然人不愿为他人知晓的信息,包括婚姻信息、人生经历、兴趣爱好、性取向等,甚至还可能包括读书时长和阅读清单③。

11　　处理私密信息中的"处理"一词,应当结合本法第1035条第2款来理解,包括对私密信息的收集、存储、使用、加工、传输、提供、公开等行为。

（六）以其他方式侵害他人的隐私权

12　　该项主要是为了应对现实生活中层出不穷的新型侵害隐私权的形式而规定,如利用手机app软件跟踪某人,或者是利用人脸识别技术分析人的性格、情绪等。

---

① 参见王利明、程啸、朱虎:《中华人民共和国民法典人格权编释义》,中国法制出版社2020年版,第375页。

② Lisa R. Lifshitz, Canada Supreme Court Rules That Privacy is Not An "All - or - Nothing Concept", https://businesslawtoday.org/2019/03/canada - supreme - court - rules - privacy - not - nothing - concept/ (last visit Sep. 3, 2021).

③ 参见黄某与被告腾讯科技（深圳）有限公司广州分公司、腾讯科技（北京）有限公司隐私权、个人信息权益网络侵权责任纠纷案,北京互联网法院民事判决书(2019)京0491民初16142号。

二、例外情形

法律另有规定或者权利人明确同意的情形属于例外。前者如公安机关根据刑法、刑事诉讼法的规定,监控、跟踪嫌疑人,或者是医院根据传染病防治法的规定,将疑似病人的患者信息披露给有关机关等。后者如自然人同意商家以电子邮件或者短信等方式发送或推送广告。

三、法律效果

任何属于本条列举的行为,理论上都属于侵害隐私权,但因隐私利益系生命权、身体权和健康权以外的人格利益,因此考虑行为人承担责任时,需结合本法第 998 条,考虑行为人和受害人的职业、影响范围、过错程度,以及行为的目的、方式、后果等因素。

四、证明责任

被侵权人应当证明:1. 被告为实施该行为的当事人,并证明自己受到了侵害;2. 若因被告行为导致受损,被侵权人需证明损害的存在;3. 侵害隐私权适用过错责任原则,需证明被告主观上存在过错;4. 证明被告的行为与原告的损害之间存在因果关系。

对于是否获得了权利人同意或者有其他法律另有规定的事由,应当由被告负证明责任。

第一千零三十四条 【个人信息保护】自然人的个人信息受法律保护。

个人信息是以电子或者其他方式记录的能够单独或者与其他信息结合识别特定自然人的各种信息,包括自然人的姓名、出生日期、身份证件号码、生物识别信息、住址、电话号码、电子邮箱、健康信息、行踪信息等。

个人信息中的私密信息,适用有关隐私权的规定;没有规定的,适用有关个人信息保护的规定。

一、规范意旨

本条界定了个人信息的定义以及隐私与个人信息的关系。本条第 1 款与本法第 111 条呼应,明确了自然人的个人信息受法律保护。

二、构成要件

对于个人信息的定义,理论界存在三种学说,一是关联说,根据该说,个人信息是任何与自然人有关联的信息。二是隐私权说,即个人信息是隐私权的一种——信息隐私,该说不区分隐私权与个人信息权益,主要为以美国为代表的国家所采纳。三是识别说,即个人信息是指能够直接或者间接识别特定自然人的信息。我国民法典对个人信息的定义采识别说,首先是因为该学说目前是学界是各国采纳的主流观点,为欧盟、日本、韩国等组织或国家所采用。其次识别说的主要优点在于突出了"识别性"作为个人信息的核心要件，比起关联到特定个人而言更加直接，适用上具有清晰、明了的特点，只要能直接或者间接识别特定个人的，都属于个人信息。直接识别包括通过姓名、身份证号等直接识别符的识别；间接识别是指虽然不能单独通过某一信息识别某人，但是该信息有助于确定某人的身份。①

个人信息的构成要件有三：一是识别性，这是个人信息的核心要件；二是以电子或者其他方式记录，明确了个人信息的载体，系个人信息的形式要件；三是主体要件，个人信息的主体只能是自然人，法人和非法人组织无法成为个人信息的主体。

三、个人信息与隐私的关系

学界对于个人信息与隐私的关系，主要有两种观点，一种认为隐私包含了个人信息，应当采用隐私权涵盖对个人信息的保护，主要参考的是美国模式；另一种则认为个人信息与隐私之间是交叉关系，因为客体上私密信息同时受到个人信息权益和隐私权的保护。主流观点支持后者。

四、法律效果

在处理私密信息时，首先应当适用有关隐私权的规定；没有规定的，才能适用有关个人信息保护的规定。

第一千零三十五条 【个人信息处理】 处理个人信息的，应当遵循合法、正当、必要原则，不得过度处理，并符合下列条件：

（一）征得该自然人或者其监护人同意，但是法律、行政法规另有规定的除外；

（二）公开处理信息的规则；

（三）明示处理信息的目的、方式和范围；

（四）不违反法律、行政法规的规定和双方的约定。

个人信息的处理包括个人信息的收集、存储、使用、加工、传输、提供、公开等。

第一千零三十六条 【处理个人信息的免责事由】 处理个人信息，有下列情形之一的，行为人不承担民事责任：

（一）在该自然人或者其监护人同意的范围内合理实施的行为；

（二）合理处理该自然人自行公开的或者其他已经合法公开的信息，但

---

① 参见黄薇主编：《中华人民共和国民法典人格权编解读》，中国法制出版社2020年版，第209页。

是该自然人明确拒绝或者处理该信息侵害其重大利益的除外；

(三)为维护公共利益或者该自然人合法权益,合理实施的其他行为。

一、规范意旨

本条构建了自然人与信息处理者之间的基本权利义务框架,明确处理个人信息不承担责任的特定情形,合理平衡保护个人信息与维护公共利益之间的关系。①

二、构成要件

(一)行为

侵害个人信息的行为仅限于侵害个人信息的权益的行为,并不包括利用个人信息侵害生命权、健康权、身体权、财产权的行为。也就是说,该行为的主要目的和主要后果在于侵害了受害人的个人信息。主要表现为以下几类：1. 非法收集个人信息；2. 泄露、毁损、丢失个人信息；3. 非法利用个人信息；4. 非法泄露或者买卖个人信息；5. 其他侵害个人信息的行为。②

(二)过错

本法对个人信息侵权适用的是过错责任原则。但实践中,法院对于侵权人过错的认定基本上采取了客观化的判断标准,即依据法律关于个人信息保护的义务性规范直接将侵权人违反此等法律义务之行为视作有过错的行为,即把违法视为过失。③

(三)因果关系

加害人实施侵害自然人个人信息权益的加害行为,受害人的权益被侵害与加害人的行为之间存在相当因果关系。目前法院为减轻受害人的证明责任,往往采用"高度可能性"的判断标准。④

(四)损害

原告要求被告承担侵权赔偿责任,必须证明自己因个人信息权益受侵害造成的损害。

三、免责事由

除侵权责任中的一般性免责事由外,本条对侵害个人信息权益的民事责

---

① 参见王晨 2020 年 5 月 22 日在第十三届全国人民代表大会第三次会议上《关于〈中华人民共和国民法典(草案)〉的说明》。

② 参见王利明、程啸、朱虎：《中华人民共和国民法典人格权编释义》,中国法制出版社 2020 年版,第 435—436 页。

③ 同上注,第 433 页。

④ 参见申某与上海携程商务有限公司,支付宝(中国)网络技术有限公司侵权责任纠纷案,北京市朝阳区人民法院民事判决书(2018)京 0105 民初 36658 号。

任规定了特殊的免责事由,包括:

(一)同意的免责

在该自然人或者其监护人同意的范围内合理实施的行为免责,超出了同意的范围或者没有超出同意范围但并未合理实施处理行为,依然不构成免责。

(二)处理已经合法公开的信息免责

合理处理该自然人自行公开的或者其他已经合法公开的信息,原则上是自由的,也不再需要自然人的同意。但是该自然人明确拒绝或者处理该信息侵害其重大利益的除外,也就是说自然人对其已经合法公开的信息依然有一定的控制权,并且如果未合理处理导致自然人重大利益被侵害,处理者也不构成免责。

(三)维护公共利益或合法利益的免责

维护公共利益的情形范围比较广泛,如新冠疫情期间为公共利益披露疑似患者的行程,或是为了舆论监督披露自然人的学习和求职经历等。对合法利益的维护,主要是指为维护自然人的高阶法益而处理个人信息的行为,如某人生命垂危,必须查看其过往病史,但无法获得其个人或其家人之同意,紧急情形下处理其个人信息的行为。

四、证明责任

免责事由的证明责任,应当由信息处理者承担。

第一千零三十七条 【信息自决】自然人可以依法向信息处理者查阅或者复制其个人信息;发现信息有错误的,有权提出异议并请求及时采取更正等必要措施。

自然人发现信息处理者违反法律、行政法规的规定或者双方的约定处理其个人信息的,有权请求信息处理者及时删除。

第一千零三十八条 【个人信息安全】信息处理者不得泄露或者篡改其收集、存储的个人信息;未经自然人同意,不得向他人非法提供其个人信息,但是经过加工无法识别特定个人且不能复原的除外。

信息处理者应当采取技术措施和其他必要措施,确保其收集、存储的个人信息安全,防止信息泄露、篡改、丢失;发生或者可能发生个人信息泄露、篡改、丢失的,应当及时采取补救措施,按照规定告知自然人并向有关主管部门报告。

本条主要规定了信息处理者的法定义务。主要包括了以下几类情形:

一、不得泄露或者篡改、非法提供个人信息的义务

(一)不得泄露

即信息处理者应当妥善保管其收集、存储的个人信息。

(二)禁止篡改

该义务应当和本法第1037条自然人的异议更正权结合起来,信息处理者不仅不能主动篡改个人信息,对自然人提出的更正请求权,还应当配合予以修正,这均是为了确保信息的正确和完整。

(三)禁止向他人非法提供

泄露和提供之间的区别在于,泄露面向的是不特定的公众,而提供限于特定第三人,合法的提供包括经过信息主体同意的提供或者是符合法律法规的提供,而"非法"的提供是法律所禁止的。至于"经过加工无法识别特定个人且不能复原的除外",经过加工无法识别且不能复原的标准,本法未作出规定,留待后续的单行法来明确。

二、采取技术措施和其他必要措施保证个人信息安全的义务

对于技术措施和其他措施的适当性及必要性,本法没有明确规定。《网络安全法》《个人信息保护法》《计算机信息系统安全保护条例》等法律法规中对此有更为详细的规定,在认定是否已经尽到其应尽的义务的时候,应当参照其他法律法规中的有关规定。

三、补救和报告的义务

补救和报告义务并非免责条款,即便履行了补救和报告的义务,也不免除信息处理者的侵权责任。①

第一千零三十九条 【公职机构与人员的个人信息保密义务】国家机关、承担行政职能的法定机构及其工作人员对于履行职责过程中知悉的自然人的隐私和个人信息,应当予以保密,不得泄露或者向他人非法提供。

---

① 参见王利明、程啸、朱虎:《中华人民共和国民法典人格权编释义》,中国法制出版社2020年版,第467页。

第五编
婚姻家庭

第一章 一般规定

第一千零四十条 【婚姻家庭编调整范围】本编调整因婚姻家庭产生的民事关系。

第一千零四十一条 【婚姻制度】婚姻家庭受国家保护。

实行婚姻自由、一夫一妻、男女平等的婚姻制度。

保护妇女、未成年人、老年人、残疾人的合法权益。

第一千零四十二条 【婚姻自由；禁止重婚；禁止家庭暴力】禁止包办、买卖婚姻和其他干涉婚姻自由的行为。禁止借婚姻索取财物。

禁止重婚。禁止有配偶者与他人同居。

禁止家庭暴力。禁止家庭成员间的虐待和遗弃。

第一千零四十三条 【倡导家庭美德】家庭应当树立优良家风，弘扬家庭美德，重视家庭文明建设。

夫妻应当互相忠实，互相尊重，互相关爱；家庭成员应当敬老爱幼，互相帮助，维护平等、和睦、文明的婚姻家庭关系。

第一千零四十四条 【收养原则】收养应当遵循最有利于被收养人的原则，保障被收养人和收养人的合法权益。

禁止借收养名义买卖未成年人。

第一千零四十五条 【亲属、近亲属及家庭成员】亲属包括配偶、血亲和姻亲。

配偶、父母、子女、兄弟姐妹、祖父母、外祖父母、孙子女、外孙子女为近亲属。

配偶、父母、子女和其他共同生活的近亲属为家庭成员。

一、亲属

亲属是基于婚姻、血缘和法律拟制而形成的社会关系。[1] 现代各国对亲属有两种分类方法：一是将亲属分为血亲和姻亲两种，如德国、瑞士；[2]二是分为血亲、姻亲和配偶三种，如日本、韩国。立法机关经研究认为，现代亲属法以男女平等为原则，男女结婚后人格独立，平等享有权利、承担义务。配偶在亲属关系中处于核心地位，位居近亲属的首位。因此，配偶应作为单独一类而且作为首位与血亲、姻亲并列。[3]

配偶是基于结婚而产生的亲属关系，也称为夫妻关系。

血亲分为自然血亲与拟制血亲。自然血亲关系基于出生的法律事实而产生。拟制血亲关系因收养行为或者在形成扶养关系的继父母与继子女之间产生。

姻亲是以婚姻关系为媒介而产生的亲属关系。

亲属关系一经形成便在具有亲属身份的主体之间产生法定的权利和义务。

二、近亲属

近亲属的范围包括配偶和具有权利义务关系的血亲。姻亲之间无法定权利义务关系，他们之间在特定情形中产生的权利义务关系，可以作特别规定，如本法第1129条规定丧偶儿媳、女婿对公婆、岳父母尽了主要赡养义务的享有继承权，但不宜一般地规定为近亲属。[4]

三、家庭成员

家庭成员应是近亲属。有的近亲属如配偶、父母、子女，当然是家庭成员，即使已经不在一起共同生活，也仍是家庭成员。其他近亲属，如兄弟姐妹、祖父母、外祖父母、孙子女、外孙子女，如在一个家庭中共同生活，应当属于家庭成员，如不在一起生活，就不属于家庭成员。[5]

共同生活是指长久地同居在一起共同生活，而不是短期的、临时性的共同生活。

---

[1] 参见夏吟兰、李丹龙：《民法典婚姻家庭编亲属关系通则立法研究》，载《现代法学》2017年第5期。
[2] 《德国民法典》第1589条规定了血亲，第1590条规定了姻亲；《瑞士民法典》第20条规定了血亲，第21条规定了姻亲。
[3] 参见黄薇主编：《中华人民共和国民法典释义（下）》，法律出版社2020年版，第1949页。
[4] 同上注，第1953页。
[5] 同上注，第1954页。

第二章 结　婚

第一千零四十六条　【结婚自愿】结婚应当男女双方完全自愿，禁止任何一方对另一方加以强迫，禁止任何组织或者个人加以干涉。

第一千零四十七条　【法定婚龄】结婚年龄，男不得早于二十二周岁，女不得早于二十周岁。

第一千零四十八条　【禁止结婚的情形】直系血亲或者三代以内的旁系血亲禁止结婚。

第一千零四十九条　【结婚登记】要求结婚的男女双方应当亲自到婚姻登记机关申请结婚登记。符合本法规定的，予以登记，发给结婚证。完成结婚登记，即确立婚姻关系。未办理结婚登记的，应当补办登记。

第一千零五十条　【男女双方互为家庭成员】登记结婚后，按照男女双方约定，女方可以成为男方家庭的成员，男方可以成为女方家庭的成员。

第一千零五十一条　【婚姻无效的事由】有下列情形之一的，婚姻无效：
（一）重婚；
（二）有禁止结婚的亲属关系；
（三）未到法定婚龄。

一、规范意旨

婚姻无效与合同无效在价值结构和立法目标上均存在重大差异。[1]　总则编中的法律行为规则通常不适用于婚姻无效制度。当事人以本条规定的三种无效婚姻以外的情形请求确认婚姻无效的，人民法院应当判决驳回当事人的诉讼请求。[2]

二、婚姻无效的事由

（一）重婚

一夫一妻制是我国婚姻家庭制度的原则。重婚行为不仅严重违背公序良俗，更不利于婚姻家庭和谐与社会稳定，因此，立法对其予以否定性评价。

重婚，是指有配偶的人又与他人登记结婚的违法行为，或者明知他人有配偶而与他人登记结婚的违法行为。本条重婚含义不同于刑法中的重婚罪，

---

[1] 参见申晨：《论婚姻无效的制度构建》，载《中外法学》2019年第2期。
[2] 参见《民法典婚姻家庭编解释（一）》第17条。

其不包括已婚者与第三人以夫妻名义对外同居生活。

(二)有禁止结婚的亲属关系

有禁止结婚的亲属关系包括直系血亲和三代以内的旁系血亲,直系血亲还应包括拟制直系血亲。

(三)未到法定婚龄

根据本法第1047条规定,法定婚龄为男22周岁,女20周岁。

三、婚姻无效宣告

(一)宣告婚姻无效的机关

一般而言,无效的法律行为当然无效,无需宣告。但我国婚姻无效采宣告无效制度。具体而言,婚姻无效应当向人民法院提起,由人民法院依法作出宣告婚姻无效的判决。

(二)申请宣告婚姻无效的主体

请求确认婚姻无效的主体,包括婚姻当事人及利害关系人。其中利害关系人包括:1. 以重婚为由的,为当事人的近亲属及基层组织;2. 以未到法定婚龄为由的,为未到法定婚龄者的近亲属;3. 以有禁止结婚的亲属关系为由的,为当事人的近亲属。①

第一千零五十二条 【胁迫婚姻】因胁迫结婚的,受胁迫的一方可以向人民法院请求撤销婚姻。

请求撤销婚姻的,应当自胁迫行为终止之日起一年内提出。

被非法限制人身自由的当事人请求撤销婚姻的,应当自恢复人身自由之日起一年内提出。

一、规范意旨

婚姻可撤销制度的调整对象是针对意思表示有瑕疵的结婚行为。通过有撤销权的当事人行使撤销权,使已经发生法律效力的婚姻关系失去法律效力。结婚行为属于身份法律行为,法律对其效力的评价不仅以意思自由为主导价值,除此以外,还要兼顾家庭伦理及婚姻的稳定性。《民法典》仅规定了两种可撤销婚姻的情形:胁迫婚姻和隐瞒重大疾病的婚姻。

二、胁迫婚姻的构成要件

(一)胁迫行为人不限于婚姻当事人

实施胁迫行为的人并不局限于婚姻的一方当事人,还包括第三人,实践中常见的第三人为受胁迫方或者婚姻另一方当事人的父母、近亲属等。

---

① 参见《民法典婚姻家庭编解释(一)》第9条。

(二)受胁迫的人亦不限于婚姻当事人

3　　受胁迫的人除了婚姻的一方当事人,还包括婚姻当事人的近亲属。胁迫的内容包括对当事人及其近亲属的生命、身体健康、名誉、财产等方面造成损害为要挟,[1]不论是身体上的强制抑或精神上的控制,只要是能够对受胁迫者的自由意志产生影响,使其违背自由意志而结婚的,都构成胁迫。[2]

三、法律效果

4　　受胁迫一方的婚姻当事人本人,自胁迫行为终止之日起或自身恢复人身自由之日起,一年内有权向人民法院请求撤销婚姻。

四、证明责任

5　　受胁迫的当事人需就胁迫事实承担证明责任。

第一千零五十三条　【隐瞒疾病的可撤销婚姻】一方患有重大疾病的,应当在结婚登记前如实告知另一方;不如实告知的,另一方可以向人民法院请求撤销婚姻。

请求撤销婚姻的,应当自知道或者应当知道撤销事由之日起一年内提出。

一、规范意旨

1　　民法理论中,胁迫与欺诈在影响法律行为效力方面,往往具有同等地位。但欺诈并未列为婚姻可撤销的一般事由,立法仅规定隐瞒重大疾病的欺诈行为可撤销。立法者的理由是,受欺诈方可以夫妻感情破裂为由,通过离婚解除婚姻关系。[3]

二、构成要件

(一)疾病须重大

2　　撤销疾病婚的范围仅限于重大疾病。关于重大疾病的类型,立法者并未列举明示。毋庸置疑的有三类:1. 严重遗传性疾病;2. 指定传染病(如艾滋病、淋病);3. 有关精神病。婚前一方知晓自身患有上述疾病的,无论该疾病发病程度是否严重,均视为符合本条规定的重大疾病,患病一方均有告知义务。[4]

---

[1]　参见《民法典婚姻家庭编解释(一)》第18条。
[2]　参见最高人民法院民法典贯彻实施工作领导小组主编:《中华人民共和国民法典婚姻家庭编继承编理解与适用》,人民法院出版社2020年版,第91页。
[3]　参见黄薇主编:《中华人民共和国民法典释义(下)》,法律出版社2020年版,第1968页。
[4]　参见最高人民法院民法典贯彻实施工作领导小组主编:《中华人民共和国民法典婚姻家庭编继承编理解与适用》,人民法院出版社2020年版,第100页。

其他重大疾病的认定可根据个案分析。最高院认为,所谓"重大疾病"应按照该疾病是否足以影响另一方当事人决定结婚的自由意志或者是否对双方婚后生活造成重大影响的标准严格把握。①

(二)患病方须婚前知晓

所谓婚前知晓,指在办理结婚登记手续之前,患病一方就自身所患疾病有过医学诊断或进行过诊疗救治。

(三)未履行告知义务

履行告知义务,指对方对患病事实并不知情,患病一方应在结婚登记前将自己患病的事实如实告知另一方当事人。若患病一方虽告知患病事实,但隐瞒或未如实告知所患疾病发展程度,则仍应视为未履行婚前如实告知义务。②

三、法律效果

婚姻一方隐瞒自身患有重大疾病的,另一方自知道或者应当知道撤销事由之日起一年内有权向人民法院请求撤销婚姻。婚姻被撤销的具体法律后果参见本法第1054条。

四、证明责任

主张婚姻可撤销的当事人须就疾病婚的构成要件承担证明责任。

第一千零五十四条 【婚姻无效和被撤销的法律后果】无效的或者被撤销的婚姻自始没有法律约束力,当事人不具有夫妻的权利和义务。同居期间所得的财产,由当事人协议处理;协议不成的,由人民法院根据照顾无过错方的原则判决。对重婚导致的无效婚姻的财产处理,不得侵害合法婚姻当事人的财产权益。当事人所生的子女,适用本法关于父母子女的规定。

婚姻无效或者被撤销的,无过错方有权请求损害赔偿。

一、婚姻无效和撤销概述

(一)婚姻的法律性质及本质

1. 婚姻的性质

结婚是以共同终身生活为目的的法律行为。不同于财产法上的行为,其属于身份法上的行为。结婚合意(Ehekonsens)亦不同于夫妻财产合同(Ehevertrag)。③ 我国有学者将前者称为形成行为,将后者称为附随行为。

---

① 参见最高人民法院民法典贯彻实施工作领导小组主编:《中华人民共和国民法典婚姻家庭编继承编理解与适用》,人民法院出版社2020年版,第102页。
② 同上注,第101页。
③ Vgl. Dieter Schwab, Familienrecht, 28. Aufl., 2020, § 14 Rn. 64.

二者均属于身份法上的法律行为。所谓形成行为,指直接以一定亲属身份的建立或解除为目的的身份法律行为,其无效和可撤销不同于一般的民事法律行为(参见第1051条和1052条之评注)。所谓附随行为,指基于身份关系订立的财产合同。附随行为的生效应以形成行为的生效为前提。① 附随行为虽属于身份法上的法律行为,但其无效或可撤销则可参照一般的民事法律行为予以确定。②

2　婚姻需男女双方有结婚之合意,并履行法定结婚之程序。③ 只要婚姻④有效缔结,就立即产生婚姻法上的效果,无论当事人内心是否期望这种法律效果。结婚需要男女双方合意才能达成,但结婚当事人不能就合意的条款任意约定,诸如夫妻相互扶养等义务是法律强制性规范所规定的,不容选择。⑤

2. 婚姻的本质

3　夫妻互负共同生活之义务,并相互负责乃婚姻之本质。正确认识结婚行为之本质有助于区别行为之动机及行为之内容。例如男方向女方吹嘘自己经常出入上层社会,认识著名的歌星和球星等。两人结婚后,妻子发现他所说并非实情。即使这种欺诈对结婚合意的作出有决定性意义,即女方知道实情后不会结婚,婚姻也不能废止。因为欺诈作为婚姻可撤销事由时,限于因欺诈所致的认识错误必须和婚姻的本质有关系。⑥

(二)欠缺婚姻要件的立法规制

4　从比较法上看,对欠缺结婚要件的婚姻有两种规制模式,一是无效制度,二是可撤销制度。有的国家立法上只选择其中一种规制模式,有的国家则二者并用。比如瑞士只有无效婚姻制度⑦,而德国则不设婚姻无效制度,仅设

---

① 参见许莉主编:《婚姻家庭继承法学》(第三版),北京大学出版社2019年版,第18页。
② 同上注,第20页。
③ 本法第1046条规定,"结婚应当男女双方完全自愿",就是结婚当事人的合意;第1049条规定,"完成结婚登记,即确立婚姻关系",当事人的结婚合意须经登记方发生配偶权的法律关系。参见杨立新:《民法典婚姻家庭编完善我国亲属制度的成果和司法操作》,载《清华法学》2020年第3期。
④ 从比较法看,德国法通说认为,有效的婚姻既需要缔结合同,也需要满足法定的行为要件(Form der Eheschließung)。申言之,结婚行为(Eheschließungsakt)有两层含义,一是当事人的缔结合同,即婚姻之合意,二是在民事身份登记官那里完成登记、审查程序。结婚行为法(Eheschließungsrecht)中的特别规定排除民法总则有关法律行为的一般规定。Vgl. Dieter Schwab, Familienrecht, 28. Aufl., 2020, §14Rn. 64.
⑤ 参见许莉主编:《婚姻家庭继承法学》(第三版),北京大学出版社2019年版,第5页。
⑥ 参见[德]迪特尔·施瓦布:《德国家庭法》,王葆莳译,法律出版社2010年版,第49页。
⑦ 参见《瑞士民法典》,戴永盛译,该法第104条规定,在民事身份登记官面前所缔结的婚姻,仅得依本节所规定的原因,宣告其无效。

可废止婚姻制度。① 日本和英国在立法上同时采用无效婚姻制度和可撤销婚姻制度。我国立法亦采纳双轨制。

婚姻无效制度包括无效婚姻和可撤销婚姻。一般而言,无效婚姻的宣告是溯及既往的,自始无效。② 可撤销婚姻则不溯及既往,只是从撤销时起废止该婚姻的效力。各国的可撤销制度之所以不具有溯及力,有两种考量。一是尊重婚姻的事实先在性,二是保护善意当事人以及妇女、儿童权益。③

我国无效婚姻和可撤销婚姻的法律效果相同,即婚姻自始没有法律约束力。立法者给出的理由是以下三点:1. 我国无效婚姻或可撤销婚姻的子女皆同婚生子同样对待。即使婚姻自始无效,从逻辑上可认为是非婚生子女,但社会上并不认为是私生子,并不存在歧视问题,也不存在抚养问题,亲生父母的抚养义务与婚生子女并无不同。2. 无论是无效婚姻还是可撤销婚姻,财产的问题依双方协议,协议不成,由法院根据照顾无过错方的原则裁判。另外婚姻无效或者被撤销的,无过错方有权请求损害赔偿。3. 婚姻自始无效符合当事人意愿,公众对自始无效的规定并无异议。④ 综上可知,婚姻撤销的溯及力问题不影响对同居期间的财产利益和子女利益保护的相关法律后果之规定。

(三) 无效婚姻和可撤销婚姻的认定

无效婚姻和可撤销婚姻的认定,应以无效和撤销原因的现实存在为依据。如果当事人在结婚时具有婚姻无效和撤销的原因,在无效或可撤销原因消失后,不得再确认该婚姻无效或可撤销。⑤

二、婚姻无效和被撤销的法律后果

婚姻无效或者被撤销后,当事人之间的婚姻自始没有法律效力,双方共同生活期间的关系定性为同居关系。其法律后果主要有以下几个方面:

---

① 1998 年的《重新规定结婚法的法律》进一步缩小了婚姻禁止原因的范围,废除了有关无效婚姻的规定,在《德国民法典》中只保留了面向未来生效的婚姻废止,作为对违反婚姻禁止原因的依据。其中违反血统关系和重婚的婚姻禁止原因,会导致婚姻可废止。参见[德]迪特尔·施瓦布:《德国家庭法》,王葆莳译,法律出版社 2010 年版,第 53 页。

② 瑞士的无效婚姻不具有溯及力且其效力准用离婚效力制度。参见《瑞士民法典》,戴永盛译,该法第 109 条第 2 款规定:裁判上的无效宣告对于夫妻双方及其子女的效力,参照适用关于离婚的规定。

③ 参见马忆南:《民法典视野下婚姻的无效和撤销——兼论结婚要件》,载《妇女研究论丛》,2018 年第 3 期。

④ 参见黄薇主编:《中华人民共和国民法典释义(下)》,法律出版社 2020 年版,第 1972 页。

⑤ 参见《民法典婚姻家庭编解释(一)》第 10 条。

(一)当事人之间的人身法律关系

9　婚姻被宣告无效或者被撤销的,双方当事人之间不具有夫妻之间的人身关系,既不承担相互扶养义务(本法第1059条),也不享有配偶继承权(本法第1061条)。若婚姻被宣告无效或者被撤销之前,在同居期间一方当事人已死亡的,另一方当事人不能以配偶的身份继承对方的遗产。若符合本法第1131条规定,即"继承人以外的对被继承人扶养较多的人,可以分给适当的遗产"。①

(二)当事人之间的财产分割

10　当事人同居期间所得财产,按共同共有处理,但有证据证明为当事人一方所得的除外。② 双方共同共有财产的处置,首先尊重当事人的意思自治,由双方协议处理;不能达成协议的,人民法院在判决时,应当按照照顾无过错方的原则进行。即对无效婚姻或者可撤销婚姻的无过错一方当事人可以多分财产。但是对重婚导致婚姻无效的财产处理,不得侵害合法婚姻当事人的财产权益。界定重婚当事人共有财产的范围,应限于重婚者的个人财产。

11　这里所说的无过错方,并不是指在同居期间各方均无过错的当事人,而是指对无效婚姻、被撤销婚姻的发生并无过错的当事人。

(三)亲子关系

12　婚姻无效或被撤销后,同居期间所生子女为非婚生子女。父母与子女之间的关系适用本法第1071条。

(四)无过错方的损害赔偿请求权

13　从"无过错"一词可知,本款强调的是对善意一方当事人利益之保护。损害赔偿请求权之主体不是无效婚姻和可撤销婚姻之受害人,而是无过错的善意当事人。这里的善意指当事人对无效或可撤销事由并不知情。

14　损害赔偿请求权的前提是无过错方请求人民法院宣告婚姻无效或者撤销婚姻。当事人的身份关系未取缔之前不得主张损害赔偿救济。③

---

①　参见最高人民法院民法典贯彻实施工作领导小组主编:《中华人民共和国民法典婚姻家庭编继承编理解与适用》,人民法院出版社2020年版,第105页。
②　参见《民法典婚姻家庭编解释(一)》第22条。有学者对此司法解释提出质疑,认为应明确区分违法婚姻和合法婚姻的财产处理原则,无效婚姻或者被撤销婚姻当事人同居期间所得财产,各自的收入以及继承和受赠的财产归各自所有,同居期间共同购置的财产按照出资情况按份共有。参见吴晓芳:《〈民法典〉婚姻家庭编涉及的有关争议问题探析》,载《法律适用》2020年第21期。
③　身份关系所具有的伦理性会抑制以金钱赔偿为主要手段的损害赔偿救济措施发挥作用。参见许莉主编:《婚姻家庭继承法学》(第三版),北京大学出版社2019年版,第6页。

第三章　家庭关系

第一节　夫妻关系

第一千零五十五条　【夫妻平等】夫妻在婚姻家庭中地位平等。

第一千零五十六条　【夫妻姓名独立】夫妻双方都有各自使用自己姓名的权利。

第一千零五十七条　【夫妻人格独立】夫妻双方都有参加生产、工作、学习和社会活动的自由,一方不得对另一方加以限制或者干涉。

第一千零五十八条　【父母共同抚养教育未成年子女】夫妻双方平等享有对未成年子女抚养、教育和保护的权利,共同承担对未成年子女抚养、教育和保护的义务。

第一千零五十九条　【夫妻相互扶养义务】夫妻有相互扶养的义务。

需要扶养的一方,在另一方不履行扶养义务时,有要求其给付扶养费的权利。

一、扶养义务概述

(一)扶养义务的概念及类型

扶养是指法定的一定范围的亲属间相互供养和扶助的权利义务关系。法律上的扶养有广义和狭义之分。广义的扶养囊括了长辈亲属对晚辈亲属的抚养、同辈亲属之间的扶养和晚辈亲属对长辈亲属的赡养三种具体形态。基于扶养主体间亲属关系的亲疏远近,法律规定了不同程度和标准的扶养义务。具体而言有两种扶养义务:一是生活保持义务之扶养,如本法第1067条父母对子女的抚养义务和子女对父母的赡养义务以及本条的夫妻之间的扶养义务;二是一般生活扶助义务之扶养,如本法第1074条祖父母、外祖父母对未成年孙子女、外孙子女的抚养义务;本法第1075条兄、姐对弟、妹的扶养义务。

生活保持义务是无条件的、必须履行的,无论义务人生活是否富裕,都必须尽其所能甚至降低自己的生活水平,以履行扶养对方的义务,使受扶养人的生活水平达到与扶养人相当或接近的标准。①

3　　一般生活扶助义务是有条件的扶养：须一方无独立生活能力，并且他方有扶养能力时，才发生扶养义务。扶养义务人仅在不降低自己生活水平的限度内，给予受扶养人经济上的供养。② 参见本法第 1074 条祖父母、外祖父母对未成年孙子女、外孙子女的抚养义务；本法第 1075 条兄、姐对弟、妹的扶养义务。

（二）夫妻扶养义务的性质

4　　本条第 1 款所称的扶养义务是指夫妻相互供养和扶助的法定义务，③既包括物质上的相互帮助、相互供养，也包括精神上的相互支持、相互慰藉。④但精神上的慰藉和生活上的照顾多交织伦理和情感因素，由于家庭生活的私密性，其相关内容受道德调整较多，很多情况下无法诉诸法律强制执行。司法实践中，如果一方可以自食其力，只是双方缺乏精神上的慰藉和生活上的照顾，可依感情破裂，通过离婚途径解决。

5　　一方因身体等原因，无法自食其力，需要照顾，而另一方不履行相应扶养义务的，其可以在不解除婚姻关系的情况下，通过要求对方给付扶养费的方式解决。

6　　婚姻家庭法所调整的亲属之间的权利义务关系具有关联性，主要表现在两个方面：一是权利的行使与义务的履行具有同一性；二是权利义务关系不具有对价性。⑤ 同一性指权利义务紧密结合，难以区分。比如夫妻间的扶养义务既可以视为夫妻的权利，也可以视为夫妻的义务。基于亲属身份而产生的权利和义务相一致，但不是等价交换，不具有对价性。夫扶养妻不以妻曾扶养夫为条件。申言之，扶养费的数额不考虑双方各自支付的数额是否相等，是否构成对价，只考虑受扶养方的需要程度和扶养方的支付能力。

---

①　最高人民法院民法典贯彻实施工作领导小组主编：《中华人民共和国民法典婚姻家庭编继承编理解与适用》，人民法院出版社 2020 年版，第 133 页。

②　参见梁慧星：《中国民法典草案建议稿附理由：亲属编》，法律出版社 2013 年版，第 98 页。

③　参见黄薇主编：《中华人民共和国民法典释义（下）》，法律出版社 2020 年版，第 1983 页。

④　参见最高人民法院民法典贯彻实施工作领导小组主编：《中华人民共和国民法典婚姻家庭编继承编理解与适用》，人民法院出版社 2020 年版，第 132 页。

⑤　参见夏吟兰：《论婚姻家庭法在民法典体系中的相对独立性》，载《法学论坛》2014 年第 4 期。

二、夫妻扶养义务履行的前提和条件

(一)以婚姻存在为前提

男女双方通过缔结婚姻形成夫妻身份关系。夫妻身份意味着配偶权的存在。配偶权的具体内容包含配偶相互间的扶养请求权、夫妻相互继承遗产的权利等。

夫妻之间的扶养义务是否以同居为限,学说上存在争议。[①] 本条并未明文规定夫妻之扶养义务以"夫妻同居"或"不同居有正当理由"为要件,故本书仍持保守意见,仅以婚姻存续为要件。

(二)以一方需要扶养为条件

一方需要扶养指其个人财产不足以自足[②],现生活存在困难[③]。从现有的司法实践来看,主要由三种情形引起:一是身患疾病,无生活来源;[④]二是因精神障碍暂时丧失劳动能力,无收入来源;[⑤]三是身患疾病,收入下降。[⑥]

三、不履行扶养义务的法律效果

夫妻一方不履行扶养义务的,需要扶养的一方有权请求其给付扶养费。

四、证明责任

主张给付扶养费的当事人需就夫妻扶养义务适用之条件负担证明责任。

第一千零六十条 【日常家事代理权】夫妻一方因家庭日常生活需要而实施的民事法律行为,对夫妻双方发生效力,但是夫妻一方与相对人另有约定的除外。

夫妻之间对一方可以实施的民事法律行为范围的限制,不得对抗善意相对人。

[①] 参见高凤仙:《亲属法·理论与实务》,五南图书出版股份有限公司2019年版,第414页。

[②] 法定的夫妻扶养义务,应当在抚养权人个人财产不足时向其提供经济支持。参见陆某、王某某无因管理纠纷案,四川省高级人民法院民事裁定书(2019)川民申1101号。

[③] 参见张某与王某扶养费纠纷案,北京市高级人民法院民事裁定书(2019)京民申254号。

[④] 这里的生活来源不限于个人收入,成年子女的赡养义务亦在考虑之列。参见冯某与肖某扶养纠纷案,内蒙古自治区高级人民法院民事裁定书(2020)内民申1166号;参见范某与姜某扶养费纠纷案,北京市高级人民法院民事裁定书(2020)京民申1475号。

[⑤] 参见李某某、郭某某扶养费纠纷案,山东省济宁市中级人民法院民事判决书(2020)鲁08民终4257号。

[⑥] 参见刘某、冯某某扶养纠纷案,河南省郑州市中级人民法院民事裁定书(2020)豫01民申1489号。

一、日常家事代理权的特殊性

日常家事代理权的法律性质极其独特，几乎无法借助其他法律制度进行说明。[1] 其不同于一般民事代理，也不同于夫妻财产制中夫妻对共同财产的平等处理权。学理上关于日常家事代理权的性质主要存在代理说、机关说和家庭法特殊权力说。[2]

（一）与一般民事代理的区别

行为人为自己的行为负责，乃私法自治之体现。家事代理和一般民事代理在一定程度上扩张了意思自治的范围。根据日常家事代理制度，配偶一方以自己的名义所为的法律行为，对另一方直接发生法律效力。家事代理与一般民事代理的区别有三：1. 从适用范围上看，家事代理只适用于日常家庭生活领域，不具有普遍适用性。2. 从代理权的行使方式来看，总则编规定的代理包括意定代理和法定代理，代理人都必须以被代理人的名义实施民事法律行为。夫妻日常家事代理权的主体限于夫妻，其可以相互代理且不必言明其代理权。3. 从法律效果上讲，家事代理中的妻或者夫任一方的民事法律行为的效果由夫和妻双方共同承担；而一般民事代理中，代理人的法律行为效果原则上由被代理人承担。

（二）与本法第1062条第2款共同财产平等处理权的关系

家事代理制度在《民法典》编纂之前，其内涵由"夫或妻对共同财产平等处理权"所涵盖。[3] 二者是对婚姻家庭编男女平等原则的贯彻，即夫或妻在婚姻存续期间均有权处理共同财产。夫妻在婚姻关系存续期间所得的财产归夫妻共同所有，此规定重视夫妻作为生活共同体的一面。但不能由此证成夫妻一方的行为原则上应当由夫妻双方负责的观点。[4] 除日常生活所需外，对于家庭重大财产的处分，夫妻双方应当取得一致意见。与之交易的第三人若主张对夫妻双方均具有约束力，应当按照民法的一般原理，证明对方已经明确表示同意或者构成表见代理，即其有理由相信为夫妻双方的共同意思表示。

---

[1] 参见[德]迪特尔·施瓦布：《德国家庭法》，王葆莳译，法律出版社2010年版，第87页。

[2] 参见杨代雄：《法律行为论》，北京大学出版社2021年版，第501页。

[3] 原《婚姻法解释（一）》第17条曾在原《婚姻法》第17条"夫妻对共同所有的财产，有平等处理权"的基础上对夫妻日常家事代理权作出了解释。

[4] 参见贺剑：《论婚姻法回归民法的基本思路——以法定夫妻财产制为重点》，载《中外法学》2014年第6期。

二、日常家事代理权的构成要件

(一)以日常生活需要为条件

1. 对日常生活范围的界定

对"家庭日常生活需要"的范围,立法机关给出的界定是以国家统计局作出的城镇居民家庭消费种类为限,具体而言有食品、衣着、家庭设备用品及维修服务、医疗保健、交通通信、文娱教育及服务、居住、其他商品和服务八大类(详见第 1064 条评注边码 14)。①

2. 需要必须是适当的

适当性指交易符合家庭的经济状况和生活习惯。② 审判机关在判断某一事项是否属于家庭日常生活需要,应当考虑夫妻共同生活的状态,如夫妻双方的职业、身份、资产、收入、兴趣、家庭人数等,结合当地一般社会生活习惯予以认定。③

3. 夫妻双方之间的例外约定

本条第 2 款是夫妻之间的内部约定,一方可以对另一方的家事代理权进行限制。夫妻之间关于限制代理权的约定,不得对抗善意第三人。

所谓善意,是指相对人不知道且不应当知道夫妻之间对一方可以实施的民事法律行为的限制。④

(二)以夫妻共同生活为前提

家事代理权基于夫妻身份产生,以婚姻关系存续为前提。家事代理属于配偶权的内容,性质上是支分的身份权。⑤ 从比较法上看,家事代理权虽属于配偶权之内容,但多以配偶没有分居为前提。⑥ 司法机关在阐释家庭日常

---

① 参见黄薇主编:《中华人民共和国民法典释义(下)》,法律出版社 2020 年版,第 1987 页。

② 参见[德]迪特尔·施瓦布:《德国家庭法》,王葆莳译,法律出版社 2010 年版,第 88 页。

③ 参见最高人民法院民法典贯彻实施工作领导小组主编:《中华人民共和国民法典婚姻家庭编继承编理解与适用》,人民法院出版社 2020 年版,第 141 页。

④ 参见黄薇主编:《中华人民共和国民法典释义(下)》,法律出版社 2020 年版,第 1987 页。

⑤ 史尚宽先生将配偶权称为基本的身份权,配偶权项下的具体权利称为支分的身份权。参见史尚宽:《亲属法论》,中国政法大学出版社 2000 年版,第 36 页。

⑥ 参见《德国民法典》第 1357 条第 3 款、《瑞士民法典》第 166 条第 1 款;婚姻之共同生活的反义即为分居,夫妻一方以拒绝婚姻之共同生活,表明其不愿继续维持夫妻关系者,此为夫妻之分居。参见《德国民法典》第 1567 条。

生活需要时,亦强调夫妻共同生活及家庭共同生活中的消费。① 所谓"夫妻共同生活"不以夫妻双方是否别居异处为认定标准。有正当理由的分居不构成家事代理权消灭的原因。②

9 夫妻一方在日常家事范围内与第三人为法律行为时,不必明示其代理权,可直接以自己名义、双方名义或以配偶名义为之。这里不适用公开原则,和代理制度有所区别。③

10 当事人以配偶名义或夫妻名义实施的法律行为,若不属于家庭日常生活需要,其配偶对此是否承担责任,可类推适用表现代理规则。

三、法律效果

11 夫妻任何一方在日常家庭事务范围内所实施的法律行为,对夫妻双方都发生效力,即该法律行为所产生的法律效果归属于夫妻双方。但是夫妻任一方就其在日常家庭生活范围内所为之法律行为与第三人另有约定的,其效力依照该约定。

四、证明责任

12 主张夫妻一方实施的法律行为属于家事代理者,需就家事代理权的构成要件负担证明责任。

第一千零六十一条 【夫妻相互继承权】夫妻有相互继承遗产的权利。

第一千零六十二条 【夫妻共同财产】夫妻在婚姻关系存续期间所得的下列财产,为夫妻的共同财产,归夫妻共同所有:

(一)工资、奖金、劳务报酬;
(二)生产、经营、投资的收益;
(三)知识产权的收益;
(四)继承或者受赠的财产,但是本法第一千零六十三条第三项规定的除外;
(五)其他应当归共同所有的财产。

夫妻对共同财产,有平等的处理权。

---

① 参见最高人民法院民法典贯彻实施工作领导小组主编:《中华人民共和国民法典婚姻家庭编继承编理解与适用》,人民法院出版社2020年版,第140页。
② 参见梁慧星:《中国民法典草案建议稿附理由:亲属编》,法律出版社2013年版,第93—94页。
③ 参见[德]迪特尔·施瓦布:《德国家庭法》,王葆莳译,法律出版社2010年版,第93页。

一、夫妻财产制

（一）概念及意义

夫妻财产制是指规范夫妻婚前财产和婚后所得财产的归属、使用、管理、收益、处分和债务清偿、婚姻终止时财产的分割与清算，以及夫妻财产制的设立、变更与终止的法律制度。①

夫妻财产制兼具家庭法和财产法属性，其价值理念既有家庭共同体的一面，也有对个人意志的关注。夫妻财产制决定婚姻在"财产和财产管理"上实现多大程度的婚姻共同体。② 夫妻之间的财产关系并不全由夫妻财产制度调整。如基于婚姻行为产生的扶养义务和家事代理权直接适用相应法律规定，基于法律行为在夫妻之间形成的劳动合同和合伙合同直接适用相关合同规定。

婚姻本身并不产生夫妻财产制度上的法律效果。③婚姻追求夫妻一体、互负共同生活的义务和共同承担责任。夫妻财产制并非追求夫妻分享的财产越多越好，或者婚后所得一律共同。比如分别财产制下，婚姻原则上和配偶双方的财产没有任何关系，配偶双方的财产彼此分开。但分别财产制下也存在一定的夫妻共同体义务，如允许另一方共同占有和使用婚姻住宅及家庭用具的义务。不管何种夫妻财产制，均应在经济层面维护婚姻，让婚姻和家庭生活不受夫妻自利动机之妨碍。④

（二）法定财产制和约定财产制

以夫妻财产制的发生为依据，可分为法定财产制和约定财产制。不同国家的法定财产制模式并不相同。《德国民法典》将财产增益共有制或称剩余共同制设定为法定财产制。⑤我国《民法典》则将婚后所得共同制设定为法定财产制，并增设夫妻特有财产来限制夫妻共同财产的范围。

约定财产制可分为自由式约定财产制和选择式约定财产制。采选择主义模式的国家，不仅在法律上预设约定财产制的类型，还会就具体类型在内容上予以规范性指引。如《德国民法典》规定以分别财产制和一般共有制作为法定财产制的变通方式。关于当事人可以约定采用哪种夫妻财产制，本法

---

① 参见巫昌祯、夏吟兰主编：《婚姻家庭法学》（第二版），中国政法大学出版社2016年版，第123页。
② Vgl. Dieter Schwab, Familienrecht, 28. Aufl. ,2020, § 29 Rn. 216.
③ Ebenda, § 29 Rn. 216.
④ 参见贺剑：《夫妻财产法的精神——民法典夫妻共同债务和财产规则释论》，载《法学》2020年第7期。
⑤ 参见[德]迪特尔·施瓦布：《德国家庭法》，王葆莳译，法律出版社2010年版，第107页。

第1065条未作规定,即没有对当事人可以选择的财产制进行限制。① 当事人不愿意概括约定采用某种夫妻财产制类型时,也可以对部分夫妻财产甚至某一项财产进行约定。

二、婚后所得共同制

(一)概念

所谓婚后所得共同制,是指婚姻关系存续期间夫妻双方或一方所得的财产,除法律另有规定或夫妻另有约定外,均为夫妻共同所有的夫妻财产制度。②

(二)立法理由

相比于分别财产制,婚后所得共同制更符合我国的国情。共同财产制有利于保障夫妻中经济能力较弱一方的权益,有利于实现真正的夫妻地位平等。同时,其亦符合我国文化传统和当前绝大多数人对夫妻财产制的要求。③

(三)共同财产的范围及判定标准

本条第1款采列示主义加概括性兜底条款的方式规定夫妻共同财产的范围,对其认定时需注意以下几点:

1. 在工资、奖金的基础上,增加了劳务报酬。劳务报酬与工资、奖金并列,指非固定工作获得的报酬,如咨询费、讲课费、稿费。

2. 在生产、经营的基础上,增设投资收益以应对家庭财产投资形式多元化。投资收益指股票、证券、期货等④投资产生的收益。

3. 知识产权的收益指婚姻存续期间,实际取得或已经明确可以取得的财产性收益(《民法典婚姻家庭编解释(一)》第24条)。

4. 继承或受赠的财产原则上为夫妻共同财产。

5. 其他应当归共同所有的财产。本项是兜底条款,目的是最大限度地适应社会生活的变化和发展。关于共同财产范围的判定标准,学界有劳动所

---

① 参见黄薇主编:《中华人民共和国民法典释义(下)》,法律出版社2020年版,第2008页。

② 参见巫昌祯、夏吟兰主编:《婚姻家庭法学》(第二版),中国政法大学出版社2016年版,第131页。

③ 参见黄薇主编:《中华人民共和国民法典释义(下)》,法律出版社2020年版,第1993—1994页。

④ 这里的等字,学界多认为包含租金。法定孳息,除存款利息之取得无须他方协力外,房屋租金之取得,实践中往往须他方配合,应认定为共同财产。参见姜大伟:《改革开放与中国婚姻财产法的勃兴:回顾与展望》,载《学术论坛》2018年第5期;冉克平:《夫妻财产制度的双重结构及其体系化释论》,载《中国法学》2020年第6期。

得说①和夫妻协力说②。我国司法实践曾承认特定夫妻财产归属不明时，应推定为夫妻共同财产。③ 目前司法解释将其归结为三种类型。按照《民法典婚姻家庭编解释(一)》第 25 条规定，"其他应当归共同所有的财产"包括：一方以个人财产投资取得的收益；男女双方实际取得或者应当取得的住房补贴、住房公积金；男女双方实际取得或者应当取得的基本养老金、破产安置补偿费。

最高人民法院曾对本条第 4 项提出修改意见，认为原则上应将继承或受赠所得财产归一方所有。其修改的理由有三点：一是在司法实践中，因离婚率增加导致父母赠与子女的购房款坚称为借贷关系，目的就是不允许配偶对此获利。由此可以反映出赠与人的真实意思是将财产赠与夫妻一人。从比较法上来看，大多数国家都规定夫妻一方继承或受赠与的财产属于个人特有财产。从立法体系上看，儿媳和女婿并未列入法定继承人的范围，此规定实质上扩大了法定继承人的范围。④ 本项规定在学界同样受到的质疑。学者从"劳动所得说"或"夫妻协力说"否认该项财产为婚后所得财产的正当性。立法者认为，上述观点的立场是从维护个人财产权的角度出发，属于实行分别财产制的理论基础，而与实行共同财产制的基本观念相对立。共同财产制关注的是家庭，是夫妻共同组成的生活共同体，而不是个人，在这一制度下，夫妻一方经继承获得的财产同个人的工资收入、知识产权收益一样，都是满足婚姻共同体存在的必要财产，应当归夫妻共同所有。⑤

鉴于立法者的立场，我们在对本条进行阐释时，需注意两点：一是继承的财产属于双方共有指的是财产性权益而非继承权。夫妻一方放弃继承的，配偶一方以损害其权益为由提起诉讼的，原则上不应予以支持。只要继承的事实发生在婚姻关系存续期间，即使当时没有对遗产进行分割，在离婚后，配偶仍可以就其遗产分割获得的份额主张相关权益。二是当事人结婚后，父母对

---

① 该说主张，婚后所得共同财产一般是指夫妻通过劳动获得的财产，非劳动所得财产，如继承、受赠的财产等应当视为夫妻的个人财产。
② 该说主张，婚后所得共同制建立在婚姻关系存续期间夫妻各自的劳动、家务等同等评价的"协力"或贡献基础之上，以实现男女实质性平等与维系夫妻同体为价值目标。参见冉克平：《夫妻财产制度的双重结构及其体系化释论》，载《中国法学》2020 年第 6 期。
③ 参见原《离婚案件处理财产分割问题的意见》第 7 条：对个人财产还是夫妻财产难以确定的，主张权利的一方有责任举证。当事人举不出有力证据，人民法院又无法查实的，按夫妻共同财产处理。
④ 参见最高人民法院民法典贯彻实施工作领导小组主编：《中华人民共和国民法典婚姻家庭编理解与适用》，人民法院出版社 2020 年版，第 151—152 页。
⑤ 参见黄薇主编：《中华人民共和国民法典释义(下)》，法律出版社 2020 年版，第 1995 页。

双方购置房屋出资的,依照约定处理;没有约定或者约定不明确的,按照夫妻共同所有原则处理。①

三、夫妻对共同财产的权利和义务

(一)夫妻共同所有的性质

学界一般认为,夫妻共同所有指的是物权法上的共同共有关系。② 虽有学者认为,夫妻的共同生活关系不同于物权法上的共同共有关系,也有别于债法中的合伙关系,但依然认为物权法是调整婚姻家庭成员之间财产关系的基础性法律。③ 对此也有学者明确反对从物权角度去调整夫妻间的财产关系,其主张应依债权性质的法律手段去调整夫妻间的财产关系,这样一来,夫妻与外部第三人既有的财产关系,以及相应的财产法规则均不会因此受影响。④立法机关仍沿用原《婚姻法解释(三)》第4条的思路,从物权法上的共同共有关系来解释夫妻共同所有。

(二)平等处理权

本条第2款规定的是夫妻双方对共有财产享有平等的占有、使用、受益和处分的权利。这里的"平等处理权"并不意味着夫妻各自对共同财产享有一半的处分权。夫妻一方对共同财产的使用、处分,除另有约定外,应当在取得对方的同意之后进行。夫妻一方在处分共同财产时,另一方明知其行为而不作否认表示的,视为同意,事后不得以自己未参加处分为由否认处分的法律效力。

(三)夫妻间的义务

夫妻双方除平等地对共同财产享有权利外,还负有同等义务。双方对共同财产负有维修、保管等义务。为保障一方权利的充分行使,另一方负有不得非法干涉、妨碍的义务。若违反该义务,另一方可请求分割共同财产。(参见本法第1066条评注)

第一千零六十三条　【夫妻个人财产】下列财产为夫妻一方的个人财产:

(一)一方的婚前财产;

---

① 参见《民法典婚姻家庭编解释(一)》第29条第2款。
② 参见杨立新:《民法典婚姻家庭编完善我国亲属制度的成果与司法操作》,载《清华法学》2020年第3期;夏吟兰:《婚姻家庭编的创新和发展》,载《中国法学》2020年第4期。
③ 参见巫昌祯、夏吟兰主编:《婚姻家庭法学》(第二版),中国政法大学出版社2016年版,第124页。
④ 参见贺剑:《论婚姻法回归民法的基本思路——以法定夫妻财产制为重点》,载《中外法学》2014年第6期。此观点即为上文所述的剩余财产共同制下的债权请求权。

(二)一方因受到人身损害获得的赔偿或者补偿;
(三)遗嘱或者赠与合同中确定只归一方的财产;
(四)一方专用的生活用品;
(五)其他应当归一方的财产。

夫妻个人财产与夫妻共同财产共同构建了法定的夫妻财产制。法律明确规定个人财产的范围,其意义在于防止共同财产范围的无限延伸,有利于保护个人财产权利。法律对属于夫妻个人财产的列举如下:

1. 一方的婚前财产。夫或妻一方婚前财产的自然增值与非投资经营性收益(如不动产增值与银行存款利息)仍属于其个人财产。

2. 一方因受到人身损害的赔偿或者补偿。立法理由是这些财产是与生命健康直接相关的财产,具有人身专属性,对于保护个人权利具有重要意义。但该项受到学者质疑,认为其忽略了夫妻一方的人身权利虽然不是夫妻共同财产,但以婚后劳动所得为代表,人身权利之婚后利用成果却是夫妻共同成果。①

3. 遗嘱或者赠与合同中确定只归一方的财产。本项列举是第1062条第4项的除外规定。立法者规定此项的目的是尊重遗嘱人或者赠与人的个人意愿,保护个人对其财产的自由处分。该项在一定程度上关照了学者对本法第1062条第4项的质疑。

4. 一方专用的生活用品。一方专用的生活用品具有专属于个人使用的特点,如个人的衣服、鞋帽等。生活用品的归属不因价值大小而有所区别。价值较大的生活用品,因其具有个人专用性,仍应当归个人所有。②

5. 其他应当归一方的财产。这项属于兜底性规定。军人的伤亡保险金、伤残补助金、医药生活补助费属于个人财产(《民法典婚姻家庭编解释(一)》第30条)。

第一千零六十四条 【夫妻共同债务的类型】夫妻双方共同签名或者夫妻一方事后追认等共同意思表示所负的债务,以及夫妻一方在婚姻关系存续期间以个人名义为家庭日常生活需要所负的债务,属于夫妻共同债务。

夫妻一方在婚姻关系存续期间以个人名义超出家庭日常生活需要所负的债务,不属于夫妻共同债务;但是,债权人能够证明该债务用于夫妻共同生

---

① 参见贺剑:《夫妻财产法的精神——民法典夫妻共同债务和财产规则释论》,载《法学》2020年第7期。
② 参见黄薇主编:《中华人民共和国民法典释义(下)》,法律出版社2020年版,第1999页。

活、共同生产经营或者基于夫妻双方共同意思表示的除外。

一、规范目的

本条规定的是夫妻共同债务的类型。长期以来,夫妻共同债务一直是学界和实务界争议较大的问题。2018年,《夫妻债务纠纷解释》第1—3条分别规定了共意型夫妻共同债务、日常家事型夫妻共同债务以及共同生活、共同生产经营型夫妻共同债务。《民法典》基本接受了上述司法解释的类型化立场。本条第1款规定了共意型夫妻共同债务、日常家事型夫妻共同债务,第2款则规定了共同生活、共同生产经营型夫妻共同债务。

在我国司法实践中,夫妻共同债务被认定为夫妻双方的连带债务,[①]责任财产一般包括夫妻共同财产和夫妻双方的个人财产。即使是夫妻一方以个人名义负担的夫妻共同债务,配偶也应当以个人财产对该债务负责。因此,在责任财产的范围上,夫妻共同债务与夫妻一方的个人债务存在较大区别。夫妻一方的个人债务,责任财产范围包括夫妻一方的个人财产、夫妻一方在夫妻共同财产中的份额。[②]配偶无须以个人财产对夫妻另一方的个人债务负责。夫妻一方的个人财产不足以清偿其个人债务的,债权人可以通过执行债务人及其配偶共有的不动产并以一半价款受偿。[③]据此,夫妻一方以个人名义负担的债务是被认定为夫妻共同债务还是夫妻一方的个人债务,涉及这一债务的责任财产范围,从而直接影响债权人的利益。

夫妻共同债务的责任财产范围大于夫妻一方的个人债务的责任财产范围,因此,夫妻共同债务规则应当平衡债权人和债务人之配偶的利益,既要避免债权人无法受偿,又要防止债务人的配偶(非举债方)在不知情的情况下"被负债"。

在实践中,本条主要适用于借款合同纠纷。从本条的措辞来看,第1款显然无法适用于法定之债。在解释论上,有观点认为,可以依本条第2款

[①] 参见安永(天津)投资发展集团有限公司、钱某某、程某某股权转让纠纷案,最高人民法院民事判决书(2020)最高法民终1182号;陈某某等与美光钻石(上海)有限公司买卖合同纠纷案,北京市高级人民法院民事裁定书(2021)京民申2339号;左某某等与何某某民间借贷纠纷案,北京市高级人民法院民事判决书(2021)京民终311号。

[②] 参见缪宇:《美国夫妻共同债务制度研究——以美国采行夫妻共同财产制州为中心》,载《法学家》2018年第2期;汪洋:《夫妻债务的基本类型、责任基础与责任财产——最高人民法院〈夫妻债务解释〉实体法评析》,载《当代法学》2019年第3期。

[③] 参见黄某某、刘某某等执行异议之诉案,湖南省高级人民法院民事判决书(2020)湘民再341号;陶某某、辛某某执行异议之诉案,江西省高级人民法院民事判决书(2020)赣民终680号;赵某某与杨某某等执行异议之诉案,河北省高级人民法院民事判决书(2020)冀民终192号。

将夫妻一方因侵权产生的债务认定为夫妻共同债务,从而,侵权行为之基础活动有利于夫妻共同生活的,该侵权行为所产生债务为夫妻共同债务。① 此外,依据本法第307条规定,因共有的不动产或者动产产生的债务,构成连带债务。因此,夫妻双方因共有的不动产或者动产而负担的债务,如因共有房屋发生的物业费、共有房屋的搁置物或悬挂物坠落致人损害的侵权损害赔偿责任,属于夫妻共同债务。不过,哪些债务属于因共有的不动产或者动产产生的债务,学界尚未形成共识。②

二、共意型夫妻共同债务

本条第1款第1种情况是关于共意型夫妻共同债务的规定,即基于共同意思表示所负的夫妻共同债务。共意型夫妻共同债务的成立,须夫妻双方均具有负债的意思表示。夫妻双方负债的共同意思表示,既可以是事前的合意,即夫妻双方在债务成立之前作为合同当事人共同发出意思表示,如夫妻双方在合同上以债务人身份共同签名;也可以是事后的追认,即夫妻一方以个人名义负担债务后,配偶表达将债务追认为夫妻共同债务的意思。无论夫妻双方的共同意思表示表现为何种形式,夫妻双方均应具有作为债务人对债权人负责的意思。③ 在实践中,夫妻一方以个人名义借款时,如果配偶以保证人的身份在借款合同上签字或者事后为该借款提供担保,人民法院也会将由此产生的债务认定为夫妻共同债务。④ 这一立场并不妥当。

（一）事前合意

在本法婚姻家庭编中明确基于夫妻双方共同意思表示形成的债务是夫妻共同债务,旨在引导相对人在订立金额较大的合同时加强事前风险防范,尽可能要求夫妻双方共同签名,以避免将来陷入债务定性的纷争。⑤ 学界将这一原则称为"共债共签"。⑥

---

① 参见叶名怡:《民法典视野下夫妻一方侵权之债的清偿》,载《法商研究》2021年第1期。
② 参见李中原:《共有之债的理论解析——〈物权法〉第102条之反思》,载《江苏社会科学》2019年第6期。
③ 参见李贝:《〈民法典〉夫妻债务认定规则中的"合意型共债"》,载《交大法学》2021年第1期。
④ 参见李某、云南天晖投资有限公司民间借贷纠纷案,最高人民法院民事判决书(2020)最高法民再84号;保山市信誉典当行有限公司、刘某某民间借贷纠纷案,最高人民法院民事判决书(2020)最高法民再330号。
⑤ 参见黄薇主编:《中华人民共和国民法典婚姻家庭编解读》,中国法制出版社2020年版,第116页。
⑥ 参见叶名怡:《"共债共签"原则应写入〈民法典〉》,载《东方法学》2019年第1期。

7　　夫妻双方的共同意思表示,是夫妻双方作为债务人对债权人共同负责的意思,应当根据本法总则编意思表示规则来判断。也就是说,夫妻双方的共同意思表示,是成立负担行为的意思表示,不同于配偶对夫妻一方处分夫妻共同财产的同意。后者是配偶作为夫妻共同财产的共有人对处分行为的同意,涉及债务的履行。配偶是否具有作为债务人共同负债的意思,应当依据本法第142条第1款来解释。

8　　夫妻一方以个人名义订立借款合同时配偶在场但未表示异议的,有法院将配偶的默许认定为具有共同负债的意思。① 然而,配偶的默许本质上属于沉默。依据本法第140条第2款规定,只有法律明文规定、当事人另有约定或当事人之间存在交易习惯时,沉默才能被拟制为意思表示。因此,倘若债权人无法举证证明存在上述情形,配偶的沉默不应构成负债的共同意思表示。② 在这种情况下,处于优势地位的债权人完全可以通过要求配偶在借条上签字来规避风险。与此相对,夫妻一方以夫妻双方名义订立借款合同时配偶在场但未表示异议的,可能构成表见代理,从而,该借款构成夫妻共同债务。

(二)事后追认

9　　夫妻一方以夫妻双方名义订立合同后,配偶的事后追认能够使该合同之债成为夫妻共同债务。夫妻一方以个人名义订立合同的,基于合同相对性原则,该合同之债为夫妻一方的个人债务。由于配偶的事后追认会使该债务变成夫妻连带债务,使配偶自己成为债务人,因此,从外部关系的角度来看,配偶的事后追认实际上是债务加入的意思表示。虽然夫妻双方是连带债务人,但就夫妻双方的内部关系而言,不适用本法第519条。

10　　配偶的事后追认具有多种形式,不限于单方法律行为。夫妻一方以个人名义举债后,其配偶既可以与债权人达成协议,也可以与债权人、举债的夫妻一方达成三方协议,还可以在债权人提出请求时单方允诺履行夫妻一方的债务。从司法实践的情况来看,配偶的事后追认主要是单方允诺式债务加入,包括单方以书面形式、口头形式等形式向债权人表示自己将清偿债务,如向

---

① 参见隆某某等与王某民间借贷纠纷案,北京市第一中级人民法院民事判决书(2019)京01民终10639号;任某与曾某等民间借贷纠纷案,北京市第一中级人民法院民事判决书(2021)京01民终2732号;李某某、容某某、陈某某民间借贷纠纷案,广东省深圳市中级人民法院民事判决书(2018)粤03民终12035号。

② 参见柳某某、徐某某民间借贷纠纷案,浙江省杭州市中级人民法院民事判决书(2019)浙01民终3286号;夏某与崔某等民间借贷纠纷案,山东省济南市中级人民法院民事判决书(2019)鲁01民终2148号。

债权人明确表示接受并愿意偿还夫妻一方负担的债务、承诺与夫妻一方共同履行债务等,①即债务承担的意思。

在司法实践中,人民法院倾向于将配偶自愿偿还部分借款的行为认定为事后追认。② 这一立场值得商榷。③ 夫妻一方以个人名义负担债务后,配偶作为债之关系外的第三人向债权人部分履行的,可能构成第三人清偿而非事后追认。④ 实际上,根据个案的具体情况,只有在配偶具有清偿"自己债务"的意思时,才能将配偶的部分履行认定为默示加入债的意思表示。如果配偶在向债权人汇款转账时,明确表示自己系代替夫妻一方或根据夫妻一方的指示清偿夫妻一方的债务,没有表达出愿意作为债务人清偿债务的意思,那么,配偶的汇款转账行为就不宜被认定为债务加入。倘若无法经由意思表示的解释认定配偶具有加入债务并清偿自己债务的意思,那么,原则上应当推定配偶构成代为履行,以避免配偶蒙受不利。⑤

三、日常家事型夫妻共同债务

夫妻一方在婚姻关系存续期间行使日常家事代理权,以个人名义为家庭日常生活需要所负的债务属于夫妻共同债务。依据本法第1060条规定,日常家事代理权的行使对夫妻双方发生效力。⑥

日常家事代理权对应着夫妻双方负担的扶养义务、抚养义务、赡养义务,旨在维系夫妻生活共同体。由于夫妻日常家事代理权的行使会使配偶对合

---

① 参见王某、姚某某合伙协议纠纷案,湖南省高级人民法院民事裁定书(2021)湘民申554号;李某某与杨某等民间借贷纠纷案,北京市第一中级人民法院民事判决书(2021)京01民终476号;浙商银行股份有限公司与曹某某、许某合同纠纷案,浙江省杭州市中级人民法院民事判决书(2020)浙01民初2195号;陈某某、易某民间借贷纠纷案,广东省广州市中级人民法院民事判决书(2020)粤01民终8871号。

② 参见赵某某、陆某某民间借贷纠纷案,黑龙江省高级人民法院民事判决书(2020)黑民再104号;王某、陈某某民间借贷纠纷案,福建省高级人民法院民事裁定书(2019)闽民申1597号;江某某、许某某民间借贷纠纷案,福建省高级人民法院民事裁定书(2019)闽民申3906号;海某某、丁某民间借贷纠纷案,辽宁省高级人民法院民事裁定书(2019)辽民申2323号;彭某某、龙某民间借贷纠纷案,湖南省高级人民法院民事判决书(2019)湘民再37号。

③ 参见冉克平:《夫妻财产制度的双重结构及其体系化释论》,载《中国法学》2020年第6期。

④ 参见张某某与刘某、杨某民间借贷纠纷案,重庆市第五中级人民法院民事判决书(2020)渝05民终7482号。

⑤ 参见王某某与浦某某、朱某某民间借贷纠纷案,江苏省苏州市中级人民法院民事判决书(2018)苏05民终2952号。

⑥ 对日常家事代理权连带责任效果的反思,参见王战涛:《家事代理的共同核心与更优规则——以〈关于夫妻财产关系的欧洲家庭法原则〉为考察对象》,载《财经法学》2018年第2期;王战涛:《日常家事代理之批判》,载《法学家》2019年第3期。

同之债负责，故日常家事的范围一般受到严格限制。它体现的是夫妻生活共同体的基本需求或核心需求，以避免配偶承担过重的债务风险。因此，日常家事代理权的行使必须适当，在经济上应与行为人的家庭生活状况相符。①

最高人民法院认为，家庭日常生活的范围可以参考国家统计局公布的八类城镇居民家庭消费种类，根据夫妻共同生活的状态（如双方的职业、身份、资产、收入、兴趣、家庭人数等）和当地一般社会生活习惯予以认定。具体来说，这八类消费包括食品、衣着、家庭设备用品及维修服务、医疗保健、交通通信、文娱教育及服务、居住、其他商品和服务。最高人民法院强调，家庭日常生活需要的支出是指通常情况下必要的家庭日常消费，主要包括正常的衣食消费、日用品购买、子女抚养教育、老人赡养等各项费用，是维系一个家庭正常生活所必需的开支。②据此，夫妻一方为满足租房、装修房屋、就医、子女教育、购买衣食日用品、支付物业费、履行赡养义务等家庭生活需要借款的，如果该款项没有明显超出家庭日常生活所需、符合家庭经济状况，该债务就是日常家事型夫妻共同债务。反之，夫妻一方因购买不动产、大额投资而负担的债务，一般不属于日常家事型夫妻共同债务。③此外，由于我国并未形成完备的分居制度，即使夫妻双方已经分居，夫妻双方之间的扶养义务可能并不终止，同时，夫妻双方对子女仍负有抚养义务，因此，夫妻一方在分居期间为抚养子女、治病所负担的债务，仍然构成日常家事型夫妻共同债务。④

在实践中，日常家事型夫妻共同债务主要是夫妻一方以个人名义负担的小额借贷之债。人民法院往往并不关注小额借款是否已经实际用于家庭生活。⑤这一立场并不妥当，因为日常家事型夫妻共同债务本质上是根据债务用途而认定的夫妻共同债务。

四、共同生活、共同生产经营型夫妻共同债务

用于夫妻共同生活的共同债务，是指超出家庭日常生活范围的大额债

---

① 参见缪宇：《走出夫妻共同债务的误区——以〈婚姻法司法解释（二）〉第 24 条为分析对象》，载《中外法学》2018 年第 1 期。
② 参见罗书臻：《妥善审理涉及夫妻债务纠纷案件 依法平等保护各方当事人合法权益》，载《人民法院报》2018 年 1 月 18 日，第 3 版。
③ 参见冉克平：《论因"家庭日常生活需要"引起的夫妻共同债务》，载《江汉论坛》2018 年第 7 期。
④ 参见艾某某、唐某某民间借贷纠纷案，安徽省合肥市中级人民法院民事判决书（2018）皖 01 民终 3183 号；赵某某与孙某某、冷某某民间借贷纠纷案，江苏省镇江市中级人民法院民事判决书（2018）苏 01 民终 114 号。
⑤ 参见张某某与李某等民间借贷纠纷案，北京市第三中级人民法院民事判决书（2020）京 03 民终 8542 号；周某某、张某某民间借贷纠纷案，辽宁省沈阳市中级人民法院民事判决书（2021）辽 01 民终 2233 号。

务,如为满足夫妻共同消费需求、购置和管理夫妻共同财产而负担的债务。[1] 也就是说,夫妻共同生活在概念外延上大于家庭日常生活。因此,认定债务用于夫妻共同生活,不仅要关注债务的具体用途,还要考察债务的金额。比如,夫妻一方为购入房屋而负担的债务,不是满足家庭日常生活所需的夫妻共同债务,而是满足夫妻共同生活所需的夫妻共同债务。

夫妻共同生产经营,根据最高人民法院的立场,主要是指由夫妻双方共同决定生产经营事项,或者虽由一方决定但另一方进行了授权的情形。判断生产经营活动是否属于夫妻共同生产经营,要根据经营活动的性质以及夫妻双方在其中的地位作用等综合认定。夫妻从事商业活动,视情形适用公司法、合同法、合伙企业法等法律及司法解释的规定。夫妻共同生产经营所负的债务一般包括双方共同从事工商业、共同投资以及购买生产资料等所负的债务。[2] 学界有观点认为,承认独立的共同生产经营型夫妻共同债务,值得商榷,因为所谓的共同生产经营型夫妻共同债务,或者是公司债务,或者是共同生活型夫妻共同债务、共意型夫妻共同债务。[3]

在实践中,对共同生产经营夫妻共同债务的认定颇为混乱。不过,司法实践的主流观点认为,夫妻一方以个人名义举债后,并将借款投入公司经营且夫妻双方持有公司全部股权的,该债务即构成共同生产经营型夫妻共同债务。[4] 夫妻一方以个名义举债并将债务用于自身持有全部或者多数股权的

---

[1] 参见罗书臻:《妥善审理涉及夫妻债务纠纷案件 依法平等保护各方当事人合法权益》,载《人民法院报》2018年1月18日,第3版;黄薇主编:《中华人民共和国民法典婚姻家庭编解读》,中国法制出版社2020年版,第118—119页。

[2] 参见罗书臻:《妥善审理涉及夫妻债务纠纷案件 依法平等保护各方当事人合法权益》,载《人民法院报》2018年1月18日,第3版;黄薇主编:《中华人民共和国民法典婚姻家庭编解读》,中国法制出版社2020年版,第119页。

[3] 参见陈凌云:《夫妻共同债务认定规则中的伪命题:共同生产经营》,载《当代法学》2020年第2期。

[4] 参见李某、云南天晖投资有限公司民间借贷纠纷案,最高人民法院民事判决书(2020)最高法民再84号;胡某某、罗某某与王某某民间借贷纠纷案,陕西省西安市中级人民法院民事判决书(2020)陕01民终762号。夫妻一方将借款用于夫妻一方与子女持有全部股权的公司的,该债务也属于夫妻共同债务。参见刘某、啜某某与武某某民间借贷纠纷案,山西省太原市中级人民法院民事判决书(2020)晋01民终160号。

公司的,该债务也构成共同生产经营型夫妻共同债务。① 对此,少数法院持不同意见,因为夫妻双方均登记为股东,但一方可能从不参与公司经营,不能仅因其夫妻双方为公司股东便当然推断夫妻共同参与了公司的生产和经营活动。② 这一少数派立场值得赞同。

19   此外,司法实践通常以收益分享为由将夫妻一方用于个人经营活动的借款认定为夫妻共同债务。③ 然而,收益分享不足以证成夫妻共同债务。在法定财产制下,夫妻双方取得的收入原则上属于夫妻共同财产,因此,收益分享是夫妻共同财产制的必然逻辑,不是认定夫妻共同债务的理由。④ 换言之,收益分享是夫妻双方内部事项,与夫妻双方对外承担连带债务并无直接关联。⑤

五、证明责任

20   对于共意型夫妻共同债务而言,应当由债权人举证证明夫妻双方存在共同负债的意思表示,即夫妻双方存在负债的事前合意或者夫妻一方举债后配偶已经追认。债权人可以提供夫妻双方共同签字的借条、借款合同等书面文件,也可以通过提交短信、微信、QQ 聊天记录、电子邮件等其他能够体现夫妻共同举债意思表示或事后追认的有关证据。

---

① 参见宋某某、刘某借款合同纠纷案,辽宁省沈阳市中级人民法院民事判决书(2021)辽 01 民终 2933 号;田某某、潘某某、中山市双晟电器有限公司与佛山市顺德区舜欣电子有限公司买卖合同纠纷案,广东省中山市中级人民法院民事判决书(2021)粤 20 民终 458 号;应某与李某、许某某等民间借贷纠纷案,上海市第二中级人民法院民事判决书(2020)沪 02 民终 4935 号;王某某、万某某民间借贷纠纷案,安徽省芜湖市中级人民法院民事判决书(2020)皖 02 民终 2860 号。

② 参见杜某、陈某某与林某某民间借贷纠纷案,重庆市第一中级人民法院民事判决书(2020)渝 01 民终 1901 号。

③ 参见乔某某、吕某与付某民间借贷纠纷案,陕西省高级人民法院民事判决书(2020)陕民终 612 号;陈某某、黄某某与中国工艺品南京进出口有限公司民间借贷纠纷案,江苏省南京市中级人民法院民事判决书(2019)苏 01 民终 332 号;晏某某、孙某合同纠纷案,广东省广州市中级人民法院民事判决书(2020)粤 01 民再 73 号;余某某与史某某、王某某等提供劳务者受害责任纠纷案,江苏省苏州市中级人民法院民事判决书(2020)苏 05 民终 8673 号。浙江省高级人民法院在《关于妥善审理涉夫妻债务纠纷案件的通知》(浙高法〔2018〕89 号)中也指出,"有证据证明存在以下情形的,可以考虑认定为夫妻共同债务:(1)负债期间购置大宗资产等形成夫妻共同财产的;(2)举债用于夫妻双方共同从事的工商业或共同投资;(3)举债用于举债人单方从事的生产经营活动,但配偶一方分享经营收益的"。

④ 参见缪宇:《走出夫妻共同债务的误区——以〈婚姻法司法解释(二)〉第 24 条为分析对象》,载《中外法学》2018 年第 1 期。

⑤ 参见贺剑:《夫妻财产法的精神——民法典夫妻共同债务和财产规则释论》,载《法学》2020 年第 7 期。

对于日常家事型夫妻共同债务而言,根据最高人民法院的意见,只要债务的金额适度且未超出家庭日常生活需要,该债务就被推定为夫妻共同债务,债务人的配偶则负责举证证明该债务没有用于夫妻日常生活,从而不构成日常家事型夫妻共同债务。①

对于共同生活、共同生产经营型夫妻共同债务,应当由债权人举证证明夫妻一方所举债务已经实际用于共同生活、共同生产经营。

第一千零六十五条 【夫妻约定财产制】男女双方可以约定婚姻关系存续期间所得的财产以及婚前财产归各自所有、共同所有或者部分各自所有、部分共同所有。约定应当采用书面形式。没有约定或者约定不明确的,适用本法第一千零六十二条、第一千零六十三条的规定。

夫妻对婚姻关系存续期间所得的财产以及婚前财产的约定,对双方具有法律约束力。

夫妻对婚姻关系存续期间所得的财产约定归各自所有,夫或者妻一方对外所负的债务,相对人知道该约定的,以夫或者妻一方的个人财产清偿。

一、夫妻财产合同的构成要件

(一)约定的条件

夫妻财产合同是基于夫妻身份而进行的财产约定(参见本法第1054条评注)。其既要满足财产法上的一般法律行为的要件,还要符合婚姻法的有关规定。

(二)订立时间

夫妻财产合同可以在结婚前,也可以在结婚后缔结。约定生效后,因夫妻一方或双方的情况发生变化,只要双方合意,也可以随时变更或者解除原约定。

(三)约定的方式

夫妻财产合同应当采用书面形式。夫妻以口头形式作出约定,事后对约定没有争议的,该约定也有效。②

---

① 参见罗书臻:《妥善审理涉及夫妻债务纠纷案件 依法平等保护各方当事人合法权益》,载《人民法院报》2018年1月18日,第3版。浙江省高级人民法院在《关于妥善审理涉夫妻债务纠纷案件的通知》(浙高法〔2018〕89号)中也指出,"对《解释》第二条规定的夫妻一方为家庭日常生活所负的债务,原则上应当推定为夫妻共同债务,债权人无需举证证明该债务是否实际用于家庭日常生活。若配偶抗辩债务不属于夫妻共同债务的,应由其举证证明所负债务并非用于夫妻共同生活"。

② 参见黄薇主编:《中华人民共和国民法典释义(下)》,法律出版社2020年版,第2007页。

二、夫妻财产合同的效力

4　关于夫妻财产合同的效力,有三种解释方案:一是采物权效力说,二是采债权效力说,三是采折中说。① 立法者和司法审判实践倾向于折中说,即夫妻财产制下的物权变动应区分内外效力。②

5　夫妻双方约定财产各自所有、债务各自承担的,夫妻双方内部应按照约定履行。一方为另一方清偿其个人债务的,清偿方可以向负债方进行追偿。

6　相对人与夫或妻一方发生债权债务关系时,如果相对人不知道该约定,按照法定财产制下的清偿原则进行偿还;如果相对人知道该约定,该约定就对相对人发生效力。

三、证明责任

7　夫或妻一方主张婚前财产归双方共同所有或者主张婚后所得归各自所有的,应证明存在相关约定。夫或妻一方主张相对人知道双方约定婚后所得归各自所有的,应对此负担证明责任。

第一千零六十六条　【婚姻关系存续期间夫妻共同财产的分割】婚姻关系存续期间,有下列情形之一的,夫妻一方可以向人民法院请求分割共同财产:

（一）一方有隐藏、转移、变卖、毁损、挥霍夫妻共同财产或者伪造夫妻共同债务等严重损害夫妻共同财产利益的行为;

（二）一方负有法定扶养义务的人患重大疾病需要医治,另一方不同意支付相关医疗费用。

一、婚内析产

1　婚姻存续期间分割夫妻共同财产制类似于域外法上的非常法定财产制,均致力于在夫妻关系存续期间保护夫妻一方个人财产权利。在不解除婚姻关系的前提下,夫妻一方对满足法定情形的行为③,可向人民法院请求分割共同财产。本条规定的两种情形属于本法第 303 条第 1 句第 1 分句中的共同共有人请求分割共有财产的"重大理由"。

---

① 参见冉克平:《夫妻财产制的双重结构及其体系化释论》,载《中国法学》2020 年第 6 期。

② 参见黄薇主编:《中华人民共和国民法典释义（下）》,法律出版社 2020 年版,第 2009 页;最高人民法院民法典贯彻实施工作领导小组主编:《中华人民共和国民法典婚姻家庭编继承理解与适用》,人民法院出版社 2020 年版,第 175—176 页。

③ 本条为封闭式列举,除本条规定情形外,夫妻一方请求分割共同财产的,人民法院不予支持。参见《民法典婚姻家庭编解释（一）》第 38 条。

二、婚内析产的构成要件

(一)严重损害夫妻共同财产利益

夫妻共同财产主要指夫妻双方在婚姻关系存续期间内所得的财产。具体财产范围参见本法第1062条。

严重损害夫妻共同财产的行为有隐藏、转移、变卖、毁损、挥霍夫妻共同财产或者伪造夫妻共同债务。上述行为,在主观上只能是故意,不包括过失。具体行为的判定标准可参见本法第1092条评注。

(二)一方负有法定扶养义务的人患重大疾病,配偶不同意支付医疗费用

所谓法定抚养义务指基于法律强制性规定的扶养义务,如对父母的赡养,兄弟姐妹间的扶养义务等。注意本条不包括夫妻之间的扶养义务。夫或妻患病,配偶不履行扶养义务的可依据本法第1059条要求其支付医疗费。

疾病是否认定为重大,在司法实践中应当参照医学上的标准,借鉴保险行业中对重大疾病的划定范围。一般认为,某些需要长期治疗、花费较高的疾病,如糖尿病、肿瘤、脊髓灰质炎等,或者直接涉及生命安全的疾病属于重大疾病。[1]

相关医疗费用主要指为治疗疾病需要的必要、合理费用,不应包括营养、陪护等费用。[2]

第二节 父母子女关系和其他

第一千零六十七条 【父母的抚养义务和子女的赡养义务】父母不履行抚养义务的,未成年子女或者不能独立生活的成年子女,有要求父母给付抚养费的权利。

成年子女不履行赡养义务的,缺乏劳动能力或者生活困难的父母,有要求成年子女给付赡养费的权利。

一、父母子女关系概述

(一)定义

父母子女关系,亦称亲子关系。"亲"谓父母,"子"谓子女,是家庭成员之间最近的血亲关系,相互享有法律规定的权利和义务。狭义的亲子关系仅指父母与未成年子女之间的关系。父母对未成年子女的抚养、教育和保护是

---

[1] 参见黄薇主编:《中华人民共和国民法典释义(下)》,法律出版社2020年版,第2013页。
[2] 同上注,第2013页。

父母子女关系法的核心。

（二）亲权关系

2　　所谓亲权,在罗马法上称为家父权,有支配权之意义。现代民法中的亲权系以保护教养未成年子女为核心职能,不仅为权利,也是义务。亲权并非单一权利,而系权利义务之集合。该权利在法律上及目的上受有限制,又因无法一一列举教养保护义务之内容,故将亲权概分为人身上之监护与财产管理。①

3　　本法虽无亲权之用语,但有亲权之内容,如本法第1068条。对未成年子女之权利义务由父母共同行使及负担,参见本法第1058条。

（三）监护关系

4　　在区分监护权与亲权的立法例中,监护权是亲权的延伸。② 比如我国台湾地区"民法"中的监护,系对不服亲权之未成年子女③或受监护宣告之人为身体及财产照护之制度而言。④

5　　本法将亲权制度与监护制度合并为统一的监护制度。监护权含有亲权之内容,如总则编第26条规定父母对未成年子女负有抚养、教育和保护的义务。立法者认为第26条是父母子女之间法律义务的一般性规定,而本条是对第26条中有关父母与子女之间抚养和赡养义务的细化规定。⑤

6　　保护教养费用之负担为生活保持义务,不以有亲权或有监护权为前提,父母虽非亲权人或监护权人,亦不能免其给养之义务。⑥监护人资格撤销后,依法负担被监护人抚养费、赡养费、扶养费的父母、子女、配偶等应当继续履行负担的义务（参见本法第37条）。

（四）扶养义务

7　　父母对子女的抚养义务和子女对父母的赡养义务,均属于广义上的"扶

---

①　参见高凤仙：《亲属法·理论与实务》,五南图书出版股份有限公司2019年版,第309—310页。

②　张俊浩先生将监护定义为"对于不能得到亲权保护的未成年人和精神病人,设定专人以保护其利益的法律制度",参见张俊浩主编：《民法学原理》,中国政法大学出版社2000年版,第117页。

③　参见我国台湾地区"民法"第1091条,指未成年人无父母,或父母不能行使、负担对于其未成年子女之权利、义务时应置监护人。

④　参见高凤仙：《亲属法·理论与实务》,五南图书出版股份有限公司2019年版,第307页、第340页。

⑤　参见黄薇主编：《中华人民共和国民法典释义（下）》,法律出版社2020年版,第2014页。

⑥　我国《民法典》仅有监护人资格撤销制度,关于亲权停止宣告制度参见我国台湾地区"民法"第1090条。

养义务"。参见本法第1059条评注边码1、2。

抚养费包括子女生活费、教育费、医疗费等(《民法典婚姻家庭编解释(一)》第42条)。抚养费的数额,可以根据子女的实际需要、父母双方的负担能力和当地的实际生活水平确定。有固定收入的,扶养费一般可以按其月总收入的百分之二十至百分之三十的比例给付。负担两个以上子女扶养费的,比例可以适当提高,但一般不得超过月总收入的百分之五十。无固定收入的,抚养费的数额可以依据当年总收入或者同行业平均收入,参照上述比例确定。有特殊情况的可以适当提高或者降低上述比例。①

赡养费应包括生活费、医疗费等必要费用,数额应根据父母的需要程度、当地物价水平、子女扶养能力等因素确定。生活费的给付一般不低于子女本人或当地的普通生活水平。②

本条规定的"扶养费"请求权适用于婚生父母子女之间、非婚生父母子女之间、构成抚养教育关系的继父母子女之间③以及养父母子女之间的关系。

二、子女行使抚养费请求权的要件

(一)父母不履行抚养义务

抚养,是指父母抚育子女成长,为他们的生活、学习提供生活费、教育费、医疗费等物质条件。④

父母对未成年子女的抚养是无条件的,在任何情况下都不能免除,即使父母已经离婚,对未成年子女仍应依法履行抚养义务。父母对成年子女的抚养是有条件的,在成年子女没有劳动能力或者出于某种原因不能独立生活时,父母也要根据需要和可能,负担其生活费用或者给予一定的帮助。⑤

(二)请求权人为未成年子女或者不能独立生活的成年子女

不满十八周岁的自然人为未成年人。十六周岁以上不满十八周岁,以其劳动收入为主要生活来源,并能维持当地一般生活水平的,父母可以停止给

---

① 参见《民法典婚姻家庭编解释(一)》第49条。
② 参见最高人民法院民法典贯彻实施工作领导小组主编:《中华人民共和国民法典婚姻家庭编继承编理解与适用》,人民法院出版社2020年版,第189页。
③ 在有抚养教育关系的继父母与继子女场合,本条是否适用不无疑问。参见薛宁兰、谢鸿飞主编:《民法典评注:婚姻家庭编》,中国法制出版社2020年版,第269—270页(刘征峰执笔)。
④ 参见最高人民法院民法典贯彻实施工作领导小组主编:《中华人民共和国民法典婚姻家庭编继承编理解与适用》,人民法院出版社2020年版,第186页。
⑤ 参见黄薇主编:《中华人民共和国民法典释义(下)》,法律出版社2020年版,2014—2015页。

付抚养费。①

14　不能独立生活的成年子女,指尚在校接受高中及其以下学历教育,或者丧失、部分丧失劳动能力等非因主观原因而无法继续正常生活的成年子女。②

三、父母行使赡养费请求权的要件

(一)成年子女不履行赡养义务

15　赡养人应当履行对老年人经济上供养、生活上照料和精神上慰藉的义务,照顾老年人的特殊需要。

16　父母子女间的权利义务基于身份关系而产生,不以对价为前提。故,子女对于父母的赡养义务,并不以父母是否履行了对子女的抚养义务为前提。即使父母因为各种原因没有履行对子女的抚养义务,在父母需要赡养时,子女也不能拒绝。

(二)请求权人为缺乏劳动能力或生活困难的父母

17　所谓缺乏劳动能力,是指父母因年老、疾病等原因不能以工作谋生,或者虽可工作但不足以谋生。③

18　所谓生活困难,是指父母现有财产不足以维持其生活。④

四、法律后果

19　扶养义务人不履行扶养义务的,扶养权利人可向扶养义务人请求给付"扶养费"。对于拒不履行扶养义务,情节恶劣构成遗弃罪的,应承担刑事责任。

五、证明责任

20　在成年子女请求抚养费的案件中,成年子女需证明其不能独立生活。在赡养纠纷中,应由父母举证证明其生活困难或者缺乏劳动能力,有赡养需求。

第一千零六十八条　【父母对未成年子女的权利义务】父母有教育、保护未成年子女的权利和义务。未成年子女造成他人损害的,父母应当依法承担民事责任。

第一千零六十九条　【子女对父母的义务】子女应当尊重父母的婚姻权利,不得干涉父母离婚、再婚以及婚后的生活。子女对父母的赡养义务,不因父母的婚姻关系变化而终止。

---

①　参见《民法典婚姻家庭编解释(一)》第53条。
②　参见《民法典婚姻家庭编解释(一)》第41条。
③　参见最高人民法院民法典贯彻实施工作领导小组主编:《中华人民共和国民法典婚姻家庭编继承编理解与适用》,人民法院出版社2020年版,第188页。
④　同上注,第188页。

第一千零七十条 【父母子女相互继承权】父母和子女有相互继承遗产的权利。

第一千零七十一条 【非婚生子女法律地位】非婚生子女享有与婚生子女同等的权利,任何组织或者个人不得加以危害和歧视。

不直接抚养非婚生子女的生父或者生母,应当负担未成年子女或者不能独立生活的成年子女的抚养费。

第一千零七十二条 【继父母与继子女间的权利义务关系】继父母与继子女间,不得虐待或者歧视。

继父或者继母和受其抚养教育的继子女间的权利义务关系,适用本法关于父母子女关系的规定。

一、继父母子女间的亲属关系

继父母和继子女的关系是由于父母一方死亡,另一方带子女再婚,或者由于父母离婚,抚养子女的一方或双方再婚而形成的。继父母与继子女的关系是一种姻亲关系。①

一般情况下,继父母子女间不存在父母子女权利义务关系。在特定情况下,继父母和受其抚养教育的继子女间可形成法律拟制的血亲关系,并适用关于父母子女关系的规定。不论是否成立拟制血亲关系,继父母与继子女间不得虐待或者歧视。

二、继父母子女间成立拟制血亲的条件

继父母子女间成立拟制血亲可通过两种途径:一是通过意思表示,即收养实现;二是通过实际抚养教育的发生实现。

关于"受其抚养教育"的认定,立法未有规定,理论上有不同的认识,实践中亦有较大争议。有学者提议,鉴于实际生活的复杂性,法律绝不可能为"实际抚养教育至何种程度可令姻亲关系转化为拟制血亲关系"确定标准。为了避免继父母子女间法律关系的不确定状态,除非废止此等法律规范,否则不可能得到解决。②

形成抚养教育关系拟制的血亲不同于形成收养关系拟制的血亲,继子女与生父或生母的关系仍然存在,自然血亲的父母子女关系并不消除。因此继

---

① 参见黄薇主编:《中华人民共和国民法典婚姻家庭编解读》,中国法制出版社 2020 年版,第 155 页。
② 参见江平主编:《民法学》(第四版),中国政法大学出版社 2019 年版,第 756 页。

子女享有双重权利,负有双重义务。①

三、继父母子间关系的解除

6　继父母子间为姻亲关系的,在继父与生母或继母与生父婚姻关系终止时,继父母子女关系随之解除。继父母子女间因抚养教育关系形成法律拟制血亲的,原则上拟制血亲不能自然解除。

第一千零七十三条　【亲子关系异议之诉】对亲子关系有异议且有正当理由的,父或者母可以向人民法院提起诉讼,请求确认或者否认亲子关系。

对亲子关系有异议且有正当理由的,成年子女可以向人民法院提起诉讼,请求确认亲子关系。

一、亲子关系确认制度概述

1　传统亲子关系确认制度包括婚生子女的推定、婚生子女的否认和非婚生子女的认领制度。婚生子女的推定与非婚生子女的认领都属于对亲子关系的确定。婚生子女的否认是对亲子关系的否认。②本条规定的亲子关系异议之诉包括请求确认亲子关系之诉和请求否认亲子关系之诉。

2　亲子关系的确定是父母子女产生权利义务关系的前提。除此以外,亲子关系是否存在,亦常涉及第三人(如其他继承人)之权利义务。

二、异议之诉内容

(一)诉讼主体

3　本款规定的有权起诉的主体限于父或者母以及成年子女。③

(二)诉讼请求

4　父或者母向人民法院提起的诉讼请求为"确认或者否认亲子关系"。与此不同的是,成年子女只允许请求"确认亲子关系",不能请求人民法院否认亲子关系。立法理由是防止成年子女逃避法律规定的对父母的赡养义务。④

---

①　参见最高人民法院民法典贯彻实施工作领导小组主编:《中华人民共和国民法典婚姻家庭编继承编理解与适用》,人民法院出版社2020年版,第216页。

②　否认之诉系对于法律上推定为婚生子女或生父者,求为确认非其子女或生父之诉,故性质上乃为确认之诉。参见高凤仙:《亲属法·理论与实务》,五南图书出版股份有限公司2019年版,第228页。

③　我国台湾地区"家事事件法"第67条第1款规定:就法律所定亲子或收养关系有争执,而有即受确认判决之法律上利益者,得提起确认亲子或收养关系存在或不存在之诉。参见高凤仙:《亲属法·理论与实务》,五南图书出版股份有限公司2019年版,第230页。我国立法上并不承认其他利益之人的诉讼主体地位。

④　参见黄薇主编:《中华人民共和国民法典释义(下)》,法律出版社2020年版,第2028页。

(三)诉讼前提

1. 对亲子关系有异议

"对亲子关系有异议"是指父或母认为现存的亲子关系是错误的,自己是或者不是他人生物学意义上的父或者母。亲子关系对婚姻家庭关系影响巨大,更可能涉及未成年人合法权益的保护,故单纯的怀疑或猜测不允许提起异议之诉。

2. 需有充分证据

这里的正当理由指当事人有充分证据证明其主张。请求确认亲子关系,应当提供亲子鉴定报告等可证明血缘关系存在的证据。请求否认亲子关系,一般应当提供证据证明存在下列情形之一:一是夫妻在受胎期间没有同居的事实;二是夫有生理缺陷或没有生育能力,包括时间不能、空间不能、生理不能等;三是子女和其他人存在血缘关系。[①]

第一千零七十四条 【祖孙之间的抚养、赡养义务】有负担能力的祖父母、外祖父母,对于父母已经死亡或者父母无力抚养的未成年孙子女、外孙子女,有抚养的义务。

有负担能力的孙子女、外孙子女,对于子女已经死亡或者子女无力赡养的祖父母、外祖父母,有赡养的义务。

一、祖孙之间的扶养义务

祖孙之间是除父母子女外最近的直系血亲。一般情况下,子女由父母抚养,父母由子女赡养,祖孙之间不发生权利义务关系。

(外)祖父母、(外)孙子女是第二顺位法定扶养人,其扶养义务是有条件的。(外)祖父母、(外)孙子女之间的扶养义务类型属于生活扶助义务(参见本法第1059条)。

二、祖孙之间的抚养、赡养条件

(一)扶养请求权人(祖或孙)需要扶养

扶养请求权人为(外)孙子女时,其需为未成年人。与父母的抚养义务不同的是,(外)祖父母对不能独立生活的成年(外)孙子女没有抚养义务。

扶养请求权人为(外)祖父母时,(外)孙子女对(外)祖父母的赡养义务不应优于对父母的赡养条件。因此,(外)祖父母需要赡养,指其缺乏劳动能力或者生活困难(参见第1067条)。

---

① 参见最高人民法院民法典贯彻实施工作领导小组主编:《中华人民共和国民法典婚姻家庭编继承编理解与适用》,人民法院出版社2020年版,第224页。

(二)祖或孙的第一顺位扶养义务人已经死亡或无力扶养

5　　(外)孙子女的第一顺位扶养义务人,即其父母已经死亡或无力抚养。这里的死亡包括自然死亡和宣告死亡。父母无力抚养,指其丧失劳动能力且没有生活来源,①或者不能以自己的收入满足子女合理的生活、教育、医疗等需要。②

6　　(外)祖父母的第一顺位扶养义务人,即其子女已经死亡或无力赡养。无力赡养的内涵同无力抚养。

(三)扶养义务人有负担能力

7　　有负担能力,是指以自己的劳动收入和其他收入满足自己和第一顺位扶养请求权人(配偶、子女和父母)的合理生活、教育、医疗等扶养需求后仍有剩余。③

第一千零七十五条　【兄弟姐妹之间的扶养义务】有负担能力的兄、姐,对于父母已经死亡或者父母无力抚养的未成年弟、妹,有扶养的义务。

由兄、姐扶养长大的有负担能力的弟、妹,对于缺乏劳动能力又缺乏生活来源的兄、姐,有扶养的义务。

一、兄弟姐妹之间的扶养义务

1　　兄弟姐妹之间是血缘最密切的同辈旁系血亲。一般情况下,兄弟姐妹均由他们的父母抚养,而他们之间不发生扶养权利义务关系。

2　　兄弟姐妹作为第二顺位法定扶养人,其扶养义务是有条件的。兄弟姐妹之间的扶养义务类型属于生活扶助义务(参见本法第 1059 条)。

3　　本条规定的兄弟姐妹,指同父母的兄弟姐妹、同父异母或者同母异父的兄弟姐妹、养兄弟姐妹和继兄弟姐妹。④ 扶养制度与继承制度密切相关,第二顺位的法定扶养人兄弟姐妹亦为第二顺序法定继承人。⑤ 这里的继兄弟

---

① 参见最高人民法院民法典贯彻实施工作领导小组主编:《中华人民共和国民法典婚姻家庭编继承编理解与适用》,人民法院出版社 2020 年版,第 234 页。
② 同上注,第 228 页。
③ 同上注,第 229 页。
④ 参见黄薇主编:《中华人民共和国民法典释义(下)》,法律出版社 2020 年版,第 2031—2032 页。继兄弟姐妹之间是否属于第二顺位法定扶养人,学界有不同声音。有观点认为,根据本法第 1072 条继父母对继子女尽了抚养义务,他们之间就产生了父母子女关系,但是继子女和继父母的其他亲属之间不因此产生法律关系。参见巫昌祯、夏吟兰主编:《婚姻家庭法学》(第二版),中国政法大学出版社 2016 年版,第 191—192 页;薛宁兰、谢鸿飞主编:《民法典评注:婚姻家庭编》,中国法制出版社 2020 年版,第 348 页(刘征峰执笔)。
⑤ 参见夏吟兰:《论婚姻家庭法在民法典体系中的相对独立性》,载《法学论坛》2014 年第 4 期。

姐妹应限于本法第 1127 条第 5 款规定的有扶养关系的继兄弟姐妹。

二、兄弟姐妹之间的扶养条件

（一）扶养请求权人（兄姐或弟妹）需要扶养

扶养请求权人为弟、妹时，弟、妹须为未成年人。如果弟、妹已经成年，虽无独立生活能力，兄、姐亦无法定扶养义务。 4

扶养请求权人为兄、姐时，兄、姐须缺乏劳动能力又缺乏生活来源。如果兄、姐虽缺乏劳动能力但并不缺少经济来源，如受到他人经济上的捐助或自己有可供生活的积蓄，则不产生弟、妹的扶养义务。 5

（二）第一顺位扶养义务人已经死亡或无力扶养

弟、妹的第一顺位扶养义务人，即父母已经死亡或无力抚养。兄、姐没有第一顺位的扶养义务人，或者第一顺位的扶养义务人没有扶养能力。无力扶养的含义参见本法第 1074 条评注边码 5。 6

（三）扶养义务人有负担能力

兄、姐作为弟、妹的第二顺位法定扶养人，还需具备负担能力方有扶养义务。不是所有的弟、妹均是兄、姐的第二顺位法定扶养人，这里的弟、妹限于由兄、姐扶养长大的弟妹。另外，由兄、姐扶养长大的弟、妹，只有具备负担能力，方对兄、姐产生扶养义务。有负担能力的含义参见本法第 1074 条评注边码 7。 7

第四章 离 婚

第一千零七十六条 【协议离婚】夫妻双方自愿离婚的，应当签订书面离婚协议，并亲自到婚姻登记机关申请离婚登记。

离婚协议应当载明双方自愿离婚的意思表示和对子女抚养、财产以及债务处理等事项协商一致的意见。

一、协议离婚的条件

（一）主体

协议离婚的当事人应具有合法的夫妻身份，即当事人双方依法办理了结婚登记。未婚同居和"事实婚姻"中的双方无法申请登记离婚。协议离婚的当事人双方均应具有完全民事行为能力，如有一方或者双方为限制民事行为能力人或无民事行为能力人，则只能通过诉讼程序处理离婚问题。 1

（二）离婚合意

协议离婚属于双方法律行为，须夫妻双方就离婚达成合意。夫妻双方作 2

出的离婚意思表示应是真实的,且应将该自愿离婚的意思表示在离婚协议中载明。

(三)书面形式

协议离婚为要式法律行为,夫妻双方应签订书面的离婚协议,并就离婚后子女抚养、财产分配以及债务负担等事项进行适当处理。

(四)离婚登记

登记是协议离婚的形式要件,夫妻双方应亲自到有管辖权的婚姻登记机关提出申请。

二、法律效果

办理离婚登记后,协议离婚双方的夫妻身份关系解除。对于双方表面申请办理了离婚登记而其真正目的并不在于结束婚姻关系的所谓"假离婚",我国司法实践中并不承认①,并区分了身份关系和财产关系变动的不同法律效力②。

不符合协议离婚条件而办理了离婚登记的,如一方为限制行为能力人或无民事行为能力人、一方被胁迫等,当事人可以请求婚姻登记机关撤销离婚证,或提起行政诉讼要求婚姻登记机关撤销离婚证。③

第一千零七十七条 【离婚冷静期】自婚姻登记机关收到离婚登记申请之日起三十日内,任何一方不愿意离婚的,可以向婚姻登记机关撤回离婚登记申请。

前款规定期限届满后三十日内,双方应当亲自到婚姻登记机关申请发给离婚证;未申请的,视为撤回离婚登记申请。

一、离婚冷静期

离婚冷静期制度是对协议离婚作出的限制性规定。离婚关系到家庭、子女和社会的利益,婚姻家庭编在保障离婚自由的同时防止轻率离婚,离婚冷静期可以使双方当事人认真冷静地考虑已经达成的离婚协议,确保双方能够充分地理解离婚本身及其后果并承担协议中规定的相应责任。④

本条第1款规定的30日离婚冷静期为不变期间,期间内任何一方不愿

---

① 参见薛宁兰、谢鸿飞主编:《民法典评注:婚姻家庭编》,中国法制出版社2020年版,第363—364页(缪宇执笔)。
② 参见蔡立东、刘国栋:《司法逻辑下的"假离婚"》,载《国家检察官学院学报》2017年第5期。
③ 参见最高人民法院民法典贯彻实施工作领导小组主编:《中华人民共和国民法典婚姻家庭继承编理解与适用》,人民法院出版社2020年版,242页。
④ 参见夏吟兰:《民法分则婚姻家庭编立法研究》,载《中国法学》2017年第3期。

意离婚的,可以向婚姻登记机关撤回离婚登记申请。离婚冷静期届满后30日内,双方坚持离婚的应当亲自到婚姻登记机关申请发给离婚证。本条第1款和第2款规定的30日内并不影响夫妻一方提起离婚诉讼。

二、法律效果

30日离婚冷静期内,当事人一方或双方撤回离婚登记申请的,婚姻登记机关终止登记离婚程序。离婚冷静期届满后30日内,双方亲自到婚姻登记机关申请发给离婚证的,婚姻登记机关登记并发给离婚证后,双方的夫妻身份关系解除;未申请的,视为撤回离婚登记申请,婚姻登记机关不得办理离婚登记。所谓"视为撤回"在性质上是拟制撤回。实际上,本条第2款规定的30日也具有冷静期作用。

第一千零七十八条 【协议离婚的登记】婚姻登记机关查明双方确实是自愿离婚,并已经对子女抚养、财产以及债务处理等事项协商一致的,予以登记,发给离婚证。

第一千零七十九条 【诉讼离婚】夫妻一方要求离婚的,可以由有关组织进行调解或者直接向人民法院提起离婚诉讼。

人民法院审理离婚案件,应当进行调解;如果感情确已破裂,调解无效的,应当准予离婚。

有下列情形之一,调解无效的,应当准予离婚:

(一)重婚或者与他人同居;
(二)实施家庭暴力或者虐待、遗弃家庭成员;
(三)有赌博、吸毒等恶习屡教不改;
(四)因感情不和分居满二年;
(五)其他导致夫妻感情破裂的情形。

一方被宣告失踪,另一方提起离婚诉讼的,应当准予离婚。

经人民法院判决不准离婚后,双方又分居满一年,一方再次提起离婚诉讼的,应当准予离婚。

一、诉讼外调解

夫妻双方离婚的方式分为协议离婚和诉讼离婚两种,诉讼外调解并非离婚的方式,只是夫妻双方离婚前的一种促使双方妥善处理婚姻纠纷的措施。诉讼外调解既不是离婚的必经程序,也不是诉讼离婚的前置程序。

进行调解的有关组织包括当事人所在的单位、群众团体、村民委员会或居民委员会、基层调解组织、婚姻登记机关等。

诉讼外调解应遵循自愿原则,经调解后可能产生三种结果:1. 双方消除矛盾,重归于好,继续保持婚姻关系;2.双方同意离婚,并就子女财产问题达成一致意见,办理协议离婚;3.双方就离婚问题未达成一致意见,任何一方可以向人民法院提起离婚诉讼。

二、诉讼内调解

诉讼内调解亦被称为司法调解,是诉讼离婚的必经程序,是人民法院行使审判职能的重要方式。人民法院调解时,应当依法进行,经调解后可能产生三种结果:1.双方重归于好,原告撤回起诉,人民法院将调解笔录存卷,离婚诉讼程序结束;2.双方同意离婚,并就子女财产问题达成有效的离婚协议,人民法院按照协议书的内容制作调解书,调解书经送达签收后生效,婚姻关系依法解除;3.调解无效,双方无法达成一致意见,离婚诉讼程序继续进行。

三、判决离婚的原则

法院判决离婚的原则有过错主义、破裂主义和混合主义。① 我国采取的是破裂主义,以"感情破裂"为判决离婚的原则。破裂主义注重的是感情破裂的事实,而非感情破裂的原因。无论当事人是否具有过错,均可以以感情破裂为由提起离婚诉讼。依据《民法典婚姻家庭编解释(一)》第 63 条的规定,符合本条第 3 款规定"应当准予离婚"情形的,人民法院不应当因当事人有过错而判决不准离婚。对于有过错一方提出离婚的,本法通过第 1091 条规定的离婚损害赔偿制度对无过错方提供保护。

很多国家立法中的术语为婚姻破裂,我国理论和实践中一直存在"感情破裂"和"婚姻破裂"的争议。② 我国 1980 年的原《婚姻法》在立法上首次确立破裂主义时,就以夫妻感情确已破裂作为判决离婚的理由,本法未作任何修改。

判断夫妻感情是否确已破裂,应当从婚姻基础、婚后感情、离婚原因、夫妻关系的现状和有无和好的可能等方面综合分析。③

四、判决离婚的法定事由

(一)重婚或者与他人同居

重婚和与他人同居均属于严重伤害夫妻感情的行为,并违反了一夫一妻

---

① 参见余延满:《亲属法原论》,法律出版社 2007 年版,第 333 页。
② 参见余延满:《亲属法原论》,法律出版社 2007 年版,第 336—338 页;薛宁兰、谢鸿飞主编:《民法典评注:婚姻家庭编》,中国法制出版社 2020 年版,第 383—384 页(缪宇执笔);黄薇主编:《中华人民共和国民法典婚姻家庭编解读》,中国法制出版社 2020 年版,第 188—189 页。
③ 参见原《认定夫妻感情确已破裂的意见》。

制度。重婚属于犯罪行为,分为法律上的重婚和事实上的重婚,法律上的重婚是指有配偶者又与他人登记结婚,事实上的重婚是指有配偶者又与他人以夫妻名义共同居住生活。与他人同居是指有配偶者与婚外异性,不以夫妻名义,持续、稳定地共同居住。

(二)实施家庭暴力或者虐待、遗弃家庭成员

依据本法第1045条的规定,家庭成员包括配偶、父母、子女和其他共同生活的近亲属。本项包括夫妻之间的家庭暴力、虐待和遗弃以及其他家庭成员之间的家庭暴力、虐待和遗弃。

家庭暴力是指行为人以殴打、捆绑、残害、强行限制人身自由或者其他手段,给其家庭成员的身体、精神等方面造成一定伤害后果的行为。虐待与家庭暴力本质上是相同的,均是对其他家庭成员身体上或精神上造成伤害的行为,其差异在于造成伤害的程度上,持续性、经常性的家庭暴力构成虐待。遗弃是指一方对于家庭成员中的另一方负有赡养、抚养或扶养义务,但拒绝履行义务的行为。表现为经济上不供养,生活上不照顾,使被扶养人的正常生活不能维持,甚至生命和健康得不到保障①,如成年子女不赡养无劳动能力或生活困难的父母等。

(三)有赌博、吸毒等恶习屡教不改

赌博、吸毒、酗酒等恶习会严重伤害夫妻感情,破坏家庭共同生活,对于达到屡教不改程度的,另一方坚持离婚,经调解无效的,可以认定夫妻感情确已破裂,应当判决离婚。但如果是一般性的不良习惯不能认定为恶习。

(四)因感情不和分居满二年

分居是指夫妻间不再共同生活,不再相互履行夫妻义务,包括停止性生活,经济上不再合作,生活上不再互相关心、互相扶助等。② 感情不和是分居的原因,夫妻一方或双方主观上不愿意和对方共同生活。如因工作、学习、住房紧张等其他原因造成的两地分居,不符合本项的要求。居住在同一住宅内,只要没有达到共同家庭生活的程度,也可以构成分居,如一方生病,另一方对其暂时的照顾。

分居期限须满二年。但夫妻双方以和好为目的而短暂地共同生活,并不导致分居期间的中断或停止。

---

① 参见黄薇主编:《中华人民共和国民法典婚姻家庭编解读》,中国法制出版社2020年版,第191页。
② 参见最高人民法院民法典贯彻实施工作领导小组主编:《中华人民共和国民法典婚姻家庭继承编理解与适用》,人民法院出版社2020年版,第263页。

（五）其他导致夫妻感情破裂的情形

14　导致感情破裂的原因复杂多样，无法一一列明，本项是兜底性条款。如夫妻一方试图杀害另一方，一方被判处死刑、无期徒刑或长期的有期徒刑，一方犯有强奸罪、侮辱妇女罪等严重伤害夫妻感情的罪行等。

（六）一方被宣告失踪，另一方提起离婚诉讼的

15　依本法第 40 条的规定，自然人下落不明满二年的，利害关系人可以向人民法院申请宣告该自然人为失踪人。夫妻一方被宣告失踪的，夫妻共同生活无法维持，夫妻感情应属破裂，另一方提起离婚诉讼的，应准予离婚。

（七）判决不准离婚后分居又满一年而再次提起离婚诉讼的

16　一方初次提起离婚诉讼的，法院以感情未破裂为由而判决不离婚后，双方又分居满一年，一方再次提出离婚诉讼的，则推定夫妻感情破裂，应准予离婚。

五、证明责任

17　向人民法院提起离婚诉讼的一方，应当举证证明存在法定的判决离婚的事由。

第一千零八十条　【婚姻关系的解除】完成离婚登记，或者离婚判决书、调解书生效，即解除婚姻关系。

第一千零八十一条　【军婚的保护】现役军人的配偶要求离婚，应当征得军人同意，但是军人一方有重大过错的除外。

一、适用主体

1　本条适用的主体为现役军人和现役军人的配偶。根据《兵役法》第 6 条的规定，在中国人民解放军服现役的称现役军人。中国人民武装警察部队在婚姻问题上按现役军人婚姻问题处理。

2　现役军人一方向非军人一方提出离婚，或双方均为现役军人的，则无须进行特别保护，不适用本条。①

二、"征得军人同意"的含义

3　非军人一方提出离婚的，非经军人同意，法院不得准予离婚。但军人一方有重大过错的，无须经过其同意。应当注意的是，这仅适用于诉讼离婚。在协议离婚的情况下，即便军人一方有重大过错，仍需获得其同意。

三、军人一方有重大过错情形

4　依据《民法典婚姻家庭编解释（一）》第 64 条的规定，本条所称的"军人

---

① 参见黄薇主编：《中华人民共和国民法典婚姻家庭编解读》，中国法制出版社 2020 年版，第 200 页。

一方有重大过错",可以依据本法第 1709 条第 3 款前 3 项规定及军人有其他重大过错导致夫妻感情破裂的情形予以判断。主要情形包括:重婚或者与他人同居;实施家庭暴力或者虐待、遗弃家庭成员;有赌博、吸毒等恶习屡教不改;有其他重大过错行为。

四、证明责任

非军人一方提出离婚的,应举证证明军人一方存在重大过错。

第一千零八十二条 【男方离婚诉权的限制】女方在怀孕期间、分娩后一年内或者终止妊娠后六个月内,男方不得提出离婚;但是,女方提出离婚或者人民法院认为确有必要受理男方离婚请求的除外。

一、男方起诉离婚的时间限制

为保护胎儿、婴儿和妇女的利益,女方在怀孕期间、分娩后一年内或者终止妊娠后六个月内,男方不得向人民法院提起诉讼要求离婚。

怀孕期间是指女方从受孕至分娩或终止妊娠的一段时期。受孕包括自然受孕和人工受孕,分娩包括自然分娩和剖宫产,终止妊娠包括自然终止和人工终止。分娩只要求女方有分娩的事实,不要求胎儿为活体。

二、不受限制的情形

本条限制的主体是男方,女方起诉离婚的不受本规定的限制。

人民法院认为确有必要受理男方离婚请求的,不受本规定的限制。主要是女方存在严重过错,客观上已严重破坏了夫妻关系,导致夫妻感情破裂,包括:1. 男方有充足证据证明女方系与其他男性发生性关系而导致怀孕、分娩、终止妊娠的;2. 双方确实有不能继续共同生活的重大、急迫事由;3. 女方对男方有虐待或家庭暴力而男方不堪忍受的;4. 女方有虐待、遗弃婴儿行为的。①

三、证明责任

男方起诉离婚的,女方应证明其在怀孕期间、分娩后一年内或者终止妊娠后六个月内,男方应证明存在人民法院确有必要受理其离婚请求的情形。

第一千零八十三条 【复婚】离婚后,男女双方自愿恢复婚姻关系的,应当到婚姻登记机关重新进行结婚登记。

第一千零八十四条 【离婚后的父母子女关系】父母与子女间的关系,不因父母离婚而消除。离婚后,子女无论由父或者母直接抚养,仍是父母双

---

① 参见最高人民法院民法典贯彻实施工作领导小组主编:《中华人民共和国民法典婚姻家庭继承编理解与适用》,人民法院出版社 2020 年版,第 279 页。

方的子女。

离婚后,父母对于子女仍有抚养、教育、保护的权利和义务。

离婚后,不满两周岁的子女,以由母亲直接抚养为原则。已满两周岁的子女,父母双方对抚养问题协议不成的,由人民法院根据双方的具体情况,按照最有利于未成年子女的原则判决。子女已满八周岁的,应当尊重其真实意愿。

一、离婚后父母与子女的关系

1　男女双方可因结婚而形成夫妻关系,亦可因离婚而解除夫妻关系,但父母与子女之间的关系并不因父母离婚而消除。本条中的父母子女关系包括自然血亲的父母子女关系和拟制血亲的父母子女关系。

2　自然血亲的父母子女关系,包括婚生的父母子女关系和非婚生的父母子女关系,是因分娩和出生的事实而形成,除子女被他人收养外不能被人为地消除。①

3　拟制血亲的父母子女关系,包括收养形成的养父母子女关系、有抚养教育关系的继父母子女关系。收养形成的养父母子女关系因收养关系的解除而消除,不因养父母离婚而消除。有抚养教育关系的继父母子女关系原则上不因离婚而消除,但如离婚后继父母不同意抚养继子女的,则继父母子女关系自然解除。②

二、离婚后父母对子女的权利和义务

4　离婚后,父母抚养、教育和保护子女既是其权利也是其义务。"抚养"是指父母从物质上、经济上和生活上对子女的养育,"教育"是指父母在思想、品德、学业等方面对子女的全面培养和管理教育,"保护"是指父母保护未成年子女的人身权益和财产权益,使其免受来自自然界的损害和来自他人的侵害。

三、离婚后父母对子女的抚养

5　父母对子女的监护权不因离婚而丧失,但父母对子女的抚养方式因离婚而由双方共同抚养变成为一方直接抚养。究竟由哪一方直接抚养,按照"最有利于未成年子女的原则"确定。

6　子女不满两周岁的,以由母亲直接抚养为原则。子女满两周岁不满八周

---

① 参见薛宁兰、谢鸿飞主编:《民法典评注:婚姻家庭编》,中国法制出版社2020年版,第403页(缪宇执笔)。

② 参见最高人民法院民法典贯彻实施工作领导小组主编:《中华人民共和国民法典婚姻家庭继承编理解与适用》,人民法院出版社2020年版,第287—288页。

岁的,由父母双方协商。父母双方均要求直接抚养且达不成协议的,按照最有利于未成年子女的原则判决。子女已满八周岁的,已具有一定的自主意识和认知能力,应当听取子女的意见,并探求、尊重其真实意愿。

第一千零八十五条 【离婚后子女抚养费的负担】离婚后,子女由一方直接抚养的,另一方应当负担部分或者全部抚养费。负担费用的多少和期限的长短,由双方协议;协议不成的,由人民法院判决。

前款规定的协议或者判决,不妨碍子女在必要时向父母任何一方提出超过协议或者判决原定数额的合理要求。

一、离婚后抚养费的给付

本条"抚养费"的表述与本法第1067条的规定保持一致。父母子女间的关系,不因父母离婚而消除,离婚后无论是否直接抚养,父母对子女负有的法定抚养义务并不消灭。抚养费包括子女生活费、教育费、医疗费等费用。

抚养费的数额,可以根据子女的实际需要、父母双方的负担能力和当地的实际生活水平确定,抚养费的给付期限,一般至子女满十八周岁。抚养费如何给付,应由父母双方协商确定;无法达成一致意见的,由法院判决。

二、抚养费的增加

抚养费不因双方之间的协议或者法院判决而固定,本条第2款规定子女在"必要"时,向父母任何一方提出增加抚养费数额的"合理"要求。依据《民法典婚姻家庭编解释(一)》第58条的规定,子女请求增加抚养费的情形为:1. 原定抚养费数额不足以维持当地实际生活水平;2. 因子女患病、上学,实际需要已超过原定数额;3. 有其他正当理由应当增加。

三、证明责任

主张增加抚养费的子女,应证明存在应当增加抚养费的情形。

第一千零八十六条 【父母的探望权】离婚后,不直接抚养子女的父或者母,有探望子女的权利,另一方有协助的义务。

行使探望权利的方式、时间由当事人协议;协议不成的,由人民法院判决。

父或者母探望子女,不利于子女身心健康的,由人民法院依法中止探望;中止的事由消失后,应当恢复探望。

一、探望权的主体

探望权是亲权的重要内容,探望权的主体为不直接抚养子女的父母一方。祖父母、外祖父母或兄弟姐妹等其他亲属不享有探望权。离婚后不直接抚养子女的父母一方并不与子女共同居住,缺乏接触可能会使孩子与其关系疏远,造成父母子女关系出现障碍。① 探望权既是绝对的、专属性质的权利,也是对子女负担的义务,不直接抚养子女的父母一方是为了子女的最大利益而行使探望权。

二、探望权的行使

探望权是通过在时间上有限的接触而实现的,如共度周末、打电话、视频、共同旅行或进行其他娱乐活动。② 探望权如何行使,应首先由父母双方协商解决,如双方能够合理安排,并顾及孩子和父母的需要,则最符合子女的利益。如果父母双方无法达成一致意见,则由人民法院裁判确定探望权如何行使,人民法院裁判时须遵循子女利益最大化的基本原则。③

三、探望权的中止

探望权源于亲权,不能被剥夺,但当有"不利于子女身心健康"的情形发生时,探望权的行使可能受到限制,人民法院经当事人申请可以依法中止探望,中止的事由消失后,经当事人的申请人民法院可以依法恢复探望。

依据《民法典婚姻家庭编解释(一)》第 67 条的规定,有权申请中止探望的主体为未成年子女、直接抚养子女的父或者母以及其他对未成年子女负担抚养、教育、保护义务的法定监护人。请求恢复探望的主体一般为不直接抚养子女的父母一方。

第一千零八十七条 【离婚时夫妻共同财产的处理】 离婚时,夫妻的共同财产由双方协议处理;协议不成的,由人民法院根据财产的具体情况,按照照顾子女、女方和无过错方权益的原则判决。

对夫或者妻在家庭土地承包经营中享有的权益等,应当依法予以保护。

一、夫妻共同财产的范围

离婚时,可分割的财产仅限于夫妻共同财产,而分割夫妻共同财产的前提是准确划定夫妻共同财产的范围。夫妻财产制分为法定财产制和约定财产制。夫妻双方没有对婚姻存续期间所得财产和婚前财产作出约定时,适用法定财产制,夫妻共同财产的范围依据本法第 1062 条确定(参见本法第 1062 条评注)。夫妻双方约定婚姻关系存续期间所得的财产以及婚前财产归各自所有的,双方不存在夫妻共同财产,离婚时各自的财产归各自所有。夫妻双方约定婚姻关系存续期间所得的财产以及婚前财产为共同所有的,则

---

① Vgl. Dieter Schwab, Familienrecht, 28. Aufl. , 2020, § 29 Rn. 949.
② Ebenda, § 29 Rn. 951.
③ 参见最高人民法院民法典贯彻实施工作领导小组主编:《中华人民共和国民法典婚姻家庭继承编理解与适用》,人民法院出版社 2020 年版,第 300 页。

夫妻共同财产的范围还包括夫妻双方的婚前个人财产。夫妻双方约定婚姻关系存续期间所得的财产以及婚前财产部分各自所有、部分共同所有的,则按照夫妻双方的约定确定夫妻共同财产范围。

难以确定财产是个人财产还是夫妻共同财产,且夫妻双方又无法举证证明的,则推定为夫妻共同财产。

家庭财产是指包括家庭成员共同财产和各自所有财产的总和,包括:1.夫妻一方的个人财产;2.夫妻婚后的共同财产;3.子女财产;4.其他家庭成员的财产;5.全体家庭成员共有的财产。① 离婚时,对属于全体家庭成员共有的财产,应当先分家析产,再对夫妻共同所有部分进行分割。

二、分割的方式

夫妻共同财产的分割方式分为协议分割和判决分割。夫妻共同财产的分割属于夫妻双方的私人事务,应当最大限度地尊重双方的意思自治,只要夫妻双方具有完全民事行为能力,且意思表示真实合法,即应承认其效力。离婚协议中关于财产分割的条款或者当事人因离婚达成的财产分割协议,对双方均有法律约束力。离婚后,一方不履行的,另一方可以向法院提起诉讼。夫妻双方无法就财产分割达成一致意见的,则由人民法院依法以裁判方式对夫妻共同财产进行分割。

协议分割和判决分割中可以包括实物分割、价金分割、价值补偿等具体的分割方法。

三、判决分割的原则

(一)男女平等原则

本条虽未明确男女平等原则,但男女平等是婚姻家庭编的基本原则,且夫妻财产共同共有的制度本身包含了分割均等的含义②,因此,在夫妻共同财产分割上,夫妻双方享有平等分割的权利。

(二)照顾子女、女方权益的原则

在夫妻共同财产分割上照顾子女、女方权益的原则,是保护妇女和未成年人合法权益原则的具体体现。父母离婚,大多数情况下对未成年人的伤害是最大的,在夫妻共同财产分割的问题上,应将未成年人的利益放在首位。对女方的照顾主要是考虑到女方在教育机会、就业机会等方面不如男性,经济能力与男子相比有一定的差距。

---

① 参见巫昌祯主编:《婚姻与继承法学》(第六版),中国政法大学出版社2017年版,第171—172页。

② 参见最高人民法院民法典贯彻实施工作领导小组主编:《中华人民共和国民法典婚姻家庭继承编理解与适用》,人民法院出版社2020年版,第310页。

（三）照顾无过错方权益原则

8　　一方对离婚存在过错时，在夫妻财产分割时应当给予无过错方照顾。过错并不限于本法第1091条和第1092条规定的情形，因通奸、嫖娼、赌博等一般过错导致离婚的，亦包含在内。

9　　照顾无过错方权益原则，可能与离婚损害赔偿制度重合，导致对夫妻一方的过错进行多重评价，因此，有观点认为照顾无过错方权益原则中的过错，是指离婚损害赔偿法定过错之外的一般过错。[①] 本书认为，照顾无过错方权益原则中的过错包含一般过错和离婚损害赔偿中的法定过错。首先，法条中并无对过错进行区分，只要因一方具有过错而离婚，无论是一般过错还是离婚损害赔偿中的法定过错，人民法院在分割共同财产时均应当适用照顾无过错方权益原则；其次，离婚损害赔偿中的无过错方是否行使离婚损害赔偿请求权，完全由其自主决定，当事人未主张离婚损害赔偿的，人民法院在分割共同财产时如不适用照顾无过错方权益原则，反而对无过错方更为不利；最后，为了避免对夫妻一方的过错进行多重评价，无过错方在分割财产的同时主张离婚损害赔偿时，可认为两者存在竞合，按照最有利于女方原则进行分割。

四、特殊财产分割

10　　对于军人名下的复员费、自主择业费等一次性费用，股票、债券、投资基金份额等有价证券以及未上市股份有限公司股份，以一方名义在有限责任公司的出资额，以一方名义在合伙企业中的出资，以一方名义投资设立的个人独资企业，以及房产、基本养老金等特殊财产的分割，具体参见《民法典婚姻家庭编解释（一）》第71条及以下的规定。

11　　实践中，在离婚财产分割协议中关于离婚房产权属的约定，在变更登记前，能否排除名义登记人的债权人对该房产申请强制执行，存在很大争议。离婚财产分割协议中对离婚房产权属的约定，并不具有物权效力。有学说认为，基于对不动产买受人执行异议权的类推等理由，在例外情况下可以排除强制执行，不过须满足以下条件：1. 执行债权为无担保、无优先受偿地位的普通金钱债权；2. 离婚协议债权在房产特定查封前产生；3. 案外人在房产特定查封前已占有房产；4. 所有权人对未及时办理房屋产权变更登记无过错。[②]

[①] 参见薛宁兰、谢鸿飞主编：《民法典评注：婚姻家庭编》，中国法制出版社2020年版，第432页（缪言执笔）。

[②] 参见叶名怡：《离婚房产权属约定对强制执行的排除力》，载《法学》2020年第4期；经典案例参见王某、钟某某等股权转让纠纷、案外人执行异议之诉案，最高人民法院民事裁定书（2016）最高法民申2246号。

五、对土地承包经营权的保护

土地承包经营权依家庭承包方式取得,各家庭成员依法平等享有承包土地的各项权益,离婚时,双方在土地承包经营中享有的权益自然也必须平等保护。

六、证明责任

一方主张财产属于个人财产的,应当对此承担证明责任;一方主张应当适用照顾无过错方权益原则的,应当对另一方存在过错承担证明责任。

第一千零八十八条 【离婚经济补偿】夫妻一方因抚育子女、照料老年人、协助另一方工作等负担较多义务的,离婚时有权向另一方请求补偿,另一方应当给予补偿。具体办法由双方协议;协议不成的,由人民法院判决。

一、家务劳动经济补偿请求权的适用条件

(一)夫妻法定财产制和夫妻约定财产制同样适用

本条改变了原《婚姻法》第40条关于离婚家务劳动经济补偿以夫妻约定财产制为前提条件的规定。这一修改体现了本法总则编中公平原则的精神,反映我国婚姻家庭法律对于无酬的家务劳动价值的进一步肯认。① 但这一改变可能会导致法定财产制下夫妻一方家务劳动的双重评价。② 离婚家务劳动经济补偿是建立在财产分割基础上的,其需要与共有财产的分割相衔接。有学者主张离婚经济补偿是法院在没有夫妻共同财产或共同财产不足时,依据财产分割的情况,对家务贡献者和精神受损者作出的经济补偿。③

(二)一方负担了较多的家务劳动

家务劳动并没有一个统一的、明确的界定,应从广义上理解。家务劳动不限于抚育子女、照料老年人、协助另一方工作这三个方面,为维持家庭正常运转而进行的非生产性无酬劳动都可以被认定为广义上的家务劳动。从事家务劳动的一方付出了时间成本和机会成本,因此,负担多的一方有权要求补偿。

应当注意的是,如果夫妻的分工是一方在家"全职"做家务,另一方在外工作,则在前者已经从共同财产的公平分割中得到补偿时,无权再请求后者另行予以补偿。否则将产生矫枉过正之后果。

---

① 参见夏吟兰:《婚姻家庭编的创新和发展》,载《中国法学》2020年第41期。
② 参见薛宁兰、谢鸿飞主编:《民法典评注:婚姻家庭编》,中国法制出版社2020年版,第436—438页(缪宇执笔)。
③ 参见孙若军:《离婚救济制度立法研究》,载《法学家》2018年第6期。

（三）须离婚时主张

本条属于独立的请求权基础，是法律赋予负担较多家务劳动的一方权利。负担较多家务劳动的一方可以行使该权利，也可以不行使该权利，但行使该权利须在离婚时提出，婚姻存续期间或离婚后提出的，法院不予支持。

二、家务劳动经济补偿的办法

离婚时对家务劳动如何进行经济补偿，由双方协商确定；在双方无法达成一致意见时，由法院根据个案的具体情况综合考虑各种因素依法判决。

第一千零八十九条　【离婚时夫妻共同债务清偿】离婚时，夫妻共同债务应当共同偿还。共同财产不足清偿或者财产归各自所有的，由双方协议清偿；协议不成的，由人民法院判决。

一、夫妻共同债务清偿规则

本法第1064条对夫妻共同债务的认定作出了明确的规定，离婚时夫妻双方应对婚姻存续期间形成的夫妻共同债务负连带清偿责任[①]。对于夫妻共同债务，首先应当以夫妻共同财产偿还，共同财产不足以清偿的，应当以个人财产偿还，由夫妻双方协商确定各自应承担的债务份额。在分别财产制下，不存在夫妻共同财产，均应以个人财产偿还共同债务，由夫妻双方协商确定各自应承担的债务份额。夫妻双方无法达成一致意见的，由人民法院根据案件具体情况依法判决双方应承担的债务份额。

二、法律效果

夫妻双方对共同债务应分担的债务份额，无论是由夫妻双方协商确定，还是由人民法院依法判决确定，均具有相对效力，对债权人并没有约束力。在债权满足前，债权人可以请求夫妻中的任一方履行全部或部分债务，承担超过自己份额的一方，可以向另一方追偿。

第一千零九十条　【离婚经济帮助】离婚时，如果一方生活困难，有负担能力的另一方应当给予适当帮助。具体办法由双方协议；协议不成的，由人民法院判决。

一、规范意旨

本条规定的离婚经济帮助制度，与本法第1088条家务劳动经济补偿制度和第1091条的离婚损害赔偿制度，并称为我国三大离婚救济制度。离婚经济帮助制度为兜底性制度，是为生活困难的离婚当事人设置的最后一道救

[①] 夫妻共同债务清偿规则有类型区分说、连带债务说和共同债务说等观点，详见关淑芳、郭子圣：《夫妻共同债务清偿规则辨析》，载《华东政法大学学报》2021年第1期。

济屏障。①

二、离婚经济帮助请求权适用条件

(一)一方生活困难

生活困难的认定标准分为绝对主义标准和相对主义标准,本法采取绝对主义标准,仅限于对生活困难一方基本生存权益的保护。② 如一方因年老、残疾或患有重大疾病等缺乏或丧失劳动能力而没有收入来源或收入来源有限,以个人财产和分得的财产无法维持当地一般生活水平;一方因客观原因无法从事适当职业且收入无法维持当地一般生活水平;其他生活特别困难的情形。

(二)另一方有负担能力

对生活困难的一方提供经济帮助的前提是另一方有负担能力,另一方不能因为提供经济帮助而导致自身无法维持当地基本生活水平。

(三)离婚时主张

离婚经济帮助请求权仅限于夫妻双方离婚时提出。生活困难的认定以离婚时间为准,离婚后出现生活困难的,另一方一般不负有经济帮助义务。但实践中,夫妻一方在离婚后的财产分割纠纷中主张经济帮助的,亦有法院支持。③

三、离婚经济帮助的标准和方式

离婚经济帮助的标准和方式首先由双方协商确定,达成一致意见的协议对双方具有约束力;无法通过双方达成一致意见的,人民法院根据案件的实际情况,参考男女双方的财产状况、经济能力、当地生活水平、履行便利等因素,依法判决确定经济帮助的标准、数额及方式④。经济帮助的方式可以是给付金钱、提供劳务或设定房屋居住权或租赁权等。

第一千零九十一条 【离婚损害赔偿】有下列情形之一,导致离婚的,无过错方有权请求损害赔偿:

(一)重婚;

(二)与他人同居;

---

① 参见孙若军:《离婚救济制度立法研究》,载《法学家》2018年第6期。
② 参见最高人民法院民法典贯彻实施工作领导小组主编:《中华人民共和国民法典婚姻家庭继承编理解与适用》,人民法院出版社2020年版,第324—325页。
③ 参见宋某与赵某离婚后财产纠纷案,北京市第三中级人民法院民事判决书(2015)三中民终字第09276号。
④ 参见最高人民法院民法典贯彻实施工作领导小组主编:《中华人民共和国民法典婚姻家庭继承编理解与适用》,人民法院出版社2020年版,第326页。

(三)实施家庭暴力;
(四)虐待、遗弃家庭成员;
(五)有其他重大过错。

一、离婚损害赔偿概述

1　离婚损害赔偿是指因夫妻一方的重大过错致使婚姻关系破裂的,无过错方有权请求过错方对其损害予以赔偿的法律制度。离婚损害赔偿具有填补损害、精神抚慰、制裁、预防违法行为的功能。[1]

2　离婚中的损害可分为离因损害和离婚损害。离因损害是指构成离婚原因的侵权行为对夫妻一方所产生的损害,而离婚损害则是指离婚本身造成的对夫妻一方的损害。因侵权行为导致离婚的,亦当然产生离婚损害,此时,离因损害和离婚损害并存。[2] 离因损害赔偿的本质为侵权行为损害赔偿,离婚损害赔偿的本质为法定损害赔偿。本条中的"损害赔偿"是指离婚损害赔偿。

二、离婚损害赔偿的构成要件

(一)夫妻一方有本条规定的特定违法行为

3　离婚损害赔偿的过错行为包括重婚、与他人同居、实施家庭暴力、虐待、遗弃家庭成员、有其他重大过错。最后一项为兜底性条款,过错方是否存在重大过错由人民法院根据案件具体情况,结合过错情节、伤害后果等因素进行认定。[3] 离婚损害赔偿须一方有过错行为,如双方均有,则无权请求损害赔偿。

4　夫妻一方受另一方直系亲属家庭暴力、虐待的,另一方有义务阻止而不阻止时,同样具有过错。

(二)夫妻一方的违法行为导致离婚

5　离婚是由过错方的违法行为导致的,即夫妻一方的违法行为与离婚具有因果关系。

(三)另一方因离婚受到损害

6　另一方遭受的损害须是由离婚造成的,包括物质损害和精神损害。依我国台湾地区学者见解,物质损害包括因离婚而无法请求配偶负担家庭生活费

---

[1] 参见夏吟兰主编:《婚姻家庭继承法》(第二版),中国政法大学出版社2017年版,第144页。
[2] 参见余延满:《亲属法原论》,法律出版社2007年版,第362页。
[3] 参见最高人民法院民法典贯彻实施工作领导小组主编:《中华人民共和国民法典婚姻家庭继承编理解与适用》,人民法院出版社2020年版,第332页。

用、因离婚而无法对配偶财产享有使用收益权、因财产分割而受有损失等,但不包括将来不确定之继承权、保险受益权等。① 精神损害主要是指遭受到精神上和身体上的痛苦,依据《民法典婚姻家庭编解释(一)》第86条的规定,涉及精神损害赔偿的,适用《精神损害赔偿责任解释》的有关规定。

三、离婚损害赔偿请求权的行使

离婚损害赔偿中的权利主体为夫妻双方中的无过错方,义务主体为夫妻双方中的过错方。离婚如由第三人引起,或由夫妻一方与第三人共同引起的,无过错方不得向第三人主张离婚损害赔偿。②

夫妻双方诉讼离婚,无过错方作为原告提起离婚诉讼的,须同时提起损害赔偿请求;无过错方作为被告参加离婚诉讼的,如果其不同意离婚也不基于该条提起损害赔偿请求,则其可以单独提起离婚损害赔偿诉讼;无过错方作为被告的离婚诉讼案件中,其一审未提起离婚损害赔偿请求,而在二审期间提出的,人民法院应当进行调解,调解不成的,当事人可以另行起诉,双方当事人同意二审法院一并审理的,二审法院可以一并裁判。③

夫妻双方协议离婚的,办理离婚登记手续后,无过错方可以提起离婚损害赔偿诉讼,但当事人在协议离婚时已经明确表示放弃该项请求的除外。④

夫妻一方的违法行为同时构成侵权的,另一方也可以请求侵权损害赔偿,且侵权损害赔偿请求权不以离婚为限,离婚前和离婚后均可请求。

四、证明责任

一方主张离婚损害赔偿的,应当对另一方有本条规定的特定违法行为、违法行为与离婚具有因果关系、因离婚遭受到的损害承担证明责任。另一方主张对方亦存在过错的,应对此承担证明责任。

第一千零九十二条 【一方侵害夫妻共同财产的法律后果】夫妻一方隐藏、转移、变卖、毁损、挥霍夫妻共同财产,或者伪造夫妻共同债务企图侵占另一方财产的,在离婚分割夫妻共同财产时,对该方可以少分或者不分。离婚后,另一方发现有上述行为的,可以向人民法院提起诉讼,请求再次分割夫妻共同财产。

---

① 参见高凤仙:《亲属法·理论与实务》,五南图书出版股份有限公司2019年版,第186页。
② 参见洪某某、李某某侵权责任纠纷案,福建省厦门市中级人民法院民事判决书(2016)闽02民终4686号。
③ 参见《民法典婚姻家庭编解释(一)》第88条。
④ 参见《民法典婚姻家庭编解释(一)》第89条。

一、一方侵害夫妻共同财产的情形

1　本条删除了原《婚姻法》第 47 条"离婚时"这一时间限制，只要在婚姻存续期间发生侵害夫妻共同财产的情形均适用。

2　隐藏夫妻共同财产包含对财产实体的隐藏和对财产性质的隐藏。财产实体的隐藏是指将财产藏匿起来，使另一方无法发现并控制该财产；财产性质的隐藏是指故意不告知对方夫妻共同财产的范围或将夫妻共同财产伪装成一方个人财产。[1] 转移夫妻共同财产主要是指一方故意将财产转移到他人名下或他处，使财产脱离另一方掌握。变卖夫妻共同财产主要是指一方在未经配偶同意的情况下，擅自将财产出卖给他人。毁损夫妻共同财产不限于从物理上变更或者消灭财产的形体，也包括使财产的效用丧失或者减少。挥霍夫妻共同财产是指肆意浪费而无节制地使用或消耗夫妻财产。伪造夫妻共同债务主要是指夫妻一方与第三人串通虚构夫妻共同债务。

二、法律后果

3　夫妻一方以隐藏、转移、变卖、毁损、挥霍方式侵害夫妻共同财产，或者伪造夫妻共同债务企图侵占另一方财产的，人民法院依据夫妻另一方的请求，根据案件事实和双方的具体情况决定是否对另一方少分或不分财产；另一方在离婚后发现的，可以请求人民法院再次分割夫妻共同财产。

三、证明责任

4　一方主张另一方有侵害夫妻共同财产之行为的，需对此承担证明责任。

第五章　收　　养

第一节　收养关系的成立

第一千零九十三条　【被收养人】下列未成年人，可以被收养：

（一）丧失父母的孤儿；

（二）查找不到生父母的未成年人；

（三）生父母有特殊困难无力抚养的子女。

第一千零九十四条　【送养人】下列个人、组织可以作送养人：

（一）孤儿的监护人；

（二）儿童福利机构；

---

[1]　参见薛宁兰、谢鸿飞主编：《民法典评注：婚姻家庭编》，中国法制出版社 2020 年版，第 461 页（缪宇执笔）。

(三) 有特殊困难无力抚养子女的生父母。

第一千零九十五条 【欠缺行为能力的监护人送养】未成年人的父母均不具备完全民事行为能力且可能严重危害该未成年人的,该未成年人的监护人可以将其送养。

第一千零九十六条 【监护人送养孤儿的特殊规定】监护人送养孤儿的,应当征得有抚养义务的人同意。有抚养义务的人不同意送养、监护人不愿意继续履行监护职责的,应当依照本法第一编的规定另行确定监护人。

一、抚养义务人的同意权

依据本条第 1 款的规定,在监护人与抚养义务主体不同或不尽相同的情形下,监护人送养孤儿的,应当征得抚养义务人的同意。孤儿监护人系指本法第 27 条第 2 款规定的祖父母、外祖父母、兄、姐,经未成年人住所地的居民委员会、村民委员会或者民政部门同意的其他愿意担任监护人的个人或者组织;第 29 条规定的父母通过遗嘱指定的监护人;第 32 条规定的在没有依法具有监护资格主体时担任监护人的民政部门、被监护人住所地的居民委员会、村民委员会。

抚养义务人系指依据本法第 1074 条第 1 款和第 1075 条第 1 款规定的有负担能力的祖父母、外祖父母和兄、姐。最高人民法院认为有负担能力的兄、姐对孤儿承担的义务为扶养义务,而非抚养义务,不享有对孤儿收养的同意权。[①] 本书认为,本条中的抚养义务人包含有负担能力的兄、姐。首先,抚养、扶养和赡养在世界多数国家统称为扶养,我国仅仅是依据双方主体的辈分关系而区分,其并无本质的差别;其次,一旦收养关系成立,收养人与被收养人之间将创立拟制的亲子关系,并且被收养人与原近亲属的法律关系消除,这对于有负担能力的祖父母、外祖父母和兄、姐均是利益攸关的重大改变,法律应当尊重原近亲属之间的情感;最后,有负担能力的兄、姐可以作为孤儿的监护人,如其他监护人未经同意即送养孤儿,相当于变相剥夺了其监护资格。

二、法律效果

抚养义务人同意的,监护人可以将孤儿送养;抚养义务人不同意的,监护人愿意继续履行监护职责的,由其继续担任监护人,监护人不同意继续履行监护职责的,依据本法第 30 条和第 31 条的规定另行确定监护人。

[①] 参见最高人民法院民法典贯彻实施工作领导小组主编:《中华人民共和国民法典婚姻家庭继承编理解与适用》,人民法院出版社 2020 年版,第 364—365 页。

第一千零九十七条 【共同送养与单方送养】生父母送养子女,应当双方共同送养。生父母一方不明或者查找不到的,可以单方送养。

第一千零九十八条 【收养人的条件】收养人应当同时具备下列条件:
(一)无子女或者只有一名子女;
(二)有抚养、教育和保护被收养人的能力;
(三)未患有在医学上认为不应当收养子女的疾病;
(四)无不利于被收养人健康成长的违法犯罪记录;
(五)年满三十周岁。

一、无子女或者只有一名子女

2015年修订的《人口与计划生育法》明确国家提倡一对夫妻生育两个子女,本条因此改变了原《收养法》第6条无子女的规定。子女包括具有血缘关系的婚生子女和非婚生子女、具有拟制亲子关系的养子女、形成抚养教育关系的继子女。有观点认为成年子女以及未成年但不具有抚养关系的继子女的数量不应计入本限制条件。① 本法第1099条第2款、第1100条第2款和第1103条规定了不适用该款的具体情形。

二、有抚养、教育和保护被收养人的能力

收养成立后,养父母全面负担子女的抚养、监护义务,其应具有抚养、教育和保护被收养人的经济条件、健康条件和教育能力。收养人是否具有抚养、教育和保护被收养人的能力,需要结合收养人家庭的具体状况、收入水平、心理健康程度等进行严格审查。②

三、未患有在医学上认为不应当收养子女的疾病

本条件为消极条件,且未概括性规定。收养人是否患有在医学上认为不应当收养子女的疾病,应结合医疗机构的证明和具体的医学科学标准予以确认。常见的有精神类疾病和传染性疾病等。

四、无不利于被收养人健康成长的违法犯罪记录

本条件为消极条件。为保护被抚养人的利益,收养人应具有良好的法治素养和道德水准。收养人如有实施性侵、虐待、暴力伤害未成年人,或具有吸毒、酗酒、赌博等严重不良习性或其他不利于未成年人健康成长的违法犯罪记录的,则应被限制收养。

---

① 参见薛宁兰、谢鸿飞主编:《民法典评注:婚姻家庭编》,中国法制出版社2020年版,第502页(邓丽执笔)。

② 参见黄薇主编:《中华人民共和国民法典婚姻家庭编解读》,中国法制出版社2020年版,第269页。

五、年满 30 周岁

收养人应年满 30 周岁，夫妻共同收养子女的，双方均应年满 30 周岁。30 周岁以上的收养人身体和心理已相对成熟，有稳定的收入来源，一般能够承担其养育子女的责任。

第一千零九十九条 【三代以内旁系同辈血亲子女的收养】收养三代以内旁系同辈血亲的子女，可以不受本法第一千零九十三条第三项、第一千零九十四条第三项和第一千一百零二条规定的限制。

华侨收养三代以内旁系同辈血亲的子女，还可以不受本法第一千零九十八条第一项规定的限制。

第一千一百条 【收养子女的人数】无子女的收养人可以收养两名子女；有子女的收养人只能收养一名子女。

收养孤儿、残疾未成年人或者儿童福利机构抚养的查找不到生父母的未成年人，可以不受前款和本法第一千零九十八条第一项规定的限制。

一、收养子女的人数限制

本条第 1 款与本法第 1098 条第 1 项的规定相对应。收养人无子女的，最多可以收养两名子女；收养人有一名子女的，则只能收养一名子女。该规定与我国的计划生育政策保持一致。

二、例外规定

对于孤儿、残疾未成年人和儿童福利机构抚养的查找不到生父母的未成年人这三类特殊群体的被收养人，不受本法第 1098 条第 1 款收养人无子女或者只有一名子女规定的限制，体现了对这三类群体的保护，符合未成年人利益最大化的要求。孤儿包括父母死亡或者被宣告死亡的未成年人；残疾未成年人包括身体上的残疾和精神方面的残疾；儿童福利机构抚养的查找不到生父母的未成年人来源不一，包括被父母遗弃或被拐卖后解救出来无法找到生父母的未成年人等。

第一千一百零一条 【共同收养】有配偶者收养子女，应当夫妻共同收养。

第一千一百零二条 【无配偶者收养异性子女】无配偶者收养异性子女的，收养人与被收养人的年龄应当相差四十周岁以上。

第一千一百零三条 【收养继子女】继父或者继母经继子女的生父母同意，可以收养继子女，并可以不受本法第一千零九十三条第三项、第一千零九十四条第三项、第一千零九十八条和第一千一百条第一款规定的限制。

第一千一百零四条 【收养、送养自愿】收养人收养与送养人送养,应当双方自愿。收养八周岁以上未成年人的,应当征得被收养人的同意。

一、规范意旨

1　收养一旦成立,被收养人的原亲属关系消灭,收养人与被收养人之间成立拟制的父母子女关系,收养人获得被收养子女的监护权,被收养子女对收养人享有抚养请求权并且可以选取养父母的姓氏。收养属于民事法律行为,对送养人、收养人、被收养人等多方主体均有重大影响,因此需要体现各方当事人的意思自治,并最大限度地遵从当事人的自愿。

二、收养人和送养人的自愿原则

2　收养法律行为的成立,需要收养人有真实、自愿的收养意思表示和送养人真实、自愿的送养意思表示。

三、被收养人的同意

3　被收养人是收养行为中的一方,收养决定了被收养人最重要的社会关系并直接影响到了被收养人的利益,应征得被收养人的同意。[①] 本法第 19 条规定 8 周岁以上未成年人为限制行为能力人,已能够表达自己的真实意愿并实施相应的民事法律行为,本条将被收养人同意的年龄条件限定在 8 周岁以上。

4　从比较法看,除被收养人的同意外,《德国民法典》第 1746 条还规定了子女为限制行为能力人或未年满 14 周岁的应当由法定代理人同意,第 1747 条规定了收养子女应得到其生父母的同意。我国未作相同规定的原因在于我国收养制度中送养人往往与被收养人监护人、法定代理人身份重合[②],送养人在作出自愿送养的意思表示时,已经表达了同意。本法第 23 条规定了无民事行为能力人、限制民事行为能力人的监护人是其法定代理人,而本法第 1094 条规定三类送养人基本上与被收养人的监护人、法定代理人身份重合。

第一千一百零五条 【收养关系的成立】收养应当向县级以上人民政府民政部门登记。收养关系自登记之日起成立。

收养查找不到生父母的未成年人的,办理登记的民政部门应当在登记前予以公告。

收养关系当事人愿意签订收养协议的,可以签订收养协议。

---

① 参见最高人民法院民法典贯彻实施工作领导小组主编:《中华人民共和国民法典婚姻家庭继承编理解与适用》,人民法院出版社 2020 年版,第 395 页。

② 同上注,第 396 页。

收养关系当事人各方或者一方要求办理收养公证的,应当办理收养公证。

县级以上人民政府民政部门应当依法进行收养评估。

第一千一百零六条 【收养户口登记】收养关系成立后,公安机关应当按照国家有关规定为被收养人办理户口登记。

第一千一百零七条 【亲友抚养】孤儿或者生父母无力抚养的子女,可以由生父母的亲属、朋友抚养;抚养人与被抚养人的关系不适用本章规定。

一、亲友抚养的条件

(一)被抚养人

依据本法第1093条的规定,被收养人的范围包括丧失父母的孤儿、查找不到生父母的未成年人、生父母有特殊困难无力抚养的子女。本条的范围仅限于孤儿和生父母无力抚养的子女两类,具体包括父母均死亡或被宣告死亡、父母双方均无力抚养子女以及父母一方死亡,另一方无力抚养子女三种情形。

(二)抚养人的范围

抚养人并不限于具有法定抚养义务的人,其中具有法定义务的人包括本法第1074条第1款规定的有负担能力的祖父母、外祖父母和第1075条第1款规定的有负担能力的兄、姐,不具有法定抚养义务的人包括第1045条规定的近亲属之外的亲属和生父母的朋友。

(三)不适用本法收养一章的规定

抚养属于事实行为,其既不需要满足收养的条件,也不产生收养的法律效果。

二、抚养与收养的区别

(一)主体范围不同

查找不到生父母的未成年人不能被抚养,因无法确定其生父母的亲属、朋友。抚养人限定于生父母的亲属、朋友,收养人只需要满足本法第1098条即可。

(二)成立要件不同

抚养不需要履行特定的程序,而收养为要式行为,收养关系自登记之日起成立。

(三)法律效果不同

抚养并不改变被抚养人的亲属关系,收养则在收养人和被收养人之间形成拟制的父母子女关系,被收养人的原亲属关系消除。

第一千一百零八条 【优先抚养权】配偶一方死亡,另一方送养未成年子女的,死亡一方的父母有优先抚养的权利。

一、优先抚养权

(一)适用情形为配偶一方死亡,另一方送养未成年子女

配偶一方死亡指配偶一方自然死亡或被宣告死亡。配偶一方死亡后,子女的监护由生存的另一方行使,另一方可以送养未成年子女,但需满足本法第1094条第3项规定的有特殊困难无力抚养子女的情形。

(二)享有优先抚养权的主体为死亡一方的父母

享有优先抚养权的主体仅为死亡一方配偶的父母,并不包括生存一方配偶的父母。(外)祖父母与(外)孙子女之间存在着隔代亲属权益,如本法第1074条规定的(外)祖父母与(外)孙子女之间的抚养义务和赡养义务,第1127条规定的(外)祖父母为(外)孙子女的第二顺序继承人,第1128条规定的(外)孙子女对(外)祖父母享有代位继承权。赋予死亡一方的父母优先抚养权,体现了对这种隔代亲属权益的肯定和保护,并对抚养各方有益。

(三)优先抚养权的放弃

优先抚养权是一项民事权利,在生存一方配偶送养时,死亡一方配偶的父母可以行使优先抚养权,也可以放弃优先抚养权,且放弃并无形式上的要求,可以是明示放弃,也可以是默示放弃。

二、法律效果

死亡一方配偶的父母行使优先抚养权的,其与(外)孙子女间形成抚养关系,死亡一方配偶的父母放弃优先抚养权的,收养关系成立后其与(外)孙子女之间的亲属关系消除。生存一方的配偶,未经死亡一方配偶的父母同意即送养子女的,死亡一方的父母可以向人民法院请求确认收养关系无效,并要求变更抚养关系。

第一千一百零九条 【涉外收养】外国人依法可以在中华人民共和国收养子女。

外国人在中华人民共和国收养子女,应当经其所在国主管机关依照该国法律审查同意。收养人应当提供由其所在国有权机构出具的有关其年龄、婚姻、职业、财产、健康、有无受过刑事处罚等状况的证明材料,并与送养人签订书面协议,亲自向省、自治区、直辖市人民政府民政部门登记。

前款规定的证明材料应当经收养人所在国外交机关或者外交机关授权的机构认证,并经中华人民共和国驻该国使领馆认证,但是国家另有规定的除外。

第一千一百一十条 【保守收养秘密】收养人、送养人要求保守收养秘

密的,其他人应当尊重其意愿,不得泄露。

第二节 收养的效力

第一千一百一十一条 【收养的效力】自收养关系成立之日起,养父母与养子女间的权利义务关系,适用本法关于父母子女关系的规定;养子女与养父母的近亲属间的权利义务关系,适用本法关于子女与父母的近亲属关系的规定。

养子女与生父母以及其他近亲属间的权利义务关系,因收养关系的成立而消除。

一、收养的拟制效力

收养关系自登记之日起成立。收养关系成立后,养父母与养子女之间形成拟制的父母子女关系,养子女具有与养父母婚生子女相同的地位,适用本法关于父母子女关系的规定。养父母对养子女有抚养、教育、保护的权利和义务,养子女对养父母有赡养扶助的义务,养父母和养子女之间互为第一顺序继承人,养子女可以随养父母的姓氏等。养子女与养父母的近亲属之间具有相应的拟制血亲关系,他们之间的权利义务关系适用本法关于子女与父母的近亲属关系的规定。

二、收养的消除效力

收养关系成立后,养子女与生父母以及其他近亲属间的权利义务关系消除。但存在例外情形,如配偶一方收养其再婚配偶子女的,仅子女与其生父母另一方以及其他亲属间的血亲关系消灭。

收养关系成立后,养子女不得违反本法第1048条禁止具有自然血缘关系的直系血亲或者三代以内的旁系血亲结婚的强制性规定。

第一千一百一十二条 【养子女的姓氏】养子女可以随养父或者养母的姓氏,经当事人协商一致,也可以保留原姓氏。

第一千一百一十三条 【无效的收养行为】有本法第一编关于民事法律行为无效规定情形或者违反本编规定的收养行为无效。

无效的收养行为自始没有法律约束力。

收养是形成身份关系的特殊法律行为,其应符合民事法律行为的一般生效要件和特别生效要件。

一、属于一般法律行为无效的情形

依据本法第143条的规定,有效的民事法律行为应具备三个要件:1. 行为人具有相应的民事行为能力;2. 意思表示真实;3. 不违反法律、行政法规的强制性规定,不违背公序良俗。具体无效的法律行为包括:1. 第 144 条规定的无民事行为能力人实施的民事法律行为;2. 第 146 条规定的行为人与相对人以虚假的意思表示实施的民事法律行为;3. 第 153 条规定的违反强制性法律规定及违背公序良俗的民事法律行为;4. 行为人与相对人恶意串通,损害他人合法权益的民事法律行为。

二、属于本编收养特别无效的情形

属于本编收养特别无效的情形主要包括:1. 被收养人或收养人的主体不符合第 1093 条和第 1094 条规定的条件;2. 未经第 1096 条规定的对孤儿有抚养义务的人同意、送养未经第 1097 条规定生父母双方共同同意或未征得第 1104 条规定的八周岁以上未成年人的同意;3. 违反第 1100 条收养子女人数限制规定;4. 违反第 1101 条夫妻共同收养规定;5. 违反第 1102 条无配偶者收养异性子女年龄相差 40 周岁规定。

三、法律效果

无效的民事法律行为自始、当然、绝对无效,收养具有前述无效情形的,溯及至收养登记时不发生法律约束力。

第三节 收养关系的解除

第一千一百一十四条 【当事人协议解除及因违法行为而解除】收养人在被收养人成年以前,不得解除收养关系,但是收养人、送养人双方协议解除的除外。养子女八周岁以上的,应当征得本人同意。

收养人不履行抚养义务,有虐待、遗弃等侵害未成年养子女合法权益行为的,送养人有权要求解除养父母与养子女间的收养关系。送养人、收养人不能达成解除收养关系协议的,可以向人民法院提起诉讼。

一、被收养人成年之前收养人原则上不得解除收养关系

收养在收养人与被收养人之间形成拟制的父母子女关系,这种新的父母子女关系必须在牢固的法律基础上才能得以发展,即使养父母与养子女之间关系出现裂痕,也不能作为解除收养关系的正当理由,收养原则上具有终局性。[①] 本条规定,被收养人成年以前,原则上收养人不得解除收养关系,但同时规定了两种例外情形,这两种例外情形下解除收养关系被认为是符合被收养人最大利益,且被收养人不会陷入无人抚养的境地。

---

① Vgl. Dieter Schwab, Familienrecht. 28. Aufl. , 2020, § 82 Rn. 1011.

二、收养关系依当事人的协议而解除

协议解除收养关系须满足以下条件：1. 须经收养人同意；2. 养子女为8周岁以上未成年人的，须经送养人同意和养子女本人同意，养子女为成年人的，依据本法第1115条的规定解除；3. 须达成书面的解除收养关系协议；4. 须到民政部门办理解除收养关系的登记。

三、收养关系依送养人的要求而解除

依送养人要求解除收养关系须满足以下条件：1. 须被收养人尚未成年；2. 请求解除的须为送养人；3. 须收养人存在不履行抚养义务，有虐待、遗弃等侵害未成年养子女合法权益的行为。满足上述条件的，送养人和收养人可以通过协议解除收养关系；不能达成一致意见的，送养人可以向法院提起诉讼，请求解除收养关系。

四、证明责任

送养人依据本条第2款要求解除收养关系的，应证明收养人不履行抚养义务，有虐待、遗弃等侵害未成年养子女合法权益行为。

第一千一百一十五条 【子女成年后收养的解除】养父母与成年养子女关系恶化、无法共同生活的，可以协议解除收养关系。不能达成协议的，可以向人民法院提起诉讼。

第一千一百一十六条 【协议解除收养的登记】当事人协议解除收养关系的，应当到民政部门办理解除收养关系登记。

第一千一百一十七条 【解除收养关系后的身份效力】收养关系解除后，养子女与养父母以及其他近亲属间的权利义务关系即行消除，与生父母以及其他近亲属间的权利义务关系自行恢复。但是，成年养子女与生父母以及其他近亲属间的权利义务关系是否恢复，可以协商确定。

一、解除收养没有溯及力

收养关系的解除不具有溯及力，只对未来发生效力。

二、解除收养对拟制血亲关系的效力

收养关系一旦解除，因收养而成立的养子女及其直系卑亲属与养父母以及其他近亲属间的权利义务关系即行消除，养父母对未成年的养子女不再负有抚养、教育和监护的义务，成年的养子女原则上对养父母也不负有赡养和扶助义务。

三、解除收养对自然血亲关系的效力

收养关系一旦解除，因收养而消除的未成年养子女与生父母以及其他近亲属间的权利义务关系自行恢复；养子女已成年的，养子女及其直系卑亲属与生父母以及其他近亲属间的权利义务关系是否恢复，可以协商确定。

第一千一百一十八条 【解除收养关系后的财产效力】收养关系解除后，经养父母抚养的成年养子女，对缺乏劳动能力又缺乏生活来源的养父母，应当给付生活费。因养子女成年后虐待、遗弃养父母而解除收养关系的，养父母可以要求养子女补偿收养期间支出的抚养费。

生父母要求解除收养关系的，养父母可以要求生父母适当补偿收养期间支出的抚养费；但是，因养父母虐待、遗弃养子女而解除收养关系的除外。

一、规范意旨

与收养关系的成立一样，收养关系的解除同样对多方主体有重大影响。收养关系解除后，养父母与养子女之间的拟制父母子女关系消除，但基于权利义务对等原则应对相关主体的必要利益进行补偿。

二、养父母对成年养子女的生活费给付请求权

依据本法第1067条第2款规定，缺乏劳动能力或者生活困难的父母，有权要求成年子女给付赡养费。收养关系解除后，打破了养父母与养子女之间的利益平衡，使养父母期待养子女赡养、扶助的利益落空，因此，只要养父母对养子女尽了抚养义务，法律就赋予养父母在缺乏劳动能力又缺乏生活来源时对养子女请求支付生活费的权利。

三、养父母对成年养子女的经济补偿请求权

养子女成年后对养父母有虐待、遗弃行为，并因此而导致收养关系解除的，养父母可以要求养子女全额补偿收养期间支出的抚养费。

四、养父母对生父母的经济补偿请求权

养子女成年前，生父母要求解除收养关系的，养父母可以要求生父母适当补偿收养期间支出的抚养费，但生父母因养父母虐待、遗弃养子女而解除收养关系，养父母无权向生父母提出经济补偿的要求。补偿的标准和数额应结合双方对于解除收养关系的过错、生父母的负担能力、养父母的经济状况等因素综合考量确定。[①]

本条并未规定养子女成年前，养父母要求解除收养关系时，养父母对生父母是否享有经济补偿请求权。对此首先应当尊重当事人的意思自治，当事人对此有约定的按照约定；当事人无法达成一致意见的，人民法院应根据案件的具体情况进行认定。

---

① 参见最高人民法院民法典贯彻实施工作领导小组主编：《中华人民共和国民法典婚姻家庭继承编理解与适用》，人民法院出版社2020年版，第467页。

五、其他财产关系

养子女在收养期间因继承、遗赠、赠与等取得的财产,收养关系解除时仍归养子女个人所有。养子女在收养期间因劳动收入而形成的共同财产,收养关系解除时养子女有权要求分割共同财产。

第六编

继　　承

第一章　一般规定

第一千一百一十九条　【继承编的调整范围】本编调整因继承产生的民事关系。

第一千一百二十条　【继承权保护】国家保护自然人的继承权。

第一千一百二十一条　【继承开始的时间及死亡先后的推定】继承从被继承人死亡时开始。

相互有继承关系的数人在同一事件中死亡，难以确定死亡时间的，推定没有其他继承人的人先死亡。都有其他继承人，辈份不同的，推定长辈先死亡；辈份相同的，推定同时死亡，相互不发生继承。

1　继承开始的效果包括：遗产范围的确定；继承人范围的确定；继承规则的确定；遗产归属发生变动；遗产管理人履行相关职责。①

2　关于被继承人死亡的一般规则，参照本法第 15 条、第 48 条。本条则确定了相互有继承关系的人死亡先后的推定规则。另需注意，因为本条规定为推定规则，证明责任的负担转移给了试图推翻推定事实的当事人。

3　《保险法》第 42 条第 2 款设置了"推定受益人死亡在先"的推定规则，因此，当遇难者之间既有继承关系又有保险关系时，可能引发法律规则适用上的冲突。比如，甲是保险受益人，同时也是被保险人乙的儿子，此时甲与乙在同一场车祸中丧生，根据继承编中的规则，应当推定乙先死亡。若根据《保险法》的规定，则应当推定受益人甲先死亡。因此，当两者出现冲突时，根据特别法优于一般法原则以及保护保险人利益为中心的价值取向，应该优先适

---

① 参见史尚宽：《继承法论》，中国政法大学出版社 2000 年版，第 150 页。

用《保险法》相关规则。①

第一千一百二十二条 【遗产的定义】遗产是自然人死亡时遗留的个人合法财产。

依照法律规定或者根据其性质不得继承的遗产,不得继承。

根据本法第1147条、第1159条和第1161条的表述,立法上将遗产视为积极财产,与遗产债务(具体详见本法第1159条)作为并列的两个概念。可以从财产性、私有性、时间性和合法性四个方面理解遗产的法定范围。②

所谓财产性,是指作为继承对象的财产,仅包括被继承人死亡时遗留的财产权利,而不涉及对身份权和人格权的继承。就权利之内容而言,包括物权、债权、知识产权(著作财产权、专利权、商标权等)等。就财产权的作用而言,包括支配权、请求权、抗辩权、形成权。③ 但部分权利既有财产性也有人身性,如继承权(本法第1152条)、股权(《公司法》第75条)、合伙权益中的财产权益(《合伙企业法》第50条第1款、第80条)、社会保险(《社会保险法》第14条)、保险(《保险法》第42条第1款)等,其根据各自的规定继承。

关于遗产范围,司法实践中仍存在许多争议。根据法院观点,赠与人的任意撤销权、著作财产权可以继承,而肖像权不存在肖像财产权,因此不能继承;关于土地承包经营权的继承问题,结合《民法典继承编解释(一)》第2条,有观点认为土地承包经营权可以作为遗产继承;经济适用房、限价商品房、公有住房租赁权、建设用地使用权都应当可以继承;虚拟财产应当进行区分,当虚拟财产具有人身属性时,不能继承,如QQ账号、手机号码等,④ 而淘宝店铺账号因为具有财产属性,因此可以继承⑤;另外,实践中有观点认为尸体、器官、胚胎、精子等不能继承。⑥

私有性,是指能够作为遗产的财产应是被继承人的个人财产。因此,本法第1153规定,应当先分出夫妻共同财产和家庭共有财产中属于配偶和其

① 参见王夙:《同一事件中判断死亡先后顺序规则的实务分析——以〈继承法〉与〈保险法〉的冲突为视角》,载《求索》2015年第1期。
② 参见王歌雅:《论继承法的修正》,载《中国法学》2013年第6期。
③ 参见林秀雄:《继承法讲义》(修订八版),元照出版有限公司2019年版,第82页。
④ 参见李岩:《虚拟财产继承立法问题》,载《法学》2013年第4期。
⑤ 参见陈某与林某、薛某、王某执行异议之诉案,浙江省温岭市人民法院(2016)浙1081民初9431号。
⑥ 参见沈某某、邵某某与刘某某、胡某某,第三人南京鼓楼医院监管权和处置权纠纷案,江苏省无锡市中级人民法院(2014)锡民终字第01235号。

他家庭成员的部分。另外,被继承人的死亡赔偿金、抚恤金也不属于遗产范围。①

5　不得继承的财产主要包括:依据法律规定不能继承的财产权利,如宅基地使用权;依据性质不能继承的遗产主要是指与被继承人人身有关的专属债权,如抚养费请求权、赡养费请求权。

第一千一百二十三条　【继承方式】继承开始后,按照法定继承办理;有遗嘱的,按照遗嘱继承或者遗赠办理;有遗赠扶养协议的,按照协议办理。

第一千一百二十四条　【继承、遗赠的接受和放弃】继承开始后,继承人放弃继承的,应当在遗产处理前,以书面形式作出放弃继承的表示;没有表示的,视为接受继承。

受遗赠人应当在知道受遗赠后六十日内,作出接受或者放弃受遗赠的表示;到期没有表示的,视为放弃受遗赠。

1　接受或放弃继承需在继承开始后,遗产分割前向遗产管理人或者其他继承人作出,并且只能采用书面形式。我国司法实践中,对于继承开始前放弃继承采否定说,但基于诚实信用和公序良俗等原则,可作出相反处理。② 而受遗赠人接受或者放弃受遗赠没有形式要求。另外,还需注意,根据《民法典继承编解释(一)》第 38 条,遗赠的接受和放弃也是可以继承的。但关于期限是重新起算抑或继续计算,应当认为,继承人的继承人对被继承人的拒绝期限随着其本身的继承中拒绝期限届满而届满。本条第 2 款中的"视为放弃受遗赠"属于法定沉默意思表示(本法第 140 条第 2 款)。③

2　对继承和遗赠的接受和放弃不得附条件。④ 另外,继承人或者受遗赠人也不得部分接受或者放弃继承和遗赠,原因在于其可能规避自己本可能需要承担的义务。⑤ 此外,根据《民法典继承编解释(一)》第 32 条规定,继承人不能因放弃继承权致其不能履行法定义务。此处的法定义务主要指法定扶养义务和依法缴纳税款的义务。

---

① 参见最高人民法院法典贯彻实施工作领导小组《中华人民共和国民法典婚姻家庭编继承编理解与适用》,人民法院出版社 2020 年版,第 500 页。
② 参见《北京市高级人民法院关于审理继承纠纷案件若干疑难问题的解答》第 16 条。
③ 参见杨代雄:《法律行为论》,北京大学出版社 2021 年版,第 160 页。
④ 参见[德]雷纳·弗兰克、托比亚斯·海尔姆斯:《德国继承法》(第 6 版),王葆莳、林佳业译,中国政法大学出版社 2015 年版,第 154 页;Brox/Walker, Erbrecht, 28. Aufl. , 2018, S. 187.
⑤ 参见郭明瑞、房绍坤:《继承法》(第二版),法律出版社 2004 年版,第 76 页;Brox/Walker, Erbrecht, 28. Aufl. ,2018, S. 192.

接受或者拒绝作为法律行为,本身可以撤销。《民法典继承编解释(一)》第 36 条表明,遗产处理前或在诉讼进行中,继承人对放弃继承反悔的,由人民法院根据其提出的具体理由,决定是否承认。该规定本身在时间上对接受表示与拒绝表示进行了限制。但更为合理的做法是,只要符合意思表示错误的规定,便可以撤销接受或拒绝之表示。① 另外,关于继承人或者受遗赠人的债权人是否对继承人或者受遗赠人的放弃继承或遗赠具有撤销权的问题,通说采否定说。②

继承人或者受遗赠人拒绝继承具有溯及力,即拒绝后,自始未成为继承人或者未取得权利。

第一千一百二十五条 【继承权的丧失和恢复】继承人有下列行为之一的,丧失继承权:

(一) 故意杀害被继承人;

(二) 为争夺遗产而杀害其他继承人;

(三) 遗弃被继承人,或者虐待被继承人情节严重;

(四) 伪造、篡改、隐匿或者销毁遗嘱,情节严重;

(五) 以欺诈、胁迫手段迫使或者妨碍被继承人设立、变更或者撤回遗嘱,情节严重。

继承人有前款第三项至第五项行为,确有悔改表现,被继承人表示宽恕或者事后在遗嘱中将其列为继承人的,该继承人不丧失继承权。

受遗赠人有本条第一款规定行为的,丧失受遗赠权。

本条第 1 款第 1 项所谓的故意杀害被继承人,既包括既遂也包括未遂③,但不包括故意伤害致人死亡。本条第 1 款第 3 项、第 4 项所指的情节严重,具体参照《民法典继承编解释(一)》第 6 条、第 9 条。

根据《民法典继承编解释(一)》第 5 条,继承权的丧失属于当然丧失继承权,无须被继承人单独提出主张,仅在有疑问时,需要司法确认。丧失的后果无论是继承前还是继承开始之后发生,均产生溯及力,即继承权在继承开始时即丧失。另外,根据《民法典继承编解释(一)》第 17 条,继承人继承权的丧失导致其代位继承人同样丧失继承权。

本条第 3 款所谓的丧失受遗赠权应当理解为绝对丧失,即受遗赠人丧失

---

① Vgl. Frank/Helms, Erbrecht, 7. Aufl., 2017, S. 207.

② 参见陈甦、谢鸿飞主编:《民法典评注:继承编》,中国法制出版社 2020 年版,第 41 页(刘明执笔)。

③ 参见《民法典婚姻家庭编解释(一)》第 7 条。

受遗赠权无法因宽恕而恢复。

第二章 法定继承

第一千一百二十六条 【继承权男女平等】继承权男女平等。

第一千一百二十七条 【法定继承人的范围及继承顺序】遗产按照下列顺序继承：

（一）第一顺序：配偶、子女、父母；

（二）第二顺序：兄弟姐妹、祖父母、外祖父母。

继承开始后，由第一顺序继承人继承，第二顺序继承人不继承；没有第一顺序继承人继承的，由第二顺序继承人继承。

本编所称子女，包括婚生子女、非婚生子女、养子女和有扶养关系的继子女。

本编所称父母，包括生父母、养父母和有扶养关系的继父母。

本编所称兄弟姐妹，包括同父母的兄弟姐妹、同父异母或者同母异父的兄弟姐妹、养兄弟姐妹、有扶养关系的继兄弟姐妹。

一、配偶的认定

1　关于正在进行诉讼以及处于离婚冷静期内的夫妻是否属于本条所谓的夫妻，存在争议。有观点认为，此时不能完全无视夫妻双方婚姻关系已经走向终结的事实，因此，在遗产份额的分配上，结合离婚诉讼的具体情况或者离婚协议中财产分配的约定，根据其他继承人的请求，应当对配偶的继承份额作酌情调整。

二、扶养关系的认定

2　扶养关系的认定应考虑如下因素：1. 继父母对未成年的继子女履行了扶养义务，包括经济上的以及生活上的抚养教育；2. 继父母对已经成年但系限制行为能力或者无行为能力的继子女履行了扶养义务；3. 继子女对继父母履行了赡养义务，包括经济上的和生活上的。另外，父母与继父母离婚并不当然导致丧失继承权。

三、子女的认定

3　在合法人工授精情形下，双方在婚姻关系中依人工授精所生子女等同于婚生子女。在非法代孕情形中，有观点认为子宫提供者为代孕子女的母亲，基因提供者仅能根据三者之间的委托合同通过收养成为父母。① 另外，夫妻关系存续期间，双方一致同意利用他人的精子进行人工授精并使女方受孕后，男方反悔，而女方坚持生下该子女的，不论该子女是否在夫妻关系存续期间出生，都应视为夫妻双方的婚生子女。捐精者不视为子女的自然父亲。②

第一千一百二十八条 【代位继承】被继承人的子女先于被继承人死亡的，由被继承人的子女的直系晚辈血亲代位继承。

被继承人的兄弟姐妹先于被继承人死亡的，由被继承人的兄弟姐妹的子女代位继承。

代位继承人一般只能继承被代位继承人有权继承的遗产份额。

一、代位继承的性质

关于代位继承的性质，我国学说及实务见解有代位权说与固有权说之对立。代位权说认为代位继承人享有的是被代位人对被继承人的继承权。固有权说则认为，代位继承人对于被继承人遗产的继承，基于其自己固有的继承权，并不以被代位人是否有继承权为转移，只是按照亲等近者优先原则，代位人享有的继承权无法行使。两者的实质区别在于代位人本身是否属于被继承人的法定继承人。最明显的表现为，是否因为被代位人丧失继承权而使得代位人不能获得继承权。由《民法典继承编解释（一）》第17条可知，我国司法实践中采用代位权说，但学说上有人认为固有权说更为合理。主要理由为代位权说本身存在逻辑矛盾，同时固有权说使得权利义务更加对等。③

二、代位继承的要件

代位继承的要件包括：1. 被代位人须于继承开始前死亡，如果被继承人的子女与被继承人同时去世，不发生代位继承④；2. 被代位人须为特定范围内的亲属，主要包括被继承人的子女以及兄弟姐妹，根据《民法典继承编解释（一）》第15条，此处的子女与兄弟姐妹只要符合本法第1127条的规定，即在被代位人的范围之内；3. 须被代位人未丧失继承权，此规定于《民法典

---

① 参见陈某与罗某甲、谢某某监护权纠纷案，上海市第一中级人民法院民事判决书（2015）沪一中少民终字第56号；朱晓峰：《非法代孕与未成年人最大利益原则的实现——全国首例非法代孕监护权纠纷案评释》，载《清华法学》2017年第1期。

② 参见李某、郭某某诉郭某和、童某某继承纠纷案（指导案例第50号），江苏省南京市秦淮区人民法院民事判决书（2004）秦民一初字第14号。

③ 参见林秀雄：《继承法讲义》（修订八版），元照出版有限公司2019年版，第27页、第28页。

④ 参见中国审判理论研究会民事审判理论专业委员会编著：《民法典继承编条文理解与司法适用》，法律出版社2020年版，第47页。

继承编解释(一)》第17条;4.代位继承人须为被代位人的直系血亲卑亲属,此处的直系血亲卑亲属也包括拟制血亲,即根据收养关系,被代位人的养子女可以代位继承。反之,丧偶儿媳或者女婿不得作为代位继承人。另外,根据《民法典继承编解释(一)》第14条,子女作为被代位人时,代位继承人不受辈数限制。反之,兄弟姐妹的代位继承人仅限于其子女。

三、法律效果

具备以上要件,代位继承人依被代位继承人之顺序为继承。代位人有数人时,应当平等继承被继承人的应继分。①

第一千一百二十九条 【丧偶儿媳、丧偶女婿的继承权】丧偶儿媳对公婆,丧偶女婿对岳父母,尽了主要赡养义务的,作为第一顺序继承人。

第一千一百三十条 【遗产分配的原则】同一顺序继承人继承遗产的份额,一般应当均等。

对生活有特殊困难又缺乏劳动能力的继承人,分配遗产时,应当予以照顾。

对被继承人尽了主要扶养义务或者与被继承人共同生活的继承人,分配遗产时,可以多分。

有扶养能力和有扶养条件的继承人,不尽扶养义务的,分配遗产时,应当不分或者少分。

继承人协商同意的,也可以不均等。

"生活有特殊困难"是指继承人没有独立的经济来源或者经济收入难以维持当地最低生活水平而导致生活有特殊困难;"缺乏劳动能力"即根本无法通过参加劳动改变生活困难的局面,而不是劳动能力不强。②

本条第4款的规定属于惩罚性不均等的规定。这里的"不尽扶养义务"通常是指尚未达到遗弃程度的情况。如果继承人有扶养能力和扶养条件,愿意尽扶养义务,但是被继承人因有固定收入和劳动能力的原因,明确表示不要求其扶养;或者继承人没有扶养能力和条件,因客观原因造成不尽扶养义务,一般不影响其继承份额。

第一千一百三十一条 【酌情分得遗产权】对继承人以外的依靠被继承人扶养的人,或者继承人以外的对被继承人扶养较多的人,可以分给适当的

---

① 参见林秀雄:《继承法讲义》(修订八版),元照出版有限公司2019年版,第34页。
② 参见陈甦、谢鸿飞主编:《民法典评注:继承编》,中国法制出版社第2020年版,第56页(刘明执笔)。

遗产。

遗产酌给请求权包含消极要件与积极要件。关于消极要件,有观点认为,"继承人以外的人"是指法定继承人以外的人,而另有观点认为,在存在第一顺位继承人时,第二顺位继承人也属于本条所谓的继承人以外的人。关于积极要件,包含两种情形,第一种为请求权人是依靠被继承人扶养的人,其中"依靠"可以根据请求权人对被继承人的依赖程度以及依赖关系的存续时间两个因素判断;[1]第二种为对被继承人扶养较多的人,包括经济上的扶助。

关于遗产酌给请求权的性质,存在多种学说,如继承权说、债权说、附有优先权的债权说、法定遗赠说等。[2] 本书认为,遗产酌给请求权为一项基于事实扶养关系形成的对于遗产的独立债权,因而受到诉讼时效的限制。另外,关于其与其他债务的先后顺序,详见第1159条。

关于酌给遗产的份额,本书认为,请求权人所得财产可以多于或者少于继承人的应继份,具体多少应视情况而定。[3]

第一千一百三十二条 【继承问题的协商处理】继承人应当本着互谅互让、和睦团结的精神,协商处理继承问题。遗产分割的时间、办法和份额,由继承人协商确定;协商不成的,可以由人民调解委员会调解或者向人民法院提起诉讼。

第三章 遗嘱继承和遗赠

第一千一百三十三条 【遗嘱处分个人财产】自然人可以依照本法规定立遗嘱处分个人财产,并可以指定遗嘱执行人。

自然人可以立遗嘱将个人财产指定由法定继承人中的一人或者数人继承。

自然人可以立遗嘱将个人财产赠与国家、集体或者法定继承人以外的组织、个人。

自然人可以依法设立遗嘱信托。

---

[1] 参见付翠英、王晓宇:《遗产酌给制度的性质、确立基础及其适用》,载《中国政法大学学报》2014年第6期。

[2] 参见郭明瑞、房绍坤:《继承法》(第二版),法律出版社2004年版,第124页。

[3] 参见最高人民法院民法典贯彻实施工作领导小组主编:《中华人民共和国民法典婚姻家庭编继承编理解与适用》,人民法院出版社2020年版,第549页;《民法典继承编解释(一)》第20条。

一、遗嘱

1　　遗嘱是指遗嘱人生前在法律允许的范围内,按照法律规定的方式处分其个人财产或者处理其他事务,并在其死亡时发生效力的单方法律行为。[①] 通说认为遗嘱的性质有以下四个方面[②]:首先,其为死因处分,即被继承人作出的法律行为,只有在被继承人死亡时才生效。[③] 另须注意,该处所称之"处分"不同于处分行为中的"处分",两者的区别在于处分行为本身可以导致权利变动,而死因处分并不能直接导致权利变动[④]。其次,其为由无需受领的意思表示构成的单方法律行为,只要有遗嘱人自己的意思表示,遗嘱即可成立。同时,无须到达相对人,在被继承人死亡时,发生继承。另外结合本法第142条,在解释时,应当以被继承人的内心真意为准。再次,其为亲为行为,遗嘱为被继承人的最终意思,需出自其本人的意思,不得由他人代理作出,也不得由第三人确定其内容。最后,其为要式行为(本法第1134—1139条)。

2　　遗嘱可以附停止条件,但是否可以附解除条件尚存争议。[⑤] 本书认为,遗嘱附解除条件并无不可。另外,条件所需事实的不确定性须在订立遗嘱时认定,而条件的合法性则在被继承人死亡时认定。再婚条款,即当配偶再婚时,遗产归第三人所有能否作为条件存在争议。有裁判观点认为,该条款因违反婚姻自由而无效。[⑥] 但本书认为,此时为保证财产不被新加入的家庭成员实际消耗,再婚条款具有正当性。[⑦] 在停止条件成就前或者解除条件成就后,遗产归属如何?有观点认为可通过后位继承制度来解决。[⑧] 但在现有体

[①] 参见郭明瑞、房绍坤:《继承法》(第二版),法律出版社2004年版,第136页;陈棋炎、黄宗乐、郭振恭:《民法继承新论》(修订11版),三民书局2019年版,第249页;黄薇:《中华人民共和国继承编解读》,中国法制出版社2020年版,第75页等。

[②] 参见郭明瑞、房绍坤:《继承法》(第二版),法律出版社2004年版,第136—138页;史尚宽:《继承法论》,中国政法大学出版社2000年版,第397—398页。

[③] Vgl. MünchKomm/ Leipold (2020), § 1937 Rn. 4;参见[德]雷纳·弗兰克、托比亚斯·海尔姆斯:《德国继承法》(第6版),王葆莳、林佳业译,中国政法大学出版社2015年版,第32页。

[④] Vgl. MünchKomm/ Leipold (2020), § 1937 Rn. 5.

[⑤] 参见李红玲:《论附条件遗嘱的调整规则》,载《法学》2018年第11期。

[⑥] 参见张某某与蔡某某遗赠纠纷案,江苏省无锡市中级人民法院民事裁定书(2013)锡民终字第0453号及江苏省无锡市锡山区民事判决书(2012)锡法湖民初字第0307号。

[⑦] 参见[德]雷纳·弗兰克、托比亚斯·海尔姆斯:《德国继承法》(第6版),王葆莳、林佳业译,中国政法大学出版社2015年版,第121页。

[⑧] 参见[德]雷纳·弗兰克、托比亚斯·海尔姆斯:《德国继承法》(第6版),王葆莳、林佳业译,中国政法大学出版社2015年版,第110页。

系下,可以考虑与遗产信托制度相衔接。①

遗嘱应当与基于死亡的生前法律行为相区别,遗嘱是被继承人就其财产所进行的死后始生效力的给予,法律关系于死亡之时才形成。反之,有学说认为,以死亡为条件的法律行为,法律关系已于法律行为实施之时成立。②而其中基于死亡的生前无偿行为,如以死亡为条件的赠与,是否应当适用并强制适用死因处分存在争议,通说认为不需要③。另外,遗嘱还需与家庭合同④相区分,家庭合同主要表现为赡养协议,实质为遗嘱与法定继承人之间关于继承份额约定的结合。

本法并未规定共同遗嘱,但实践中却时常出现。⑤ 主体应当限制在夫妻之间,其本质特征在于处分的关联性。其中最重要的形式为柏林式遗嘱。在效力层面,夫妻双方均在世时,可以随意撤回自己部分的遗嘱。当共同遗嘱发生效力后,另一方并未去世,此时实践中存在三种模式:1. 遗嘱不可再撤回,除非基于其他法定事由;2. 在世方撤回自己的遗嘱,另一方的遗嘱随之无效,随后去世方遗产按照法定继承处理;3. 在世方撤回自己的遗嘱,去世方遗嘱依然有效,由后位继承人继承。⑥ 本书认为,模式三更为合理。

二、遗嘱自由及其限制

遗嘱自由意味着,被继承人有权根据其自由意愿,通过死因处分而改变法定继承。⑦ 对遗嘱自由的保护主要体现在本法第1142条所规定的随时撤回制度。另外,法律同样禁止某些对被继承人的不当约束,如被继承人与他人约定有义务做成或者不做成、废止或者不废止死因处分,该约定是无效的。⑧ 关于遗嘱意愿实现的规定也是为了保护遗嘱自由,如上述亲为行为。此外,形式要求使得被继承人免于仓促作出决定,从而起到警示作用。⑨ 最

---

① 参见李昊:《民法典继承编草案的反思与重构》,载《当代法学》2019年第4期。
② 参见汪洋:《民法典时代共同遗嘱的理论构造》,载《法商研究》2020年第6期。
③ 参见郭明瑞、房绍坤:《继承法》(第二版),法律出版社2004年版,第176页。
④ 参见尹某甲、李某、宋某甲、尹某乙与尹某丙、尹某丁继承纠纷案,辽宁省庄河市人民法院民事判决书(2016)辽0283民初4503号;王某甲与王某辛、王某丙、王某丁、王某戊等法定继承纠纷案,山东省济南市中级人民法院民事判决书(2016)鲁01民终4474号。
⑤ 参见张某甲与张某乙、张某丙等遗嘱继承纠纷案,上海市静安区人民法院民事判决书(2015)静民一(民)初字第1658号。
⑥ 参见严某甲、严某乙继承纠纷案,柳州市中级人民法院民事判决书(2018)桂02民终4064号。
⑦ Vgl. Erman/ M. Schmidt (2017), Vor § 2064 Rn. 4
⑧ 参见[德]雷纳·弗兰克、托比亚斯·海尔姆斯:《德国继承法》(第6版),王葆莳、林佳业译,中国政法大学出版社2015年版,第33页。
⑨ 同上注,第222页。

后,在效力上,因欺诈、胁迫而为的遗嘱是无效的(本法第1143条),严重侵害遗嘱自由的行为将导致继承权的丧失(本法第1125条)。

6　　遗嘱自由的限制体现在:1. 必留份(本法第1141条);2. 不得违反强制性规定(本法第153条第1款);3. 不得违背公序良俗(本法第153条第2款)。背俗主要包括以下几个方面:其一,遗嘱因其客观内容而违反善良风俗;其二,有时需审查被继承人的动机是否违背善良风俗,如指定情人为继承人的情况下,根据我国法院的观点,遗嘱无效,①但该问题仍存在较大争议。

三、遗嘱的内容

7　　遗嘱人可以自行决定将财产给予何人以及如何给予,但是其必须遵守类型强制原则,②详细来说,要考虑以下几点:

(一)继承人指定、剥夺继承权

8　　关于继承人指定,我国规定于本法第1133条第2款,唯有法定继承人范围内的人可以被指定为遗嘱继承人。被继承人可以通过遗嘱指定一个或多个继承人,并根据遗嘱继承的优先性,③使得遗嘱继承人优先于法定继承人。单纯的积极指定继承人便足以取代法定继承人,无须另行将法定继承人排除在外。另须注意,本法并没有规定通过遗嘱剥夺继承权。但在特定情形下,仍需依意思表示解释规则对遗嘱进行解释,从而探求被继承人的内心真意。④

9　　需要注意,在依照财产类型指定继承人的情况下,如现金归大儿子,房子归小儿子,如果在遗嘱设立后继承开始前发生价值变化,需要解释被继承人的意愿究竟是希望完全按照分类进行还是更关注背后的实际价值的平衡。⑤

10　　根据本法第1152条但书规定,可以解释出替补继承或后位继承制度,即此时的"另有安排"可理解为替补继承或后位继承。

11　　根据本法第1154条,采用部分遗嘱继承人放弃继承即适用法定继承的规则。但有观点认为,在被继承人明确排除法定继承人继承的情形下,如果

---

① 参见张某某诉蒋某某遗赠纠纷案,四川省泸州市中级人民法院民事判决书(2001)泸民一终字第621号。

② Vgl. Brox/Walker, Erbrecht, 28. Aufl. , 2018, S. 57; Dieter Leipold, Erbrecht, 17. Aufl. , 2009, S. 129.

③ Vgl. MünchKomm/ Leipold (2020), § 1937 Rn. 2.

④ 比如,甲有乙、丙两个继承人,但在设立遗嘱时,忘记将丙纳入进来,仅指定乙为继承人。此时应当进行意思表示解释,究竟是排除丙作为继承人还是仅希望乙作为继承人。

⑤ 参见[德]雷纳·弗兰克、托比亚斯·海尔姆斯:《德国继承法》(第6版),王葆莳、林佳业译,中国政法大学出版社2015年版,第79页。

有遗嘱继承人之一出缺,应当使得其他遗嘱继承人的份额按照比例增加。①另外,根据《民法典继承编解释(一)》第 4 条规定,遗嘱继承人依遗嘱取得遗产后,仍有权参与遗嘱未处分遗产之法定继承。

(二)遗赠、负担

1.遗赠

遗赠规定在本条第 3 款中。其范围被限制于法定继承人以外的人,即我国根据是否属于继承人范围而区分遗嘱继承与遗赠。

遗赠与遗嘱继承的区别主要包括:主体范围不同;接受或者放弃继承、受遗赠的规则设定不同;效力不同。其中,关于遗赠是否具有物权效力,存在很大争议。② 本书认为,遗赠的效力是使继承人对受遗赠人负担债务,其应将遗赠物的所有权等权利移转给受遗赠人。

2.负担

负担是指继承人或者某个受遗赠人负担给付义务,但是并不为他人创设给付请求权(具体详见本法第 1144 条)。

(三)分割指示

被继承人以终意处分,自己设定或者委托他人代定遗产分割方法(具体详见本法第 1156 条)。

(四)终止死因处分

被继承人可通过遗嘱的撤回,终止之前的死因处分(具体详见本法第 1142 条)。

(五)指定遗嘱执行人

清偿型执行人的任务是将被继承人的终意处分实施,包括落实遗赠、负担以及结清遗产债务,并于存在多个继承人时,进行遗产分割,同时还有权管理遗产。我国于本条第 1 款提出遗嘱执行人的概念,但关于其具体职责并未做出规定。另外,遗嘱执行人的法律地位有固有权说和代理权说之分,具体参见本法第 1145 条。

(六)遗嘱信托

遗嘱信托的目的在于确保管理权与受益权分离。遗嘱信托除了应当符合民法典继承编的规定,同样需要遵守《信托法》的基本要求,遗嘱信托应当

---

① 参见[德]雷纳·弗兰克、托比亚斯·海尔姆斯:《德国继承法》(第 6 版),王葆莳、林佳业译,中国政法大学出版社 2015 年版,第 80 页。
② 参见庄加园:《试论遗赠的债物两分效力》,载《法学家》2015 年第 5 期;汪洋:《中国法上基于遗赠发生的物权变动——论本法第 230 条对〈物权法〉第 29 条之修改》,载《法学杂志》2020 年第 9 期。

采用书面形式。遗嘱信托文件包括三方当事人：委托人（被继承人）、受托人（遗嘱执行人）和受益人。另外，通过意思表示解释，只要能解释出有设立遗嘱信托的意图，并且该意图具有明确的内容即可，无须出现"信托"二字。①

当受托人死亡或者卸任时，根据《信托法》第13条第2款规定，重新指定权在受益人处。有观点认为，这主要是基于委托人死亡，无人指定的情形。但该规定与委托人的初衷背道而驰，因此，由法院指定更为妥当。②

（七）其他内容

本法第29条规定了遗嘱指定监护人，第1007条规定了订立遗嘱同意人体捐献。需注意，此虽属于遗嘱的内容，但该部分并非继承编所调整的范围。

第一千一百三十四条　【自书遗嘱】自书遗嘱由遗嘱人亲笔书写，签名，注明年、月、日。

第一千一百三十五条　【代书遗嘱】代书遗嘱应当有两个以上见证人在场见证，由其中一人代书，并由遗嘱人、代书人和其他见证人签名，注明年、月、日。

第一千一百三十六条　【打印遗嘱】打印遗嘱应当有两个以上见证人在场见证。遗嘱人和见证人应当在遗嘱每一页签名，注明年、月、日。

第一千一百三十七条　【录音录像遗嘱】以录音录像形式立的遗嘱，应当有两个以上见证人在场见证。遗嘱人和见证人应当在录音录像中记录其姓名或者肖像，以及年、月、日。

第一千一百三十八条　【口头遗嘱】遗嘱人在危急情况下，可以立口头遗嘱。口头遗嘱应当有两个以上见证人在场见证。危急情况消除后，遗嘱人能够以书面或者录音录像形式立遗嘱的，所立的口头遗嘱无效。

口头遗嘱属于特殊形式遗嘱，须出于特殊的紧急情况，被继承人无法订立公证遗嘱或者自书遗嘱。③ 危急情况主要是指濒临死亡或者因为某种特殊情况被"隔绝"，如突发的自然灾害、意外事故、战争爆发等导致被继承人客观上无法订立其他形式的遗嘱。另外还需要有两个以上见证人在场见证。

我国没有明确规定具体的时间，因此，在危急解除后，满足订立其他形式

---

① 参见李某甲与钦某某、李某乙及第三人李某戊、李某己、李某庚遗嘱继承纠纷案，上海市第二中级人民法院民事判决书（2019）沪02民终1307号。
② 参见中国审判理论研究会民事审判理论专业委员会：《民法典继承编条文理解与司法适用》，法律出版社2020年版，第82页。
③ Vgl. Frank/Helms, Erbrecht, 7. Aufl., 2017, S. 68.

遗嘱的客观条件且经过合理期间的,所立的口头遗嘱无效。同时,被口头遗嘱撤回的原遗嘱自动恢复效力。①

第一千一百三十九条　【公证遗嘱】公证遗嘱由遗嘱人经公证机构办理。

第一千一百四十条　【遗嘱见证人资格的限制性规定】下列人员不能作为遗嘱见证人：

（一）无民事行为能力人、限制民事行为能力人以及其他不具有见证能力的人；

（二）继承人、受遗赠人；

（三）与继承人、受遗赠人有利害关系的人。

遗嘱见证本身在于确定遗嘱是否符合被继承人的真实意愿。因此,遗嘱见证需要见证人参与遗嘱订立的全部过程并且出具书面的见证书或者在遗嘱上以见证人的身份签字盖章。如果见证人未现场见证或者未能见证全部过程,则将可能导致遗嘱无效。②

关于本条第 3 项所谓的"有利害关系的人",包括继承人的近亲属以及《民法典继承编解释（一）》第 24 条规定的三种人,即继承人,受遗赠人的债权人、债务人,共同经营的合伙人。

第一千一百四十一条　【必留份】遗嘱应当为缺乏劳动能力又没有生活来源的继承人保留必要的遗产份额。

一、必留份的构成要件

（一）法定继承人范围内取得继承权的人

此处的"继承人"指的是法定继承人。关于法定继承人的范围参照本法第 1127—1129 条。但本书认为,在有第一顺位继承人时,第二顺位继承人不能作为本条的继承人享有必留份。理由在于：存在第一顺位继承人时,第二顺位继承人本就无权继承遗产,若根据本条却能获得必留份,与立法目的相违背。

（二）缺乏劳动能力又没有生活来源

关于是否缺乏劳动能力,一般情形下通过日常经验法则确定即可,如该继承人年老体弱或者身患重病。在特殊情况下,可以通过法院委托鉴定的方

---

① Ebenda, S. 68.
② 参见陈甦、谢鸿飞主编：《民法典评注：继承编》,中国法制出版社第 2020 年版,第 161 页（刘智慧执笔）。

式确定。关于是否没有生活来源,应当结合继承人是否有较为稳定的收入、是否有社会医疗保险、是否有固定的住处,配偶、子女的身体状况等多方面考虑。① 是否需要毫无收入来源才能被认定为没有生活来源存在争议,本书认为只要远低于当地平均收入水平即可。②

3　根据《民法典继承编解释(一)》第 25 条第 2 款,是否缺乏劳动能力以及没有生活来源的判断时点是遗嘱生效时,即一般情形下被继承人死亡时,遗嘱附有条件或者期限的,为条件或者期限达成时。

二、法律效果

4　遗嘱人在设定遗嘱时,必须为必留份继承人预留法律规定的份额,不得为必留份设定负担。保留必要的遗产份额中"必要"的判断标准可以考虑:1. 缺乏劳动能力又没有生活来源的法定继承人维持其生活条件的需要,遗产份额须能够满足继承人所在地最低生活标准;2. 其他继承人的具体情况。

5　如果违反该条,遗嘱对法定必留份所做的处分无效,必留份权利人可以以自己的名义向法院起诉要求补足必留份。

6　关于必留份的优先性,具体参见本法第 1159 条。

第一千一百四十二条　【遗嘱的撤回、变更以及遗嘱效力顺位】遗嘱人可以撤回、变更自己所立的遗嘱。

立遗嘱后,遗嘱人实施与遗嘱内容相反的民事法律行为的,视为对遗嘱相关内容的撤回。

立有数份遗嘱,内容相抵触的,以最后的遗嘱为准。

1　被继承人可以随时全部或者部分地撤回遗嘱,且无需特别理由。即使被继承人向第三人承诺指定其为继承人,也不影响被继承人的撤回权。

2　关于撤回的形式,包括:1. 通过订立撤回遗嘱,此时只需要符合关于遗嘱的形式的规定即可,无须包含新的处分。③ 另外需要注意,撤回遗嘱必须由被继承人亲自完成,被继承人可以指定第三人协助其处理文件,但不能委托其作为有自由裁量空间的代理人④。2. 通过实施与遗嘱内容相反的民事法律行为,部分学者认为此处的民事法律行为应当延续原《继承法解释》第

---

① 参见朱某甲与朱某乙、陆某某分家析产纠纷、遗嘱继承纠纷案,上海市第一中级人民法院民事判决书(2014)沪一中民一(民)终字第 105 号。
② 参见最高人民法院民法典贯彻实施工作领导小组主编:《中华人民共和国民法典婚姻家庭编继承编理解与适用》,人民法院出版社 2020 年版,第 598 页。
③ Vgl. Frank/Helms, Erbrecht, 7. Aufl., 2017, S. 72.
④ Ebenda, S. 73.

39 条的规定,限于处分行为。但本书认为,其也应包括负担行为。另外,若被继承人仅出于防止该遗产因为贬值而将其变卖,继承人是否可以通过物上代位的规定取得该部分遗产存在争议。3. 本条第 3 款所谓的内容相抵触的,是指全部还是部分,须探求内心真意。4. 被继承人还可以通过物质撤回的形式撤回遗嘱,即通过撕掉、烧毁、划掉或者删除遗嘱。被继承人也可以直接在文件中注明"该遗嘱无效",并且无须签名。

对遗嘱进行撤回的,在有疑义时,原遗嘱恢复效力。通过销毁的方式撤回遗嘱的,该撤回行为不得被撤回。但是通过"该遗嘱无效"的形式撤回的,可以通过批注并签名的方式恢复其效力。① 3

第一千一百四十三条 【遗嘱的无效】无民事行为能力人或者限制民事行为能力人所立的遗嘱无效。

遗嘱必须表示遗嘱人的真实意思,受欺诈、胁迫所立的遗嘱无效。

伪造的遗嘱无效。

遗嘱被篡改的,篡改的内容无效。

本条第 1 款规定了遗嘱能力。因为遗嘱是亲为行为,所以,法定代理人代被继承人作出的遗嘱同样无效。争议较大的是,因不能完全辨认其行为而不具有完全民事行为能力的人,在其痊愈后没有向法院申请撤销不完全行为能力之认定的,其所作出的遗嘱是否有效? 更有甚者,非完全民事行为能力人在其偶尔精神状况正常时作出的遗嘱是否有效? 本书认为,认定为有效更合理。② 实际上,一无例外地认定不完全行为能力欠缺遗嘱能力,并不妥当。③ 1

判断被继承人是否具有遗嘱能力的时点为订立遗嘱时,即本条前两款规定均须在订立遗嘱时判断。并且,在欺诈、胁迫或者无行为能力时作出的遗嘱并不会因为前述情形的消失而变成有效。原因为已经归于无效的行为,不存在法律上的补正。④ 2

因为其他情形导致的无效,如违反本法第 153 条规定而无效。此种情形,判断是否无效的时点为继承发生时。⑤ 3

第一千一百四十四条 【附义务遗嘱】遗嘱继承或者遗赠附有义务的,

---

① Ebenda, S. 75.
② 参见《日本民法典》第 973 条。
③ BayObLG ZEV 2002, 234.
④ Vgl. Frank/Helms, Erbrecht, 7. Aufl., 2017, S. 52.
⑤ Ebenda, S. 44.

继承人或者受遗赠人应当履行义务。没有正当理由不履行义务的,经利害关系人或者有关组织请求,人民法院可以取消其接受附义务部分遗产的权利。

1　　附义务遗嘱也被称为附负担(Auflage)遗嘱。负担,即为继承人或某个受遗赠人设立为特定行为的义务,但并不为他人创设给付请求权。负担与遗赠的区别在于:遗赠受益人可以通过请求权主张财产利益,而负担设定中不存在此种请求权。①

2　　继承人或者受遗赠人不履行义务的,可能导致继承权或者受遗赠权的丧失。本条所谓的正当理由包括:第一,该义务违反我国法律、行政法规的强制性规定或者公序良俗。第二,该义务在客观上没有办法实现或者义务人遭受了不可抗力等。

3　　附义务遗嘱应与附条件的遗嘱相区分,区别主要在于所附义务未被履行并非当然导致遗嘱丧失效力。②

第四章　遗产的处理

第一千一百四十五条　【遗产管理人的选任】继承开始后,遗嘱执行人为遗产管理人;没有遗嘱执行人的,继承人应当及时推选遗产管理人;继承人未推选的,由继承人共同担任遗产管理人;没有继承人或者继承人均放弃继承的,由被继承人生前住所地的民政部门或者村民委员会担任遗产管理人。

一、遗产管理人的产生

1　　本条规定了遗产管理人产生的四种情形,但是可以进一步区分为:实质意义上的遗产管理人,即本条第1种、第2种情形;名义上的遗产管理人。两者区别在于,前者完全适用本法第1147条以下的条文而后者情形中,遗产管理人与继承人主体重合,无法完全适用遗产管理人制度,如本法第1148条、第1149条等。遗产管理人可以通过被继承人指定为遗嘱执行人而产生。仍有疑问的是,遗嘱执行人仅就遗嘱继承部分作为遗产管理人还是管理全部的遗产。本书认为,以管理全部遗产为宜,但应当允许其辞职。除了被继承人指定,产生方式还包括继承人推选以及法院指定等。

二、遗产管理人的法律地位

2　　关于遗产管理人的法律地位素有争议,存在代理说与固有权说。代理说

---

① Ebenda, S. 123.
② 参见最高人民法院民法典贯彻实施工作领导小组主编:《中华人民共和国民法典婚姻家庭编继承编理解与适用》,人民法院出版社2020年版,第612页。

又分为被继承人代理说①、继承人代理说②、遗产代理说。而固有权说又分为:机关说,即认为遗产管理人是法律所认可的维护被继承人利益的机关③;限制物权说;任务说。本书认为,为了保障遗产管理人的职责得以履行、平衡债权人和继承人之间的利益,应当赋予其独立、不受继承人约束的法律地位,因此,任务说最为合理。④ 不过,在遗产管理人与继承人之间仍可以准用本法代理和委托合同的规定,但仅限于自己代理、双方代理、以及本法第923条及第927条之规定。

三、权利外观

我国对于遗产管理人的权利外观缺乏相关规定。此类外观如德国的遗嘱执行人证书、英国的遗嘱检验委任书等。可以考虑的是,由法院作出遗产管理人资格的确认裁定,或者由公证处根据《公证法》第11条有关身份规定使得遗产管理人获得权利外观。⑤

第一千一百四十六条 【申请指定遗产管理人】 对遗产管理人的确定有争议的,利害关系人可以向人民法院申请指定遗产管理人。

第一千一百四十七条 【遗产管理人的职责】 遗产管理人应当履行下列职责:

(一)清理遗产并制作遗产清单;
(二)向继承人报告遗产情况;
(三)采取必要措施防止遗产毁损、灭失;
(四)处理被继承人的债权债务;
(五)按照遗嘱或者依照法律规定分割遗产;
(六)实施与管理遗产有关的其他必要行为。

本条第1款第1项规定了遗产清单制度。关于制作时间,应当自继承人知道被继承人死亡之日起3个月内完成,特殊情况下可以向人民法院申请延长。就提交对象和查阅对象而言,制作人应当将副本交给继承人。利害关系

---

① 参见任江、王婷:《遗嘱执行人的概念辨析与制度建构》,载《武陵学刊》2018年第5期。
② 参见戴炎辉、戴东雄、戴瑀如:《继承法》,台湾大学法学院福利社2013年版,第260页。
③ 参见史尚宽:《继承法论》,中国政法大学出版社2000年版,第567页、第568页。
④ 参见王葆莳、吴云焜:《〈民法典〉遗产管理人制度适用问题研究》,载《财经法学》2020年第6期。
⑤ 参见王葆莳、吴云焜:《〈民法典〉遗产管理人制度适用问题研究》,载《财经法学》2020年第6期。

人可以查阅遗产清单。依法制作遗产清单后,继承人在遗产清单记载的遗产实际价值范围内对遗产债务承担有限清偿责任。故意制作不实遗产清单的,应当承担损害赔偿责任。如果非故意,则应当及时修正,已经造成损害的,应当赔偿。①

2　　第 2 项中,继承人享有知情权,遗产管理人应当定期报告,并在继承人请求时及时报告。在履行完自己的职责之后,以书面形式报告,主要包括遗产清单、管理遗产的账目、管理费用、债权债务、遗产税费和遗产分配方案等。

3　　第 3 项中,对于闲置并且具备出租条件的遗产,在经过法院准许或者继承人同意时,可以出租。对于易损、易腐等不适合保管或者保管费用过高的遗产,应当及时变卖。对于不及时登记或行使就会消失的权利,管理人应当及时登记或者行使。

4　　第 4 项规定应当结合本法第 1159 条处理。

5　　第 5 项中,分割遗产的依据包括遗嘱和法律规定。其中,遗嘱是首要的依据。但是继承人可以通过协议分割遗产。继承人通过诉讼确定继承份额以及分割方式的,遗产管理人应当依判决执行。法律规定主要是指本法第 1130—1132 条、第 1155—1156 条、第 1159 条之规则。

6　　其他必要行为可能包括查明并通知已知的继承人、查明继承人放弃继承的意思表示是否真实、查明被继承人是否留有合法有效的遗嘱、通过诉讼保全遗产、及时实现担保物权以及在被宣告死亡的被继承人重新出现时,协助其向人民法院撤销死亡宣告等。

第一千一百四十八条　【遗产管理人未尽职责的民事责任】遗产管理人应当依法履行职责,因故意或者重大过失造成继承人、受遗赠人、债权人损害的,应当承担民事责任。

1　　遗产管理人的民事责任的性质为侵权责任,要件包括遗产管理人实施了侵权行为、造成了损害后果、两者之间有因果关系以及主观上存在故意或者重大过失。

2　　遗产管理人的侵权行为包括作为和不作为。具体表现如违背遗嘱将遗产分配给继承人以外的人、偿还个人债务、不适当的清偿②、故意损毁遗产等。就损害结果而言,既包括财产损害也包括非财产损害。就主观过错而

---

①　参见陈苇、刘宇娇:《中国民法典继承编之遗产清单制度系统化构建研究》,载《现代法学》第 2019 年第 5 期。

②　参见夏某、蔡某甲与蔡某乙、杨某、刘某遗嘱继承纠纷案,深圳市中级人民法院民事判决书(2014)深中法民终字第 2311 号。

言,限于故意或者重大过失。通常无须区分有偿管理人和无偿管理人。理由在于,根据任务说,遗产管理人应当独立履行职责并承担责任,而无论其产生方式。但如果遗产管理人是通过继承人推选的并且收取报酬,应对一般过错承担责任。

第一千一百四十九条 【遗产管理人的报酬】遗产管理人可以依照法律规定或者按照约定获得报酬。

第一千一百五十条 【继承开始的通知】继承开始后,知道被继承人死亡的继承人应当及时通知其他继承人和遗嘱执行人。继承人中无人知道被继承人死亡或者知道被继承人死亡而不能通知的,由被继承人生前所在单位或者住所地的居民委员会、村民委员会负责通知。

第一千一百五十一条 【遗产的保管义务】存有遗产的人,应当妥善保管遗产,任何组织或者个人不得侵吞或者争抢。

第一千一百五十二条 【转继承】继承开始后,继承人于遗产分割前死亡,并没有放弃继承的,该继承人应当继承的遗产转给其继承人,但是遗嘱另有安排的除外。

一、转继承的性质

转继承的性质存在争议,争议焦点在于转继承的客体究竟是继承权还是继承份额。一种观点认为,转继承只是继承遗产权利的移转,因而,无须将被转继承人应继承的遗产份额视为其与配偶之间的共同财产。另一种观点认为,转继承只是将被转继承人应当继承的遗产份额由其继承人承受,[1]在没有特别约定的情况下,应当将被转继承人应继承的遗产份额视为其与配偶的共同财产。

二、转继承的要件

转继承须具备以下条件:第一,时间要件,即继承人死于继承开始之后、遗产分割之前。第二,主体要件,即转继承中被转继承人必须具备合法有效的继承权,其并没有丧失继承权或者被继承人没有以遗嘱方式取消转继承人的继承权。第三,意思要件,即被转继承人并未放弃继承权。

第一千一百五十三条 【共有财产的分出】夫妻共同所有的财产,除有约定的外,遗产分割时,应当先将共同所有的财产的一半分出为配偶所有,其余的为被继承人的遗产。

---

[1] 参见郭明瑞、房绍坤:《继承法》(第二版),法律出版社第 2014 年版,第 125 页。

遗产在家庭共有财产之中的，遗产分割时，应当先分出他人的财产。

1　　首先，根据本法第 1062 条以及第 1063 条确定夫妻共同所有的财产的范围。其次，夫妻共同所有的财产应当仅指共同共有的情形，在按份共有的财产上，直接按份额比例处理即可。而本条第 1 款所谓的除有约定外，是指对于共同共有财产的分割比例按照约定不以一半为准。

2　　所谓的家庭共有财产是指家庭成员在家庭共同生活关系存续期间共同创造、共同所得的共有财产。其以特殊的人身关系为基础，并且是在家庭共同生活关系存续期间，以共同劳动收入、家庭成员交给家庭的财产等方式形成以及在此基础上购置和积累起来的财产等。不属于家庭共有财产的主要包括：1. 家庭成员没有投入家庭共同生活的财产；2. 约定家庭成员个人所有的财产；3. 基于家庭成员赠与而获得的财产；4. 未成年子女基于继承、受赠、知识产权获得的财产等。①

第一千一百五十四条　【法定继承的适用范围】有下列情形之一的，遗产中的有关部分按照法定继承办理：

（一）遗嘱继承人放弃继承或者受遗赠人放弃受遗赠；

（二）遗嘱继承人丧失继承权或者受遗赠人丧失受遗赠权；

（三）遗嘱继承人、受遗赠人先于遗嘱人死亡或者终止；

（四）遗嘱无效部分所涉及的遗产；

（五）遗嘱未处分的遗产。

1　　本条第 1 项的情形详见本法第 1124 条，本条第 2 项详见本法第 1125 条。本条第 3 项表明，虽然在法定继承中有代位继承适用的空间，但在遗嘱继承中，若遗嘱继承人或者受遗赠人先于被继承人死亡的，直接适用法定继承。本条第 4 项的原因在于，遗嘱无效在法律效果上等同于没有遗嘱，因此应当按照法定继承办理。对于遗嘱处分中的无权处分，应认定为无效，理由在于：遗嘱继承的取得是无偿取得，无法适用善意取得。另外，继承的功能在于将遗产在被继承人和继承人之间传递，继承人仅有权继承被继承人的遗产。本条第 5 项对未处分的遗产做出规定，其基本思想为遗嘱继承与法定继承作为两种继承方式，当被继承人没有设立遗嘱时，就只能按照法定继承处理。应当注意的是，虽有遗嘱，但对于遗嘱未处分的遗产，遗嘱继承人也有权参与法定继承。

---

① 参见最高人民法院民法典贯彻实施工作领导小组主编：《中华人民共和国民法典婚姻家庭编继承编理解与适用》，人民法院出版社 2020 年版，第 666 页。

第一千一百五十五条 【胎儿应继份】遗产分割时,应当保留胎儿的继承份额。胎儿娩出时是死体的,保留的份额按照法定继承办理。

第一千一百五十六条 【遗产分割的规则和方法】遗产分割应当有利于生产和生活需要,不损害遗产的效用。

不宜分割的遗产,可以采取折价、适当补偿或者共有等方法处理。

第一千一百五十七条 【再婚不影响已继承财产】夫妻一方死亡后另一方再婚的,有权处分所继承的财产,任何组织或者个人不得干涉。

第一千一百五十八条 【遗赠扶养协议】自然人可以与继承人以外的组织或者个人签订遗赠扶养协议。按照协议,该组织或者个人承担该自然人生养死葬的义务,享有受遗赠的权利。

遗赠扶养协议的生养死葬条款自协议成立时生效,遗赠条款自遗赠人死亡时生效。对于扶养人与被扶养人之间的关系,应当认为构成实质对价关系,肯定两者构成一个法律行为,并利用现有的双务合同规则处理扶养人与被扶养人之间的关系。但也应当考虑特殊立法价值,即肯定被扶养人生前实施的与遗赠扶养协议冲突的财产处置的效力。对此,扶养人可以请求解除合同并主张自己已经作出的扶养行为的相当报酬。①

根据本条以及《遗赠扶养协议公证细则》第 5 条,扶养人限制在法定继承人以外的人。但应当细化,即根据立法目的,鉴于法定扶养义务仅存在于父母与子女以及配偶之间,因此,应当允许其他法定继承人,如兄弟姐妹、丧偶儿媳、女婿等成为遗赠扶养协议的主体。

第一千一百五十九条 【遗产债务的清偿】分割遗产,应当清偿被继承人依法应当缴纳的税款和债务;但是,应当为缺乏劳动能力又没有生活来源的继承人保留必要的遗产。

一、遗产债务的类型

遗产债务与负担按照发生时间可以分为三种类型:继承人生前所负担的债务、继承开始时生效的债务或负担以及继承开始后发生的债务。应当注意,在确定遗产债务时,需要与其他债务相区分,主要包括本法第 1153 条的夫妻共同债务、家庭债务等。

继承人生前负担的债务大致可以分为:1. 特定物上附担保物权的债务;2. 国家作为债权人的税收债务;3. 涉及生存利益和人格利益的债务,包括人

---

① 参见李昊:《民法典继承编草案的反思与重构》,载《当代法学》2019 年第 4 期。

身损害赔偿之债、劳动债务中的劳动报酬、社会保险费与补偿金;4. 惩罚性债务,包括侵权中的惩罚性赔偿、行政处罚、刑事罚金;5. 普通债务。[①]

3　　有学说认为,继承开始时生效的债务与负担可以分为三类:第一,必留份与依靠被继承人抚养的人的遗产酌给份,涉及生存利益。第二,遗赠扶养协议与对被继承人扶养较多的遗产酌给份。第三,遗赠与遗嘱继承。[②] 但有学说认为,这些并不属于遗产债务,而是属于遗产分割问题。[③]

4　　继承开始后产生的债务包括继承费用和共益费用。

二、遗产债务的清偿顺序

5　　关于遗产债务的清偿顺序,可以适当参照《企业破产法》第43条、第113条规定的清偿顺序处理。处于第一顺位的为继承费用和共益债务,并且继承费用更为优先。第二顺位为附担保债务。第三顺位为保障基础生存权益的债务及负担,包括人身损害赔偿金、劳动报酬、社会保险费以及经济补偿金。第四顺位为税收债务。第五顺位为普通债务,包括合同债务、财产损害赔偿债务、无因管理和不当得利债务等。第六顺位为惩罚性债务。

6　　依本条但书,遗产清偿时,必留份处于优先位置。在清偿遗产债务之前,应当为缺乏劳动能力又没有生活来源的继承人保留必要的遗产。这与民事执行程序中的生存保留原则一致。[④]

7　　分割遗产之前,遗产债务已经查明的,应当先清偿债务之后再分割遗产。

第一千一百六十条　【无人继承遗产】 无人继承又无人受遗赠的遗产,归国家所有,用于公益事业;死者生前是集体所有制组织成员的,归所在集体所有制组织所有。

第一千一百六十一条　【限定继承原则】 继承人以所得遗产实际价值为限清偿被继承人依法应当缴纳的税款和债务。超过遗产实际价值部分,继承人自愿偿还的不在此限。

继承人放弃继承的,对被继承人依法应当缴纳的税款和债务可以不负清偿责任。

1　　根据本条第1款,我国采限定继承原则。原因在于,第一,被继承人与继

[①] 参见汪洋:《遗产债务的类型与清偿顺序》,载《法学》2018年第12期。
[②] 同上注。
[③] 参见陈甦、谢鸿飞主编:《民法典评注:继承编》,中国法制出版社第2020年版,第304页(王洪平执笔)。
[④] 参见黄薇主编:《中华人民共和国民法典继承编解读》,中国法制出版社2020年版,第157页。

第1163条　既有法定继承又有遗嘱继承、遗赠时税款和债务的清偿　·989·

承人之间虽然有一定的亲属关系,但是两者属于平等独立的主体,各自具有独立的民事行为能力和责任能力,应当以自己所有的财产为限承担责任。被继承人死亡后,其遗产即为其债务的责任财产,债权人只能就该责任财产受偿债权(遗产债务的有限责任)。第二,根据权利义务相一致原则,继承人继承遗产,取得权利的同时承担一定的义务。若超出继承遗产的范围仍由继承人清偿被继承人的债务,则显然对继承人不公平。

依本条第1款第2句,超过遗产实际价值部分的税款和债务,继承人自愿偿还的,其偿还发生清偿效力,债权人有权受领并保有给付。此部分债务属于自然债务。　2

继承是权利义务的概括承受,继承人放弃继承不仅意味着不取得被继承人的财产权利,也意味着不承受被继承人的债务。因此,本条第2款规定继承人"可以不负清偿责任"。　3

第一千一百六十二条　【清偿债务优先于遗赠执行】执行遗赠不得妨碍清偿遗赠人依法应当缴纳的税款和债务。

第一千一百六十三条　【既有法定继承又有遗嘱继承、遗赠时税款和债务的清偿】既有法定继承又有遗嘱继承、遗赠的,由法定继承人清偿被继承人依法应当缴纳的税款和债务;超过法定继承遗产实际价值部分,由遗嘱继承人和受遗赠人按比例以所得遗产清偿。

本条适用于遗产已被分割之后的遗产债务清偿。原则上,在遗产分割之前应当先清偿债务。如果因债务尚未被查明等原因没有清偿债务即分割遗产,则遗产债务并未消灭,继承人和受遗赠人应当以其分得的遗产清偿债务。　1

本条规定的清偿责任顺序体现了遗嘱继承与遗赠优先原则。先由法定继承人以其分得的遗产价值清偿债务,不足部分由遗嘱继承人和受遗赠人按比例以所得遗产价值清偿。　2

第七编

侵权责任

第一章 一般规定

第一千一百六十四条 【侵权调整对象】本编调整因侵害民事权益产生的民事关系。

第一千一百六十五条 【过错责任与过错推定责任】行为人因过错侵害他人民事权益造成损害的，应当承担侵权责任。

依照法律规定推定行为人有过错，其不能证明自己没有过错的，应当承担侵权责任。

一、过错责任的一般条款

1 本条第1款规定的是过错责任的一般条款。为防止"向一般条款逃遁"，若存在具体过错侵权责任，应适用相应的条款，如医疗损害责任。于过错侵权损害赔偿责任而言，虽然"四要件说"（违法加害行为、过错、损害、因果关系）是我国的通说①，但其在具体适用时仍需对个别要件予以细化或者进一步区分，以实现精确规范的目标。在此种意义上，以违法性为核心而构建"民事权益区分保护"模式的过错侵权损害赔偿责任体系更为可取。即把侵权行为区分为三种：第一，过错不法侵害他人的权利（绝对权）；第二，违反保护性法律侵害他人的权益（权利及利益）；第三，故意以悖于善良风俗的方法侵害他人的权益（相对权及利益）。

二、过错责任的构成要件

（一）过错不法侵害他人的权利

2 成立此种过错侵权赔偿责任类型，须具备以下五个要件：1. 事实要件符合性。具体包括，第一，加害人实施加害行为；第二，受害人的权利遭受侵害；第三，加害行为与权利侵害间存在因果关系。2. 侵害行为具有违法性。

---

① 参见叶金强：《〈民法典〉第1165条第1款的展开路径》，载《法学》2020年第9期。

3. 可归责性,即加害人具有责任能力且具有过错。4. 产生可赔偿的损害。
5. 权利侵害与损害之间存在因果关系。

上述前三个要件是侵权责任成立的要件。首先,事实要件符合性是对侵权行为事实层面的评价,应予以检查;其次,事实要件一旦具备,即可认定具备违法性,这时应检查是否具备违法阻却事由;最后,只有在具备违法性情形下,才需对可归责性进行评价。而后两个要件是损害赔偿的要件。仅在已成立侵权的情形下,才有必要考察具体损害的有无及大小。只有具备以上五个要件,加害人才需承担侵权损害赔偿责任。

值得注意的是,之所以区分权利侵害与损害,是因为实践中存在有权利侵害而无损害的情形,如甲所有的一棵枯树因狂风折断倒在乙的房屋空地上,此时存在物权侵害,但由于乙不存在财产上的损失,故不存在损害。本条第1款强调"造成损害",表明立法者亦注意到权利侵害与损害的区分。

1. 事实要件符合性
(1)加害人实施加害行为

加害行为包括作为与不作为。若加害行为是不作为,则加害人需具有作为义务及作为能力。作为义务包括三种类型:第一,法定的作为义务,如安全保障义务。第二,约定的作为义务,若违反此种义务将导致侵权责任与违约责任发生竞合。第三,因公序良俗原则、诚信原则等引发的作为义务,其包括但不限于因先前行为引发的作为义务及生命共同体互助的作为义务等情形。①

(2)受害人的权利遭受侵害

此处的"权利"应目的性限缩解释为绝对权,即人格权、身份权、物权、知识产权、社员权、继承权等。其不包括债权②,这是因为债权不具有社会典型公开性,由于缺乏相应的公示方法,债权人与债务人之外的人无法得知债权的存在。若给予其如同绝对权的保护,则对行为人而言构成不正当的干预。③

值得注意的是,在我国法上,占有并不具有权利属性,但根据本法第462条第1款第3分句的规定,似乎占有可通过该参引性条款准用本条规范得到

---

① 参见曾世雄:《损害赔偿法原理》,中国政法大学出版社2001年版,第63—66页。
② 参见中国长城资产管理股份有限公司吉林分公司与吉林中小企业信用担保集团有限公司、吉林人民政府国有资产监督管理委员会侵权责任纠纷、股东损害公司债权人利益责任纠纷案(最高人民法院公报案例),最高人民法院民事判决书(2017)最高法民终181号,载《最高人民法院公报》2019年第3期。
③ 参见程啸:《侵权责任法》(第三版),法律出版社2021年版,第117—118页。

保护。然而,事实上单纯占有仅具有排他效力,而不具有任何财产归属内容。可以主张赔偿的损害,只能是对占有人收益权限的损害,而享有收益权限的占有人仅限于有权占有人。有学说认为,对有权占有的保护,实质上是对占有本权的保护,而非占有保护。若占有的本权为物权,则适用第一种侵权类型;若占有的本权为债权,则适用第二种或第三种侵权类型。① 不过,保护以债权为本权的占有(如承租人的占有)与保护不涉及占有的债权(如买受人的交付请求权)终究有所不同,前者之债权因占有得以强化,侵权法的保护力度也应加强,适用第一种侵权类型并无不可。

(3)责任成立的因果关系

8　责任成立的因果关系,指加害行为与权利遭受侵害之间具有的因果关系。责任成立的因果关系应采条件说。其不采相当因果关系理论的原因在于检验过错要件时,须检验是否具有可预见性,此时若采相当因果关系理论,会导致"可预见性"与"相当性"的内容有所重合。②

2. 违法性

9　违法性包括结果不法与行为不法。第一种侵权类型中的违法性仅指结果不法。申言之,绝对权遭受侵害的事实征引侵害行为具有违法性。此时加害人可以通过证明具有违法阻却事由(正当防卫、紧急避险、自甘冒险、自助行为、受害人同意、无因管理等)否定行为的违法性。

3. 可归责性

10　可归责性包括过错与民事责任能力(过错能力)。过错包括故意与过失。故意与过失于责任成立及责任承担而言并无实质差别。二者的区别仅在于以下两个方面:一为判断标准,故意只能从主观上进行判断,而过失采理性人的标准进行判断,是客观的;二为适用范围,于个别情形中须以故意为构成要件,如精神损害赔偿、惩罚性赔偿等。

11　故意,指知晓并希望或者放任不法结果的发生。故意含有认识因素与意志因素。民法上的故意概念与刑法相同,包括直接故意与间接故意。违法性认识错误问题,根据通说采故意理论即排除故意的存在,加害人主观仅存在过失,但这仅适用于第一种侵权类型。③ 成立过失须存在两个要素,即权利侵害的可预见性与可避免性。判断过失的有无,采客观标准,即"理性人标准"。根据注意义务违反的程度不同,可将过失分为一般过失与重大过失。

---

① 参见吴香香:《〈物权法〉第245条评注》,载《法学家》2016年第4期。
② Vgl. MünchKomm/Wagner (2020), Vor § 823 Rn. 73.
③ Vgl. MünchKomm/Wagner (2020), Vor § 823 Rn. 50.

一般过失,指行为人违反善良管理人的注意义务。重大过失,指行为人严重违反普通人本应具有的最起码的注意义务。有观点认为,重大过失是有认识的过失①。

民事责任能力,指行为人承担过错损害赔偿责任的资格或能力。从解释论角度而言,本法第1188条并未完全体现民事责任能力(过错能力)原理,但是民事责任能力与过错责任原则相伴相生,因此有承认民事责任能力的必要。其确认标准可以适当参照法律行为能力,即未满8周岁的未成年人为无民事责任能力人,8周岁以上的未成年人为限制民事责任能力人。对于限制民事责任能力的具体认定,法官在标准的掌握上可以稍低于限制法律行为能力的认定标准,即对于过错致害行为的成立,不需要具备民事法律行为所要求的那种程度的识别与理解能力。②

4. 可赔偿的损害

损害是侵权损害赔偿责任的成立要件,若无损害,则无赔偿。本条第1款中"造成损害",亦表明此点。损害分为财产损害与精神损害,二者皆适用恢复原状原则。财产损害适用"差额说"予以计算,即将受害人在损害发生之前的财产状况与损害发生之后的财产状况进行比较,如有差额,则有损害,否则不存在损害。差额说亦存在一定的缺陷,此时应以客观说与规范说进行修正。③ 客观说是为了克服差额说处理假设因果关系等若干问题的困难。例如甲毁损乙的窗户,不久地震来袭,房子倒塌。此时依差额说,乙未受有损害,难谓合理。因此应依客观说,乙可请求窗户被甲毁损的客观上的损害。规范说是为了修正差额说所采损害计算的价值中立性,其适用于家务损害、亲属看护费用④等案件之中。精神损害难以量化,故而须通过价值判断以适当的精神损害赔偿金抚慰受害人的精神痛苦。⑤ 对于精神损害赔偿而言,须通过类型化分析从而为不同案件类型提炼不同的量定因素,如被侵害的法益类型、加害程度、双方的经济能力等。⑥

---

① 参见叶名怡:《重大过失理论的构建》,载《法学研究》2009年第6期。
② 参见杨代雄:《重思民事责任能力与民事行为能力的关系——兼评我国〈侵权责任法〉第32条》,载《法学论坛》2012年第2期。
③ Vgl. Staudinger/ Gottfried Schiemann (2017), Vor § 249 Rn. 37 f.
④ 参见伍某某、刘某机动车交通事故责任纠纷案,湖南省娄底市中级人民法院民事判决书(2020)湘13民终1185号。
⑤ 参见欧某某诉高某饲养动物损害责任纠纷案(最高人民法院公报案例),广东省江门市中级人民法院民事判决书(2018)粤07民终2934号,载《最高人民法院公报》2019年第10期。
⑥ 参见王泽鉴:《损害赔偿》,北京大学出版社2017年版,第258—264页。

5. 责任范围的因果关系

14 责任范围的因果关系,指权利侵害与损害之间存在因果关系。责任范围的因果关系采相当因果关系说。相当因果关系是由"条件关系"及"相当性"所构成的。条件关系以"若无,则不"的方式进行检验。相当性,指侵害行为实质上增加了损害发生的客观可能性。详言之,导致损害赔偿的行为通常(并非在特殊的、不太可能的、在正常的发展过程中不予考虑的情况)可以引发后果,则其具备相当性。①

15 特殊形态的因果关系原则上包括多数因果关系、假设因果关系。然而假设因果关系是在损害层面发生作用,而非属于在因果关系层面考虑的问题(见边码13)。原因在于假设原因并非损害的真正原因,其仅是为了确定损害的有无及大小而被考虑。多数因果关系分为累积因果关系、共同因果关系和择一因果关系。累积因果关系(本法第1171条),如两个企业向同一条河排放均足以导致该河内鱼类死亡的致害物,若采相当因果关系理论,因不满足条件关系,两个企业均对损害无因果关系,难谓合理,此时应认定两个企业对损害均存在因果关系。共同因果关系(本法第1172条),如两个企业向同一条河内排放致害物,分别排放的量不足以导致鱼类死亡,但共同作用足以导致该河内鱼类死亡,若采相当因果关系理论,因不满足相当性,两个企业均对损害无因果关系,难谓合理,此时应认定两个企业对损害均存在因果关系。择一因果关系(本法第1170条第2分句),如甲、乙狩猎开枪,其中一子弹击中丙,但不知何人所射。由于不知何人为真正原因,因此不应采相当因果关系理论,而须采因果关系推定的方式进行判断,此时甲、乙对损害均存在因果关系。

(二)违反保护性法律侵害他人的权益

16 成立此种过错侵权赔偿责任类型,须具备以下五个要件:1. 加害人实施了加害行为;2. 加害人违反保护性法律;3. 可归责性(过错推定);4. 产生可赔偿的损害;5. 加害行为与损害之间存在因果关系。应注意以下三个方面内容:

1. 违反保护性法律的功能及保护范围

17 违反保护性法律的侵权责任扮演着"转介条款"的角色,其将大量的公法与侵权法规范相连接。例如在"儿童模仿动画片烧伤同伴案"②中,应将《未成年人保护法》与侵权法规范相衔接。此外违反保护性法律的侵权责任

---

① Vgl. MünchKomm/Oekter (2019), Vor § 249 Rn. 110.
② 参见李某冉、李某与李某顺、广东原创动力文化传播有限公司生命权、健康权、身体权纠纷案,江苏省东海县人民法院民事判决书(2013)东少民初字第0057号(儿童模仿《喜羊羊与灰太狼》烧伤同伴案)。

可以降低认定过错的难度,从而避免错案的发生。保护性法律的保护范围是其旨在保护的权益类型。违法性的认定标准为行为不法,即检查行为人的行为是否违反保护性法律,从而认定是否具有违法性。

2. 保护性法律的构成要件

保护性法律须满足形式要素与实质要素方可成立。于形式要素而言,其包括宪法、法律、行政法规、地方性法规、自治条例、单行条例、司法解释以及习惯(法)。于实质要素而言,应考虑三个要素:第一,立法者的意图。保护他人的法律的目的在于保护私益,若法律专为保护公益则不属于保护性法律,但若二者兼而有之,亦未尝不可。第二,救济方式。保护性法律必须通过损害赔偿予以救济,但亦不排除同时存在其他救济方式。第三,法律冲突的实质审查。即保护性法律在补充过错判断时,不得违反上位法的规定。[①]

3. 过错的判断

在责任成立阶段,过错仅涉及保护性法律的违反,而与法益侵害无关。[②] 申言之,对过错的判断由法官自由裁量转向立法者事先确定。违反保护性法律的侵权责任仍是过错责任,但其采取了减轻受害人证明责任的规则。通说认为,行为人的过错采取"过错推定"的证明责任分配方式。[③]

(三) 故意以有悖于善良风俗的方法侵害他人的权益

成立此种过错侵权赔偿责任类型,须具备以下五个要件:1. 加害人实施了加害行为;2. 有悖于善良风俗;3. 可归责性(主观上为故意);4. 产生可赔偿的损害;5. 加害行为与损害之间存在因果关系。应注意以下三个方面内容:

1. 悖俗侵权的功能及保护范围

此种侵权类型具有"兜底"的功能。其所保护的客体,原则上认为除相对权外,尚包括纯粹财产利益及精神利益,如死者人格利益[④](本法第994条)。由于保护范围过于宽泛,因此对其构成要件须予以严格限制。违法性的认定标准为行为不法,即检查行为人的行为是否有悖于善良风俗,从而认定是否具有违法性。

2. 善良风俗的内涵

善良风俗的标准既不涉及先于法律的伦理道德观念,亦不涉及不成文的社会规范,它只是法律交往中行为规则的基础;其核心标准在于保护交往参

---

① 参见朱岩:《违反保护他人法律的过错责任》,载《法学研究》2011年第2期。
② Vgl. MünchKomm/Wagner (2020), Vor § 823 Rn. 607.
③ Vgl. Staudinger/ Kohler (2017), Vor § 823 Rn. 73.
④ 参见中贸圣佳国际拍卖有限公司与杨某某等著作权权属、侵权纠纷案,北京市高级人民法院民事判决书(2014)高民终字第1152号。

加者的合理行为预期。① 本质而言,善良风俗属于法律概念,它可使得法官自主地、不受干涉地形成确信。② 然而其本身是一个高度抽象化的概念,因此应对它进行类型化分析,如违反婚姻伦理或性道德、违反公平竞争等。对善良风俗的认定可分两步进行。首先,从已经形成类型化的判例中寻求善良风俗的具体化。其次,若实践中出现新的案件类型无法从类型化的判例中得出结论,此时法官应通过翔实的论证说明从当前主流的伦理道德观念中寻求善良风俗的具体化。

3. 过错的判断

23　加害人主观上须为故意(见本条边码11)。与前两种侵权类型不同的是,此处的故意必须与损害后果相关联。③ 有观点认为,在一些特殊情形下可将故意扩张及于重大过失,如专业人员提供错误信息致损的情形。然而,为了防止悖俗侵权的泛滥,不应对其进行任何法律续造,因此,对此类问题的解决应转向其他民法制度。④

三、过错责任的法律后果

24　受害人可就其损害请求加害人(行为人)承担侵权责任。本法规定的侵权责任包括损害赔偿与防御性请求权(本法第1167条),但后者实际上是不以过错为要件的救济手段。损害赔偿的计算详见本法第1179条至第1187条。

四、过错推定责任

25　本条第2款规定了过错推定责任,其并非独立请求权基础,而是宣示性条款,并无实质内涵。过错推定,指在某些侵权责任构成中,法律推定行为人实施行为时具有过错。由此可见,其仍须以加害人的过错为构成要件。因此,本质上过错推定责任应属过错责任范畴。本法规定了九种过错推定责任,法律适用时应分别适用相应的条款,而不应适用本款规定。

五、证明责任

26　在第一种侵权类型中,受害人须就除违法性外所有的构成要件承担证明责任。在第二种侵权类型中,受害人须就除过错外的其余构成要件承担证明责任,而由加害人证明其无过错。在第三种侵权类型中,受害人须就所有的

---

① Vgl. Staudinger/ Oechsler (2018), Vor § 826 Rn. 1.
② 参见于飞:《违背善良风俗故意致人损害与纯粹经济损失保护》,载《法学研究》2012年第4期。
③ Vgl. Staudinger/ Oechsler (2018), Vor § 826 Rn. 77.
④ Vgl. Larenz/Canaris, Schuldrecht II, besonderer Teil, Halbband 2, 13. Aufl., 1994, S. 454.

构成要件承担证明责任。三种侵权类型中,由加害人证明欠缺责任能力。于过错推定责任中,受害人须就除过错外的其余构成要件承担证明责任,而由加害人证明其无过错。

第一千一百六十六条 【无过错责任】行为人造成他人民事权益损害,不论行为人有无过错,法律规定应当承担侵权责任的,依照其规定。

第一千一百六十七条 【防御性请求权】侵权行为危及他人人身、财产安全的,被侵权人有权请求侵权人承担停止侵害、排除妨碍、消除危险等侵权责任。

一、规范意旨

本条规定的停止侵害、排除妨碍、消除危险请求权属于防御性请求权,因为其目的均为阻止将来(继续)发生侵害。① 就其本质而论,此类防御性请求权并非本来意义上的侵权责任,而是基于物权、人格权、知识产权等绝对权而发生的救济请求权,即所谓的绝对权请求权,其为绝对权效力的内容之一。防御性请求权的成立不以过错为要件,而侵权损害赔偿请求权通常以过错为要件。②

本法第 235—236 条规定的物权请求权、第 462 条规定的占有保护请求权、第 995 条规定的人格权请求权皆为防御性请求权。本条以及本法第 179 条第 1 款第 1—3 项采用广义的侵权(民事)责任概念,将防御性请求权纳入责任形式。但应当注意,适用此种责任形式无须考虑加害人是否具有过错。本条为防御性请求权的一般规定,个案中应当优先适用防御性请求权的特别规定,无特别规定时才适用本条。

二、防御性请求权的具体类型

(一)停止侵害

停止侵害是指被侵权人请求侵权人停止正在进行的对绝对权的侵害行为。从比较法看,在德国法中,并不存在单纯的停止侵害请求权。于词义而言,排除妨碍相当于德国法上的妨害排除请求权,消除危险相当于德国法上的妨害防止请求权。妨害防止请求权既可用于消除"初犯危险",也可用于消除"重犯危险",即继续侵害之危险。就后者而论,实际上就是请求停止侵害。消除危险请求权与排除妨碍请求权已经能全面概括妨害的所有情形,故

---

① 参见[德]埃尔温·多伊奇、汉斯-于尔根·阿伦斯:《德国侵权法——侵权行为、损害赔偿及痛苦抚慰金》(第 5 版),叶名怡、温大军译,中国人民大学出版社 2016 年版,第 249—250 页。

② 同上注,第 250 页。

从立法论而言,似乎并无停止侵害请求权存在的必要。① 据考证,停止侵害请求权的产生是由于历史原因所致,我国民事立法传统上认为排除妨碍请求权、消除危险请求权适用于物权的保护,停止侵害请求权适用于人格权或无体财产权的保护。②

(二)排除妨碍

4　排除妨碍请求权的构成要件及法律效果可参照本法第 236 条评注。

(三)消除危险

5　消除危险请求权的构成要件及法律效果可参照本法第 236 条评注。

三、证明责任

6　主张防御性请求权的当事人须就该请求权的构成要件承担证明责任。

第一千一百六十八条　【共同侵权行为】二人以上共同实施侵权行为,造成他人损害的,应当承担连带责任。

一、规范意旨

1　本条旨在减轻受害人的因果关系之证明责任。在侵权责任中,根据肇因原则(Verursachungsprinzip),受害人须负担因果关系(包括责任成立因果关系与责任范围因果关系)的证明责任。③ 然而,在多数人侵权责任中,由于加害人为数人,故受害人对因果关系的举证难度大大增加。因此,为了消除受害人在多数人侵权责任中由于缺乏证明因果关系证据而遭遇的困境,④通过对多数人的侵权责任予以实证法化从而使其因果关系得以特殊化。本条所规定的共同侵权行为即为多数人侵权行为中的一种情形。

2　共同侵权行为是指二人以上基于共同过错致人损害,依法应承担连带责任的多数人侵权行为。共同加害行为包括三种类型:共同故意侵权行为、共同过失侵权行为以及故意与过失相结合的共同侵权行为。

二、构成要件

(一)二人以上基于共同过错实施加害行为(特殊要件)

1. 存在数个行为人

3　行为人须二人以上,且每个行为人均实施了加害行为,此为多数人侵权

---

① 参见曹险锋:《防御性请求权论纲》,载《四川大学学报(哲学社会科学版)》2018年第 5 期。

② 参见张谷:《作为救济法的侵权法,也是自由保障法——对〈中华人民共和国侵权责任法(草案)〉的几点意见》,载《暨南学报(哲学社会科学版)》2009 年第 2 期。

③ Vgl. Staudinger/Eberl‑Borges (2018), § 830 Rn. 1.

④ Vgl. Staudinger/Eberl‑Borges (2018), § 830 Rn. 4.

的特征。有学说认为,若行为人之间存在隶属关系(如雇主与雇员)时,则应将其认定为仅存在一个行为人。①

2. 共同过错

对于本条"共同"的理解,学界有不同的观点:1. 共同故意说。此说认为,共同加害行为中的"共同"是指共谋(共同故意),换言之,共同加害行为中的意思联络仅指共同故意。② 2. 共同过错说。此说认为,共同加害行为中的"共同"包括共同故意、共同过失及故意与过失的结合。申言之,行为人基于共同的行为安排而做出相应行为,若行为人均具有致害他人的意思,则表现为共同故意型共同侵权;若没有共同致害的意思,但共同行为中含有可预见并可避免的致害危险,则表现为共同过失型共同侵权;此外,一方故意另一方为过失的情况,虽然并不常见,但同样可以构成共同侵权。③ 3. 关联共同说,此说认为,共同加害行为中的"共同"包括主观的关联共同与客观的关联共同,申言之,若行为人基于共同故意实施侵权行为,则构成共同加害行为;若行为人虽无共同故意,但行为皆针对同一个侵害目标,各行为皆为损害发生的共同原因,造成同一损害结果,且该损害结果不可分割,则亦构成共同加害行为。④ 4. 共同行为说(客观的关联共同说)。此说认为,共同加害行为中的"共同"仅指行为人在客观上有共同的加害行为,其不以意思联络为前提。5. 折中说(主客观结合说)。此说认为,共同加害行为中的"共同"指不仅要求有相同或相似的过错,还要求具有侵害同一受害人相同或相近的民事权益的行为。⑤

本书认为,"共同"指共同过错,即共同故意、共同过失及故意与过失的结合。此观点亦为当前理论与实践的通说观点。⑥ 值得注意的是,故意与过失相结合的类型必须以各行为人具有相同的(可)预见及(可)避免的内容为前提。在行为人具有共同过失时可认为成立共同加害行为,根据举轻以明重

---

① 参见李江蓉:《论共同侵权行为的共同性要素与特别构成要件》,载《法律适用》2011年第12期。
② 参见程啸:《侵权责任法》(第三版),法律出版社2021年版,第383—388页。
③ 参见叶金强:《解释论视野下的共同侵权》,载《交大法学》2014年第1期;邹海林、朱广新主编:《民法典评注:侵权责任编1》,中国法制出版社2020年版,第44—47页(叶名怡执笔)。
④ 参见杨立新:《〈侵权责任法〉悬而未决的十五个问题的司法对策》,载《中国审判》2010年第7期。
⑤ 参见张新宝:《侵权责任法》(第五版),中国人民大学出版社2020年版,第44页。
⑥ 参见黄薇主编:《中华人民共和国民法典侵权责任编释义》,法律出版社2020年版,第22页。

的解释原理,在部分行为人具有故意而部分行为人具有过失,且双方具有相同的(可)预见及(可)避免的行为内容时,亦应认定其构成共同加害行为。

6   就反对说而言,首先,采共同故意说的学者认为,若将共同过失包括在内,则会混淆共同加害行为与共同危险行为。其实不然,认定共同加害行为的关键在于其主观关联使各行为人的加害行为被评价为一个整体,各行为人系出于共同的行为安排而实施加害行为。而在共同危险行为中,各行为间仅具有一定程度的客观关联性,而真正使行为人承担连带责任的关键在于因果关系的不明。其次,就关联共同说、共同行为说而言,由于客观关联行为强调的是行为由于偶发而结合在一起,属于比较典型的"分别实施"的情形,[1]而本法第1171条与第1172条已就客观关联的多数人侵权作出了明文规定,故而本条的"共同"不应包括或解释为客观关联共同。就折中说而言,由于本条并未要求造成他人"同一损害",因此,以此来限定共同加害行为并非妥适。

7   在司法实践中,共同故意的案型最为常见,如共同殴打他人[2]、恶意串通损害第三人利益[3]等。共同过失的案型亦较为常见,如共护木门倒塌案[4]、共同飙车案[5]等。故意与过失相结合的案型较为少见,如在股票交易之际,故意滥用代理权的代理人与存在过失的对方交易员对本人承担共同侵权行为责任。[6]

(二)加害人的行为作为一个整体构成侵权责任的其他要件(基础要件)

8   除上述加害行为、共同过错外,在事实要件符合性中,还须存在权利遭受侵害、责任成立因果关系等要件。此外,还须存在违法性、损害及责任范围因

---

[1] 参见曹险峰:《数人侵权的体系构成——对侵权责任法第8条至第12条的解释》,载《法学研究》2011年第5期。

[2] 参见李某与徐某某等生命权、健康权、身体权纠纷案,河南省新乡市中级人民法院民事判决书(2021)豫07民终2258号。

[3] 参见长沙瑞信不良资产处置合伙企业、岳阳龙飞经贸有限公司侵权责任纠纷案,湖南省高级人民法院民事判决书(2019)湘民终810号。

[4] 在该案中,两人都应当知道未捆绑木门会翻倒砸下,两人都可以预料到自己的行为与对方的行为结合的可能性,两人也有能力、有义务避免损害后果的发生,两人存在着共同的重大过失,构成损害结果发生的一个整体性缘由,可以认为两人的共同过失构成两人之间的意思联络,因此,两人构成共同侵权。参见张某某、王某侵权责任纠纷案,浙江省杭州市中级人民法院民事判决书(2020)浙01民终1435号。

[5] 参见王某、吕某与林某某、郭某某等机动车交通事故责任纠纷案,江苏省无锡高新技术产业开发区人民法院民事判决书(2014)新硕民初字第0434号。

[6] 参见[日]吉村良一:《日本侵权行为法》,张挺译,中国人民大学出版社2013年版,第177页。

果关系等要件。

值得注意的是,对于责任成立因果关系而言,其包括两个类型:一为确定的因果关系,指加害人中之一人或数人的加害行为与权益遭受侵害之间确实存在责任成立因果关系,此为受害人必须承担的证明责任;二为可能的因果关系,指具有主观关联的加害人的行为与权益遭受侵害之间存在责任成立因果关系,此已为共同过错所正当化,受害人无须承担证明责任。对于责任范围因果关系而言,当各加害人的行为因主观关联而被整体化评价为一个侵权行为时,受害人的损害与该侵权行为所致之权利被侵害之间存在责任范围因果关系。换言之,受害人无须证明各加害人行为所造成损害的大小。①

三、法律效果

若满足上述构成要件,行为人须向受害人承担连带责任。根据本法第178条的规定可知,连带责任又称连带赔偿责任,指两个以上的债务人就同一债务共同对债权人承担责任,其中对债权人而言,任何一个债务人均负有清偿全部债务的义务;对债务人而言,每一债务人仅就自己的份额承担最终责任。有学者认为,共同加害行为的行为人承担连带责任的正当性基础在于行为人意思形成的一体性,即共同过错。② 此观点可资借鉴。

(一)外部法律效果(自由选择权)

根据本法第178条第1款的规定,对受害人而言,其享有自由选择权,申言之,受害人有权要求赔偿义务人中的一人或多人承担全部或部分的赔偿责任。但有观点认为,此权利亦受到权利滥用原则的限制,即若某一赔偿义务人赔偿能力较弱,由其进行完全赔偿将会使其破产,在可以选择向其他人赔偿的情况下,受害人却要求其承担全部的赔偿责任,此构成权利的滥用。③ 依该观点,此赔偿义务人应只需向受害人赔偿其应承担的份额即可。

(二)内部法律效果(分摊与追偿)

1. 分摊

根据本法第178条第2款的规定,连带责任人在内部应当对责任进行分摊。第一,须看行为人之间有无约定或法律的特殊规定,若有,则根据约定或法律的特殊规定进行确定。第二,若无约定或法律的特殊规定,根据本法第178条第2款第1句第1分句的规定,应以因果关系贡献度(原因力)、过错程度为主要考量因素对内部份额进行确定。在个别案件中,还会考虑行为人

---

① 参见程啸:《侵权责任法》(第三版),法律出版社2021年版,第377页。
② 参见叶金强:《共同侵权的类型要素及法律效果》,载《中国法学》2010年第1期。
③ 参见黄立:《民法债编总论》,元照出版有限公司2006年版,第603页。

利益的获取、分散损害的可能性、责任量的主观评价等。① 第三，若仍无法确定内部份额，则根据本法第 178 条第 2 款第 1 句第 2 分句的规定，平均分摊责任。

2. 追偿

13　根据本法第 178 条第 2 款第 2 句的规定，若连带责任人向受害人先行赔付的金额超出其应负担份额，则可以向其他所有尚未足额赔付的连带责任人追偿。追偿的范围包括：1. 超过自己分担部分的给付额；2. 自免责时起超过自己分担部分给付额的利息；3. 为共同免责行为进一步产生的损害或费用；4. 诉讼费用、执行费用等。②

四、证明责任

14　受害人须就各行为人有加害行为、权利遭受侵害、责任成立因果关系、受害人的损害、共同过错以及责任范围因果关系等事实承担证明责任。值得注意的是，就责任成立因果关系与责任范围因果关系，受害人只需证明各行为人的加害行为作为一个整体与权利遭受侵害、权利遭受侵害与损害之间存在因果关系即可（参见本条边码9）。

第一千一百六十九条　【教唆侵权、帮助侵权行为】教唆、帮助他人实施侵权行为的，应当与行为人承担连带责任。

教唆、帮助无民事行为能力人、限制民事行为能力人实施侵权行为的，应当承担侵权责任；该无民事行为能力人、限制民事行为能力人的监护人未尽到监护职责的，应当承担相应的责任。

一、教唆侵权行为的构成要件

（一）教唆人实施教唆行为

1　教唆行为，指利用言辞对行为人进行开导、说服或者通过刺激、利诱、怂恿等方法使该行为人从事侵害他人权益之行为。③ 可见，教唆行为须为积极的作为。

（二）教唆行为与加害行为之间存在因果关系

2　教唆行为必须与加害行为存在因果关系，因为"决意的正犯"（Omnimodo facturus）不能被教唆。④ 此亦为刑法上的共犯理论。此外，若加害行为并非

---

① 参见叶金强：《共同侵权的类型要素及法律效果》，载《中国法学》2010 年第 1 期。
② 参见张平华：《论连带责任的追偿权——以侵权连带责任为中心的考察》，载《法学论坛》2015 年第 5 期。
③ 参见程啸：《侵权责任法》（第三版），法律出版社 2021 年版，第 395 页。
④ Vgl. MünchKomm/Wagner (2020), § 830 Rn. 23.

教唆的内容或超出了教唆的内容,则教唆人对非教唆内容的加害行为不承担侵权责任。

(三)教唆人与行为人具有共同故意

一方面,教唆人具有教唆的故意,即教唆人明知其教唆行为会使行为人实施加害行为从而导致发生损害而希望或放任该结果的发生。"过失教唆"不应称之为教唆。另一方面,通说观点认为,由于行为人受到教唆而实施加害行为,则其行为是教唆行为的结果,其主观上应为故意,即明知其行为会导致损害的发生而希望或放任该结果的发生。① 此观点可资赞同。当然,被教唆的行为人无民事行为能力的,不可能具有侵害之故意。此时,其沦为教唆人实施单独侵权行为的工具。

(四)行为人因其加害行为须承担侵权责任(基础要件)

教唆侵权行为的前提是行为人对其加害行为所造成的损害须承担侵权责任。若行为人并未实施加害行为,或其加害行为并未造成损害,则行为人无须承担侵权责任,此时教唆人亦无须与行为人承担连带责任。行为人是否须承担侵权损害赔偿责任以是否满足一般侵权责任或特殊侵权责任的构成要件为断。

二、帮助侵权行为的构成要件

(一)帮助人实施帮助行为

帮助行为,指为他人实施侵权行为提供助力的行为。它包括积极的作为(如提供经费支持)与消极的不作为(如根据本法第1197条的规定,网络服务提供者不采取删除、屏蔽、断开链接等必要措施)。主流观点认为,帮助行为包括物质上的帮助与精神上的帮助。②

(二)帮助行为促进加害行为的实施

帮助行为与加害行为之间无须存在事实因果关系(Kausalität im Sinne einer conditio sine qua non,必要条件意义上的因果关系),只需帮助行为促进加害行为的实施即可。③ 例如,承诺事后窝赃行为即可认定为帮助行为。

(三)帮助人具有主观故意而行为人具有故意或过失

帮助人应以故意为其主观状态,"过失帮助"不应认定为帮助侵权行为。

---

① 反对观点认为,行为人在过失的情况下,也不排除教唆型共同侵权构成的可能性。参见叶金强:《解释论视野下的共同侵权》,载《交大法学》2014年第1期。
② 参见程啸:《侵权责任法》(第三版),法律出版社2021年版,第396页;王泽鉴:《侵权行为》(第三版),北京大学出版社2016年版,第441页。反对观点参见王竹:《论教唆行为与帮助行为的侵权责任》,载《法学论坛》2011年第5期。
③ Vgl. MünchKomm/Wagner (2020),§830 Rn. 26.

在特殊情形下可将"过失帮助"解释为共同侵权,如根据本法第 1197 条的规定,网络服务提供者应当知道网络用户利用其网络服务侵害他人民事权益,未采取必要措施的,其应承担连带责任。此时可以解释为网络服务提供者的过失行为与网络用户的行为构成共同侵权行为。就行为人的主观状态而言,通说认为,其应为故意。① 但本书认为,其可为故意亦可为过失。② 因为帮助与教唆不同,在教唆侵权行为中,行为人的加害行为是在知晓教唆行为的内容情况下主动实施的。而在帮助侵权行为中,行为人是否知晓帮助人实施帮助行为,在所不问。

(四)行为人因其加害行为须承担侵权责任(基础要件)

8　具体内容参见边码 4。

三、法律效果

(一)教唆人、帮助人与行为人皆为完全民事行为能力人(第 1 款)

9　若完全民事行为能力人教唆、帮助完全民事行为能力人实施侵权行为,则教唆人、帮助人与行为人应承担连带责任。此为共同侵权行为的一种。连带责任的内容参见本法第 1168 条评注。

(二)教唆人、帮助人为完全民事行为能力人而行为人为不完全民事行为能力人(第 2 款)

1. 原则:单独责任

10　若完全民事行为能力人教唆、帮助不完全民事行为能力人实施侵权行为,则应由完全民事行为能力人单独承担全部的侵权责任,而不完全民事行为能力人不承担责任。此时,双方不构成共同侵权行为人。

2. 例外:共同责任

11　若不完全民事行为能力人的监护人未尽到监护职责,则教唆人、帮助人应就全部损害承担赔偿责任,监护人应就与其过错相应部分损害承担赔偿责任,就该部分损害,二者应负连带责任。

(三)教唆人、帮助人为不完全民事行为能力人

12　若不完全民事行为能力人教唆、帮助完全民事行为能力人实施侵权行为,则应由行为人单独承担侵权责任。③ 若不完全民事行为能力人教唆、帮助不完全民事行为能力人实施侵权行为,则应类推本条第 1 款的规定并结合

---

① 参见程啸:《侵权责任法》(第三版),法律出版社 2021 年版,第 395 页;Vgl. MünchKomm/Wagner (2020), § 830 Rn. 39–41.

② 类似观点参见叶金强:《解释论视野下的共同侵权》,载《交大法学》2014 年第 1 期。

③ 参见最高人民法院侵权责任法研究小组编著:《中华人民共和国侵权责任法条文理解与适用》,人民法院出版社 2016 年版,第 83 页。

本法第 1188 条第 1 款,由双方监护人承担连带责任。

四、证明责任

在教唆完全民事行为能力人侵权中,受害人须就构成教唆侵权行为的四项要件承担证明责任。在帮助完全民事行为能力人侵权中,受害人须就构成帮助侵权行为的四项要件承担证明责任。在教唆、帮助不完全民事行为能力人侵权中,受害人若请求不完全民事行为能力人的监护人承担侵权责任,其还须就不完全民事行为能力人的监护人未尽到监护职责存在过错承担证明责任。

第一千一百七十条 【共同危险行为】二人以上实施危及他人人身、财产安全的行为,其中一人或者数人的行为造成他人损害,能够确定具体侵权人的,由侵权人承担责任;不能确定具体侵权人的,行为人承担连带责任。

一、构成要件

(一)二人以上实施了危险行为(特殊要件)

1. 存在数个行为人

共同危险行为的主体须由两个以上的行为人所构成。此外,由"他人"的文义可知,行为人不包括受害人自身。

2. 行为具有危险性

加害行为所具有的危险性,不能仅为社会生活一般风险,而应具有高度的造成损害可能性的危险。[1] 此外,危险必须指向同一法益,若有的行为指向财产安全的危险,有的行为指向人身安全的危险,则不构成共同危险行为。

3. 行为之间具有客观关联性

共同危险行为人的行为之间无须存在客观的"时空同一性"(objektiv örtlich und zeitlich einheitlichen Vorgang)。[2] 共同危险行为人的行为之间只需存在一定程度的关联性,同时造成受害人因果关系证明障碍即可。例如,若其中一个行为人的行为是另一个行为人的延续,亦可认定二者之间存在关联性。

(二)一人或数人的行为构成侵权责任的其他要件(基础要件)

此处的侵权责任可以为过错责任亦可为无过错责任。[3] 此时行为人须满足除责任成立因果关系外的其他相应构成要件。在过错责任中,须满足行

---

[1] 参见程啸:《侵权责任法》(第三版),法律出版社 2021 年版,第 410 页。
[2] Vgl. MünchKomm/Wagner (2020), § 830 Rn. 77.
[3] Vgl. MünchKomm/Wagner (2020), § 830 Rn. 52.

为(危险行为)、权利侵害、违法性、过错、损害、责任范围因果关系等要件。在无过错责任中,须满足行为(危险行为)、权利侵害、违法性、损害、责任范围因果关系等要件。

5 　　有学说认为,行为人之间不能基于共同过错实施危险行为。若行为人基于共同过错实施危险行为进而导致受害人遭受损害,则应直接适用本法第1168条共同加害行为的规定,而排除本条的适用。①

(三)责任成立因果关系不明(特殊要件)

6 　　此处的责任成立因果关系不明,仅指加害人不明。换言之,各行为人与受害人权利所遭受的侵害之间皆具有可能的因果关系,不能确定何人实际造成了损害。

二、法律效果

(一)连带责任

7 　　共同危险行为人应就受害人所遭受的损害承担连带责任。连带责任的具体内容参见本法第1168条评注。

(二)免责事由

8 　　由于本条实际上为因果关系的推定(Kausalitätsvermutung),②因此,除一般意义上的免责事由(正当防卫、自助行为等)外,一方面,若确定具体侵权人,则其他行为人免责;另一方面,若确定自己的行为与受害人权利遭受侵害之间无责任成立因果关系,则行为人亦可免责。③

三、证明责任

9 　　受害人须就共同危险行为的三项构成要件承担证明责任。被请求人须就免责事由的事实承担证明责任。

第一千一百七十一条　【累积因果关系的分别侵权】二人以上分别实施侵权行为造成同一损害,每个人的侵权行为都足以造成全部损害的,行为人承担连带责任。

一、构成要件

(一)二人以上分别实施加害行为

1. 存在数个行为人

1 　　行为人须二人以上,但若行为人之间关系是雇主与雇员的关系,且损害

---

① 参见叶金强:《共同危险行为争议问题探析》,载《法学论坛》2012年第3期。
② Vgl. MünchKomm/Wagner (2020), § 830 Rn. 49.
③ 参见程啸:《侵权责任法》(第三版),法律出版社2021年版,第412—413页;叶金强:《共同危险行为争议问题探析》,载《法学论坛》2012年第3期。

后果是在雇员从事业务范围内的事项所造成,则仍应将其认定为仅存在一个行为人。①

2. 分别实施加害行为

行为的分别性表明各行为人实施加害行为时在主观上不存在共同过错,申言之,各行为人无共同故意、共同过失或故意与过失相结合的情形,否则即构成共同加害行为,应适用本法第1168条的规定。

(二)造成同一损害

若各行为人造成不同的损害,则应构成并发的独立侵权,而非多数人侵权责任。此时仍然可以分别按照单独侵权责任加以处理。② 对于"同一损害"的理解,学界存在不同观点。第一种观点认为,同一损害指数个侵权行为所造成的损害的性质和内容相同,都是同一身体伤害或者同一财产损失。③ 第二种观点认为,同一损害强调的是损害的单一性、不可分性。④ 第三种观点认为,同一损害指各个行为人分别实施的加害行为均与受害人的权益被侵害之间存在责任成立因果关系。⑤ 本书赞同第三种观点,因为从责任成立因果关系考察是否构成同一损害更具有直观性和可操作性。理由在于:若受害人遭受了某一损害,则其必然由某一权益被侵害的事实造成,若各个行为人分别实施的加害行为均与该权益被侵害的事实存在责任成立因果关系,则表明各行为人造成的是同一损害。申言之,一方面,若受害人仅某项民事权益被侵害并因此遭受损害,则每个行为人的行为都和该民事权益被侵害有因果关系。另一方面,若受害人多个民事权益遭受了侵害,则各个行为人的行为与该多个权益被侵害之间都具有因果关系。

(三)足以造成全部损害(责任范围因果关系)

本条的"足以"包括两个方面的内容:一方面,每个加害行为与民事权益被侵害之间具有相当因果关系,且被侵害的民事权益与损害之间亦具有相当因果关系。另一方面,"足以"并不意味着每个加害行为都实际造成了全部损害,而是指即便没有其他加害行为的共同作用,单个侵权行为也完全可以

---

① 参见李江蓉:《论共同侵权行为的共同性要素与特别构成要件》,载《法律适用》2011年第12期。
② 参见程啸:《侵权责任法》(第三版),法律出版社2021年版,第374—375页。
③ 参见最高人民法院民法典贯彻实施工作领导小组主编:《中华人民共和国民法典侵权责任编理解与适用》,人民法院出版社2020年版,第79页;黄薇主编:《中华人民共和国民法典侵权责任编释义》,法律出版社2020年版,第31页。
④ 参见叶金强:《解释论视野下的共同侵权》,载《交大法学》2014年第1期。
⑤ 参见程啸:《侵权责任法》(第三版),法律出版社2021年版,第420页。

造成这一损害。① 此在行为人同时造成损害发生时毋庸置疑。然而，若造成损害具有时间的先后顺序是否仍构成累积因果关系的分别侵权，颇具疑问。换言之，在假设因果关系、超越因果关系的情况下，本条规范是否适用值得讨论。

5 　　假设因果关系指损害已经因某一加害人的行为而发生，即便不存在该行为，损害的全部或部分也会因另一个与加害人无关的原因而发生。前一行为系真正原因，后一原因为假设原因。原则上，由于真正原因已使得损害发生，故而不考虑假设原因对损害的影响，但在损害计算时若案件中存在以下两个因素则仍需考虑假设原因对损害范围的影响：其一，因侵权事故而产生间接损害；其二，被侵害的客体具有损害特性（Schadensanlage），申言之，当受侵害的人或物存在着或早或晚必然导致损害发生的损害特性时，假设原因对损害的范围将产生一定影响。② 有观点认为，在真正原因已经造成损害的情况下，假设原因与损害之间已无事实因果关系。③ 有观点认为，本条的"足以"并不意味着每个侵权行为都实际造成损害，毕竟侵权行为的出现总有一个先后顺序，损害结果往往在第一个侵权行为发生时已经造成，此后侵权行为只是具有造成同样损害的可能性。④ 本书认为，前者更值得赞同，因为相对于假设原因，真正原因性质上属于第三人行为，⑤根据本法第1175条的规定，此时仅需由真正原因的行为人承担责任。

6 　　超越因果关系指对同一受害人造成损害结果的多个原因依次发生，在先原因所造成的损害后果被在后原因所改变。其与假设因果关系的区别在于：在前者中，多个原因对受害人皆造成损害；在后者中，仅真正原因对受害人造成损害。有观点认为，此时应适用本法第1172条的规定，由行为人承担按份责任。⑥ 有观点认为，由于在先行为人所造成的损害属于"将来但确定的损害"，因此其对最终损害承担全部责任，由此其应与在后行为人承担连带责

---

① 参见程啸：《侵权责任法》（第三版），法律出版社2021年版，第422页；最高人民法院侵权责任法研究小组编著：《中华人民共和国侵权责任法条文理解与适用》，人民法院出版社2016年版，第80页。
② Vgl. MünchKomm/Oetker (2019), § 249 Rn. 209.
③ 参见孙维飞：《试论加害份额不明——以〈侵权责任法〉第10条与第11条、第12条之关系为中心》，载《南京大学学报》2014年第6期。
④ 参见程啸：《侵权责任法》（第三版），法律出版社2021年版，第422页。
⑤ 类似的观点参见邹海林、朱广新主编：《民法典评注：侵权责任编1》，中国法制出版社2020年版，第81页（叶名怡执笔）。
⑥ 参见程啸：《侵权责任法》（第三版），法律出版社2021年版，第264页。

任。① 本书认为,根据社会一般经验,若在先行为人的加害行为必然导致损害的发生,此时符合本条"足以造成全部损害"的要件,因此,由其与在后行为人承担连带责任并无不妥。

(四)行为人构成侵权责任的其他要件(基础要件)

此处的侵权责任可以为过错责任亦可为无过错责任。在过错责任中,其还须满足违法性、过错等要件。 7

二、法律效果

各行为人应就受害人所遭受的损害承担连带责任。连带责任的具体内容参见本法第1168条评注。 8

三、证明责任

受害人须就如下事实承担证明责任:1. 二人以上分别实施加害行为;2. 同时造成同一损害;3. 每个行为足以造成全部损害;4. 行为人构成侵权责任的其他要件,但个别要件无须受害人证明的除外。 9

第一千一百七十二条 【共同因果关系的分别侵权】二人以上分别实施侵权行为造成同一损害,能够确定责任大小的,各自承担相应的责任;难以确定责任大小的,平均承担责任。

一、构成要件

(一)二人以上分别实施加害行为

1. 存在数个行为人

具体内容参见本法第1171条评注边码1。 1

2. 分别实施加害行为

具体内容参见本法第1171条评注边码2。 2

(二)造成同一损害

具体内容参见本法第1171条评注边码3。 3

(三)共同因果关系

共同因果关系(addierte Kausalität),亦称部分因果关系,指多个行为人分别实施加害行为,这些行为偶然地结合在一起,给受害人造成了同一损害,并且如果只是其中的任何一个加害行为单独发生,均不足以造成全部损害。② 在这方面,共同因果关系与本法第1171条规定的累积因果关系或者说聚合因果关系(kumulative Kausalität)存在区别。 4

---

① 参见邹海林、朱广新主编:《民法典评注:侵权责任编1》,中国法制出版社2020年版,第75—76页(叶名怡执笔)。
② 参见程啸:《侵权责任法》(第三版),法律出版社2021年版,第259页。

5 　　值得注意的是,若在因果关系上,部分加害行为单独足以造成全部损害,部分加害行为单独只能造成部分损害,如何处理责任承担问题值得商榷。根据《环境侵权责任解释》第3条第3款的规定,应当从因果关系的角度将内容分为两个部分作不同的处理:1. 就其中"每个加害行为单独均足以造成的"损害部分,成立累积因果关系的分别侵权,各行为人根据本法第1171条承担连带责任;2. 就其中"仅部分加害行为足以造成的"损害部分,仅由该部分行为人承担(连带)责任。此种责任形态可谓"部分连带责任"。

　　(四)行为人构成侵权责任的其他要件(基础要件)

6 　　具体内容参见本法第1171条评注边码7。

　　二、法律效果

7 　　满足上述构成要件,则各行为人对损害按照过错及原因力大小承担按份责任(第1分句)。若过错及原因力大小无法查明,则推定各行为人平均承担责任(第2分句)。

　　第一千一百七十三条 【过失相抵(与有过失)】被侵权人对同一损害的发生或者扩大有过错的,可以减轻侵权人的责任。

　　一、过失相抵的性质及理论基础

1 　　该条是过失相抵的一般规则。若存在具体的过失相抵规则,应适用相应的条款,如本法第1239条第2句。过失相抵,亦称受害人与有过失,是责任范围的抗辩事由。申言之,其法律属性是损害赔偿范围的抗辩。过失相抵规则以平等对待原则与责任分担原则为理论基础。[①] 平等对待原则,指须对加害人和受害人做同等对待,既然加害人须责任自负,故而不能将受害人自身造成的损害不合理地转嫁于加害人。责任分担原则突破了长期占据统治地位的全有全无原则,体现了公平正义的思想。

　　二、过失相抵的构成要件

　　(一)加害人的行为构成侵权责任(基础要件)

2 　　此处的侵权责任可以为过错责任、过错推定责任或无过错责任。行为人是否须承担侵权损害赔偿责任以是否满足一般侵权责任或特殊侵权责任的构成要件为断。

　　(二)受害人实施特定行为

3 　　特定行为包括作为与不作为。不作为包括三种情形:1. 受害人明知损害原因存在而未告知加害人,如将装有昂贵钻石戒指的信封交给他人保管却

[①] Vgl. Looschelders, Schuldrecht AT., 18. Aufl., 2020, S. 420 – 421.

不加以说明;① 2. 受害人怠于避免损害,如受害人未使用安全带或佩戴头盔;3. 受害人怠于减少损害,如受害人的人身遭受损害但未及时就医。若纯粹是受害人有特殊体质(如蛋壳脑袋、血友病等)的事实状态,并无行为可言,因而不可直接适用过失相抵规则。② 仅当受害人明知此种特殊体质,却仍未采取任何合理保护措施时(不作为),才有适用过失相抵规则的余地。

(三)不真正义务的违反

所谓不真正义务(Obliegenheit),指行为人对自己利益进行维护、照顾的注意义务。不真正义务为一种较弱的义务,其主要特征在于相对人通常不得请求履行,其违反亦不发生损害赔偿责任,仅使负担此义务者遭受权利减损或丧失之不利益而已。③ 从比较法看,在德国法上,出于构成要件体系上的对称性,不真正义务的违反在功能上对应侵权责任中的违法性要件。然而,其在判断上应比照行为不法说而非结果不法说(参见本法第1165条评注边码9),理由在于:在过失相抵中并不存在结果不法说所需的前提,因为现有法律体系的任务不在于主动阻止受害人的自害行为。④ 虽然不真正义务的违反不意味着行为具有违法性,但该行为具有不当性,⑤因此若行为属于正当行为,则不适用过失相抵规则,如受害人因见义勇为而致己身受损不能因其"以身犯险"而认定其与有过失。

(四)受害人具有可归责性

1. 受害人的过错

本条的"过错"与本法第1165条的"过错"不同,前者指"对自己的过错"(非固有意义上的过错),而后者指"对他人的过错"(固有意义上的过错)。此外,第1165条明确规定的是行为人(侵权人)的过错,由于法律未规定不得自损的义务,⑥因此,本条的被侵权人并非本法第1165条所指的行为人。本条的"过错"包括故意与过失。在判断是否存在过失时亦以是否违反不真正义务为断,以违反的程度为标准分为一般过失与重大过失。从比较法看,在德国法上,由于完全贯彻平等对待原则,故而在无过错责任中,若双方皆存

---

① 参见程啸:《侵权责任法》(第三版),法律出版社2021年版,第806页。
② 参见荣某某诉王某、永诚财产保险股份公司江阴支公司机动车交通事故责任纠纷案(最高人民法院指导案例24号),江苏省无锡市中级人民法院民事判决书(2013)锡民终字第497号。
③ 参见王泽鉴:《债法原理》(第二版),北京大学出版社2013年版,第88页。
④ 参见张谷:《作为自己责任的与有过失——从结构对称性角度所作的评论》,《中德私法研究》(第4卷),北京大学出版社2008年版,第46—47页。
⑤ 参见程啸:《侵权责任法》(第三版),法律出版社2021年版,第806页。
⑥ Vgl. MünchKomm/Oetker (2019), § 229 Rn. 3.

在运营风险而不存在过错时,亦可适用过失相抵规则。不同于德国法,我国法上的过失相抵规则,无论是在过错责任、过错推定责任抑或无过错责任,都需要受害人具有过错。①

6　值得注意的是,若行为人同时具有固有意义上的过错与非固有意义上的过错,就过失相抵规则而言,亦构成不真正义务的违反,因为此时涉及的并非是否成立侵权责任的问题,而是涉及因未尽到照顾自身的注意义务而导致损害赔偿是否减轻的问题。例如,两车违规超速相撞,二者均违反固有意义上的过错,均构成侵权责任,但就责任承担而言,二者亦均违反照顾自身的不真正义务,可适用过失相抵规则。

7　受害人的挑衅行为(诱发行为)是否为具有过错的行为,值得商榷。主流观点认为,挑衅行为是出于受害人自己的意思决定,其置自己人身安全于险境,对该危险的实现,应承担责任,故而应适用过失相抵规则。② 与此类似的是所谓的"互殴行为",有观点认为,在互殴过程中,双方行为皆不具有任何正当性,似乎不必考虑过失相抵问题,各人对自己行为之全部后果承担责任。③ 有观点认为,此情形同于挑衅行为,其应为损害的共同原因,因此须依原因力大小、过错的程度分配其应承担的责任。④ 本书认为后者可资赞同,因为在受害人具有固有意义上的过错时,不应排除过失相抵规则的适用(参见边码6)。

2. 民事责任能力(过错能力)

8　受害人须具有民事责任能力,⑤即受害人应当能够认识到其行为将会产生某种损害自身利益的后果。因为依据平等对待原则,相对于侵权行为的过失,过失相抵规则亦应以民事责任能力为要件,从而保护无识别能力的未成年人。

3. 第三人的过错

9　若第三人与受害人具有特定人身关系,则第三人的过错可视为受害人的过错,但须对此范围进行限定:(1)监护人的过错不得视为被监护人的过错,理由在于,出于保护未成年人的考虑,无法向监护人求偿的风险不应由被监

---

① 参见程啸:《侵权责任法》(第三版),法律出版社2021年版,第800页。
② 参见王泽鉴:《损害赔偿》,北京大学出版社2017年版,第315页;董春华:《论比较过错制度在故意侵权中的适用》,载《现代法学》2017年第6期。
③ 参见朱庆育:《互殴、责任能力和与有过失之判断》,载《中德私法研究》(第4卷),北京大学出版社2008年版,第61—62页。
④ 参见王泽鉴:《损害赔偿》,北京大学出版社2017年版,第316页;程啸:《侵权责任法》(第三版),法律出版社2021年版,第805页。
⑤ 参见郑晓剑:《侵权责任能力与过失相抵规则之适用》,载《法学》2014年第10期。

护人承担。(2)雇员的过错可视为雇主的过错。(3)意定代理人的过错可视为被代理人的过错。

(五)受害人的行为与同一损害的发生、扩大之间具有因果关系

所谓"同一损害",指受害人所造成的损害与加害人所造成的损害是同一损害,或者是加害人所造成的损害的延续。受害人的行为与损害的因果关系存在两个类型:其一,受害人的行为与加害人的行为相互结合,共同导致了同一损害的发生,即存在共同因果关系(参见本法第1172条评注边码4)。其二,受害人因加害人的行为而受有损害,但损害又由于受害人自身的行为进一步扩大。

三、法律效果

(一)减轻加害人的赔偿责任

在满足上述构成要件的情况下,加害人的赔偿责任得到相应的减轻,但责任减轻的标准在不同的责任类型中有所不同。过失相抵制度中用于确定责任大小的因素包括三种:原因力、过错、危险。所谓原因力,指行为导致损害发生的可能性。① 对于各因素的序位而言,应以可归责性为主,原因力为辅。② 申言之,在过错责任中,应以双方的过错程度为主,原因力为辅来确定责任的大小。在无过错责任中,应以双方的过错程度与运营风险(危险)为主,原因力为辅来确定责任的大小。

(二)过错责任

第一,若加害人与受害人具有相同的过错程度,则应比较双方行为对损害的原因力。第二,若加害人具有故意或重大过失,而受害人仅有一般过失,根据原《人身损害赔偿解释》第2条的规定,不减轻赔偿义务人的赔偿责任。此规定的目的在于遏制违背公序良俗的行为发生。但此仅针对"同一损害发生"的情形,若加害人因故意或重大过失造成损害后,受害人对损害扩大具有一般过失,则应适用过失相抵规则。第三,若加害人具有一般过失,而受害人具有故意,则应适用本法第1174条的规定;若加害人具有一般过失,而受害人具有重大过失,原则上应适用过失相抵规则,但若法律有特殊规定,则应适用特殊规定,如《道路交通安全法》第76条第2款。

(三)无过错责任

在无过错责任中,可适用过失相抵规则已为立法以及多数学者认可,但

---

① Vgl. MünchKomm/Oetker (2019), § 229 Rn. 109.
② 参见周晓晨:《过失相抵制度的重构——动态系统论的研究路径》,载《清华法学》2016年第4期。

适用过失相抵规则是否需要以受害人具有重大过失为条件存在争议。第一种观点认为,侵权行为适用无过错责任时,受害人具有重大过失方能进行过失相抵。① 第二种观点认为,由于本法缺乏一般性的排除性规定,因此从解释论上不能就此认定无过错责任中受害人的一般过失不可作为减轻加害人责任的事由。② 第三种观点认为,在财产损害赔偿方面的过失相抵,不以受害人具有重大过失为限;在人身损害赔偿方面的过失相抵,为体现对人身权益的特别保障价值,应以受害人具有重大过失为前提。③ 本书认为,第三种观点更值得赞同,首先,于无过错责任的过失相抵而言,在国外立法例中并无与此相应的限定性要求;其次,出于人道主义的考虑,对人身权益予以特别保障并无不妥。

四、证明责任

14 加害人须就如下事实承担证明责任:1. 受害人实施特定行为;2. 受害人违反不真正义务;3. 受害人具有可归责性;4. 受害人的行为与损害的发生或扩大之间具有因果关系。

第一千一百七十四条 【受害人故意】损害是因受害人故意造成的,行为人不承担责任。

一、规范意旨

1 本条是受害人故意的一般规定。若存在特殊规定,如本法第1237—1240条以及第1245—1246条,则应适用特殊规定。受害人故意是责任成立的抗辩事由。申言之,其为切断因果关系的抗辩事由。

二、受害人故意的构成要件

(一)受害人具有民事责任能力(过错能力)

2 若受害人不具有民事责任能力,则在其无法判断和识别自己行为的情形下给自己造成损害的,不属于受害人故意。

(二)受害人实施了故意的行为

3 首先,故意包括直接故意与间接故意。直接故意,指受害人积极追求特定损害结果的发生,如自杀、自残。间接故意即明知特定损害结果会发生,但仍抱持放任态度。其不包括重大过失,如盗窃电力设施。间接故意与重大过失的区别主要在于意志因素,即对损害结果是否排斥。其次,故意针对的是

---

① 参见程啸:《过失相抵与无过错责任》,载《法律科学》2014年第1期。
② 参见邹海林、朱广新主编:《民法典评注:侵权责任编1》,中国法制出版社2020年版,第104页(叶名怡执笔)。
③ 参见郑永宽:《过失相抵与无过错责任》,载《现代法学》2019年第1期。

损害后果而非行为。在"碰瓷"中,碰瓷者虽故意实施碰撞机动车的行为,但其并不追求损害而通常会采取方法技巧避免损害的发生,故而应认定其为受害人具有重大过失,但为了遏制此种违法行为,根据《道路交通安全法》第76条第2款的规定,机动车一方亦无须承担赔偿责任。

值得注意的是,应对本条进行限缩解释,其不包括行为人主观上具有故意或重大过失的情形。当受害人具有故意而行为人具有故意或重大过失时,应适用过失相抵规则。

(三)受害人的行为与损害之间具有因果关系

由于受害人的故意行为通常中断了行为人的行为与损害之间的因果关系,因此损害仅与受害人的行为之间具有相当因果关系。①

值得注意的是,若行为人的在先行为不构成侵权行为(如教师的批评教育),或者虽然构成侵权行为(小偷的盗窃行为),但与受害人的自杀没有相当因果关系,那么受害人的自杀行为将中断行为人的在先行为与损害的因果关系,行为人无须承担侵权责任。② 若行为人的在先行为与受害人自杀之间存在相当因果关系,则自杀行为不中断行为人的在先行为与损害之间的因果关系,行为人仍须承担侵权责任。在此种情形中,在先行为引发了受害人的故意。但在受害人因交通事故致严重残疾而导致自杀的情况下,有观点认为,从法规目的说的角度而言,行为人无须对自杀部分的损害负责。③ 但本书认为,《道路交通安全法》第76条旨在对因交通事故所造成的人身权及财产权予以救济。若从理性人视角而言,在受害人因交通事故致严重残疾时,若因难以承受痛苦而选择自杀,此情形难谓不在该规范的保护目的范围之内。然而,须对此等相当因果关系进行审慎判断。

三、法律效果

若损害完全因受害人故意所致,则行为人不承担责任。

四、证明责任

加害人应就损害由受害人故意造成负担证明责任。

第一千一百七十五条 【第三人原因】损害是因第三人造成的,第三人应当承担侵权责任。

---

① 参见邬某、何某某违反安全保障义务责任纠纷案,江西省高级人民法院民事判决书(2020)赣民申842号。
② 参见程啸:《侵权责任法》(第三版),法律出版社2021年版,第344页。
③ 参见邹海林、朱广新主编:《民法典评注:侵权责任编1》,中国法制出版社2020年版,第114页(叶名怡执笔)。

第一千一百七十六条 【自甘冒险】自愿参加具有一定风险的文体活动,因其他参加者的行为受到损害的,受害人不得请求其他参加者承担侵权责任;但是,其他参加者对损害的发生有故意或者重大过失的除外。

活动组织者的责任适用本法第一千一百九十八条至第一千二百零一条的规定。

一、规范意旨

本条规定了自甘冒险(自甘风险)规则。自甘冒险是责任成立的抗辩事由,申言之,其为阻却违法性的抗辩事由。

二、自甘冒险的构成要件

(一)所参与的文体活动包含固有风险

首先,所谓文体活动是文娱体育活动的简称。[①] 文娱活动有歌咏、舞蹈、戏剧等;体育活动有体操、球类、武术、游泳、溜冰、滑雪等。应将该文体活动解释为"有正当身体接触"的文体活动,包括对抗性运动以及需互相配合的舞蹈、体操等活动,身体接触包括直接接触与间接接触,间接接触如羽毛球比赛等情形。[②] 因为仅在此等情形下,才存在受害人因其他参与者的行为而受到损害的可能。

其次,该文体活动包含固有风险。所谓固有风险,指明显的、必然的而不能与运动相切割的风险。[③] 例如,足球比赛中推搡、铲球致损的风险。有观点认为,在自甘冒险中,是由于活动的固有风险才导致行为人不负有注意义务。[④] 固有风险的特性应包括可预见性与不可避免性。可预见性可通过活动或行业的习惯予以判断;不可避免性表明即使尽了相当的注意义务仍不可避免。[⑤] 尽管如此,固有风险的概念仍具有高度抽象性,在判断固有风险的范围时,应根据活动或行业的习惯予以认定。

最后,因固有风险的现实化使受害人致损。若损害并非因文体活动的固有风险转化而来,则其应根据侵权法的一般原理进行处理,而非适用自甘冒险规则。换言之,自甘冒险规则被立法者限定在一个较为狭窄的范围之内。

[①] 参见中国社会科学院语言研究所词典编辑室编:《现代汉语词典》,商务印书馆1996年版,第1319页。

[②] 参见《民法典》"自甘冒险"条款的首例民事案件:宋某某与周某身体权纠纷案,北京市朝阳区人民法院民事判决书(2020)京0105民初67259号。

[③] 参见吴志正:《运动参与者于运动中对他人人身侵害之民事责任》,载《台北大学法学论丛》2013年第3期。

[④] 参见陈聪云:《自甘冒险与运动伤害》,载《台北大学法学论丛》2010年第3期。

[⑤] 参见韩勇:《〈民法典〉中的体育风险》,载《体育与科学》2020年第4期。

此规则虽存有僵化性、封闭性等弊端，但可避免被司法实践滥用。

（二）受害人明知或者应知风险的存在而自愿置身其中

此要件包含两个要素：其一，认识要素。受害人明知或者应当知道风险的存在，即其对风险具有可预见性。判断风险是否可预见时，一般采取理性人标准。由于受害人需识别风险，故而需具备一定的识别能力，但此种识别能力无须达到完全民事行为能力的程度，只需认识到风险将可能对其自身产生损害即可。其二，意志要素。受害人根据其自由意志决定承受风险。但若受害人并非自愿承受风险，而是由其他参与者通过精神强制（胁迫）的方式参与该文体活动，则其他参与者不得以自甘冒险为由予以抗辩。须注意的是，虽受害人具有承受风险的意愿，但其却排斥风险的现实化即损害的发生。此系自甘冒险与受害人同意相区分的重要特征。

（三）其他参与者主观上存在一般过失

其他参与者的主观状态有三种可能的情况，即无过失、一般过失（轻过失）与故意或重大过失：首先，在其他参与者无过失而使受害人致损的情形下，是否有本法第1176条第1款的适用，值得探讨。其他参与者无过失而造成损害时，其无疑无须承担侵权损害赔偿责任。对此，可从三个方面进行论证：第一，其他参与者无过失，而且此等情形亦不符合无过错侵权的构成要件，既然无特别的归责事由，则应让"损害止于其发生之处"即由受害人自担，而不应将此损害转嫁于其他参与者。第二，其他参与者无过失，说明其行为符合活动或比赛规则，虽然合规行为并非与合法性完全等同，但在大多数情况下不应予以否认，此种情形符合"合规即合法"的原则，由此即可推断其他参与者的行为并无违法性，从而不构成侵权。第三，由于在其他参与者具有一般过失而致损时，即可排除其行为的违法性，根据"举重以明轻"的原理，在其他参与者无过失时，其行为更应当认定为合法，从而不构成侵权。实际上，通过前两者的理由即可得出结论：其他参与者无过失而造成损害时，其无须承担侵权损害赔偿责任。

其次，其他参与者因故意或重大过失造成损害时，其需承担完全的侵权损害赔偿责任。故意的含义，通说认为，在解释上应与刑法上的故意趋同（参见本法第1165条评注边码11）。在民法领域重大过失的法律效果与故意等同。之所以在其他参与者有故意或重大过失时不免责，其原因是自甘冒险中，受害人所愿意承担的风险仅是文体活动本身的固有风险，并不包括活动中其他参与者故意或重大过失的侵害行为所带来的损害。故意或因重大过失侵权导致损害，已经不属于活动的固有风险，而是其他参与者借故意或基于重大过失伤害他人。①

8　　最后，其他参与者因一般过失造成损害时，其无须承担侵权损害赔偿责任。有观点认为，自甘冒险实际的法律效果是使得加害人的注意义务（标准）在受害人自甘冒险范围内降低，②由于过失判断标准的客观化，注意义务既是过失的判断标准，亦是违法性的判断标准。但若在其他参与者具有一般过失致损时，拟制其不存在过失，有过度解释之嫌。因此，应将自甘冒险中加害人的注意义务作为判断违法性的要素。此时其他参与者无须承担侵权损害赔偿责任的原因在于自甘冒险作为违法阻却事由，排除其他参与者行为的违法性。③

三、与相关概念的辨析

（一）受害人同意

9　　受害人同意，指受害人就他人特定行为的发生或者他人对自己权益造成的特定损害后果予以同意并表现于外部。虽然《民法典》未明确将受害人同意规定为抗辩事由，但第1219条所规定的医务人员在履行说明、告知义务后取得患者或其近亲属的书面同意，表明我国实证法上认可受害人同意为一项侵权责任抗辩事由。④ 受害人同意与自甘冒险的区别体现在以下四个方面：

10　　第一，法理基础。受害人同意本质上是受害人对自身权益的处分，其法理基础为自我决定权（Selbstbestimmungsrecht）⑤。而在受害人自甘冒险中，受害人并非主动积极处分自身权益，而是被动消极地承受风险，其法理基础为风险分配。

11　　第二，法律性质。受害人同意是一项准法律行为⑥，可类推适用意思表示的规定，故其建立在行为人具有同意能力的基础上，同意能力是一个人对其决定的性质、程度以及可能产生的后果的理解能力；而受害人自甘冒险是一种事实行为，它的成立虽然亦需一定的识别能力，但此种识别能力仅需认识到其行为可能对其自身权益造成侵害即可，故而该识别能力的程度低于

---

① 参见王利明：《论受害人自甘冒险》，载《比较法研究》2019年第2期。
② Vgl. MünchKomm/Wagner (2020), §823, Rn. 83.
③ 参见周某某与费某某饲养动物损害责任纠纷案，北京市第二中级人民法院民事判决书(2016)京02民终4921号。
④ 受害人同意主要由以下要件构成：同意的内容须明确具体；受害人须具有同意能力；同意系出于真实意愿；加害人尽到充分的说明、告知义务；同意不得违反强制性规定及公序良俗。参见程啸：《侵权责任法》（第三版），法律出版社2021年版，第303—305页。
⑤ 参见王千维：《侵权行为损害赔偿责任法上之允诺》，载《政大法学评论》2008年第102期。
⑥ 参见王泽鉴：《侵权行为》（第三版），北京大学出版社2016年版，第280页。

受害人同意中的同意能力。① 须注意的是,为了贯彻人道主义精神,无行为能力人不具有理性,故而应认定其无此识别能力,不得认定其行为构成自甘冒险,而仅在认定限制民事行为能力人的识别能力时,才能依据当事人具体情况加以认定。

第三,认识要素。受害人同意建立在同意人明确知晓其面临的风险并主动愿意承受此种风险乃至确定的损害的基础上。而受害人自甘冒险仅系明知或者应知风险的存在,即其仅对风险具有可预见性。由于损害的发生具有不确定性,故而其无法进行准确的预见。

第四,意志要素。在受害人同意中,受害人是对自身权益受损害表示同意,即受害人决定承受损害。而在受害人自甘冒险中,受害人仅决定承受风险,但对损害的发生却是排斥的。换言之,在受害人自甘冒险中,受害人并没有明确同意加害人对其权益进行侵害。

(二)过失相抵

从比较法看,在德国法上,自甘冒险通常置于过失相抵规则之下予以处理。但我国已将二者分别予以规定,因此须严格界定二者的边界。二者最主要的差别在于受害人自愿参加文体活动的行为不能评价为与有过失。值得注意的是,当其他参与者因一般过失致损时,因行为无违法性而无须承担侵权损害赔偿责任,此时必然无过失相抵规则适用的余地,但是本条第1款但书规定"其他参与者对损害的发生有故意或者重大过失的除外",在这种情形下是否适用过失相抵规则,值得商榷。

若本条第1款之但书可适用过失相抵规则,则首先需要满足的条件是受害人因"自愿参加具有一定风险的文体活动的"而违反了不真正义务。然而,此结论显然与大众的法感情不相符。受害人参与文体活动并不能认定其已违反了照顾自身权益的不真正义务。例如,在体育比赛中,参与者自愿承担特定的风险,属于自甘冒险,但此时不能认为体育比赛中的受害人对损害的发生具有过失。② 由此可知,受害人自甘冒险并非指受害人参与文体活动属于有过失的行为,而是指在一定范围内排除其他参与者行为的违法性。值得提及的是,若受害人参与具有一定风险的文体活动后,违反了不真正义务,与加害人共同造成自身的损害或导致损害的扩大,则适用过失相抵规则,但此时已不在本条第1款的文义射程范围之内。

---

① 例如十五周岁的王某某虽未具有完全民事行为能力,但其应知擅自游泳具有危险性而为之,其行为属于自甘冒险。参见海兴县香坊乡韩赵村村民委员会与王某某生命权、健康权、身体权纠纷案,河北省沧州市中级人民法院民事判决书(2017)冀09号民终3408号。

② 参见程啸:《侵权责任法》(第三版),法律出版社2021年版,第722页。

16　由此可知，由于我国已将自甘冒险规则成文化且范围予以限定，因此本条中的自甘冒险规则与过失相抵规则已属于两类不同的侵权责任抗辩事由，二者不再相互交叉、重叠。在司法实践中，应审慎考察案件事实，通过涵摄的方法，分别适用不同的规则。当然，本知规定的文体活动之外的自甘冒险情形若无法类推适用本条，则仍有适用过失相抵规则的余地。

四、本条第 2 款的法律属性

17　由于受害人自甘冒险系发生于对抗性运动等文体活动中，而此等文体活动多由活动组织者发起组织，此时可能出现由于活动组织者违反安全保障义务而需承担侵权损害赔偿责任的情形。然而，不同于活动的参加者，活动组织者具有更强的风险控制能力，且控制风险现实化的成本较低，因而受害人在自愿承担风险时，不免除活动组织者的任何注意义务。① 根据本条第 2 款的规定，该活动组织者应包括经营场所、公共场所的经营者、管理者或者群众性活动的组织者以及教育机构。然而，该规范并未增加任何新的规范内容，其亦非自甘冒险规则的内容，其仅起到宣示性、指引性的作用。于法律属性而言，其属于提示性规范。即便无此规范，当活动组织者违反安全保障义务造成损害时，其仍然需要根据具体情形适用本法第 1198 条至第 1201 条的相关规定而承担侵权损害赔偿责任。

五、法律效果

18　自甘冒险的法律效果是造成损害的其他参与者不承担侵权损害赔偿责任。但若其他参与者对损害的发生具有故意或者重大过失，此时已不满足受害人自甘冒险的要件，其应根据本法第 1165 条第 1 款的规定承担侵权损害赔偿责任。

六、证明责任

19　主张发生自甘冒险的当事人须就自甘冒险的构成负担证明责任。

第一千一百七十七条　【自助行为】合法权益受到侵害，情况紧迫且不能及时获得国家机关保护，不立即采取措施将使其合法权益受到难以弥补的损害的，受害人可以在保护自己合法权益的必要范围内采取扣留侵权人的财物等合理措施；但是，应当立即请求有关国家机关处理。

受害人采取的措施不当造成他人损害的，应当承担侵权责任。

---

① 参见杨立新、佘孟卿：《〈民法典〉规定的自甘冒险规则及其适用》，载《河南财经政法大学学报》2020 年第 4 期。

一、规范意旨

该条规定了自助行为。自助行为是私力救济的一种情形,其为责任成立的抗辩事由,申言之,其为阻却违法性的抗辩事由。

二、自助行为的构成要件

(一)自己的合法权益受到侵害

首先,受侵害的权益须为自己的权益。若是他人权益的保护,则非该规范所涉及的范畴,①此亦是自助行为与正当防卫、紧急避险的区别所在。其次,该合法权益受侵害后产生救济请求权。本条规定仅针对因侵权而发生的请求权的自助,但其他请求权的自助可类推适用本条。若请求权不得强制执行,则不得实施自助行为,如请求权已罹于诉讼时效。② 最后,实施自助行为的主体限于权利人,但若第三人经过权利人的同意,则其可根据本条第1款实施正当的"他助行为"(Fremdhilfe)。同理,权利人可以依法借助第三人实现自己的请求权,③第三人包括法定代理人、遗产管理人、破产管理人等。

(二)情况紧迫且未能及时获得公力救济

实践中存在多种受害人未能及时获得公力救济的原因,如国家机关不正当的拒绝或拖延救济以及上级部门的决定未能及时作出等情形。然而,若国家机关拒绝提供公力救济有正当理由,则受害人无自助权。除非拒绝提供救济是由于外部瑕疵所致,如错误提交申请且未能及时补正。④

(三)不立即采取措施将使其合法权益受到难以弥补的损害

合法权益受到难以弥补的损害,指存在请求权无法实现的危险。请求权无法实现的危险的判断取决于个案的具体情况,其无须达到丧失请求权的程度,只需满足请求权的实现出现重大障碍即可。⑤

(四)受害人在必要范围内采取合理措施

此要件包括两个方面内容:其一,合理措施。措施分为对人与对物两类。具体包括:扣留(取走)、毁损或者破坏财物;扣留有逃跑嫌疑的义务人⑥;排除义务人对其有容忍义务的抵制行为。⑦ 其二,必要范围。从比较法看,在

---

① Vgl. Erman/Wagner (2017), § 229 Rn. 3.
② Vgl. Staudinger/Repgen (2019), § 229 Rn. 10, 14.
③ Vgl. Staudinger/Repgen (2019), § 229 Rn. 15.
④ Vgl. MünchKomm/Grothe (2018), § 229 Rn. 4.
⑤ Vgl. Erman/Wagner (2017), § 229 Rn. 5.
⑥ 参见陈某容、陈某荣等与陈某、吴某某等生命权、健康权、身体权纠纷案(最高人民法院公报案例),重庆市第一中级人民法院民事判决书(2018)渝01民终2518号,载《最高人民法院公报》2019年第8期。
⑦ Vgl. Palandt/Ellenberger (2020), § 229 Rn. 6-8.

德国法中，必要性并非自助行为的要件，而是作为其限制规定在《德国民法典》第 230 条第 1 款。但若行为不符合必要性，则该行为亦无法阻却违法。①就此而论，将必要性作为自助行为的要件亦未尝不可，且从本条第 1 款的文义角度观察，立法者已将必要性作为自助行为的要件。② 必要性不以比例原则为判断标准，即无须衡量手段（义务人的损害）与目的（权利人的保护）是否符合比例原则，但所采取的措施不得违反禁止权利滥用原则。③

三、事后及时请求公力救济

自助行为需要公力保障，即事后应及时请求公力救济，可以是报警、起诉、仲裁、申请诉前财产保全等形式，但行为造成物的毁损、灭失除外（如被偷拍者删除了偷拍者的照片后则无须就此再申请公力救济）。④ 事后及时请求公力救济是否应作为自助行为的构成要件尚存争议。本书认为，权利人事后是否申请公力救济是侵害行为完成后才发生的事件，该事件不应溯及地改变已阻却违法的法律效果。而且本条第 1 款是将其作为但书以第 2 分句的形式予以规定。因此，事后及时请求公力救济并非我国法中自助行为的要件，而应作为自助行为的限制。

四、法律效果

若满足自助行为的构成要件，自助行为排除行为的违法性，该行为不构成侵权。此时，权利人采取合理措施的费用可请求义务人赔偿。⑤ 若不满足自助行为的构成要件，即构成所谓的自助行为过剩（Selbsthilfeexzess）或误想自助行为（Putativselbsthilfe），⑥则该行为构成侵权。若权利人事后未及时请求公力救济，其事后延续的行为另行构成侵权。

五、证明责任

主张自助行为的权利人须就自助行为的构成要件负担证明责任。义务人须就权利人事后未及时请求公力救济承担证明责任。

第一千一百七十八条 【免责减责特则】本法和其他法律对不承担责任或者减轻责任的情形另有规定的，依照其规定。

---

① Vgl. Staudinger/Repgen (2019), § 230 Rn. 2.
② 参见徐某某与刘某某健康权纠纷案，辽宁省沈阳市于洪区人民法院民事判决书（2017）辽 01 民终 7052 号。
③ Vgl. Erman/Wagner (2017), § 230 Rn. 1.
④ 参见宋歌：《民事自助行为的界定及法律后果》，载《法律适用》2020 年第 8 期。
⑤ Vgl. Erman/Wagner (2017), § 229 Rn. 9.
⑥ Vgl. Palandt/Ellenberger (2020), § 231 Rn. 1.

第二章 损害赔偿

第一千一百七十九条 【人身损害赔偿范围】侵害他人造成人身损害的,应当赔偿医疗费、护理费、交通费、营养费、住院伙食补助费等为治疗和康复支出的合理费用,以及因误工减少的收入。造成残疾的,还应当赔偿辅助器具费和残疾赔偿金;造成死亡的,还应当赔偿丧葬费和死亡赔偿金。

一、适用范围

人身损害赔偿是指行为人侵犯他人生命权、健康权或身体权造成致伤、致残、致死等后果,承担金钱赔偿责任的民事救济制度。本条将人身损害的结果分为一般人身损害、致残和死亡,相应地,损害赔偿范围包括一般赔偿范围以及特别适用于致残、死亡的赔偿范围。赔偿范围依据填补损害的理念和完全赔偿原则确定,即侵权人须就被侵权人遭受的全部经济利益之损失负赔偿义务。故赔偿范围包括积极损失和消极损失,前者指被侵权人因人身伤亡所支出的各种合理费用,包括医疗费、护理费、交通费、营养费、住院伙食补助费等为治疗和康复支出的合理费用、丧葬费以及辅助器具费;后者指被侵权人因人身伤亡而丧失的预期收入,包括因误工减少的收入、残疾赔偿金以及死亡赔偿金。

二、人身损害赔偿的范围

(一)一般赔偿范围

一般赔偿范围是指侵害他人人身权益一般都要赔偿的项目,包括医疗费、护理费、交通费、营养费、住院伙食补助费等为治疗和康复支出的合理费用以及因误工减少的收入。只要是为治疗和康复支出的合理费用,侵权人均需赔偿,而不限于本条所列举的五项。赔偿义务人对治疗的必要性和合理性有异议的,应当承担相应的举证责任。

医疗费是指被侵权人遭受人身伤害后接受医学上的检查、治疗与康复而已经支出和将来必须支出的费用。[①] 包括挂号费、检查费、药费、治疗费、住院费、器官功能恢复训练所必要的康复费、适当的整容费以及其他后续治疗费等费用;护理费是指被侵权人在遭受人身伤害期间,生活无法自理需要他人帮助而付出的费用;交通费是指为治疗和康复而支出的用于交通方面的合理费用。包括被侵权人本人以及必要的陪护人员陪同被侵权人就医及转院

---

① 参见程啸:《侵权责任法》(第二版),法律出版社2015年版,第681页。

治疗而实际发生的交通费；营养费是指受害人遭受人身伤害后，因发生代谢改变，通过日常饮食不能满足受损机体对热能和各种营养素的要求，必须从其他食品中获得营养所支出的费用，是辅助治疗所支出的费用；住院伙食补助费是指受害人在住院治疗期间支出的伙食费用。受害人确有必要到外地治疗，因客观原因不能住院，受害人本人及其陪护人员实际发生的住宿费和伙食费，其合理部分应予赔偿。[①] 受害人因客观原因不能住院所产生的住宿费和伙食费也包含在住院伙食补助费里，是因为护理人员的护理费是按照其因误工而减少的收入计算的，不能涵盖该项支出；因误工减少的收入简称"误工费"，是指被侵权人误工期间（从遭受伤害到完全治愈的时间）由于无法工作或劳动而丧失的收入。误工费是对受害人所失利益的赔偿。

（二）致残赔偿范围

4　造成残疾的，除了一般赔偿项目，还应当赔偿辅助器具费和残疾赔偿金。关于残疾赔偿金的性质，主要有三种观点：一是"收入所得丧失说"。根据该说法，损害赔偿额的计算以受害人遭受伤害之前的收入与遭受伤害之后的收入之间的差额作为损害额。这种计算方法可操作性较强，但对于虽然丧失或者减少劳动能力，受伤前后的收入却没有差异的受害人并不公平，如未成年人、待业人员都不存在收入损失，因此不能获得赔偿。二是"生活来源丧失说"，即赔偿所救济的是受害人致残前后生活来源的差额。根据此说确定的残疾赔偿金比较低，不利于保护受害人的利益。三是"劳动能力丧失说"，即残疾赔偿金赔偿的是受害者完全或部分丧失劳动能力所带来的损害，并不局限于现实收入的损失；我国司法解释采取的是"劳动能力丧失说"，即"残疾赔偿金根据受害人丧失劳动能力程度或者伤残等级"确定。同时，一定程度上吸收了"收入所得丧失说"中的合理部分，即"在受害人因致残但实际收入没有减少，或者伤残等级较轻但造成职业妨害严重影响其劳动就业"时，"可以对残疾赔偿金作相应调整"[②]。

5　辅助器具费是指受害人因残疾而造成身体功能全部或部分丧失后需要配置补偿功能的残疾辅助器具的费用。辅助器具主要包括假肢及其零部件、假眼、矫形器、非机动助行器、特殊卫生用品、助视器、盲人阅读器、助听器、行为训练器等。

（三）致死赔偿范围

6　造成死亡的，除一般赔偿项目外，还应当赔偿丧葬费和死亡赔偿金。丧

---

① 参见《人身损害赔偿解释》第10条。
② 参见《人身损害赔偿解释》第12条。

葬费是指为死者办理丧事而支付的费用。死亡赔偿金是指侵权人对被侵权人死亡而产生的财产损失的赔偿。死亡赔偿金的性质主要有"扶养丧失说"和"继承丧失说"两种观点。扶养丧失说认为,由于受害人死亡,导致其生前负有扶养义务的人丧失了生活费的供给来源,这种损失要由侵权人赔偿。依据该观点,赔偿义务人的赔偿范围就是被抚养人在受害人生前从其收入中获得的或本该获得的自己的抚养费份额。继承丧失说认为,受害人若没有遭受损害,在未来仍将获得收入,这些收入本来可以作为受害人的财产为其继承人所继承。但因加害人致受害人死亡,使得这些未来可获得的收入丧失,从而使其继承人所应当继承的受害人未来可得收入丧失,故加害人应当赔偿这些损失。我国司法解释采纳的是"继承丧失说",即加害人赔偿的是受害人法定继承人的财产损失,而不是精神损失。

三、人身损害赔偿金计算标准

人身损害赔偿数额的计算方法有主观方法与客观方法的区分。主观方法是指在计算损害赔偿金额时必须考虑特定受害人的具体情形,如受害人的职业、教育背景、受侵害前的经济状况、身体上的特质等;客观计算方法是指排除那些对损害发生影响的受害人的个性化因素,依据固定的标准计算损害赔偿金额。① 由于我国各地经济发展水平和职工收入差异较大,全国采用统一标准有可能引起较大争议,不利于解决个案纠纷。因此,这些问题应当交由法官根据案件的具体情况,综合考虑各种因素后加以决定。②

修改后的《人身损害赔偿解释》第7—17条针对不同的赔偿项目采取了不同的计算方法。医疗费根据医疗机构出具的医药费、住院费等收款凭证,结合病例和诊断证明等相关证据确定。赔偿义务人对治疗的必要性和合理性有异议的,应当承担相应的举证责任。③ 误工费根据受害人的误工时间和收入状况确定。误工时间根据受害人接受治疗的医疗机构出具的证明确定。受害人有固定收入的,误工费按照实际减少的收入计算。受害人无固定收入的,按照其最近三年的平均收入计算;受害人不能举证证明其最近三年的平均收入状况的,可以参照受诉法院所在地相同或者相近行业上一年度职工的平均工资计算;护理费根据护理人员的收入状况和护理人数、护理期限确定。护理人员有收入的,参照误工费的规定计算;护理人员没有收入或者雇用护工的,参照当地护工从事同等级别护理的劳务报酬标准计算。护理人员原则

---

① 参见程啸:《侵权责任法》(第二版),法律出版社2015年版,第691页。
② 参见王胜明主编:《中华人民共和国侵权责任法解读》,中国法制出版社2010年版,第78页。
③ 参见《人身损害赔偿解释》第6条。

上为一人，但医疗机构或者鉴定机构有明确意见的可以参照确定护理人员人数。护理期限应计算至受害人恢复生活自理能力时止。受害人因残疾不能恢复自理能力的，可以根据其年龄、健康状况等因素确定合理的护理期限，但最长不超过二十年。受害人定残后的护理，应当根据其护理依赖程度并结合配置残疾辅助器具的情况确定护理级别。交通费根据受害人及其必要的陪护人员因就医或者转院治疗实际发生的费用计算。交通费应以正式发票等凭准，有关凭据应当与就医地点、时间、人数、次数相符合；住院伙食补助费可以参照当地国家机关一般工作人员的出差伙食补助标准予以确定。营养费根据受害人伤残情况参照医疗机构的意见确定；害人是否构成残疾以及残疾的程度，需要通过伤残鉴定加以确认。残疾赔偿金"按照受诉法院所在地上一年度城镇居民人均可支配收入或者农村居民人均纯收入标准"，自定残之日起按二十年计算。但六十周岁以上的，年龄每增加一岁减少一年；七十五周岁以上的，按五年计算。辅助器具费按照普通适用器具的合理费用标准计算。辅助器具的更换周期和赔偿期限参照配置机构的意见确定。丧葬费按照受诉法院所在地上一年度职工月平均工资标准，以六个月总额计算。死亡赔偿金按照受诉法院所在地上一年度城镇居民人均可支配收入或者农村居民人均纯收入标准，按二十年计算。但六十周岁以上的，年龄每增加一岁减少一年；七十五周岁以上的，按五年计算。为了确保实质公平，该解释还规定，赔偿权利人举证证明其住所地或者经常居住地城镇居民人均可支配收入或者农村居民人均纯收入高于受诉法院所在地标准的，残疾赔偿金或者死亡赔偿金可以按照其住所地或者经常居住地的相关标准计算。被扶养人生活费在残疾赔偿金或死亡赔偿金中计算，根据扶养人丧失劳动能力程度，按照受诉法院所在地上一年度城镇居民人均消费性支出和农村居民人均年生活消费支出标准计算。被扶养人为未成年人的，计算至十八周岁；被扶养人无劳动能力又无其他生活来源的，计算二十年。但六十周岁以上的，年龄每增加一岁减少一年；七十五周岁以上的，按五年计算。

第一千一百八十条 【同命同价】因同一侵权行为造成多人死亡的，可以以相同数额确定死亡赔偿金。

第一千一百八十一条 【侵权责任请求权主体的特别规定】被侵权人死亡的，其近亲属有权请求侵权人承担侵权责任。被侵权人为组织，该组织分立、合并的，承继权利的组织有权请求侵权人承担侵权责任。

被侵权人死亡的，支付被侵权人医疗费、丧葬费等合理费用的人有权请求侵权人赔偿费用，但是侵权人已经支付该费用的除外。

一、规范意旨

本条规定的是被侵权人法律主体资格消灭后,谁可以成为损害赔偿请求权的主体。根据民法理论,被侵权人是自然人的,其死亡后权利能力归于消灭,法律主体资格不复存在。被侵权人是组织的,其分立、合并也会导致法律主体资格丧失。这两种情况下,请求权人只能是被侵权人以外的主体。被侵权人之外的主体之所以获得损害赔偿请求权,是因其与被侵权人之间存在特殊关系。被侵权人是自然人的,其因侵权行为而死亡,成为侵权行为的直接受害人。而受其扶养的家庭成员或其他近亲属因被侵权人的死亡而丧失生活资源,成为间接受害人。本来,若直接受害人没有死亡,间接受害人的利益被包含于直接受害人的利益之中,其利益属于直接受害人利益的反射利益,间接受害人不能独立提起损害赔偿请求。但在直接受害人死亡时,由于其权利能力和法律主体资格丧失,不能再享有损害赔偿请求权,则间接受害人的损失就不能通过直接受害人行使损害赔偿请求权而获得保护,因此间接受害人便产生了具有人身专属性质的直接的损害赔偿请求权;根据本法的规定,组织包括法人组织和非法人组织。被侵权人为组织的,因其分立、合并使得其财产发生转移,被侵权人的主体资格消失,承继其财产权利的组织由此获得损害赔偿请求权;被侵权人死亡的,如果支付被侵权人医疗费、丧葬费等相关费用的人不是其近亲属,而是其朋友、其他人或某一组织的,法律为了弘扬帮扶和助人的美德,赋予这样的第三人以直接的损害赔偿请求权。因此,根据本条规定,三类主体可以在被侵权人死亡后成为请求权主体,一是被侵权人的近亲属;二是承继被侵权人权利的组织;三是支付被侵权人医疗费、丧葬费等合理费用的第三人。

二、构成要件

(一)近亲属的损害赔偿请求权

1. 被侵权人是自然人。自然人的权利能力始于出生、终于死亡。自然人死亡,其权利能力归于消灭,不能再行使损害赔偿请求权,而由其近亲属对侵权人主张损害赔偿。

2. 被侵权人因侵权行为致生命权遭受侵害而死亡。被侵权人死亡的原因是其生命权遭到侵权人侵权行为的损害,这也是侵权责任和损害赔偿请求权发生的原因。如果被侵权人的财产权益或者生命权以外的其他人身权遭受侵害,则由被侵权人取得损害赔偿请求权。此后被侵权人因其他原因死亡的,其损害赔偿请求权构成遗产,依本法继承编的规则由其近亲属继承,无须适用本条。

3. 被侵权人的近亲属因侵权行为遭受财产损失和精神损害。近亲属根据本法第 1045 条确定,包括配偶、父母、子女、兄弟姐妹、祖父母、外祖父母、孙子女、外孙子女。但由于死亡赔偿金的性质原则上根据"继承丧失说"所确定,而根据本法第 1127 条的规定,法定继承存在顺位要求。因此近亲属作为损害赔偿请求权主体也应符合法定继承要求的顺位,即第一顺序赔偿请求权人系配偶、父母、子女。共同生活的其他亲属若与被侵权人形成扶养关系,也应当作为第一顺序请求权主体。但是形成扶养关系的认定标准、其与其他第一顺位请求权人对于死亡赔偿金的分配原则等都缺少相应的法律规定,需要通过制定司法解释予以明确。没有第一顺序继承人的,由第二顺序继承人共同作为赔偿请求权人。

5　　财产损失包括两部分,一是被侵权人遭受损害后死亡前支出的医疗费、抢救费等损失,这部分损失是侵害被侵权人身体权造成的损失,其损害赔偿请求权得由被侵权人的近亲属予以继承;二是被侵权人因死亡而丧失的财产收入,其中既包括被扶养人生活费,也包括本来可以由受害人近亲属继承的受害人其他收入损失;精神损失是指被害人近亲属因受害人的死亡所造成的精神上的痛苦和创伤,需要由侵权人以精神抚慰金的形式予以赔偿。

(二)承继被侵权人权利的组织的赔偿请求权

6　　1. 被侵权人为组织。组织包括法人组织和非法人组织。法人组织是具有民事权利能力和民事行为能力,依法独立享有民事权利能力和承担民事义务的组织。类型包括营利法人、非营利法人和特别法人。营利法人包括有限责任公司、股份有限公司和其他企业法人,非营利法人包括事业单位、社会团体、基金会、社会服务机构等。特别法人是指机关法人、农村集体经济组织法人、城镇农村的合作经济组织法人、基层群众性自治组织法人。非法人组织是不具有法人资格,但能够依法以自己的名义从事民事活动的组织,类型包括个人独资企业、合伙企业、不具有法人资格的专业服务机构等。

7　　2. 该组织发生分立、合并。分立是指一个组织依据一定的条件和程序分成两个或两个以上的组织体,包括派生分立和新设分立两种形式。前者是指将原来一个组织中的部分财产、人员等分离出去建立新的组织,原来的组织依然存在。后者是指将原来的一个组织分解成两个或两个以上组织,原来的组织消灭。合并是指两个或两个以上的组织依照一定的条件和程序组成一个组织体,包括吸收合并和新设合并两种形式。前者是指一个或一个以上的组织并入另一个组织,并入的组织解散。后者是指两个或两个以上的组织合并设立一个新的组织,合并各方解散。

8　　3. 因分立、合并财产权发生转移。组织发生分立或合并后,其享有损害赔偿请求权的财产权部分如果脱离原来的组织,归入现存的组织,则该赔偿请求权也相应地发生转移。根据分立或合并的不同形式,如果派生分立或吸收合并时受侵害的财产及其损害赔偿请求权保留在分立或合并前的组织中,则本条没有适用余地。只有因分立、合并而导致受侵害的财产权利在组织体间发生转移,才相应地发生损害赔偿请求权的转移,从而使本条存在适用空间。

(三)第三人的损害赔偿请求权

1. 赔偿请求权主体是第三人。这里的第三人是指受害人近亲属以外的自然人或组织。

2. 第三人支付了被侵权人死亡所产生的医疗费、丧葬费等合理费用。

3. 第三人支付上述款项没有法定或约定的义务。事实上,第三人支付上述费用的行为构成无因管理,故其成立要件与无因管理相同。不同的是,根据本法第979条的规定,管理人可以请求受益人偿还因管理事务而支出的必要费用。本条则规定第三人可以向侵权人直接主张偿还其所支出的相关费用。

4. 侵权人未支付上述费用。即侵权人未向受害人近亲属和第三人支付该笔费用。如果侵权人已向被侵权人的近亲属支付了上述费用,则第三人可依据无因管理的规定向受害人的近亲属主张返还。

三、法律效果

被侵权人的近亲属、承继其权利的组织以及为其支付相关合理费用的第三人,获得向侵权人主张损害赔偿的请求权。

四、证明责任

上述请求权主体应当对侵权人成立侵权责任以及自身享有损害赔偿请求权承担相应的证明责任。

第一千一百八十二条 【侵害他人人身权益造成财产损失的赔偿】侵害他人人身权益造成财产损失的,按照被侵权人因此受到的损失或者侵权人因此获得的利益赔偿;被侵权人因此受到的损失以及侵权人因此获得的利益难以确定,被侵权人和侵权人就赔偿数额协商不一致,向人民法院提起诉讼的,由人民法院根据实际情况确定赔偿数额。

一、规范意旨

本条是关于侵害他人人身权益造成财产损失赔偿的规定。人身权益的核心内容是人格权,而人格权分为物质性人格权和精神性人格权。物质性人格权是指民事主体直接支配自己的生命健康和身体利益的权利,主要包括生命权、身体权和健康权。精神性人格权则指民事主体对其精神性要素不可转让的支配权的总称,包括姓名权、肖像权、名誉权、荣誉权、隐私权、自由权、信用权、贞操权等。① 物质性人格权不能进行商业化利用，故侵权人不能由于侵害他人物质性人格权而获得商业利益；而某些精神性人格权却可以因商业化利用而产生财产利益，从而成为侵权人为追逐利益而侵犯的客体。例如，某些名人的姓名权、肖像权具有一定的商业价值，如果用于广告等商业目的，经权利人同意后使用人一般需要支付相应的对价。侵权人不经权利人同意擅自使用名人的姓名权、肖像权而获利，就使得被侵权人产生财产性损失。本条规定按"侵权人因此获得的利益赔偿"的损害赔偿计算标准正是因为精神性人格权可以进行商业化利用，会使侵权人获得利益。因此，本条所指的人身权益，应当限缩解释为可以进行商业化利用的精神性人格权。人身自由权、人格尊严权、婚姻自主权、监护权等人格和身份权益不能进行商业化利用，故不在本条调整的范围内。而姓名、名称、肖像、隐私、名誉、商誉等人格权以及声音、形象造型等衍生人格利益通常可以进行商业化利用，处于本条规范范围之内。

根据本条规定，侵害他人人身权益造成财产损失的赔偿标准有两个，请求权主体可以从中自由选择：一是被侵权人因此受到的损失；二是侵权人因此获得的利益；当这两个标准都难以确定时，该条规定了第三个标准，即由人民法院根据实际情况确定赔偿数额。本法赋予请求权人以选择权，一是便于请求权人选择对自己有利的赔偿方案，从而更好地保护受害人及其近亲属的权益；二是有利于纠纷迅速有效地解决；三是被侵权人受到损失和侵权人获得利益并存的情形下，构成侵权损害赔偿和不当得利损害赔偿的竞合，理所应当由请求权人自由选择。

二、按照被侵权人受到的损失赔偿

侵害可进行商业利用的精神性人格权造成的财产损失，应当按照实际损失赔偿。例如，个人隐私被披露导致生病看病的费用就是实际损失。再如，名人的姓名权、肖像权一般具有商业价值，若其同意企业以广告等形式进行商业利用，一般会获得相应的对价。而侵权人未经名人同意擅自使用其姓名或肖像，直接影响了其应当获得的财产利益，这种损失是可以计算的。即用"差额说"主张的赔偿计算方法，将侵权发生后被侵权人的财产总额与假如侵权事件不发生被侵权人应有财产总额的差额作为被侵权人的损害，包括所受损害与所失利益。② "差额说"是对民法全部损害赔偿原则的贯彻和落实。

---

① 参见张俊浩主编：《民法学原理》，中国政法大学出版社1991年版，第130—135页。
② 参见邹海林、朱广新主编：《民法典评注：侵权责任编1》，中国法制出版社2020年版，第200页（陈现杰执笔）。

三、按照侵权人因此获得的利益赔偿

在某些精神性人格权被侵害的情形下,被侵权人很难举证所受到的具体损失。比如侵权企业基于不正当竞争诋毁其他企业的商誉,被侵权企业就可能存在具体损失不能举证的问题,但是侵权人却会因此种侵权行为获得利益。因此,侵权人获得的利益就可以作为被侵权人财产损失的计算方法。此种计算方法与按照实际损失赔偿的计算方法是并列关系,权利人可以自由选择,而不同于原《侵权责任法》第 20 条规定的实际损失难以确定时方可适用侵权人获得利益的计算方法,这一改变既有利于对被侵权人合法权益的保护,又能有效震慑与遏制侵权行为。

四、由人民法院根据实际情况确定赔偿数额

适用情形存在两个先决条件,一是被侵权人因此受到的损失以及侵权人因此获得的利益难以确定。实践中此种情形常常发生在损人不利己的侵权行为中。比如侵权人将他人的隐私散布到互联网上,自己并未获利,给被侵权人带来的损害又难以量化确定。二是被侵权人和侵权人就赔偿数额协商不一致,被侵权人因此向人民法院提起诉讼。双方首先要就赔偿数额进行协商,协商不成向法院提起诉讼的,则由人民法院确定。人民法院根据实际情况确定赔偿数额,是指人民法院要根据侵权人的过错程度、具体侵权行为和方式、造成的后果和影响、被侵权人的知名度等因素确定赔偿数额。[①]

第一千一百八十三条 【精神损害赔偿】侵害自然人人身权益造成严重精神损害的,被侵权人有权请求精神损害赔偿。

因故意或者重大过失侵害自然人具有人身意义的特定物造成严重精神损害的,被侵权人有权请求精神损害赔偿。

一、规范意旨

本条是关于精神损害赔偿的规定。精神损害赔偿是受害人因人格利益或身份利益受到损害或者遭受精神痛苦而获得的金钱赔偿。因侵权致人损害,损害后果包括两种形态,一是财产上的损害,二是非财产上的损害。前者是指一切有形财产和无形财产所受的损失,包括现有实际财产的减少和可得利益的丧失。基本特征是损害具有财产上的价值,可以用金钱加以计算。后者是指没有直接财产内容或不具有财产上价值的损害。损害本身不能用金钱加以计算。侵权人因侵害受害人的人格利益或身份利益,给受害人或其近亲属造成精神上的损害,使其产生精神上和肉体上的痛苦,这种痛苦不能用

---

① 参见程啸:《侵权责任法》(第二版),法律出版社 2015 年版,第 698 页。

金钱加以计算,但可以用金钱予以抚慰。因此,从比较法看,精神损害赔偿金在德国民法上被称为精神抚慰金,除了填补损害的功能,还具有对加害行为进行惩罚的功能。《德国民法典》第 253 条将精神抚慰金的赔偿范围限定于侵害身体、健康、自由或性自主受到侵害的情形,以及法律有规定的情形。本条的规范目的也是要明确界定精神损害赔偿制度的适用范围,强化对人身权益的法律保护,同时避免对该制度的不当滥用。

二、适用范围

2　本条规定的精神损害赔偿的适用范围,包括主体范围、客体范围以及损害后果范围。

(一)精神损害赔偿的主体范围

3　根据本条规定,精神损害赔偿的主体限于自然人,法人和非法人组织因侵权行为遭受非财产上的损害,如商誉受损,不能要求精神损害赔偿。这是因为,法律赋予法人一定人格权的目的主要是维护其财产利益,即使其商誉或信用受损,引起的也是财产上的损失,法人本身并没有独立的身体与精神感受,不可能遭受精神损害。非法人组织也是如此。① 而自然人会感受到精神痛苦和肉体痛苦。精神和肉体是自然人人格的基本要素,也是自然人享有人格权益的生理和心理基础。精神损害赔偿制度是对自然人人格尊严和人格价值的特殊保护,充分体现了现代社会以人为本的基本价值观念。

(二)精神损害赔偿的客体范围

4　本条将精神损害赔偿的客体分为两类,一是一般客体,即自然人的人身权益,二是特殊客体,即自然人具有人身意义的特定物。

1. 一般客体

5　自然人的人身权益包括两部分,一是人格权,二是身份权。人格权又可分为物质性人格权、精神性人格权以及一般人格权。物质性人格权包括自然人的生命权、身体权和健康权,精神性人格权包括自然人的姓名权、肖像权、名誉权、荣誉权和隐私权。一般人格权包括人身自由权和人格尊严权。本法第 990 条第 2 款即对一般人格权进行了确认。身份权是指自然人以一定身份关系为基础所具有的权利。法律史上的身份权的实质在于对人的支配,但法律保护的重心已从对人的支配权利的保护发展演变为对特定身份关系利益的保护,其中最重要的,就是包含特定的人格和精神利益的监护权。监护权是指监护人对被监护人享有的监督、教育、管理和保护的权利。常见的侵害监护权的行为有两种:一是拐卖人口或者未经监护人许可擅自带走被监护

---

① 参见程啸:《侵权责任法》(第二版),法律出版社 2015 年版,第 712 页。

人,二是因医疗机构的过失,致使不同父母的婴儿被抱错或者导致婴儿被他人偷走。① 侵害监护权可以要求精神损害赔偿,是因为监护人与被监护人之间存在伦理感情和精神利益,监护权与人格利益具有内在联系。此外,有观点认为本法第 1091 条规定的重婚及与他人同居导致离婚,无过错方要求的损害赔偿应理解为精神损害赔偿。② 此两种行为侵害的是配偶权,配偶权是指配偶之间因婚姻而成立的以相互忠诚为内容的权利。因此侵害配偶权也可以适用本条规定。

2. 特殊客体

本条规定的特殊客体是指自然人具有人身意义的特定物。精神损害赔偿原则上赔偿的是非财产上的损失。但是,某些特定物品上凝结着受害人的人格利益或者该物与人格利益密切相关。此物品遭受损害时,由于凝结于该物品上的人格利益同时遭受了侵害,会给受害人带来精神上的痛苦,故受害人或其近亲属可以请求精神损害赔偿。但是,除了遗体、遗骨等极少数物品之外,对于一般性的自然人具有人身意义的物,不能要求侵权人也知晓该物上所负载的人身意义。因此对此种特殊客体的范围需要进行限制。限制体现在两个方面,一是侵权人需要存在故意或重大过失,即其明知或应当知道侵权客体属于"自然人具有人身意义的特定物",却有意对其加以损坏或者放任损害结果的发生。二是对该特定物的侵害给受害人造成了严重精神损害。实践中,自然人具有人身意义的特定物一般包括与死者相关的特定纪念物品(如遗像、墓碑、骨灰盒、遗物等)、与结婚礼仪相关的特定纪念物品(如录像、照片等)以及与家族祖先相关的特定纪念物品(如祖坟、族谱、祠堂等)。

(三)损害后果范围

精神损害赔偿损害后果的范围是指侵权行为造成的损害需要达到的标准。损害后果只有达致规定的标准,权利人才能请求精神损害赔偿。因此,损害后果系精神损害赔偿请求权的构成要件之一。根据本条规定,无论造成自然人人身权益损害还是具有人身意义的特定物损害,都要具备造成严重精神损害后果这一要件。偶尔的痛苦和不高兴不能认为是严重精神损害。③

有学者认为,对"严重精神损害"要做严格解释,即限于以下两种情形之一:1. 死亡或残疾。如果侵权人侵害他人人身权益造成了被侵权人死亡或残疾,该后果当然意味着被侵权人遭受了严重的精神损害。2. 其他情形下

---

① 参见程啸:《侵权责任法》(第二版),法律出版社 2015 年版,第 177 页。
② 参见杨立新:《侵权责任法》(第二版),法律出版社 2012 年版,第 174 页。
③ 参见全国人大常委会法制工作委员会民法室编:《中华人民共和国侵权责任法条文说明、立法理由及相关规定》,北京大学出版社 2010 年版,第 81 页。

造成的损害,需要被侵权人证明严重精神损害的存在。① 死亡赔偿金或伤残赔偿金中包含精神损害赔偿部分自不待言,需要明确的是,被害人死亡,遭受严重精神损害的是死者的近亲属,故精神抚慰金也是对死者近亲属的抚慰。另有一种观点认为,"严重精神损害"应采容忍限度理论,即超出了社会一般人的容忍限度就被认为是"严重损害"。② 但是何为"社会一般人的容忍限度"? 标准不明确容易使精神损害赔偿范围过于宽泛,与精神损害赔偿限制主义的立法立场相佐。结合审判实践经验,在确定是否构成"严重精神损害"以及具体赔偿数额时,应当考虑以下因素:1. 侵权人的过错程度;2. 侵权行为的目的、方式、场合等具体情节;3. 侵权行为所造成的后果;4. 侵权人的获利情况;5. 侵权人承担责任的经济能力;6. 受诉法院所在地平均生活水平。③

三、证明责任

9　　权利人主张精神损害赔偿,除了要证明侵权责任成立之外,还需要对精神损害赔偿的客体和损害后果承担证明责任。关于精神损害赔偿的客体,一般客体相对容易证明,特殊客体请求权人须举证证明被侵权人所损害的物属于特定物,且具有人身意义,即具有重大感情价值和特定纪念意义,与主体的人格权益具有专属性内在联系。此外对于特殊客体权利人还需举证证明侵权人存在故意或重大过失;关于损害后果,请求权人须举证证明造成严重精神损害。一般而言,死亡或伤残本身即属于被侵权人或其近亲属遭受严重精神损害的证据。而对于其他情形,不能简单以发生"病理性"后果作为严重精神损害的唯一依据。

第一千一百八十四条 【财产损失的计算】侵害他人财产的,财产损失按照损失发生时的市场价格或者其他合理方式计算。

一、侵害他人财产造成财产损失

1　　侵害他人财产,既可能造成财产损失,也可能造成非财产损失(本法第1183条第2款)。本条仅指向财产损失的计算,非财产损失通常不具有可量化的特征,在确定其范围时,往往需要参考多种因素由法官予以酌定,不存在"市场价格"或其他明确的计算方法。

2　　财产损失既可能发生在财产受侵害的情形,也存在于人身权利受侵害的

---

① 参见程啸:《侵权责任法》(第二版),法律出版社2015年版,第710—711页。
② 参见王利明、周友军、高圣平:《中国侵权责任法教程》,人民法院出版社2010年版,第346页。
③ 参见《精神损害赔偿责任解释》第5条。

情形(本法第1179条)。在文义上,本条适用限于财产受侵害时的财产损失计算。从损失的性质上看,无论侵害对象是否为财产,只要能够用金钱衡量、体现为财产差额,均属于财产损失;①在计算其范围时,不因侵害对象的不同而产生实质差异,此种限制并不合理。

此外,根据立法者旨意,本条旨在统一财产损失的计算标准,②若将其适用范围限于财产受侵害情形,不利于实现该立法目的。据此,对于非因财产受侵害(如侵害人身权、知识产权等)而产生的财产损失计算,可借助目的性扩张的方法,适用本条规定的计算方法。

二、财产损失的计算

(一)损失发生时的市场价格

1. 损失发生时

按照相关释义的说明,损失发生时通常就是侵权行为发生的时间。③ 须注意的是,本法第1165条第1款明确区分了"侵害"与"损害",前者为侵权行为发生时,后者为损害(损失)发生时。从要件属性上看,侵害强调的是行为的违法性,是责任成立的构成要件;损害则是侵害的结果,是责任范围(损害赔偿)的判断依据。有侵害行为不一定会实际发生损害(如停止侵害请求权仅以侵害行为造成损害之虞即可);损害的发生也并非必然以侵害为前提(如纯粹经济损失情形,并无权利受侵害之事实)。④ 因此,从时间上看,侵权行为发生之时并不等于损失发生之时。从体系上看,本条位于"损害赔偿"这一章节,所规范的是损害的范围,本条关于"损失发生时"的表述,应以字面意思为准,不应将其理解为侵权行为发生时。⑤ 此外,损失的发生并非固定的某个时间点,在致损事实持续发生的情形,实践中有观点主张以提起诉讼之时作为损害计算的时间点。⑥

损害赔偿以完全赔偿为原则,旨在恢复受害人"若未遭受加害行为"之

---

① 参见王泽鉴:《损害赔偿》,北京大学出版社2017年版,第75页。
② 参见黄薇主编:《中华人民共和国民法典侵权责任编解读》,中国法制出版社2020年版,第82页;陈小君:《财产权侵权赔偿责任规范解析》,载《法商研究》2010年第6期。
③ 参见全国人大常委会法工委民法室编:《〈中华人民共和国侵权责任法〉条文说明、立法理由及相关规定》,北京大学出版社2010年版,第71页。
④ 参见程啸:《中国民法典侵权责任编的创新与发展》,载《中国法律评论》2020年第3期。
⑤ 有观点将其理解为"侵权行为引发直接损害时",参见王胜明:《〈中华人民共和国侵权责任法〉条文解释与立法背景》,人民法院出版社2010年版,第78页。直接与间接损害的区分,并无法律依据,学理上对此亦无明确共识。将其理解为"直接损害时"并不妥当。
⑥ 参见彭某某、段某某财产损害赔偿纠纷案,四川省遂宁市中级人民法院民事判决书(2018)川09民终122号。

假设财产状况。损害计算时间点的选择,会直接影响其范围之确定,学说上对此存在诸多见解,并未达成共识。有的人认为应以侵权行为发生时为准,①或以判决时为基准时间,②有的人认为以起诉时为基准时间,③有的人认为以口头辩论终结时为准,④也有的人认为以区分价格涨跌,以决定有利于受害人的时间点(标的物价格下降时以损失发生时为准、价格上涨时则以判决时为准)。⑤ 选择某一时间点作为计算依据,固然有助于在形式上的司法统一,但就个案而言可能造成实质结果的不公平。以损失发生时作为损害计算时间点,实质上将强迫受害人在损失发生时立即实施替代交易,以恢复其"假设之财产状况"。事实上,被侵害财产的价值可能随着市场波动而发生变化,若财产价值处在上涨周期,以损失发生时作为计算其损害赔偿范围之时间点,将无法填补其全部损失;反之,在财产价值下跌周期,损失发生时的价格将高于受害人重置财产之价格,将使受害人有额外得利之嫌。

6　　事实上,损害计算的时间点问题,应区分实体与程序两个维度。从实体法上看,损害赔偿的计算要服务于损害填补的功能,时间点的确定要让位于损害填补功能的实现,理论上应该以损害赔偿义务的实际履行作为其时间点,这意味着并不存在一个明确的终点。⑥ 而程序法上的时间点,指的是在诉讼中,认定损害范围大小的系争事实应以何时为准,也即哪些事实可纳入损害范围认定因素。⑦ 比较法上所讨论的损害计算时间点,通常限于后者,以诉讼方式确定损害赔偿时,通常以最后事实言辞便利之时作为程序上之时间点。⑧

7　　在我国法上,根据原《民事诉讼证据解释》第 44 条关于"新的证据"的理解,所谓诉讼程序中"新的证据",是指"原审庭审结束后新发现的证据"。而根据该解释第 46 条,"案件在二审或者再审期间因提出新的证据被人民法院发回重审或者改判的,原审裁判不属于错误裁判案件"。换言之,法官裁判

---

① 参见史尚宽:《债法总论》,中国政法大学出版社 2000 年版,第 322 页。
② 参见梁慧星:《〈侵权责任法〉实施疑难问题专家学者纵横谈》,载李少平主编:《疑难侵权案件理论与实务研究》,法律出版社 2012 年版,第 19 页。
③ 参见程啸:《侵权行为法总论》,中国人民大学出版社 2008 年版,第 487 页。
④ 参见周友军:《侵权法学》,中国人民大学出版社 2011 年版,第 77 页。
⑤ 参见杨立新:《侵权责任法》,法律出版社 2010 年版,第 144 页。
⑥ Vgl. Lange/Schiemann, Schadensersatz, 3. Aufl., 2003, §9, S. 46.
⑦ 参见曾世雄:《损害赔偿法原理》,中国政法大学出版社 2001 年版,第 411 页。
⑧ Vgl. Lange/Schiemann, Schadensersatz, 3. Aufl., 2003, §1, S. 44; Soergel/Ekkenga/Kuntz (2014), Vor §249 Rn. 50; Staudinger/Schiemann (2017), Vor §249 Rn. 79; 黄茂荣:《债法通则之二:债务不履行与损害赔偿》,厦门大学出版社 2014 年版,第 205—206 页;《德国民事诉讼法》第 4 条。

依据的事实认定,在时间点上应以"庭审结束之时"为准,可将其理解为程序法上之时间点。

本条旨在确定损害计算在实体法上的时间点。但任何单一的实体法时间点,都可能在个案中无法实现损害填补的功能。明确损害计算的时间点具有程序意义,并非对该时间点以外的其他因素完全不予考虑。① 对于该时间点之后的事实情况,法官在做出判决书时,也可依据既有事实及经验将其考虑在内。②

2. 市场价格

以市场价格作为损失计算的依据,参照的是同类物在市场上的通常价格,体现的是受侵害财产在市场上的客观价值。财产的价值构成因素包含客观价值与主观价值,前者指的是对任何人都具有的价值,不因受害人不同而发生变化;后者指的是仅对受害人所具有的价值,因受害人不同而有所不同,主要包括受害人特殊体质、特殊经济地位、特殊情感等情形。③ 受侵害财产的不同价值构成因素,既影响对损害的认识,也决定损害的计算方法。④ 从对损害本质的认识上看,以市场价格作为认定损害的依据,表明损害赔偿的对象是标的物所具有的客观价值,这对应的是损害学说上的"客观损害说"。⑤ 而按照通说差额说的理解,⑥损害赔偿须使受害人恢复至如同损害未发生之情形,立足于具体受害人的财产状况,是一种主观的损害概念,更符合完全赔偿之宗旨。⑦

在损害计算的方法上,客观价值与主观价值分别对应损害的抽象计算与具体计算两种方法。⑧ 本条规定的损害计算,实质上采纳的是抽象损害计算方法。从损害填补上看,具体损害计算以受害人实际财产损失情况为依据,

---

① 参见徐银波:《论计算财产损失的基准时——对〈侵权责任法〉第 19 条的反思》,载《北方法学》2015 年第 1 期。
② Vgl. Lange/Schiemann, Schadensersatz, 3. Aufl., 2003, §1, S. 45f.
③ 参见曾世雄:《损害赔偿法原理》,中国政法大学出版社 2001 年版,第 163 页; Brox, Allgemeines Schuldrecht, 41. Aufl., 2017, §31, Rn. 12f.
④ Vgl. Steindorff, AcP 158(1958), S. 431ff.
⑤ Vgl. Neuner, AcP 133(1931), S. 277,295,301ff.; Steindorff, AcP 158(1958), S. 453ff.;徐建刚:《论使用可能性丧失的损害赔偿》,载《法商研究》2018 年第 2 期。
⑥ 参见王利明:《侵权行为法研究(上卷)》,中国人民大学出版社 2004 年版,第 353 页;最高人民法院侵权责任法研究小组编著:《中华人民共和国侵权责任法条文理解与适用》,人民法院出版社 2009 年版,第 148 页。
⑦ 参见曾世雄:《损害赔偿法原理》,中国政法大学出版社 2001 年版,第 120 页。
⑧ Vgl. Brox, Allgemeines Schuldrecht, 41. Aufl., 2017, §31, Rn. 19;曾世雄:《损害赔偿法原理》,中国政法大学出版社 2001 年版,第 160 页。

更能实现完全赔偿的功能。但在此种计算方法之下,受害人对所有损失负举证责任,在其无法证明或不愿证明的情形中,可能遭受不利后果。抽象损害计算参照的是以市场价格表现出来的客观价值,对受害人而言,减轻了证明其具体损失的负担,此为其程序上之意义。① 此外,基于受害人所处的特殊地位,受侵害财产对于受害人所具有的价值,除了市场价格,还可能包含其他损害情形。例如,汽车被侵害时,汽车本身所具有的市场价值构成一项客观损失;若受害人职业为网约车司机,除汽车本身价值外,还将遭受停业损失。就此而已,客观价值所体现出来的损害范围,系受害人最低损害,此为抽象计算之实体法意义。②

11 对于从事交易的商事主体,市场价格包括成本价与出售价两种情形。实践中,有观点认为,受害人的损失应包括利润损失在内,应以出售价作为市场价格。③ 利润应否包含在赔偿范围内,取决于加害行为是否造成受害人营业机会的丧失。若并无此情事,则应以其成本价作为市场价格标准。此外,关于二手物的情形,须以二手物市场价格作为计算依据。④

12 市场价格的确定,还涉及市场地点的确定。同样的财产,在不同地点的市场可能具有不同价格。对此,应以损失发生地的市场价格为准。⑤

(二)其他合理方式

13 在不存在相关交易市场时,无法直接适用市场价格的计算标准。对此,本条尚规定以"其他合理方式"作为兜底性规定,以应对实践中可能出现的特殊案型。例如,对于涉及工程造价类等纠纷,须通过鉴定、评估的方式确定损失大小。⑥ 再如,涉案争议存在类似案型时,可以参照同类标准确定赔偿数额。⑦ 更为常见的是在侵害知识产权的情形,其损失赔偿通常有特别法规定,如《著作权法》第 48 条、《专利法》第 65 条、《商标法》第 56 条等。

---

① Vgl. Lange/Schiemann, Schadensersatz, 3. Aufl., 2003, § 2, S. 340f; Staudinger/Schiemann (2005), § 252 Rn. 4; Münkomm/Oetker (2012), § 252 Rn. 31; 王军:《侵权法上财产损害的计算标准》,载《法学》2011 年第 11 期。

② Vgl. Steindorff, AcP 158(1958), S. 431,462; Giesen, VersR 1979, S. 389,392.

③ 参见大庆油田昆仑集团商贸有限公司与大庆市金韵奥龙经贸有限公司财产损害赔偿纠纷案,黑龙江省大庆市中级人民法院民事判决书(2017)黑 06 民终 2170 号。

④ 参见李某某与北京普洛文具有限公司等财产损害赔偿纠纷案,北京市第三中级人民法院民事判决书(2020)京 03 民终 12516 号。

⑤ 参见王军:《侵权法上财产损害的计算标准》,载《法学》2011 年第 11 期。

⑥ 参见李某某与襄垣县泰瑞达供热有限公司财产损害赔偿纠纷案,山西省长治市中级人民法院民事判决书(2020)晋 04 民终 563 号。

⑦ 参见天津武清百川燃气销售有限公司、高某某排除妨害纠纷案,天津市第一中级人民法院民事判决书(2020)津 01 民终 2272 号。

三、证明责任

本条适用前提是成立一项侵权损害赔偿之债,受害人须承担侵权损害赔偿之一般证明责任。在适用本条计算其损失大小时,受害人须对交易市场的存在及市场价格承担证明责任。

第一千一百八十五条 【侵害知识产权惩罚性赔偿责任】故意侵害他人知识产权,情节严重的,被侵权人有权请求相应的惩罚性赔偿。

第一千一百八十六条 【公平分担损失】受害人和行为人对损害的发生都没有过错的,依照法律的规定由双方分担损失。

一、规范意旨

本条是关于公平分担损失的规定。原《民法通则》第 132 条规定:"当事人对造成损害都没有过错的,可以根据实际情况,由当事人分担民事责任。"原《侵权责任法》第 24 条规定:"受害人和行为人对损害的发生都没有过错的,可以根据实际情况,由双方分担损失。"这些规定均为本法颁布前关于公平分担损失的规定,本法对原《侵权责任法》第 24 条略有修改,把"可以根据实际情况"改为"依照法律的规定",限缩了适用范围。理论上也将该规定称为公平责任原则。但这一称谓易令人误解其系与侵权责任法中的过错责任原则、无过错责任原则相并列的第三种归责原则。实质上,该规定确系民法公平原则的具体化,用以解决实践中受害人和行为人均没有过错,但又不符合法律规定的无过错原则适用条件时损失承担的问题,目的是通过对个案进行利益平衡,及时化解矛盾、妥善解决纠纷、促进社会和谐。但是,该规定不应被理解为一项归责原则。这是因为:首先,该规定并未和过错责任原则(本法第 1165 条)以及无过错责任原则(本法第 1166 条)并列、连续地规定在一起,而是规定在"损害赔偿"一章中,用体系解释的方法能够得出立法者并未将其定性为与过错责任及无过错责任并列的归责原则。其次,"无过错即无责任是承担侵权责任的基本原则,既然双方当事人对损害的发生都没有过错,那么行为人就不应承担责任,而只能是分担损失"。① 我国法律关于本条规定的变迁中将原《民法通则》中的"分担民事责任"改为原《侵权责任法》和本法的"分担损失",恰恰表明了该条规定不是归责的原则,而是损失承担的规则。最后,现代侵权责任法以过错责任原则为核心,行为人须为自己的过错承担赔偿责任,是私法自治原则的应有之义。无过错责任的适用必

---

① 参见全国人大常委会法制工作委员会民法室编:《中华人民共和国侵权责任法条文说明、立法理由及相关规定》,北京大学出版社 2010 年版,第 93 页。

须有法律的明确规定。无论行为人主观上是否存在过错,其对损害结果都要承担赔偿责任的原因有二:一是行为人从事具有高度危险性的行为或持有具有高度危险性的物品,从而开启了对他人合法权益造成损害的危险源,该行为人比他人更容易了解并控制危险的实际情况,而且他还从这一活动中获取了利益,那么该行为人理当对该活动所造成的损失承担赔偿责任。二是某人对他人基于特定关系而具有控制力,故因他人所造成的损害要由控制者承担赔偿责任,即所谓替代责任。无论是过错责任还是无过错责任,损害赔偿都以完全赔偿为原则。然而,本条规定中行为人没有任何过错,也不是危险源的开启者或特定关系中的控制者,要求行为人分担损失的理论依据在于社会公平观念,且其承担的也不是赔偿责任,而是补偿义务,因此并不以完全填补损失为原则。

2 然而,也不宜将该条规定理解为行为人和受害人均无过错时损失分担的一般条款。因为本条"依照法律的规定"之所以代替原《侵权责任法》中可以根据实际情况"的表述,正是因为实践中法官根据实际情况适用公平责任条款存在认定过于随意、标准失之宽松,导致公平责任被滥用的问题,立法者才在本法中限缩了公平责任的适用范围,规定仅在法律有规定的情况下方可适用本条,这使其成为转致条款。

二、适用范围

3 本条规定的适用范围问题,也即公平责任的构成要件问题。适用公平责任需要具备以下四点:

4 其一,须有加害事件造成损害结果的发生。即受害人因为加害事件造成权益被侵害,进而导致人身损害或财产损失,但不包括精神损失。因为精神抚慰金是对受害人心理上的慰藉,它以对责任人进行金钱惩罚的方式达到这一目的。换言之,精神抚慰金属于对损害行为承担赔偿责任的一种方式,本条行为人承担的是补偿义务,因为行为人不仅不存在过错,其行为也不具有可归责性,故不符合精神损害赔偿规范的适用范围。

5 其二,行为人的行为与损害结果的发生之间须具备一定的因果关系。这种因果关系不是一般侵权构成要件中所要求的相当因果关系,而是事实因果关系,即行为人的行为是否在事实上对损害的发生具有原因力,其判断标准是"but - for - test",即如果没有该行为,损害是否会发生。[①] 公平责任实质上并非严格意义上的侵权责任,分担损失也无须填平损害,故其成立不需要满足一般侵权构成要件要求的相当因果关系。但若行为人的行为与损害后

[①] 参见程啸:《侵权责任法》(第二版),法律出版社2015年版,第228页。

果之间完全没有因果关系,就不能要求其承担损失。

其三,行为人和受害人主观上均没有过错。即双方当事人在主观心理状态上既没有故意,也没有过失,均不具有可归责性。如果行为人对于损害的发生存在过错或者符合法律规定的适用无过错责任原则的情形,则本条没有适用空间。因此本条规范具有补充适用的性质,即只有在不能适用过错责任原则或无过错责任原则确定赔偿责任的情形下,方可检视是否符合该条规范的构成要件。此外需要强调,不能忽视对受害人主观过错的衡量。如果受害人对于损害的发生存在过错,则也不能要求行为人承担损失。

其四,须是法律规定的适用公平责任的情形。适用公平责任需要有法律的具体规定,该条规范将法律规定的具体情形转致到其他法律条文上。本法中能够适用公平责任的相关规定包括:1. 本法第182条第2款"(因紧急避险造成损害)危险由自然原因引起的,紧急避险人不承担民事责任,可以给予适当补偿";2. 本法第183条"因保护他人民事权益使自己受到损害的,由侵权人承担民事责任,受益人可以给予适当补偿。没有侵权人、侵权人逃逸或者无力承担民事责任,受害人请求补偿的,受益人应当给予适用补偿";3. 本法第1190条第1款第2分句完全民事行为能力人对自己的行为暂时没有意识或者失去控制造成他人损害,"没有过错的,根据行为人的经济状况对受害人适当补偿";4. 本法第1254条第1款第2句"从建筑物中抛掷物品或者从建筑物上坠落的物品造成他人损害的……经调查难以确定具体侵权人的,除能够证明自己不是侵权人的外,由可能加害的建筑物使用人给予补偿"。除本法外,其他法律对于适用公平责任原则分担损失有规定的也要适用其规定。比如,《人身损害赔偿解释》第5条第1款第2分句"被帮工人明确拒绝帮工的,被帮工人不承担赔偿责任,但可以在受益范围内予以适当补偿"。第5条第2款"帮工人在帮工活动中因第三人的行为遭受人身损害的,有权请求第三人承担赔偿责任,也有权请求被帮工人予以适当补偿。被帮工人补偿后,可以向第三人追偿"。

三、法律效果

适用本条的法律效果是在受害人和行为人之间分担损失。分担损失的理念基础是分配的正义,即对财富等有价值的东西予以分配时应遵守的正义原则,故公平责任要求分担损失时主要衡量当事人之间对损失的承受能力。一般而言,要斟酌行为人与受害人各自的经济能力、损害结果对双方的影响、行为人的受益情况等,公平地分摊损失。它区别于矫正的正义,后者是指将被侵权行为扭曲的正义矫正过来,因此需要通过完全赔偿填平损害。

第一千一百八十七条 【赔偿费用的支付】损害发生后,当事人可以协商赔偿费用的支付方式。协商不一致的,赔偿费用应当一次性支付;一次性支付确有困难的,可以分期支付,但是被侵权人有权请求提供相应的担保。

第三章 责任主体的特殊规定

第一千一百八十八条 【被监护人致人损害时监护人的责任】无民事行为能力人、限制民事行为能力人造成他人损害的,由监护人承担侵权责任。监护人尽到监护职责的,可以减轻其侵权责任。

有财产的无民事行为能力人、限制民事行为能力人造成他人损害的,从本人财产中支付赔偿费用;不足部分,由监护人赔偿。

一、规范意旨

1 本条是关于被监护人致人损害时监护人的责任的规定。民事行为能力是民事主体从事民事活动所具备的资格。本法依照年龄和精神健康状况将自然人分为无民事行为能力人、限制行为能力人和完全民事行为能力人。无民事行为能力人和限制行为能力人一般由其监护人代理实施民事法律行为。监护人负有保护被监护人人身权利、财产权利以及其他合法权益的职责。同时,监护人对未成年的被监护人还负有教育和管理的义务,从而避免被监护人侵权行为的发生。一旦无民事行为人或者限制民事行为人造成他人损害,应当由监护人承担损害赔偿责任。本条并未完全体现传统民法理论中的责任能力(过错能力)概念。因为依过错能力概念,限制民事行为能力人可能具有过错能力,从而需要自己承担侵权责任,而不是一律由监护人承担侵权责任。另外,无民事行为能力人或者限制民事行为能力人欠缺过错能力的,即便有自己的财产,也无须承担侵权责任,而不是像本条第 2 款规定的那样"从本人财产中支付赔偿费用"。

2 本条第 1 款规定的监护人责任是无过错责任,即无论监护人是否存在故意或过失,其都要对被监护人造成他人损害的结果承担赔偿责任。监护人在尽到了监护职责,不存在过错的情况下也要承担责任,但可以减轻其赔偿责任,这是监护人的法定减责事由。法律如此规定,是因为考虑到无民事行为能力人和限制民事行为能力人由于对自身行为的认知和控制能力较弱,若将所产生的风险完全由监护人承担过于苛刻,社会对此亦有责任。基于未成年人成长构成的社会性,法律认可父母在抚养孩子过程中所产生的社会价值,就会考虑到过错要素对其责任构成和责任承担的作用。监护人尽到监护职责减轻赔偿责任的规定,实质上是公平责任适用的结果,因为公平责任的救济适用补偿原则,而非填平原则。监护人因尽到监护职责被减轻的那部分由被侵权人自己承担,实际上体现为监护人的补偿责任。不过,在监护人为无民事行为能力人或者限制民事行为能力人的直系亲属或者配偶的情况下,由监护人承担无过错责任没有太大疑问,但在其他人担任监护人的情况下,由监护人承担无过错责任则有失公平,对监护人过于苛刻。

本条第2款规定的是损害赔偿费用在监护人和被监护人内部关系中如何支付。如果被监护人有财产,则从其本人财产中支付,监护人仅对不足的部分承担补充支付的责任。被监护人的财产,是指其通过受赠、继承以及其他合法途径所得取得的财产,但以被监护人本人财产支付赔偿费用不能影响被监护人维持正常生计,应当保留其基本生活费用,保障其正常的生活和学习不受影响。

该款受到一些质疑。① "此项规定实际上肯定有财产的无行为能力人、限制行为能力人应负侵权责任。此种以财产的有无决定谁应承担侵权责任,创设了承担侵权责任之人与应支付赔偿费用之人的分离制度,比较法上尚属少见,理论是否允恰,是否足以保护未成年人,似值研究。"② 但立法机关认为,虽然从我国的情况看,无民事行为能力人或者限制民事行为能力人有自己独立财产的情况不多,但是随着经济和社会的多元化发展,无民事行为能力人或限制民事行为能力人通过创作、接受赠与或者继承的方式取得独立财产的情况将越来越多,因此,以自己的财产对自己造成他人的损害承担赔偿责任,是公平的。③ 此外,"本款的一个重要意义,在于解决父母等亲属之外的人员或者单位承担监护人的情况下,被监护人造成他人损害的,如果要求监护人承担责任,那么实践中很多个人或单位可能不愿意担任监护人"。④

二、构成要件

首先,加害人系无民事行为能力人或限制民事行为能力人。本法对自然人行为能力的认定采用年龄加精神健康状况的标准。不满八周岁的未成年人和八周岁以上不能辨认自己行为的人为无民事行为能力人;八周岁以上十

---

① 参见杨代雄:《适用范围视角下民事责任能力之反思——兼评〈中华人民共和国侵权责任法〉第32条》,载《法商研究》2011年第6期;杨代雄:《重思民事责任能力与民事行为能力的关系——兼评我国〈侵权责任法〉第32条》,载《法学论坛》2012年第2期。

② 王泽鉴:《侵权行为法(增订新版)》,台湾三民书局、台湾新学林出版社、元照出版有限公司2015年版,第546—547页。

③ 参见王胜明主编:《中华人民共和国侵权责任法解读》,中国法制出版社2010年版,第151页。

④ 参见黄薇主编:《中华人民共和国民法典侵权责任编解读》,中国法制出版社2020年版,第100—101页。

八周岁以下的未成年人和不能完全辨认自己行为的成年人为限制行为能力人,但是以自己的劳动收入为主要生活来源的十六周岁以上的未成年人不在此限。

6　　其次,造成了他人损害。即加害人的侵权行为造成了他人人身或财产权益损害的结果,且行为与结果之间存在因果关系。首先,他人是指监护人和被监护人之外的第三人。如果被监护人造成监护人损害,不适用本条规定。其次,损害既包括财产损害,也包括精神损害。最后,加害行为与损害结果之间须存在相当因果关系。

三、法律效果

7　　被监护人侵权的,由监护人向受害人承担侵权责任。若监护人尽到了监护职责,本条中主要是指侵权行为发生时监护人对被监护人履行了管理、约束或教育的职责,那么可以减轻监护人的责任。如果监护人并非被监护人的直系亲属或者配偶,其尽到监护职责的,应当免于承担侵权责任。如果被监护人有财产,由其本人财产中支付赔偿费用。不足部分由监护人补足。本条第2款中的"有财产"应作严格解释,只有在综合考虑被监护人的当下生计及长远发展等因素之后,认定其财产显然比较宽裕的情况下,才能从中支付赔偿金。①

四、证明责任

8　　被侵权人请求监护人承担侵权责任的,应证明侵权人系无民事行为能力人或限制民事行为能力人、侵权人与监护人之间存在监护关系。监护人应证明尽到了监护职责以及被监护人有财产。

第一千一百八十九条　【委托监护被监护人致害】无民事行为能力人、限制民事行为能力人造成他人损害,监护人将监护职责委托给他人的,监护人应当承担侵权责任;受托人有过错的,承担相应的责任。

第一千一百九十条　【完全民事行为能力人暂时丧失心智时的损害责任】完全民事行为能力人对自己的行为暂时没有意识或者失去控制造成他人损害有过错的,应当承担侵权责任;没有过错的,根据行为人的经济状况对受害人适当补偿。

完全民事行为能力人因醉酒、滥用麻醉药品或者精神药品对自己的行为暂时没有意识或者失去控制造成他人损害的,应当承担侵权责任。

---

①　参见杨代雄:《重思民事责任能力与民事行为能力的关系——兼评我国〈侵权责任法〉第32条》,载《法学论坛》2012年第2期。

一、规范意旨

本条是关于完全民事行为能力人暂时丧失心智损害责任的规定,具体包括三种情形,一是完全民事行为能力人暂时没有意识或者失去控制造成他人损害且对此存在过错;二是完全民事行为能力人暂时没有意识或者失去控制造成他人损害且对此没有过错;三是完全民事行为能力人因醉酒、滥用麻醉药品或者精神药品对自己的行为暂时没有意识或者失去控制造成他人损害。此种情形可以被看作第一种情形中的一种特殊情况,即完全民事行为能力人暂时没有意识或者失去控制造成他人损害是因醉酒、滥用麻醉药品或者精神药品导致的,本人对损害的造成存在过错。为了强调醉酒、滥用麻醉药品或者精神药品行为的违法性和危害性,本条专门在第2款作出规定。

二、三种情形的区分

(一)第一种情形

首先,完全民事行为能力人暂时没有意识或者失去控制。这里需要把握两点,一是本条适用的主体范围限于完全民事行为能力人,无民事行为能力人或限制行为能力人被排除在外,因为欠缺民事行为能力者造成他人损害的由监护人承担责任,这在本法第1188条已经作出了规定。二是完全行为能力人出现暂时没有意识或者失去控制的情况。"暂时没有意识"是指暂时丧失识别能力,"暂时失去控制"是指完全民事行为能力人暂时失去对自己身体的控制而无法贯彻自己的意志。这两种状况需要和间歇性精神病发作时进行区别,后者被划定在无民事行为能力或者限制民事行为能力的范围内;其次,完全民事行为能力人对于在暂时没有意识或者失去控制时造成他人的损害存在过错。这里的过错是指行为人对于自己暂时失去意志或失去控制从而造成他人损害存在过错,如心脏病患者在驾车前明知未按时服用药品会增加驾车风险而没有服用,则其对驾车时心脏病发作造成交通事故损害存在过错。这种侵权责任贯彻的是过错原则,属于过错侵权责任。

(二)第二种情形

完全民事行为能力人对自己的行为暂时没有意识或者失去控制没有过错,但仍造成他人损害的,按照过错责任原则不应当承担责任,但出于公平的考虑,应根据行为人的经济状况对受害人予以适当补偿。这是适用本法第1186条公平责任的结果,即在行为人和受害人之间分担损失。

(三)第三种情形

完全民事行为能力人因醉酒、滥用麻醉药品或者精神药品对自己的行为暂时没有意识或者失去控制造成他人损害,是对本条第1款行为人"因过错丧失意识致害责任"中一种具体情形的表述。根据我国《刑法》的规定,醉酒的人应当承担刑事责任。《治安管理处罚法》规定,醉酒的人违反治安管理的,应当给予处罚。麻醉药品是具有一定依赖性潜力的药品,连续使用、滥用或者不合理使用,易产生身体依赖性,能形成瘾癖。精神药品是直接作用于中枢神经系统,使之极度兴奋或抑制的药品。我国对于精神药品一直实行严格管理并严禁滥用。作为完全民事行为能力人,对于醉酒、滥用麻醉药品或者精神药品可能产生的危险应当具有一定的认知,若其放任此种行为的产生而造成他人损害,主观上存在过错,应当对自己的行为承担侵权责任。

三、证明责任

5　　侵权行为人应对暂时没有意识或者失去控制的事实承担证明责任。对于行为人是否存在过错应适用过错推定原则,即由行为人对其处于暂时没有意识或者失去控制的状态没有过错承担证明责任,不能证明自己没有过错的,则认定行为人存在过错,应当承担侵权责任。如果行为人能够证明自己没有过错,则适用承担损失的公平责任。

第一千一百九十一条 【用人单位责任、劳务派遣单位和劳务用工单位责任】用人单位的工作人员因执行工作任务造成他人损害的,由用人单位承担侵权责任。用人单位承担侵权责任后,可以向有故意或者重大过失的工作人员追偿。

劳务派遣期间,被派遣的工作人员因执行工作任务造成他人损害的,由接受劳务派遣的用工单位承担侵权责任;劳务派遣单位有过错的,承担相应的责任。

一、规范意旨

1　　本条是关于用人单位责任、劳务派遣单位和劳务用工单位等用人者责任的规定。用人单位的工作人员、被派遣的工作人员因执行工作任务造成他人损害的,由用人单位或接受劳务派遣的用工单位承担侵权责任。用人者责任是典型的替代责任,即行为人和责任人分离,由用人者对其工作人员的行为对外承担责任。用人者的责任还包括本法第1192条规定的个人劳务关系中用人者的责任,它们被统称为"雇主责任"或者"使用人责任"。雇主责任在归责原则上采无过错责任,之所以这样规定,学说上有多种理论加以解释,最具说服力的理论有三个:一是报偿理论,即用人者使用他人为自己服务,扩展了活动空间、拓宽了业务领域、增加了获利的机会,享受了社会分工带来的好处。而风险和收益相伴而生,用人者通过使用人员获利,也应承担由此带来的相应风险。二是控制力理论,即被使用者由用人者进行管理和控制,被纳入用人者的组织体内,相当于用人者"延长的手臂",所以用人者对于被使用者的侵权行为负责,实际上是自负责任。三是"深口袋"理论,即在大部分情况下,用人者的赔偿能力都强于被使用者,为了更好地保护受害人,防止出现被使用者赔偿能力不足的情形,有必要令拥有更深"口袋"的用人者承担侵权责任。①

本条规定了两种用人者责任,一是用人单位对于其工作人员执行工作任务造成他人损害的侵权责任,二是接受劳务派遣的用工单位和劳务派遣单位对于劳动者造成他人损害的侵权责任。前者可以被看作用人单位责任的一般情形,后者则是用人单位责任的特殊情形。

二、构成要件

(一)一般情形的构成要件

1. 用人单位与侵权人之间存在用工关系。首先要明确用人单位和工作人员的范围。用人单位范围很广,是指除自然人(个人、家庭、农村承包经营户等)外的一切组织,包括机关法人、事业单位法人、社会团体法人、企业法人、合伙企业、法人的分支机关、合伙律师事务所、个人律师事务所、合伙会计师事务所、个人独资企业、个体工商户等。用人单位的工作人员比劳动法律法规中"劳动者"的范围要广,除劳动者外,还包括公务员、参照公务员管理的工作人员、事业单位实行聘任制的人员等,不仅包括一般工作人员,还包括用人单位的法定代表人(有争议)、负责人、公司董事、监视、经理、清算人等,不仅包括正式在编人员,也包括临时雇用人员。②其次要明确"用工关系"的含义,它比"劳动关系"的范围要广。一般而言,用人单位和工作人员之间存在控制、支配和从属关系,用人单位指定工作场所,提供劳动工具或设备、限定工作时间、定期给付劳动报酬,而工作人员提供的劳动是用人单位生产经营活动的组成部分。

2. 工作人员系因执行工作任务造成他人损害,即工作人员给他人造成损害与其执行工作任务存在因果关系。关于"执行工作任务"的认定标准,学理上有"主观说"、"客观说"和"折中说"三种观点。主观说以雇主或雇员的意思为准,雇主的意思是指用人单位对工作人员的指示、命令或授权,雇员的意思是指工作人员主观上是为了雇主的利益而实施的行为。客观说认为应当从行为的外观判断,如果行为在客观上的表现与用人单位指示的范围相

---

① 参见程啸:《侵权责任法》(第二版),法律出版社2015年版,第402—403页。
② 参见最高人民法院侵权责任法研究小组编著:《中华人民共和国侵权责任法条文理解与适用》,人民法院出版社2016年版,第245—246页。

一致,即属于执行工作任务。① 折中说将主观说和客观说融合起来,一种观点认为应以主观说中的雇员意思说为原则,例外情况下采取客观说,另一种观点认为应以客观说为原则,同时结合雇主和雇员双方的主观意志以及与执行职务有关的一切事项,作出综合判断。② 我国司法实务和民法学界主流观点都认为应当采取客观说,因为此说更有利于保护受害人,符合比较法上的发展趋势。③ 故判断执行工作任务的标准,首先要看该活动是否为雇主授权或指示的活动,如果是,当然属于执行工作任务。反之,则转入第二层次的判断,即看该活动的表现形式是否为履行职务或者与履行职务有内在联系。④ 而在有疑问的场合,需要综合考虑多项因素,如行为的内容、行为的时间、地点、场合、行为之名义(以用人单位名义或个人名义)、行为的受益人(为用人单位受益或个人受益)以及是否与用人单位意志有关联等。⑤ 因此,即便工作人员超越职权范围以用人单位名义实施的行为致人损害,用人单位通常亦应当对外承担责任。工作人员以用人单位的名义实施的行为超出用人单位经营范围致人损害的,由于具有执行工作任务的外在表现形式,因此也不影响用人单位对外承担责任。

3. 工作人员实施了侵权行为,即其行为要么符合过错责任的构成要件而成立侵权行为,要么符合无过错责任的构成要件成立侵权行为。如果工作人员造成他人损害的行为适用的是过错责任原则,那么当其没有过错时,该行为就不构成侵权行为,用人单位也就无须承担侵权责任。故用人单位承担无过错责任,并不等同于工作人员适用无过错责任。

(二)特殊情形的构成要件

劳务派遣是指劳务派遣单位与接受劳务派遣的单位签订劳动协议,由前者将其工作人员派往后者,令其服从后者的指挥并在该单位监督下提供劳动的情形。⑥ 劳务派遣中存在三方当事人,即劳务派遣单位(用人单位)、接受劳务派遣的单位(实际用工单位)和被派遣的劳动者。相应地,也存在三方关系,劳务派遣单位和接受劳务派遣的单位之间存在劳务派遣合同关系,劳

---

① 参见张新宝:《侵权责任法》(第二版),中国人民大学出版社 2010 年版,第 148—149 页。
② 参见程啸:《侵权责任法》(第二版),法律出版社 2015 年版,第 418—419 页。
③ 参见王利明:《侵权责任法研究(下卷)》,中国人民大学出版社 2011 年版,第 99 页以下。
④ 参见程啸:《侵权责任法》(第二版),法律出版社 2015 年版,第 419 页。
⑤ 参见最高人民法院侵权责任法研究小组编著:《中华人民共和国侵权责任法条文理解与适用》,人民法院出版社 2016 年版,第 250 页。
⑥ 参见程啸:《侵权责任法》(第二版),法律出版社 2015 年版,第 412 页。

务派遣单位与被派遣者之间存在劳动合同关系,接受劳务派遣的单位与被派遣者之间存在用工关系,劳动者要接受实际用工单位的指挥和监督。因此,"用人"和"用工"发生分离是劳务派遣关系显著的法律特征。

1. 被派遣的劳动者实施了侵权行为。判断被派遣者的行为是否构成侵权行为,应依本法第1165条的规定加以判断,除非法律另有特别规定。即与一般情形一样,被派遣者要么符合过错责任构成要件而构成侵权,要么符合无过错责任构成要件而构成侵权。同时其行为还须造成损害,损害与其行为之间存在相当因果关系。

2. 被派遣的劳动者系因执行工作任务造成他人损害。"执行工作任务"的标准与一般情形中的标准是一致的。需要强调的是,"执行工作任务"是执行实际用工单位即接受派遣单位的工作任务。

3. 劳务派遣单位有过错。劳务派遣单位承担责任的条件是其存在过错。劳务派遣单位不是用工单位,但其负有对被派遣劳动者的选任责任,其在招聘、录用被派遣劳动者时,应当对该劳动者的健康状况、能力、资格以及能否胜任用工单位相应岗位要求进行审核。如果劳务派遣单位在选任员工时,未尽到合理注意义务,没有查明该员工具有不适合被派遣岗位的特征,而该员工进入接受派遣单位后,因该项不适任特征而造成他人损害的,则派遣单位存在错过,应对被派遣者造成的损害承担相应的侵权责任。

三、法律效果

无论是一般情形还是特殊情形,当被使用者因执行工作任务造成他人损害时,均由用工单位对外承担侵权责任。但是,如果被使用者(工作人员)对于损害的发生存在故意或重大过失,用人者(用人单位或接受劳务派遣的单位)有权向工作人员追偿,即由存在故意或重大过失的工作人员承担最终的赔偿责任。如果工作人员仅存在一般过失(轻过失),则用人者不享有追偿权,这样规定既有利于贯彻报偿理论,也有利于在保障劳动者权益和兼顾公平之间获得平衡。

有疑问的是,被使用者(工作人员)本身应否对其过错侵权行为向被侵权人承担损害赔偿责任。从比较法看,在德国法上用人者责任并不排斥事务辅助人(如雇员)自己的侵权责任。事务辅助人的加害行为符合《德国民法典》第823条的要件的,其自身亦对被侵权人承担损害赔偿责任。有时,事务辅助人甚至与用人者承担连带赔偿债务。① 此种规范模式可资借鉴。被使用者(工作人员)实施过错侵权行为,由用人者承担侵权责任是为了更好地

---

① Vgl. Palandt/Sprau (2020), §831 Rn. 2.

保护被侵权人，使其侵权损害赔偿请求权的实现更有保障。但如果因此排除被侵权人对被使用者（工作人员）的损害赔偿请求权，则在用人者的财产状况不佳从而欠缺偿债能力的情况下，反而不利于保护被侵权人。

12　　劳务派遣单位对于选任工作人员有过错的，也要承担相应的赔偿责任。劳务派遣单位承担的是过错责任，接受劳务派遣的单位承担的是无过错责任。在责任形态上，两者属于共同责任，即共同对外承担侵权责任。由于劳务派遣单位承担的是过错责任，故其对外承担责任的份额，应根据其过错的大小予以确定。因此，对于劳务派遣单位与接受劳务派遣的单位对外承担的侵权责任应理解为按份责任。

四、证明责任

13　　工作人员造成他人损害，赔偿权利人向用人者主张赔偿的，须就工作人员存在侵权行为（过错或无过错责任的构成要件）以及工作人员系执行工作任务承担证明责任。用人单位向工作人员追偿的，须就其与工作人员存在用工关系、工作人员造成他人损害存在故意或重大过失以及用人者已向赔偿权利人承担侵权损害赔偿责任举证证明。劳务派遣人员造成他人损害，赔偿权利人向劳务派遣单位主张侵权损害赔偿责任的，除了要证明被派遣人员存在侵权行为以及该侵权行为系执行工作产生之外，还须就派遣单位与工作人员之间存在劳务派遣关系、劳务派遣单位存在过错以及损害结果与劳务派遣单位的过错之间存在因果关系承担证明责任。

第一千一百九十二条　【个人劳务关系中的侵权责任】个人之间形成劳务关系，提供劳务一方因劳务造成他人损害的，由接受劳务一方承担侵权责任。接受劳务一方承担侵权责任后，可以向有故意或者重大过失的提供劳务一方追偿。提供劳务一方因劳务受到损害的，根据双方各自的过错承担相应的责任。

提供劳务期间，因第三人的行为造成提供劳务一方损害的，提供劳务一方有权请求第三人承担侵权责任，也有权请求接受劳务一方给予补偿。接受劳务一方补偿后，可以向第三人追偿。

一、规范意旨

1　　本条是关于个人劳务关系中发生侵权责任的规定。劳务关系不同于劳动关系，是指提供劳务一方为接受劳务一方提供劳务服务，由接受劳务一方按照约定支付劳务报酬而形成的民事权利义务关系。本条所指提供劳务方和接受劳务方均为自然人，故属于个人之间形成的劳务关系。它与本法第1191条规范的关系均为雇佣关系，故接受劳务一方的责任也均属于雇主责任,即典型的替代责任。本条规定了个人劳务关系中三种损害情形:一是提供劳务一方因劳务造成他人损害,二是提供劳务一方因劳务自身受到损害,三是提供劳务一方因第三人侵权受到损害。

二、提供劳务一方因劳务造成他人损害

此种情形的构成要件有三点。其一,是个人之间形成劳务关系。即个人之间在事实上形成了支配与从属、管理与被管理的用工关系。比如,家庭雇用保姆、钟点工、家庭教师等即属于此种关系。个人劳务的核心特征即在于一方对另一方的持续性劳动支配。其二,提供劳务一方造成他人损害。即提供劳务一方对他人构成侵权行为。此种侵权行为要么满足过错责任归责要件,要么满足无过错责任归责要件。其三,提供劳务一方系因提供劳务侵犯他人合法权益。"提供劳务"的认定标准与本法第1191条"执行工作任务"的标准基本一致,即是否为接受劳务一方授权或指示范围内从事生产经营活动或者其他劳务活动。若提供劳务一方的行为超出授权范围,但其表现形式是提供劳务或与提供劳务有内在联系,则仍应认定为"提供劳务"。

满足上述构成要件的法律后果是,由接受劳务一方对外承担侵权责任。由于本条规定接受劳务一方承担责任不以其是否存在过错为要件,故接受劳务一方承担的是无过错责任。接受劳务一方对外承担责任后,有权向具有故意或重大过失的提供劳务方追偿,追偿限额以其对外承担的赔偿数额为限。提供劳务一方自己的对外侵权责任,参见本法第1191条评注边码12。

三、提供劳务一方因劳务自身受到损害

此种情形的构成要件也有三点,包括个人间形成劳务关系、提供劳务一方自身受到损害以及提供劳务一方受损系因提供劳务所致。其法律效果是在提供劳务一方和接受劳务一方间按照各自的过错分担责任。这属于过错归责原则。法律之所以如此规定,主要是考虑个人劳务关系不属于依法应当参加工伤保险统筹的情形。提供劳务一方因劳务受到损害时,不能适用《工伤保险条例》,如果规定不论过错均由接受劳务一方承担损害赔偿责任,对其赋予的责任过重,有失公平。

四、提供劳务一方因第三人侵权受到损害

本条第2款规定了提供劳务一方因第三人侵权受到损害时的责任承担。该款构成要件同样有三个。一是个人之间存在劳务关系,二是提供劳务一方受到第三人损害,即第三人对提供劳务一方存在侵权行为,三是提供劳务一方受到的损害系在提供劳务期间形成。满足该构成要件的法律效果是,受害人(提供劳务方)有权请求第三人承担侵权责任,也有权请求接受劳务一方承担补偿责任。但第三人承担的是最终责任,故接受劳务一方承担补偿责任后，可以其承担的补偿额为限向第三人追偿。第三人与接受劳务一方对受害人承担的责任构成不真正连带责任。

第一千一百九十三条　【承揽人致害】承揽人在完成工作过程中造成第三人损害或者自己损害的，定作人不承担侵权责任。但是，定作人对定作、指示或者选任有过错的，应当承担相应的责任。

第一千一百九十四条　【网络侵权】网络用户、网络服务提供者利用网络侵害他人民事权益的，应当承担侵权责任。法律另有规定的，依照其规定。

第一千一百九十五条　【网络侵权避风港原则之通知规则】网络用户利用网络服务实施侵权行为的，权利人有权通知网络服务提供者采取删除、屏蔽、断开链接等必要措施。通知应当包括构成侵权的初步证据及权利人的真实身份信息。

网络服务提供者接到通知后，应当及时将该通知转送相关网络用户，并根据构成侵权的初步证据和服务类型采取必要措施；未及时采取必要措施的，对损害的扩大部分与该网络用户承担连带责任。

权利人因错误通知造成网络用户或者网络服务提供者损害的，应当承担侵权责任。法律另有规定的，依照其规定。

一、规范意旨

1　本条与本法第 1194 条、第 1197 条系从原《侵权责任法》第 36 条拆分而来，吸收了《审理利用信息网络侵害人身权益规定》的意见，对避风港原则进行了完善。本条规定了避风港原则的通知规则，旨在规范网络服务提供者如何处理网络侵权受害人的权利保护通知；本法第 1196 条规定的是避风港原则的反通知规则，旨在规范网络服务提供者如何处理网络侵权嫌疑人的未侵权声明。

二、合格通知要件

2　第一，侵权的初步证据，权利人应当及时对可以佐证侵权的事实予以证据保留，在通知网络服务提供者时一并予以提供。至少应当包括以下内容：利用网络服务实施侵权的网络用户是谁、实施了何种侵权行为、侵害了自己的何种民事权益以及主张网络用户侵害自己何种民事权益的理由。[①]

3　第二，权利人的真实身份信息，提供权利人的真实身份信息，主要是为在确认是否存在侵权行为后，网络服务提供者与权利人取得联系。

[①] 参见程啸：《侵权责任法》（第三版），法律出版社 2021 年版，第 504 页。

三、网络服务提供者的义务

（一）转通知义务

转通知义务系本法新增规定，该义务之目的是保护被投诉的网络用户，以便其了解内容，避免受到错误通知的影响。①

（二）采取必要措施

除删除、屏蔽、断开链接等措施外，其他措施的必要性应当符合比例原则，考量因素还包括：1. 具体的应用场景，比如是电子商务平台经营者还是提供接入、缓存服务的网络服务提供者。2. 技术和经济上的必要性和合理性。3. 侵害的权益类型、侵权行为的严重程度、可能造成损害的大小。②

四、法律效果

未及时采取必要措施的，对损害的扩大部分与该网络用户承担连带责任。该款采过错责任。首先，合格的通知并不意味着权利人的权利必然应当得到保护，即便权利人的权利应受到保护，网络服务提供者在合理范围内采取了必要措施的，也应当予以免责。未及时采取必要措施是过错的情形，按照共同侵权制度，因网络用户的侵权行为而对权利人承担帮助侵权责任③。

五、错误通知

对于权利人错误通知的情形系新增规定。主要针对专门利用通知规则打击竞争对手的恶意投诉的情形。因错误通知造成网络用户或网络服务提供者权益造成损害，所造成的损害的性质属于纯粹经济损失。④ 错误通知的权利人需要承担侵权赔偿责任。

第一千一百九十六条 【网络侵权避风港原则之反通知规则】网络用户接到转送的通知后，可以向网络服务提供者提交不存在侵权行为的声明。声明应当包括不存在侵权行为的初步证据及网络用户的真实身份信息。

网络服务提供者接到声明后，应当将该声明转送发出通知的权利人，并告知其可以向有关部门投诉或者向人民法院提起诉讼。网络服务提供者在转送声明到达权利人后的合理期限内，未收到权利人已经投诉或者提起诉讼通知的，应当及时终止所采取的措施。

第一千一百九十七条 【网络侵权"红旗规则"】网络服务提供者知道

---

① 参见徐伟：《〈民法典〉中网络侵权制度的新发展》，载《法治研究》2020年第4期。
② 参见程啸：《侵权责任法》（第三版），法律出版社2021年版，第505页。
③ 参见黄薇主编：《中华人民共和国民法典侵权责任编解读》，中国法制出版社2020年版，第127页。
④ 参见程啸：《侵权责任法》（第三版），法律出版社2021年版，第508页。

或者应当知道网络用户利用其网络服务侵害他人民事权益，未采取必要措施的，与该网络用户承担连带责任。

一、规范意旨

1　本条是网络侵权"红旗规则"。在原《侵权责任法》第 36 条第 3 款"知道"的基础上增加了"或者应当知道"这一客观判定标准，提高了网络服务提供者的注意义务。[①]

二、构成要件

（一）知道或者应当知道

2　知道的主观心理状态就是故意，一般有两种途径证明：一为行为人自认；二为通知与取下规则之违反。应当知道其主观心理状态有可能是故意，也有可能是过失。在实务中判断时一般采用的是理性人的标准，主要应遵循三大原则：一是根据提供技术服务的网络服务提供者类型的不同；二是根据保护对象的不同；三是提供技术服务的网络服务提供者没有普遍审查义务。[②]

（二）未采取必要措施

3　本条以过错责任为原则。网络服务提供者知道或者应当知道网络用户利用其网络服务侵害他人民事权益，未采取必要措施的，即表明其具有过错。

三、法律效果

4　网络服务提供者与从事侵权的网络用户承担连带责任。对于该连带责任的范围是被侵权人的全部损害，还是仅限于网络服务提供者知道或者应当知道之后的损害，主流观点认为该连带责任仅适用于知道之后的损害，之前的损害仍应由网络用户单独承担侵权责任。[③]

第一千一百九十八条　【违反安全保障义务的侵权责任】宾馆、商场、银行、车站、机场、体育场馆、娱乐场所等经营场所、公共场所的经营者、管理者或者群众性活动的组织者，未尽到安全保障义务，造成他人损害的，应当承担侵权责任。

因第三人的行为造成他人损害的，由第三人承担侵权责任；经营者、管理者或者组织者未尽到安全保障义务的，承担相应的补充责任。经营者、管理者或者组织者承担补充责任后，可以向第三人追偿。

---

① 参见张新宝：《侵权责任编：在承继中完善和创新》，载《中国法学》2020 年第 4 期。
② 参见黄薇主编：《中华人民共和国民法典侵权责任编解读》，中国法制出版社 2020 年版，第 134—135 页。
③ 参见杨立新：《〈中华人民共和国侵权责任法〉精解》，知识产权出版社 2010 年版，第 168 页；程啸：《侵权责任法》（第三版），法律出版社 2021 年版，第 516 页。

一、规范意旨

安全保障义务人之所以要对涉及经营活动、社会活动的不特定人承担安全保障义务,理由在于:1. 从危险控制理论出发,对该经营活动或社会活动所使用的场所而言,安全保障义务人具有他人不可替代的控制能力;2. 从利益和风险相一致原则出发,安全保障义务人一般能从中获得利益;3. 根据汉德公式,对于节省社会总成本而言,安全保障义务人避免和减轻该危险的成本最低,因而由其承担安全保障义务具有经济合理性;4. 从信赖责任角度出发,潜在受害人对安全保障义务人产生了合理的信赖。

安全保障义务的功能,首先在于维护公共安全,以确保义务人在面对不特定的多数人的人身财产安全时,尽到应有的注意①。其次,在于扩张不作为的侵权责任,②以弥补法律、合同约定、行为人在先行为作为义务来源的局限,但也应当注意,违反安全保障义务的侵权责任并不限于不作为。最后,该制度的创设有利于判断义务人不作为与受害人损害之间的因果关系。③

安全保障义务性质存在争议,主要包括法定义务说④、附随义务说等,但更值得赞同的观点为,安全保障义务只是判断经营者、管理者或组织者过错的标准。⑤

二、构成要件

(一)安全保障义务人自己造成损害的侵权责任

本条第1款规定了安全保障义务人自己造成损害的侵权责任。

1. 经营场所、公共场所的经营者、管理者或群众性活动的组织者

仅特定主体负担安全保障义务,此与维护公共安全之目的相匹配。首先,义务主体包括经营场所、公共场所的经营者、管理者。公共场所包括以公

---

① 参见程啸:《侵权责任法》(第三版),法律出版社2021年版,第521页。
② Vgl. Deutsch/Ahrens, Deliktsrecht Unerlaubte Handlungen · Schadensersatz · Schmerzensgeld, 4. Aufl. , 2002, S. 124;周友军:《侵权责任法专题讲座》,人民法院出版社2011年版,第307页;王泽鉴:《侵权行为法(增订新版)》,台湾三民书局、台湾新学林出版社、元照出版有限公司2015年版,第358页。
③ 参见最高人民法院审判第一庭编著:《最高人民法院人身损害赔偿司法解释的理解与适用》,人民法院出版社2015年版,第91页;吴成礼等五人与官渡建行、五华保安公司人身损害赔偿纠纷案(最高人民法院公报案例),载《最高人民法院公报》2004年第12期。
④ 参见朱岩:《侵权责任法通论·总论》,法律出版社2011年版,第339页;王某某、张某某诉上海银河宾馆赔偿纠纷案(最高人民法院公报案例),载《最高人民法院公报》2001年第2期。
⑤ 参见程啸:《侵权责任法》(第三版),法律出版社2021年版,第521页。

众为对象进行商业性经营的场所,也包括对公众提供服务的场所。[1] 应注意,公共交通工具的内部空间同样为公共场所。经营者的重要特征为从事有偿活动。而管理者的重要判断标准为控制力及管理的职责。其次,义务主体包括群众性活动的组织者,而群众性活动不以人数为标准,仅几人参加的自助游组织者同样构成安全保障义务的义务人。[2]

2. 未尽到安全保障义务

安全保障义务的内容为义务人遵守法律规定和约定,尽到谨慎注意的义务,确保不因自己的行为或管理、控制下的物件及人员给他人造成损害。有学者从义务群角度将其分为两类[3]:第一类义务使得潜在受害者以自担风险的方式接近危险,包括警告义务,即警示性通告的义务,如张贴"小心地滑"的标志;禁止义务,即依据私法上的权利禁止他人接近危险源的义务,如建筑工地禁止小孩进入玩耍;指示义务,即对使用的危险的说明义务和副作用的说明义务。第二,直接作用于危险源的义务,包括危险控制义务,主要针对危险较为隐蔽或者物之瑕疵不可预见之情形;组织义务,促使义务人建立完善的经营组织机构;调查和告知义务,即调查自己的危险源并告知他人其正身处或者接近该危险源的义务;看守义务,即对他人或自己所有的危险装置高度注意并加以保管的义务。

是否尽到安全保障义务,其判断标准应考虑如下因素:1. 是否尽到了法律法规和相关标准中的要求,如按照相关标准确保大型群众性活动的消防安全等[4]。2. 场所或活动本身的危险性,即是否更容易出现伤亡。3. 社会生活参与人的合理期待,如人们会合理期待五星级宾馆地面没有油渍。4. 经营者、管理者和组织者的预防与控制能力。主观上来说,应考虑安全保障义务人所能预见的防止危险的费用高低。而从客观上来说,需要能够避免危险并且避免危险的费用并非过高。因此,费用越低则义务越重。5. 相对人因素,主要包括危险的可识别性、受害人自我保护的可能性等,可识别性越高,受害人自我保护可能性越高,则义务越低。另外,英美法中也将相对人进行类型划分,分为受邀请人、公共人、访问者、未成年人等类型[5]。6. 是否从中

---

[1] 参见黄薇主编:《中华人民共和国民法典侵权责任编释义》,法律出版社2020年版,第106页。
[2] 参见程啸:《侵权责任法》(第三版),法律出版社2021年版,第526页。
[3] Vgl. Christian von Bar, Verkehrspflichten, 1980, S. 84ff.
[4] 参见《消防法》第20条、《营业性演出管理条例》第19条、《娱乐场所管理条例》第21条。
[5] 参见杨立新:《〈中华人民共和国侵权责任法〉条文释解与司法适用》,人民法院出版社2010年版,第233页。

获得利益。相比于无偿活动,有偿活动中应当负有更高的注意义务。这可基于收益与风险相一致原则,并且更高的义务可以迫使义务人从收入中拿出一部分作为预防和制止损害发生的成本。

3. 他人遭受损害

"他人"并不包括义务人的工作人员和提供劳务的人,该部分人遭受损害适用本法第 1192 条及《工伤保险条例》。另外,未经义务人同意进入该场所甚至采取非法手段进入该场所,从事违法犯罪活动的人是否值得保护存在争议。本书认为,对于财产安全原则上义务人不负担安全保障义务,而对于人身安全也仅有较低的安全保障义务。比如,"摘杨梅案"中,法院认为因为常年有人摘杨梅,因此,景区管理人应当预料到危险,并作出必要的警示告知。①

他人遭受的损害既可以是人身损害,也可以是财产损害。从《人身损害赔偿解释》第 5 条规定的限于"人身损害"到原《侵权责任法》第 37 条(本法第 1198 条)表述的"造成他人损害"。表述的变化体现了保护的权益范围应当不局限于绝对性权益。

4. 义务违反与损害之间有因果关系

因果关系的判定取决于义务人所承担的安全保障义务的保护范围,一般以"条件说"为判断标准,即如果安全保障义务人尽到了该义务,他人可免于遭受损害。

(二)第三人造成他人损害而承担相应的补充责任

本条第 2 款所规定义务与第 1 款安全保障义务的构成要件相比,在主体、损害、因果关系层面一致。但在"未尽到安全保障义务"要件上,两者的义务内容与要求不尽相同。该款中安全保障义务内容为义务人应尽到一定程度的注意义务,在合理的限度内降低第三人对他人实施侵权行为的风险或者在侵权行为发生时予以制止,从而减少对受害人的损害。具体体现为照料义务,即义务人在自己的支配领域内防止潜在的受害人遭受来自第三者侵害的义务。

另外,该款有其特别的构成要件,即第三人实施了侵害行为,但第三人找不到或者第三人没有足够的赔偿能力。应注意,第三人的侵权责任可以是过错责任,如第三人在酒店打人,也可以是无过错责任。有学者从数人分别侵权角度出发,基于本法第 1173 条与第 1174 条之间的关系,认为第三人侵权

---

① 参见李某月、李某如违反安全保障义务责任纠纷案,广东省广州市中级人民法院民事判决书(2018)粤 01 民终 4942 号。

仅限于第三人故意。① 但根据法院和部分学者观点,认为无须区分第三人的故意或者过失。② 本书赞成后者。

三、法律效果

(一)根据第 1 款承担自己责任

在没有第三人侵权行为介入的情况下,由违反安全保障义务的行为人自己承担侵权责任,适用侵权责任的一般规定。

(二)根据第 2 款承担相应的补充责任

补充责任对义务人来说体现了一种顺序利益。当第三人不能确定或者第三人没有足够的清偿能力时,由安全保障义务人承担责任。此情形与先诉抗辩权之规则类似。有学说认为,在性质上第三人与安全保障义务人间为不真正连带关系。③ 而在赔偿范围方面,若第三人下落不明、无法确定或者没有赔偿能力,则完全由安全保障义务人承担全部的赔偿责任并不合理,因此,须为"相应的"。是否相应,以义务人的过错程度结合原因力为准。④ 在追偿权问题上,立法明确了第三人作为终局责任人,使其符合不真正连带责任的法理,也避免了司法实践中的争议。

四、证明责任

由受害人请求安全保障义务人承担侵权责任的,应就前述构成要件承担证明责任。经营者、管理者或者组织者向第三人追偿的,应证明损害由第三人的侵权行为造成。

第一千一百九十九条 【教育机构的过错推定责任】无民事行为能力人在幼儿园、学校或者其他教育机构学习、生活期间受到人身损害的,幼儿园、学校或者其他教育机构应当承担侵权责任;但是,能够证明尽到教育、管理职责的,不承担侵权责任。

一、构成要件

(一)受害人为无民事行为能力人

无民事行为能力人具体参见本法第 21 条。

---

① 参见孙维飞:《论安全保障义务人相应的补充责任——以〈侵权责任法〉第 12 条和第 37 条第 2 款的关系为中心》,载《东方法学》2014 年第 3 期。
② 参见程啸:《侵权责任法》(第三版),法律出版社 2021 年版,第 533 页;最高人民法院民法典贯彻实施工作领导小组主编:《中华人民共和国民法典侵权责任编理解与适用》,人民法院出版社 2020 年版,第 292 页。
③ 参见周友军:《侵权责任法专题讲座》,人民法院出版社 2011 年版,第 312 页。
④ 参见最高人民法院民法典贯彻实施工作领导小组主编:《中华人民共和国民法典侵权责任编理解与适用》,人民法院出版社 2020 年版,第 292 页。

(二)在教育机构学习、生活期间受到人身损害

正常教学教育活动期间主要是指按照学校、幼儿园以及其他教育机构的教学计划,属于教学、课间休息、学生自习的时间。是否在教育机构的场所内进行无关紧要,如春游、外出表演等均属于教学活动期间。在该期间外,由监护人负担教育、管理、保护等监护职责。例外为学校违反规定擅自提前放学或者不当原因使得学生被迫离开学校。本条仅适用于人身损害,学生在教育机构遭受财产损害(如书包、文具被弄坏)的,不适用本条。

(三)教育机构未尽到教育和管理职责

关于教育机构的教育、管理义务,规定于《教育法》《义务教育法》《教师法》《幼儿园管理条例》《学校卫生工作条例》《未成年人保护法》《学生伤害事故处理办法》《中小学幼儿园安全管理办法》等规定中。具体而言,教育方面主要包括:1. 有虐待、歧视、体罚、变相体罚、侮辱人格等损害未成年人身心健康的行为;2. 教学活动中未尽到安全教育以及采取必要的安全措施;3. 对特异体质学生未给予特别保护;4. 组织学生参加不适合未成年人的劳动、体育运动或者其他活动等。管理方面主要包括:1. 安保疏漏;2. 校舍、场地、其他公共设施的安全以及学具、教育教学、生活设施设备不符合国家标准;3. 提供的药品、食品、饮用水等不符合国家行业标准;4. 教师发现危险未及时管理;5. 未成年学生擅自离校未通知监护人等。

二、免责事由

可以基于不可抗力、受害人故意免除责任,如《学生伤害事故处理办法》第12条中的规定。当然,在受害人故意的情形中,需考虑受害人的过错能力,还须考虑是否因教育机构的过错与受害人的故意共同导致损害。

三、法律效果

教育机构未尽到教育、管理职责,致使无民事行为能力人在教育机构学习、生活期间遭受人身损害的,应当承担侵权责任。

第一千二百条 【教育机构的过错责任】限制民事行为能力人在学校或者其他教育机构学习、生活期间受到人身损害,学校或者其他教育机构未尽到教育、管理职责的,应当承担侵权责任。

在构成要件上,与本法第1199条的区别在于本条中的受害人为限制民事行为能力人。与无民事行为能力人区分的原因在于,后者遭受人身伤害后难以回忆和正确描述当时发生的情况,并且损害是在教育机构内发生,所以受害人的监护人也难以获得真实的情况,应采用过错推定原则。另外,无民事行为能力人没有足够的判断能力和自我保护能力,因此通过对教育机构赋

予更高的注意义务,以保护受害人。因而,相比于无民事行为能力人,对于限制民事行为能力人受害采用一般的过错责任原则。

第一千二百零一条　【在教育机构内第三人侵权时的责任分担】 无民事行为能力人或者限制民事行为能力人在幼儿园、学校或者其他教育机构学习、生活期间,受到幼儿园、学校或者其他教育机构以外的第三人人身损害的,由第三人承担侵权责任;幼儿园、学校或者其他教育机构未尽到管理职责的,承担相应的补充责任。幼儿园、学校或者其他教育机构承担补充责任后,可以向第三人追偿。

一、构成要件

(一)学生受到教育机构以外的第三人人身损害

1　第三人不包括教育机构自身的工作人员,如教师、职工,以及劳务派遣而由教育机构进行管理的人员,如保安、清洁人员等。另外,在教育机构学习、生活的不完全民事行为能力人(其他学生)也不是本条所谓的第三人。

(二)教育机构未尽到管理职责

2　教育机构应当及时采取措施预防、消除教育教学环境中存在的安全隐患。应当区分幼儿园、中小学等不同类型的教育机构的管理职责。

(三)学生受到人身损害

本条仅适用于人身损害,学生在教育机构遭受财产损害的,不适用本条。

二、法律效果

3　第三人承担全额赔偿责任。教育机构在未尽到管理职责时,才承担"相应的补充责任"。所谓的补充责任,意味着教育机构并不是终局责任人。受害人并不享有在第三人与教育机构中进行选择的权利,即教育机构享有类似于一般保证人之先诉抗辩权的抗辩权。原因在于,学校只是造成损害的间接原因,而第三人的加害行为才是直接原因。并且,所谓的相应的补充责任,是指依据过错的程度以及原因力的大小承担相应的补充责任。教育机构享有追偿权,即在其承担的赔偿责任范围内向第三人全额追偿。

第四章　产品责任

第一千二百零二条　【产品的生产者责任】 因产品存在缺陷造成他人损害的,生产者应当承担侵权责任。

一、规范意旨

1　产品责任的本质问题为应当将现代机器导向的大规模生产所引发的损

害风险分配给谁的问题。现行法的选择为由产品的生产者就缺陷产品给他人造成的损害承担无过错责任。相比于消费者,生产者具有专业知识并对整个生产过程更了解,采取无过错责任不仅能激励其严格控制,也符合利益与风险相一致原则。

生产者包括产品的设计者、制造者、生产商以及任何将自己置于生产者地位的人。应注意,若只是一个部件存在缺陷,则整个产品的生产者和特定部件的生产者承担连带责任。将商标许可他人使用时商标所有人为生产者。而产品的进口商、销售者不能指明生产者或者供货者时,视为生产者。

二、构成要件

(一)产品

根据《产品质量法》第2条的规定,首先,产品应当是经过加工、制作的物,原材料、加工方法、加工地点为何并不重要。[1] 有学说认为天然农产品和狩猎产品也属于产品[2]。其次,产品应用于销售,而"用于销售"存在不同理解。[3] 本书认为,此处的"用于销售"应作广义理解,指投入流通,即生产者基于自己的意思将产品交付他人使用,有偿无偿在所不问。最后,此处所谓的产品仅指动产。该动产即使成为他物的组成部分时,仍为产品。例如建设工程使用的建筑材料、建筑构配件和设备等。原因在于,以此确保生产者对其生产的产品缺陷后果的责任不因该产品纳入他物而失效。[4]

某些物是否属于产品存在争议:1. 由硬件和软件组成的组合产品,即由计算机程序控制的机器和设备、车辆、家用电器等产品。有学说认为,即使其只有软件出现了缺陷,生产者同样承担产品责任。[5] 该规则同样适用于单纯的用于控制设备的软件[6]。2. 关于动物是否为产品,存在争议。有观点认为,动物不为产品,原因或为非加工制造,或为适用饲养动物损害的规定。[7] 3. 微生物、病毒在学说上被认为属于产品的范畴。[8] 转基因生物同样如此。

---

[1] 参见程啸:《侵权责任法》(第三版),法律出版社2021年版,第555页。

[2] Vgl. MünchKomm/Wagner (2020), Einl. ProdHaftG Rn. 5–6;MünchKomm//Wagner (2020), ProdHaftG §2. Rn. 15;而部分学者认为初级农产品和狩猎产品没有经过加工因此不属于产品,参见程啸:《侵权责任法》(第三版),法律出版社2021年版,第553页。

[3] 有观点认为此处的销售为以营利为目的的移转产品,即出卖,应排除非营利性和无偿的移转。参见周友军:《侵权责任法专题讲座》,人民法院出版社2011年版,第485页。

[4] Vgl. MünchKomm/Wagner (2020), ProdHaftG §2. Rn. 10.

[5] Vgl. MünchKomm/Wagner (2020), ProdHaftG §2. Rn. 6.;王乐兵:《自动驾驶汽车的缺陷及其产品责任》,载《清华法学》2020年第2期。

[6] Vgl. MünchKomm/Wagner (2020), ProdHaftG §2. Rn. 26.

[7] 参见程啸:《侵权责任法》(第三版),法律出版社2021年版,第555页。

[8] Vgl. MünchKomm/Wagner (2020), §833 Rn. 10

4. 电力是否属于产品同样存在争议①,本书认为电力属于产品,电力公司应对频率或电压波动过大造成的损害负担责任。但若为停电情形,应当考虑债务不履行责任,而非产品责任。

另外还存在一些特殊的产品类型:1. 食品,应当首先适用作为特别法的《食品安全法》,如该法第148条。2. 药品、消毒产品、医疗器械属于产品,但是《药品管理法》《传染病防治法》《医疗器械监督管理条例》《消毒管理办法》等对该种产品的生产、经营、销售等作了更为严格的规定。另外,此时通常由第六章"医疗损害责任",如第1223条调整。3. 农产品适用《农产品质量安全法》,如第54条的规定。4. 人体器官、血液、植入物和人造肢体属于产品,但器官捐献者很难被认定为生产者,而医院作为生产者,承担本编第6章的医疗损害责任,如第1223条规定的责任。

某些物并不适用产品责任:1. 武器装备属于限制流通物,非为产品②;2. 核设施③,适用本法第1237条相关规定;3. 废品④;4. 信息产品不论其表现形式如何,都不属于统一产品责任的范围。⑤

(二)缺陷

1. 缺陷的概念和判断标准

产品缺陷的判断应当采单一标准说,即是否存在不合理危险,并将法定标准作为产品缺陷判断的最低标准。如不存在法定标准或者虽然符合法定标准,但存在不合理危险时,仍应认为有缺陷。⑥ 应注意,此处的法定标准,即国家标准、行业标准仅指强制性标准。⑦ 而判断危险合理与否应当采用合理期待的实质性标准。具体考虑因素包括对产品的说明以及产品的类型、特性、不合理使用的危险程度、普通消费者的知识水平、不同的使用人群等因素。⑧

应当区分缺陷和瑕疵,两者判断标准并不相同,产品缺陷更关注产品的

---

① 参见程啸:《侵权责任法》(第三版),法律出版社2021年版,第559页。
② 参见《产品质量法》第73条第1款。
③ 参见《产品质量法》第73条第2款。
④ Vgl. MünchKomm/Wagner (2020), ProdHaftG §2. Rn. 31–33.
⑤ Vgl. MünchKomm/Wagner (2020), ProdHaftG §2. Rn. 18.
⑥ 参见东风汽车有限公司等与商洛市秦锌运输有限责任公司等产品质量损害赔偿纠纷案,陕西省高级人民法院(2010)陕民二终字第34号。
⑦ 参见《标准化法》第10条第1款。
⑧ 参见程啸:《侵权责任法》(第三版),法律出版社2021年版,第563—565页。

是安全性,而产品瑕疵更关注产品的适用性。① 认定是否存在物之瑕疵时,应当认定物的质量是否符合要求,首先看当事人的约定。没有约定或者约定不明时,根据本法第510条,双方可以协议补充,不能达成补充协议的,按照合同相关条款或者交易习惯确定。仍无法确定的,根据本法第511条第1项确定。而缺陷的判断主要是对不合理危险的认定。

2. 缺陷的类型

学理上将产品缺陷分为三类:设计缺陷、制造缺陷、警示缺陷。其区分实益在于:首先,能否进行产品召回不同。召回制度主要针对设计缺陷和制造缺陷。其次,判断产品缺陷的难易程度不同。设计缺陷以及制造缺陷普通人难以判断,需要借助专家鉴定。此外,实践中还发展出了第四类缺陷,即跟踪观察缺陷,具体参照本法第1206条。 9

(1)设计缺陷

在此种情况下,首先应当确定技术上是否可能采取额外的安全防范措施,即确定在产品投放市场时有其他的产品设计,选择这种设计就可以避免对法益的侵害。其次应当确定生产者是否有义务采取这一安全防范措施。主要采取成本与效益的评估法,即此种安全措施产生的利益是否超过其成本。该成本不仅要考虑到修改设计的直接成本,而且要考虑到修改后的产品的效用或耐久性的降低。② 另外,设计缺陷,可以适用发展风险抗辩(参见边码15)。 10

(2)制造缺陷

如果单个产品不符合生产者对自己提出的要求,即不符合为该产品系列规定的安全标准,则存在制造缺陷。通过将缺陷产品的状况与符合生产者设计的参考产品进行比较来确定。制造风险并不适用发展风险抗辩。但并非由生产者承担一切风险,若该风险对生产者来说只能以相当大的代价才能避免,而其又不会对使用者的合法利益造成严重危害,则应当排除生产者的责任。③ 11

(3)警示缺陷

如果使用者对使用方式和相关的危险没有或没有足够的了解,则存在警示缺陷。生产者有义务向使用者提供清晰、易懂、正确的产品安全使用说明。并且安全警告要求不仅包括预期用途,还应包括可以预见的滥用的后果。此 12

---

① 参见邹海林、朱广新:《民法典评注:侵权责任编1》,中国法制出版社2020年版,第394页(李昊执笔)。
② Vgl. MünchKomm/Wagner (2020), ProdHaftG §2. Rn. 44–45.
③ Vgl. MünchKomm/Wagner (2020), ProdHaftG §2. Rn. 42–43.

外,警示的强度取决于危险的大小,即取决于损害发生的可能性和届时将发生的损害数额,而这又取决于受侵害的法益的级别及其损害的强度。另外,所要求的说明的类型和强度在很大程度上取决于产品所预期的对象群体。①警示具体内容上可包括:1. 产品的性能、结构以及安装、使用、维护方法;2. 安装、使用、维护不当可能造成的人身、财产的危险;3. 存储、运输、保管时的特殊要求等。②

(三)因果关系

13　遵循侵权责任因果关系判断的一般准则。另外,就大规模产品责任事件,有观点认为应当采用市场份额责任理论(Theory of Market Share Liability)。③

(四)损害

14　本条中的损害应包括人身损害、财产损害、精神损害。其中,财产损害既包括缺陷产品以外的损害,也包括缺陷产品自身损害。而在具体认定上,既包括直接财产损失,也包括合理范围内的间接财产损失。具体数额可通过协商或者鉴定予以确定。

三、免责事由

15　免责事由包括:1. 未投入流通。2. 投入流通时,引起损害的缺陷尚不存在。但结合本法第 1203 条、第 1204 条,因运输者或者销售者造成缺陷的,生产者对外仍承担责任,只是对内并非最终责任。3. 将产品投入流通时的科学技术水平尚不能发现缺陷的存在。此为发展风险抗辩(Entwicklungsrisiko),在判断时点上,为投入流通时。若存在多次投入,则以科学技术水平最接近于发现缺陷的一次投入为标准,之前的投入生产者免责,而之后的则不免责。④ 另外,所谓的科学技术水平应认为是该领域世界科技水平,⑤但该观点

---

① Vgl. MünchKomm/Wagner (2020), ProdHaftG §2. Rn. 48.
② 参见程啸:《侵权责任法》(第三版),法律出版社 2021 年版,第 555 页。
③ 参见王利明:《侵权责任法研究(下卷)》(第二版),中国人民大学出版社 2016 年版,第 247 页;马新彦、孙大伟《我国未来侵权法市场份额规则的立法证成——以美国侵权法研究为路径而展开》,载《吉林大学社会科学学报》2009 年第 1 期;鲁晓明:《论美国法中市场份额责任理论及其在我国的应用》,载《法商研究》2009 年第 3 期。
④ 参见张新宝:《侵权责任法》(第三版),中国人民大学出版社 2013 年版,第 212 页。
⑤ 参见张新宝:《侵权责任法》(第三版),中国人民大学出版社 2013 年版,第 212 页;程啸《侵权责任法》(第三版),法律出版社 2021 年版,第 584 页。

仍存在争议。①

四、法律效果

符合上述构成要件的,产品的生产者应承担侵权损害赔偿责任。

五、证明责任

被侵权人须证明:1. 被告为缺陷产品的生产者,具体如提供产品相关标识;2. 产品存在缺陷,但此时被侵权人的证明责任不宜过高,只要初步认定产品存在缺陷即可,②实际判决中也存在证明责任倒置的情形③;3. 受到损害;4. 因果关系④,但并不要求被侵权人确切地证明损害就是因缺陷产品所致,仅证明存在一定关联即可⑤。生产者就免责事由及被侵权人过错等抗辩事由负证明责任。

第一千二百零三条 【被侵权人请求损害赔偿的途径和先行赔偿人追偿权】 因产品存在缺陷造成他人损害的,被侵权人可以向产品的生产者请求赔偿,也可以向产品的销售者请求赔偿。

产品缺陷由生产者造成的,销售者赔偿后,有权向生产者追偿。因销售者的过错使产品存在缺陷的,生产者赔偿后,有权向销售者追偿。

一、销售者

销售者的主要类型包括产品的批发商、零售商,以所有权保留或融资租赁等方式销售产品者。⑥ 另外,也包括违法允许他人使用自己营业执照的经营者(《消费者权益保护法》第 42 条)以及展销会的举办者、柜台的出租者(《消费者权益保护法》第 43 条)。通过网络平台交易商品或者食品、药品,

---

① 也有观点认为应以我国社会整体具有的科学技术水平为准,参见全国人民代表大会常务委员会法制工作委员会编:《中华人民共和国侵权责任法释义》(第 2 版),法律出版社 2013 年版,第 255—256 页;邹海林、朱广新主编:《民法典注评:侵权责任编 1》,中国法制出版社 2020 年版,第 405 页(李昊执笔)。

② 参见程啸:《侵权责任法》(第三版),法律出版社 2021 年版,第 569 页;冯某某与佛山市顺德区鑫晟汽车贸易有限公司产品责任纠纷案,广东省佛山市中级人民法院民事判决书(2006)佛中法民二终字第 532 号。

③ 参见陈某某、林某某诉日本三菱汽车工业株式会社损害赔偿纠纷案(最高人民法院公报案例),载《最高人民法院公报》2001 年第 2 期。

④ 参见贵阳大通装潢家集团与顺德市大地制漆有限公司、贵州隆程工贸有限公司产品质量纠纷案,贵州省贵阳市中级人民法法院(2000)筑经初字第 62 号。

⑤ 参见祁某某诉上海大众汽车有限公司产品责任纠纷案,北京市第一中级人民法院(2006)一中民终字第 25 号。

⑥ 参见高某诉南海市某医院及深圳市某医疗器械有限公司医疗产品质量责任案,最高人民法院中国应用法学研究所编:《人民法院案例选》2004 年民事专辑,人民法院出版社 2005 年版,第 218 页。

网络平台不能提供生产者或者销售者的真实名称、地址与有效联系方式的,也作为销售者。① 在其知道或者应当知道商品或者食品、药品的生产者、销售者利用其平台侵害消费者合法权益时,未采取必要措施的,直接承担连带责任,无须视为销售者。

二、生产者、销售者的责任

主流观点认为,生产者和销售者之间承担的是不真正连带责任。② 被侵权人可以选择生产者或者销售者的目的在于保护被侵权人,便于其请求赔偿。但这未必意味着生产者与销售者之间存在共同侵权行为。通常,二者有一方为终局责任承担者。

三、生产者与销售者之间的追偿权

关于销售者对生产者的追偿权,根据本法第1202条,生产者承担无过错责任,因此,销售者仅需证明产品缺陷是由生产者造成的,同时自己向被侵权人承担了赔偿责任。就生产者对销售者的追偿权而言,销售者承担最终责任的基础是过错责任,因此生产者应当证明缺陷是因销售者的过错而造成的。③

第一千二百零四条 【生产者、销售者对第三人的追偿权】因运输者、仓储者等第三人的过错使产品存在缺陷,造成他人损害的,产品的生产者、销售者赔偿后,有权向第三人追偿。

第一千二百零五条 【缺陷产品消极防御性请求权】因产品缺陷危及他人人身、财产安全的,被侵权人有权请求生产者、销售者承担停止侵害、排除妨碍、消除危险等侵权责任。

第一千二百零六条 【缺陷产品预防性补救责任】产品投入流通后发现存在缺陷的,生产者、销售者应当及时采取停止销售、警示、召回等补救措施;未及时采取补救措施或者补救措施不力造成损害扩大的,对扩大的损害也应当承担侵权责任。

依据前款规定采取召回措施的,生产者、销售者应当负担被侵权人因此支出的必要费用。

---

① 参见《消费者权益保护法》第44条第1款、《食品安全法》第131条第2款第2句、《审理食品药品案件规定》第9条第3款。

② 参见程啸:《侵权责任法》(第三版),法律出版社2021年版,第578页;王竹:《缺陷产品不真正连带制度的确立与完善》,载《中国社会科学报》2009年12月8日。

③ 参见最高人民法院民法典贯彻实施工作领导小组主编:《中华人民共和国民法典侵权责任编理解与适用》,人民法院出版社2020年版,第324页。

第一千二百零七条 【产品责任的惩罚性赔偿】明知产品存在缺陷仍然生产、销售,或者没有依据前条规定采取有效补救措施,造成他人死亡或者健康严重损害的,被侵权人有权请求相应的惩罚性赔偿。

一、规范目的

本条规定产品责任的惩罚性赔偿,其功能在于:首先,可以惩罚和震慑不法行为人,提高违法成本使得侵权人承担相应的责任。其次,可以抚慰受害人并促进受害人提起诉讼。最后,可以弥补国家机关执法能力的不足。①

二、构成要件

惩罚性赔偿责任的构成要件包括:第一,产品存在缺陷。第二,发生他人死亡或者健康严重损害的后果,如果只是财产损害或者轻微的人身损害,并不适用本条。第三,须存在因果关系。第四,产品生产者、销售者为故意。

三、具体数额确定

惩罚性赔偿需要参考补偿性赔偿数额,具体可以参照《消费者权益保护法》第55条、《食品安全法》第148条等通过倍数进行确定。具体判断赔偿是否为"相应的",可以在个案中考虑侵权人的主观过错程度、损害后果严重程度、侵权行为的具体细节、侵权人的经济能力、原告的数量、侵权人已经承担的或者将要承担的其他财产性责任等因素。②

第五章 机动车交通事故责任

第一千二百零八条 【机动车交通事故责任的法律适用】机动车发生交通事故造成损害的,依照道路交通安全法律和本法的有关规定承担赔偿责任。

一、归责原则

根据《道路交通安全法》第76条第1款第1项规定,机动车之间发生交通事故的,就第三方责任强制保险赔偿限额范围之外的损失之赔偿责任,适用过错责任原则。根据《道路交通安全法》第76条第1款第2项规定,机动车与非机动车驾驶人、行人之间发生交通事故的,适用何种责任存在争议。③

---

① 参见最高人民法院民法典贯彻实施工作领导小组主编:《中华人民共和国民法典侵权责任编理解与适用》,人民法院出版社2020年版,第347页。

② 参见张晓梅、韩长印:《中国惩罚性赔偿制度的反思与重构》,上海交通大学出版社2015年版,第128页。

③ 部分观点认为属于过错推定责任,具体参见王利明:《侵权责任法研究(下卷)》(第二版),中国人民大学出版社2016年版,第298—302页。

本书认为应采无过错责任,理由在于:从文义解释上看,第 2 项使用了两个分号,因此,第 3 分句若对第 2 分句有影响,则对第 1 分句同样产生影响。另外,从客观目的论解释角度出发,机动车一般被认为是危险源,因此采用危险责任。①

二、构成要件

(一)存在机动车造成交通事故的行为

关于机动车、道路、交通事故的概念,具体参见《道路交通安全法》第 119 条。

(二)造成他人损害

他人既包括行人、非机动车驾驶人、其他机动车上的人员,也包括本车上的人员。并且,损害包括人身损害,如生命、身体、健康等,也包括财产权损害。另外,人身损害中既包括财产损害,也包括精神损害。②

(三)机动车因运行导致他人损害

机动车须投入运行中或者处于运行中。应当强调机动车依其用途、目的而加以使用的状态,只要处于依使用方法而被使用的状态即可。机动车在停车场充电时发生自燃的,不适用本条。就因果关系而论,依据一般侵权行为的标准判断即可。

(四)机动车之间发生事故时,行为人存在过错

无论是加害人的过失还是受害人的过失的认定,都采用客观标准。实践中,通过公安机关道路交通管理部门出具的交通事故责任认定书,作为确定过错的主要依据。但应注意,此仅作为证据,并非决定性的标准。

三、减责、免责事由

《道路交通安全法》第 76 条第 1 款第 1 项、第 2 项第 2 分句均规定了减责事由。而《道路交通安全法》第 76 条第 2 款中的故意碰撞,主要是指自杀、自残、碰瓷等行为。

第一千二百零九条 【机动车所有人、管理人与使用人不一致时的侵权责任】因租赁、借用等情形机动车所有人、管理人与使用人不是同一人时,发生交通事故造成损害,属于该机动车一方责任的,由机动车使用人承担赔偿责任;机动车所有人、管理人对损害的发生有过错的,承担相应的赔偿责任。

---

① 参见最高人民法院民法典贯彻实施工作领导小组主编:《中华人民共和国民法典侵权责任编理解与适用》,人民法院出版社 2020 年版,第 361 页。

② 参见程啸:《侵权责任法》(第三版),法律出版社 2021 年版,第 595 页。

一、适用情形

本条所谓的使用人须满足两个条件:一是使用人基于合法的权利而使用机动车,二是所有人将机动车交付给了使用人。典型情形包括租赁和借用。主要的租赁形态包括三种:1. 经营租赁,即出租人以收取租金为主要经营内容的机动车租赁;2. 融资租赁;3. 分时租赁。借用为无偿供他人使用,通常发生在熟人、朋友、单位之间。本条规定,由使用人承担赔偿责任,理论基础在于运行支配和运行利益说,即以实际上支配机动车以及从机动车运营中获利作为标准。

二、所有人、管理人的过错认定

所有人、管理人自身是使用人时,相对于非机车驾驶人和行人承担无过错责任。如果两者因为合法原因分离时,所有人、管理人承担的是过错责任。判断所有人、管理人是否存在过错,可以结合《道路交通事故损害赔偿解释》第1条进行认定。所谓相应的赔偿责任是指根据所有人、管理人与使用人之间的过错程度以及原因力的比较,确定其应当承担的份额。

第一千二百一十条　【转让并交付但未办理登记的机动车侵权责任】当事人之间已经以买卖或者其他方式转让并交付机动车但是未办理登记,发生交通事故造成损害,属于该机动车一方责任的,由受让人承担赔偿责任。

一、受让人承担责任之理由

使受让人承担责任的理由在于转让人虽然没有办理变更登记,但并没有实施侵权行为,而受让人为实际控制机动车的占有人,对风险能够控制并且享有运行利益。另外,依据本法第224—225条,机动车交付受让人后,即便尚未登记,受让人亦取得所有权。

二、特殊情形

分期付款买卖中由谁承担赔偿责任存在争议。分期付款买卖中往往有所有权保留的特约,因此在买受人没有履行支付价款义务之前,机动车的所有权仍属于出卖人。由于所有权保留只是起到了担保作用,机动车的运行支配和运行利益实际上仍然属于买受人,因此,应当由买受人承担责任。

而在让与担保情形中,发生交通事故造成损害时,仍应当由实际占有的原所有权人承担赔偿责任。在售后回租情形中,应和让与担保情形作相同处理。①

---

① 参见最高人民法院民法典贯彻实施工作领导小组主编:《中华人民共和国民法典侵权责任编理解与适用》,人民法院出版社2020年版,第374页。

第一千二百一十一条　【挂靠机动车侵权责任】以挂靠形式从事道路运输经营活动的机动车,发生交通事故造成损害,属于该机动车一方责任的,由挂靠人和被挂靠人承担连带责任。

一、挂靠的情形

挂靠是指为了满足法律或者地方政府对车辆运输经营管理上的要求,民事主体将自己出资购买的机动车挂靠于某个具有运输经营权的公司,向该公司缴纳或者不缴纳一定的管理费用,由该公司为挂靠车主代办各种相应的法律手续。① 在借用个人或者单位名义购买机动车情形中,因为出借名义的人没有实际控制以及获得行驶的利益,因此不宜纳入本条的调整范围。

二、挂靠人与被挂靠人承担连带责任

挂靠人和被挂靠人承担连带责任,有观点认为,原因在于被挂靠人对于挂靠车辆的运行可以进行控制,并且可以通过其运行获得利益。② 还有观点认为原因可以从共同侵权角度阐释。③ 但本书认为,此时承担连带责任仅为法政策的考虑,即打击挂靠的现象。

第一千二百一十二条　【未经允许驾驶他人机动车侵权责任】未经允许驾驶他人机动车,发生交通事故造成损害,属于该机动车一方责任的,由机动车使用人承担赔偿责任;机动车所有人、管理人对损害的发生有过错的,承担相应的赔偿责任,但是本章另有规定的除外。

一、未经允许驾驶的情形及要件

未经允许的主要情形为:第一,存在于特定关系的当事人之间,如亲属关系、朋友关系。第二,没有特定关系的当事人之间发生的擅自驾驶,如泊车员偷偷开车出去兜风、修车厂员工偷开车等。

未经允许应当包含以下要件:第一,应当经过所有人、管理人允许方能由他人使用机动车。第二,不存在基础原因关系。第三,机动车使用人并非因盗窃、抢劫或者抢夺等违法行为获得机动车。

二、与盗窃、抢劫或抢夺的区别

与盗窃、抢劫或抢夺的区别在于是否具有据为己有的意图。偷开机动车者并没有据为己有的意图,而是临时使用他人的机动车。但是,如果在偷开过程中,突然据为己有的意图,则适用本法第1215条。

---

① 参见程啸:《侵权责任法》(第三版),法律出版社2021年版,第608页。
② 同上注,第609页。
③ 参见最高人民法院民法典贯彻实施工作领导小组主编:《中华人民共和国民法典侵权责任编理解与适用》,人民法院出版社2020年版,第377页。

三、过错

本条的过错并不是针对交通事故损害的过错,而是针对机动车被他人擅自驾驶的过错。①

第一千二百一十三条 【交通事故损害赔偿顺序】机动车发生交通事故造成损害,属于该机动车一方责任的,先由承保机动车强制保险的保险人在强制保险责任限额范围内予以赔偿;不足部分,由承保机动车商业保险的保险人按照保险合同的约定予以赔偿;仍然不足或者没有投保机动车商业保险的,由侵权人赔偿。

第一千二百一十四条 【拼装车、报废车交通事故责任】以买卖或者其他方式转让拼装或者已经达到报废标准的机动车,发生交通事故造成损害的,由转让人和受让人承担连带责任。

第一千二百一十五条 【盗窃、抢劫或抢夺机动车侵权责任】盗窃、抢劫或者抢夺的机动车发生交通事故造成损害的,由盗窃人、抢劫人或者抢夺人承担赔偿责任。盗窃人、抢劫人或者抢夺人与机动车使用人不是同一人,发生交通事故造成损害,属于该机动车一方责任的,由盗窃人、抢劫人或者抢夺人与机动车使用人承担连带责任。

保险人在机动车强制保险责任限额范围内垫付抢救费用的,有权向交通事故责任人追偿。

一、盗窃、抢劫或者抢夺人的责任

当机动车被盗窃、抢劫、抢夺时,仅由盗窃、抢劫、抢夺人承担责任。即使机动车本身存在缺陷也是如此。理由在于:机动车的所有人、管理人本身为受害人,机动车系在违背其意志的情况下脱离其控制。

当盗窃、抢劫或者抢夺人与使用人分离时,其与使用人承担连带责任,原因在于"一个窃贼永远是保有者"②,使其承担连带责任可以制裁违法犯罪行为。

二、交强险保险公司的垫付义务

保险人是仅负担垫付抢救费用还是应在交强险限额内对他人的人身伤

---

① 参见杜万华、贺小荣、李明义、姜强:《〈关于审理道路交通事故损害赔偿案件适用法律若干问题的解释〉的理解与适用》,载《法律适用》2013 年第 3 期。

② 参见[德]克里斯蒂安·冯·巴尔:《欧洲比较侵权行为法(上卷)》,张新宝译,法律出版社 2001 年版,第 281 页。

亡和财产损失先行赔付存在争议。[1] 从文义解释看,当发生交通事故造成损害时,应当先由盗窃人、抢劫人、抢夺人承担赔偿责任。只有在受害人需要抢救时,保险人只有在机动车强制保险责任范围内才负有垫付抢救费用的义务,并有权向交通事故责任人追偿。

第一千二百一十六条 【驾驶人逃逸】机动车驾驶人发生交通事故后逃逸,该机动车参加强制保险的,由保险人在机动车强制保险责任限额范围内予以赔偿;机动车不明、该机动车未参加强制保险或者抢救费用超过机动车强制保险责任限额,需要支付被侵权人人身伤亡的抢救、丧葬等费用的,由道路交通事故社会救助基金垫付。道路交通事故社会救助基金垫付后,其管理机构有权向交通事故责任人追偿。

第一千二百一十七条 【好意同乘中责任人的责任限制】非营运机动车发生交通事故造成无偿搭乘人损害,属于该机动车一方责任的,应当减轻其赔偿责任,但是机动车使用人有故意或者重大过失的除外。

一、概念解析

1　本条是对好意同乘中的责任人进行责任限制的条款。所谓好意同乘,也被称为"好意搭乘""免费搭车""搭便车""情谊同乘",是指机动车保有方无偿搭载同乘人,将其运送至目的地的行为。实践中绝大多数好意同乘行为都属于纯粹日常的情谊行为,即处于法律调整范围之外的社交行为。我国理论界和司法界将其称为"情谊行为"。情谊行为具有三个基本特征,即无偿性、利他性和参与者意愿一致性。

2　情谊行为的法律效果是:情谊给付不具有强制履行的效力,但若给付已经完成,施惠者也不能以不当得利为由要求返还。施惠者若因情谊给付给受益人造成损害,则落入侵权责任法的调整范围。若符合侵权责任构成要件,则施惠者应对受害人承担侵权损害赔偿责任。

3　情谊行为与法律行为的区别:根据德国理论和司法实务界的通说,情谊行为与法律行为区分的界限包括主观标准与客观标准。主观标准是"受法律约束的意思",一项情谊行为,只有在给付者具有法律上受约束的意思时,才具有法律行为的性质。这种意思,表现为给付者有意使他的行为获得法律行为上的效力……亦即他想引起某种法律约束力……而且受领人也是在这个意义上受领这种给付的。如果不存在这种意思,则不得从法律行为的角度

---

[1] 参见最高人民法院民法典贯彻实施工作领导小组主编:《中华人民共和国民法典侵权责任编理解与适用》,人民法院出版社 2020 年版,第 397 页。

来评价这种行为。这一标准叫作受法律约束的意思或法律后果意思"。① 虽然属于主观标准,但对"受法律约束的意思"要依据当事人行为的客观表现进行规范性解释,即主观标准客观化。然而,参与者之间通常不会考虑行为的法律后果,也不会对情谊给付过程进行法律上的约定。因此除了要用意思表示的解释方法对当事人间的主观意愿进行解释,还需要对情谊关系所处的具体状况和环境进行考量。"当事人之间内部的约定是否具有法律约束力,只能根据当事人所考虑到的依其忠诚、信任以及顾及其沟通情况的利益状况来评估"。② 客观标准包括情谊行为的种类和基础、情谊给付的经济意义、情谊行为所涉标的物的价值、双方所持因情谊给付产生利益增值的主观状态、情谊行为人一方的利益、情谊给付行为的风险等。③

形成固定出行共同体的好意同乘一般不属于情谊行为。如果当事人经过约定形成固定的出行共同体,如住在同一小区的同事长期共乘一辆机动车上下班,并对汽油费等成本分摊进行了约定。由于此种行为具有长期稳定性和可预测性的特征,且在参与者之间已经形成一定的信赖关系,则不宜再将其与偶然的搭乘行为一视同仁,而是应当认定为当事人之间形成了无偿委托的合同关系或者合伙关系,进而在发生损害时适用合同法的相关规定,而不适用本条规定。④

二、责任限制的适用范围

本条对于好意同乘中的施惠人减轻责任的规定是对助人为乐良好社会风尚的倡导,有利于鼓励助人的善良意愿,符合公序良俗和公平原则。基于该立法目的,首先,应对"非营运机动车"的概念进行扩张解释,即把"机动车处于非营运状态"也解释为"非营运机动车"。比如,营运机动车行驶途中遇到受伤的行人需要急救,无偿将其送去医院,该行为即符合这一概念。其次,应对好意同乘中施惠者的侵权责任适用过错责任归责原则。最后,对于施惠者的侵权责任存在责任限制,即对其轻过失应当减轻赔偿责任,对其故意和重大过失不能适用责任限制的规定。

三、证明责任

按照一般侵权责任的证明标准,应由受害人对于好意同乘中加害人的行

---

① 参见[德]迪特尔·梅迪库斯:《德国民法总论》,邵建东译,法律出版社2000年版,第153页。
② Vgl. Dieter Medicus, Allgemeiner Teil des BGB, 10. Aufl., 2010, §18 Rn. 192f.
③ Vgl. Daniel Holzmann, Bestrafter Altruismus? – Haftung aus Gefälligkeitsverhältnissen, 2015, S. 92–99.
④ 德国联邦最高法院在相关案例中确认此种情形的好意同乘当事人之间形成委任关系。Vgl. BGH. NJW 1992, 498ff.

为符合侵权责任构成要件承担证明责任,加害人主张减责,受害人提出异议的,受害人须证明加害人存在故意或重大过失。

第六章 医疗损害责任

第一千二百一十八条 【医疗损害责任归责原则和责任承担主体】患者在诊疗活动中受到损害,医疗机构或者其医务人员有过错的,由医疗机构承担赔偿责任。

一、诊疗活动的类型及范围

1 　　《医疗机构管理条例实施细则》第 88 条对诊疗活动作出了定义。可从三个方面对诊疗活动进行理解:第一,以治疗、矫正或者预防人体疾病、伤害残缺或者保健为主要目的。第二,借助医学上的方法和手段。第三,医务人员实施的行为,包括医生和护士。①

2 　　诊疗活动包括几种特殊类型:1. 医疗美容,医疗美容虽然与诊疗活动在目的上有所区别,但是两者的行为专业性和对人身的损害性相同,因此属于医疗损害责任。② 2. 预防接种活动同样属于诊疗活动,承担责任主要包括疫苗不合格造成人身损害和未尽到告知义务造成人身损害等。3. 强制医疗,如强制戒毒等。

3 　　诊疗活动自身具有特殊性,因此,损害仅限于生命、身体、健康或者患者的自主决定权受到侵害造成的损害。至于向他人透露患者隐私,则属于侵害隐私权而非医疗损害责任的范畴。

二、医疗损害责任的归责原则

4 　　依本条,医疗损害责任采过错责任原则。所谓过错包括医务人员过错和医疗机构过错。

三、医疗损害责任的主体

5 　　我国医疗损害责任的主体为医疗机构③,医务人员一般不是医疗赔偿责任主体,通说认为此处为替代责任的体现。在院外会诊情形中,受邀医务人员因过错造成他人损失的由邀请的医疗机构承担赔偿责任。④ 原因在于:第

---

① 参见最高人民法院民法典贯彻实施工作领导小组主编:《中华人民共和国民法典侵权责任编理解与适用》,人民法院出版社 2020 年版,第 420 页。
② 参见《医疗损害责任解释》第 1 条第 2 款。
③ 具体分类参见《医疗机构管理条例》第 2 条,《医疗机构管理条例实施细则》第 2 条、第 3 条。
④ 参见《医疗损害责任解释》第 20 条。

一,院外会诊促进了邀请医疗机构与外院的交流,提高邀请医疗机构的医疗技术和水平。第二,患者不需要再转院,增加了邀请医疗机构的经济收入。在个体医师(《执业医师法》第19条第1款)情形中,其为独立的医疗服务提供者,其责任由个体医师自己承担。

第一千二百一十九条 【医务人员说明义务和患者知情同意权】医务人员在诊疗活动中应当向患者说明病情和医疗措施。需要实施手术、特殊检查、特殊治疗的,医务人员应当及时向患者具体说明医疗风险、替代医疗方案等情况,并取得其明确同意;不能或者不宜向患者说明的,应当向患者的近亲属说明,并取得其明确同意。

医务人员未尽到前款义务,造成患者损害的,医疗机构应当承担赔偿责任。

一、告知说明义务的来源

医方告知说明义务源于患者的自主决定权。医疗活动本质上具有高度风险性和不确定性,因此,基于医疗活动的高度专业性和医患之间信息的不对称,医方需要对相关信息进行充分告知说明。这也是合作主义下"医患互动"的要求。①

二、告知说明义务的标准与内容

就告知义务的主体而言,负有告知义务的主体为医务人员。就告知义务的标准而言,以具体病人标准说为准,即考虑患者的年龄、性格、信念、身心状态等告知该患者所重视的医疗信息。但应注意,属于医务人员自由裁量的信息,如告知患者其治疗行为会导致局部麻痹的危险,而未告知具体数据并不违反说明义务。另外,属于常识性的信息也不需要告知。

告知义务的内容可分为一般的告知说明义务与特别告知说明义务。一般告知说明义务主要是指及时、准确、全面地向患者说明病情,即患有何种疾病、严重程度、对身体的影响、不予治疗的后果、治疗以后对健康的影响等。此外,还应告知可能采取的医疗措施,包括医疗行为的性质、理由、内容、预期达到的效果、医疗方式、难易程度以及所需要的费用,并详细地说明药物如何服用、有无饮食禁忌、康复注意事项等。在特殊诊疗活动中存在特别告知说明义务。所谓特殊诊疗活动主要类型规定于《医疗机构管理条例实施细则》第88条。包括对医疗风险的告知,即该医疗措施可能导致的并发症、后遗症、不良反应等,以及替代医疗方案的告知,主要包括是否存在替代医疗行

---

① 参见周友军:《侵权责任法专题讲座》,人民法院出版社2011年版,第418页。

为,其侵害、治疗效果及不选择该种治疗的原因等。

三、患者与近亲属的同意权

患者同意权以医务人员履行告知义务为前提,并且需要患者具有行为能力,如果医疗行为在实施过程中需要变更,还需要患者再次同意。另外,患者的同意可以任意撤销。本条中的"不宜向患者说明"主要指的是医方的医疗特权情形①,即患者的病情决定了不宜向其说明。② 而本条中的"不能"情形主要是指患者为无民事行为能力人、限制民事行为能力人以及暂时失去意识等情形。另外,须注意,如果患者近亲属的决定明显违背患者的意愿或者利益,医疗机构应有权对其决定进行监督。如果存在多个近亲属意见不一时,医方可以自己决定。

第一千二百二十条 【医疗机构紧急救助】因抢救生命垂危的患者等紧急情况,不能取得患者或者其近亲属意见的,经医疗机构负责人或者授权的负责人批准,可以立即实施相应的医疗措施。

第一千二百二十一条 【诊疗活动中医务人员过错的界定】医务人员在诊疗活动中未尽到与当时的医疗水平相应的诊疗义务,造成患者损害的,医疗机构应当承担赔偿责任。

本条确立了医疗过错认定的一般标准,具体包括:1. 以实施诊疗活动之时作为判断的时点;2. 以医疗水准作为判断标准,即区分学问上的医学水准和实践中的医疗水准③;3. 以普通医务人员的诊疗义务为准,即采用客观标准并且选取普通医务人员作为参照。

在认定医疗过错时,还须注意以下问题:第一,若属于医师的裁量权范围内,则没有过错,但医师所决定的行为必须不违反医学常识并且为医学界公认为合理。第二,根据地域差异区分不同的注意义务。第三,对于试验性医疗应当采取更高的注意义务标准,而紧急情况则可以降低标准。第四,关于医疗机构的等级对注意义务的影响,存在争议。肯定观点认为,在期待和费用上不同,因此可以通过等级确定不同的注意义务。否定观点认为,诊疗规范是一致的,既然都能做某种手术,标准不应当有所区别。

第一千二百二十二条 【推定医疗机构有过错的情形】患者在诊疗活动中受到损害,有下列情形之一的,推定医疗机构有过错:

---

① 参见穆冠群:《论英美法上的医疗特权——兼议保护性医疗措施在我国民法典侵权编中的构建》,载《政治与法律》2018 年第 5 期。
② 参见《执业医师法》第 26 条第 1 款、《医疗事故处理条例》第 11 条。
③ 参见黄丁全:《医事法》,中国政法大学出版社 2003 年版,第 333 页。

(一)违反法律、行政法规、规章以及其他有关诊疗规范的规定；
(二)隐匿或者拒绝提供与纠纷有关的病历资料；
(三)遗失、伪造、篡改或者违法销毁病历资料。

本条为推定医疗机构有过错的法定情形,旨在降低患者行使损害赔偿请求权的难度。

本条第1项规定之原因在于,诊疗活动具有高度专业性、复杂性,因此医疗机构人员必须遵守法律、行政法规、规章①以及有关诊疗规范②,以防止给患者的生命、身体、健康造成损害。因此,在违反本项时,很有可能是因医疗机构的过错所致。但需要注意,诊疗规范不等于医疗常规③,医疗常规不具有强制性,并不属于诊疗规范的范畴。原因在于,将医学行业公认的标准、操作规程等医疗常规或者医学专业著作、教科书等内容作为诊疗规范的观点,不利于实践和探索,将严重限制执业医生的灵活性以及探索新技术新方法的积极性。

本条第2项中的病历资料是整个医疗活动过程记录的载体。具体类型规定于《医疗纠纷预防和处理条例》第16条第1款。须注意,隐匿或者拒绝提供与纠纷有关的病历资料,医疗机构主观上是故意的,但是受害人无须证明医疗机构的主观状态(《医疗损害责任解释》第6条第2款)。还需注意,医疗机构隐匿或拒绝的病历资料须与纠纷有关。

本条第3项主要包括两种情形,第一种为医疗机构以病历资料遗失、被销毁为由不提供。若以遗失为由,则属于证明妨碍行为。若以被销毁为由,须区分是否合法,合法情形如《医疗机构病历管理规定》第29条。否则属于非法销毁,推定医疗机构具有过错。第二种为医疗机构提供病历资料,但是所提供的病历资料为伪造的或者篡改的。病历书的基本规范参照《病历书写基本规范》,如第13条、第14条、第17条第2款、第22条等,以保证病历资料的真实性和原始性。应当区分的是,修改行为如医生的错别字修改等并

---

① 如《执业医师法》《精神卫生法》《药品管理法》《献血法》《传染病防治法》《医疗机构管理条例》《医疗纠纷预防与处理条例》《医疗事故处理条例》《血液制品管理条例》《护士条例》《医疗美容服务管理办法》《血站管理办法》《处方管理办法》《放射诊疗管理规定》《医师外出会诊管理暂行规定》《消毒管理办法》《人类辅助生殖技术管理办法》等。

② 狭义的诊疗规范包括国家健康委员会、国家中医药管理局指定认可的与诊疗活动有关的技术标准、操作规程等规范性文件。广义的诊疗规范还包括国家行业协会指定的各种标准、规程、规范、制度。

③ 参见窦海阳:《法院对医务人员过失判断依据之辨析——以〈侵权责任法〉施行以来相关判决为主要考察对象》,载《现代法学》2015年第2期。

非篡改。另外,如果是非实质性的内容篡改,并不推定医疗机构具有过错。

第一千二百二十三条 【因药品、消毒产品、医疗器械的缺陷或者输入不合格血液的侵权责任】因药品、消毒产品、医疗器械的缺陷,或者输入不合格的血液造成患者损害的,患者可以向药品上市许可持有人、生产者、血液提供机构请求赔偿,也可以向医疗机构请求赔偿。患者向医疗机构请求赔偿的,医疗机构赔偿后,有权向负有责任的药品上市许可持有人、生产者、血液提供机构追偿。

一、医疗产品责任与医疗损害责任之区别

1　　本条所调整的是医疗产品责任,与之前的医疗损害责任存在一定的联系,但应当予以区分。区别主要在于,该条所谓的医疗产品责任承担的是危险责任,不以过错为要件,而医疗损害责任则以过错为要件。并且,医疗产品责任仍为产品责任,其核心为产品缺陷。而医疗损害责任是以诊疗活动中的过错为核心,如开错了药,未正确告知诊断情况等。另外,就责任主体而言,医疗产品责任的主体为生产者与销售者,而医疗损害责任主体为医疗机构。

二、医疗产品责任的构成要件

2　　首先,医疗产品须存在缺陷。药品、消毒产品、医疗器械属于产品并无争议,唯有血液是否属于产品的范畴存在争议。否定说认为抽取、分装、储存、保管、运输血液等都不构成加工。[①] 肯定说则认为加工、制作是指通过人为因素改变产品的内在或者外在品质,因此,血液属于产品。[②] 我国更多是基于法政策的考量,即从保护患者的角度出发,认为血液属于产品。[③] 另外,此处的缺陷与本法第1202条的产品责任中的缺陷作同一理解。

3　　其次,受害人有损害,由于医疗产品的特殊性,因此通常导致的是受害人的人身权益受到侵害,如因药品中有不当成分,导致患者的健康受损。此外,患者并不一定与医疗机构之间存在医疗合同,如甲从医院配完药,甲的朋友乙服用同样适用该条。

4　　最后,缺陷与损害之间存在因果关系。在因果关系的认定上,应当同时检验事实上的因果关系和法律上的因果关系。

三、免责事由

5　　免责事由包括:1. 未将医疗产品投入流通;2. 医疗产品投入流通时,引

---

① 参见《美国侵权法重述·产品责任》(第三版)第19条。
② 参见周新军:《产品责任立法中的利益衡平》,中山大学出版社2007年版,第315页。
③ 参见最高人民法院民法典贯彻实施工作领导小组主编:《中华人民共和国民法典侵权责任编理解与适用》,人民法院出版社2020年版,第475页。

起损害的缺陷尚不存在;3. 将医疗产品投入流通时的科学技术水平尚不能发现缺陷的存在。

四、责任主体

第一,医疗机构作为责任主体可以基于以下原因:1. 医疗机构自制医疗产品;2. 医疗机构采购并在诊疗中使用的他人生产销售的医疗产品;3. 医疗机构为诊疗目的销售药品等医疗产品。第二,药品上市许可持有人是指取得药品注册证书的企业或者药品研制机构等。[①] 上市许可持有人在进行药品研发后,可以自行生产,也可以委托其他生产企业生产,在委托生产情况下,受委托的生产企业按照委托生产合同的规定就药品质量对上市许可持有人负责。对外由持有人对患者承担缺陷药品责任。第三,生产者,主要是指接受药品许可持有人委托进行药品生产的企业。第四,销售者,本条虽然规定了医疗机构但是并不周延,应当准用本法第1203条。

五、医疗产品责任的追偿

本条仅规定了医疗机构的追偿权。但是如果血液提供机构等能够证明是医疗机构的过错导致血液不合格或者类似情形的,则也可以向医疗机构追偿。

第一千二百二十四条 【医疗机构免责情形】患者在诊疗活动中受到损害,有下列情形之一的,医疗机构不承担赔偿责任:

(一)患者或者其近亲属不配合医疗机构进行符合诊疗规范的诊疗;

(二)医务人员在抢救生命垂危的患者等紧急情况下已经尽到合理诊疗义务;

(三)限于当时的医疗水平难以诊疗。

前款第一项情形中,医疗机构或者其医务人员也有过错的,应当承担相应的赔偿责任。

本条第1款第1项规定了患者违反协力义务的后果。有效的治疗不仅需要医疗机构尽到其义务,还需要患者的配合。具体包括:第一,患者在医疗活动中尽到其诚信义务,以最大诚信向医方提供与诊疗有关的信息,如告知病史和已知道的过敏源,如实回答医方的问题等。第二,遵守医嘱,按照医务人员的要求配合治疗。若患者无法独立完成上述行为,则其近亲属有义务协助,如按时喂药。违反该义务的患者主观上须为故意或过失。在主观过错的判断上,采合理患者标准。另外,患者的此项义务须以医务人员行使了告知

[①] 参见《药品管理法》第30条。

说明义务为前提。

本条第1款第2项、第3项均须根据具体诊疗情况判断,医务人员在抢救等紧急情况下,无法如同一般的诊疗活动那样不断通过全盘思考,得出全面的结论。具体何为合理诊疗义务,须结合个案判断。第1款第3项为本法第1221条之反面解释。其作用在于保障医学的发展。

第一千二百二十五条 【病历资料填写、保管与提供义务】医疗机构及其医务人员应当按照规定填写并妥善保管住院志、医嘱单、检验报告、手术及麻醉记录、病理资料、护理记录等病历资料。

患者要求查阅、复制前款规定的病历资料的,医疗机构应当及时提供。

第一千二百二十六条 【患者隐私与个人信息保密义务】医疗机构及其医务人员应当对患者的隐私和个人信息保密。泄露患者的隐私和个人信息,或者未经患者同意公开其病历资料的,应当承担侵权责任。

第一千二百二十七条 【不实施不必要检查的义务】医疗机构及其医务人员不得违反诊疗规范实施不必要的检查。

第一千二百二十八条 【禁止干扰医疗秩序】医疗机构及其医务人员的合法权益受法律保护。

干扰医疗秩序,妨碍医务人员工作、生活,侵害医务人员合法权益的,应当依法承担法律责任。

第七章 环境污染和生态破坏责任

第一千二百二十九条 【环境生态侵权责任】因污染环境、破坏生态造成他人损害的,侵权人应当承担侵权责任。

一、归责原则

环境生态侵权责任采取无过错责任原则,原因在于:第一,其满足危险责任的基本思想,即人类向环境排放的污染物质本身具有一定的危险性,具有造成损害的高度可能性。第二,其有助于救助受害人,因为污染本身涉及复杂的科学技术问题,普通大众难以了解污染的原因,更难证明对方的过错。第三,工业活动本身是被允许的,因此,作为工业活动环节的排污环节也是被允许的,因此,该行为本身是合法行为,而危险责任本身是对合法行为的责任。第四,有利于督促污染者积极预防污染和治理环境。生态破坏行为与污染环境行为同样采用无过错责任的原因在于,生态破坏多为长期积累的问题,具有潜伏性,很难查清行为人在哪个阶段是否存在过错。另外,生态系统作为一个复杂适应系统,其下各子系统相互影响,达到动态平衡。一旦其中的平衡被打破,整个系统都将受到影响。其危害的对象往往并非个体或者小范围的群体,需要以严格责任控制相关活动。

二、构成要件

(一)环境污染行为、破坏生态行为

认定环境污染行为主要考虑如下要素:第一,其为对环境产生影响的活动,即污染扩散到土地、空气和水之中。① 第二,其为影响环境的营业活动,理由在于从事营业活动者承担危险责任,有利于损害的社会化分担。非从事营业活动者不宜承担严格责任,但如果限于工业活动又过于狭窄。这样有利于避免环境污染责任的过分扩张。第三,其为通过影响环境而侵害民事权益的活动。环境污染的具体类型包括:1. 大气污染;2. 水污染;3. 环境噪声污染;4. 固体废物污染;5. 海洋环境污染;6. 放射性污染。破坏生态主要有水土流失、沙漠化、森林锐减、生物多样性减少、湖泊富营养化、地面下沉等。

在判断是否从事了污染环境、破坏生态的行为时,是否符合国家、地方规定的污染物排放标准是一个重要的判断标准。不过,即使企业等民事主体的排污行为符合排污标准,但只要造成了他人损害,依然需要承担侵权责任,排污符合国家标准或地方标准不能作为污染者减轻或者免除责任的理由(《环境侵权责任解释》第 1 条第 1 款)。

(二)损害

就损害而言,既包括人身伤亡,如对他人的健康造成损害,也包括对财产权造成损害,如河流污染导致农户的鱼塘里的鱼死亡。此外,对被污染者因清除污染而支出的费用应当予以赔偿。还应当注意,我国实行全部赔偿原则,包括直接损失和间接损失的赔偿。②

(三)因果关系

我国就环境生态侵权责任的因果关系采用证明责任倒置规则(参见本法第 1230 条)。

三、免责事由

侵权人的免责事由包括不可抗力和受害人故意,如《水污染防治法》第 96 条第 2 款、第 3 款、《海洋环境保护法》第 91 条。减责事由为受害人对损

---

① 参见[德]马克西米利安·福克斯:《侵权行为法》(第 5 版),齐晓琨译,法律出版社 2006 年版,第 297 页。

② 参见第三航务工程局第三公司等与潘某某环境污染损害赔偿纠纷案,江苏省南京市中级人民法院民事判决书(1999)宁民再终字第 9 号。

害的发生或扩大具有重大过失。比如《水污染防治法》第 96 条第 3 款第 2 句。

第一千二百三十条　【环境生态侵权责任的举证责任】因污染环境、破坏生态发生纠纷，行为人应当就法律规定的不承担责任或者减轻责任的情形及其行为与损害之间不存在因果关系承担举证责任。

1　　就因果关系而论,本条采用推定规则,原因在于环境污染、生态破坏侵权行为具有长期性、潜伏性、持续性、广泛性的特点,并且其造成损害的过程十分复杂,普通人对于许多造成损害的物质的工作原理并不清楚。因此,如果由受害人承担证明责任,既不利于维护其合法权益,也不利于保护环境和生态。

2　　受害人只要提供初步证据,根据盖然性标准,认为侵权人实施了污染环境的行为而使得受害人遭受损害,举证责任即发生移转。受害人提供的证据主要包括:1. 污染者排放了污染物;2. 受害人的损害;3. 污染物与损害具有关联性,在常识可判断的情况下,依据社会生活经验认为环境污染和损害结果之间存在关联即可。①

3　　关于因果关系,侵权人的证明责任内容为:污染物没有造成损害的可能,或者污染物未到达损害发生地,又或者损害在污染物排放之前已经发生或者有其他情形。

4　　侵权人须证明存在法定免责或者减责事由。

第一千二百三十一条　【两个以上侵权人的责任大小确定】两个以上侵权人污染环境、破坏生态的,承担责任的大小,根据污染物的种类、浓度、排放量,破坏生态的方式、范围、程度,以及行为对损害后果所起的作用等因素确定。

一、环境生态侵权中的数人侵权的类型及责任承担

1　　本条所谓的数人侵权可以分为三种类型:结合的因果关系、择一的因果关系和累积的因果关系。在有意思联络的共同侵权中,实践中认为直接适用

---

① 参见程啸:《侵权责任法》(第三版),法律出版社 2021 年版,第 659 页;孙某某与新沂市通力氨基酸厂环境污染损害赔偿纠纷案,江苏省徐州市中级人民法院民事判决书(2006)徐民一终字第 27 号。

本法第 1168 条之规定即可。①

在结合的因果关系（共同因果关系：addierte Kausalität）情形中，任何一个行为均不足以造成全部损害。比如甲乙两个人的排放都不足以影响农民的鱼苗，但是共同排放就导致农民鱼苗的死亡。此时，数个侵权人对被侵权人承担按份责任，依据本条确定各自的份额。

在累积的因果关系（kumulative Kausalität）情形中，数人分别实施的行为，任何一个都足以造成全部损害后果。根据本法第 1171 条，由数个侵权人承担连带责任，而就侵权人之间责任承担的大小，可以适用本条。

部分行为人造成全部损害，部分行为人造成部分损害，则此时仅就该部分损害由数个侵权人对被侵权人承担连带责任，并在对内的最终责任份额的确定上适用本条。

在替代因果关系（择一的因果关系 alternative Kausalität）情形中，数人从事了危害他人财产、人身安全的环境污染、生态破坏的行为，其中一人或数人的行为实际造成了他人的损害，但无法确定究竟是哪一个或者哪几个行为造成了该损害。此时，共同危险行为规则适用于环境污染案件。②

二、各个侵权人责任的确定

确定各个侵权人责任大小的考量因素，除了本条所提及因素，法条中"等"的表述表明，法官还可以在个案中根据具体情况酌情增加。另外，在无法证实或者确定上述因素时，可以适用本法第 1172 条，由各个侵权人平均承担赔偿责任。③

污染物的分类具有不同的标准，可以根据环境要素分为：大气、水体、土壤污染物；按照性质分为：化学、物理、生物污染物。本条考虑的是所能造成的危害后果与程度：致畸物、致突变物、致癌物、可吸入颗粒物以及恶臭物质等。④ 就排放量而言，其计算方法包括实测法、物料衡算法等。破坏生态的方式大致包括：1. 围堰、开挖航道、疏浚淤泥占用滩涂及海域造成天然渔业

---

① 参见最高人民法院民法典贯彻实施工作领导小组主编：《中华人民共和国民法典侵权责任编理解与适用》，人民法院出版社 2020 年版，第 526 页；杨某某、林某某、林某、赵某某、郑某某、李某某污染环境案，云南省昆明市中级人民法院刑事附带民事裁定书（2019）云 01 刑终 824 号。

② 参见周友军：《侵权责任法专题讲座》，人民法院出版社 2011 年版，第 617 页。

③ 参见张某某与江苏大屯铝业有限公司、江苏丰源铝业有限公司、江苏华丰铝业有限公司、沛县三环水务有限公司环境污染损害赔偿纠纷案，山东省高级人民法院民事判决书（2014）鲁一终字第 577 号。

④ 参见邹海林、朱广新：《民法典评注：侵权责任编 2》，中国法制出版社 2020 年版，第 615 页（窦海阳执笔）。

资源受损；2. 开矿导致土地塌陷、地下水位下降；3. 滥伐树木导致原有植被遭受严重破坏；4. 改变林地用途；5. 采砂破坏浅滩地貌，导致海岸被侵蚀，6. 其他包括引入新物种、毁灭物种、过度放牧等。破坏生态的程度是指生态系统受损的严重程度，如是可修复的还是永久的。就可修复而言，其修复方式以及修复成本是否巨大。

第一千二百三十二条 【环境生态侵权惩罚性赔偿】侵权人违反法律规定故意污染环境、破坏生态造成严重后果的，被侵权人有权请求相应的惩罚性赔偿。

第一千二百三十三条 【因第三人的过错污染环境、破坏生态的侵权责任】因第三人的过错污染环境、破坏生态的，被侵权人可以向侵权人请求赔偿，也可以向第三人请求赔偿。侵权人赔偿后，有权向第三人追偿。

1 因第三人的过错行为导致环境污染，如第三人切断石油公司的管道，导致农民的鱼塘被污染。第三人的过错行为并不属于不可抗力，通常归入意外事件的范畴。本条表明立法者认为意外事件中，污染者仍应当承担责任。其意义在于强化对受害人的保护。另外需要注意，此处所谓的第三人并不包括污染者的雇员，如果是污染者的雇员导致的环境污染或者生态破坏，仍属于污染者的环境污染行为。此外，就因果关系而言，第三人的行为并没有导致环境污染行为与损害之间的因果关系中断。

2 如果符合上述要件，受害人可以向污染者请求赔偿，也可以向第三人请求赔偿。第三人承担的是过错责任。在污染者与第三人的内部关系中，应当认为第三人是终局责任人。

第一千二百三十四条 【生态环境修复义务】违反国家规定造成生态环境损害，生态环境能够修复的，国家规定的机关或者法律规定的组织有权请求侵权人在合理期限内承担修复责任。侵权人在期限内未修复的，国家规定的机关或者法律规定的组织可以自行或者委托他人进行修复，所需费用由侵权人负担。

第一千二百三十五条 【公益诉讼的赔偿范围】违反国家规定造成生态环境损害的，国家规定的机关或者法律规定的组织有权请求侵权人赔偿下列损失和费用：

（一）生态环境受到损害至修复完成期间服务功能丧失导致的损失；

（二）生态环境功能永久性损害造成的损失；

（三）生态环境损害调查、鉴定评估等费用；

(四)清除污染、修复生态环境费用;

(五)防止损害的发生和扩大所支出的合理费用。

本条第1项的损失是指受损生态环境从损害发生到其恢复至基线状态期间生态系统服务功能的损失量。① 另外应当注意,生态环境的服务功能具有复杂性、多样性、动态性、系统性等特点,生态环境在不同的环境要素之间互相影响并发挥不同的作用。因此其损失难以通过单一市场价格确定,需要根据科学机理选择合适的方式妥当确定。

本条第2项的永久性损害涉及生态环境难以修复并且提供服务的能力丧失的情形。难以修复包括以现有的技术不能修复,也包括虽然可以修复,但是修复成本巨大,远超出其产生的利益。

本条第3项包括国家规定的机关或者法律规定的组织及其指定的部门开展对生态环境损害的现场调查、勘验勘查、环境监测、鉴定评估、专家咨询、信息公开、第三方审计、验收等活动的支出费用,也包括诉讼支出的律师代理费等费用。

本条第4项中的清除污染、修复生态的费用主要包括:制订、实施清除污染、修复生态环境的方案的费用,清除污染和修复生态期间的检测、监管费用,以及清污修复完成后的验收、评估费用等。

本条第5项中的费用应当遵循合理性标准,由法官根据个案的情况进行具体核算。②

第八章 高度危险责任

第一千二百三十六条 【高度危险责任的一般规定】从事高度危险作业造成他人损害的,应当承担侵权责任。

一、规范意旨

立法者认为本条为高度危险责任的一般条款。其作用在于"对目前已有法律规范的高度危险行为侵权责任的共性问题作出规定,可以为司法实践处理尚未有明确规范的高度危险行为提供一个指导性原则"。③ 但亦有观点

---

① 参见《环境损害鉴定评估推荐办法(第Ⅱ版)》第4.8条。

② 参见佛山市南海区丹灶镇人民政府诉广东天乙集团有限公司、苏某某、郭某某、江某某环境污染侵权案,广东省佛山市中级人民法院民事判决书(2010)佛中法一终字第587号。

③ 参见最高人民法院民法典贯彻实施工作领导小组主编:《中华人民共和国民法典侵权责任编理解与适用》,人民法院出版社2020年版,第587页。

认为，该条应当废弃，理由在于法官无法根据该条任意决定哪些属于无过错责任，即仍须根据法律规定。并且，如无对高度危险作业之具体规定，容易造成司法实践的混乱。①

二、高度危险责任与危险责任

高度危险责任为危险责任的特殊类型，高度危险责任包括高度危险活动和高度危险物致害的情形，即本编第八章所列情形。除此之外，危险责任还包括机动车事故责任（部分情形）、产品责任、动物致害责任、环境生态侵权责任等情形。

危险责任以特别的危险作为归责基础其所适用的活动存在固有风险（inherent risk），而根本去除该风险的办法为禁止该项活动，但因为该项活动为人类发展所必需，所以禁止又不可能。因此危险责任可理解为以无过错责任换取合法性。与过错责任不同，危险责任并非旨在制裁行为人，其更多体现了分配正义的思想。通说认为危险责任的理论基础有四：1. 危险的开启，即法律要求特定的主体承担危险责任，因为他们开启了危险，对于所享受的特殊权利造成的不幸事件，权利人应当承担责任；2. 危险的控制，持有危险物品，从事危险活动的人具有专门的知识、人力和物力，其最有能力避免危险之实现；3. 受害人有保护的必要，受害人存在结构上的弱点，即难以取得必要的证据以证明加害人的过失；4. 报偿理论，即所谓的"利益之所在，风险之所归"。

危险责任之功能主要有三：1. 不幸损害的分配，此为分配正义的体现；2. 预防事故的发生，要求加害人承担比较严格的责任，可以降低高度危险性或者严重性的事故发生的机会，相比于为损害结果支出的赔偿费用，采取预防措施在成本上更有利；3. 损失的社会化分散，危险责任的适用对象为法律许可的、有益于社会的但有潜在危险的行为所导致的"不幸事件"，在危险责任中，责任人可以通过保险分摊成本。

三、构成要件

（一）高度危险的实现

高度危险是指尽到合理注意仍无法消除的剩余风险。在规范意义上，其属于危险责任所指之"危险"，但是就具体形态而言，仅指向"危险"中的一小部分。而就高度危险的判断，应注意两个方面：1. 损害发生的概率大小，即危险现实化具有高度可能性，某项活动或者某种物质在社会生活中是否常见并不重要，重要的是其导致他人损害的可能性非常大，如高压电运营等；2.

---

① 参见程啸：《侵权责任法》（第三版），法律出版社 2021 年版，第 675 页。

损害发生后果的严重程度,有些活动一旦发生事故,将产生巨大的损失。

(二)损害

须发生损害结果。

(三)因果关系

此处的因果关系是指受害人的损害是由高度危险作业所致,即其损害是因高度危险作业本身所具有的危险性之现实化造成的。亦可称其为典型损害标准,即预见到特定危险的"一般损害类型"。

四、法律效果

(一)责任主体

就高度危险物品责任来说,责任主体原则上依物权关系确定,包括高度危险物的占有人、使用人、所有权人、管理人以及非法占有人等主体。就高度危险活动损害责任而言,责任主体是该活动的经营者。但应当注意,在认定责任人方面,占有因素更为重要,如就动产而言,所有权人与使用人、占有人分离时,由使用人、占有人承担责任。此处占有人并不包括占有辅助人,即在占有辅助人情形中,仍由占有人承担责任。例外情形为不动产,即不动产虽然存在直接占有人,但是责任人仍为所有权人。①

危险责任应当将私人使用排除在外。也就是说,如果无关侵权人的贸易、经营或者业务,则不承担该条之危险责任。立法者的目的在于规范工业生产或者商业储存、销售。法人保有该种物质或者为完成工作而使用该种危险物质,则视为经营中的使用。以保管、运输为业务时,承运人、运输管道的经营人为责任人。而非职业的占有人并不承担危险责任,相反,其适用过错责任。②

(二)免责事由

不同的高度危险责任因为性质不同,所以难以规定统一的免责或者责任减轻事由。此问题由法律根据不同的高度危险作业的特点及实际情况做出具体规定更为合适。

关于不可抗力,其为无过错责任最普遍的抗辩。但存在不可抗力时,由受害人独自承担损失在部分情形下未必合理。因此,不可抗力未必导致责任一定免除,也可能只是减轻责任。受害人故意通常属于免责事由。

---

① 参见唐超:《论高度危险责任的构成——〈侵权责任法〉第69条的理解与适用》,载《北方法学》2017年第4期。

② 参见邹海林、朱广新:《民法典评注:侵权责任编2》,中国法制出版社2020年版,第665页(唐超执笔)。

五、证明责任

12　　危险责任的构成要件由原告证明,被告就特定免责事由负担证明责任。

第一千二百三十七条　【民用核设施致害】民用核设施或者运入运出核设施的核材料发生核事故造成他人损害的,民用核设施的营运单位应当承担侵权责任;但是,能够证明损害是因战争、武装冲突、暴乱等情形或者受害人故意造成的,不承担责任。

第一千二百三十八条　【民用航空器致害】民用航空器造成他人损害的,民用航空器的经营者应当承担侵权责任;但是,能够证明损害是因受害人故意造成的,不承担责任。

第一千二百三十九条　【占有或使用高度危险物致害】占有或者使用易燃、易爆、剧毒、高放射性、强腐蚀性、高致病性等高度危险物造成他人损害的,占有人或者使用人应当承担侵权责任;但是,能够证明损害是因受害人故意或者不可抗力造成的,不承担责任。被侵权人对损害的发生有重大过失的,可以减轻占有人或者使用人的责任。

第一千二百四十条　【高度危险活动致害】从事高空、高压、地下挖掘活动或者使用高速轨道运输工具造成他人损害的,经营者应当承担侵权责任;但是,能够证明损害是因受害人故意或者不可抗力造成的,不承担责任。被侵权人对损害的发生有重大过失的,可以减轻经营者的责任。

第一千二百四十一条　【遗失、抛弃高度危险物致害责任】遗失、抛弃高度危险物造成他人损害的,由所有人承担侵权责任。所有人将高度危险物交由他人管理的,由管理人承担侵权责任;所有人有过错的,与管理人承担连带责任。

1　　所有人依法对高度危险物的保管负有高度的注意义务。若因为保管不善导致高度危险物遗失而致人损害,在他人实际控制之前,应当由所有人承担责任。如果危险物由他人拾得,拾得人是出于为他人意思而控制,则构成无因管理,其仅就过失负责。如果拾得人为自主占有,则适用本法第1242条。在抛弃所有物情形,应当由所有人对此承担责任。在高度危险物被盗场合,适用本法第1242条。

2　　所有人将高度危险物交给他人管理,如交给他人保管、运输、储存等,此时管理人是所有物的合法占有人,其应当承担无过错责任。本条第2句后半句的所有人有过错包括以下情形:1.没有选择具有法定资格的管理人来管理高度危险物的情形,如所有人委托没有相应许可证的运输企业运输化学物品,应当认为所有人具有过错;2. 所有人没有依法采取相应的管理、防护措施,如托运人没有采取有效的防护措施的情形;3. 所有人未依法如实向管理人说明高度危险物的相关情形。

第一千二百四十二条 【非法占有高度危险物致害责任】非法占有高度危险物造成他人损害的,由非法占有人承担侵权责任。所有人、管理人不能证明对防止非法占有尽到高度注意义务的,与非法占有人承担连带责任。

有肯定观点认为,只要是非法占有,即违背所有人、管理人意志,通过盗窃、抢劫、抢夺等非法行为取得高度危险物占有的人,承担无过错责任。① 但否定观点认为,无权占有人承担危险责任仅限于"贸易、经营或业务"目的而保有为要件。② 本书倾向于前者。

高度危险物致害责任的主体为非法占有人,其既可以是直接占有人也可以是间接占有人,但不能是占有辅助人,因为其不符合风险与收益相一致原则,也难以通过投保得到救济。

就所有人、管理人而言,对是否尽到高度注意义务承担过错推定责任,这也是基于控制危险与避免损害考虑而设计的规则。此处所谓的高度注意义务,是指明显高于善良管理人的注意义务,要求所有人、管理人在避免他人非法占有上应当完全符合法律的要求,尽到自己应尽的全部注意义务。③

第一千二百四十三条 【未经许可进入高度危险区域受损】未经许可进入高度危险活动区域或者高度危险物存放区域受到损害,管理人能够证明已经采取足够安全措施并尽到充分警示义务的,可以减轻或者不承担责任。

第一千二百四十四条 【高度危险责任限额】承担高度危险责任,法律规定赔偿限额的,依照其规定,但是行为人有故意或者重大过失的除外。

第九章 饲养动物损害责任

第一千二百四十五条 【饲养动物致害责任的一般规定】饲养的动物造成他人损害的,动物饲养人或者管理人应当承担侵权责任;但是,能够证明损

---

① 参见程啸:《侵权责任法》(第三版),法律出版社 2021 年版,第 693 页;周友军:《侵权责任法专题讲座》,人民法院出版社 2011 年版,第 457 页。

② 参见邹海林、朱广新:《民法典评注:侵权责任编2》,中国法制出版社 2020 年版,第 708—709 页(唐超执笔)。

③ 参见程啸:《侵权责任法》(第三版),法律出版社 2021 年版,第 693 页。

害是因被侵权人故意或者重大过失造成的,可以不承担或者减轻责任。

一、规范意旨

1　　本条的规范目的在于,通过严格责任,激励对动物有实际权利并因此可以控制动物之人,采取措施避免损害。严格责任将所有的损害成本归咎于饲养人、管理人,但只涉及收益大于总成本(维护、照料和损害成本总和)的危险情形。也就是说,如果即使通过遵守交往所需的适当注意的要求也无法避免损害,或者如果危险源造成了相当规模的且严格责任并无提供避免可能性的损害,如野生动物的情形,则严格责任并不适用。但需要注意,即使是家养动物,它们的行为也无法完全控制。因此,从分配正义的角度来说,可以认为动物饲养人、管理人为了自己的利益而维持了特殊的危险源,应该承担与该活动有关的所有(损害)成本。而动物饲养人、管理人却并不会因严格责任而承受过重的负担,因为其可以轻易地将损害风险转嫁给责任保险。①

二、构成要件

(一)饲养动物

2　　饲养的含义为控制管理,从而与一般的非为某个民事主体所管理的野生动物相区分。所谓的动物,无关生物体的大小,即便是昆虫也属于动物的范围。但不应包括微生物与病毒,理由在于,根据动物致害的立法目的,动物之危险在于以自己之力侵害他人的权益,微生物与病毒是渗透进身体中从"内部"进行影响,应将其与化学物质的危险相对应。②

(二)动物危险的实现

3　　学说上对于动物危险有三种不同的观点,第一种观点为动物意志支配说,认为动物危险就是动物本性的危险爆发。即使是动物因受到外界刺激而引发的行为同样认为是受动物意志支配的行为。依照该说,当动物受到驱使就不存在动物危险,另外,按照动物本性作出的行为,如交配也不属于动物危险。第二种学说为动物的不可预测性说,认为动物的反应并非像人一样受意志支配,动物致害责任的立法目的在于保护人们免受动物不可预测的行为的侵害,即以不可预测性为标准。该说将动物的交配行为也纳入了动物的危险。但不可预测性标准,由于其模糊性与误导性而在学理上受到批判。第三种学说认为动物危险应当被理解为动物的自主行为③,即动物是以自己的力量来运动的组织体,该说认为必须从动物与其他物体不同的地方出发,重点

---

① Vgl. MünchKomm/Wagner (2020), § 833 Rn. 2.
② Vgl. MünchKomm/Wagner (2020), § 833 Rn. 10.
③ Vgl. MünchKomm/Wagner (2020), § 833 Rn. 15 – 17.

不是它的攻击性,而是它的能量。当"事件中不涉及动物的任何能量"时,即动物只被当作无生命的物体,或者动物完全由人控制,就达到了动物管理人、饲养人的责任限度。

在上述标准下,仍有部分特殊情形须进行讨论:在行为人管理动物的情形中,重要标准是无生命的物体是否同样可以造成伤害。例如,如果动物像物体一样被投射出去,则非为动物危险。如果行为人利用了动物的危险性则正相反,如他把狗放在人身边,狗把人咬伤,虽然狗仅被当作侵权工具,但咬人仍为其危险性的实现,所以应适用动物饲养人责任。① 在生理强制场合,如一名兽医被他尝试射杀的狗咬伤,通说认为可以成立动物危险,但通过受害人的与有过失进行规制。在休息的动物情形中,虽然动物如同无生命的物一样躺着,并且他人是自己撞上来的,因为无生命的物体不会反击,但此种情形应当其作为一个有生命的生物,可能靠自己的力量移动到路上,此种情形仍属于动物危险。

(三)造成了他人损害

此处的损害包括侵害他人的生命、身体、健康等产生的财产损害和精神损害,也包括他人的财产权益。

(四)因果关系

动物危险的实现与受害人的损害之间必须存在因果关系。另外,动物危险的实现无须为造成损害的唯一原因,只要构成间接原因或者共同原因即可。间接原因如骆驼挡在车道上,导致摩托车因紧急刹车而摔出去,被汽车压伤。另外,受害人自己的行为并不一定导致因果关系的中断,如受害人要驱赶进入自己土地的动物等。但此时仍可以考虑与有过失。

在实践中,因动物受到惊吓案件的因果关系认定较为困难。通说认为,如果受害人因为陌生犬特别是未受束缚的犬进入自身安全范围内,因本能反应而受伤可以认定为存在因果关系。②

三、责任主体:动物饲养人、管理人

动物饲养人的界定存在争议,应当将其解释为作为所有权人的动物保有人,其主要考虑的标准为保有人需为了自己的利益而使用动物并且对动物有决定权。管理人是依合同为动物饲养人看管动物的人。其承担管理义务的基础是饲养人与管理人之间的合同,该合同关系可以是保管合同、委托合同、

---

① Vgl. MünchKomm/Wagner (2020), § 833 Rn. 19-20.
② 参见欧某某诉高某饲养动物损害责任纠纷案(最高人民法院公报案例),广东省江门市中级人民法院民事判决书(2018)粤07民终2934号,载《最高人民法院公报》2019年第10期。

租赁合同、借用合同或者其他合同。① 其为虽不享有所有权但是实际控制和管束动物的人。

9 　　较为特殊的是流浪动物问题。在小区楼下给流浪动物喂养是否属于饲养人或者管理人？喂养流浪动物的人并未对流浪动物的生存空间、生存方式取得决定性的支配力，并且其并无基于合同关系的管理义务，也非为无因管理。因此其无须承担饲养人、管理人责任。②

10 　　在动买卖情形中，物饲养人、管理人身份以交付作为判断时点。在动物的寄送买卖之中，由买受人承担责任。③ 在盗窃情形下，盗窃行为使得盗窃者成为动物的饲养人或者管理人，由其承担责任。在继承中，只有当继承人成为饲养人、管理人后才承担责任，在此之前的赔偿责任从遗产中支付。④

四、法律效果

（一）概述

11 　　损害赔偿适用侵权责任的一般规则，其赔偿的范围包括财产损害和精神损害。如果动物属于数人共有，共有人对外承担连带责任。

（二）动物致害责任的减轻或免除

12 　　本条是与过失规则的特殊规定，即如果受害人仅具有轻过失，并不能减轻动物饲养人或者管理人的责任，此为危险责任的基本思想。

13 　　在受害人非法闯入他人住宅被动物咬伤或者咬死的情形，虽然非法闯入的行为被认为是故意的，但对于被动物咬死或者咬伤是否为故意与闯入无关。⑤ 不过，从非法闯入与动物致害的关联性看，通常可认定非法闯入者具有重大过失。

五、证明责任

14 　　受害人必须证明被告饲养或者管理的动物对其造成了损害。动物饲养人、管理人需证明动物的危险没有实现，如该动物是在人的胁迫下造成损害。另外，受害人故意或者重大过失的证明责任也由动物的饲养人、管理人承担。⑥

第一千二百四十六条　【违反规定未对动物采取安全措施致害责任】违反管理规定，未对动物采取安全措施造成他人损害的，动物饲养人或者管理

---

① 参见韩强：《流浪动物损害责任的个案解析》，载《法商研究》2013 年第 4 期。
② 参见韩强：《流浪动物损害责任的个案解析》，载《法商研究》2013 年第 4 期。
③ Vgl. MünchKomm/Wagner（2020），§ 833 Rn. 35.
④ Vgl. MünchKomm/Wagner（2020），§ 833 Rn. 41.
⑤ 参见程啸：《侵权责任法》（第三版），法律出版社 2021 年版，第 716 页。
⑥ Vgl. MünchKomm/Wagner（2020），§ 833 Rn. 76.

人应当承担侵权责任;但是,能够证明损害是因被侵权人故意造成的,可以减轻责任。

管理规定是指法律、法规、规章中涉及饲养动物管理的规定。而安全措施主要是指为防止动物造成他人损害而必须采取的措施,如拴好狗链、给大型犬带上嘴套,进入电梯等狭窄区域收紧狗链或者怀抱犬只。相比于一般的动物饲养人责任,本条中的责任更为严格,即使受害人故意也只是减轻责任。另外需要注意,本条关于抗辩事由的规定优先于本法第 1174—1175 条。未采取安全措施与损害之间须有因果关系,具体认定时采相当因果关系说。因此,没有取得养犬登记证并不是此条调整的范围,而未拴狗链导致吓到受害人使其摔倒则适用本条。①

就证明责任而言,损害事实的存在、大小以及因果关系的存在由受害人负担证明责任,对于饲养人、管理人的违法、违规行为同样由受害人负担。受害人故意的证明责任由饲养人、管理人承担。

第一千二百四十七条 【禁止饲养的危险动物致害责任】禁止饲养的烈性犬等危险动物造成他人损害的,动物饲养人或者管理人应当承担侵权责任。

动物一般都具有危险性,但是不同动物的危险程度有很大的区别,即使是同一种动物,彼此之间的危险性也有差别。本条所针对的是具有高度危险性的动物。法律禁止饲养的范围十分广泛,并非所有禁止饲养的动物都具有高度危险性从而适用本条,如国家保护的鹦鹉等。未经允许饲养的蟒蛇、老虎等属于本条的范围。就犬类而言,除了"烈性"标准之外,还以大小作为标准。具体禁养的种类应当依照各地的规定,如广州市的《一般管理区实行圈养和严格管理区禁止饲养、销售、繁殖的危险犬标准及品种的通告》规定了 36 种禁止饲养的犬类。其他地区亦有此类规定。

应当注意,经过有关机关批准的用于特别目的的烈性犬造成他人损害时,并不适用本条规定,如缉毒犬、科研试验用犬、马戏团的老虎等。上述动物造成他人损害,适用本法第 1245 条的规定。

结合本法第 1245 条、第 1246 条,关于本条的的减免责事由应当理解为,即使受害人有过错,甚至故意,也不能减轻或者免除饲养人、管理人的责任。需要注意,第三人的过错同样不能成为减免责事由。不过,可以根据本法第

---

① 参见淡某某与徐某某等饲养动物损害责任纠纷案,北京市第三中级人民法院民事判决书(2019)京 03 民终 6702 号。

1250条,使有过错的第三人作为终局责任人承担责任。

第一千二百四十八条　【动物园的动物致害责任】动物园的动物造成他人损害的,动物园应当承担侵权责任;但是,能够证明尽到管理职责的,不承担侵权责任。

1　　本条采用不同于一般的饲养动物致人损害归责标准,原因在于动物园一般是社会公益性单位,若要其承担无过错责任,可能导致其难以维系。另外,由于动物园已经通过事先的检查降低了风险,而家养动物则需要通过事后严格责任进行激励。并且,在动物园伤人案件中,游客可能存在过错,因此通过过错推定激励游客提高防范。

2　　根据《城市动物园管理规定》第2条规定,城市动物园包括综合性动物园、专类动物园、野生动物园、城市公园的动物展区、珍稀濒危动物饲养繁殖研究场所。因此,不包括日常生活中的农家乐、养猪场、马戏团等。并且,在引入其他经营者经营如动物表演、动物合影等活动时,造成受害人的损害,应当承担本法第1245条的责任。如果并非动物园饲养的动物造成损害,如山上的蛇等,动物园并不承担本条的责任,但可能构成安全保障义务的违反。

3　　动物园是否尽到了管理职责,应当考虑如下因素:第一,动物的种类及特性以及过往是否有攻击游客的经历。第二,动物的活动场所以及动物园的类型,如果是用围栏围着的,动物园应当避免其逃出栅栏。如果是散养或者野生动物园的情形,应当有更高的注意义务避免对游客造成损害。实践中,多从措施是否科学合理的角度出发。比如防护栏设置距离过宽导致小孩可以钻进去,则认为措施并不合理。[①]

第一千二百四十九条　【遗弃、逃逸的动物致害责任】遗弃、逃逸的动物在遗弃、逃逸期间造成他人损害的,由动物原饲养人或者管理人承担侵权责任。

1　　遗弃、逃逸的动物致害时,原饲养人、管理人承担责任的原因在于:动物的遗弃、逃逸都会导致其对社会公众产生危险。遗弃行为本身具有违法性,并且原饲养人、管理人本应该采取措施控制动物危险,但却随意遗弃,增加了动物致害风险。在动物逃逸情况下,由于所有权并未发生变化,原饲养人、管理人仍须对动物致害负责。

2　　如下情形中,原动物饲养人、管理人免于承担责任:其一,遗弃或者逃逸

---

① 参见谢某某诉上海动物园饲养动物致人损害案(最高人民法院公报案例),载《最高人民法院公报》2013年第8期。

的动物被他人收留,成为他人饲养或者管理的动物。其二,遗弃或者逃逸的动物恢复野生状态,适应了新的生活,即所谓的放生。

受害人的过错是否可以导致责任的减轻或者免除,应当考虑不同的动物特点:1. 如果是禁止饲养的动物,则适用本法第 1247 条,免责事由要严格限制,受害人的故意或者重大过失并不能导致责任的减轻或者免除;2. 被遗弃的动物为其他动物时,受害人的故意或者重大过失都可以导致责任的减轻或者免除。被遗弃或者逃逸的是动物园的动物时,仍需区分禁止饲养动物和其他动物而区别对待。动物园责任在动物遗弃、逃逸情形下并无特殊性。

第一千二百五十条 【第三人过错的动物致害】因第三人的过错致使动物造成他人损害的,被侵权人可以向动物饲养人或者管理人请求赔偿,也可以向第三人请求赔偿。动物饲养人或者管理人赔偿后,有权向第三人追偿。

第一千二百五十一条 【饲养动物的社会责任】饲养动物应当遵守法律法规,尊重社会公德,不得妨碍他人生活。

第十章 建筑物和物件损害责任

第一千二百五十二条 【建筑物等设施倒塌、塌陷致害责任】建筑物、构筑物或者其他设施倒塌、塌陷造成他人损害的,由建设单位与施工单位承担连带责任,但是建设单位与施工单位能够证明不存在质量缺陷的除外。建设单位、施工单位赔偿后,有其他责任人的,有权向其他责任人追偿。

因所有人、管理人、使用人或者第三人的原因,建筑物、构筑物或者其他设施倒塌、塌陷造成他人损害的,由所有人、管理人、使用人或者第三人承担侵权责任。

一、构成要件

(一)建筑物、构筑物或者其他设施

构筑物主要是指具有特定用途的,不能直接供人进行居住生活、从事生产活动或者其他活动的场所,如道路、桥梁、建筑工地临时搭建的平台①等。其他设施为建筑物、构筑物的附属设施,如小区里的露天公共健身、游乐设施。

(二)倒塌、塌陷

倒塌、塌陷可以是全部的,也可以是部分的。全部的倒塌、塌陷如楼房的

---

① 参见中铁十一局集团第五工程有限公司、高某某建筑物、构筑物倒塌损害责任纠纷案,浙江省高级人民法院民事裁定书(2017)浙民申 905 号。

整体倒塌。部分的倒塌、塌陷有时与脱落、坠落之间容易混淆。本书认为,应当依本条与本法第 1253 条规范目的的区别进行解释,即本条针对的是物件设置而引发的责任,而本法第 1253 条针对的是物件保有引发的责任。比如,阳台坍塌、地面塌陷都是因为建设原因造成,属于本条的适用范围。①

（三）造成损害

3　建筑物、构筑物或者其他设施倒塌、塌陷须造成他人损害。

二、法律效果

（一）责任主体

4　责任主体包括建设单位和施工单位。关于施工单位的责任主体认定中,应当注意,其既包括建设工程的总承包人,也包括分包人和转包人,并且不区分合法转包抑或违法转包。在挂靠施工情形中,应类推适用本法第 1211 条,由挂靠人与被挂靠人承担连带责任。

5　所有人、管理人、使用人或者第三人造成倒塌、塌陷的,如所有人在装修时违规拆除承重墙,则建设单位、施工单位无须承担连带责任,而由加害人承担侵权责任。并且,有观点认为,此时应当与本法第 1253 条保持一致,承担过错推定责任。②

（二）责任形态

6　建设单位和施工单位承担连带责任的原因在于:建设单位作为总发包人、初始所有权人,对于建筑物、构筑物或者其他设施的质量负有法定的义务和责任。从某种意义上说,建设单位类似于产品制造商,须为其产品承担无过错责任。建筑物、构筑物或者其他设施发生倒塌、塌陷的原因大多为建设工程质量存在缺陷,而该种缺陷的原因往往在于施工单位。另外,使两者承担连带责任,有利于更好地保护被侵权人。

（三）向其他责任人的追偿

7　本条所谓的其他责任人是指勘察单位、设计单位、监理单位等除了施工单位之外的参与建筑活动的其他主体。

三、免责事由

8　建设单位、施工单位能够证明不存在质量缺陷的,无须承担责任。不能证明不存在质量缺陷的,须承担责任。该责任采用无过错原则,建设单位、施工单位对于质量缺陷的产生是否具有过错,在所不问。所谓不存在质量缺陷

---

① 参见邹海林、朱广新:《民法典评注:侵权责任编 2》,中国法制出版社 2020 年版,第 797 页(韩强执笔)。

② 同上注,第 797 页(韩强执笔)。

是指该建筑物、构筑物或者其他设施没有设计缺陷、建造缺陷以及勘查、设计、施工监理等各个环节都没有问题。

四、证明责任

就本条第1款的责任而言,受害人须证明被告是建设单位、施工单位以及因倒塌、塌陷而受到损害。建设单位、施工单位就免责事由承担证明责任。就本条第2款的责任而言,受害人须证明被告的身份以及自己的损害。被告须证明自己没有过错或者存在其他免责事由。

第一千二百五十三条 【建筑物等设施及其搁置物、悬挂物脱落、坠落致害责任】建筑物、构筑物或者其他设施及其搁置物、悬挂物发生脱落、坠落造成他人损害,所有人、管理人或者使用人不能证明自己没有过错的,应当承担侵权责任。所有人、管理人或者使用人赔偿后,有其他责任人的,有权向其他责任人追偿。

一、构成要件

(一)建筑物、构筑物或者其他设施及其搁置物、悬挂物

搁置物、悬挂物是指被放置、安装在建筑物、构筑物或者其他设备之上的动产,非为不动产的组成部分,但是与不动产有一定的联系。如阳台上摆放的花盆。另外,搁置、悬挂系由人力完成,因自然原因形成的屋檐冰凌或者屋顶积雪坠落的,不适用本条。

(二)脱落、坠落

脱落、坠落与抛掷相区别,强调物体自发的运动,排除人力直接介入的情形。另外也区别于因为设置缺陷造成的倒塌、塌陷。如果因为设置缺陷导致物件的脱落、坠落,如外墙瓷砖没贴牢固导致脱落,究竟适用本法第1252条还是第1253条,不无疑问。本书认为,应从两个法条的规范目的出发,第1252条主要规制设置缺陷,而第1253条侧重于保有缺陷。因此,在解释上,应当扩张第1252条中的"倒塌、塌陷"的范围以涵盖该种情形。

(三)损害

损害包括人身损害和财产损害。

(四)因果关系

损害与脱落、坠落之间有因果关系,但是并不意味着存在瑕疵是导致损害的唯一原因。

二、法律效果

(一)责任主体

责任主体是所有人、管理人或者使用人。对管理人的争议主要集中在其

范围上,实践中主要包括国有资产管理人、物业服务企业等建筑物管理人以及遗产管理人等。与原《侵权责任法》第 85 条相比,本条新增规定了使用人,所以应当对管理人概念作狭义理解①,把具有占有或使用事实的人归入使用人,如房屋承租人、借用人。

(二)责任形态

6　　学界对所有人、管理人、使用人之间的责任承担存在较大争议,主要包括按份责任说、连带责任说和单独责任说。为更好地保护受害人的权益,应采连带责任说。

三、证明责任

7　　受害人只须证明建筑物等设施及其搁置物、悬挂物脱落、坠落的事实、损害及二者的因果关系。由所有人、管理人、使用人证明自己无过错。

第一千二百五十四条　【高空抛物致害责任】禁止从建筑物中抛掷物品。从建筑物中抛掷物品或者从建筑物上坠落的物品造成他人损害的,由侵权人依法承担侵权责任;经调查难以确定具体侵权人的,除能够证明自己不是侵权人的外,由可能加害的建筑物使用人给予补偿。可能加害的建筑物使用人补偿后,有权向侵权人追偿。

物业服务企业等建筑物管理人应当采取必要的安全保障措施防止前款规定情形的发生;未采取必要的安全保障措施的,应当依法承担未履行安全保障义务的侵权责任。

发生本条第一款规定的情形的,公安等机关应当依法及时调查,查清责任人。

一、适用范围

1　　首先,造成损害的物品是从建筑物中而非构筑物或者其他设施中抛掷或者坠落,并且应当限于房屋。比如在球场或者道路上往外抛掷物品并不适用该条。原因在于在房屋情形中,虽然实际加害人不明,但是可能的加害人的范围较为确定。而看台或者道路上让所有人一起承担补偿责任,不符合立法目的,实践中难以操作。

2　　其次,本条虽然区分了两种致害物件,但实践中并无意义,具体案件中究竟是抛掷物抑或坠落物可能难以分辨。真正有意义的是本条与本法第 1253 条的区分,虽然实践中对坠落物或搁置物有时难以区分,但两者适用不同的

---

①　参见韩强:《物件保有人责任研究——以〈侵权责任法〉第 85 条为解释对象》,载《中外法学》2013 年第 2 期。

法律规范从而产生不同的法律效果,因此有区分的必要。两者区分的关键在于抛掷物、坠落物为归属不明的物件,而搁置物、悬挂物为归属明确的物件。①

二、责任主体

本条第1款第2句第1分句的责任主体为抛掷行为人或者导致坠落的行为人。本条第1款第2句第2分句的责任主体为建筑物的使用人而非所有人,即损害发生时占有并使用该建筑物的人,并且只能是可能加害的人,即与损害之间具有因果关系的可能性较大的使用人。比如能够证明物品是从至少5层以上丢下来的,则一、二层住户应被排除于可能的加害人范围之外。房屋所有人自己居住的,应作为使用人承担责任。

本条第2款中的建筑物的管理人是指对建筑物负有维护管理职责的民事主体,典型的如物业服务企业。建筑物管理人的安全保障义务的内容在于防范高空抛掷物、坠落物事件的发生。如果其对防范高空抛物行为尽到了安全保障义务,但是没有管理车辆乱停现象,导致车辆受到高空抛物的损害,则其无须对此承担责任。

三、证明责任

受害人应证明自己因高空抛物受到损害。可能加害的建筑物使用人应证明自己不是侵权人。可能加害的建筑物使用人向侵权人追偿的,应证明后者实施了高空抛物行为。

第一千二百五十五条 【堆放物致害责任】堆放物倒塌、滚落或者滑落造成他人损害,堆放人不能证明自己没有过错的,应当承担侵权责任。

堆放物属于动产,不仅包括堆放在土地上的各种物品,也包括堆放在其他物品上的物。但如果堆放在公共道路上,不属于本条的堆放物,而应当适用本法第1256条。

堆放物致害责任适用过错推定责任。责任主体为堆放人。对于堆放人存在争议,部分观点认为堆放人是指堆放物品的所有人、管理人。② 但本书认为堆放人是指实施堆放行为的人,体现一定的行为责任倾向。③

第一千二百五十六条 【公共道路障碍物致害责任】在公共道路上堆放、倾倒、遗撒妨碍通行的物品造成他人损害的,由行为人承担侵权责任。公

---

① 参见王成、鲁智勇:《高空抛物侵权行为探究》,载《法学评论》2007年第2期。
② 参见程啸:《侵权责任法》(第三版),法律出版社2021年版,第738页。
③ 参见最高人民法院侵权责任法研究小组编著:《中华人民共和国侵权责任法条文理解与适用》,人民法院出版社2010年版,第585页。

共道路管理人不能证明已经尽到清理、防护、警示等义务的,应当承担相应的责任。

一、适用范围

1　　公共道路既包括通行机动车的道路,也包括人行道路,此外还包括广场、停车场等公共通行的场地和虽然属于业主共有但是允许不特定公众通行的道路。①

二、归责原则

2　　行为人承担无过错责任,原因在于我国法律明确禁止任何人在公共道路上堆放、倾倒、遗撒妨碍通行的物品。② 因此,只要实施了该行为就是对公共安全极大的威胁。另一个原因在于,行为人对其行为可能妨碍交通安全应当有充分的合理预见。采取无过错责任,可以减轻受害人的证明责任负担,加强对受害人的保护。

3　　公共道路管理人适用过错推定原则,理论基础为本法第1198条的安全保障义务。在与本法第1198条的关系上,本条优先适用。管理人的免责事由为按照法律、法规、规章、国家标准、行业标准或者地方标准尽到了清理、防护、警示等义务。在具体认定上,需要结合事故的发生原因、发生地点、发生时间以及义务人的行为等多重因素进行判断。管理人的及时清理义务不等于随时清理,其只要证明对事故路段已进行合理次数的巡视与养护即可。③

第一千二百五十七条　【林木致害责任】因林木折断、倾倒或者果实坠落等造成他人损害,林木的所有人或者管理人不能证明自己没有过错的,应当承担侵权责任。

1　　林木应当包括公共场合和非公共场合的所有林木。林木折断、倾倒或者果实坠落的典型情形为树木上的树枝折断掉落将受害人砸伤,或者大树倾倒压坏受害人的汽车等。

2　　责任主体为所有人或者管理人。树木的管理人为依据合同或者法律规定对林木负有管理职责的人。主要包括:1.政府授权的园林、绿化、公路等管理部门,如住房和城乡规划建设管理局、林业局、公路养护管理段、风景园

---

① 参见全国人民代表大会常务委员会法制工作委员会编:《中华人民共和国侵权责任法释义》,法律出版社2010年版,第433页。
② 参见《道路交通安全法》第31条,《公路法》第46条、第47条,《公路安全保护条例》第16条。
③ 参见杨某某诉北京通达京承高速公路有限公司公共道路妨碍通行责任案,北京市第三中级人民法院民事判决书(2016)京03民终8009号。

绿化处、公立学校和医院等;2. 小区物业公司。

第一千二百五十八条 【地下设施施工致害责任与地下设施致害责任】在公共场所或者道路上挖掘、修缮安装地下设施等造成他人损害,施工人不能证明已经设置明显标志和采取安全措施的,应当承担侵权责任。

窨井等地下设施造成他人损害,管理人不能证明尽到管理职责的,应当承担侵权责任。

一、归责原则

本条采用过错推定责任,理由在于公共场所是人们经常聚集、活动和通行的地方,施工人或者管理人必须采取严格的安全措施。并且从救济受害人的角度来看,施工人或者管理人距离证据较近,有利于事实的查明。

二、第 1 款的构成要件

(一)在公共场所或道路上进行挖掘、修缮安装地下设施等的活动

所谓的公共场所、道路是供不特定的人往来通行的地方,不应狭义地理解为公共聚集、活动的场所,如电影院。本条所调整的加害行为为施工行为,但其所涵盖的具体加害形态不应仅限于挖掘、修缮安装地下设施。凡是不能归入其他条文调整的,均可考虑适用本条。比如在公共道路上为施工需要而处理建筑材料,造成他人损害。

关于施工人证明没有过错的标准,首先看是否有法律法规和规章的规定。① 如果施工人按照法律规定设置了标志或者安全措施但是被第三人破坏,施工人并不因此免责。如果没有法律等的明确规定,施工人也需尽到必要的注意义务,具体需要法官凭借社会生活经验,必要时借助专业技术手段或者专家意见来综合评判。②

(二)造成他人损害

受害人的损失既包括人身伤亡,如掉进坑内受伤,也包括造成的财产损害,如汽车掉进坑里而损毁。就施工过程中没有查明情况导致挖断供水或者供电管线,适用何种责任存在争议,本书认为此种情形可适用本法第 1165 条第 1 款的过错责任。③

---

① 参见《道路交通安全法》第 32 条、第 104 条、第 105 条,《建筑法》第 39 条,《公路法》第 32 条等。
② 参见沈阳市城域网络工程有限公司、韩某某地面施工、地下设施损害责任纠纷案,辽宁省高级人民法院民事裁定书(2019)辽民申 6645 号。
③ 参见程啸:《侵权责任法》(第三版),法律出版社 2021 年版,第 732 页。

三、第 2 款的构成要件

（一）地下设施致人损害

5　　地下设施致害责任的适用前提为其导致了他人的损害。除窨井外，其他地下设施如地窖、水井、排水沟以及其他地下坑道。

（二）管理人没有尽到管理职责

6　　此处的管理职责应当解释为维护义务，没有尽到管理职责就是存在维护瑕疵。比如窨井被盗窃好几天却没有派人去修复，此时应当承担责任。

（三）因果关系

7　　没有尽到管理职责与损害之间须存在因果关系。

四、责任主体

8　　本条第 1 款的责任主体为施工人。当直接进行施工行为的人为雇员时，施工人为用人单位。有观点认为，施工人的范围应当扩张到所有人或管理人。[①] 但本书认为该观点并不妥当。

9　　本条第 2 款的责任主体为管理人，既包括地下设施的所有人，也包括虽非所有人但是对地下设施具有管理、维护职责的民事主体。[②]

五、证明责任

10　　受害人应证明自己因地下设施施工或者因地下设施受到损害。施工人应证明其已设置明显标志和采取安全措施，管理人应证明其已尽到管理职责。

[①] 参见云南景成路桥建筑工程有限公司、瑞丽市住房和城乡规划建设局地面施工、地下设施损害责任纠纷案，云南省高级人民法院民事裁定书（2019）云民申 2018 号。

[②] 参见张某某等与沪陕高速公路宛坪运营管理中心等道路交通事故财产损害赔偿纠纷案，河南省南阳市中级人民法院民事判决书（2010）南民二终字第 109 号。

附　　则

第一千二百五十九条　【本数的计算】民法所称的"以上"、"以下"、"以内"、"届满",包括本数;所称的"不满"、"超过"、"以外",不包括本数。

第一千二百六十条　【施行日期及旧法废止】本法自 2021 年 1 月 1 日起施行。《中华人民共和国婚姻法》、《中华人民共和国继承法》、《中华人民共和国民法通则》、《中华人民共和国收养法》、《中华人民共和国担保法》、《中华人民共和国合同法》、《中华人民共和国物权法》、《中华人民共和国侵权责任法》、《中华人民共和国民法总则》同时废止。

缩略表

一、法律法规

《宪法》=《中华人民共和国宪法》(1982年颁布,1988年修正,1993年修正,1999年修正,2004年修正,2018年修正)

《民法典》=《中华人民共和国民法典》(2020年颁布)

《刑法》=《中华人民共和国刑法》(1979年颁布,1997年修订,1998年修正,1999年修正,2001年修正,2002年修正,2005年修正,2006年修正,2009年修正,2011年修正,2015年修正,2017年修正,2020年修正)

《民法通则》=《中华人民共和国民法通则》(1986年颁布,2009年修正,2021年废止)

《民事诉讼法》=《中华人民共和国民事诉讼法》(1991年颁布,2007年修正,2012年修正,2017年修正,2021年修正)

《立法法》=《中华人民共和国立法法》(2000年颁布,2015年修正)

《保险法》=《中华人民共和国保险法》(1995年颁布,2002年修正,2009年修订,2014年修正,2015年修正)

《标准化法》=《中华人民共和国标准化法》(1988年颁布,2017年修订)

《兵役法》=《中华人民共和国兵役法》(1984年颁布,1998年修正,2009年修正,2011年修正,2021年修订)

《产品质量法》=《中华人民共和国产品质量法》(1993年颁布,2000年修正,2009年修正,2018年修正)

《城市房地产管理法》=《中华人民共和国城市房地产管理法》(1994年颁布,2007年修正,2009年修正,2019年修正)

《慈善法》=《中华人民共和国慈善法》(2016年颁布)

《出境入境管理法》=《中华人民共和国出境入境管理法》(1985年颁布,2009年修正,2012年颁布)

《传染病防治法》=《中华人民共和国传染病防治法》(1989年颁布,2004年修订,2013年修正)

《村民委员会组织法》=《中华人民共和国村民委员会组织法》(1998年颁布,2010年修订,2018年修正)

《担保法》=《中华人民共和国担保法》(1995年颁布,2021年废止)

《道路交通安全法》=《中华人民共和国道路交通安全法》(2003年颁布,2007年修正,2011年修正,2021年修正)

《电子签名法》=《中华人民共和国电子签名法》(2004年颁布,2015年修正,2019年修正)

《电子商务法》=《中华人民共和国电子商务法》(2018年颁布)

《反不正当竞争法》=《中华人民共和国反不正当竞争法》(1993年颁布,2017年修订,2019年修正)

《反垄断法》=《中华人民共和国反垄断法》(2007年颁布)

《妇女权益保障法》=《中华人民共和国妇女权益保障法》(1992年颁布,2005年修正,2018年修正)

《个人独资企业法》=《中华人民共和国个人独资企业法》(1999年颁布)

《个人信息保护法》=《中华人民共和国个人信息保护法》(2021年颁布)

《公司法》=《中华人民共和国公司法》(1993年颁布,1999年修正,2004年修正,2005年修订,2013年修正,2018年修正)

《公益事业捐赠法》=《中华人民共和国公益事业捐赠法》(1999年颁布)

《广告法》=《中华人民共和国广告法》(1994年颁布,2015年修订,2018年修正,2021年修正)

《海商法》=《中华人民共和国海商法》(1992年颁布)

《海洋环境保护法》=《中华人民共和国海洋环境保护法》(1982年颁布,1999年修订,2013年修正,2016年修正,2017年修正)

《合伙企业法》=《中华人民共和国合伙企业法》(1997年颁布,2006年修订)

《合同法》=《中华人民共和国合同法》(1999年颁布,2021年废止)

《户口登记条例》=《中华人民共和国户口登记条例》(1958年颁布)

《环境保护法》=《中华人民共和国环境保护法》(1989年颁布,2014年修订)

《婚姻法》=《中华人民共和国婚姻法》(1980年颁布,2001年修正,2021年废止)

《计算机信息系统安全保护条例》=《中华人民共和国计算机信息系统安全保护条例》(1994年颁布,2011年修订)

《价格法》=《中华人民共和国价格法》(1997年颁布)

《建筑法》=《中华人民共和国建筑法》(1997 年颁布,2011 年修正,2019 年修正)

《教师法》=《中华人民共和国教师法》(1993 年颁布,2009 年修正)

《教育法》=《中华人民共和国教育法》(1995 年颁布,2009 年修正,2015 年修正,2021 年修正)

《精神卫生法》=《中华人民共和国精神卫生法》(2012 年颁布,2018 年修正)

《矿产资源法》=《中华人民共和国矿产资源法》(1986 年颁布,1996 年修正,2009 年修正)

《劳动合同法》=《中华人民共和国劳动合同法》(2007 年颁布,2012 年修正)

《民办教育促进法》=《中华人民共和国民办教育促进法》(2002 年颁布,2013 年修正,2016 年修正,2018 年修正)

《农村土地承包法》=《中华人民共和国农村土地承包法》(2002 年颁布,2009 年修正,2018 年修正)

《拍卖法》=《中华人民共和国拍卖法》(1996 年颁布,2004 年修正,2015 年修正)

《票据法》=《中华人民共和国票据法》(1995 年颁布,2004 年修正)

《企业国有资产法》=《中华人民共和国企业国有资产法》(2008 年颁布)

《企业破产法》=《中华人民共和国企业破产法》(2006 年颁布)

《侵权责任法》=《中华人民共和国侵权责任法》(2009 年颁布,2021 年废止)

《人口与计划生育法》=《中华人民共和国人口与计划生育法》(2001 年颁布,2015 年修正,2021 年修正)

《商标法》=《中华人民共和国商标法》(1982 年颁布,1993 年修正,2001 年修正,2013 年修正,2019 年修正)

《商业银行法》=《中华人民共和国商业银行法》(1995 年颁布,2003 年修正,2015 年修正)

《社会保险法》=《中华人民共和国社会保险法》(2010 年颁布,2018 年修正)

《食品安全法》=《中华人民共和国食品安全法》(2009 年颁布,2015 年修订,2018 年修正,2021 年修正)

《水法》=《中华人民共和国水法》(1988 年颁布,2002 年修订,2009 年修

正,2016 修正)

《税收征收管理法》=《中华人民共和国税收征收管理法》(1992 年颁布,1995 年修正,2001 年修订,2013 年修正,2015 年修正)

《水污染防治法》=《中华人民共和国水污染防治法》(1984 年颁布,1996 年修正,2008 年修订,2017 年修正)

《土地管理法》=《中华人民共和国土地管理法》(1986 颁布,1988 修正,1998 年修订,2004 年修正,2019 年修正)

《网络安全法》=《中华人民共和国网络安全法》(2016 年颁布)

《未成年人保护法》=《中华人民共和国未成年人保护法》(1991 年颁布,2006 年修订,2012 年修正,2020 年修订)

《物权法》=《中华人民共和国物权法》(2007 年颁布,2021 年失效)

《献血法》=《中华人民共和国献血法》(1997 年颁布)

《消防法》=《中华人民共和国消防法》(1998 年颁布,2008 年修订,2019 年修正,2021 年修正)

《消费者权益保护法》=《中华人民共和国消费者权益保护法》(1993 年颁布,2009 年修正,2013 年修正)

《信托法》=《中华人民共和国信托法》(2001 年颁布)

《药品管理法》=《中华人民共和国药品管理法》(1984 年颁布,2001 年修订,2013 年修正,2015 年修正,2019 年修订)

《义务教育法》=《中华人民共和国义务教育法》(1986 年颁布,2006 年修订,2015 年修正,2018 年修正)

《渔业法》=《中华人民共和国渔业法》(1986 年颁布,2000 年修正,2004 年修正,2009 年修正,2013 年修正)

《政府采购法》=《中华人民共和国政府采购法》(2002 年颁布,2014 年修正)

《证券法》=《中华人民共和国证券法》(1998 年颁布,2004 年修正,2005 年修订,2013 年修正,2014 年修正,2019 年修订)

《证券投资基金法》=《中华人民共和国证券投资基金法》(2003 年颁布,2012 年修订,2015 年修正)

《治安管理处罚法》=《中华人民共和国治安管理处罚法》(2005 年颁布,2012 年修正)

《执业医师法》=《中华人民共和国执业医师法》(1998 年颁布,2009 年修正)

《仲裁法》=《中华人民共和国仲裁法》(1994 年颁布,2009 年修正,2017

年修正)

《著作权法》=《中华人民共和国著作权法》(1990年颁布,2001年修正,2010年修正,2020年修正)

《专利法》=《中华人民共和国专利法》(1984年颁布,1992年修正,2000年修正,2008年修正,2020年修正)

二、司法解释

《裁判文书引用规范性法律文件的规定》=《最高人民法院关于裁判文书引用法律、法规等规范性法律文件的规定》(法释〔2009〕14号,2009年颁布)

《城镇房屋租赁合同解释》=《最高人民法院关于审理城镇房屋租赁合同纠纷案件具体应用法律若干问题的解释》(法释〔2009〕11号,2009年颁布,2020年修正)

《担保法解释》=《最高人民法院关于适用〈中华人民共和国担保法〉若干问题的解释》(法释〔2000〕44号,2000年颁布,2021年失效)

《道路交通事故损害赔偿解释》=《最高人民法院关于审理道路交通事故损害赔偿案件适用法律若干问题的解释》(法释〔2012〕19号,2012年颁布,2020年修正)

《夫妻债务纠纷解释》=《最高人民法院关于审理涉及夫妻债务纠纷案件适用法律有关问题的解释》(法释〔2018〕2号,2018年颁布,2021年废止)

《公司法解释(二)》=《最高人民法院关于适用〈中华人民共和国公司法〉若干问题的规定(二)》(法释〔2008〕6号,2014年修正,2020年修正)

《公司法解释(四)》=《最高人民法院关于适用〈中华人民共和国公司法〉若干问题的规定(四)》(法释〔2017〕16号,2017年颁布,2020年修正)

《合同法解释(一)》=《最高人民法院关于适用〈中华人民共和国合同法〉若干问题的解释(一)》(法释〔1999〕19号,1999年颁布,2021年废止)

《合同法解释(二)》=《最高人民法院关于适用〈中华人民共和国合同法〉若干问题的解释(二)》(法释〔2009〕5号,2009年颁布,2021年废止)

《环境侵权责任解释》=《最高人民法院关于审理环境侵权责任纠纷案件适用法律若干问题的解释》(法释〔2015〕12号,2015年颁布,2020年修正)

《婚姻法解释(三)》=《最高人民法院关于适用《中华人民共和国婚姻法》若干问题的解释(三)》(法释〔2011〕18号,2011年颁布,2021年废止)

《继承法解释》=《最高人民法院关于贯彻执行〈中华人民共和国继承法〉若干问题的意见》〔法(民)发〔1985〕22号,1985年颁布,2021年废止〕

《技术合同解释》=《最高人民法院关于审理技术合同纠纷案件适用法

律若干问题的解释》(法释〔2004〕20 号,2004 年颁布,2020 年修正)

《建设工程价款优先受偿权批复》=《最高人民法院关于建设工程价款优先受偿权问题的批复》(法释〔2002〕16 号,2002 年颁布,2021 年废止)

《建设工程施工合同解释》=《最高人民法院关于审理建设工程施工合同纠纷案件适用法律问题的解释》(法释〔2004〕14 号,2004 年颁布)

《建设工程施工合同解释(一)》=《最高人民法院关于审理建设工程施工合同纠纷案件适用法律问题的解释(一)》(法释〔2020〕25 号,2020 年颁布)

《建设工程施工合同解释(二)》=《最高人民法院关于审理建设工程施工合同纠纷案件适用法律问题的解释(二)》(法释〔2018〕20 号,2018 年颁布,2021 年废止)

《建筑物区分所有权解释》=《最高人民法院关于审理建筑物区分所有权纠纷案件具体应用法律若干问题的解释》(法释〔2009〕7 号,2009 年颁布,2020 年修正)

《精神损害赔偿责任解释》=《最高人民法院关于确定民事侵权精神损害赔偿责任若干问题的解释》(法释〔2001〕7 号,2001 年颁布,2020 年修正)

《九民纪要》=《全国法院民商事审判工作会议纪要》(法〔2019〕254 号,2019 年颁布)

《离婚案件处理财产侵害问题的意见》=《最高人民法院关于人民法院审理离婚案件处理财产分割问题的若干具体意见》(法发〔1993〕32 号,1993 年颁布,2021 年废止)

《买卖合同解释》=《最高人民法院关于审理买卖合同纠纷案件适用法律问题的解释》(法释〔2012〕8 号,2012 年颁布,2020 年修正)

《民法典担保制度解释》=《最高人民法院关于适用〈中华人民共和国民法典〉有关担保制度的解释》(法释〔2020〕28 号,2020 年颁布)

《民法典会议纪要》=《最高人民法院关于印发〈全国法院贯彻实施民法典工作会议纪要〉的通知》(法〔2021〕94 号,2021 年颁布)

《民法典婚姻家庭编解释(一)》=《最高人民法院关于适用〈中华人民共和国民法典〉婚姻家庭编的解释(一)》(法释〔2020〕22 号,2020 年颁布)

《民法典继承编解释(一)》=《最高人民法院关于适用〈中华人民共和国民法典〉继承编的解释(一)》(法释〔2020〕23 号,2020 年颁布)

《民法典物权编解释(一)》=《最高人民法院关于适用〈中华人民共和国民法典〉物权编的解释(一)》(法释〔2020〕24 号,2020 年颁布)

《民间借贷解释》=《最高人民法院关于审理民间借贷案件适用法律若

干问题的规定》(法释〔2015〕18号,2015年颁布,2020年修正)

《民事裁判文书制作规范》=《最高人民法院关于印发〈人民法院民事裁判文书制作规范〉〈民事诉讼文书样式〉的通知》(法〔2016〕221号,2016年颁布)

《民事诉讼法解释》=《最高人民法院关于适用〈中华人民共和国民事诉讼法〉的解释》(法释〔2015〕5号,2015年颁布,2020年修正)

《民事诉讼法意见》=《最高人民法院印发〈关于适用《中华人民共和国民事诉讼法》若干问题的意见〉的通知》(法发〔1992〕22号,1992年颁布,2015年废止)

《民事诉讼证据解释》=《最高人民法院关于民事诉讼证据的若干规定》(法释〔2001〕33号,2001年颁布,2019年修正)

《民通意见(试行)》=《最高人民法院印发〈关于贯彻执行《中华人民共和国民法通则》若干问题的意见(试行)〉的通知》〔法(办)发〔1988〕6号,1998年颁布,2021年废止〕

《农村土地承包解释》=《最高人民法院关于审理涉及农村土地承包纠纷案件适用法律问题的解释》(法释〔2005〕6号,2005年颁布,2020年修正)

《认定夫妻感情确已破裂的意见》=《最高人民法院关于人民法院审理离婚案件如何认定夫妻感情确已破裂的若干具体意见》(法〔民〕发〔1989〕38号,1989年颁布,2021年废止)

《人身损害赔偿解释》=《最高人民法院关于审理人身损害赔偿案件适用法律若干问题的解释》(法释〔2003〕20号,2003年颁布,2020年修正)

《融资租赁合同解释》=《最高人民法院关于审理融资租赁合同纠纷案件适用法律问题的解释》(法释〔2014〕3号,2014年颁布,2020年修正)

《审理利用信息网络侵害人身权益规定》=《最高人民法院关于审理利用信息网络侵害人身权益民事纠纷案件适用法律若干问题的规定》(法释〔2014〕11号,2014年颁布,2020年修正)

《审理民商事合同案件指导意见》=《最高人民法院印发〈关于当前形势下审理民商事合同纠纷案件若干问题的指导意见〉的通知》(法发〔2009〕40号,2009年颁布)

《审理票据案件规定》=《最高人民法院关于审理票据纠纷案件若干问题的规定》(法释〔2000〕32号,2000年颁布,2020年修正)

《审理食品药品案件规定》=《最高人民法院关于审理食品药品纠纷案件适用法律若干问题的规定》(法释〔2013〕28号,2013年颁布,2020年修正)

《诉讼时效制度解释》=《最高人民法院关于审理民事案件适用诉讼时效制度若干问题的规定》(法释〔2008〕11号,2008年颁布,2020年修正)

《物权法解释(一)》=《最高人民法院关于适用〈中华人民共和国物权法〉若干问题的解释(一)》(法释〔2016〕5号,2016年颁布,2021年废止)

《新冠疫情民事案件指导意见(一)》=《最高人民法院印发〈关于依法妥善审理涉新冠肺炎疫情民事案件若干问题的指导意见(一)〉的通知》(法发〔2020〕12号,2020年颁布)

《医疗损害责任解释》=《最高人民法院关于审理医疗损害责任纠纷案件适用法律若干问题的解释》(法释〔2017〕20号,2017年颁布,2020年修正)

《执行异议和复议解释》=《最高人民法院关于人民法院办理执行异议和复议案件若干问题的规定》(法释〔2015〕10号,2015年颁布,2020年修正)

《执行中查封、扣押、冻结财产规定》=《最高人民法院关于人民法院民事执行中查封、扣押、冻结财产的规定》(法释〔2004〕15号,2004年颁布,2020年修正)

《执行中拍卖、变卖财产规定》=《最高人民法院关于人民法院民事执行中拍卖、变卖财产的规定》(法释〔2004〕16号,2004年颁布,2020年修正)

图书在版编目(CIP)数据

袖珍民法典评注／杨代雄编著．－－北京：中国民主法制出版社，2022.1
ISBN 978-7-5162-2755-8

Ⅰ．①袖… Ⅱ．①杨… Ⅲ．①民法－法典－中国－高等学校－教材 Ⅳ．①D923

中国版本图书馆CIP数据核字(2022)第016561号

图书出品人：刘海涛
出版统筹：乔先彪
图书策划：曾 健 海 伦
责任编辑：陈 曦 谢瑾勋 李云琦

书名／袖珍民法典评注
作者／杨代雄 编著

出版·发行／中国民主法制出版社
地址／北京市丰台区右安门外玉林里7号（100069）
电话／（010）63055259（总编室） 63058068 63057714（营销中心）
传真／（010）63055259
http：//www.npcpub.com
E-mail：mzfz@npcpub.com
经销／新华书店
开本／32开 850毫米×1168毫米
印张／35 字数／1250千字
版本／2022年2月第1版 2025年1月第7次印刷
印刷／北京天宇万达印刷有限公司

书号／ISBN 978-7-5162-2755-8
定价／99.00元
出版声明／版权所有，侵权必究

（如有缺页或倒装，本社负责退换）